工商管理优秀教材译丛

营销学系列

[美] 菲利普·科特勒（Philip Kotler）
加里·阿姆斯特朗（Gary Armstrong） 著

市场营销原理

全球版·第15版

Principles of Marketing

Fifteenth Edition

郭国庆 译

清华大学出版社
北 京

北京市版权局著作权合同登记号　图字：01-2018-1218

图书在版编目(CIP)数据

市场营销原理：全球版：第15版/(美)菲利普·科特勒(Philip Kotler)，(美)加里·阿姆斯特朗(Gary Armstrong)著；郭国庆译. —北京：清华大学出版社，2019(2022.9重印)
(工商管理优秀教材译丛. 营销学系列)
书名原文：PRINCIPLES OF MARKETING，15E
ISBN 978-7-302-52071-9

Ⅰ. ①市…　Ⅱ. ①菲…　②加…　③郭…　Ⅲ. ①市场营销学－高等学校－教材　Ⅳ. ①F713.50

中国版本图书馆CIP数据核字(2019)第009600号

责任编辑：江　娅
封面设计：何凤霞
责任校对：宋玉莲
责任印制：曹婉颖

出版发行：清华大学出版社
http://www.tup.com.cn
地　　址：北京清华大学学研大厦A座
邮　　编：100084
社 总 机：010-83470000
邮　　购：010-62786544
投稿与读者服务：010-62776969，c-service@tup.tsinghua.edu.cn
质量反馈：010-62772015，zhiliang@tup.tsinghua.edu.cn
印 装 者：三河市铭诚印务有限公司
经　　销：全国新华书店
开　　本：185mm×260mm　**印　张**：39.25　**插页**：2　**字　　数**：908千字
版　　次：2019年4月第1版　**印　　次**：2022年9月第5次印刷
定　　价：75.00元

产品编号：072085-01

译者序

市场营销原理

Principles of Marketing

菲利普·科特勒是世界著名的营销学专家。他的营销学论著给世界各地的同行以深刻启迪,同样,也为中国的营销学者提供了诸多创新的思想,给中国的企业家带来了包括大洋彼岸在内的世界各地的营销新思维、新方法和新原理。

早在我的学生时代,中国人民大学图书馆里的那本英文版的《市场营销原理》就引起了我的关注,对于我了解和认识市场营销的真谛起到了奠基性作用。1993年的冬天,我在位于加拿大蒙特利尔市的麦吉尔大学管理学院做访问学者。其间,美国营销协会(AMA)蒙特利尔分会曾邀请菲利普·科特勒作报告,我也有幸受邀出席。在那次学术活动中,我有幸见到这位教授,并进行了深入交谈。记得我向他讲得更多的是希望他尽快去中国访问、演讲,因为此前已经有不少美国学者到过中国了,并且已经产生了良好的影响。中国学术界、企业界需要他的学说和思想,他在中国一定会受到热烈的欢迎。那次见面后不久,我就在麦吉尔大学收到了他寄自美国的最新著作以及他的一些近期文章的复印件。这些文献对于我当时准备博士学位论文是极其珍贵的,当然,认真阅读之后,我也没忘记把科特勒的最新营销思想传播给中国国内的营销学同行。

几十年过去了。我也不止一次地阅读、翻译菲利普·科特勒的论著。每一次都有新的心得体会,都有新的感受。中国营销学界甚至世界营销学界太需要这样的学者了。他的学术思想和论著使得亿万读者受益,包括给了我们这些端营销学饭碗的教书匠以诸多教益和指导。

几年前我与众位同行、弟子共同翻译了科特勒的《市场营销原理》第14版,如今又继续翻译了第15版,真是幸运之至,百感交集!参与本书翻译工作的有如下各位:安立刚、张平淡、郭玉梅、陈炜、魏海蓉、任锡源、张中科、姬春华、贺璟雪、魏福元、李光明、雷羽尚、毛锦华、刘洁、梁辉煌、唐婧、马秀明、郭溪月、杨海龙、赵怡君、安卫康、李美贤、李淑琴、王玉玺、吴昱潼、谢纯雅、杨晨、衣倩慧、应一新、袁丹丹、陈凯、汪晓凡、周凯、姚忠福、李屹松、刘艳红、马胜敏。

衷心希望广大读者能够喜欢这部世界知名的营销学著作。对于书中可能出现的翻译欠妥之处,还请多提宝贵意见,以利于日后改进。

郭国庆

中国人民大学

前言 市场营销原理 Principles of Marketing

《市场营销原理》第15版，全球备受信赖的营销学本科生教材

遍布六大洲40多个国家的学生都信赖科特勒与阿姆斯特朗合著的《市场营销原理》，把其作为了解基础营销概念和实践的可靠工具。这本书已被译成24种语言出版。第15版继续把现代营销的迷人世界以一种创新、全面、权威而又新鲜、实用、有趣的方式介绍给刚开始学习营销的学生。我们对每一页、每个图表、每个实例都倾注了努力，力求使其成为学习或教授营销学的最好课本。

营销：创造顾客价值和关系

杰出企业的优秀营销人员都认同一个目标：把客户放在营销的核心位置。如今营销仍然关注于创造顾客价值和建立可盈利的客户关系。它起始于理解顾客的需求和欲望，判断组织能够最好地服务哪个目标市场，开发有说服力的价值方案来吸引和发展有价值的顾客。如果一个组织把这些做好了，它就会得到市场份额、利润和顾客资产等方面的回报。

五个价值主题

《市场营销原理》第15版从始至终都在构建一个创新性的顾客价值和顾客关系框架来阐述营销的核心。它基于五个价值主题：

1. 为顾客创造价值以从顾客那里获得价值回报。今天的市场营销者必须擅长创造顾客价值和管理客户关系。具有一流营销水平的公司了解市场和顾客的需要，设计顾客驱动的能创造顾客价值的营销战略，开发能传递价值和满意的营销方案，并建立强大的顾客关系。作为回报，公司以销售额、利润与顾客资产的形式从顾客那里获得价值。

我们在第1章介绍了顾客价值框架，并详细地说明了营销如何创造价值和获得价值回报。这个框架在教材开篇提出并贯穿之后的所有内容。

2. 建立和管理强势品牌以创造品牌资产。定位准确且拥有高品牌资产的品牌，为建立可盈利的客户关系提供了基础。今天的市场营销者必须学会如何进行品牌定位，并对其妥善管理，从而创建有价值的品牌体验。

3. 利用新的市场营销技术。数字化和高科技营销技术的发展显著地改变了消费者和营销者双方。没有其他因素比技术对营销战略和实践的影响更深刻。第15版探索了新技术对营销的影响，例如，第1章中的数字化客户关系建立工具，第15章的新数字营销和在线技术，以及第1、5、14、15、17章的在线社交网络和消费者生成营销的爆炸性增长。

4. 测量和管理营销的回报。营销管理者需要确定每一笔营销支出都在发挥作用。在过去，许多营销者在一些大的营销项目中花费很多，却没有认真考虑这些投入的经济回报。但是一切都迅速改变了，“营销问责制”——测量和管理营销投资的回报——已经成为战略营销决策的重要组成部分。《市场营销原理》第15版始终都在强调这一点。

5. 全球可持续营销。随着技术的发展，世界正变得越来越小，市场营销者必须以一种可持续的方式在全球范围内进行品牌运作。第15版增加的新内容强调了可持续营销的重要性——在满足顾客和企业当前需求的同时，保存和提升未来满足其需求的能力。全书对全球营销和可持续营销进行了整合阐述。

对营销实践的重视

《市场营销原理》第15版采用营销和管理相结合的实用方法，提供了无数有深度的现实案例故事，从而展示了概念的实际运用和现代营销的戏剧性。每一章的开篇故事和营销实例都是全新或经过修订的，是对真实营销实践的深入洞察。

《市场营销原理》第15版为你创造的价值，比以往任何时候都多——它以一种有效和有趣的方式给你理解营销所需的一切！

目 录

市场营销原理
Principles of Marketing

第一部分 定义营销和营销过程

第二部分 理解市场与消费者

第四部分 扩展市场营销

第一部分

定义营销和营销过程

Principles of Marketing

第1章

营销：创造并获取顾客价值

学习目的

- ☐ 给出营销的定义并指出营销过程的步骤
- ☐ 解释了解顾客和市场的重要性，比较与营销相关的五个核心概念
- ☐ 识别顾客导向的营销战略的关键因素，讨论营销管理的方向如何指导营销战略
- ☐ 讨论客户关系管理，比较创造顾客价值和获取顾客价值的战略
- ☐ 描述在关系时代改变营销走势的主要趋势和力量

本章预览

本章介绍了一些营销学的基本概念。首先，本章以“什么是营销”这一问题开始。简单地说，营销就是管理有价值的顾客关系。营销的目的是为顾客创造价值，并以获取顾客价值作为回报。其次，我们讨论了营销过程的五个步骤：从了解顾客需求到设计顾客导向的营销战略和整合营销方案，再到建立顾客关系和从顾客身上获利。最后，我们讨论了在顾客关系时代，影响营销活动的主要趋势和力量。理解这些基本概念，形成关于营销的正确认识，能够为了解后续知识奠定坚实基础。

让我们首先从一个很好的故事——亚马逊公司(Amazon. com)的营销活动开始。作为全球领先的线上营销商，亚马逊成功的秘密是什么呢？其实根本没有什么秘密可言。亚马逊只是竭尽全力以顾客为中心，具有为顾客创造价值和保持顾客关系的极高热情。作为回报，顾客用品牌忠诚和购买力奖励亚马逊。你将会在第1章和本书其余内容中多次看到为顾客创造价值以期获得顾客价值这一主题。

亚马逊：致力于创造顾客价值和保持顾客关系

当你想要上网购物时，你很有可能第一时间想到亚马逊。这是网上购物的先驱者，1995年其创始人杰夫·贝佐斯在位于西雅图郊区的车库开设了第一家实体店，主营卖书。时至今日，亚马逊还是卖书，卖很多很多的书，但是同时，它也卖其余几乎所有的其他

产品，从音乐、电子产品、工具、家居用品、服装和杂货到裸钻和缅因州龙虾，应有尽有。

从一开始，亚马逊就呈现爆炸式的增长。它的年销售额从1997年的1.5亿美元飞速增长到今天的超过480亿美元。单单就近两年来说，尽管经济形势不稳定，亚马逊的收入和利润还是翻倍了，年增长量为40%。在刚刚过去的这个节假日中，来自全球各地的1.73多亿名消费者曾在一秒内购买超过110个产品。研究者认为，到2015年，亚马逊将成为历史上最年轻的突破千亿收入大关的企业（达到这个目标，沃尔玛花费了34年），也将成为沃尔玛之下的世界第二大零售商。

是什么让亚马逊获得了如此令人称奇的成功？亚马逊的创始人兼CEO贝佐斯将这样巨大的成功归因于简单的“关注顾客”几个字。这几个字的核心，就是让企业彻底变成消费者导向。贝佐斯认为驱动一切事物的核心就是要为顾客创造真正的价值。亚马逊认为，只要真正做为顾客着想、为顾客好的事，利润自然而然会出现。以此为方针，公司做到了以客户为先，以自己为后。先不管公司能用目前的资源和能力做什么，而是认真思考谁是顾客，他们需要什么，然后寻求资源和能力去满足顾客需求。

在亚马逊，以顾客价值为核心的方针远远超出仅仅“让顾客说话”的范围。在亚马逊做的每一个决定都是为了增加顾客体验。事实上，亚马逊的每一次会议都会有一个非常重要的人物——空椅子，空椅子代表着最为重要的顾客。有时候，空椅子并不是空的，而是坐着一个客户体验专员，这个客户体验专员是为了反映顾客利益而专门训练出来的。为了让空椅子的存在更加有意义，让这个空椅子代替消费者发声，亚马逊坚定不移地追踪了将近400条重要的顾客目标。

亚马逊热衷于满足顾客需求的举动，让公司有区别于其他公司的创新方式。比如，为了满足顾客想要更好地接触电子书和其他电子产品的需求，亚马逊推出了Kindle电子书阅读器，这是一款前所未有的全新产品。Kindle的研发耗费了4年时间，还有很多的功能有待去挖掘。但亚马逊从顾客出发的本心得到了顾客慷慨的回报。Kindle现在已经是公司最为畅销的产品，电子书的销量也超过了精装书和平装书。此外，公司新的Kindle Fire平板系列还引领了低价平板电脑的风潮。就这样，亚马逊增加顾客体验的本心让它在如今快速增长的电子媒体行业中取得了强势的地位。值得注意的是，Kindle不仅可以轻松连上亚马逊所售的电子书、音乐、视频和App，还可以让网上交互更加便利。

或许，对于亚马逊来说，怎么卖比卖什么更为重要，公司想要给每个顾客独一无二的体验。很多亚马逊网站的常客都对自己和公司有这么强的联系而感到惊讶，尤其在没有实际人际接触的场景中。亚马逊致力于让每个顾客都觉得自己的体验独一无二。比如，亚马逊的网站用顾客熟悉的方式向不同顾客打招呼，也为不同的顾客提供不一样的购物推荐。亚马逊是第一个使用“协同过滤”技术的公司，该技术通过顾客以往的购买记录和购买模式来进行筛选。公司期望将每个消费者的体验个体化，也就是说，如果有1.73亿名顾客，就要有1.73亿个店铺来为顾客服务。

到亚马逊网站访问的消费者可以获得很多好处：丰富的选择、良好的品质、低价和便利。但真正让消费者感觉到购物体验独特性的是“发现”这个功能。一旦你进入了网站，你会被“强迫”用一段时间来浏览、学习和发现。公司网站已经变成了一个让顾客可以浏览产品、探索购买、同其余访问者分享意见和评论以及与作者和专家在线聊天的在线社区。通过这样的方式，亚马逊所做的就不仅仅是在网上卖产品，它为顾客创造了直接的、个性化的网上购物体验。年复一年，无论什么行业，亚马逊在几乎所有客户满意度排名中都处于或者接近榜首。

为了为顾客创造更多的选择和发现，亚马逊很久以前就允许其他零售商——从Marks & Spencer百货公司到夫妻店——在亚马逊网站上销售其商品，从而创造了一个难以置信的虚拟购物中心。现在，公司还鼓励顾客在网站上卖自己的东西。最近随着AmazonSupply.com的出现，线上的卖家向商业和工业客户提供各种产品，从办公用品到辐射探测器和工业切割工具应有尽有。越来越大的选择范围吸引了越来越多的顾客，所有人都可以从中获利。亚马逊的营销团队这样说道："我们正在顾客生活中扮演越来越重要的角色。"

鉴于亚马逊强大的增长能力，很多人猜测它将变成网上的沃尔玛，同时也有人认为它已经变成了网上的沃尔玛。虽然亚马逊480亿美元的销售额远低于沃尔玛4 440亿美元的销售额，但网上销售额亚马逊比沃尔玛高出12倍。所以，沃尔玛在线上需要追逐亚马逊。也可以说，沃尔玛在线上方面想要变成亚马逊。然而，尽管沃尔玛规模庞大，但想要在线上追上亚马逊，沃尔玛还需要有和亚马逊相匹配的顾客体验，而这并不容易。

不管最终结果如何，亚马逊已经成为了关注并成功传递顾客价值的公司的典范。贝佐斯从一开始就意识到，如果亚马逊为顾客创造了无与伦比的价值，那将为公司带来生意，从而产生利润和回报。

如今，成功的企业都有一个共同点：像亚马逊一样，它们都着重于以顾客为中心，并强调营销观念。这些企业都绝对地致力于在界定明确的目标市场内识别并满足顾客的需要。它们激励组织内的所有成员以顾客价值创造为基础，构筑长久的顾客关系。

顾客关系和顾客价值在当今时代已变得尤为重要，随着急剧的技术变革及深刻的经济、社会和环境挑战，越来越多的消费者在作出购买决策时日渐谨慎，并开始重新评估他们与品牌之间的关系。结果是，基于真实和持久的顾客价值构建同顾客之间的牢固关系，比以往任何时候都更加重要。

1.1 什么是营销

营销同其他职能相比更多地涉及顾客，理解、创造、沟通、让渡顾客价值和满意是现代营销思想与实践的核心内容。虽然本章稍后将更详细地讨论营销的含义，但最简单的定义也许是：营销是在某种利润水平下让顾客满意。营销的两个目标包括向顾客承诺高价值来吸引新顾客，以及让顾客满意来留住现有顾客。

例如，麦当劳通过打造"顾客最喜爱的就餐地点及就餐方式"践行了"我就喜欢"的座右铭，使其市场份额接近同行业四大竞争对手市场份额的总和。沃尔玛也通过传递"省钱，活得更好"的理念让自己变成了世界最大的零售商和世界最大的公司。

良好的营销对每个组织的成功都至关重要。像宝洁、谷歌、塔吉特、丰田和万豪国际酒店(Marriott)这样的大型营利性公司都进行营销活动。而大学、医院、博物馆、交响乐团，甚至教堂这样的非营利性组织也同样进行营销活动。

事实上你已经对营销了解很多，因为营销无处不在。营销以你耳熟能详的传统形式展现：你看到营销带来附近商店货架上的丰富产品，你在电视、杂志、信箱甚至网页上的广告中看到了营销。但近年来，营销者采用了全新的营销手段，从网站、智能手机 App 到线上社交网站和博客。这些全新的营销手段并非仅仅向外传播信息，更重要的是，它们能够直接地、一对一地接触受众。今天的营销者想要成为你生活的一部分，通过帮助你选择、使用品牌来丰富你对其产品的品牌体验。

在家里、在学校、在工作单位，甚至在娱乐场所，无论你在何处都被置于营销的氛围之中。实际上，营销活动还包含许多消费者看不见的内容，在它后面是大量的人与活动在为获得你的注意力和手中的金钱而竞争。本书将更完整、更正式地介绍现代营销的基本概念和现阶段的实践情况。在本章中，我们首先对营销和营销过程进行定义。

1.1.1 营销的定义

什么是营销？许多人认为营销只是进行销售和广告。毫无疑问，我们每天都被电视广告、邮购目录、推销电话和邮件广告所困扰。然而，需要强调的是，销售和广告只是营销的冰山一角。

今天，营销不能再依照传统的思维方式理解为“劝说和推销”，而应是满足顾客需求。如果营销人员能够很好地理解消费者的需要，开发出具有较高价值的产品，并能有效地定价、分销和促销，那么他们就很容易销售这些产品。事实上，根据管理学大师彼得·德鲁克的观点，“营销的目的就是使销售变得没有必要。”推销和广告只是广泛的“营销组合”中的一部分，而营销组合则是一组共同作用以满足顾客需求和建立顾客关系的营销工具。

宽泛地讲，营销是通过创造和交换产品及价值，从而使个人或组织满足欲望和需要的社会和管理过程。从企业这个比较狭义的角度来讲，营销是指和顾客建立有利可图、充满价值的交换关系。更深一层，我们可以将**营销**(marketing)定义为：企业为了从顾客身上获得利益回报，创造顾客价值和建立牢固顾客关系的过程。

1.1.2 营销过程

图 1.1 给出了关于营销过程五个步骤的简单模型。在前四步中，企业努力去了解顾客、创造顾客价值和建立牢固的顾客关系。最后一步企业收获创造卓越价值的回报。通过为顾客创造价值，企业也以销售量、利润和长期顾客资产的形式从顾客身上获取回报。

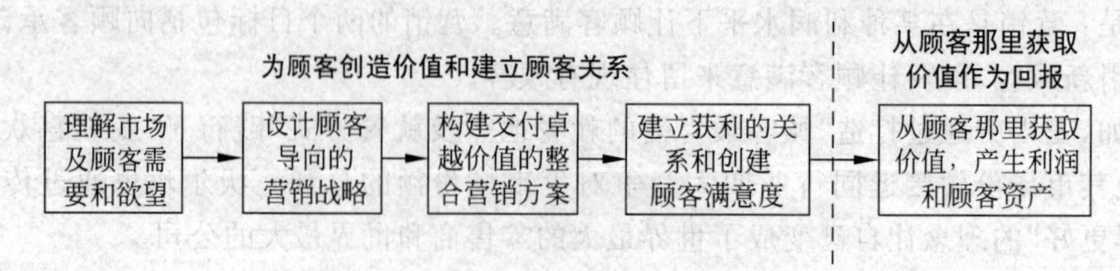

图 1.1 营销过程的简单模型

在本章和下一章，我们会检验这个简单模型的各个步骤。本章我们会先浏览每一个步骤，但是重点集中在关于顾客关系的步骤上——了解消费者，建立顾客关系，然后从顾客那里收获价值。而第2章，我们会更深入地关注第二步和第三步——确定营销战略和构建营销方案。

1.2 了解市场和消费者需求

营销人员第一步要做的就是了解顾客的需求和欲望以及自己所要面对的市场，我们现在看一下关于顾客和市场的五个核心概念：(1)需要、欲望和需求；(2)营销供给物（产品、服务和体验）；(3)顾客价值和顾客满意；(4)交换和关系；(5)市场。

1.2.1 顾客需要、欲望和需求

营销的基石是人类的需要。所谓**需要**(need)，是指人们感到缺乏的一种状态，包括：对食物、衣服、保暖和安全的基本物质需要；对归属感和情感的需要；对知识和自我实现的个人需要；等等。这些需要不是营销人员创造的，而是人类所固有的。

欲望(want)是由需要派生出的一种形式，它受社会文化和人们个性的限制。一个饥饿的美国人可能想要一个汉堡包、一袋炸薯条和一杯软饮料。而一个饥饿的巴布亚新几内亚人可能想要芋头、米饭、山药和猪肉。欲望是由人所在的社会决定的，由满足需要的东西表现出来。当考虑到支付能力的时候，欲望就转换为**需求**(demand)。人们就是依据他们的欲望和支付能力来选择并购买能最大限度满足其欲望的产品。

善于营销的企业总是尽可能深入地了解顾客的需要、欲望和需求。它们认真进行消费者研究，分析大堆的消费者数据，这些企业包括高层在内的各级人员都努力接近顾客。例如，Kroger 的主席兼 CEO 戴维·狄龙经常身着蓝色牛仔裤在 Kroger 超市里面游荡并和顾客交谈。他想要通过顾客的眼睛来观察，弄清楚他们做决策的依据。无独有偶，福特的 CEO 艾伦·穆拉利也花时间和经销商们交流以更好地接近顾客。

1.2.2 营销供给物——产品、服务和体验

消费者的需要和欲望通过营销供给物得到满足。**营销供给物**(marketing offerings)是提供给某个市场来满足某种需要和欲望的产品、服务、信息和体验的组合。营销供给物并不局限于实体产品，还包括那些用来出售的不可触摸、不会涉及所有权的服务、活动和利益，例如银行、民航、饭店、税务咨询和家庭装修服务等。

更广义地讲，营销供给物也包括其他元素，例如人员、地点、组织、信息和思想等。例如，“纯美密歇根”活动将密歇根州定位为“让未经破坏的自然唤醒您灵魂”的旅游目的地；由美国农业部和健康与人类服务部联合举办的“让我们动起来”活动旨在鼓励儿童和他们的家庭摄入健康食物、增加体育锻炼，以减少儿童肥胖。其中有一个广告是这样的：“家庭的快乐周五：跳舞、玩耍、在公园里散步，让你和你的家庭在每一个周五动起来！”

许多销售商过多地注重实物产品本身，而忽视了产品所提供的利益，这往往会导致错误。这些销售商得了“营销近视(marketing myopia)”。正是由于这些营销人员被直接欲

望所驱动，忽视了对用户需要的仔细分析，他们忘记产品只是消费者用来解决问题的工具。钻头制造商可能认为用户想要的是钻头，但事实上，用户真正想要的是孔。所以，当某种能够更好、更便宜地满足用户需要和欲望的新产品出现时，他们就会遇到麻烦，因为具有这种需要和欲望的用户将转向新产品。

聪明的营销者不只看到了他们所销售的产品和服务的属性。通过精心安排一些服务和产品，他们为消费者创造了一种品牌体验。举例来说，当你进入迪士尼乐园的时候，你和你的家庭进入的是一个充满奇迹的国度，在那里，梦想会成真，一切井井有条。

即使一个看起来是功能型的产品也能变成体验。惠普公司也意识到，个人电脑并不仅仅是电线和电子元器件的组合，它是一种个人使用体验。正如惠普广告中指出的，"没有任何东西比你的电脑更私人化，电脑是你的备用大脑，是你的生命……是你那灵光闪现的创意，是你那犹豫不决的计划，也是你那眼花缭乱的算法。"它是你和周围世界的联系。惠普的广告不谈很多关于技术层面的东西，但它们宣告惠普的技术可以帮助你与如今快速发展的世界无缝连接。

1.2.3 顾客价值和顾客满意

顾客通常面对众多可以满足某种特定欲望的产品和服务，他们如何在这些产品和服务中作出选择呢？顾客对产品和服务会带来的价值和满意度形成期望，并且作出相应的购买选择。满意的顾客会重复购买，还会把自己对产品的满意体验告诉其他人。不满意的顾客则会转向竞争对手，并且向其他人批评这种产品。

营销者必须谨慎地确定消费者的预期水平。如果他们设定的预期太低，他们也许能让那些购买者满意，但是无法吸引更多的购买者；如果他们设定的预期太高，购买者很可能不满意。顾客价值和顾客满意是发展和管理顾客关系过程中的关键基石。在后面的章节中我们会再次阐述这些核心观点。

1.2.4 交换和关系

当人们开始通过交换来满足欲望和需求的时候，就出现了营销。**交换**(exchange)是指从他人那里取得想要的物品，同时以某种物品作为回报的行为。广义上说，营销人员试图让人们对营销行为作出反应，这种反应不仅仅是购买或交换某种物品或服务。例如，政治候选人想引起的反应是选票，教会想要的反应是人们成为教会会员，管弦乐队想要的反应是听众认可，社会团体想要的反应则是让人们接受某种观点。

营销包括与想要某种产品、服务、思想或其他事物的目标人群建立和保持合理交换关系的所有活动。营销目标除了吸引新顾客和创造新交易，还要保持老顾客，并通过他们让企业的业务有所增长。营销人员必须保证传递优质的顾客价值从而建立牢固的联系。在本章的后面部分，我们将会对客户关系管理这一重要概念进行讨论。

1.2.5 市场

从交换和关系的概念可以导出市场的概念。**市场**(market)指某种产品或服务的实际购买者和潜在购买者的集合。这些购买者都具有某种欲望或需要，并且能够通过交换得到满足。

营销就是要管理市场来形成有价值的顾客关系。但是，建立这些关系需要做大量工作，卖者必须寻找买者，确认其欲望，为其设计适当的产品或服务，确定价格并进行促销、储存和运输。诸如消费者研究、产品开发、沟通、分销、定价以及服务等活动构成了营销的核心内容。

尽管人们通常认为营销活动是由卖者进行的，但实际上买者也进行营销活动。当消费者按其支付能力寻找所需产品时，与企业互动以获取信息时，以及作出购买决策时，消费者就是在进行营销活动。事实上，当今的电子技术，从网站到在线社交网络再到手机，都使消费者的力量提升并使营销成为一种真正意义上的互动活动。因此，除顾客关系管理之外，今天的营销者也必须有效地处理顾客管理的关系（customer-managed relationship）。营销者不仅需要考虑"我们怎样才能够找到顾客"，还需要考虑"顾客怎样才能够找到我们"，甚至是"我们的顾客怎样才能够找到彼此"。

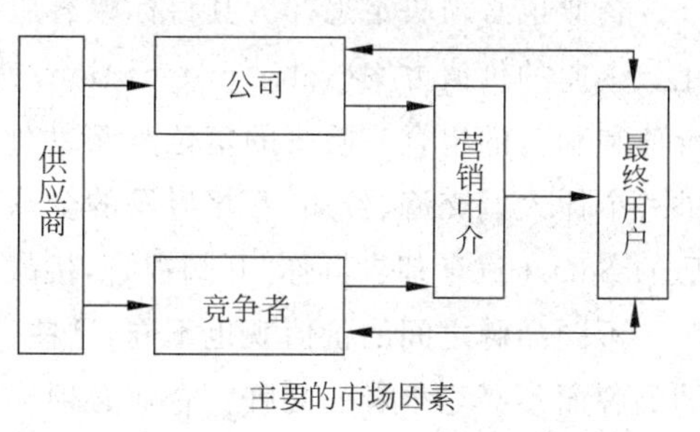

图 1.2 现代营销系统

图 1.2 展示了现代营销系统的主要参与者。营销涉及在面对竞争者的情况下为市场和最终用户提供服务。企业和竞争者研究市场并与顾客互动以了解他们的需求，企业和竞争者都把产品信息直接地或通过营销中介间接地传给最终用户。在这个系统中，所有成员又都受到环境因素的影响（包括人口统计、经济、自然环境、技术、政治法律以及社会文化等因素）。

系统中的每一个参与者都为下一个参与者创造价值。因此，一个企业成功与否不仅取决于自己的工作，还取决于整个价值链满足最终用户需要的程度。例如，沃尔玛不可能单独保证出售低价格的商品，除非供应商也提供低成本的货物。同样，福特公司也无法为汽车购买者提供高质量的汽车拥有体验，除非它的经销商也能提供卓越的销售和服务。

1.3 设计以顾客为导向的营销战略

一旦完全了解了消费者和市场，营销管理就能设计出以顾客为导向的营销战略。我们把**营销管理**（marketing management）定义为一门选择目标市场并且与之建立有利关系的艺术与科学。营销管理的目的是通过创造、传递和交换优质的顾客价值来发现、吸引、保持和发展目标顾客。

为了设计可以取胜的营销战略，营销经理必须问两个重要的问题：我们服务的是什么样的顾客（我们的目标市场是谁）？我们怎样更好地服务这些顾客（我们的价值观是什么）？这里，我们将简短讨论这些营销战略观念，然后第 2 章和第 7 章更详细地探讨它们。

1.3.1 选择服务对象

企业首先必须决定它要服务谁，这是通过把市场划分为不同的顾客（市场细分）和选择它将要针对的那部分顾客(选择目标市场)来实现的。一些人认为营销管理就是找出尽可能多的顾客并且增加需求。但是营销经理知道他们不可能服务所有的顾客。如果尝试着服务所有的顾客,那么最后他们可能任何顾客都服务不好。相反,企业希望选择一部分自己能够服务好并且能盈利的顾客,例如,诺德斯特龙(Nordstorm)商店针对的目标是富裕的专业人士,达乐(Dollar General)商店则针对普通收入的家庭。

最后,营销管理者必须决定目标顾客是谁,以及他们的需求水平、需求时间和性质,换句话说,营销管理就是顾客管理(customer management)和需求管理(demand management)。

1.3.2 选择价值方案

企业也必须决定怎样为其目标顾客服务——在市场中它该如何定位,如何实现差异化。企业的价值方案(value proposition)就是企业承诺传递给顾客用来满足顾客需求的价值和利益的组合。脸书的定位是帮助你与生活中的人联系和分享,YouTube 则是“提供一个让人们交流、告知、互相启发的全球化场所”。宝马汽车承诺“终极的驾驶机器”,小巧的 Smart 汽车却告诉你“开阔视野,挑战现实”。

不同品牌之间的价值观也不同,这些价值方案回答了顾客的疑问:“为什么我要买你的品牌而不买竞争者的品牌?”企业必须确定一个强有力的价值方案,以便在目标市场里能带来最大的优势。例如,Smart 汽车的定位是:坚固且舒适、灵敏且经济、安全且环保。它是“绝对的汽车天才,驾驶畅快、设计精巧、思维敏锐”。New Balance 的轻跑鞋想要“如同赤脚,却又更好”,而 Vibram FiveFingers 的鞋子则是“技术”。

1.3.3 营销管理理念

我们已经把营销管理描述成为实现与目标市场的预期交换关系所从事的一系列活动。然而,应该用什么样的思想来指导营销?如何平衡组织、顾客和社会的利益?通常,这三者的利益是互相冲突的。

组织在进行营销活动时可能采用以下五种观念,即生产观念、产品观念、推销观念、营销观念和社会营销观念。

生产观念 生产观念(production concept)的基本观点是:顾客会接受任何他能买到并且买得起的产品。因此,管理的主要任务就是提高生产和分销的效率。这种观念是最早的营销思想。

生产观念在某种情况下仍然是一种有用的管理哲学。例如,个人计算机生产商联想和家用电器生产商海尔都通过低劳动力成本、高生产效率和广泛分销来占领竞争白热化、价格敏感的中国市场。然而,尽管生产观念在某些条件下依然适用,但是它容易导致企业形成“营销近视”。采用这个理念的企业面临着风险,主要是它们过度集中于自身运作,而失去了对真正目标——满足顾客需求和建立顾客关系——的认识。

产品观念 产品观念(product concept)是另一种营销理念,它的基本假设是:顾客喜欢质量最好、操作性最强、创新功能最多的产品。因此，企业应该集中力量改进产品。

产品质量和功能改良是大多数营销战略的重要组成部分。然而，仅关注企业的产品也会导致营销近视。例如，一些制造商确信，如果它们能生产出更好的捕鼠器，就会顾客盈门。但事实常使它们大失所望，因为顾客为了解决灭鼠问题会寻找各种方法，未必非使用捕鼠器。这些更好的方法可能是喷撒化学药品，寻求灭鼠服务，或比灭鼠器更有效的其他方法。此外，即使是一种更有效的灭鼠器，如果它在设计、包装和价格上缺乏吸引力，在分销渠道上不够方便，也不能引起顾客的注意。人们很难相信它是更好的产品，企业也就很难把它卖出去。

推销观念　许多组织奉行**推销观念**(selling concept)。这种观念的基本假设是：如果组织不进行大规模的促销和推销，顾客就不会购买足够多的产品。这种观念在非寻求类商品(unsought goods)的生产厂商中尤为盛行。非寻求类商品是指在正常情况下，顾客不想购买的商品，例如百科全书或保险。在这类行业中，企业必须善于追踪可能的购买者，向他们灌输产品的种种优点以完成销售。

然而，这种野心勃勃的销售面临着高风险，因为它更关注促成交易而非建立长期获利的顾客关系。这种推销的目的是将企业产品销售出去而不是生产市场需要的产品。这种观念假设那些被说服购买的消费者会喜欢所购买的商品，或是即便顾客不喜欢，他们也可能会忘记这种不愉快而在不久后继续购买。这些假设通常是站不住脚的。

营销观念　**营销观念**(marketing concept)认为，实现组织目标的关键在于正确确定目标市场的欲望和需要，并比竞争者更有效地满足顾客的欲望和需要。在营销观念下，得到顾客关注和顾客价值才是销售和获利之路。和以产品为中心的“生产和销售”观念不同，营销观念是以顾客为中心的“感知和反应”观念。营销工作不是为你的产品找到合适的顾客，而是为你的顾客生产合适的产品。

推销观念和营销观念很容易混淆，图1.3将这两种观念做了比较。推销观念是由内向外进行的，它起始于工厂，强调企业当前的产品，进行大量的推销和促销以便获利。着眼点在于征服顾客，追求短期利益，从而忽视了谁是购买者及为什么购买的问题。

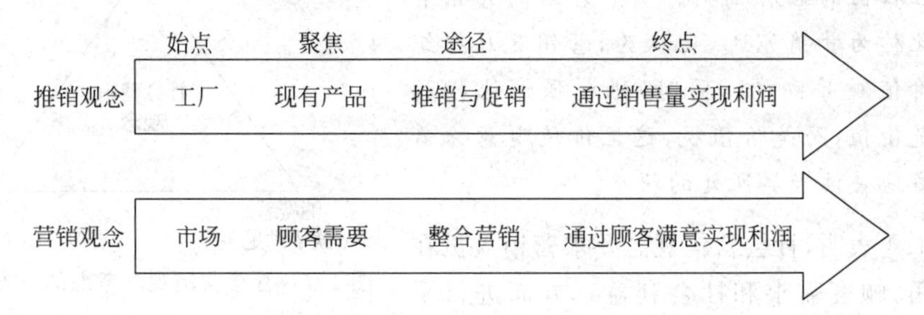

图1.3　推销观念与营销观念的比较

与此相反，营销观念是由外向内进行的。正如西南航空公司(Southwest Airlines)首席执行官赫布·凯莱赫所说，“我们没有营销部，只有顾客部。”营销观念起始于明确定义的市场，强调顾客的需要，协调影响顾客的所有营销活动，按照顾客的价值和满意状况建立与顾客长期的互惠关系并由此获利。

履行营销观念通常不是简单地对顾客已表达出的愿望和明显的需求作出响应。顾客导向的企业对现有顾客进行调查，以便了解他们的愿望，收集新产品和服务的点子，检测被提议产品的改进程度。这些顾客导向的营销通常适用于有明显的需求，以及顾客知道自己想要什么的情况。

但是，也有不少情况下顾客并不知道自己想要什么，甚至不知道什么是可能的。就像亨利·福利曾说过，“若是我问别人想要什么，他们也许会说自己想要跑得更快的马。”例如，在20年前，有多少人认为需要笔记本电脑、手机、数码相机、24小时网上购物、汽车卫星导航系统？我们把这种情况称为驱动顾客（customer-driving）的营销——比顾客更了解他们的需求，创造在目前以及将来都能满足现有需求和潜在需求的产品和服务。正如3M公司的一位经理所说，“我们的目标是在顾客知道他们想去哪里之前引导顾客走向那里。”

社会营销观念 **社会营销观念**（societal marketing concept）对纯营销观念忽视消费者短期需要和长期福利之间的冲突提出了质疑。一个满足了目标市场顾客需要的企业是否能够为顾客长期做到最好？社会营销观念认为，营销战略在给顾客传递价值时应该保持或发展消费者与社会的双方面利益。这需要可持续营销，这种对社会和环境负责任的营销活动不仅可以满足消费者和企业当前的需求，也可以保证后代的需求得以满足。

进一步来说，现在很多领先企业和营销专家都在宣扬共享经济的价值，因为共享经济应用了社会需求来定义市场，不仅仅是经济上的需求。

共享经济在创造经济价值的同时，也为社会创造价值。越来越多以精明务实闻名的企业，比如通用电气、谷歌、IBM、英特尔、强生、雀巢、联合利华和沃尔玛，都在通过重新构想企业与社会的关系来创造共享经济。它们关心的不只是短期的经济收益，而是顾客的幸福、自然资源的消耗、关键供应商的生存能力以及它们生产和销售所在社区的经济福利。一个著名的营销者将此称为营销3.0。他认为，营销3.0组织是价值观导向的。同时，他也强调他指的不是价值，而是价值观，这里价值观意味着更多地关注世界所处的状态。

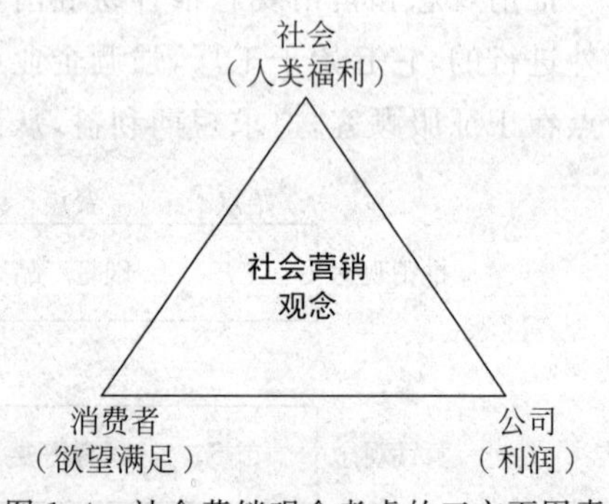

图1.4 社会营销观念考虑的三方面因素

图1.4表明，社会营销观念要求营销人员在企业利润、顾客需求和社会利益三方面进行平衡。联合包裹快递公司（UPS）在这方面就很优秀。

联合包裹快递公司不仅追求短期销售和利润，它的企业长期发展三重使命强调经济繁荣（通过以顾客为中心谋求经济增长）、社会责任（注重社区建设和个人福利）和环境管理（有效地保护环境）。无论是将企业的操作过程绿色化还是敦促员工自愿参加社区活动，联合包裹快递公司总是积极寻求机会投身到社会责任活动中。联合包裹快递公司深知，做正确的事情可以使消费者与企业同时获益。通过高效运营和担负责任，公司可以“满足企业发展的需要，同时保护和提升未来所需要的自然资源和人力资源”。社会责任“不仅对环境发展有益，对企业生意的发展也大有裨益”。

1.4　准备整合营销计划和方案

企业的营销战略描述了企业将要服务的顾客以及如何为这些顾客创造价值的方法。下一步，营销者将创建营销方案，以便准确地把计划好的价值传递给目标顾客。它构成了企业的营销组合，即企业用来执行其营销战略的营销工具组合。

主要的营销组合工具被分为四组，称为营销 4P，分别是产品、价格、渠道和促销。企业为了传递自己的价值方案，首先必须创造能够满足需求的营销供给物（产品），同时必须确定购买这个产品需要多少钱（价格）以及怎样使这个产品更方便地接近目标顾客（渠道），最后，企业必须和目标顾客就这个产品进行沟通并用产品的优点来说服顾客购买（促销）。企业必须搭配使用营销组合工具，从而形成整合营销计划，这个营销计划可以向特定顾客传递核心价值。我们将在以后章节详细介绍营销方案和营销组合。

1.5　建立顾客关系

营销过程的前三步——了解市场和顾客需求、设计顾客导向的营销战略、构建营销方案——都是为了第四步，也是最重要的一步：建立有价值的顾客关系。

1.5.1　客户关系管理

客户关系管理（customer relationship management，CRM）可能是现代营销理论中最重要的观念。狭义的 CRM 被定义为一种顾客数据管理活动，根据这个定义，它包含了管理单个消费者的具体信息和谨慎管理顾客“接触点”来最大程度提高顾客忠诚度。我们在第 4 章讲述营销信息处理问题的时候，将讨论这种狭义的 CRM 活动。

但是，大多数的营销学者按照更广泛的意思来理解客户关系管理。在这种广义理解下，客户关系管理是指通过传递优质的顾客利益和满意来建立和保持有价值的顾客关系的整个过程。它处理的是关于获得、保持和增加顾客的所有方面的问题。

建立关系的构成要素：顾客价值和满意　建立持久顾客关系的关键是创造优质的顾客价值和满意。满意的顾客更易成为忠诚的顾客，并且给企业带来更多的业务。

顾客价值　吸引顾客、维持顾客都是很难的任务。顾客往往面临着一系列产品和服务，再从中选择一个。顾客会选择提供给他最高顾客感知价值的企业的产品——**顾客感知价值**（customer-perceived value）是指与其他竞争产品相比，顾客对拥有或使用某种产品的总利益和总成本进行衡量后的差额价值。重要的是，顾客常常并不是精确且客观地判断某种产品的价值和成本，而是根据他们的感知价值行事。

对某些顾客而言，价值也许意味着以可承受的价格购买到的优质产品。然而对其他顾客而言，价值或许意味着投入越多、收获越多。例如，一个顶级的韦伯峰会 E-670 烧烤架的建议零售价为 2 600 美元,比竞争对手查尔—布罗伊最好的烧烤架的价格高出 5 倍。根据韦伯的说法,其烧烤架拥有最高品质的材料、独有的特性和迷人的外观。然而,韦伯的营销也表明,烧烤架值得它的高价格。你是为了得到实用的功能而花钱,如不锈钢的结构、宽敞的烹饪空间、照明控制按钮、自动化的旋转式烤肉系统,以及可让你知道油箱里还剩多少丙烷的 LED 指示灯。与便宜的烧烤架相比,韦伯的烧烤架是否值得更多的溢价?对很多消费者而言,答案是否定的。但就它所针对的爱好时尚的富有消费者而言,答案却是肯定的。

顾客满意 **顾客满意**(customer satisfaction)取决于产品的感知使用效果,这种感知效果与顾客的期望密切相关。如果产品的感知使用效果低于顾客的期望,他们就不满意;如果产品的感知使用效果与顾客的期望一致,他们就满意;如果产品的感知使用效果高于顾客的期望,他们会高度满意或非常高兴。

成功营销的企业总是努力使顾客满意。很多研究表明,高水平的顾客满意导致更高的顾客忠诚,进而使企业取得更好的绩效表现。聪明的企业仅向顾客承诺它们能够保证的基本服务,而实际却向顾客提供更多、更好的服务,如此就可以使顾客满意。满意的顾客不仅会重复购买,而且会成为营销伙伴和“顾客传道者”,顾客会把他们的良好体验通过口碑宣传告诉其他顾客。

对那些致力于顾客满意的企业而言,为顾客创造额外的价值和良好的服务已成为企业整体文化的一部分。例如,捷蓝航空每年都在客户满意度方面排在航空业界的前列。公司的口号——“捷蓝航空:您高于一切”——告诉客户,他们是公司战略和文化的核心。

> 捷蓝航空公司有为客户创造一流的服务体验的热情。在捷蓝航空,从基本的设施起,所有的客户服务都超过了客户的期望,特别是对于低成本的经济舱座位,增加了额外的腿部空间、免费的优质零食和卫星电视。但真正让捷蓝航空与众不同的是它的人文关怀。捷蓝航空的员工不仅知道公司的核心价值观——安全、诚信、关心、激情和乐趣——他们还乐于去实施。这些发自内心的价值观造就了卓越的客户体验,使捷蓝航空的客户成为航空行业中最满意、最热情的顾客。
>
> 事实上,捷蓝航空经常与客户进行对话。例如,它的“体验捷蓝”网站提供了来自忠实粉丝的推荐。在一场名为“真诚的捷蓝”的广告宣传活动中,顾客们为捷蓝航空员工的特殊服务进行了宣传。例如,客户布莱恩讲述了捷蓝航空的一个乘务员如何在起飞前从飞机上冲出去为他找回落在出租车上的 iPod。康涅狄格州达里恩市的斯坦斯夫妇告诉我们,他们是如何在度假时带着疲惫的三个孩子在深夜到达机场,结果却发现无法入住他们所订的酒店。“在我们的身后,我们听到了一个声音,‘走吧,用我的房间吧,’”斯坦斯夫妇说,“一个身穿捷蓝航空飞行员制服的超级英雄优雅慷慨地让出了自己的房间,拯救了我们的夜晚,令我们能够睡得像婴儿一样香甜。谢谢你,捷蓝航空。”所以,捷蓝真正的意思是要告诉客户:“你最重要。”它“让我们回到我们的 DNA,我们最初的使命,是将人性带回空中旅行,”捷蓝航空的高级营销副总裁说。

其他以服务闻名的公司包括美捷步(Zappos. com)、丽思卡尔顿酒店(Ritz－Carlton Hotels)、亚马逊(Amazon. com)和丰田(Toyota)(见营销实例1.1)。然而，公司不需要过多的服务来创造客户的快乐。一位专家表示："相比于眼花缭乱的服务体验，客户满意度与公司最基本甚至最普通的承诺有很大的关系。为了赢得顾客的忠诚，忘记那些华而不实的东西，只需要去解决他们的问题。"

营销实例1.1

日本丰田：顾客至上

日本丰田以其非凡的客户服务而闻名。这一广受欢迎的汽车制造商旨在为客户提供最好的服务，使他们的客户体验令人难忘。尽管丰田在过去的几年中召回了部分汽车，但它一直被列为客户服务的顶级品牌之一。事实上，丰田处理召回事件的方式令一些客户对丰田的客户服务感到更加满意。

丰田公司基于"客户至上"的理念，开展了一系列的业务活动。这一概念建立于1935年，已成为丰田集团的指导理念，以确保其始终能够为客户提供最好的服务。丰田同时也确保它的经销商能追随这一理念，因为塑造公司形象是经销商重点需要去做的。

为保证顾客能够得到优质的维护服务，丰田发起了一项计划，即由其代表随机访问日本各地区的国内经销商，以检查它们为客户提供的服务的质量。这个计划的主要目的是确保客户至上的理念得以正确贯彻和落实。

丰田公司在收集信息方面付出了巨大的努力，并向客户征求他们对品牌体验的反馈，这是通过与客户的深入协商来完成的。丰田公司关注客户的意见，并不断改进工作。客户提出的所有建议都得到了认真的考虑，任何投诉都被仔细分析，丰田公司试图找出客户的不满之源，并避免同样的问题在将来再次发生。

此外，丰田公司亦会向经销商收集资料，并向购买新车的人士发放问卷，以确保他们的经销商能够为他们提供最优质的服务。丰田公司对这些信息进行仔细的分析，并找出薄弱环节，确定改进的措施。客户的意见和建议在丰田的客服部门中起着至关重要的作用。以下是丰田的一些令客户感到喜悦的故事：

- 一名男子讲述自己在参加葬礼时的经历，他听到他的丰田汽车发出了奇怪的声音。因此，他就近找到了一家丰田4S店对汽车进行安全检查。尽管有几辆车在他之前预订了服务，但当听到他急着要去参加葬礼后，员工优先为他的车进行了检查。员工们非常友好和乐于助人，他们检查了汽车，且没有向客户收取费用。
- 另一位客户也十分钦佩丰田公司的出色服务。他表示，员工们总是那么热情友好。他的服务经理总是能提前给出服务的报价和所需时间，而且时间从不超过预计。他指出，员工有耐心、有礼貌，并且随时准备回答他的任何问题。他说这是他所得到的最好的客户服务。
- 一位女士也对她第一次购买丰田汽车的经历有着极高的评价。她起初感到焦虑和困惑，但丰田经销店的员工让她的整个经历都变得轻松和愉快。员工们为她提供了优质的服务和待遇，她表示希望所有第一次买丰田车的买家都能像她一样幸运地拥有如此美好的经历。

丰田于2010年7月在世界各地建立了客户培训中心。这些培训中心将指导员工如何对待顾客,"顾客至上"的原则应该在任何时候都适用,而且无论情况如何,都不能例外。这些中心的成立是为了确保丰田的全球合作伙伴能够为所有客户提供出色的服务,就像日本的主要分支机构一样。虽然这些培训中心直到此时才成立,但其背后的理念是丰田公司成立以来一直贯彻的。

丰田正在培训其员工在特定工作场所服务客户的技能,使他们能够为客户提供所有必要的信息。对员工来说,能够解释丰田为客户提供的潜在且关键的利益是非常重要的,从售后服务的角度来照顾客户也同样重要。因此,为员工提供培训确保了丰田巨大的利益。

公司与专门的售后服务机构建立了合作关系,目的是解决客户购车后的问题。售后服务是客户服务一个非常重要的组成部分,因为它表明,丰田公司将继续为其客户提供他们在购买汽车时所获得的服务质量,并提高客户的满意程度。

丰田客户服务中心以及雷克萨斯品牌的信息服务中心一年365天都在日本提供免费的电话服务。该中心旨在为顾客提供便利,员工随时准备着在任何时间对顾客的意见和投诉作出回应。丰田以此表明,它的员工每天24小时都在待命,因为公司极其重视顾客。

除了提供有关丰田汽车的信息外,客户服务中心还提供了有关其他各种问题的信息。例如,在最近的日本地震之后,客户关心的是在哪里能获得燃料、哪些加油站在运行,以及如何处理在地震中受损的车辆等问题。当员工面对这些问题时,他们会礼貌地回答客户,就像他们回答有关公司的任何问题一样。在困难时期提供的稳定和保障,凸显了公司对客户的关注。

虽然以客户为中心的公司追求的是与竞争对手相比更高的客户满意度,但它并不试图最大限度地提高客户满意度。公司可以通过降低价格或增加服务来提高客户的满意度,但这可能导致利润下降。因此,营销的目的是创造会带来利润的客户价值,这就需要一个非常微妙的平衡:市场营销人员必须继续创造更多的客户价值和满意度,而不是"把房子送出去"。

顾客关系的等级和工具 企业可以根据自己目标市场的特征把顾客关系分成许多等级。一个极端是,拥有很多低端顾客的企业可能只要发展基本的顾客关系就可以了。例如,耐克不会打电话或者召集所有的客户来了解他们的个人信息。相反,耐克通过品牌建设广告、公共关系和企业网站(www. Nike. com)来建立关系。而另一个极端是,在只有少量高端客户的市场上,销售商希望和关键客户建立完全合作伙伴关系。例如,耐克的销售代表与Sports Authority、Dick's Sporting Goods、Foot Locker及其他大型零售商紧密合作。在这两种极端的状态之间,还有很多种不同的客户关系等级。

除了提供持续性的高价值和满意度之外,营销者可以使用特定的营销工具来发展与顾客之间的紧密关系。例如,许多公司提供常客营销计划,奖励那些频繁购买或大量购买的顾客。航空公司提供常客优惠计划,酒店为常客提供客房服务升级,超市为"VIP顾客"提供优惠折扣。现在几乎每个品牌都有一个忠诚奖励计划。例如,快速休闲餐厅Panera

的 MyPanera 忠诚计划，让经常光顾的顾客感到惊喜，比如免费的烘焙咖啡、独家品酒和展示，以及一些特殊活动的邀请。几乎一半的 Panera 购买都记录在 MyPanera 卡上。该项目不仅让 Panera 跟踪客户的个人购买记录，还让公司与每个 MyPanera 成员建立了独特的关系。

其他企业推出俱乐部营销方案，给俱乐部成员提供特殊优惠，为他们建立会员协会。例如，苹果公司鼓励客户组建本地苹果用户群。超过 800 个苹果用户群每月在全球范围内提供月度会议、时事通讯、技术问题咨询、培训课程、产品折扣以及苹果粉丝交流想法和故事的论坛。同样，买一个韦伯烧烤架后，你也可以加入 Weber Nation——"真正热爱韦伯的人的网站"。"会员资格让您可以独享各种资源，如在线烧烤课程、互动食谱、烧烤技巧和 24/7 电话支持、音频和视频播客、与其他烧烤狂热分子互动的论坛，甚至有机会在韦伯电视广告中成为明星。从今天起成为一名有活力的会员吧。"

1.5.2　客户关系变化的特征

在营销领域最深刻的新进展就是现今企业与顾客连接方式的变化。以前的企业主要是在它们势力范围所能及的任何角落进行无差异的营销。现在的企业更精心地选择自己的客户，同他们建立更深入、更持久、更直接的关系。以下是目前企业在和顾客建立关系过程中出现的一些新趋势。

与精心选择的客户连接　今天很少有企业还在进行真正意义上的无差异营销，也就是说对所有顾客不加区别地以标准化方式进行销售。今天，几乎所有的营销人员已经认识到他们并不是想同任何一位顾客进行连接。相反，大多数营销人员更专注于把目标对准那些人数更少，但获利性更好的顾客。一位分析师指出："不是所有的顾客都值得你花费营销努力，服务某些顾客的成本远比失去这些顾客的成本要高。"另一位营销专家补充道："如果你不能分辨出谁不是你的顾客，那么你也就无法分辨出谁才是你的顾客。"

如今，许多企业使用顾客盈利性分析，筛选和剔除不合适的顾客而将服务聚焦在盈利顾客上。一种操作方法就是预先屏蔽掉潜在获利性较差的顾客。美国前进(Progressive)保险企业是该方法的有效践行者，该企业首先通过让预期顾客回答一系列筛选问题来决定他们是不是企业的潜在顾客。如果他们不是的话，企业就可能会告知他们："你可以去好事达(Allstate)。"一位营销咨询师解释说："这些企业选择将非盈利顾客转让给竞争对手，而不是花费营销资源服务这些非盈利顾客。"屏蔽掉非盈利顾客使得美国前进保险企业可以集中精力为潜在盈利顾客提供更好的服务。

但是，企业应该如何对待其已经拥有的非盈利顾客呢？如果企业不能将这部分顾客转化为盈利顾客，企业就可能选择剔除这些顾客，而不是花费更多的成本继续为这些顾客服务。一个营销人员建议说："通过解雇你的客户来拯救你的公司。嗯，不是所有的顾客——只是那些要求的比他们所付出的更多的人。"另一个营销人员补充说："解雇你无法取悦的客户，你就会有足够的资源来照顾那些真正值得你注意，并以推荐、掌声和忠诚来回报你的客户。"看一下这个例子：

> Sprint 最近给 1000 个人发送信件告知他们已经被遣散了，只是这些人并非公司的雇员而是公司的顾客。大约在一年的时间里，这家无线服务提供商一直在追踪一

群经常呼叫维修服务的用户的号码和呼叫次数。Sprint 的一位发言人介绍:“在某些情况下,即便是我们认为这些用户的问题已经解决了,他们依然会一个月呼叫维修服务上百次。”最终,这家公司认为它已经不能够继续满足这些用户的需求,因此切断了对这些顾客的服务。这种“顾客剥离”行为曾被认为是反常规的,但是,新的市场细分方法和技术使得保持“正确”的顾客和剔除问题顾客都变得更为容易。

更深入和更注重互动的连接 除了更为精准地选择顾客之外,企业现在正以更深入、更有意义的方式与顾客进行连接。现在的营销者已不再依赖单向的大众传媒信息,他们正在整合新型的、互动性更强的营销方法来建立双向顾客关系。

双向顾客关系 新技术已深刻改变了人们彼此间联系的方式,人际连接的新型工具包括邮件、网站、博客、电话、视频分享、在线社区,以及诸如脸书、YouTube 和推特之类的社交网络工具。

沟通环境的变化也影响了企业及其品牌与消费者连接的方式,全新的沟通方法使营销者创造出更深入的顾客涉入度和品牌社群的容纳感,进而使品牌成为消费者沟通与生活中很有意义的组成部分。一位营销专家指出:“成为消费者间沟通内容的一部分,显然比通过传统广告单向传递信息更为有效。”另一位营销专家认为:“这不再仅仅只是推送信息,它允许每个人以一种独特的方式真正感到他们是品牌的一部分。”

然而,新技术在为营销者创造建立关系的机会的同时,也带来了威胁,这些新技术赋予消费者更多的权力和控制。今天的消费者比以往拥有更多的品牌信息,他们也具有与其他消费者分享品牌信息的更广泛平台。因此,当今的营销界不仅包括顾客关系管理,也包括**顾客管理的关系**(customer-managed relationships)。

消费者控制意味着在建立顾客关系时,企业不再依赖侵入性较强的营销活动,取而代之的是,营销者要通过“吸引顾客”来履行营销活动,这意味着营销者要创造和提供使消费者能够主动投入其中的供给物而不是仅仅打扰消费者。因此,如今大多数营销者用种类丰富的直销方式来补充大众媒体营销活动,以增强品牌—消费者之间的互动。

例如,现在很多品牌通过自身的社交网络或者现存的社交网络工具同消费者之间实现积极对话。为了使营销活动更丰富,企业例行在视频分享网站上发布最新广告和网络视频。它们加入社交网络,或者建立自己的博客、在线社群、消费者自主生成评论系统,所有这些活动旨在以更为私人化的、互动性更强的方式接触消费者。

以推特为例,包括戴尔(Dell)、捷蓝航空(JetBlue Airways)、唐恩都乐(Dunkin' Donuts)、芝加哥公牛队(Chicago Bull)、纳斯卡(NASCAR)、洛杉矶消防局在内的组织都建立了自己的推特,这些组织通过推特与超过 3 亿名注册用户交流,解决顾客服务问题,研究顾客反应,并扩大相关文章、网站、竞赛、视频和其他品牌活动的关注量。类似地,现如今几乎所有的公司都利用脸书来做些文章。星巴克拥有超过 2 900 万的脸书粉丝,可口可乐粉丝数超过 4 000 万。脸书、推特、YouTube 和电子邮件这样的社交网络工具可以使消费者投入其中并谈论品牌。

例如,冰激凌零售商 Cold Stone 利用所有媒体来吸引顾客:

在 YouTube 上,Cold Stone 发布其每年的“世界上最大的冰激凌社交圈”等活动的视频。Cold Stone 的脸书页面拥有超过 180 万个好友，构成了一个现代版的冰激凌社交网站。粉丝们可以贴出他们最喜欢的 Cold Stone 的照片，与公司和冰激凌爱好者交换意见，了解新口味和新事物。社交媒体有助于建立客户关系和进行销售。在最近用电子邮件和脸书进行的 5 美元 2 个冰激凌的优惠券兑换活动中，粉丝们在短短三周内就打印了超过 50 万张优惠券，使用率达到 14%。在短短八周内，一场新的夏季风味比赛吸引了 4 000 名参赛者和 66 000 名新粉丝。据 Cold Stone 的报道，到目前为止，每一次社交媒体的宣传活动都给商店带来了大量的访问量和销售额。目前，该公司的广告预算中有一半以上用于非传统的宣传方式，例如社交媒体活动。

如今，大多数营销者还在学习如何更有效地使用社交媒体。使用这样的社交媒体方法需要谨慎，因为消费者有太多的控制权，即使看似最无害的社交媒体活动也可能适得其反。例如，最近，麦当劳在推特上发起了一项名为“McDStories”的活动，希望收集一些关于快餐的感人故事。然而恰恰相反，推特用户把这个话题标签变成了“回击”，他们发布了一些关于在快餐连锁店的糟糕的、不那么令人愉快的经历。麦当劳在短短两小时内就结束了这一活动，但这个话题在几周后仍然令人不安。“你不要进入消费者的后院，那是他们的地盘，”一个社会营销者警告说。“社交媒体是一个压力锅，”另一个人说，“成千上万的人将会看到你的想法，他们会试图把你的想法撕成碎片，然后找出其中的软弱或愚蠢之处。”

关键是要找到一些不引人注目的方式进入消费者的社交对话，让其参与到和品牌信息相关的活动中去。简单地发布一个幽默视频、创建一个社交网站或运营一个博客，是远远不够的。成功的社交网络营销意味着对消费者的对话作出相关的和真正的贡献。“没有人愿意和一个品牌做朋友，”一位在线营销主管说，“你（作为一个品牌）的工作是成为其他人谈话内容的一部分。”

消费者创造营销　目前，顾客交流中日益重要的组成部分就是**消费者创造营销**(consumer-generated marketing)，通过这一形式，消费者在塑造自身和他人的品牌体验中扮演更重要的角色。这种营销活动可以通过博客、视频分享网站及其他电子化论坛中消费者之间自发的交流来实现。然而，目前越来越多的企业开始邀请消费者在产品和品牌信息塑造方面发挥更加积极的作用。

一些企业邀请消费者提供新的产品创意。例如，在星巴克的创意网站上，星巴克从顾客那里收集新产品创意、店面变革以及其他任何可能使客户体验更好的东西。“你比任何人都清楚你想要从星巴克得到什么，”该公司在网站上说，“所以告诉我们，你对星巴克有什么想法？革命性的想法或简单的建议——我们想听到它。”该网站邀请客户分享他们的创意，投票和讨论其他人的建议，并了解星巴克已实施的想法。

另一些公司邀请消费者在广告设计中发挥更积极的作用。例如，百事、西南航空、万事达卡、联合利华、亨氏、哈雷-戴维森和许多其他公司都曾举办消费者自主设计商业广告大赛，并在国家电视台播出这些广告。在过去的几年中，百事的多乐多滋(Doritos)品牌举办了名为“击碎超级碗”的竞赛，竞赛要求顾客自主设计 30 秒的广告，并最终播出大赛中胜出的广告作品。消费者自主创作广告已经获得极大成功。去年，多乐多滋从超过 6 100个参赛广告中选择了两则粉丝制作的广告并在超级碗比赛里播出。更令人惊讶的是，这两则广告分别在美国两个独立的广告排名中排列首位，因而每则广告的创作者都获得了百事可乐提供的 100 万美元的奖金。

然而，消费者自主生成广告是极其耗费时间和成本的。公司或许会发现，从庞杂粗糙的诸多广告中提炼出哪怕是极少一点儿优质广告也是比较困难的。例如，亨氏要求消费者在 YouTube 上提交自主设计的番茄酱广告，最终公司从全部 8 000 则广告中筛选出近 4 000 则广告。其中有些业余广告非常巧妙，兼具娱乐性和信息性。然而大多数广告至多称得上是表现平平，有一些甚至是粗糙至极。在一则广告中，一位选手直接从瓶子中碾压出番茄酱。而在另一则广告中，一位选手甚至用亨氏产品刷牙、洗头发、刮脸。

消费者自主创造营销，无论是否为营销者所邀请，都已经成为一种重要的营销力量。通过大量消费者自主创作的视频、博客和网站，消费者在塑造自己的品牌体验过程中发挥着日益重要的作用。除了创造品牌体验之外，消费者在产品设计、使用、包装、定价和分销等营销活动中的话语权正与日俱增。品牌需要接受消费者力量的出现并拥抱它。一位分析师说："人类以前被称为消费者或电视迷，但现在他们是创造者和思想领袖，他们不再被动。"

1.5.3 合作伙伴关系管理

今天的市场营销人员知道，在创造顾客价值和建立牢固的客户关系时，他们是不可能独自前行的。他们必须和一系列的营销伙伴合作。除了要做好客户关系管理外，营销者也必须擅长**合作伙伴关系管理**(partner relationship management) ——与公司内外的其他人紧密合作，共同为客户带来更多价值。

传统上，营销人员扮演着中介角色，负责了解客户需求，再代表顾客与企业的各个部门进行交涉，使各个部门满足顾客需求。然而，在今天这个相互连接的世界里，企业中的每个职能部门都会与顾客打交道。新思维是，无论你在企业中负责的工作是什么，每个员工都应了解营销并专注于顾客。公司必须把所有部门都联系起来，以便创造客户价值，而不是让每个部门走自己的路。

营销人员还必须与供应商、渠道合作伙伴以及公司以外的其他人合作。营销渠道由分销商、零售商和其他中介企业组成。供应链(supply chain)描述的是一条更长的渠道。它起始于原材料，终结于最终消费者所购买的最终产品。通过供应链管理，今天的许多企业加强了同供应链上所有伙伴之间的联系。它们知道它们的收入不仅与自身的绩效有关，也依赖于它们的供应链与竞争者的供应链相比的绩效。

1.6 从顾客身上获利

营销过程的前四步如图 1.1 所示，通过创造和传递优质的顾客价值建立了顾客关系，最后一步则要以现在或将来的销量、市场份额和利润等形式来获取回报。通过创造优质的顾客价值，企业培育了一批高度满意的顾客，他们对企业忠诚，会持续购买。这对企业来说就意味着更大的长远回报。本部分我们将讨论创造顾客价值的产出：顾客忠诚度和维系率，市场份额和客户份额，以及客户资产。

1.6.1　培养顾客忠诚度和维系率

好的客户关系管理能创造客户满意。相应地，让顾客满意保证了顾客的忠诚度并促使他向其他人推荐该企业及其产品。研究表明，很少满意、有点儿满意和完全满意的顾客的忠诚度有很大差别。甚至离完全满意差一点儿，就意味着离忠诚差很多。因此，客户关系管理的目标不仅要创造顾客满意，更要让顾客高兴。

近期的经济危机给顾客忠诚造成了极强大的压力，经济危机使得消费者现在和未来的购买都十分节俭。最近一项研究发现，即便在良好的经济背景下，55%的顾客依然认为相比最好的品牌，他们更喜欢接受最优惠的价格。现在大约有50%的消费者把始终购买商店品牌作为他们正常购物行为的一部分，而20世纪90年代初只有12%的消费者这样做。几乎有2/3的人说，他们将会选择在一个价格更低廉的商店购买，即便去该商店不太便利。研究还表明，保持老顾客的成本是开发新顾客的成本的1/5。因此，如今的企业必须更细致地塑造自己的价值链，并更好地服务有利可图的顾客，以保持他们的忠诚。

丢失一个顾客意味着流失不止一份销量，实际上流失的是这个顾客一生惠顾将要购买的总量。看一下这个富有戏剧性的关于**顾客终身价值**(customer lifetime value)的例子：

> 斯图·伦纳德开了一家高利润的超市，在康涅狄格州和纽约州有四处分店。他说，每当看到一个生气的顾客时，他就仿佛看到5万美元从他的店里飞走了。为什么？因为平均他的顾客每周消费大约100美元，一年按50周计算，并且居住在本地区10年左右。如果这个顾客有了不愉快的经历从而转去其他超市，斯图·伦纳德总共就损失了5万美元收入。如果这个失望的顾客把自己的经历告诉他人，使得他们也不来这家商店，那么损失更加巨大。

为了保持顾客的回头率，斯图·伦纳德用化装卡通人物、娱乐节目、宠物乐园等创造了被《纽约时报》称为"乳品店中的迪士尼乐园"的经营模式。从1969年的一家小乳品店艰难起步开始，斯图·伦纳德的商店以惊人的速度发展壮大，在原店的基础上进行了29次扩建，现在每周能为超过30万名顾客提供服务。这样一大群忠诚的购物者很大程度上是商店热情为顾客服务的结果。斯图·伦纳德的商店第一条法则是——顾客永远是对的；斯图·伦纳德的商店第二条法则是——如果顾客错了，请重新阅读第一条法则。

评估顾客终身价值的不仅仅是斯图·伦纳德一家。雷克萨斯计算出一个满意而忠诚的客户一生消费的价值是60万美元。一个年轻的手机用户的终身价值是2.6万美元。事实上，企业在某次特定交易中可能赔钱了，但是从长远关系来看企业仍然能够赚得更多。这意味着企业必须重视建立客户关系。顾客满意为顾客与品牌之间建立一种情感上的联系，而不仅仅是理智上的偏好。这种关系使得顾客能够重复光顾企业。

1.6.2　增加客户份额

除了简单维持住优质顾客来收获顾客的终身价值外，好的客户关系管理还能帮助营销者增加**客户份额**(share of customer)，就是指顾客在同类产品中购买本公司产品的比例。因此，银行想要增加"钱夹份额"，超市和饭店则希望得到更多的"胃的份额"，汽车生产商想增加“车库份额”,而航空公司则想增加“出行份额”。

为了增加客户份额,公司可以为现有顾客提供多样化产品,也可以通过开展交叉销售和增值销售项目来对现有顾客提供更多的产品和服务。例如,亚马逊很擅长影响它的1.73亿顾客来增加每个顾客购买的份额。

一旦登录亚马逊网站,顾客往往会购买更多的商品。亚马逊尽其所能实现这一目标。这一网络巨头持续扩大商品种类,为一站式购物创造了一个理想的站点。根据每位顾客的购物历史、以往商品搜索记录和其他数据,公司会推荐也许能引起顾客兴趣的相关产品。这个推荐系统影响了总销售量的30%。其独特的Prime两天送货计划,也使亚马逊从顾客的消费预算中获得了更大的份额。支付79美元的年费后,Prime会员可以在两天内收到所购商品,无论是一本平装书还是60英寸的高清电视。据一位分析师说,“这个巧妙的亚马逊优惠计划让随意购物的人迷上了亚马逊,在订货两天之后,他们就可以尽情享受购物带来的满足感。”其结果是,成为Prime会员之后,购物者每年在亚马逊网站的购买量增加了两倍多。据估计,亚马逊在美国的销售额中有20%来自送货计划的贡献。

1.6.3 建立客户资产

现在我们可以看到不仅获得顾客很重要,维持和培育顾客也很重要。一位营销咨询师这样说道:“你的企业所创造的唯一价值就是来自顾客的价值,这些价值是你现在和未来拥有的价值。没有顾客,就没有你企业的存在。”客户关系管理需要从长远的角度来考虑。企业不仅希望培养有价值的客户,更希望能一直拥有他们,赢得他们更大的购买份额,获取他们的终身价值。

什么是客户资产 客户关系管理的最终目的是产生高额的**客户资产**(customer equity)。客户资产是指企业所有现有和潜在客户的终身价值的折现总和。它是对企业顾客未来价值的测量。很明显,企业有价值的客户越忠诚,其客户资产也就越高。与现有销量或市场份额相比,客户资产也许是一个更好地衡量企业业绩的标尺。销量和市场份额反映了过去的情况,而客户资产则预示着未来的情况。看一下凯迪拉克的例子:

20世纪七八十年代,凯迪拉克拥有行业内许多最忠诚的顾客。对整整一代的汽车购买者来说,凯迪拉克这个名字就是美国豪华车的代表,它在豪华车市场的份额在1976年达到51%的最高点。根据市场份额和销量来看,它的前途似乎非常美好。但是,客户资产这个指标描绘出惨淡的形势。凯迪拉克的顾客正在变老(平均年龄60岁),而且其终身价值也在逐渐下降。凯迪拉克的许多车主就是在用他们最后一辆车了。因此,尽管凯迪拉克的市场份额很高,它的客户资产则不然。

宝马与此相反,其更年轻有活力的形象并没有使宝马赢得早期市场份额的战争。然而,它赢得了年轻客户(平均年龄约40岁)与更高的客户终身价值。结果是:在接下来的几年里,宝马的市场份额和利润大幅飙升,而凯迪拉克的财富则严重缩水。宝马在20世纪80年代取代了凯迪拉克。近年来,凯迪拉克一直在努力使自己再次变得酷起来,它将其高性能的设计对准年轻一代的消费者。凯迪拉克现在将自己定位为“世界的新标准”,

以“力量、性能和设计”为基础进行营销。经过长达数十年的下滑，凯迪拉克的销售额在过去三年中上升了36%。因此，营销者应该关心的不仅仅是当前的销售和市场份额。客户的终身价值和客户资产才是营销的重点。

与合适的客户建立合适的关系　企业必须谨慎地管理客户资产，应该把客户当作资产一样来管理并力争实现其最大化。但并不是所有的顾客，也不是所有的忠诚顾客，都是好的投资。奇怪的是，一些忠诚的客户可能没有价值，一些不忠诚的客户则可能带来价值。企业到底应该争取保留哪些顾客呢？

企业可以根据顾客的潜在价值把客户分类并采取相应方法来管理这些关系。图1.5展示的这种分类方法根据客户潜在价值和忠诚度把客户分成了四种关系组合：陌生人、蝴蝶、挚友、藤壶。每一个组合需要一种不同的关系管理战略。例如，“陌生人”表示很小的价值和很低的忠诚度，企业的产品和他们的需求并不相符，这种顾客的关系管理战略很简单：不要对他们做任何投资。

潜在价值		短期	长期
	高	蝴蝶	挚友
	低	陌生人	藤壶

预期忠诚度

图1.5　客户关系群体

“蝴蝶”能使企业盈利但不忠诚，企业的产品符合他们的需求，但是，像现实中的蝴蝶一样，我们只能欣赏他们一小会儿，然后他们就飞走了。例如，股市投资者交易股票非常频繁，量也很大，但是他们不是和某家经纪公司建立固定关系，而是宁愿寻找最佳交易。将“蝴蝶”转化为忠诚客户的努力很少有成功的。相反，企业应该在短期内充分获取“蝴蝶”的价值。可以和他们达成满意又有利可图的交易，在他们与公司的短期交易过程中获取尽可能多的利润，然后就停止对他们的投资，直到下一次循环开始。

“挚友”既能为企业带来利润又很忠诚。企业的产品非常契合他们的需求。企业希望进行持续的关系投资来取悦这些顾客，并且要培养、保留和增加这样的顾客。企业还想把“挚友”进一步转化为“完全信任者”，这样的顾客会定期回来，并且会告诉其他人自己在这家公司的经历。

“藤壶”（附在岩石、船底的甲壳类动物）非常忠诚，但是不能为企业带来利润。公司的产品与他们的需求之间有一定程度的契合。例如，银行的小客户可能定期存款，但是不能提供足够的回报来弥补银行为他们管理账户的成本。就像黏附在船身上的藤壶，他们拖了公司的后腿。“藤壶”可能是最有问题的一类顾客，公司可以通过向他们销售更多产品、提高费用或者减少服务来提升他们的价值，但是，如果他们不能为企业带来利润，就应该把他们除去。

这里有个观点很重要：不同类型的客户需要不同的客户关系管理战略，目的就是与合适的客户建立合适的关系。

1.7　变化的营销视野

每一天，营销舞台都发生着巨大变化。惠普公司的理查德·洛夫评论说：“变化的速度如此之快，以至于能根据变化作出改变的能力已经成为一种竞争优势。”著名的纽约扬基队(Yankees)接球手 Yogi Berra 更精练地表达了同样的意思:“未来在时刻改变,无法预测。”而市场的变化必然导致为市场服务的人随之改变。

本节主要讲述改变营销前景和挑战营销战略的主要趋势和力量。我们看一下五个主要的发展趋势:不确定的经济环境、新的数字时代、非营利组织营销的增长、快速的全球化、对道德与社会责任的更多要求。

1.7.1 不确定的经济环境

2008 年初,美国乃至世界经济经历了极大震荡和滑坡,这次经济震荡不同于 20 世纪 30 年代以来的任何一次经济危机。股票市场骤跌,上万亿美元的市场价值瞬间缩水,这次金融危机使消费者工资收入锐减、信用水平骤降、房产价值缩水、失业率上升,在此背景下,消费者不仅资金受损,消费信心也受到极大打击。

动荡且不确定的经济形势,使众多消费者重新考虑购买决策的优先次序并削减了购买支出。经历了 20 年的过度消费后,消费者收紧了钱包,也改变了购买态度和习惯。这并非是一时的改变,新的消费价值观和消费模式可能还会持续很多年。即使是经济走强,消费者仍会更加谨慎和明智地消费(参见营销实例 1.2)。

结果是,所有行业中的企业——从诸如塔吉特之类的折扣店到诸如雷克萨斯之类的奢侈品牌都针对新经济形势调整了自身的营销策略。营销者更是以前所未有的程度强调价值的重要性,他们关注提供物的资金价值、实用价值、耐用价值和营销投入。

例如,折扣零售商塔吉特以往较为关注其“更多期待,更少花费”的价值定义中“更多期待”这一面,然而目前它已经进行了转变。多年以来,塔吉特精心培育的“优质折扣商”的形象,成功地使其与沃尔玛僵硬的“最低价格”定位相区分。然而当经济变得不景气时,很多消费者认为塔吉特更时尚的产品花色和营销方式意味着更高的价格,结果塔吉特的业绩下滑。因此,塔吉特决定将关注点转向企业口号中“更少花费”那一面。现在很肯定的是,人们已经意识到塔吉特的价格与沃尔玛基本一致。尽管依然很时尚,但塔吉特的广告中明确体现了低价格和省钱的诉求。塔吉特的首席执行官说:“我们正试图定义和实现‘更多期待,更少花费’之间的适当平衡。我们相信我们已经解决了价格感知问题。”

为了适应新的经济形势,很多企业正试图大幅削减营销预算并降低销售价格,以使那些对价格比较敏感的顾客能够打开钱包。尽管削减成本和提供折扣在下滑的经济形势中或许是重要的营销策略,然而聪明的营销者明白在错误的方面削减支出会损坏长期品牌形象和顾客关系。因此,如何在平衡当下品牌价值的同时提升长期资产是众多企业面临的挑战。

一位经济学家指出:“经济衰退也能像经济繁荣一样造就出赢家和输家,当衰退结束时,道路重新变平坦,世界重新充满希望,此时你在竞争中所处的位置将取决于你在困难时期进行管理的技巧。”因此,很多营销者在经济衰退时期并不是一味降低销售价格,而是保持价格不变并解释为何他们的品牌物有所值。此外,诸如麦当劳、现代汽车和通用面粉这样的公司并非在困难时期就削减营销费用,相反,它们会维持或者提升营销支出。不确定经济形势下企业的目标是建立市场份额,并在竞争者削减支出时增强顾客关系。

营销实例 1.2

更理智的消费时代

2008 年至 2009 年的大衰退及其余波重创了美国消费者。房地产泡沫破灭、信贷紧缩、高失业率以及股市暴跌，都使消费者的储蓄和信心受到了冲击。多年来，他们一直在追逐更大的房子、更好的汽车和更优的品牌。新的经济现实迫使消费者将过度消费与收入联系起来，并重新考虑优先购买的顺序。所有收入阶层的人都控制了自己的消费，他们推迟了大宗物件的采购，寻找廉价商品，并在经济危机中苦苦寻觅，这是自大萧条以来最严重的经济危机。

在今天的后经济衰退时期，消费者收入和支出再次出现增长。然而，即使经济加强，也回不到过去挥金如土的消费方式，因为现在美国人表现出的对节俭的热情是在近几十年从未出现过的。理智消费已经卷土重来，而且可能还会继续下去。行为的转变并不仅仅是减少支出。新的消费伦理强调了更简单的生活和更多的价值。它注重的是少花钱，自己去修理物品而不是买一个新的东西，打包午餐而不是外出就餐，花更多的时间在打折连锁店。尽管他们的经济状况有所反弹，但消费者现在却更少刷信用卡，并在银行存更多的钱。

例如，不久前，瑜伽老师吉赛尔·桑德斯在俄勒冈州波特兰市的诺德斯特龙购物时，并没有想过要花 30 美元买一瓶奇蒂安(Chianti)的酒喝。在经济衰退之前，她的丈夫，一个房地产经纪人，开始感受到房屋销售放缓的冲击。现在，即使经济状况有所改善，桑德斯还是以每瓶 10 美元或更低的价格购买杂货店的葡萄酒，购买二手衣服，并听取了母亲关于冬天调低恒温器的建议。“这已经持续很长时间了，”她说，“我们之前的状态很糟糕。”

这种新兴的购物方式不是一时兴起的——大多数专家都认为，大衰退的影响将会持续到未来。新的节俭生活似乎已经成为一种广泛的重新评估价值观的方式。

大萧条的痛苦促使许多消费者重新定义“美好生活”，改变他们以往的购买、销售和生活方式。广告公司 Young & Rubicam 的约翰·格泽马说：“人们在老式的美德——节约、储蓄、手工、自我完善、努力工作、信仰和社交——以及消费领域之外的活动和人际关系中寻找快乐。”在格泽马所说的“支出转移”中，消费者对债务和过度的消费感到不安，对物质的价值表示怀疑。“从现在开始，我们的购买将会更加慎重。我们正从盲目转向理性的消费。”

大多数消费者认为节俭是一件好事。最近的一项调查显示，78%的人认为经济衰退已经改变了他们的消费习惯。在另一项调查中，79%的消费者同意这样的说法：“我觉得自己比两年前更聪明了。”大约 65%的美国人认为“自从经济衰退以来，我意识到我更喜欢简单纯粹的生活方式。”据一位研究人员说，“他们回顾自己以前的消费习惯，对自己的行为感到尴尬。”因此，虽然消费可能不像以前那样轻松愉快，但消费者似乎喜欢他们新的消费面貌。

例如，在缅因州，辛迪卡说她丈夫现在的工作很安全。然而，这对夫妇有两个正在上大学的儿子，因此即使是在经济更加繁荣的时候，她也会把已经使用了20年的衣服烘干机修理好。这是一个与过去截然不同的变化，以前她会把旧的机器扔掉，并且买回一个新的。在维修网站的帮助下，她节省了数百美元。“我们都需要找到一种方法来量入为出，”她说。

新的、更实际的消费观念并不意味着人们放弃了原本的生活方式。随着经济的改善，消费者对奢侈品和大件商品的热情也会重新复苏，只是会更加理性。研究人员说：“我们看到的是一种我们称为‘有意识的冲动’的现象，消费者实际上是在计划冲动的或放纵的消费。”这就像一个节食减肥的人，在一周内谨慎地吃，然后在周五晚上放松。但是，“人们现在更加注意了，并意识到他们(以及其他人)支出的后果。”因此，奢侈品再次出现在“待办事项”清单上，但人们正以一种更加谨慎的方式来看待他们的消费方式。

消费者消费的新时代对营销人员意味着什么？无论是像谷物和洗涤剂这样的日常用品，还是像星巴克咖啡或钻石这样昂贵的奢侈品，营销人员必须清楚地阐明他们的价值主张：是什么使他们的品牌值得消费者的血汗钱。节俭的价值正在逐渐得到关注。对企业来说，这不是削减成本和价格。相反，它们必须用不同的方法来取得今天更加务实的消费者的青睐：放弃闪光灯，证明你的产品的价值。星巴克首席执行官霍华德·舒尔茨说：“消费者的行为已经发生了真正的变化。与两三年前相比，如今(企业)必须以不同的方式吸引消费者。并不是所有东西都是基于价值的。降价或打折促销不是可持续的商业策略……你不能通过削减成本来保持你的繁荣。我想问题是，你与新消费者的生活有什么关联，他们更能辨别需要花钱买什么。”

即使是钻石市场，戴比尔斯也已经调整了其长期以来的“钻石恒久远，一颗永流传”的价值主张，以适应更明智的消费时代。有一则广告，标题为“Here's to Less”，这使得购买钻石看起来很实用。虽然买钻石可能花费非常高，但你永远不必更换或扔掉，钻石是永恒的。

1.7.2 新的数字时代

数字技术的爆炸式增长已经从根本上改变了我们交流、分享信息、学习、购物和获取娱乐的方式。反过来，它也对公司给客户带来价值的方式产生了重大影响。不管怎样，技术已经成为我们生活必不可少的一部分。

卡尔·古德和多西·古德夫妇还记得不久以前那些相对简单的早晨，他们在早饭时坐在一起聊天、看报纸，那时候只有电视机和他们夫妇争夺两个儿子的注意力。如今，卡尔每天醒来就立刻查看他的工作邮件、脸书和推特账号。多西在早餐后打开笔记本电脑。孩子们的手机就放在他们床边，卡尔每天给两个儿子发送短信叫他们起床。他说：“我们把短信作为家里的内部通信网络，我本可以到楼上去，但他们总是愿意回应短信。”欢迎来到数字时代。顺便提一句，数字通信比卫生设施更受重视：目前使用的移动电话有53亿部，而厕所只有43亿个。

数字时代为营销者提供了令人激动的新方法，用来了解和跟踪顾客，根据顾客需要定制产品或服务，并且与顾客进行广泛沟通或一对一沟通。数字技术也带来了新一代的沟通、广告和关系构筑工具，从在线广告、视频分享工具、手提电话到在线社交网站。数字时代的变化意味着营销者不再期待消费者总是依赖他们，营销者也不能总是控制消费者对企业品牌的谈论。新数字时代使得消费者获得那些以往只在广告和品牌网站中传播的信息内容更加容易，消费者可以携带这些信息到任何想去的地方与朋友分享。新数字媒体不只是传统营销渠道的一种新形式，它已被完全整合到营销者的顾客关系构筑工作中。

最有影响力的数字技术就是互联网。几乎 78%的美国成年人现在都能够上网。在所有上网的成年人中，91%的人查看电子邮件，84%的人搜索地图或开车指示，76%的人看新闻，64%的人在脸书和 LinkedIn 等社交网站上与朋友保持联系，61%的人使用网上银行。许多专家认为，到 2020 年，人们就可以通过被声音、触摸甚至是思想或是“意志控制下的人机互动”所激活的移动设备接入互联网。

在线营销是目前增长最快的营销形式之一。如今，已经很难发现一个还未广泛使用互联网的企业了。除了专门从事网络营销的企业外，大多数“砖块＋水泥”型企业现在已成为“水泥＋鼠标”型企业。这些企业进入电子商务领域以吸引新顾客，并同现有顾客建立更强的关系。如今，超过 71%的美国在线用户使用互联网进行购物。去年，消费者在线零售支出达到了 1615 亿美元，比上年增长了 13%。B2B 在线商务也在蓬勃发展。

因此，新兴技术的发展为营销人员提供了激动人心的新机会。我们将在接下来的章节，特别是在第 17 章中更详细地讲述数字营销技术的影响。

1.7.3　非营利组织营销的增长

在最近几年，营销也成为许多非营利组织的主要战略之一，例如大学、医院、博物馆、交响乐团，甚至是教堂。一国的非营利组织彼此间在社会支持和成员数量方面竞争激烈，而完美的营销活动可以帮助非营利组织吸引会员、资金和社会支持。

例如，非营利组织圣犹达儿童研究医院有一个特殊使命：“寻找治疗方法，拯救孩子。”圣犹达每年为 5 700 名儿童提供服务，是美国最好的儿童癌症医院。更特别的是，圣犹达并不因为经济上的原因而拒绝治疗儿童，因此家庭不必支付保险费用未覆盖的部分。那么，圣犹达如何支撑起每天 170 万美元的运营预算呢？通过强大的营销筹集资金：

> 过去的这个冬天，大家会看到一些关于圣犹达儿童医院的公共服务公告，在探索频道的“美国直升机”节目上，在福克斯体育播音员的徽章上，在脸书的信息流中，在零售商的收银台上。这些都不是偶然发生的。相反，它是由强大的市场营销引起的。圣犹达通过各种事件营销、明星效应以及与一些公司的合作，瞄准了广泛的消费者群体。筹款活动涵盖了从公益广告到各式各样的学生、家庭活动等多种形式。50 多家赞助公司(包括塔吉特、Regal 影院和 Expedia)参与了圣犹达的年度感恩和捐赠活动，该活动请求消费者“感恩能有健康的孩子，并帮助那些不健康的孩子”。这些公司捐出销售额的一部分，或者请求顾客在销售柜台捐赠。通过广泛的宣传，圣犹达每年募集数亿美元，仅去年一年就募得将近 7 亿美元。

甚至政府部门也对营销表现出日益浓厚的兴趣。例如，美国军队为吸引新兵而制定了营销规划。政府为鼓励人们节省能源、关心环境、戒烟戒酒，也在规划社会营销方案。曾经非常顽固守旧的美国邮政局也制定了崭新的营销策略来销售纪念邮票，和竞争对手竞相推销快递服务，以及改善形象。总体上来说，美国排名第28位的广告客户就是美国政府，它每年的广告预算超过11亿美元。

1.7.4 快速的全球化

营销人员除了重新定义他们与客户之间的关系以外，他们还重新考察与周围更广泛的世界连接的方式。今天，几乎所有的企业，无论大小，都以某种程度参与全球竞争。比如说，街边的小花店，它的花是从墨西哥的苗圃进口的；美国的电子制造商在自己的家门口面临着来自韩国的竞争对手的激烈竞争；一个羽翼未丰的互联网零售商发现自己收到来自世界各地的订单，同时美国消费品生产商向国外新兴市场推出新产品。

美国公司发现它们在国内面临着欧洲和亚洲一些跨国公司高超的营销策略的挑战。丰田、诺基亚、雀巢和三星等公司在美国市场上常常比美国对手的业绩更为出色。同样，各行各业的美国公司已经开展了真正的全球运作，在世界各地生产并销售它们的产品。典型代表是美国麦当劳，麦当劳每天在全球119个国家和地区的33 000个分店为6 800万消费者服务，公司68%的收入来自美国以外的市场。类似地，耐克的市场范围超过180个国家，美国本土以外的销售收入占其全球销售额的65%。如今，众多公司已经不再仅向全球市场销售本地制造的产品，它们向海外供应商购买产品和生产要素。

因此，世界各国的管理人员现在都以全球化而不是本地的视角看待企业所在的行业、竞争者和营销机会。他们都被同样一些问题所迷惑：究竟什么是国际营销？它与国内营销有什么差别？全球的竞争者和势力会如何影响到我们的企业？我们应当在多大程度上走向世界？我们将在第19章更加详细地介绍国际市场。

1.7.5 可持续营销——对社会责任的更多要求

营销人员正在重新考察他们同社会价值观和责任以及同我们生活的地球的关系。随着全球消费者保护运动和环保运动的兴起，今天的营销人员需要践行可持续营销活动。企业的道德观和社会责任是几乎每个企业都在讨论的热门话题。现在很少有企业能够忽视日益高涨，同时要求越来越苛刻的环保运动。企业的任何活动都会影响顾客关系，如今，顾客希望企业以对社会和环境负责任的方式传递价值。

社会责任和环保运动在未来会对企业的要求越来越严格。有些企业抵制这些运动，只有在法律强制或消费者大声疾呼的情况下才予以考虑。许多有远见的企业已经接受了它们对周围世界的职责，并把对社会负责的行动看作是一个未来经营更好的机会。它们将可持续营销视为是通过做正确的事来谋求企业更好的发展。也就是说，它们通过服务于顾客和社区的即时需求和长期利益来获利。

巴塔哥尼亚(Patagonia)、本·杰里冰激凌店(Ben & Jerry)、天伯伦(Timberland)、麦瑟德(Method)和其他一些企业正在开展“关爱资本主义(caring capitalism)”活动。它们通过强烈的民众思想和对社会的关爱把自己与其他企业区别开，把社会职责和相应的行动加入自己企业的价值观和理念中。例如，户外运动装备制造商巴塔哥尼亚将企业对环境的责任问题视为企业发展的“核心承诺”，企业网站这样写道：“在这里工作的每一位员工都会保护未开发的土地和水源，这是我们的共同承诺。我们相信，我们的企业能够为环境危机找到更好的解决方案。”巴塔哥尼亚用实际行动履行这些信念，每年，该企业都会将至少1%的销售额，或是10%的利润额用作环境保护的保证金（我们在第20章里会更详细地讨论可持续营销的问题）。

1.8　综合而言，营销到底是什么

本章开始时，图1.1展示了营销过程的一个简单模型。现在我们已经讨论完了模型中的所有步骤，图1.6将展现一个扩大后的模型，这将帮助你把所有的内容综合起来考虑。营销是什么？简单地说，营销就是企业通过创造顾客价值和获取利益回报来建立有价值的客户关系的过程。

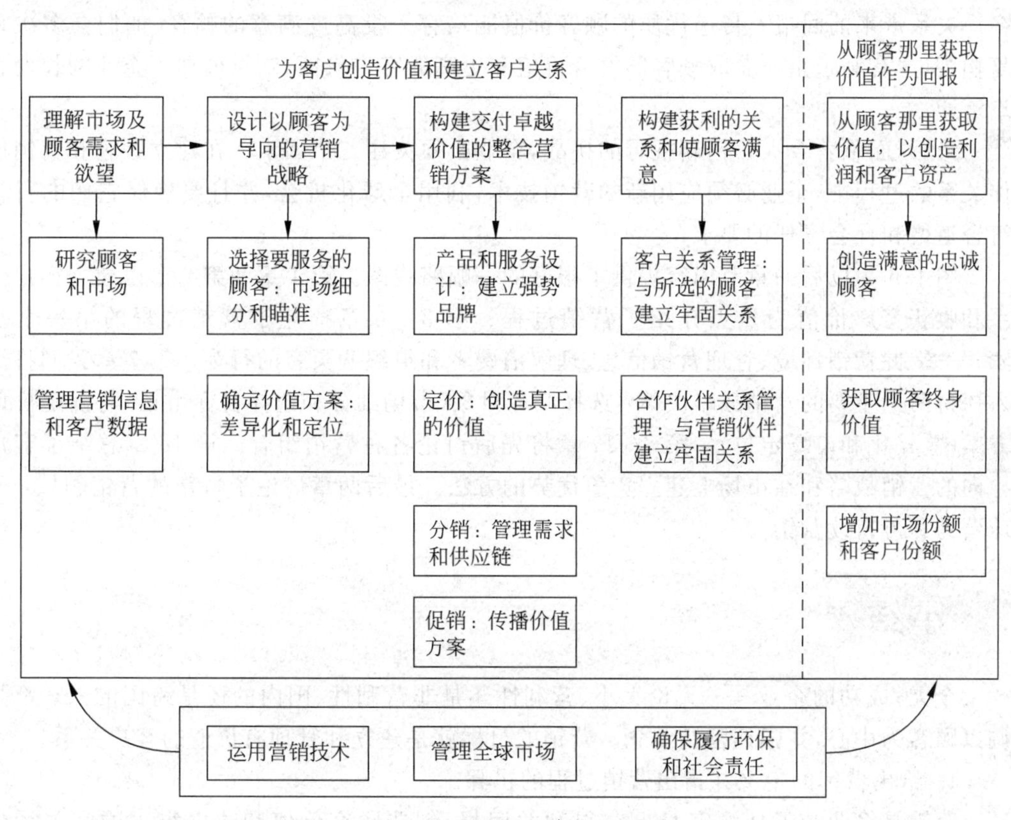

图1.6　营销过程的扩大模型

前四个步骤集中关注创造客户价值，企业首先要通过消费者需求研究和营销信息管理对市场有一个详细的了解，然后根据对两个简单问题的答案来设计以消费者为导向的营销战略。第一个问题是：“我们要服务的是哪些消费者（市场细分和选择目标市场）？”聪明的营销企业知道它们不可能为所有的顾客提供服务，相反，它们需要把资源集中在自己服务得最好，同时能给企业带来最大价值的顾客。第二个营销战略的问题是：“我们怎样才能最好地服务目标顾客(差异化和市场定位)?"这里,营销人员勾勒了一种价值方案,这种价值方案指出企业为了赢得目标顾客应该传递什么价值。

营销战略确定后,企业现在要构建营销方案——由营销组合的四大元素组成,也叫4P——这一步把营销战略转化为实际的顾客价值。企业开发出产品,为其创造强势的品牌力,再为这些产品定价来创造真正的顾客价值,并且决定分销方式以确保它们能方便地到达目标顾客。最后,企业设计促销活动来向目标顾客传递自己的价值方案,并且说服他们在市场中采取行动。

也许营销过程中最重要的步骤就是与目标顾客建立以价值为核心、能为企业带来利润的关系。整个过程中,营销人员通过客户关系管理来让客户满意和高兴。但是,在创造顾客价值和建立客户关系时,企业不可能独自前行。它们必须和内外部营销伙伴密切合作。因此,除了做好客户关系管理工作外,企业还要做好合作伙伴关系管理工作。

营销过程的前四步为顾客创造了价值,最后一步则要从顾客那里取得价值,收获良好客户关系带来的回报。传递优质的顾客价值能培育一批高度满意的顾客,他们会多次重复购买,这有利于企业获取顾客的终身价值和更高的客户份额,结果增加了企业的长期客户资产。

最后,面临着今天营销新视野的挑战,企业必须关注三个因素。在建立顾客和营销伙伴关系的过程中,企业必须应用新的营销技术,利用全球化机会,并且要确保它们的行为符合道德和社会责任的要求。

图 1.6 为以后的章节内容提供了很好的一幅路线图。第 1 章和第 2 章以建立客户关系和收获客户价值为焦点介绍了营销过程。第 3～6 章描述了营销过程的第一个步骤——掌握营销环境、管理营销信息、理解消费者和组织购买者的行为。第 7 章我们将深入探讨两个主要的营销战略决策:选择服务对象(市场细分和选择目标市场)与确定价值方案(差异化和市场定位)。第 8～17 章将先后讨论各种营销组合。第 18 章总结了客户导向的营销战略和在市场上建立竞争优势的方法。最后两章讨论了特殊的营销领域:全球营销和可持续营销。

小结

今天,成功的企业——无论大小、营利性还是非营利性、国内的还是跨国的——都强调以顾客为中心,并强调营销观念。营销的目标就是建立和管理有价值的客户关系。

1. 给出营销的定义并指出营销过程的步骤。

营销是企业为了从顾客身上获得利益回报,创造顾客价值和建立牢固顾客关系的过程。

营销过程包括五个步骤,前四个步骤为顾客创造价值。首先,营销人员需要了解市场以及顾客需求与欲望。然后,营销人员为了达到保持和增加目标顾客的目的,确定以顾客为导向的营销战略。第三步,营销人员构建能够实际传递卓越价值的营销方案。所有这些步骤形成了第四步的基础,即建立有利可图的顾客关系和培养顾客满意度。最后一步,企业通过从顾客那里获取价值来得到强有力的客户关系的回报。

2. 解释了解顾客和市场的重要性，比较五个核心的市场概念。

善于营销的企业总是尽可能深入地了解顾客的需要、欲望和需求。这种了解帮助它们设计满足欲望的营销供给物和建立充满价值的客户关系，通过这些它们可以获取顾客终身价值和更大的客户份额。结果增加了企业的长期客户资产。

与营销相关的核心概念是：需要、欲望和需求；营销供给物(产品、服务和体验)；价值和满意；交换和关系；市场。欲望是当人类需要受文化和个性影响后所出现的形式。当考虑到支付能力时，欲望就转换成需求。企业通过推行价值方案来满足需求，价值方案是指企业承诺给顾客来满足他们需求的一组利益。价值方案通过营销供给物来实现，营销供给物传递给顾客价值和满意，结果与顾客建立了长期的交换关系。

3. 确定客户驱动营销策略的关键因素，讨论营销管理的方向如何指导营销战略。

为了制定有效的营销战略，企业首先必须决定它的服务对象是谁。企业通过把市场划分成不同的部分(市场细分)和选择一个它将要培育的细分市场(选择目标市场)来达到目的，然后企业必须决定如何来为目标顾客服务(如何实现差异化和市场定位)。

营销管理可能由五种不同的理念来指导。生产观念认为管理的任务就是要强调生产的数量和效率，以降低成本和价格。产品观念认为，顾客喜欢在质量、性能和创新上表现突出的产品，如果产品足够好，几乎不需要什么促销活动。推销观念认为除非企业开展大量的销售和促销活动，否则消费者不会购买很多该企业的产品。营销观念的基本思想是一个企业要获得竞争优势，就必须深刻理解目标市场的欲望和需要，据此比竞争者更有效率、更有效果地做好工作，以使顾客达到预期满意。社会营销观念认为，通过可持续营销战略实现顾客满意和长期的社会福利，都是达到企业目标和履行其职责的关键。

4. 讨论客户关系管理，比较创造顾客价值和获取顾客价值的战略。

广义地讲，客户关系管理是指通过传递优质的顾客利益和满意来建立和保持有价值的顾客关系的整个过程。客户关系管理的目标是产出很高的客户资产，客户资产是指企业所有客户的顾客终身价值的总和。建立持久顾客关系的关键是创造优质的顾客价值和满意。

企业不仅希望得到有利可图的顾客，而且要建立关系来维系顾客和增加“客户份额”。不同类型的顾客需要不同的客户关系管理战略，营销人员的目标是与合适的顾客建立合适的关系。作为为目标顾客创造价值的回报，企业以利润和客户资产的形式从顾客那里收获价值。

在建立客户关系时，好的营销人员认识到他们不可能独自完成这项工作。他们必须和企业内外部的营销合作伙伴密切协作。除了要做好客户关系管理，他们还必须做好合作伙伴关系管理。

5. 描述在关系时代改变营销走势的主要趋势和力量。

营销环境发生了巨大的变化。经济大萧条使很多消费者的资金和消费信心都极度萎缩，形成了对当下和未来都有深远影响的节俭时代，营销者必须以前所未有的力度强调其产品和服务的价值。如何在平衡品牌当下价值的同时提升长期品牌资产，成为摆在营销者面前的挑战。

数字技术的繁荣创造了令人兴奋的新方法来了解客户并建立联系。它还允许营销人员在数字时代更精准地选择目标顾客,建立更紧密的双向互动关系。最近几年,营销已经成为许多非营利组织的战略中一个重要组成部分,比如大学、医院、博物馆、动物园、交响乐团,甚至是教堂。

在一个越来越小的世界里,许多营销人员现在同他们全世界的顾客和营销合作伙伴进行连接。今天,几乎每个企业,不管大小,都接触到了全球竞争。今天的营销人员也对道德有更多关注,有更强的社会责任感。营销人员被要求在他们的行动对社会和环境方面的影响上负更大的责任。

总而言之,像本章中所讨论的那样,营销的一些主要新进展可以用一个词来概括:关系。今天各种各样的营销人员都在利用新机会来与他们的顾客、营销伙伴以及周围的世界建立关系。

问题讨论

1. 定义市场营销并概述营销过程中的步骤。
2. 什么是"营销近视",如何避免?
3. 什么是客户感知价值,它在客户满意度中起什么作用?
4. 讨论影响营销的趋势,以及其对营销人员如何为客户提供价值的影响。

批判性思维训练

1. 讨论一个目前市场上还无法满足你的需要或要求的产品或服务,并描述你将如何区分和定位你的产品所在的市场,为产品设计一个营销开发计划,最后,向其他人展示你的想法。

2. 在 www.simplyhired.com/a/salary/search/q-marketing 或类似的网站上搜索有关市场营销工作的薪资信息。营销的五种不同工作岗位的平均工资是多少?全美各地的平均水平相比是怎样的?将你的发现写成一篇简短的报告。

3. 采访一个从事营销工作的人,问他以下问题:

a. 他的工作是什么?

b. 在他的职业生涯中,他是如何做起这一工作的?这是他长大后想做的事情吗?是什么影响了他进入这个领域?

c. 这份工作有怎样的学历要求?

d. 他对大学生有什么建议?

e. 添加一个你想问的问题。

写一个简短的报告来阐述这些问题,并解释为什么你会/不会有兴趣在这个领域工作。

营销技术：苹果和 Adobe

苹果公司的理念非常受欢迎，从 iPod 开始，然后是 iPhone 和 iPad。但它存在什么问题吗？那就是 Adobe Flash。Adobe Flash 是一个多媒体平台，在互联网上大约有 75％的动画和流媒体音频和视频用到它，但它不受苹果设备的支持。许多买家在 iPad 上花了几百美元购买软件，却发现无法玩自己最喜欢的网络游戏或是在自己的设备上观看搞笑视频。即使是新一代设备 iPad 3 也无法实现这个功能。似乎苹果已故的创始人兼首席执行官史蒂夫·乔布斯不喜欢 Flash，因此不要求苹果的设备支持 Adobe Flash。相反，应用程序开发人员必须遵从苹果的操作系统，现有的 Web 应用程序必须转换为 HTML5 才能在苹果产品上播放。Adobe 的联合创始人声称苹果正在“破坏互联网的下一个篇章”，博主们声称这不仅仅是“Adobe/苹果的问题”，而是苹果/世界的问题。

1. 在这一案例中苹果的决策是否体现出营销理念？

2. 围绕这一问题展开研究并讨论苹果对其产品不支持 Adobe Flash 的决定是否正确。

营销伦理：再见！大杯量

在美国，2/3 的成年人和 1/3 的学龄儿童超重或患有肥胖症，纽约市市长迈克·布隆伯格正在对软饮料行业采取行动。布隆伯格市长提议禁止销售大杯的含糖饮料，如 7-11 连锁店 32 盎司的“大杯”。该禁令将在餐馆、剧院和体育赛事上出售的自助式和瓶装饮料的上限定为 16 盎司。虽然它适用于每 8 盎司热量超过 25 卡路里的饮料，但不适用于 100％ 果汁或牛奶饮料。提供自助式饮料的机构将会出现显著的收入下降，因为这些饮料的价格往往是其成本的 10 到 15 倍。许多消费者反对这项禁令，因为他们认为这是“（管理过度的）保姆式国家”的进一步侵犯。布隆伯格市长已经禁止在公共公园中吸烟和餐馆提供含反式脂肪酸的食物，还要求连锁餐厅在菜单上加入卡路里信息。这导致许多人问，“下一步是什么？”

1. 这一禁令对只喝苏打水的人来说公平吗？从政府、软饮料营销者和消费者这几个方面来讨论这个问题。

2. 对于有害于消费者的食品或产品，营销者是否应该接受社会营销观念？针对肥胖症流行的情况，讨论一个接受社会营销理念的公司的例子。

数字营销：多少投入才够

营销是昂贵的！在 2012 年的超级碗比赛中，30 秒的广告时段花费了 350 万美元，而这还不包括 50 万美元以上的广告制作费。Anheuser -Busch 通常每年购买多个广告时段。同样，在纳斯卡赛车比赛中赞助一辆车需要 50 万美元。但是赞助商 Sprint 付出的远远不止这些。哪个营销者只赞助一辆赛车？想让客户通过电话订购你的产品？这将使你的每笔订单花费 8～13 美元。或者是销售代表拜访客户？每次销售拜访要花大约 100 美元，如果这个推销员不需要坐飞机、住酒店。考虑到一些公司有成千上万的销售代表拜访成千上万的客户，这将是非常昂贵的。你在星期天的报纸上看到 Tropicana 橙汁的 1 美元优惠券了吗？当你在商店兑换时，Tropicana 生产商的花费其实超过了 1 美元。这些仅是一个营销元素（即推广）的例子。营销成本还包括产品研发成本、向购买者分销产品的成本，以及从事营销工作的所有员工的成本。

1. 描述营销支出的趋势。推动这些趋势的因素有哪些？
2. 企业的营销花费应该占其销售额多大的比例？讨论在这个决策中所用到的因素。

公司案例

Abou Shakra 餐厅：以传统方式创造客户价值

Abou Shakra 是埃及的一家连锁餐馆，以木炭烹饪烤肉、烤肉串而闻名。1947 年，Ahmed Abou Shakra 在开罗著名的中央地区 El Kasr El Einy 开了他的第一家 Abou Shakra 餐厅。第一家餐馆不是在一个容易吸引消费者的街区，但 Abou Shakra 相信健康、美味的食品比地理位置更容易吸引客户，如果客户享受到了美味，他们便会再次光临，餐厅的位置并不会影响未来的发展。

在竞争激烈的市场上取得成功

当第一家 Abou Shakra 餐厅成立时，餐厅里并没有各式各样的菜系，比如现在很流行的印度菜、中国菜和意大利菜。正如前面所说的，Abou Shakra 当时的竞争对手也提供传统的埃及食品，由于缺乏其他菜肴，它基本上是与整个埃及的餐馆市场竞争。因此，在这个竞争激烈的市场上创业是非常具有挑战性的，而且对于 Abou Shakra 来说，它必须提供一些能确保胜过竞争对手的东西。这个优势就是由 Abou Shakra 提供的巨大的客户价值，而大多数竞争对手并没有提供这个价值。

Abou Shakra 餐厅一直关注客户的福利和满意度，这是它在竞争对手面前的优势，这也是它成功的原因之一。Abou Shakra 致力于提供优雅的菜品、热情的服务，给客人留下难忘的回忆。自成立以来，Abou Shakra 餐厅一直遵循着这种理念，这也是它成功的另一个原因。现在我们来仔细看看 Abou Shakra 是如何应用这一理念并提供客户价值的。

Abou Shakra 拥有自己的工厂，它为所有的分店提供新鲜肉类和家禽。肉质量上乘，只有最好的牛肉和羊肉。肉类每天被送到工厂，并接受政府进行的兽医检查以确保肉质新鲜。该工厂配备了最新的技术，以保证肉在合适的温度下保存，确保其新鲜度。

水果和蔬菜也每天提供，并专门储存，以保持新鲜度。Abou Shakra 的质量控制部门确保所有成品都是优质产品，并监督操作过程，防止任何原料被污染。该公司与埃及政府签署了一项合同，以监督其健康、安全和卫生达到最高标准。

在过去的 60 年里，Abou Shakra 的菜单几乎没有变化，保持着传统埃及菜肴的供应，特别注重烤盘，这现在是 Abou Shakra 的专长。

Abou Shakra 的主要目标是保持简单的菜单，以便完全掌握所提供的菜肴。这鼓励了顾客保持对餐厅的忠诚度，因为顾客经常会选择他们最喜欢的菜肴。这使得 Abou

Shakra 成为埃及最受欢迎的餐厅之一。

保持简单的菜单也降低了从几个供应商购买不同原料的成本。如果情况并非如此，则需要招聘更多的管理人员与供应商联系并跟进订单，还需要更多的监督员确保交付和存储过程顺利进行，并且每个门店都能按时收到原料供应。此外，专门在菜单上添加新菜的厨师也将是必要的。

Abou Shakra 的经理们关注每一个小细节；他们确保每一家餐馆都一尘不染，而且厨房有着最高标准的整洁度。所有餐具都要经过消毒处理以确保卫生和安全。桌子用特殊的洗涤剂擦拭，使顾客感到他们在卫生的环境中用餐。

专注于客户服务

Abou Shakra 餐厅并不仅仅依靠食物来取悦顾客，还依赖于训练有素的员工，他们提供非凡的客户服务。餐厅雇用精力充沛、友善、热情的员工。Abou Shakra 餐厅认识到教育员工对顾客满意度的重要性，因此建立了自己的培训中心。该中心拥有一支熟练的培训师队伍，确保员工具备必要的技能，使客人能够得到最好的服务。Abou Shakra 依靠不断的培训，为员工提供必要的信心和技能，为客户提供最大的满意度。公司认为其最大的资产是员工，因此在招聘和培训方面投入了大量资金，以保持公司在市场中的标准。公司的核心原则之一是，通过对员工的精心照顾，员工将会服务好客户。

国际扩张

Abou Shakra 的坚实客户群不仅是由于食品和服务的质量，还因为其增长缓慢的扩张战略。Abou Shakra 餐厅一开始很难找到；65 年后，整个埃及只有 12 家分店。Abou Shakra 决定保持小规模，并专注于拥有提供优秀服务的网点，而不是拥有许多提供服务的网点。只有当所需员工经过培训并有能力提供与 Abou Shakra 匹配的优秀服务时，才会开设新店。这家公司花了 56 年时间才在开罗以外开设第一家分公司，2003 年在亚历山大港首次亮相。

Abou Shakra 在海外的受欢迎程度远远超出了埃及，许多曾在埃及度假时品尝过 Abou Shakra 的海外客户要求该公司在海外开设分店。2005 年在沙特阿拉伯开设分店和 2007 年在科威特开设分店，是 Abou Shakra 历史上的重大里程碑。

这种扩张对公司来说不是一件容易的事，需要进行大量的研究，以找到餐厅的合适地理位置。首先，Abou Shakra 需要找到能够每天提供新鲜原料的供应商；这是一个重要的因素，因为对 Abou Shakra 来说，要想成功，必须确保任何渠道提供的食物的质量与埃及分店相同。雇员也需要以与埃及雇员相同的方式招聘和培训，以确保他们为客户提供同样出色的服务。

除了其简单而专注的战略外，Abou Shakra 并没有花很多钱在广告上。只有一小部分的预算被用来做报纸和电视广告，因为该公司很大程度上依赖客户、朋友和家人之间的口头推荐。Abou Shakra 认为，主要的目标是照顾顾客，为他们提供高质量的食物和服务比在广告上花钱更好，因为客户的满意度将是最好的广告工具。他们会告诉朋友和家人自己在 Abou Shakra 的舒心体验，消费者更有可能听从与自己亲近的人的建议而不是促销广告。花大量的钱在广告上可能不会产生利润回报，资金应该用于提高食品和服务的质量。

许多人怀疑 Abou Shakra 65 年的成功能否维持下去。它的餐厅由联合创始人兼业主 Ahmed 和 Hussein Abou Shakra 经营，他们为所有员工拟订了一个高效的蓝图。他们认为，如果合适的员工被正确地招募和培训，并提供适当的工作环境，那么业务不可能不成功。

公司董事长 Ahmed Abou Shakra 在确定公司将遵循的战略中发挥了关键作用。他以一种便于所有人理解的方式详细阐述了长期和短期目标。日常运作由他组织和控制，他开发了一个高效的系统来确保经理报告给他。这个系统是在业务开始增长时开发的，因为一个人不能有效地管理每一家餐馆的日常运作。

Hussein Abou Shakra 是该公司的副董事长，他制定公司的财务目标并确保其能够实现，同时他监督财务报表的编制和公司的预算。与董事长一样，他建立了一个所有财务经理都必须以每日更新的方式向他汇报的组织结构。

Abou Shakra 的成功不论有没有创始人都将会继续下去。因为 Abou Shakra 已经成为了一个公司，它的战略和目标都是正确的，如果管理得当，它将会带来更大的成功。这种商业遗产比它的创始人要重要得多，只要业务目标被满足，并且坚持把客户放在首位，它就有望持续下去。

讨论题

1. 描述 Abou Shakra 为客户提供的价值。
2. 你认为 Abou Shakra 应该制定一个高增长的战略吗？为什么？
3. Abou Shakra 是否应该在广告上花更多的钱？
4. 随着消费者口味向非传统烹饪方式的转变，你认为 Abou Shakra 的成功会继续下去吗？为什么呢？
5. 提出 Abou Shakra 可以为其客户提供价值的其他方法。

Principles of Marketing

第 2 章

企业战略和营销战略：协同构建客户关系

学习目的

- □ 解释企业范围的战略计划及其四个步骤
- □ 讨论如何规划业务组合，如何制定成长战略
- □ 解释营销在战略计划中的作用以及如何协同创造和传递顾客价值
- □ 描述顾客导向的营销战略和组合的构成要素及其影响因素
- □ 列出营销管理的职能（包括营销计划的要素），讨论营销过程中衡量与管理营销回报率的重要性

本章预览

第1章里我们指出了企业创造顾客价值以获取回报的营销过程，本章我们会深入研究营销过程的第二步和第三步——设计以顾客为导向的营销战略和构建营销方案。我们首先来看组织的整体战略计划。接着，我们讨论在整体战略计划指导下，营销人员怎样与企业内外部人员密切合作来为顾客服务。然后，将讲解营销战略和计划——营销人员如何选择目标市场、进行产品定位、开发营销组合、管理营销活动。最后，将看一下如何衡量和管理营销投资的回报这一重要课题。

让我们先看看麦当劳这一个成功的公司和它的营销战略故事。55年前，麦当劳迅速发展成为现代快餐的代名词，并不断发展壮大。然而，到21世纪初，麦当劳一度闪亮的金色拱门似乎失去了一些光彩。多亏了一种全新的、以客户为中心的战略蓝图——名为“胜利计划”——麦当劳开始了一场惊人的转变，这一转变也使得顾客和麦当劳一起唱起了那令人鼓舞的小调“我就喜欢”。

麦当劳：以顾客为中心的“胜利计划”战略

半个多世纪以前，雷·克罗克，一位52岁的奶昔混合机销售员，立志改变美国人用餐

的方式。1955年,克罗克发现了理查德·麦克唐纳和玛黎思·麦克唐纳拥有的七家餐馆。他认为,麦克唐纳兄弟的快餐概念很完美地适应了美国日益普及的快节奏、时间紧缺和以家庭为导向的生活方式。克罗克以270万美元的价格买下了麦克唐纳兄弟的连锁餐厅,接下来,就是麦当劳的发展历史了。

创办之初,克罗克就宣扬公司的座右铭"QSCV"——质量(quality)、服务(service)、清洁(cleanliness)、价值(value)。这些目标已经成为麦当劳的公司战略和营销战略的支柱。应用这些思想之后,公司将快餐的概念发挥到极致,那就是:以顾客能够负担的价格传递方便、高质量的食品。

麦当劳增长迅猛,已成为世界上最大的快餐提供商,这一快餐巨头在118个国家和地区拥有超过33 000家分店,每天为6 800万顾客提供服务,每年销售额超过850亿美元。其金色拱门标识已经成为世界上知名度最高的符号,除圣诞老人以外,世界上没有任何符号的知名度超过麦当劳。

然而,在20世纪90年代中期,麦当劳的运气开始出现变化。公司似乎与消费者脱离了联系,美国人当时正寻求更新鲜的、味道更好的食品和更加现代的用餐环境,同时也在寻求更健康的饮食方式。在消费者健康意识高涨和星巴克仅售5美元的咖啡的冲击下,麦当劳当时似乎已有些与时代脱节。

公司在一个个失败的创意中蹒跚前行,它曾试图提供比萨、吐司三明治(都失败了),购买了诸如Boston Market这样的非汉堡连锁快餐店(后来出售了)。麦当劳始终保持迅猛的开店速度,它每年都有成千上万的新餐馆开业,但是存在着同样的问题。与此同时,对于社会活动家和营养学家来说,麦当劳成为了一个热门目标,他们指控这些食品使肥胖问题像传染病一样在美国蔓延开来。

尽管麦当劳依然是世界上最大的快餐连锁店,但曾经耀眼的金色拱门已经失去了往日的辉煌。销售增长率下滑,市场份额进入21世纪后下降超过3%。在2002年,公司更是首次出现季度亏损。面对消费者价值期望的改变,公司已经看不清它基本的价值主张。公司及其战略都亟待调整。

2003年初,麦当劳宣布了一项新的计划,这一计划现在被称为"胜利计划",其核心是重新建立以顾客为中心的使命陈述。公司使命从"成为世界上最好的快捷服务餐馆"转变为"成为我们顾客最喜欢的地方和最喜欢的用餐方式"。胜利计划为公司目标的实现奠定了基础,它所关注的五种基本的顾客体验要素(人、产品、地点、价格和促销),深刻地改变了公司的业务发展方向。这是因为,虽然该计划看起来只是使命陈述上的简单更改,然而它却驱动麦当劳及其雇员更加关注质量、服务和餐馆体验,而不仅仅是向顾客提供最便宜的、最方便的就餐选择。

在胜利计划的指导下,麦当劳重新成为以顾客需求为己任的公司。公司的目标是"更好,而非更大"。公司放慢了快速扩张的步伐,相反,公司将资金用于提升食物、服务和环境质量,并在现有餐馆中进行营销沟通。麦当劳重新装修了它的分店,使店堂内部更加干净、简洁、现代,并且在店堂内配备了诸如绿植、无线网络接入以及可以观看新闻的平板电视等设施。一些新店的娱乐区提供视频游戏,甚至提供带有视频屏幕的固定单车。为了使顾客感受到更多的便利性,麦当劳将开业时间提前以延长早餐时间,并将闭店时间推后以提供消夜——目前，已有超过1/3的麦当劳分店24小时营业。

在过去的几年里，麦当劳有过失败的产品（听说过McLean、the Arch Deluxe或者McPizza吗?），但它已经从过去的错误中吸取了教训。在胜利计划的指导下，麦当劳现在追求的是业界所谓的“平台”，而不是随机的、昙花一现的奇迹。例如，鸡肉是一个平台，麦乐鸡则是在这个平台下的产品。

借助平台基础，麦当劳在厨师丹尼尔·考德瑞特的指导下成功地重新设计了菜单。他毕业于美国烹饪学院，曾经是达拉斯四季酒店的厨师。改良后的菜单提供更多样化的选择，包括更健康的食品，同时也增加了公司的收入。仅仅在优质沙拉上市的几年内，麦当劳就成了世界上最大的沙拉销售商。而该公司35年来推出的最大的提供咖啡饮料和冰沙的饮料平台McCafe，每年给每家店增加的销售额接近12.5万美元，占公司总销售额的7%以上。

麦当劳重新致力于顾客价值，因而迎来了“金色拱门”的黄金时代。自从宣布了胜利计划之后，麦当劳餐厅的总销售额增加了87%，利润几乎翻了两番，且股价翻了将近三倍。在过去几年里，即使整体经济和餐馆业都处于挣扎之中，麦当劳却远远超过了其竞争对手。尽管经历了艰难的经济大衰退，从2008年到2011年年初，麦当劳仍实现了高达12.7%的复合年回报率，而标准普尔指数的平均回报率为2.9%。麦当劳的连锁店已经实现了超过9年的全球同店销售额增长。现在麦当劳的收入比竞争对手Wendy's、汉堡王、肯德基、必胜客和塔可钟加起来还要高出20%。

因此，麦当劳的胜利计划似乎是当前的正确战略。今天，当你再次想到麦当劳时，你想起的就是便利和价值。如今，菜单上有标志性的经典菜式，也有现在的消费者们想要的新产品——无论是优质沙拉、快餐卷、安格斯汉堡还是麦咖啡和冰沙，而且新装修的餐厅总能带给消费者一种清新、乐观的感觉，收银机也在不停地响着。顾客和公司都在哼唱那令人鼓舞的小调：“我就喜欢。”

就像麦当劳一样，优秀的营销机构采用强烈的客户驱动的营销战略和程序来创造客户价值和关系。然而，这些营销战略和计划是由更广泛的全公司战略计划指导的，后者也必须是以客户为中心的。要了解营销的作用，我们必须首先了解组织的整体战略规划过程。

2.1　公司范围的战略计划：确定营销地位

每个公司都必须根据自身特定的位置、机会、目标和资源寻求最合理的策略。这就是**战略计划**（strategic planning）的核心——在组织的目标和能力与组织不断变化的营销机会之间建立和保持战略配适的过程。

战略计划为公司其他的计划工作奠定了基础。公司通常确定年度计划、长期计划和战略计划。年度计划和长期计划安排公司的当前业务，并且考虑如何保持这些业务的增长。与此相反，战略计划涉及的是公司如何利用其不断变化的环境中的机会的问题。

在公司层级上,公司首先界定其整体目的和使命(参见图 2.1)。这个使命接下来就被转化为详尽的支持性目标以引导整个公司的发展。然后,公司总部决定什么样的业务组合和产品最适合公司,对于各项业务和各种产品应当分别给予多大支持。与此相应,各个业务和产品单位都要确定详尽的营销计划和其他部门计划,以支持公司的整体战略。因而,营销计划要在业务单位、产品和市场三个不同层级上确定。针对特定的营销机会确定了诸多详细的计划,而这些营销计划反过来又支持了整个公司的战略计划。

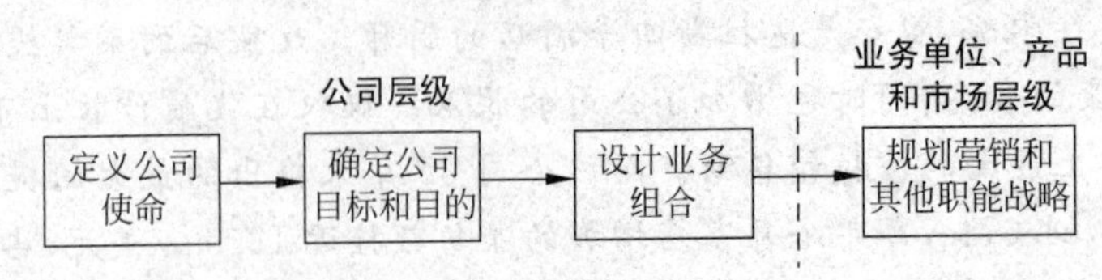

图 2.1 战略计划的阶段和步骤

2.1.1 确立以市场为导向的使命

一个组织之所以存在就是为了完成一定的事情,这个目标应该表述清晰。构筑圆满的企业使命从以下问题开始:我们的业务是什么?谁是我们的顾客?顾客看重什么?我们的业务应该是什么?这些貌似显而易见的问题是企业不得不回答的最困难的问题。成功的企业总是不断地提出这些问题,并且认真、完整地回答这些问题。

许多企业制定正式的使命陈述来回答这些问题。**使命陈述**(mission statement)是对组织目的的表述,即组织在大环境中想要完成的事情。清晰的使命陈述能够起到"看不见的手"的作用,指引组织中的人员行动。

以往企业用产品("我们制造家具")或技术("我们是化学加工企业")来定义其业务,但使命陈述应该是以市场为导向并且从顾客需求角度来定义业务。产品和技术终将过时,但基本的市场需要会永远延续下去。例如,脸书并没有把自己定义为一个在线社交网络软件。它的使命是将世界各地的人们联系起来,帮助他们分享生活中的重要时刻。同样,施波特(Chipotle)餐厅的使命也不是销售卷饼,而是承诺"食品诚信",该企业强调它对消费者和环境当下福利和长期福利的承诺。施波特用天然、可持续的本地原料进行生产。表 2.1 给出了其他几个产品导向与市场导向的业务定义相对比的例子。

表 2.1 产品导向和市场导向的业务定义

企　业	产品导向的定义	市场导向的定义
脸书	我们是在线社交网络	我们将世界各地的人联系起来,并提供他们分享生命中重要时刻的机会
Hulu	我们是一家在线视频网站	我们帮助人们找到并欣赏世界上最好的视频内容,无论何时、何地,所有内容均免费
家得宝	我们销售工具、家庭维修设备和家庭百货用品	我们赋权给顾客,使其能够实现家庭梦想

续表

企　业	产品导向的定义	市场导向的定义
NASA	我们探索外太空	我们达到新的高度，揭秘未知领域，我们的所做所为有益于全人类
露华浓	我们制造化妆品	我们出售：生活方式和自我表达，成功和地位，回忆、希望和梦想
丽思卡尔顿酒店	我们出租客房	我们创造丽思卡尔顿式的体验——活跃感受、融入体贴，甚至满足客人们没有明确表述的愿望和需要
沃尔玛	我们经营折扣店	我们提供每日低价，让普通人有机会买到与有钱人相同的东西

使命陈述应该是有意义的、具体的并且能够起到激励作用，应强调公司在市场中的优势并有力地说明它该如何在市场上取胜。而通常情况是，使命陈述常常被用来实现公司的公关目标，缺乏具体的、可操作的指导。例如，谷歌的公司使命不是成为世界上最好的搜索引擎，而是给人们窗口去获取世界上的信息，无论它们在何处。

最后，公司的使命不应该被陈述为实现更多的销售或利润，利润仅仅是对公司为顾客创造价值的奖励。相反，使命应该关注顾客和公司为顾客所创造的体验。因此，正如我们在开篇故事中所讨论的那样，麦当劳的使命不是成为世界上最好的和最盈利的快餐馆，而是为顾客提供他们喜欢的快餐体验。如果麦当劳实现了这一以顾客为核心的使命，那么利润自然而然就会产生。

2.1.2 设定企业目标

使命需要转化成为各个管理层具体支持性的目标。每一个经理都必须有目标，并且对目标的实现负责。例如，大多数美国人都知道亨氏（H. J. Heinz）的番茄酱，它每年销售的番茄酱超过6500亿瓶。但亨氏在众多品牌下拥有其他种类的食品，从Heinz和Ore-Ida到Classico。亨氏将多样化的产品组合统一在下述使命下：作为营养和健康领域的可靠领导者，亨氏——原创的纯食品公司——致力于人类、地球和公司的可持续健康。

这一使命引出了不同级别的目标，包括业务目标和营销目标。亨氏的总体目标是通过开发“优质、美味、营养和便利”的食品来构建可盈利的顾客关系，以实现其营养和健康使命。企业通过大力投入研发和设计来达到这个目标。研究工作耗资巨大，必须通过不断增长的利润来予以资金支持。因此，增加利润成为亨氏的另一个目标。利润可以通过增加销售额或降低成本的方式来提高。可以提高在美国市场的份额，进入新的国外市场，或者双管齐下，从而提高销售额。这些目标于是成为企业当前的营销目标。

必须制定营销战略和方案来支持这些营销目标的实现。为了增加市场份额，亨氏扩大产品线，增加和推广现有产品的可获得性，并扩展到新市场。例如，去年亨氏为它的一个产品系列添加了早餐包装。此外，该公司还收购了巴西品牌Quero 80%的股份，这是巴西的一个番茄酱、调味品制造品牌。今年，Quero有望使亨氏在拉丁美洲的销售额翻倍，并成为在巴西市场推广亨氏的平台。

这些都是亨氏总括的营销战略。每项总括的营销战略接下来都必须详尽、具体地定义。例如，增加产品的推广就可能需要更多的广告和公关活动，如果要如此，这两方面都必须清楚地说明。这样，企业的使命就转化成为当前的一系列目标。

2.1.3 规划业务组合

在企业使命陈述和目标的指引下，管理者现在必须对其**业务组合**（business portfolio）——构成企业的业务和产品的集合——做好规划。最合适的业务组合能够最好地发挥企业的优势、规避劣势，以最好地利用环境中的机会。

大多数大公司拥有复杂的业务和品牌组合。对此类业务组合的战略和营销计划是一项艰巨而又关键的任务。迪士尼的业务组合包括迪士尼主题公园和度假村、迪士尼影视娱乐（如迪士尼影业、皮克斯和试金石影业）、迪士尼周边产品（从服装和玩具到互动游戏），以及互联网媒体业务（包括 ESPN 和 ABC 电视网）。同样，半岛电视台的业务组合囊括了超过 25 个商业实体，从半岛电视台新闻频道到多个特定地区和语言的新闻频道，再到体育、儿童节目和纪录片的专用频道。半岛电视台甚至还发展了半岛电视台研究中心，这个智囊团致力于研究和分析影响阿拉伯和伊斯兰世界的政治和经济变化（见营销实例 2.1）。

营销实例 2.1

半岛电视台：不断扩大的业务组合

半岛电视台被韦比奖（Webby Awards）提名为五大最佳新闻网站之一，还被 brandchannel.com 评选为全球第五大最具影响力的品牌，仅次于苹果、谷歌、宜家和星巴克。2011 年，Salon.com 注意到半岛电视台对 2011 年埃及抗议活动的报道比美国新闻媒体的报道要多，而美国国务卿希拉里·克林顿也表示，该电视台的新闻信息更灵通，更少带有观点倾向性。

半岛电视台于 1996 年成立，作为世界上第一个独立的阿拉伯新闻频道，它致力于为阿拉伯提供全面的电视新闻。半岛电视台现在除了旗舰频道外，还包括半岛电视台英语频道、体育频道、纪录频道、儿童频道以及半岛电视台培训和发展中心、半岛电视台研究中心。

以下是对半岛电视台的品牌简要总结：

电视：最初是一个阿拉伯语新闻和时事卫星电视频道，后来半岛电视台已经扩展成一个网络。截至 2007 年初，半岛电视台网络的电视频道包括最初的国际阿拉伯语 24 小时新闻频道、英语频道、儿童频道和体育频道，后者拥有主要足球联赛在中东的独家转播权，如西甲、法甲和意甲。半岛电视台收取年费 50 美元和月费 10 美元收看体育电视频道 1 台至 8 台，年费 35 美元收看体育频道 9 台、10 台、高清 1 台和 2 台。

beIN Sport，其 24 小时的美国体育网络，于 2012 年夏天推出，并购买了法国和西班牙足球联赛的广播电视转播权。beIN Sport 还拥有 2013 年美国世界杯在哥斯达黎加、洪都拉斯、牙买加和巴拿马的四场预选赛的转播权。2012 年 11 月，半岛电视台的 beIN

Sport 迎来了 100 万用户的里程碑。

在线：半岛电视台的网络服务在全世界范围内都是免费的。电视台于 2003 年 3 月推出了在线内容的英文新闻版。这个英语网站在 2006 年 11 月重新启动，同时还推出了半岛电视台英语频道。英语和阿拉伯语的部分是不同的，有独立的新闻和评论。半岛电视台和半岛电视台英语频道也在官方网站和 YouTube 上直播。2009 年 4 月，半岛电视台推出了精简版为移动设备用户提供英语和阿拉伯语网站。

在“阿拉伯之春”运动中，半岛电视台每月的在线收视率增长超过 1000%。其下一阶段的增长将是通过社交媒体使半岛电视台与其用户建立更多的社会联系，这样它就能理解他们的喜好。

半岛电视台还经营半岛电视台体育网站，这是一项官方的优质体育服务，使用户能够在他们的电脑上观看半岛电视台的体育频道，并通过他们的移动设备和平板电脑运用最新的视频流技术享受高质量的观看体验。半岛电视台体育网站的订阅内容包括全面访问半岛体育频道 1 台至 10 台，以及高清 1 台和 2 台。同时，还提供视频点播服务。

半岛电视台媒体培训与发展中心：作为阿拉伯媒体发展的一部分，半岛电视台成立了媒体培训与发展中心，为各领域和各层级媒体的理论和实践发展作出贡献。通过培训媒体专业人员，培养他们的技能，提高他们的工作效率，半岛电视台的目的是扩展知识，加深理解，发展经验，提高阿拉伯地区和国际媒体组织员工的业绩水平，并实现及时沟通。

半岛电视台研究中心：成立于 2006 年，半岛电视台研究中心对当前的地区和全球层面的时事进行深入分析。其研究议程主要侧重于阿拉伯世界及周边地区的地缘政治和战略发展。作为半岛电视台网络的一个智囊机构，中心致力于为整个组织构建有见地、深入的相关知识。

管理这一成功和不断增长的品牌组合绝非易事，但半岛电视台已经超额完成了这一任务。是什么把它联系在一起？半岛电视台多年来一直在与人们建立关系。就这样：半岛电视台并没有把阿拉伯人当作观众，而是作为其“人民”。它会聆听观众的意见，观众可以通过发送信息、加入在线论坛和聊天、张贴视频表达自己的意见。人们感到与半岛电视台很亲近，而新媒体在这方面发挥了重要作用。

半岛电视台未来的项目包括其他语言的节目，如半岛电视台乌尔都语频道主要满足巴基斯坦市场和某些印度市场，斯瓦希里语频道是为肯尼亚、坦桑尼亚、乌干达、卢旺达和布隆迪的市场服务。

此外，半岛电视台正准备推出一个土耳其语新闻频道。2012 年 2 月，它收购了土耳其的 Cine 5 电视频道。半岛电视台还计划推出西班牙语新闻网络，以迎合拉美裔人口的需求，类似于伊朗有线电视网络 Hispan TV。据报道，半岛电视台也计划推出一份国际报纸。半岛电视台以其中东新闻报道而闻名，它的目标是在未来五年内成为体育广播领域的全球巨头。

规划业务组合包括两个步骤。首先，企业必须分析当前的业务组合，并且决定哪些业务应当增加投资，哪些应当减少，以及哪些应当停止投资；然后，制定成长战略，以便塑造未来的业务组合。

分析当前的业务组合 战略计划中的一项重要任务就是**业务组合分析**(portfolio analysis),管理者用这种工具来评估构成企业的各项业务。企业希望向盈利水平高的业务投入更多的资源,逐步减少或停止对盈利水平低的业务的投入。

管理者的第一步工作是要识别出构成企业的关键业务。这些业务可以称作是**战略业务单位**(SBU)。一个 SBU 可以是企业的一个分部,可以是分部内的一条产品线,有时也可以是一个单独的产品或品牌。业务组合分析的下一步要求管理者评估各个 SBU 的吸引力,并且决定各项业务应当给予多大的支持。当企业在设计业务组合时,专注于增加和支持与本企业核心价值和竞争力密切匹配的产品和业务,通常会是好主意。

确定战略计划的目的就是要寻求企业能够最好地发挥其优势的方法,以利用环境中最有吸引力的机遇。所以大多数标准的业务组合分析方法从两个重要的维度来评价各个 SBU,即 SBU 所在的市场或产业的吸引力以及 SBU 在该市场或产业中的地位。广为流传的业务分析方法是由波士顿咨询集团提出的,它是一家处于领导地位的管理咨询企业。

波士顿咨询集团方法 通过使用波士顿咨询集团(Boston Consulting Group,BCG)方法,一个企业可以根据图 2.2 中所示的**成长—份额矩阵**(growth-share matrix)将其所有的战略业务单位进行分类。在纵轴上,市场增长率用来量度市场的吸引力;在横轴上,相对市场份额用来衡量业务在市场中的实力和地位。成长—份额矩阵区分出四种类型的战略业务单位:

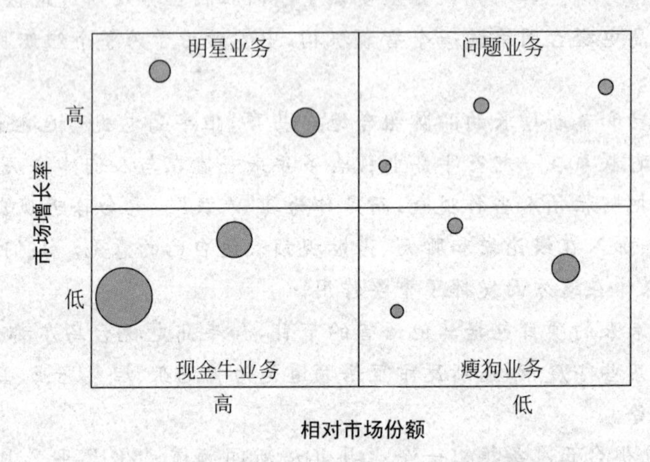

图 2.2 波士顿咨询集团成长—份额矩阵

明星业务(star):明星业务是高增长率、高市场份额的业务或产品。它们经常需要大量的资金投入以支持其快速增长。最终它们的增长率会减缓,转变成现金牛业务。

现金牛业务(cash cow):现金牛业务是低增长率、高市场份额的业务。这些业已站稳脚跟的成功的战略业务单位无须多少资金投入就能够维持其市场份额。这样,现金牛业务就产生了大量的现金,供企业支付各种费用并且支持其他需要资金投入的战略业务单位。

问题业务(question mark)：问题业务是在高增长率的市场中占据低市场份额的业务单位。它们需要大量现金来保住或增加其市场份额。管理部门需要周密考虑来确定哪些问题业务应当加以扶持，使之转变为明星业务，而哪些业务应当淘汰、放弃。

瘦狗业务(dog)：是那些低增长率、低市场份额的业务或产品。它们可能产生足够的现金来满足自身的需要，但是不足以成为大量现金的源泉。

成长—份额矩阵中的十个圆圈代表某企业当前的十个战略业务单位。这个企业有两个明星业务、两个现金牛业务、三个问题业务和三个瘦狗业务。圆圈的面积与战略业务单位的销售额成正比。该企业处于不错的状态，虽然还算不上很好。企业希望在有前途的问题业务上投资，使这些业务能够随着市场的成熟转变为现金牛业务。幸运的是，企业有两项规模较大的现金牛业务，其收入保证了企业问题业务、明星业务和瘦狗业务的资金需要。该企业应当对其瘦狗业务和问题业务采取果断行动。

一旦企业对自己的战略业务单位进行了分类，就必须确定各个业务单位在将来要扮演什么角色。对于各个战略业务单位，可以采用下述四种战略之一：企业增加对业务的投资，发展其市场份额；或者仅仅保持当前的投入水平，维持战略业务单位的市场份额；企业还可以收获战略业务单位，不考虑长期效果而是榨取短期现金流；最后企业还可以通过出售、淘汰或将资源转移他用来放弃某个战略业务单位。

随着时间的推移，战略业务单位在成长—份额矩阵中的位置将发生变化。许多战略业务单位起初是问题业务，如果成功就会转变成明星业务。随后当市场增长率下降时，这些业务就变成现金牛业务，最后慢慢衰亡或者蜕变为瘦狗业务，走向其生命周期的终点。企业需要连续不断地引入新产品和新的战略业务单位，以使其中一些成为明星业务，最终变成为其他战略业务单位提供资金支持的现金牛业务。

矩阵方法的问题　波士顿咨询集团方法以及其他方法，给战略计划的拟订带来了革命性的变化。然而这些方法有其局限性。这些方法可能实施起来费力、费时、成本高昂；管理部门可能发现确定战略业务单位、测度市场份额和增长都很困难；此外，这些方法集中在对当前业务进行分类上，而对于将来的计划则鲜有参考建议。

由于存在这些问题，很多企业已放弃正式的矩阵方法，转向更适合企业情况的更具定制特点的方法。以往的战略计划主要掌握在企业总部的高级经理们手中，相反，今天的战略计划已经大大分权化。现在，越来越多的企业将战略计划的职责从企业的最高层转移到接近市场的跨职能经理团队手中。

例如，让我们看一看华特迪士尼。许多人认为迪士尼是一家主题公园和家庭娱乐服务提供商，然而在20世纪80年代中期，迪士尼建立了一个有力的、中心化的战略规划小组来指导企业的发展方向和业务增长。在接下来的20年里，战略规划小组将迪士尼公司变成了一家大型的、多元化的媒体和娱乐产业运营商。这个不断壮大的企业逐渐成为囊括从主题游乐场、电影企业(华特迪士尼影业公司、试金石影业公司、好莱坞影业公司等)到媒体网络(ABC和迪士尼频道、ESPN、A&E、历史频道等)的多元化跨国企业。

业务转变后的迪士尼似乎很难均衡管理其多种业务类型。为了提高绩效，迪士尼解散了中心化的战略规划部门，将战略规划功能分散给企业各业务部门的经理。结果是，迪士尼将自己重新定位为世界性媒体综合服务提供商。尽管近年来面临“生活中最为恶劣的经济形势”,迪士尼对其广泛业务类型完美的战略规划使它比其他竞争对手发展得更好。

制定成长和削减战略 除了评价当前的业务,规划业务组合还涉及寻找企业将来要考虑的业务和产品。为了更有效地竞争,企业需要成长,以满足各方面利益相关者的需要,吸引精英人才。同时,企业不能把成长本身作为目标。企业的目标必须是“盈利增长”。

营销对于企业实现有利可图的成长负有主要责任。营销必须识别、评价和选择市场机会,并且为捕捉这些市场机会制定战略。确定成长机会的一种有效工具就是**产品—市场扩展方格**(product/market expansion grid),如图 2.3 所示。在这里,我们将这种方法用于对星巴克的分析:

	现有产品	新产品
现有市场	市场渗透	产品开发
新市场	市场开发	多元化

图 2.3 产品—市场扩展方格

在短短 30 年里,星巴克以惊人的成长速度,从西雅图的一个小咖啡店发展到如今一个价值近 120 亿美元、在美国每个州和 56 个国家有超过 17 000 家零售店的公司。仅在美国,星巴克每周就为超过 5 000 万顾客提供服务。星巴克为顾客提供了所谓的“第三个地方”——远离家和工作。公司的增长是让星巴克保持活跃的引擎。然而,近年来,该公司显著的成功吸引了大量的模仿者,包括像 Caribou Coffee 这样的直接竞争对手,以及麦当劳等快餐商家。现在看来,几乎每家餐馆都有自己独特的现磨咖啡。为了在竞争日益激烈的市场中继续保持惊人的增长,星巴克必须酝酿出一项多管齐下的增长策略。

首先,星巴克管理层会考虑公司是否能够实现更深入的**市场渗透**(market penetration)——不改变产品,通过提高现有产品的销售额来实现公司成长的一种战略。它可能会在当前的市场区域增加新商店面,使顾客更容易消费。事实上,星巴克每年新增 300 家新店。通过改进广告、价格、服务、菜单选择或商店设计鼓励消费者更多地驻足,停留更久,或者在每次消费时购买更多。例如,星巴克正在改造它许多店面的设计,通过使用泥土色调、实木柜台和手写的菜单板给顾客更亲近的感觉。它还在一些市场上添加啤酒、葡萄酒、奶酪和高档食品,目的是促进早餐高峰之外的业务,虽然早餐仍然是公司收入的主要来源。

第二,星巴克管理层会考虑**市场开发**(market development)的可能性——为现有的产品识别、开发新的市场。比如,管理者们可能会审视新的人口统计细分市场。或许可以鼓励新群体——比如老年人——第一次去星巴克咖啡馆,或者在那里消费更多。管理者们还可以审查新的地理市场。如今,星巴克在非美国市场迅速扩张,尤其是亚洲市场。该公司最近在日本开设了它的第 1 000 家门店,预计到 2015 年将在中国开设 1 500 家门店,并计划到 2016 年韩国门店数量将增加一倍多,达到 700 家。

第三,星巴克可以考虑**产品开发**(product development)——向现有的市场提供改良的产品或新产品。例如,星巴克最近发布的速溶咖啡获得了巨大的成功。现在,它推出了一种名为“Blonde”的轻烘焙咖啡,旨在迎合美国咖啡爱好者中 40%的更喜欢清淡温和口味的人的需要。星巴克还在开拓新的产品类别。例如，它最近耗资80亿美元进入功能饮料市场，开发出一种富含果汁和绿咖啡豆提取物的饮料。

最后，星巴克可以考虑**多元化**(diversification)经营，在其现有产品和市场之外收购企业。例如，星巴克最近收购了"Evolution Fresh"，一家专门提供顶级的鲜榨果汁的公司，它打算将这作为进入"健康和保健"食品类别的契机。星巴克还开始在咖啡机、冲茶器具、音乐和书籍等方面进行多样化经营。

公司不仅要为它们的业务组合制定成长战略，也要制定削减(downsizing)战略。一个公司要放弃产品或市场的原因有很多种，有可能是公司增长得太快，或者进入了它缺少经验的领域。当公司不经过适当的调研就进入多个国外市场，或者当公司引入了一个并不能提供优质的顾客价值的新产品时，也可能发生上述情况。例如，在经济困难时期，很多公司削减了其较弱的、盈利能力较差的产品和市场，将有限的资源投入较强的业务中。

当公司发现旗下品牌或业务无法盈利或不再适合公司的整体战略时，就应该对其谨慎地调整、回收或者去除。例如，宝洁最近刚刚将旗下的最后一个食品品牌"品客"(Pringles)出售给家乐氏(Kellogg)，使自己能够专注于家庭护理和美容产品。近年来，通用公司已从其业务组合中削减了几家业绩不佳的品牌，包括奥兹莫比尔(Oldsmobile)、庞蒂亚克(Pontiac)、土星(Saturn)、悍马(Hummer)和萨博(Saab)。弱势业务经常需要管理层给予不成比例的大量关注。管理者必须将精力集中在有前途的增长机会上，而不是浪费在试图挽救大势已去的项目上。

2.2　规划营销：相互合作建立客户关系

企业的战略计划明确了企业将要从事哪些业务以及各项业务将要达到的目标。接着，在各个业务单位内必须进行更细致的计划。每个业务单位中的主要职能部门——营销、财务、会计、采购、制造、信息系统、人力资源等——必须共同合作完成战略目标。

从各个方面来说，营销都在企业的战略计划中起着重要作用。首先，营销提供了一种指导性的观念——营销理念——企业的战略应当围绕着满足关键顾客群体的需要展开。其次，营销通过识别有吸引力的市场机会和评价企业利用这些机会的潜力，为战略计划者提供了思考的依据。最后，在单独的战略计划单位内，营销为实现各个业务单位的目标设计了战略。业务单位的目标一经确立，营销的任务就是使这些目标能够实现，并赚取利润。

顾客价值和满意在营销成功的定律中扮演着重要角色，但营销无法单独完成这些任务。尽管营销扮演着领导角色，但是它在吸引、维持和增加顾客时只能是合作者之一。作为客户关系管理的补充，营销人员必须学会合作伙伴关系管理。他们必须与企业其他部门密切合作，形成有效的价值链，以服务顾客。还有，他们必须与营销系统内的其他企业有效合作，形成有竞争优势的价值传送体系。我们现在来更深入地了解企业价值链和价值传送体系的概念。

2.2.1 与企业其他部门合作

企业的每个部门都可以看成是企业内部**价值链**(value chain)上的一个环节。也就说每个部门都执行某项创造价值的活动来设计、生产、营销、运输和支持企业的产品。企业的成功与否不仅取决于每个部门的本职工作表现是否出色,也取决于不同部门间的活动是否很好地相互配合。

例如,沃尔玛的目标是通过以尽可能最低的价格提供给购物者他们想要的产品,来创造顾客价值和满意。沃尔玛的营销人员具有重要的地位:他们了解顾客需求并且在商店货架上摆上具有无法抗拒的低价的顾客期望商品;他们准备广告和商业方案,用客户服务来帮助购物者。通过上述行动和其他一些活动,沃尔玛的营销人员有助于向顾客传送价值。

但是,营销部门需要公司其他部门的协助。沃尔玛以低价提供合适商品的能力,取决于采购部门开发供应商并从它们那里低成本买入的能力。沃尔玛的信息技术部门必须提供有关各个商店在销售什么产品的及时而准确的信息。同时,运营部人员必须进行有效而低成本的商品处理。

公司价值链的强弱取决于它最弱的环节。成功则取决于各个部门在增加顾客价值上表现是否出色,以及各部门的行动是否很好地相互配合。在沃尔玛,如果采购部不能争取以最低的价格从供应商进货,或者运营部不能以很低的成本配送商品,那么营销人员也就无法完成“最低价”的承诺。

理想的情况是,不同的职能通力合作为消费者创造价值。但在现实中,部门之间充满了冲突和误会。营销部门站在消费者的视角上。但是当营销部门努力提高顾客满意度时,在其他部门看来,这会降低它们的工作绩效。营销部门的举动可能会增加采购成本、打乱生产计划、增加库存或者给预算添麻烦。于是,其他部门可能不愿倾力支持营销部门实现其意愿。

但是营销人员必须促使所有部门“为顾客着想”,并建立能够顺利完成各项职能的价值链。一位营销专家这样说:“真正的市场导向并不意味着变成营销驱动,它意味着整个企业都应当着迷于为顾客创造价值,并把自己视为是一系列过程的集合体,这一系列过程就是向目标顾客定义、创造、沟通和传递价值……无论部门功能是什么,组织内每一位员工都应该参与营销。”另一个营销专家说:“如今,吸引客户需要整个公司的承诺。公司的每个成员现在都是营销人员。”因此,无论你是会计、运营经理、财务分析师、IT专家,还是人力资源经理,你都需要了解营销,并知晓你在创造顾客价值中所扮演的角色。

2.2.2 与营销系统内其他成员合作

在追求为顾客创造价值时,公司既要看到它本身内部的价值链,也要看到它的供应商、分销商以及最终消费者的价值链。看一下麦当劳的例子:顾客不会仅仅因为喜欢那里的汉堡就蜂拥前往麦当劳。顾客前往麦当劳是为了它的系统,而不光是为了它的产品。在全世界,麦当劳精确调节的系统都传递出一种很高的标准,公司称之为 QSCV——质量

(quality)、服务(service)、清洁(cleanliness)、价值(value)。只有在成功地与特许经营商、供应商和其他成员合作，共同创造出“我们顾客喜欢的就餐地点和就餐方式”时，麦当劳的模式才是有效的。

今天更多的公司正与供应链上其他成员合作来改进顾客**价值传送体系**(value delivery network)。竞争日益不再是只发生在单个公司之间。相反，这些竞争者创造的整个价值传送体系之间会发生竞争。因此，丰田针对福特的竞争表现，取决于丰田整个价值传送体系的质量与福特价值传送体系相比较的结果。即使丰田生产的汽车是最好的，如果福特的经销商提供更让顾客满意的销售和服务，那么丰田还是会失去市场。

2.3 营销战略与营销组合

战略计划界定了企业的整体使命和目标。图 2.4 展示了营销在组织中的角色，这幅图总结了管理营销战略和营销组合时的主要活动。

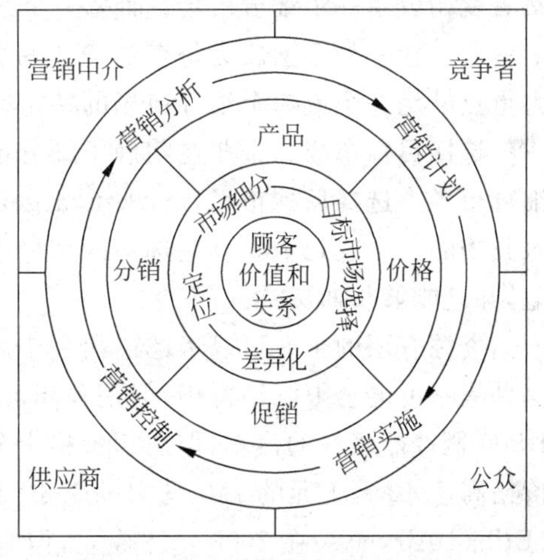

图 2.4　管理营销战略和营销组合

目标消费者居于中心。企业的目标就是为顾客创造价值，并与其消费者建立有利可图的关系。接着是**营销战略**(marketing strategy)——企业希望建立有价值的顾客关系所依据的思维逻辑。企业决定为哪个子市场服务(市场细分和目标市场选择)，怎样服务(差异化和市场定位)。企业首先要界定整个市场，然后将其划分成若干更小的子市场，选择其中最有前景的子市场，集中力量重点为这些子市场服务并满足其需要。

在营销战略的指导下，企业进而设计出由产品、价格、分销和促销这几个在企业控制之下的因素所构成的营销组合。为了找到最好的营销组合并付诸实施，企业致力于营销分析、计划、实施和控制。通过这些活动，企业观察并适应营销环境。现在我们来简要地介绍每项活动。在后面的章节，我们将更加深入地讨论各个要素。

2.3.1 顾客导向的营销战略

就像我们在第 1 章中强调的那样，要在当今竞争激烈的市场中取胜，企业必须以消费者为中心，从竞争对手那里赢得顾客，进而通过让渡更多的价值来保持这些顾客并不断增加。不过，企业必须首先了解消费者的需要和要求，才能使他们满意。所以，合理的营销需要对消费者进行认真的分析。

企业明白它们自己不可能与给定市场中的所有消费者都建立有利可图的联系，至少对所有消费者都采用“一刀切”的办法是行不通的。消费者的种类众多，他们的需要类型也是千差万别。一些企业在服务某些特定子市场方面占据更有利的位势。所以，每个企业都必须对整个市场进行细分，从中选择最佳的细分市场，然后制定战略，使自己能够比竞争对手更有利可图地为选定的细分市场服务。这个过程包括三个步骤：市场细分、选择目标市场和市场定位。

市场细分 市场由种类众多的消费者、产品和需要构成，营销人员必须确定哪些细分市场能为企业提供最好的机会。可以根据地理、人口统计、心理和行为因素对消费者进行分组，并采取不同的方法为这些消费者服务。将市场划分成具有不同需要、特征或行为的用户的独特群体（每个群体都要求各不相同的产品或营销组合）的过程，称为**市场细分**(market segmentation)。

每个市场都有子市场，但是并非所有细分的方法都同样有效。比如，如果低收入群体与高收入群体的镇痛药使用者对营销活动反应相同，那么泰诺(Tylenol)据此进行划分就会收效甚微。**细分市场**(market segment)由那些对于给定的一系列营销活动有相似反应的消费者组成。例如，在汽车市场，那些不在乎价格高低，选择最大、最舒适的小汽车的消费者就构成了一个细分市场；而另一个细分市场是那些主要关心价格和使用的经济性的消费者。让一种车型成为每个消费者的首选是非常困难的。企业的明智之举就是集中精力重点满足一个或数个细分市场的特定需要。

选择目标市场 企业在明确了细分市场之后，就可以进入给定市场中的一个或多个细分市场。**选择目标市场**(market targeting)涉及评估各个细分市场的吸引力并选择进入其中的一个或几个。企业选择的细分市场应该使自己能够有利可图地创造最大顾客价值，并且能够长期保持。

资源有限的企业可以考虑进入一个或少数几个特别的细分市场，抑或是“补缺市场”。这种战略可能会限制销售额，但是利润可能很可观。例如，法拉利每年仅向美国市场出售1 500辆性能极好的汽车，但出售价格十分昂贵——从25.5万美元的法拉利458 Italia到价格高达40万美元的740马力的F-12 Berlinetta。尽管阿布扎比的阿提哈德航空公司(Etihad Airways)在2003年才成立，但它将自己与其他激烈的竞争者区别开来，专注于豪华航空旅行市场。高质量的客户服务、“钻石级”的机上设施和忠诚计划，使得阿提哈德航空公司避免与许多航空公司有直接的竞争（见营销实例2.2）。

营销实例2.2

阿提哈德航空公司：把阿布扎比与世界联系起来

阿提哈德航空公司被认为是航空业最年轻、最成功的航空公司之一。2003年7月，阿联酋皇家颁布法令，将其定为阿拉伯联合酋长国的国家航空公司，并于2003年11月开始进行商业化。阿提哈德（这是一个阿拉伯语，意为“团结”）被战略性地选择为其品牌名称，因为航空公司将阿布扎比与西方和东方联系在一起，并与航空公司的口号联系在一起：“把阿布扎比与世界联系起来。”

该公司独特的愿景，反映了阿拉伯人的好客（热情、慷慨、周到的待客之道）以及对阿布扎比文化声望的自豪。这有助于公司在竞争中独树一帜。阿提哈德已获得数项奖项，这反映了其作为领先的高端航空公司的地位，包括2009年、2010年和2011年全球领先航空公司世界旅游奖。其获得的众多奖项，凸显了其优质的服务，是对其不断努力保持行业领先地位的认可。由于获得了这一系列赞誉，阿提哈德航空在该地区进一步巩固和传播了品牌，增加了知名度。

阿提哈德拥有 66 架飞机，每星期向国际航线提供 1 000 次航班，飞往 55 个国家的 87 个目的地。它的目的地范围从中东和非洲到欧洲、澳大利亚、亚洲和北美。它还拥有塞舌尔航空 40%的股份，柏林航空近 30%的股份，维京澳大利亚航空 10%的股份，以及爱尔兰航空近 3%的股份。

阿提哈德航空公司的目标是将自己与全球航空公司区别开来，成为一个挑战和改变传统航空公司传统观念的航空公司——除了提供一种轻松的体验外，该航空公司还努力通过坚持最高的全球标准来确保旅行的安全和环保。阿提哈德计划推出新航线，推出新机型，并提供比该地区主要竞争对手更低的价格。它通过货物、假期和航空运输服务的多样化经营，总收入达 23 亿美元。创新的客舱也吸引了偏爱技术的顾客，并为未来的发展提供潜在的机会。

使其业务在市场上脱颖而出的是它独特的"钻石级"服务，这一服务瞄准了商务旅客，解决了他们对个人空间的需求，并保持了他们不论是在地面还是在空中的精英生活方式。公司让乘客能够进入自己的休息室，包括温泉浴、淋浴间和雪茄休息室，同时也考虑家庭娱乐方面的问题，提供了广泛的电视节目和网络接口。钻石级服务还包括私人套房、豪华座椅、内置插座电源、衣柜空间和独家大理石浴室。此外，还有各式各样的食品和饮料可供选用，以及特别要求的膳食和餐饮。这些特殊服务获得了四个全球性奖项，包括世界最佳头等舱、最佳头等舱座位、最佳头等舱膳食，以及全球 1 790 万旅客投票产生的乘客选择奖。

阿提哈德还创建了一个忠诚计划，以帮助提高长期客户对品牌的忠诚度，并增强客户关系的管理，创造客户和品牌之间的归属感。客户可以兑换积累的里程点数，而公司可以自由地收集客户的信息，如跟踪客户需求、统计特征变化以及旅行模式等。因此，阿提哈德的忠诚计划在公司的成长中发挥了很大的作用，它更以消费者为中心，并提供对客户需求的深入理解。该公司最近为其成员推出了忠诚计划的苹果 iPhone 应用程序，提供实时的点数兑换，从而促进其在数字市场的服务。

另一项屡获殊荣的忠诚计划于 2006 年 8 月推出，很快就吸引了人们的关注，并且比该行业的任何其他忠诚计划都增长得更快。该航空公司的 130 多万名会员，获得了积累航班里程的机会，可以通过公司的 200 多名合作伙伴获取广泛的飞行和非飞行奖励。非飞行奖励包括酒店住宿、公司"奖励商店"折扣、租车和零售折扣。这让客户感觉到一种成就感和对阿提哈德航空公司忠诚度的回报，并且是他们在未来继续保持这种忠诚的良好动力。它还创造了口碑宣传机会，以传播积极的客户体验，从而吸引新的潜在消费者。

总的来说，阿提哈德航空公司在短短 8 年里就已经证明，它是一个强大的竞争对手，它的计划是"把阿布扎比与世界联系起来"，并赢得了大量奖项，这反映了它作为全球领先的顶级航空公司的地位。通过保持形象、不断创新、满足消费者的需求，阿提哈德航空公司将继续在该领域发展，并获得更多的奖项。它目前的盈余和预期增长率超过了其竞争对手，而且它正在成为商业航空史上发展最快的航空公司之一。

或者，一个企业可以选择几个相关的细分市场——可能是那些消费者类型不同但消费者具有相同的基本要求的细分市场。例如，阿贝克隆比 & 费奇（Abercrombie & Fitch）公司将大学生、年轻人和孩子作为自己的目标群体，向他们提供高档的休闲服饰和配饰，其主要品牌包括以下三种：阿贝克隆比 & 费奇（Abercrombie & Fitch）、霍利斯特（Hollister）和阿贝克隆比（Abercrombie）。大型企业也可以提供完整的产品类别来满足整体市场的需要，诸如本田和福特这样的大企业就是这样做的。

大多数企业通过为单个市场服务进入一个新市场，如果成功的话，它们就会增加更多的细分市场。例如，耐克是以向认真的跑步者提供创新性的跑鞋而起家的。大企业最终会追求全面的市场覆盖，耐克现在为任何消费者、每个消费者制造和销售广泛的体育产品，其目标是“帮助任一能力水平的运动者实现他们的潜能”。耐克拥有不同的产品来满足它所服务的每一个细分市场的独特性需求。

市场差异化和市场定位 企业在决定进入哪些细分市场之后，必须决定它如何为每一个细分市场提供差异化的产品和服务，以及自己在这些细分市场中要占据什么位置。一种产品的定位是指产品相对于竞争对手在消费者的头脑中所占据的位置。营销人员通常希望他们的产品开发有着独特的市场定位。如果人们感觉某种产品与市场上的另一种产品十分相像，那么消费者就没有理由去购买它。

市场定位（market positioning）是相对于竞争对手的产品而言，在目标消费者心目中为自己的产品占据一个清晰、独特而且理想的位置。因此，营销人员对定位进行策划，使他们的产品与竞争对手的产品相区别，并且在其目标市场上能给予企业最大的战略优势。

宝马是“终极驾驶机器”，奥迪承诺“工程上的真理”。露得清是“皮肤科医生的第一推荐”，小蜜蜂（Burt's Bees）提供更多的“环境友好的天然个人护理产品”。在麦当劳，你会说“我就喜欢”；在温迪餐厅，则是“质量是我们的菜谱”。这些看似简单的陈述构成了产品营销策略的支柱。例如，麦当劳设计了完整的全球一体化营销活动——从电视、印刷广告到它的网站——围绕着“我就喜欢”的定位。

在进行产品定位的过程中，企业首先要明确可能的顾客价值差异，这可能成为其定位依据的竞争优势。为了获得竞争优势，企业就必须为选定的细分市场提供更大的价值——或者把价格降得比竞争对手还低，或者为顾客提供更多的利益以使更高的价格物有所值。不过，如果企业将自己的产品定义为提供更大的价值，那么它就必须真正将价值让渡给消费者。所以，有效的营销从差异化开始，即真正实现企业与竞争对手营销活动的差异化，以求与竞争者相比能向消费者提供更多的价值。企业一旦选择了理想的定位，就必须采取强有力的措施与消费者沟通，向他们传达这种定位。企业整体营销方案应当对选定的定位战略提供支持。

2.3.2 制定营销组合

在企业确定了总体营销战略后，就要准备规划营销组合的细节。营销组合是现代营销学的主要概念之一。我们将**营销组合**（marketing mix）定义为企业为使目标市场产生预期反应而整合的一系列可控的、策略性的营销工具。营销组合由企业为影响其产品需求而采取的一切措施构成。众多可能的措施可以归集为四组变量，即“4P”。图 2.5 显示了每个 P 中包含的具体营销工具。

- 产品是指企业向目标市场提供的物品和服务的组合。福特“翼虎”(Escape)汽车这个产品由螺母、螺钉、火花塞、活塞、头灯和成千上万个其他部件组成。福特提供数种“翼虎”车型和几十种不同的风格。汽车的服务周全，质量担保全面，像排气管这样的小部件都有担保。
- 价格是消费者获得产品所应支付的货币数量。福特计算出了其经销商对每辆“翼虎”汽车收取的参考零售价。但是，经销商很少完全严格执行这一价格，相反，它们会同每个顾客协商价格，提供折扣、折让和信用条款来适应当前的经济和竞争形势，并且使价格与用户对汽车价值的感受一致。

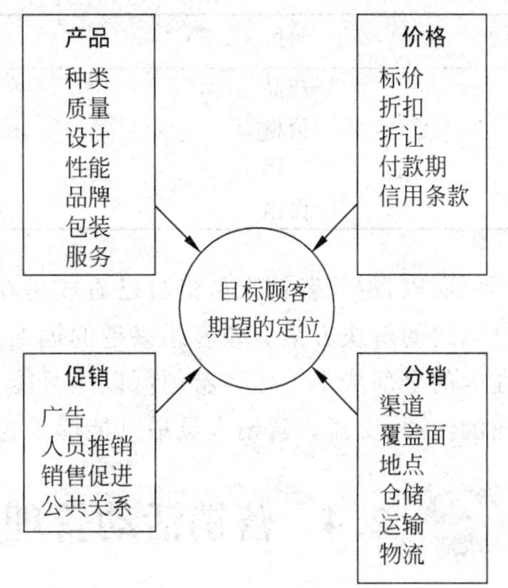

图 2.5　营销组合的 4P

- 分销渠道是指企业为使产品到达目标消费者而采取的各种活动。福特仍拥有庞大的自营经销商体系，负责销售企业的多款车型。福特对自己的经销商精挑细选，并全力支持。经销商们保有一定数量的福特汽车存货，向潜在用户展示，进而商定价格、完成交易并提供售后服务。
- 促销是指传达产品价值并且说服目标顾客购买的各种活动。福特每年花费超过 19 亿美元向消费者大做广告，宣传企业和产品。经销商的销售人员为潜在用户提供诸多帮助，并说服他们相信福特汽车对他们再合适不过。福特及其经销商提供多种特别的促销手段——折扣、现金回扣、低利率贷款——作为对购买行为的刺激和激励。

有效的营销计划将所有的营销组合要素整合成为一个协调一致的计划，通过向消费者让渡价值来实现企业的营销目标。营销组合构成了企业的战术工具箱，用以在目标市场确立强有力的定位。

一些批评家觉得 4P 可能忽视了某些重要的活动，或者是强调得不够。比如，他们问道：“服务在哪里呢？”但这并不能证明把服务忽视掉了。问题的答案是，银行、航空和零售服务也都是产品。我们可以将其称作“服务产品”。“包装在哪里呢？”批评家们可能会问。营销人员会回答说，他们已经把包装看作诸多产品决策中的一个。所有他们提到的这些都在图 2.5 中得到了体现。许多看起来被营销组合遗漏的营销活动实际上都包含在某个 P 中。问题的关键不在于应该有 4 个、6 个还是 10 个 P，而是什么样的框架对规划营销计划最有帮助。

不过，还有一种观点确实有道理。这种观点认为 4P 的概念是站在卖方的角度来看市场，而不是买方的立场。从买方的角度来看，在这个客户关系的时代，4C 似乎比 4P 是更好的描述。

4P	4C
产品	顾客解决方案(customer solution)
价格	顾客的成本(customer cost)
分销	方便(convenience)
促销	沟通(communication)

所以,尽管营销人员将自己看成是在卖产品,顾客把自己看成是在购买价值或购买自己问题的解决方案。顾客感兴趣的远不止价格,他们关心包括取得、使用、处置一个产品在内的全部成本。顾客希望可以尽可能方便地获得产品或服务。最后,他们希望得到双向的沟通、交流。营销人员最好能够首先通过 4C 来思考,进而构建 4P 的基础。

2.4 营销活动管理

除了要擅长做好营销管理中的"营销",企业也要关注"管理"。图 2.6 显示了管理营销过程需要的四种营销管理职能——分析、计划、实施和控制。企业首先确定整体战略计划,然后将企业范围的战略计划转化为各个分部、产品或品牌的营销计划或者其他计划。通过执行,企业把计划转化为行动。控制就是测量并评价营销活动的结果,在必要的时候采取纠偏措施。最后,营销分析为其他所有营销活动提供信息和评估。

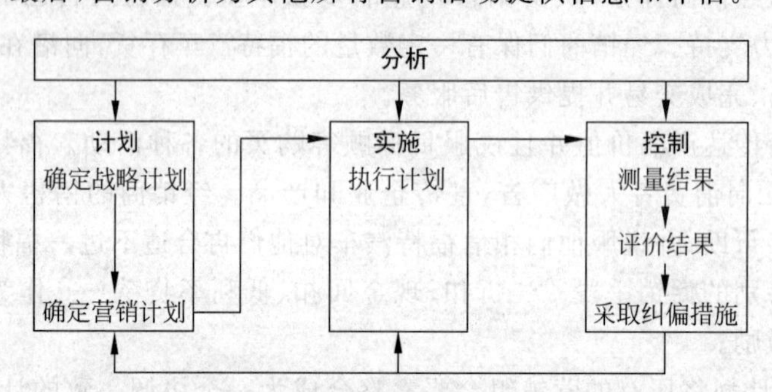

图 2.6 营销分析、计划、实施和控制之间的关系

2.4.1 营销分析

管理营销职能始于对企业情况的全面分析。营销者应该组织 SWOT 分析(读作"swat"分析),通过该分析,企业能够评价自身整体优势(S)、劣势(W)、机会(O)和威胁(T)(见图 2.7)。优势包括有助于企业服务顾客、实现目标的内部能力、资源和积极条件因素。劣势包括干扰企业绩效的内部限制和负面条件因素。机会是可以使企业发挥优势的外部环境因素和发展趋势。威胁是对企业绩效形成挑战的负面外部因素和发展趋势。

企业必须分析其市场和营销环境,以发现有吸引力的机会并识别环境中的威胁。企业必须分析自己的优势和劣势以及当前的和可能的营销行动,来决定哪些机会自己能够

	优势	劣势
内部	有助于企业实现其目标的内部能力	对企业实现目标的能力造成干扰的内部限制
	机会	**威胁**
外部	企业可以用来发挥优势的外部因素	对企业绩效形成挑战的现有外部因素和潜在外部因素
	积极	消极

图 2.7　SWOT 分析：优势、劣势、机会和威胁

最好地把握并实现。营销分析的目标是将企业的优势同环境中具有吸引力的机会结合起来，同时减少或者克服企业劣势并降低环境威胁。营销分析为其他营销管理职能提供信息。我们将在第 3 章更全面地讨论营销分析。

2.4.2　营销计划

通过战略计划，企业确定各个业务单位所从事的活动。营销计划所涉及的是制定有助于企业实现整体战略目标的营销战略。每个业务、产品或品牌都需要详尽的营销计划。营销计划究竟是什么样的呢？我们的讨论将集中于产品或品牌计划。

表 2.2 描述了一个典型的产品或品牌计划包括的主要部分。计划首先是执行总结，这部分概述主要的评价、目标和建议。然后，主体部分对当前的营销形势和潜在的威胁、机会进行详细的 SWOT 分析。计划接着陈述品牌的主要目标，并且概述实现这些目标的营销战略细节。

表 2.2　营销计划的内容

执行总结

对计划的主要目标进行简要的总结，提出计划的推荐意见供管理层参阅，帮助高层管理者快速地发现计划的要点。

当前营销形势

描述目标市场和企业在其中的地位，包括市场、产品偏好、竞争和分销方面的信息。这部分内容包括：

- 市场描述：界定市场和市场的各个子市场，进而评价营销环境中可能影响顾客购买行为的顾客需要和其他因素。
- 产品总述：展示产品线中主要产品的销售额、价格和毛利。
- 竞争总述：确定企业的主要竞争对手，并且评估它们的市场定位以及为产品质量、定价、分销和促销所制定的战略。
- 分销总述：评价近期的销售趋势和主要分销渠道的其他发展动态。

机会和威胁分析

评估产品可能面对的主要威胁和机会，帮助管理层预期对企业及其战略可能有影响的重要的正面或负面发展动态。

目标和问题

陈述企业在计划期要实现的营销目标，并且讨论可能影响目标实现的关键问题。

续表

营销战略 概述业务单位为创造顾客价值和关系所依据的总体营销思维逻辑，以及目标市场、定位和营销开支水平的具体情况。企业将如何为顾客创造价值以获取顾客价值回报？营销战略阐释每个营销组合要素的具体战略，并且解释每项战略如何对在计划中已指出的威胁、机会和关键问题作出回应。
行动计划 清楚地说明营销战略如何转化为特定的行动计划，以回答下述问题：做什么？何时做？谁对此负责？花费多少？
预算 详述支持性的营销预算，本质上就是预计的损益表。预算显示预期收益（预测的销售量和平均净价）与预期成本（生产、分销和营销）。二者之差就是预计的利润。预算一经管理高层批准，就成为原材料采购、生产计划、人员计划和营销运作的基础。
控制 概述用于监控进展的控制措施，使高层管理者能够评估实施结果并发现未能实现目标的产品，这部分包括测量营销投资回报的方法。

营销战略由用于目标市场、定位、营销组合和营销开支水平的各个特定战略组成。它概括了企业如何为目标顾客创造价值，以获取价值回报。在这一部分，计划制订者阐释各个战略如何对计划中已指出的威胁、机会和关键问题作出响应。营销计划的其他部分根据支持性营销预算（market budgeting）的细节，为营销战略的实施确定行动计划。最后的部分阐述用于监控进程、测量营销投资回报和采取纠偏措施的控制活动。

2.4.3 营销实施

制定好的战略只是成功营销的开端。如果不能得到恰当的实施，再出色的营销战略也没多大意义。**营销实施**（marketing implementation）是为实现战略营销目标而将营销计划转化为营销活动的过程。营销计划解决的是实施营销活动的理由和营销活动的内容问题，而实施解决的是由谁、在何时、何地、如何做的问题。

许多管理者认为，“把事情做好”（实施）与“做正确的事”（战略）是同样重要的，甚至是更重要。事实上，二者对于成功同样重要。企业可以通过有效的实施获得竞争优势。一个企业的战略可能与另一个企业基本相同，但是能够在市场上更快、更好地实施，从而取胜。然而，实施工作还是比较难做的——想出好的营销战略经常要比把这些战略付诸实施更容易。

在这个相互联系日益增强的世界，营销系统中各个层次的人必须通力合作来实施营销计划和战略。例如，在米其林（Michelin）公司，公司的原始设备、替换品、工业轮胎和商业轮胎的营销计划需要成千上万的人在组织内外进行日常决策和行动才能够实现。营销经理对目标细分、品牌推广、产品开发、定价、促销和分销等进行决策。他们与工程师讨论产品设计、生产、库存水平，以及资金和现金流。他们也与外部人士联系，例如与广告机构策划广告活动或进行新闻媒体的宣传。销售人员既与汽车制造商紧密合作，也支持独立的米其林经销商和沃尔玛等大型零售商，努力说服所有类型的买家——“正确的轮胎能够改变一切”。

2.4.4 营销部门组织

企业必须建立营销部门来执行营销战略和计划。如果企业很小，一个人就可以完成所有营销工作——研究、销售、广告、顾客服务和其他活动。随着企业的扩大，营销部门就会出现，由它来实施营销活动。在大企业，营销部门里有很多专家，如产品和市场经理、销售经理和销售人员、市场研究员、广告专家以及其他专业人员。

为了运行如此庞大的营销组织，很多企业现在设置了首席营销官(CMO)的职位，该职位管理企业整体营销运作并代表企业高层管理团队执行营销功能。CMO具有与其他以"首席"开头的执行官同样重要的地位，如首席运营官(COO)和首席财务官(CFO)。作为最高管理层的一员，CMO的职责是支持客户——成为"首席客户官"。

现代营销部门可以有数种组织方式。最常见的形式就是职能组织(functional organization)，不同的营销活动分别由一个职能专家领导，包括销售经理、广告经理、营销调研经理、顾客服务经理和新产品经理。跨国或跨地区销售的企业经常采用地理组织(geographic organization)形式，销售和营销人员分派到特定的国家或地区。地理组织形式使销售人员在一个地区安顿下来，以最低的差旅时间和费用了解顾客。拥有众多不同产品或品牌的企业经常创立产品管理组织(product management organization)。通过这种方法，由一位产品经理为一个特定的产品或品牌制定、实施一整套战略和营销计划。

对那些向有不同需要和偏好的不同类型的市场提供单一产品线的企业来说，市场或客户管理组织(market or customer management organization)可能是最好的选择。市场管理组织和产品管理组织很类似，市场经理负责制定营销战略，并为特定的市场或客户确定计划。这种体系的主要优点就在于企业是围绕着特定顾客群体的需要进行组织的。很多企业开发出特殊的组织来管理它们与大客户之间的关系，例如，宝洁和史丹利百得(Stanley Black & Decker，一家主要生产五金工具的大型公司)已经建立了大型工作团队甚至是整个部门，为沃尔玛、塔吉特、西夫韦和家得宝这样的大客户提供服务。

生产多种不同的产品，而这些产品流向众多地域和顾客的大企业通常采用职能、地理、产品和市场组织形式的某种组合。

营销组织最近几年已经成为日益重要的课题，越来越多的企业将它们的重点从品牌管理转移到客户管理——从只管理产品或品牌盈利性转为管理客户价值和客户资产。它们认为，它们不仅在管理品牌组合也在管理顾客组合，不仅是管理财富或者品牌，它们将自身视为是在管理顾客品牌体验和关系。

2.4.5 营销控制

由于在营销计划实施的过程中会发生许多意想不到的情况，营销部门必须经常进行营销控制。**营销控制**(marketing control)包括评估营销战略和计划的实施结果，并采取纠偏措施确保目标实现。营销控制包括四个步骤。管理部门首先设定特定的营销目标；然后测量其在市场上的绩效，并评价造成期望绩效与实际绩效差距的原因；最后，管理部门采取纠偏措施，缩小实际绩效与目标的差距。这可能需要修改行动计划，甚至变更目标。

运行控制(operating control)就是依据年度计划检查当前的绩效,并在必要时采取纠偏措施。其目的在于确保企业实现其在年度计划中设定的销售、利润和其他目标。运行控制还要确定不同产品、地域、市场和渠道的盈利水平。战略控制(strategic control)就是检查企业的基本战略是否与企业的机会相匹配。营销战略和计划会很快过时,每个企业都应当定期重新评价其整体市场策略。

2.5 衡量和管理营销投资回报率

营销经理必须确保他们对营销的投入是有效的。过去,许多营销人员在大型广告活动和其他昂贵的营销方案上自由地支出,往往不仔细考虑他们的支出是否能带来财务上的回报。他们相信营销能带来无形的收入,这使得他们不准备衡量产出或回报,但是所有这些都在变化。

多年来,企业营销者参加预算会议时就像去邻家做客,与自己无关。他们通常无法判断他们花出的大量开支收效如何,他们只想要更多的钱来做电视广告、进行事件营销从而塑造品牌形象。但是这种盲目花钱而不问结果的冲动正日益被一种新理念所取代,那就是结果测量和会计预算。营销作为一门软科学的时代正式结束了。取而代之的是,营销绩效的概念——衡量、学习和提高营销战略和战术的实践——正在占据主导地位。现在,越来越多的公司开始将营销活动和结果联系起来。

一个重要的营销绩效衡量标准是**营销投资回报率**(return on marketing investment 或 marketing ROI)。营销投资回报率是营销投资的净回报,除以营销投资的成本。它衡量投资在营销活动中产生的利润。

在最近的一项调查中显示,63%的首席营销官表示,到2015年,对投资的营销回报将成为衡量他们是否成功的最重要的标准。然而,另一项调查发现,只有45%的公司对自己的营销投资回报率感到满意。令人吃惊的是,有57%的CMO在制定营销预算时不考虑投资回报率,而更令人吃惊的是,28%的人说他们的营销预算基于"直觉"。一位分析师得出的结论是:"营销人员必须开始更从战略上考虑他们的项目如何影响他们企业的收入。"

营销投资回报率很难衡量。在衡量财务投资回报率时,回报和投资都是以金额衡量的。例如,购买一件设备时,衡量从购买中获得的生产率收益相当简单。然而,到目前为止,营销投资回报率的定义仍尚未形成统一。例如,广告的收益不能很容易地以金额进行测量,广告的影响也很难用具体的数字量化表征。

企业可以根据标准的营销业绩衡量方法来评估回报率,比如品牌知名度、销售额和市场份额等。很多企业正将这些测量指标整合进"营销仪表盘"中,"营销仪表盘"指一系列监控战略营销绩效的指标。就像汽车仪表盘能够告诉驾驶员其汽车性能的细节特征一样,营销仪表盘告诉营销者他们评价并调整营销战略所需要的具体测量指标。例如,VF公司使用营销仪表盘来追踪其30种服饰品牌的绩效,包括威格(Wrangler)、李(Lee)、乐斯菲斯(The North Face)、7 For All Mankind等。VF的营销仪表盘追踪关键市场和世界范围内的品牌资产及其发展趋势、广告占用率、市场份额、在线情绪以及营销回报率等指标。它不仅追踪自身的指标，也追踪竞争对手的指标。

但是，除了标准的评价方法外，营销人员正在越来越多地使用以顾客为核心的营销效果衡量方法，比如顾客获取率、顾客维系率、顾客终身价值和顾客资产。图 2.8 把营销支出作为一种投资来看待，这种投资产生的回报将以更有价值的客户关系的形式来表现。营销投资的结果是加强了顾客价值和满意，反过来这又增加了顾客的吸引度和保留率，同时也增加了单个顾客的终身价值和企业的整体客户资产。与营销投资的成本相对应的客户资产增加值，决定了营销回报率。

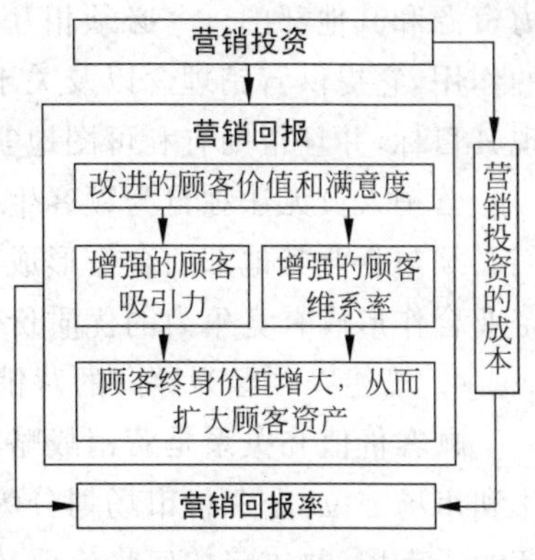

图 2.8　营销回报率

不管怎样定义和衡量，营销回报率的概念已经在这里了。一位营销者说："无论时代形势好与坏，也无论营销者是否已经准备好，他们都将被要求用财务数据证实他们的花费是合理的。"另一位营销者补充说："并且，营销者也要知道如何计算这些费用。"

小结

第 1 章里我们定义了营销并且指出了营销过程的步骤。在本章中，我们考察了企业范围的战略计划和营销在组织中的地位。然后，我们更深入地观察了营销计划和营销组合，同时浏览了主要的营销管理职能。现在你已经对现代营销的功能有了很好的整体了解。

1. 解释企业范围的战略计划及其四个步骤。

战略计划为企业计划的其他部分设定舞台。营销为战略计划作出贡献，整体计划确定了营销在企业的地位。

战略计划就是为企业的长期生存和发展而制定战略。它包括四个步骤：(1)定义企业使命；(2)设定目标；(3)规划业务组合；(4)确定职能计划。企业使命应当是市场导向的、现实的、具体的、有激励作用的，并且与市场环境相适应。然后使命被转化为具体详尽的支持性目标，以指引业务组合决策。各个业务和产品单位必须确定详细的营销计划，并与企业整体计划保持一致。

2. 讨论如何规划业务组合，如何制定成长战略和削减战略。

管理层依据企业的使命陈述和目标来对业务组合——构成企业的各项业务和产品的集合——进行计划。为了能够制定一个使企业的优劣势与环境实现最优匹配的业务组合，企业必须分析、调整当前的业务组合，并制定成长战略和削减战略以调整未来的业务组合。企业可以使用正式的业务计划方法。但是，现在很多企业采用更加定制化的组合计划方法以更好地适应企业独特的情况。

3. 解释营销在战略规划中的作用，以及营销如何与其合作伙伴共同创造和传递顾客价值。

在战略计划指导下，主要的职能部门——营销、财务、会计、采购、运作、信息系统、人力资源和其他部门——必须相互合作来实现战略目标。营销在战略计划过程中起着重要的作用，它提供营销理念以及关于市场机会的信息。营销为各个业务单元制定战略以实现其目标，并且帮助有利可图地实施这些战略。

营销人员无法独自为顾客生产超值价值。营销人员必须实施合作伙伴关系管理，他们必须与企业其他部门合作形成有效为顾客服务的价值链，也必须和营销系统中的其他企业合作形成有竞争力的优质价值传送体系。

4. 描述以顾客为导向的营销战略和营销组合的主要元素及其影响因素。

顾客价值和关系是营销战略和计划的中心。通过市场细分、目标市场选择、市场差异化和市场定位，企业将市场划分为若干个细小的子市场，选择其中自己能够最好地提供服务的子市场，并决定如何将价值传送给目标消费者。企业进而设计营销组合，以在目标市场上产生自己所希望的反响。营销组合由产品、价格、分销和促销决策构成(即 4P)。

5. 列出营销管理的职能(包括营销计划的要素)，并讨论衡量与管理营销回报率的重要性。

为了制定最优的营销组合并付诸实施，企业需要从事营销分析、计划、实施和控制工作。营销计划的主要构成要素有执行总结、当前营销情况、威胁和机会、目标和问题、营销战略、行动方案、预算和控制。制定一个好战略往往比将其实施更容易。企业要取得成功，就必须能够有效地实施——将营销战略转化为营销行动。

现代营销部门可以按照下面一种或者几种方式的组合来组织：职能营销组织、地域营销组织、产品管理组织和市场管理组织。在这个顾客关系的时代，越来越多的企业把它们的组织焦点从产品和区域管理转向客户关系管理。营销组织进行营销控制，包括运行控制和战略控制。

营销经理必须确保他们的营销投入有效支出。今天的营销人员面临着巨大压力，他们在增加价值的同时必须考虑成本。作为回应，营销人员正在开发更好的衡量营销回报率的方法，他们正在使用以顾客为核心的营销效果衡量方法，并将之作为战略决策组成的关键部分。

问题讨论

1. 定义战略计划，并简要描述战略计划过程的四个步骤。讨论营销在该过程中发挥的作用。

2. 定义和描述四个产品—市场扩展的策略。列举实施了各策略的公司。

3. 解释市场细分、市场定位、市场差异化在实施营销战略中的作用。

4. 定义 4P 中的每一个概念。更为关注 4C 而不是 4P 的公司能够获得些什么？

5. 讨论四种营销管理职能。

批判性思维训练

1. 以小组为单位，运用SWOT分析，为一家上市公司设计市场目标，并提出营销战略。

2. 分析两个营利组织和两个非营利组织的使命陈述，并评估这些公司的使命陈述的市场定位。

营销技术：谷歌Nexus 7平板电脑

谷歌正在进入电子产品市场。2012年，谷歌推出了在其流行的Android系统上操作的Nexus 7平板电脑。它的售价为199～249美元，比苹果的iPad便宜多了，但与亚马逊的Kindle Fire不相上下。事实上，它与Kindle Fire的大小、重量和功能非常相似。Kindle Fire需要在谷歌的Android操作系统上运行，而Nexus 7应用了谷歌最新版本的Android系统，名为“Jelly Bean”。Nexus 7的一个特点是Kindle所没有的语音激活助手，类似于苹果iPhone 4S上的Siri。谷歌还引入了Nexus Q，这是一个300美元的黑色球形播放器，并配有无线传输功能。谷歌Glass售价1 500美元，这是一种类似眼镜的设备，可以在佩戴者的眼睛前显示互联网信息。谷歌收购了摩托罗拉移动（Motorola Mobility），所以也许谷歌会成为手机市场上的新生力量。

1. 了解更多关于谷歌及其产品和服务的信息，并为该公司创建一个BCG增长份额矩阵。谷歌的营销投入应该集中在哪些产品和服务上？

2. 谷歌如何定位Nexus 7平板电脑？该产品是否与竞争产品有着显著区别，使消费者认为它具有更高的价值？

营销伦理：婴幼儿心脏

你可能听说过心脏手术，如血管成形术和支架，这些都是成年人经常做的。但是，这些心脏手术、设备和相关药物对婴幼儿来说是不可用的，而每年有近4万名在美国出生的儿童需要修复心脏。对于许多婴幼儿病人来说，这是生死攸关的状况，医生们必须随机应变地使用原本是为成年人设计和测试的设备。例如，医生会对婴儿的心脏使用一款治疗成人肾病的设备，因为它适合新生儿的主动脉瓣。但是，该设备未被批准用于该程序。为什么数以十亿美元计的心血管市场没有为儿童设计的特殊设备？这是一个经济学问题——这部分市场太小了。一位心脏病专家将这种差异归因于儿童市场与更有利可图的成人市场治疗心脏病之间的“盈利差距”。尽管这对公司来说可能有良好的经济意义，但却会让这些小病人的父母感到不安。

1. 这些公司不满足这部分市场需求是错误的吗？为不提供产品满足这些需求的公司提供一些辩护。

2. 为这个问题提出一些解决方案。

数字营销：沃尔玛和塔吉特

在截至2012年1月的年度中，沃尔玛公布的利润接近160亿美元，销售额略低于4 500亿美元。与此同时，塔吉特公布的利润为30亿美元，销售额接近700亿美元。沃尔玛是一个更好的营销商，对吧？销售额和利润可以用来比较这两个竞争对手的盈利能力，还可以考察创造销售和利润的营销工作的效率。根据沃尔玛和塔吉特损益表中的下述信息回答以下问题(所有数字都是以千美元为单位)：

截至2012年1月的年度	沃尔玛	塔吉特
销售额	446 950 000	69 865 000
毛利润	111 823 000	22 005 000
营销费用	63 948 750	10 914 000
净收益(利润)	15 699 000	2 929 000

1. 计算两家公司的利润率、净营销贡献、营销销售额回报率，以及营销投资回报率。哪个公司表现更好？

2. 去雅虎金融网站（http：//finance. yahoo. com/）找到两个其他竞争公司的损益表，并对其进行与前一问题中相同的分析。哪家公司总体上做得更好，在市场营销方面又是哪家更强？对于营销费用的计算，使用公司报告的“销售和管理”费用，并乘以75%的比例系数。

公司案例

Trap-Ease America：捕鼠器背后的巨大利润

传统观点

4月的一个早晨，Trap-Ease America的总裁玛莎·豪斯走进她在加利福尼亚州科斯塔梅萨的办公室。她停顿了一下，思考着拉尔夫·爱默生的话：如果一个人能做一个比他的邻居更好的捕鼠器，那么他家就会门庭若市。

她想也许爱默生知道一些她不知道的事情。她有更好的捕鼠器，但外界似乎不感兴趣。玛莎刚从芝加哥的国家五金展回来。她在展台上站了很长时间，一直回答同样的问题。不过，她所有的努力得到了回报。每年，国家五金展览会的官员都举办一场竞赛，以选出当年展会上推出的最佳新产品。今年，“Trap-Ease”赢得了这一比赛，击败了超过300种新产品。

然而，尽管有这些关注，但对捕鼠器的预期需求并未实现。玛莎希望这个奖项能增加人们的兴趣和销售量。

背景

今年1月，一群投资者在获得了这种捕鼠器的全球市场销售权后，便成立了Trap-

Ease America 公司。作为对销售权的回报，该公司同意向发明人和专利持有者——一个退休的农场主支付使用费。随后，该组织聘请玛莎担任总裁，并负责开发和管理公司。

Trap-Ease America 与一家塑料制造公司签订合同，生产捕鼠器。这个捕鼠器包括一个方形的塑料管，长约 6 英寸，直径 1.5 英寸。管子在中间弯曲成 30 度角，这样当管子的前部放在平面上时，另一端就升高了。高架的一端有一个可移动的盖，用户放置诱饵（奶酪、狗粮或者其他诱饵）。

这个简单的捕鼠器非常有效。一只老鼠嗅到诱饵，从开着的一端进入管子。当它沿着倾斜的底部向诱饵走去时，它的重量使陷阱的高端下降。这个动作抬高了开口端，让铰链的门关上，困住了老鼠。在翘板末端的小锯齿会在陷阱底部的沟槽中把老鼠勾住，锁上门。用户可以在它还活着的时候处理掉它，或者用户可以让它单独待上几个小时，在捕鼠器中窒息。

玛莎相信，与传统的弹簧捕鼠器或捕鼠药相比，这个捕鼠器对消费者有很多好处。消费者可以安全地使用它，不会在安装时弄伤他们的手指，且它不会对儿童或宠物造成伤害或中毒威胁。此外，消费者还可以轻松地避免那些令人不快的“混乱”，他们经常会遇到充满暴力的弹簧捕鼠器。这种捕鼠器也没有产生“清理”问题。最后，用户可以重用这个捕鼠器或者干脆把它扔掉。

玛莎的早期研究表明，女性是最容易被发现的目标市场。男人似乎更愿意购买和使用传统的弹簧捕鼠器。然而，目标女性却不喜欢传统的捕鼠器。这些妇女经常待在家里照顾孩子。因此，她们想要一种简单的处理方法，避免在家里安装简易捕鼠器所带来的风险。

为了进入这个目标市场，玛莎决定通过全国性的杂货、五金和折扣连锁店来分销捕鼠器。她把捕鼠器直接卖给了这些大零售商，避免了任何批发商或其他中间人。

捕鼠器两个一套，建议零售价为 5.99 美元。尽管这一价格比小型的标准捕鼠器要贵 5 倍，但对消费者似乎没有造成太多影响。包括运费和包装成本在内，该产品的生产成本约为每个 59 美分。公司还为每个捕鼠器额外支付 19 美分的专利使用费。玛莎对零售商的定价为每个 2.38 美元，并估计，在批量折扣之后，Trap-Ease 从零售商那里获得的净收入大概是每个 1.5 美元。

为了推广该产品，玛莎在第一年的预算约为 14.5 万美元。她计划用这笔钱中的 10 万美元来参加贸易展览会，并对零售商进行销售拜访。她计划用剩下的 4.5 万美元做广告。然而，到目前为止，由于捕鼠器有了如此多的宣传，她觉得自己不需要做太多广告。尽管如此，她还是在《好管家》（毕竟，该捕鼠器已经获得了《好管家》的认证）和其他住宅相关杂志上投放了广告。玛莎是该公司唯一的销售人员，但她打算很快雇用更多的销售人员。

玛莎最初预测 Trap-Ease 第一年的销量为 500 万个。然而，到当年 4 月，公司只卖出了几十万件。玛莎想知道大多数新产品的起步是否如此缓慢，或者她是否做错了什么。她发现了一些问题，尽管看起来不那么严重。首先，没有足够的重复购买量。另外，她注意到，许多零售商没有对捕鼠器进行使用和展示，只是作为谈资。玛莎怀疑消费者仅仅是因为新奇而购买该产品而不是当作实用的捕鼠方法。

玛莎知道，投资者相信 Trap-Ease America 有“千载难逢的机会”，她意识到这些人对该公司迄今取得的进展缺乏耐心。她在第一年就预算了大约 50 万美元的管理和固定成本(不包括营销成本)。为了让投资者高兴，该公司需要卖出足够的捕鼠器来支付这些成本，并获得合理的利润。

另起炉灶

在最初的几个月里，玛莎学到了营销新产品不是一件容易的事，有些顾客要求很高。例如，一家全国性的零售商给了她一个大订单，但是要求她在当天 3 点前将货物入库。在下午 3 点过后卡车才准备送货时，这家零售商拒绝接货。并且这家零售商告知她要在一年后才能有下一次机会。

玛莎坐在办公桌前，意识到她需要重新考虑她的营销策略。也许她错过了一些东西，或者犯了一些错误，导致销售放缓。她又看了一眼报价单，心想也许她应该给挑剔的零售商和其他顾客寄一份爱默生的名言。

讨论题

1. 玛莎和投资者相信他们将面临千载难逢的机会，那么他们需要什么样的信息来评估这个机会？你认为该组织将如何撰写其使命陈述？你会怎么写？
2. 玛莎确定了最适合 Trap-Ease 的目标市场吗？其他细分市场的目标可能是什么？
3. 该公司是如何为选定的目标市场定位的？它能以其他方式定位产品吗？
4. 描述当前的市场营销组合。你觉得这种组合有什么问题吗？
5. 谁是 Trap-Ease America 的竞争对手？
6. 你会如何改变 Trap-Ease 的营销策略？你会为这个策略建立什么样的控制程序？

第二部分

理解市场与消费者

第 3 章　营销环境分析

第 4 章　管理营销信息，获得顾客洞察

第 5 章　消费者市场与消费者购买行为

第 6 章　产业市场与产业购买者行为

Principles of Marketing

第3章

营销环境分析

学习目的

- □ 描述影响公司顾客服务能力的环境因素
- □ 解释人口统计环境和经济环境的变化如何影响营销决策
- □ 确定公司自然环境和技术环境的主要变化趋势
- □ 解释政治和文化环境中的关键变化
- □ 讨论公司应该如何应对营销环境的变化

本章预览

目前为止，我们学习了市场营销的基本概念，以及营销过程中建立与目标顾客之间可盈利关系的步骤。在第二部分，我们将更深入地学习市场营销过程的第一步——了解市场环境，了解消费者需求。本章告诉我们市场营销是在复杂多变的环境中进行的。这个环境中的其他行为主体——供应商、中间商、顾客、竞争者、社会公众等——可能与公司一致，也可能背道而驰。主要环境因素——人口、经济、自然、技术、政治和文化——形成市场机会，造成威胁，并影响公司维持长久客户关系的能力。为了发展有效的市场营销战略，我们首先必须了解市场营销是在怎样的环境中进行。

首先，让我们看一下 YouTube，它在短短几年时间内成长为互联网视频分享行业巨头。去年，YouTube 获得了来自世界各地超过万亿次的视频浏览量，占据了在线视频市场 43％的份额。但是，为了能够始终保持行业领先位置并维持利润不断增长，YouTube 也必须要不断适应快速变化的环境。

YouTube：适应动荡的营销环境

大约 2500 年前，希腊哲学家赫拉克利特发现："唯一不变的是变化。"这句话在不断变化的视频娱乐行业尤其适用。如今的环境与过去相差甚远，现在你可以在网络上找到以前只能在电视上观看的娱乐节目。不过,当今的消费者面临一系列极其令人困惑的选择,包括他们观看的内容、时间和地点。如果说快速改变的环境会使消费者困惑,那么这对于服务他们的公司来说便是双重困惑了。

再也没有公司比谷歌旗下的 YouTube 能够更好地引导这个可变的营销环境了。YouTube 的作用是提供一个分发平台,让人们可以在此发现、观看和分享视频。去年,YouTube 在全球范围内获得了超过万亿次的视频浏览量,也就是说全世界的每个人(男人、女人和小孩)平均浏览了 140 次。YouTube 一个月的视频上传量比美国三大网络 60 年来创造的上传量还要多。YouTube 已经占据了惊人的 43%的网络视频市场份额(第二名是中国的 YouKu,只有 2.3%),是互联网上访问量第三大的网站,只有谷歌(其母公司)和脸书在其之上。

不仅仅是在混乱的环境中幸存下来而已,YouTube 还在蓬勃发展,并且引领了视频制作、发布和获利的潮流。在头几年,YouTube 的收入几乎没有覆盖成本。然而,这家视频分享网站最近已经到达了网络公司的顶峰。它不仅能产生令人咂舌的流量,它也能够赚钱。《广告时代》前 100 名广告商中有 98 家现在使用 YouTube 作为促销渠道,这家在线视频巨头因此为谷歌产生超过 10 亿美元的年营业收入。

YouTube 开始是一个普通的供用户上传低质量的自制视频剪辑的网站。但是随着视频行业向前推进,该公司已经很快适应了时代。例如,YouTube 的“Shows”栏目的内容范围正在不断扩展,甚至包含了整部电影和含广告的电视节目,因此现在 YouTube 已经能与 Netflix 和 Hulu 等媒体竞争。

但不仅仅是对环境变化作出反应,YouTube 更希望引导风向。因此,YouTube 不仅仅提供更多的传统好莱坞式内容,还创建了合作伙伴计划,鼓励有志向的网络视频制作者为 YouTube 创作原创的新内容。总共有 27 个国家的 3 万多个合作伙伴现在参与该计划,制作新内容,并分享 YouTube 从视频广告中获得的收入。

YouTube 的许多合作伙伴都成为了时下的大热门。这里只举一个例子,合伙人雷·威廉·约翰逊的频道“= 3”(“等于 3”)拥有超过 500 万的用户,是观看次数最多的 YouTube 频道。在 YouTube 上发布的病毒视频(爆炸式传播的视频)半星期就吸引了超过 17 亿次浏览量,给约翰逊创造了数百万美元的 YouTube 收入,以及销售商品的额外收入,如约翰逊的周边玩具和智能手机应用等。

考虑到广播和有线电视的所有现有频道,你会认为已经不太需要更多的视频内容了。但 YouTube 不这么认为。它计划通过创造数千种(甚至是数十万种)渠道来实现其广泛的社会网络力量。YouTube 希望成为那些过去在网络或有线电视上没有地位的特殊节目的中心。它旨在为每个人都提供些什么。“有线电视没有风筝冲浪频道,没有滑雪频道,也没有钢琴频道,” YouTube 首席执行官萨拉尔·卡曼加(一位狂热的冲浪者、滑雪运动员和钢琴演奏家)说,“那么,我们正在帮助内容创作者定义一种新的方式来吸引观众,所有的主题(即使只有个别人感兴趣)都会有一个家。”

在顶级视频环境中创造出创新内容是一个很大的挑战。但是,发现更好的新方式来传播内容的挑战可能会更大。YouTube 最喜欢的传播方式是通过互联网传播到个人电脑。它还通过流行的手机应用扩展到移动端,让人们可以随时随地访问 YouTube。但随着技术的爆炸，这种模式变得远远不够。YouTube的一位管理人员总结了公司更广泛的传播展望："YouTube正在成为第一个全球电视台，成为世界的客厅。"它能随时随地向任何人提供视频。

然而，为了成为世界的客厅，YouTube需要出现在每个可能的屏幕上。最终，除了让用户通过他们的电脑、平板电脑和手机访问YouTube之外，YouTube希望用户像看电视一样观看YouTube。例如，YouTube的个性化频道Leanback就提供了简单的控制、全屏观看和轻松浏览的功能，"让人们在YouTube上看视频像看电视一样轻松"。但是，如果YouTube想要成为同主要的电视网络和顶级电视频道相比"被观看得最多"的大屏幕选项，YouTube就需要做更多的事情了。人们平均观看一个YouTube视频的时间只有15分钟，而电视观众每天在电视机前花费的平均时间却有5个小时。为此，YouTube正在专心研究，以便创造一个更吸引人的大屏幕来延长用户的观看时间。例如，它的个性化频道会根据个人的观看习惯提供动态的视频流，就像Pandora广播创建个性化音乐台一样。

同时，YouTube正在改变其制作和分享视频内容的方式，同时也在试图从这些想法中获利，因为许多消费者仍然认为网络上的所有东西都应该是免费的。为此，YouTube正在开发一种根据人们使用网站的方式来构建的广告模式，以最大限度地迎合用户、视频发布者、广告商和自身的需求。

例如，YouTube与卡夫食品公司的费城乳酪品牌合作，创造了一个成功的YouTube营销活动，以展示该产品是一种多功能佐料，而不是只能涂抹在百吉饼上。意识到YouTube是一个很好的传播"How to"（教人们做某一件事情）视频的平台，该品牌建立了一个"食品网络"频道——由主厨鲍拉·迪恩主演的"费城真人秀"（RWoP）。这一活动围绕YouTube上面发布的视频展开，其中包括卡夫发布的主厨视频、"How-to"食谱视频以及用户应邀通过YouTube提交的自己的烹饪视频。

在节目第一季的开幕当天，卡夫在YouTube首页上以3.75万美元的价格为鲍拉打造了一个专属于RWoP的商业广告。目的是为RWoP网站和YouTube上的费城频道增加流量。虽然3.75万美元看起来很昂贵，但是鲍拉在YouTube上的商业广告却被5 100万人看到了，这比电视黄金时段里具有相同效力的广告便宜得多。更重要的是，每1 000万观看了广告的人中，就有10万人点击了RWoP网站。最终，RWoP将品牌的收入提高了35%，这是5年内首次达成的。

YouTube的未来如何？我们仍不得而知。但要继续保持领先地位，公司必须敏捷地适应不断变化的营销环境——或者，能够引领变革就更好了。重复赫拉克利特的话，唯一不变的是变化。一位备受尊敬的营销思想家的说法略有不同："如果你的业务5年以来处于同一个水平，那你就要关门了。"

公司的**营销环境**（marketing environment）是指在营销活动之外，能够影响营销部门建立并保持与目标顾客良好关系的能力的各种因素和力量。像YouTube这样的公司，持续不断地观察并适应变化着的环境——或者，在很多情况下甚至引领这些变化。

与公司其他部门不同，营销部门必须把握趋势，寻求机遇。虽然公司里所有的管理者都应该关注外部环境，但是营销人员有两个专长。他们有可遵循的方法——营销信息系统和营销调研——来收集有关营销环境的信息。他们也在用户环境和竞争环境方面投入更多时间。通过仔细地研究环境，营销人员才能够调整营销战略，以适应市场中新出现的挑战和机会。

营销环境由微观环境和宏观环境组成。**微观环境**(microenvironment)包含那些与公司关系密切，影响公司服务顾客的能力的因素——公司本身、供应商、中间商、顾客、竞争对手和公众。**宏观环境**(macroenvironment)包含影响整个微观环境的更广泛的社会因素——人口、经济、自然、技术、政治和文化因素。我们首先来看一下公司的微观环境。

3.1 公司的微观环境

营销管理的工作就是通过创造顾客价值和用户满意来创建顾客关系。但是，营销部门只靠自己是无法实现该任务的。图 3.1 显示了公司微观环境中的主要参与者。成功的营销要求与公司的其他部门、供应商、中间商、顾客、竞争对手和各类公众建立起关系，共同组成公司的价值传递系统。

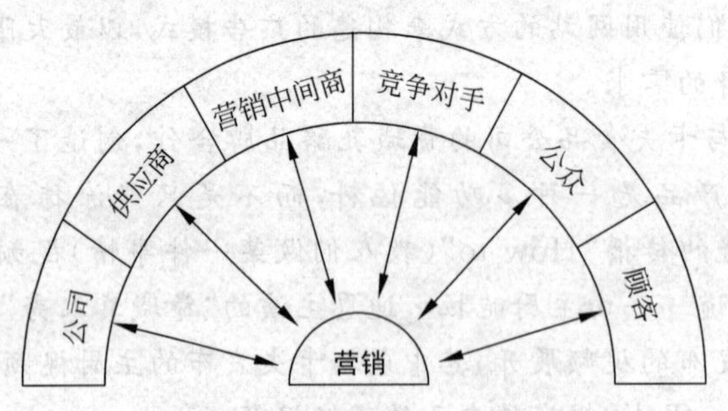

图 3.1 公司微观环境中的参与者

3.1.1 公司

在确定营销计划时，营销部门要兼顾公司的其他部门，如管理高层、财务部门、研发部门、采购部门、生产部门和会计部门。所有这些相互联系的群体组成了公司的内部环境。管理高层确定公司的宗旨和目标，制定公司的总体战略和政策。营销经理必须在管理高层确定的战略计划范围之内做决策。正如我们在第 2 章中讨论过的，营销经理必须与公司其他部门密切配合。营销牵头，所有部门(从生产和财务到法律和人力资源)共同承担理解顾客需求、创造顾客价值的责任。

3.1.2 供应商

供应商在公司整个顾客价值传递系统中起着重要的纽带作用。它们提供公司所需的资源，以生产产品和提供服务。供应商出问题可能会严重影响整个营销活动。营销经理必须关注供应能力和成本。供给短缺或延误、工人罢工以及其他事件会在短期内影响销售，从长期来说还会破坏用户满意度。供给的成本升高会迫使产品售价提高，从而影响公司的销售量。

如今大多数营销者把供应商视为创造和传递顾客价值的合作伙伴。例如，瑞典家具零售巨头宜家不仅仅是从其供应商那里购买商品，而且让它们深度融入向客户传递时尚、舒适生活模式的全过程。

宜家作为世界最大的家具零售商，是最受追捧的全球品牌之一。每年，从北京到莫斯科再到俄亥俄州消费者们蜂拥来到这个斯堪的纳维亚零售商在38个国家的300多家大型店面中，抢购宜家那些时尚、简洁、实惠的家具产品，总计花费超过320亿美元。然而宜家在发展中面临的最大障碍不是开设新店，也不是吸引消费者，而是寻找足够多的适当的供应商来帮助它设计和制作能够吸引消费者的产品。宜家现在依赖50个国家中的2 000多家供应商来保证自己的货架充足。它必须要系统性地建立一个稳定的供应商合作伙伴网络，从而保证自己的12 000种货品的库存稳定可靠。宜家的设计师们首先从一个基本的顾客价值方案入手，然后去寻找适当的供应商，与之合作，将价值方案引入市场。因此，宜家不仅仅只是向供应商购买产品。它还让供应商深入参与了质保、设计和定价的过程，从而创造出能够吸引消费者重复购买的好产品。

3.1.3 营销中间商

营销中间商(marketing intermediary)帮助公司促销、销售以及分配产品给最终用户。营销中间商包括经销商、货物储运公司、营销服务机构以及金融中介。经销商是指那些帮助公司寻找用户并向其销售产品的分销渠道机构，包括批发商和零售商，它们购买商品然后再转卖出去。选择经销商并与之合作并非易事。制造商不能再像以往那样从大量小型的、独立的经销商中任意挑选，如今它们面对的是大型且不断发展的零售商组织，如沃尔玛、塔吉特、家得宝、好市多和百思买。这些组织往往具有足够的力量操纵合作条款，甚至能将较小型的制造商拒之于大市场门外。

物流配送公司帮助制造商储存产品并把产品从产地运到目的地。营销服务机构包括营销调研机构、广告代理商、媒介公司和营销咨询公司，它们帮助制造商确定目标市场并进行产品促销。金融中介包括银行、信贷公司、保险公司，以及其他进行融资或者规避商品交易风险的商业机构。

像供应商一样，营销中间商也是公司整个价值传递系统中的重要组成部分。在建立用户满意的过程中，制造商不仅要优化自身的表现，还必须有效地同营销中间商合作，以优化整个系统的表现。

因此，现今的营销人员已经认识到与中间商通力合作而不仅仅是把它们当作销售渠道的重要性。例如，当可口可乐公司与快餐连锁机构(如麦当劳、温迪或赛百味)签订独家饮料供应商合同时，可口可乐不仅仅提供了软饮料，它还承诺了强大的营销支持计划。

可口可乐公司给每个零售伙伴分派跨职能团队，致力于了解企业经营的细微之处。可口可乐所掌握的饮料消费者调研资料令人叹为观止，它将这些营销洞察与合作伙伴进行分享。它分析了全美国每一个邮编地区的人口特征，并帮助合作伙伴判断在它们所在区域中哪些可乐品牌更受欢迎。可口可乐公司甚至研究价目牌的设计，以更好地了解什么样的布局、字体、字号、颜色和视觉效果能诱使消费者购买更多的食物和饮料。基于这些市场洞察，可口可乐食品服务集团开发出营销程序和推销工具，帮助其零售伙伴提高它们的饮料销售量和利润。例如，可口可乐食品服务网站(www.CokeSolutions.com)给零售商提供了大量的资讯、业务解决方案、销售技巧和环保技术。"我们知道你们热衷于取悦客户，提高他们在每个层面的真实体验，"可口可乐公司对其零售伙伴说，"作为你们的合作伙伴，我们要竭尽所能提供帮助。"这种强烈的合作愿景和努力使得可口可乐公司成为美国贩卖机软饮料市场绝对的领导者。

3.1.4 竞争对手

用营销学的观点来看，一个公司要想成功，就必须为顾客提供比其他竞争对手更高的价值和满意度。因此，营销人员要做的不仅仅是简单地满足目标顾客的需要，还必须对产品进行定位，使本公司的产品或服务在顾客心目中与竞争对手区别开来，以获得竞争优势。

没有哪一种营销战略是适用于所有公司的。每个公司都应当考虑到自己的规模，以及同竞争对手相比在行业中的地位。在行业中占统治地位的大公司可以采用一些小公司无法采用的战略。但仅靠规模是不够的，某些战略可以使大公司取胜，但有些战略也可以使它们惨败。小公司也可以采用一些大公司无法采用的高回报率的战略。

3.1.5 公众

公司的营销环境也包括各类公众。**公众**(public)是指对组织实现其目标的能力具有实际的或者潜在的利益关系或影响的任何群体。我们定义了七种类型的公众。

- 金融公众。金融公众影响公司获取资金的能力。银行、投资公司和股东是主要的金融公众。
- 媒体公众。媒体公众能够发表新闻、特写和社论，包括报纸、杂志、电视、博客和其他网络媒体。
- 政府公众。管理者必须考虑到政府的规定。营销人员必须经常向公司的律师咨询有关产品安全性、广告真实性等方面的政府规定。
- 民间公众。公司的营销决策可能会受到消费者组织、环境组织、弱势群体或其他群体的质疑。公共关系部门有助于使公司与消费者和民间团体保持接触。
- 地方公众。地方公众包括附近的居民和社区组织。大公司常常创建专门处理地方社区事务并提供社区支持的部门或项目。例如，Life is good公司认识到社区公众的重要性，其"Life is good Playmakers"项目提倡一种"生活中或许会受挫，但玩耍可以治愈伤痛"的哲学。它向儿童护理专业人士提供培训和支持，运用玩耍的力量来帮助孩子们克服暴力、疾病或极度贫穷所带来的挑战，项目覆盖世界范围内多个城市，从康涅狄格州丹伯里到海地的太子港。迄今为止，该组织已经投入了超过900万美元来使孩子们获益。

- 一般公众。公司需要知道一般公众对其产品和活动的态度。公司在一般公众中的形象直接影响到他们是否购买公司的产品。
- 内部公众。内部公众包括工人、管理人员、志愿者和董事会成员。大公司通过新闻公告和其他方式向内部公众传递信息并给予激励。如果职工对自己所在的公司感觉良好,他们的积极态度也会影响到外部公众。

公司可以像为其顾客市场确定营销计划那样为其主要的公众确定计划。如果公司想要从某一类公众那里得到特定的回应,比如商誉、良好的口碑、优质的人力资源或是资金捐赠,它就必须为这些公众提供一些有足够吸引力的东西,以便实现其目标。

3.1.6 顾客

正如我们始终强调的,顾客是公司微观环境中最重要的因素。整个价值传递系统的最终目标,就是服务目标顾客并与他们建立牢固的关系。公司可能定位以下五种顾客市场中的某几种或全部。消费者市场由个人和家庭组成,他们购买产品和服务是为了个人消费。产业市场购买产品和服务是为了进一步加工或者在生产过程中使用,而零售商市场购买产品和服务是为了再出售以获取利润。政府市场由政府机构组成,它们购买产品和服务是为了提供公共服务,或是将这些产品和服务转移到需要的人手中。国际市场是由其他国家的购买者构成,包括消费者、制造商、经销商和政府。每一种市场类型都有自己的特征,营销人员需要对此进行仔细研究。

3.2 公司的宏观环境

公司和所有的相关方都是在一个更大的宏观环境中活动的,宏观环境因素既给公司带来机遇,也给公司造成威胁。图3.2列出了公司宏观环境中六种主要的因素。面对营销环境中常常动荡不定的因素,即便是占统治地位的公司也会很脆弱。有些因素是不可预见、不可控制的。有些因素可以通过高超的管理手段来预测和应对。能够理解和适应环境的公司会生存下去,做不到的公司则会面临艰难时刻(参见营销实例3.1)。在本章以下部分,我们将考察这些因素,并说明它们是如何影响营销计划的。

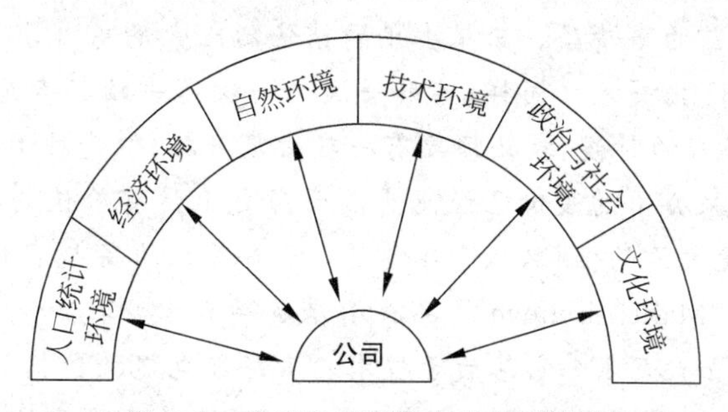

图3.2 公司宏观环境中的主要因素

营销实例 3.1

索尼：抗击营销环境的“完美风暴”

经过十年的斗争，2011年应当成为索尼的复苏年。这个消费电子和娱乐巨头已经将几批最好的新产品送往商店货架销售。更重要的是，索尼正在回到数字大联盟。它推出类似iTunes的全球数字网络，将索尼在电影、音乐和视频游戏中的优势与其所有电视、个人电脑、手机和平板电脑相结合。分析师预测这将创造20亿美元的利润。索尼公司董事长霍华德·斯特林格爵士表示：“我相信我要铭记这一年。我做到了，但是以一种错误的方式。”

2011年并不是一帆风顺，索尼面对着环境灾难带来的巨大冲击。2011年3月，日本东部遭受了地震和海啸的巨大破坏。这场灾难迫使索尼关闭10家工厂，扰乱了全球索尼产品的运营和流通。4月，黑客对索尼互联网娱乐服务的攻击（美国历史上第二大在线数据入侵）迫使公司关闭其PlayStation网络。仅仅四个月后，伦敦的恐怖分子引发的火灾摧毁了索尼仓库，大概150多种、总计2 500万张CD和DVD损毁。年底，泰国的洪灾迫使索尼关闭了该地的配件厂。

当灾难过后，索尼本来20亿美元的年利润变成了31亿美元的损失，是16年来最大的亏损。这一损失标志着自2008年次贷危机以来连续三年亏损。在2012年中期，索尼新CEO平井一夫公开表示，索尼“感到了危机”，预计当年亏损又会超过10亿美元。

索尼的境遇无疑是不可预测的。但是索尼的困境并不全都归咎于无法控制的环境因素。在此之前索尼就出现了一系列的困境。比起自然灾害，索尼无法适应巨大的环境改变才是致命的。

讽刺的是，索尼是当今世界第一个运用科技创造了自己帝国的公司。仅仅在十几年前，索尼以高科技出尽风头。当时索尼不仅是世界上最大的消费电子公司，其产品创新史，如Trinitron电视、Walkman便携式音乐播放器、Handycam视频录像机和PlayStation视频游戏机，彻底改变了整个行业。索尼的创新驱动了流行文化，赢得了民众的崇拜，为公司赚了钱。索尼品牌代表着创新、风格和高品质。

而今，尽管仍然是一家价值880亿美元的公司，比起领头羊，索尼更像是一个遗物，没有了像苹果、三星和微软这样的传奇公司的影响力。索尼作为全球最大的消费电子产品制造商已经是很久以前的事情了。三星去年的销售额比索尼高出50%，利润高达140亿美元，而索尼则亏损31亿美元。同样，苹果一次又一次地击败了索尼的新产品。一个分析师总结说：“当我年轻的时候，我必须要有一款索尼产品，但是对于今天的年轻一代，除了苹果还是苹果。”苹果公司的股价已经使其成为历史上最有价值的公司。同时，索尼的股价近日触及15美元左右的低位，从十年前3 000多美元的高点下滑得厉害。所有这一切已经使索尼目前的“Make. Believe.”品牌承诺显得不真实了。

索尼为何落后得如此厉害？它落后于技术。索尼在电视、CD播放器和视频游戏机的创新工程和设计领域，一度建立了强大的帝国。然而，随着互联网的兴起，网络创造了更加联动的世界，独立的硬件被新的连接技术、媒体和内容迅速取代。随着我们的娱乐生活转向通过PC、iPod、智能手机、平板电脑和连网电视实现的数字下载和内容共享，索尼的反应太慢了。

仿佛自己的优越地位不会受到挑战一样，傲慢的索尼抱着成功的旧技术不放手，而不是拥抱新技术。例如，在苹果2001年发布首款iPod之前，索尼已经开发了能下载和播放数字音乐文件的设备。索尼有所需的一切来发明像iPod这样的设备，它连唱片公司都有。但它放弃了这个创意，把重心继续放在当时很成功的CD业务上。“史蒂夫·乔布斯想出来了，我们也想出来了，我们没有实施，”索尼董事长斯特林格说，“负责音乐业务的人不想放弃CD。”

同样，作为全球最大的电视生产商，索尼坚持它的Trinitron阴极射线管技术。三星、LG和其他竞争者则迅速转向纯平屏幕。索尼最后也作出反应，但今天三星和LG的电视销量都超过了索尼。索尼的电视业务曾经是它主要的利润中心，在过去八年已亏损了接近85亿美元。

索尼的PlayStation游戏机也是类似的情况，PS游戏机曾是无可争议的市场领导者，占索尼利润的1/3。当任天堂推出其创新的运动感应Wii游戏机时，索尼打着呵欠，将其视为“补缺市场的游戏设备”。索尼的工程师用昂贵的技术制造PS3，结果每销售一台就亏损300美元。Wii成为畅销的游戏机；PS3让索尼损失了数十亿美元，市场份额从第一名降至第三名。

即使亏损，PS3却拥有不错的软硬件平台，这使索尼有望成为数字娱乐分销和社交网络新世界的领导者。索尼内部的高管甚至认为PlayStation平台是“融合的缩影”，具有创造“融合电脑和娱乐”的潜力。但是，这一愿景从来没有实现，索尼已经在将人们连接到数字娱乐的新兴业务上落后了。

霍华德·斯特林格作出了可信的努力，试图重启索尼。在2005年接手之后，他确定了一个调整计划，旨在改变索尼的心态，将公司推向新的连接和移动数字时代。在他早年的领导下，随着收入和利润的上升，消费电子巨头开始焕发生机。然而经历了大衰退之后，索尼再一次跌入谷底。正当它开始攀升，2011年环境灾难又打击了它。

因此，环境力量——无论是无法预见的自然和经济事件，还是可预测的技术转变——都可能严重影响公司战略。索尼的困难时期是一个警醒，让我们知道当一家公司乃至一个主导的市场领导者不能适应不断变化的营销环境时，会发生什么。不过，尽管如此，巨人索尼仍然有很大的进步。它最近宣布了通过重新创新来振兴核心电子业务的新计划。现在，如果索尼能让经济和大自然都配合它，那么……

3.2.1　人口统计环境

人口统计(demography)是指根据人口的规模、密度、地理位置、年龄、性别、种族、职业和其他一些统计量所进行的人口研究。由于人口统计环境与人相关，而人构成市场，因此营销人员对此很感兴趣。世界人口以爆炸性的速度增长。现在全世界人口超过70亿，到2030年将超过80亿。庞大的、高度多样化的人口既带来机遇，也形成挑战。

世界人口统计环境的变化对商业有着重要的意义。因此，营销人员密切关注着目标市场中人口统计的趋势和发展情况。他们分析年龄层次的变化、家庭结构的变化、地理人口的变化，以及教育特征和人口多样性等。这里，我们将讨论美国最重要的人口统计趋势。

人口年龄结构的变化 美国人口目前有3.13亿，到2030年将达到3.64亿。美国最重要的单一人口统计变化趋势就是人口年龄结构的变化。美国人口包含七个年龄群。以下，我们将讨论三个最大的年龄群——婴儿潮一代、X一代、千禧一代——以及它们对于当今市场营销战略的影响。

婴儿潮一代 第二次世界大战之后的婴儿潮中，1946—1964年出生了7 800万人，形成了婴儿潮一代(baby boomers)。在那之后，婴儿潮一代成为塑造营销环境的最重要因素之一。这代人中年纪最轻的50来岁，年纪最大的60多岁，步入退休年龄。迈入成熟期的婴儿潮一代正在反思其工作的目的和价值、各种责任，还有众多社会关系。

多年自由消费、低储蓄的经济繁荣期过后，如今的经济大萧条重创了婴儿潮一代，尤其是预备退休的婴儿潮们。股票价格和房产价值的急跌掏空了他们的老底儿，也打破了他们对退休生活的预期。结果现在很多婴儿潮的人们开始谨慎花销，并准备延长工作年限。

尽管一些人可能感受到后萧条时期的痛楚，但婴儿潮一代仍然是美国历史上最富裕的一代。如今的婴儿潮一代占美国总人口的大约25%，却持有国家金融资产的80%，占到总消费支出的50%。由于正处在收入和消费的高峰时段，婴儿潮们仍将持续支撑起一个利润丰厚的包含理财服务、新购房和装修、新购车、旅游娱乐、在外就餐、保健品及其他诸如此类的市场。

如果认为年长的婴儿潮们已经落后或不中用了，那将大错特错。如今的婴儿潮们认为年轻与年龄无关。一项研究表明婴儿潮们平均认为自己的年龄要比实际年龄年轻12岁。他们不仅不认同自己正步入暮年，反而觉得自己正迈向崭新的生活阶段。这些更有活力的婴儿潮们不愿随年龄老去而放弃年轻生活方式。例如，最近的一项研究发现，9%的婴儿潮一代在过去12个月内出席过交响乐或歌剧音乐会，而有12%出席了摇滚音乐会。一位专家说："婴儿潮一代代表着美国人口渴望冒险的一部分，也代表着探索这种激情的财务自由。"另一位专家则表示："他们正在向全国展示他们从生活冒险中获得的乐趣，告诉全国人民他们的鼎盛时期还远远没有到达。"

例如，许多旅游公司(如ElderTreks、50PlusExpeditions和Row Adventures)现在为活跃的婴儿潮一代设计冒险旅行考察。例如，ElderTreks专为50岁及以上人士提供非常规的小团体旅程。无论是探访非洲部落和野生动物，徒步攀登喜马拉雅山脉或安第斯山脉，还是乘坐破冰船去北极或南极远征，ElderTreks的目标客户是那些具有进行高度冒险旅行的时间、资源和热情，并且喜欢和同龄人一起旅行的婴儿潮们，年轻人并不被允许加入其中。

X一代 在婴儿潮之后是"出生率低潮"期，1965—1976年出生的4900万人成为了新的一代。作家道格拉斯称之为X一代，因为他们被生育高峰一代的光芒遮蔽了，缺乏明显的特征。

与在他们之前的婴儿潮一代和之后的千禧一代相比，X一代规模较小，有时是更容易被忽视的消费群体。虽然他们寻求成功,但他们不像其他群体那么物质;他们看重体验,而不是物质的获取。对于那些为人父母的X一代,家庭是他们最看重的——包括他们的子女和年迈的父母,事业是第二位的。从营销的角度来看,X一代是一群更加多虑的人。他们倾向于在考虑购买产品之前研究产品,比起数量更看重质量,并且往往不太容易接受过于直接的营销。他们更有可能接受那些嘲笑传统的广告节目。

作为第一代在互联网时代长大的人,X一代是高度连接的一代人,他们早已习惯拥抱新技术带来的好处。他们中约49%的人拥有智能手机,11%拥有平板电脑。上网的X一代中,有74%的人使用互联网进行银行业务,72%的人使用互联网研究公司或产品,81%的人在线购物,95%的人拥有脸书主页。

X一代已经长大,并开始成为世界主流。他们正在逐渐取代婴儿潮一代的生活方式、文化和价值观。他们的职业生涯正在上升,许多人都拥有自己的住房和不断增长的家庭人口。他们是迄今为止受过最高教育的一代,他们拥有庞大的年购买力。比起平均人口,他们在住房方面多花费了62%,在服装上多花费了50%,而在娱乐节目上则比平均水平高出27%。然而,像婴儿潮世代一样,X一代现在也面临着越来越大的经济压力。像如今几乎所有其他人一样,他们的消费变得更加谨慎。

但是,由于潜力巨大,许多品牌和组织都把X一代作为主要的目标市场。例如,Dairy Queen直接针对这个细分市场,进行适合X一代家庭情况和幽默感的营销活动。

> X一代是Dairy Queen最近的宠儿。它的主要目标市场——34~44岁、带有小孩的父母——刚好就对应于X一代。那么这对Dairy Queen意味着什么?一个名为"So Good It's RiDQulous"(意为"幽默感很好",将公司名的缩写"DQ"融入了"幽默感"一词中)的广告活动正是针对了X一代的反传统的幽默——就像老掉牙的剃毛兔一样,用到了声音像海豚的吉他、击剑忍者以及泡泡中的小猫。在一则广告中,DQ的新宣传员——一个30岁左右的大胡子——兜售着Dairy Queen的生日蛋糕,然后说道:"我们不仅仅是在吹泡泡,我们吹的泡泡还有小猫在里面(接下来他就这么做了),因为在Dairy Queen,'好'是还不够好的。"在另一则广告中,DQ的发言人说道:"我们不仅仅有彩罐,我们的彩罐里还装着玛丽·卢·雷顿。"眨眼间,他打破了彩罐,然后雷顿从里面掉了出来(雷顿曾是奥运体操运动员,是X一代的标志性人物)。为了更好地接触到X一代消费者,DQ还把它的广告从电视转向了像Hulu这样的网站。DQ的首席品牌官表示:"X一代消费者的眼睛看向哪里,我们就去哪里。"事实证明X一代的消费者很喜欢"So Good It's RiDQulous"这一系列的广告。去年的一项独立研究发现,这一系列的广告是快速服务餐饮行业中最有效的广告之一。

千禧一代　婴儿潮一代和X一代最终都会将控制权交给千禧一代(或称Y一代,也称生育回潮一代)。千禧一代出生于1977—2000年,作为婴儿潮一代的子女,其数量达到8300万人,远大于X一代,甚至已经赶超婴儿潮一代了。身处后经济萧条时代,千禧一代是最经济紧缩的一代人。由于面临着高失业率和更高的负债,许多年轻消费者的银行账户都空空如也。然而,由于他们人数众多,不论是在现在还是在未来,千禧一代都还是形成了一个巨大并极具吸引力的市场。

千禧一代们有一个共同的特点，那就是他们都对数码技术极为适应和擅长。他们不仅仅接受技术，而且视其为一种生活方式。千禧一代是最先伴随着计算机、手机、卫星电视、iPod、iPad 和在线社交网络长大的一代。因此，他们以一种全新的方式接受品牌，比如通过手机或社交媒体。"他们期望能够与品牌进行一对一的交流，"一位分析师指出，"他们希望能够把自己对产品和服务的好恶分享给朋友甚至是陌生人。"

千禧一代并不希望受到大众营销信息的轰炸，而是更喜欢主动搜集信息，并且与品牌进行互动对话。因此，达成目标需要创新的营销手段。例如，Keds 这个 95 岁的运动鞋品牌，最近推出了一项整合营销活动，旨在重新将标志性品牌引向年轻的千禧年消费者。

> Keds 的营销活动——"How Do You Do?（你好吗）"——通过印刷广告、微型网站、YouTube 视频、推特、脸书、品牌大使、艺术家以及移动校园之旅等方式接触到千禧一代。本次活动的核心是一个 32 英寸的白色有轮鞋盒，它跨越国界进行了大学校园旅行。这个基于艺术的活动促使千禧一代积极参与、创造、合作，强调了 Keds 运动鞋是人们展示创意的画布。在这个移动的鞋盒里面，参观者可以观看当地艺术家、零售工厂店以及 Keds 在每个城市合作的慈善组织的相关视频。他们也能看到当地最受欢迎的 Keds 运动鞋展，并且能够通过触摸屏售货亭在 Keds 官网上定制和购买属于自己的运动鞋。其他的活动元素也是从"How Do You Do?"上进行扩展的。在鞋盒从一个城市到另一个城市的旅途中，该活动还在推特上问了千禧一代消费者许多问题，比如"奥斯丁你好吗?"或者"灵感你好吗?"或者就是简单的"Keds 你好吗?"。Keds 总裁表示："我们认为，对于这些消费者来说最重要的是能够参与到品牌的活动中，并且能够去体验它。"

按"代"营销　营销人员是否必须为每一代消费者提供不同的产品和营销计划？一些专家告诫说，营销人员每次为了有效吸引某一代人而设计产品和信息时，必须注意不能武断地将另外一代人排除在外。另外一些专家告诫说，每一代人都跨越好几十年，处于不同的社会经济水平。例如，营销人员往往将婴儿潮一代细分为三个更小的群体——婴儿潮前段、婴儿潮中段、婴儿潮末段——每一个群体都有自己的信仰和行为特征。同样，他们将千禧一代人细分为少年、青少年、青年。

因此，营销人员需要在每一个群体内细化出更加精确的特定年龄市场。更为重要的是，按出生日期来划分顾客的效果可能比不上按他们的生活方式、生活阶段或共同的消费价值观来划分市场。我们将在第 7 章讨论其他各种细分市场的方法。

美国家庭的变化　传统的美国家庭由丈夫、妻子和孩子组成(有时还有祖父母)。然而，美国以前的理想家庭——两个孩子，两辆车，住在郊外——已经逐渐失去吸引力了。

今天的美国，有孩子的已婚夫妇仅占全国 1.18 亿个家庭的 20%，这个数据是 1970 年的一半；已婚但没有孩子的夫妇占到 29%；单亲家庭另占 17%。有 34%是非传统家庭户——他们是独居的单身者、成年的同性或异性共居者。越来越多的人属于离婚或分居、不结婚、晚婚，或是婚后不要子女。营销人员必须更多地考虑这类非传统家庭的特殊需求，因为现在这类家庭的增长速度比传统家庭要快得多。每一群体都有自己独特的需求和购买习惯。

职业妇女的数量有了较大增长，占美国劳动力的比例从20世纪50年代末的不到40%增长到现在的59%。所有已婚家庭中夫妻双方均外出工作的占65%，仅丈夫外出工作的家庭只占28%。同时，越来越多的男性待在家里照顾小孩，打理家务，而他们的太太外出工作。美国有4%的已婚且有子女的家庭中拥有一名全职爸爸。

职业妇女的大量涌现，促进了儿童看护业的发展，增加了职业女装、金融服务、方便食品和家政服务方面的消费。皇家加勒比邮轮公司定位于工作繁忙的职业女性，为她们提供预算适宜、便于计划且全家人都受用的家庭旅行。皇家加勒比认为，尽管旅行是一项集体决策，但80%的出行计划和预订工作是由女性来做的——不论她们是否工作，母亲们往往时间紧迫。"我们想让您成为英雄，当您的家庭来到我们的游船，全家人都会有一个美妙的旅行经历，"皇家加勒比的高级营销主管说，"而您，妈妈，确定完计划和日程安排后，尽管享受休假就好了。"

人口地理变化 这是一个大量人口在国内和国际迁移的时代。比如，美国人是一个流动的民族，每年大约有占总人口12%的美国人口进行迁移。在过去的20年间，美国人口向南部和西南部的"阳光地带州"移动。西部和南部的人口增加了，而中西部和东北部的人口则减少了。这样的迁移引起了营销人员的关注，因为不同地区的人口购买偏好不同。例如，中西部人口会比东南部人口购买更多的冬装。

一个多世纪以来，美国人口也在不断地从乡村迁移到都市地区。而20世纪50年代，大量人口却离开城市，居住到了郊外。今天，向郊外的迁移仍在继续。并且，越来越多的美国人迁移到了处于拥挤的大都市之外的小城市地带，如蒙大拿州的波兹曼市、密西西比州的纳齐市和康涅狄格州的托灵顿市。这些小城市具有大都市的许多优点——工作机会、餐馆、娱乐、社区组织——却没有大都市通常会出现的人口拥挤、交通堵塞、高犯罪率和高财产税，这些小城市吸引着美国农村和郊区的流出人口。

人们生活的转变也造成了他们工作的转变。例如，向小城市和郊区的迁移导致"电子通勤"者的数量急剧上升——他们在家里或是在远程办公室通过电话或互联网处理业务。这种趋势反过来又创造了一个蓬勃发展的SOHO(small office/ home office)市场。越来越多的人在电脑、智能手机和宽带互联网等电子工具的帮助下在家工作。最近的一项研究估计，24%的就业人员在家做了部分或全部工作。

许多营销人员正在积极争取利润丰厚的远程办公市场。例如，思科的网络会议部门WebEx帮助连接电子通勤或远程工作的人员。使用WebEx，无论他们的工作地点在哪里，人们都可以通过计算机或智能手机进行在线联系和协作。另外，Regus或Grind等公司向电子通勤者和其他远离办公地点的人员按天或月出租设备共享的办公空间。

更好的教育，更多白领，更加专业的人口 美国人口受教育程度越来越高。例如，2010年，美国25岁以上人口中的87%已经完成高中教育，30%已经完成大学教育，而在1980年这两个数据分别为66%和16%。此外，如今有2/3以上的高中毕业生在毕业后的12个月内注册就读大学。劳动力也越来越向白领发展。如今，工作岗位增长偏向于专业人员，而不利于制造业工人。在2010年至2020年，在30个预计就业增长最快的具体职业中，有17个需要受过某种类型的高等教育。受过教育的专业人员人数不断上升，不仅影响人们购买什么，也影响他们如何购买。

多样化的增多 多样化不仅仅反映在民族和种族组成上。比如一个极端的例子就是几乎所有人都是同一个民族的日本。另一个极端例子是美国，美国人口来自各种各样的国家。美国通常被称为“熔炉”，因为来自各个国家、各种文化的不同群体都汇聚成为一体，整体上趋于同质。然而，美国实际更像一碗沙拉，因为各种群体混合到了一起，却又各自保留着自己的多样性，这种多样性来自对民族差异和文化差异的保留和重视。

随着业务范围更加国际化，营销人员在国内外面临越来越多元化的市场。美国人口约65%为白人，拉美裔人口占16%，非裔美国人占13%。美国亚裔人口如今占据美国总人口的大约4.7%，其余的1.3%是夏威夷原住民、太平洋岛民、美洲印第安人、爱斯基摩人、阿留申人或两个以上种族的人。此外，有4 000多万生活在美国的人——约占人口的13%——出生于另一个国家。预计未来几十年，全国少数民族人口将会爆发。到2050年，拉美裔人口将达到30%，非裔美国人将保持稳定在13%左右，亚洲人将增加到8%。

如今，从宝洁、沃尔玛、Allstate 和美国银行到李维斯和哈雷—戴维森（Harley-Davidson），大多数大公司都将特定的产品、广告和促销活动集中在一个或多个这样的群体中。例如，哈雷—戴维森最近推出了印刷品和网络宣传活动，强调了拉美裔哈雷骑手们（Harlistas）的贡献以及他们和品牌的关系。哈雷甚至邀请他们分享自己作为 Harlistas 社区一员的体验。它在纪录片《Harlistas：美国之旅》中展示了 Harlistas 的激情和承诺，这部纪录片是由一个获奖导演所拍摄的。“作为 Harlistas 的一员，”一则广告中说，“要无畏地生活，克服障碍，体验开放之路的友情。”此外，哈雷—戴维森一直赞助拉丁 Billboard 音乐奖、Lowrider 巡回赛、洛杉矶嘉年华百老汇，以及美国最大的拉美摩托车俱乐部之一——拉美摩托车协会（LAMA）。

多样性超越了民族文化遗产的范畴。例如，许多大公司明确瞄准同性恋消费者。据估计，6%至7%的美国成年人认为自己是女同性恋、男同性恋、双性恋和变性者（LGBT），购买力超过了7 900亿美元。由于《摩登家庭》和《欢乐合唱团》等电视节目、《断背山》和《孩子们都很好》等电影，以及众多公开的同性恋名人，LGBT 人群越来越多地出现在公众眼里。

许多媒体现在为公司提供了进入这个市场的机会。例如，全球领先的媒体和娱乐公司 Planet Out Inc. 专门为 LGBT 群体服务，提供了多个成功的杂志和网站。此外，媒体巨头 Viacom 的 MTV 网络提供 LOGO——一个针对同性恋者以及他们的朋友和家人的有线电视网络。现在有4 600万户美国家庭可以收看到 LOGO。超过100家主流公司在 LOGO 上做广告，包括大陆航空、戴尔、强生、索尼、eBay 和西尔斯等。

各行各业的企业如今都开始针对 LGBT 群体设计广告和其他的营销活动。例如，美国航空公司拥有一队 LGBT 销售团队，赞助同性恋社区活动，并且建立了一个专门的同性恋导向的网站（www.aa.com/rainbow）——上面有旅行套餐、电子报纸、播客以及同性恋活动日历等内容。该航空公司聚焦于同性恋消费者的举措，使其在十多年间每年从 LGBT 群体获得的收入有两位数的增长率。

另一个有吸引力的多样化市场是5 400万的美国成年残疾人——这个市场比非裔美国人或拉美裔美国人还要大——年消费能力超过2 200亿美元。大多数残疾人是活跃的消费者。例如，一项研究发现，这个群体每年有3 170万次商业或休闲旅行，每年花费136

亿美元。如果能满足某些特定需求，那么花费在旅行上的金额每年还可以翻倍到270亿美元。

企业如何能够接触到残疾人消费者市场呢？许多营销者已经认识到，残疾人的世界与非残疾人的世界是一样的。麦当劳、Verizon无线、耐克、三星以及本田等营销者已经将残疾人视作自己的主流目标市场。例如，三星和耐克与残奥会运动员签订了代言合同，让他们出现在自己的广告中。

随着美国人口越来越多样化，成功的商家将继续多样化其市场营销方案，以充分利用快速增长的细分市场带来的机会。

3.2.2 经济环境

对市场来说，购买力和人同样重要。**经济环境**(economic environment)由那些影响消费者购买力和消费方式的因素构成。营销人员必须密切注意世界市场和各国市场的主要发展趋势和消费支出模式。

不同国家收入水平和收入分布差异非常大。有些国家已经成为工业化经济体，种类繁多的产品构成了丰富的市场。而一些极端的国家则体现为自给自足型经济，它们以自产自销工农业产品为主，只能提供极为有限的市场机会。处于中间状态的是发展中经济体，这些国家为恰当的产品提供了大量有利的市场机会。

来看看拥有12亿多人口的印度。在过去，印度只有上流社会才买得起轿车。事实上，每七个印度人中才有一个人有车。但如今印度经济发生了翻天覆地的变化，印度已经产生了逐渐庞大的中产阶级，其收入迅猛提升。现在，为了满足新的市场需求，欧洲、北美和亚洲的汽车制造商正向印度市场引入经济型小汽车。但它们还要面对印度塔塔汽车的竞争，该公司向市场推出世界上最便宜的汽车：塔塔纳努。纳努被称为“人民的汽车”，仅卖15.8万卢比(约合2900美元)。它可以承载四名乘客，每加仑汽油可行驶50英里，最高时速达到65英里。这款格外低成本的汽车意在成为印度的T型轿车——让这个发展中国家成为车轮上的国家。“你能在力所能及的范围内拥有一辆车吗?”纳努的一则广告问道。然后回答是“现在你能”。塔塔希望这款车每年销售100万辆。

消费者支出的变化 经济因素可能对消费者支出和购买行为产生重大影响。例如，不久以前，美国消费者在收入增长、股票市场繁荣、住房价格快速上涨等良好经济态势的影响下自由消费。他们买了又买，似乎根本不在乎债务记录再创新高。然而，2008—2009年的大萧条使得这些日子以来的自由消费和高期望被打破了。

结果正如我们在第1章讨论过的那样，如今消费者已经采取了返璞归真的节俭生活方式，以及细水长流的消费模式。他们买的少而精，会选择那些更有价值的真正所需之物。反过来，价值营销也变成许多商家的口号。各行业的卖家都在设法为如今更有经济头脑的买家提供更高价值——也就是产品和服务既物美又价廉的最佳组合。

人们会期望从日常用品销售商那里获得超值交易。例如，塔吉特将它的口号“期望更多，支付更少”的重点转向了“支付更少”，这条过去在塔吉特官网上最受瞩目的标语因此被换成了一些更加实用性的口号，如“本季最低价”“娱乐，阳光，节约”以及“免费购物每一天”等。然而，如今即使是奢侈品的营销者也开始强调价值的重要性。例如，高端汽车品牌英菲尼迪如今的承诺是"打造负担得起的奢侈"。

收入的分布 营销人员在关注收入水平的同时，也应当关注收入的分布状况。在过去的几十年中，富人变得更富，中产阶级已经萎缩，而穷人仍然穷困。收入排名在前5%的美国人拥有国家调整后总收入的22%，收入排名前20%的美国人赚取了全国收入的50%。与之相对，处于收入底层的40%的美国民众仅仅占总收入的12%。

收入分布创造了一个分层市场。许多公司——如 Nordstrom 和 Neiman Marcus——积极地将目标瞄准了富人。其他的公司——如 Dollar General 和 Family Dollar——则以那些更为节约的人为目标。事实上，一元商店现在是全美增长最快的零售商。还有一些公司在从富裕到不太富裕的各类市场上定制营销举措。例如，福特提供的汽车型号既有价格低廉的福特嘉年华(13 200 美元起)，也有豪华的林肯领航员 SUV(57 775 美元起)。

收入、生活成本、利率、储蓄和借贷模式等主要经济变量的变化，对市场都有重要影响。公司通过经济预测随时跟踪这些变量的变化。经济状况下行或短期的不景气不一定会损害企业。只要做好足够的预测，公司还能利用这样的经济变化谋求发展。

3.2.3 自然环境

自然环境(natural environment)指的是营销者所应投入的自然资源或是受到营销活动影响的自然资源。在最基本的层面上，那些环境中意想不到的事情——从天气到自然灾害——都可能会影响公司及其营销策略。例如，由于最近一个意想不到的暖冬，从御寒衣物到面巾纸和金宝汤都遭遇了销售寒冬。相比之下，温暖的天气增加了对登山鞋、跑步鞋、房屋油漆和园艺用品等产品的需求。同样，日本最近发生的地震和海啸对索尼、丰田这些日本企业满足全球需求的能力造成了破坏性的影响。虽然公司不能防止这种自然事件，但应该制定应急方案来应对。

在更广的一个维度上，环境的可持续性在过去30年间一直受到关注。世界范围内的许多城市水污染和空气污染都达到了非常危险的级别。我们还持续担忧着全球变暖的问题，许多环境学家也担心某一天我们会被自己制造的垃圾所埋葬。

营销人员应当注意自然环境中的几个趋势。首先是，原材料的短缺。空气和水似乎是取之不尽的资源，但有些人看到了长期的危险。空气污染问题在世界许多大城市中非常严重，而水资源短缺也成为美国和世界一些地区的严重问题。到2030年，全球超过1/3的人口将没有充足的饮用水。森林和食物这类可再生资源也必须被有效利用。而石油、煤和各种矿物等不可再生资源则面临严峻的挑战。尽管现在这些原材料仍然可得，但利用这些日渐稀缺的资源生产产品的公司已经面临着成本大幅提高的压力。

第二个趋势是环境污染的增加。工业一直以来总是在破坏自然环境的质量。试想一下化学废料和核废料，海洋中危险的汞含量，土壤和食物中化学污染物的数量，以及不能被土壤降解的瓶子、塑料袋和其他包装物。

第三个趋势是政府日益增加的对自然资源管理的干预。不同国家的政府对环境保护的关心和努力程度是不同的。一些国家的政府，如德国政府，大力追求环境质量。其他一些国家，特别是许多贫穷的国家，并不关心污染问题，这主要是因为它们缺乏必要的资金和政治意愿。甚至一些富裕国家也缺少大量的资金和一致意见来支持世界范围的环保活动。我们希望全世界的企业能承担起更多的社会责任,并找到更经济的手段来控制和减少污染。

1970 年,美国成立了环境保护署(EPA)以设立环境保护标准并监督执行,进行污染问题研究。未来在美国运作的公司会受到来自政府和环保团体更多的制约。营销人员应该协助寻求解决世界面临的原材料和能源问题的方法,而不是采取抵制措施。

对于自然环境的关注掀起了一场绿色运动(green movement)。现今,一些开明的公司所做的远远超过了政府的规定。它们制定并实施公司可持续发展战略,致力于创造地球可以永久负担的世界经济。它们响应消费者的需求,提供更多的环保产品。

许多公司正在响应消费者对更环保产品的需求。人们正在开发可回收或可生物降解的包装、材料和组件,来实现更好的污染控制和更节能的运营。例如,Timberland 不仅仅负责制作牢固、高品质的鞋子、衣服和其他户外装备,也做了一切它能做的事情来减少其生产和运营过程中对环境造成的伤害。

> Timberland 的愿景是发展那些对环境伤害更小的生产过程和产品,并希望消费者参与其中。例如,它在加利福尼亚设立了一个利用太阳能的分销中心,在多米尼加共和国设立了一个风能工厂。它在许多设施中都采用了高效能的灯光系统和设备,并且教育员工如何提高生产效率。Timberland 一直在寻找和发明一些能让它的生产过程更加高效、对环境伤害降到最小的创新材料。它的 Earthkeepers 系列靴子就是采用回收材料和有机材料制成的,并且还开办了鞋展,展出那些由回收的汽车轮胎制成鞋底的鞋子。那些从回收的苏打水瓶子得来的塑料则制成了鞋子的透气内衬和耐用鞋带。咖啡渣则成为了防臭皮面的一部分。无毒的有机棉花用于制造结实的帆布。为了鼓励消费者参与更多的可持续决策,Timberland 还将绿色标签置入产品中,表明每一个部件在气候变化、化学品使用、资源消耗方面的生态影响。将所有这些举措连接在一起,Timberland 发起了一个 Earthkeep 活动,通过网络社交媒体来寻找鼓舞消费者参与绿色环保行动的方法。

现在的企业越来越多地做正义的事情。它们日益认识到健康的生态环境与健康的经济环境之间的关系。它们渐渐明白,对环境负责的举措也能够带来良好的商业回报。

3.2.4 技术环境

技术环境(technological environment)现在也许是左右我们命运的最具戏剧性的力量。技术已经创造了像抗生素、机器人外科手术、微型电子、智能手机和互联网这样的奇迹,它也带来了核导弹、化学武器和机关枪这样恐怖的东西,同时也有汽车、电视机和信用卡这样有利又有弊的产品。我们对于技术的看法,取决于我们留有深刻印象的是技术的奇妙还是技术的过失。

新技术给商家带来了激动人心的大好机会。例如,如果你购买的每个产品中都装有一个微型发射器来跟踪它,从生产到使用一直到废弃,你会觉得如何?一方面,这会对买卖双方提供很多好处;另一方面,这也有点儿吓人。不管怎样,这已经发生了。

想象这样一个世界,每一件商品都内含一个微型发射器。当你在购物中心的商品走道里徘徊时,货架感应器会侦测出你的选择,并且在你的智能手机上播放广告,提供特价处理的相关商品信息。当你的购物车里放入了所购商品,感应器会侦测出你可能是为一个晚餐聚会进行购买,你的手机会自动亮起并建议你为这次晚餐搭配一瓶葡萄酒。当你离开商店时,出口感应器会自动统计你的消费金额,并自动记入你的信用卡。在家里,读取器会跟踪你储藏柜里的情况,当储存的东西变少时,会自动更新购物单。为了计划周日的晚餐,你取出 Butterball 火鸡放入智能烤箱,烤箱会根据芯片上储存的说明处理火鸡肉,烹饪出美味的食物。貌似遥不可及?不是的。事实上,借助所购商品中嵌入的无线射频识别(RFID)发射器,以上情景将很快实现。

许多公司已经使用无线射频识别技术追踪商品经过的配送渠道的不同节点。例如,沃尔玛大力支持向其配送中心运货的供应商在它们的托盘上采用 RFID 标签。如今,已有超过 600 家沃尔玛供应商正在实行。诸如 American Apparel、Macy's、Bloomingdales 以及 JCPenny 等零售商如今也在店面内安装产品级别的 RFID 系统。

技术环境的变化非常迅速。试想一下,今天看来最普通的产品在 100 年前甚至 30 年前根本就不存在。亚伯拉罕·林肯对汽车、飞机、收音机和电灯一无所知;伍德罗·威尔逊不知道电视、气体密封罐、自动洗碗机、空调、抗生素和计算机;富兰克林·罗斯福没见过静电复印机、合成洗涤剂、避孕药、喷气式发动机和人造地球卫星;约翰·肯尼迪不知道什么是个人电脑、互联网和谷歌;而罗纳德·里根不知道智能手机是什么,更不知道脸书是什么。

新技术创造了新的市场和机会。然而,每一项新技术会取代一项旧技术。晶体管影响了真空管产业,数字摄影影响了胶卷产业,MP3 和数字下载方式则影响了 CD 产业。当旧产业与新技术抗争或是忽略其存在,都会导致自身的衰落。因此,营销人员必须密切注意技术环境。不能跟上技术变化的公司会发现,它们的产品很快就过时了,而且错过了新产品的市场机遇。

由于产品和技术变得越来越复杂,公众需要知道它们是否安全。因此,政府部门要调查并禁止具有潜在危险性的产品。在美国,食品与药物管理局(FDA)已经建立了一套复杂的规则来试验新药。消费品安全委员会(CPSC)也为消费品确定了一套安全标准,并惩罚那些未达标的公司。这些监管措施使研究成本大大增加,并使新产品概念与实际产出之间的时间间隔延长。企业在使用新技术和开发新产品时应当了解这些规则。

3.2.5 政治与社会环境

政治环境的变化极大地影响着营销决策。**政治环境**(political environment)包括法律、政府机构和压力团体,在一个既定的社会中,它们影响和制约着各类组织和个人。

法规对工商业的监管 即使是自由市场经济最积极的拥护者也承认,经济系统只有在一定规则下才能最有效地运行。经过严密构思的规则能够鼓励竞争,并保证产品和服务市场的公平竞争。因此,政府需要制定一系列公共政策来指导商业活动,即为全社会的利益而制定约束工商业的法律和规定。几乎每一项营销活动都面对着一系列的法律和规定。

过去若干年中,世界各国都在增加与工商业有关的立法。美国有许多与此有关的法律,像竞争、公平交易、环境保护、产品安全、广告真实性、消费者隐私、包装与标签、定价以及其他重要方面的法律(见表3.1)。

表3.1 影响市场营销的重要美国立法

立法	目的
《谢尔曼反托拉斯法》(Sherman Antitrust Act,1890)	禁止会限制各州之间交易和竞争的垄断和行为(串通定价、掠夺性定价)
《联邦食品和药物法》(Federal Food and Drug Act,1906)	食品与药物管理局因此而产生。该法禁止生产和销售掺假的或贴有虚假标签的食品或药物
《克莱顿法案》(Clayton Act,1914)	《谢尔曼法》的补充,禁止某些类型的价格歧视、独占协议、捆绑条款(要求经销商接受卖方的其他产品)等
《联邦贸易委员会法》(Federal Trade Commission Act,1914)	建立联邦贸易委员会(FTC)来监控和纠正不正当交易行为
《鲁滨逊—帕特曼法案》(Robinson-Patman Act,1936)	《克莱顿法案》的补充,认为价格歧视是非法的。赋予FTC如下权力:制定数量折扣的限制;禁止某些佣金折扣;禁止促销折扣,除非向所有各方以按比例同等的条件提供给它们
《威勒—李法案》(Wheeler-Lea Act,1938)	禁止不公平和欺诈性行为,即使它们没有损害竞争;将食品与药物的广告置于FTC的管辖之下
《兰哈姆商标法》(Lanham Trademark Act,1946)	保护和管理独有的名牌名称和商标
《国家交通和安全法》(National Traffic and Safety Act,1958)	制定汽车和轮胎强制性安全标准的规定
《合格包装和标识法》(Fair Packaging and Labeling Act,1966)	对消费品包装和标签加以限制,要求生产商说明所包装物的名称、生产者和数量
《儿童保护法》(Child Protection Act,1966)	禁止销售危险的儿童玩具和物品,制定少儿不宜包装的标准
《联邦香烟标识和广告法》(Federal Cigarette Labeling and Advertising Act,1967)	要求香烟的包装上必须含有下列陈述:"警告:国家卫生局提醒您吸烟危害您的健康"
《国家环境政策法》(National Environmental Policy Act,1969)	制定关于环境的国家政策,1970年成立环境保护署(EPA)
《消费品安全法》(Consumer Product Safety Act,1972)	建立消费品安全委员会,授权它制定消费品的安全标准,并对不达标者进行惩罚
《马格努森—莫斯担保法案》(Magnuson-Moss Warranty Act,1975)	授权FTC制定关于消费者担保的规则,保证消费者要求赔偿的权利,如提出集体起诉
《儿童电视法》(Children's Television Act,1990)	限制儿童节目中的商业广告

续表

立　法	目　的
《营养标识和教育法》(Nutrition Labeling and Education Act,1990)	要求食品标签注明有关营养的详细信息
《消费者电话保护法案》(Telephone Consumer Protection Act,1991)	制定法规保护消费者不受电话骚扰,限制营销人员应用自动拨号系统
《儿童网上隐私保护法》(Children's Online Privacy Protection Act,2000)	禁止网站或网上服务经营者在没有父母同意的情况下从儿童那里收集个人信息,并允许父母复核从其子女那里收集的信息
《谢绝来电执行法》(Do-Not-Call Implementation Act,2003)	授权联邦贸易委员会登记来自卖家或电话销售员的收费电话,以执行国家谢绝来电登记计划
《邮件法》(CAN-SPAM Act,2003)	限制不请自来的商业电子邮件的来源和内容
《金融改革法》(Financial Reform Law,2010)	创立消费者金融保护局,制定和执行向消费者销售金融产品的法规。它也负责执行《诚实信贷法》(Truth-in-Lending Act)、《房屋抵押公开法》(Home Mortgage Disclosure Act)和其他旨在保护消费者的法律

要理解公共政策对于某一项营销活动的含义不是一件容易的事。在美国,有各种各样的联邦法、州法和地方法,并且这些法律常常会互相重叠。例如,在达拉斯销售的阿司匹林受到联邦标签法和得克萨斯州广告法的约束。此外,法规在不断地变化,去年被允许的行为今年可能被禁止,而去年被禁止的事情今年也许可以执行。营销人员必须努力跟上各种法令的变化,并了解其含义。

工商立法之所以必需,主要有几方面的原因。首先是保护公司不受到来自其他公司的伤害。虽然经理们可能赞同公平竞争,但当公平竞争带来威胁时,他们有时也会试图抵制。所以,要通过法律来限定并避免不公平竞争。在美国,这类法律是由联邦贸易委员会(FTC)和司法部反垄断局来执行的。

政府监管的第二个目的是保护消费者,避免他们受到不正当商业活动的侵害。如果没有法律,有的公司就会制造劣质产品,侵犯消费者隐私,做虚假广告误导消费者,通过包装和价格欺骗消费者。这类不正当的商业活动已被明确界定,并受到各种机构的监控。

政府监管的第三个目的是保证全社会的共同利益不会受到无规范商业活动的侵害。获利企业的经营并不一定能提高生活质量。制定一些规则可以保证企业为其生产或产品的社会效益负责。

国际营销人员将与几十甚至上百个负责执行商业政策和法规的政府部门打交道。在美国,国会已经建立了一些联邦监管部门,如联邦贸易委员会、食品与药物管理局、联邦通信委员会、联邦能源管理委员会、民事航空管理局、消费品安全委员会、环境保护署等。由于这些政府机构在执行法律时有一定的自主权,因此它们对公司的营销活动可能会有重要的影响。

新的法律及执法部门将继续出现。经理们在策划其产品和营销方案时必须注意这些发展趋势。营销人员应当了解有关保护竞争、消费者和社会的主要法律,包括地方的、州的、国家的和国际的法律。

更加强调道德伦理和社会责任 明文法规也许不能涵盖营销活动中所有潜在的问题，并且有效地实施法规常常是很困难的。然而，除了正式的法律和规定之外，社会准则和职业伦理也制约着工商业。

社会责任行为 开明的公司鼓励其管理者不仅要遵守法规，还要“做正确的事情”。这些具有社会责任感的公司努力寻求保护顾客长期利益及保护环境的方法。营销的几乎每个方面都涉及道德和社会责任问题。不幸的是，由于这些问题通常涉及利益冲突，人们在某种情况下可能对正确的行动方式表示不同意见。因此，许多产业和专业协会提出了道德准则。更多的公司正在制定政策、准则以及对复杂的社会责任问题的有关回应。

蓬勃发展的网络营销带来了一系列新的社会和伦理问题。最主要的是在线隐私问题。目前已有庞大的可用个人数据信息，很多是网络用户自己提供的。他们自愿把高度私密的信息放到社交网站上，如脸书、LinkedIn 或族谱网站，使得任何人可以轻易用电脑或智能手机搜索到。

然而，大部分信息被商家系统地开发，用以研究客户。这些消费者通常没有意识到自己正被放到显微镜下窥视。合法经营的企业根据消费者在网站上的一举一动来收集、分析和共享数据信息。评论家们担心公司现在可能知道的太多，从而利用数据信息获取对顾客不公平的优势地位。尽管大部分公司公开了其网络隐私保护政策，并将大部分数据用于便利顾客的活动，但滥用现象确实时有发生。因此，消费者权益保护者和政策制定者正采取行动保护消费者隐私。在本书第 20 章，我们将更深入地讨论这些问题及其他社会营销问题。

公益事业营销 为了实践它们的社会责任感，建立更积极的形象，许多公司现在加入有意义的公益事业。这些天，每样商品似乎都和某项公益事业联系在一起。例如，丰田最近推出了“100 辆好车”计划，根据消费者在脸书页面上的投票，连续 100 天每天为一个非营利机构提供新车。宝洁公司的汰渍希望计划为受灾地区的家庭提供移动自助洗衣店和清洁洗衣店——免费为这些家庭提供衣物洗涤、干燥和折叠服务。在街上，有需要的人可能会发现宝洁电池电力救援拖车，它提供免费的电池以及手机和笔记本电脑的充电站。Walgreens 赞助“Walk with Walgreens”计划——做一些简单的事情，例如步行和打卡，打破目标，或仅对网站上其他步行者的帖子进行评论，消费者将获得拜耳、Vaseline、Degree、Slimfast、Dr. Scholls 或其他计划合作伙伴的优惠券和独家优惠。

有些公司完全是依据公益事业使命而建立的。在“价值领导企业”或“关爱资本”的理念指导下，它们的使命是利用公司来使世界更美好，例如，TOMS Shoes 是以一个营利组织的身份建立的——它希望能够销售鞋子来获取利润。但是该公司却具有一个同等重要的非营利愿景——让世界范围内有需要的孩子们能有鞋穿。你每在 TOMS 购买一双鞋，公司就会代表你去赠送给有需要的儿童一双鞋。

公益事业营销成为公司奉献的一种主要方式。它让公司“通过做好事而做得好”，把公司产品或服务的购买与公益事业或者慈善团体的募款结合起来。在 TOMS Shoes，“做得好”和“做好事”的愿景是紧密相关的。除了受到社会的赞誉，这种买一捐一的理念也是一种很好的商业方式。“捐赠不仅仅让你感觉愉悦，它实际上也是一种非常好的商业策略,"TOMS 的创立人布莱克·梅科斯基表示,"商业和慈善或者公共服务是没有必要分开的。事实上,当它们结合在一起,它们能够创造出更大的力量。"

公益事业营销也产生了一些争议。评论家担心公益事业营销是一个为销售多过于为奉献社会的策略,那么公益事业营销真的就是利用公益事业的营销了。因此,运用公益事业营销的公司会发现它们处在增加销售、提高形象和被指责利用公益事业的夹缝之中。例如,在 2011 年日本海啸灾难之后,微软的必应搜索引擎引起了一阵轩然大波,因为它在推特上发帖称,每多一条转发,公司就会向日本灾区捐助一美元。这条推文引起了推特用户们的强烈不满,他们指责必应是在消费灾难。微软公司很快出面道歉。

然而,如果运用得当,公益事业营销可以给公司和公益事业带来巨大的好处。公司在建立一个积极的社会形象的同时,也获得了有效的营销工具。慈善组织和公益事业获得更大的影响力和重要的资金来源。在美国,公益事业营销项目的支出从 1990 年的仅 1.2 亿美元,急速攀升至 2012 年的超过 17.3 亿美元。

3.2.6 文化环境

文化环境(cultural environment)由那些影响社会的基本价值观、观念、偏好和行为的风俗习惯和其他因素组成。人们在特定的社会长大,社会塑造了人们的基本信仰和价值观。人们所认同的世界观决定了其人际关系。下列文化特征可能影响营销决策。

价值观的持久性 特定社会中的人会有特定的信仰和价值观,而且轻易不会改变。例如,大多数美国人都信奉个人自由、努力工作、结婚成家、成功与自我实现等观念。这些信仰又形成了日常生活中更多的态度和行为。核心信仰和价值观由父母传给孩子,通过学校、教会、企业和政府加以巩固。

从属信仰和价值观相对容易改变。信奉婚姻是核心信仰,而信奉早婚是从属信仰。营销人员可以影响人们的从属信仰,但改变核心信仰的机会微乎其微。例如,计划生育的营销人员说服美国人相信应该晚婚,比说服他们相信根本就不应该结婚要容易得多。

从属价值观的转变 尽管核心价值观相当持久,但文化的转变确实存在。试想一下流行音乐组合、电影人物和其他一些名人对于年轻人发型、衣着的影响。营销人员希望预测到文化的转变趋势,以确定机遇和威胁。社会的主要价值观通过人们对自己和他人的看法,以及对组织、社会、自然以及宇宙的看法表现出来。

人们对自己的看法 在对待自己和对待他人的态度上,人与人之间是有很大差异的。一些人追求个人生活的快乐、多变而无负担,另一些人则通过宗教、娱乐以及对事业或其他生活目标的追求来实现自我。一些人认为自己是共享者和组织成员,而另一些人则看待自己为个人主义者。人们把产品、品牌和服务作为自我表达的方式,购买与自己观点相匹配的产品和服务。

例如,Sherwin Williams 的广告画面标题为"用最好的油漆把你选的颜色涂最多",以吸引更年长、更实用的人。相比之下,Benjamin Moore 的广告及其脸书和其他社交媒体的宣传,则吸引了那些更年轻、更时尚的个人主义者。它的一则印刷广告由一串疯狂的字体组成,并以这种方式描述了它的"热唇"油漆颜色:"这种颜色介于 12 月时你湿着头发外出嘴唇冻住的颜色和融化掉的葡萄冰棒掺上止咳糖浆形成的颜色之间。热辣红唇,更加完美。”

人们对他人的看法 人们对于他人的看法和与他人交往的方式会随着时间而发生变化。在最近几年，分析家们指出，网络时代会使人际交往变得更少，因为人们醉心于自己的电脑、电子邮件、电子通信中，而不愿意去与别人进行交往。然而，如今的数字技术又使我们进入了一个被称作“大众交往”的时代。人们并非减少了人际交往，而是更多地采用社交媒体和移动交流等方式进行人际交流。并且通常而言，更多的线上和移动端的交流会导致更多的线下交往：

> 比起过去，如今更多的人会有大部分的时间是生活在线上的。然而，同样是这些人，他们也会在线下世界更多地与有血有肉的其他人进行交往、碰面和交流。事实上，社交媒体和手机交流点燃了大众交往的热情，不像我们在“网络时代”所遭遇的那样在现实中变得更加寡言而不喜与人交流。具有讽刺意味的是，正是那些曾经因为让一代人变成了手机游戏僵尸而备受谴责的技术手段，如今使人们变得更喜欢走出家门，与人交流。
>
> 基本上，如果人们在推特等社交网络上交往越多，他们就越有可能在现实世界中与朋友和粉丝碰面。感谢脸书（超过10亿的粉丝量，每月在该网站上消耗超过7000亿分钟的时间）这样的网络社交服务，人们在开发越来越多样化的社交网络，完全否定了那种认为技术将人们从实际的社交中拉走的观念。如今的人们更加热衷于与社交网络中的朋友们进行交流，而不是变得越来越孤僻。

这种新的交互方式强烈地影响了企业如何推广品牌并与客户进行沟通。一位分析师说：“消费者正在越来越多地利用朋友、粉丝和追随者的网络，以更复杂的方式发现、讨论和购买商品和服务。因此，对于品牌来说，确保它们‘进入这些网络’也就更为重要了。”

人们对组织的看法 人们对公司、政府部门、工会、高校和其他组织的态度是不同的。一般来说，人们愿意为重要的组织工作，并期望这些组织承担一些社会责任。

过去20年来，美国人越来越不信任企业和政府机构，对工会组织的总体忠诚度也出现下滑现象。公司规模的缩减更是引起了人们的讥讽和不信任。仅在过去十年中，大公司的丑闻、经济衰退所带来的轮番裁员、华尔街银行家们的贪婪和无能引发的金融危机以及其他事件，使得公众进一步丧失了对大公司的信任。如今许多人认为工作并不是产生满足感的源泉，而是一种为了挣钱供非工作时间娱乐的必需劳动。这一趋势表明，组织需要寻找新的方式以赢得消费者和员工的信任。

人们对社会的看法 人们对其所在社会的态度是不同的——爱国者捍卫它，改革者改进它，而反抗者逃离它。人们对于社会的态度影响着他们的消费模式和对市场的看法。在过去20年里，美国消费者的爱国主义倾向似乎高涨。尽管经历了“9·11”恐怖袭击和伊拉克战争，爱国主义仍旧澎湃。例如，伊拉克战争打响后的夏天，美国具有历史意义的景点的参观人数激增，从华盛顿特区纪念碑、总统山、葛底斯堡战场、“宪法”号战舰（“老钢铁”号）一直到珍珠港、阿拉莫边城。在这些巅峰期之后，美国的爱国主义依然高涨。最近一项针对“国家自豪感”的全球调查结果发现，美国是17个参加投票的民主国家中排名最

高的一个。

作为回应，营销人员推出了表达爱国主义的产品和促销活动，提供了从爱国主题的橙汁到服饰和汽车的多种商品。例如，百事公司的纯果乐橙汁品牌就推出了新的口号："100%纯正佛罗里达橙汁——在佛罗里达实现种植、采摘和压榨的全过程。"克莱斯勒则推出了"来自底特律"活动，强调"让世界听到我们的引擎声"，对美国消费者而言收效颇佳。尽管大多数这样的营销活动值得尝试，效果也不错，但挥动星条旗，利用爱国主义营销也是十分微妙的。这类挥动爱国旗帜促销的方式可能会被视为利用国家的胜利或悲剧来赚钱。对于这样的国民情感，营销者必须十分谨慎。

人们对自然的看法 人们对自然界的态度各不相同。有的人感受到自然界的统治力量，有人觉得与其相处融洽，还有人在寻求如何控制自然界。长期以来，人们一直以为自然界是取之不竭的，并通过技术不断增强对自然界的控制。然而，近来人们认识到自然是有限的、脆弱的，人类的活动可能损害它，甚至毁灭它。

对自然事物重新焕发的喜爱，创造了一个 6 300 万人的"健康可持续的生活方式"(LOHAS，乐活)市场，这个市场中的消费者寻求从自然的、有机的、营养的食物一直到节能汽车和替代药物等各类产品。这个市场每年在这类产品上的消费几乎达到 3 000 亿美元。

Tom's of Maine 为消费者提供可持续的、全天然的个人护理产品：牙膏、除臭剂、漱口水和肥皂——全部不含人造色素、香料或防腐剂。这些产品也是"非残忍"的(无动物试验或动物成分)。Tom's 将可持续发展作为其业务各个方面的重中之重，力求最大限度地利用其可循环的原料和可回收的包装。最后，Tom's 向慈善机构捐赠 10%的税前利润。总而言之，Tom's 倡导"制造不寻常的好产品，为共同的利益服务"。

食品制造商也发现了天然产品和有机产品不断增长的市场。整体而言，美国有机食品市场去年创造了接近 290 亿美元的销售额，是过去五年的两倍多。补缺营销者们——如全食超市——出现并服务于这样的市场，而像克罗格和西夫韦这样的传统食品连锁店也开始增加天然食品和有机食品这些品类。甚至宠物主人们也开始加入这样的行动中，因为他们越来越在意狗粮的成分。几乎每一个主要的宠物食品品牌都开始提供各种类型的天然食物。

人们对宇宙的看法 最后，人们对宇宙的起源及人类在其中位置的看法也是不同的。虽然大部分美国人有宗教观念，但这些年来人们对宗教的信仰和参与越来越少了。根据一项最近的民意调查，16%的美国人表示当前他们不归属任何特定的信仰，这一比例在小于 18 岁的人群中几乎翻倍，在 18～29 岁的人群中占到 25%。

然而，事实是，人们退出有组织的宗教并不意味着他们抛弃了信仰。一些未来学家指出，人们更广泛地探寻新的内在意义，新的精神信仰已经出现。人们抛弃了拜物主义和互相倾轧往上爬的野心，转而追求更为持久的价值观——家庭、团体、地球、信仰——以及更为明确的是非观念。比起称之为"宗教"，他们更倾向于称之为"精神"。这种新的精神信仰影响着消费者的各个方面，从他们所观看的电视节目、阅读的书籍，到他们所购买的产品和服务。

3.3 对营销环境的反应

有人曾经观察到，“有三种类型的公司：引起市场变化的，观察市场变化的，以及那些不知道发生了什么事的。”许多公司认为，营销环境是不可控制的，它们必须去适应它。它们被动地接受营销环境，而不试图改变它。它们分析环境因素并设计营销战略，以便帮助公司避开风险并利用环境提供的机会。

另一些公司对营销环境采取一种积极的态度。“不是让环境决定自己的战略，”一位营销专家建议说，“要精心构思你的战略从而从重新界定你所处的环境。”比起让自己的战略选择受制于当前的环境，这些公司更多的是去发展能够改变环境的战略。“商业史揭示了大量企业战略改变行业结构的案例，”一位专家说，“从福特T型轿车到任天堂Wii游戏无一不是如此。”

这些公司不是简单地观察环境然后作出反应，而是采取积极的措施去影响营销环境中的公众和其他因素。它们雇用一些说客去影响有关本产业的立法，发起媒体事件获得有利的新闻报道。它们利用媒体评论来进行广告宣传以影响公众的观点。对于违反规则的竞争对手，它们提出法律诉讼或是向相关机构提出抗议，以保证合法的竞争。它们还签订完善的合同来更好地控制分销渠道。

通过这些举措，企业通常能克服那些看似不可控的环境约束。例如，一些公司视不断喷涌的网络在线谣言如洪水猛兽，另一些公司却能前瞻性地对负面口碑进行防御并予以痛击。当品牌受到有关牛肉质量的恶评的潜在危害时，塔可钟(Taco Bell)食品公司即采取了这种做法。

当来自一位加利福尼亚女性的集体诉讼质疑塔可钟卷饼中的肉是否能被定义为“牛肉”时，该公司的反应是迅速而果断的。这条诉讼指出，塔可钟的牛肉含有65%的黏合剂、添加物、防腐剂和一些其他物质。它要求塔可钟停止将其定义为“牛肉”。但是塔可钟公司立马发动了反击运动，既通过印刷广告的方式，也经由YouTube和脸书的传播。在《华尔街日报》《纽约时报》和《美国日报》的整页广告上，该公司以粗体大字的形式感谢提出诉讼的人给了他们这样一个机会来澄清其“当季牛肉”的“真实性”，指出其牛肉是由货真价实的牛肉和一些为了增加产品风味、提高产品质量的佐料加工制成的。塔可钟还声明他们将采取法律手段来应对那些虚假诉讼者。该公司迅速的反击举措遏制了诉讼中的虚假信息，使得诉讼人在几个月后主动撤诉。

虽然营销管理并不总能够控制环境因素，但在很多情况下，不能仅仅满足于简单地观察环境然后作出决策。例如，一家公司几乎不可能影响人口的地理迁移状况、经济环境或是核心价值观，但是只要有可能，聪明的营销经理会对环境采取前瞻性的方法，而不是仅被动适应环境(参见营销实例3.2)。

营销实例 3.2

当对话变得令人讨厌的时候：将消极因素变为积极因素

营销人员称赞互联网是一种新型的关系媒体。公司利用网站来吸引客户，洞察他们的需求，与客户共创社区。反过来，网络使消费者得以与公司、与其他消费者分享他们的品牌体验。所有这些都有助于公司和客户。但是有时候，对话会变得很糟糕。参考下面的例子：

- 在收到联邦快递送来的严重损坏的计算机显示器后，YouTube 用户 goobie55 上传了他的安全摄像头视频。该视频清楚地显示了一个联邦快递送货员将包裹举到头上，然后将其扔在 goobie55 的前门，而不是按门铃或将包裹放到门口。联邦快递的紫色和橙色标志醒目地印在司机的衬衫上面，包装和卡车也很显眼。视频在短短五天内就有 500 万次点击。电视新闻和谈话节目也在疯狂地讨论视频。
- 住在华盛顿特区的 22 岁保姆莫莉，不久前生气地从美国银行了解到，美国银行正在每月向借记卡用户征收 5 美元的费用。她开始在 Change.org 进行请愿，请愿书宣称："美国人民救助美国银行在金融危机过后进行重建。你怎么能再从你的借记卡客户那里每年榨取 60 美元呢？这太卑鄙了。"在不到一个月的时间里，请愿书从类似的消费者那里获得了超过 30 万个点赞。
- 当联合航空公司的行李管理员弄坏了音乐家戴维·卡罗尔的吉他，并且拒绝对损失进行赔偿后，戴维制作了一个朗朗上口的音乐视频"联合打破吉他"并发布在 YouTube 上。"我应该和别人一起飞行，或者开车，"他在视频中表示绝望。视频成为 YouTube 最成功的视频之一：近 1 200 万人现在已经观看了这个视频，并引发了全球主流网络的媒体狂潮。
- 8 岁的哈里·温索尔寄出了一幅蜡笔画，他在上面为波音公司设计了一架飞机，并建议可以制造它，而该公司发出一封死板的法律信函："我们不接受不请自来的想法。我们很遗憾地通知你，我们已经处理了你的消息，并且没有保留备份。"这样的错误有时可能会被忽视，但哈里的父亲约翰·温索尔是著名的广告业高管，在他的博客和推特上谈论此事，使其马上成了国家级的新闻。

这些是极端事件？其实是很常见的。互联网已经使企业和消费者之间的传统关系反转过来。在过去的好日子里，不满的消费者可能只会对公司服务代表大喊大叫，或者在街角喊出抱怨。现在，只要有一台电脑或一部智能手机，他们可以在博客、聊天室、在线社交网络公开发泄自己的不满，甚至专业针对自己最不喜欢的公司建立抱怨网站。

"I hate"和"sucks"网站现在是普遍的。这些网站抨击一些备受尊重的公司的不恰当行为：Walmartblows.com，PayPalSucks .com（又叫 NoPayPal ），IHateStarbucks.com，DeltaREALLYsucks.com 及 UnitedPackage Smashers.com（UPS）。"sucks"一词在 YouTube 和其他视频网站上出现也很多。例如，在 YouTube 上搜索"Apple sucks"可以播放 12 900 个视频，类似地搜索微软可以找到 17 900 个视频。在脸书上搜索"Apple sucks"，可以链接到数百个群组。如果你没有找到你想要的，尝试"Apple suks"或"Apple sux"会有数以百计的结果。

一些网站、视频和其他在线攻击中合理的控诉会得到解决。然而,还有一些匿名的、报复性的诽谤,在不公平地抹黑品牌和企业声誉。一些攻击只是会令公司有些不安的小事,有一些会引起严重的后果,造成真正的困扰。

企业应该如何应对网络攻击?目标公司真正的困惑是要弄清楚它们能在多大程度上保护自己的形象而不助长负面评价。所有专家似乎都同意的一点是:不要试图以牙还牙。一位分析人士说:"向炸弹扔打火机不是一个好主意。先发制人、参与和外交是更为可靠的工具。"

一些公司试图通过法律诉讼让批评者封口,但这其实并不太起作用。法院倾向于将这种批评视为意见,因此是受到保护的言论。一般来说,阻止、反击或关闭消费者攻击的做法可能是目光短浅的。这种批评通常是基于真正的消费者关注和未解决的愤怒。因此,最好的策略可能是主动监控这些网站并回应消费者所表达的关注。一位咨询顾问指出:"最明显的事情是与客户交谈,并尝试处理这个问题,而不是选择忽视。"

例如,波音公司很快派人处理哈里·温索尔的设计,将潜在的公关危机化解。它呼吁并邀请年轻的哈里访问波音公司。在其公司的推特网站上,它承认:"我们是飞机领域的专家,但在社交媒体中是新手。我们正在学习。"同样,联邦快递也立即发布了自己的YouTube视频,解决了显示器事件。在视频中,联邦快递运营部高级副总裁马修·桑顿表示,他亲自会见了受委屈的客户,并代表公司道歉。桑顿宣布:"这有违联邦快递的价值观。"同时,许多记者和博客作者也以出色包装处理和交付记录的事例回应了联邦快递的事件。

不过,美国银行和美联航并没有那么顺利。美国银行取消了借记卡用户费用后,其管理人员想要亲自向莫莉进行解释。但此时,它已经失去了这个客户。戴维·卡罗尔的YouTube视频受到关注之后,美联航对他的赔偿却姗姗来迟,于是卡罗尔礼貌地拒绝了,但他感谢公司提升了自己的职业生涯。今天戴维是一位专业的公众演讲家,也是关于客户服务专题的作者。他还成立了Gripevine.com:"第一个用于解决消费者投诉的在线社交媒体平台"。或许,美联航将很快成为他的客户。

许多公司现在已经创建了专家团队来监控在线讨论。例如,戴尔已经设立了一个由40个成员组成的"社区和对话小组",它在推特和脸书上进行宣传,并与博主沟通。西南航空公司的社交媒体团队包括:一名推特总监,负责跟踪推特上的意见和监控脸书群体;一个在线代表,检查负面事件的真实性并与博主互动;还有一人负责该公司在YouTube、Flickr和LinkedIn上面的反响。因此,如果有人发布在线投诉,该公司可以个人的方式作出回应。

因此,通过倾听和主动回应环境中看似不可控的事件,企业可以防止负面事件的失控,甚至将其转化为积极因素。谁知道呢?有了正确的回应,反对沃尔玛的网站甚至可能成为支持沃尔玛的网站。

小结

在本章和接下来的三章，我们将学习市场营销的环境，以及公司如何分析环境以更好地了解市场和消费者。公司必须随时观察并适应营销环境，以寻求机遇，避免威胁。营销环境由所有影响公司在其目标市场有效运营能力的相关人员和因素组成。

1. 描述影响公司的顾客服务能力的环境因素。

公司的微观环境因素包括那些与公司密切联系的相关因素，它们综合起来形成了公司的价值传递系统，影响公司的顾客服务能力。微观环境包括公司的内部环境——它的各个部门和管理层——因为它们影响着营销决策。营销渠道企业——供应商和营销中间商，包括经销商、货物储运公司、营销服务机构以及金融中介——协作创造顾客价值。竞争对手与公司竞争以期更好地为顾客服务。各种类型的公众对于公司达成目标的能力有实际或潜在的利益关系或影响。最后，五种类型的用户市场包括消费者、企业、经销商、政府和国际市场。

宏观环境由更广泛的社会因素构成，这些因素影响着整个微观环境。构成公司宏观环境的六大因素是人口统计、经济、自然、技术、政治/社会和文化因素。这些因素构成了公司面对的机会与威胁。

2. 解释人口统计环境和经济环境的变化如何影响营销决策。

人口统计学研究人口的特征。如今的人口统计环境显示出不断变化的年龄结构和家庭模式，人口的地理迁移，更好的教育及更多的白领人口，还有多样化趋势的增加。经济环境由那些影响购买力和购买方式的因素组成。如今经济环境的特点是更为节俭的消费者，寻求更大化的价值——物美价廉的恰当组合。收入的分布状况也在发生变化。富人更加富裕，中等收入阶层萎缩，穷人更穷了，导致了一个两极分化的市场。

3. 确定公司自然环境和技术环境的主要变化趋势。

自然环境有三种主要趋势：某些原材料短缺，污染程度加深，政府对于自然资源更加严格的管理。人们对自然环境的关心为那些警觉的公司带来了营销机遇。技术环境既创造了机遇，也带来了挑战。无法跟上技术变化的公司将错过新产品和营销机会。

4. 解释政治和文化环境中的主要变化。

政治环境由影响或限制营销活动的法律、机构和团体组成。政治环境正在经历三种对营销有影响的变化：工商业法规的增加，政府对法规执行的强化，对伦理道德和社会责任的强调。文化环境由影响社会中人们价值观、感觉、偏好和行为的制度和其他因素构成。这一环境显示出对组织信任度的下降，爱国主义热情的增强，对自然关注程度的增加，变化中的精神信仰的出现，以及更有意义、更持久的价值取向。

5. 讨论公司应如何应对营销环境。

公司可以将营销环境看成一个不可控因素，被动地接受并适应，随着环境的变化采取应对措施以避免威胁或是利用机会。公司也可以采取积极的立场，努力改变环境而不仅仅是作出回应。只要有可能，公司就应当采取积极的立场。

问题讨论

1. 比较一家公司的微环境与宏观环境。

2. 描述五种顾客市场。

3. 比较核心信仰/价值观和次要信仰/价值观。各举一个例子，讨论营销人员对它们的潜在影响。

4. 营销人员如何应对不断变化的环境？

批判性思维训练

1. 2010年《华尔街改革和消费者保护法》创建了消费者保护局(CFPB)。了解这一法案和CFPB的职责，然后撰写关于该法案如何影响企业和消费者的简要报告。

2. 在过去十年中，公益营销有了明显的增长。访问 www.causemarketingforum.com，了解由于杰出的公益事业营销而获得Halo奖的公司。向你的班级提交获奖企业的案例研究。

3. 各种联邦机构会影响营销活动。研究以下每个机构，讨论受到每个机构影响的营销因素，并介绍每个机构最近关注的营销案例或问题。

a. 联邦贸易委员会(www.ftc.gov)

b. 食品与药物管理局(www.fda.gov)

c. 消费品安全委员会(www.cpsc.gov)

营销技术：众筹

如果你有一个伟大的产品理念，但没有钱，不要担心，有一个名叫Kickstarter的在线众筹网站。Kickstarter公司成立于2008年，它帮助企业从个人募集资金并帮助启动了6万多个项目。Pebble科技公司发明了一种叫作"Pebble"的智能手表，该手表能与iPhone或安卓手机配合使用，但没有资金生产和销售该产品。所以年轻的首席执行官求助于Kickstarter众筹融资。他的目标仅仅是筹集10万美元，但公司仅在一天内就筹集到了100万美元，并且在一个月内总共募集到1027万美元！近7万人预订了价值115美元的手表，Pebble如今要做的就是按照承诺进行交付。Kickstarter对总募集资金收取5%的费用，亚马逊支付系统处理整个募集流程。Kickstarter登记了参与者们的信用卡，而项目发起人在短短几周内就收到了全部资金。2012年签署的《就业法案》提供了一个法律框架，因此这种类型的融资预计将增长更快。然而，Kickstarter和类似网站不保证该项目将按承诺进行交付，因此有些人则担心，众筹会招致"众骗"。

1. 找到另一个众筹网站并且描述该网站上的两个项目。

2. 更多了解《就业法案》及其对创业企业的影响。对于投资者的众筹有哪些保护措施？

营销伦理：线上定位儿童群体

18 岁以下的美国人口几乎占到 24%，他们拥有数十亿美元的购买力。eBay 和脸书这样的网站想要合法地从中获利。eBay 正在探索如何让 18 岁以下的消费者建立合法的账户来买卖货物。孩子们如今已经在网站上进行交易，他们要么是通过父母的账户，要么是谎报年龄后建立账户。同样，尽管 13 岁以下的儿童不允许建立脸书账户，但是其中大约 750 万的人是有账户的，将近 500 万的账户持有人年龄在 10 岁以下。这意味着美国几乎 20%的 10 岁儿童和 70%的 13 岁儿童活跃在脸书上。这些账户中有许多是父母知道并帮助建立的。eBay 和脸书都表示将对儿童账户进行保护，家长将能够监控孩子的账户。

1. 讨论允许这些公司进入儿童市场的利弊。这是社会责任行为吗?

2. 在 www.coppa.org 上查阅《儿童网上隐私权保护法》。解释 eBay 和脸书如何在遵守这一法案的基础上进入这个市场。

数字营销：地理趋势

你知道丹尼卡来自菲律宾，彼得来自伦敦，那吉斯来自印度，玛丽娜来自俄罗斯，千惠子来自日本，或者米拉来自美国吗? 这些婴儿的父母声称他们是世界上出生的第 70 亿个人。尽管女性生育数量比以前少了，世界人口仍在继续增长。市场是由人组成的，为了保持竞争力，营销人员必须知道人口的所在地和目的地。美国的生育率正在下降，人口趋于老龄化，这给营销人员带来了机会和威胁，这就是为什么跟踪和预测人口趋势在市场营销中如此重要。营销人员必须在错失良机之前抓住机会，处理好威胁。

1. 根据美国一个特定的人口趋势进行一次展示报告。解释这一趋势背后的原因，并讨论其对营销人员的影响。

2. 讨论全球人口趋势。这些趋势意味着什么，营销人员应该如何应对?

公司案例

施乐：适应动荡的营销环境

施乐公司在 50 年前发明了第一台使用普通纸的办公复印机。随后的几十年中，这家发明了复印技术的公司完全统治了自己创立的行业。施乐(Xerox)这个名称几乎成为复印机的同义词(人们会说“Xerox this for you”)。多年来施乐击败了一轮又一轮的竞争对手，从而在激烈的复印机行业保持领先地位。1998 年，施乐的年利润增长了 20%，股价大幅攀升。

之后施乐的情况开始变遭，这家具有传奇色彩的公司的股票和财富经历了令人难以承受的大幅度暴跌。在短短 18 个月内，施乐损失了 380 亿美元市值。2001 年中期，公司股价已经从 1999 年的 70 美元跌到了 5 美元以下。曾经主宰市场的领军企业发现自己已濒临破产的边缘。发生了什么？其根源就在于环境的变化，更具体说是归咎于施乐没能适应快速变化的营销环境。数字时代快速来临，而施乐却没能跟上时代的步伐。

在崭新的数字化环境中，施乐的客户不再依赖公司的旗舰产品——独立复印机——去分享信息和文件。他们不再输出并分发大批量的黑白复印件，而是创建数字化文档并用电子方式共享，或用周边的网络打印机打印文件。正当施乐致力于不断完善其复印机设备时，在更广义的层面，其客户却已经开始寻求更先进的"文档管理解决方案"。客户需要的解决系统，能让他们在法兰克福扫描文件，在旧金山编辑成彩色定制样本，在伦敦按要求打印，甚至还可以改为美式英语拼写。

这让施乐处于财务崩溃的边缘。"我们没有任何现金，而且似乎未来也挣不到，"施乐当前的CEO乌苏拉·伯恩斯说，"每个人都希望能有优秀、强势的领导者带领我们渡过难关。"当时她并未意识到有一天她会领导这家她为之工作了20多年的公司。事实上，她当时打算辞职，不过，她的同事和朋友安妮·马尔卡希成了CEO并劝说她留下。于是，伯恩斯被授权去打扫残局。

转折开始

头号任务：把施乐的生产业务外包出去，外包通常遭到批评且不受欢迎，但它对施乐缩减成本的努力很关键。伯恩斯监督着整个过程，既确保质量，又实现预期的成本节约。她告诉工会要不然只损失一些工作岗位，要不然大家都失业。工会最终支持她。在生产业务重组后，施乐的员工数量在四年内从10万人降至5.5万人。虽然这些举措使施乐在几年内重新盈利，但最大的问题依旧存在：施乐到底在从事什么业务？

为了回答这个问题，施乐重新把焦点放在顾客上。施乐过去一直关注复印机硬件。伯恩斯说："我们正在被顾客拽着去为他们管理大型的、复杂的业务流程。"在开发新产品之前，施乐研发人员召开了似乎无穷无尽的顾客焦点小组会谈。施乐的技术总监称这是"与顾客一起做梦"，目标是"让了解技术的施乐专家与知道痛点的顾客打成一片……最终革新是为了取悦顾客"。施乐发现了解顾客与掌握技术一样重要。

施乐了解到，顾客想要的不只是复印机，他们需要轻松、快捷、低成本的方式去分享文档和信息。因此，施乐必须重新思考、定义和创造自己。

施乐经历了一场重大转变，它不再把自己定义为一家"复印机公司"。事实让，它甚至停止生产单独的复印机，它开始把自己定义为世界领先的文档管理技术和服务企业。施乐的新使命是帮助公司"更精明地处理它们的文档"。

重心的转变创造了新的顾客关系，也带来了新的竞争者。施乐发现自己已经不再是销售复印机给设备采购经理，而是为高级信息技术经理开发和销售文档管理系统。施乐不再和夏普、佳能、理光等生产复印机的对手正面竞争，而是应对惠普和IBM这些信息技术公司的挑战。虽然一路上经历了很多的艰难险阻，曾经被视为代表性的"复印机公司"的施乐，已经越来越自如地接受它作为一家文档管理公司的新身份。

建立新的优势

施乐的收入、利润和股价都开始显示出上升的迹象。然而它还未宣布麻烦已结束，另一个挑战性的环境因素悄然而至——经济大萧条。衰退重挫了施乐核心的打印复印设备和服务业务，公司的销售额和股价再次暴跌。因此，为了保持转型势头，施乐收购了联合计算机服务公司(ACS),这是一家价值64亿美元的信息技术服务公司。ACS的专长、能力和渠道正是施乐的新业务计划开花结果所需要的。

施乐、ACS及其他被收购公司之间的协同效应,带来了更广泛的以客户为重心的产品、软件和服务的组合,有助于施乐的顾客管理文档和信息。事实上,仅在过去四年施乐就引入了130多项创新产品。施乐现在提供了数字化产品和系统涵盖了网络打印机、多功能彩色印刷与出版系统、数字打印机及"图书工厂"。它也提供一系列打印管理咨询和外包服务,以帮助企业开发在线文件档案,运营内部文印中心和邮件收发室,分析何使员工更有效地共享文档和知识,建立基于网络的个性化直邮、发票和手册处理点。

这些新产品使施乐给客户提供了解决方案,而不仅是硬件。例如,施乐为保险公司顾客开发了一款新设备——具有扫描、打印和上网能力的计算机。索赔文件不再需要依靠美国邮局递送,而是当场扫描、分类和导入工作流系统。对保险公司而言,这不是华而不实的玩意儿,而是带来实际好处。差错率和处理时间都急剧下降,这意味着收入和顾客满意度提升。

超越边界的梦想

有着自己以前的长处,再加上新收购公司带来的技术,施乐团队相信前景一片光明。他们认为自己为客户提供的工具和服务是智能化的。施乐的一位研究人员说:"这不仅仅是处理医疗保障支付系统,这是利用我们的社会认识研究来提升福利支持水平,可以帮助人们更好地管理疾病状况。"他还说,新一代的施乐设备将会出现,例如有的设备可以为市政客户分析实时停车和交通数据,从而帮助市民寻找停车点,或在超速时给他们自动开罚单。并非所有新产品都能热销,但施乐已经有了一种模式,使它可以自由畅想。

在转型过程中,施乐没有聚焦于生产更好的复印机。相反,它聚焦于改进企业或政府需要运行并提高效率的流程,施乐的新机器已学会阅读和理解它们所扫描的文档,把曾经耗时数周的复杂任务缩短至数分乃至数秒。从现在起,施乐希望成为领先的全球文档管理和业务流程技术和服务供应商。

今天的技术让人眼花缭乱,而伯恩斯承认施乐开发核心技能所处的商业服务领域并不那么吸引眼球。但是,她指出,这些是企业开展业务所需要的流程,这是它们的副业而非主业。她的意思是,运行这些业务流程现在是施乐的主业。换而言之,施乐为顾客提供文档和信息技术服务,这样顾客能专心地从事它们的实际业务。

施乐的转型还在进行之中。过去三年,施乐的收入和利润有所增长,而股价仍在波动。正如电子邮件和桌面软件消灭了影印,智能手机和平板电脑消灭了喷墨和照片打印机。虽然实施了多样化战略,施乐仍然在一定程度上依赖这些复印机和打印产品。但它的依赖程度已弱于惠普、利盟这些竞争对手。专家指出,未来施乐将比其对手更快地反弹。施乐团队也相信,随着施乐继续向解决方案供应商转型,它在过去几年种下的种子很快会开花结果。

施乐知道变革和重生是一个持续不断的过程。"唯一可以确定的是业务的不确定性,"公司的最新年报如此表述。"宏观因素,诸如全球化、新兴技术和最新的金融市场危机,每天都给各个规模的企业带来全新的挑战。"即使最具主导性的公司也在经常遭受动荡、变化的营销环境的影响。公司只有很好地认识并适应其环境才能兴旺繁盛。这样的公司才不会面临生死的考验。

讨论题

1. 自20世纪90年代后期以来，哪些微观环境因素影响了施乐的表现？
2. 哪些宏观环境因素影响了施乐在同一时期的表现？
3. 施乐是否通过专注于商业服务领域实施了最佳的策略？为什么？
4. 施乐在应对收入和利润下降的最初迹象时还能采取什么替代策略？
5. 鉴于施乐公司目前的情况，你对未来的施乐有何建议？

Principles of Marketing

第 4 章

管理营销信息，获得顾客洞察

学习目的

- □ 解释信息对获得市场和顾客洞察的重要性
- □ 定义营销信息系统并讨论其组成部分
- □ 概述市场调研过程的步骤
- □ 解释公司如何分析和利用营销信息
- □ 讨论市场调查人员面临的一些具体问题，包括公共政策问题和伦理问题

本章预览

我们将继续探究市场营销人员是如何洞察市场和消费者需求。我们将关注公司如何形成和管理关于市场构成的基本要素——消费者、竞争者、产品和营销活动——的重要信息。

想要赢得当前的市场，公司必须知道如何将堆积如山的市场信息转化为能为顾客带来重大价值的最新顾客洞察。

让我们从一个市场营销调查和客户洞察的实例开始探讨。好的市场调查既涵盖了大量复杂数据的收集，也包含了复杂的分析技术。但有些时候，市场调查仅仅是与客户直接交谈这样简单——只要开放性地聆听他们在说什么，从消费者的视角去发现更好的产品与营销思路——这也是达美乐比萨扭转连续五年的利润下滑趋势的秘诀。

达美乐比萨：聆听消费者的声音，并让消费者知道你听见了他们的声音

在连续五年利润下滑之后，达美乐比萨采取了一些整个商业世界闻所未闻的实际动作。行业观测者说："首先，达美乐从消费者处获得了一些真实的反馈。而后，他们认真倾听了消费者的痛点（比如'硬纸板一样的比萨皮'，'完全没有滋味'）。最后——也是最

令人震惊的部分——达美乐公司从比萨的酥皮开始完完全全地改革了他们的产品，正如达美乐令人难忘的‘比萨改革运动’背后的整个故事一样。”

这一改革始于了解消费者想法的市场调查。行业调查者发现，尽管达美乐在服务水平、便利性与价格上都处于领先地位，但在比萨口味上却远远落后于其竞争者们。曾有一个比萨口感调查将达美乐排在垫底的位置——与一个名为 Chunk E. Cheese 的在美食界几乎不为人知的小竞争者并列。

为了深入洞察消费者对达美乐比萨的想法，达美乐公司通过社交媒体渠道以及焦点小组访谈进行了市场调查。达美乐监控了消费者线上的对话，通过脸书、推特和其他社交媒体请求获得了数以千计的消费者的直接反馈信息。而后，基于从线上获得的深度视野，达美乐开展了一波又一波传统形式的、经检验行之有效的焦点小组访谈，与消费者进行面对面直接对话。

线上反馈与焦点小组访谈的结果就如同达美乐的冷比萨一样令人难以消化。消费者们最普遍的抱怨是：达美乐的比萨酥皮吃起来像是硬纸板一样。但这仅仅是一个开始，更有比萨爱好者评价说达美乐比萨“完完全全没有味道”，“酱汁尝起来像番茄酱”，“我吃过的最差劲的比萨”，“加工过的干酪”，“批量生产的食之无味的比萨”，“远远不及微波比萨”……一位焦点小组的成员总结道：“人们难以产生一点点对达美乐比萨的喜爱。”研究员也不得不承认：“它仅仅是不会毒害人们而已，口味上存在太多问题了。”

达美乐公司并没有选择逃避这些讽刺的结果，也不打算顺其自然，相反，达美乐公司积极而勇敢地直面了这些问题。达美乐的营销主管说：“我们有焦点小组访谈的网络直播。要知道，如果有人说你的比萨很糟糕，你不能任由它而去，而是要在第一时间与所有的高管们面对面地解决问题。他们可能不会相信，我们每一个人都说：‘我们不能仅仅是选择去开下一个会议，而是要切实地采取行动。’”

达美乐的改革行动从完全重做他们的比萨开始——并不仅仅是在旧产品的基础上做改进，而是扔掉了过去的配方，做全新的比萨。据达美乐的首席市场官说，“我们不希望把这次改变称为‘更新与改进’，我们希望取得突破，我们需要跨过这道鸿沟。”

达美乐的厨师从更换新的比萨酥皮、酱汁、奶酪和其他调味料开始。结果是全新的达美乐招牌比萨诞生了——烤得金黄的蒜味西芹比萨酥皮，配上色泽明亮的味道浓郁的辛辣酱汁，撒上些许刺激味蕾的红胡椒粉。新的奶酪也令人欲罢不能——切碎而非成块的马苏里拉奶酪，辅之以一丝波罗伏洛干酪更添风味。“我们几乎改变了所有方面，”一个达美乐产品开发厨师这样说，“现在它尝起来好吃多了。”消费者似乎是赞同的，自新的比萨开发成功两个月以来，在美国八个市场的约 1 800 名消费者被随机抽取参加了盲试。在详细比较后，消费者们认为达美乐比萨远远比 Papa John 与必胜客的比萨更好吃。

为了向公众宣告他们的改变，并转变消费者们对达美乐比萨的看法，达美乐公司发起了一项大胆的、斥资 7 500 万美元的“比萨转型”推广活动。在这场活动中，市场调查本身就是推广信息，自我贬低的商业广告展示了真实的焦点小组访谈中人们所描述的关于比萨有多么糟糕的生动细节。在广告中，达美乐的首席执行官帕特里克·多伊尔承认他听到了消费者所抱怨的一切并将它们铭记于心。他承认道：“时机已到，我们需要作出改变了。”

这场坦诚得令人吃惊的改革运动，与达美乐品牌的脸书和推特主页充分结合在一起。达美乐公司在脸书和推特上完整地发布了其比萨的所有优劣之处，并向消费者持续征询更多的反馈意见。一个线上的比萨追踪器使得消费者们可以实时看到他们的进度，为这个推广活动增加了又一层透明度。这整个的转变推广运动，从刺目的焦点小组访谈的长镜头，到达美乐公司令人震惊的重整其产品的努力与执行力，都被记录成了一个长达四个半小时的幕后文件，直截了当地发布在其网站 www. pizzaturnaround. com 上。达美乐公司同时还在纽约时代广场 4 630 平方英尺的广告牌上发布了一系列正面、负面与中立的消费者评论。

这场运动是极具风险的。当达美乐公司在广告中承认了他们的比萨很糟糕时，许多分析人员预测这将导致达美乐品牌的自我毁灭。首席执行官多伊尔承认这项运动的发起令他十分纠结。但是达美乐公司想要向其消费者们大声宣告：我们听到了你们的声音！我们的比萨尽管过去非常糟糕，但我们改正了我们的配方。正如达美乐的首席市场官所说的，"我们必须开放、坦诚且透明。"

结果表明，这种坦诚的推广方式是有效的。这些信息透明的广告抓住了消费者的注意力并且改变了他们的观念。首席市场官说："广告本身便打败了那些负面的评价。"自从比萨转型运动开始以来，尽管整个比萨行业的各个餐厅都普遍处于较为艰难的状态，但达美乐公司的收入仍增加了 21%，利润亦上升了 31%。这场运动让达美乐在《广告时代》和《品牌周刊》这两本主要的市场营销出版物上获得了"年度营销者"的荣誉，同时也使多伊尔位列《福布斯》"最具影响力的首席执行官"名单的第九位。

达美乐持续地向消费者征询反馈意见，并利用这些深度洞察的信息来改善市场营销决策。他们甚至设立了一个网站供用餐者上传达美乐食物的照片，打破了快餐广告的根本原则之一。达美乐品牌始终严格秉持着让消费者满意的态度，在他们网站页面的底部，达美乐提供了这样的保证："如果在达美乐比萨用餐的经历让您感到不满意，我们会改正我们的缺点或是给您退款。"

对于营销者的启示是：与消费者沟通，聆听他们的声音，并依据洞察的结果开展行动，能够获得丰富的收益。多伊尔认为："市场调查以及听取消费者的声音给予了我们前进的动力，我们可以在这条道路上越走越远。欣慰的是，我们现在对我们自己的品牌有了更深的理解，我们是全新的达美乐！"

正如达美乐公司的实例所强调的那样，好的产品和市场营销活动来源于好的消费者信息调查。公司需要充分理解顾客对其产品的心理感受，从而把握各种需求。但是营销人员不仅要获得信息，还必须利用这些信息，从而获得有力的顾客与市场洞察。

4.1 营销信息和顾客洞察

为了创造顾客价值，建立有效顾客关系，营销人员必须首先深刻洞察顾客最新需要和需求。这种洞察来源于有价值的营销信息，企业也正是通过这种深层次的客户洞察来建立竞争优势。

回想一下苹果公司大获成功的 iPod。iPod 并不是第一款数字音乐播放器，但苹果是第一家正确进行运作的公司。苹果的调查人员揭示了人们想要消费数字音乐的最核心的本质，那就是他们想随身带上所有喜欢的音乐，但又不想要一个引人注目的音乐播放器。这种洞察指明了两点核心设计要求：既小于一副扑克牌，又能装下1 000 首歌曲。在这一洞察的基础上增加了些许苹果的设计和实用性技巧之后，一个一鸣惊人的产品就这样诞生了。如今 iPod 已经占据了整个 MP3 市场 78%的市场份额，苹果公司在去年一年内卖出了 4 500 万个 iPod——其中一半的消费者首次购买 iPod。"与大的市场环境比起来，"苹果公司的首席执行官蒂姆·库克说，"索尼公司在 30 年里也仅仅卖出了 23 万部随身听。"

尽管消费者和市场洞察对创立顾客价值和顾客关系意义重大，但获得这些洞察却是非常困难的事情。消费者需要和购买动机通常是隐秘难测的——连顾客自己都难以准确表述他们想要什么以及为什么要。为了获得顾客洞察，营销人员必须有效管理来源广泛的市场信息。

今天的营销人员常常收到太多的市场信息。在当前信息技术大爆炸的背景下，公司能够生成海量的信息。而且，如今消费者本身所生成的"由下而上"的营销信息更是不计其数。曾经消费者与组织沟通信息的唯一方式就是发送手写邮件。之后有了电话中心、电子邮件、传真、即时通信，还有间接方式的博客、脸书、推特等。每种方式都带来了新一轮"自下而上"的个体间及个体到组织的自发式信息浪潮。组织如果能够引发或使用这些自发信息，将会低成本获得大量丰富而及时的顾客洞察。

大部分营销经理绝不是缺乏信息，而是信息超负，或被过剩的数据信息所淹没。例如当一家像百事这样的公司通过关键词搜索在微博、博客、论坛和其他渠道监控其品牌在线讨论的情况时，它的服务器每天收到的公开对话竟然高达 600 万条，一年超过 20 亿条。这些信息远远超出任何经理所能消化的数量。

尽管数据繁多，商家却经常抱怨缺乏足够的正确信息。它们并不是需要更多的信息，而是需要更好的信息。它们需要对已有的信息更好地加以利用。

市场调查和营销信息的真正价值在于如何去使用——在于它能够给出什么样的**顾客洞察**(customer insights)。基于这样的想法，很多公司现在开始重建它们的市场调查和信息职能部门。它们建立"顾客洞察小组"，由顾客洞察副总监领导，由来自公司各职能部门的代表组成。例如，可口可乐公司的市场调查团队由一名营销战略与顾客洞察副总裁带领。在联合利华，市场调查由顾客和市场洞察部门完成，该部门帮助品牌小组利用信息并将其转化为顾客洞察。

顾客洞察小组广泛收集消费者和市场的信息，渠道来源包括传统的市场调查研究乃至监督消费者对企业和产品的在线评论，或者两种方式的混合。然后它们利用这些信息开发出意义重大的能让公司创造更多消费者价值的顾客洞察。

因此，公司必须建立起有效的营销信息系统，以正确的形式在正确的时点给管理者带来正确的信息，帮助他们创造出顾客价值和牢固的顾客关系。**营销信息系统**(marketing information system，MIS)指能够评估信息需求，开发所需信息并帮助决策者利用信息生成顾客和市场洞察，进而验证其有效性的人员和程序。

图 4.1 显示了营销信息系统,它的起点和终点均为信息使用者——营销经理、内部和外部合作者,以及其他需要营销信息的人。首先,该系统和信息使用者一起评估信息需求。其次,该系统在营销环境作用下通过公司内部数据库、营销情报收集和营销调研来开发所需信息。最后,营销信息系统帮助使用者分析和利用信息,从而开发顾客洞察,制定营销决策,并管理客户关系。

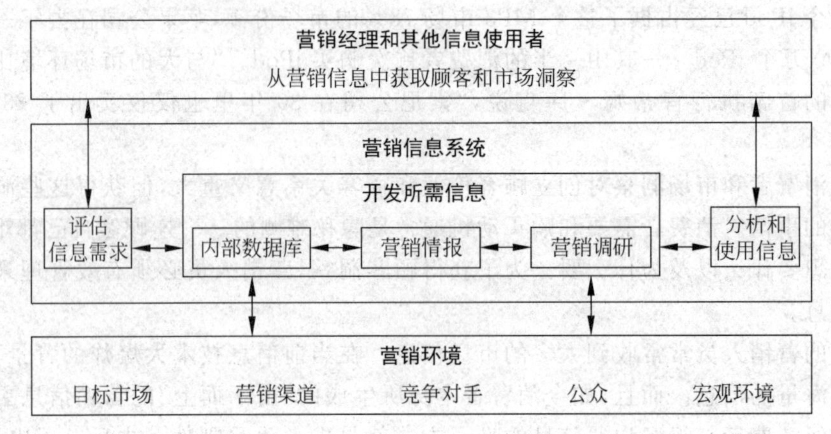

图 4.1 营销信息系统

4.2 评估营销信息需求

营销信息系统主要服务于公司的营销部门和其他部门的管理者。然而,它同时也为外部合作者提供信息,例如供应商、中间商或者市场营销服务机构。例如,沃尔玛的零售链系统为主要供应商提供各类信息,从消费者购买特点和存货水平到过去 24 小时内每家门店所售商品的数量。

好的营销信息系统能够在管理人员想要得到的信息和他们真正需要又能得到的信息之间找到平衡点。公司首先应该询问管理人员需要哪些信息。有些管理人员想要所有能得到的信息,而没有仔细思考自己真正的需要。信息太多和太少一样有害。

还有一些管理人员忽略了他们应该知道的信息,或者他们可能不知道寻求某些本该了解的信息类型。例如,管理人员应该知道在博客或在线社交网站上消费者对其品牌讨论的变动情况。如果他们不知道存在这些讨论,他们也就不会想到征询这类信息了。营销信息系统监控营销环境,以便向决策者提供信息,使其能更好地了解消费者和作出重大营销决策。

有时,公司由于信息不可得或者营销信息系统自身的局限性而不能提供所需的信息。例如,一位品牌经理想了解竞争对手明年的广告预算如何变化以及这些变化对于市场份额的影响。但关于预算计划的信息很可能得不到,即使有,公司的营销信息系统也可能达不到想象中的先进程度,无法预测出市场份额的变化。

最后,获得、处理、储存和传递信息的成本会迅速上升。公司必须判断从额外信息中获得的顾客洞察价值,是否对得起所付出的成本,而通常价值和成本是难以估算的。

4.3 开发营销信息

市场营销管理人员所需的信息可从公司内部数据库、市场营销情报系统和市场调研中获得。

4.3.1 内部数据库

许多公司建立大规模的**内部数据库**(internal database),即以企业内部网络作为数据来源获取的消费者和市场的电子信息集合。数据库信息有许多来源。营销部门提供关于消费者的人口统计、心理特征、交易行为和网站访问等信息。顾客服务部门记录顾客满意度和服务问题。会计部门编制财务报表,记录销售额、成本和现金流量。销售部门报告中间商的反应、竞争对手的活动以及营销渠道伙伴提供的销售网点的数据。利用这些信息可以提供强大的顾客洞察和竞争优势。

例如,金融服务提供商USAA,利用其内部数据库创造了一批非常忠实的客户群体。

> USAA主要通过电话与互联网为美国的军事人员及其家属提供金融服务。它通过消费者的购买历史、消费者调查的直接信息、交易数据以及其网站的浏览行为等信息构建并维护着一个巨大的消费者数据库。USAA利用这个数据库来为以个人为单位的消费者量身定制直销策略。比如说,对于那些准备退休的消费者,它会向其寄送关于财产规划的信息;对于那些孩子们到了上大学年龄的家庭,它为那些孩子们寄送关于如何管理信用卡的信息。
>
> 一位USAA的消费者兴致勃勃地重述着USAA甚至能够帮助他教自己16岁的女儿如何开车。在他女儿还未拿到驾照的16岁生日之前,USAA经过调研,向他们寄送了“包含着帮助我教女儿开车、帮助她练习驾驶,并帮助我们找到安全驾驶的注意事项的一系列材料”。此外,这名消费者惊异道:“USAA并不准备向我推销任何东西,但我觉得他们似乎已经对我进行了长时间的调查。”
>
> USAA通过对它的数据库的熟练运用,为每个消费者提供独一无二的服务,因而收获了极高的消费者满意度与忠诚度。USAA的领导者们经常出现在几乎所有的出版物的“消费者服务冠军”榜单上,证明着他们近乎传奇的消费者服务。更重要的是,这家市值190亿美元的公司保持住了他们98%的顾客。

比起其他信息来源,内部资料通常可以迅速获得,而且花费较少,但也存在一些问题。由于内部信息是为其他目的收集的,所以对于营销决策可能不够完备或形式不当。数据老化速度也很快,更新数据库需要耗费大量精力。最后,管理大公司产生的海量信息也需要尖端的设备和技术。

4.3.2 有竞争力的营销情报

有竞争力的**营销情报**(marketing intelligence)是指与消费者、竞争者和市场发展相关的公开可得信息的系统收集和分析。其目标是通过了解消费环境提高战略决策,评价并掌握竞争对手的行动，以及提供对机会和威胁的预警。情报收集手段的范围很广，从直接观察顾客，一直到盘查内部员工、以竞争对手产品为标杆、搜索互联网、监听网络传闻。

好的营销情报能够帮助营销者洞察顾客如何谈论或联系自己的品牌。许多企业派出受过培训的观察人员混入顾客群中，看他们如何使用和讨论公司的产品。其他公司例行监察消费者的在线聊天。例如，百事可乐公司旗下的佳得乐品牌便构建了一个覆盖范围广阔的控制中心来监控品牌相关的社交媒体活动。

> 佳得乐任务控制中心位于芝加哥公司总部的深处，是整个公司的神经元。在那里，四个任务控制中心小组实时监控着社交媒体上的品牌信息。一旦有人在推特、脸书、博客或其他社交媒体上提起了与佳得乐有关的事情（包括其竞争者、佳得乐代言运动员、运动营养相关话题），相关信息就会以多种可视化的方式呈现在任务控制中心的六个大屏幕上。那里的工作人员同时监控线上广告与网页的浏览情况，构建出一幅品牌在互联网上的完整图像。
>
> 佳得乐利用它任务控制中心所捕捉的信息来改进产品、营销活动以及与顾客的交互。例如，当监控他们的"佳得乐进化"运动时，监控团队迅速捕捉到一个由说唱艺术家大卫·班纳配乐的商业广告在社交媒体上被广泛谈论。于是在短短 24 小时之内，他们与班纳合作，发布了这首歌的完整版本并在推特和脸书上向佳得乐的粉丝们推广。再例如，通过捕捉到线上关于某一款佳得乐饮料售空的大量抱怨信息，他们得知应当增大该款饮料的生产量。
>
> 佳得乐不仅仅是监控社交媒体信息，也积极地参与到社交网络的讨论中去。佳得乐的员工时常在脸书的对话中出现，解答发布者关于他们产品的一些疑问。

许多公司都已任命了首席倾听官（chief listening officers），专门负责筛选线上的顾客对话并为营销活动的决策者提供关键洞察信息。戴尔两年前创设了一个名为"聆听独裁者"（listening Czar）的职位。"我们对首席聆听官要求是非常严格的，他必须能够准确意识到网络上在进行着怎样的关于我们的对话，让我们的相关人员能有效地联系到客户。"戴尔的营销总监如是说。

公司也需要积极监测竞争对手的活动。公司利用市场竞争情报可以获得关于竞争对手动向、战略、新产品发布、市场动向及潜在竞争优势和威胁等方面的先期预警。许多竞争对手情报可以从本公司内部如经理、工程师、研究人员、采购员和销售员那里收集。公司也可以从供应商、中间商和关键客户那里获得重要情报信息。另外，观察竞争者，监控其已发布信息，也是非常好的信息获取方式。

竞争者通常会经由其年度报告、商业出版物、贸易展览、新闻报道、广告及网页等泄露其情报信息。互联网被认为是揭示竞争对手情报的大型信息源。互联网已经成为获取竞争情报最宝贵的来源。利用搜索引擎，营销人员可以检索到特定竞争者的名称、活动或动态，并能了解其未来的打算。追踪消费者对竞争品牌的谈论内容，经常同追踪消费者对自家品牌的谈论一样能揭示出很多信息。而且，大部分竞争者如今会把大量信息放在互联网上，以吸引顾客、合作者、供应商、投资者或特许加盟商。这就提供了大量关于竞争者战略、营销、新产品、设备和其他事件的有价值信息。

信息收集人员也可以关注成千上万的在线数据库。一些数据库是免费的。例如，美国证券交易委员会的数据库提供上市公司的大量财务信息，美国专利局和商标数据库揭示了竞争者已提交的专利信息。花一定费用，公司有3 000个以上的在线数据库及信息搜索服务可供订阅，如胡佛企业名录数据库(Hoover's)、律商联讯(LexisNexis)以及邓百氏(Dun & Bradstreet)。今天的营销者只要多敲几下键盘就可以获得海量的竞争者信息。

然而这种信息收集的博弈是双向进行的。在收集竞争者信息的同时，自身的信息也在被竞争者收集着。因此，许许多多的企业开始着手保护其信息。例如，苹果公司对于保密工作十分重视，这种重视保密的态度亦传递给了苹果公司的员工。"在苹果，一切都是保密的，"一名苹果公司的内部人员说，"苹果希望在新产品发布之前，关于新产品的一切信息都是不为外界所知的。"新产品信息一旦提前泄露，会给予竞争对手反应时间，会抬高消费者的预期，也会消极影响目前产品的销量。所以苹果员工都被告诫以"巨轮沉于一时嘴快"的箴言：在公司的商店里售卖的一种T恤衫上印着，"我参观了苹果公司，这就是我能说出来的全部。"

但是，情报游戏往往具有两面性。面对竞争对手收集重要营销情报的情况，大多数公司现在都在采取行动保护自己的信息。市场情报的广泛使用也产生了一系列道德问题。尽管前面提到的多数技术是合法的，其中一些还被认为极有竞争力，但很多还是会涉及有争议的道德伦理。显然，公司应该利用公开可得的信息，而不应该堕落为到处窥探的地步。随着对当今各类合法情报来源的利用，一家公司不再需要为了攫取有用情报而违背法律或践踏公认的道德标准。

4.4 营销调研

除了关于普通消费者、竞争者和市场的营销情报信息，对于特定营销情况和决策，市场营销人员通常还需要能提供顾客和市场洞察的正式研究。例如，百威啤酒想知道它的超级碗(美国橄榄球超级杯大赛)广告活动中哪些最有效。谷歌公司想知道网上搜索用户对其网站的新设计方案有何反应。或者三星公司想知道有多少人以及什么类型的人愿意购买它的新一代超薄电视。在这种情况下，营销情报系统无法提供所需的详细信息，营销人员需要进行营销调研。

营销调研(marketing research)是指系统地设计、收集、分析和报告与某个组织面临的特定营销情况有关的各种数据。公司在多种情况下都会用到营销调研，如营销调研帮助市场营销者洞察顾客动机、购买行为和满意度。它还能帮助营销人员评估市场潜力和市场份额，测评产品、定价、分销和促销活动的有效性。

一些大公司拥有自己的调研部门，就营销调研项目协同营销经理工作。这就是宝洁、通用和许多其他大公司运用营销调研的方式。并且，这些公司与小公司一样，常常雇用公司外的调研专家，与管理层一起商议具体的营销问题，进行营销调研的分析。有些时候，公司只购买外部公司收集的数据来辅助制定营销决策。

营销调研过程包括四个步骤(见图4.2)：确定问题和调研目标，制定调研计划，执行调研计划,说明并报告调研结果。

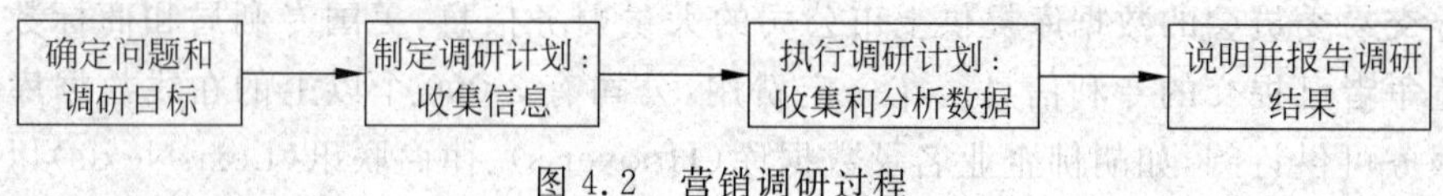

图 4.2 营销调研过程

4.4.1 确定问题和调研目标

市场营销经理和调研人员必须密切合作,仔细地确定问题,并在调研目标上达成一致。经理们最了解决策需要什么信息,而调研人员最了解营销调研以及获得信息的方法。确定问题和调研目标通常是调研过程中最难的环节。经理们可能知道出了错,却不知道具体原因。

仔细地确定了调研问题之后,经理们和调研人员就要确立调研目标。营销调研项目的目标可以有以下三种类型:**探索性调研**(exploratory research)的目标是收集有助于确定问题并提出假设的初步信息;**描述性调研**(descriptive research)的目标是描述情况,如产品的市场潜力以及购买该产品的顾客的特征和态度等;**因果性调研**(causal research)的目标是检验因果关系的假设。例如,一所私立大学的学费下降 10%所引发的入学人数增长,是否足以抵消减少的学费收入?经理们经常从探索性调研起步,再依次进行描述性调研和因果性调研。

问题和调研目标的综述引领整个调研过程,经理们和调研人员应将综述书面化,以确信他们在调研目的和预期结果上达成一致。

4.4.2 制定调研计划

营销调研中的第二步是确认哪些信息是必要的,确定计划去有效收集信息,并上报调研管理机构批准。计划要写明现有数据来源、具体调查方法、取得数据的手段、样本计划和所需设备等。

调研目标必须被转换为具体的信息需求。例如,假设红牛公司打算新推出一款红牛品牌的多口味维生素强化型水饮料,希望了解消费者作何反应。红牛目前统治了全球功能饮料市场,全球市场份额超过 40%,仅去年就售出了 46 亿罐。然而,该公司近来试图突破自己的功能饮料市场,引入红牛 Total Zero,这款饮料针对希望减少卡路里摄入量的消费者。一条新的强化型水饮料产品线将帮助红牛进一步利用其强劲的品牌定位。这项调研可能需要下列信息:

- 目前红牛消费者的人口特征、经济状况和生活方式。(目前的饮用者也消费强化型水饮料吗?这些产品与他们的生活方式相符吗?或者红牛需要瞄准这样一个新的细分市场吗?)
- 广大强化型水饮料用户的特征和使用方式:对这款产品的需要或期望,在哪儿买,何时以及如何使用,还有最受欢迎的现有品牌和价格区间是什么?(红牛的新产品需要在竞争激烈的强化型水饮料市场中有强势的、恰当的定位。)
- 零售商对拟推出的新产品线的反应:它们是否会进货并支持该产品?将在何处

陈列产品？（如果不能得到零售商的认同，新饮料的销售可能会减少。）

• 对新旧红牛产品销售的预测。（新的强化型水饮料是带来新的销售，还是单纯替代现有红牛产品？新产品会增加红牛的总利润吗？）

红牛的营销人员需要以上这些信息，还有其他很多类型的信息，以便决定是否以及如何引入新产品。

调研计划需要体现在书面提案中。当调研项目庞大而复杂的时候，或是由其他公司来执行调研的情况下，书面提案尤为重要。提案包含了需要解决的管理问题和调研目标，需要获取的信息，以及调研结果将如何帮助管理层作出决策。提案还要包括估算的调研成本。

为了获得管理者所需要的信息，调研计划可以要求收集二手信息、原始信息或者两者兼顾。**二手信息**（secondary data）指已经存在的为其他目的而收集的信息。**原始信息**（primary data）指为当前的特定目标而专门收集的信息。

4.4.3　收集二手信息

调研人员通常从收集二手信息开始。公司的内部数据库提供了很好的起点，而公司也需要大量的外部信息来源，包括商业数据服务机构和政府机构。

公司可以从外部信息供给方购买二手信息的报告。例如，尼尔森公司出售来自消费者固定样本的顾客洞察数据，该数据包含世界范围内25个国家的25万户家庭关于尝试和重复购买、品牌忠诚度以及购买者人口统计特征的指标。益百利消费者调查公司（西蒙斯）出售广泛的消费者研究，对美国消费者提供了全面的分析。Future公司的监控服务出售关于社会和生活方式主要趋势的信息。此外，还有其他一些公司提供高质量的数据，以满足广泛的营销信息需求。

使用商业在线数据库（commercial online database），营销调研人员可以自己寻找二手信息来源。律商联讯和Dialog、ProQuest等大量的数据库服务机构，把难以计数的信息资源呈现在营销决策者的键盘前。商业网站收取一定信息费，而几乎所有的行业联合会、政府机构、商业出版物、新闻媒体都提供免费信息，只要你能找到它们的网址。事实上，太多网站都能提供信息，以至于找到正确的网址几乎成为首当其冲的重任。

网络搜索引擎非常有助于锁定二手信息来源。然而，它们有时也让人束手无策，效率低下。例如，红牛公司的一位营销人员用谷歌搜索"强化型水饮料产品"，将会得到5万个相关网页！所以结构良好、设计良好的网络搜索对任何一个营销调查项目来说，会是一个好的开始。

比起原始信息，二手信息可以比较迅速地获得，成本也较低。另外，二手信息有时能提供单个公司自己无法收集的信息，因为这些信息不能直接找到或者找起来要花大笔资金。比如，如果红牛公司自己连续追踪零售店的账目，以便监视竞争品牌的市场份额、价格、产品陈列情况，信息成本将会很高。但它可以从SymphonyIRI集团购买InfoScan信息资源服务，这家公司提供来自美国34 000家装有扫描设备的超市的相关信息。

二手信息有时也带来问题。调研人员需要的信息或许根本就不存在，另外他们也很难从二手信息来源中获得所需的全部信息。例如，红牛公司就不可能通过二手信息来源获得消费者对还未上市的强化型水饮料系列产品的反应。即便找到了数据，这些信息也未必非常有用。调研人员必须仔细评估二手信息的相关性（是否适合调研的需要）、准确性（可靠的收集和报告）、及时性（数据很新，适合目前决策需要）和公正性（客观的收集和报告）。

4.4.4 原始数据收集

二手信息为调研提供了一个好的起点，通常能够帮助确认问题和调研目标。当然，许多情况下，公司必须要收集原始数据。表 4.1 显示了在设计收集原始数据的计划时，要对调研方法、访问方法、抽样计划和调研手段进行选择。

表 4.1 对原始数据收集的规划

调研方法	访问方法	抽样计划	调研手段
观察法	邮寄	样本单位	问卷
调查法	电话	样本规模	仪器
实验法	面谈	抽样程序	
	网络		

调研方法 收集原始数据的调研方法包括观察法、调查法和实验法。下面我们逐一进行讨论。

观察法 **观察法**（observational research）是通过观察相关的人、行为和情况来收集原始数据。例如，Trader Joe's（一家杂货连锁店）会通过查看交通方式、街道条件、竞争折扣店的位置等评估新店铺的位置。

调查人员经常通过观察顾客获取那些无法通过简单询问得到的顾客洞察。比如，费雪玩具公司甚至建立观察室来观察小孩子们对新玩具的反应。费雪玩具实验室是一个快活的、堆满玩具的空间。幸运的孩子们到这里尝试费雪的新玩具模型，与此同时，玩具设计者密切观察着孩子们的行为，希望了解孩子们会对什么样的新玩具疯狂。

营销人员不仅观察消费者做什么，还关注消费者在说什么。正如前面讨论过的，营销人员如今通常在博客、社交网络和网站上收听消费者的对话。观察这种自然发生的信息反馈，可以为研究提供那些结构性和正式性调查方法所难以获取的输入数据。

许多公司现在运用了**人种志调研法**（ethnographic research）。人种志调研法让观察者在自然状态下，去观察消费者并与其互动。观察者可能是训练有素的人类学家、心理学家或公司调查人员和经理人。例如，宝洁通过大量的人种志调研来获得对于服务贫困人群的深度洞察视野。三年前，宝洁发起了一项“每日两美元”项目，项目的名字取自它全世界的目标人群的日均收入。这个项目派遣人种志调研人员跋山涉水到巴西的丛林、印度的贫民窟、中国的农村地区深度洞察低收入人群的需要。例如，宝洁研究员最近对中国贫困的土豆种植农民魏晓燕进行了调研，发现了一个细节：尽管她的头发又多又长，她也仅仅使用三杯水的水量来洗头。在魏晓燕的家乡，水资源是十分紧缺的，生活用水的来源是储存降雨。宝洁必须开发出价格实惠并且实用的产品，能满足魏晓燕在恶劣环境下的需要，并让她感到有吸引力。

宝洁从“每日两美元”项目中获得的深度视野已经使他们开发出了几款针对发展中国家市场的新产品——例如为手洗衣服的女性设计的不伤手的洗衣粉。还有一件正在开发的产品是省水沐浴露——它能够产生大量很容易被擦洗的泡沫，无须大量的水冲洗。类似的产品还有无须冲洗，可以保留在头发上的护发素。宝洁公司意识到，面对那些像魏晓燕一样几乎不曾受到良好服务的消费者，宝洁需要开发一些对他们来说既有能力负担，又梦寐以求的产品。

除了在实体消费环境中运用人种志法之外，许多公司现在通常使用“网络志(Netnography)”调查法——观察网上自然消费环境下的消费者。观察正在网上互动的人们可以提供有用的洞察信息，深入了解消费者线上和线下的购买动机和行为。

观察法和人种志调研法经常会揭示出各式各样的细节，这些细节在传统的调查问卷和焦点小组访谈中是看不到的。传统的定量调查方法试图测试已知的假设以回答定义明确的产品和战略问题，而观察法可以产生新的顾客和市场洞察。换言之，它为观测消费者无意识的行为和其未表达出的潜在需求打开了一扇窗户。

然而，有些信息是不能通过观察得到的，比如感觉、态度、动机和私下的行为等，长期和偶然的行为也是很难观察到的。最后，观察结果难以被表述清楚。由于这些限制，调查人员常常同时使用观察法和其他数据收集方法。

调查法　**调查法**(survey research)是收集原始数据的最常用方法，最适合于收集描述性信息。当公司需要了解人们的认知、态度、偏好和购买行为时，常常采用直接询问个人的方法。

调查法的最大优势在于它的灵活性，它可用于获取不同情况下的各种信息。调查几乎每一个营销问题和决策，都可以通过电话、邮件、面对面访问或互联网来实施。

然而，调查法也往往呈现出一些问题。有时消费者无法答出调查中的问题，因为他们不记得或者根本没有想过他们做了什么以及为什么要那样做。有时人们可能不愿意对不熟知的访问者或隐私问题作出回应。有时被调查者不知道问题的答案，会仅仅为了显示自己的聪明才智和见多识广而作出回应。或者他们会给出令访问者满意的回答来帮助访问者。最后，事务繁忙的人可能抽不出时间参与调查，或者他们认为调查侵犯了自己的隐私。

实验法　如果说观察法适合开拓性调研，调查法适合描述性调研，那么**实验法**(experimental research)则适于收集因果信息。实验法首先要选择合适的被实验者分组，给予他们不同的处理方式，并控制不相关的因素，从而查看不同组间被实验者的反应有何差异。因此，实验性调查试图解释因果关系。

例如，在把一种新的三明治加入菜单之前，麦当劳想测试两种不同价格对其销量的影响。它在一个城市以一种价格推出这款三明治，在另一个城市则定为另一价格。如果两个城市很相似，并且对这款三明治的其他所有营销活动都相同，那么，两个城市中三明治销量的不同就与价格有关。

访问方法　信息可以通过邮寄、电话、个人采访或网络来获得，表4.2列出了它们的优缺点。

表 4.2 四种访问方法的优缺点比较

项 目	邮 寄	电 话	面 谈	网 络
灵活性	差	好	非常好	好
数据质量	好	一般	非常好	好
对访问员影响的控制	非常好	一般	差	一般
样本控制	一般	非常好	好	非常好
数据收集速度	差	非常好	好	非常好
回应率	差	差	好	好
成本	好	一般	差	非常好

邮寄、电话、面谈 当信息量较大时，一般使用邮寄问卷，这种方法花在每个答卷人身上的费用较低。比起陌生人的访问或电话采访，答卷人回答邮寄问卷上的个人问题会较为诚实，而且没有访问者影响答卷人的回答。

不过，邮寄问卷不大灵活，大家都以固定的顺序回答相同的问题。邮寄调查通常需要较长的时间来完成，回应率（返回完整问卷的人数）也很低。最后，调研人员不能控制邮寄问卷的答卷人样本，即使有了一份好的邮寄名单，也说不准谁会填写问卷。为规避这一缺点，越来越多的营销者现在改用更快捷、灵活和便宜的电子邮件和网络调查。

电话采访是快速收集信息最好的方法之一，它比邮寄问卷灵活，调查人员可以解释较难懂的问题，也可以根据得到的回答跳过某些问题或者深入调查某些问题。电话采访的回应率比邮寄问卷高，还可以更好地控制样本。调查人员可以请求与符合特点的答卷人交谈，甚至可以点名访谈。

不过，电话采访的单位成本要比邮寄问卷高，而且有时人们不愿和访谈者谈及私人问题。该方法也会引入访谈者的偏见，他们不同的谈话方式、提问方法和其他差别都会影响被访问者的回答。最后，当今的消费者往往有电话黑名单或促销厌恶症，越来越多的调查回应是挂掉电话，而不是与电话访谈者攀谈。

面谈有两种形式：个人访谈和小组访谈。个人访谈可以在家里、办公室、街上或购物中心进行。这种访问很灵活，训练有素的调查人员能在较长时间抓住人们的注意力，并解释一些比较难懂的问题，根据情况调整问话方式。他们也会展示产品、广告或包装，同时观察人们的反应和行为。个人访谈的花费可能是电话采访的三到四倍。

小组访谈一次可以召集 6～10 人，由一个经过训练的人讲解一种产品、一项服务或一个组织。参加者一般得到一小笔报酬。主持人鼓励自由轻松的讨论，希望聚会能够反映真实情感和想法，同时主持人要使讨论聚焦主题，这就是**焦点小组访谈**（focus group interviewing）一词的由来。

在传统的焦点小组中，调研人员和营销者在单向玻璃后观察小组讨论情况，并将谈话内容记在纸上或进行录像，以便日后研究。如今，焦点小组调查人员甚至可以使用视频会议和网络技术将营销人员和远程焦点小组现场连接起来。使用摄像头和双向声道系统，同时运用遥控随意进行面部特写或对焦点小组切换角度，营销经理可以在董事会场进行远程视听。

和观察法一起，焦点小组访谈已经成为洞察消费者想法和感觉的主要定性调研手段。不过，焦点小组研究存在一些问题。为了节省时间和费用，焦点小组一般控制规模，这样就很难得出一般性的结论。另外，消费者在焦点小组中有时不愿在他人面前敞开心扉谈及自己真实的情感、行为和意图。

因此，尽管焦点小组仍然有广泛的应用，许多调研人员开始修改焦点小组设计。例如，一些公司更喜欢"沉浸式(immersion)小组"——没有焦点小组主持人在现场，由消费者直接或非正式地与产品设计者互动的小团体。也有其他调查人员在改变他们进行小组深度访谈的环境，以便帮助消费者放松，释放出更真实的反应。例如，雷克萨斯最近举办了一系列"与雷克萨斯的一夜"活动，在活动中雷克萨斯在客户家中举办晚宴。

> 雷克萨斯的副主席与总经理马克·坦普林表示，探寻汽车消费者购买或者不购买雷克萨斯的原因的最好途径就是与他们共进晚餐——尤其是在他们家中与其亲密接触。最初的晚宴在比弗利山庄的家中举办，著名的大厨为客人准备了丰盛的晚餐，16名雷克萨斯、梅赛德斯—奔驰、宝马、奥迪、路虎以及其他高端车型的车主交流了他们对雷克萨斯的感知。坦普林在此获知了许多值得行动的信息。例如，一些车主认为雷克萨斯有些单调乏味。"每个人都会在驾驶雷克萨斯的某个时刻有着很棒的体验，"他说，"但是驾驶雷克萨斯却并不比驾驶他们现在拥有的车更有趣。我们的挑战是证明今天的雷克萨斯比15年前的雷克萨斯更好。"坦普林同时十分惊讶于车主们已经成年的孩子对于汽车购买的影响程度。坦普林认为，未来雷克萨斯也将定位于年轻人市场——他们或许不会买豪华车，但他们会影响父母的决策。

个人访谈与焦点小组访谈会增加企业与消费者的深度接触，企业将不再是仅仅从大量的调查数据中获得结论。"我们进行了大量的调研，这些调研告诉我们应该做怎样的生意。但我从一对一的谈话中获取的信息更多，"雷克萨斯的坦普林如是说，"当亲耳听到人们说了什么，这些信息变得更加生动具体了。"

网络营销调查 冲击营销调研的最新技术是飞速发展的互联网。越来越多的营销调研人员通过**网络营销调研**(online marketing research)——互联网调查、网上小组和实验以及在线焦点小组——收集原始数据。

网络调查可以采用多种形式。公司可以利用网络作为调查中介，即它可以在其网站上设计一份调查问卷，并为填问卷者提供奖励。它也可以使用电子邮件、网络链接或网页弹出视窗邀请人们回答问题。它还可以创建在线专题讨论，提供定期意见反馈，或引导现场讨论或在线焦点小组访谈。调查人员在网上也使用实验法。他们可以在不同的网站或在不同的时间，使用不同的价格、标题或产品特征，以了解所提供信息的相对效果。或者他们可以设计一个虚拟商店环境，以此来测试新产品和营销活动。最后，公司也可以通过跟踪顾客访问本网站或转向其他网站的点击流量来了解在线消费行为。

互联网尤其适合进行定量研究——实施营销调查并收集数据。如今全美有3/4以上的人使用网络，这使得互联网为人们提供了洞察消费者百态的丰富通道。随着传统调查方法的回应率下降、成本升高，网络迅速替代邮寄和电话，成为主导型的数据收集方法。

基于网络的询问调查比起传统电话、邮寄和面谈方法确实有不少优势。最显著的优点就是高速度和低成本。通过在线方式,调查者可以通过发电子邮件或在选定网站发帖的方式,向成千上万的受访者展开即时调查。所得到的响应也几乎是同时的,而且因为受访者自己输入了信息,调查人员马上就可以进行列表、评论或共享调查数据。

比起邮寄、电话或面谈等调查方法,网络调查通常花费极低。使用互联网消除了其他方式所带来的邮寄、电话、面谈及数据处理的大部分费用。并且,网络调查的样本大小和成本基本没有关系,一旦问卷确立,在网上 10 名受访者和 10 000 名受访者没有多大差别。

因此,网络调查对无论大小的所有企业都很适用。事实上,如今运用网络,任何调查人员都可以做到曾经只有调研专家才能做的事。即使是规模较小或技术较落后的调查者也可以利用网络调查服务机构,如 Snap Surveys(www. snapsurveys. com)和 SurveyMonkey (www. surveymonkey. com),在几分钟内创建、发表并分发自己的调查问卷。

除了速度和成本上的优势之外,网络调查比起传统电话和邮寄调查来说,其互动性和参与性更强,使受访者更易于完成,并且不让人感到受打扰。因此,网络调查的回应率往往更高。互联网对那些难以接触的群体来说,如喜欢逃避的年轻人、单身人士、富人和受过良好教育的受众等,更是一个出色的媒体工具。对于上班的母亲和其他生活繁忙的人同样如此,他们可以在网上从容应对,方便地去选择时间和地点回答问卷。

正如营销调研人员一窝蜂地使用网络进行定量调查和数据收集一样,他们如今也应用基于网络的定性研究方法,如在线焦点小组、博客和社交网络。互联网提供了一个获取定性顾客洞察的快速、低成本手段。

一个主要的基于网络的定性研究方法是在线焦点小组法。例如,线上调研公司 FocusVision 提供了 InterVu 服务,借助网络会议室随时随地开展焦点小组访谈,突破偏远地区参与者的空间限制。InterVu 的参与者可以在家中、办公室中注册一个焦点小组会议,可以实时地看到、听到其他与会者,也可以随时作出反应,就如同面对面的会议一样。这种焦点小组访谈可以用任何语言进行,与会者可以即时看到非母语语言的翻译。FocusVision 成功地将不同国家不同地区的人们以低成本的方式聚集在一起,让调研人员突破交通成本、住宿成本与设备成本实时观察到来自任何地区的焦点小组会议。虽然线上的焦点小组需要提前预约,但焦点小组访谈的结果却几乎是可以立即获得的。

尽管网络营销调查的应用日益增长,但基于网络的定性和定量调查确实存在某些缺陷。一个主要问题是控制网络样本的身份。看不到受访者,就很难确定他们到底是谁。为了克服这类样本和背景的问题,许多网络调查公司事前确认受访群体和参与人小组。或者,许多公司目前正在开发属于品牌自己的社交网络,并借此来获得消费者投入与信息洞察。例如,除了通过面对面的"与雷克萨斯的一夜"晚宴来得知消费者的想法,雷克萨斯也构建了一个名为"雷克萨斯咨询委员会"的线上社区。这个社区有着 2 万多名雷克萨斯车主的人口统计信息及心理统计特征,雷克萨斯定期对这个群体进行调查,以从消费者的视角来获得对品牌的有益改进思路,例如对品牌的认知以及顾客与经营商的关系。

因此,近年来,互联网成为了一个调查与发掘消费者视野的重要工具。但是如今的网络调查正在往更深远的地方走去——超越结构化的线上调查、焦点小组访谈以及网络社区。如今,企业在通过深入挖掘丰富的消费者未主动提供的、非结构化的、自下而上的信息来聆听与观察消费者。

这也许并不困难,仅仅是通过浏览消费者在品牌网站或者购物网站(比如 Amazon.com 与 BestBuy.com)上的评论就得以实现。或者也可以通过运用复杂的线上分析工具来深度分析社交网站(比如推特和脸书)上数以亿计的消费者评论来获得信息。在线上聆听与观察消费者可以向企业提供有价值的消费者洞察。正如一名信息学的学者所总结的一样,"网络知道你想知道的一切。"(见营销实例 4.1)

营销实例 4.1

在线倾听:高端网络调查?是不是有些令人毛骨悚然?

得益于网络时代飞速发展的博客、社交网站与网络论坛,市场营销人员如今拥有了获得消费者实时信息的途径。消费者在上网时留下的一切足迹——赞誉、批评、推荐、行为,无不揭示着消费者的所做与所言。高瞻远瞩的营销人员正在致力于从自下而上的信息流中挖掘有价值的消费者洞察。

传统的营销调研能够提供消费者对于结构化问题的逻辑性答案,而在线倾听则会发现不请自来的消费者观点中的热情与自发性。

在线倾听有时候很容易,仅仅是需要在线浏览消费者在亚马逊和百思买之类的公司网站与购物网站上发布的评论即可。这些评论数量繁多,针对不同的商品,是消费者想法的真实表达。如果市场上的其他消费者们会阅读这些评论并作出相应的反应,那么营销人员也应做得到。

在线倾听也可以变得更深层次,营销人员如今开始采用更高端的网络分析工具从博客、新闻、论坛与社交网络上聆听与挖掘有价值的消费者信息。除了监控消费者说了什么,他们还监控消费者做了什么。营销人员详细观察了消费者在线上的行为细节后,使用洞察的结果来进行个性化营销。

基于一名消费者当前与过去的浏览记录,企业可以给消费者定制不同的推送信息。例如,一名女性消费者在她最喜欢的配饰网站上浏览了鞋子,她就会收到专属于她的符合她的审美的配饰的推送建议。她的线上购物体验也有可能取决于她其他的浏览行为。比如说,那些为家庭进行购物并在每一页上停留时间较长的悠闲的浏览者,可能会观看更多与产品相关的视频、产品特点与属性介绍。那些匆忙浏览网页的消费者可能是在工作之余上网,更加简洁的网页和便利的付款通道对他们来说则会更有吸引力。

更广泛的信息应用包括消费者进行了怎样的检索,访问了哪些网站,下载了哪些视频与音乐,如何购物以及购买对象……这些信息对于营销人员来说都是如同黄金一样的宝藏,而今天的营销人员也正在积极地挖掘这些宝藏。

在如今的互联网上,每个人都知道你是谁。事实上,数以万计的互联网公司知道你的性别、年龄、家庭住址,知道你正在脸书和推特上说些什么,知道你喜欢小货车,知道你一月份某个下雨的日子里在一个宠物俱乐部网站上进行了长达 3 小时 43 秒的聊天。所有这些互联网上产生的数据流都将被筛选、分类、分析,最终被用于定制专属于你的广告推送，在你上网的任意时刻，呈现在你的面前。这个过程被称为行为定位——追踪消费者的线上行为并借此推送相应的广告。举个例子，如果你在你的亚马逊购物车中加入了一款手机，却还没有付款，你也许会在接下来浏览 ESPN 的最新体坛信息时收到各种各样不同型号的手机的广告推送。

这一切看起来已经足够令人震惊了，但最新的一波互联网分析的潮流却已经走得更远——从行为定位扩展到了社交定位。行为定位从消费者的浏览记录中获取信息，社交定位从线上的社交联络与对话中获取信息。研究人员表示，消费者的购物模式与他的朋友们相似，对于朋友所用品牌的广告回应率是普通广告的五倍。社交定位将消费者数据与社交网络上的交互数据联系在一起。

因此，比起仅仅是因为消费者浏览了跑步鞋便推送一个 Zappos. com 的广告（行为定位），因消费者上周在推特上与一名在 Zappos. com 上购买了鞋子的朋友进行联络而向他推送广告（社交定位）有着更高的成功率。社交定位甚至能够抓取动态实时的对话信息。比如，美国通用汽车旗下的雪佛兰品牌不仅仅定位于那些 24～26 岁的体育爱好者和汽车狂热者，它在世界杯期间通过检测手机推特的消费者对话定位那些时常提起足球的人。当这些人打开手机 App 时，目标消费者们便会看到一个弹出广告，提示他们去观看 YouTube 上的雪佛兰世界杯视频。

在线倾听，行为定位，社交定位……营销人员通过这些途径在浩如烟海的互联网中挖掘消费者的有用信息，获得深度洞察的视野。而最大的问题是什么呢？想必读者已经猜到了。营销人员熟练地从博客、社交网站和其他网络站点上获取消费者信息，那么消费者的隐私谁来保障？这便是互联网数据挖掘的弊病所在。这种复杂的线上调研会在何时越过消费者隐私的底线？

支持者声称，行为定位和社交定位利大于弊，毕竟为消费者推送符合其兴趣的广告好过铺天盖地地推送无关广告。但是对于大部分的消费者，企业追踪他们在网上的行为并推送相关广告是一件十分令人毛骨悚然的事情。监管者也开始介入了这件事情。美国联邦贸易委员会已经提议建立“拒绝追踪”系统，让人们在上网时免于被监视。一些浏览器已经添加了这样的防追踪功能。

尽管有着以上对于隐私权的顾虑，在线倾听仍会继续发展，并变得越来越智能。同时，如果有了适当的安全防御功能，它将毫无疑问地为企业和消费者同时带来益处。关注消费者线上的对话和行为使得企业能够立即听到消费者的声音，获得有价值的消费者视野，创造更辉煌的品牌前景。那些能够寻找出一条意义非凡的分析消费者线上对话的途径的企业，比那些对消费者信息听而不闻的企业有着巨大的竞争优势。

抽样计划　营销调研人员通常根据抽样得出对统计主体的估计，**样本**(sample)是从总体中挑选出并能代表总体的一部分。理想的样本能够代表并解释总体的情况，从而帮助调研人员对人们的想法和行为作出准确的估计。

设计样本需要确定三个问题：首先，调查谁（样本单位）？这个问题的答案并不一定总是很明确的。比如调查家庭购买汽车的决策时，调研人员应该访问丈夫、妻子、其他家庭成员、销售人员，还是都要访问？其次，调查多少人（样本规模）？大样本的结果比小样本的结果更为可靠。然而，大样本通常花费也更多，而且并不意味着对整个目标市场或者大部分目标市场进行抽样就一定会得到更可靠的结果。

最后，如何确定样本中的人选(抽样程序)？表4.3描述了不同的抽样类型。使用概率抽样，每个总体成员都有机会进入样本，调研人员可以确定样本误差的区间。但是，如果概率抽样所需成本太大或者时间太长，调研人员通常会使用非概率抽样，即使样本误差无法测量。各种抽样方法所需成本不同，时间限制也不同，因而准确性和统计性能也有差别。最佳的方式取决于调研项目的需要。

表4.3 抽样类型

概率抽样	
简单随机抽样	每个总体成员具有已知并相等的机会被选中
分层随机抽样	统计总体被分成互不相容的几组(如按年龄划分)，随机样本取自每个小组
分群(分地区)随机抽样	统计总体被分成互不相容的几组(如几个街区)，调研人员从这几组中抽出一组来调查
非概率抽样	
任意抽样	调研人员选择最容易获得的总体成员，并从他们那里获得信息
判断抽样	调研人员依自己的判断选择总体成员，因为他们有可能提供准确信息
配额抽样	调研人员从每一类型的人中，各选规定数量的人来进行调查

调研手段 在收集原始数据时，调研人员有两个主要手段：问卷和仪器。

问卷 问卷一直是最普遍的手段，可有多种方法(面谈、电话、电子邮件或网络)来提出问题。调查问卷很灵活，有很多提问题的方式。封闭式问题包括了所有可能的答案，答卷者在其中作出选择，如多项选择问题和程度问题。开放式问题让答卷者用自己的话回答。在对乘客的调查中，美国西南航空公司可能会简单地问，"你认为西南航空公司怎么样?"或者可能请人们完成一个句子："当我选择一个航空公司时，最重要的考虑是……"因为答卷者的答案不受限制，所以开放式问题比封闭式问题反映出更多的情况。

开放式问题在探索性调研中更为有用，因为调研人员想知道人们在想什么，而不是有多少人在想某个问题。而封闭式问题提供更容易解释和列表的答案。

调研人员必须注意问题的用词和排序，应该运用简单、明了、无歧义的词语。问题应以符合逻辑的顺序排列。可能的话，第一个问题就要引起兴趣，难题或私人问题应该放在最后，这样不会引起答卷者的戒备心理。

仪器 尽管调查问卷是最广泛的调研手段，调研人员也使用仪器来观察消费者的行为。尼尔森媒体调研公司在所选家庭的电视、机顶盒和卫星系统中装入个人收视记录器，记录家庭中谁看电视，看什么节目。零售商店使用收款台扫描仪来记录消费者的购买行为。有些机械装置能测量被试者的身体反应。看看下面这个例子：

> 时代华纳公司坐落在纽约总部的新媒体实验室看起来更像是一个别致的电子消费品商店。但这座实验室中配置了高端仪器，让观测者能够灵敏感知如今消费者观看电视、浏览网页时的状态与反应。实验室使用了计量生物学的测量手段来分析被试者观看的每一个节目、浏览的每一个网页以及跳过的每一个商业广告。同时，通过

仪器测试皮肤温度、心跳、面部表情和眼球的移动，研究者可以分析消费者的参与度。通过双向镜或摄像头，观察者会对被试者的网页浏览记录进行实时观测。总而言之，时代华纳公司通过媒体实验室获得的深度消费者洞察帮助其积极应对如今风云变幻的数字媒体行业形势。

也有其他调查人员正应用“神经营销学(neuromarketing)”，通过测量大脑活动了解消费者感觉和反应。市场营销学家运用核磁共振扫描和脑电图描记器装置了解到，跟踪脑电波和血流可以让公司洞察什么因素决定了消费者接受或拒绝该公司的产品和营销活动。“公司总是瞄准顾客的心，但大脑会是更好的目标，”一位神经营销学者建议，“神经营销抵达了消费者活动的核心之处，即大脑。”

从迪士尼到百事，再到谷歌和微软，如今这些企业都雇用神经营销研究公司，如神经焦点公司(NeuroFocus)和埃姆森斯公司(EmSense)，去帮助它们探求人们究竟在想什么。例如，百事的子公司菲多利与神经焦点公司合作，共同评估它的零食品牌“奇多”成功背后的消费者动机。在扫描了精心选出的消费者的大脑之后，神经焦点公司发现使“奇多”成为热卖的垃圾食品的部分原因是那些乱糟糟的芝士颗粒——就是那些沾在你的指头上，然后弄脏你的衬衫和沙发垫的东西。这些讨厌的附着物激发了强烈的大脑反应：一种“晕眩的颠覆感”压倒了它们所带来的麻烦。利用这一发现，菲多利成功地围绕“奇多”带来的混乱构建了一整套广告活动。神经焦点公司则因为出色的广告研究而获奖。

尽管神经营销技术能够逐秒测量消费者参与和情绪反应，但这些大脑反应是很难解释的。因此，神经营销通常和其他调查方法结合使用，从而更为完整地洞悉消费者头脑。

4.4.5 执行调研计划

下一步就是调研人员去实施计划，包括收集、整理和分析信息。数据收集可由公司自己的调研人员进行，也可以由其他公司代办。一般说来，调研过程中数据收集阶段花费最多，也最容易出错。调查人员必须加强监督，保证计划正确执行，避免出现下列问题：与受访者的互动障碍，受访者回应的质量问题，访谈人员出错或为图省事而走捷径。

调研人员必须分析所收集的数据，并从中提炼有价值的内容。他们要检查问卷中的数据，看看是否准确和完整，并转化成可用计算机分析的形式。最后，调研人员要把结果作成表格，并计算出统计指标。

4.4.6 解释并报告调研结果

调研人员需要解释自己的发现，得出结论并向管理部门报告。调研人员不应该用数字和复杂的统计方法难倒管理人员，而应将重要的调查结果和消费者洞察展示出来，帮助管理部门进行重大决策。

光是由调研人员解释调研结果是不行的，他们可能是调研设计和统计的专家，但市场营销经理们更了解问题以及所要做的决策。解释调研结果是市场营销过程中的重要一步，如果管理人员听信调研人员的错误解释，再好的调研也没有意义。同样，管理人员也会作出有偏差的解释，他们期待和自己想法一致的调研结果，拒绝与自己想法不一致的调研结果。许多时候，调研结果可以有多种解释，调研人员和管理人员一起讨论会使问题更清楚。因此，管理人员和调研人员必须合作来解释调研结果，双方要对调研过程和相应的决策共同负责。

4.5 分析和使用营销信息

从内部数据库、营销情报和营销调研中获得的信息通常需要更多的分析。经理们需要运用这些信息获得有助于营销决策的消费者和市场洞察。这些帮助包括进一步的统计分析，从而更多地了解一系列数据之间的关系。信息分析同样涉及数据分析模型的应用，这将使经理们作出更好的决策。

一旦信息被处理和分析，必须在正确的时间传递到合适的决策制定者手中。在下面的部分，我们来深入了解如何分析和使用信息。

4.5.1 客户关系管理

如何最好地分析和使用单个顾客的数据，这是一个特殊的问题。许多公司里的顾客信息几近泛滥。事实上，精明的公司在每一个可能的顾客接触点捕捉信息。这些接触点包括：顾客购买，销售人员联系，服务和支持电话，网站浏览，满意度调查，赊账和付款，市场调研——顾客和公司之间的任何一次接触。

不幸的是，信息通常在公司内部广泛分散，湮没在公司不同部门的数据库和记录中。为了解决这个问题，许多公司现在求助于**客户关系管理**(customer relationship management，CRM)处理单个客户的具体信息，仔细管理顾客接触点，从而最大化顾客忠诚度。

客户关系管理由复杂的软件和分析工具组成(由甲骨文、微软、Salesforce.com 和 SAS 等公司开发)，从各个来源收集顾客信息，进行深度分析，并将结果应用于建立更牢固的整合客户关系。客户关系管理整合了公司的销售、服务和营销团队对单个顾客所了解的所有信息，从全方位考虑客户关系。

客户关系管理分析者建立了数据仓库，应用复杂的数据挖掘技术找出顾客数据中丰富的隐藏信息。数据仓库是储存公司范围内所有详细的顾客信息的电子数据库，需要从中筛选出有价值的东西。数据仓库的目的不在于收集信息，而是把它们放在一个集中的、可用的地方。接着，一旦数据仓库集中了数据，公司运用高效的数据挖掘技术过滤成堆的信息，找出与顾客相关的有价值的发现。

这些发现通常会带来营销机会。例如，美国梅西百货深度挖掘消费者数据，并利用其洞察的消费者信息来个性化定制消费者的购物体验。

70%的美国人每年至少逛一次梅西百货的实体店或是线上店。“我们不需要更多的顾客了——我们只需要能在我们身上投入更多时间的顾客，”梅西百货的首席营销官如是说。最终，梅西百货构建了一个包含 3 000 万家庭线上与线下的风格偏好和个人购买动机的巨大数据库。这个数据库甚至包含了大量家庭线上访问梅西百货网站的浏览路径。这是“我的梅西”项目的一部分，零售商深度分析了这些数据，并利用这些深度洞察的结果来个性化定制每一位消费者的购买体验。“对于这种规模的企业来说,它们拥有的消费者数据是令人惊讶的,"一名分析人员说,"它们正在尝试做一对一的营销。"

举个例子,梅西百货目前寄出了接近50万份独一无二版本的直邮清单。"我收到的清单也许看起来和别人的完全不同,"梅西百货的首席营销官说,"我不是一个很好的家庭主妇,但我是一个喜欢美容、女鞋和珠宝的人,所以你也许会看到我的清单上全部是这类产品。"在数字空间上,梅西百货也充分展示了其智能推送的创新性,它能够追踪消费者的网页浏览记录,继而在消费者浏览其他网页时向他们推送相关的广告。未来的"我的梅西"项目可能会包括电子邮件、移动电话以及网页定制化。首席营销官说,他们运用这个庞大数据库的终极目标是"将消费者放在决策的中心位置上"。

利用客户关系管理更好地了解顾客,公司可以提供给顾客更高质量的服务,建立起更深入的客户关系。公司可以使用客户关系管理来找出高价值的顾客,更有效地针对他们,交叉销售公司产品,并针对具体顾客需求提供定制服务。例如,电信公司沃达丰利用其CRM系统来开展客户忠诚项目,提高服务质量,让消费者获得更多的满足(参见营销实例4.2)。

营销实例4.2

沃达丰:强大的客户关系管理

沃达丰是世界领先的电信公司之一,它服务30多个国家,在超过40个国家拥有合作伙伴。它于1983年成立,彼时名为Racal电信,1991年才正式更名为沃达丰。这家公司骄傲于它独一无二的客户体验,它从不同的顾客接触点着手,保证优良的消费者体验。

在电信领域,CRM的运用是十分广泛而普遍的。电信行业的企业疯狂地想要通过独特的客户服务来维持住有价值的客户,以保持其竞争优势。电信企业的日常业务为其带来了大量消费者的个人信息、行为信息以及促销信息。沃达丰深深依赖其CRM系统来为消费者提供独一无二的服务。运用CRM系统的目标是评估消费者的需求并保证给予客户难忘的消费体验。

沃达丰依据客户的基本性质以及服务面向的对象是商业用途或是个人用途来细分其顾客。基于这些信息,沃达丰可以为不同细分市场的客户提供更适合他们的产品,并保证产品质量满足顾客的要求。它的CRM项目致力于令沃达丰成为行业领先者,能够通过精准的定位有效地把CRM项目整合进产品和服务,为消费者创造巨大的价值。

沃达丰意识到,消费者变得越来越挑剔了,他们掌握了更多的信息,也拥有了更多的替代选择。因此,获得一名新的顾客远远比维持住已有的老顾客更难。客户关系管理是沃达丰了解并满足顾客需求的重要工具,也是其树立良好企业形象以赢得潜在客户的有力武器。为了获得商业上的成功,沃达丰提供满足消费者需求的解决方案来维持更牢固的客户关系,让盈利能力更上一个台阶。

为了实现最佳的顾客体验,沃达丰使用多种渠道来源的信息,包括人口统计信息和购买信息。其中人口统计信息来自每名顾客第一次订购沃达丰产品时填写的资料。沃达丰同样对顾客的兴趣十分重视，这些信息帮助沃达丰定制广告短信。客户行为数据来源于通信网络，这些信息有助于沃达丰了解客户的行为模式。电话和网络上的客户咨询信息也被记录下来，用以最大程度地减少客户抱怨并解决客户的问题。这一系列的信息被整合到一个系统内，对于提升顾客体验有着重要作用。

沃达丰致力于在所有的顾客接触点上为顾客创造始终如一的良好体验，不论是在零售商店、线上服务中心还是电话呼叫中心，都期望消费者能得到最满意的服务。不论何时，沃达丰的顾客进入商店、访问线上账户或是联系客服中心，这些信息都被完整记录下来，用以帮助提升客户体验并维持个性化的客户关系。

沃达丰坚信应从一个整体的视角去看所有的顾客接触点。这使得沃达丰成功为顾客们提供了个性化服务。这正是通过分析每一名消费者的行为并为每一名消费者提供特定的促销而实现的。沃达丰也因此在应对消费者需求上更具前瞻性。

沃达丰的CRM系统包含了消费者的深度信息，帮助沃达丰将消费者按一系列属性进行细分：使用行为、使用目的、地区……这些信息来自通信网络、账务系统以及客户服务中心。这些都是CRM系统不可或缺的部分，也都是创建独一无二的顾客体验的关键。这些信息被用来更好地服务消费者的多样化需求。基于CRM系统，沃达丰能够为不同细分市场的人群提供不同的产品，来满足他们的需要以及质量要求。

将CRM系统与其他系统整合起来是影响CRM系统适应性的重大挑战。许多电信公司拥有多个系统，比如技术系统、账务系统、客户服务中心以及数据仓库，每个系统都在不同的平台上运行。然而，CRM系统要求将这些平台整合成一个平台。沃达丰与其他电信公司的不同之处在于所有的员工、零售商或是其他相关人员使用的都是同一套系统。所有的信息是被整合存放在一个位置的，这为提供独特的客户体验打下了基础。

为了实现企业愿景，沃达丰为其顾客创造了一种“信任、合作、互相尊重”的氛围。它通过让顾客成为合作创新者，让顾客参与其中，顾客有机会自己改善移动通信服务。它将客户服务放在首要位置，以维护客户关系，进而提高市场份额，获得成功。沃达丰多样化的产品包选择及低廉的价格区分开了它与其他电信公司，为顾客提供了附加价值。通过进一步的消费者调研，它完善了这些产品包以满足消费者的需求。客户忠诚项目不仅仅吸引了新的顾客，还保留住了已有的顾客。客户忠诚积分用来奖励那些使用时间长或是花费多的老客户，给予他们折扣。沃达丰向那些累积了分数的客户提供富有吸引力的奖励，比如新手机。这些举措不仅仅使沃达丰的收入上涨，也使消费者因为得到了额外奖励而高兴。

沃达丰的客户忠诚计划是保持其客户体验可持续性的关键。这家公司为了留住客户而不断创新，比如“沃达丰1”项目，并扩张其新信用水平下的产品选择。它的CRM解决方案使员工有能力改善客户服务，增加创造力并最大化利润。CRM解决方案工作流程的自动化使得企业能够专业且高效地处理所有客户的来电，在那里，销售代表可以基于专业的产品及服务信息与其顾客和潜在顾客进行联系，而这些专业信息包括用户账号、可获得性和地理位置等。员工也能够查阅消费者请求的处理进度报告，以随时通知消费者更新情况。

总而言之，沃达丰证明了将消费者信息归于一处并加以利用对于创造良好的顾客体验是至关重要的。顾客信息和分析是保持消费者满意度与忠诚度的关键。合理利用CRM策略,与消费者交流并建立紧密联系——沃达丰所实现的与它的良好企业形象相符,并且它仍在坚持不懈地使用一切可能的工具来完成这些事情。让消费者保持满意,始终关注消费者兴趣的变化并满足他们的需求,是沃达丰保持行业顶尖的秘诀。沃达丰的不懈创新帮助它吸引了越来越多的潜在客户。

客户关系管理不可能避开成本和风险,在收集原始顾客数据和挖掘数据两个过程中都存在。最普遍的失败原因在于公司错误地把客户关系管理仅仅看成一项技术和一个软件解决方案。然而只有技术是不可能建立可获利的客户关系的。公司不可能简单安装一些新软件就改进了客户关系。相反,市场营销人员应当从一开始就记住管理客户关系的一些基本原则,之后再运用高科技解决方案。他们应当首先关注那个R——关系(relationship)才是CRM的全部。

4.5.2 分配和使用营销信息

营销信息如果没有用于制定更好的营销决策,是没有价值的。因此,营销信息系统必须使信息可用,让经理们或者其他人以此作出营销决策或者用于日常顾客服务。某些情况下,这是指提供给经理们日常工作报告、情报更新或者关于调研结果的报告。

但是,经理们有可能需要一些非常规的信息,用于特殊的情况或临时决策。例如,当一个销售经理在应对某个大顾客存在困难时,他需要一份这个顾客过去的销售和获利情况的汇总。或者一个零售商店经理,当商店里的热销产品已售完,想知道现在其他连锁商店里此商品的存货水平。因此,如今信息的分配需要将所获得的信息输入数据库,并使其可以被及时、方便地使用。

许多公司使用公司内部网和内部的客户关系管理系统促进该进程的实施。公司内部信息系统的使用者可以查看调研信息、客户联络信息、工作报告、共享工作文件,以及雇员或其他相关者的联系方式等。例如,电话和网络礼品零售商1-800-Flowers的客户关系管理系统为面向客户的员工提供实时的消费者信息接入通道。当一个客户第二次打入电话时,系统会立刻调出之前的交易信息和其他联系方式,帮助客服代表为顾客带来更轻松和体贴的消费体验。比如,“如果一个客户经常为他的太太购买郁金香,我们会提到公司最新最好的郁金香品种,”该公司一位客户知识管理副总裁说。“在这个行业没有一家企业能够像我们这样运用实时交易数据沟通客户信息。”

而且,公司逐渐开始允许核心客户和价值网成员通过外部网接触到所需的客户、产品和其他相关数据。供应商、顾客、中间商和其他价值网成员,可以进入公司的外部网,更新账户,安排采购,根据存货确认订单,从而提高顾客服务水平。例如,潘世奇卡车租赁公司的外联网站MyFleetAtPenske.com,使得其客户可以了解到一个租赁点的所有车队情况,并能提供一系列工具和设备帮助车队经理管理账户,实现效率最大化。

多亏了现代的技术,今天的营销经理们能够在任何时刻任何地点直接进入信息系统。通过无线网络,他们可以利用该系统展开工作,无论是在家里办公,在旅馆房间,或是本地的星巴克咖啡馆——任何一个他们能够打开电脑或智能手机连接上网络的地方。这样的系统让经理们能够直接迅速地根据自己的需要得到信息。

4.6　营销信息的其他方面

这部分我们将讨论营销调研的两个专题：小型企业和非营利组织的营销调研；国际营销调研。最后,讨论有关营销调研的公共政策和伦理问题。

4.6.1　小型企业和非营利组织的营销调研

和大企业一样,小型企业也需要市场信息以及在此基础上产生的消费者和市场洞察。小型企业和非营利组织的经理们通常会认为,营销调研是大型企业里专家们的事情,因为他们调研预算资金充足。确实,大规模的调查研究超出了大部分小公司的预算,然而,本章讨论的许多营销调查技术也可以用于小型企业,不一定那么正规,费用可少可无。来看看一家小企业主是如何在开业前资金拮据的情况下,实施其市场调查的。

在当地干洗店遭遇了一系列不愉快的洗衣经历之后,罗伯特·勃雷决定开一家自己的干洗店。但在进入这个行业之前,他做了大量的市场调查工作。他需要知道最核心的消费者洞察：如何让自己的公司与众不同？一开始,勃雷花了一个星期的时间在图书馆和网上,调查干洗行业。为了获得潜在客户的认同,勃雷利用一家营销公司举行了一个焦点小组访谈,讨论店铺的名称、外观和宣传册。他还把衣服送到本镇15家最好的干洗店,让焦点小组成员评论其工作。基于这些调查,他给自己要开设的公司列出了一份属性清单。他首先列出的是：质量。他的公司应该把质量放在所有工作之首。没有进入清单的是：便宜的价格。要创建完美的干洗公司,绝不能降低运营标准。

完成了他的调查后,勃雷开办了 Bibbentuckers,一家高档干洗店,定位于高质量服务和便利性。它最有特点的地方是有一个类似银行门前靠路边的免泊车交接区域。电脑控制的条码系统读取顾客的洗衣参数设置并追踪记录整个洗衣过程。勃雷还增加了其他差异化服务,如装饰性的遮阳棚、电视屏幕和小点心(甚至有"为小孩子准备的糖果,为宠物狗准备的狗粮")。"我想做一个看起来不像干洗店的,拥有五星级服务和质量的机构,"他说。市场调查在这里发挥了重要作用。今天,Bibbentuckers 已经是拥有六家店的企业了。

因此,小型企业和非营利组织的管理人员,可通过观察或利用便利的小样本进行非正式调查来获得很好的市场营销信息。另外,许多协会组织、当地媒体和政府机构对小型企业也提供特别帮助。例如,美国小企业管理局提供多种免费出版物和一个网站(www.sba.gov),给出各种主题的建议,从企业创建、财务管理和小企业扩张,到订购商业名片。其他可以帮助小型企业的优秀网络资源还有美国统计调查局(www.census.gov)和经济分析局(www.bea.gov)。最后,小企业还可通过互联网以很低的成本收集大量的有用信息。它们可以访问竞争对手和消费者的网站,或者通过搜索引擎查找关于特定公司和问题的信息。

总之,二手资料收集法、观察法、调查法和实验法也都适用于预算较少的小型组织。虽然这些非正式的调研方法易于操作、成本低廉,但仍应认真进行。管理人员必须仔细考虑调研的目标,事先设计好问题,并对由于样本偏小和调研人员不熟练所导致的误差有所认识,从而系统地实施调研。

4.6.2 国际营销调研

国际市场营销调研在过去十年间得到了迅猛的增长。国际营销调研人员和国内调研人员的工作步骤一样,要从确认调研问题开始,制定调研计划,一直到解释和报告调研结果,不过这些调研人员通常遇到更困难的问题。国内营销调研面对的是一个国家内较为同质的市场,而国际调研要面对许多不同国家的多种类型市场,这些市场在经济发展水平、文化风俗习惯和购买模式上都有很大的差别。

在许多国外市场上,国际调研人员在寻找二手信息上会遇到困难。许多国家没有信息服务公司,不像美国的调研人员可以从几十所国内调研服务公司获得可靠的二手信息。一些大型调研服务公司在很多国家经营。例如,尼尔森公司是世界上最大的营销调研公司,在100多个国家有办事处,从伊利诺伊州的绍姆堡到中国香港,再到塞浦路斯的尼科西亚。然而,多数调研公司只在少数相对熟悉的国家经营。因此,人们即便可以获得二手信息,也免不了要通过许多渠道,由于国与国之间的差异,数据很难综合在一起或进行比较。

由于好的二手数据难以获得,国际调研人员经常需要自己收集原始数据,但这并不容易。例如,寻找合适的样本就很难。美国的调研人员常利用电话簿、电子邮箱列表、人口普查资料和其他社会经济资料来设计样本,但这些信息在很多国家找不到。

一旦样本选定,美国的调研人员通常可以很容易地通过电话、信件、网络或直接与被调查人联系,但在世界其他地方就不行。调研人员在墨西哥就不可能通过电话、互联网或信件来收集数据,多数情况必须挨家挨户收集,而且只能集中在三四个最大的城市中进行。一些国家电话和个人电脑的使用人数很少,例如,在美国每100人中有79个网民,在墨西哥每100人中只有31个网民,在利比亚每100人中的网民数仅有6个。一些国家的邮政系统极不可靠,例如,巴西大约30%的邮件永远送不出去。在一些发展中国家,破旧的道路和交通系统致使某些地区难以到达,很难进行面谈且成本很高。

国家间的文化差异引起国际调研中的另一些问题。语言问题显然是最大的障碍。例如,问卷用一种文字写成后,必须再按各国语言进行翻译,回答也必须再翻译成初始语言才能用于数据分析,这增加了工作量和出错的可能性。

把问卷从一种语言翻译成另一种语言很不容易,许多习语、词组和句子在不同文化下有不同的意思。例如,一位丹麦经理说:"如果你用另外一个译者把刚才从英语翻译过来的东西重译回去,你会感到震惊,因为'眼不见,心不烦'变成了'看不见的东西是愚蠢的'。"

不同国家的消费者对营销调研的态度也存在不同,一些国家的人很喜欢回答问题,而在另一些国家,回答问题却是难事,如有些国家的风俗禁止人们和陌生人谈话。在一些国家,有些问题被认为是太过私人化的问题。比如在大多数伊斯兰国家,禁止男女混合构成访谈小组,只有女性的访谈小组也禁止录像。由于较高的文盲率,即使受访者愿意回答问题,有时也无法回答。

尽管有上述问题,国际营销调研的发展还是很快,跨国公司必须进行这些国际营销调研。虽然国际调研的成本高,问题也多,但如果不做调研,失去机会或犯错误造成的损失会更大。其实,如果能够注意,国际营销调研中的许多问题是可以避免或克服的。

4.6.3 营销调研中的公共政策和伦理问题

多数营销调研对主办公司及其消费者都有好处。通过营销调研,公司更加了解顾客需求,提供更好的产品和服务。不过,营销调研如果做得不好,也会激怒消费者。营销调研中两个主要的公共政策和伦理问题分别是对消费者个人隐私的侵犯和调研结果的滥用。

对消费者隐私的侵犯 许多消费者对于营销调研持肯定态度,认为它确实有用。一些人事实上很喜欢被访问并说出自己的看法,而另一些人则讨厌甚至不相信营销调研。他们不喜欢被调查者打扰。他们担心营销人员建立满是顾客个人信息的数据库,或用诡异的技术探知我们的内心世界,通过偷窥我们的购物或窃听我们的谈话获取情报,从而操纵我们的购买。

营销调研和维护隐私之间的关系确实难以轻松解答。例如,营销人员追踪和分析消费者网页点击情况,并根据不同消费者在浏览网页和社交网站上的行为不同,推送不同的广告内容,这究竟是好事还是坏事呢?同样,对于那些为了更好地响应顾客而在YouTube、脸书、推特或其他公共社交网站上监视消费者讨论的公司,我们应该拍手叫好,还是憎恶唾弃呢?举例来说,唐恩都乐十分重视定期监听消费者线上对话,努力维护企业与顾客之间的关系。以消费者杰夫·勒纳为例,他在上个夏天在推特上发布消息说他在唐恩都乐买的咖啡盖子松动滑落,导致咖啡溢出弄脏了他的白衬衫和新汽车。几分钟之内,唐恩都乐看到了杰夫的推特,直接向他发送信息询问手机号码并向他道歉,寄给他一张价值10美元的礼物卡。杰夫认为唐恩都乐的做法是值得赞赏的。然而,也有不安的消费者认为唐恩都乐的推特监听侵犯了他们的隐私。

日益增加的消费者反感已经导致近几年的调查回收率降低,这成为营销调研行业面临的重要问题。公司面临既要维持客户信任又要挖掘那些有价值而敏感的消费者信息的挑战,而消费者也同样需要在个性化和私密性之间作出权衡。“关于线上隐私的争论来源于一个营销悖论,”一名隐私专家说,“线上消费者既想要符合他们的需要和需求的个性化、及时的推送信息,又不希望企业追踪他们上网购物和浏览的历史。”最关键的问题在于:“消费者数据获取的底线在哪里?”如果不能慎重考虑这个问题,消费者可能会对企业产生愤怒,更加不愿意与企业合作,亦会导致更强的政府干预。

为了应对这个问题,营销调研应该考虑以下几个办法。一个例子是营销调研协会发起的“你的观点很重要”和“受访人权利法案”运动,教育消费者营销调研的益处,并把它与电话推销和数据库开发区分开来。此外,营销调研也可以考虑采用公认的标准,例如基于国际商会的《营销和社会调研实务国际准则》,这个准则规定了调研人员对被调研人和大众的责任。例如,调研人员应该向被调研人提供姓名和地址,并对他们正收集的数据持坦率态度。

大部分大公司，包括IBM、脸书、花旗集团、美国运通和微软，甚至美国政府，现在都任命了首席隐私官(chief privacy officer，CPO)，他们的工作是保护好公司客户的隐私。最后，如果调研人员在收集信息的时候提供有价值的交换物，顾客们会十分乐意提供信息。例如，亚马逊网站(Amazon.com)的顾客们并不在乎公司建立了关于他们现在购买产品的数据库，因为这有利于以后向他们推荐产品。这样节省了时间还带来了好处。调研人员最好的方式是只询问他们需要的信息，负责地使用这些信息从而给顾客提供价值，并且避免在没有顾客同意的情况下同他人分享信息。

调研结果的滥用 调研能够成为有力的说服工具，公司常常把调研成果用在广告和促销中。然而今天，许多调查研究仅仅是为了应付差事。事实上，在一些情况下，调研者会有意地按照他们所期望的结果进行调研设计。当然，几乎所有的广告商都不会公开操纵研究设计，也不会明目张胆地歪曲调研结果，多数滥用倾向于更加隐蔽地进行“微调或缩放”。看看下面的例子：

> 基于一项科学的研究，家乐氏公司近来在广告中和包装上正式宣布：临床显示，糖霜迷你麦片能将孩子的注意力提高近20%。然而当联邦贸易委员会对此进行质疑时，这个声明被证实是对研究结果的极度夸张。在印刷精美的包装盒底部有这样的说明：“独立的临床研究表明，食用家乐氏糖霜迷你麦片的孩子在吃完早餐后三个小时内的注意力比那些没吃早餐的孩子要高18%。”也就是，如一位批评人士指出的那样，吃糖霜迷你麦片要优于饿肚子。更过分的是，联邦贸易委员会指出，家乐氏公司引用的那项临床研究结果显示，实际上只有不到11%以麦片为早餐的孩子的注意力优于那些没吃早餐的，而在这11%中只有大约1/9的孩子注意力提高了20%或以上。最终，家乐氏公司与联邦贸易委员会达成协议，同意糖霜迷你麦片和其他产品停止使用无事实根据的或歪曲科学测试结果的健康宣传。

认识到调研可能会被滥用，包括美国营销协会(American Marketing Association)、美国调研组织委员会(Council of American Survey Research Organizations)和营销调研协会(Marketing Research Association)在内的几个协会，已经制定了调研伦理和执行标准的准则。例如，美国调研组织委员会的调研规则和伦理规范，列举了调研人员对调研对象应负的责任，包括保密、尊重隐私和避免烦扰。它同时也列出了在对顾客和公众报告调研结果时的主要责任。

然而，不讲伦理或不合适的行为不会因为简单的规定而最终消失。每个公司都应在进行营销调研与公布结果时承担起社会责任，以便保护消费者和自身的最大利益。

小结

要为顾客创造价值，并与之建立长久的客户关系，市场营销者必须首先获取最新的、深入的顾客需求洞察。这些洞察来自有价值的营销信息。当前营销技术的大爆炸使得公司能够获得大量的信息，有时甚至是过量的。如何将当前这些巨量的消费者信息转化为可行的消费者和市场洞察成为一项艰巨的挑战。

1. 解释在获取市场和顾客洞察时信息的重要性。

营销过程是从充分了解市场和顾客需求及欲望开始的，因此，公司需要准确的信息来为顾客产生更大的价值和满意度。公司还需要掌握竞争对手、零售商及市场中其他角色和力量的信息。营销人员不仅把信息当作一种输入来更好地进行决策，更把它当作一种重要的战略资产和营销工具。

2. 定义营销信息系统并讨论其组成部分。

营销信息系统包括为营销决策者准确、及时地收集、整理、分析、评估并传送所需信息的人员、设备和程序。一个设计合理的信息系统以用户为起点和终端。

首先，营销信息系统进行信息需求评估。营销信息系统主要服务于公司的市场营销和其他管理部门。但它也可以给外部合作伙伴提供信息。然后，营销信息系统从内部数据库、营销情报活动和营销调研中开发信息。内部数据库提供公司自身运营和不同部门的信息。这些数据可以迅速、廉价地获得，但要为营销决策做调整；营销情报活动提供外部营销环境发展的日常信息；营销调研包括收集与公司面对的特定问题相关的信息。最后，营销信息系统帮助用户分析和使用信息，用以形成消费者洞察，制定营销决策和管理客户关系。

3. 概述营销调研过程的几个步骤。

营销调研过程的第一步是确定问题，并确立探索性、描述性或因果性的调研目标；第二步是确定收集原始和二手信息的计划；第三步是通过收集、处理、分析信息来执行营销调研计划；第四步是解释和报告结果。额外的信息分析有助于管理人员使用信息，并提供发现更多精确结果的高级统计程序和模型。

内部和外部的二手数据来源能够比原始数据来源更快、更便宜地提供信息，并且有时能够产生公司不能自己收集的信息。不过，二手来源中可能没有需要的信息，即使可以找到，数据中的大部分也是不可用的。调研人员必须还要评估二手信息，确定其相关性、准确性、及时性和无偏性，原始调研也要验证以上四个特性。每种原始数据收集方法——观察法、调查法和实验法，都有自身的优点和缺点。每种不同的调研联系方法——邮寄、电话、个人访问和网络，也都有自己的优点和缺点。

4. 解释公司如何分析和使用市场营销信息。

从内部数据库、营销情报和营销调研中获得的信息通常需要更多的分析。为了分析单个顾客的数据，许多公司已经获取或开发了特殊的软件和分析技术，被称为客户关系管理——整合、分析和应用储存在公司数据库中的单个顾客的大量数据。

营销信息如果没有用于制定更好的营销决策，是没有价值的。因此，营销信息系统必须使信息可用，让经理们或者其他人以此作出营销决策或者用于日常顾客服务。某些情况下，这是指提供定期工作报告和更新，另一些情况下，是指将一些非常规的信息用于特殊的情况或临时决策。许多公司使用公司内部网和外部网使这个过程更快捷。多亏了现代的技术，今天的营销经理们能够在任何时刻任何地点直接接触营销信息。

5. 讨论一些营销调研人员面临的具体问题，包括公共政策问题和伦理问题。

一些市场营销人员面临特殊的调研形势，如小型企业、非营利组织或国际调研。小型企业和非营利组织可以用有限的预算有效地进行营销调研,国际营销调研人员的调研步骤和国内一样,但常常要面对更多的不同问题。所有的组织都要对围绕营销调研的主要问题——公共政策和伦理问题——负责地作出反应,包括消费者隐私的侵犯和调研结果的滥用。

问题讨论

1. 营销信息系统是什么？怎样利用营销信息系统获得客户洞察？

2. 解释营销情报与营销调研的区别。

3. 二手数据对于获得顾客洞察有什么作用？营销人员如何获得二手数据？使用二手数据的潜在问题是什么？

4. 互联网调研与传统调研相比,优势何在？

5. 什么是神经网络营销？在营销调研中如何运用？这种调研方法为什么要与其他方法联合使用？

批判性思维训练

1. 组成小组,寻找当地企业或是慈善组织面临的问题,并发起一个调研项目来研究这个问题。撰写一个调研方案,介绍你们调研的每一步,并讨论你们的调研结果如何帮助企业或组织解决问题。

2. 想要赚一些额外的零用钱吗？参与企业的焦点小组访谈,在帮助企业决策之余可以获得企业提供的一些报酬。访问 www.FindFocusGroup.com 来寻找参与调研的机会。寻找两个其他的招募调研参与者的网站,写一个简短的报告,说说你发现了什么,并谈谈企业采用这种调研方式的优点与缺点。

营销技术：EWA 定制化沟通

1996 年,Marks & Spencer(M&S),一家值得尊敬的英国零售企业,注册了一个名为"lunchtogo"的公司餐饮服务的网站。但 M&S 发现想要维持长期的合作客户关系非常困难,因为客户公司内人员的口味多种多样,因此,它向 EWA 寻求帮助——一家通过数据挖掘来告诉你更多关于你的客户的事情的公司。EWA 使用"倾向性模型"开发了一个"关键滞后"公式来辨别那些上一期的选择严重不符合对其行为预期的消费者。而后,EWA 开发了一个自动化系统向那些没有选择其最可能选择的选项集的消费者发送信息。大部分消费者都会收到邮件,但这个系统会标记出 M&S 最适合的合作公司,这批客户有着更高的价值和重要性,因而应当收到更多的私人电话。EWA 同时采用了信息系统来提高企业的服务水平。对消费者的深入了解产生了丰厚的回报——在很短的时间内,EWA 系统创造了超过 100 万英镑的价值,将经营收入翻了三倍,将订单准确率提升至近乎完全精确。

1. 访问 EWA 的网站 www.ewa.ltd.uk/来了解它更多顾客洞察服务的内容以及分析方法。倾向性模型是指什么？在网页上浏览更多的案例，写一个关于数据挖掘顾客洞察的简短报告。

2. 描述其他组织是如何从数据挖掘分析中获益的。找到一些其他的提供这类分析服务的公司。

营销伦理：电子书

电子书的销量如今已经超过了纸质版书籍，导致了出版业价值链条上所有公司的利润下滑。然而，在这趋势之中仍有一线希望——电子书也可以反过来“阅读”它的阅读者。出版商和电子书零售商从电子书阅读者处获得了数以亿计的信息。出版业过去因为从不进行市场调研而臭名昭著，令作者们惋惜自己从未知道自己的读者是谁、想读什么样的书。能够获知读者好评情况的唯一途径是观察书籍销量。但现在，企业能够知道读者花了多长时间读书，也能知道自从他们打开了这本书之后读到了哪里。一些出版商甚至发布了电子版手稿，通过读者的回馈来修正，最终出版印刷版。学术研究人员已经在线上设立了在线信息留言板和交互游戏来研究故事情节和人物性格如何与读者联系起来。一些电子书让读者们讲出自己的故事，企业将这些情节整合寄送给作者，成为未来新书的雏形。亚马逊的 Kindle 用户签订了允许公司使用他们的阅读数据的协议，亚马逊公司在它的网页上也强调突出了某些数据。比如，畅销书《饥饿游戏》的第二部《星火燎原》中最突出的一段是：“因为一些事突然发生，人们未能准备好应对。”

1. 大部分电子书读者不知道他们的阅读行为能够被追踪，这会有怎样的道德伦理问题出现？有没有办法能够保护那些不希望自己的阅读行为被追踪的消费者？

2. 你的阅读行为数据如何被出版商得到并运用？电子书的营销活动会基于你的行为发生怎样的变化？

数字营销：样本规模

如果电视台因收视率不高而取消了你喜爱的节目，你会感到难过吗？电视台从不询问你的意见，对吗？当然，它们也同样不会询问你朋友的意见。那是因为估计电视节目观众数量时依据的是尼尔森公司的调研结果。调研仅仅采用 1.13 亿户美国家庭中的 9 000 户作为样本，就确定整个国家的电视节目收视率。这看起来并不够，对吗？但事实上，从统计学的角度可以证明，这个数量已经远远足够了。

1. 访问 www.surveysystem.com/sscalc.htm 网站，确定对于 1.13 亿户家庭来说多少样本是足够的。如果要求 95％的置信度，这个样本量应为多少？如果置信度是 99％呢？简短说明置信区间和置信度意味着什么。

2. 对于 10 亿、1 万和 100 的总体，在 95％的置信度下的样本规模分别应为多少？解释总体大小对样本大小的影响。

公司案例

Meredith：依靠优质的营销信息，我们读懂了女性

你也许不知道 Meredith 公司，但你一定听说过它出版的杂志。《美好家园》《女性家庭》《家庭圈》是它历史最久也最为知名的几个出版物。Meredith 已经出版了 100 多年的杂志了，它的许多杂志不论是按品类排名还是整体排名，都长期保持在前十的排行榜上。Meredith 共有 21 种订阅杂志，是《美国宝贝》《父母》《健康》《中西部生活》《瑞秋相伴每一天》等的创始者。这个精力十足的出版商也出版了 150 部专业兴趣出版物——这些出版物仅在零售店可以买到。Meredith 的杂志共有 3 000 万册的发行量——其中《美好家园》达到了每月 750 万付费读者的订阅量。

如果你觉得 Meredith 的杂志名称听起来像是你母亲这样的人会读的，你的直觉是对的，这正是 Meredith 想要达到的效果——迎合女性的需要。事实上，Meredith 已经是无可置疑的聚焦女性需求的领先传媒公司。它通过开发专业性的针对女性的深度客户关系管理赢得了这一声誉。Meredith 的核心分类是住宅、家庭、健康、自我发展，目标客户涵盖所有年龄段的女性：从未婚的年轻女性，到刚刚组建家庭的新婚女性，再到空巢老人。

印刷媒体并不是一个朝阳行业，事实上，这几年它正在不断衰退。但是对于 Meredith 来说，努力成为杂志行业的领军者并不意味着坐井观天。事实上，Meredith 已经不把自己称为一个杂志出版商，它称自己为“内容创造者”，向女性随时随地以任何方式提供她们想要的内容。远在印刷媒体行业还未开始衰落的时候，Meredith 便将业务扩展到了电视台、有线电视节目以及互联网领域中。

今天，Meredith 已经建立了很强大的网络基础，并在为未来的发展大量投资。比如说，它大部分杂志的电子版已经能在 Google Play 上找到。它最近花费了 1.75 亿美元兼并了 Allrecipes.com 这家美国最大的美食网站。在这次兼并后，Meredith 由 50 多个网站组成的网络覆盖面翻倍了，平均每个月有 4 000 万独立访客。Meredith 的网站还包括 BHG.com，Parents.com，DivineCaroline.com，FitnessMagazine.com 等。这个网络体系让 Meredith 不仅仅是发布内容，更成为一个社交网络。凭借在印刷品、电视、互联网、移动通信和视频领域如此多的品牌，Meredith 打算在未来很长很长的一段时间里以一种有意义的方式来接触女性的生活。

Meredith 是如何通过印刷品、广播或电子媒体领域成为女性专家并取得成功的？简而言之，Meredith 了解女性。这家企业通过一系列的管理市场信息的策略来了解女性。事实上，Meredith 的营销信息系统是它的核心竞争力。这个系统带来的客户洞察使企业了解女性的需要和需求，进而与她们建立牢固的关系。

从数据开始

尽管这家公司收集与管理营销信息有许多不同的途径，但 Meredith 的核心优势依托于它巨大的数据库。Meredith 的数据库是全美的传媒公司中收集了最多消费者信息的。拥有超过 8 500 万无重复独立人口的数据，它涵盖了 80%的美国有住宅的家庭以及一大部分无住宅的家庭。Meredith 的数据库不仅拥有广度，也拥有非常卓越的深度。平均每

个个体在数据库中含有700条相关的记录。如果这都不能打动你，那么不妨尝试着想一下你所知的关于你的家庭成员、最好的朋友甚至你自己的信息。这700多条记录使得Meredith准确而精密地了解每一个人。

Meredith数据库的基础信息来自典型的内部企业资源。从销售和交易中得来的数据是庞大的，不仅仅包括描述性和人口统计信息，也包括消费者购买了哪些杂志，订阅了哪些杂志，他们喜欢什么样的推送信息，以及他们如何回应特定的创意方案。这个数据库包含产品出货量、消费者满意度调查以及每个特定消费者的线上浏览等额外信息。大部分公司不知道如何处理和加工这些信息，但是Meredith能够高效地将这些信息放置到一个全公司的管理者可以轻易接触到的地方。

除了从内部渠道获取信息，Meredith也开展营销调研。线上和传统的营销调研让Meredith更深入地挖掘了消费者的态度信息。调研问题的重点之一是消费者的日常生活。"你有孩子吗？你的孩子要上学了吗？你最大的孩子要毕业了吗？你准备退休了吗？"数据库营销服务部的主管解释说，"我们想知道尽可能多的这些信息，因为我们认为，这些都是会真正影响一个人生活方式的事情。"知道一个人生活中的一个事件，可以挖掘出她许多的需要和需求。能连续地获知一个人最新生活事件的信息，是一件非常有力的事情。

这世上的所有信息本身是无意义的，除非你能好好利用它们。Meredith在数据分析和运用数据库信息上轻车熟路。通过复杂的统计分析，Meredith了解了每一个消费者的兴趣，更了解了这些兴趣如何贯穿于消费者的生活之中。通过一个被Meredith称作"热情点"的概念，这家公司计算了人们在大量不同兴趣领域（诸如烹饪、健康、园艺等）的"热情点"分数。而后，Meredith将这些兴趣领域细分，比如将健康分为跑步、瑜伽和远足等，计算多元数据的每一个"热情点"分数。

以这种方式，Meredith不仅知道了人们的基础爱好是什么，更知道了与数据库中的其他人相比，人们的兴趣水平如何。"我们开发了统计分类，当某人达到了某个特定的分数时，那就是他对某项事物表现出十分狂热，比如烹饪。此时向他推送烹饪相关的信息，很大概率会得到回应。"Meredith采用了20个分析预测模型，每一个都可以为每个人的不同兴趣评级。所有这20个模型的评分都每周更新一次。这就是Meredith了解女性的秘诀。

运用客户洞察

基于从数据库中获得的有价值的顾客洞察，Meredith通过不同的方式来管理客户关系。最初，顾客洞察对于其传媒产品的内容不起指导作用，仅仅是用于开发新产品。比如，多年以来，《美好家园》衍生出了《乡村家园》和《传统家园》两个版本，更不用说BHG.com和有线电视节目*Better*了。

但是，从Meredith的营销信息系统中获得的客户洞察也告诉了企业哪些产品是最适合某个特定的个体的。Meredith的产品线如此庞大而完整，几乎每个人都能找到她需要的一些东西。Meredith的营销副总经理大卫·波尔解释说："我们有《美国宝贝》提供给那些组建家庭不久、准备养育孩子的女性。我们的产品线中还有《父母》和《家庭圈》。《美国宝贝》是产前读物，《父母》是产后读物，《家庭圈》是孩子成长至青少年时的读物。如今我们可以将那些曾经订阅《美国宝贝》的顾客引导到订阅其他新的产品上去。”

管理消费者信息的成果并不止步于将产品与消费者需求匹配。丰富的消费者洞察让Meredith在价格和促销方面也能够匹配消费者需求。Meredith有着众多的传媒产品，几乎所有的促销都是经由直邮、电子邮件或是交叉促销进行的。基于对特定消费者的了解，Meredith将促销推送和信息进行了分类，进行实时更新。这使得促销更低成本、更高效率。“如果我可以将一万份直邮寄给真正需要它们的人，我就没必要漫无目的地寄出一百万份。”大卫如是说。如果你仔细思考，就会发现这对于营销非常有利，当消费者和潜在消费者不被不相干的信息打扰，仅仅接收到他所需要的信息时，消费者与企业是双赢的。

Meredith管理营销信息的能力为所有企业打开了新的大门。拥有这样巨大的数据库以及管理技巧，Meredith可以向其他需要洞察女性的公司出售市场调查报告。它在管理营销信息上的优势也为它赢得了许多顶尖企业的合作关系，比如家得宝公司、Direct TV、克莱斯勒以及嘉年华游轮公司。同时，Meredith的数据库和调研努力也带来了其他成果：Meredith参与者红利，这是一个保证Meredith广告商销量增长的项目。Meredith敢于作出这样的保证，因为它的数据库已经揭示了它的广告商能够每年平均增加10%的利润。

总的来说，杂志广告这些年来已经在渐渐衰退，并且未来也有着继续衰退的趋势。Meredith过去五年的收入显示，作为一家媒体公司，它仍然与发布内容的印刷媒体紧密相连。但Meredith 8%～10%的利润率告诉我们，它在行业逆境中表现出色。更重要的是，Meredith管理客户信息的核心竞争力并不仅仅局限在印刷媒体，它是这个公司向其他增长更快的媒体领域进军的动力。只要Meredith保持其信息系统的优势，它就会持续为其数据库中的女性产出优秀的产品，提供合理的价格、分销和促销方式。

讨论题

1. 分析Meredith的营销信息管理系统的优势和劣势。
2. 非个人的数据记录真的能产生有意义的关联吗？请解释。
3. Meredith的营销信息专业技术能够转移到其他媒体和产品上吗？
4. Meredith依然扎根于印刷媒体，它的未来何在？
5. 你对Meredith的高管们有什么建议？

Principles of Marketing

第5章

消费者市场与消费者购买行为

学习目的

- □ 定义消费者市场并建立消费者购买行为的简单模式
- □ 指出影响消费者行为的四个主要因素
- □ 列举并理解购买决策行为的主要类型及购买决策的四个阶段
- □ 描述新产品被采用和推广的过程

本章预览

在前一章里，我们学习了营销人员如何获取、分析和使用信息来确定营销机会和进入营销项目。在本章以及下一章里，我们将继续密切关注营销环境中最重要的因素——顾客。营销的目的就是用一定的方法来影响顾客对于企业及其所提供产品的想法和行为。为了影响购买行为的对象、时间和方式，营销人员必须首先了解购买行为的原因。本章中，我们关注最终消费者购买的影响因素和过程。下一章，我们将学习产业顾客的购买行为。我们将会看到了解购买行为是一项基本的，但也是非常困难的任务。

为了对理解消费者行为的重要性有更好的认识，我们首先来看一下GoPro的案例。你可能从来没听说过GoPro，它是一家飞速成长的小公司，主要做可随身携带的迷你高清摄影相机。如今，很少有品牌可以像GoPro一样在顾客心中创造了狂热的激情和强烈的忠诚度。GoPro深深地知道它为顾客提供的价值，远远超过了一台耐用的小型摄像机，它更给了顾客一种方式，去与朋友分享充满活力的时刻和情感。

GoPro：成为英雄

越来越多的GoPro顾客，其中许多是极限运动爱好者，现在正流行将GoPro相机别在他们的身体上，或将相机安装在任何东西上，从赛车的前保险杠到跳伞靴的后跟，以捕获他们生命和生活方式中的特别时刻。然后,他们迫不及待地将这些 GoPro 时刻分享给朋友。事实上,你会经常看到 GoPro 拍摄出来的视频出现在 YouTube 或脸书,甚至电视上。

也许是滑雪者在瑞士阿尔卑斯山脉一场雪崩中逃离悬崖的一段视频(在 YouTube 获得了 260 万次点击量)。或者是一只海鸥叼起了一个旅游者的相机,从鸟的视角捕捉到了法国戛纳的城堡的一段视频(七个月内 300 万次点击量)。再或者是在非洲骑山地自行车的人被一只瞪羚伏击的一段视频(四个月点击量超过 1 300 万次)。

GoPro 的热忱用户成为了品牌的传道人。他们平均每两分钟上传一个新的视频到 YouTube。反过来,这些视频也激励了新的 GoPro 顾客,进而带来了更多的视频分享。因此,GoPro 正在蓬勃发展。去年,这个年轻的公司销售了 80 万台相机,创造了 2.5 亿美元的收入,比上年增长了 30%,估计占到了可穿戴相机市场份额的 90%。

什么让 GoPro 成功?成功的一部分是相机本身:GoPro 相机是现代技术的奇迹,特别是它不到 200 美元的起步价让人易于接受。只有约 2 英寸宽,GoPro 高清视频相机看起来就像一个小的灰色盒子。但轻便、可穿戴、可安装的 GoPro 非常多才多艺,它包含惊人的能力,使其能够捕获令人惊叹的高清质量视频。可拆卸的外壳使 GoPro 相机的防水深度达到 180 英尺。而且 GoPro 相机从 3 000 英尺的高度摔下去也完好无损(一位跳伞者如是说)。

同时,GoPro 知道消费者的行为不仅需要高品质的产品,还需要创新的特点来共同驱动。这个品牌的特点就是它让顾客自己去做。GoPro 用户不只是想拍摄视频。在这个背后,他们是想讲故事并分享他们生活中特别时刻里兴奋的情绪。"我们所做的,就是驱使你通过照片和视频分享你无比美妙的生活。我们帮助人们捕捉和分享他们的生活中最重要的点滴,并与他人一起分享和庆祝。"

当人们看到一个惊人的 GoPro 视频剪辑的时候,比如新西兰的杰德·米尔登完成了小轮车三次后空翻,这一时刻被他头盔上的 GoPro 所捕获,在某种程度上,人们体验到了这件事情的主角所体验的,他们感受到了激情和肾上腺素。当这种情况发生时,GoPro 在故事主角和观众之间创造出一种情感的联系。

因此,制作好的相机只是 GoPro 成功的开始。GoPro 创始人尼克·伍德曼本人是一个极限运动爱好者。当谈到帮助顾客讲故事和分享情感,他认为要通过四个基本步骤:捕捉、创作、传播和认可。捕捉什么是相机做的——拍摄图片和视频;创作是编辑和制作的过程,将原始素材转换成令人信服的视频;传播涉及将视频内容分发给观众;认可是观众买制作者的账。认可可以表现为 YouTube 的点击量或脸书上的点赞和分享。更多的可能是他们的视频在朋友和家人中引起的称赞和欢笑。公司的口号很好地总结了消费者更深层次的动机:GoPro——成为英雄。

到目前为止,GoPro 在整个顾客讲故事的过程中主要侧重于捕获步骤。GoPro 将自己称为"世界上最通用的相机。穿上它,装载它,爱上它。"它提供了看似无尽的钻机、吊架、线束、胶带和其他配件,使 GoPro 相机能佩戴或安装在任何地方。用户可以把小摄像头系在他们的手腕上或挂在头盔上。他们可以把它安装在滑雪板的一角、滑板的底部或者遥控直升机的下面。方便的 GoPro 甚至让低水平的业余视频摄影师拍摄了一些非常不可思议的镜头。

但是,伍德曼知道若是要继续成长,GoPro必须扩大其能全方位满足顾客需求与动机的服务,不仅是捕捉,更是创作、传播和认可。例如,在创作方面,GoPro最近收购了一家数字视频软件公司CineForm,现在为GoPro的镜头快速并排拍摄和校准3D视频免费提供软件。在传播方面,GoPro正在与YouTube合作创建一个GoPro YouTube网络,并将很快提供一个Wi-Fi插件,让GoPro客户直接从他们的相机或使用移动应用程序上传视频。至于认可方面,GoPro现在在电视广告上播放由客户自己在其网站上提交的优秀视频。GoPro的未来在于启用并整合完整的用户体验,从捕获视频到与他人分享故事和生活的情感。

GoPro对于什么使得用户满意有着深刻理解,那就是努力为年轻人服务。与其他品牌相比,其热忱的顾客是最忠实和最投入的。例如,GoPro的脸书粉丝超过了170万人并且增长迅速。相比起来,佳能只有61.9万个脸书粉丝,松下有14.6万。除了一年有近50万个视频被上传,GoPro的粉丝还在大范围的社交媒体上互动。伍德曼说:"我认为我们跟其他的任何快消品牌相比,在线上的观众是社会参与度最高的。"

所有顾客的参与和热情使得GoPro成为了世界上增长最快的相机公司。如今,GoPro相机在1万多家商店中都可以买到,从小型的运动爱好者商店到REI、百思买和亚马逊。GoPro出色的小摄像机也已经受到了一些专业摄影人士的青睐,事实上它已成为许多专业电影制作人的标准设备,无论是发现频道或新闻节目团队拍摄救援、野生动物和暴风雨,还是现实电视节目制作队伍拍摄水下捕蟹篓或在深海下的船侧。专业人士对GoPro设备的青睐使其信誉得到了提升,因而消费者需求更加旺盛。

这个故事的真谛:成功从理解顾客需求和动机开始。GoPro知道它不光是要做相机,更要使顾客能够分享生活中的重要时刻和情感。一个行业专家说道:"未来几年内,那些懂得如何包装技术,使它完美契合人类的需要、对人本身产生重要作用的公司,才会取得惊人的发展。"这正是GoPro所做的。

伍德曼说:"最近我们花了很多时间思考,我们在这里真正做什么?我们知道我们的相机毋庸置疑是我们时代最具社交网络性质的快消设备,所以很明显,我们不光是要建立硬件。在某种程度上,围绕硬件建立起的服务变得比硬件本身重要得多。你要考虑这一点的启示以及它未来的方向……这就是我们企业的DNA,这就是我们如何成长的。"

GoPro的案例表明,许多因素影响着消费者的购买行为。这些因素一点儿也不简单,而了解这些是市场营销人员最基本的工作。**消费者购买行为**(consumer buyer behavior)是指最终消费者的购买行为,所谓最终消费者是指以消费为目的购买商品或服务的个人或家庭。所有这些最终消费者构成了**消费者市场**(consumer market)。美国的消费者市场大约由3.13亿人组成,这些人每年要消费超过14万亿美元的产品和服务,形成世界上最有吸引力的消费者市场之一。

世界各地的消费者在年龄、收入、受教育水平和品味方面差异很大,购买的产品和服务也千差万别。对于众多产品,各类消费者会有自己的选择。这些多样化的消费者与他人及周围环境的互动过程,会影响他们如何在诸多产品、服务和公司中作出选择。以下我们将讨论影响其行为的系列因素。

5.1 消费者行为模型

消费者每天都作出购买决策,多数大型公司对此做大量的研究工作以了解如下几个问题:消费者购买什么?到哪儿去买?买多少?什么时候去买?为什么买?市场营销人员通过研究消费者的实际购买情况可以得到部分答案,了解人们买什么、在哪儿买和买多少。但要知道消费者为什么购买却并不容易——答案往往隐藏在消费者心里。通常,消费者自己并不会准确地知道影响他们购买的因素。

营销人员关注的核心问题是:对于公司采取的各种营销活动,消费者会有什么样的反应?首先让我们来研究购买者行为的刺激—反应模型(见图 5.1)。此图表明营销及其他刺激因素共同进入了购买者的"黑箱",并产生反应,而营销人员必须弄清"黑箱"里面的东西是什么。

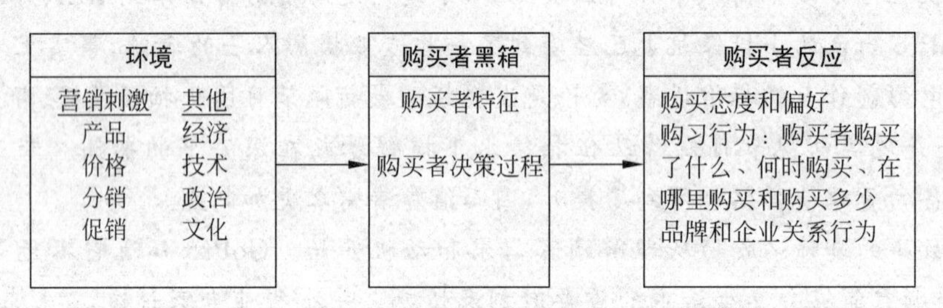

图 5.1 购买者行为模型

市场营销刺激因素由四个"P"组成:产品、价格、分销和促销。其他刺激因素主要存在于购买环境之中,包括经济、技术、政治和文化。所有这些因素一并进入购买者的"黑箱",在那里转换成一组可以观测的消费者反应:购买者的品牌和企业关系行为,他购买了什么、何时购买、在哪里购买和购买的频率。

营销人员需要了解在"黑箱"中,刺激因素如何转化成为消费者反应,这包括两个方面:一是购买者的特征将影响他如何接受外界环境的刺激并产生行为反应,二是购买者的决策过程本身影响购买者行为。我们首先考察影响购买者行为的购买者特征,然后探讨购买者决策过程。

5.2 影响消费者行为的因素

消费者的购买行为受文化、社会、个人和心理特征的强烈影响(见图 5.2)。多数情况下,营销人员不能控制这些因素,但必须考虑这些因素。

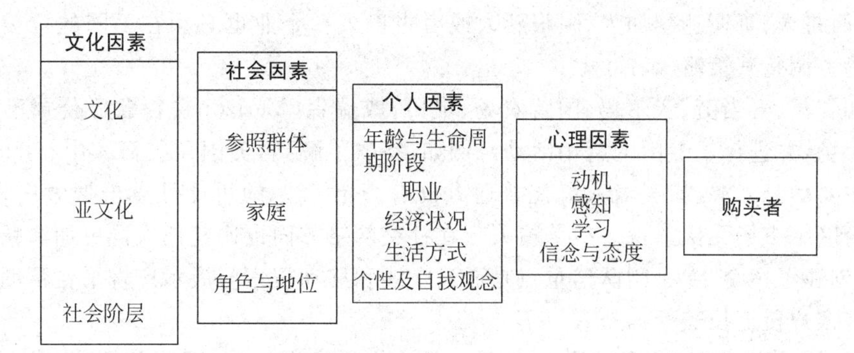

图 5.2 消费者行为的影响因素

5.2.1 文化因素

文化因素对消费者的行为有着最为广泛而深远的影响。我们来看一下购买者的文化、亚文化和社会阶层所起的作用。

文化 **文化**(culture)是引发人类愿望和行为的最根本原因。人类的行为方式多数是通过学习形成的。孩子们在社会里成长,通过家庭和其他主要社会机构获得基本的价值观、观念、喜好和行为。在美国成长的孩子会受到下列价值观的影响:成就与成功、行动与参与、效率与实践、进取、物质享受、自我主义、自由、博爱主义、青春活力、健康与健身等。每个群体或社会都有其特有的文化,而文化对购买行为的影响在不同的国家有着很大的差异。

市场营销人员总是不断地捕捉文化变迁以发现人们可能需要的新产品。例如近几年,人们开始关心健康和健身,于是引起了健身器材、运动服装、天然食品、健身服务、减肥服务等行业的发展。

亚文化 每种文化都由更小的**亚文化**(subculture)组成,亚文化为其成员带来更明确的认同感和集体感。亚文化包括民族、宗教、种族和地域等。许多亚文化构成了重要的细分市场,而市场营销人员可以根据他们的需要设计产品并确定营销计划。下面我们来看一下四个重要的亚文化群体,包括拉美裔消费者、非裔消费者、亚裔消费者和老年消费者。

拉美裔美国消费者 拉美裔消费者代表着一个庞大的、快速增长的市场。美国有5 000多万拉美裔消费者,在2015年这一年购买了超过1.5万亿美元的产品和服务,占到了整个国家国民消费的11%。美国的拉美裔人口预测在2050年的时候将会达到1.32亿,占到总人口的将近30%。

尽管拉美裔消费者和主流的购买群体有着许多共同的特征和行为,但也有着明显的差别。他们具有很强的家庭导向,将购物当成一项家庭事务;孩子在他们购买什么品牌的选择过程中有很大的话语权。他们的第一代移民具有极高的品牌忠诚度,并且喜欢那些对他们特别关注的公司。同时,年轻的一代在近年来对价格有极高的敏感度,比较愿意选择商店自有的品牌。

在拉美裔市场当中也还存在着许多基于民族、年龄、收入和其他因素而划分的不同亚群体。例如,一家公司的产品或信息可能相对于一个民族而言对另一个民族的人要更相关,如墨西哥人、哥斯达黎加人、阿根廷人或者古巴人。企业也必须在不同的拉美裔细分经济市场上调整其策略。

诸如雀巢、麦当劳、沃尔玛、国营农场、丰田、威瑞森(Verizon)、谷歌等公司已经瞄准了这一市场,并进行了专门的营销活动。例如,谷歌了解到,美国拉美裔人中有78%以互联网为主要信息来源,拉美裔人群比普通人群有高出58%的可能性点击搜索广告,这使得拉美裔网络市场无法忽视。拉美裔人士在社交网络方面也比其他人群更加活跃。相应地,谷歌创建了一个"专家团队",重点是通过在线和移动搜索与展示广告平台帮助所有行业的广告客户覆盖拉美裔消费者。

同样,拉美裔消费者购买杂货比美国一般购物者多出三倍,因此雀巢、通用磨坊和其他食品公司争相将品牌纳入拉美裔购物者的杂货店。例如,雀巢以其广泛的"Construye el Mejor Nido(创建最佳巢)"营销活动针对拉美裔家庭买家,将雀巢的产品与家庭和健康资源相连接。多元化的活动包括双语网站(www. elmejornido. com)、脸书页面、西班牙语电视广告、小样赠送和店内营销。无论什么媒介,"Construye el Mejor Nido"运动都重点关注雀巢及其品牌如何帮助建立家庭团结和福利。例如,四名拉美裔母亲在网站上写博客,提供有关育儿和健康饮食的建议。

非裔美国消费者　非裔美国人变得越来越有影响力而且老练,到2013年这个已超过4 000万人的群体的消费力估计能到达1.2万亿美元。虽然与其他细分市场相比,他们对价格更在乎一些,但他们也十分关注质量和花色,品牌很重要。

近年来,许多公司针对非裔美国人开发了专门的产品、广告诉求和营销活动。例如,宝洁在这一市场就富有经验。宝洁一直是非裔美国人广告投放的领先者,所花费的广告费用是第二位的两倍。比方说,宝洁的封面女郎产品线专门宣传"庆祝有色人种女性的美丽"。除了传统的产品营销活动之外,宝洁还赞助了影响更为广泛的"我的黑色很美丽"推广活动。

> 这场推广活动由宝洁内部的一群非裔美国女性所策划,活动的目标在于"引发和支持一场持续的、全国性的由黑人女性参与,为了黑人女性,关于黑人女性的大讨论",主题是她们在流行文化中是如何被塑造的。宝洁公司发现,平均而言黑人女性在美容产品上的花费是一般女性的三倍。但是她们觉得黑人女性在媒体和广告上所被刻画的形象却很糟。由佳洁士、潘婷、封面女郎皇后系列和玉兰油焦点皙白系列等品牌所支持,"我的黑色很美丽"活动的目标是让所有的黑人女性接受自己的美丽、健康,并在宝洁品牌与非裔美国消费者之间塑造密切关系。"我的黑色很美丽"活动包括一个内容丰富的网站、脸书页面、国家媒体新闻和重大事件发布,从而让女性在互相信任的环境中,与品牌和"我的黑色很美丽"活动互动。

亚裔美国人　亚裔美国人是最富裕的美国人口细分市场。目前他们的人数超过1 600万,在2015年拥有超过7 750亿美元的年购买力。他们是仅次于拉美裔美国人的第二快速增长的人口群体。和拉美裔美国人一样,他们是一个多样化的群体。华人构成了第一大群体,然后是菲律宾人、印度人、越南人、韩国人和日本人。然而,不同于说西班牙语的拉美裔人士(他们都使用各式口音的西班牙语),亚洲人说多种不同的语言。例如,

2010年美国人口普查的广告采用了日语、广东话、高棉语、韩语、越南语和泰语、苗语、印式英语。

作为一个群体，亚裔消费者购物频繁，是所有种族中最有品牌意识的。他们可以具有强烈的品牌忠诚。因此，许多公司现在开始瞄准亚裔美国人市场。例如，美国斯巴鲁积极地针对这些消费者。去年，它为斯巴鲁 Legacy 车型发起了一项全面的亚裔美国人营销活动。该运动被称为"明日甜蜜"，加强了品牌与亚裔美国人的紧密联系，特别是华人（占美国亚裔美国人市场的大约23%）。除了旧金山唐人街的广告牌，综合运动包括中文平面广告及粤语和国语电视广告，也在斯巴鲁的中文网站和 YouTube 上播放。"明日甜蜜"活动针对30来岁的夫妇，大多是年轻的父母，他们在购物的时候脑子里永远会考虑他们的孩子。例如，一个成功的电视广告展示了一对即将为人父母的夫妇试图平衡中国传统与他们的美国生活（见 www. youtube. com/watch?v=D6BwBpIt8BQ）。在这个过程中，夫妇把斯巴鲁作为即将到来的父母身份的首选车。

在另一项活动中，斯巴鲁通过一个关于亚裔美国青年布兰顿的四分钟 YouTube 视频向亚裔美国青年市场（18～21岁）推出了运动型斯巴鲁 WRX 车型。布兰顿是一位年轻的亚裔美国人，他总是做决策很快，有时候太快。虽然这则幽默的视频从来没有把"商业"放在口头上，但不断展示运动型蓝色 WRX 及其轰鸣声。这则非常成功的视频在第一个星期内就登上了 YouTube 观看次数最高的网页，在第一个月内获得了130万 YouTube 观看次数，赢得了2万个点赞，只有230个踩。

跨文化营销　除了专门针对拉美裔美国人、非裔美国人和亚裔美国人等特定市场，许多营销人员现在都在进行跨文化营销，包括在主流营销中实践民族主题和跨文化观点。跨文化营销面向各文化的相似之处，而不是差异。许多营销人员正在研究，从各族消费者那里获得的见解可以影响更广泛的市场。

例如，今天年轻化的生活方式受到拉美裔和非裔艺术家的影响。因此，消费者期望在广告和产品中看到许多不同的文化和种族元素。例如，麦当劳从非裔、拉美裔和亚裔文化中得到启发，开始改进菜单和广告，以鼓励消费者像消费嘻哈和摇滚乐一样购买冰沙、摩卡饮料和小吃包。麦当劳首席营销总监说："少数族裔消费者通常能够引领消费，所以他们有助于确定我们如何进入市场的基调。"因此，麦当劳可能会采纳主要针对非裔美国人的广告，并在一般市场媒体上运行。一个跨文化营销专家总结说："现实是新的主流是多文化的。"

社会阶层　几乎每个社会都有某种形式的社会阶层结构。**社会阶层**（social class）是社会相对永久和有序的群体，其成员具有相似的价值观、利益和行为。社会科学家已经确定了图5.3所示的七个美国社会阶层。

社会阶层不是由单一因素（例如收入）决定的，而是由职业、收入、教育和财产等多种变量共同决定的。在一些社会系统中，不同阶层的成员无法改变自己的社会地位。然而在美国，社会阶层的界限是不固定的，人们可能升到上一层或降到下一层。

营销人员关注社会阶层是因为同一阶层的人具有类似的购买行为。在诸如服装、家具、休闲活动、金融服务和汽车等行业中，社会阶层显示了不同的产品和品牌偏好。

财富 / 教育 / 职业 / 收入

上等阶层

上等上层人(1%)：继承了大笔财富、有显赫家庭背景的社会名流。他们大量捐助慈善事业，拥有多处住宅，子女在最好的学校就读。

下等上层人(2%)：通过超凡能力而获得很高收入或财富的人。他们在社会和公众事务上常采取积极的态度，购买昂贵的住宅和汽车，让子女在贵族学校就读。

中等阶层

上等中层人(12%)：专业人士、独立企业家和公司经理，没有显赫家庭背景和非凡财富。他们注重教育，喜好参加各种社团，热心公益，追求美好生活。

中等阶层(32%)：收入中等的白领或蓝领工人，在城里的较好住宅区居住。他们往往购买符合大众潮流的产品。舒适的生活意味着有一套好房子，在一个好的城区，附近有好学校。

劳动阶层

劳动阶层(38%)：过着"劳动阶层生活方式"的人，不论是什么收入、教育和职业。劳动阶层很依赖亲朋在经济和感情上的支持，对购物的建议，以及遇到麻烦时给予的帮助。

下等阶层

上等下层人(9%)：工作着的穷人。生活水准刚好在贫困线之上，虽然努力向高阶层奋斗，但往往缺乏教育，从事的只是不需特殊技能的工作。

下等下层人(7%)：明显地贫困不堪，通常是受教育程度极低的无技能工人。他们常常失业或靠公共救济生活，辛苦度日。

图 5.3 美国主要的社会阶层

5.2.2 社会因素

消费者的购买行为同样也受到诸如小群体、家庭以及社会角色与地位等一系列社会因素的影响。

群体和社会网络 个人的行为受到许多小**群体**(group)的影响。凡是一个人所从属并对他有着直接影响的群体称为成员群体，而参照群体是指对一个人的态度与行为有直接(面对面)或间接影响的所有群体。人们经常受他们不从属的参照群体影响。例如，崇拜性群体是一个人希望从属的群体，某个喜欢打篮球的少年可能希望有朝一日入选 NBA 球队。

营销人员总是试图识别目标顾客的参照群体，因为参照群体将带给一个人新的行为和生活方式，它将影响个人的态度和观念，进而产生压力，影响个人对产品或品牌的选择。参照群体的影响程度因产品和品牌而异。对于那些能被购买者的偶像所注意的产品，参照群体的影响力较大。

口碑影响和口碑营销 **口碑**(word-of-mouth influence)可以对消费者的购买行为产生强烈的影响。来自可信任朋友、同事和其他消费者的话语和推荐，会比来自商业渠道如广告、销售人员的信息更为可靠。大多数口碑影响是自然发生的：消费者彼此之间就某个他们所使用的或者有强烈感受的品牌展开聊天话题。不过，营销人员常常会影响消费者之间的交流，引导创造有利于其品牌的正面交谈。

受参照群体影响较大的产品和品牌的制造商，必须设法接触并影响参照群体中的意见领袖。**意见领袖**(opinion leader)是从属于某参照群体，凭借特殊技能、学识、个性或其他特征，对他人施加影响的人。一些专家将这一群体称为影响者或领先采用者。当这些影响者讲话的时候，消费者会聆听。营销人员试图识别其产品的意见领袖，并针对他们实施相应的营销举措。

口碑营销通过征募甚至培养一批意见领袖来担当"品牌大使"，传播有关一个公司的产品的口碑。许多公司正在将日常客户转变为品牌传播者。例如，在线商店 ShoeDazzle 并不缺少大牌人物，包括其创始人兼首席时尚设计师也是一位明星——金·卡戴珊。但公司了解到，其最好的发言人可能是邻家的女孩：

> ShoeDazzle 最有说服力的发言人之一是匿名的十几岁的女孩，其在线视频在 ShoeDazzle 网站上已被浏览了 37 000 次以上。在此，她解释了她如何"痴迷鞋子"，并且物超所值。她说："价格完美无缺。"其他来到这个网站的消费者谈论他们喜欢的价格、型号、快速运输，甚至是鞋子包装用的粉色鞋盒。（一个满意的顾客说："这个包装很好，鞋子用的这个可爱的粉红色小盒子，你甚至可将它作为礼物包装再转送。"）
>
> 金·卡戴珊的名字在 ShoeDazzle 第一次推出时引发了轰动，在不到一年的时间里，该公司拥有 100 万脸书粉丝。但是为了创造更接地气的服务，ShoeDazzle 开始征集短视频，让顾客解释他们对该公司真正最感兴趣的内容。然后视频被分发到 YouTube、博客、推特、脸书和 ShoeDazzle 网站，让客户看到并听到志同道合者。有说服力的视频评论现在已成为 ShoeDazzle 的支柱。例如，顶级的 ShoeDazzle 推荐人之一已被浏览超过 4.8 万次。在视频中，一个热情的女人穿着蓝色的高跟鞋。"我最惊讶的是质量，"她说，"我喜欢细节。我喜欢你们送的漂亮可爱的粉红色的包装。"没有发言人可以说得更好。

在线社交网络　在过去几年里，在线社交这种新的社会互动形式出现爆炸式发展。**在线社交网络**（online social networks）是指人们进行社交活动或者交换信息和意见的网络社区。社交网络媒介包括博客（如 Gizmodo）、信息公告板（如 Craigslist）、社交网站（如脸书和推特）和虚拟世界（如第二人生）。这种消费者与消费者、企业与消费者互动的新型模式对于营销人员而言具有重要的意义。

营销人员正在致力于驾驭这些新型社交网络的力量和其他"网络口碑"的机遇来推广他们的产品，建立更为紧密的顾客关系。与单向传播商业信息给消费者的传播模式不同，营销人员希望借助网络和社交网络来与顾客互动，成为他们交流和生活的一部分（参见营销实例 5.1）。

营销实例 5.1

驾驭网络社会的影响力量

人们爱和他人谈论那些让他们高兴的东西，包括他们最喜欢的产品和品牌。比如说，你非常喜欢捷蓝航空，因为其航空服务周到且价格适中。或者你非常喜欢你的新索尼 GPS 相机，你觉得它非常酷，让你爱不释手。在过去，你可能会与你的一些朋友和家人谈论这些品牌。但是现在，受惠于网络科技，任何人都可以通过网络将他们的品牌体验分享给成千上万、甚至上百万的其他消费者。

为了应对这种趋势，营销人员正在力图驾驭今天的新型科技，让人们在网络上讨论并与其品牌互动。不管是创造在线品牌大使，借助现有的网络意见领袖和社交网站，还是筹划能够引起谈论的事件或者视频，营销者已经在网络上积极地创造在线品牌谈论和参与。

企业首先可以创造属于自己的网络品牌"传教士"。这就是福特在美国推出嘉年华(Fiesta)亚紧凑型车时所做的工作，主要针对熟悉网络的千禧一代。

一项研究发现，77%的千禧一代人每天都会使用脸书或推特等社交网站，其中28%的人拥有个人博客。因此福特创办了嘉年华运动，在这个运动中，它将嘉年华车交给100位有影响力的20岁左右的千禧一代人，他们是从4 000名申请人中选出的。嘉年华大使与汽车生活了六个月，完成了不同主题的每月"任务"，并通过博客、推文、脸书更新、YouTube和Flickr分享了他们的体验。福特没有告诉大使应该说什么，也没有编辑他们的内容。福特社交媒体经理说："我们告诉他们要实话实说。"在不超过30岁的目标消费者中，嘉年华运动成功获得了58%的预发布知晓度。消费者在短短六个月内就发布了6万个相关帖子，产生430万次YouTube观看量、5万个销售线索以及3.5万次试驾。

除了创造自己的品牌大使之外，企业还可以通过与独立博客写手在内的网络意见领袖合作来驾驭网络的社会力量。最近几年，博客日益渗透进人们的生活。在美国网民中有2/3的人现在定期看博客文章，有1/3的网民写博客。不管你相信与否，现在通过做博客写手来谋生的人几乎与律师一样多。不管是在哪个兴趣领域，都有成百上千的专业博客写手。而且，研究发现有90%的博客写手在博客里透露出他们最喜欢和最不喜欢的品牌。

因此，大多数公司试图与这些网络博主和意见领袖建立良好的关系。关键是找到那些与相关读者有紧密联系、受读者信赖并且与品牌很好匹配的博主。例如，包括宝洁、强生和沃尔玛在内的公司都与那些有影响力的"妈妈博主"们建立了紧密关系。此外，你也不会感到惊讶，乐斯菲斯偏爱登山爱好者博主，哈雷喜欢骑摩托车博主，全食超市或者乔氏超市与购物者博主联系紧密。

其他公司也发现，只要加入现有的在线对话就可以带来很大的收益。例如，Kinky-Curly护发产品公司的老板雪莉·戴维斯，几年前开始搜索关于非裔美国妇女头发护理产品的YouTube视频博客。她进入评论部分，提供建议和回答有关Kinky-Curly产品的问题，小心维护通过博客推广的关键要素——真实性。在两年内，视频博客在YouTube上发布了超过5 100则不同的视频片段，展示和评论了Kinky-Curly产品。所有这些网络热议增加了40%的收入，并使Kinky-Curly产品得以出现在塔吉特商店和全食超市的货架上。

或许在互联网上引发品牌讨论和社会参与的最好方式是做一些值得网民议论的事情，在网络上将人们与品牌联系起来。百事可乐的激浪品牌开展了一次名为"DEWmocracy"的活动，邀请热心的激浪顾客参与到策划一个激浪新口味的全过程当中，从选择和命名新口味，到设计瓶罐，再到提交和评选电视广告，甚至到选择广告代理公司和广告媒体。正如在这次活动的专门网站、脸书、推特、Flickr和其他社交网站上所显示的,DEWmocracy 活动已经成为一个极好的讨论平台,让年轻的、爱好社交的激浪消费者之间、激浪消费者与百事公司之间讨论激浪品牌。例如,在最近的 DEWmocracy 活动启动的时候,激浪的脸书粉丝数已经增长了五倍。

具有讽刺意味的是,在网络上获得社会影响的一个最简单的方式其实是最古老的方式之一,那就是制作一个让人们讨论的好广告。但是在今时今日,广告和媒体都发生了很大变化。不论大小,几乎每一个品牌,现在都在创造新颖的品牌赞助视频,发布在网络上,希望其视频能够像病毒一样得到传播。看一看大众汽车。它的 2011 年超级碗广告——一个微型的黑武士使用原力启动大众帕萨特——火了,在上电视播放之前就收获 1 800 万次在线观看。这则商业广告成为当年观看次数最多的 YouTube 视频,有超过 5 000 万次观看。第二年,大众制作的帕萨特预热视频"The Bark Side",其中由一群狗合唱来自《星球大战》的《帝国进行曲》,在大型比赛开始之前就被 700 多万名粉丝观看过了。视频还将观众引导到大众网站,在那里他们可以通过定制版本的视频开头标题邀请朋友到超级碗派对。这样的广告和视频为品牌创造了大量的在线谈话和关注。

因此,无论是通过网络大使、博主、社交网站,还是容易引起谈论的视频或事件,公司正在发掘创造性的方式来应对网络社会影响。对于消费者和营销者而言,网络口碑正在快速增长。去年,消费者花费在社交网站上的时间几乎翻了三倍,而营销者在这些网站上的花费也几乎同步增长。"社会化媒体是驱动商业的重要趋势之一,"一位社会化营销经理如此说,"它比单纯的营销包含的更多,它需要同顾客快速连接并建立持续发展的关系。"

例如,红牛在脸书上有惊人的 840 万好友,推特和脸书是红牛与大学生沟通的主要方式。捷蓝在推特上聆听客户,并且经常回应。一位消费者最近发推文说"我正在登上捷蓝的航班",捷蓝回应说"你应该尝试飞机上提供的熏杏仁"。西南航空公司的员工在公司的"爱上西南航空"博客中与彼此及客户分享故事。

可口可乐最近推出了 Edition 206 宣传活动,它派在线投票选出的三名"幸福大使"前往销售可口可乐产品的 206 个国家进行为期 365 天的旅行。他们的任务是通过在脸书、推特、YouTube、Flickr 和官方的 Expedition 206 网站上发布博客、推文、视频和图片,来记录世界各地的"什么让人们快乐",并与全球消费者分享体验。这个想法是创造与品牌相关的对话,而不是即时销售。大使在可口可乐更广泛的"开放幸福"营销活动的背景下创造了大量的在线热议和互动。

大多数品牌已经建立了全面的社交媒体存在感。具有环保意识的户外产品生产商 Timberland 创建了一个在线社区(http://community. timberland. com),通过包含若干网站、一个脸书主页、一个 YouTube 频道、一个 Bootmakers 博客、一个电子邮件通信及若干推特消息源的网络,将相似的地球保护者与彼此及品牌相互连接。

但是营销者在使用在线社交网络时需要保持谨慎。结果难以测量和控制。归根结底,社交网络的使用者控制着内容,因此社交网络营销会很容易弄巧成拙。例如,当 Skittles 设计其网站包含与 Skittles 相关的推文的实时推特信息源时,恶作剧者将 Skittles 的推文与亵渎语言连在一起放在网站上。Skittles 被迫放弃活动。我们将在第

17 章对作为一种营销工具的在线社交网络做进一步的探讨。

家庭 家庭成员对购买者的行为影响很大。家庭是社会中最重要的消费者购买群体,而且已经被广泛地研究。营销人员感兴趣的是在不同产品和服务的购买决策中,丈夫、妻子或孩子的作用与影响。

夫妻二人对于不同产品和不同购买阶段,购买参与程度差别很大。购买角色也随着消费者生活方式变化而改变。一般而言,妻子是美国家庭里的主要采购人员,尤其是在食品、日用品和服装等方面。然而,随着更多的已婚妇女参加就业,丈夫承担更多家庭用品采购意愿的增加,这一格局正在发生变化。近来的一项研究发现 18～64 岁男子中,有 51%的人认为自己是家庭中的主要杂货购物者,39%的男士处理了家庭的大部分洗衣事宜。与此同时,今天的女性占所有科技产品采购决定权的 50%,占全部新车购买决定权的 2/3。

这种转变的角色表明了新的营销现实。传统上将产品仅销售给女士或男士(从杂货和个人护理产品到汽车和消费电子产品)的行业的营销人员现在正在瞄准异性。例如,大多数杂货产品营销人员现在已经为爸爸添加了一些渠道:

> Jif 花生酱口号现在是"精挑细选的妈妈、爸爸们,选择 Jif"。像 Gain、Febreze 和 Swiffer 这样的宝洁品牌已经成为 Yahoo.com 体育版面主要的广告客户,而浏览这一版面的主要群体是男士。家乐氏麦片的代言人老虎托尼长期以来的目标——将麦片卖给孩子和购买杂货的妈妈——已经改变为包括爸爸。该品牌最近针对爸爸们打广告,展示了爸爸、儿子和老虎托尼在后院投掷橄榄球的画面。然后,三人在游戏之后去厨房一起享用麦片,这时广告中响起画外音,"与您所爱的人分享您所爱的东西"。这一广告由 ESPN 的主播里斯·戴维斯主演,并且在 ESPN 这一男士主导的电视网上进行播放。

为了帮女士们解决同行男士不喜欢逛商店的问题,家具零售商宜家想出了一个办法。澳大利亚的宜家商店创建了一个名为男士区的店内区域,这是一个休闲区域,供丈夫们或男朋友们在女伴逛街的时候放松。该区域实际上模仿了零售商的儿童娱乐区,但是将手工艺和画画改为了桌上足球、电脑游戏、看比赛和吃热狗。女士们甚至拿到一个蜂鸣器,可以提醒他们在 30 分钟后就会完成购物。

孩子对家庭购买决策也有很大影响。美国 3 600 万名年龄在 9～12 岁的儿童使用了估计可支配收入中的 430 亿美元。除此之外,他们也影响到家人在食品、服装、娱乐和个人护理产品上所花费在他们身上的 1 500 亿美元。一项研究发现,孩子会显著地影响家庭里几乎所有的决策,包括购买什么样的汽车、吃什么以及选择度假的地点。

角色和地位 一个人一生中可能会从属于很多群体——家庭、俱乐部、各类组织以及在线社区。每个人在群体中的位置可以用他的角色和地位来界定。角色是在群体中人们被期望进行的活动内容。每个角色都具有一定的地位,反映着社会的综合评价。

人们通常选择适合自己角色和地位的产品。考虑一下在职母亲所扮演的不同角色:在公司里,她扮演品牌经理的角色;在家里,她扮演妻子和母亲的角色;在她喜欢的运动项目上,她扮演狂热的拥趸。作为品牌经理,她就要购买适合自己在公司的地位与角色的服装。在比赛中，她可以穿着支持她最喜欢的球队的服装。

5.2.3 个人因素

购买者的决策也受个人因素的影响，尤其是受年龄与生命周期阶段、职业、经济状况、生活方式、个性及自我观念的影响。

年龄与生命周期阶段 人们在一生中购买的商品与服务是不断变化的。人们在食品、服装、家具和娱乐方面的喜好均与年龄有关。家庭生命周期的不同阶段也影响着消费（家庭生命周期是指家庭随着成员个人的成长和时间流逝所经历的不同状态）。人生阶段改变通常产生于人口统计和人生改变事件，如结婚、生孩子、买房、离婚、孩子进入大学、个人收入变化、搬家和退休等。营销人员经常根据家庭生命周期的不同阶段确定目标市场，开发合适的产品，实施针对性的营销计划。

比方说，消费者信息巨头美国艾克希姆（Acxiom）公司的 Personicx 生命阶段细分系统，基于特定的消费者行为和人口统计特征将美国家庭分为 70 个消费者细分市场和 21 个生命阶段群体。Personicx 系统包括以下列名称命名的生命阶段群体，如开始期、强健型、金钱和事业、特大家庭、转型蓝领、我们的转折、黄金阶段和积极年长者。例如，强健型群体包含充满活力、物质充裕的年轻夫妇和年轻家庭，这些人忙于他们的事业、社会活动和兴趣爱好，特别是健身和度假。而转型蓝领则指的是教育程度较低、中等收入的蓝领消费者，这些人正向稳定的生活过渡，婚姻和孩子是他们主要讨论的问题。

“消费者在他们的一生里体验了许多人生阶段改变，”艾克希姆公司指出，“伴随着他们人生阶段的改变，他们的行为和购买偏好也发生着改变。掌握着能够用来理解其顾客的人生阶段改变的时间和构成的数据的营销人员，将会获得市场竞争优势。”

同当前的萧条经济相一致，艾克希姆公司也开发了一组经济型人生阶段细分市场，包括诸如勉强度日、关注必需品、紧扣目标、这是我的生活、全速向前和潜在回弹者等群体。潜在回弹者是指那些比较有可能缩减花费的人群。相对其他群体，这一群体更有可能在购买电子产品、电器、家具和首饰之前进行在线搜索。因此，针对于这一细分群体的家具零售者应该加大网络展示度，提供适宜的价格、特色性能和产品可获得性。

职业 个人的职业也影响着消费模式。蓝领工人更多购买耐用的工作服，而白领人员则购买套装。营销人员应努力找出对自己的产品和服务有浓厚兴趣的职业群体，一个公司甚至可以为特定的职业群体专门定制所需的产品。

例如，Carhartt 生产结实耐用的工作服——公司把其称为“美国工人的原创装备。从外套到夹克，从围裙到工作服……只要使用了 Carhartt 品牌，表现就会很传奇。”它的网站展示了来自 Carhartt 努力工作的顾客的实际使用证明。一位在加拿大北极圈地区与严寒抗争的电工，报告说他穿 Carhartt 的北极衫、北极裤还有其他衣服已经两年多了，从来没有出现过“掉纽扣、口袋开裂或者拉链卡住”的现象。纽约北部的一名铁路员数年如一日在粗糙的铁路上行走，攀爬车厢，在从极度寒冷到非常炎热的条件下调换列车，称他信赖的蓝色 Carhartt 工作服是“他救生装备的一部分，就像警察的防弹衣一样”。

经济状况 一个人的经济状况会影响他对于商店和产品的选择。营销人员关注个人收入、储蓄和利率等的变化趋势。在大衰退之后更节俭的时代，大多数公司已经采取措施重新设计、重新定位和重新生产其产品和服务。例如，高端折扣零售商塔吉特已经用某些"便宜品"代替了一些"精品"，它更加强调其口号"期望更多，支付更少"中的"支付更少"这一面的定位承诺。

同样，为了在更困难的经济时期中比塔吉特和科尔士(Kohl's)这样的折扣竞争对手更具竞争力，JCPenney 最近宣布了其营销策略的大幅变化，其中包括采用更简单的每天低价定价策略并结束看似无休止的打折促销策略。"适可而止"，该零售商的新广告中说道，它描绘了购物者对不得不收集优惠券、着急抢购打折商品以及为火爆促销排长队等现象感到沮丧。

生活方式 即便是亚文化、社会阶层和职业都相同的人，他们的生活方式也可能不同。**生活方式**(lifestyle)是个人生活的模式，可以由其消费心态表现出来，包括消费者的活动(工作、嗜好、购买行为、运动和社会活动)、兴趣(食品、服装、家庭、休闲)和意见(有关自我、社会问题、商务和产品等方面)，即消费者的 AIO 模式(activities, interests, opinions)。生活方式表现的内容比起社会阶层或个性要多得多，它勾画出一个人在社会中的行为和互动模式。

当被精心使用时，生活方式概念能够帮助营销人员理解变化中的消费者价值观和这些价值观如何影响他们的购买行为。消费者购买的不仅仅是产品，他们购买的是这些产品所代表的价值观和生活方式。例如，户外用品销售商 REI 销售的不仅仅是户外装备和服装。它为"喜欢外出游玩"的活跃人士销售整个户外生活方式：

> REI 公司表示："我们启发、教育和推出一辈子的户外探险和管理。"在 REI 的广告中，一名女子在辽阔的户外骑自行车，画外音为"REI 喜欢在关掉闹钟后起来探索新的道路，不管那会是什么"。另外一个广告是一个男人在大自然远足："REI 知道跑步机是什么样子的，"他说，"但是我从来没有真正见过。"在 REI 的网站上，户外爱好者可以把户外故事放上去，报名参加在当地的 REI 户外学校课程，甚至可以注册 REI 赞助的全球数十个户外旅游冒险活动。

营销人员通过特殊产品或营销方法去满足生活方式细分所对应的需求，这种细分可以运用到各个方面，从家庭特点、户外爱好到所养宠物。事实上，现今宠物拥有者的生活方式创造了一个巨大的市场，向溺爱宠物的"父母"提供了一切：从基本的宠物用品一直到异国情调的宠物服务(见营销实例 5.2)。

营销实例 5.2

宠物主人的生活方式和市场营销

在过去，拥有一只宠物并不需要太多。但如今，许多宠物主人的生活似乎围绕着他们毛茸茸的(或有羽毛的)朋友。许多人把他们的宠物作为重要的家庭成员来对待，无论是狗、猫、长尾小鹦鹉还是刺猬。大约有 42% 的狗现在和他们的主人睡在同一张床上，1/3 的宠物主人甚至认为自己是"宠物父母"。对于这样的人来说，拥有一只宠物不仅仅意味着有一个可爱的小动物，而是改变了他们的整个生活方式。

宠物主人的生活方式形成了巨大的市场，美国家庭中有62%拥有至少一只宠物。总的来说，美国人拥有约7 500万只狗、8 800万只猫、1.42亿条淡水鱼、1 000万条海水鱼、1 600万只鸟、2 400万只小动物、1 300万只爬行动物和1 400万匹马。他们每年在宠物身上花费超过500亿美元，超过世界上除72个国家之外其他国家的国内生产总值。

对于许多“宠物父母”，宠物影响他们所做的每一个决定，例如他们购买什么车、去哪里旅行甚至他们看什么电视频道。因此，营销人员针对这个庞大而不断增长的生活方式群体的特殊需求，提供了一切：从宠物食品、床、玩具、门和其他宠物用品等基础设施，到日托、旅游住宿、宠物保险甚至有线电视频道。

美国的旅游行业已经为宠物主人提供了多种选择。例如，许多连锁酒店为不能离开自己宠物的主人提供“宠物友好”房间和服务。有些酒店将“宠物友好”提高到一个全新的水平，例如纽约市的本杰明酒店设有一个“梦想狗”计划，它提供了宠物享受旅行需要的一切。该计划提供各种风格的狗床（包括具有矫形功能的选项），毛绒小狗浴袍，小狗的客房服务和给狗狗看的DVD，以及宠物水疗护理和宠物精神护理。“我们明白您的宠物是您特殊的家人，”酒店说，“我们将确保您毛茸茸的朋友得到最好的照顾。”

同样，大多数航空公司都有相应政策，每年运送7 600万只宠物，要么是客舱要么是货舱。然而，对于一些宠物主人来说，这还不够好。宾德夫妇与他们的狗Zoe在飞行中遇到很多问题，于是他们开办了专为宠物，特别是为狗和猫设计的航空公司。目前，宠物航空公司已经为美国的9个机场提供了20架飞机。客舱的温度自动控制，不含座椅，只有宠物笼。宠物航空公司将其“宠物乘客”迎入宠物休息室，让它们登机前得以休息，并在飞行时每隔15分钟至少检查一次。宠物家长可以通过公司网站跟踪他们的宠物。

宠物爱好者会告诉你，宠物主人当得不便宜。宠物购买和养护的日常费用已经很高，意想不到的成本更会带来很大一笔支出，医疗保健是最大的罪魁祸首。宠物医疗保健近年来有了显著的改善，因为卫生保健项目已经进入宠物领域，包括CAT扫描、MRI、化疗和放射，甚至整形手术。但费用相应上升。仅在过去十年中，狗的兽医费用平均每年增加47%，而猫增加73%。

这些增加的兽医费用并没有阻止宠物主人。一项研究发现，近75%的宠物主人愿意为自己毛茸茸的小伙伴支付兽医护理费用。为了宠物的健康，他们必须这样做。如果没有迅速诊断，一只狗即使是普通的耳朵感染，也可以导致1 000美元的医疗费用。10天的透析治疗可达12 000美元，癌症治疗高达4万美元。所有这些都为宠物健康保险公司带来了很大的潜在增长。相应地，美国Petplan公司和兽医宠物保险公司（VPI）等提供宠物保险计划。VPI主要涵盖狗和猫，还包括鸟、兔、雪貂、老鼠、豚鼠、蛇、鬣蜥、海龟、小猪、刺猬。

一些宠物主人看到了每月支付50美元来预防高额医疗费用的好处。例如，对于威斯康星州的邦加德一家来说，宠物保险意味着拯救他们的宠物刺猬Harriet，要不然就得让它离世。Harriet最近已经手术去除癌性肿瘤，并进行了第二次手术来修复损伤。没有保险Harriet可能就没救了。即使有了保险，邦加德一家也拿出了1 900美元来治疗Harriet。这样的花销对于一只刺猬来说似乎很疯狂，但这一切都归结于宠物主人的生活方式，以及主人和宠物之间的关系。正如克里斯汀·邦加德所说，当Harriet蜷成一个小球时，她仿佛要融化了。“它非常可爱，突然间，你看到一个鼻子弹出来，两只眼睛，也许还有前面的两只爪子，然后是耳朵。这有意思极了。”

瞄准宠物主人生活方式的更不寻常的企业之一是 DogTV，这是一个最近推出的有线电视网络，旨在减少工作时的宠物主人因和他们在家的狗分离而产生的焦虑。

这个想法是让狗在主人上班时放松和快乐。许多人在上班前把电视开着去陪伴他们的狗，所以 DogTV 有一个现成的市场。虽然宠物主人为这个频道每月支付 4.99 美元的费用，但这个频道 100% 为狗而设计。节目是基于狗心理学家研究狗喜欢看和听的内容而制作的。节目不是汽车追逐、警笛或其他快速行动，那些可能会导致宠物压力。相反，狗喜欢其他狗在一起的表演、狗在地面上追击球或者其他东西，比如“海绵宝宝”，这是它们最喜爱的。你不会在 DogTV 上看到任何广告，DogTV 的首席执行官说：“广告对我们来说不同寻常，我们的观众无法说出或购买任何产品。”现在说节目成功还为时过早，但到目前为止，狗似乎也喜欢它们所看到的。一位 DogTV 发言人表示：“如果你把电视放在地板附近，这会很有作用。”

宠物主人为了宠物而做(和购买)的事项列表一直在增加。对于超重狗(占 40%)有 PetZen 小狗跑步机(500～900 美元)。对于那些不想让雄性宠物受到来自绝育的自尊打击的主人，有 Neuticles 专利的宠物睾丸植入物。大约有 42.5 万只狗、猫、猴子、老鼠，甚至水牛使用过。越来越多的人不愿与他们死去的宠物分开，你可以把它冻干，封存成一个自然的姿势，使它永远在你周围。现在这就是宠物主人的生活方式。

个性及自我观念 每个人都有影响其购买行为的独特个性。所谓**个性**(personality)是指个人独特的心理特征，这种心理特征将使个人对环境作出相对一致和持久的反应。个性通常可用自信心、控制欲、自主、顺从、交际、保守性和适应等特征来描述。对于特定的产品或品牌选择，个性是一个分析消费者购买行为的很有用的变量。

有一种观点是品牌也有个性，所以消费者喜欢选择与他们自身个性相符的品牌。品牌个性(brand personality)是指某种品牌可以具有的人类特质的具体组合。一位研究者定义了以下五种品牌个性：真诚型(朴素、诚实、卫生、爽快)；兴奋型(勇敢、精神、创意、时尚)；能力型(可靠、聪明、成功)；优雅型(高档、迷人)；强健型(适合户外、坚强)。一个消费者行为专家说：“你的个性决定了你消费的是什么，观看什么电视节目，你购买什么产品，以及你做的其他决定。”

大多数知名品牌都与某个特定的个性有着强烈的关联：福特 F150 具有“坚固”的特点，苹果具备“兴奋”的特点，《华盛顿邮报》具备“能力”的特点，Method 具备“诚信”的特点，古驰具备“阶级”和“高端”的特点。因而，这些品牌会吸引那些与相应个性特征高度匹配的人群。

许多市场营销人员还使用另一种与个性有关的概念，即自我观念(自我形象)。自我观念基本的前提是人们的拥有物决定和反映了其地位，也就是说，“我们有什么就是什么”。因此，要了解消费者的购买行为，首先要清楚他们的自我观念和他们的拥有物之间的关系。

例如，联合利华的 Axe 男士个人护理产品赋予了品牌年轻、沉迷、男子气概和恶作剧的特质。该品牌的讽刺和有争议的广告在世界各地形成了“Axe效应”——女士们如何被Axe身体喷雾剂的气味所吸引。在一个广告中，一名使用了Axe产品的男子在机场被两名金发碧眼的海关工作人员脱下衣服。另一个广告中，一名使用了Axe产品的家伙在一个偏远的岛屿上被数百名穿着比基尼泳装的女子狂追。这样的个性定位使得Axe成为美国最大的男士除臭剂品牌。

5.2.4 心理因素

个人的购买行为还受四种主要心理因素的影响——动机、感知、学习以及信念和态度。

动机 每个人在任何时候都有很多需要。有些需要是生理状况引起的，如饥饿、口渴、不安等；有些需要则是心理上的，如认可、尊重和归属。大多数需要不会强烈到激发人们立即采取行动的程度，需要只有达到一定程度才会成为动机。**动机**(motive/drive)也是一种需要，它促使人们去寻求满足。心理学家提出了多种人类动机理论，最著名的两种理论——西格蒙德·弗洛伊德(Sigmund Freud)理论和亚伯拉罕·马斯洛(Abraham Maslow)理论——对消费者行为分析和市场营销有着特殊的意义。

西格蒙德·弗洛伊德认为，在人们行为的形成过程中，真正的心理因素大多是无意识的。他的理论表明，一个人的购买决定受到潜意识动机的影响，甚至买家也可能不完全理解。因此，购买运动型宝马敞篷车的老龄婴儿潮一代可能会解释说，他只是喜欢头发在风中飘舞。从深层次分析，他可能是希望在他人面前显示自己的成功。再进一步讲，他买轿车也可能是为了再次感觉年轻和独立。

动机研究这一术语指的是旨在探求消费者隐藏的、下意识的动机的定性研究。由于消费者通常不知道或不能描述他们行为的原因，动机研究者可以利用各种各样的侦测技术来揭示消费者对不同的购买环境和品牌的潜在情感和态度。

许多公司聘请大量的心理学家、人类学家及其他的社会学家，进行动机研究。一家公司进行常规的面对面访谈，以了解消费者真正的想法；另一家公司则要求消费者将他们最喜欢的品牌描述成动物或汽车(比如说卡迪拉克或雪佛兰汽车)，以了解不同品牌的声望；还有的公司采用催眠、释梦疗法或者柔和的光线和情绪音乐来探究消费者心理的深海。

这种投影技术看上去似乎很愚蠢，一些营销人员将其视为毫无意义的活动而加以抵制。但是越来越多的营销人员开始使用这种“触觉”方法，现在有时被称为解释性消费者研究，来探究消费者的深层心理，并制定更好的营销战略。

亚伯拉罕·马斯洛试图说明在特定阶段人们受到特定需求驱使的原因，为什么有些人花大量的时间和精力寻求安全感，而有些人追求的却是赢得他人的尊重呢？马斯洛的答案是人类的需求是层次化的，按照最迫切的到最不迫切的依次排列(见图5.4)。这些需求按重要程度排列，分别是生理需求、安全需求、社会需求、尊重需求和自我实现需求。

人们总是首先满足最重要的需求，当这个需求满足之后，它便不再是当前的激励因素，这时人们会转向下一个更重要的需求。例如，饥饿的人(生理需求)不会对最近艺术界发生的事情(自我实现需求)感兴趣，也不会关心别人怎么看待自己或是自己会不会得到

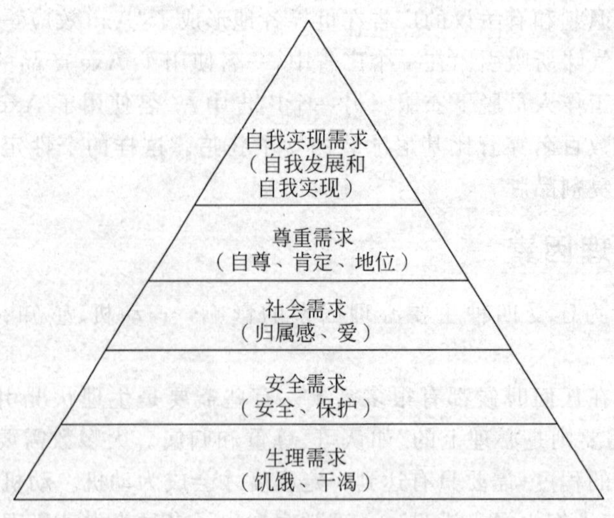

图 5.4 马斯洛需求层次理论

尊重(社会和尊重需求),甚至对于呼吸的空气是否新鲜也无所谓(安全需求)。但是当这种生理需求满足之后,下一个重要的需求就随之而生。

感知 受动机驱使的人会随时准备行动,他的行动取决于他对情境的知觉程度。我们通过视觉、听觉、嗅觉、触觉和味觉五种感官来获取信息,但是每个人感知、组织和解释这些感觉信息的方式各不相同。**感知**(perception)是人们收集、整理并解释信息,形成有意义的世界观的过程。

人们对同样的刺激产生不同的知觉是因为人们经历了三种认知过程,即选择性注意、选择性曲解和选择性记忆。人们每天都要接受各种刺激,例如每人平均每天会接触 3 000～5 000 个广告,但人们不可能对所有这些都加以注意。选择性注意(selective attention)——人们会过滤大部分接触到的信息——意味着营销人员必须尽力来吸引消费者的注意。

即使是消费者注意到的刺激,也不一定会产生预期的作用,人们总是按照现有的思维模式来接受信息。选择性曲解(selective distortion)是指人们将信息加以扭曲,使之合乎自己意愿的倾向。例如,如果你不相信一个公司,即使这个公司诚实的广告也会让你觉得有问题。选择性曲解意味着营销人员要了解消费者的想法,以及这些想法如何影响人们对广告或销售信息的解释。

人们往往会忘记接触过的大多数信息,只记住那些符合自己态度和信念的信息。由于选择性记忆(selective retention),消费者可能只记住了自己喜欢的某个品牌的优点,而忽视了其他品牌的好处。这也解释了为什么营销人员要不断地向目标市场投放重复性广告。

有趣的是,虽然营销人员正为他们的信息能否被接受而发愁,一些消费者则担心自己会不自觉地受促销信息影响,如速闪广告(subliminal advertising,即让广告内容在观众面前一闪而过,使观众的潜意识受到冲击)。50 多年前,一位研究人员宣布了他在新泽西州一家影院的调查结果。每隔 5 秒钟,影院屏幕上就会以 1/300 秒的速度显示“吃爆玉米花”和“喝可口可乐”的广告。结果表明，虽然观众没有有意识地注意到屏幕上的这一信息，但他们受到了潜意识的影响，爆玉米花和可乐的销量分别上涨了 58%和 18%。忽然间广告商和消费者保护群体对速闪意识产生了浓厚的兴趣。尽管后来那位调研人员承认自己编造了数据，但事情并没有结束，一些消费者仍然担心他们被速闪信息操纵着。

大量的心理学家和消费者研究人员发现，在速闪信息与消费者行为之间并没有必然的联系。最近的脑波研究发现在某种环境下，我们的大脑可能会记住速闪信息。然而，速闪广告好像没有它的批评者所说的那么大的威力。美国营销协会的一个经典广告调侃潜意识广告说：“所谓的潜意识广告根本不存在，但是过分活跃的想象力绝对存在。”

学习　人们在实践中不断地学习。**学习**(learning)是指由经验所引起的个人行为的改变。学习论者认为人类的行为多半源于学习，学习反映在驱动、刺激、诱因、反应和强化的交互作用中。

驱动是指促使行动的内在刺激，当这种驱动被指向某种具体的刺激物时，驱动就变成了动机。例如，一个人自我实现的驱动可能促使他想买一架数码相机。消费者对买相机的想法的反应将受周围各种诱因的影响，诱因是决定某人何时何地以何种方式作出反应的微弱刺激。看见橱窗里的相机，听到一个特别的价格，或和朋友讨论相机等，都是诱因，影响一个人购买相机的决策。

假使消费者买了尼康数码相机，随后的体验使他感觉很好，他可能会更多地使用这架相机，他对相机的反应也会强化。下次他买照相机、望远镜或其他类似产品时，选择尼康产品的概率就很大。对营销人员来说，学习理论的实际意义在于他们可以把产品与强烈的驱动联系起来，利用刺激性诱因并提供正面强化手段，使人们产生产品需求。

信念与态度　通过实践和学习，人们形成了自己的信念与态度，而这些反过来又影响人们的购买行为。**信念**(belief)是人们对事物所持的具体看法。这些信念也许源于知识、意见与信仰，有可能包括或不包括某种情感因素。营销人员对人们关于特定产品和服务的信念是非常感兴趣的。这些信念构成了产品和品牌的形象，而人们往往会按照自己的信念行动。如果存在某些错误的信念，并且阻碍了购买行为，营销人员就应该进行系列促销活动以纠正这些信念。

人们对宗教、政治、服装、音乐、食品等几乎所有事物都持有态度。**态度**(attitude)是指一个人对某些事物或观念所持的相对稳定的评价、感受和倾向。态度导致人们喜欢或不喜欢某些事情，并对它们亲近或是疏远。购买数码相机的消费者可能持有这样的态度：“买最好的”，“日本的电子产品是世界上最好的”，“创造与自我表现是人生最重要的事情”。如果是这样，尼康相机将正好符合这个消费者的态度。

态度并不会轻易改变，人们的态度形成一种固定的模式，改变态度就要改变其他的相关因素。因此公司最好使其产品迎合既有的态度，而不要企图改变人们的态度。当然也有例外。例如，试图说服父母——他们的孩子实际上会喜欢洋葱——似乎是一场与预期态度的艰苦斗争，说服孩子们似乎是一个更大的挑战。然而，为促销佐治亚州最重要的农产品之一而组建的 Vidalia 洋葱委员会(VOC)设法做到这一点：

> 很难说服孩子去吃洋葱，因为洋葱有强烈的气味，甚至可以让人哭泣，许多孩子拒绝吃。为了帮助改变这一态度，VOC 确定了一个独特的计划。它使用了一部非常

受欢迎的动画电影中著名的怪物——史莱克。灵感来自第一部《史莱克》电影的一个场景，史莱克在其中向他的驴朋友解释怪物说："洋葱有层，怪物也有层，怪物就像洋葱一样。"

结果是全国性的"怪物与洋葱"营销活动，在洋葱收获的时节和最新《史莱克》电影的首映一起推出。这个活动中，杂货店过道里悬挂着巨大的史莱克海报，旁边是成袋的 Vidalia 洋葱，袋子上写着史莱克的话："怪物和洋葱有什么共同之处?"在 Vidali 洋葱网站上，史莱克提供了针对小孩的洋葱食谱。这一广受好评的活动很快就让孩子们想吃洋葱，既惊讶又高兴的父母当然响应。袋装 Vidalia 洋葱的销售量增长了近 30%。

现在我们已了解了影响消费者购买行为的众多因素。人们的购买选择是文化、社会、个人与心理等因素综合作用的结果。

5.3 购买行为类型

消费者在购买牙膏、智能手机、金融服务或是新车时，行为之间将存在很大的差异。越复杂的购买决策，购买者的考虑会越慎重，而且还包含越多的购买决策参与者。图 5.5 显示了根据购买者的参与程度和品牌间差异程度，确定的四种类型的消费者购买行为。

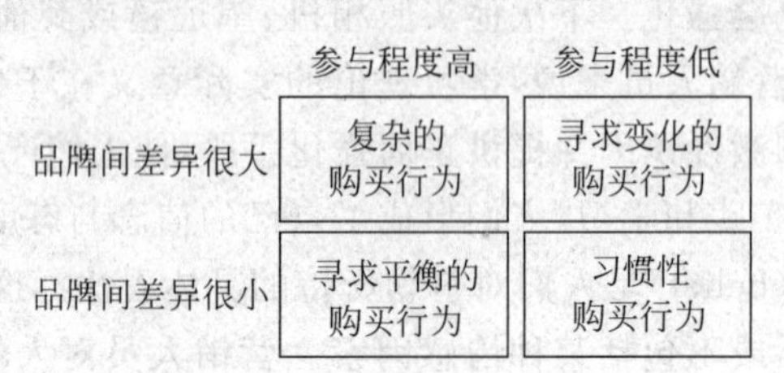

图 5.5 四种购买行为

5.3.1 复杂的购买行为

当消费者参与购买程度较高，并且觉察到品牌间的显著差异时，他们进行的是**复杂的购买行为**(complex buying behavior)。当产品很昂贵、购买不频繁、购买有风险并且有很高的自我表现作用时，消费者参与购买程度一般较高，尤其是在消费者对此类产品不太熟悉时。例如要购买个人计算机的人可能不知道该考虑产品的什么性能，对于"第 2 代英特尔核心 i7-2670QM 处理器""6GB 共享双通道 DDR3 内存"等许多计算机性能的意义，他可能一窍不通。

这位购买者因此就要经历一个学习过程，即首先产生对产品的信念，然后逐步形成态度，最后作出慎重的购买选择。对于购买者参与程度较高的产品，营销人员必须了解消费者收集信息并加以评价的行为；他们需要制定出各种策略，来帮助购买者了解这类产品的各种属性以及这些属性的相对重要程度；他们还必须突出自身品牌的特性，利用印刷媒体和详细的广告文案来描述品牌的这些优点；他们必须谋求商店销售人员和购买者朋友的支持，以影响购买者对品牌的最终选择。

5.3.2 寻求平衡的购买行为

当消费者参与购买程度较高，购买的产品很昂贵、购买不频繁、购买有风险，但品牌差别不明显时，消费者的购买行为表现为**寻求平衡的购买行为**（dissonance-reducing buying behavior）。例如，购买地毯就是参与程度高的决策，因为地毯比较贵并能够表现自我，不过购买者往往认为一定价格范围内的各种品牌的地毯都差不多。因此，购买者可能到处看看，但由于品牌差别不明显，购买就会非常迅速。购买者主要关心的可能是价格合适与否或购买的便利程度。

消费者在购买后可能会有心理不平衡的感觉，可能是由于他注意到地毯的某些缺点，或是了解到别的地毯的某些优点。因而售后沟通的目标应该是提供证据与支持，从而有助于购买者对自己所选的品牌有一种满意的感觉。

5.3.3 习惯性购买行为

许多产品的购买是在消费者参与程度不高，同时品牌间差异也不大的情况下完成的，我们称之为**习惯性购买行为**（habitual buying behavior）。比如说食盐，消费者对这类产品的购买几乎不加参与，他们进商店随便买了某个品牌的食盐。如果他们一直购买某种品牌的食盐，那也只是出于习惯，而不是忠于品牌。事实证明，消费者对于大多数廉价的、经常购买的产品的参与程度很低。

在这种情况下，消费者购买行为并不经过正常的信息—态度—行为过程。他们不会广泛寻求品牌方面的信息，也不会评价品牌的特性，更不会对购买什么品牌进行慎重决策。消费者不会对品牌形成强烈的态度，购买后也不会加以评价，因为消费者对这类产品本无所谓。因此，购买过程是通过被动学习而形成品牌信任，随后产生购买行为，购买之后对购买行为可能作出评价，也可能不作评价。

对于这些品牌差异不大、购买参与程度也不高的产品，由于购买者并不专注于某一特定品牌，市场营销人员经常利用价格或促销活动来刺激产品的销售。或者，市场营销人员也可以增加产品特色或增强功能来差异化其品牌，提高顾客参与程度。例如，为了使其品牌脱颖而出，宝洁公司的 Charmin 卫生纸提供了超强、超柔、超净等多种类型的产品，所以肯定会有一种适合家庭的要求。Charmin 还通过赞助“坐还是蹲”网站和手机应用软件（用于帮助着急如厕的旅行者寻找和评价干净的公共厕所）来提高品牌参与程度。

5.3.4 寻求变化的购买行为

寻求变化的购买行为（variety-seeking buying behavior）的特点是消费者参与程度低，同时品牌间的差异很大，这时消费者经常改变品牌的选择。例如购买饼干，消费者可能带着某种信念，但不过多评价就购买某种品牌的饼干，等吃完之后再评价。再次购买时，消费者也许由于厌倦了原有的口味或者想尝尝新鲜而转向另一种品牌。品牌的转变是因为寻求变化，而不是对产品不满意。

这种情况下，市场领导品牌与其他品牌所采取的营销战略是不同的。市场领导品牌可通过占领货架、避免脱销及频繁进行提示性广告来鼓励习惯性购买行为，而挑战者品牌则应通过低价、优惠、赠券、免费样品及强调试用新产品的广告活动来鼓励寻求变化的购买行为。

5.4 购买决策过程

我们已经研究了影响消费者购买的因素,现在来研究购买者的决策过程。图 5.6 所示为购买过程的五阶段模式：确认需要、信息收集、方案评价、购买决策与购买后行为。显然,购买过程早在实际购买前就已经开始,而在购买后一段时间仍在继续。营销人员应该关注整个购买过程,而不是只注意购买决策。

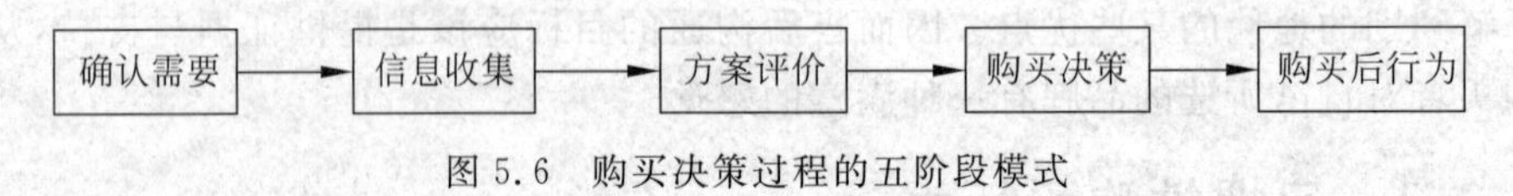

图 5.6 购买决策过程的五阶段模式

图 5.6 中显示消费者在每次购买过程中经历了五个阶段。但对于一些常规的购买情况,消费者经常跳过或颠倒某些阶段。购买特定品牌牙膏的妇女可能会从确认需要直接进入购买决策,跳过了信息收集和方案评价阶段。然而,我们还是要使用图 5.6 所示的模式,因为它描述了消费者面对新产品以及复杂的购买情况时的全部思考过程。

5.4.1 确认需要

购买过程始于**确认需要**(need recognition)——购买者对某个问题或需要的确认。购买者意识到自己的实际状态与期望值之间存在着差异,这就产生了需要。这种需要可能由内在刺激引起,比如个人的正常需要——饥饿、干渴或性要求——强烈到一定程度,就变成了一种动力。需要也可能由外部刺激引起。例如,一则广告或者朋友间的一场讨论都有可能让你产生买一辆新车的想法。这一阶段营销人员应研究消费者,发现他们的问题和需要,是什么原因促使其产生的,以及又是如何来影响消费者购买特定的产品。

5.4.2 信息收集

需要被激发的消费者可能会也可能不会去收集更多的信息。如果消费者的需要强烈而且产品就在手边,他很可能会购买；反之,消费者就可能暂时保留这个愿望或者开始进行与此相关的**信息收集**(information search)。例如,一旦你决定需要一辆新车,至少你会开始注意汽车广告、朋友的汽车以及和汽车有关的谈话。或者你可能会主动地阅读材料,与朋友电话联系或以其他方法来收集信息。

消费者的信息可来源于多种渠道,包括：个人来源(家庭、朋友、邻居、熟人),商业来源(广告、推销员、经销商网站、包装、展览),公共来源(大众媒体、消费者评级机构、互联网搜索),经验来源(产品的操作、检查与使用)。这些信息来源的相对影响程度因产品类别和购买者而异。

一般说来,消费者收集的产品信息主要来自商业来源,即营销人员所能够控制的来源,但最为有效的信息是来自个人来源。商业来源一般起告知作用,而个人来源则起确定或评价作用。正如一个营销人员所说，“一个邻居说这个产品非常棒，会比任何的广告活动更加有效。”

越来越多的“邻居”变得数字化，今天买家发现，从 Amazon. com 或 BestBuy. com 到 TripAdvisor、Epinions 和 Epicurious，他们正在考虑购买的产品下面有用户生成的大量评论。虽然个人用户评论的质量差异很大，但这些是直接来自实际购买和体验产品者的整体评价，通常能提供可靠的产品评估。

通过收集信息，消费者对品牌和性能的认知与了解也逐步提高。在你收集汽车信息的过程中，你可能了解了许多汽车品牌，这些信息帮助你在周密思考之后放弃了一些品牌。公司必须设计营销组合以使消费者认知并了解自己的品牌。公司应仔细识别消费者的各种信息来源，分析评价其相对重要程度。

5.4.3　方案评价

我们已经看到消费者是如何利用信息来找出最后一组品牌的，在这些品牌中，他们会如何选择呢？营销人员需要了解**方案评价**（alternative evaluation），也就是消费者是如何来处理信息并选择品牌的。但遗憾的是，消费者并不是在所有的购买情况下都使用简单而单一的评价过程，往往是几种评价共同作用。

消费者通过评价过程对不同品牌形成一定的态度。这些评价因人而异，并且在不同的购买情况下也不相同。有时候，消费者通过精确的计算及逻辑思考进行评价；但有些时候，即便是同一消费者，也可能仅凭冲动或直觉就购买，而很少或没有经过任何理性思考。有时候，消费者自行决策进行购买，而有些时候会寻求朋友、网络评论或是销售人员的意见。

假定你已经把汽车的品牌选择范围缩小为三种，你所看重的四种属性是款式、使用经济、安全保证和价格，并且你已经按属性确定了对各品牌的信任程度。显然，如果一种品牌的所有属性的评分都最高，那么可以预测你会选择它。然而，各个品牌的吸引力不同。你可能依据某一种属性来做决策，那么你的选择也将容易预测。假如你比较看重汽车款式，那么你将选择你认为具有最好看款式的汽车。但是大多数的购买者都考虑多种属性，对每种赋予不同的重要性权重。如果我们能够知道你对每种属性赋予的权重，就可以更可靠地预测你的选择。

营销人员应该研究消费者，找出他们实际上如何来评价方案。如果知道评价过程是如何进行的，就可以采取措施以影响消费者的选择。

5.4.4　购买决策

消费者在评价阶段已经对品牌进行排序并形成了购买意向。一般说来，消费者的**购买决策**（purchase decision）会是买最喜欢的品牌，但是在购买意向与购买决策之间还有两种因素会起作用。第一个因素是他人的态度。如果一个对你很重要的人认为你应该购买价格最低的汽车，那么你购买高价格汽车的可能性就降低了。

另外，购买意图也会受到未预料的环境因素的影响。消费者的购买意图将基于诸如预期的收入、预期的价格及期望的产品利益等因素。而未预料的环境因素可能会改变他们的购买意向。例如,经济环境会变坏,或者相近的竞争品牌可能会降价,或者某个朋友可能会指出你喜欢的汽车的一些缺点。因此,偏好或是购买意图并不一定意味着实际的购买行为。

5.4.5 购买后行为

产品出售以后,营销人员的工作并没有结束。消费者对产品是否满意将影响到**购买后行为**(postpurchase behavior),这对营销人员也是有意义的。什么因素决定消费者购买东西后满意或者不满意呢?答案取决于消费者的期望值与产品所表现的性能之间的关系。如果产品没有达到期望值,消费者会不满意;如果达到期望值,消费者会满意;如果超过期望值,消费者会大喜过望。期望值与产品实际性能的差距越大,消费者的不满意情绪就越强。因此,销售人员应该如实地介绍产品,以使消费者满意。

几乎所有的购买行为都会产生**认知失调**(cognitive dissonance),或因购买后的矛盾而引起的不自在。购买之后,消费者对自己所选择品牌的优点感到满意,并庆幸该品牌没有那些未选择品牌的缺点。但是,任何购买都牵扯着权衡,消费者没有选择其他品牌,从而没有获得它们的优点,这总会带来不自在。因此在购买行为之后总会有认知失调。

为什么使消费者满意如此重要呢?用户满意是与消费者保持长久稳固联系的关键——留住并培育顾客,获取他们的顾客生涯价值。满意的顾客会再次购买这种产品,向别人夸耀,不太注意其他公司的产品或广告,而且会继续从这家公司购买其他产品。许多营销人员不仅满足于达到消费者的期望,他们的目标是使消费者欣喜。

而不满意消费者的反应则截然不同。比起好话来,坏话传得既快又远,并且能够迅速败坏消费者对公司及其产品的印象。但是,公司不能仅仅指望消费者在其不满意的时候主动来投诉,大多数消费者并不愿意向公司投诉他们遇到的问题,因此公司最好定期衡量其用户满意度。公司应该建立起鼓励消费者提意见的制度,这样才能了解自己做得怎样以及该如何来改进。

通过学习消费者购买行为的完整决策过程,营销人员也许能找到帮助消费者顺利决策的方法。例如,如果消费者因为没有发觉需求而不买一个新产品,营销活动也许应该通过广告信息来激发需求,充分展现产品能解决顾客的什么问题。如果消费者知道某个产品但是因为不喜欢而不买,营销者必须做的就是要么改变产品,要么改变消费者的观念。

5.5 新产品购买决策过程

现在让我们来看看消费者如何购买新产品。**新产品**(new product)是指潜在消费者眼中新的产品、服务或设计;它或许已经问世了一些时候,但我们感兴趣的是消费者怎样第一次了解该产品,并作出采用或拒绝的决策。我们把"个人初次听到一种创新到最终采用的心理过程",定义为**采用过程**(adoption process);而采用是指一个人使自己变为一个产品的固定用户的决定。

5.5.1 采用过程的各个阶段

消费者采用新产品时要经历五个阶段：

- 知晓：消费者知道了新产品，但缺乏相关信息。
- 兴趣：消费者寻找相关新产品的信息。
- 评价：消费者考虑是否试用该创新产品。
- 试用：消费者小规模地试用新产品，并改进对其价值的评价。
- 采用：消费者决定全面地或经常地使用该新产品。

这个模型表明，新产品营销人员应该考虑如何帮助消费者来经历这些阶段。例如，百思买最近开发出一种独特的方法来帮助客户克服购买过程中的障碍，并对新电视的购买决策产生了积极影响：

> 在最近的一个假期购物季之前，为了说服买家升级到新机型，电视制造商提供了新技术，并在营销中使用了超薄、Wi-Fi 功能、可上网等诸多技术术语。然而这未能刺激新的购买，而是在购买者之间创造了购买障碍——担心不管自己买的是什么都可能马上过时。在一项研究中，40%的消费者表示，对技术过时的担忧阻碍了他们购买电视、手机和电脑等电子产品。这使百思买之类电子产品零售商的过道堆满了未售出的电子产品。
>
> 为了帮助客户克服这个购买障碍，百思买开始提供一个对未来有保障的回购计划。只要先期支付商品价格7%～20%的费用，百思买承诺当客户准备买新商品时，会按照之前价格的50%赎回工作状态良好的旧商品，具体费用取决于升级前有多少个月过去了。百思买的CEO说："消费者数量相当多，但是他们不太愿意购买，因为他们担心商品更新换代太快，但我们希望他们能够有信心地继续购买。"Radio Shack、Office Depot 和沃尔玛等竞争对手很快就跟着执行了自己的回购计划。

5.5.2 创新精神的个体差异

人们在准备试用新产品的态度上有着很明显的差别。在每个产品领域，有人倾向于成为"消费先驱"和早期采用者，而有些人很晚才采用新产品。人们采用新产品的情况可以分为几类(见图5.7)。起初曲线增长缓慢，接着会有越来越多的人采用新产品，直到一个高峰，然后逐渐减少，这时不采用的人已经很少。创新者是第一批接受新产品的人，占购买者的2.5%(距平均采用时间2σ之外)；紧接着的早期采用者，占13.5%(距均值1σ与2σ之间)；然后是早期大众、晚期大众、滞后采用者。

这五类采用者的价值导向不同。创新者是爱冒险的，他们愿意冒风险试用新构思。早期采用者注重的是他人对自己尊重与否，他们是社会上的意见领袖，采用新构思较早，但态度谨慎。早期大众的态度慎重，虽然他们不是舆论领袖，但比一般人先采用构思。晚期大众所持的是怀疑观点，他们要等到大多数的人都试用后才采用这一创新。最后，落后者受到传统束缚，他们怀疑任何变革，只有在创新转变为传统事物后才采用它。

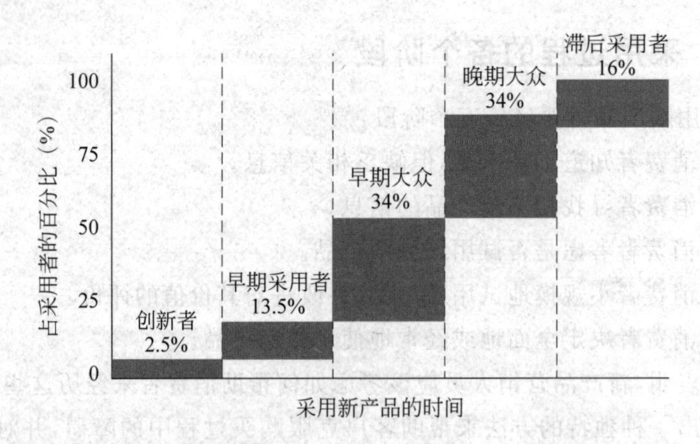

图 5.7　根据采用新产品的相对时间来对采用者分类

这种采用者分类表明，一个不断创新的企业，应该研究创新者和早期采用者的特点，并寻找适合他们的营销策略。

5.5.3　产品特征对采用率的影响

新产品特征对它自身的采用率影响很大。有些产品一夜之间就大受欢迎，如 iPod 和 iPhone 刚摆到零售商的货架上马上就被抢购一空。而有些产品要经过一段时间才会被接受，如第一台高清晰度电视机（HDTV）在 20 世纪 90 年代被引入美国，但是美国家庭中拥有高清晰度电视机的比例到了 2007 年才仅为 12%，在 2010 年则为 66%。

有五个特征对创新采用率的影响特别重要。下面我们将结合高清晰度电视机（HDTV）的采用率，对这些特征进行讨论。

- 优势程度：创新优于现行产品的程度。如果使用高清晰度电视机被认知的优越性越大，比如说画面质量和视觉效果，被采用的速度就会越快。
- 匹配程度：新产品与潜在消费者的价值观和经验相吻合的程度。例如，高清晰度电视机非常适合中上层家庭的生活方式，但是它与这类顾客目前的节目播放系统不相匹配。随着高清晰度节目和频道成为常态，高清晰度电视机的采用率迅速增长。
- 复杂程度：了解和使用新产品的相对困难程度。高清晰度电视机并不复杂，因此只要节目跟得上，并且价格降下来，就能比更复杂的创新以较短的时间进入美国家庭。
- 可分程度：人们可以有限地尝试创新产品的程度。早期的高清晰度电视机及有线和卫星系统的价格较高，这减缓了采用速度。随着价格下降，采用率很快上升。
- 交流程度：人们使用新产品后，能否将新产品的优点向他人描述，或被他人看到。高清晰度电视机本身就是一种展示或描述，因此其性能很快就能够在消费者中传播开来。

其他一些特征也会影响采用率，例如初始成本、运行成本、风险和不确定性、社会认可度等。新产品营销人员在设计新产品和营销方案时，必须研究所有这些因素。

小结

在美国，每年有3.13亿个消费者消费着超过14万亿美元的产品和服务，目前这已成为世界上最具吸引力的一块市场。世界各地的消费者在年龄、收入水平、受教育程度以及品味上各不相同。因此，了解这些差异会如何影响消费者购买行为已成为市场营销人员所面临的最大挑战。

1. 定义消费者市场并建立消费者购买行为的简单模型。

消费者市场是指那些为满足个人消费而购买商品或服务的个人与家庭。最简单的消费者购买模型即刺激—反应模型。根据这一模型，营销刺激因素(4P)和其他因素(经济、技术、政治、文化等)共同进入消费者的"黑箱"，最后产生特定的反应。这些输入变量一旦进入黑箱，就会产生可观察的消费者购买反应，包括产品选择、品牌选择、购买时间选择及购买数量选择等。

2. 列举影响消费者购买行为的四种主要因素。

消费者购买行为受四种主要因素的影响：文化因素、社会因素、个人因素和心理因素。大多数因素虽然并不受营销人员的影响，但有助于识别感兴趣的购买者，塑造产品诉求，并更好地满足消费者的需求。文化是人类欲望与行为的最基本的决定因素，它包括在成长过程中通过家庭和其他主要社会机构获得的基本的价值观、观念、喜好和行为。亚文化是"文化里的文化"，从年龄到种族等各个角度，划分价值观念及生活方式。来自不同文化和亚文化的人往往具有不同的产品和品牌偏好，因而营销人员应该为特定群体确定特定的营销计划。

社会因素也会影响到消费者的购买行为。人们的参照群体(包括家庭、朋友、社会组织和专业人士等)可能会在很大程度上影响产品或品牌的选择。购买者的年龄与人生阶段、职业、经济状况、生活方式、个性以及其他个人因素也会影响购买决策。消费者的生活方式——人们彼此之间作用与相互作用的整体模式——对于购买决策也会有重要的影响。最后，消费者购买行为还会受到第四种因素——心理因素——的影响，包括动机、感知、学习、信念和态度。所有这些因素都为理解消费者的"黑箱"提供了不同的视角。

3. 列举并理解购买决策的主要类型以及购买决策过程的主要阶段。

不同的产品和购买决策中，购买行为有很大的区别。当消费者参与购买程度较高，并且了解品牌间的显著差异时，他们会有复杂的购买行为；当消费者参与购买程度较高，但品牌差别不明显时，消费者的购买行为表现为寻求平衡的购买行为；当消费者参与程度不高，同时品牌间差异也不大时，表现为习惯性购买行为；在消费者参与程度低，同时品牌间的差异很大的情况下，消费者会进行寻求变化的购买行为。

对于一次购买，消费者经历了如下阶段：确认需要、信息收集、方案评价、购买决策及购买后行为。营销人员需要了解各个阶段的购买者行为及其产生的影响。在确认需要阶段，消费者认识到自己有一种需要，这种需要可以通过市场上的产品或服务得到满足。一旦确认了需要，消费者就开始寻找信息并进入信息收集阶段。掌握了信息以后，消费者就可以进行方案评价，手上的信息用于在选择集合里评价不同的品牌。然后，消费者会作出购买决策并最终购买。在购买决策过程的最后阶段——购买后行为阶段，消费者将基于满意或不满意采取行动。

4. 描述新产品被采用和推广的过程。

新产品被采用包括知晓、兴趣、评价、试用和采用五个阶段。消费者首先要知道产品，由知晓导致兴趣，然后消费者会收集有关新产品的信息。收集了信息之后，消费者可以作出评价并决定是否购买。然后在试用阶段，消费者小规模地试用该创新产品，并改进对其价值的评价。如果消费者对试用结果满意，他会进入采用阶段，全面和经常地采用该创新产品。

创新产品的采用率，因不同的消费者特点和产品特征而异。消费者可能是创新者、早期采用者、早期大众，也可能是晚期大众和落后者。每一个群体要求不同的营销方式。一般生产厂商的新产品总是首先来吸引潜在的早期采用者，尤其是意见领袖的注意。最后，影响采用率的特征包括优势程度、匹配程度、复杂程度、可分程度和交流程度。

问题讨论

1. 回顾顾客行为的购买决策模型。在你进行一个餐厅选择的决策时，影响购买者行为的哪些特征影响你最多？这些特征与影响你购买智能手机的特征一样吗？

2. 什么是意见领袖？描述营销人员如何试图通过意见领袖来帮助他们销售产品。

3. 描述购买决策行为的类型，并分别举例说明。

4. 什么是新产品，消费者如何决定是否采用新产品？

批判性思维练习

1. 四五学生组成一个小组。每个小组成员对10个消费者进行采访，访问其在何时何地购买了第一部智能手机。对智能手机引入市场的各个阶段进行调查，并根据访问的结果将各个被访者对应分入产品接受模型中的不同消费者类型当中。创建一个类似于图5.7的图表来呈现所有采访的结果。

2. 访问战略业务洞察(SBI)网站，并在 www. strategicbusinessinsights. com/ vals / presurvey. shtml 完成 VALS 调查。VALS 测量的是什么？你的 VALS 类型是什么？它是否充分描述你的行为？VALS 调查消费者的哪些维度，市场营销人员如何使用这个工具来更好地了解消费者？

营销技术：悼念 2.0

每一种文化都有悼念死者的仪式，但技术正在改变许多以前的文化规范。保守的殡葬行业正在慢慢接受新的技术，从而导致新的悼念行为。高清屏幕可播放死者的视频，电子邮件提醒所爱的人的死亡纪念日，数字蜡烛会在纪念页上永远“点燃”。死者现在可以在网络上永生，朋友可以在脸书上长时间访问他们，快速响应代码芯片（“QR码”）可以在智能手机上实现“恢复生机”。美国人中有近一半的人拥有智能手机，20%拥有平板电脑，80%使用互联网，近70%的人会访问社交媒体网站，现在是殡葬行业利用这些数字趋势的时候了。随着经济仍然低迷，新竞争对手（例如，沃尔玛和好市多现在在线销售棺材）挤压利润率，殡葬行业比以往任何时候都更加开放，以数字方式满足消费者的悼念需求。

1. 研究其他文化中哀悼的习俗。产品和服务怎样能够让悼念者的经历更有意义？美国以外的地方是否也发生着技术改变习俗的事情？

2. 描述新产品影响其采用率的特征。哪些特征将影响殡葬行业的新服务在美国悼念者当中的采用率？

营销伦理："虚荣尺码"

“8”对你意味着什么？如果你是一个女性，那么这意味着很多，特别是如果你的真实尺码是“12”的时候。营销者们也知道较大尺码被标注较小数字的趋势。20世纪40年代和50年代，当妇女开始购买批量生产的衣服时，尺码是标准化的。但随后几十年中尺码开始不停变化，商务部在1983年放弃了尺码标准化。现在，营销人员甚至可以改变尺码的含义。营销人员知道，一个穿12码的女人，穿上8码的衣服时可以获得更多的自信，并可能购买更多。这种被称为“虚荣尺码”的做法有可能为服装制造商提供巨大的利润。美国34%的成年人超重，另有40%的人肥胖，这是一个巨大的潜在市场。加大码服装设计者Torrid用0～5的尺码范围来迎合女性，其中尺码4实际上是原本的尺码26。如果尺码标签上的较大数字真的让你烦恼，那么就可以选择更昂贵的品牌，这些品牌往往会使用“虚荣尺码”这一策略。

1. 服装营销人员使用哪些因素来吸引消费者？询问五个女性和五个男性朋友，衣服的尺码多大程度影响了他们的行为。撰写一份简短的调查报告。

2. 是否应允许制造商自由选择并附加它们想要的任何尺码数字？政府和企业是否应该设立标准化的尺码？

数字营销：评估替代品

消费者可以评估替代品的一个方法是识别重要属性，并评估购买选择在这些属性上表现如何。考虑购买汽车。每个属性，如燃油里程，都会有一个权重以反映其对消费者的重要性。然后消费者评估每个备选方案。例如，在下表中，燃油里程（权重为0.5）是这个消费者最重视的属性。消费者认为，品牌C在燃油里程上表现最佳，得分为7（更高得分表明性能更高）。品牌B被认为在这个属性上表现最差（得分为3）。造型和价格是消费者其次重视的属性。保修最不重要。

属性	权重	备选品牌		
		A	B	C
造型	0.2	4	6	2
燃油里程	0.5	6	3	7
保修	0.1	5	5	4
价格	0.2	4	6	7

可以通过将每个属性的重要性权重乘以该属性的得分来计算每个品牌的分数，然后将这些加权分数相加以确定该品牌的分数。例如，A 品牌的分数＝0.2×4＋0.5×6＋0.1×5＋0.2×4＝0.8＋3.0＋0.5＋0.8＝5.1。这个消费者将选择分数最高的品牌。

1. 计算品牌 B 和 C 的分数。消费者可能选择哪个品牌？

2. 这个消费者最不可能购买哪个品牌？讨论该品牌营销人员可以增强消费者对品牌购买态度的两种方式。

公司案例

保时捷：立足传统，勇于创新

保时捷是一个独特的公司。它始终是一个利基品牌，生产的汽车针对少量和独特的汽车购买者细分群体。去年，保时捷在美国的五款车型总共只销售了 29 023 辆汽车。同期，本田仅雅阁一款汽车的销售量就十倍于保时捷。基于这个原因，保时捷的高层管理者花费了大量时间来研究顾客。他们想要知道他们的顾客是谁，这些顾客在想些什么，这些顾客的感受是什么。他们想要知道为什么顾客购买一辆保时捷而不是一辆捷豹、法拉利或者梅赛德斯跑车。回答这些问题极具挑战，甚至保时捷的车主自己也不能准确地知道他们购买的动机是什么。但是考虑到保时捷的低产量和汽车市场的日益碎片化，对于管理者而言理解其顾客显得非常重要。

保时捷车主的特征

保时捷由费迪南德·保时捷于 1931 年创立，费迪南德·保时捷因设计了最初的大众甲壳虫而著名。大众甲壳虫是德国的“人民汽车”，是汽车历史上最成功的设计之一。在保时捷公司的头两个十年里，公司为德国民众制造了大众甲壳虫，为军队制造了坦克和甲壳虫。随着保时捷公司在 20 世纪 50 年代和 60 年代开始销售冠以自己公司名称的汽车，一些固定的车型被开发出来。公司仅销售很少的车型，创造出一种独特的形象。这些车型有着基于原始的甲壳虫车型的圆形和气泡形状，但是随着闻名世界的 356 和 911 车型的推出，逐渐演化出一些具有保时捷特色的东西。最终，保时捷的汽车以在尾部安装 4 缸和 6 缸平置风冷发动机而著名。这赋予了汽车一种独特又常常危险的特征，当在急速拐弯时汽车的尾部可能会甩出去。而这也正是保时捷车主被吸引的原因，他们想要来挑战让大多数人望而却步的驾驶体验，使得车更加独一无二。

从早期开始，保时捷就面向于一个非常小的经济上的成功人士细分群体。这些成功者将他们自己视为富有创业精神的代表，即使他们受雇于某个企业。他们为自己设定一个很高的目标,然后坚持不懈地去实现目标。他们期望他们所穿的衣服、所去的餐馆和所开的汽车与他们的气质相匹配。这些人并不认为自己是平凡世界的一员,而认为自己卓尔不凡。他们购买保时捷,因为这款汽车能反映他们的自我形象,它代表了这些人想要从他们自己身上和他们生活中看到的东西。

大多数消费者购买的是保时捷管理者所称的效用汽车。购买汽车主要是为了能开着上班,接送小孩,处理杂事。因为这些人使用汽车来完成这样的日常事务,所以购买决策就基于价格、大小、油耗和其他实用的考虑。而保时捷的车主则将他们的汽车视为是用来享受的,而不是仅仅被使用的。大多数保时捷汽车购买者不是被信息而是被感觉所驱动的。一辆保时捷汽车就像一件衣服,车主可以"穿着",别人可以看到。他们与他们的汽车建立了一种私人关系,这种关系与汽车轰鸣、振动和感觉的方式有关,而与它有多少杯架或者可以在车厢里装运多少物品无关。他们欣赏他们的保时捷,因为它表现不凡,不落俗套。

人们购买保时捷是因为他们喜欢驾驶。如果他们所需要的仅仅是让他们从A点到B点,他们可以找到在价钱上便宜多得多的汽车。尽管许多保时捷拥有者是汽车热爱者,但也有一些车主并不是。一位成功的商人,同时又是一辆高端保时捷的拥有者说道:"当我开着这辆车去高中接我的女儿时,最后我的车里会出现五个小家伙。而如果我开着别的车去,我甚至无法找到她,她会不想坐我的车回家。"

从小众到大众

在最初的几十年里,保时捷公司以费迪南德的儿子费瑞·保时捷的经营哲学为指导。费瑞创造了保时捷356,因为没有其他人能制造他所想要的汽车。"我们没有做市场调研,我们没有做销售预测,也没有做投资回报率计算,这些都没有做。我就是想制造我梦想的汽车,而且我猜测也会有其他人有着和我一样的梦想。"因此,可以说保时捷从一开始就非常像它的顾客:一个生来就是成为最好的成就者。

但是随着时代变迁,保时捷的管理层开始担心一个重要的问题:是否有足够的保时捷购买者以支持公司的生存?当然,公司从来没有想过要超过雪佛兰汽车和丰田汽车的销售量。但是为了维持创新,就算是一个利基汽车制造商也必须有一些成长。同时保时捷公司也开始担心那些目前购买保时捷的人可能会流失。

这导致保时捷对其品牌进行了延伸。在20世纪70年代早期,保时捷推出了914车型,这是一种方形、中置引擎、两座位的车型,比911车型要便宜得多。这意味着处于不同阶层的人可以负担起保时捷。因此,914车型成为保时捷的最佳销售车型一点也不让人奇怪。到了20世纪70年代后期,保时捷推出了另一个新车型来替换914车型,这一车型有着常规保时捷车型所没有的掀背式设计,在汽车前部有一个引擎。低于2万美元的定价,比911车型便宜1万美元以上,于是924车型和后来的944车型再次使得保时捷的购买群体规模达到顶点。曾经有一段时间,保时捷提高它的销售目标为增长近50%,达到年销售量6万辆。

尽管这些汽车在很多方面销售很成功,但是那些保时捷的忠诚顾客却有很大意见。他们认为这些入门级的车型价格低廉、性能平庸。大多数忠诚顾客从来没有把这些车型视为"真正的"保时捷。事实上,他们不得不与那些并不契合保时捷拥有者特征的顾客一起分享这一品牌，这让他们感到非常不高兴。他们对保时捷公司所采取的聚焦大众市场而非经典市场的公司战略非常失望。在保时捷品牌受到损害的同时，日产、丰田、宝马和其他汽车制造商纷纷推出了自己的高端跑车，竞争日趋激烈。事实上，日产公司的Datsun 280-ZX和丰田的Supra这两个品牌不仅仅价格要比保时捷的944车型便宜，速度也要比944车型更快一些。此外，萧条的经济也使得保时捷雪上加霜。到1990年，保时捷的销售量大幅下滑，公司几乎处于破产边缘。

回归根本？

面临这样严峻的形势，保时捷并没有放弃努力。它很快意识到它的战略失误，果断停止了入门级车型的生产。通过采用更先进的技术对其高端车型生产线进行翻新，它重建了它受损的品牌形象。为了重新赢得顾客的支持，保时捷再一次确定了高端市场作为其目标市场，推出价格高昂、表现卓越的汽车。保时捷制定了适中的销售目标，断定有着更高利润的适度增长从长远而言将获利更大。因此，保时捷公司制定了产量略低于公众需求的策略。据一位经理所言，"我们并不在寻求产量，我们追求的是专属性。"

保时捷的努力得到了它想要的回报。到20世纪90年代后期，这一品牌再度获得了那些数十年来一直深深喜爱保时捷的成就者们的拥护。保时捷再度获得了专属性。但是到了21世纪的最初几年，保时捷的管理层开始再次问自己一个类似的问题：为了获得一个可持续的未来，保时捷能否仅仅依靠那些保时捷的忠诚顾客？当时的首席执行官这样说道："为了保持保时捷的独立性，它不能依赖于市场中最多变的细分群体。我们不想仅仅成为某个巨头的一个营销部门。我们必须确保我们有足够的盈利来支持我们自身未来的发展。"

因此在2002年，保时捷做了一件让人意想不到的事情。它成为最后进入容量巨大的SUV(运动型多用途汽车)市场的汽车制造商之一。全新的保时捷Cayenne有将近5 000磅，除了保时捷在"二战"时期生产的坦克之外，Cayenne要比保时捷之前生产过的所有汽车都重。再一次，这个新车型的前部设置了一个引擎。Cayenne也是第一款有着5个座位安全带的保时捷汽车。新闻媒体对保时捷这一新车型的报道，引起了保时捷顾客群体的强烈反响。

但是这一次，保时捷显得并不担心它的忠诚顾客会流失。难道是这家公司已经忘了上次它偏离航道的后果了吗？在驾驶第一辆Cayenne驶离生产线后，一位新闻记者这样报道："今天，有着444马力的Cayenne让我留下了两个重要的印象。首先，Cayenne的感觉并不像是一辆SUV；第二，它驾驶起来像是一辆保时捷。"这不是入门级的汽车。保时捷创造了一个两吨半重的野兽，可以在5秒钟加速到60英里每小时，拐弯像是在铁轨上一样，最高时速可到达165英里，在华丽的皮革座椅上可以容纳五个成年人，而且几乎感觉不到外界的声音。确实，保时捷创造了SUV中的保时捷。

近年来，保时捷再次豪赌，推出了另一款大型汽车。不过这一次，这是一款曲线型的五门豪华汽车。保时捷的忠实顾客和汽车媒体再一次感到难以置信。但是随着Panamera推向市场，保时捷公司再一次证明了保时捷的顾客可以鱼与熊掌兼得。Panamera几乎和Cayenne一样大，但是可以承载四个成年人且最高时速达到190英里，可以在3.6秒内从静止加速到60英里每小时，并且一加仑汽油可行驶23英里。

尽管一些保时捷的传统顾客可能并不会喜欢这些新车型，但是保时捷公司坚持认为有两个趋势将会支撑这些新车型。首先，一部分保时捷购买者已经进入了不可逃脱的人生阶段，需要应对更多的人和事情。这不仅适用于某些常规保时捷购买者，而且保时捷发现这些新车型也是吸引消费者前往它的经销商的原因。只是这一次，新车型的定价使得其仅仅面向富裕的人群，这使保时捷能够维持其专属性。这些购买者也符合保时捷购买者通常所具有的成就者的特征。

第二个趋势是新兴经济体的增长。尽管美国一直是保时捷在全球最大的消费市场，但是保时捷公司预计在不远的将来中国将成为其最大的消费市场。在 20 年前，美国市场占据了保时捷全球销售额的大约 50%。现在，美国市场只占了不到 25%。在中国，许多能够负担得起像保时捷这样的豪华车的人通常都雇有司机。保时捷的 Cayenne 和 Panamera 车型非常适合这些人，既满足了这些人追求风格的要求，也满足了他们在必要时能够快速离开的需要。

最近的经济低迷几乎拖累了每一个豪华车制造商。在处境艰难的时候，购买像保时捷这样的豪华车就成为最可能被延期的购买决策。但是随着经济形势好转，保时捷就会相比之前更能满足它的顾客群体的需要。保时捷也更好地在其信徒和其他人心中维持了品牌形象。当然，理解保时捷购买者仍然是一件困难的任务。但是保时捷公司的一位前总裁这样总结道："如果你真的想理解我们的顾客，你就必须理解这句话，'如果我想成为一辆汽车，会是一辆保时捷。'"

讨论题

1. 分析一个传统保时捷顾客的购买者决策过程。

2. 对比传统保时捷顾客的购买决策与 Cayenne 或 Panamera 顾客的购买决策。

3. 本章中的哪一个概念可以用来解释为什么保时捷在 20 世纪 70 年代和 80 年代销售了这么多的低端车型？

4. 解释对于像保时捷这样的品牌的积极和消极态度是如何形成的。保时捷公司如何改变消费者对于其品牌的态度？

5. 保时捷品牌在其购买者的自我观念中扮演了什么角色？

Principles of Marketing　第6章

产业市场与产业购买者行为

学习目的

- □ 定义产业市场并解释产业市场与消费者市场的区别
- □ 辨析影响产业购买决策过程的主要因素
- □ 列举并定义产业购买决策过程的几个步骤
- □ 比较机构和政府市场，说明机构和政府购买者是如何制定决策的

本章预览

在前一章，我们学习了最终消费者的购买行为及其影响因素。在这一章，我们将对产业市场——那些为了自己生产或是出售产品和服务而购买产品和服务的组织——进行相同的研究。正如销售给最终消费者一样，针对产业客户的企业也必须通过创造卓越的顾客价值来与产业客户建立起可获利的关系。

首先，看看埃及的一家创业公司。KarmSolar为农业和工业市场提供定制的太阳能设备，同时也提供金融分析方面的帮助，以便于客户克服转换为太阳能发电时面临的挑战。为了在这些商业市场中取得成功，KarmSolar要做的不仅仅是设计和分销好的产品，它必须与企业客户密切合作，成为一个解决问题的战略性合作伙伴。

KarmSolar：建立伙伴关系并提供便宜的可持续解决方案

KarmSolar是一家成立于2001年10月的埃及公司，其唯一目的是为埃及市场、中东和北非地区提供具有成本竞争力的可再生能源解决方案。但是为了能够做到这一点，KarmSolar需要一个优势、一个利基、一个卖点，将其与竞争对手区分开。太阳能已经使用了多年，但在设计任何商业或农业项目时，它一直没有被作为实际的替代方案。这个事实可归因于许多社会和经济因素，然而主要原因是缺乏对技术的认识和理解。它被认为是一种太贵的技术，无法应用于工业解决方案，但这并不是事实。

KarmSolar的真正挑战是说服客户和消费者，太阳能比传统燃料便宜。埃及政府补贴了由政府提供的所有常规能源，包括天然气、柴油和电力，增加了KarmSolar所面临的挑战，使得KarmSolar对太阳能的投资似乎是一项艰巨的任务。KarmSolar的高管知道他们可以尝试进入消费产品领域，同时不能仅仅销售一些缺乏针对性的现成产品。由于这两个原因，公司必须采用另外一种业务策略。

KarmSolar的B2B模式是基于为离网农业和工业市场的客户提供定制的商业太阳能应用和解决方案。这些解决方案的定制旨在满足每个客户的独特需求，最终目标是为客户提供商业上可行的能源解决方案。随着业务的不断增长和扩张，KarmSolar开始与客户建立长久的合作伙伴关系，通过创新的太阳能解决方案提供全面解决之道。KarmSolar的CEO这样说："赢得客户的关键是了解他们面临的挑战，并为他们提供创新和可持续的能源解决方案，帮助他们降低运营成本，从而实现突破性成果。"

在这一点上，数年的研究表明大容量能源解决方案的市场需求强劲，但太阳能只能提供小规模的能源，而且价格非常高。同时，这个市场的拓展被柴油和天然气发电机的广泛使用所困扰。KarmSolar必须具有创新性。"我们必须定制并提出一个反转性的创新技术，这将改变人们对太阳能的认知。最终我们做到了。"公司的创新和技术总监说。KarmSolar的解决方案利用不同强度的太阳辐射来提供最高的能量，从而最大限度地提高客户资产的使用效率。

对于KarmSolar的客户来说，投资太阳能发电厂的决定并不容易。这是一个非常艰难的过程，涉及计算和预测这种投资的经济和财务结果。这使得KarmSolar在销售过程中能否通过财务和经济研究为客户提供全面的解决方案显得非常重要。KarmSolar作为解决问题的合作伙伴，必须参与客户的问题才能了解客户的挑战。这一策略对双方来说都是非常成功的，提供了相互增长的潜力。

KarmSolar的一位创新经理说："像埃及的任何其他业务部门一样，离网农业是非常浪费的。我们不是光提供太阳能作为化石燃料的便宜替代品，而是帮助农场主了解他们如何浪费了资源，如水、化肥和能源，以及如何提高效率和降低成本。" KarmSolar目前在与业务客户进行各方面的合作，后者又将其产品推向市场。

KarmSolar认为每一笔销售都是值得关注的。每一个项目都有不同的特点和条件，这就导致了解决方案的复杂性和综合性。对于KarmSolar来说，它不光是一个销售，而是一个伙伴关系。"我们与客户的关系是基于信任。我们为他们提供发展和增加自身能力的手段，我们让他们参与设计，并确保他们获得他们所需要的。"KarmSolar的业务开发总监说。KarmSolar使用的业务战略很简单：基于双方的共同利益和成长。

KarmSolar的竞争优势来自在竞争中保持领先一步的能力。这位业务开发总监说："我们不断投资于研究与开发，以确保我们始终领先于我们的竞争对手。我们的价格是客户最关心的问题，我们必须保持吸引力。"作为顶级太阳能技术集成商，KarmSolar降低价格并保持市场竞争力的唯一途径是创新和消除其解决方案中的所有不足之处。"我们为客户提供培训和售后支持，我们教他们如何有效地使用我们的解决方案，"他说。这一开始并不容易，这就是为什么KarmSolar创建了一个基于网络的软件程序，称为太阳能管理接口(SMI)。KarmSolar用其简化服务，使客户更容易理解并与太阳能发电解决方案进行互动。

凭借让所有企业都实现太阳能梦想的激情,KarmSolar成为了离网城市化的推动者。它的产品不出现在你的厨房或客厅里,但你的有些食物在生长过程中可能是由太阳能泵浇水,或者在运送时由太阳能压缩机进行冷藏。

与KarmSolar一样,很多大型企业用这样或那样的方式向其他组织销售产品。诸如波音、杜邦、IBM、卡特彼勒以及其他不可计数的企业销售其大多数产品给其他企业。甚至大型的消费者产品公司,虽然制造的产品被最终消费者所使用,但是也必须首先将其产品销售给其他公司。例如,通用食品公司拥有许多熟悉的消费者品牌,如谷类食品(Cheerios、Wheaties、Trix、Chex)、烘焙食品(Pillsbury、Betty Crocker、Gold Medal Flour)、零食(Nature Valley、Bugles、Chex Mix)、Yoplait酸乳、哈根达斯冰激凌和其他产品。但是为了将这些产品销售给消费者,通用食品公司必须首先将产品销售给它的批发商和零售商,由它们再销售给消费者市场。

产业购买者行为(business buyer behavior)指的是组织的这样一种购买行为,即购买产品和服务来生产其他用于销售、租赁或供应给其他组织的产品和服务的行为。它也包括零售和批发公司的行为,这些公司购进产品的目的是为了转售或租赁给其他公司,从而实现盈利的目的。在**产业购买过程**(business buying process)中,产业购买者首先决定需要采购什么样的产品和服务,然后从可选的供应商和品牌中进行识别、评估和选择。向其他产业组织销售产品的营销者,必须竭力理解产业市场和产业购买者行为的特点。接着,正如销售给最终消费者一样,针对产业客户的企业也必须通过创造卓越的顾客价值来与产业客户建立起可获利的关系。

6.1 产业市场

产业市场非常庞大。事实上,产业市场比消费者市场要涉及更多的销售金额和类别。从固特异(Goodyear)轮胎的生产与销售过程所发生的大量企业交易,我们就能够清晰地了解这个特点。各种供应商销售橡胶、钢材、设备和其他材料给固特异公司,后者用来制造轮胎。然后,固特异公司销售成品轮胎给零售商,零售商接着将这些轮胎销售给消费者。因此,之所以发生多次产业购买过程,就是为了完成一次消费者购买。另外,固特异公司不仅将轮胎作为原始设备卖给那些将它们安装在新汽车上的制造商,也将轮胎作为备用品卖给那些需要对公司车队中的轿车、卡车、大客车或其他机动车辆进行保养的公司。

在某些方面,产业市场和消费者市场是相似的,都包括承担购买任务的人员和为满足需要而决定购买的人员。然而,产业市场在许多方面与消费者市场存在差异,主要的差别在于市场结构和需求、购买单位的性质、决策类型和决策过程。

6.1.1 市场结构和需求

相对消费者市场而言,产业市场中的购买者数量较少,但购买量非常大。即使在大型的产业市场中，几个买主也常常占据了大部分的购买量。例如，当固特异公司销售备用轮胎给最终消费者时，其潜在市场包括美国上百万的轿车车主，但固特异公司在产业市场的命运却取决于能否从几个主要的汽车制造商手中获取订单。

而且，产业需求是**衍生需求**(derived demand)——它最终衍生于对消费品的需求。例如，W. L. Gore& Associates 将其 Gore-Tex 品牌面料出售给户外服装品牌制造商。如果对这些品牌的需求增加，对 Gore-Tex 面料的需求也将增加。为了增加对 Gore-Tex 的需求，Gore 向广大消费者宣传 Gore-Tex 面料为其所购买服装品牌带来的好处。它还在自己的官方网站(www. gore-tex. com)上直接向消费者推广含有 Gore-Tex 面料的品牌，从 Arc'teryx、Marmot、The North Face 一直到 Burton 和 L. L. Bean。

为了进一步深化与户外运动爱好者之间的关系，Gore 甚至赞助了一个名为“更多体验”的在线社区，在这里社区成员可以分享体验和视频，与户外运动专家交流，获得由合作品牌提供的独家装备。在这些营销活动的作用下，全世界的消费者在选购产品时会寻找熟悉的 Gore-Tex 品牌标签，这让 Gore 公司和它的合作品牌都获益。不管你购买的是哪种服装和鞋类品牌，如果在标签上说明该品牌产品由 Gore-Tex 面料制作，它就可以“保证你保持干爽”。

最后，许多产业市场的需求表现为缺乏弹性且更具有波动性。也就是说，对产业产品的总需求不会因价格变动而发生太大的变化，特别是在短期内更是如此。皮革市场的产品价格下降不会驱使皮鞋制造商购买更多的皮革，除非它导致了皮鞋价格下降而使皮鞋需求增加。另外，同消费品相比，许多产业产品和服务的需求变化更大，而且变动也更快。消费者需求的细微增加能引起产业市场需求的剧增。

6.1.2 购买单位性质

与消费者购买相比，产业采购通常涉及更多的决策成员和更专业化的采购工作。产业购买通常由训练有素的采购员来执行，他们一直在工作中学习如何更好地购买。采购越复杂，参与购买决策的人越多。购买重要的货物时，采购小组由技术专家和高层管理者组成是司空见惯的事情。而且，产业市场营销人员现在面对着许多高水准、受过更好培训的供应经理。因此，产业市场上必须要由受过良好培训的营销人员和销售人员去应付这些高层次的购买者。

6.1.3 决策类型和决策过程

产业购买者通常面对比消费品购买者更复杂的购买决策。购买常常涉及大量的资金、复杂的技术和经济评估，以及购买者组织中不同层次人士之间的人际关系。由于这种购买行为非常复杂，因此，产业购买者的决策过程历时很长。相对消费品购买过程，产业购买过程显得更加正式。大宗产业购买通常要求详尽的产品说明书、书面购买订单、对供应商的仔细寻找和正式批准。

最后，在产业购买过程中，买卖双方相互依存。消费者市场的营销者与顾客之间有一段距离，相反，产业市场的营销人员则在购买过程中的所有阶段，即从发现问题到解决问题，一直到售后服务，都会卷起袖子和客户一起干。他们常常针对产业顾客不同的需要，提供个性化的服务。从短期来看,满足客户对产品和服务的直接需要的供应商会拿到生意。从长期来看,产业营销者通过满足客户的当前需求并与他们结成伙伴关系来帮助解决其面临的问题,从而保持对客户的销售和创造顾客价值。例如,陶氏塑料公司(Dow Performance Plastics)不仅仅向它的众多客户销售产品,还与客户一起工作来帮助客户在各自市场上获得成功。

陶氏塑料公司把其业务战略的核心定为——塑料如何使我们的生活更美好。陶氏不把产品直接卖给你和我,而是向其商业客户销售大量的原材料,而这些客户反过来向最终用户销售产品。所以陶氏明白,它不只是卖商品塑料,更是帮助购买自己塑料材料的企业客户成为其自身顾客的英雄。陶氏认为自己是一个伙伴,而不仅仅是一个供应商。陶氏发言人说:"无论是使用陶氏的塑料制作超市的袋子还是复杂的汽车配件,我们必须帮助它们在市场上取得成功。"陶氏在网站上声称:"将陶氏当作是你们团队背后的支持团队吧。我们相信一个简单的道理,那就是双赢。"

根据陶氏的案例我们可以看到,近几年来,客户与供应商之间的关系已经从垂直对抗转变为亲密合作。事实上,许多客户公司现在正在进行"供应商开发"——系统地识别、发展和支持供应商以确保有效和可靠的产品及原料供应。例如,沃尔玛并没有设立"采购部",而是建立了一个"供应商开发部"。这家大型零售商知道,它不能只依靠在需要时可用的现货供应商,相反,沃尔玛管理着强大的供应商合作伙伴网络,以此每年向顾客提供数千亿美元的商品。

6.2 产业购买者行为

最基本的,市场营销人员都期望知道,产业购买者对不同的营销刺激将会产生怎样的反应。图6.1显示了产业购买者的行为模型。在这个模型中,营销活动和其他方面的刺激对买方组织产生影响,并引起购买者作出某些反应。这些刺激进入组织,进而产生购买者反应。为了制定良好的营销组合战略,营销人员必须清楚,在组织将刺激转化为购买反应的过程中,发生了什么变化。

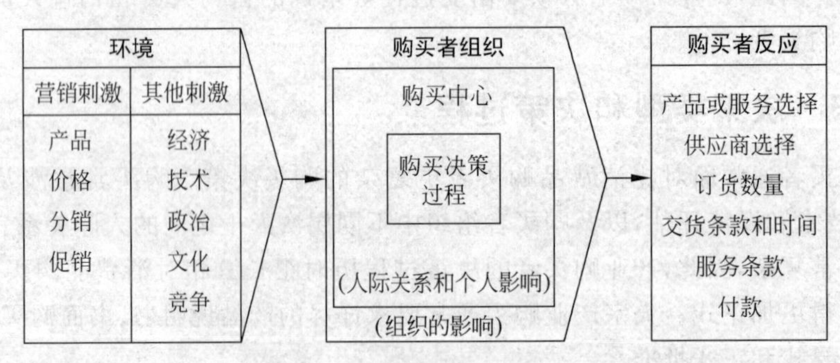

图6.1 产业购买者行为模型

在组织内部,购买活动由两个主要部分组成:一是购买中心,由涉及购买决策的所有人组成;二是购买的决策过程。该模型表明,与外部环境因素一样,内部组织、人际关系和个人因素对购买中心和购买决策过程同样具有影响。

图6.1提出了四个有关产业购买者行为的问题：产业购买者作出什么样的购买决策？谁参与购买过程？什么是影响购买者的最主要因素？产业购买者是如何制定其购买决策的？

6.2.1 购买情况的主要类型

购买主要有三种类型。**直接重购**(straight rebuy)时，购买者只需要重复订货而不用做任何修订。通常由采购部门按常规原则处理。为了维系业务，清单中的供应商会努力保证产品和服务的质量。清单外的供应商，则会设法提供一些新东西或者利用购买者对原有供应商的不满情绪，以便购买者在下一次购买时能够选择它们。

在**调整重购**(modified rebuy)中，购买者期望修改产品的规格、价格、条款或是供应商。调整重购通常比直接重购涉及更多的决策参与者。在清单中的供应商会变得紧张和感到压力，为留住这个客户，它们将竭尽全力。在清单外的供应商，会将购买者的调整重购视为一个获得新业务的机会，并提供更优惠的条件。

第一次购买某种产品或服务的公司会面临**新购**(new task)的情况。在这种情况下，成本或风险越大，决策参与者的人数也越多，收集信息的工作量也越大。新购情况的发生对营销者来说，是最大的机会，同时也是最大的挑战，营销者不仅需要施加尽可能多的购买影响，也需要尽可能多地提供帮助和信息。购买者在直接重购中所需作出的决策最少，在新购中所需作出的决策最多。

许多产业购买者喜欢从一个销售商那里购买"一揽子"解决方案。不是购买设备后自己组装，而是通过招标的方式，让供应商提供设备，并由供应商组装成系统。那些能够提供更加完备的系统来满足客户需求的公司往往能赢得订单。因此，**系统销售**(systems selling)或者**解决方案销售**(solutions selling)往往是一项赢得和保持客户的关键产业营销战略。让我们看看IBM及其客户六旗娱乐公司(Six Flags Entertainment Corporation)的案例：

六旗在美国、墨西哥和加拿大经营19个区域主题公园，拥有令人兴奋的游乐设施和水上设施、世界一流的过山车以及特别的节目和音乐会。为了为客人提供有趣和安全的体验，六旗公司非常认真并有效地管理数千项园区资产，从设备到建筑物和其他设施。六旗需要一个工具，以便有效地管理这些地域分散的主题公园。所以它求助于IBM，IBM的Maximo资产管理软件能有效处理这个问题。

但是，IBM并不是将现成的软件直接交给六旗，而是让Maximo专业服务团队将软件与整套服务相结合，旨在让软件保持运行。IBM与六旗携手合作，定制应用程序，在六旗的远程设施中进行战略性实施，并举办现场培训和规划研讨会。六旗公司项目管理总监说："迄今为止，我们已经在五处公园实施了解决方案，并且实施团队将一个接着一个地完成每个部署。我们有一个实施团队，以确保我们所有公园的所有部署都是一致的。"IBM将在整个过程中与六旗合作。因此，IBM不仅仅是销售软件，而是为六旗的复杂资产管理问题销售了一个完整的解决方案。

6.2.2 产业购买过程中的参与者

是谁参与了商业组织价值百亿美元的商品和服务的购买？购买组织的决策制定单位被称为组织的**购买中心**(buying center)，包括参与企业购买决策制定过程的所有个人和单位。这个团队包括产品或服务的实际使用者、购买决策的制定者、购买决策的影响者、实际的购买者以及购买信息的控制者。

购买中心包括在购买决策过程中，组织内能够产生任何以下五种作用的所有成员：

- 使用者(user)：使用者是未来使用产品或服务的组织成员。在许多情况下，使用者提出购买，帮助界定产品规格。
- 影响者(influencer)：影响者经常帮助界定产品规格，也提供评估替代品的信息。技术人员是特别重要的影响者。
- 购买者(buyer)：购买者有正式的权力，去选择供应商和安排购买事项。购买者可以帮助明确产品的规格，但主要作用是选择卖主和进行谈判。在较为复杂的采购谈判过程中，可能会有高层官员出席。
- 决策者(decider)：决策者拥有正式或非正式选择或批准最终供应商的权力。在常规购买中，购买者常常就是决策者，或者至少是批准人。
- 门禁者(gatekeeper)：门禁者控制流向外界的信息。例如，采购员经常有权阻止推销人员会见使用者或决策者。其他门禁者包括技术人员，甚至是私人秘书。

购买中心在采购组织中不是一个固定的、正式确认的单位，在不同的采购情况下，是由不同的人承担的一套购买角色。在组织中，购买中心的规模和组成将随不同的产品和购买情况而变动。如果是日常采购，一个人——例如一个采购员——就可以承担购买中心的所有角色，购买决策只由他一人负责。在更复杂的采购中，购买中心是由从组织不同级别和不同部门中抽出的 20 或 30 人组成。

购买中心概念提出了一个重要的营销挑战。产业市场营销人员必须知道谁参与决策，每个参与者之间是如何相互影响的，每个决策参与者使用什么样的评估标准。

购买中心通常包括一些显而易见的成员，他们正式参与购买决策。例如，企业购买飞机的决定，可能涉及公司的首席执行官、首席飞行员、采购员、律师和高层管理人员，以及其他正式参与购买决策的人。它可以包括不太明显的、非正式的参与者，这些人也许实际制定决策或是强有力地影响购买决策。有时，即使是购买中心的成员，也不清楚所有的购买参加者。例如，购买什么类型的飞机的决策，也许是由一个喜欢飞行和了解飞机的董事作出的，这位董事可能是在幕后操纵最终的决定。许多产业购买决策，都是多变的购买中心成员和他们之间复杂相互作用的结果。

6.2.3 影响产业购买的重要因素

产业购买者在制定购买决策时，会受到许多影响。一些营销者认为，在这些影响中，最为主要的是经济因素。他们认为，购买者会偏好能够提供最低价格，或者是最好产品，或者是最多服务的供应商。因此，他们将注意力集中在为购买者提供最有利的经济效益。但是，产业购买者会受经济因素和个人因素两者的影响。它们绝非冷酷、精于计算和缺乏感情，产业购买者也具有人性和社会性。产业购买者会像常人一样作出既有理性又有感性的反应。

如今，大多数企业对企业(B2B)的营销者认识到情感在产业购买决策中的重要作用。看看下面这个例子：

> Citrix通过虚拟会议、桌面和数据中心为员工和企业创造更好的工作方式。Citrix将虚拟化、网络和云计算技术结合在一起，让人们在任何地方的任何设备上工作和娱乐。该公司帮助企业整合服务器硬件，并从数据中心集中管理应用程序和桌面，而不是将它们安装在单个员工的计算机上。面对精通技术的客户，你可以预见到Citrix的B2B广告完全集中在简单、生产力和成本效益等技术特性和好处上。Citrix确实提升了这些好处，但广告也包含了更加情绪化的东西。为了改变“我们的技术开始控制我们”这个观念，Citrix的“Simplicity Is Power”活动使用了戏剧性的图像，展示一只完全控制技术的人手。例如，一个广告展示一只手捏碎了服务器，另一则广告展示笔记本电脑和应用程序悬挂在手指下面，如弹簧上的木偶。这些充满情感的图像传达了这一信息：Citrix虚拟计算机解决方案将前所未有的计算能力重新掌控于组织及其IT部门手中。

图6.2列出了影响产业购买者的各类因素——环境、组织、人际关系和个人因素。产业购买者在很大程度上受当前和预期的经济环境的影响，比如基本需求水平、经济前景和资金成本。另一个环境因素是关键材料的供应。现在，许多公司非常愿意购进和持有大量的稀缺材料，以确保充足的原料供应。产业购买者也会受环境中技术、政策和竞争等因素的影响。文化和习俗能强烈地影响产业购买者对市场营销人员的行为及其策略所做的反应，尤其是在国际营销环境中(参见营销实例6.1)。产业营销人员必须洞悉这些因素，判断这些因素是如何影响购买者的，并最终设法将这些挑战转化为机遇。

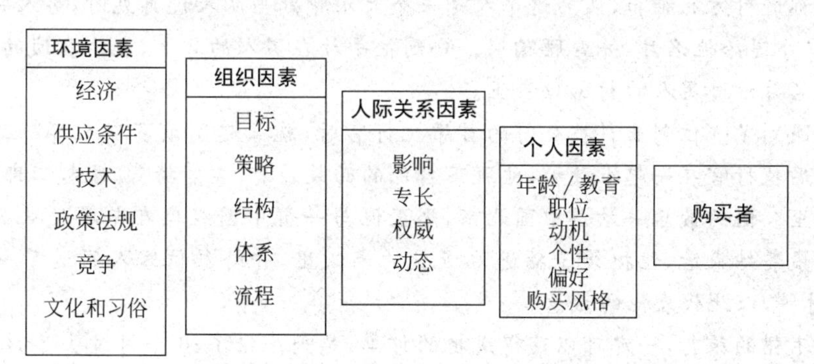

图6.2 影响产业购买者行为的主要因素

组织因素也同样重要，每个购买组织都有其自身的目标、策略、结构、体系和流程。产业营销人员必须尽可能地了解这些组织因素，提出以下问题：多少人参与购买决策？他们都是谁？他们的评估标准是什么？该公司对采购员的政策和约束是什么？

购买中心通常是由相互影响的众多人员组成，因此人际关系因素同样影响购买决策。然而，要了解人际关系因素和群体力量怎样渗透到购买过程常常是困难的。购买中心的参与者不会头戴“我是决策人”或“我是非重要人物”的标志，地位最高的购买中心成员也不一定就最具影响力。其他成员如果掌握奖罚权，或具有特殊专长，或受到拥戴，或与其他重要成员有特殊关系，也可以在购买决策中施加影响。人际关系因素的影响经常是非常微妙的。只要有可能，产业市场营销人员必须设法洞悉这些因素，并制定相应的策略。

在购买过程中的每个成员都带有个人的动机、理解和偏好。这些个人因素受个人情况的影响，比如年龄、收入、教育程度、专业、个性和对风险的态度。此外，购买者有不同的购买风格：有的是技术型，他们在选择一个供应商之前，会对不同的竞争性提案做深度分析；有的是老练谈判型，他们擅长以一个卖家的底价打压其他卖家，并常常能做成漂亮的交易。

营销实例 6.1

国际营销方式

想象一下：统一联合有限公司（Consolidated Amalgamation）认为时机已经成熟，该把它在美国销售给两代人的精美产品推广到全世界了。它派遣副总裁哈利·E. 斯里克斯麦尔到欧洲开拓市场。斯里克斯麦尔先生的第一站是伦敦，在那里他和银行家们进行了简短的联络——通过电话。他同样轻松地与巴黎人打交道，在银色之旅餐馆订了午餐，他这样招呼客人，某工业工程公司的总裁：“雅克，叫我哈利好了。”在德国，斯里克斯麦尔先生活像一个发电站。他快速地做了一个充满最新见解的长篇营销讲话，并辅以花哨的多媒体，以显示来自佐治亚州的他知道如何做生意。

斯里克斯麦尔先生又转到沙特阿拉伯，在那里他向潜在顾客展示了一份用上等猪皮包装着的价值上百万的建议书。在去莫斯科的飞机上，他与邻座的日本商人开始交谈。哈利多次称赞对方的袖扣，认为这个人是一个大人物。当两人说再见时，男人将袖扣送给哈利，用双手递给他名片，并弯腰鞠躬。哈利把手放在男人的背上，表示真诚的感谢，然后把自己的名片放进男人的衬衫口袋里。

哈利遇到了一位创业科技公司的首席执行官时，就拿起了俄罗斯人那一套。哈利和俄罗斯首席执行官在一起很放松，他脱下自己的西装外套，靠着椅背，跷起二郎腿，并将手放进口袋里。他的最后一站是中国北京，那里他与一群中国经理在午餐时从头到尾地谈论业务。聚餐结束后，他把筷子插进他饭碗的米饭里，并给每位客人赠送了一个精美的Tiffany 时钟，以此代表他的诚意。

非常不错的旅行，一定可以获得成把的订单，是吗？错了，6 个月过去了，统一联合公司除了收到一堆账单以外，在这次旅行中未收获任何成果。在国外，没有人对哈利着迷。

这是个假设的例子，为了强调所以做了夸张，美国人很少会这么傻。不过专家认为，在国际市场上取得成功，与了解对方的国家和人民有很大关系。通过学习英语和在其他方面拓展自己，世界上的企业领导者们在很大程度上迎合了美国人的需要。相反，美国人在这方面所做很少，总希望别人能向自己靠拢。“我们旅行时希望一切都‘美国化’——快速、方便、容易，所以我们成为要求别人改变的‘丑陋的美国人’，”美国的一位世界贸易专家说，“如果我们能更努力些的话，会做成更多的生意。”

可怜的哈利确实尽了力，不过都是以错误的方式。与美国人不同，英国人通常不通过电话做生意。这并不是文化差异，而是方法差异。一名真正的法国人从不喜欢太快的亲近，也不喜欢被陌生人直呼其名。"可怜的雅克，可能不会表露什么，但他会不高兴，"一位研究商业惯例的法国专家解释道。

哈利令人眼花缭乱的演讲在德国人眼里只是一个错误，他们不喜欢夸张和卖弄。不过，据一位德国专家说，他们已习惯了和美国人做生意。在沙特阿拉伯，猪皮包被认为是肮脏的。一个美国商人如果确实带着这样一个包并随手乱丢，那么他的公司就会被列入沙特商务合作的黑名单。

哈利还让他新结识的日本人产生了许多误解。因为日本人一般力求让别人高兴，特别是当别人羡慕自己的所有物时，这个日本人可能会感到有责任把袖扣给他，虽然并不乐意如此。哈利把手放在他人背上，会被认为失礼和狂妄自大。日本与许多亚洲国家一样，属于"无碰触文化"，甚至握手都会被认为是非同寻常。更糟的是，哈利把名片随便一扔。日本人把商业名片看成自我的延伸以及地位的象征。他们不是把名片随便递给别人，而是用双手献给别人。

事情在俄罗斯也不顺利。俄罗斯商人保持专业的外观，穿着深色西服和皮鞋，在任何形式的谈判中脱衣服都被视为失礼。把手放在口袋里被认为是粗鲁的，露出鞋底则被看作肮脏而恶心的。同样，在中国，哈利随意放置筷子会被误解为一种侵犯举动。而被哈利作为礼物的时钟也进一步增强这种负面含意。"送钟"的中文发音的意思就是"看着某人死去"。

因此，为了在全球市场获得成功，或者是为了在自己的国度内同跨国公司有效率地交易，公司必须帮助它们的经理们了解国际产业购买者的需要、习惯和风俗。几家公司现在提供智能手机应用程序，为国际旅客提供沟通技巧，并帮助防止他们在国外犯下尴尬的错误。世界各地的文化差异很大，营销人员必须深入挖掘，以确保他们适应这些差异。"当在国外或外族文化下从事商业活动，千万不要想当然，"一位国际贸易专家建议。"应该想到每个举动背后的含义，多提问题，多注意细节。"

6.2.4　产业购买过程

图6.3列出了产业购买过程的八个阶段。购买者如果是面对一项新的工作，常常会经过全部八个阶段。如果是调整重购或直接重购，购买者可能会跳过一些阶段。这里我们只考察典型的新购过程。

确认需求　当公司的某个人认识到问题或需要，也认识到某些特定的产品或服务能够解决问题或满足需求，购买过程就开始了。**确认需求**(problem recognition)的过程可以由内部或外部的刺激引起。从内部来说，公司可能决定生产一种新产品，需要新设备和材料；或者机器出现故障，需要新零件；也可能销售经理对目前供应商的产品质量、服务或价格不满意。从外部来说，购买者可能从展览会或广告上获得信息，或是从某个推销员的电话中得知有更便宜或更好的产品。

事实上，产业营销人员经常提醒客户潜在的问题，并且介绍自己的产品如何能使问题

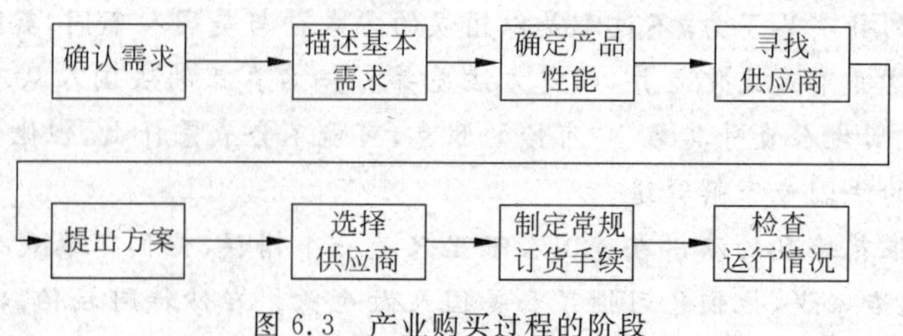

图 6.3　产业购买过程的阶段

迎刃而解。例如，致力于强大的客户服务的在线办公产品供应商 Quill.com，它的一则获奖广告强调了一个让人生畏的客户问题：打印机耗尽墨粉时应采取的措施。"如果您的墨粉不足，"该广告说，"我们将很快更换它。在 Quill.com，只要你需要，我们就在这里。"前半句的字迹逐渐模糊，而后面提出的解决方案则字迹又清晰可见。

描述基本需求　认识到需要后，购买者下一步要**描述基本需求**（general need description），决定所需要项目的特点和数量。对于一般性项目，这个过程并没有什么问题。如果是复杂项目，购买者需要和工程师、操作人员或顾客等共同确定项目的条件。这个小组可能会权衡产品的可靠性、耐久性、价格或其他方面。在这个阶段，聪明的产业营销人员可以帮助购买者弄清需要，并提供有关不同产品特点和价值的信息。

确定产品性能　购买单位下一步是**确定产品性能**（product specification），这常常需要工程小组做价值分析。产品价值分析（product value analysis）的目的是降低成本，这项工作要对产品的各个部件仔细研究，看看是否能用低成本的方法来重新设计、实行标准化或进行制造。小组要决定最佳的产品性能，并作出相应说明。销售商也可以将价值分析作为工具，来帮助寻找新客户。通过向购买者展示达到目标的好方法，外界的销售商可将直接重购转化为新的采购，并以此获得机会，赢得新客户。

寻找供应商　购买者现在开始**寻找供应商**（supplier search），以便找到一个最好的卖方。依据工商名录、计算机查询，或者通过致电其他公司获取建议，购买者可以列出合格供应商的清单。如今，越来越多的公司转向通过国际互联网来寻找供应商。对营销人员来说，这拉平了竞争地位——互联网给小公司与大公司同样的优势。

购买工作越新，项目越复杂，成本越高，购买者寻找供应商所花的时间也就越多。供应商要设法把自己公司的名字列在主要的工商名录上，并在市场上有一个良好的声誉。销售人员要注意那些处在寻找供应商过程中的公司，并让它们考虑自己的公司。

提出方案　在**提出方案**（proposal solicitation）阶段，购买者邀请供应商提出方案。相应地，一些供应商一般只提供产品目录或派一个销售员。不过，当项目复杂或价格很高时，购买者通常要求每个可能的供应商提供书面方案或正式文件。

为了答复购买者的提案，产业营销人员必须对研究、书写和提交销售计划等工作十分熟悉。计划也应是市场营销的文件，而不仅仅是技术文件。方案陈述书应能鼓舞人心，使自己的公司形象优于竞争对手。

选择供应商　购买中心的成员现在开始审查方案，选择一个或几个供应商。在**选择供应商**（supplier selection）阶段，购买中心常作一个表格，里面列出令人满意的供应商的主要特征。在一次调查中，采购经理们列出以下特征，作为影响供应商和客户关系的重要因素：产品质量和服务，交货及时性，公司行为的规范性，沟通中的诚信度，以及价格的竞争力。其他重要因素包括维修和服务能力、技术支持和建议、地理位置、业绩历史和声誉。购买中心的成员会根据这些特征来对供应商进行评估，并选择最好的供应商。

在作出最终决定之前，购买者往往试图和偏好的供应商进行谈判，以求获得一个更好的价格及条件。最终，他们将选择一个供应商或几个供应商。许多购买者喜欢保有多个供应商，以避免对一个供应商过分依赖。他们希望这些供应商之间存在持续的竞争，以便在采购时可以进行比较。今天的供应商开发经理喜欢发展一个全面的供应商网络，以帮助企业为顾客创造更多价值。

制定常规订货手续 现在购买者需要**制定常规订货手续**(order-routine specification)。它包括向选定的供应商最后订货，并列出技术特性、质量要求、预定交货时间、退货政策和保证等事项。为了设备的维护、修理或操作，购买者常签订“一揽子”合同，而不是签分期订单。“一揽子”合同能建立一种长期关系，在这种关系下，供应商对购买者作出承诺，保证在一定时期内按商定的价格提供产品。

许多大型购买商现在实施供应商管理库存(vendor-managed inventory)，购买企业将订货和库存的责任转移给其供应商。在这种系统下，购买企业直接与其重要供应商分享销售和库存信息。这些供应商进而监控库存并根据需要自动补充库存。例如沃尔玛、塔吉特、家得宝和劳氏之类的大型零售商，其大多数主要供应商就承担着供应商管理库存责任。

检查运行情况 在这个阶段，购买者检查供应商所售产品的运行情况。购买者可以与操作人员联系，看他们如何评价。**检查运行情况**(performance review)可导致购买者继续、修订或放弃购买。销售者的工作是注意购买者考虑的因素，以保证自己能让客户满意。

我们已经阐述了新购情况下的典型阶段。该八阶段模型简单描述了集团购买过程。不过实际上这个过程通常要复杂得多。在调整重购和直接重购情况下，企业会跳过或绕开一些阶段。每个组织有它自己的购买方式，每种购买情况也有不同的特点。

不同的购买中心成员可能涉及不同的购买阶段。尽管某些购买过程一定会发生，但购买者不是总是遵循这个程序，可能会增加一些步骤，也时常重复某一步骤。最终，顾客关系对顾客购买也有很大影响，不同的顾客关系会带来不同的顾客购买过程。卖者也必须全面把握好顾客关系，而不只是单次购买。

6.2.5 互联网上的产业购买

信息技术的快速发展改变了企业对企业营销过程的面貌。网上购买，经常被称为**电子采购**(e-procurement)，现在发展迅速。电子采购在 15 年前几乎从未听说过，而现在已经成为大多数公司的一种标准程序。电子采购给购买者提供了发现新供应商的渠道，而且能够降低采购成本，并减少耗费在订货和运输过程中的时间。同时，就产业营销者而言，它们能够通过在线连接方式，与客户共享市场信息，销售产品和服务，提供客户支持服务，并且维持长久的客户关系。

企业可以通过以下几种方式来进行电子采购。它们可以进行反向拍卖(reverse

auctions)，企业将其采购需求发布在网上，邀请供应商为这一采购项目投标。或者它们可以参与在线交易平台，通过集体采购的形式推动交易过程。企业也可以通过建立自己的企业采购网站来进行电子采购。例如，通用电气公司就建立了一个企业采购网站，在这里通用电气公司可以发布采购需求，邀请供应商投标，协商条款，并发放订单。此外，企业也可以创建与重要供应商的外部网链接。例如，它们可以创建与其供应商如戴尔或者史泰博(Staples)等的直接采购账号，通过这个账号企业采购者可以直接购买设备、原材料和日常用品。史泰博运营着一个名为“史泰博优势”的B2B采购部门，该部门服务于任何规模企业的供应和服务购买需求，并且从最初的20名员工增加到1 000名。

B2B营销人员可以通过创建设计良好、易于使用的网站，来帮助想要进行在线采购的客户。例如，*B2B*杂志最近把Shaw Floors(该公司是地板装饰产品的市场领导者)的网站评为“十大B2B网站”之一。该网站帮助Shaw与其业务和贸易客户建立了牢固的联系。

> 制造商Shaw Floors的网站原本只不过相当于一个在线用户手册。然而今天，该网站是一个真正的互动体验网站。在网站上，设计和建筑专业人士以及客户都可以“亲眼”看到公司的许多产品线。在受欢迎的“Try on a Floor”页面，设计师或零售商甚至可以与最终买家一起上传实际地板的数字图像，并将公司的各种地毯放在上面看看它们的外观。他们可以立即选择各种线条和颜色，而不需要样品。而且，图像可以进行旋转和其他操作，因此设计师可以向客户展示这张地毯的样子以及它的厚度。
>
> Shaw Floors网站还为Shaw零售商提供了丰富的、易于浏览的资源。“零售商”页面可让零售合作伙伴搜索公司的产品，进行库存检查，跟踪订单状态或为其商店订购手册。在“Shaw AdSource”页面，零售商可以创建自己的广告资源。Shaw Web Studio让零售商(很多是夫妻店)下载图片、目录引擎以及建立自己的网站所需的其他工具。“许多零售商没有时间或金钱来建立自己的网络，”Shaw的互动营销经理说，“所以这真的能帮助它们。”

更广泛地说，今天的B2B营销人员正在使用广泛的数字和社交营销方法，从网站、博客和智能手机应用程序到主流社交网络，如脸书、LinkedIn、YouTube和推特，以接触产业客户并随时随地管理客户关系。数字和社交营销已经迅速成为吸引产业市场客户的新领域(见营销实例6.2)。

产业电子采购可以获得很多利益。首先，它能够削减交易成本，最终使买者和供应商之间的交易变得更有效率。一个功能强大的网上采购程序可以消除传统询价和订购程序中大量的文书工作，同时帮助组织更好地跟踪所有的采购物品。最终，除了节省时间和成本外，电子采购可以使得人们把更多的注意力集中到战略问题上，如寻找更多的采购来源，并且可以与供应商合作来缩减成本和开发新产品。

电子采购的应用扩展得很快，但是，也带来了一些现实的问题。例如，在网络使得供应商和客户能够分享数据并合作进行产品设计的同时，它也侵蚀了客户与供应商之间旧有的关系。许多采购者现在使用互联网的威力来让供应商相互竞争，针对每一次采购搜寻更好的折扣、产品和周转次数。

电子采购也带来了潜在的安全灾难。尽管电子邮件和家庭银行交易能够通过基本加密技术获得保护，但是企业开展机密交易所需的安全环境仍然欠缺。各公司在防御策略方面投入巨额资金来严防电脑黑客的袭击。以思科系统公司为例，它设定了路由器、防火墙以及安全程序，它的合作伙伴必须通过这些安全措施来保护外部网连接。事实上，该公司在这方面做得还要多——它派自己的安全工程师去检查合作伙伴的防御系统，以保证合作伙伴的计算机接口都是可靠的。

营销实例 6.2

B2B 社交营销：吸引商业客户的空间

这些日子，YouTube 上有一个热门新视频，在 Makino Machine Tools 频道上播放。它展示了 Makino 的 D500 五轴垂直加工中心，里面正在打磨一个工业部件，金属屑在不断飞舞。听起来很激动？可能不是针对你的。但是对于相应的工业客户来说，这个视频非常令人兴奋。"哇，"一个观众说，"这是一个新的概念，从垂直方向对金属部件进行打磨。这是否是一个重要的提升？"总而言之，视频已被浏览了 2.9 万多次，大部分是租赁或期待 Makino 的客户。对于 B2B 营销商 Makino，这是很好的曝光。

当你想到数字和社交营销时，你最有可能会想到对消费者的营销。但是今天，像 Makino 这样的大多数 B2B 营销者也大力使用这些新方法来接触和吸引商业客户。在产业营销中数字和社交营销渠道的使用量不仅仅是增长，而是爆炸式发展。大多数主要的 B2B 营销者都在减少传统的会议和活动营销，而逐步加大对网站、博客、应用程序、专有在线网络以及主流社交网络（例如脸书、LinkedIn、YouTube 和推特）的使用。研究表明，79%的 B2B 公司现在在网上发布文章，74%使用现有的社交媒体，65%使用博客，63%发布电子通信，52%运用在线视频，46%举行网络研讨会。

数字和社交媒体已经成为吸引 B2B 客户并加强客户关系的空间，再次从这个角度探讨金属切削加工技术的领先制造商 Makino：

Makino 采用各种各样的社交媒体举措，为客户提供信息，增强客户关系。例如，它举办了一系列特定行业的网络研讨会，将公司定位为行业思想领袖。Makino 每月举办大约三个网络研讨会，并探讨至少 100 个专题，从优化机床性能到发现新的金属切割工艺。网络研讨会内容是针对特定行业（如航空航天或医疗）量身定制的，并通过精心定位的横幅广告和电子邮件进行宣传。网络研讨会有助于建立 Makino 的客户数据库，生成销售线索，建立客户关系，并通过提供相关信息和在线培训为销售人员准备方法。

Makino 甚至使用推特、脸书和 YouTube 来告知客户 Makino 的最新创新和事件，并生动地展现公司的机器。结果令人非常满意。Makino 的营销经理说："我们已经转换到电子营销领域。它可以加快销售周期，使公司和客户更有效率，结果是非常明显的。"

与传统媒体和销售方式相比，数字和社交营销方式可以创造更多的客户参与和互动。B2B 营销者知道他们并不是真正针对企业，而是针对企业中影响购买决定的个人。一个 B2B 营销人员说："我们其实是在把企业的产品销售给人。"今天的商业买家总是相连的，他们的数字设备连接到他们的大脑，无论是计算机、iPad 还是智能手机。另一个 B2B 营销人员说："工作不再是一个场所，而是一种心态。"

数字和社交媒体可以发挥重要的作用，使企业吸引如今总是连接的商业买家，而个人销售的方式却不能办到。新的数字化解决方案可以方便随时随地在销售人员和客户之间进行联系，而不是旧的销售代表呼吁商业客户在工作中或在贸易展上与他们会面。卖家和买家可以更多地控制和获取重要信息。B2B 营销一直是社交网络营销，但是今天的数字环境提供了一系列新的网络工具和应用。

没有一家公司比作为最古老公司之一的 IBM 更充分地把握了新的数字和社交媒体的机会。在 IBM 成立 114 周年的时候，它在 170 个国家拥有 40 万名员工，对社交媒体仍然保持活力，采用分散化的方式进行社交媒体宣传。IBM 社交媒体经理表示："我们在网络上保持以前的展现方式，我们的品牌在很大程度上受到 IBM 员工与客户的关系的影响。"

从这个角度来看，IBM 鼓励员工在社交媒体上公开相互对话以及与客户进行交谈，并且从不干预，让他们做想做的事。数以千计的 IBM 员工是公司的传声筒，有 10 万名 IBM 员工使用 1.7 万个内部博客，并有 5.3 万个成员使用 SocialBlue(IBM 自己的类似脸书的内部网络)。一位分析师说："在线搜索'IBM 博客'，您会发现无数的 IBM 员工公开发布各种内容，从面向服务的架构到销售的全过程。如果您想在 IBM 上博客，您只需要启动它。"IBM 员工也积极参与推特、LinkedIn、脸书、YouTube 等许多公共社交网络。

所有这些 IBM 人主导的社交网络驱动了 IBM 员工、客户和供应商之间的强大互动。例如，IBM"创新脑力激荡大会"是一个由公司内外部 50 万人组成的多样化群体。这样的在线交互有助于产生大型运动，比如现在的"智慧星球"。这一举措将集体思想和工具放在 IBM 公司内外，以解决从高峰时段交通到自然灾害应对等各种问题。

无论是 IBM 对数字和社交媒体的分散化方法，还是 Makino 更专注和精心设计的广告，B2B 营销人员正在发现这些新的网络渠道如何有效地与商业客户互动。数字和社交营销不是转瞬即逝，它们表明了一种新的经营方式。B2B 营销人员只能在电话销售或营销活动中推出有关其产品和服务的信息的时代已经过去了。相反，市场营销人员应以有意义和高相关的方式吸引客户，只要客户需要，不论何时何地，每周 7 天、每天 24 小时都应满足需求。一位 B2B 社交媒体管理人员指出："客户的期望已经改变。客户希望根据需要能够决定如何与作为公司代表的你进行互动。我们应改变和调整我们的思维，并承认这一转变。"

6.3 机构和政府市场

到目前为止，我们关于产业购买的讨论主要是围绕企业购买者，这些内容有的也适用于机构和政府市场的购买。但是，这两个非企业市场有它们另外的特点和需要。因此，最后我们将讨论机构和政府市场的情况。

6.3.1　机构市场

机构市场(institutional market)包括学校、医院、养老院、监狱和其他机构,这些机构需要向它们负责范围内的人提供产品和服务。不同机构的主办单位和目标不同。例如,特奈特医疗公司在11个州经营50家营利性医院,年收入达到92亿美元。与其不同的是,圣地兄弟会儿童医院是一家非营利性组织,拥有22家医院,提供针对儿童的免费医疗服务。此外,由政府拥有的退伍军人医疗中心则遍布全国,针对退伍军人提供特殊服务。各个机构有着不同的购买需要和资源。

机构市场可以很大。以下是规模巨大并且仍然在扩张的美国监狱经济:

> 约有740万美国人(超过50个州中38个州的人口数)正在被监禁、假释或缓刑。刑事纠正支出比教育、交通和公共援助方面的预算增长速度更快。例如,过去20年来,州和联邦在监狱方面的支出增长了127%,是高等教育支出增长率的六倍。关押230万名成年人的美国监狱每年花费约740亿美元运行,平均每名囚犯每年接近3.2万美元。一名分析师表示:"在监狱里待一年的费用比在大学待一年都高。"这为想要进入监狱市场的公司带来了大量的机会。美国纠正公司(美国最大的私人监狱经营者)的一位经理说:"我们的核心业务涉及许多方面:安全、医药、教育、食品服务、维护和技术。这为广泛的供应商与我们开展业务提供了独特机会。"

许多机构市场的特点是低预算和依靠赞助。例如,医院病人没有太多的选择,只能吃医院提供的饭食。医院采购人员需要确定所买食物的质量。他的购买目标不是利润,因为食品是全部服务中的一部分。低成本也不是目标,因为病人如果向他人抱怨食品,会损害医院的名声。所以,医院采购人员必须寻找机构食品销售者,它们的产品需要达到或超过某种最低标准,同时价格还必须低廉。

许多企业建立独立部门以满足机构购买者的特点和需要。例如,通用食品公司食品服务单元生产、包装、定价和推广其种类繁多的谷类、饼干、零食和其他产品,来更好地满足医院、学校、酒店和其他机构市场的特殊食品服务要求。同样,宝洁专业部也为教育、保健及其他机构和商业客户销售专业的清洁和洗衣配方和系统。

6.3.2　政府市场

政府市场(government market)为许多公司带来机会,无论公司大小。在许多国家,政府组织是商品和服务的主要购买者。仅在美国,联邦、州和地方政府就有超过8.8万个单位购买产品和服务。政府购买和产业购买在许多方面相似,但要向政府市场出售产品和服务的公司也必须认识这其中的许多差别。为了成功地向政府销售,卖方必须找出关键的决策人,辨析影响购买者行为的各种因素,了解它们的购买决策过程。

政府组织通常要求供应商提交标书,并选择标价低的供应商。在一些情况下,政府会考虑供应商能否提供高质量的产品或者能否按时完成合同。当项目复杂,涉及巨大的研发费用和风险时,或者可供选择的供应商数量很少时,政府也会偏好一个协商确定的合同。

政府倾向选择本国而不是国外的供应商。在欧洲经营的跨国公司相当抱怨各国表现出的这种偏向，只考虑本国的供应商，即使是国外公司能够提供更好的产品和服务。欧洲经济委员会(European Economic Commission)正在逐步消除这种偏向。

正如消费者和产业购买者一样，政府市场的购买者也受环境、组织、人际关系和个人因素影响。但与前两者不同的是，政府购买行为受到公众密切关注，从议会到私人团体都有兴趣了解政府是如何花纳税人的钱。因为它们的开支决定将被公众讨论，所以政府组织要求供应商提供全面的书面材料。这些供应商常常抱怨繁重的文书工作、官僚作风、决策滞后和采购人员的经常变动。

面对所有这些官样文件，为什么任何一家公司都还愿意和美国政府做生意呢？理由很简单，美国政府是世界上最大的产品和服务采购者，每年的花费超过 4 610 亿美元，且信誉有保障。政府从袜子到隐形轰炸机的一切东西都会购买。例如，今年，联邦政府将花费高达 809 亿美元用于信息技术，其中 200 亿美元用于转型到云计算系统。

在几个大城市，由综合服务局(GSA)下属的商业服务中心负责提供关于政府购买方式、供应商应该遵循的步骤以及现有的采购机会等方面的全面信息。各种贸易杂志和协会提供信息，告诉供应商如何接近学校、医院、公路管理部门和其他政府机构。几乎所有这些政府组织和协会不断更新它们网站中的信息和建议。

然而，供应商不得不透彻了解这个系统，并设法减少繁文缛节，尤其是对于大型政府采购。例如，Envisage 科技是一家专注于提供基于网络的培训应用和人力资源管理平台的小型软件开发公司。它的所有订单都来自政府部门，其中 65% 是来自联邦政府。Envisage 使用综合服务局(GSA)的网站来获取小额采购合约，通常会在 14 个工作日内获得回复。然而，获得更大的让人垂涎的合约却往往需要付出很多努力。根据联邦政府的文书要求，一份为这样的一个合约而准备的标书往往要达到 600～700 页。这家公司的总裁估计为了准备这样一份标书，公司需要在几年时间的过程当中花费大约 5 000 个工时。

非经济标准也在政府购买中起着重要的作用。政府部门的采购人员，被要求照顾那些不景气的企业和地区，小公司，少数民族人士拥有的公司，以及那些避免了种族、性别和年龄歧视的企业。当决定要同政府做生意时，卖方需要注意这些因素。

许多向政府销售产品的公司，并不是以营销为导向，这有几个原因：政府的总支出是由所选出的官员决定的，而非取决于公司的营销努力；政府购买强调价格，这使供应商把精力花在技术方面，以求降低成本；当明确规定了产品的性能后，产品差异不再是一个营销因素；在公开竞标中，广告或人员推销对能否中标已不再有重要影响。

然而，有几家公司已经设立了独立的政府营销部门，通用、波音、固特异等公司就是例子。一些公司主要向政府出售，例如洛克希德·马丁(Lockheed Martin)公司的销售额有 84%来自美国政府，要么作为主承包商，要么作为分包商。这些公司预测政府的需求和可能实施的工程，在产品选型阶段就参与进去，收集竞争信息，仔细制作标书，加强沟通以展示和提高公司的声誉。

其他公司已经制定了专门为政府购买者服务的个性化营销程序。例如，戴尔计算机公司设有专门针对联邦、州和地方政府需求的业务部门。戴尔为顾客设计了定制化的网页，上面显示了为各个市、州和联邦政府实体提供的特别定价、在线购买以及服务和支持。

在过去的10年中，大量的政府采购开始在网上进行。联邦商业机会网站（www.fbo.gov中的FedBizOpps.com）提供了一个单一的入口站点，通过这里企业供应商和政府采购者可以发布、搜寻、监控和检索由整个联邦合同社区公开招标所带来的业务机会。充当政府其他部门采购代理的三个联邦机构也已经建立了网站，来支持在线政府采购活动。影响着超过1/4的联邦政府总采购预算的综合服务局建立了GSA Advantage！网站（www.gsaadvantage.gov）。国防后勤局（DLA）提供了一个网络投标系统（www.dibbs.bsm.dla.mil/）。退伍军人事务部通过其VA Advantage！网站（http://VAadvantage.gsa.gov）来促进电子采购。

这些网站允许授权的国防机构和文职机构通过在线采购来购买从办公用品、食品和信息科技设备到建筑服务的所有商品。综合服务局、国防后勤局和退伍军人事务部不仅通过它们的网站销售库存商品，也在买主和供应商之间建立直接联系。例如，国防后勤局下属的一个向军方销售16万种药品的分部，就直接向百时美施贵宝（Bristol-Meyers Squibb）等公司传输订单。这种互联网系统减少了在与政府交易时发生的许多麻烦。

小结

产业市场和消费者市场在许多重要方面相似。比如说，都包括为满足要求而在购买过程中作出购买决定的人。当然，产业市场也在许多方面有别于消费者市场，其中之一就是，产业市场非常庞大，远远大于消费者市场。仅在美国，产业市场中每年就有数万亿美元的产品和服务在交易。

1. 定义产业市场并解释产业市场与消费者市场的区别。

产业市场购买行为指的是产业组织的购买行为，它们将购买来的商品和服务用以制造那些被用来销售、出租或供应给他人的产品和服务。它也包括零售和批发公司的行为，即为了转售或出租以获利而购买商品。

与消费者市场相比，产业市场的买方通常数量少、规模大，并且地域更加集中。产业需求是衍生需求，非常缺乏弹性，波动大。在产业购买决策时，通常会涉及大量的购买者。与消费者市场的购买者相比，产业购买者要相对训练有素和专业化。通常，产业采购决策非常复杂，购买过程比消费者购买也要更正式。

2. 辨析影响产业购买决策过程的主要因素。

产业购买者根据三种不同的购买情况作出决策：直接重购、调整重购和新购。购买中心是购买组织的决策制定单位，由发挥不同作用的人组成。产业营销人员需要知道以下问题：谁是主要的参与者？他们在什么决策中产生影响？每个决策参与者使用什么评估标准？产业营销人员也需要了解主要的环境、组织、人际关系和个人因素在购买过程中产生的影响。

3. 列举并定义购买决策过程的步骤。

产业购买决策过程被分为八个阶段：(1)确认需求——公司中的某个人认识到出现的问题或需求可以通过购买产品或服务得以解决；(2)描述基本需要——公司决定需求

项目的基本特点和数量；(3)确定产品——购买组织决定和指定购买项目最佳的产品技术特点；(4)寻找供应商——购买者寻找最好的卖家；(5)提出方案——购买者邀请合适的供应商提交建议书；(6)选择供应商——购买者查阅建议书，并从中选择一家或几家供应商；(7)制定常规订货手续——购买者同选中的供应商签订最终订单；(8)检查运行情况——购买者评价对供应商的满意情况，决定是继续、调整还是取消同供应商的合作。

4. 比较机构和政府市场，说明机构和政府购买者是如何制定决策的。

机构市场包括学校、医院、监狱，以及向责任范围内的人群提供食物和服务的其他机构。这些市场表现出预算低和依赖赞助的特点。政府市场是巨大的，由联邦、州和当地政府单位组成。为了政府职能的正常运行，它们采购或租赁商品和服务。

政府购买者通常是为了社会安全、教育、福利和其他的公众需要，而进行产品和服务的购买。政府购买具有较高的专业性，要求详细，而且一般采用公开招标和谈判的方式进行购买。因为政府购买者在议会和许多民间监督组织的注视下进行购买，所以它们要求大量的表单和签字，而且订立合同时，表现得相当审慎，决策时间较长。

问题讨论

1. 解释产业市场在市场结构和需求上如何不同于消费者市场。
2. 简述产业购买情境的三种类型。
3. 简述购买中心参与者在产业购买过程中所扮演的角色。
4. 解释系统销售的意思和讨论为什么它是许多组织购买的首选方法。
5. 比较机构和政府市场，并解释机构和政府买家如何作出购买决定。

批判性思维练习

1. 产业购买行为发生在世界范围，因此营销人员需要意识到影响产业客户的文化因素。以小组为单位，选择一个国家，做一个有关正确商业礼节和礼貌的多媒体演讲，内容包括适宜的着装、行为和沟通。把这个国家在地图上标出，同时对这个国家的人口统计特征、文化和经济历史做一个简要描述。

2. 美国政府是世界上最大的商品和服务买家，每年花费超过4 250亿美元。根据法律，23%的政府购买必须瞄准小规模企业。访问 http://archive.sba.gov/contractingopportunities/index.html 了解小企业如何利用政府签约机会，并解释小企业主与政府签约的过程。

营销技术：苹果供应链

苹果的 iPhone 可以分为多少部分？当然有这种分法：屏幕、相机、处理器和电池。但是你有没有考虑过其他所有的部件，如螺丝和开关？每一个 iPhone 中都将使用 40～50 个螺丝，每个部件(包括螺丝)都有其供应商。苹果的主要承包商名单包括遍布全球的

20 多家公司。接任苹果联合创始人史蒂夫·乔布斯的现任首席执行官蒂姆·库克旨在简化苹果的供应链。库克将零部件供应商从 100 个减少到 24 个,关闭了 19 个苹果仓库,从而将零件库存从一个月减少到仅仅六天。这是可以通过技术实现的,因此,苹果的供应链在 Gartner 连续三年排名第一,苹果正在实现创纪录的利润。

1. 访问 www.gartner.com/DisplayDocument?doc_cd=234062,选择 Gartner 供应链排名前 25 名的另一家公司,并描述该公司的供应链。讨论技术在该公司采购中的作用。

2. 讨论通过采购和供应商关系活动,使用技术来获得竞争优势的可能负面后果。

营销伦理:粉红泥

20 世纪 90 年代初,埃尔登·罗斯发现了一种从屠宰场肉类切割中剩下的副产品获取利益的方法,这个副产品曾只被用于宠物食品和食用油。这种廉价、安全的牛肉产品被称为 LFTB,它将牛肉中的脂肪部分用氢氧化铵气体加热杀死细菌。你可能已经吃过许多添加了 LFTB 的食物,比如说汉堡。LFTB 使磨碎的牛肉更瘦、更便宜。在开发之后不久,一名健康安全督察将 LFTB 称为"粉红泥",但这个名称直到 2012 年媒体揭露这一做法才公开。当消费者发现了他们正在吃"浸在铵中"的不好的牛肉,一个月内牛肉的销售下降了 11%。牛肉糜生产商 AFA Foods 寻求破产保护,嘉吉公司失去了 80%的客户。行业领先的 LFTB 生产商——牛肉制品公司——关闭了 75%的加工厂,裁减了 650 名工人。快餐店、超级市场和机构买家(如学校和医院)停止使用含有 LFTB 的牛肉制品,尽管这一安全而廉价的产品已经存在了许多年了。

1. 鉴于美国食品和药物管理局认为 LFTB 是一种安全的产品,公众是否有理由担心?调查是否还有面临与 LFTB 类似情况的产品。

2. 说明放弃使用 LFTB 的公司所面临的购买处境。描述它们在寻找替代品时可能的购买决策过程。

数字营销:功能磁共振成像市场潜力

功能磁共振成像技术(fMRI)正在进入营销研究领域,为这一高科技医疗设备开辟了新的市场。使用 fMRI,营销研究人员可以在消费者观看广告或产品样本时,看到其大脑不同区域的活跃情况。2004 年的一项研究表明,在购买不知道品牌的产品时,消费者的大脑不同部分被激活。当消费者在不知道品牌的情况下品尝了一种软饮料时,他们的大脑显示出与品味有关的活动,他们倾向于品牌 A。然而,当受试者被告知品牌时,大脑的不同区域被激活,更多的消费者喜欢品牌 B,这表明广告和营销可以激发消费者大脑的不同领域,并使他们更喜欢特定的品牌。尼尔森等几家大型营销研究公司现在提供神经科学营销研究服务。

1. 研究营销调研行业,以确定将成为 fMRI 设备的目标市场的研究公司。有多少公司组成这个市场?

2. 使用链比法来估算市场研究中功能磁共振成像机器的市场潜力。在确定愿意并能够购买 fMRI 机器的潜在买家(即研究公司)数量时,你会考虑什么因素?假设在市场潜力评估中一家公司平均以 100 万美元的价格购买一台机器。

公司案例

思科系统:通过合作解决企业问题

也许你已经听说过思科系统。公司广告中朗朗上口的“人性化网络”宣传语广为人知。思科也生产大家熟悉的 Linksys 无线上网路由器,它旗下的纯数字技术公司生产时尚的 Flip 视频摄像机。但是,大多数的思科产品不是针对像你和我这样的普通消费者。思科是一个真正的 B2B 公司。事实上,它获得了 *B2B* 杂志的 2011“年度营销者”荣誉。思科 3/4 的销售额来自路由器、交换机和高级网络技术,它们使数据全天候在网络空间中流动。但是,自网络泡沫破灭后,思科已经率先推出了下一代互联网工具,从网络安全到机顶盒,再到视频会议。

这个故事远不止是一个高科技巨头为企业制造运行互联网和内部网活动所需的设备和软件。这是关于一个前瞻性思维的公司从制造商转变为领导力顾问的故事。在这一过程中,思科完善了一个主要概念,借此来推动自身业务及其与企业客户组织的互动——协作。思科还与企业客户合作,以帮助这些客户更好地与自己的员工、供应商、合作伙伴和客户协作。

内部和外部协作

约翰·钱伯斯在 1995 年成为思科首席执行官,当时思科仅仅是一个年收入 12 亿美元的公司。他成功指导思科作为一个硬件提供商发展壮大。但是,在 2000 年网络泡沫破灭后,他知道世界在改变。为此,他设计了一次大规模的、激进的、坎坷的公司重组。钱伯斯为思科的 7.1 万名员工创造了一种通过协作而发展的文化。因此,思科是开发和使用协作工具的完美实验室,随后它把这些工具销售给外部客户。思科不仅生产使协作成可能的硬件和软件,而且是如何使用它们的专家。协作已经帮助思科业务飞速发展,去年收入达 430 亿美元。

思科的“人性化网络效应”广告活动,说明了公司的经营理念。该活动突出展示组织更有效地使用其人性化网络所带来的好处。据思科介绍,这场务实的广告活动帮助客户了解思科的技术如何可以为他们省钱,把产品更快地推向市场,甚至对环境产生有利影响。同时,广告告诉客户为什么需要思科的产品和服务,该活动已经帮助思科的品牌价值跻身全球第 13 位。

钱伯斯讲述了思科如何开始从硬件过渡到服务的故事。“是我们的客户把我们拉入咨询业务的,”钱伯斯说。若干年前,金融服务公司 USAA 的 CEO 向钱伯斯寻求帮助应如何应对互联网。钱伯斯回答说,思科不是在做网络咨询业务。但是,当 USAA 公司承诺如果思科愿意,将给予其所有的网络业务,钱伯斯宣布,“我们已经接手这个业务了!”现在,思科的产品和知识帮助其他公司在互联网上成功。

中国在 2008 年的大地震是一个转折点,使钱伯斯进一步了解了思科对其客户的影响力。

Tae,思科19年的老将,负责监督公司履行社会责任方面的努力,是中国战略委员会和新兴国家理事会的成员。“我一直相信协作,”她说,但地震发生后,“我看见它真的发生了。我们的本地团队立即出动,与员工、客户和非政府组织合作伙伴一起工作。理事会通过手机进行视频会议,了解人们的情况,给我们当地发生什么事做了一个完整的评估。通过网络,我们把中国西部的医院与美国马里兰州专门的创伤中心连接起来。”世界另一端的高层次医疗中心能够进行远程诊断。思科员工帮助农村地区恢复和重建家园和学校。在14天内,Tae继续说,“我提出了一个完整的计划在中国实行,并带着4 500万美元资金。”这个数字最终超过1亿美元。“我们的业务每年增长30%,”钱伯斯说,思科已承诺斥资160亿美元在中国建立公共—私营部门的伙伴关系。“没有人像我们这样有影响力和被信任。没有人能提供我们可以提供的帮助。”

协作的好处

思科管理人员知道,CEO最重的任务之一是打破一家公司与其客户、供应商、合作伙伴之间的沟通障碍。钱伯斯长期的产品演示搭档吉姆·格拉布说:“如果我们能加快研制新一代太阳能技术的科学家的工作效率,因为是我们把他们连接在一起,我们就是在为世界做一件伟大的事情。”在为世界做一件伟大的事情的同时,销售一吨的路由器和交换机。

但是,虽然路由器和交换机仍然是思科的主要业务,真正有趣的东西是更加前沿的。思科参与了所谓的智能互联社区的倡议。也许最好的例子是拥有智能互联社区的韩国新松岛市,这是一个面积与波士顿市区相仿,在黄海上从无到有建立起来的人造岛。思科被聘为这一创举的技术合作伙伴,并正在与建筑公司、建筑师、3M和联合技术公司共同努力。

思科的参与远远超出安装路由器、交换机,以及全市范围内的Wi-Fi。这家网络巨头负责把这个城市的每一寸土地连上网络。通过街道下的干线,光纤像神经系统一样深入每一栋建筑。思科打算让这个城市依靠信息运行,让自己的控制室成为新松岛的脑干。

并不满足于简单地卖硬件,思科还销售和运营其硬件上所架设的服务。想象一下,一个城市里每个家庭和办公室都被连接到思科的远程视频会议屏幕。只需适度的月费,工程师们将聆听,学习,并发布新的思科品牌服务。思科打算把城市生活必需的水、电、交通、通信和娱乐捆绑成一个单一的、网络运行的系统。思科的系统将使新松岛在环境可持续性和效率上达到新的高度。由于高效,为居民提供这些服务的成本会更便宜。

智能城市业务是一个新兴产业,是一个价值300亿美元的潜在市场。新松岛背后的建设公司盖尔国际认为,只中国就可建立500个这样的城市,每个都可容纳100万居民。它已经制定了建立20个智能城市的目标。

智能城市使思科的一项业务更具相关性。研究表明,远程办公为公司、社区和员工产生了巨大的利益。例如,远程办公者有较高的工作满意度。出于这个原因,他们更富有成效,把省出来的通勤时间中的多达60%花费在公司业务上。甚至有证据表明,人们更喜欢在家工作,甚至愿意为此接受较低的薪酬。远程办公的绝大部分人工作更及时、质量更好。他们与同事的沟通效果至少与在办公室工作时相同,在很多情况下甚至胜出。例如,在思科虚拟办公室及思科提供的专业知识的帮助下，Sun微系统公司节省了6 800万美元，它还减少了2.9万吨的碳排放。

思科最近还推出了一套基于互联网的通信产品，增强组织的协作活动。思科公司称，这一切都使业务更加以人为本而不是以文档为中心。与基于云计算的邮件系统WebEx Mail一道，思科展示和分享系统“帮助组织创建和管理高度安全的视频社区，分享想法和专业知识，优化全球视频协作，并采用由用户生成的内容来实现与客户、员工和学生之间的个性化连接”。思科开发的另一个方面是企业协作平台，是介于企业名录和脸书之间的交叉产品。这些产品允许自由的信息流在现有产品中成倍增加，因为它们处于一个组织的防火墙之后，没有过滤器、律师或安全问题挡路。

光明的未来

今年，由于经济持续低迷，思科公司的财务业绩下降了。不过，钱伯斯认为，这只是宏伟计划中的一个暂时挫折。他指出，思科经历了过去20年来的经济衰退，变得更强大、更灵活。在这次经济低迷时期，思科行动迅速，抓住每一个机会抢夺新业务和开发新产品。在2000—2010年，思科收购了48家风险投资支持的公司。但是，仅去年一年，该公司就宣布了惊人的61项新技术，全部集中于通过协作帮助客户。有了这些资源和440亿美元的现金，思科现在已经扩张到30个不同的市场，每一个市场每年都可能达到10亿美元收入。展望未来，该公司承诺每年增加20%以上的新业务。思科只有当有信心能够获得40%的市场份额才进入一个新的市场，因此失败的概率通常很低。

协作市场估值达350亿美元，这一数字在今后几年还会大幅增长。因为思科是这个新兴行业中的佼佼者，分析师相信约翰·钱伯斯每年12%～17%的收入增长率的长期目标可以实现。思科已经证明它拥有必需的产品组合和领导结构来实现这些目标。有一件事是肯定的。思科不再仅仅是一个水暖工，提供必要的小发明和小工具使网络运转。思科现在是网络领导者，这种核心竞争力使它在未来的岁月里必然是一股不可忽视的力量。

讨论题

1. 讨论思科产品的市场结构和需求。

2. 在思科竞争的市场中，主要的购买情境类型能给我们什么启示？

3. 顾客能从本案例提到的思科产品中得到哪些具体利益？

4. 讨论思科产品的客户购买过程。这和终端用户购买宽带路由器用于家庭的过程有什么不同？

5. 思科自己的协作文化与它销售的产品和服务之间的关系，可以对所有公司都适用吗？针对像宝洁这样的消费品公司考虑这个问题。

第三部分

设计顾客驱动的营销战略与组合

Principles of Marketing

第7章

顾客驱动营销战略：为目标客户群创造价值

学习目的

- □ 定义设计一个顾客驱动营销战略所需的主要步骤：市场细分、选择目标市场、产品差异化和市场定位
- □ 列出并讨论细分消费者市场和产业市场的主要层次
- □ 解释公司如何识别有吸引力的细分市场并选择目标市场战略
- □ 论述公司如何实现产品的差异化和产品的市场定位，使其在市场上具有最大的竞争优势

本章预览

到目前为止，你已经知道什么是营销，并且也知道理解消费者和市场环境的重要性。拥有这些知识背景，我们现在可以更深入地探讨营销战略和战术。本章将探讨主要的营销战略决策——怎样把整个市场分割为有意义的顾客群体(市场细分)，选择我们要服务的顾客群体(目标市场)，创造那些能够满足目标市场的供给物(产品差异化)，并在顾客心目中形成产品的定位(市场定位)。在以后的章节我们将探讨营销战术工具——4P。营销人员通过4P来实行这些营销战略。

在具体讨论市场细分、目标市场、产品差异化和市场定位之前，我们先举一个例子。亚洲航空(AirAsia)凭借精心的市场细分和定位策略，在竞争激烈的航空飞行业中蓬勃发展。配合着营销方面的努力和蒸蒸日上的需求，亚洲航空正在展望未来。

亚洲航空：在定位正确的市场取胜

亚洲航空是亚洲第一家引入低成本的只提供基本服务概念的航空公司。亚洲航空在2001年由首席执行官托尼·费尔南德斯和他的三个同伴共同创立，当时亚洲航空是一家

由马来西亚政府所拥有的没落航空公司，最终以极低的价格出售给费尔南德斯。尽管之前亚洲航空已经有所发展，但是当时费尔南德斯决定通过市场细分、选择目标市场和市场定位过程，开发出与之前不同的市场导向，从而使亚洲航空的境况更好。费尔南德斯发现了一个机遇，他将航空公司定位于为那些短途的、价格敏感的顾客服务，于是将亚洲航空转变成一个低成本的、航线目的地是亚洲的航空公司。这家公司2002年只有2架飞机，到现在已经拥有超过72架飞机、108条航线。全世界约5 500万消费者乘坐亚洲航空。每天，它在马来西亚、泰国和印度尼西亚的中心枢纽地区运营超过400次航班。亚洲航空的成功得益于强大的市场计划和互联网技术进步。

亚洲航空策略的一个主要部分是识别和专注正确的目标市场，发展正确的市场营销组合和运营，以此获得市场竞争力。亚洲航空的愿景是成为亚洲领先的航空公司，能够为成千上万的消费者提供更加低价的航班服务。亚洲航空实施的主要策略之一是成为一个安全的航空公司，因此这家公司和最好的维修服务公司合作来超越全球安全标准。亚洲航空还保持飞机高利用率，它已经实现目前最快的飞机停航时间——只有25分钟——因此在保证低成本的同时可以高产出。另一个策略是众所熟知的低费用的平价航班，是亚洲航空竞争优势的主要部分。基本上，亚洲航空为乘客提供定制化的服务，且服务质量并不打折扣。最后，亚洲航空精益的分销系统为消费者预订和购买机票提供了多样的渠道选择。亚洲航空还通过投资大量的广告提高大众对其品牌形象的认知，提供促销活动来增强其品牌意识。亚洲航空继续为消费者提供友好且人性化的服务，它激励员工为乘客提供高质量服务，并且以此标准来招募。因此在Skytrack的顾客反馈显示，亚洲航空的员工是愉悦、有效服务和乐于助人的，它的打分是三星。当然，也有些消费者抱怨航班延误，特别是在航空公司还不作出任何解释和道歉的时候。人们虽然不一定真正在意一些附加成本，但对亚洲航空的低飞行费用和餐饮额外收费政策还是认可的。因此，亚洲航空的定价策略对目标市场顾客具有吸引力。

在最开始的起步阶段，亚洲航空专注价格敏感顾客，瞄准对高成本较为关注的商务和休闲旅行者。亚洲航空的主要策略是针对从它的航空中心出发，3.5小时飞行时间内可以抵达的目的地，这吸引了近5亿的东南亚消费者，马来西亚、泰国和印度尼西亚日益增长的人口是亚洲航空巨大的市场。亚洲航空为这些市场中之前不能够承担机票费用、之前因没有此类航线而不能飞行和对价格敏感的消费者提供了服务。

在一开始，亚洲航空在目标市场只有单一的产品：为价格敏感者提供的平价机票。为了缩减成本，亚洲航空的座椅排列很紧密，以此来容纳更多的座位；只提供一种类型的座位，对常飞的顾客也没有优惠政策。此外，为了减少港口费用，许多机场中心坐落在二流机场；飞机短时间的周转和等待，意味着亚洲航空跳过了许多高成本航线。总之，亚洲航空的策略是不断降低内部营运成本。

亚洲航空运用互联网科技给消费者提供尽可能好的服务。举例来说，网上订票是它主要的销售渠道，亚洲航空拥有强大的管理系统，使票价在不同的时间点及时更新，因此提前订票的价格更低，高需求路线的价格相应更高。

实行这些策略，使得亚洲航空的收入增长了近4个百分点。在2012年第三季度，公司的净收益增长了3.6个百分点，达到5 200万美元。总体上，它的收入一直在增长，主要是来自9个百分点的乘客数量增长。为了保持高增长率，亚洲航空计划在当前航线再增加11架飞机。亚洲航空新任CEO说，公司的现金状况是稳健的，随着对亚洲航空的高需求，更高的利润会在未来几年内实现。为了满足消费者需求，亚洲航空已经在其他国家成立了子公司，包括菲律宾、泰国和日本。

但是，为了跟上公司快速发展的节奏，亚洲航空面临一系列的挑战，包括日益增长的燃料价格、劳务成本，还有对基础设施的更新。此外，亚洲航空必须准备和更多的航空公司进行竞争，例如新加坡航空和印尼狮航在2013年成立和运营了自己的低价航线，亚洲航空必须和它们争夺价格敏感的顾客，否则就会落得像绿洲航空，因不能保持低成本而失败。亚洲航空当前针对这些挑战的应对策略是：对冲燃料价格，并计划到2026年再购买266架飞机。随着亚洲经济的持续发展，预计一直到2031年，亚洲的航空运量增长率将保持在6.4个百分点，而亚洲航空期望开辟更多的航线来满足高增长的需求。

目前公司已经认识到，它们不可能为市场中所有的消费者服务，至少不能用一种方法为所有的购买者服务。购买者是数不清的，分布太广，他们的需求和购买行为也有很大差异。而且，公司为不同细分市场提供服务的能力也有所不同。相反，像亚洲航空那样，公司需要确定自己能够提供有效服务并获取最大利润的市场。它必须制定顾客驱动营销战略来与适当的顾客建立适当的关系。

因此，大部分公司已从大众营销转为目标市场营销，即确定细分市场，从中选择一个或多个，开发对应的产品并设计对应的市场营销方案。公司正在把力量集中在对其产品最有兴趣的顾客上（“步枪”法），而不是分散地使用营销力量（“猎枪”法）。

图7.1描述了设计顾客驱动营销战略的四个主要步骤。在前两个步骤中，公司选择自己要服务的客户群。**市场细分**（market segmentation），即根据消费者的不同需求、特征和行为，将一个市场分为几个有明显区别的消费者群体，他们可能需要不同的产品和市场营销组合。公司设计市场细分的不同方法，并确定不同细分市场的大体情况。**选择目标市场**（market targeting），即评价每个细分市场的吸引力，并选择一个或多个细分市场决定进入。

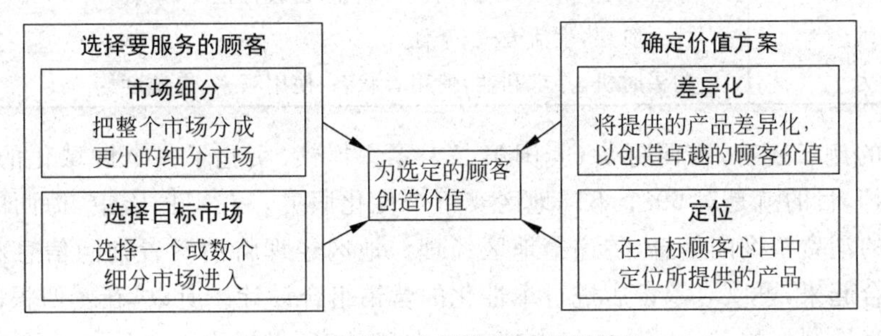

图7.1 设计一个顾客驱动营销战略

在后两个步骤中，公司将确定价值定位的问题。**产品差异化**（differentiation），即公司试图使自己提供的产品与众不同，以便为客户创造最大的价值。**市场定位**（positioning），即公司让自己提供的产品在目标顾客心目中取得比竞争性产品更加清晰、独特、理想的位置。我们将依次对各个步骤进行讨论。

7.1 市场细分

任何市场的购买者在很多方面都各不相同,比如欲望、资源、居住地、购买态度和购买行为。通过市场细分,公司将大而庞杂的市场划分为小的细分市场,以便更为有效地到达,并提供满足其独特需求的产品和服务。本节中,我们将讨论市场细分的四个重要主题:消费者市场细分、产业市场细分、国际市场细分以及有效市场细分的要求。

7.1.1 消费者市场细分

市场细分并非只有一种方法。市场营销人员必须单独或者结合考虑各种市场细分因素,然后找出最好的考察市场结构的方法。表 7.1 列出了消费者市场细分的主要因素,这里,我们主要考察地理、人口、心理和行为因素。

地理细分 **地理细分**(geographic segmentation)是把市场分成不同的地理区域,如国家、地区、州、县、城市或者街区。一个公司可能只在一个或几个地理区域发展,或者在所有的区域发展,同时注意需求上的地理差异。

当今的许多公司都把它们的产品、广告、促销和销售活动本地化,以满足单个地区、城市甚至街区的需要。比如,达美乐比萨是美国最大的比萨连锁店。但是一个消费者在纽约州波基普西市订购一个比萨,他并不关心加利福尼亚州阿纳海姆市的比萨是怎么样的,因此,达美乐比萨根据地理位置关注目标市场和顾客。任何一个饥饿的消费者可以通过手机 App 在达美乐网上平台追踪当地的优惠券信息,用 GPS 定位最近的线下商店,迅速收到新鲜美味的比萨。他们甚至可以追踪比萨从商店送到家的实时距离。

表 7.1 消费者市场的主要细分变量

细分变量	例 子
地理	国家,地区,州,城市,街区,人口密度(城市、郊区、农村),气候
人口	年龄,人生阶段,性别,收入,职业,受教育程度,宗教,种族,年代
心理	社会阶层,生活方式,个性
行为	购买时机,寻求利益,使用者状态,使用频率,忠诚度

类似的例子还有,梅西百货(美国第二大零售连锁)实施了一个区域化的项目,叫作“我的梅西”,目的就是对 69 个不同地区实行个性化服务。在零售店中,梅西的销售人员记录当地的消费者询问信息,传递给地区经理。地区经理将消费者询问信息和商店的交易数据结合起来,可以对零售店进行个性化的营销组合设计。所以,在密西根的梅西百货贮存更多当地制作的 Sanders 巧克力糖果。在奥兰多,靠近水上公园的梅西零售店备着更多的泳衣,在公寓出租区旁的梅西提供更多的双人床。在长岛的零售店里储备着额外的渗滤咖啡壶,因为在这里比其他地方卖出更多这种 20 世纪 60 年代以来必备的咖啡壶。总之,“我的梅西”策略是满足当地市场的需求,使这家零售巨头本地化且与顾客更好地沟通。

人口细分 **人口细分**(demographic segmentation)是将市场按人口因素分为多个群体，这些因素有年龄、性别、人生阶段、收入、职业、教育、宗教、种族等。人口因素是最常用的消费者群体细分的基础，原因是消费者的需求、愿望和使用率随人口因素的不同而变化。另外，人口因素比其他因素更易于测量。即便用其他因素定义了一些细分市场，比如以寻求利益或者行为为基础，也必须知道人口特点，只有这样，才能评估目标市场的规模，并高效率地进行市场营销活动。

年龄和人生阶段 消费者的需求和愿望随年龄而变化。一些公司就采用**年龄和人生阶段细分**(age and life-cycle segmentation)，生产不同的产品并使用不同的营销策略，以适应不同年龄和人生阶段的消费群体。例如，卡夫为儿童推出JELL-O果冻作为一款有趣的零食，这“教会了世界扭动起来”；对于成年人而言，JELL-O是可口的且无愧疚感的放纵——“10卡的热量释放最甜蜜的齿间满意”。

另外一些公司则关注特定年龄段的客户群。比如，起亚秀尔致力于为年轻的千禧年一代消费者提供服务。它是一款入门级轿车，价格适宜。起亚秀尔的仓鼠广告中，三只仓鼠在壮美的景色中巡航，配合着有感染力的音乐，如LMFAO的“Party Rock Anthem”，着实迎合了年轻人的口味。相反，丰田的威萨定位年老的空巢老人。它的商业广告描绘了热衷自我的20岁出头的人不能够理解他们拥有威萨车的父母，这些父母过着自己的积极生活，并不是一心系挂孩子。

在以年龄和人生阶段进行市场细分时，市场营销者必须注意防止沿用老一套的东西。比如，虽然一些80岁的人走起路来都步履蹒跚，但另一些人可能还能打网球。同样，一些40岁夫妇的孩子已经上了大学，而另一些才刚刚建立新的家庭。因此，对于一个人的人生阶段、健康、工作、家庭状况、需要和购买力，年龄的预测作用往往有限。

性别 **性别细分**(gender segmentation)一直用于服装、化妆品和杂志的市场细分。比如，宝洁的Secret牌除臭剂就是最早这样做的产品之一，这个品牌的配方是专门适合女性的，包装和广告也强调了女性形象。最近，许多生产女性化妆品的厂家开始开拓男性市场。

> 欧莱雅专业男士套装包括一系列没有男子气概的名字的产品，如欧莱雅VITA LIFT男士抗皱紧致洁面膏和男士劲能冰爽滚珠眼部凝露。但是其他品牌尝试设计更加男士的定位。例如，Menaj承诺是“自信男人的皮肤保护专家”，有男子气概的男人(如蒂姆·麦格罗)使用Menaj。Menaj的产品有着稳重的包装，如老式的雪茄盒；遮瑕产品是采用容易使用的润唇膏形式的容器。Menaj的创立者觉得它不同于任何一种化妆品，她说：“M世界正在蔓延，我们的皮肤保护使人看起来有气色。”不管你怎么称呼它，Menaj的销量在过去四年中的每一年都有70%的增长。

与此类似，联合利华的男士身体喷雾品牌Axe，正在唤醒新的年龄细分市场。它最近发布了一款新的香氛Anarchy，这款香氛对男士和女士推出了不同的版本。Axe在社交网站脸书和推特上共有260万粉丝，其中1/4是女性。联合利华的调查也证实了这些女性对拥有属于自己的香氛也有需要。过去Axe的广告中都是一个年轻男性喷了香氛之后，获得了更高的异性吸引力。“现在女性也要有属于她们的身体喷雾，”Axe的营销人员说,“在两性之间产生的不仅是均衡。”

收入　在汽车、游艇、服装、化妆品、金融服务和旅游等方面,**收入细分**(income segmentation)早就被产品和服务的营销者使用了。许多公司为富有的消费者提供豪华的产品及方便的服务。另外一些营销者使用个性化的营销手段来获得好的营销业绩,从下面的例子中我们可以看到这一点。

> 海梦是一家小型载人游艇俱乐部,主营奢侈型巡游项目。在每次巡游结束之后,俱乐部都会给客户打电话,为他们举办一个露天聚会,并邀请他们的亲朋好友前来参加。在聚会上,巡游者会向他的朋友们讲述自己快乐的巡游历程。此外,俱乐部还为前来参加聚会的亲朋好友提供打折的巡游券,以便吸引更多的人体验俱乐部的服务。这种营销方式非常成功,因此,海梦放弃了大部分传统的广告模式。同样,斯坦威每出售一架钢琴,就会为购买者在其家中举办一个聚会,其中会有斯坦威艺术演出。这种高端的个人营销模式创造出了一批“品牌传播者”,他们会把品牌给自己带来的感受传递给身边的人,而这些人往往就是品牌的目标顾客群。

然而并不是所有采用收入细分的公司都瞄准富人。许多零售商瞄准了低收入或中等收入的家庭,例如Family Dollar、Dollar General和Dollar Tree。这些商店所面向的主要市场是由家庭年收入不足3万美元的购物者组成。当Family Dollar的房地产专家为新店选择地址时,他们选择中低阶层居住的街区,那里的人们穿着便宜的鞋,开着漏油的破车。通过使用低价战略,现在1美元店在美国发展迅速。

心理细分　**心理细分**(psychographic segmentation)是根据社会阶层、生活方式或个性特点,将购买者分为不同的群体。在同一人口细分群体的人可能会有不同的心理模式。

在第5章,我们已经讨论过人们购买的商品怎样反映了他们的生活方式。因此,市场营销人员常用消费者的生活方式及其相应的营销策略来细分市场。比如,有着奇特的法式跳蚤市场氛围的零售商Anthropologie,它针对年轻女性消费者的渴求,营造一种波西米亚别致风格的生活方式。尽管W酒店和其他酒店一样是按天数订购住宿,但是它并不把自己看作一个酒店公司,相反,它把自己定义为一种标志性的生活方式品牌,这吸引了大批希望能够步入设计、音乐和时尚世界的消费者(参见营销实例7.1)。

服饰制造商VF公司在细分市场中出售超过30种生活方式品牌,从牛仔装到运动服,从当代风格到户外用品和工作服。

> VF是全球第一的牛仔裤制造商,旗下品牌很多,比如Lee、Riders、Rustler和Wrangler。但是牛仔裤并不是VF唯一的经营焦点。公司将其所有品牌仔细划分为五个主要的细分市场(牛仔裤品牌、工装品牌、户外品牌、运动装品牌以及现代装品牌)。乐斯菲斯作为其中一种户外品牌,为那些执着于户外运动的人提供相应的装备和服装,尤其为那些喜欢在寒冷季节进行户外活动的人提供产品和服务。诺帝卡作为运动品牌的一种,将目标顾客群定位于那些喜欢从事航行或海上运动的人,并为这一人群提供宽松随意的设备和服装。Vans最初只是一个滑冰鞋的制造商,而Reef则以生产冲浪用运动鞋和相关设备为主。在现代装品牌中,不同品牌的特征和关注点也不尽相同。比如,Lucy以生产高端休闲装为主要特征,而7 for All Mankind则

提供高端牛仔装及其附属产品，这些产品大多可以从Saks或诺德斯特龙等精品店或高端商店买到。最后，Sentinel作为工装的一个品牌，主要为部队或警察等安保人员提供制服。因此，无论你属于哪类人，VF公司的产品都会适合你的生活。

营销实例7.1

W酒店：不仅是一个房间——是一种引领潮流的生活方式

你路过伦敦这座炫目的现代建筑：10层的结构被包裹在半透明的玻璃墙中，安装在屋顶上的摄像头捕捉周围发生的一切，并将其投射到建筑物的表面上，使建筑物与其背景浑然一体。在里面，你可以享受hip-hop音乐、闪光球、热舞以及环绕着休闲酒吧的巨大沙发。也许你以为你正在夜总会，或者是最新的时髦餐厅。不，你在伦敦W酒店，它不仅仅是提供房间过夜的地方。

喜达屋酒店和度假村经营着九种不同的连锁旅店，但是它的W酒店品牌一定是脱颖而出的。事实上，W酒店并不认为自己只是一个连锁酒店。相反，它将自己定位为"一个标志性的生活方式品牌"。W酒店以其酷炫的设计、时尚、音乐、夜生活和娱乐活动，为游客提供前所未有、令人赞叹不已的世界。W酒店散发出一种年轻的、外向的、激情的生活方式——与主要来自媒体、音乐、时尚、娱乐和咨询行业的超时尚、引领潮流的顾客的口味一致。对于这些顾客，W酒店提供了无与伦比的归属感。

W酒店的生活方式定位是从独特的设计开始。尽管大多数连锁酒店都在寻找一个一致的品牌形象，但在全球范围内，W酒店的54个分店看起来一点儿都不像。

W的顾客认为他们自己是独一无二的，所以他们在选择酒店时的要求相同。每个W酒店都有共同的"精力充沛、充满活力、前瞻思维的姿态"，并欣赏时尚、艺术和音乐。但在设计方面，每个W酒店都是"目的地与独一无二的灵感的结合，采用在当地有巨大影响的设计"。

例如，位于台湾信义区的W酒店，靠近台北101(该市最高的摩天大楼)，围绕"自然电气化"的主题设计，融合如下元素：软木墙，几何形状搁物架，由中国灯笼启发的照明灯设计。苏梅岛(泰国)的W酒店，位于一个海滩度假胜地，它招待客人的理念是"日与夜"——白天在泳池、夜晚在聚会，配有明亮的红色镁光灯、白色的水磨石楼梯和木制甲板设计的私人泳池。巴厘岛W酒店是以"内与外"为主题，草绿色枕头将户外元素带入室内，而床头板由黄貂鱼皮制作。

虽然设计各有特色，W保持了一致的氛围，使客人认同W生活方式。例如，巴黎W酒店融合了巴黎历史悠久、典雅的19世纪70年代建筑风格，将主题定为"光之城"，尽显当代的标志。

旅馆设计围绕一个超大背光数字化的波状墙壁，它决定了建筑的核心，交织着公共和私人空间。酒店设计小组的负责人说："我们的设计源自巴黎的优雅、丰富和光辉，也源自W酒店充满能量感的基因。"

但独特的设计只是W酒店的生活方式的一部分。这个品牌也与时尚、音乐和艺术世界建立了联系。例如，该连锁酒店聘用了时尚总监Jenné Lombardo，他一直在纽约举办享有盛名的时尚活动。Lombardo 领导 W 的"时尚的下一个"项目,与接踵而来的设计师建立关系。W 在主要赛事上赞助年轻的设计人才,支付费用和提供表现空间。W 提供 DJ、音乐、化妆、餐饮等服务。作为回报,设计师参加表演、艺术展览、午餐会和其他活动,为 W 酒店在世界各地吸引关注时尚的客人。这些事件有助于进一步改善酒店在生活方式上的吸引力。

W 酒店处理音乐的方式,同它处理时尚工作一样。在全球音乐总监的指导下,W 的"对称现场"系列音乐会为客人提供全球新贵巨星的独家表演。今年,W 酒店赞助了一个独家旅游展览,称为"Rocked",由传奇音乐摄影师米克·洛克进行策划和拍摄。该展览刻画了新兴艺术家舞台背后的形象,是"对称现场"系列的一部分。

除了对艺术、时尚和娱乐的热情,如你所料,W 酒店的另一个常态是一流的服务——W 称为"Whatever-Whenever"服务。"我们致力于在任何时候提供任何你需要的东西,只要它是合法的。这和整个 W 品牌是相一致的。"W 酒店经理解释说。W 酒店没有门房,只有"W 内部人士"。内部人士不是等着征求建议,而是主动寻找可以做的事情,以增强每一个客人的停留体验。

为 W 的生活方式魅力更增添光彩的是,这家连锁酒店吸引了一长串名人。例如,迈阿密南部海滩的 W 酒店除了有现代艺术收藏,还因肖恩·佩恩和莱昂纳多·迪卡普里奥这样的客人而知名。W 酒店有一个篮球场,NBA 球员经常在那里练习投篮。勒布朗·詹姆斯在宣布转会至迈阿密后,在那里举办了一个聚会;韦德在那里庆祝生日。

住在 W 酒店不便宜。W 标准间每晚需要支付 450 美元,总统套房需要 5 位数的房费。但是,W 酒店不仅是租一个房间并得到良好睡眠的地方。它是一个经过设计的地方:时髦的氛围,挂在墙上的物件,播放的音乐,留在这里的其他客人——所有这些促成了 W 生活方式的定位和对年轻、时尚、高端的 W 客户的吸引力。它不仅是一个房间,它是整个潮流生活方式的一部分。

市场营销人员也用个性因素来细分市场。比如,不同的软饮料定位于不同个性的消费者。Mountain Dew 塑造一种年轻、反叛、爱冒险和特立独行的个性。它的广告就是提醒消费者"山上的风景大有不同"。相反,可口可乐的零卡饮料迎合更加成熟、实际、理智但是有幽默感的个性。它巧妙幽默的广告中这样说道:真可乐味,零卡路里。

行为细分 **行为细分**(behavioral segmentation)根据人们对产品的了解、态度、反应和使用情况,将购买者分为不同的群体。许多市场营销人员认为根据行为因素细分是进行市场细分的最佳起点。

时机细分 可以依据打算购买、实际购买或使用所购买产品的时机来对购买者进行划分。**时机细分**(occasion segmentation)可以帮助企业确定产品的用途。例如,金宝汤(Campbell)更多在寒冷的冬日对汤品做广告,家得宝(Home Depot)更多在春季对草坪和花园产品进行促销。许多市场营销人员在节日推出特殊的产品和广告。例如,玛氏(M&M's)全年会使用一个常用的广告,但在有重要节日或赛事的时候,玛氏又会推出特殊的广告和设计,比如圣诞节、复活节或美国橄榄球超级联赛。

一些公司尝试通过提升产品在非传统情境下的使用来提升销量。大多数人习惯在早晨喝橙汁，而橙汁种植者通过将橙汁塑造成年轻、健康、新鲜的饮料来推动人们在一天中其他时候喝橙汁。Chick-fil-A 的“Chikin 4 Brekfust”活动，尝试将它的饼干和三明治作为一种很好的早餐选择推销给消费者。

寻求利益　根据不同群体希望从产品中得到的利益进行细分，是一种有效的细分形式。进行**利益细分**(benefit segmentation)，需要探寻人们在一个产品类别中看重的主要利益、追求不同利益的人群类型以及能满足他们利益的各种品牌。

例如，吉列的研究揭示了四种截然不同的女性剃须刀的利益诉求：完美剃须者（寻求紧密剃须没有遗漏)，EZ 寻求者（快速和方便)，皮肤敏感者(皮肤过敏者宜使用)，以及务实者（以实惠的价格满足基本剃须功能)。所以，吉列为每个细分市场设计了 Venus 剃须刀。Venus Embrace 剃须刀满足了完美剃须者的诉求，它具有曲线的齿口，弹簧安装刀片。相比之下，Venus Breeze 是专门针对 EZ 寻求者设计：它内置剃须胶泡沫，可以实现一步剃须，所以不需要单独的剃须凝胶。Venus Divine 是为皮肤敏感者设计，并帮助皮肤锁定水分。Simply Venus 是一款三刀片的一次性剃须刀，使务实者以“以实惠的价格购买到剃须刀”。

使用者状态　市场可以被细分成不使用者、前使用者、潜在使用者、第一次使用者和常用者。营销人员希望加强和留住常用者，吸引目标市场中的不使用者，并重振与前使用者的关系。潜在用户群体中的消费者面临着生活阶段的变化，如新的父母和新婚夫妇，因此有可能变成深度使用者。例如，为了让新父母有一个正确的开始，宝洁公司确保它的帮宝适 Swaddlers 是大多数美国医院为新生儿提供的尿布。Williams-Sonoma 提供了一个名为“这就是你的商店”的服务项目，纳入这个项目的店面接受新婚夫妇的预约，并且仅对新婚夫妇开放，邀请他们来店里参观并以清单的形式记录下他们的需求。这个细分市场对 Williams-Sonoma 是非常重要的，因为这个群体通常都是第一次接触 Williams-Sonoma 品牌，而且他们将来会经常购买大量的厨房用具。

使用率　市场也可被细分为较少使用者、一般使用者和大量使用者。大量使用者只占市场的一个很小的百分比，但其总购买量占很大的百分比。例如，最近的一项研究表明，美国的海鲜重度消费者占很少比例，但却是一个巨大的潜在市场。不到5%的消费者购买了近64%的未预处理海鲜。仅2.6%的购物者——大多数是母亲，为家庭购买处理过的鱼条和鱼片——就购买了超过54%的烹制海鲜。毫不奇怪，烹制海鲜营销者将市场定位于这些重度用户，并在宣传中强调对孩子的吸引力、家庭营养和家庭膳食计划。

忠诚度　市场可以通过消费者忠诚度来划分。消费者可能忠诚于一个品牌，如汰渍，或是一家商店，如塔吉特，或是一家公司，如苹果。消费者可根据其忠诚度划分成不同的群体。有些是绝对忠诚者，一直购买一个品牌的产品，而且一旦购买，就会忍不住告知其他人。比如，不管他们是拥有 Mac 电脑还是 iPhone、iPad，苹果爱好者对品牌的热爱就像对钻石的热爱一样。一端是相当满意的 Mac 用户，他们拥有 Mac，并将其用于电子邮件、浏览和社交网络。但是，在另一端是 Mac 狂热者，所谓的 MacHeads 或 Macolytes，他们迫不及待地告诉所有人，他们拥有最新的苹果设备。这些忠实的苹果爱好者帮助苹果在市场环境不佳的几年里保持了盈利，而且他们现在还是苹果蓬勃发展的 iPod、iTunes 和 iPad 帝国的前沿用户。

有些消费者是一般忠诚者，忠诚于某一产品的两到三个品牌，或是喜欢一个品牌，但有时也购买其他品牌；还有一些消费者不忠诚于任何品牌，他们或者每次买的东西不同，或者随便买些特价销售的品牌。

通过分析市场忠诚模式，公司能够了解很多情况。起点应该是研究自己的忠诚顾客。一位分析师表示："最近一项对高忠诚度客户的研究表明，他们的热情是有传染性的。"他们通过博客、粉丝网站、YouTube 视频和口碑宣传品牌。一些公司实际上是让忠诚者为这个品牌工作。例如，Patagonia 依靠其最有尝试性的真诚客户在苛刻的环境中测试产品。相比之下，通过对那些一般忠诚顾客的研究，公司可以发现哪些品牌是最有竞争力的。通过考察那些抛弃其品牌的顾客，公司将了解到营销上的弱点，并可以采取措施纠正它们。

使用多种细分因素 市场营销人员一般不会把其市场细分研究局限于一个或者几个因素，而是越来越多地使用多种细分因素，以识别更小、更确定的目标群体。一些商业信息服务机构——比如 Nielsen、Acxiom 以及 Experian——开始为客户提供多因素市场细分系统，这个系统包含了地理、人口、生活方式和行为方式等细分因素，商业信息服务机构利用这个系统能够帮助公司将市场细分至区域、社区甚至家庭单位。

Nielsen 提供的 PRIZM 系统，就是最佳的细分系统之一。PRIZM 系统基于人口因素(比如年龄、受教育程度、收入、职位、家庭组成、种族、住房)、行为因素和生活方式因素(比如购买力、休闲活动类型以及媒体偏好)对每一个美国家庭进行细分。PRIZM 系统把美国的家庭划分成 66 个在人口和行为方面各不相同的细分市场，并将其再次组合成 14 个不同的社会群体。PRIZM 群体以奇特的名字命名，如"儿童与死胡同""灰色力量""波西米亚混合体""梅柏瑞城镇""猎枪与卡车""古老的光环""混合祭祀语""蓝色大都市""光明照亮的城市"等名字。这些五花八门的名字有助于使各个细分群体更加生动化。

PRIZM 和其他类似的系统，可以帮助营销者把消费者和地区细分成可进行销售的具有相似意愿的消费者群体。每一个群体都具有一些独一无二的特征，比如喜好、生活方式以及购买行为。比如，"胜利者的交际圈"这个群体是社会精英人群的一部分，通常是由 35～54 岁的夫妻组成，他们非常富有，居住在城市或郊区的大房子里。属于这个群体的人们更可能会加入健康俱乐部，参加昂贵的旅行，购买经典音乐，阅读《华尔街日报》。相反，"底层美国人"这个群体往往指的是农村人口的一部分，这个群体的人通常比较年轻，经济上比较拮据，而且大多居住在偏僻的农村，此外，这个群体的人更倾向于在廉价餐馆里就餐，购买二手车，阅读《父母期刊》。

这样的地理人口细分为各种各样的营销者提供了强有力的工具。它可以帮助公司更好地识别和了解主要顾客群，更有效地定位目标顾客群，然后针对目标顾客群提供具有差异化的产品和服务，以便更好地满足他们的需求。

7.1.2 产业市场细分

产业市场和消费者市场的营销人员使用很多相同的市场细分因素，产业购买者可以按地理、客户特点(行业、公司规模)，或者按寻求利益、使用者情况、使用率和忠诚度进行细分。然而，产业市场的营销人员还使用一些其他的因素，如客户经营特点、购买方式、形势因素和个性。

几乎每个企业至少要服务一个产业市场。比如，星巴克为其办公室咖啡和食品服务部门两个业务领域分别开发了不同的营销方案。在办公室咖啡和自动售货机方面，星巴克办公室咖啡解决方案服务任何规模企业的各种工作场所，帮助员工在他们的工作间能够享用到星巴克咖啡和相关产品。星巴克帮助这些商业客户设计最佳的办公室解决方案，这包括其咖啡、茶（Tazo）、糖浆和品牌纸制品。星巴克食品服务部门与企业和其他组织合作，从航空公司、餐馆、学院和医院到棒球场，帮助它们为自己的客户提供知名的星巴克品牌。星巴克不仅提供咖啡、茶叶和纸制品给其食品服务合作伙伴，而且提供设备、培训、市场营销和销售支持。

许多公司为处理较大或者分布较广的客户而建立独立的体系。例如，Steelcase 公司是办公家具的主要生产商，它首先把客户细分为七个细分市场，包括生物科学、高等教育、美国和加拿大政府、州与当地政府、医护中心、专业服务以及零售银行。然后，公司的销售人员与独立经销商合作，同每个细分市场内较小的、本地或者地区性的客户打交道。但是，像埃克森和 IBM 这样全国性的、分布较广的客户，可能提出独立代理商解决不了的特殊需求。所以，Steelcase 公司用全国客户经理帮助其经销商网络处理全国性客户的业务。

7.1.3 国际市场细分

很少有公司能够或者愿意在全球各个国家经营。可口可乐和索尼等一些大型公司把产品销往多达 200 个国家，而多数公司只针对一个有限区域进行营销。跨国经营是新的挑战，不同国家，甚至是相距很近的国家，在经济、文化和政治组成上有很大差异。所以，与在国内市场一样，国际性公司需要根据不同的购买需求和行为，细分世界市场。

公司可以根据一个或者几个因素的组合来细分国际市场。它们可以根据地理位置把国家归类到地区，如西欧、泛太平洋、中东或者非洲。地理细分的前提是相邻国家有很多共同的特征和行为，尽管通常的情况是这样，但也有很多例外。例如，虽然美国和加拿大有很多相同之处，但两者都与邻近的墨西哥在文化和经济上有天壤之别。甚至在一个地区，消费者的差别也很大。例如，许多美国市场营销人员认为，有 4 亿居民的中美和南美国家是相同的。但多米尼加共和国一点儿也不像巴西，就像意大利和瑞典相差甚远一样。许多中美和南美国家不讲西班牙语，其中有 2 亿巴西人说葡萄牙语，还有其他国家的数百万人讲各种各样的印第安方言。

世界市场也可以根据经济因素来细分，国家细分的依据可能是人民收入水平或者是国家整体的经济发展水平。国家的经济结构确定了其人口的产品和服务需求，也确定了其能够提供的市场机遇。比如，现在很多公司都将目标市场定位于金砖四国（即巴西、俄罗斯、印度和中国），因为这些国家随着经济的增长，其国内购买力也出现了很快的增长。

国家也可以用政治和法律因素来划分，比如政府的稳定性、对外国企业的接受程度、金融政策和官僚程度等。当公司考虑进入哪国或者进入方式时，这些因素起到关键性作用。也可以采用文化因素，根据语言、宗教、价值观、态度、习惯和行为模式来划分市场。

根据地理、经济、政治、文化和其他因素进行国际市场细分，意味着细分市场是由多个国家组成的。然而，随着卫星电视和互联网的出现和发展，这些新的联系方式将全世界的消费者联系到了一起。此时无论消费者处于什么地方，营销者都可以定义目标顾客群并能够与他们取得联系。也有许多公司采用不同的细分方法，即**市场间细分**（intermarket segmentation）。使用这种方法，消费者尽管住在不同国家，但需求和购买行为很相似，也划为同一个细分市场。例如，雷克萨斯将目标顾客定位于成功人士（即全球的精英群体），而不管他们是哪个国家的。零售商 H&M 定位为以消费者能够负担的价格出售即便是在经济衰退形势下依然能够买得起的时尚商品。可口可乐通过建立各种特殊的项目将其目标顾客群定位于年轻人，因为年轻人是它主要的顾客群。到 2020 年，世界人口的1/3，约 25 亿人是未成年人。为了接近这个重要的全球细分市场，可口可乐最近在超过 100 个市场上发布可口可乐音乐活动。

> 这场活动以"24hr Session"开始，乐队组合 Maroon 5 潜心待在伦敦工作室里 24 小时，创作了一首新的原创歌曲。世界各地的年轻消费者参加了这场工作室会议，分享他们对歌词和节奏的想法。"青少年的头号激情点是音乐，"可口可乐全球营销主管说。可口可乐的首席执行官说："今天我们的成功取决于我们与青少年建立联系的能力，这是未来的一代。"

7.1.4 有效细分的要求

很明显，市场细分的方法有很多种，但并不是所有的细分都有效。例如，精制食盐的购买者可以分为金发和棕发的顾客，但头发的颜色显然不会影响食盐的购买。另外，如果所有的购买者每月购买一样数量的食盐，认为所有的食盐是一样的，并想支付一样的价钱，公司就不可能通过对市场细分来得到好处。

有效的细分市场必须具有以下特点：

- 可测量性：细分市场的规模、购买力和基本情况是可以测量的。
- 可接近性：细分市场必须能够接近并提供服务。
- 重要性：细分市场必须足够大，或者能带来足够的盈利。一个细分市场应该是值得公司设计专门的营销策略去占领的尽可能大的同质群体。比如，一个汽车制造商不值得为身高 7 英尺以上的人专门设计合适的汽车。
- 可辨别性：细分市场要在概念上容易区分，对不同的市场营销组合元素和方案有不同的反应。如果男性和女性对于软饮料的营销策略的反应相同，他们就不能构成两个细分市场。
- 可操作性：必须能够设计有效的方案吸引并服务细分市场。例如，一家小型航空公司虽然找出了七个细分市场，但由于其员工太少，不可能针对每个细分市场开发专门的营销计划。

7.2 确定目标市场

市场细分揭示了公司的细分市场机会。现在，公司需要对这些各种各样的细分市场进行评估，并确定哪些是值得进入的目标市场。我们来看看公司如何评估和选择目标市场。

7.2.1 评估细分市场

评估不同的细分市场时，公司必须注意三个因素：细分市场的规模与增长特性，细分市场的结构优势，以及与公司目标和资源的匹配性。公司必须首先收集分析有关数据，包括目前细分市场的销售额、增长率和期望利润。公司会对有良好规模和增长特性的细分市场更有兴趣。但“适当的规模和增长”是相对而言的，规模大、增长快的细分市场并不是对每个公司都有吸引力。规模小的公司可能发现自己缺少技能和资源，不能为较大的细分市场提供服务，或者这些细分市场竞争过于激烈。这些公司就可能选择从绝对意义上来看较小的、不那么有吸引力的细分市场，而这些细分市场对公司来讲更加有利可图。

公司还要考察影响细分市场长期吸引力的主要结构因素。例如，一个细分市场如果已经有很多强大的、势头很猛的竞争对手，就缺乏吸引力了。细分市场里如果存在着现有或者潜在替代品，就会影响价格和盈利。购买者的能力也会影响细分市场的吸引力。如果细分市场的购买者有很强的讨价还价能力，能迫使对方降低价格，提出更多的质量和服务方面的要求，并使竞争者互相争斗，这就会影响销售者的利益。最后，如果细分市场中有强大的供应商，它能左右价格、质量和供应量，这个细分市场也是没有吸引力的。

即便细分市场具有适当的规模和增长率并且具有结构优势，公司还是要结合细分市场，考虑自己的目标和资源情况。许多有吸引力的细分市场很快被抛弃，就是因为与公司的长期目标不一致，或者公司缺乏在细分市场中竞争所需要的技术和资源。比如，鉴于当前的经济状况，经济型汽车这一细分市场正在逐渐变大。但是，考虑到目标和资源的问题，这一变化对于高端汽车生产商宝马进入该细分市场的影响微乎其微。公司只应该进入那些自己能够提供超额价值，并比竞争对手有优势的细分市场。

7.2.2 选择目标细分市场

评估不同的细分市场之后，公司要决定为哪几个细分市场服务，这实际上是选择目标市场的问题。**目标市场**(target market)是一个消费者群体，他们有共同的需求或特点，公司也正是为这些需求来服务的。目标市场可以被划分为几个层次。图 7.2 显示目标市场可以非常宽(无差异营销)、非常窄(差异化营销)以及在这两者之间(集中营销)。

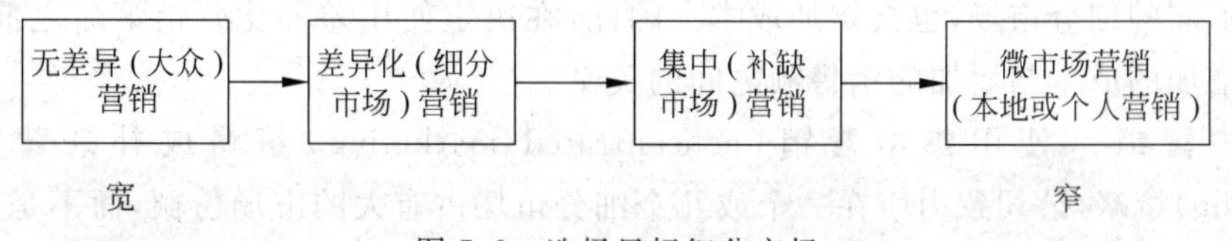

图 7.2　选择目标细分市场

无差异营销 使用**无差异营销**(undifferentiated marketing)或**大众营销**(mass marketing)策略,公司可以忽略细分市场中的差异,向整个市场提供一套产品或服务。这种大众营销策略专注于消费者共有的需求,而不是他们的需求差异。公司设计产品和营销策略,都以吸引绝大多数消费者为目的。

就像本章一开头所说,许多现代市场营销人员对这种政策十分怀疑,因为通过一个产品或者一个品牌去满足所有消费者,实在是太困难了。另外,一些更有侧重性的公司在满足特定细分市场上做得不错,大众营销者常常发现很难与它们竞争。

差异化营销 使用**差异化营销**(differentiated marketing)策略,公司决定瞄准几个细分市场,并为每个细分市场提供不同的产品或服务。宝洁公司拥有六个不同的洗涤剂品牌(Bold、Cheer、Dash、Dreft、Gain 和 Tide),而且这六个品牌之间存在着相互竞争的关系。然后,宝洁进一步细分每个品牌,以服务更精确的细分市场。例如,你可以购买十多款汰渍中的任何一款——从汰渍漂白款、汰渍冷水款或汰渍高效款,到汰渍除味款。

也许没有其他品牌实践的差异化营销像贺曼卡片(Hallmark Cards)一样了。贺曼卡片大力细分贺卡市场。除了其宽泛的贺曼卡产品线和流行的二线品牌线(如幽默的 Shoebox 问候卡),贺曼卡片已经推出了针对十几个或更具体细分市场的产品线。Fresh Ink 定位在 18~39 的女性消费者。贺曼心愿系列提供了很多消费者能负担得起的 99 美分卡片。贺曼的三种卡片——Mahogany、Sinceramente 和生命之树——分别定位于非洲裔、拉美裔和犹太消费者。贺曼新推出的鼓励卡的重心是抗争和挑战,如抗击癌症、走出去、与抑郁症斗争。还有专门的贺卡与慈善机构合作,如(PRODUCT) RED(旨在帮助非洲防治艾滋病的基金会)、联合国儿童基金会等。贺曼卡片也不断革新技术。音乐贺卡包含了来自流行电影、电视节目和歌曲的声音剪辑。贺曼卡片可提供电子贺卡和个性化的打印贺卡两者给消费者。对于商业需求,贺曼卡片的 Business Expressions 为所有场合和活动提供个性化的企业假日贺卡。

通过推出各种产品并使用多种营销策略,公司希望能够提高销售额,并在细分市场中占据强势地位。比起在所有细分市场中进行无差异营销,在几个细分市场内占据强势地位能够创造更大的总销售额。由于实行差异化营销,贺曼品牌在美国市场几乎占据了一半的市场份额。同样,宝洁的多个洗涤剂品牌也取得了相当于其对手四倍的市场份额。

但是,差异化营销也增加了经营成本。公司通常会发现,比起生产 100 套同种产品,设计和生产 10 种不同产品各 10 套的成本更高。为不同市场设计不同的市场营销计划,需要额外的市场研究、预测、销售分析、促销计划以及渠道管理等工作。使用不同的广告去影响不同的细分市场,也会增加成本。因此,在决定使用差异化营销策略之前,公司必须衡量增加的成本与增加的销售额之间的关系。

集中营销 使用**集中营销**(concentrated marketing)策略或**补缺营销**(niche marketing)策略,公司致力于在一个或几个细分市场占有大的市场份额,而不是大市场中的小份额。例如,全食超市拥有 300 多个店面,销售额超过 100 亿美元;行业巨头克罗格拥有 3 600 多个店面，且销售额高达 820 亿美元；另外，沃尔玛拥有 9 000 个店面，销售额达到 4 210 亿美元。然而，在过去的五年时间里，规模小的高端零售商比任何一个大规模零售商的增长率和盈利性都更高。全食超市的营销策略是，通过为顾客提供"有机的、天然的和美味的食品"，努力迎合沃尔玛等大型超市不能够满足的顾客需求。事实上，一个典型的全食超市的顾客往往更倾向于抵制当地的沃尔玛超市，而不是在沃尔玛购物。

通过集中营销策略，公司在其服务的几个细分市场中取得强势地位，因为它了解这些市场的需求，并在这些市场上有很好的声誉。由于生产、分销和促销的专门化，公司的经营很经济。细分市场选择正确，公司就可能获得很高的投资回报率。

补缺营销为小企业提供机会，让它们把有限的力量集中到那些可能被大企业忽视的市场。许多公司开始都使用补缺营销以获得一个立足点从而与大企业竞争，最后逐渐成长为强有力的竞争者。例如，西南航空公司最开始从事州内不需要太多服务的航空业务，后来才逐渐成长为美国国内最大的航空公司之一。再比如，Rent-A-Car 出租汽车公司从一开始就建立自己的街区办事处网络而不是一味地与赫兹或阿维斯公司竞争，最终它成为全美最大的出租汽车公司。

今天，互联网上建店的低成本使得服务于看起来很小的补缺市场甚至是更为有利可图。尤其是小公司通过网络服务于小的补缺市场，赚了不少钱。下面我们看一下 Modcloth. com 这家女装营销者的例子。

> 当她的高中同学们出去和朋友聚会或在购物中心购物时，苏珊·柯格待在她的卧室里，整理她在当地旧货店找到的老式服装，并梦想着自己的网上生意。在她 17 岁时，她和她的男友、现在的丈夫艾瑞克在他们的卡耐基梅隆学生宿舍房间里创立了 ModCloth. com。尽管起步艰难，多亏了互联网的力量，这家公司飞速成长。今天，仅仅十年后，ModCloth. com 拥有超过 275 名员工、700 名独立设计师，千家万户的衣橱里都会有一件它的衣服。ModCloth 独特的个性服装选择，ModCloth 的博客和各种社交网络上有吸引力的促销活动，以及网络互动(例如让顾客选择服装特色，甚至是设计方向等)，这些吸引了大量的追随者，对 ModCloth 的发展发挥了巨大的作用。ModCloth 的收入已经增长到每年超过 1 500 万美元，该网站每月吸引超过 200 万访问者。

集中营销策略能够带来更高的利润率。同时，集中营销策略也要承受高于正常水平的风险。仅仅依靠一个或几个细分市场来经营的公司，可能会在细分市场衰退时遭受更大的损失。或者拥有更多资源的强大竞争对手也可能进入这个细分市场。出于这些原因，许多公司宁愿在几个细分市场内搞多元化经营。

微市场营销　差异化营销者和集中营销者可以根据不同细分市场的要求，调整自己的产品服务和营销策略。但与此同时，它们并没有根据单个消费者的需求使自己的产品服务定制化。**微市场营销**(micromarketing)根据特定个人和特定地区的口味调整产品和营销策略。微市场营销不是探寻每一个个体能否成为顾客，而是探寻每一个顾客身上的个体性。微市场营销包括当地营销和个人营销。

当地营销　**当地营销**(local marketing)是指根据当地顾客群(如城市、街区甚至专卖店)的需求,调整品牌和促销计划。通信技术的进步已经产生了基于位置的高科技方式的营销。通过使用基于位置的社交网络(如 Foursquare 或 Shopkick)和本地市场的日常交易服务(如 Groupon 或 LivingSocial),零售商可以与消费者进行本地在线或手机交易(见营销实践 7.2)。越来越多地,基于位置的市场营销正在移动端化,能够获取消费者在当地市场的实时位置信息,从而进行营销活动。

营销实例 7.2

基于位置的微市场营销创造大机遇

营销人员使用许多因素来定位消费者,从人口统计信息和消费者心理到详细的购买历史。然而,今天的营销人员正在越来越多地添加一个重要的新的目标变量:位置——你现在在哪里。由于具有 GPS 功能的智能手机和基于位置的社交网络的爆炸式增长,公司现在可以紧密跟踪地理位置,并相应地提供服务。今天的高科技定位营销有两种主要形式。一种是移动"登记"服务,例如 Foursquare、Shopkick 和 Loopt——人们在智能手机上登录,显示了他们的位置并获得特殊的优惠信息。另一种是"当日交易"网络营销者,例如 Groupon 和 LivingSocial——与当地企业合作,根据用户的居住地点和他们喜欢的方式向他们提供本地购物交易。

基于位置的登记服务弥合了数字世界和真正实体世界的差距。例如,Foursquare 基于位置的移动应用程序可让超过 1 500 万的用户访问星巴克或其最喜欢的当地比萨店等,通过手机进行登录,并获得特别奖励,通常是电子优惠券。但是值得注意的是这一服务增添了像游戏一样令人上瘾的激情。例如,Foursquare 会员会为成为某个零售世界的"市长"而相互竞争,通过在特定地点登记而赚取徽章,比较谁在那里拥有最高登记数量,或者通过对 Foursquare 社区作出有益贡献获得不同的等级状态认定。而 Scvngr 则设计智能手机寻宝游戏,为完成某些任务(例如拍摄店面照片)提供折扣优惠。

不仅仅是分发电子优惠券和其他奖励,Foursquare 正在变得更全面,形成了基于位置的生活方式网络。目的是为了丰富人们的生活,帮助他们知悉朋友的行踪,分享位置相关的体验,并发现新的地方,同时将他们连接到符合他们兴趣的赞助地点。

Foursquare 联合创始人丹尼斯·克劳利设想了一个未来的场景:手机会在星期五下午晚些时候检查朋友的日历和地点,了解当天晚上的可用时间,并建议每个人都想尝试的餐厅。值得注意的是,它还可以核实可用餐桌和该餐厅的晚餐主厨菜。Foursquare 正在努力使这个场景越来越接近现实。在其网站上,它已经承诺:"Foursquare 使现实世界更容易。我们的应用程序可以帮助您获取朋友的位置,发现附近有什么,并帮助您省钱。"

同样,签到服务商 Loopt 承诺提升你的社交生活和购物生活。首先,在任何给定的时间,它显示你的 Loopt 和脸书上朋友的位置地图。它将你的短信与你的位置配对,方便你与其他人见面。当附近有熟人时,Loopt 甚至可以向你发送"朋友警报",创造机不可失的偶遇机会。Loopt 也可以提醒你附近的商店,帮助你节省资金或获得免费的东西。这种签到网络为零售商提供有吸引力的定位目标机会,让其随时可以向附近准备用餐、购物和消费的人群进行营销。

基于位置的营销的第二大形式——“当日交易”网站——已经成为最热门的网站之一。在成功复制这一模式的成千上万的企业中，市场领导者 Groupon 在全球数百个城市拥有超过 1.5 亿用户，Groupon 与每个城市的零售商合作，开展有吸引力的宣传活动，使区域客户购买商品和服务。Groupon 在当地的大多数合作伙伴都是小企业，但全球巨头如星巴克、百思买、巴诺和百事可乐也已经进入 Groupon 平台。

Groupon 在每个城市每天至少提供一笔优惠交易，例如支付 40 美元，就可以获得当地一家餐厅的 80 美元抵用券。但是，只有足够的人注册，团购券才能使用，从而鼓励用户通过推特和脸书等社交媒体将团购的信息传播给朋友和邻居。当交易完成时，Groupon 与零售商基本平分收入，几乎所有的 Groupon 交易差不多都这样。

为了进一步个性化其交易，基于位置的营销人员现在开始纳入性别、年龄、街区及多种多样的兴趣和偏好供成员选择，从而进行更精准的定位。Groupon 还扩大了“当日交易”模式，包括 Groupon Getaways（旅游特价）、Groupon Goods（全国性品牌的商品优惠）和 Groupon Now（一个移动应用程序，根据用户位置推送购物信息）。

与 Groupon 合作可以在 24 小时内改变当地的业务。例如，当芝加哥的乔佛里芭蕾舞团通过 Groupon 提供票价打折，在一天内有 2334 人签约，将订票数翻了一倍。有时候，Groupon 的交易极其成功，例如 44.5 万人仅花 25 美元购买了价值 50 美元的商品卡，造成零售商 Gap 的服务器崩溃。Groupon 通过控制推送数量和建议适当的购物限额来减少这种情况。

Groupon 可能比任何其他网站都更快地成为互联网明星。它的典型订阅者是定位营销人员的梦想：女性，在 18 至 34 岁之间，单身，年收入超过 7 万美元。而且，Groupon 每周增加的新会员数量超过 100 万。在两年前，《福布斯》将其评为“有史以来增长最快的公司”。它的收入从 2009 年的 1 400 万美元上升到去年的 16 亿美元，这使得它成为最年轻的总收入达到 10 亿美元的公司。

更普遍地来说，基于位置服务的增长是令人震惊的。五年前还没有这样的公司存在，但如今已经有 6 000 多个基于位置的 iPhone 应用程序。也许标志着定位营销潜力的是网络巨头的到来，每一个公司都试图染指基于位置的营销行动。谷歌和脸书正在积极尝试自己的签到和“当日交易”服务，而亚马逊拥有一个重要的“当日交易”服务商 LivingSocial。

有这么多的竞争，该行业目前正在经历成长之痛，新一轮洗牌似乎有可能发生。但有一点是明确的，基于位置的微市场营销具有宏观上的潜力。

随着智能手机和平板电脑整合了全球定位技术（如 GPS），市场营销人员正在利用专家们所说的社会本地移动（SoLoMo）搜索进行变革。SoLoMo 指的是消费者无论在哪里，都能够快速获取本地信息。诸如 Foursquare、Loopt 和 Groupon 等服务商，以及从 REI 到星巴克的零售商，都在以智能手机和平板电脑应用程序的形式加入 SoLoMo 的行列。

移动应用程序 Shopkick 特别擅长应用 SoLoMo。它为了让消费者注册塔吉特、美国鹰、百思买或 Crate&Barrel 等零售商店，向顾客提供特别优惠和奖励。当消费者在某个店面附近时,他们手机上的Shopkick应用程序会从商店接收到信号,并提供商店的优惠券和产品信息。同样,购物中心运营商DDR公司在16个市场上经营着27家露天的购物中心,它通过检测附近购物者向已注册的客户发送关于不同商店销售和促销的及时信息。这种地理定位方便了营销者和消费者,它可以帮助商家发布信息,同时个性化客户的购物体验。

本地营销也有一些缺点。规模经济的减小带来了生产成本和营销成本的上升。对于那些要满足不同地区市场不同需求的公司来说,它还会带来物流方面的问题。而且,如果公司的产品和信息在不同的区域差别太大,有可能会冲淡品牌的整体形象。面对越来越细分的市场,随着新型配套技术的不断发展,本地营销的优势还是经常会超过劣势。

个人营销　极端情况下,微市场营销变成了**个人营销**(individual marketing),即根据单个消费者的需求和偏好来调整产品。个人营销也被称为一对一营销、定制营销或者单人市场营销。

大众营销的普遍使用模糊了数百年来消费者一直被单独服务的事实:裁缝为顾客单独制作衣服,鞋匠为每个顾客设计不同的鞋子,木匠根据顾客需求制作家具。然而目前,新技术使得许多公司能够重新使用定制营销。更为高效的计算机、数据库、机器人生产、柔性制造技术以及互动沟通媒体(如移动电话、传真和互联网),所有这一切共同实现了"大规模定制"。大规模定制是这样一个过程:公司与顾客群进行一对一的互相交流,并根据个人需求设计产品和服务。

一对一营销前所未有地注重与顾客发展良好的关系。就像大众化生产是20世纪的营销准则,在21世纪大众化定制将是一个重要的营销准则。世界似乎一直在循环——从顾客被作为个体对待的美好时代,到没有人知道你的名字的大众营销时代,最终又回到现在的大众化定制营销。

这个时代,从食物到艺术品、耳机、球鞋、汽车等各种商品,公司都可以高度定制化。在www.mymms.com网站上,你可以上传自己的照片,订购一批M&M糖果,把自己的照片和个性化语句印在每一块糖果上。访问耐克的NikeID网站的顾客,可以选择风格、材质和颜色,并把一个词或短语印在鞋子上,从而得到定制化的运动鞋。往更大的规模上说,哈雷—戴维森的H-D1工厂定制程序让客户上网,设计自己的哈雷摩托,并可以在尽可能短的时间(四周内)得到这款产品。它邀请客户探索8 000种方法来创造自己的杰作。"你的梦想,我们建设它,"公司说。

此外,产业营销人员正在寻找新的方式来实现产品的个性化。比如,John Deere生产的播种机有200多万种版本,可以满足单个顾客的不同要求。这些播种机是在同一条生产线上生产出来的,一次只制作一台。大众化定制的营销策略,使得企业能够在激烈的竞争中崭露头角。

选择一个目标市场策略　选择一个目标市场策略时,公司需要考虑许多因素。究竟哪种策略好,要看公司的资源。如果公司的资源有限,集中营销是最适用的。最好的策略还要视产品的差异性而定。无差异营销适合单一产品,如柚子和钢铁。产品设计种类较多时,比如照相机和汽车,最适合差异化营销或者集中营销。产品生命周期也必须考虑在内。公司推出一项新产品时,比较实际的做法是只推出一款,这时无差异营销或集中营销最为适用。但是，在产品生命周期的成熟期，差异化营销将更有意义。

另一个因素是市场的差异性。如果多数购买者口味相同，购买量相同，对营销工作的反应相同，就适合使用无差异营销。当竞争对手使用差异化营销或者集中营销时，无差异营销无异于是在自杀。相反，竞争对手使用无差异营销的时候，公司可以通过使用差异化营销或者集中营销满足特定细分市场的需求来获得竞争优势。

对社会负责的目标市场选择 把精力集中在最能有效服务、最有利可图的细分市场上，这样明智的目标市场选择使得公司更为高效、更有成果。选择目标市场对消费者也是有好处的，公司能够向特定的消费者群体提供为满足其需求而量身定制的产品。然而，目标市场营销有时也会引起一些争议和关注，通常涉及对易受影响的、处于不利位置的消费者营销有争议的或者有潜在危害的产品。

例如，多年来，从食品行业、软饮料行业到玩具行业和时尚用品行业，都因为直接向儿童进行营销而遭受批评。批评家担心，赠品和经由可爱的卡通人物之口说出的强效广告词，会击倒儿童的防线。例如，最近几年，麦当劳一直受到各种健康倡导者和家长团体的批评，他们担心其流行的快乐套餐——特色小饰品及其他与儿童电影（比如《玩具总动员》）有关的物品——在孩子和高脂肪、高热量的食物之间建立了太强大的联系。一些评论家甚至要求停止使用其标志性的麦当劳大叔形象。麦当劳的做法是推出健康快乐套餐，把总的卡路里数减少了20%，并在每顿饭中加入水果。

当成人产品营销溢出到儿童细分市场时，不管是有意还是无意的，新的问题便发生了。例如，“维多利亚的秘密”的非常成功的Pink系列品牌以年轻、时髦、性感为特征，其目标顾客群是18～30岁的年轻女性。然而，批评者指出，Pink系列在只有11岁的女孩中风靡一时。作为对“维多利亚的秘密”的设计和营销信息的回应，8～12岁的女孩瞬间疯狂地涌入商店购买Pink产品。更为通俗地讲，批评者担心各种品牌（从女性内衣和化妆品到芭比娃娃）的营销者直接或间接地使用挑逗性的产品吸引年轻女孩，可能会导致年轻女孩对性和外貌的过早关注。现在的芭比娃娃的形象都是全身上下珠光宝气，穿着露背衣衫和高跟皮鞋。一位美国的专家说，现在的女孩在整个成长过程中，都被重视外貌和性感的产品所包围。

为了鼓励对儿童进行负责任的广告，广告行业的自律机构“儿童广告审核团”针对儿童观众的特定需求，公布了大量的儿童广告指导方针。尽管如此，仍有很多批评者认为还有很多事情要去做，有些人甚至呼吁完全禁止针对儿童的广告。

近年来，香烟、啤酒和快餐的生产商也引发了很多争议，因为它们尝试以城市内部的少数民族消费者为目标市场。例如，麦当劳和其他的连锁店受到了批评，它们向低收入的市区居民推销高脂肪、高盐分的食物，因为这些人比郊区居民更可能成为重度消费者。同样，大银行和抵押贷款公司也遭到了极大的批评，因为它们总是以一种极具吸引力的住房贷款利率来诱惑居住在贫困地区的居民，而这些人根本就承担不起贷款。

互联网和其他仔细选择目标的直接媒体的迅猛发展，已经引发了潜在目标市场滥用的新问题。互联网带来了更加准确的定位，这就有助于可疑产品的生产商或者欺骗性广告的制作商更容易让易受影响的受众上当。肆无忌惮的营销人员可以通过电子邮件向那些毫不设防的消费者直接传递一些有针对性的欺骗信息。例如，FBI的互联网犯罪投诉中心网站仅在去年就至少接到过31万次投诉。

不是所有的以儿童、少数民族和其他特定细分市场为目标的尝试都会招致批评，事实上，其中大多数还是为目标顾客提供了好处。例如，潘婷针对有色人种的女性推出轻松自然型的洗发产品。三星则针对特定人群的需求，推出了一种个头大、声音响的手机。此外，高露洁公司为儿童提供了类型多样的牙刷形状和牙膏口味——从高露洁芭比丰富泡沫果味牙膏、高露洁糖果温和泡沫果味牙膏以及高露洁宾尼兔狂野薄荷牙膏到高露洁探险者朵拉牙刷。这些产品使刷牙变得更有意思，并且使孩子们刷牙时间更长和更频繁。

因此，在目标市场选择中，问题其实并不是谁是目标市场，而是选择目标市场的方式和原因。当商家以目标市场的利益为代价换取利润的时候，会引发争议——它们不公正地以易受影响的细分市场为目标，或者向其推出可疑的产品或策略。对社会负责的营销，要求市场细分和目标市场选择不能只考虑公司的利益，还要考虑目标顾客的利益。

7.3 产品差异化和市场定位

除了决定要进入哪些细分市场之外，公司还必须明确自己的价值主张，即如何为目标顾客创造差异化的价值，以及在这些目标顾客群当中实现什么样的市场定位。**产品定位**(product position)是消费者根据产品的重要属性定义产品的方式，或者说是相对于其他竞争产品而言，产品在消费者心目中占有的位置。产品生产于公司的车间，但品牌则应定位于顾客的心目当中。

Method将洗衣粉定位为更智能、更容易、更环保的洗涤剂，Dreft品牌定位为精细衣物和婴儿衣服的温和洗衣剂。在IHOP，你“饥饿着光临，开心地离开”；在Olive Garden餐馆，“你将会有宾至如归的感觉”。在汽车市场，日产Versa和本田Fit定位为经济车，奔驰和凯迪拉克定位为豪华车，保时捷和宝马定位为高性能车。

消费者被太多的产品和服务信息所包围，他们不可能每次做购买决策时，都对产品进行重新评估。为简化购买过程，消费者把产品分类，在自己心目中将产品、服务和公司进行“定位”。产品的定位是消费者对产品的感知、印象和感觉的混合，这种定位是与其他竞争产品比较而言的。

消费者对产品的定位，可以有也可以没有商家的帮助，但商家不愿意让自己的产品听由天命。它们必须对定位进行策划，以使自己的产品在选定的目标市场中更具优势。同时，它们也必须设计市场营销组合来实现策划中的定位。

7.3.1 定位图

为了设计他们的定位战略，营销人员经常准备定位认知图。定位认知图描绘出顾客在重要购买领域对企业及其竞争者产品的认知。图7.3展示美国大型豪华运动型多功能车(SUV)市场的认知图。在图上每个圆圈的位置表明从两个维度的认知——价格和导向(强调豪华还是强调功能)。圆圈的大小表明该品牌的相对市场份额。

因此，人们觉得在市场处于领导地位的凯迪拉克凯雷德车是一种价格合适的大型豪

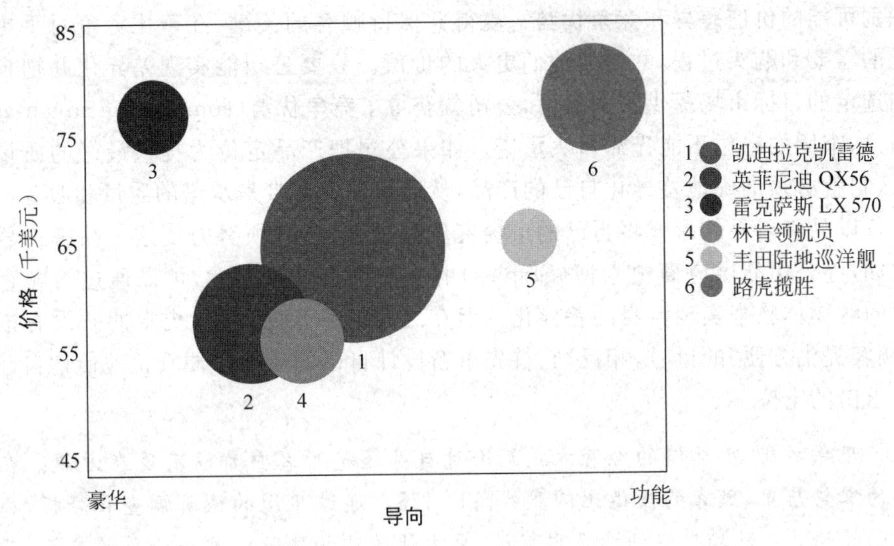

图 7.3 定位图：大型豪华 SUV

华 SUV，在强调豪华和强调功能两方面比较平衡。凯迪拉克凯雷德定位为城市豪华车，在这种情况下，其“功能”可能意味着强动力和高安全性。你很难在凯迪拉克凯雷德的广告中找到诸如越野、冒险之类的词语。

相反，路虎揽胜和丰田陆地巡洋舰则被定位为越野车中的高端品牌。比如，丰田公司于 1951 年首次推出陆地巡洋舰，这款车四轮驱动的吉普车型意在应对最恶劣的环境和最糟糕的天气。近年来，丰田的陆地巡洋舰系列一直保持这种适合冒险的特性，同时又加入了许多奢华的因素。在其网站上，这款车总是以“越野传奇”自居，它拥有许多越野车的技术和性能，比如山地协助控制和动态悬架系统，这些功能和系统在很多特殊的地区是非常必要的。尽管陆地巡洋舰整体给人一种粗犷的感觉，但是，其便捷的免提蓝牙技术、DVD 娱乐系统以及华丽的内部设计也足以弥补外形上的不足。

7.3.2 选择差异化和定位策略

一些公司发现选择定位策略很容易。例如，在一些细分市场中以质量闻名的公司，如果新的细分市场中有足够的购买者注重质量，那么它会继续使用这个定位。但是，在很多情况下，两家或者更多的公司会有相同的定位，那么，它们不得不寻找其他方法把自己的产品区别开来。每家公司都要通过建立一套独特的利益组合，使自己的产品或服务差异化，从而吸引细分市场中的重要群体。

此外，一个品牌的定位必须很好地满足已经定义好的目标市场的需求和偏好。比如，尽管唐恩都乐和星巴克都是著名的咖啡店，但它们的产品分类和店内设计就存在很大的差异。二者在经营上都取得了很大的成功，其主要原因就在于，它们都针对自己特定的顾客群明确了正确的价值方案。

差异化和定位工作包括三个步骤：识别定位可能基于的一系列竞争优势，确定适当的竞争优势，以及选择整体定位策略。公司必须把它的定位有效地向市场进行沟通和传送。

识别可能的价值差异和竞争优势 赢得并保持顾客的关键，在于比竞争对手更加了解他们的需要和购买过程，并带给他们更大的价值。只要公司能实现差异化并把自己定位为向选定的目标市场提供最大价值，公司就获得了**竞争优势**(competitive advantage)。

但是，牢固的定位不能光靠口头承诺。如果公司把产品定位为提供最好的质量和服务，那么它就必须准确地差异化自己的产品，从而给消费者带来承诺的质量和服务。公司不能仅仅以品牌口号的形式将自己的市场定位喊出来，还必须努力使这一品牌口号生动化。比如，办公用品供应商史泰博(Staples)的一次调查结果显示，可以通过为顾客提供更方便的购物体验来实现自身的差异化。但在之后的一年时间里，史泰博并没有推出自己“为顾客提供方便”的口号，相反，它首先重新设计自己的店面以便真正地传达自己将要向顾客承诺的定位。

几年之前，史泰博的经营方式无论对自身还是对客户都没有现在方便。在史泰博的零售店里，顾客的投诉比例竟然高达1/8。通过几周的认真调查和分析，公司得出的结论是：顾客想得到的是更舒适、更方便的购物体验。这一简单的启示，竟催生了近期最成功的营销运动之一，即围绕“史泰博：这里是简单的”口号所进行的营销运动。但是，史泰博市场定位的转换并不是简单地将一个新的口号传达给顾客。在它承诺向顾客提供简单的购物体验之前，它必须真正地向顾客传达一个这样的信号。首先，史泰博必须使口号生动化。因此，在长达一年多的时间里，史泰博努力改善顾客的购物体验，并为之采取了很多措施，比如，重新设计自己的店面，设法使库存产品合理化，重新培训雇员，甚至简化与顾客的沟通方式。直到公司将所有与顾客购物体验有关的细节都处理好了之后，史泰博才开始将自己新的定位口号传达给顾客。由于前期周密的准备工作，当“史泰博：这里是简单的”这一口号推出的时候，一下子就受到了绝大多数顾客的认可，进而促使史泰博一跃成为办公用品供应商的领军者。毫无疑问，巧妙的营销策略在史泰博的成功历程中起了重要的作用，但是，如果在推出新定位口号之前没有相关的实际行动，简单的营销口号是无济于事的。

为了找到差异之处，营销人员必须仔细分析顾客对公司的产品或服务的全部体验。聪明的公司能够在与顾客发生联系的每一处，都找到使自己差异化的方法。公司把自己的产品或服务与竞争对手的区分开来，有什么具体方法吗？公司可以按照产品、服务、渠道、人员或者形象的线路来进行差异化。

品牌可以通过产品在特征、性能、风格和设计等方面的差异化来实现自身的差异化。因此，美国博士音响就通过产品的精密设计和音效特性进行市场定位。赛百味则将其定位为健康快餐食品的最佳选择。此外，作为家庭清洁用品以及尿布、纸巾等用品的生产供应商，Seven Generation 对其产品和品牌的定位并不在于性能有多好，而在于有多环保。Seven Generation 的使命是：“健康的产品。健康的环境。健康的社会。健康的公司。”

除了具体产品的差异化，公司还可以使伴随产品的服务差异化(service differentiation)。一些公司依靠快捷、方便或细致的配送，实现了服务的差异化。例如，得克萨斯便民银行每周营业7天，而且每天24小时营业，因为它的目标是“在真实的时间为真实的人提供服务”。此外，许多公司通过为顾客提供高质量的悉心照顾来实现自己的差异化优势。曾几何时，顾客对航空公司的服务满意度急剧下降，而新加坡航空公司则致力于为顾客提供更周到、更优质的关心和服务。正如这家航空公司所宣传的一样，“每一位旅客都能够从这里享受到最优质的服务，即使旅途中的最小细节，我们也会尽力追求完美，以便对您履行我们最真实的承诺。”

实行渠道差异化（channel differentiation）的公司，在渠道的覆盖、专业化和绩效方面获得竞争优势。亚马逊和GEICO（美国政府雇员保险公司）就是通过高质量的直销渠道实现了自己与竞争者之间的差异化。公司还可以通过人员差异化（people differentiation）获得强大的竞争优势，也就是比竞争对手雇用并培训更优秀的员工。因此，迪士尼的员工以友善和快乐而闻名。人员差异化要求公司精心挑选联系顾客的人员，并对他们进行很好的培训。例如，迪士尼公司对其主题公园的员工进行全方位培训，以确保他们能干、谦逊和友善。从旅店前台服务员，到单轨铁路驾驶员，到乘务员，到清洁工，每一位雇员都受到精心培训，从而能够了解顾客和“让人们更加开心”。

即使竞争对手提供的产品和服务看起来一样，购买者可能因公司或者品牌的形象差异化（image differentiation）而感觉不同。公司或者品牌的形象应该传递产品独有的特点和定位，设计一个强有力的、突出的形象需要创造性和艰苦的工作。公司不可能只用几个广告就在一夜之间把一种形象根植在公众心中。如果丽嘉酒店代表着优质服务，这个形象就要由公司的一切言行来体现。

麦当劳的金色拱门、旅行者品牌的红色雨伞以及耐克品牌的旋风，这些标志能够使公司或者品牌的认知度和形象差异化很高。公司可能围绕着某位明星建立品牌，如耐克公司利用迈克尔·乔丹、科比·布莱恩特以及勒布朗·詹姆斯等篮球巨星建立运动鞋和其他运动装备的品牌。一些公司甚至与色彩建立关联，如可口可乐的红色、IBM的蓝色，以及UPS的棕色等。这些选定的标志、人物和其他形象元素，必须通过传递公司或品牌个性的广告来进行沟通。

确定适当的竞争优势　假设公司很幸运地发现了几个能够增强公司竞争力的潜在差异之处，现在，它必须确定哪些是其定位策略的基础，必须决定要推广哪几项差异。

公司需要推广多少差异　许多市场营销人员认为，公司应该只向目标市场推广一项利益。例如，广告人罗瑟·里夫斯认为，公司应该为每个品牌设计独特推销计划（unique selling proposition，USP）并始终坚持。每个品牌应该挑选一个特性，并且宣称自己在这个特性上是“最好的”。购买者一般更容易记住最好的，尤其是在这样一个过度沟通的社会。因此，沃尔玛着力宣传自己无与伦比的低价，而汉堡王则在广告中强调顾客的个性化选择，即“我选我味”。

其他市场营销人员认为，公司应该根据一个以上的差异因素进行定位。如果两家或者更多的公司在同样的特性上宣称自己是最好的，这种做法就很有必要。今天，大众市场被分成了很多小的细分市场，公司和品牌都在尽力扩展自己的定位策略，以对更多的细分市场产生吸引力。例如，虽然佳得乐最初提供的运动饮料只定位在矿物质饮料，但是现在该品牌提供了全系列的运动饮料，满足了至少三种基本利益诉求。G系列“在练习、训练或比赛之后，为你的身体提供燃料”。佳得乐Prime 01被定位为“赛前燃料”，在运动前提供能量。佳得乐Thirst Quencher是在练习期间“活动的时刻”喝的。最后，佳得乐

Recover 03 定位为赛后恢复饮料,为运动后恢复提供蛋白质。显然,许多消费者需要多重的利益。挑战就是,要说服他们只要一个品牌就可以做到这一切。

推广哪些差异　不是所有的品牌差异都有意义或价值,也不是每种差异都能够利用。一种差异在增加消费者的利益的同时,也有可能增加公司的成本,因此,公司必须仔细选择与竞争对手相区分的方法。如果满足下列条件,这种差异就是值得利用的:

- 重要性:差异对于目标购买者来说是非常有价值的。
- 显著性:竞争对手没有,或者公司有明显优势。
- 优越性:消费者得到的利益相同,但比其他方法优越。
- 沟通性:差异可以沟通,购买者也能够看到。
- 专有性:竞争对手不能轻易模仿。
- 经济性:购买者能够买得起。
- 盈利性:公司宣传的这项差异可以带来利润。

许多公司推出的差异,并不满足上述一个或多个标准。新加坡的 Westin Stamford 旅店在广告中宣传自己是世界上最高的旅店,而这项差异对于很多旅行者来说并不重要,事实上,许多人反而不去了。宝丽来公司(Polaroid)推出的宝丽(Polarvision)速显家庭摄像机也失败了。虽然这种产品与其他产品很不相同,也非常具有专有性,但比起另一种拍摄动作的可携式摄像机,它就要差一些。

因此,选择赖以对产品或服务定位的竞争优势是很难的,而这个选择与最后的成功是密切相关的。选择正确的差异化因素有助于一个品牌在众多竞争者当中脱颖而出。比如,汽车制造商日产在推出小型车的时候,并没有将自己的产品定位于与竞争者相似的经济性和定制化属性,而是将产品定位为一种“移动设备”,正好迎合了当今的数字化生活方式。

选择整体定位策略　品牌的整体定位称为品牌的**价值方案**(value proposition),即品牌定位基于的整体利益组合。“为什么我要购买你的品牌?”而这就是对消费者问题的回答。宝马的“终极驾驶机器”价值方案主要取决于性能,但也包括奢侈和造型设计,价格要比平均水平高一些,但对其提供的利益组合来说还是合理的。

图 7.4 显示了可能的价值方案,公司可以据此对产品进行定位。图中,五个深色的方格代表成功的价值方案,即使公司获得差异化和竞争优势的定位。浅色的方格代表失败的价值方案。中间的方格代表边缘的方案,既有可能成为竞争优势,也有可能成为竞争劣势。下面,我们将讨论公司能用来定位产品的五种成功价值方案:高质高价、高质同价、同质低价、低质更低价和高质低价。

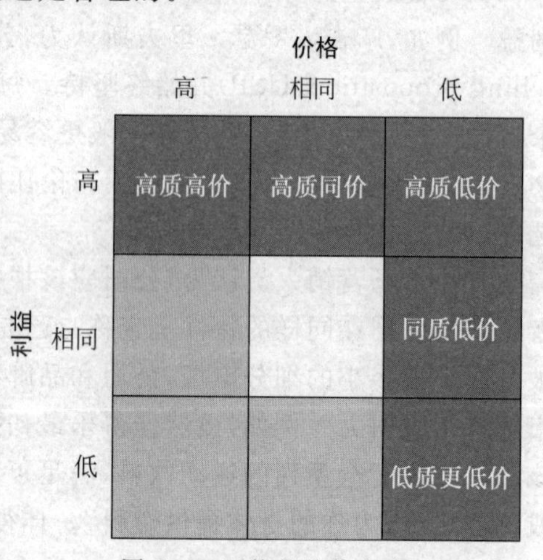

图 7.4　可能的价值方案

高质高价　“高质高价”定位是指提供最高档次的产品或服务,并制定更高的价格来补偿更高的成本。四季酒店、劳力士手表、奔驰汽车以及SubZero电器等产品都具有优越的质量、工艺、寿命、性能和款式，价格自然也与之相配。它们不仅具有上等的质量，而且给购买者带来了声望，象征着地位和高端生活方式。当苹果公司最早推出iPhone的时候，它提供了比传统手机更高质量的性能，而价格也超出寻常。

同样，Hearts On Fire钻石的市场营销者创造了一个高质高价的补缺市场，这个市场是“世界上最完美的切割钻石”的市场。Hearts On Fire钻石有独特的“一箭穿心”设计。当用放大镜从底部看，会有一个完美的八边心形出现；从顶部来看则具有完美的钻石火彩。公司说，Hearts On Fire是专属于特定人的。“Hearts On Fire钻石是为那些期望更多，并能够支付更高价格的消费者设计的。”该品牌的价格比同类竞争对手的钻石高出15％到20％。

但是，“高质高价”品牌也容易受到攻击。它经常会引来模仿者，宣传以更低的价位提供同样的质量。例如，星巴克就正面临着来自诸如唐恩都乐和麦当劳这类兼营“美食”的咖啡供应者的竞争。此外，经济景气时卖得很好的奢侈品，在经济低迷时期就有风险，因为购买者对花销更为谨慎。最近经济的不景气很有可能会对星巴克这类高端品牌产生最大的冲击。

高质同价　公司想要进攻竞争对手的高质高价品牌，可以推出质量相当而价格较低的品牌。例如，丰田公司就采用“高质同价”价值方案推出了雷克萨斯系列汽车，与奔驰和宝马相竞争。其广告的大字标题是：“把定价72000美元的车换为36000美元的车，反而买到更好的车，这在历史上也许是第一次。”公司在汽车杂志上进行很多报道，大量分发把雷克萨斯和奔驰进行比较的录像带，并指出调查表明雷克萨斯经销商比奔驰经销商对顾客的销售服务更好，以此来宣传雷克萨斯汽车的高质量。许多奔驰车主转向购买雷克萨斯，而雷克萨斯的再次购买率达到了60％，是行业平均值的两倍。

同质低价　“同质低价”可能是一种强大的价值方案，因为每个人都喜欢好的交易。沃尔玛等折扣店以及百思买、宠物大卖场、大卫婚纱、DSW折扣鞋仓等“类别杀手”使用这种策略，它们并不宣称提供不同的或者更好的产品。事实上，它们提供的品牌与商场和专卖店差不多，但是旺盛的购买力和较低的运营成本带来的折扣很大。其他公司开发价格较低的模仿品牌，想把顾客从市场领导者那里吸引过来。例如，亚马逊提供kindle Fire平板电脑，售价不到苹果iPad或三星Galaxy价格的40％。

低质更低价　市场上几乎总会存在着这样的产品：质量不太好，价格自然也比较低。很少有人对每样东西都需要并买得起“最好的”，在很多情况下，消费者也愿意满足于不是最理想的性能，或者为了价格低一些放弃那些花哨的东西。例如，许多寻找旅店的旅行者不喜欢不必要的额外费用，比如游泳池、附属餐馆或者枕头边的薄荷糖。华美达宾馆、快捷假日酒店以及6号汽车酒店等连锁旅店取消了一些这样的服务，因此收费更低。

“低质更低价”定位是指用更低的价格满足消费者较低的性能或质量要求。例如，Family Dollar和Dollar General的店铺以很低的价格出售很多便宜货。好市多（Costco）仓储式商店的商品花色和一致性都比较差，服务水平也比较低，结果它也只收取最低的价格。

高质低价　当然，高质低价一定是成功的价值定位，许多公司宣称自己就是这么做的。而且,短期来看,一些公司确实能做到这样高起点的定位。例如,家得宝刚开业的时候,的确有最好的产品和服务,并且与当地的五金店和其他家庭用品连锁店相比,价格也是最低的。

但是,长远来看,公司会发现坚持这种两全其美的定位是很困难的。一般来说,质量好就会成本高,这就使得"低价"的承诺很难实现。试图做好两方面的公司会输给更专注于某一方面的竞争对手。例如,面对劳易士(Lowe's)的竞争,家得宝必须决定是在卓越服务上竞争,还是在更低的价格上竞争。

众所周知,每个品牌都必须采用服务其目标市场需求的定位策略。高质高价吸引一个目标市场,而低质更低价吸引另一个目标市场,依此类推。因此,在任何市场内,一般都会为许多不同的公司提供空间,每个公司成功地占据不同的定位。重要的是每个公司必须设计自己成功的定位策略,专门服务其目标顾客。

建立一个定位陈述 公司定位和品牌定位应该总结为一个**定位陈述**(positioning statement)。定位陈述将采取下列形式:对于(目标细分市场和顾客需求)而言,我们的(品牌)是如何一种(如何与众不同的)(概念)。以流行的数字信息管理应用程序Evernote举例:"繁忙的多任务者需要工具帮助他们记住东西,Evernote是数字内容管理应用程序,通过你的手机、电脑、平板和网络帮你更轻松地记录生活中的各个时刻和灵感。"

注意,定位陈述第一步要明确产品的类别(数字容管理应用),然后指出它与其他产品的不同之处(帮你更轻松地记录生活中的各个时刻和灵感)。Evernote帮助你"记住一切",方法是让你做笔记、拍照片、创建待办事项列表及记录语音提醒,然后使你在任何地方(家里、工作场所或在路上),使用任何设备都容易找到和访问这些文件。

把一个品牌放进一个具体类别,表明它与这个类别中的其他产品存在共性。但产品的优越性在于其差异所在。例如,美国邮政服务像其竞争对手UPS和FedEx一样进行快递运输,但它与竞争对手在优先邮件的处理方面存在差异,它提供方便、低价、统一费率的运输箱和信封。"只要它装得下,它就可以运输,"邮局说。

7.3.3 沟通并传递选定的定位

一旦公司选定了一种定位,公司必须采取有力措施向目标顾客宣传这种定位。公司所有的市场营销组合必须支持定位策略。

公司定位需要切实的行动,而不只是空谈。如果公司定位在更好的质量和服务上,它就必须按照这个定位去做。市场营销组合(产品、价格、分销和促销)的设计,本质上是指规划出定位策略的战术细节。因此,实施"高质高价"定位的公司知道自己必须生产高质量的产品,制定高价位,通过高质量的经销商进行分销,并选择高质量的媒体做广告。公司必须雇用并培训更多的服务人员,选择服务声望很好的零售商,并设计能宣传其优越质量的销售和广告信息。这是建立一致、可信的"高质高价"定位的唯一办法。

公司常常会发现找到好的定位策略比较容易,而实现它就不那么容易了。建立或者改变定位通常要用很长时间,而花费很长时间建立起来的定位却可能很快失去。公司一旦建立了合适的定位,就必须通过一致的表现和沟通来小心地保持这个定位。公司必须不时地密切监督并调整定位，以适应消费者需求和竞争对手策略的改变。然而，公司必须避免突然的变化，以免使消费者感到混乱。因此，根据始终变化的市场营销环境作出调整时，产品定位应该循序渐进地演变。

小结

在这一章里，学习了顾客驱动型营销战略中的主要元素：市场细分、选择目标市场、差异化以及市场定位。市场营销人员知道，他们不能吸引市场上所有的购买者，或者至少是不能用同一种方法吸引所有的购买者。因此，今天的多数公司正在放弃大众营销，转而进行目标市场营销，即识别细分市场，选择其中的一个或多个，据此分别设计产品和市场营销组合。

1. 明确设计一个顾客驱动型营销策略的主要步骤：市场细分、选择目标市场、差异化和市场定位。

顾客驱动型营销战略的起点是，选择目标顾客群并明确为目标顾客群提供最佳服务的价值方案。这一策略的设计过程包括若干步骤。市场细分，是指把市场分成不同的购买者群体，他们有不同的需要、特点和行为，可能需要不同的产品或市场营销组合。一旦识别了这些群体，选择目标市场，是指评估每个细分市场的吸引力，并确定准备进入一个或多个细分市场。建立目标市场，是指设计适当的策略以便与正确的客户建立正确的关系。差异化，是指准确地实现自身提供产品的差异化，进而为目标客户提供最大的价值。市场定位，是指在目标顾客的心目中建立自己产品有别于竞争产品的独特定位。

2. 列出并讨论消费者市场和产业市场细分的主要依据。

细分市场的方法并非只有一种，因此，市场营销人员尝试不同的因素，观测哪一种细分市场的机会最好。对于消费者市场，主要的细分因素包括地理、人口特点、心理和行为。地理细分把市场分成不同的地理区域，如国家、地区、州、县、市或者街区。人口细分是将市场按人口因素分为多个群体，这些因素有年龄、性别、家庭人口、家庭生活周期、收入、职业、教育、宗教、种族和国籍等。心理细分是根据社会等级、生活方式或者个性特点，把市场分成群体。行为细分是根据消费者对于产品的认知、态度、使用或者反应，对市场进行细分。

产业市场的细分因素和消费者市场差不多，但产业市场还可以根据产业客户情况（行业和公司规模）、经营特点、购买方式、形势因素和个性特点进行细分。细分市场分析的有效性依赖于找到具有可测量性、可接近性、重要性、可辨别性和可操作性的细分市场。

3. 解释公司如何识别有吸引力的细分市场并选择目标市场策略。

为了瞄准最好的细分市场，公司首先要评估每个细分市场的规模和增长特性、结构优势以及与公司目标和资源的匹配性。然后要选择三种目标市场策略中的一种——从非常宽的目标市场到非常窄的目标市场。销售人员在使用无差异营销（或大众营销）时可以忽略细分市场的差异。它包括向所有的消费者以相同的方式大规模生产、大规模分销以及大规模促销相同的产品。或者销售人员可以采用差异化营销——为不同的细分市场设计不同的供应品。集中营销（或补缺市场营销）包括关注一个或几个细分市场。最后，微市场营销是根据特定个人和特定地区的口味调整产品和营销策略。微市场营销包括当地营销和个人营销。目标市场营销主要取决于公司的资源、产品差异性、产品生命周期阶段和竞争性市场营销策略。

4. 论述公司如何差异化并定位自己的产品,使其在市场上具有最大的竞争优势。

公司一旦确定了要进入的细分市场,它就必须决定其差异化和市场定位策略。差异化和市场定位工作包括三个步骤:识别一系列能够建立竞争优势的潜在差异,确定适当的竞争优势以便进行市场定位,以及选择整体定位策略。品牌的整体定位叫作品牌的价值方案,即品牌定位基于的整体利益组合。总的来说,公司能选用来定位产品的成功价值方案有五种:高质高价、高质同价、同质低价、低质更低价和高质低价。公司和品牌定位包含在定位陈述之中,内容包括目标细分市场的需求、定位概念以及具体的差异点。公司必须把确定的定位有效地向市场进行沟通和传递。

问题讨论

1. 市场细分和市场定位有怎样的区别?

2. 指出并描述进行市场细分时可能会用到的四组变量。试分析星巴克使用了哪组细分变量。

3. 使用一个公司的例子,指出并描述市场定位过程的阶段。

4. 试解释一个公司如何在不同的国际市场上进行定位。

5. 试分析一家公司如何针对竞争产品实现自身产品的差异化。

6. 在营销的语境下,产品定位是指什么?营销人员如何知悉产品定位?

批判性思维训练

1. 广告商在向消费者推销产品时会使用市场细分。对每一个主要的消费者市场细分变量,找到一个基于该变量的纸版广告。对于每个广告,请确定目标市场,并解释广告商选择这一消费者细分变量的原因。

2. 当日产在美国引进它的 Titanic 皮卡,丰田引入 Tundra 皮卡,两者都认为每年会卖出大约 20 万辆,而且由于美国巨大的市场潜力,它们还规划了更高的市场容量。毕竟,三大美国汽车制造商平均每年在这个市场上的销售量为 200 万辆。但这两个日本品牌的销量却远低于其销售目标。请小组讨论,两者在美国市场销售惨淡的可能原因。

3. 几位同学组成一个小组,构想出一个新企业。然后针对该企业,使用本章所提到的几个步骤建立一个客户驱动型的营销策略。描述你们设计的营销策略及相应的市场定位。

营销技术:谷歌智能眼镜

消费者喜欢体验谷歌强大的搜索能力,但如果按照谷歌的预期,我们将可以不用手指就将搜索信息直接展示在我们眼前。“增强现实”——在我们眼前投射信息的能力——现在被用于军事行动中。例如，美国军队的飞行员在头盔里就可以显示武器信息。然而，它还并没有投入市场，因为所需的头盔会令人不舒服，外观没有吸引力，且价格昂贵。但谷歌正在展望未来，并已初步计划在 2013 年向消费者出售其谷歌智能眼镜设备。这款智能眼镜在右眼上方有一个数字信息镜，它可以显示数字信息，并可用语音和手势控制。将设备连接到智能手机，会打开一个充满各种可能的世界。目前消费者市场上唯一接近谷歌眼镜的产品是一种 GPS 设备，滑雪者将其插入护目镜可显示速度信息。

基于本章的知识，识别出谷歌智能眼镜设备的一个细分变量，并据此在 30 秒商业广告中将智能眼镜推销给你定位的消费者。

营销伦理：定位年轻消费者

如果你在芬迪、范思哲和古驰等时尚店里看到儿童产品，你就不会觉得现在的消费者更节俭了。儿童产品的时尚化不是新产生的，但设计师正在把它推到新的水平，不仅仅局限于特殊场合而逐渐变成日常着装。过去，一些在 T 台上走秀的小女孩会带着时尚穿搭的布娃娃。但是现在，许多小孩子的时尚都是围绕着爸爸和妈妈的服装来搭配的。珍妮弗·洛佩兹和她的小女儿帮助古驰为 2～8 岁的孩子们推出了一条产品线。古驰儿童服装有 T 恤、紧身牛仔裤、带 GG 商标的腰带、雨衣和靴子，这将使父母花费约 1 000 美元。巴宝莉儿童风衣售价 335 美元，与妈妈 1 195 美元的风衣比起来还算是廉价。范思哲童装品牌的首席执行官看到了这个市场的增长，并预计这一品牌在几年内将使公司的全球销售额上升 10%。

在本例中，营销人员使用了哪些细分变量？

数字营销：卡普兰大学招收退伍军人

营利性大学，如卡普兰大学、德锐大学和凤凰城大学，主要定位于退伍军人。而且，事实上，凤凰城大学的退伍军人人数比其他任何大学都多。这些学校很大程度上依赖于接受联邦政府经济补助的学生，但联邦法律限制了私立大学从这些需要经济补助的学生中获得收入的比例，最多到 90%。但招募退伍军人帮助它们保持低于这个门槛，因为法律没有将对美国军人的补助划入政府补助范围。由于联邦政府在退伍军人教育方面的支出在 2009—2010 年增加了一倍，达到近 100 亿美元，这个市场更具吸引力。卡普兰大学是其中最具优势的学校之一，有 300 名工作人员的团队专门招募退伍军人，在短短一年内，退伍军人入学人数增加了近 30%。

1. 讨论用于评估退伍军人细分市场有用性的因素。
2. 估计在退伍军人市场上本科教育的市场潜力。

公司案例

宾利汽车：国际市场的差异化与定位

英国知名豪华汽车公司——宾利汽车，它的使命是生产出最好的汽车，这个使命从1919年它的创始人沃尔特设立至今没有改变。宾利汽车自1946年以来坐落在英国克鲁，到1998年被大众汽车公司购买，一直是一家开发和制造世界上最理想的豪华轿车的国际性公司。

宾利有许多旗帜鲜明的特点：杰出的设计、豪华的手工制作、极致舒适、终极性能，以及优越和令人振奋的驾驶体验。该公司通过差异化和定位建立品牌形象，使经典的英国品牌在现代显得独一无二。对许多人来说，拥有一辆宾利不仅是代步工具，而是一次拥有先进技术以及英国豪华汽车的神圣传统和经典手工技艺的体验。依据"英国式"概念的形象和设计，宾利基于跨市场细分，通过市场驱动的战略成功地将自己定位在全球豪华轿车市场的席列。

跨市场细分

宾利汽车的传统市场是美国、英国和欧洲大陆，宾利是通过两种国际市场细分变量划分传统市场的：一个国家的经济发展水平和人均国内生产总值（GDP）。宾利在这些经济发达的市场上有很高的销售额，尤其是在20世纪80年代的繁荣时期。在20世纪90年代，它挣扎着，却仍然达到类似的销售水平。丰厚的销售收入，使得宾利对设施、新产品开发及品牌重新定位进行了投资。该品牌回到在20世纪20年代和30年代的鼎盛程度，而2003年在勒芒赢得24小时汽车赛的"宾利男孩"延续了过去的胜利。它的新雅致T豪华跑车赢得了世界各地汽车媒体的赞誉，之后不久，2004年大陆GT推出，它被公认为宾利历史上最成功的一款车。

然而，由于2008年9月雷曼兄弟倒闭引发全球金融危机，宾利2008年在传统市场的销售额暴跌。一些汽车的订单被立即取消，造成该年销售额比2007年下降了24%。当该公司在2009年春季因经济不景气被迫停产七周时，它开始寻找新的市场以增加销售额。它认识到，使用传统的市场细分变量，如年龄、性别、教育和经济发展水平，似乎不能反映真正的市场行为，特别是在巴西、俄罗斯、印度和中国等大型新兴市场，这些国家的消费者购买力在迅速增长。尽管人均收入较低，但这些国家也拥有全球最大的消费增长，并有着对从超豪华汽车到名牌手袋等奢侈品的快速增长的购买力。

目标市场

在发达市场和新兴经济体市场上同时经营，对宾利来说是个挑战。从第一天起，它就针对那些愿意为宾利品牌的象征意义和宾利历史付费的高收入群体，尽管潜在客户会自然而然地知道，他们可以购买一辆具有类似性能和配置的汽车，价格只需要不到一半。宾利意识到，在新兴经济体中，其目标群体的需求和偏好可能不同于其在发达经济体中的人群，后者通常是年长或退休男性、受过高等教育和高收入者。相比之下，宾利在新兴市场的目标消费者往往是年轻的、受教育程度较低的企业家，他们往往有着许多重要的共同点。他们对西方奢侈品品牌有强烈的向往，他们希冀在基本功能上有着超高的卓越品质，这些品质可能意味着设计、材料、技术、性能和工艺，但也包括原产国的传统和历史、独特属性，以及感知的优越性和排他性。因此，宾利在这些新拓展的市场中既作出基于传统的“英国式”价值主张，同时提高其奢华性、性能和排他性的设计。

差异化及市场定位

宾利品牌的概念是基于这样一个前提，即消费者认为豪华汽车品牌的特点是重要或值得的，并且在这样的奢侈品市场上应该被品牌所吸引。宾利意识到，它的品牌是独一无二的，它对消费者而言必须有形象的和象征的意义。换言之，它必须代表一种生活方式或态度，并将其传达给多个市场的消费者。

虽然被有着可信度和原创性的德国大众集团拥有，宾利品牌本身作为一个典型的、独特的奢侈品牌源于英国克鲁。它将传统和先进技术融合，定义了其汽车传统和工艺。相比于竞争对手注重的速度和性能属性，它专注于汽车的情感诉求，并通过一个综合的、高度差异化的定位计划，为每个市场中精心定义的富裕群体量身定制宾利车。

宾利也与高端合作伙伴合作生产其他独家的限量产品。Ettinger 为宾利提供豪华的皮革产品，并在英国宾利自己的工厂手工缝制。与 Estede 合作，宾利推出带有著名宾利标志的限量版高端太阳镜和眼镜框架。在瑞士，宾利与豪华滑雪设备制造商 Zai 合作，推出了新颖的、纯手工制作的滑雪设备。

宾利还与豪华酒店品牌合作来加强自己的价值，建立宾利城堡，在世界各地体现了宾利的价值和精神。在伦敦的莫西曼，宾利房间有着英伦设计风格和许多传统的英国元素，餐厅是由柯摩尔设计的，他还设计了公司在克鲁总部的宾利起居室。纽约瑞吉酒店的宾利套房，是在 1904 年由约翰·雅各布·阿斯特四世创建，为客人提供与宾利品牌相关的豪华装修、工艺和风格。

在美国、英国和欧洲大陆的传统市场中，宾利通过其经销店定期邀请客户参加国家高尔夫锦标赛，这些赛事的最终目的是在全球不同的地区举办跨国赛事，优胜者会获得宾利“大陆杯”。这些活动汇集了来自不同大洲的高尔夫球手，他们对高尔夫和宾利有着共同的兴趣，有助于加强其奢华和排他性的形象。

在新兴经济体的市场中，宾利通过车展、展览以及独家经销店的签约来提高知名度，以彰显其汽车的工艺、品质和豪华形象，以及“宾利”名字的真实含义。所有这些事件都发生在经济最发达和时尚的都市地区，如巴西圣保罗，中国上海、深圳、北京，以及印度孟买。

宾利忠于其英国传统，并确保其独特的“英国式”形象深入目标市场。在克鲁以外举办的最大的宾利品牌展——2009 年上海举行的宾利世界展览，展出了大量的展品，专门介绍宾利源于英国的工艺、风格、奢华和传统。宾利长期以来一直是世界一流的手工汽车制造商，在上海也并没有让人失望，宾利设计工作室给了观众难得的机会了解其著名的设计“伟大旅程”汽车的传统文化：一个宾利设计师描述着宾利的过去和它的未来。宾利工程专家展示了宾利无与伦比的技艺，并有趣地展示了公司如何以不断更新的汽车设计带来英国的生活方式。用宾利的东亚区域经理杰夫·道丁的话来说，“中国人喜欢英国式。”

宾利在新市场量身定制的营销方案，对该公司从 2008 年销售暴跌中复苏发挥了关键作用。中国现在已经取代美国成为宾利最大的市场。在 2011 年，公司向中国客户交付了1 664辆汽车；在2012年的第一季度，该地区的销售额与2011年同期相比增长了84%。其经销商的数量也很可观，到2012年9月共35个经销商。在未来的12个月，宾利将进一步扩大销售，将最新的高性能跑车介绍给中国客户。在俄罗斯，宾利的销售额在2011年增长了45%，成为该国最畅销的豪华汽车品牌。

前方的路

总而言之，宾利瞄准高收入阶层，并通过服务于汽车市场中的豪华车市场来打造品牌。它生产优质的产品，通过独家经销商经销。它被强力定位为一个典型的英国品牌，延续了英国经典的传统，它通过与奢侈品和酒店行业中的高端品牌一致和可信的联系来传达这个价值主张。它用风格、豪华、威望、传承和排他性吸引了现有和未来的客户。

通过这些良好的竞争优势，在2008年的经济低迷之前，它在传统市场的销售一直很好。之后，由于经济衰退使消费者在消费方面变得更加谨慎，该公司通过实施有效的市场细分、目标瞄准和定位等方法，扩展到新兴经济体的高收入群体中，从而恢复发展。

新兴经济体对豪华车的需求依然强劲，宾利和其他欧洲跑车品牌的销售额和订单数都显示出了强劲的增长势头。然而，已经有迹象表明，宾利的一些新市场经济增长放缓，如中国处于近十年经济增长最慢的阶段。此外，在这些新市场上积极增加销售，可能意味着宾利品牌的独特性和排他性也会降低。

然而，只要宾利仍然忠于其尖端定位，融合传统和先进技术制造同类别最好的汽车，它可以期待在未来的时间里有着充足的机会，特别是在现有的新兴经济体以及那些正在发展中的国家，如越南、柬埔寨、哈萨克斯坦和菲律宾，这些地方的富人刚刚开始欣赏宾利的典型英国式传统。

讨论题

1. 什么是国际市场细分？它给宾利带来了什么挑战？
2. 使用全部的市场细分变量，描述宾利如何在国际豪华轿车市场进行定位。
3. 宾利公司有没有对其品牌进行有效的区分和定位？请解释。
4. 鉴于发达经济体的经济低迷和中国等新兴经济体的减速，宾利将继续增长吗？为什么？
5. 你会提出什么建议来帮助确保宾利销售额不断增长？

Principles of Marketing

第 8 章

产品、服务和品牌：建立客户价值

学习目的

- □ 定义产品以及主要的产品与服务分类
- □ 描述公司作出的关于其单个产品和服务、产品线以及产品组合的决策
- □ 识别服务营销的四个特征以及服务所需的其他营销条件
- □ 讨论品牌策略：公司建立和管理品牌的相关决策

本章预览

在上一章中，我们探讨了顾客驱动营销战略的相关内容，下面我们将更深入地探讨营销组合——营销人员用以实施其战略并向顾客传递特定价值的战术工具。在本章和下一章，我们将研究公司如何管理产品和品牌。然后，在后面的章节里，我们将研究定价、分销以及营销沟通工具。产品经常是人们对营销的第一个以及最基础的考虑。我们将以一个非常简单的问题开始：产品是什么？结果，我们会看到这个问题的答案并不简单。

在开始学习本章内容之前，让我们先看一个有趣的品牌故事。营销就是建立与客户有着深度联系的品牌，一些营销者已经做到了，比如耐克。耐克已经把耐克标识建设成为世界最知名的品牌符号之一。耐克的巨大成功背后远远不仅仅是制造、售卖优质的运动器具。它还在标志性耐克品牌和其顾客之间建立了深厚的联系。

耐克：建立深厚的品牌顾客关系

耐克标识——遍地都是！当你随手翻几页体育版面或者随意看一场篮球赛、足球赛，试着数一下其中的耐克标识。通过创新性营销，耐克把其无处不在的标识建设为星球上最知名的品牌符号之一。

在 20 世纪 80 年代，耐克对体育营销进行了革命。为了建立它的品牌形象和占据市

场份额,耐克不惜花费超过其他竞争者的费用,用于大腕儿代言、惹人注目的促销活动以及高预算和高冲击力的"Just do it"广告。耐克给予顾客的不仅仅是优质的运动器具。无论其竞争者有着怎样抢眼的技术表现,耐克就是关注品牌和顾客之间的关系。远远不限于鞋、运动服以及运动装备,耐克是在营销一种生活方式,一种对运动真正的热爱,一种只管去做的态度。顾客不只是穿着耐克,更多的是感受其精神。就像耐克公司在其主页上说的那样,"耐克总是知道真相——鞋本身并不重要,重要的是这双鞋将把你带往何处。"

耐克早在20世纪90年代初期就因为十分有突破性地在一系列新运动(涵盖了棒球、高尔夫、滑板、攀岩、自行车以及徒步旅行)增加了产品,从而壮大了市场。随后这家新兴公司声名鹊起,耐克标识随处可见,从太阳眼镜到拳击手套再到高尔夫俱乐部。好像一切发展都不能再顺利了!

然而,在90年代后期,耐克发展出现了阻碍,销量一度滑坡。随着公司的壮大,它的创意源泉似乎有点干枯了,消费者也试图寻找其他新面孔,转向了竞争品牌。回顾来看,耐克最大的阻碍应该是它自身难以置信的成功。随着销量的提高,耐克标识也会因为太常见而并没有那么酷了。耐克曾经代表反主流,而现在它就是主流,和顾客之间一度火热的关系也冷却了。它需要重新点燃其对顾客的品牌意义。

为了改变现状,耐克回归到了其本源:新产品创新以及关注客户关系。同时它还开始打造一种新型的品牌客户联系,一种甚至更深入、更涉及彼此的关系。这次,不仅只是比竞争者花费更多钱在大型多媒体广告和名流代言上,耐克还转向了前沿的数字营销工具来与顾客互相沟通,建立品牌体验和交流。一位行业分析师说道:"传奇的品牌创造了它独立的品牌方式,还为数字时代撰写了一本攻略。"耐克正在悄然策划一场新的营销革命。

耐克仍旧在创意广告上投资巨大,但是在预算较高的电视媒体和纸质媒体上的投入骤减,大概只占品牌10亿美元推广费的20%。取而代之的是,耐克把最大一份的市场预算用于非传统媒体。使用沟通导向、数字引导的社交网络工具,耐克正在建立热衷讨论耐克公司及其品牌的顾客群。

耐克已经掌握了线上线下的社交网络。无论是通过广告、耐克商店的亲身体验、脸书界面、YouTube频道,抑或是耐克的众多社区网站,越来越多的人有着和耐克品牌更紧密的联系。思考以下例子:

在一家典型的耐克商店,志趣相投的人们一周组织两次跑步活动。跑步结束后,耐克跑步俱乐部的成员们会在商店里品尝小茶点,互相交换故事。耐克的员工们会记录成员的表现,为每一个人的成就鼓掌。这个活动就是一个典型的与核心顾客建立更进一步关系的例子。

但是耐克把这种个人接触做得更深入。它和一家在线社交网站联手,增加此类活动,目的在于激发与爱跑步者有更具意义且长远的互动。"耐克+"跑步网站让顾客穿着与iPod绑定的跑鞋来监测跑步时的状态,包括跑步时的距离、时间、消耗的卡路里。跑步者可以在结束后上传并追踪自己的表现,并和其他跑步者比对,甚至可以参加当地或全球的跑步挑战。

"耐克+"很可能成为下一个你最要好的个人训练师或者跑步伙伴。"耐克+"上有

"耐克教练"，能够提供建议、跑步路线来帮助你准备竞争激烈的比赛。当你在跑步时，每英里结束后，都会有个友善的声音告诉你，你已经跑了多远并计算离终点还有多少。当你跑得精疲力竭时，按下一个按钮可以自由选择动感歌曲，激励你继续前进。再次回到家后，迅速上传跑步数据，"耐克＋"能提供各种图表、地图，并帮助你分析跑步状态。

大约有500万"耐克＋"成员登录耐克网站来检查他们的表现。耐克的长期目标是全球1亿跑步者中有15%使用该系统。"耐克＋"的巨大成功帮助耐克占据了惊人的61%的美国跑步市场。它还滋生了一个完全新兴的耐克分部——耐克数字运动，其目标是发展数字科技和装置来帮助用户跟踪所有运动中的表现。例如，耐克最近推出了智能运动腕带来跟踪运动锻炼中的能量消耗。

得益于"耐克＋"以及其他一系列数字社交媒体方式的努力，耐克已经在品牌和顾客之间建立了一种亲密关系和交互感。不依靠大型的、自上而下的活动，耐克也已经发展了可与顾客直接联系的常规交流方式，无论是可追踪运动表现的腕带，还是在推特榜单上摘录的粉丝故事，抑或是最新的商业广告在脸书上首次登场而不是在电视的黄金时间。除了售卖商品，耐克品牌已经成为顾客生活的一部分。所以，耐克一直保持全球最大的运动公司的地位，整整超出实力最相近的竞争者阿迪达斯30%。回顾最近五年，即使衰退的经济使得大部分运动服饰和鞋类生产者艰难度日，耐克的全球销量和收入依旧名列前茅。

与体育竞争中一样，最强大和准备最充分的品牌最有机会取得胜利。深厚的品牌顾客关系成为竞争时的有力优势。耐克和顾客关系十分紧密，甚至像早些年菲尔·奈特亲自从汽车行李箱拿出跑鞋向顾客销售那般。正如一名作家所写，"耐克正在模糊品牌和体验之间的界限。"耐克的总裁马克·派克也说："以前的联系是，'这里有些产品，这里还有些广告。我们希望你能喜欢。'而今日的联系是对话。"

正如上述耐克的例子中所讲的一样，营销人员在寻求建立客户关系的过程中，必须建立和管理与客户相关的产品和品牌。本章从一个貌似简单的问题开始：什么是产品？回答了这个问题之后，我们来看看在消费者市场和产业市场划分产品种类的方法。然后讨论营销人员在针对单个产品、产品线和产品组合时，所需要制定的重要决策。接下来，我们考察服务这种特殊产品形式的特点和在营销方面的要求。最后，我们深入研究一个非常重要的问题，即营销人员如何建立和管理品牌。

8.1　什么是产品

我们把**产品**(product)定义为向市场提供的，引起注意、获取、使用或消费，以满足欲望或需要的任何东西。产品不仅包括有形产品，比如汽车、电脑或者手机，广义定义的产品还包括服务、事件、人员、地点、组织、观念或者上述这些的组合。于是，在这里我们用产品这个术语来涵盖上述的任何一项或全部。因此，苹果的iPhone、丰田的佳美和星巴克的穆哈咖啡都属于产品的概念范畴。此外，一次前往拉斯维加斯的旅行、嘉信理财的网上投资服务、你的脸书主页以及家庭医生的咨询也属于产品的范畴。

考虑到服务在世界经济当中的重要地位，我们将给予服务特别关注。**服务**(Service)是由活动、利益或满足组成的用于出售的一种产品形式，它本质上是无形的，对服务的出售也不会带来对服务的所有权。服务的实例包括银行业务、酒店服务、航空旅行、零售服务、无线通信和家居维修，我们将在这一章的最后一部分详尽地讨论服务。

8.1.1 产品、服务和体验

在市场提供物中，产品是一个关键因素。营销组合计划开始于为目标顾客设计他们需要的有价值的东西。这些供给物是公司与顾客建立可获利关系的基础。

企业向市场所提供的，既包括有形产品又包括服务。在一个极端上，所提供的可能是由纯粹的有形商品组成，比如肥皂、牙膏或者盐——没有与产品伴随的服务。另一个极端则是纯粹的服务，所提供的主要是由服务组成。实例包括医疗检查和金融服务。在这两个极端之间，存在着多种产品和服务组合的可能。

今天，随着产品和服务变得越来越大路化，许多公司正努力在为顾客创造价值方面不断提升。为了使提供给顾客的东西能够差异化，公司正在建立并管理顾客对品牌或公司本身的体验，而不仅仅是制造产品或者提供服务。

在很多公司的营销活动中，体验往往是非常重要的一部分。迪士尼一直在通过其电影和主题公园创造难忘的梦境或回忆。耐克则一直声称："鞋本身并不重要，重要的是这双鞋将把你带往何处。"然而，今天各种各样的企业对其传统产品和服务都在进行重新设计，只是为了创造体验。例如，星巴克咖啡明白它所提供的服务远不止一杯热咖啡。

> 30 年前，霍华德·舒尔茨就把欧洲式的咖啡馆带到了美国。他相信人们需要放慢脚步，才能"闻到咖啡"，多享受生活一些。于是造就了星巴克。这家咖啡馆不仅仅卖咖啡，它更多销售星巴克体验，丰富了客户的生活。咖啡的香气、嘶嘶的蒸汽、舒适的椅子共同营造了星巴克的氛围。星巴克向客户提供所谓的"第三地"——离开家，离开工作，一个能够谈话和建立社会关系的地方。因此，星巴克将咖啡从商品转变为 4 美元的享受，从而使得星巴克的销售不断攀升。

营销体验的公司认识到顾客购买的不仅仅是产品和服务，他们要购买的是一种对他们有用的东西。宝马最近的一则广告是这样说的："我们意识到，我们所提供的产品给顾客带来的感受和我们提供的产品同样重要。"

8.1.2 产品与服务的层次

产品计划者需要在三个层次上考虑产品和服务(见图 8.1)。每一层次都增加了顾客价值。最基础的层次是**核心顾客价值**(core customer value)，它提出这样一个问题：购买者真正购买的是什么？当设计产品时，营销人员必须首先确定顾客所找寻的旨在解决问题的核心利益或服务。一个购买唇膏的女士所购买的，不仅是唇膏的色彩。露华浓公司的查尔斯·莱弗森早早地预见到了这一点："在工厂，我们制造化妆品；在商店，我们出售希望。”此外，购买苹果 iPad 的人们不仅仅是购买一台平板电脑。他们购买的还有娱乐、自我表达、效率及与朋友和家人的连接——这是一个和世界交流的个人移动窗口。

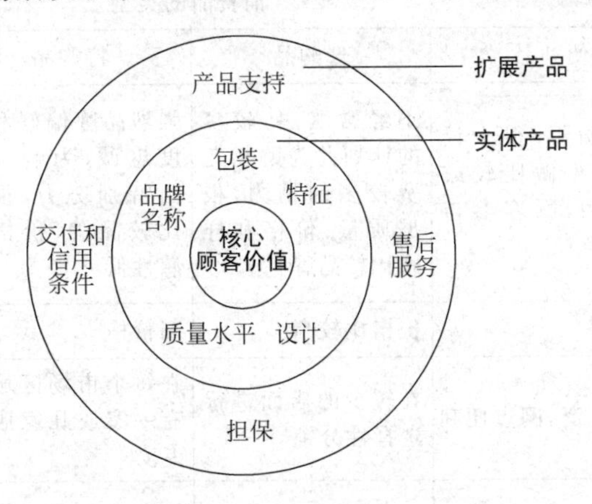

图 8.1 产品的三个层次

在第二个层次，产品计划者必须围绕核心利益构造一个**实体产品**(actual product)。实体产品具有这几方面：特性、设计、质量水平、品牌名称和包装。比如，iPad 这一实体产品，其名称、部件、款式、功能、包装等属性都经过精心的组合，传达一种能够保持联系的核心客户价值观。

最后，产品计划者还要通过向消费者提供一些附加的服务和利益来围绕核心利益和实体产品构造**扩展产品**(augmented product)。iPad 不仅仅是一个数字设备。它提供给消费者的必须是随时随地保持联系的整体解决方案。因此，当消费者购买 iPad 时，公司及其经销商还会对其部件和做工作出担保，提供使用 iPad 的指导和说明，在需要时提供快捷的维修，以及如果有问题时如何利用网站。此外，苹果还提供各种各样的应用程序和配件。

消费者往往把产品看作是满足其需要的各种利益的复杂组合。在开发产品的时候，营销人员必须首先识别产品所要满足的消费者核心价值，然后设计出实体产品，并加以扩展，以创造出顾客核心价值和最满意的品牌体验。

8.1.3 产品和服务分类

根据使用产品和服务的消费者类型，可以将产品和服务分成两大类：消费品和产业用品。从广义上来讲，产品还包括其他可供出售的实体，比如体验、组织、人员、地点和观念。

消费品 **消费品**(consumer product)是最终消费者购买用于个人消费的产品。营销专家根据消费者购买的方式把消费品进一步分类。消费品包括便利品、选购品、特购品和非渴求品。这些种类的产品因消费者购买的方式不同，所以它们销售的方式也不同(见表 8.1)。

表 8.1 消费品的营销考虑事项

营销考虑事项	消费品的类型			
	便利品	选购品	特购品	非渴求品
消费者购买行为	频繁购买，很少计划，很少做比较或费精力，顾客参与度低	不经常购买，较多的计划并为购物花费较多的精力，根据质量、价格和样式比较品牌	强烈品牌偏好和高度忠诚，为购买付出特别努力，很少比较品牌，价格敏感性低	对产品了解很少(或者即使了解，也没有什么兴趣或唯恐避之不及)
价格	低价格	价格比较高	高价格	不确定
分销	渠道广泛，网点便利	在较少的店面进行选择性分销	在每个市场区域只有一家或几家店面专卖	不确定
促销	制造商大批量促销	生产商和经销商的广告和人员推销	生产商和经销商针对性更强的促销	生产商和经销商的强力广告和人员推销
实例	牙膏，杂志，洗衣粉	大家电，电视，家具，服装	奢侈品，比如劳力士手表或精美的水晶制品	人寿保险，红十字会的献血活动

便利品(convenience product)是消费者经常购买的消费品和服务，购买的时候几乎不做什么比较，也不费什么精力，很快就拿定主意。实例包括洗衣粉、糖果、杂志和快餐。便利品通常价格低廉，营销人员把它们摆放在很多地方，以确保顾客在需要或想得到的时候总是能够买到。

选购品(shopping product)是消费者购买频率比较低的消费品和服务，消费者会对适用性、价格和款式仔细比较。在购买选购品时，消费者花费比较多的时间和精力用来收集信息和做比较。实例包括家具、服装、二手车、大家电以及酒店和汽车旅馆服务。选购品营销人员通常在较少的店面分销其产品，但是提供深入的销售支持帮助顾客进行比较。

特购品(specialty product)是具有独一无二的特点或品牌识别特征，以致会有一个重要的购买者群体愿意为了购买而特别花费精力的消费品。比如特定品牌和款式的汽车，高价格的摄影器材，设计师量身定制的服装，精美的食物，以及医疗或法律专家服务。兰博基尼汽车(Lamborghini)就是一件特购品，因为购买者通常为了买到一辆兰博基尼而愿意跑很远的路。购买者一般不去比较特购品。他们只把时间用于找到经营所需商品的经销商。

非渴求品(unsought product)是消费者或者不了解，或者虽然了解但一般不考虑购买的消费品。大多数新发明在消费者通过广告了解它们之前都是非渴求的。人们了解但是不渴求的产品和服务的典型实例，就是人寿保险、提前计划的丧葬服务和红十字会的献血活动。非渴求品的特定本性，决定了它需要大量的广告、人员推销和其他方面的营销工作。

产业用品 **产业用品**(industrial product)是购买后用来进一步加工或用于企业经营

的产品。所以，消费品和产业用品之间的显著区别就在于它们被购买的目的。如果一个消费者购买一台割草机在自家草坪使用，那么这台割草机就是消费品。如果该消费者购买这台割草机用于做美化环境的生意，那么这台割草机就成了产业用品。

产业用品和服务包括三类：材料和部件（materials and parts），资本品（capital items），辅助品和服务（supplies and services）。材料和部件既包括原材料，也包括加工过的材料和部件。原材料包括农产品（小麦、棉花、牲畜、水果和蔬菜）和天然产品（鱼、木材、原油、铁矿石）。加工过的材料和部件包括构料（钢、纱、水泥、金属丝）和构件（小马达、轮胎、铸件）。大多数加工过的材料和部件直接销售给产业用户。价格和服务是主要的营销因素，品牌和广告往往不怎么重要。

资本品是帮助购买者生产和运营的产业用品，包括装备和附属设备。装备包括建筑物（工厂、办公室）和固定设备（发电机、钻床、大型计算机系统、电梯）。附属设备包括易于搬动的设备和工具（手工工具、自卸卡车）以及办公设备（电脑、传真机、办公桌）。其使用寿命较之装备要短，在生产过程中简单地发挥作用。

最后一组产业用品是辅助品和服务。辅助品包括作业辅助品（滑润剂、煤、纸、铅笔）和维修维护品（油漆、钉子、扫帚）。辅助品是产业领域的便利品，因为在购买过程中很少花费精力或进行比较。商务服务包括维护和维修服务（清洁窗户、维修计算机）以及商务咨询服务（法律、管理咨询，广告）。这些服务通常根据协议提供。

组织、人员、地点和观念　除了有形产品和服务，近年来营销专家把产品的概念进一步扩展，包括其他“可销售的实体”——组织、人员、地点和观念。

组织经常采取行动“销售”组织自身。**组织营销**（organization marketing）包括采取的用来创造、维持或改变目标消费者对一个组织的态度和行为的活动。营利和非营利组织都在实践着组织营销。企业出钱发展公共关系或者推进企业广告活动以美化自己的形象。企业形象广告（corporate image advertising）是企业向各种公众群体营销自己的主要工具。例如，IBM的“智慧星球”运动将IBM作为一家提供改善世界的创新解决方案的公司加以营销。IBM智能解决方案涵盖了从商业和数字通信到医疗保健、教育和可持续发展的各个行业和流程，其广度不可思议。例如，一个“智慧星球”广告告诉人们IBM如何帮助“跟踪粮食从农场到餐具的过程”，减少了目前世界上25%的粮食损失。另一方面，广告讲述了IBM分析师如何帮助纽约市警察局降低了35%的犯罪率，帮助纽约州抓住逃税者而避免了8.89亿美元的损失。

人员也可以看成是产品。**人员营销**（person marketing）包括采取的用来创造、维持或改变对特定人员的态度和行为的活动。从总统、娱乐明星、体育名人到诸如医生、律师、会计师和建筑师这样的专业人士，都通过自我营销来建立声誉。企业、慈善团体和其他组织也都采用人员营销，聘请一些知名人士帮助它们销售产品或增强声誉。比如，耐克产品的代言人都是一些著名的运动员，比如科比·布莱恩特、塞蕾娜·威廉姆斯，以及数以百计的其他著名运动员，他们分布在全球各地，其中有网球明星、篮球明星，也有冰球明星和板球明星。

很好地使用名人营销最终能把一个人名变成一个强有力的品牌。我们再看一下美国美食频道中著名厨师的效力。如果一种厨具没有在美食频道被名厨推荐，那么这个产品在市场上的销售状况就不会太好：曾几何时，美食频道名厨的影响力可以与摇滚巨星相媲美，美食频道总是这些名厨所推荐的产品最后推向市场的阵地。每一个厨师会推荐一系列的食谱，但是远不止这些。那些热衷美食频道和名厨的观众，会购买一些必要的厨具和配料来完善他们的厨房配置和烹饪流程。比如美食女王蕾切尔·瑞就是一个女性营销的例子。除了晚上的美食频道之外，她还用白天的自由时间开办了自己的访谈节目，推介一些品牌的橘色炊具、烘焙用具以及刀具等产品，此外，她还有自己的 Nutrish 狗粮品牌和橄榄油品牌。塔吉特甚至有一家蕾切尔·瑞在线品牌店，收集全套的雷切尔·瑞"厨房酷工具"，以及"每天可以边烹饪边娱乐的想法"。

地点营销（place marketing）是指用来创造、维持或改变对特定地点的态度或行为的活动。所以，城市、州、地区甚至整个国家都相互竞争，吸引游客、新居民、大型会议以及企业的办公楼和工厂。纽约州打出"我爱纽约"的广告。而密歇根州邀请你体验未受污染的自然、海洋一般的湖泊、大片的樱桃园、美丽的落日，以及点缀着繁星的夜空。

美国国家旅游局最近由国会采取行动，创立了公私混合营销的合作关系，推动美国成为国际旅客的旅游目的地。美国国家旅游局的宣传标语是"代表美国的真正伟大——从海洋到闪亮的海洋"，有两亿美元支持。国际旅游竞争激烈是从其他国家营销它们的旅游景点开始的。墨西哥每年花费约 1.75 亿美元，英国花费 1.6 亿美元，澳大利亚 1.07 亿美元，土耳其 9 900 万美元。一位专家估计，因为没有有效的市场营销，美国在过去 10 年中已经失去了 7 800 万潜在客户，从而带来 6 060 亿美元的损失。美国国家旅游局营销活动包括了地区和地区间的广告及促销活动，以及全面的 DiscoverAmerica.com 网站。该网站提供特色旅游目的地、美国旅游信息和旅行计划工具等。

观念也能够营销。从某种意义上来讲，所有的营销都是观念的营销，无论是刷牙这种一般的观念，还是佳洁士牙膏"为生活创造健康美丽的微笑"这样的特定观念。不过在这里，我们把注意力集中在社会观念（social idea）上。这一领域也被社会营销学会（Social Marketing Institute）称为**社会营销**（social marketing），是指利用商业营销理念和工具来影响个人行为，从而改善个人和社会的福利水平。

社会营销包括范围很广的一系列活动。美国广告协会已经发起了数十项社会广告运动，包括健康预防、教育、环境保护以及人权、个人安全。但社会营销所涉及的远不限于广告，社会营销学会在鼓励广泛使用所有营销工具。"社会营销应超越营销 4P 中的促销，把其他所有元素囊括在内，以实现其社会变革目标，"该学会的执行总监说。

8.2 产品和服务决策

营销者在三个层次进行产品和服务决策：单个产品和服务决策、产品线决策以及产品组合决策。我们逐一加以讨论。

8.2.1 单个产品和服务决策

图 8.2 显示了产品和服务的开发和营销中的重要决策。我们将重点关注有关产品属性、品牌管理、包装管理、标签管理和产品支持服务等几方面的决策。

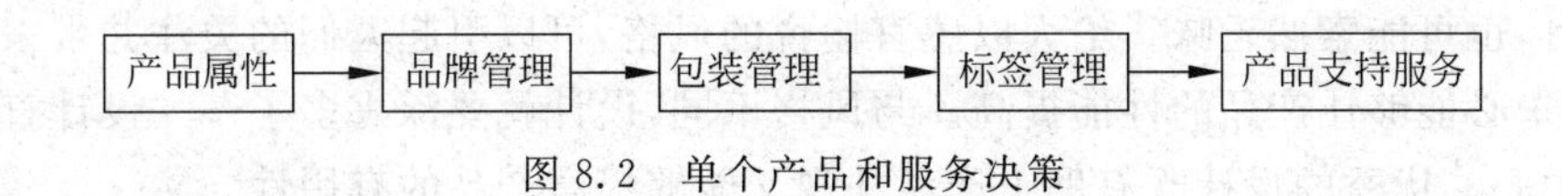

图8.2 单个产品和服务决策

产品和服务属性 开发一个产品或服务就要涉及如何定义其所能提供的利益。这些利益通过诸如质量、特征以及风格和设计来沟通和传达。

产品质量 **产品质量**(product quality)是营销人员进行市场定位的主要工具之一。质量对产品和服务的功能有重要影响，因此也与消费者价值和消费者满意息息相关。从狭义来看，质量是指"没有瑕疵"。但是许多以顾客为中心的公司远远超出了这个定义。广义的质量是从创造顾客价值和顾客满意两方面来定义的。美国质量协会是这样定义质量的：产品和服务的性能使得它能够满足顾客现实或潜在的需求。西门子这样定义质量："质量就是要求我们的顾客回头而不是产品回头。"

全面质量管理(TQM)要求公司的所有员工一起努力不断改进产品、服务和业务过程的质量。对于大多数大公司而言，客户驱动质量已经成为公司的一种经营模式。现在，很多公司正在实施一种"质量回报"的方法，即将质量视为公司的一种投资，并设定对质量的投资额的下限。

产品质量有两个维度：质量水平和一致性。在开发产品的过程中，营销人员必须首先选择一个质量水平以支持产品在目标市场的定位。在这里，产品质量意味着性能质量——产品执行其功能的能力。比如，一辆劳斯莱斯提供的性能质量就要高于一辆雪佛兰：行驶更平稳，更高雅舒适，并且更加经久耐用。公司很少追求提供尽可能最高的质量水平，因为鲜有顾客需要或者买得起像劳斯莱斯汽车、维京电冰箱或劳力士手表这样高质量水平的产品。相反，企业选择一个与目标市场的需要以及与竞争产品相符的质量水平。

除了质量水平，高质量还意味着高水准的质量一致性。在这里，产品质量意味着符合性质量——没有缺陷并且始终一致地提供设定的性能水平。所有的企业都应当追求高水平的符合性质量。就这个意义而言，一辆雪佛兰汽车的质量可以像劳斯莱斯一样好。尽管雪佛兰的性能不及劳斯莱斯，但是它能够同样一致地传达消费者为之付钱并期望的质量。

产品特征 一件产品可能有多种特征。一个基础原型，没有额外附加，就是产品的起点，公司可以通过增加更多特征来创造更高水准的产品式样。特征是将本公司产品与竞争对手的产品实现差异化的一种竞争工具。成为第一个提供被人们需要并且看重的产品特征的生产商，是最有效的竞争方法之一。

一个企业如何识别新特征并且决定向其产品添加哪些特征呢？企业应当定期向使用过产品的顾客进行调查，询问这些问题：你觉得产品怎么样？你最喜欢这个产品的什么特征？我们增加什么特征可以改进产品？对这些问题的回答为企业提供了一连串丰富的产品特征创意。企业可以进而评估每一项特征对顾客的价值以及对公司的成本。那些相对于成本而言顾客评价的价值较高的特征就可以加入。

产品风格和设计 另一个增加顾客价值的办法就是借助独特、鲜明的产品风格和设计。设计是一个比风格要更广的概念。风格只是简单地描述一件产品的外观。风格可能

引人注目,也可能索然乏味。给人以感官愉悦的风格,可以引起人们的关注并带来愉快的美感,但未必能够让产品的性能提高。与风格不同,设计就要深入多了——设计直接切入产品的中心。优秀的设计既有助于产品外观又能够提高产品的有用性。

好的产品设计并不始于想出新的想法或者作出新的原型,而是始于公司对客户的观察以及对客户需求的深入了解。产品的设计绝不仅仅是简单地设计产品或服务的属性,而是设计客户使用产品的体验。产品设计人员不应当考虑太多关于产品技术规格的问题,而应当花更多时间去思考顾客如何使用产品并从中受益的问题。下面我们共同分析OXO独特的设计哲学和设计过程:

OXO厨房用具和园艺用具独特的设计使产品看起来很酷。但是,对于OXO而言,好的设计绝不仅仅在于外观的好看,而应该是产品能够真正地为所有人提供服务。对于OXO而言,设计意味着一个可以用一只手操作的色拉搅拌机,或者是一个防压、防滑的高效率工具,或者是一个喷口可以往返旋转从而更利于装水倒水的喷壶。自从OXO于1990年首次推出好握厨房用品系列削皮刀开始,OXO一直都以其方便生活而著称。OXO引人注目而又超级实用的家居产品在博物馆进行过展览,此外,OXO正在将自己的产品范围拓展至办公用品、医药用品和婴儿用品领域。

OXO大多数产品设计的灵感直接来源于产品使用者。OXO总裁说道:"我们对每一个产品的设计都是从对客户使用产品方式的观察开始的。当你发现一个潜在的问题,就是宝贵的收获。"比如,OXO发现人们在使用传统的派热克斯玻璃杯时,如果不把杯子举到可以平视的位置,就难以判断液体是否已经盛满。于是,OXO推出新的玻璃杯,这种玻璃杯的内侧被标明了刻度,这样人们即使不把杯子举起也可以判断出已注入的液体量。因此,OXO的每一次设计都始于对最终使用者消费体验的观察和分析,最终将杂乱的概念转化成非常实用的产品。

品牌 可能专业营销人士最独具一格的能力就是创造和管理其品牌。**品牌**(brand)是用于识别一种产品或服务的生产者或销售者的名称、术语、标记、符号、设计或者上述这些的组合。消费者将品牌视为产品的一个重要部分,而且品牌管理能够为产品增加价值。顾客赋予品牌特定的含义,并建立品牌联系。一个品牌的意义绝不仅仅在于简单的物理实体。下面我们看一下可口可乐的例子:

在一次有趣的可口可乐与百事可乐的品尝测试中,有67位人员参与,他们在品尝软饮料的时候,连接着一个测试脑电波的仪器。当软饮料没有被标注品牌的时候,品尝者对品牌的偏好就比较中立。但是,当软饮料的品牌被识别后,75%的品尝者更倾向选择可口可乐,而只有25%的人选择百事可乐。当品尝者已经识别出所饮的是可口可乐时,大脑中最活跃的区域就是与认知控制和记忆相关的区域,而这一区域恰恰存储人们对于文化的认知信息。当人们品尝百事可乐的时候,这一区域就没有那么活跃。这是为什么呢?根据一位品牌策略专家的分析,这里最主要的原因在于可口可乐长期建立起来的品牌形象,包括100年不变的瓶体、草书字体以及与之联系的一些图像标识。而百事可乐的品牌形象在顾客心目中并不是那么根深蒂固。尽管百事可乐可能会让人们联想到某位名人,或者"百事新一代",但是它无法像可口可乐一样让人们联想到一种强烈而振奋人心的美国标识。这样一种测试的结论是什么呢？结论很简单：消费者的偏好不仅仅建立在口味的基础之上，可口可乐的品牌标识似乎也起到了非常重要的作用。

品牌管理如此强劲，如今几乎找不出什么是没有品牌的。盐包装在标有品牌的容器里面，普通的螺钉和螺母也带上了分销商的标签包装起来，汽车部件——火花塞、轮胎、滤油器——也标有不同于汽车制造商的品牌。甚至水果、蔬菜、乳制品和家禽也有了品牌——新奇士(Sunkist，译者注：美国最大、历史最悠久的柑橘联合协会之一)橙子、都乐(Dole)菠萝、地平线(Horizon)有机奶、柏杜鸡(Perdue)鸡肉和爱格兰(Eggland's Best)鸡蛋。

品牌在几个方面有助于购买方。品牌名帮助消费者识别那些可能对他们有益的产品。品牌还告诉买方有关产品质量和一致性方面的一些情况。经常购买相同品牌的买方知道，每次他们购买时都会得到同样的特征、利益和质量。品牌给卖方也带来几方面的好处。品牌名成为有关产品独特质量的"事迹"得以讲述的基础。卖方的品牌名和商标为其独特的产品特征提供法律保护，否则这些可能被竞争对手占有。品牌还帮助卖方细分市场，比如，丰田公司提供了雷克萨斯、丰田、赛恩等一级品牌，每一个一级品牌又包含很多二级品牌，如凯美瑞、花冠、普锐斯、雅力士、坦途和陆地巡洋舰以及其他的品牌，而不是对所有的消费者提供仅仅一种通用产品。例如，爱格兰通过承诺"更好的口味，更多的营养，更佳的鸡蛋"来定位自己，以区别于其他普通鸡蛋。

创建和管理品牌也许是营销者最重要的工作。我们将在本章的后面更详细地讨论品牌战略。

包装管理 **包装管理**(packaging)涉及产品的容器和包装材料的设计和生产。传统上，包装的首要功能是容纳并保护产品。不过近来，众多因素使包装成为重要的营销工具。越来越激烈的竞争和零售商货架上日渐拥挤杂乱的局面，意味着包装现在必须担负起许多销售职责——从吸引人们的注意到描述产品，再到促成销售。正如一位包装专家指出，"不是每个消费者都能看到一个品牌的广告或者在火热的社交媒体上接触到它。但是，所有购买产品的顾客都在和最不起眼的包装打着交道。"

企业正意识到良好的包装在促使消费者迅速识别本企业或品牌方面的作用。比如，一个普通的超级市场差不多有3.87万种商品，而沃尔玛超级购物中心拥有的产品则达14.2万种之多。一般的顾客在商店中作出70%的购买决定，每分钟经过300种产品。在高度竞争的环境，包装可能是卖方影响买方的最后一个机会。因此，对于很多公司而言，包装本身就已经成为一个越来越重要的销售媒介。

设计差的包装可能会给顾客带来麻烦，而且导致公司销售额下降。设想一下很多DVD产品的包装，使用不干胶标签密封包装口，使用很细的捆扎绳捆绑，使用塑料容器盛装，顾客要打开这些包装通常需要费很大的劲。这类包装很有可能会导致亚马逊所称的"包装愤怒"，并且导致了每年大约有6 000人因撕裂伤或刺伤被送入医院。另一个包装的问题是过度包装——一个小小的USB被包装在过大的硬纸板和塑料外包装中，用一个巨大的运输箱送达。过度包装引发了难以想象的浪费，使关心环境的人们十分心痛。

与之对比的是，创造性的包装不仅能够给企业带来超过竞争对手的优势，而且可以促进产品的销售。比如，彪马最近用吸引人、功能强大并且环境友好的包装——“机智小袋子”来替代传统的鞋盒。在他们寻找下一代包装的过程中，彪马的设计师花费了21个月测试40个鞋盒原型，跟踪从生产、运输、使用到未来再使用过程中其潜在的环境影响。他们研制出了对彪马有很好效果的小袋子。最新的包装盒——由一个轻纸盒构成，可以顺畅地插入多彩且可重复使用的红色袋子——减少了65%的纸张使用，并且在生产过程中一年可以降低60%的水、能源和燃料消耗。因为它占用更少的空间和重量，新包装在运输中可一年减少1万吨碳排放量。更重要的是，它的所有材料都是100%可回收。总之，彪马的“机智小袋子”不仅仅是对环境友好，也对消费者的喜好和公司的成本非常友好。非常聪明，是吧？

近年来，产品的安全性成为包装方面人们关注的一个主要问题。我们都学过如何对付那些不易打开的“防止儿童误食”的包装。20世纪80年代，在一阵骇人的产品被偷换投毒的浪潮后(译者注：当时数家著名制药和食品企业的产品在超级市场的货架上被人偷换成有毒的产品，造成严重的人身伤亡，给企业带来重大损失)，大多数制药企业和食品制造商现在把产品放在防偷换的包装中。在进行包装决策时，企业还要留意人们日益增长的对环境的关注，既要满足顾客的即时需要从而达到公司目标，同时也要关注社会利益。还好，许多企业已经开始向“绿色”发展，减少过度包装并使用对环境负责的包装材料。

标签管理 从附在产品上简单的小标条到构成包装一部分的复杂图形，都属于标签。标签执行着数项职能。标签最起码起到识别产品或品牌的作用，比如橙子上面贴着的新奇士品牌名。标签还能够描述产品其他一些方面的情况——谁制造的，在哪里制造的，在何时制造的，内装何物，有什么用途，如何安全使用。最后，标签可能有助于品牌促销，定位支持，以及建立与客户之间的联系。对于许多公司而言，标签管理已经成为广义营销活动中的一个重要因素。

产品标签和品牌标识可以支持品牌的定位，实现品牌的个性化。现在很多公司都重新设计自己的品牌和公司标识，以便使其变得更亲切、更积极、更吸引人。例如，虽然相似的红白蓝标识顾客已经见了60年，百事可乐最近也将产品外包装换成了一个更振奋人心的新标识。一位品牌专家评价道：“新标识与我们之前熟知和喜爱的百事品牌感觉非常相似，但新品牌显得更具冒险性、更有青春气息，而且更有个性。”正如百事的营销人员所说的，百事品牌代表的是一种“积极与活力的精神”。

尽管存在这么多的优点，标签也引起了不少争议和思考。例如，当Gap最近重新设计了旧标识的现代版——蓝色背景下广为人知的文字。顾客却对此勃然大怒，并在网上施加压力。Gap仅一周后恢复了旧标识。一位分析家指出，这类例子凸显了“人们与其所钟爱品牌的视觉展示之间的强大联系”。

除此之外，法律上对于包装和标签方面的问题很久以来就非常关注。1914年的《联邦贸易委员会法案》(The Federal Trade Commission Act)确认不实的、误导的或欺骗性的标签或包装构成不公平竞争。标签可能误导消费者，没能描述、说明重要的成分，或者遗漏了必要的安全警示。所以，联邦和州都颁布了一些专门监管标签的法规。最重要的就是1966年的《公平包装和标签法案》(Fair Packaging and Labeling Act)，该法案确定了强制的标签要求，鼓励自愿性的行业包装标准，并且准许联邦政府部门在特定行业确立包装管制规则。

标签管理近来受到单位定价（标定每标准计量单位的价格）、注明期限（标明产品的预期保质期）和营养标注（说明产品的营养价值）等做法的影响。1990年的《营养标注和指导法案》(The Nutritional Labeling and Educational Act)要求卖方对食品产品提供详尽的营养方面的信息，而最近由食品与药物管理局发起的席卷全美的行动对与健康有关的词语使用进行了监管，比如"低脂肪""易消化"和"高纤维含量"。卖方必须确保标签包含了所有要求的信息。

产品支持服务 客户服务是产品战略的另一个要素。一个企业向市场的提供物通常包括一些服务，它们与所提供的整体相比，或者重要，或者不重要。在本章的后面部分我们将把服务作为产品单独讨论。在这里，我们讨论产品支持服务。

支持服务是客户整体品牌体验的重要组成部分，比如，高端零售商店诺德斯特龙意识到好的营销绝不仅仅在于创造销售额。保持客户在购物后的愉悦心情才是建立持久联系的关键所在。诺德斯特龙的经营理念就是：无论在销售的哪一个阶段（销售前、销售中或销售后），"无论花费多高成本，公司都要服务好自己的顾客"。

> 诺德斯特龙的成长过程中伴随着很多关于售后服务的传奇故事，比如，雇员对顾客送货到家，或者在顾客购物即将结束时为顾客提前预热汽车。据说，有一次，一位顾客提出要退回购买的轮胎，尽管公司不销售轮胎，但公司还是无条件地为顾客退了货款。还有一个例子，曾经一位雇员在店里拦住一位顾客，询问他的鞋子是不是从店里买的，当顾客回答"是的"后，雇员坚持要为他换一双，因为那双鞋穿在他脚上并不是太合适。甚至还有一个广为传颂的故事，一位男士的妻子是诺德斯特龙的忠实顾客，当她去世的时候还欠下诺德斯特龙1000美元。诺德斯特龙不仅没有索要这笔欠款，反而在葬礼现场为死者敬献了花圈。正是这些关于服务的传奇故事，使得源源不断的客流流向诺德斯特龙。

设计支持服务的第一步就是要对顾客定期进行调查，估计当前服务的价值，并且为今后的服务寻找创意。企业一旦评估了针对顾客提供的各种服务的质量，就可以采取措施解决问题，并增加新的服务以便既能满足顾客的需求，又能为企业带来利润。

现在许多企业通过电话、电子邮件、传真、互联网以及语音系统和数据技术的复杂集成来提供在以前根本就不可能实现的支持服务。比如，AT&T为其所有产品提供了一套完整的售后服务，涵盖了从无线到数字电视。客户可以通过AT&T的现场代理免费获取全天24小时技术支持，可以通过电话，也可以在线。此外，它的在线支持页面提供故障排除、虚拟旅行以及"询问查理"——AT&T的虚拟专家功能。

8.2.2 产品线决策

除了单个产品和服务的决策之外，产品战略中还要考虑建立产品线。**产品线**(product line)就是一组以相似的方式发挥功能、销售给相同的顾客群体、通过相同类型的渠道分销或者都属于给定的价格区间，从而密切相关的产品。比如，耐克就生产数条产品线的运动鞋和运动服，万豪提供数条产品线的酒店服务。

最主要的产品线决策是关于产品线长度的，即某条产品线当中包含的产品项目数量。如果经理人员可以通过增加产品项目而提高利润，那么产品线就太短了；如果经理人员能够通过削减产品项目而增加利润，那么产品线就太长了。管理人员需要阶段性地分析产品线，以便评估每个项目的销售和利润状况，并明确每一个项目对整体业绩的贡献度。

可以通过两种方式来系统地管理其产品线的长度：产品线填充和产品线延伸。产品线填充是指在现有的产品线范围内添加一些新产品项目。产品线填充可能出于多种原因：争取更高的利润、取悦经销商、利用过剩的生产能力、成为产品线完备的领导型企业，或者填补市场空缺以阻止竞争对手进入。但是，如果产品线填充的结果导致各个产品项目之间自相残杀，弄得顾客也糊里糊涂，那么这种填充就做过了头。企业必须确保新产品项目与现有产品项目有显著区别。

如果公司超出现有的范围来增加其产品线长度，就叫作产品线延伸。企业可以向下延伸、向上延伸或者双向延伸。许多企业最初定位于高端市场，随后将产品线向下延伸。企业可能为了填补现有的市场空白而将产品线向下延伸，因为如果不这样做，就可能会吸引来新的竞争对手。或者，企业增加低端产品是因为发现在低端市场上的增长率更高。在低端市场的企业可能想要将产品线向上延伸。有时企业将产品线向上延伸是为了提高现有产品的声望。或者，企业也可能是受到高端市场更高的增长率或利润率的吸引。例如，为了扩展市场吸引力和加速增长，宝马(BMW)在近些年朝两个方面双向延伸，同时填补二者之间的空白。

在过去的十年中，宝马已经从只有一个品牌、五种型号的汽车制造商演变成有三个品牌、14种“系列”和超过30种不同型号的集团。不仅是通过MINI Cooper和紧凑型1系车型向下延伸其产品线，宝马也向上延伸，用Z4跑车、6系轿跑车、X系列体育运动车和M系列高性能车填补之前的空白。下一步，混合动力车和全电动车将不断增加。其结果是，宝马公司提高了对富豪、超级富豪和想要变富的人的吸引力，同时不偏离它优质高价的定位。

8.2.3 产品组合决策

拥有数条产品线的企业就存在着产品组合。**产品组合**(product mix 或 product portfolio)由某一企业所销售的所有产品线和产品项目组成。金宝汤公司的产品组合由三条产品线组成：健康软饮料、烘焙零食以及简餐。每条产品线都由几个子产品线组成。例如，简餐的产品线由汤、酱料和意大利面组成。每条产品线和子产品线都有独立的产品项目。总计下来，金宝汤的产品组合包括了上百个项目。

企业的产品组合包括四个维度：宽度、长度、深度和一致性。产品组合的宽度是指企业经营的不同产品线的数量。比如，金宝汤公司产品线囊括的产品组合的目标是“滋养人们每时每地的生活”。相反，通用电气公司的产品项目则多达25万个，而且这些产品项目种类各异，从电灯泡到喷气式发动机，再到内燃机车。

产品组合的长度是指公司所拥有的特定产品线中包含的产品项目总数。金宝汤在每一个产品线中都包含很多产品品牌。比如，它的简餐系列包含了金宝汤汤品、沃尔夫冈·帕克高汤、普雷格番茄酱、佩斯调味汁、斯旺森高汤以及其他国际品牌。

产品组合的深度是指，产品线上每一种产品所提供的产品型号或款式的数量。比如，金宝汤的汤品分七种，从金宝汤浓汤到大块肉汤、精选杂粮汤、健康特需汤。每种都提供了很多形式和配方。例如，你可以挑选罐头装或者可微波加热装的金宝汤大块精选牛肉面汤、大块鸡肉饺子汤以及大块牛排土豆汤。

最后，产品组合的一致性是指两个不同的产品线是如何在最终用途、生产需求、分销渠道或其他方式上密切关联的。就消费用途和分销渠道而言，金宝汤公司的产品线是一致的；而对于购买者的不同功能选择上，产品的一致性就不那么高了。

产品组合的这些维度为界定企业的产品战略提供了依据。企业可以从四个方面发展业务。企业可以增加产品线，从而拓宽产品组合。利用这种方法，新产品线可以借用企业在其他产品线上的声誉树立起来。企业可以加长现有的产品线，成为产品线更加完备的企业。企业可以为每一种产品增添新的品种、样式，提高产品组合的深度。企业可以寻求提高或降低产品线的一致性，这要看企业是想在单一领域还是多个领域确立强有力的声誉。

偶尔，一个公司也会不得不精简产品组合，剔除表现不好的产品线和型号，重新树立工作重心。例如，福特大幅削减了产品组合，这是它近期变革的一项重要内容。

> 福特舍弃了一些品牌，从97个减少到不足20。它完全放弃水星产品线并且廉价出售了沃尔沃产品线。削减公司的品牌让福特首席执行官艾伦·马拉利特别兴奋，他一直认为福特品牌已经变得泛滥。“我的意思是，我们曾经有97个品牌，天哪！”他说，指着老款车型的名单。“你怎么会做到让它们都流行？你早上8点上班，喊着‘从8点到中午，我让64号流行，午饭后让17号流行’。这是很荒谬的。”

8.3　服务营销

近年来服务业发展很快。服务业产值如今占到了美国国内生产总值的近65%，并且服务业还在继续增长。有人预计，到2014年，美国社会近4/5的工作属于服务业。就全球经济而言，服务业的增长更为迅速，服务业产值占到了全球总产值的64%。

服务产业之间差异显著。政府通过法庭、就业服务机构、医院、邮局、警察局和消防部门以及学校提供服务。民间非营利组织通过博物馆、慈善团体、教堂、大学、基金会和医院提供服务。大量的工商企业也提供服务——航空公司、银行、宾馆、保险公司、咨询公司、医疗和法律从业机构所、娱乐公司、电信公司、房地产公司、零售商以及其他。

8.3.1　服务的本质和特点

在规划营销方案的时候，企业必须考虑服务的四个特点：无形性、不可分性、可变性和易消失性（见图8.3）。

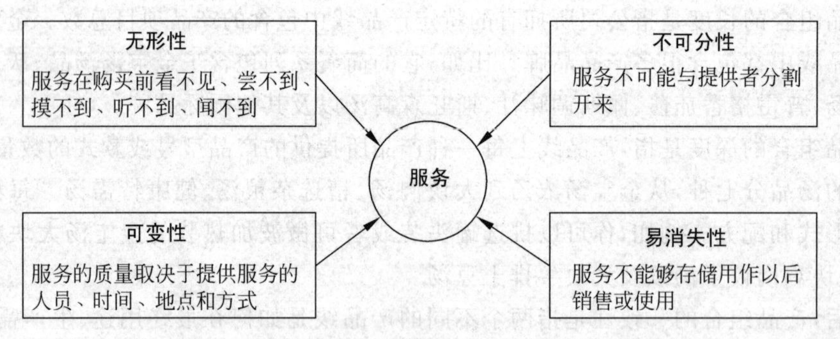

图 8.3　服务的四个特点

服务的无形性(service intangibility)意味着服务在购买前看不见、尝不到、摸不到、听不到、闻不到。比如,做美容的人在购买这项服务之前是不能看到结果的。民航乘客除了一张机票以及人和行李会安全到达目的地的承诺以外什么也没有。为了减少不确定性,购买者会寻找表明服务质量的"标志"。他们通过自己所见的地点、人员、价格、设备和沟通材料得出有关服务质量的结论。

因此,提供服务一方的任务就在于通过一种或者更多的途径让服务变得有形。一个分析师将此称为有形展示管理,即服务组织向其顾客系统地、诚实地展示其能力。在服务有形展示管理方面,Mayo 诊所是一个很好的例子:

就医院而言,病人很难判断"产品"的质量。你不可以尝试,也不可以在觉得不好后归还产品,你必须提前了解它。因此,当我们考虑进一家医院时,我们经常需要找出证据证明该医院有能力、有爱心、值得信任。Mayo 诊所不让病人碰运气。相反,它向病人提供系统的、真实的证据,表明自己决心"为每位病人每天都提供最好的照料"。

从内部而言,员工都要被训练如何关心病人的身心健康。例如,医院里的医疗人员都被教导要以服务病人为焦点。"医生给病人打电话询问其在家里怎么样,并共同解决看病的时间安排问题。"Mayo 的医疗设施也发出了正确的信号。它们被设计得能提供庇护,表达爱心和尊敬,显现竞争力。只要我们登录互联网或者直接访问曾在那里住院或工作的人,都会得到外界对这家医院认可的信息。现在,Mayo 诊所使用公共网络渠道(包括博客、脸书或者 YouTube)来强化病人的体验。比如,在 Mayo 诊所体验分享的博客中,病人及其家属会复述他们在医院的体验,而医院的工作人员也会在博客上谈一下自己的工作感受。结果是什么?这些为 Mayo 带来了超乎寻常的口碑以及顾客忠诚,最终帮助 Mayo 建设成为最强的医疗服务品牌。

实体产品先被生产出来,然后被存放起来,接着被销售出去,最后被消费掉。与此相反,服务先是被销售,继而在生产的同时被消费掉。**服务的不可分性**(service inseparability)意味着服务与其提供者是分割不开的,在这里提供者是指人员或设备。如果服务是由人员提供的,那么这个人就是服务的一部分。因为在服务的产生过程中,顾客也在场,所以这种提供者—顾客互动的关系构成了服务营销的独特特征。提供者和顾客都会影响服务的结果。

服务的可变性(service variability)是指服务的质量取决于提供服务的人员、时间、地点和方式。比如，一些宾馆——就像万豪——以提供的服务优于其他宾馆而著称。即便是在同一家万豪宾馆内，可能登记台的工作人员心情愉快、效率很高，而就站在几英尺远的另一个工作人员心情沉重、行动迟缓。即便是同一个万豪员工的服务也随着他接待顾客时的体力和心情而波动。

服务的易消失性(service perishability)是指服务不能够存储用来在以后销售或者使用。一些医生对于错过预订时间的病人也要收费，因为服务的价值仅存在于那个时点上，如果病人在那个时候不来的话，服务的价值也就不存在了。当需求很稳定的时候，服务的易消失性还算不上什么问题。但是，当需求发生波动的时候，服务企业经常就会面对难题。例如，由于高峰期的需求量大，公交公司就必须要比一整天的需求都均匀分布的情况下拥有更多的交通设施。因此，服务企业在制定战略的时候经常要考虑如何实现需求和供给之间更好的配适。比如，宾馆和旅游胜地在淡季以低价格吸引更多的客人。餐馆雇用一些兼职员工来补充高峰期的服务。

8.3.2 服务企业的营销战略

和制造企业一样，优秀的服务企业通过营销在选定的目标市场实现强有力的定位。例如，联邦快递承诺让你的包裹“快、更快”送达，点评网站 Angie's List 提供“你能信任的评论”，汉普顿的广告是“你在这里我们非常高兴”，圣祖德儿童医院则推出“全力以赴、拯救儿童”的宣传标语。上述这些和其他的一些服务公司利用传统的营销组合活动确立了自己的定位。不过，由于服务区别于有形产品，所以经常需要额外的一些营销方法。

服务利润链 在服务行业，顾客和一线服务员工彼此互动，创造出服务。而有效的互动，又取决于一线服务员工的技能水平以及这些员工背后的服务支持流程。因此，成功的服务企业既关注其顾客，又关注其员工。它们理解**服务利润链**(service profit chain)的含义，服务利润链把服务企业的利润与雇员和顾客满意度连接起来。这个链条包括五个连接：

- 内部服务质量：出色的员工遴选和培训、优质的工作环境以及对与顾客打交道的员工的强有力支持，这些将带来……
- 满意且高生产率的服务员工：更满意、更忠诚和更勤奋的员工，这些将带来……
- 更高的服务价值：更有效和高效率的顾客价值创造和服务提供，这些将带来……
- 满意且忠诚的顾客：满意的顾客会保持忠诚、重复购买并且向其他顾客推荐，这些将带来……
- 健康的服务利润和增长：卓越的服务企业绩效。

正如全食市场的共同创始人和总裁约翰·麦基所说，“愉快的团队成员带来了愉快的顾客。愉快的顾客给你带来更多的生意。他们成为你的企业的拥护者，带来愉快的投资。”因此，服务企业利润和增长目标的实现，始于照顾好那些照顾顾客的员工。在线零售商 Zappos 以经营鞋类、服装类产品为主，Zappos 就意识到，只有拥有了开心而充满活力的员工，才能拥有开心购物的客户(见营销实例 8.1)。

营销实例 8.1

Zappos.com：照顾好那些关心顾客的雇员

想象一下一个零售商好到它的顾客希望它能接管美国国内收入署甚至开一条航线。这听起来是市场传奇，但是对于顾客服务明星 Zappos 来说确实如此。在 Zappos，顾客体验是第一位的——这是每天的信仰。Zappos 的 CEO 托尼·谢伊轻描淡写地说："我们对于 Zappos 的总目标就是，Zappos 要成为最好的顾客服务和顾客体验品牌。"Zappos 就是"以服务为动力"。

一开始，这家敢作敢为的网络零售商以营销鞋、衣服、手提包以及配件为主，顾客服务是其营销的关键。结果是，Zappos 的销售额指数级增长。它现在每年服务超过 1 000 万名顾客，总商品销售额达到了 12 亿美元。事实上，Zappos 的线上成功及其对顾客的热情，使之可以与另一十分成功、深受顾客喜爱的在线营销商亚马逊相媲美。亚马逊在几年前收购了 Zappos 并让其独立运营。

在 Zappos，顾客关怀是一种深入人心的品牌文化。Zappos 是如何让这种文化变成一种现实的呢？这都是源自公司顾客服务代表——公司称之为顾客忠诚度团队。Zappos 的大部分业务是通过客户与雇员在线交流达成交易的，所以，要想让顾客保持开心，首先就必须保证自己的员工时刻保持开心、勤奋、活力充沛的状态。于是，Zappos 首先招聘合适的员工，对他们进行客户服务基础知识的培训，并向员工传达关心顾客的重要性。

"让顾客在 Zappos 里感受到开心的服务是十分自然的。"Zappos 的一位市场营销经理如是说，"你不能靠教这些东西，而是要靠雇用合适的人。"雇用正确的员工从申请阶段就开始了。Zappos 官网上的申请须知就表明了 Zappos 在寻找哪种人：

在申请之前请说出 Zappos 大家庭的核心价值观！这是我们的文化精髓，也是我们如何做事情的基础。如果你"很有趣又有点儿古怪"，觉得其他九条价值观也都很符合你，那就请你考虑一下我们的空缺职位吧！"附加：Zappos 不欢迎狂妄自大的人！"

一旦被雇用，就要确保 Zappos 对顾客的热情渗透到了整个组织中的每一名新员工——从 CEO、财务主管到儿童鞋类的采购员都必须经历四周的顾客忠诚度训练。事实上，为了淘汰一部分三心二意的人，Zappos 实际上是在哄骗他们放弃。在四周的顾客服务训练中，如果雇员离开公司，Zappos 提供给他们令人欣喜的 4 000 美元，并且附加按工作时长所支付的工资。这其中的道理是那些愿意拿钱离开的人并不能真正为 Zappos 文化提供什么。

一旦工作就位了，Zappos 对待员工就会像对待其顾客一样。Zappos 文化强调"员工所从事的是一份满足感强而又能够实现自我的工作，是值得每一个员工骄傲的事业，员工应时刻保持努力工作的状态"。事实上，那里确实是一个很好的工作场所。公司创造了一个充满欢乐友爱、充满家庭氛围的宽松环境，提供免费的工作餐、可午睡的房间、玩具枪比赛和吃奥利奥大赛，更不用提还有良好的福利和利润共享，甚至有家庭生活教练，这些共同营造了一个适合工作的环境。实际上，Zappos 在《财富》杂志的"最适合工作的公司"排行榜上排名第 11 位。

结果就是一位观察者所说的“1550个精力充沛的员工”。每年，公司都会出版一本“文化图书”，书中包括未经编辑的、充满感情的故事，讲述在这里工作是什么样子的。一个雇员说：“这是我的另外一个家，它改变了我的生活，我们的文化是我在这里工作的最好原因。”另一个员工说：“来这里工作让我感到最奇怪的事情是这里没有限制。”什么是Zappos人最有热情的事？Zappos大家庭排在第一位的核心价值观是“通过服务创造惊喜”。

热情的雇员，又会成为出色的品牌大使。有那么多网页信息链接没有达到效果，是因为不能真正聆听顾客的声音。Zappos在每个独立网页的最顶端都放上号码，联系中心是全天候24小时都有人服务的。谢伊把每次顾客联系都看成一个机会：“我们实际上是很想和顾客交流的。如果我们能把电话沟通解决好，我们就有机会创造一次情感触碰和持久记忆。”

Zappos坚持认为客服对任何顾客来电都要予以重视。一位顾客深夜致电寻求此时加利福尼亚州圣莫尼卡还在营业的比萨店。两分钟后，Zappos客服找到了一家。Zappos的员工并不需要为来电时长负责。Zappos最长的一次通话是来自一名在客服帮助下看了数千双鞋的顾客，持续了将近六个小时。

在Zappos，每名员工就像一个小营销部门。关系——无论是公司内部的，还是外部的——在Zappos都有非凡意义。谢伊和其他许多员工保持着与顾客、与彼此以及与任何对公司感兴趣的人的直接联系。他们使用社交网络工具，诸如脸书、推特以及博客分享信息，无论是好是坏。这种开放程度也许令一些零销商担忧，但是Zappos却勇敢接受它。

Zappos也让员工在营销中起重要作用。例如，它利用员工拍摄短视频来描述它的产品。在最近的一年中，涌现了58万个员工视频来展示鞋子、手提包以及服饰，虽然他们并非专业模特。Zappos发现当一款产品包括了个人的视频描述，它的购买数量会上升并且退货会下降。电视上的Zappos广告展现的顾客与推销员的交谈其实是基于真实的服务情景，并且由Zappos员工来配音。

正如服务利润链所阐释的，照顾好顾客源自照顾好那些关心顾客的雇员。Zappos的热忱和文化极具感染力，也把Zappos顾客和员工联系在一起，从而产生了好效果。“总是有顾客问我们什么时候开一条航线或者运营美国国内收入署。”谢伊说，“从现在起30年，我不排除会开设Zappos航线，它也会有最好的服务。”

所以，服务营销所需要的不仅是传统的外部营销中所使用的4P。图8.4说明服务营销还需要内部营销和互动营销。**内部营销**(internal marketing)是指服务企业必须有效地培训和激励企业内与顾客打交道的员工以及支持性服务人员，促使他们以团队的形式展开工作，为顾客提供满意的服务。为了使企业稳定地提供高质量的服务，营销人员必须使组织内的每一个成员树立并且实践顾客导向。事实上，内部营销必须先行于外部营销。比如，Zappos一开始就雇用合适的员工，并认真地培训、鼓励员工，以便让员工能够真正地为顾客提供无与伦比的服务。

互动营销(interactive marketing)意味着服务质量是以服务过程中买卖双方互动关系的质量为基础的。在产品营销中，产品质量很少依赖于产品是怎么获得的。但是在服

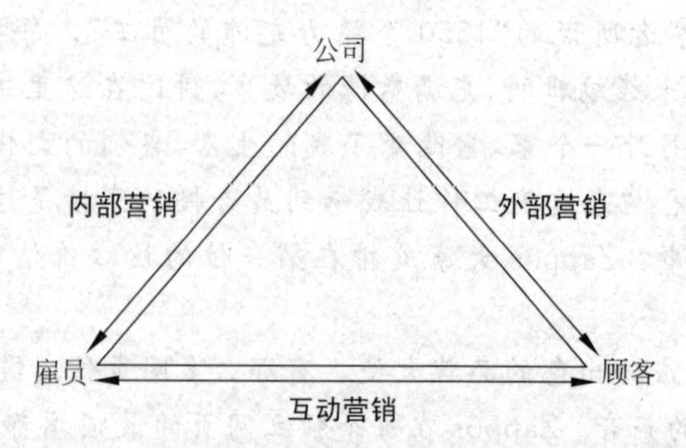

图 8.4 服务业的三种市场营销

务营销中,服务质量既依赖于服务的传递者,也依赖于服务传递的质量。因此,服务营销者不得不掌握互动营销的技巧。Zappos 只选择拥有内在服务热情的人,并且指导他们如何与顾客互动,满足顾客的每一个需求。所有的新雇员都需要完成为期四周的顾客忠诚度培训课程。

如今,随着竞争的加剧、成本的提高以及生产率和质量的下降,迫切需要将服务营销推向更高水平。服务企业面对着三个主要的营销任务:它们希望提高其服务差异化水平、服务质量和服务生产率。

服务差异化管理 随着近来价格竞争日趋激烈,服务营销人员经常抱怨,很难将其服务与竞争对手的服务实现差异化。在某种程度上,顾客将不同提供者的服务视为相近的,他们更关心的是价格,而不是服务由谁提供。解决价格竞争的出路就在于发展差别化提供物、提供方式和形象。

提供物可以包含创新特色,使本公司的提供物区别于竞争对手。一些零售商向顾客提供产品之外的服务。比如,迪克体育用品从纽约州滨汉姆顿的一家渔具店,发展成在美国 42 个州拥有 450 家门店、48 亿美元资产的零售巨头。它提供互动服务,使自己区别于其他体育用品商店。顾客能够在迪克的室内跑道上试穿鞋子,通过现场仪器测试高尔夫球杆,并得到由商店内的训练团队量身定制的产品选择指导。如此差异化的服务使迪克成为核心运动员和户外爱好者的最终选择。

服务企业可以通过下列措施实现其服务提供方式的差异化——通过更有能力、更可靠的顾客服务人员或通过改善服务的硬件环境。比如,很多零售连锁店为顾客提供网上购物和送货上门服务,使顾客无须开车、停车再排队等候。另外,大多数银行都通过一些措施(从自助取款机到短信服务)让顾客能够随时随地了解自己的账户信息。

最后,服务企业还可以通过标志和品牌实现其形象的差异化。比如,美国家庭人寿保险公司在广告中采用鸭子作为公司的标志,甚至用在填充动物玩具、高尔夫球杆套、电话铃声或者屏幕保护图案上。其他一些知名的服务标志包括 GEICO 的壁虎、旅行者集团的红雨伞、好事达保险公司(Allstate)的"呵护的双手"以及麦当劳的金色拱门等。

服务质量管理 服务企业可以通过比竞争对手稳定地提供更高的质量来实现自身的差异化。就像走在它们前面的制造企业一样,服务提供者现在也加入了顾客驱动的质量运动中。像产品营销人员一样,服务提供者需要识别目标顾客对服务质量的预期。

然而,服务质量要比产品质量更加难以定义和判别。比如,就一次理发的质量达成一致意见，要难于就一个电吹风的质量达成一致意见。顾客保留率可能是衡量质量的最好尺度——一个服务企业保留住其顾客的能力，取决于它在多大程度上能够稳定、持续地向顾客让渡价值。

顶尖的服务企业都高度关注顾客并且树立高服务质量标准。它们不是仅满足于良好的服务水平，而是要实现 100%无缺陷服务。98%的绩效标准听起来似乎还不错，但是如果使用这样的标准，美国邮政服务公司每小时将会丢失或投错 39.1 万封信件，美国药剂师每周将会配错 140 万个药方。

不像制造企业可以调整其机器设备和各种投入，直到一切都准备好，服务质量受到员工和顾客之间相互作用的影响而经常波动。所以质量问题会不可避免地发生。即使竭尽全力，就算是最好的企业偶尔也会发生递送延误、把牛排烤焦、员工大发脾气等情况。不过，虽然服务企业不能够避免质量问题的发生，但是可以学着进行补救。巧妙的服务补救措施可以把愤怒的顾客转变成忠诚的顾客。事实上，巧妙的服务补救与一切在一开始就完美无缺相比，更能够赢得顾客的购买和忠诚。例如，西南航空公司组成了一支高级别队伍，由一位对顾客服务沟通具有前瞻性的高管负责。这支队伍的工作就是，在有突发事件时，无论是飞机延误、恶劣天气、紧急医疗还是怒气冲冲的乘客，都要尽可能在 24 小时内解决。这支队伍近来通常用电子邮件方式和顾客联系，包括三大基本内容：真诚道歉、简明阐述原因以及用小礼物作为补偿，通常是下次航程可以使用的购票代金券。调查表明，只要西南航空可以顺利解决延误问题，顾客对它的评分甚至比准时的航班还要高出 14～16 分。

现在，脸书、推特之类的社交媒体可以帮助公司消除并补偿顾客对它们服务的不满。让我们看一下万豪国际酒店的例子：

> 约翰·沃尔夫是万豪公司公共关系主管，领导万豪的一支全天候监控推特及其他社交媒体反馈的团队。这支团队找出埋怨万豪的顾客。“我们很高兴得知有我们不知道的问题，我们也很开心能被给予机会去解决它们，”沃尔夫如是说。一旦顾客有了问题，这种战略就能帮助万豪迅速解决以弥补顾客之前的不满意。例如，当团队发现有关于在万豪酒店的不愉快经历的推特或博客(可能是由于一双损坏的鞋子或者过高的干洗费)，他们会直接通过推特联系顾客并询问其联系方式。第二天，对其不满的顾客会接到来自万豪的私人电话，得到解释和真诚的道歉，并在账户上增添一笔可观的奖励积分，可以用于未来在万豪集团的消费。结果是，这名重获喜悦并且继续忠实的顾客，再次发博客或推特来向其他人分享这次愉悦的经历。

服务效率管理 随着成本迅速上升，服务企业承担着提高效率的巨大压力。为此，它们可以采取多种方法。服务提供者可以把现有的员工培训得更好，也可以招募工作更勤奋或者工作技能更熟练的新员工。或者服务提供者可以通过舍弃一部分质量来提高其服务的数量。最后，服务提供者可以利用技术的力量。尽管我们经常认为技术是用来在制造企业中节省时间和成本的，技术在使服务工人提高生产率方面也有巨大的潜力，只是这种潜力尚未开发出来。

不过，企业应当避免过分追求效率而损害了质量。尝试使服务实现工业化生产或者削减成本,可以在短期内提高服务企业的效率,但是却削弱企业长期的经营能力,比如创新能力、维持服务质量的能力以及响应顾客需要或愿望的能力。一些航空公司在这方面就有很深的教训,它们停止向顾客提供任何免费服务项目,即使是机上零食也不例外,对所有额外的服务收费。在这种情况下,它们看似提高了效率,其实却损害了顾客服务的质量。

因此,公司在试图提高服务效率的同时,一定要关注其能够为顾客创造的价值。简单地说,公司不要把"服务"从服务中拿走。事实上,公司可能会故意为了提高服务质量而降低服务效率,相应地可以保持更高的价格和利润率。

8.4 品牌战略:建立强势品牌

有些分析人员认为品牌是公司最持久的资产,比公司具体产品或生产设施的生命都长。桂格燕麦公司前 CEO 约翰·斯图尔特曾经说过:"如果这个企业要被拆分,我愿意放弃土地和厂房,只要品牌和商标,然后我就会做得比你好。"麦当劳的一位前任 CEO 说:"如果我们拥有的每一项资产(厂房、设备等)都在一次自然灾害中被摧毁,由于我们还有品牌,就可以再借钱使一切都重新恢复。麦当劳的品牌价值比所有这些资产的总价值还要高很多。"

因此,品牌是一项特殊的资产,需要好好经营和管理。在这一部分,我们将讨论创建和管理品牌的核心策略。

8.4.1 品牌资产

品牌并不只是一个名字或是一个象征。在公司与客户的关系当中,品牌是一个核心的因素。品牌表达了消费者对一个产品及其性能的认知和感受,表达了这个产品或服务在消费者心中的意义。最终,品牌存在于消费者头脑中。正如一位著名的营销学家所说的,"产品生产于企业的车间,而品牌则定位于顾客的心中。"美国著名视频网站 Hulu 的前任 CEO 詹森·吉拉尔补充道:"品牌就是当你不在的时候别人对你的评价。"

一个强势品牌就具有较高的**品牌资产**(brand equity)。品牌资产是一种差异化效应,即对品牌名称的知晓与否影响到消费者选择产品或服务的决策。品牌资产还是衡量顾客偏好和忠诚的重要指标。如果顾客对一个品牌产品的偏爱程度高于非品牌的同类产品,这个品牌的品牌资产就是正的。类似地,如果顾客对一个品牌产品的偏爱程度低于非品牌的同类产品,这个品牌的品牌资产就是负的。

品牌在市场上的影响力和价值各不相同。有些品牌——像可口可乐、耐克、迪士尼、通用、麦当劳、哈雷-戴维森等——保持强势已有很多年,甚至很多代。另外,也有一些品牌创造了全新的顾客享受与忠诚,比如谷歌、YouTube、苹果、脸书、ESPN、维基百科等品牌。这些品牌之所以能够在营销中获胜,不仅仅是因为它们为顾客传达的独特利益或可靠服务,更重要的原因在于,它们与顾客之间建立了深入的联系。例如,作为唐恩都乐的忠实粉丝,唐恩的咖啡远不仅是一杯咖啡,这种深刻的满意体验是其他品牌无法给予的。唐恩都乐在顾客忠诚度上打败了星巴克。

扬·罗毕凯(Young&Rubicam)广告公司的品牌资产评估师使用四个客户感知因素来衡量品牌的影响力：差异化(能够让品牌突出的因素)，相关性(顾客对于品牌满足其需求的感知效果)，知名度(客户对与品牌相关的信息的熟悉程度)，尊重度(客户对品牌的认可度和尊敬度)。拥有强势品牌资产的品牌在四个因素的衡量中都能够得到高分。品牌必须是独特的，否则消费者没有理由选择某一品牌而不选择其他品牌。但是，事实上，一个高度差异化的品牌并不意味着顾客一定会购买这一品牌的产品，品牌必须在与顾客需求相关的方面表现突出。即使一个差异化的相关品牌也不能保证顾客必定购买这一品牌的产品。在顾客对某一品牌作出回应之前，他们必须首先了解并理解这一品牌，顾客对品牌的熟悉度有助于建立起一种强势而积极的客户—品牌联系。

因此，优质的品牌资产来源于顾客对品牌的感知和与品牌之间的联系。顾客有时会与某一特定品牌保持极其密切的联系。或许是作为自己品牌忠诚的最终表达方式，越来越多的人(不仅仅是哈雷-戴维森的粉丝)将最喜爱的品牌文在自己的身体上。不论是现代品牌脸书和亚马逊，还是老牌经典哈雷、锐滋，这些强劲的品牌建立了一种理念，要提高顾客生活中与之相关的方面的质量(见营销实例8.2)。

营销实例8.2

独立品牌：和顾客建立有意义的联系

现代数字社交网络巨头脸书和经典花生巧克力黄油糖果锐滋有何共同之处？显然并未有多少。但是二者都在朗涛咨询公司(Landor Associate)所排名的十大独立品牌的名单之中。这是一份基于品牌实力综合性调查的名单。每年，独立品牌调查都会选出在品牌健康和品牌价值方面发展良好的十大品牌。

调查依据扬·罗毕凯广告公司的Brand Asset Valuator(一个选取了1.5万名顾客的反馈数据库)进行，从48个方面评估了2 500个品牌，衡量消费者品牌的差异化、相关性、声誉以及知名度。调查也采用第二个维度——由BrandEconomics提供的“经济附加价值”来评估美国品牌的财务绩效。结合起来看，品牌资产价值和经济附加价值提供了品牌关于顾客和财务指标的全面评估。

关于什么组成了品牌实力(融合顾客和财务绩效)的想法，在过去几十年中已有所改变。最新的“独立品牌”榜单被现代互联网高科技品牌所占据，比如脸书、YouTube、Skype和亚马逊。它们都打破并重新定义了原有分类或者建立了新的分类。然而，与这些现代品牌混合存在的还有一些经典老品牌，比如锐滋、美国国民警卫队，就像在苹果商店里的老古董。可口可乐、麦当劳、迪士尼等巨头倒是不在其中。这些大品牌可能在“顶尖品牌”榜单上，却因近来增长速度不够快并未入选“独立品牌”榜单。

所以这些看似分散的独立品牌有何共同点呢？朗涛发现每一个品牌无论其年龄都具有现代和经典的价值，在品牌基本的原则上保持相关性和差异性的优势。最近的独立品牌调查是在经济每况愈下的情况下进行的。不出意外，调查显示前两名的品牌兼具了舒适和怀旧，在艰难时代提供了安全感。近来，“传播舒适感可以帮助品牌建立与顾客的联系，”一位品牌咨询师说，“在艰难的时候，顾客倾向选择能为他们带来舒适的品牌，不仅仅是功能上的，还有感情上的。”

锐滋的产品时很容易让人上瘾，使人回想更快乐的时光。但是这对其他糖果和零食品牌来说也一样。锐滋之所以别具一格，是因为它意识到不断推出新品种来取悦挑剔的味觉，实际上会让品牌复杂、稀释形象。取而代之的是，锐滋削减产品线，重新聚焦战略，简化促销宣传。粉丝们一再被提醒，锐滋是花生黄油与牛奶巧克力的结合，并用亮橘色包装。通过简化和复古，锐滋不仅给人舒适感，还满足了当下消费者的怀旧需求。

当你能轻而易举通过甜咸味花生黄油巧克力获得舒适感，你不禁会疑惑互联网品牌脸书是如何带来同样的情感共鸣的？事实证明，脸书带来的舒适感是另外一种方式。“正如你吃锐滋时的舒适，你把登录脸书作为一种日常行为，”一位朗涛咨询公司经理说，“感觉也因此被联系起来。”人们发现在使用 YouTube 或 Netflix 媒体、在 Skype 上视频聊天时也有同样的舒适感和联系。

接下来就是亚马逊了——全球最大的互联网销售商，简单的点击就可以卖出各种东西。同样重要的是，亚马逊建立了一个巨大的在线购物社区与人们联系，充满了许多个人推荐、评价与评分。亚马逊也给予顾客一种保障，他们正在作出正确的购物选择。

除了舒适的顾客体验，根据调查显示，独立品牌也有另外两个共同性质——简明和权威。如果所有品牌都有一个共同点，那就是它们都权威地代表了自己。朗涛的总裁说：“我能迅速描述出脸书代表了什么，Netflix 代表了什么，苹果代表了什么。”这听起来很容易，不过权威需要品牌战略和品牌价值的配合。

许多现代品牌在舒适感、简明和权威方面击败了很多老品牌，这仍会让人觉得奇怪。朗涛的总裁说，新牌子有很多理由。“新旧之争的矛盾点似乎是新牌子已经成为地标。脸书不再是网络新手，它是自己领域的领军者。”这同样也适用于其他的新品牌。新老用户都觉得没有脸书、YouTube 或者 Skype 的日子很难熬，虽然它们存在的时间都并不久。

现在反观最初的问题：这些差异很大的独立品牌有何共同之处？可归结于品牌都建立了与顾客的有意义的联系，所有强劲的品牌，无论是脸书还是锐滋，都提高了顾客与之相关的生活质量。年轻的独立品牌倾向于是数字发迹者，现在都在变成熟，慢慢成为现代消费者的必需品。然而旧的熟悉品牌同样有意义。根据朗涛的想法，“当世界发展得更快、更明亮、更大胆的时候，我们需要熟悉的舒适感。”和榜单上的高科技品牌相比，“其他的独立品牌确实是经典的——有形、经过验证、真实、舒适、熟悉。在与新兴品牌的比较中，它们仍旧不落伍、很独特。”因此无论新旧，建立有意义的顾客价值才能造就独立品牌。

品牌资产高的品牌是非常有价值的资产。品牌价值量度就是估计整个品牌金融价值的过程。要衡量一个品牌的品牌资产的确切价值非常困难。不过，根据估测，苹果的品牌价值是 1 530 亿美元，谷歌的品牌资产价值为 1 120 亿美元，IBM 为 1 000 亿美元，麦当劳为 810 亿美元，微软是 780 亿美元，可口可乐是 730 亿美元。全球其他最具价值的品牌包括 AT&T、中国移动、通用、沃尔玛和亚马逊。

高品牌资产为一个企业提供了多方面的竞争优势。一个强势品牌享有高度的消费者品牌知晓度和忠诚度。由于消费者期望商店经营有品牌的商品，所以企业在与经销商谈判时就拥有更大的主动权。因为品牌名包含着高可信性，企业能够更容易地推出新产品线或者进行品牌扩展。至少，一个强势品牌为企业抵御惨烈的价格竞争提供了一定的防御保证。

总之，一个强有力的品牌是与顾客建立可获利的牢固关系的基础。因此，品牌资产潜在的意义就是顾客资产——品牌所创造的顾客关系的价值。一个强势品牌非常重要，但是它真正代表的是可获利的顾客忠诚。营销的焦点是利用像品牌管理这样的营销工具来建造顾客资产。企业需要永远牢记的是，自己代表的绝不仅仅是产品组合，更是客户的组合。

8.4.2 建立强势品牌

品牌管理给营销人员带来了富有挑战性的决策，图8.5列示了关键的品牌管理决策。品牌管理决策包括品牌定位、品牌名选择、品牌持有和品牌开发。

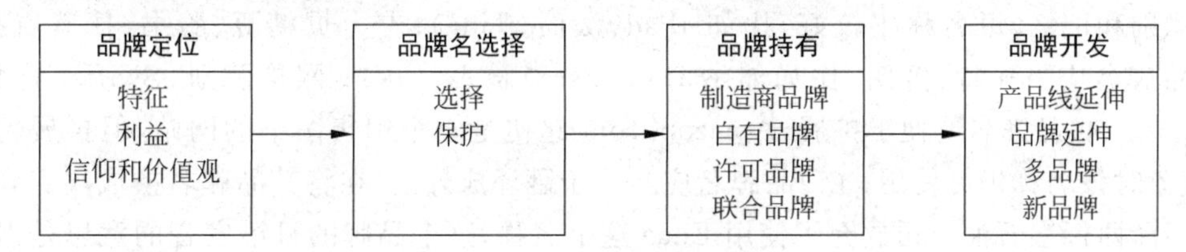

图8.5 主要的品牌管理决策

品牌定位 营销人员需要把他们的品牌在消费者头脑中确立一个很好的定位。营销人员对品牌定位有三种层次。如果是最低层次，他们可以通过产品特征来进行品牌定位。比如，宝洁将生产的一次性纸尿片命名为“帮宝适”品牌，早期推出的帮宝适产品的特性就是吸收性好、舒适度高以及一次性使用。然而，产品特征通常只能算品牌定位的最低层次。竞争者很容易去模仿这些产品特征。更重要的是，消费者对这些产品特征并不感兴趣，他们感兴趣的是它们能为自己带来什么。

品牌也可以被更好地定位于产品的利益诉求。因此，帮宝适的营销人员可以不再谈论产品的组成成分，而是谈论帮宝适有益于婴儿皮肤保持干爽。一些通过强调利益而成功定位的品牌包括联邦快递（保证及时递送）、耐克（性能）、雷克萨斯（质量）以及沃尔玛（低价）。

最强的品牌定位层次超过了强调产品特征或是产品利益。它们通过强有力的信仰和价值观进行定位。这些品牌强调一种情感冲击。例如，对于父母而言，帮宝适不仅仅意味着吸收和干爽。“帮宝适村”网站把帮宝适定位为一个关于“我们成长的地方”的品牌，是对母婴关系和全方位婴儿护理的诠释。宝洁的前经理说：“直到我们将帮宝适的定位从干爽转变到帮助妈妈照顾婴儿成长的时候，我们的婴儿护理业务才开始出现快速发展的势头。”

成功的品牌能让顾客对其有深厚的感情。广告代理商盛世长城认为品牌应该致力于成为顾客的挚爱，无论产品还是服务都可以激发顾客的无理由忠诚。有着大量顾客群的品牌，诸如苹果、谷歌、迪士尼、可口可乐、耐克、脸书、威格、In-N-Out汉堡甚至WD-40已经达到这个高度。挚爱品牌能夹杂着强烈的感情冲击。顾客不仅仅爱这些品牌,还与之有着强烈感情联系,并无条件一直爱下去。

在品牌定位时,营销人员必须建立品牌使命和愿景来描述品牌存在的意义。一个品牌是公司始终如一地向顾客传递特定的产品、利益、服务和体验的过程。品牌承诺必须简单、诚实。例如,6 号汽车旅馆提供干净的房间、低的价格以及好的服务,但不承诺昂贵的家具以及大的浴室。相反,丽嘉酒店提供奢侈的房间以及难忘的回忆,但不承诺低价。

品牌名选择 选择一个好名字可以大大促进一种产品的成功。然而,找到最好的品牌名可是一项艰巨的任务。首先需要认真地评价产品及其利益、目标市场以及拟实施的营销战略。然后,选择品牌名既是科学又是艺术,还需要依靠几分本能。

理想的品牌名具备以下几方面属性:(1)应当表明有关产品带来的性能和质量方面的一些情况,比如甜梦弹簧床垫(Beautyrest)、瘦身特餐(Lean Cuisine);(2)应当易于发音、识别和记忆,短名称比较好,比如 iPad、汰渍(Tide)、吉力贝糖豆、脸书、捷蓝航空;(3)品牌名应当独特、鲜明,比如沛纳海(Panera)腕表、Flickr 网络相册、Swiffer 拖把、Zappos;(4)品牌名要便于扩展,Amazon. com 起初是一个销售图书的网站,但扩展到其他业务时该名称仍可使用;(5)品牌名应当易于翻译成外语,在将其品牌名换成埃克森之前,新泽西标准石油公司放弃了使用 Enco 这个名称,这个品牌的日语发音的意思是引擎停止运转;(6)应当能够注册并得到法律保护,如果一个品牌名对现有的品牌名构成侵权,就不能够注册。

选择一个新的品牌名不是一件容易的事情。之前的十年时间里,有的公司选择古怪的名字(如雅虎、谷歌等),有的则选择商标构造的名字(如诺华、安万特、埃森哲等),如今,往往选择具有实际含义的品牌名称。比如,Silk(豆浆)、Method(家用产品)、Smartwater(饮料)以及 Blackboard(教学软件),这些品牌既简单又具有直观的意义。随着商标应用的发展,我们已经很难找到可用的新品牌名字。面对这样的形势,我们要做的就是竭尽全力,拿起一个产品,然后看自己是否能够想出一个更适合该产品的名字。设想一下这些名字如何:Moonshot(对月发射)、Tickle(发痒)、Vanilla(香草)、Treehugger(抱树人)、Simplicity(朴素)。在谷歌上搜索一下这些名字,你会发现,它们已经被使用了。

一经选定,品牌名就必须得到保护。许多企业竭力树立自己的品牌名,希望它能够最终代表整个产品类别。像 Kleenex(面巾纸)、Levi's(牛仔裤)、Jell-O(果冻)、Band-AID(创可贴)、Scotch Tape(透明胶带)、Formica(家具塑料贴面)和 Ziploc(食品密封塑料袋)等品牌都取得了这种成功。但是,这种成功可能会危及公司对这个名称的所有权。许多起初受到保护的品牌名,比如 cellophane(玻璃纸)、aspirin(阿司匹林)、nylon(尼龙)、kerosene(煤油)、linoleum(油布)、yo-yo(悠悠,译者注:一种轮形玩具,用线扯动使之忽上忽下)、trampoline(弹簧床垫)、escalator(滚梯)、thermos(热水瓶)和 shredded wheat(精小麦),现在已成为任何经销商都可以使用的普通名称。

为了保护品牌,营销人员总是认真地使用"品牌"这个词和注册的商标符号来展示自己的品牌,例如"BAND-AID® 牌创可贴"。无独有偶,最近的施乐(Xerox)广告也说明了如果品牌名被人们错误使用,就会对品牌造成一定损失。其广告请求人们把品牌名"施乐”只用作形容词来识别它的产品和服务（比如“施乐复印机”），不要用作动词（“Xerox” something，即“复印某东西”）或者名词（“I'll make a Xerox”，即“我要复印”）。

品牌持有 一个制造商可以在四种品牌所有权形式当中进行选择。产品可以以全国性品牌（或制造商品牌）（manufacturer's brand）推出，就像索尼（Sony）公司和家乐氏（Kellog）公司用自己的品牌标定产品，进行销售。或者制造商可以把产品销售给经销商，由经销商给产品标定自有品牌（也叫作商店品牌或分销商品牌）。尽管大多数制造商拥有并使用自己的品牌名，但是还有一些使用许可品牌（licensed brand）经销产品。最后，两个公司可以合力对一种产品使用联合品牌（co-brand）。下面我们将依次分析这几种选择的形式。

全国性品牌和商店品牌 全国性品牌（制造商品牌）长期以来统治着零售业。不过，近年来，越来越多的零售商和批发商树立了它们的**自有品牌**（private brand）或**商店品牌**（store brand）。尽管商店品牌的发展已经经历了20年以上的时间，但其真正得到快速发展还是在最近一段时间，这主要得益于当前萧条的经济环境。研究表明，消费者对商店品牌更有偏好，平均可以带来29%的节省。一位品牌营销专家说道：“萧条的外部环境对自有品牌往往是一个发展的机会，在经济不景气的时候，随着人们对价格的敏感度提高，他们对品牌的敏感度开始降低。”

事实上，商店品牌的增长要比全国性品牌快。比如，五年前，自有品牌占据了美国食品和饮料的20%购买量。自从2008年经济危机以来，自有品牌产品的单位销售额增长率已经达到了全国性品牌产品的两倍之多。现在自有品牌在超市的销售额占比已经达到了29%。类似地，在美国，服饰自有品牌[比如霍利斯特、利明特、亚利桑那牛仔服饰公司（杰西潘尼）、美国雪莉（塔吉特）]服装的销售额占到了所有品牌服装销售额的50%。甚至高端零售商萨克斯第五大道精品百货店也有它自己的服装产品线，以98美元的领带、200美元的吊带衫以及250美元的纯棉连衣裙为特色。

许多大型零售商营销自有品牌产品的深度组合时具有很高的技术。比如，沃尔玛的自有品牌（惠宜食品，山姆精选饮料，Equate医药、保健及美容产品，白云厕纸和尿布，Simple Elegance洗衣产品，Canopy家庭户外产品）的销售额占了总额的40%之多。单单沃尔玛的自有品牌的销售额就是宝洁所有产品总和的两倍，惠宜更是全美国最大的单一食品品牌。在领域的另一端，高端的全食超市在其365 Everyday Value品牌之下，推出了一系列自有品牌的产品，从有机加拿大枫糖浆和冷冻鸡肉凯撒比萨到儿童复合维生素软糖和全麦通心粉。

自有品牌曾经被看作“大路货”或“没名气的牌子”，现在它们已经摆脱了全国性品牌廉价仿制品的形象。自有品牌提供了更多的选择，并且可以迅速获得品牌名带来的质量。塔吉特和乔氏超市比它们的全国性品牌竞争者更具创新性，从而在顾客中形成更高的自有品牌忠诚度。在某些情况下，消费者更愿意为已经被定位为优质产品的商店品牌付更多。

在所谓的制造商品牌与自有品牌大战当中，零售商们占据了不少优势条件。它们决定着自己进什么货，各种商品放在商店货架的什么位置，在当地广告中突出宣传什么产品。零售商在定价时往往会把自有品牌的价格定得比制造商品牌低，从而更容易吸引到价格敏感的顾客。尽管自有品牌不太容易建立，维持和提升品牌的成本较高，但是，自有品牌可以为分销商带来更高的毛利率。而且，自有品牌可以为经销商提供独特的产品，从而带来更高的客流量和忠诚度。快速发展的乔氏超市中80%的产品属于自有品牌，它在最初就建立起自己的品牌，而不是依赖制造商。

为了与商店品牌竞争，制造商品牌必须认真思考自己的价值方案，尤其在当前经济不景气的情况下更应如此。然而，长远看来，制造商必须增加研发投入以推出新品牌、新特色和持续的质量改进。它们必须规划强有力的广告计划以维持高知名度和品牌偏好。它们必须寻找与主要分销商"合作"的方式，以获得分销的经济性和更高的合作绩效。

例如，为了对付自有品牌销量的激增，消费品巨头宝洁公司再次积聚力量开发和推出更好的新产品，特别是低价格的产品。"我们每年投入20亿美元在研发上、4亿美元在消费者知识上，并把销售额的10%用于广告，"宝洁公司总裁鲍勃·麦克唐纳说，"商店品牌没这个能力。"

许可　大多数制造商要花上多年时间和几百万美元树立自己的品牌。不过，一些企业通过许可方式使用其他制造商已经树立的名称或符号、知名人士的名字，或者流行读物或者时髦电影中的角色名。这些企业支付一定的费用，便能够很快获得已经被认可的品牌名。

服装以及服装配饰的经销商要花费很高的许可费来为自己的产品——从短衫到领带，从亚麻织物到皮箱——装点门面，使用知名时装设计师的名字或姓氏，比如Calvin Klein（译者注：是美国最成功的时装设计师和企业家之一）、Tommy Hilfiger（译者注：美国著名服装设计师，全美三大休闲品牌之一）、Gucci（古驰）或Armani（阿玛尼）。儿童产品的经销商没完没了地把卡通形象的名字用在服装、玩具、文化用品、亚麻织物、玩具娃娃、午餐盒、麦片和其他产品上。这些角色的名字，从经典的诸如芝麻街、迪士尼、星球大战、大丹狗史酷比、凯蒂猫以及儿童小说家苏斯博士书中的角色到最近的小冒险家朵拉、小小爱因斯坦、汉娜·蒙塔娜。而且现在市面上畅销的玩具产品都是基于电视剧或电影中的形象所设计的。

近年来，姓氏和影视角色的许可业务发展迅速。在全球范围内，许可经营产品每年的销售额已经从1977年的区区40亿美元增长到1987年的550亿美元，而今天则超过1 820亿美元。目前，许可经营业务已经成为很多公司高利润的来源。例如，迪士尼作为全球最大的许可经营商，仅去年的全球商品销售额就达到了280亿美元，并计划在未来5～7年内翻倍。另外，Nickelodeon公司也有一些受欢迎的品牌，像小冒险家朵拉、海绵宝宝。仅就海绵宝宝而言，在过去的十年里，公司的销售收入和许可费收入就达到了80多亿美元。

联合品牌　**联合品牌**（co-branding）就是将不同公司的两个已有品牌用在同一个产品上。联合品牌的做法有很多好处。由于每个品牌在不同的产品类别分别占有优势，那么整合后的品牌将创造出对消费者更强的吸引力和更高的品牌资产。比如，百事的乐事品牌联合KC Masterpiece创造了乐事KC Masterpiece烧烤薯条。品食乐集团和Cinnabon强强联手创造了品食乐肉桂卷小圆面包。DQ冰激凌和Girl Scouts饼干组队推出了限量版的小饼干暴风雪冰激凌。薄荷味暴风雪是DQ目前为止最受欢迎的限量款，一个月内销售量超过1 000万。

联合品牌可以发挥两种品牌的互补优势。比如，蒂姆赫顿连锁咖啡店正在建立一个名为蒂姆赫顿—冷石冰激凌店的联合品牌。蒂姆赫顿主要的营业时间是早上和中午，主要经营咖啡、烘焙食品、汤和三明治等。相反，冷石冰激凌的产品主要在下午和晚上供应，这也是冷石业务最繁忙的时间段。而联合品牌则可以吸引顾客在一天的早、中、晚三个时间段都前来光顾。

联合品牌策略还可以使企业将其现有品牌扩展到一个新的产品类别，而如果不通过联合品牌试图单独进入新市场则可能困难重重。比如，耐克和苹果构成的联合品牌名为耐克—苹果运动装备，这种产品可以将运动者的耐克跑鞋与苹果的设备连到一起，通过苹果设备对运动状况的实时感应和分析来提升运动者的表现。"你的苹果感应器就成为了你的运动教练、你的陪练者以及你最好的运动伙伴。"耐克—苹果的联合品牌不仅在运动产品的市场中宣传了苹果，也同时给耐克的客户增加了更多的价值。

联合品牌的做法也有一些局限。要达成这种关系通常需要签署复杂的协议和许可证书。联合品牌的双方必须周密协调它们的广告、销售促进和其他营销活动。最后，如果开始采用联合品牌的策略，那么双方都必须信任对方会精心呵护自己的品牌。如果某种因素损害了其中一个品牌的声誉，那么联合品牌也同样会受到损害。

品牌开发 在品牌开发方面，企业有四种选择(见图8.6)。企业可以采用产品线延伸(将现有品牌名延伸到现有的产品类别中的新样式、新规格和新风格的产品上)、品牌延伸(把现有的品牌名延伸到新的产品类别)、多品牌(在相同的产品类别中引入新品牌)或新品牌(在新的产品类别中引入新品牌)。

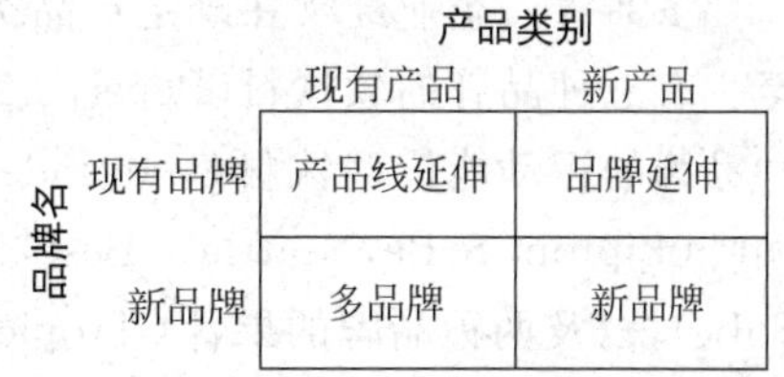

图8.6 品牌开发战略

产品线延伸 **产品线延伸**(line extension)就是企业将已有的品牌名延伸至已有产品种类新的形式、颜色、尺寸、原料、口味上。因此，Cheerios营养麦圈系列产品就包括蜂蜜坚果型、糖霜型、乳酪型、多粒型、香蕉坚果型以及其他种类。

企业可以将产品线延伸作为推出新产品的一种低成本、低风险的方法，来满足消费者多样化的需求，利用过剩的生产能力，或者仅仅是从分销商那里争得更多的货架空间。不过，产品线延伸也有风险。品牌名过度延伸，就会使其失去特定的内涵，也会让消费者混淆或者感到不知所措。例如，多力多滋薯片在美国演变成22种不同口味的薯片，在国外市场还有上十种。口味包罗万象，从墨西哥芝士酱、至尊比萨到牧场混合风格、欧芹酱等。北京金牌烤鸭口味和龙先生芥末火辣口味(日本)如何呢？虽然这条产品线有着将近50亿美元的全球销售额，原味的多力多滋玉米薯片似乎成了只是其中一种口味。增加一种新口味，是会从多力多滋自己的销售额中偷走一部分呢，还是会抢占竞争对手的？如果能够抢走竞争品牌的销售额，而不是与本企业的其他产品同室操戈，那么这样的产品线延伸战略无疑是最成功的。

品牌延伸 **品牌延伸**(brand extension)就是将已有的品牌名延伸至新产品类别中的新产品或者改进产品。比如，家乐氏就将自己原有的Special K谷类食品的品牌延伸至一个完整的食品系列，这个系列包括饼干、水果薯片、零食和营养棒、早餐奶昔、蛋白质饮用水，以及其他的健康营养产品。瑞士军刀将其品牌从最初的多功能刀具延伸至很多产品上，这些产品既包括餐具、圆珠笔，也包括手表、行李箱和服装。另外，宝洁将自己成功的家用清洁剂品牌 Mr. Clean 延伸至几个新的产品线上，比如清洁用垫（Magic Eraser）、浴室清洁工具（Magic Reach）和家庭清洁套装（Mr. Clean AutoDry）。宝洁甚至将 Mr. Clean 品牌用于汽车清洗系列的产品上。

品牌延伸使新产品能够迅速被人了解并识别，而且更快为人所接受。此外还能够节省建立一个新品牌所需的高额广告开支。品牌延伸战略同时也有其风险。延伸品牌可能会混淆主要品牌的形象。像下面这些品牌延伸，比如奇多（Cheetos，膨化食品品牌）唇膏、亨氏（Heinz）宠物食品、Life Savers（译者注：纳贝斯克公司著名的糖果品牌）口香糖都很早就夭折了。并且，品牌延伸一旦失败，就会损害消费者对同一品牌标定下其他产品的态度。此外，一个品牌也未必就适合某个特定的新产品，即使产品本身制造精良、令人满意——你会考虑乘坐猫头鹰（Hooters，连锁餐厅品牌）航空公司的飞机吗？你会考虑穿戴依云充水胸罩吗？因此，在将品牌名声和新产品做交换的时候，市场营销者必须调研产品是否符合品牌关联。

多品牌　企业经常在既定产品类别当中引入多种不同的品牌。比如，百事可乐公司至少有五种品牌的软饮料（Pepsi，Sierra Mist，Slice，Mountain Dew，Mug Root Beer ），四种品牌的运动能量型饮料（Gatorade，No Fear，Propel，AMP Energy ），五种品牌的茶和咖啡（Lipton，SoBe，Seattle's Best，Starbucks，Tazo），两种品牌的矿泉水（Aquafina 和 SoBe），以及两种品牌的果汁（Tropicana 和 Ocean Spray）。每个品牌都包括众多的子品牌。例如，SoBe 包括 SoBe Teas & Elixters，SoBe Lifewater，SoBe Lean，等等。

多品牌提供了一种新方式，这种方式能够针对不同的顾客需求建立不同的品牌特征，从而获得更多的经销商货架空间以及更大的市场份额。比如，百事公司的许多饮料品牌在市场上相互竞争，品牌合起来能比单一品牌占据更多的市场份额。相似地，在不同细分市场中定位多种品牌，百事的五种软饮料共同占据的市场份额要高于其中任何一个单独能占据的。

多品牌战略的一个主要缺陷在于每个品牌可能都只占有较小的市场份额，而每一个都不能够获得丰厚利润。公司最后可能因为把资源分散在过多的品牌上，却没有树立几个达到高盈利水平的品牌，从而被拖垮。这些公司应当减少某一个产品种类在售的品牌数量，并且建立更加严格的品牌筛选程序。最典型的例子就是通用公司，近年来通用大规模地减少产品组合中的品牌，比如奥斯莫比、庞蒂亚克、悍马、萨布等品牌。

新品牌　公司可能会认为现有品牌的力量正在衰弱而引入一个新品牌是必要的。或者当企业进入新的产品类别而公司现有的品牌却又都不合适的情况下，可以树立一个新品牌。比如，丰田公司专门制造 Scion 汽车，瞄准新千年一代的顾客。

就像采取多品牌策略一样，设立太多新品牌可能会导致公司将资源摊得太薄。在一些产业，比如包装消费品业，消费者和零售商已经对品牌过多而彼此之间鲜有差异的现状十分关注。于是，宝洁、百事、卡夫和其他巨型消费品营销商们正在追寻“大品牌”（megabrand）战略——清除那些较弱或增长较慢的品牌，将营销开支集中于其产品类别中能够占据第一位或第二位市场份额、具有较好增长前景的少数几个品牌。

8.4.3 品牌管理

公司必须小心地管理其品牌。首先，品牌的定位必须持续保持与顾客沟通。主要的品牌营销者经常花费大量时间做广告去引起消费者的注意以及顾客偏好和忠诚。例如，AT&T每年花费了超过20亿美元在它的品牌广告上。麦当劳和福特花费了将近十亿美元。全球来看，宝洁公司花费了惊人的110亿美元，为其众多品牌做广告。

这些广告可以帮助创造名称认可、品牌知晓甚至品牌偏好。但是，事实是一个强势品牌的建立并不是靠广告，而是靠品牌体验。今天，顾客通过广泛的联系和接触点来了解一个品牌。这些包括品牌广告，也包括顾客对该品牌的亲身体验、口头交流、公司网页以及很多其他的方式。公司必须小心地管理好这些接触点，就像它制作广告一样。一位品牌专家这样说道："管理每一个顾客的体验或许是建立品牌忠诚度最重要的因素，每一次印象深刻的互动必然会得到理想的结果，也必然能够增强品牌的价值。"一位迪士尼前高管非常赞同这种观点，并说道："品牌其实是一个充满活力的实体，它会随着时间的推移，不断地被一些行为所充实或者破坏。"

公司的品牌定位要想获得好的成果，必须让公司的员工也参与。因此，公司必须培训员工以顾客为中心。更进一步，公司可以进行内部品牌构造，以帮助员工们去理解品牌承诺并对其保持热情。有很多公司甚至培训和鼓励分销商和经销商为顾客提供优质服务。

最后，公司还必须经常审计其品牌的优势和劣势。它们必须问：我们的品牌是否真正能够传递对顾客有价值的利益？这个品牌是否很好地定位了？是否我们所有的消费者接触点都支持这个品牌定位？品牌经理是否知道该品牌对顾客的意义是什么？这个品牌是否能得到合适的、持续的支持？品牌审计可以发现需要进一步支持的品牌，或者需要放弃的品牌，也可以在顾客偏好变化或是出现新的竞争者时发现需要重新定位的品牌。

小结

产品不仅仅是一系列简单的有形属性的组合。提供给顾客的产品和服务都可以从三个层次来审视。核心产品是由消费者在购买产品时所寻求的解决问题的核心利益所构成。实体产品存在于核心产品的周围，包括质量水平、特色、设计、品牌名和包装。扩展产品就是实体产品再加上与之一起提供的各种服务和利益，比如担保、免费送货、安装和维护。

1. 定义产品以及主要的产品与服务类别。

如果采用广泛的定义，产品就是向市场提供的，用于引起注意、获取、使用或消费，以满足欲望或需要的任何东西。产品包括实物、服务、事件、人员、地点、组织、观念或者上述这些的组合。服务是由活动、利益或满足组成的用于出售的产品，它本质上是无形的，比如银行业务、酒店服务、税收筹划和家居维修。

根据使用产品和服务的用户的类型，可以将产品和服务分成两大类。消费品——由最终消费者购买的那些产品——通常又根据消费者的购买习惯进一步划分(便利品、选购品、特购品和非渴求品)。产业用品是购买后用来进一步加工或用于企业经营的产品，根据其成本和进入生产流程的方式可以继续划分(材料和部件、资本品、辅助品和服务)。其他可以营销的实体——比如组织、人员、地点和观念——也可以看作是产品。

2. 说明企业在确定单个产品和服务、产品线及产品组合的时候作出的各项决策。

单个产品决策包括产品属性、品牌管理、包装管理、标签管理和产品支持服务的决策。产品属性决策涉及企业提供的产品质量、特征、风格和设计。品牌管理决策包括选择品牌名、选择品牌持有方式和制定品牌战略。包装管理能够实现多重利益，比如保护、经济性、便利性和促销作用。包装管理经常包括标签的设计，让标签起到识别和介绍产品的作用，如果可能还要起到促销的作用。企业还提供产品支持服务，从而提高顾客满意度并抵御竞争对手。

大多数企业生产的是一条产品线而不是单一的一种产品。产品线就是在功能上、顾客购买需要上或者分销渠道上相关的一组产品。在制定产品线战略的时候，营销人员面对着不少艰难的决策。由某个企业提供给顾客的一整套产品线和产品项目就构成了产品组合。产品组合可以从四个维度进行描述：宽度、长度、深度和一致性。这些维度是制定企业产品战略的工具。

3. 阐述对服务营销造成影响的四方面特征以及服务所需要的其他营销条件。

服务有四方面特征，分别是无形性、不可分离性、易变性和易消失性。每一个特征都带来了问题并且提出了营销方面的要求。营销人员努力寻求途径来提高其服务的有形性，提高与服务不可分离的服务提供者的生产率，针对服务的易变性将服务质量标准化，并且针对服务的易消失性提高供给对需求变动的应变能力。

好的服务公司会同时关注顾客和员工。这些公司理解服务利润链，它将服务企业的利润与员工和顾客的满意度连接起来。服务营销战略不仅需要外部营销，也需要内部营销来激励员工，并且需要互动营销来在服务提供者之间培养服务传递技巧。为了成功，服务营销者必须创造差异化的竞争优势、提供高质量的服务以及找到改善服务生产率的办法。

4. 讨论品牌战略——在创建和管理品牌时公司所采取的决策。

一些分析师把品牌看作公司的一项持久资产。品牌不仅仅是名称和标识——它们包含产品和服务对顾客的每一项意义。品牌资产是一种积极的差异化结果，这种努力将使得品牌名影响到消费者选择产品或服务的决策。品牌资产高的品牌是非常有价值的资产。

在建设品牌时，公司需要进行品牌定位、品牌名选择、品牌持有和品牌开发的决策。最有效的品牌定位构建于强有力的顾客信仰和价值。品牌名选择是指基于对产品利益、目标市场和既定市场营销战略的仔细考虑而寻找最佳的品牌名。一个制造商可以有四种品牌所有权形式的选择：它可以采取制造商品牌(或全国性品牌)，把产品销售给使用自有品牌的经销商，以许可品牌经销产品，或者两个公司可以合力对一种产品使用联合品牌。公司在发展品牌时也有四个选择。它可以采取产品线延伸、品牌延伸、多品牌或新品牌。

公司必须小心地创建和管理它的品牌。品牌的定位必须持续地向顾客进行传递。广告可以起作用。但是，品牌不是由广告维系而是由品牌体验维系的。顾客通过广泛的接触和互动来认识品牌。公司必须像它设计广告那样仔细地管理顾客接触点。公司必须周期性地审查其品牌的优势和劣势。

问题讨论

1. 说出消费品的类型并解释，举出每个类型的例子。对每种产品类型，市场营销有何不同？

2. 试比较产业用品与消费品。

3. 试解释产品质量的重要性，并讨论营销人员如何利用产品质量创造顾客价值。

4. 什么是品牌？品牌如何既有助于买方又有助于卖方？

5. 什么是产品线？讨论营销者的各种产品线决策，并说出一个公司如何扩展它的产品线。

6. 描述营销人员在设计营销项目时必须考虑的服务的四个特征。并根据这些特征，讨论医生诊所和银行在提供服务时的区别之处。

批判性思维训练

试用五个例子说明服务的无形性。

营销技术：移动热点

你听说过几种移动 Wi-Fi 热点，但只有一个是真的移动，那就是你的汽车。汽车制造商奥迪、福特、日产和通用在为汽车配置 10 英寸的屏幕，并为其连接互联网。卡迪拉克最新的 XTS 配置了像 iPad 一样的触摸屏幕和声音控制，以便于你和朋友在脸书上保持沟通。政府担心网络的接入会增加事故发生率，因为它会使司机注意力分散。因此，政府希望网络只在停车的时候才可以使用。这样的指导方针也只是建议，然而，这却引发了汽车制造商想囊括顾客对汽车的所有要求。产业方辩驳称新的设备会比司机使用的手持电话更安全。汽车制造商说以后的汽车会设置更少的按钮，对司机和乘客来说很可能会更安全。

1. 描述与汽车相关的核心、实体和扩展产品层次。汽车 Wi-Fi 系统代表了什么层次？

2. 讨论汽车配置 Wi-Fi 接入互联网设备的利弊。互联网接入需要包括在汽车的性能中吗？

营销伦理：教学外包

你在高中或者大学的时候参加过在线课程吗？许多学生有过，而一些传统的实体大学正在探索外包教学给在线教育提供者这一无人涉足的领域。密苏里州立大学尝试通过佛罗里达州的波因特学院(一个非营利的记者培训组织)来提供新闻学课程。教学外包正在全国兴起，大部分都是由营利公司提供服务，比如 Academic Partnerships、StraighterLine 和 Smarthinking。这种合作关系为学校和教育搭档都提供了更大的盈利。

1. 大学提供了什么产品？讨论这些产品的层次以及由于科技的发展将会在未来的10～20 年如何变化。

2. 从学校和学生的角度出发，讨论教学外包对于课程甚至整个学位阶段的影响。科技应当被用于提供这类产品吗？

数字营销：什么是品牌价值？

什么是品牌价值？这不仅仅是关于钱的问题。一家领先的品牌估价公司 Interbrand 每年评选世界排名前 100 的品牌，考查其品牌力量和财务表现。近几年的顶尖世界品牌有可口可乐，在 2011 年的价值就到达 720 亿美元，接下来是 IBM、微软、谷歌、通用、麦当劳、英特尔、苹果以及迪士尼。除了财务数据，Interbrand 通过比较上述品牌和与之同类但没有品牌的产品的财务表现来衡量品牌的重要程度。非财务因素用于衡量品牌力量。品牌内部力量因素包括有关品牌的明确度、承诺度、保护度以及市场灵敏度。外部因素包括在消费者市场的权威性、相关性、差异性、一致性、市场势力以及品牌的理解度。

1. 在 www.interband.com 上获取排名前 100 的品牌。制作一个以国家为分类标准的品牌数量统计清单。哪一个国家有最多的排名前 100 品牌？其次是哪个国家？

2. 在 Interbrand 网站上点击“Best Global Brands”菜单并选择“Interactive Charts”。点击标有“Brands by Sector”列表下的某个领域。这个领域中，哪些是顶尖品牌？任选一个品牌分析其品牌价值随时间的变化。从可获得的数据中可以看出该品牌价值去年改变了多少？调研该品牌并且写一份报告说明这些年来品牌价值变化的原因。

公司案例

Mavi 牛仔裤：最合身的牛仔裤

在 1991 年由 Sait Akarlılar 创建后，Mavi 牛仔裤设计、销售一系列牛仔服和其他服饰。Mavi 牛仔裤在专卖店和百货商店均有销售，在 50 个国家有连锁，包括美国、德国、澳大利亚及俄罗斯。自 1991 年以来，Mavi 牛仔裤在众多主要城市运营了超过 280 家零售店。其中，六家是旗舰店，分别在纽约、温哥华和柏林。Mavi 服饰在全球有 4 000 家销售点，全球销售额在 2012 年达到了 3 亿美元，近些年每年增长大约 30%。

Mavi从1984年开始为一系列品牌比如Lee、Calvin Klein、Armani和Tommy Hilfiger生产自有品牌的牛仔裤。基于此经验，在土耳其语中意思是“蓝色”的Mavi因为其高质量的牛仔用料和时尚的设计迅速在土耳其走红。1994年，品牌被引入欧洲，1996年对其至关重要，因为土耳其和欧盟的关税同盟协议为其在欧洲国家发展开辟了新纪元。虽然关税协议加剧了土耳其的竞争，但是Mavi还是超过了Levi's，成为土耳其第一大品牌。同年，公司在伊斯坦布尔建立了欧洲最大的牛仔裤制造厂。

1996年，Mavi进入北美市场，人们并没有想到这是一个来自发展中国家的服装制造商。Mavi在高端零售商店中销售，比如布卢明代尔百货、诺德斯特龙公司，目标是有着时尚意识的顾客。此举十分有挑战性，毕竟牛仔裤在美国人的生活中就如可口可乐一般。年轻的土耳其人Sait Akarlılar明白Mavi一旦在美国取得成功，在其他市场发展就会容易许多。虽然Mavi服饰比其他主流品牌要贵些，但是其品质和价格还是吸引了大量的青少年和大学生。随着切尔西·克林顿及一些MTV主持人选择了该品牌，品牌获得了巨大的关注度。公司又在靠近纽约大学的纽约联合广场里开了一家旗舰店。

2001年，Mavi又作出了产业中的首举：它把菜单理念转移到了时尚上。顾客可以从悬挂在收银台后的菜单中选择，定制成套服饰组合。顾客可以选购已经搭配好的牛仔裤、衬衫和鞋子。虽然公司并没有公布有多少销售额源自这种菜单选择，但在土耳其仍采用这种做法。

正如1999年时的公司格言“我们一定会走远”所说，Mavi牛仔裤已经成为全球最知名品牌之一。在2006年，《时代》杂志风格与设计版面报道Mavi时说：“Mavi是全球最好的16个牛仔品牌之一。”依据社交网站上的点赞数，它在全球牛仔品牌中排名第八。不少社会名流都很喜欢Mavi。

不断保持品牌形象

一开始，Mavi十分强调“合身”，正如其口号“Mavi合身”。它的牛仔裤设计目标是舒适且能提供不同尺码。伊斯坦布尔的现代化工厂的目标是在生产中具有灵活度，以便迎合分散在各国的各种口味和不同身材的顾客。

Mavi牛仔裤不仅仅舒适，还很时尚：Mavi是定位于具有时尚感的年轻人的品牌。除了款式和牛仔质量，许多设计标识在穿上的那一刻就有所体现。独具风格的设计需要的不仅仅是布料本身，还需要附加的处理，这比布料本身的成本更高。Mavi成功利用低端产品保持价格的连续性，所以价格和质量的组合对目标消费者很具有吸引力。

该品牌的建立是基于牛仔裤文化和年轻顾客，强调地中海风格的时尚。公司把该品牌定位为异国风情、鼓舞人心、极具现代感和容易买到。基于地中海风格，Mavi在2005年将产品特色定为“恶魔之眼”。这是深蓝色眼睛形状的符号，被认为可以免于“恶魔之眼”。这些小挂件是希腊和土耳其的流行纪念品。地中海风格在一些商店的设计中也有所体现，比如纽约的旗舰店。

“Mavi合身”不仅仅指适合顾客的身材，还指其风格。这需要紧跟瞬息万变的青年文化。在目标市场的眼中保持新鲜度是一直以来的挑战。公司雇用了非常年轻且多元文化的设计团队，使其不仅与顾客保持同龄，还紧跟全球文化。此外，除了公司内部位于土耳其、美国、加拿大、澳大利亚及意大利的设计团队，公司还与来自各个国家的设计师和顾问合作。

Mavi 尝试在它的广告战略中也用此方法。Olivero Toscani 和 Emir Kusturica 参加了该公司最近一次的广告活动。Toscani 因 20 世纪八九十年代的贝纳通广告活动而闻名;Kusturica 是塞尔维亚电影制片人,两次获得戛纳电影节的金棕榈奖。Mavi 为不同市场选择了不同特点的名人做代言。例如,一位土耳其模特兼演员在土耳其肥皂剧极其流行的中东地区做代言。其他面孔包括巴西模特阿德里亚娜·利马,她在全球范围内代言 2012 年的秋冬系列。

管理高层认为需要不断旅游来获取世界流行的新趋势。创始人之子、公司经理 Ersin Akarlılar 曾说过他花费了 2/3 的时间在路上,以捕捉全球的新想法。Ersin 的姐姐 Elif 一次去里约热内卢的旅行开辟了品牌的拉丁风格产品线。

Mavi 也是一家活跃于公关和公益事业的企业。纽约的旗舰店有一家新兴艺术家美术馆,每两个月展播微电影。它还在土耳其发行了 *Maviology* 杂志,并资助 Mavi 杯员工篮球赛。此外,它还引进了自己的有机棉牛仔产品线,之前很少有企业这样做。

未来展望

已经在多个市场建立业务后,Mavi 致力于在加强现有市场位置和更进一步拓展之间取得平衡。公司预计在未来几年里要以每年 30% 的速度增长,并期望可以在 2016 年达到 5 亿美元的目标。品牌未来的首要任务是更进一步拓展女性产品线,使其更加丰富。

讨论题

1. 什么原因使 Mavi 牛仔裤获得成功?
2. 如何定义该公司的目标市场?目前的定位战略是什么?简单陈述 Mavi 公司的 4P 战略。
3. Mavi 的顾客实际上买的是什么?
4. 如何评价“菜单”法?
5. 你对保持 Mavi 的品牌形象和加强其与目标市场的联系有何建议?

第 9 章

新产品开发与产品生命周期策略

学习目的

- □ 解释公司如何寻找并开发新产品构思
- □ 列举并定义新产品开发程序,及管理这些程序的主要考虑
- □ 描述产品生命周期的各个阶段,及在产品生命周期中营销策略的变化
- □ 讨论另外两个产品问题:产品决策中的社会责任及产品和服务的国际营销

本章预览

在前面几章里,已经学习了营销人员怎样管理和开发产品和品牌。在这一章里,我们将讨论两个额外的产品主题:新产品开发和产品生命周期管理。对于企业来说,新产品就像新鲜血液。然而,新产品开发充满风险,并且许多新产品最终失败了。因此,9.1 节展示了发现和培育成功新产品的步骤。一旦引入了新产品,营销人员就希望产品的生命能够长久。在 9.2 节,我们将看到产品是如何度过生命周期每个阶段的,以及在每个阶段我们都会面临新的挑战,针对这些挑战我们需要不同的营销战略和战术。最后,决定新产品命运的还有额外两点要考虑:产品的社会责任以及产品和服务的国际营销。

首先看一看三星,它是世界领先的消费电子产品制造商和全球最具创新力的公司之一。在过去 20 年中,三星已经通过创造以客户为中心的创新文化实现自我的转型,并展现出无与伦比的新产品,其新产品具有大胆的设计、革新的技术、丰富生活的功能,让人惊叹。

三星:通过新产品创新丰富客户的生活

你或许熟悉三星的品牌。也许你拥有三星热门的 Galaxy 系列中的一款智能手机或三星系列 7Chronos 笔记本,或者你已经见过三星光彩夺目的新款超薄智能电视。你甚至

可能是在一个新的三星 Galaxy 平板电脑上读到本文。三星作为世界上最大的消费电子产品制造商，在几乎每个类别都会生产电子器件。从电视机和蓝光播放器、平板电脑和手机以及笔记本电脑和激光打印机到数码摄像机甚至全系列的家电，你很可能会发现你或你知道的人都拥有一款三星产品。

但不到 20 年前，三星并不为人所知，根本不是高科技企业。那时，三星是韩国的一个品牌，如果你负担不起世界上最令人垂涎的消费电子品牌——索尼，那么你可以从好市多连锁店的货架上购买三星作为替代品。然而，1993 年三星作出了一个决定。它决定逃离廉价的淘汰赛，并开始超越对手索尼。为了追赶电子巨头，三星首先必须改变其整个文化，从模仿到引领前沿。要超过索尼，三星决定首先要在创新上超越索尼。

三星的巨大转变开始于改革自上而下的公司体系。三星决心成为首屈一指的品牌和开创性的产品领导者。该公司聘请了一批刚毕业的年轻设计师和管理人员，他们设计出了大量新产品，不是普通、仿造的产品，而是针对高端用户的时尚、大胆和精美的产品。三星将它们称为“艺术生活作品”。每个新产品都必须通过“惊叹”测试：如果在市场上没有得到消费者惊叹的反应，它直接回到设计工作室。

不仅仅局限于尖端技术和时尚设计，三星把客户视为创新运动的核心。其主要创新目标是改善客户体验，并让其所做的一切真正改变人们的生活。

三星公司以客户为中心的创新产品，不到 10 年就超越了索尼。现在，三星的年收入为 1380 亿美元，是索尼收入的一倍多。在过去三年中，索尼的销售停滞不前，在不景气的经济环境中损失惨重，而三星的销售额和利润呈现两位数增长。据 Interbrand 介绍，三星现在是全球第 17 大品牌，超越了百事可乐、耐克和本田等超级品牌，是世界上发展最快的品牌之一。

而且除了其规模，三星现在已经实现了新产品“令人惊叹”的因素。例如，三星是最近的国际设计大奖(IDEA，设计界的奥斯卡颁奖典礼)的常客。三星联合微软获得了七个奖项，是第二名的两倍多。三星屡获殊荣的产品被认为是兼具时尚和功能性。

三星虽然取得了成功，但三星并没有停滞不前。无论消费电子产品的趋势如何，三星希望成为发现和发展的第一家公司。为此，三星去年耗费 410 亿美元的技术投资用于研发(R&D)、资本支出及新厂房和设备，是索尼、东芝、日立、夏普等竞争对手的两倍半以上。此外，三星的市场情报团队不断研究产品使用、购买行为和生活方式趋势，通过消费者洞察力和创新新方式来满足消费者的需求。

现在，随着消费者技术变得更加侧重于网络和移动端，三星与索尼之类公司的竞争逐渐减弱，而与苹果的竞争越来越强。与苹果相比，三星不仅仅保证了自己已有的位置。在移动设备领域，三星已经飙升到市场的头名。就在几年前，三星的目标是将智能手机的市场份额从 5%提高到 10%。但是，Galaxy 的成功将三星的全球份额提升到 20%，超越了苹果公司。

三星拥有的一项技术是苹果所没有的，那就是大屏幕。事实上，三星连续六年一直是电视销售的全球领跑者。它的新型智能电视不仅提供语音控制和人脸识别，还提供网络连接，使电视用户可以使用脸书和 Skype，并且可以观看在线内容。这些功能不仅对消费者有吸引力，而且对广告客户也是有吸引力的。三星希望将其产品的屏幕提升到 iPhone

或 iPad 尺寸的 25 倍。如果成功，三星将不仅会威胁到苹果，还会威胁到有线和卫星公司。

除了电视和移动设备，三星正在将其新产品创新应用到从家用电器到数字成像和笔记本电脑的各个领域。三星新研发的洗衣机将能源消耗降低 70%；具有多视角/多角度拍照技术的数码相机，使用户更容易捕捉生活的重要时刻；三星的 7 系列 Chronos 笔记本电脑的启动速度更快，性能更好，并且待机时间更长。三星的市场总监说："所有这些都是通过创新技术丰富客户生活的例子。"

20 年前，很少有人会预测，三星可能会从低成本的模仿制造商转变成生产时尚、高性能、优质产品的全球引领创新者。但是，通过致力于以客户为中心的新产品创新，这正是三星所做到的。"我们通过向消费者提供他们想要的东西赢得胜利，"三星美国分部消费电子总裁说，"也许甚至是他们不知道他们想要的功能。"

正如三星的故事所示，公司必须善于开发和管理新产品才能获利。每一种产品似乎都经历了一定的生命周期：产生，经历各个阶段，然后走向灭亡，与此同时另一种更能满足消费者需要的产品也会应运而生。

这种生命周期也带来了两种挑战：首先，产品的新陈代谢使得公司必须善于开发新产品以替代老化的产品(即新产品开发问题)；另外，在产品生命周期的各个阶段，公司必须根据变化的消费者口味、技术及竞争压力而相应调节它的营销策略(即产品生命周期问题)。我们首先来看一下新产品开发过程中的问题，然后再谈谈如何使产品成功地度过生命周期。

9.1 新产品开发策略

公司获得新产品的途径有两个：一是直接获取，如购买整家企业、专利或获取另一家产品的生产许可证等；另一个是通过**新产品开发**(new product development)，也就是靠公司自己的研究部门来开发新产品。我们所说的新产品，是公司通过自己的研究与开发所新发明的产品，改进或调整了的产品，以及新品牌产品。本章将主要研究新产品的开发问题。

新产品对于消费者和供应商都是相当重要的：它们为客户的生活带来了新的解决方案和多样化，是公司发展的关键。在当今瞬息万变的环境下，许多公司依赖新产品带来公司的大部分增长。例如，近年来新产品几乎完全改变了苹果。iPhone 和 iPad 的销售，在六年前占比十分微弱，而如今却占公司总收入的 72%。

然而，新产品开发可能会代价高昂并且风险很大。新产品一直有着很高的失败率。据估计，成熟公司引进的新产品中有 67%失败。对于新公司来说，失败率达到 90%。美国公司每年因失败的新产品而损失约 2 600 亿美元。

为什么这么多的新产品会失败呢？存在着很多原因。虽然新产品构思不错，但是对市场规模的估计过高；也可能实际产品的设计没有如预期的那样好；或者在市场上定位错误，定价过高，或没有开展有效的广告活动；也可能是高层经理无视不利的市场调研结果而强力推行他喜爱的产品构思；有的时候，也可能是因为产品的开发成本高于预算，或者竞争对手的激烈反击超出了事先估计。

这样公司就面临着一个两难的问题——它们必须开发新产品，但是新产品开发又面临着重重困难。解决这个问题的关键在于，公司必须了解消费者、市场、竞争对手，并开发带给消费者高附加值的新产品。

9.2 新产品开发流程

公司不应让新产品偶然发生，而是必须确定有力的新产品开发计划，并建立系统的、消费者导向的新产品开发流程。图 9.1 描述了新产品开发的八个阶段。

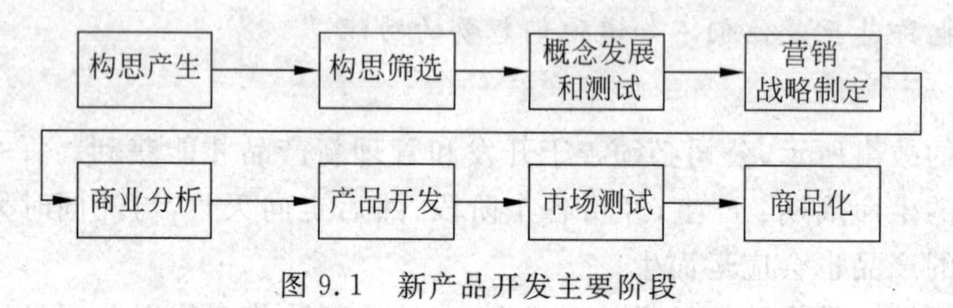

图 9.1 新产品开发主要阶段

9.2.1 构思产生

新产品开发始于**构思产生**(idea generation)，即系统地寻找新产品设计思想。一个公司要有成百上千个产品构思，以便从中挑出最好的。新产品构思的主要来源包括内部资源和外部资源，如顾客、竞争者、分销商和供应商，以及其他。

内部构思来源 通过使用内部来源，公司可以正规的研发产生新的产品构思。然而，一项调查显示，只有 33%的受访公司将传统研发评为创新思路的主要来源。相比之下，有 41%的公司将客户视为关键来源，其次是公司业务部门负责人(35%)、员工(33%)和销售人员(17%)。

因此，除了正常的研发产生新的产品构思，公司还可以撷取高层管理人员、科学家、工程师、生产人员以及销售人员的智慧。许多公司都建立了创新精神的企业文化，以鼓励员工寻找改进公司生产流程、产品或服务的新构思。例如，推特举办一年一度的"黑客周：让我们共同闯关"活动，在全公司上下进行实验，从而推动内部创新。

在黑客周期间，大量的推特员工从日常工作中解放出来，互相协作看看他们可以开发出什么样的新东西。一位员工说："一周没有开会，而且几乎没有规则。去吧，黑客周！"在最近的黑客周里，大约有 100 个团队从事开发新推特产品和功能的项目，以改善推特用户体验。"有些项目是技术性和战略性的，有些只是简单有趣，让人们有机会展现自己的创造力。"在黑客周中涌现的一些想法将会成功推向市场，而一些可能只能够停留在构想阶段。推特说："我们迫不及待地想找出这些想法，但是我们知道的一件事情是：我们将拥有一系列令人敬畏的新产品、功能和创意。"

外部构思来源 公司也可以通过一些外部来源获取新产品构思。例如，分销商和供应商也可以提供很好的新产品构思。中间商离市场更近一些，它们能够了解消费者的问题及对新产品的需要；供应商能够告诉公司可用于开发新产品的新概念、技术或材料。

竞争者也是一种很好的新产品构思来源。公司可以关注竞争者的广告以了解它们的新产品；也可以买进竞争者的产品，把它们拆开检查，并分析其销售状况，然后考虑是否要开发同样的新产品。最后，其他的构思来源还包括：商业杂志、展览、网站、研讨会，政府机构，新产品咨询人士，广告公司，市场调查公司，大学或商业实验室，以及发明家等。

或许好的新产品构思来自观察和聆听顾客的需求。公司可以通过分析顾客的问题和抱怨来开发出新产品以解决问题。公司的技术人员或销售人员可以与顾客接触，并与他们一起工作以获得新的思想和构思。公司也可以进行问卷调查或深度访谈以了解顾客的欲望和需求。例如，总部位于丹麦的乐高集团(LEGO Group)，其经典的乐高塑料玩具已经超过60年是全世界最畅销的商品之一，一直系统地利用用户来获取新产品创意：

> 在乐高CUUSOO网站上，乐高邀请用户提交对乐高产品的新想法，并为其他用户的想法投票。获最多支持的想法在内部进行审查，有机会投入生产。提供该想法的消费者将获得该产品总销售额的1%。到目前为止，CUUSOO的努力已经产生了几十个构思和三个新产品。最新推出的乐高"Minecraft Micro World"可以用乐高积木重现最近流行的视频游戏"Minecraft"。在Minecraft游戏2 000多万注册用户的支持下，这个新想法在不到48小时的时间里就达到了CUUSOO要求的1万名投票人数。
>
> 在更广泛的层面上，在开发新产品创意的过程中，乐高积极与AFOL(乐高成人迷)社区联系。这个社区提供了一份忠诚用户的名册，乐高甚至还会邀请一部分用户直接参与到创意构思的过程中。例如，它邀请了250名乐高火车爱好者到纽约参观新设计。结果，乐高圣达菲超级总裁套装在不到两周的时间内售出了1万件，而且是在几乎没有其他营销活动的情况下。因此，倾听消费者具有很好的商业意义。"如果我们的粉丝能告诉我们对什么东西有需求，那我们为什么不考虑呢?"乐高资深产品开发主管说道，"如果我们能够采用这些想法并获利，那么这将显示我们倾听消费者的价值所在。"

众包　越来越多的公司正在采用众包或开放创新的方式进行新产品构思。**众包**(crowdsourcing)完全敞开了创新的大门，邀请客户、员工、独立的科学家和研究人员，甚至广泛的公众团体都参与到新产品的创新过程中。挖掘公司内外的广泛资源，可以产生意想不到的、有力的新观念。例如，宝洁并不是仅靠自己的研发实验室支持所有的新产品创新，而是开发了"Connect＋Develop"众包流程。通过"Connect＋Develop"，公司发现企业家、科学家、工程师和其他研究人员甚至消费者自身的创新潜力，这将有助于实现其改善消费者生活的目标(见营销实例9.1)。

营销实例9.1

众包：宝洁的"Connect＋Develop"

宝洁在全球销售约300个品牌，年收入近840亿美元。按照粗略估计，宝洁品牌每天触及全球44亿人的生活。宝洁公司成立175年以来，为行业突破性创新和新产品开发奠定了标准。宝洁的汰渍洗涤剂在20世纪40年代末期推出，是第一款用于自动洗衣机的合成洗衣粉；帮宝适是第一款成功的一次性尿布；佳洁士是第一款氟化物牙膏，可以防止蛀牙，而佳洁士 Whitestrips 彻底改变了家用的牙齿美白产品；Febreze 是第一个做到消除异味的产品，而不是简单地覆盖异味；宝洁的玉兰油 ProX 产品可以有效地减少皱纹的出现，同时也抗衰老。这样的突破性创新是宝洁始终保持不可思议增长速度的关键因素。

一直到现在，公司的大部分创新都来自宝洁公司自己的研发实验室。宝洁每年在研发方面投入20亿美元，比最大的竞争对手多出50%，超过绝大多数其他竞争对手。宝洁在全球26个机构中拥有8 000多名研发人员，包括一些世界上最好的研究人才。但即使有了这么大的投资，宝洁自己的研究实验室也根本无法提供满足公司增长所需的创新数量。

大约10年前，宝洁公司就改革了其研究过程。它从依托自己实验室的内部研发模式，转变为邀请外部合作伙伴帮助开发新产品和技术的开放创新模式。

宝洁不想替换掉8 000位研究人员，而是想要更好地利用他们。该公司意识到，今天的很多重要创新都发生在世界各地的创业公司、大学和政府实验室。此外，由于互联网，世界人才市场日益密切联系。宝洁需要从旧的"只能在研究室里进行创新"的文化转变为包容其他创新来源的文化。宝洁的创新和知识副总裁说："我们需要改变如何界定和认识我们的研发机构，从内部的8 000人到外面的8 000+，这些传统的边界是可以被打破的。"

考虑到这一目标，宝洁推出了"Connect+Develop"众包计划，从世界各地的外部来源发掘有潜力的创新想法。"Connect+Develop"网站邀请企业家、科学家、工程师和其他研究人员，甚至消费者自己提出关于新技术、产品设计、包装、营销模式、研究方法、工程或推广的新想法，或者任何有潜力创造更好产品和服务的东西，这将有助于宝洁实现"在世界更多地区改善更多消费者生活"的目标。在网站上，宝洁还提供了一个清单，为已经确定的创新需求寻求解决方案。"如果把我们选作合作伙伴，我们将为您提供更多，"宝洁在"Connect+Develop"网站上说，"相信我们可以一起创造出比以往任何时候都更多的价值。"

"Connect+Develop"于2001年推出，其目标是通过外部协作提供宝洁50%的创新，而它远远超过了这一目标。如今，宝洁公司与真正的全球创新网络合作，超过50%的创新涉及外部合作伙伴。到目前为止，"Connect+Develop"已经达成了1 000多项活动协议，通过其推出的成功新产品包括 Olay Regenerist、Swiffer Dusters、Tide Total Care、Clairol Perfect 10、Oral B 脉冲声波牙刷、CoverGirl 眼镜、Febreze 蜡烛和 Clean 先生魔术清洁擦。

有了"Connect+Develop"，创新的思想和技术来自四面八方，节省了宝洁的时间和金钱。例如，宝洁公司的新一代价值20亿美元的品牌 Olay Regenerist 的想法来自一家法国小型公司。Oral B 脉冲声波牙刷来自与日本公司的合作，在第一次会议后不到一年的时间，这款产品就出现在市场上。

"Connect＋Develop"也是Febreze蜡烛背后理念的源泉，在中和宠物气味、烹饪气味或其他不必要的家庭气味的同时发出温暖的光芒和令人愉悦的气味。宝洁与外部的一家蜡烛公司合作开发提供了Febreze。反过来，Febreze蜡烛导致整个Febreze Home系列的开发，包括了一系列的装饰蜡烛、空气清新器和无焰无味照明器，这些共同使得Febreze成为宝洁最新的十亿美元品牌之一。

同样，宝洁公司受欢迎的魔术清洁擦像橡皮擦一样能够消除顽固的污垢，包括难以清洗的擦痕和蜡笔痕迹。这个新产品始于一家独立的技术企业在日本大阪市场发现了一种去污海绵，并通过"Connect＋Develop"提醒宝洁这一项发现。该产品的独特成分是由德国化学公司巴斯夫制造的包装泡沫，该公司已经成为宝洁重要的供应商。

"Connect＋Develop"众包计划为宝洁带来了巨大的收益。宝洁的首席技术官布鲁斯·布朗说："'Connect＋Develop'打开了外部协作的思路，它将我们的文化从'发明于此'改为'以更大的价值进行合作'。"该计划的结果是，宝洁的研发生产力提高了60%，其创新成功率已经翻了一番，而创新成本下降。宝洁公司首席执行官鲍勃·麦克唐纳说："'Connect＋Develop'已经创造出一种开放式创新文化，产生了可持续增长，但是我们知道我们可以做更多的事情。我们想要与世界上最具头脑的人一起，在更多的地区创造出能更好地触及和改善更多消费者生活的理念。"

公司可以使用InnoCentive、TopCoder、Hypios和Jovoto等第三方众包网络，而不是创建和管理自己的众包平台。例如，脸书、PayPal、ESPN、NASA和Salk Institute等组织都用过TopCoder网站进行众包，这个网站拥有近40万名数学家、工程师、软件开发人员和设计师，而所需的花费从100到10万美元不等。PayPal最近向TopCoder社区发出了一个挑战，要求开发一个创新的Android或iPhone应用程序，以成功并安全地运行其结账过程，每个赢家将获得5 000美元。经过四周的比赛和两周的审查，PayPal有了解决办法。Android应用程序的获胜者来自美国，iPhone应用程序的获胜者来自哥伦比亚。

众包可以引发创新思想的洪流。事实上，面向公众开放创新的闸门能够为公司创造各种新奇的想法——当然有些想法是好的，有些是坏的。例如，思科公司发起了一个开放式创新活动，设立I-Prize来征求来自公司外部的创新想法。它收到来自156个国家2 900多名参与者的超过820种创新想法。"评估过程比我们所料想的辛苦得多，"思科公司的首席技术官说，"它需要时间、精力、耐心和想象力的巨大投入，才能成功发现隐藏在粗糙石头下面的珍稀宝藏。"最后，6名思科人组建成一个临时团队历经3个月的全职工作，挑选出了32个候选方案参加半决赛，并挑选了代表6个洲14个国家的9支队伍参加了决赛。

真正创新的企业不会只依靠一个或几个来源实现新产品的创新，真正创新的公司会创建一个广泛的网络，从各种可能的来源捕捉创意构思，包括公司各个阶层的员工、广大的消费者，还有其他的大众群体等。

9.2.2 构思筛选

产生构思的目的是形成大量的构思。其后各阶段的任务在于逐步削减数量。在削减过程中,首先要做的是**构思筛选**(idea screening),即尽可能去掉不好的构思而留住好的构思。这是因为在以后的产品开发过程中,成本会上升很快,而公司只希望进一步开发能盈利的产品。

大多数公司要求用标准的表格形式来描述新产品构思,以便于新产品委员会审核。表格中应说明产品构思、目标市场、竞争状况。它包括对市场规模、产品价格、开发时间和开发成本、制造成本以及收益率的大致估计。然后新产品委员会根据一整套标准审核每一个新产品构思。

一位营销专家提出了 R-W-W ("real, win, worth doing")新产品构思筛选构架,它包括三个问题:第一,这个产品实际可行吗?市场真正需要吗?消费者会愿意购买吗?是否有清晰的产品概念?能满足市场需求吗?第二,我们推出这一新产品能取得成功吗?是否具有相适应的竞争优势?最后,这一产品值得开发吗?新产品是否适合公司总体增长战略?是否能带来足够的潜在利润?在开发新产品之前公司必须对这些问题给予肯定的回答。

9.2.3 概念发展和测试

有吸引力的产品构思需要发展成可测试的**产品概念**(product concept)。这里我们应该区分产品构思、产品概念和产品形象。产品构思是公司希望提供给市场的一个可能产品的设想,产品概念是用有意义的消费者术语表达的详尽描述的构思,产品形象是消费者从实际产品或潜在产品中得到的特定形象。

概念发展 设想一家汽车制造商推出了一款电池电动汽车。它的原型是可折篷的运动赛车,售价远超 10 万美元。该公司计划在不远的未来推出一款更加实惠的、面向大众的、可以与今日的混合动力车相匹敌的电动汽车。这一全电动汽车能够在 5.6 秒内加速至时速 60 英里,一次充电能行驶 300 英里以上的路程,45 分钟之内能够完成 120V 电压下的二次充电,平均每英里只花费一便士。

现在,公司的任务是要把这个新产品构思转化为几种产品概念,找出各个概述对消费者到底有多大的吸引力,并选择最好的那一个。对于这一新型电动汽车,可能有如下几个产品概念:

概念 1:为那些想购买第二辆车在城镇周边使用的家庭而设计的微型轿车,价格合理,适于走亲访友或出去办事。

概念 2:中等价格的小型运动汽车,适于年轻的单身人士或夫妇。

概念 3:经济型"绿色"汽车,适于那些关心环境的人,他们需要实用的交通工具,同时要求它低污染。

概念 4:一种高端的运动型多功能车,对那些希望有更大空间和更少油耗的消费者有吸引力。

概念测试 **概念测试**(concept testing)是与合适的目标消费者小组一起测试这些产

品概念,概念可以用符号或实物形式来表示。比如说,概念3用文字表述如下:

这种高效的电池电动汽车可以容纳4人,富于驾驶乐趣。该汽车100%使用电力,不愧为一个无污染的实用交通工具。它一次充电可以行驶300英里,成本每英里才几便士。这是一个明智的、负责任的替代当今高油耗的"油老虎"的选择。价格在2.5万美元左右。

许多公司经常在新产品的概念变为实际的新产品之前对消费者进行测试。对一些概念测试,使用文字或图画就足够了,但是如果有实实在在的实物展示可能会增加测试的准确性。现在,市场营销人员正努力寻找一些方法,使得产品概念更易于展示。在概念展示出来以后,消费者需要回答一系列问题(见表9.1)。

表9.1　电池电动汽车概念测试问题

1. 您了解电池电动汽车概念吗?
2. 您相信关于该汽车性能的说法吗?
3. 与普通汽车相比,全电动汽车的优点是什么?
4. 与燃料电动混合汽车相比,其优势在哪里?
5. 您认为该车在哪些方面还需要改进?
6. 如果您选择电池电动汽车而不是传统汽车,会用在什么用途上?
7. 该汽车的合理价格是多少?
8. 谁会影响您对该车的购买决策?谁来开它?
9. 您会买这种车吗?(肯定买、可能买、可能不会、肯定不会)

结果将有助于公司确定哪种概念对消费者更有吸引力。例如,最后一个问题是问消费者购买的可能性,如果2%的消费者说肯定会买,5%的消费者说可能会买,公司就可以利用这一数据来估计整个目标市场的销售量。即便如此,公司的估计也往往不确定,因为人们时常不是说要做什么就做什么的。

9.2.4　营销战略制定

如果汽车制造商发现其电池电动汽车的概念3是测试中最好的,那么下一步它就要进行**营销战略制定**(marketing strategy development),设计把该汽车推向市场的一个初步的营销计划。

市场营销战略计划包括三个部分。第一个部分描述目标市场、计划产品定位、销售量、市场份额以及开始几年的利润目标。因此:

电池电动汽车的目标市场是属于年青一代,受过良好的教育,有着中上等收入的个人、情侣或是小家庭,他们希望自己的交通工具实用且环保。该车定位为富有驾驶乐趣,与一般的燃油汽车或混合动力汽车相比污染较小。公司第一年的目标是卖掉5万辆,亏损不超过1 500万美元;第二年的目标是卖掉9万辆,计划获利2 500万美元。

市场营销战略计划的第二部分将描述产品在第一年的计划价格、分销策略和营销预算：

电池电动汽车将有三种颜色——红色、白色和蓝色，并且可选择全套配件。零售价格2.5万美元，其中的15%要给经销商。经销商如果能够在当月销售10辆以上，每辆还能得到5%的折扣。广告预算5 000万美元，一半用于全国，另一半用于当地。广告将强调该汽车的驾驶乐趣和低排放概念。第一年将用10万美元进行市场调研，以研究什么样的消费者会购买汽车，以及他们的满意度。

市场营销战略计划的第三部分将描述预计的长期销售量和利润目标，以及营销组合策略：

公司计划最终获得3%的轿车市场份额，并实现15%的税后投资收益率。为了达到这一目标，一开始就要生产高质量的产品，并通过技术改进来进一步提高。如果竞争允许的话，价格可以在第二三年提高。广告总预算每年增加10%，第一年以后，市场营销调研的费用将减为每年6万美元。

9.2.5 商业分析

管理部门在发展了产品概念和市场营销战略之后，就可以评价其商业吸引力。**商业分析**(business analysis)包括审查销售量、成本和利润计划，以确定它们是否符合公司的目标。如果分析通过，那么产品概念就能进入产品开发阶段。

为了估计销售量，公司需要察看过去同类产品的销售记录，并且还要调查市场意见。公司必须估计最大销售额和最小销售额，以确定风险范围。完成销售预测后，公司就可以估计产品的期望成本和利润，包括营销、研发、制造、会计和财务成本。然后，公司用销售和成本数据来分析新产品的财务吸引力。

9.2.6 产品开发

到目前为止，产品概念只是一段语言描述、一张图样或一个粗糙的模型。如果通过了商业测试，将进入**产品开发**(product development)阶段。在此，研发部门或工程部门可以把产品概念转化为实体产品。然而，产品开发阶段需要大量的投资。这将决定着产品构思能否转化为技术上和商业上可行的产品。

研发部门将开发并测试产品概念的一种或几种实体形式。研发部门希望能够设计出既在预计成本里生产出来，又满足消费者需求的样品。开发一个成功的样品可能花费数日、数周、数月甚至数年。

通常情况下，样品需要经过严格的测试以确保能够安全而有效地执行其功能。公司可以自己来执行产品概念测试，或者是外包给专门的测试公司来完成测试。

营销者通常会选择真实的顾客来进行产品测试。例如，New Balance的测试计划在整个产品开发过程中与消费者进行交流，以在现实生活条件下测试新鞋的设计。消费者测试人员参加New Balance测试学校，了解如何分析他们所分配的样鞋的大小、功能和耐用性。在8周的测试期内，他们登录到他们的测试账户，完成在线调查和反馈表格，记录他们测试产品的体验。公司说："我们相信，让我们的产品线经过严格的现场测试，才能确保我们所有的产品都能在最佳状态下运行。"

样品不仅要有符合要求的多功能特性,而且要传达心理方面的内容。例如,电动汽车应该使消费者感到质量好、舒适且安全。管理者应该了解什么因素会使消费者认为汽车造得好。对有些消费者来说,这意味着关车门时沉稳可靠的声音,而对有些消费者来说,这意味着在试验中能够挺得住撞击。有时也要进行消费者测试,通过试驾来评价汽车的性能。

9.2.7　市场测试

如果产品通过了功能测试和消费者测试,接下来就要进行**市场测试**(test marketing)。在这个阶段,产品和营销计划同时进入更为真实的市场环境中进行测试。在大规模投入生产之前,市场测试可以使营销人员提前了解营销时会出现的具体情况,以重新检验产品和营销计划,包括定位策略、广告策略、分销策略、定价策略、品牌策略、包装策略和预算水平。

不同产品进行的市场测试不同。市场测试可能会需要很高的投资,而时间太长也容易使竞争对手占便宜。当开发和推出产品的费用较低时,或者管理部门对新产品很了解,公司只需少量的市场测试或根本不进行市场测试。事实上,消费品公司的市场测试近几年呈下降趋势。对于属于产品线延伸的产品或者模仿竞争对手的产品,公司一般不进行市场测试。

但是,如果公司即将推出的新产品要投入大量的资金,或是管理部门对产品或营销计划没有十分把握,公司应该做一些市场测试工作。例如,星巴克 VIA 速溶咖啡是公司最大、风险最高的产品之一。该公司花了 20 年的时间研发咖啡,并在芝加哥和西雅图的星巴克门店进行了几个月的测试,然后才在全美国范围内推出该产品。在 2009 年的春夏两季,两个测试市场的星巴克顾客都获得了价格低至每杯 1.00 美元的咖啡以及 VIA 的优惠券和免费样品。此外,芝加哥举行了一个口味挑战赛来帮助鼓励消费者试喝。两个城市的 VIA 表现都超出预期,推广工作也在全国展开。去年,新品牌的销售额超过了 2.5 亿美元,星巴克希望将其打造成一个价值数十亿美元的品牌。首席执行官霍华德·舒尔茨说:"我们花了很多时间,因为我们知道,如果我们做得不对,它会对公司造成不良影响。"

现在许多公司已经转向使用控制市场测试和模拟市场测试方法来替代广泛使用的标准市场测试。典型的控制市场测试有 Information Resource Inc.(IRI)公司的 Behavior Scan 系统,新产品在一组受控的商店进行测试。关于各个消费者购买行为的详细扫描信息由一台中央计算机记录下来,并且与消费者的个人状况及电视观看情况一并汇总。这样,Behavior Scan 系统就可以提供各商店每周关于被测试产品的销售报告。研究人员使用模拟市场测试来衡量消费者对测试商店或模拟在线购物环境中新产品和营销策略的反应。控制市场测试和模拟市场测试都减少了测试成本,并加快了测试进程。

9.2.8　商品化

市场测试大体上为管理部门提供了足够的信息,以便最后决定是否推出新产品。如果公司决定将该产品**商品化**(commercialization),它将面临到目前为止最大的成本开支。公司将必须建造或租赁全面的生产设施。如果是包装消费品,公司第一年可能还要花费1000万到2亿美元的广告、促销及其他营销费用。例如,麦当劳公司在美国推出其McCafé咖啡时花费了1亿美元在电视、广播、户外、互联网、大型活动现场做广告,并利用公共关系推广。同样,诺基亚斥资1亿美元在竞争激烈的美国移动市场上推出Ace智能手机。

公司要推出新产品,首先要确定时机。如果汽车制造商新推出的电池电动汽车会影响该公司其他汽车的销售,推出计划就可能会延迟一段时间;如果电动汽车能够进一步改进,或者当时经济情况不好,公司也可能在下一年度再推出。但是,如果竞争对手准备推出电池电动车型,该公司可能会尽早推出其汽车。

然后,公司需要确定在什么地方推出新产品:一个城市、一个地区、全国市场还是国际市场。一些公司可能会迅速将新产品引入整个国际市场。拥有国际分销系统的公司可以在全球滚动推出新产品。通用汽车在全球范围内推出了全新车型Malibu,该车将在六个洲的100个国家销售。全球的Malibu发布活动得到在脸书和各种移动媒体上播放的高清视频的支持,并与上海和纽约的大型车展同步。汽车的设计师和营销人员通过网络直播解答推特或脸书页面上消费者的提问。

9.3 管理新产品开发

许多公司有步骤地进行新产品开发,从构思产生到产品商业化,按照图9.1逐步完成。然而,新产品开发所涉及的不仅仅是经历一系列步骤。公司必须采取全面的方法来管理这个过程。成功的新产品开发过程需要以客户为中心、以团队为基础的系统努力。

9.3.1 以客户为中心的新产品开发

新产品开发必须以客户为中心,这一点是最为重要的。当寻找和开发新产品时,企业往往过分依赖研发实验室里的技术研究。同市场营销中的其他事物一样,新产品的成功开发始于透彻了解消费者需要什么。以客户为中心的新产品开发,着重于寻找新的办法来解决顾客的问题,并创造更多的令顾客满意的体验。

一项研究发现,最成功的新产品往往实现了差异化,能帮客户解决重大问题,或者提供令人信服的顾客价值方案。另一项研究表明,客户直接参与新产品创新过程的公司,其资产收益率是未参与公司的两倍,经营收入增长率则达到后者三倍。因此,顾客参与对新产品开发过程和产品推广的成功有积极的作用。

例如,尽管包装消费品行业新产品的成功率只有15%～20%,宝洁公司的成功率却在50%以上。根据宝洁前任CEO雷富礼(A. G. Lafley)透露,成功的最重要因素是了解消费者需要什么。雷富礼指出在过去,宝洁试图将新产品直接推给消费者,而不是先了解他们的需求。但现在,宝洁公司采用的研究过程是“用心感受”,在这一研究过程中,研究人员花几天的时间同消费者住在一起,直接根据消费者的需求创造产品理念。在商店里宝洁的员工也打出了类似的旗号,他们称之为“用心工作”。世界上没有其他公司比宝洁更多地投资于消费者研究，公司每年与100个国家的500多万客户进行互动，每年进行2万多次调查研究，每年投资超过4亿美元用于"了解消费者"。雷富礼说："我们想方设法让消费者处于我们所有决策的中心，因此，我们不会与他们的需求相去甚远。"

因此，今天的创新型企业正在走出研究实验室，与客户打成一片以寻找新的客户需求。以客户为中心的新产品开发始于对客户的理解，并将客户纳入其中。

9.3.2 以团队为基础的新产品开发

成功的新产品开发还需要公司作为一个团队共同努力。许多公司有步骤地进行新产品开发，从构思产生到产品商业化，按照图9.1逐步完成。在这种顺序产品开发(sequential product development)过程中，一个部门单独完成自己的工作，然后转入下一个部门。这种有序地逐步完成的开发过程有助于控制复杂和有风险的项目，但是缓慢的速度会带来危险。在竞争激烈、迅速变化的市场中，这种缓慢而又稳健的产品开发可能会导致产品失败、销售和利润降低或者市场份额丧失。

为了更早地推出新产品，许多公司开始采用一种团队导向的新产品开发方法。在这种方法下，相关部门的人员一起工作，产品开发交替进行，以节省工作时间并提高效率。产品不像以往从一个部门传到下一个部门，而是从各个部门抽调人员组成团队，从产品开发到结束，共同工作。这些团队成员通常来自营销、财务、研发、生产、法务等部门，甚至来自供应商或客户公司。在顺序开发过程中，瓶颈阶段很可能会严重减慢开发过程。而在并行开发过程中，如果一个地方受阻，解决问题的同时整个团队也在前进。

但是团队开发也有它的局限性。快速的产品开发与慢而有序的顺序开发相比，风险更大，成本更高，并且还会给企业制造压力和混乱。同时，企业必须保证推出产品的质量。团队开发的目的不仅仅是快速地推出产品，而是要快速地推出高质量的产品。尽管存在诸多缺陷，在瞬息万变的行业中，面对日益缩短的产品生命周期，快速灵活的产品开发所带来的好处远远超过了它的风险。获得新产品的企业可以比竞争者更快进入市场，从而取得巨大的竞争优势。

9.3.3 系统新产品开发

最后，新产品开发过程应该是整体性和系统性的，而不是条块分割和杂乱无章的。否则，很难会有新的想法出现，也会有很多好的想法将破裂。为了避免这些问题，公司可以设置一个创新管理系统，用来收集、审查、评估和管理新产品创意。

公司可以任命一位资深人士为公司的创新经理。它可以建立基于网络软件的管理理念，并鼓励公司所有利益相关者——员工、供应商、分销商、经销商共同参与和开发新产品。它可以指派一个跨职能的管理创新委员会评估提出的新产品理念，并将好的思想引入市场。它可以创建识别程序，以奖励那些贡献最佳想法的人。

创新管理体系产生了两个有利的结果。首先，它有助于创造创新型的企业文化。这表明，高层管理人员支持、鼓励和奖励创新。其次，它会产生大量的新产品创意，其中有一些特别好的。良好的创新思路经过更加系统的开发，会生产出更多成功的新产品。好点子再也不会因为缺乏响应和支持而凋零。

因此，新产品开发的成功并不只是想出一些好的点子，把它们变成产品，为它们寻找顾客。它需要一种系统的方法去创造有价值的顾客体验，从产生和筛选新产品创意到为顾客制造出满意的产品。

不仅如此，成功的新产品开发需要整个公司的承诺。一些新产品开发能力突出的公司，例如谷歌、苹果、3M、宝洁、GE 等，整个公司文化都在鼓励、支持和奖励创新。我们来看看谷歌：

谷歌可谓非常创新。在许多公司，新产品开发是一个谨慎的、一步一步的事情。相比之下，谷歌的新产品开发正在快速发展。其著名的混沌创新过程已经释放出看似无止境的各种产品，从电子邮件服务(Gmail)、博客搜索引擎(谷歌博客搜索)和照片共享服务(谷歌 Picasa)到通用移动电话应用平台(谷歌 Android)、云端的 Web 浏览器(Chrome)、地图项目和探索世界的项目(谷歌地图和谷歌地球)，甚至是流感爆发早期预警系统(FluTrends)。把这些结合在一起的是公司对帮助人们寻找和使用信息的热情。

创新是每个谷歌员工的责任。谷歌鼓励工程师花 20%的时间来开发他们自己的“酷和古怪”的新产品创意。公司经常问应聘者，如果他们为谷歌工作，他们将如何改变这个世界。谷歌公司的运作方式就是——我们真的想知道你们的想法。同时，谷歌的创新不仅仅是一个过程，而是公司 DNA 的一部分。“空气中都有创新的气息，是这个地方的精神所在。”

9.3.4 动荡时代的新产品开发

当面临经济危机时，或当公司面临财务困难时，管理者通常会被迫减少新产品开发上的支出。然而，这种做法是不明智的。通过削减新产品支出，该公司可能会在衰退期间或之后降低自身竞争力。事实上，在艰难的时期反而应该投入更多的新产品开发资金，以使公司更好地适应市场与消费者不断变化的需求。在困难的时期，创新能帮助公司增强竞争力和做好未来发展的定位。

苹果、谷歌、三星和亚马逊等公司在经济低迷时期仍然保持着创新。例如，苹果公司在十年前面临困境的时期却创造了它的重磅产品——iPod、iPhone 和 iTunes。这些创新不仅拯救了公司，而且推进了今天的创新。因此，如果公司想要发展和繁荣，无论处在顺境还是逆境中，都必须不断创新和开发新产品。

9.4 产品生命周期策略

管理层在推出新产品之后，总是希望产品能够经历一个较长而且顺利的生命周期，即便不指望它永久待在市场上，还是期望能够补偿开发产品所付出的努力及经历的风险，并获得一定的利润。管理层也知道产品有一个生命周期的问题，只是不能预测这个周期的确切情况。

图 9.2 为一个典型的**产品生命周期**(product life cycle，PLC)曲线，包括在整个周期

内产品的销售和利润情况。产品生命周期大致可以分为五个阶段:

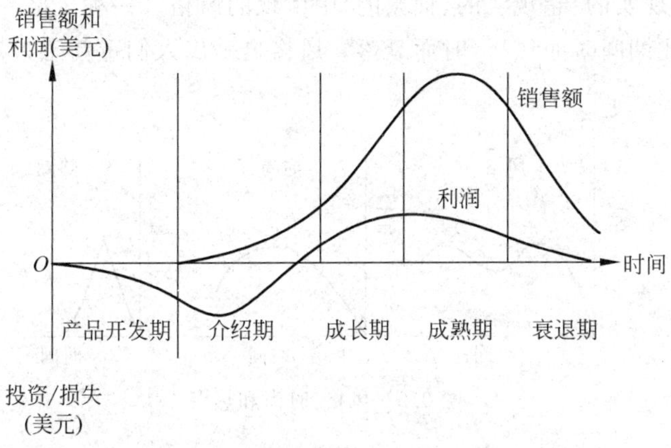

图9.2 产品生命周期过程中的销售额和利润

1. 开发期:开发期是指公司找到新产品构思并进行开发的时期。在这一阶段,销售收入为零,并且要投入大量资金。

2. 介绍期:介绍期又称引入期,指产品引入市场,销售缓慢成长的时期。在这一阶段,因为产品引入市场所支付的巨额费用,致使利润几乎不存在。

3. 成长期:产品被市场迅速接受和利润大量增加的时期。

4. 成熟期:因为产品已被大多数的潜在购买者所接受而造成销售增长缓慢的时期。为了对抗竞争,维持产品的地位,营销费用日益增加,利润稳定或下降。

5. 衰退期:销售和利润不断下降的时期。

并非所有的产品都呈现这样的生命周期。一些产品一进入市场很快就会消失;另一些在成熟期要停留很久;还有一些进入衰退期后,由于大规模的促销活动或重新定位,又回到成长期阶段。正如一位分析师所说,"如果经营得好,一个品牌可以永久地存在。"比如,可口可乐、吉列、百威啤酒、吉尼斯啤酒(Guinness)、美国运通、富国银行(Wells Fargo)、龟甲万酱油(Kikkoman)、塔巴斯科辣椒酱(ABASCO)等,百余年后仍在它们各自的领域势头强劲。吉尼斯啤酒最近庆祝其成立250周年;塔巴斯科辣椒酱声称,"即便是超过140岁,它仍然能够令消费者为之呐喊!"

产品生命周期的概念可以用来描述产品种类(燃油汽车)、产品形式(小型货车)或产品品牌(福特公司的土星汽车)。在不同情况下,概念运用不同。一个产品种类具有最长的生命周期,许多产品种类的销售在成熟阶段都会停留很长一段时间;相比之下,产品形式更能准确地体现产品生命周期的常规曲线,例如拨号电话和留声机唱片都经过了介绍期、成长期、成熟期和衰退期几个典型的阶段。

品牌的生命周期变化很快,因为竞争和对竞争的反应都会影响这个周期,例如洗衣剂(产品种类)和粉状洗衣剂(产品形式)的生命周期较长,但某个品牌的生命周期就可能很短。今天,洗衣粉的主流品牌是汰渍和Cheer,而在100年前主导品牌是Fels-Naptha、Octagon和Kirkman。

产品生命周期也可以运用于风格、时尚或热潮,如图9.3所示。**风格**(style)是在某一领域所体现的基本并且独特的方式。例如，在住宅(殖民地式、大牧场式)、衣着(正式的、随意的)或艺术(现实的、超现实的、抽象的)中体现的风格。一种风格一旦发明后，它会维持许多年代，在此期间时而风行，时而衰落。风格显示出人们重新感兴趣的周而复始的一个周期。

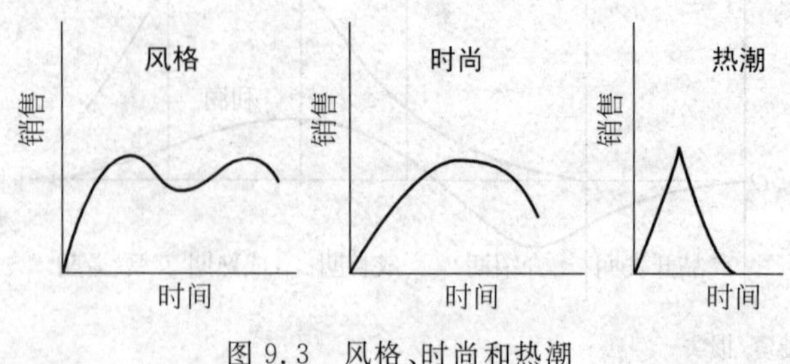

图 9.3　风格、时尚和热潮

时尚(fashion)是在某一领域里当前被接受或流行的一种风格。例如，20 世纪 80 年代的时装流行讲究而又整洁的款式，而到了 90 年代就是很随意的休闲式了。一般说来，时尚大都缓慢地成长，保持一段流行，并缓慢地衰退。

热潮(fad)是迅速引起公众注意的时尚，它们被狂热地采用，很快达到高峰，然后迅速衰退。它们的接受期很短，且趋向于只吸引有限的追随者。"宠物石"就是一个很好的例子。广告文案撰写人加里·达尔在听到他的朋友抱怨养狗多么昂贵时，就拿他的宠物石开玩笑，并马上为之写了一篇关于驯狗手册的讽刺文。于是，这种普通的海滩卵石很快就以每个 4 美元的价格销售了 150 万美元。作为一种热潮，它爆发于 1975 年 10 月，但在下一年的 2 月份就像石头一样沉下去了。达尔告诫那些想依靠热潮成功的人说："趁它流行的时候，榨取它的价值。"其他关于热潮的例子包括 Silly Bandz、Crocs 和 Pogs。

产品生命周期的概念可以用来描述产品和市场的概况，但是在预测产品变化及营销策略实施时，也存在一些问题。例如，事实上，预测某个阶段产品的销售额、某一阶段的长短或生命周期曲线的形状都是很困难的。由于营销策略既是产品生命周期的原因，也是其结果，因此利用产品生命周期来确定营销策略是很困难的。产品在生命周期里的位置决定了市场营销策略，这个策略反过来又影响产品在后来阶段的情况。

此外，营销不应该盲目地按照传统的产品生命周期进行产品的推广。相反，营销人员应该偶尔无视生命周期的"规则"，或以新奇的方式重新定位自己的产品周期。这样，他们才能把成熟期或衰退期的产品重新拉回到成长阶段。或者他们可以跨越障碍，向前推进到新产品成长期。产品生命周期的理念是，企业必须不断创新，否则就会走向衰败。不管公司目前的产品阵容如何成功，仍应巧妙地管理现有产品的生命周期以取得未来发展的成功。想要发展壮大的公司，必须建立稳定的新产品创新流不断为顾客创造新的价值。

我们在本章的开头讨论了产品生命周期中的开发期，现在我们来看一下其他各个阶段的营销策略。

9.4.1　介绍期

当新产品推出时，**介绍期**(introduction stage)就开始了。介绍期需要一些时间，销售增长也较为缓慢。一些著名的产品,如速冻食品、高清电视等,在进入迅速成长阶段以前,就徘徊了许多年。

与其他阶段相比,在这一阶段,由于销售量少和促销费用高,公司要亏本经营或利润很低。它们需要大量经费以吸引分销商和建立库存。为了告诉潜在的消费者新的产品,并吸引他们试用该产品,促销费用通常很高。在此阶段,市场还没有成熟,公司和它数量很少的竞争对手只生产基本型的产品,并且瞄准那些最迫切的购买者。

公司必须根据其设定的产品定位选择推出策略,市场开拓者尤应如此。公司应该意识到,推出策略只是产品生命周期总体营销策略中谨慎选择的第一步。如果先导企业选择的是"狠赚一笔",那么它将会为短期利润牺牲长远收益。当产品进入生命周期其他阶段的时候,公司必须不断制定新的定价、促销和相关营销策略。因此,如果推出策略运用得当,公司就最有可能抓住时机并保持领先地位。

9.4.2　成长期

如果新产品在市场上被接受,它将进入**成长期**(growth stage)。在该阶段,销售会迅速攀升。早期采用者将继续购买该产品,其他消费者也会追随购买,如果产品的口碑非常好的话,更是如此。由于利润的吸引,新的竞争者进入市场。它们引入新的产品特性,导致市场扩大。随着竞争对手的不断加入,分销网点的数量也将增加。在需求增长的同时,中间商的存货也将扩大。而价格维持不变或略有下降。促销费用停留在原来的水平上,或者再增加一些。培育市场依然是公司的目标,只是公司还得面对竞争。

在这一阶段,随着促销成本被大量的销售额分摊,利润有所增长。公司也会采用多种策略来维持销售的增长,包括:改进产品质量以及增加新产品的特色和式样;进入新的细分市场和分销渠道;从产品感知广告转向产品偏好广告;在适当的时候降低产品价格,以吸引更多的购买者。

在成长阶段,公司面临着高市场份额或高利润的选择。如果把大量的金钱用在产品改进、促销和分销上,公司将获得优势地位。但是,这样也放弃了一些当前利润,只能期待在下一阶段得到补偿。

9.4.3　成熟期

产品的销售增长在到达某一点后将放慢步伐,并进入**成熟期**(maturity stage)。该阶段的持续期一般会比前两个阶段长,并给营销管理部门带来最难应付的挑战。大多数产品都处在生命周期的成熟阶段,因此大部分营销管理部门处理的也正是这些成熟期的产品。

销售增长的减慢导致整个行业中的生产能力过剩,而能力过剩又导致竞争加剧。竞争者开始降低产品价格,扩大广告和营业推广投入,增加研发预算进一步改进产品。所有这些都意味着利润的减少。有些较弱的竞争者开始退出,最后,行业内只剩下一些地位稳定的竞争者。

尽管许多产品在成熟阶段会有较长时间保持不变,多数产品还是要面临不断变化的消费者需求。管理部门不应该听任市场的变化,只求保住产品的现有地位,而应意识到,进攻才是最好的防守。所以公司应该调整市场、产品和营销组合。

为调整市场,公司应该试图寻找新用户和开发新的细分市场以增加消费者对该品牌的购买。例如,像哈雷—戴维森和 AXE 香水等典型针对男性消费者的品牌正在推出针对女性的产品和营销计划。宝洁的 Swiffer 家居清洁品牌为宠物主人开发了特别促销活动。

管理者们也会想方设法增加现有产品的用途。例如,Glad Products 公司帮助消费者发现其包装纸的多种用途。随着越来越多的消费者开始就产品的其他用途与公司联系和沟通,Glad 建立了"1000 种用途,哪种适合你"的网站(www.1000uses.com),在这个网站,消费者们可以相互交流使用经验。关于包装纸的用途,有的消费者建议用来保护电脑键盘不被弄脏,有的提议用来为种子保鲜,还有人提议说可以供妈妈们垫在公园潮湿的长凳上坐着看孩子们玩耍。"我们把 Glad 的包装纸铺在长凳上,"赞成这一用途的妈妈们说,"我们的屁股不再因为凳子潮湿而感觉不适了。"

公司也可以改变产品的特点,比如通过改变产品质量、特征或式样来保留老顾客并吸引新顾客。因此,为了让今天痴迷技术的孩子们对自己的产品有新鲜感,许多经典的玩具和游戏制造商正在为受欢迎的老产品创造新的数字版本或添加附加产品。八岁以下的儿童中有 1/3 以上使用 iPad 和智能手机等设备。玩具制造商正在研制产品来满足新一代的口味。

最后,管理部门还可以改进营销组合来刺激销售,通过调整营销组合的一个或几个要素,刺激消费者购买。公司可以降低价格,吸引新的用户或竞争对手的顾客;可以开展广告宣传活动或采用进攻性的促销手段,比如商业折扣、代金券、奖品或竞猜等。除了价格和促销之外,公司也可以进入新的的市场分销渠道,服务新的消费群体。

家乐氏使用所有这些方法来保持其具有 50 多年历史的"Special K"品牌不会销量下降。"Special K"是 1957 年推出的一种健康的高蛋白谷物食品,在 20 世纪 90 年代已经发展成熟,销量十分可观,但品牌已经失去增长活力。为了振兴品牌,家乐氏公司扩展了产品线,包括各种谷物口味,如红莓果、香草杏仁和巧克力等口味。然后,它进一步延伸"Special K",把它打造成一个主打健康和减肥生活方式的品牌。现在扩大的产品线包括谷物能量棒、蛋白质水和奶昔、饼干和薯条以及水果薯片。为了吸引新用户和更多的使用,家乐氏推出了"Special K"挑战赛,这是围绕"Special K"产品的体重管理计划。"无论你的目标是穿上紧身牛仔裤,还是只想变得更加帅气,'Special K'挑战赛是一个很好的方式来塑造一个更好的你!""Special K"品牌的年轻化努力得到了回报。该产品线在过去十年稳步增长,现在年销售额超过 20 亿美元。

9.4.4 衰退期

大多数产品形式和品牌的销售最终都会走向衰退。这种衰退也许是缓慢的,像麦片的例子;也许很迅速,如留声机唱片。销售可能会下降到零,也可能在一个低水平上持续很多年。这就是**衰退期**(decline stage)。

销售衰退的原因有很多,其中包括技术进步、消费者口味改变、国内外竞争加剧等。当销售和利润衰退时,有些公司退出了市场。留下来的公司可能会减少产品供应,它们也可能会放弃较小的细分市场或附属的分销渠道，或者削减促销预算和进一步降低价格。

经营一种疲软的产品，对企业来说代价很大，不仅仅是在利润上，还有许多隐藏的成本。衰退的产品可能在不相称地消耗着管理部门的时间，它总是需要频繁地调整价格和存货。并且，它也消耗着广告和推销队伍的精力，而如果把这些注意力放在"健康"的产品上，可能更为有利。产品的失败会引起消费者对公司以及它所生产的其他产品的不安。更大的问题还在后面，由于没有在适当的时机淘汰它，会延误积极寻找替代品的工作；这使产品组合失去平衡，降低了现有的利润，也削弱了公司在未来的根基。

由于这些原因，公司必须在衰退阶段识别产品，并作出是维护、收获还是放弃的决定。管理部门可以采取维护策略，重新定位或重整旗鼓，希望将其推回到产品生命周期的成长阶段。宝洁已经这样处理过多个品牌，包括 Mr. Clean 和 Old Spice。匡威则发现了新的策略，让古老的匡威全明星品牌焕发出新的活力（参见营销实例 9.2）。

营销实例 9.2

匡威：一个旧的品牌故事的新开始

匡威品牌的产品生命周期已经很长。该公司发明了篮球鞋，而在 1923 年，它推出了第一双 Chuck Taylor All Stars，在全球被称作 Cons、Connies、Convics、Verses 或 Chucks。在整个 30 年代、40 年代、50 年代和 60 年代，Chucks 是一双值得拥有的鞋子。第一支奥运篮球队穿着它们，它们主宰了业余和专业的篮球市场超过 50 年。到 70 年代中期，70%～80%的篮球运动员仍然穿着匡威。

然而，每一个故事都有一个开始、一个过程和一个结局，而且事实上大多数品牌故事也确实如此。对于匡威来说，这个故事在十年前几乎已经结束了。80 年代和 90 年代运动鞋市场爆发式扩张，匡威没有能够与时俱进。像耐克、阿迪达斯和锐步这样的激进新竞争对手以新的高性能鞋子和高超的营销方案掀起风暴。到 2001 年，匡威的市场份额已经下降到 1%，这个曾经占主导地位的品牌宣布破产。

如果不是收购者的远见，匡威的故事很可能已经结束了。2003 年，市场领导者耐克廉价地收购了匡威。耐克仍然看到了这个旧品牌的价值。然而，它面临着一个令人困惑的产品生命周期问题：像耐克这样的大牌如何将正在衰落的匡威重新带入市场？为了找到答案，耐克为匡威安排了一个新的管理团队，并给予匡威重建品牌所需的资金。

新团队发现，尽管匡威市场份额不断减少，品牌还是保留了一小部分忠诚的客户。20 世纪 90 年代，街头小孩开始穿着平价的匡威鞋来表达自己的个性。不久之后，新兴的艺术家、设计师和音乐家，也开始穿有着简约和经典外观的 Chucks。匡威成为那些厌倦了主流时尚的人群的最爱。匡威迷会拿出一双便宜但舒适的匡威鞋，在上面涂鸦，定义自己的个性。

这些少量而忠实的追随者为正在老化的品牌振兴提供了生命线。在这个补缺市场的基础上，匡威在过去的几年中，将一个昔日的经典品牌变成了一个符合当下时代潮流的、富于表现力的生活品牌。今天的年轻消费者不想要一个中规中矩包装的品牌，他们想体验一个品牌并帮助塑造它。因此，匡威决定将品牌转向消费者而不是将新的品牌故事推向市场。

可以肯定的是，匡威的这一方法非常具有战略性。例如，它把新设计和新渠道用于原来的匡威鞋及其各个系列。One Star 是针对低价目标市场的产品线，在塔吉特销售，而现在由时装设计师创造的数以千计的“全明星”高价格版本通过 Saks 和 Bloomingdales 这些高档零售商销售。该品牌已经从儿童鞋、工作鞋、凉鞋和靴子，扩展到匡威眼镜和手表。

但是，匡威认为其作用仅仅是制造客户想要穿的优质产品。除此之外，它本身参与了品牌建设而不是主导品牌。匡威品牌的核心理念是客户主导品牌而不是公司。在消费者的眼中，匡威如今与鞋子的相关性更小了，更多的是有关表达自我的精神以及对匡威鞋的体验。据匡威首席营销官介绍，如今的匡威消费者用五个词语来定义匡威品牌：“美国、运动鞋、年轻、叛逆和空白画布。”

匡威网站上描述的都是设计自己的鞋子和使用 Chucks 作为自己的个人画布。此外，近年来，匡威集中精力将其品牌与“自我表达”的终极形式之一——摇滚乐联系起来。例如，该公司已经发布了由传奇摇滚艺术家设计的几款流行的“全明星”鞋。它甚至建立了自己的音乐工作室，尚未被发现的艺术家可以免费使用这里的高端设备。匡威对自我表达和音乐的关注，已经帮助它与真正和品牌相关的人联系在一起。

匡威也开始使用社交媒体，这是一个吸引年轻消费者的信息论坛，让他们帮助定义品牌。匡威现在在新兴媒体上花费了 90％以上的营销资金。匡威已经成为脸书上最受欢迎的运动鞋品牌，其两个脸书页面拥有超过 4 200 万粉丝，是母公司兼市场领导者耐克的四倍以上，是阿迪达斯的八倍。匡威还有 5 万名推特追随者，对于一个只占 3％市场份额的利基品牌而言是惊人。

然而，在使用社交媒体方面，匡威避免过度干预，而是让客户表达对品牌的看法。它的方法是创造积极的品牌体验和互动，然后让客户自己谈论品牌，并与朋友分享他们对品牌的理解。因此，匡威现在已经成为最民主的品牌之一——人民群众的品牌。匡威首席营销官说：“这个品牌是一个独特的品牌，消费者真正拥有它，真正主导它，真正认为它有趣。”

总而言之，作为一个小而繁荣的生活品牌，匡威似乎已经开始了新的生命周期。在耐克收购十年后，匡威的收入增长了四倍多，达到 11 亿美元。在公司网站上，匡威提供了其产品生命周期的故事，其结尾尚未写入。

“每个人都有历史——记录他们在过去的时间里所做的事情。我们认为我们有一些很酷的故事，带领我们走到了现在，并指引我们将来会到哪里。通过传承了以不一样的视角看待生活的观念，品牌进入了第二个发展阶段。最好的故事就是那些没有结束的故事，那些你不断追求和参与的故事，而这些故事总是以创造性的、颠覆性的、乐观的、相互尊重的方式让人们惊叹，惊叹于其从原来的状态发展到现在的样子，以及其将来会成为的样子。”

管理部门可以采取收获策略，这意味着减少各种成本（包括厂房设备投资、维修服务、研发和广告投入、销售队伍建设等），并且继续维持销售。只要销售量不暴跌，这种策略可以短期增加公司的现金流。或者,管理部门也可以决定放弃该产品,将它卖给其他公司,或者以残值清算。最近几年,宝洁卖掉了许多小的或是衰退的品牌,像 Folgers 咖啡、Comet 清洁剂、Sure 除臭剂和 Jif 花生酱。如果公司希望找一个买主,那么它就不得不继续经营下去。

表 9.2 归纳了产品生命周期各个阶段的特征,以及相应的营销目标和营销策略。

表 9.2 产品生命周期各阶段的特征、目标和策略

项目	介绍期	成长期	成熟期	衰退期
特征				
销售	低销售额	销售剧增	销售高峰	销售衰退
成本	单位顾客成本高	单位顾客成本一般	单位顾客成本低	单位顾客成本低
利润	亏本	利润增长	利润高	利润下降
顾客	创新者	早期使用者	中期大众	落后者
竞争者	很少	增多	稳中有降	下降
营销目标	创造产品知名度,提高产品试用率	市场份额最大化	保护市场份额,争取最大利润	压缩开支,榨取品牌价值
营销策略				
产品	提供基本产品	扩大服务保证	品牌和型号多样化	逐步撤出衰退产品
价格	成本加成法	渗透市场定价法	价格与竞争者抗衡或击败它们	降价
分销	建立选择性分销	密集分销	建立更密集分销	有选择地把无利润的分销渠道淘汰掉
广告	在早期使用者和经销商中建立知名度	在大众市场建立知名度并引起兴趣	强调品牌差异和利益	降低至维持绝对忠诚者的水平
促销	加强促销引诱试用	减少促销,利用重度使用者需求	加强促销,鼓励转换品牌	降低至最低标准

9.5 其他的产品和服务问题

我们可以用两个额外因素完成我们关于产品和服务的讨论:产品决策中的社会责任及国际产品和服务营销的问题。

9.5.1 产品决策和社会责任

营销人员应仔细考虑有关产品开发和淘汰、专利保护、产品质量和安全性,以及产品担保方面的公共政策和法规。

就增加新产品而言,政府可能会阻止企业通过并购的方式来增加新产品,只要并购的效果会削弱竞争。那些打算淘汰某些产品的企业必须意识到,它们对于供应商、经销商和顾客——这些对被淘汰产品存在利益关系的各方——都负有明示或者暗示的法律义务。企业在开发新产品的时候也必须遵守美国的专利法。企业不能非法仿制其他公司的现有产品。

制造商必须遵守针对产品质量和安全性制定的专门法规。《联邦食品、药品和化妆品法案》保护消费者免受不安全和以次充好的食品、药品和化妆品的危害。多项法案规定了肉类和家禽加工业的检验和卫生条件。管制纺织品、化工原料、汽车、玩具以及药品和有毒物品的安全立法也已经通过。1972 年的《消费品安全法案》建立了消费品安全委员会,该委员会有权取缔、没收或查封潜在有害的产品,并且对违反该法案者施以重罚。

如果消费者因为产品的设计缺陷而受到伤害,他们可以起诉制造商或经销商。最近的一项调查表明,制造公司产品责任诉讼是仅次于劳动就业问题的社会第二大关注问题。产品责任诉讼在联邦法院现在以每年 6 万例以上的速率发生,而这个数据 1990 年仅为 1.95 万。虽然在所有产品责任案件中,制造商负有责任的只有 6%的比例,但是它们被认定有罪时,陪审团裁决的赔偿中位数是 150 万美元,少数赔偿额可以达到成百上千万美元。集体诉讼程序可能达到数十亿美元。例如,丰田在因突然加速问题而召回大约 700 万辆汽车后,自 2013 年开始面临至少 100 起集体诉讼和个人诉讼,最终可能要出资 30 亿美元甚至更多用作赔偿。

此现象导致了产品责任保险的保险费大幅度增加,并由此在一些行业引起较大的问题。有些公司通过提高产品价格将保险费转嫁给消费者。其他公司被迫停止生产高风险产品。一些公司正在任命专门的"产品管理"人员,他们的工作是积极寻找产品潜在的质量问题,从而保护消费者免受伤害和公司免于承担责任。

9.5.2 国际产品和服务营销

国际产品和服务营销人员面临着特殊的挑战。首先,他们必须确定在哪个国家应当推出什么产品和服务。然后,他们必须决定在多大程度上保持产品标准化,在多大程度上对其产品和服务作出调整以适应世界市场。

一方面,企业希望自己的产品和服务标准化。标准化有助于企业树立世界范围内一致的形象,降低制造成本,减少产品研发、广告和设计当中的重复工作。另一方面,世界各地的市场和消费者是不同的。公司通常必须调整其产品来应对这些差异。例如,通过仔细调整菜单和运营以适应当地的口味和饮食风格,YUM! 品牌——肯德基、必胜客和塔可钟的母公司——已成为中国大陆最大的餐饮公司。下面我们来看肯德基的案例:

在美国,典型的肯德基炸鸡餐是原味的、特别香脆的,并附带有百事可乐。而你在中国的肯德基看到了什么?当然,你可以吃到一些经典肯德基烹炸食品,但更受欢迎的项目包括四川辣酱鸡肉饭、鸡蛋汤或老北京鸡肉卷,并且还附带有豆浆。看一看菜单:鸡蛋饼、油条、鱼肉和虾肉汉堡包,还有早餐时最受欢迎的米粥,这是肯德基最畅销的产品之一。中国的菜单也提供了大量的选择,大约有 50 个菜品,而在美国只有 29 个菜品。肯德基在美国的销售网点主要是为外卖设计的,中国网点的面积大约是美国的两倍,为更多的消费者提供了更多的空间,可以与朋友和家人一起在肯德基享受快乐时光。通过这种改变,肯德基和 YUM! 在中国的其他品牌已经把自己定位为本土化的品牌而不是外来品牌。结果是YUM！品牌在中国取得了巨大成功。去年，中国的3 900家餐厅的收入比美国19 000家餐厅(包括肯德基、必胜客和塔可钟)的总收入还要多。

服务营销人员在走向国际化经营的时候还会遇到特殊的挑战。一些服务行业有着国际化经营的悠久历史。比如，商业银行业就是最早实现国际化经营的行业之一。为了满足那些打算到国外销售产品的本国客户外汇兑换和信用方面的需要，银行不得不提供国际化服务。近年来，一些银行开始了真正的全球化运作。比如德国的德意志银行(Deutsche Bank)在72个国家的3083个分支机构为1900万顾客服务。这样，对于那些遍布世界各地、希望全球发展的客户，德意志银行不仅在法兰克福，还可以在苏黎世、伦敦、巴黎和东京为它们筹措资金。

专业服务和商务服务业，比如会计、管理咨询和广告业，直到近来才开始走向国际化。这些行业的国际化发展是跟随它们所服务的制造企业的全球化经营而发生的。比如，随着其客户企业开始实施全球化的营销和广告战略，广告公司和其他营销服务企业就开始以自身经营的全球化来作为响应。McCann Worldwide，一家大型美国广告公司，在130多个国家运营。它为一些跨国公司服务，像可口可乐、通用汽车、埃克森美孚、微软、强生以及联合利华，涉及的国家从美国、加拿大到韩国和哈萨克斯坦。并且它是Interpublic Group of Companies下属的一个公司，这是一个巨大的全球化的广告和营销服务公司网络。

零售商是最晚走向全球化经营的企业之一。当本地市场中的商店开始饱和的时候，美国的一些零售商开始加速向海外市场扩张，比如沃尔玛、欧迪办公和萨克斯第五大道精品百货店。从1991年开始，沃尔玛已进入27个新国家，其国际分公司的销售额去年增长了26%以上。外国零售商也在采取类似的措施。家乐福是全球第二大零售商，仅次于沃尔玛，现在它在35个国家有1.55万多家店面。它是欧洲、巴西和阿根廷领先的零售商，在中国是最大的外资零售商。

服务公司走向全球的趋势将继续下去，尤其是在银行、航空、电信、专业服务领域。如今，服务企业不再简单地跟随其制造业客户，相反，它们正率先在国际扩张。

小结

一个公司目前的产品面临着有限的寿命，因此必然被新产品取代。但是，新产品也可能会失败，因为创新的风险和回报一样大。成功创新的关键在于：以客户为中心，整个企业的共同努力，缜密的规划，以及系统化的新产品开发过程。

1. 解释公司如何寻找并开发新产品构思。

公司从各种渠道中寻找和开发新产品构思。许多新产品构思来自内部：公司会实行正式的研发或者敦促一些员工去思考，从而产生许多新产品构思。其他的产品构思则来源于外部：公司追踪竞争者新推出的产品，或从分销商和供应商处获取产品构思，这是由于分销商和供应商贴近市场，可以提供关于消费者意见及新产品开发可能性的重要信息。

也许，新产品构思的最重要来源是客户本身。公司观察客户，邀请他们给予意见和建议，甚至参与到新产品的开发过程中。许多公司正在开发大众创意或开放式创新项目，这些项目邀请广泛的群体——消费者、员工、独立科研人员，甚至一般市民——参与到新产品的创新过程中。真正创新型公司的新产品构思不仅仅依赖单一来源。

2. 列举并定义新产品开发过程以及管理过程中的主要注意事项。

新产品开发包括八个连续的阶段。该过程始于构思产生，然后是构思筛选——公司根据自己的标准剔除某些创意，构思筛选后形成产品概念，从消费者的角度勾画详细的产品概念。下一步将进行概念测试，让一些目标群体测试产品概念，以确定产品的吸引力。通过的产品概念将进入营销策略制定阶段，从产品概念的角度制定营销策略。在商业分析阶段，将分析新产品的销售、成本、利润以确定是否符合公司的目标。通过了以上阶段，产品概念将进行具体的产品开发，然后市场测试，最后推广到市场。

新产品开发所包含的不仅仅是一系列步骤，公司必须采取一个系统、全面的方法来管理该过程。成功的新产品开发需要以客户为中心、团队合作和系统化努力。

3. 描述产品生命周期的各个阶段以及在产品生命周期中营销策略的变化。

每种产品都有一个生命周期，以一组不断变化的问题和机遇为标志。典型的产品销售曲线为S形，由五个阶段组成。在产品开发期，公司找到和开发出新产品创意。产品介绍期以缓慢增长和较低利润为标志，在该阶段，产品进入销售渠道并到达市场。如果成功的话，该产品就进入成长期，以快速增长的销售和不断增长的利润为标志。接着便是成熟期，销售增长缓慢，利润保持稳定。最后，产品进入销售和利润都缩减的衰退期。在该阶段，公司的主要任务是确认处于衰退期的产品，并决定是维持、收获还是放弃该产品。不同的产品生命周期阶段需要不同的营销策略和战术。

4. 讨论两个额外的产品问题：对社会负责任的产品决策以及国际产品和服务营销。

营销人员必须考虑两个额外的产品问题：第一个是社会责任，这涉及收购或放弃产品、专利保护、产品质量和安全、产品担保等公共政策问题和法规；第二个是应对国际产品和服务营销的特殊挑战。国际营销人员必须确定在何种程度上保持产品标准化，在何种程度上对其作出调整以适应国际市场。

问题讨论

1. 命名和描述新产品开发过程中的主要步骤。

2. 什么是市场测试？解释为什么公司可能测试或不测试新产品，并讨论全面市场测试的替代方案。

3. 创新管理系统的好处是什么？公司如何安装这样的系统？

4. 讨论在产品生命周期的成熟阶段可用于产品的三种策略。对于每个策略，描述一个本章节以外使用该策略的公司的例子。

批判性思维练习

1. 访问 http://creatingminds.org/tools/tools_ideation.htm 了解创意生成的技术。组成一个小组,并应用一种或多种技术为你选择的公司生成至少四种新产品创意。应用 R-W-W 筛选框架来评估这些想法。

2. 寻找一个在过去五年内推出新消费品的公司的例子,以演示的方式介绍公司如何实施 4 P 推出产品,并报告产品自推出以来的成功的情况。

3. 访问产品开发与管理协会的网站(www.pdma.org)并了解这个组织。点击"关于 PDMA"下拉菜单中的"OCI 奖"。描述此奖项和授予此奖项时使用的标准,并讨论某一家获得该奖项的公司。

营销技术:菲亚特 Mio

公司利用众包来解决问题、产生新产品创意、开展宣传活动。2009 年 8 月,巴西最大的汽车制造商菲亚特发起了 Mio 项目,开发世界上第一款完全由众包产生的概念车。项目网站提出了一个问题:"将来我们的汽车应该具备什么功能,使它属于我但是可以为别人服务?"该网站收到了来自 160 多个国家 30 万名独立访问者提供的超过 1 万项建议。该网站有 1.7 万人正式注册为潜在合作者。数以千计的评论发表在脸书和推特上。菲亚特的工作人员对这些建议和概念进行了研究,并在 2010 年圣保罗车展推出了这款概念车。整个过程是透明的,汽车的最终细节对任何人都是开放的,甚至是其他汽车公司。虽然新产品尚未进入商业化阶段,也许永远不会,但菲亚特和其他汽车制造商可以在未来的车型中使用这些想法。

1. 组建小组,研究菲亚特 Mio。消费者提出的一些影响汽车设计的建议是什么?向朋友和家人询问同样的问题,并汇编小组成员的回复。依据这些建议开发的汽车,会与菲亚特的 Mio 类似吗?请说明。

2. 本章介绍了几个众包活动。描述一个使用众包来开发或修改产品的公司的例子。

营销伦理:我能找到你是谁

面部识别技术不是新鲜事物,但是使用它的方式有所改变。如果你有犯罪记录,警察使用 iPhone 来扫描你的脸部就能发现。利用 Moris 装置(这是一个移动犯罪者识别和信息系统),警察可以拍摄人脸的图片或扫描人的虹膜,并在犯罪者数据库中进行匹配获取即时信息。此外,如今的小工具可以实现在现场收集指纹,因此也不再需要到警察局测试你的指纹。脸书使用面部识别功能,允许用户识别图片中的朋友,并且现在的几个手机应用程序都允许用户通过一张照片来识别脸书朋友。谷歌曾经考虑过类似的项目,即用手机拍摄的某人照片在网络中进行图像搜索,但由于道德问题最终没有应用这一想法。

1. 讨论面部识别技术的其他商业应用。想出采用这项技术的两个新产品概念。

2. 讨论将面部识别技术融入产品的伦理因素。

数字营销：BB霜份额

美容市场上最新的产品是BB霜，它将多种护肤效果结合成一种产品。BB霜被业界公认为“全球现象”和“多效奇迹”。但是，这种一体式产品并不是创造了新的需求，而是可能替代了化妆品制造商提供的保湿霜、防晒霜、抗衰老霜、隔离霜和粉底等现有产品，从而导致后者的销售下降。由于BB霜销售额在不到一年的时间里在美国就达到900万美元，并在未来预测更快增长，护肤品和化妆品制造商倩碧(Clinique)不想错过这个机会，推出了倩碧品牌新款BB霜产品。虽然新款BB霜将为制造商带来更高的价格(BB霜每盎司10.00美元，保湿产品每盎司8.00美元)，但也有更高的可变成本(BB霜每盎司6.00美元，保湿产品每盎司3.00美元)。

1. 倩碧品牌的发展战略是什么？

2. 假设倩碧预计在推出后的第一年内可以出售300万盎司的BB霜，但预计其中一半的销售额将来自购买倩碧保湿霜的买家。假设倩碧通常每年销售1 000万盎司的保湿霜，而在BB霜生产的第一年，该公司将会增加200万美元的固定成本，新产品是否会为公司带来盈利？

公司案例

谷歌：新产品以光速革新

谷歌是非常创新的。它最近在*Fast Company*杂志的全球最具创新力公司名单上名列前茅，在其他地方通常也排在前两位。同时，谷歌也非常成功，尽管有来自微软、雅虎等巨头的竞争激烈，但谷歌的核心业务(在线搜索)所占的市场份额达到了84%，是其他竞争对手的市场份额总和的五倍以上。它在付费搜索广告方面有巨大优势，占到了在线广告份额的80%。而且这还不包括在移动设备上的付费搜索，在这一领域谷歌已经接近垄断，市场占有率达98%。

谷歌已经成长为一个不仅仅是互联网搜索和在线广告的公司。谷歌的使命是“组织世界的信息，让这些信息被所有人可用”。据谷歌的观点，信息也是一种自然资源，一种需要开采、处理、再分配的资源。这个想法也融入了谷歌的项目，比如制作谷歌地图，实现智能手机屏幕上网搜索，甚至提供早期流感疫情预警。如果什么事情与利用信息有关，谷歌会以一些创新的方法来实现它。

创新的创新方法

相比于其他事情，谷歌更加了解创新。在许多公司，新产品开发是一个谨慎的一步步的事情，可能需要一两年的时间来展开。相比之下，谷歌的新产品开发流程以光速进行。创新者实施新项目的时间甚至少于竞争对手完善和批准初始想法的时间。例如，谷歌高级项目经理描述了谷歌可定制主页iGoogle的快速发展状况：

“谷歌很清楚，谷歌用户有两组：爱好网站整洁、经典外观的人，以及想要大量信息

(电子邮件、新闻、当地天气)的人。对于那些想要更完整主页的人,我和三名工程师一起开始做iGoogle项目。我只有22岁。六周后,我们推出了第一个版本,这个版本运行指标良好,发展十分顺利。几个月后,Google.com上已经有'iGoogle'的链接。"

这种快节奏的创新将会让大多数其他公司的产品开发人员大吃一惊,但在谷歌这就是标准的操作程序。谷歌的搜索产品和用户体验副总裁说:"这就是我们所做的。困难的是让工作人员融入我们的文化,当有工程师向我介绍新想法的时候,如果我喜欢,我就会说:'那我们开始做吧!'他们会说:'哦,不,还没准备好。'我告诉他们,谷歌做事的方式是将一个想法尽早上线,然后通过消费者的反馈不断完善产品。"谷歌工程经理补充说:"我们设置操作节奏:如果你有两个选择,你不确定哪个选择是正确的,请选择最快的那个。"

在谷歌的新产品开发方面,没有两年计划。该公司的新产品计划只需四到五个月。谷歌宁愿看到一个项目立即失败,而不是看到一个精心策划的、拖很久的项目失败。

谷歌著名的混沌创新过程已经引发了庞大的多样化产品,其中大多数是这些类别的市场领导者,包括:电子邮件服务(Gmail),博客搜索引擎(谷歌博客搜索),在线支付服务(谷歌Checkout),适用于移动电话应用的通用平台(谷歌Android),照片共享服务(谷歌Picasa),云端互联网浏览器(Chrome),用于映射和探索世界的项目(谷歌地图和谷歌地球),以及流感疫情预警系统(FluTrends)。谷歌声称FluTrends已经比美国疾病控制与预防中心提前两周发现疫情。

通过创新竞争

谷歌不仅具有创新能力,而且把这种核心能力作为主要的竞争工具。以其去年推出的两项重大产品为例。首先是谷歌Play,尽管谷歌创造了世界头号的智能手机操作系统Android,谷歌仍然无法捕捉所有Android用户在应用和娱乐媒体上的购买和活动。在平板电脑市场上,Android操作系统的渗透率也不乐观。因此,谷歌整合并重新设计了该市场所有内容,推出了谷歌Play,这是一款适用于应用、音乐、电影和游戏的类似于iTunes的平台。一个评论员指出:"虽然这次发布没有像苹果那样准备充分,但不能怀疑谷歌作出改变的决心。"

谷歌最近的第二个主要产品是"Google+",一个多功能社交网络。"Google+"搜索引擎的上线,对脸书造成了一定程度的打击。作为回应,脸书创始人兼首席执行官马克·扎克伯格让所有脸书员工处于警戒状态,全天候关注"Google+"的功能,并加速其他已开发的脸书功能开发进程。只用了一年的时间,"Google+"已经拥有了2.5亿注册会员,超过如今脸书用户的1/4。像谷歌Play一样,"Google+"是最前沿的产品。这样的新产品是谷歌在全新竞争性环境中的强大武器,另外也在诺基亚首席执行官所称的"互联网生态系统战争"中,让谷歌得以与其最强大的竞争对手抗衡。

无边界创新

谷歌对任何来源的新产品创意都持开放的态度。把所有这一切联系在一起的是公司对帮助人们发现和使用信息的热情。创新是每个谷歌员工的责任,公司鼓励谷歌工程师花20%的时间发掘自己"酷而古怪"的新产品想法。谷歌的所有新想法都将经历最终用户的快速测试。一位观察员说:"任何时候,如果将世界上最有智慧的20万人集中到一个公司里，你可以期待这里成长为一个充满想法的花园，特别是当你给这些天才每个星期一个工作日（谷歌著名的‘20%的时间’）让他们投入自己热爱的项目中。”

这样的思维让谷歌超越了自己的企业界限，不停地寻找创意。最近，谷歌举办了所谓的“Solve For X”会议。该公司邀请世界上最聪明的人才解决一些重大的问题。重点是“激进”。那些出现的想法有多激进？如何将隐形眼镜转换成具有显示功能的电脑显示器，并且拥有大量数据？或是如何通过现有的脱盐技术解决世界淡水的问题？如果这些对你来说还不够，那么如何使用MRI技术把人头脑中的图像放到电脑屏幕上呢？

谷歌组织“Solve For X”的事实表明谷歌公司无疑是一个创新者。对于谷歌而言，创新不仅仅是一个过程，而是公司DNA的一部分。谷歌的一位研究科学家说：“创新在谷歌的哪里呢？它无处不在。”

如果与各级和各部门的谷歌员工进行交谈，就会发现一个强大的共同点：无论是设计盲人搜索引擎还是为同事准备饭菜的员工，他们都认为自己的工作可以改变世界。谷歌的奇迹就是能够在员工中继续灌输创意无畏的文化。经常会有人问道：“如果你可以用谷歌的资源来改变世界，你会建立什么？”但是这不是一个愚蠢的问题：谷歌想要知道答案，因为这种思考正是谷歌在做的。毕竟，这是想要每一本出版过的书的每一页都能在网上找到的互联网公司。小的想法都死于人们对它不感兴趣。在创新方面，谷歌是不同的，并且差异很明显，在这个地方的空气中都充满创新精神。

讨论题

1. 根据本章中的信息，确定谷歌的新产品开发过程与大多数其他公司的主要异同。
2. 谷歌的产品开发流程是否以客户为中心？是团队合作吗？是系统性的吗？
3. 考虑到产品生命周期，谷歌在管理产品组合方面面临什么挑战？
4. 谷歌产品组合的发展有哪些限制？请说明。
5. 谷歌能否在不占主导地位的市场上取得成功，例如社交网络和App/娱乐商店？为什么能或者为什么不能？

Principles of Marketing

第10章

产品定价：理解和抓住顾客价值

学习目的

- □ 回答“什么是价格”这一问题，讨论在当今快速变化的环境中定价的重要性
- □ 识别三种主要的定价策略，讨论在定价时理解顾客感知价值、公司成本和竞争者策略的重要性
- □ 识别和界定影响公司定价决策的其他重要内外部因素

本章预览

我们将探讨第二种营销组合工具——定价。如果说有效的产品开发、促销以及分销播下了成功的种子，有效的定价则是收获。成功地利用其他营销组合活动来创造顾客价值的公司，还要一定程度上通过产品定价来获取这一价值。在这一章里，我们将讨论定价的重要性，深入探讨三种主要的定价策略，并研究影响定价决策的内外部因素。在下一章里，我们将考察一些额外的定价考虑因素和方法。

首先，我们来考察一个有趣的策略定价故事。阿拉伯航空(Air Arabia)在2003年成立时，向中东航空业引入了一种新的经营方式。公司通过降低昂贵间接费用从而减少成本，使票价远低于竞争对手，同时不牺牲运营优势，还获得机会到全新的细分市场进行航空运输。

阿拉伯航空公司：基于顾客价值的定价方法

早在2003年10月，新成立的阿拉伯航空公司开始运作，向中东和北非地区的航空运输行业推出了“少付，多飞”的新概念。它有两架租用的A320飞机，只飞往5个目的地。

作为一家廉价航空公司，阿拉伯航空公司以低票价革新了中东和北非航空业，并采用

了与传统航空公司完全不同的经营方式。这家廉价航空公司通过如下措施为顾客节约了大量金钱：去除一些昂贵的杂费项目，如免费食品和饮料；利用相同类型的飞机，使维护、培训和维修成本最小化；选择飞往降落费用相对便宜的机场。后来，这种经营理念导致中东其他新的廉价航空公司成立。

作为中东和北非地区的第一家廉价航空公司，阿拉伯航空公司总部位于沙迦国际机场，为满足当地的喜好进行定制。阿拉伯航空的核心业务战略的两个特点是"业务使命"和"差异化基础"，其业务宗旨是通过安全可靠并提供卓越价值的创新经营方式，革新当地的航空旅行。通过其价值方案和承诺（"聪明点儿，少付，多飞"），阿拉伯航空公司在利润率、创新能力、声誉方面成为世界领先的廉价航空公司之一，甩开了中东的竞争对手。

阿拉伯航空的顾客界面主要基于其网站上提供的定价结构。重点在于通过网络预订（电子票务）使得航空旅行更加方便和频繁，以及在提供市场上最低票价的同时不牺牲服务、安全标准和代理费用。

通过在线或电话售票，阿拉伯航空公司的营销成本要低得多，无须向旅行社支付佣金或打印和邮寄机票。几乎所有的廉价航空公司都使用动态票价定价系统，这意味着它们的价格根据需求不断变化。通常情况下，顾客越早在线上订票网站预订，电子机票越便宜。虽然有时候顾客在临近交易关闭也能获得机票优惠，但通常在线预订越靠近出发日，优惠就越少。

阿拉伯航空公司的首要任务是为顾客提供一个平稳的、舒适和愉快的旅程，为他们带来最大的性价比。这家廉价航空公司致力于通过在全年提供独特的服务和有竞争力的优惠来满足其重要顾客的期望。

阿拉伯航空在 2003 年成立时，该地区航空业的主要竞争对手是阿联酋航空公司（Emirates Airlines）、阿提哈德航空公司（Etihad Airways）和海湾航空公司（Gulf Air）。阿联酋航空当时占有最大的市场份额，因为它早已被认可并以优质的服务而闻名。海湾航空是另一个竞争对手，但是由于不是阿拉伯联合酋长国的官方航空公司，它并没有像阿联酋航空这样对阿拉伯航空形成威胁。最后，阿提哈德航空公司刚开始运作，并没有如何参与竞争。在起步阶段的市场细分方面，两个特定细分市场长期被忽视：廉价航空和针对利润市场的航空。阿拉伯航空决定瞄准前者，并提出了"少付多飞"的战略。

阿拉伯航空使顾客能够作出聪明的旅行选择，过去一直无法负担得起航空旅行的人开始在整个地区旅行，那些已经有航空旅行经历的人能够更频繁地出行，因此这家新的航空公司为商务和休闲旅客提供了便利。阿拉伯航空也瞄准了那些经常开车去临近国家如阿曼、沙特阿拉伯和巴林的乘客。比起驾车，有了廉价的阿拉伯航空机票，乘客可以飞往这些国家，从而节省大量时间。阿拉伯航空也瞄准那些不经常进行航空旅行的顾客，因为航空旅行被许多人认为是昂贵的选项。其他目标市场包括想要有经济的周末休息或短途旅行的乘客。

阿拉伯航空公司的成功也意味着在未来将会有竞争性的廉价航空公司成立，因此很快不仅现有的航空公司，而且新兴的廉价航空公司也将参与竞争，包括从阿拉伯联合酋长国开展业务的公司，还包括在海湾合作委员会其他国家开展业务的廉价航空公司。此外，其他国际航空公司也在该地区经营，包括法国航空、英国航空、荷兰皇家航空、汉莎航空、国泰航空、沙特阿拉伯航空、印度航空等。

在2004年至2008年的第一期运营中，阿拉伯航空的乘客数量以年复合增长率(CAGR)60%的速度增加；与2007年的270万人次乘客相比，2008年，阿拉伯航空乘客数量同比增长了33%，达到360万人次，占2008年沙迦国际机场总客运量的68%。

2012年，阿拉伯航空公司报告第三季度净利润约为6 150万美元，比起上年同期的大约2720万美元有大幅增长。这反映了航空公司强大的财务状况和卓越的表现。阿拉伯航空公司董事长谢赫·阿卜杜拉·本·穆罕默德·阿勒萨尼描述了航空公司强大的商业模式、卓越的成本控制利润率和审慎的增长战略所带来的出色财务业绩。他指出，鉴于该公司持续增长的利润率和稳定的利润，阿拉伯航空公司看涨势头强劲。此外，以积极的财务报告和客户群的持续增长来看，公司在泛阿拉伯地区追求低成本模式的策略被证明是有效的。

虽然政治的不稳定和持续高昂的燃料成本依然挑战区域航空公司，但航空运输，特别是阿拉伯航空在该地区开创的低成本模式，依然有强大的吸引力。因为结果很明显，阿拉伯航空仍然处于稳定向上增长的道路上。阿拉伯航空公司将在2012—2013年继续进入新市场，开展新的业务，支持其坚实的商业和运营绩效，同时为客户提供更广泛的经济实惠的航空旅行选择。

作为其致力于使更多人更有效和更经济实惠飞行的承诺的一部分，阿拉伯航空继续进入新的市场。在过去一个季度，它增加了三个新的目的地——伊拉克的埃尔比勒、俄罗斯的乌菲、乌克兰的敖德萨——从在摩洛哥和埃及的枢纽继续扩大业务，并宣布2012年10月再推出四条航线，使阿拉伯航空的全球航线网络有81个目的地。这反映了航空公司继续保持重心：将势力扩展到高增长市场，同时加强现有航线服务。

现今的公司面临着一个残酷和快速变化的定价环境。寻求价值的顾客给许多公司越来越重的价格压力。由于最近的经济下滑，互联网造就的定价权，以及出现像阿拉伯航空这样的价值驱动的公司，现在更节俭的顾客正追求花费更少的策略。结果，似乎每个公司都一直在寻找降价的途径。

但是，降价通常不是最好的答案。不必要的降价会导致利润流失和破坏性的价格战。它会给消费者一个信号，那就是价格比一个品牌传达的顾客价值更加重要，从而削弱了品牌的价值。正确的做法应该是，无论经济好坏，公司都应该标榜顾客价值而不是价格。某些情境下，这意味着以跌落谷底的价格卖出更少的产品。但在大多数境况下，这意味着劝服顾客相信值得为某个品牌支付更高的价格，因为它传递了更大的价值。

10.1 什么是价格

最狭义地看，**价格**(price)是一种产品或服务的标价。广义地看，价格是消费者为了换取获得和使用产品或服务的利益而支付的价值。历史上，价格是影响消费者购买的主要因素。然而最近几十年来，非价格因素对购买者行为的影响变得越来越重要。尽管这样，价格仍然是决定公司市场份额和利润的最关键因素之一。

价格是营销组合中唯一产生收入的要素,所有其他的要素代表着成本。价格也是最灵活的营销组合要素之一。不像产品特性和渠道架设,价格可以变动得非常迅速。同时价格也是许多市场营销决策者需要面对的首要难题,许多公司不能很好地处理价格。许多管理者觉得定价是一件很头疼的事,更愿意关注其他的营销组合要素。然而,明智的管理者把价格看作一个创造和抓住顾客价值的关键的战略工具。价格对于公司利润有着直接的影响。价格上一个小幅度的提高会产生一个大幅度的利润提升。更重要的是,作为公司总的价值方案的一部分,价格在创造顾客价值和构建顾客关系上扮演关键的角色。一位专家说:“精明的营销家不逃避定价,而是拥抱它。”

10.2 主要的定价方法

公司制定的价格一般会在没有盈利的低价格水平和没有需求量的高价格水平之间。图 10.1 总结了定价时需要考虑的因素。消费者对于产品价值的感知规定了价格的上限。如果消费者认为产品的价格高于它的价值,那么他们不会购买该产品。同样,产品的成本规定了产品价格的下限。如果公司对产品的定价低于产品的成本,公司的利润会受到影响。在将价格定在这两个界限之间的过程中,公司必须考虑多种内外部因素,包括:竞争对手的策略和价格,整体营销战略和产品组合,以及市场和需求的本质。

图 10.1 展示了三种主要的定价方法:基于顾客价值的定价方法、基于成本的定价方法和基于竞争的定价方法。

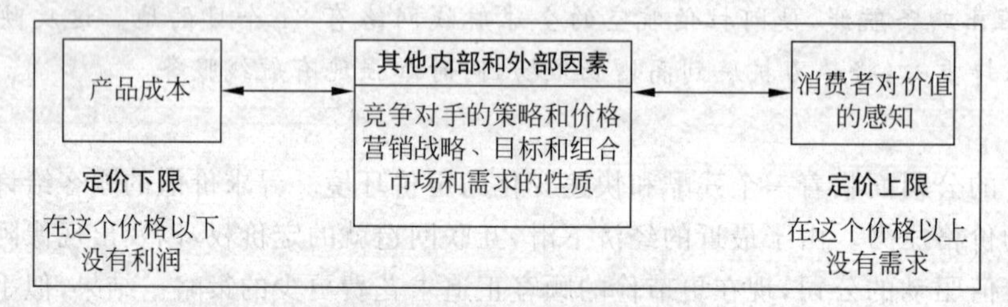

图 10.1 定价时需要考虑的因素

10.2.1 基于顾客价值的定价方法

最终,顾客会判断一个产品的价格是否恰当。与其他营销组合决策一样,定价决策必须从顾客价值开始。当消费者购买一个产品时,他们交换某些有价值的东西(价格)来得到某些有价值的东西(拥有或使用产品所得到的收益)。有效的顾客导向的定价需要理解顾客认为自己能从产品性能中获得多少价值,然后制定一个契合这一价值的价格。

基于顾客价值的定价方法(customer value-based pricing)用购买者对于价值的感知作为定价的关键。基于价值的定价意味着市场营销人员不能设计一个产品和营销活动然后定价。价格被认为是在营销活动确定之前,与所有其他的营销变量一起制定的。

图 10.2 比较了基于价值的定价方法和基于成本的定价方法。尽管成本是制定价格过程中的一个重要考虑因素,基于成本的定价方法经常是由产品驱动的。公司设计自认

为优秀的产品，将生产该产品的成本加总，制定出一个包含成本和目标利润的价格。然后市场营销过程必须说服消费者在这一价格水平下该产品的价值是值得购买的。如果价格证明太高了，公司必须接受较低的定价或者较低的销售量，这两者都会导致利润不尽如人意。

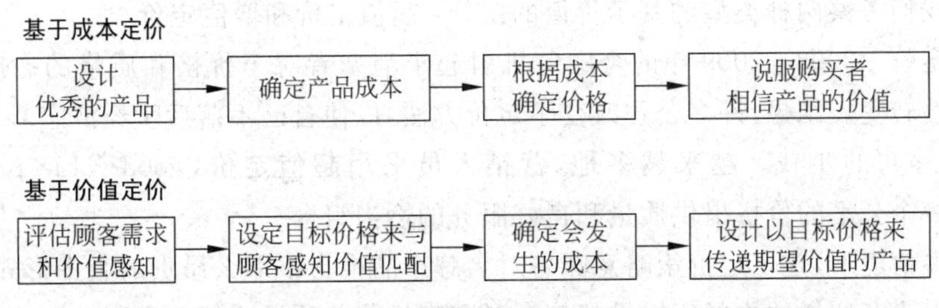

图 10.2　基于价值的定价方法和基于成本的定价方法

基于价值的定价将这一过程反过来。公司首先了解顾客的需求和价值感知。然后它根据顾客对于价值的感知制定出目标价格。这一目标价值和价格决定了会发生多少成本以及随之而来的产品设计。因此，定价始于分析顾客需求和价值感知的，公司制定出一个契合消费者感知价值的价格。

记住"超值"不等同于"低价"。例如，施坦威(Steinway & Sons)钢琴——任何一架施坦威钢琴——都很昂贵。但对于那些拥有者来说，一架施坦威的钢琴具有很高的价值。

一架施坦威大钢琴一般价格在 5.5 万美元到几十万美元之间。最受欢迎的型号价格大约为 8.7 万美元。然而，如果你询问拥有施坦威大钢琴的人，他们会告诉你，对施坦威而言，价格不是问题，使用施坦威的体验才是一切。施坦威公司制造非常高质量的钢琴，手工制造每一架施坦威钢琴都需要长达一整年的时间。但更重要的是，拥有者获得了施坦威的神秘艺术感。施坦威这一名称让人联想到这样的画面：160 年来的古典音乐会舞台以及拥有并弹奏施坦威钢琴的名人和演奏家。

但是施坦威公司并不是只为世界级钢琴家和有钱人准备的。99%的购买施坦威钢琴的人都是只在家中弹奏的业余爱好者。对于这些顾客来说，不管一架施坦威钢琴多少钱，相对于拥有施坦威钢琴的价值来说都是一笔小钱。一则广告这样说："施坦威钢琴能带你去你从没去过的地方。"一位施坦威钢琴的拥有者这样描述："我与施坦威钢琴的友谊是我生命中最重要也是最美好的事。"谁能为这种感觉加上一个价格呢？

公司常常觉得衡量顾客给产品附加的价值是一件很困难的事。例如，计算豪华餐馆里一顿饭的原料价格相对来说要容易一些，但是衡量对诸如口味、环境、放松度、对话和用餐状态的满意度就非常困难了。这种价值是主观的，它随着不同的顾客和不同的情境而变化。

顾客会用这种感知的价值去衡量一项产品的价格，所以公司必须努力去衡量这一价值。有时候，公司会询问顾客愿为一个基本的产品和每一项附加到产品上的性能付多少钱。或者公司会做实验来测试不同产品的感知价值。有一个很古老的俄国谚语这样说,在每个市场中都有两个傻瓜:一个要求太多,一个要求太少。如果销售者要求购买者付高于感知价值的价格,公司的销售会受到影响。如果销售者收费低一点,其产品会卖得很好,但是这些产品产生的收入将会低于将价格定于感知价值水平上的情况。

现在我们考察两种类型的基于价值的定价:超值定价和增值定价。

超值定价 2008—2009年的金融危机引起了消费者对于价格和质量的态度的根本性和持续性转变。结果,许多公司改变了定价方法,以使自己不落后于经济态势变化和消费者价值感知的步伐。越来越多地,营销人员采用**超值定价**(good-value pricing)策略——以一个公平的价格提供质量和良好服务的恰当组合。

在许多情境下,这一定价策略意味着对名牌产品推出不那么昂贵的版本形式。比如,塔可钟和麦当劳这样的快餐店提供超值套餐和廉价菜单项目。每一家汽车制造商现在都提供更适合囊中羞涩的消费者的低价小型车。宝洁公司为旗下的Bounty和Charmin品牌推出了"基本"版本,其销售价格较低;宝洁还在最近推出了价格便宜的Gain洗洁精,这是近40年来首款新型的洗洁精。该公司还将一些汰渍洗涤剂的包装型号从100盎司降至75盎司,并在沃尔玛和其他折扣店以低20%的价格销售。"今天,当你问消费者'什么是价值'时,第一个答案是'更低价的名牌',"一位定价专家说。

在其他情境中,超值定价意味着重新设计已有的品牌,以期在现有价格上提供更好的产品品质或相同品质条件下降低价格。比如说,欧洲低价航空公司瑞安航空(Ryanair)的乘客在旅途中不能享受免费的娱乐设施,但是他们会喜欢其难以置信的低价(见营销实例10.1)。同样,不提供非必需服务的Snap健身房依靠良好定位在各种经济环境下生存:

> 虽然一些健身房连锁店在最近的经济衰退期挣扎求存——巴利健身房破产了两次——但24小时营业的Snap健身房却扩大了俱乐部的数量,收入还翻了一番。这家特许经营的连锁健身房实现了良好业绩,尽管会员费仅为每月35美元,退订费用也很低。它的秘密是什么?方法是不提供非必需服务,其座右铭"快速、方便、实惠"也强调了这一点。其小型健身房——只有2 500平方英尺——通常有5台跑步机、2部动感单车、5台椭圆机及负重器械。重要的是它没有的东西——没有健身课程、水疗室、现场看护设施或果汁吧。很少俱乐部有淋浴室,大部分每周只有25~40小时有人值班。目标市场是35~55岁有孩子的已婚顾客,他们通常住在附近并且忙碌到每天待在健身房不超过1小时。

营销实例 10.1

瑞安航空公司:真正超值定价——免费飞行!

现在,世界上主要的航空公司正在艰难的航空旅行时期进行困难的定价策略决策。这些定价策略差别很大。不过,一家航空公司似乎已经找到了一个激进的新定价解决方案，一种客户一定会喜欢的方案：让飞行免费！对的。总部设在都柏林的瑞安航空首席执行官迈克尔·奥利里有一个梦想，有一天，所有瑞安航空公司的乘客都将免费飞行。目前它平均每张机票价格为42美元(相比之下，最靠近的竞争者易捷航空(easyJet)为87美元，西南航空公司为130美元)，瑞安航空公司正在越来越接近奥利里的梦想。

即使没有完全免费的航班，瑞安航空也已经成为欧洲最受欢迎的航空公司。去年，瑞安航空公司向26个国家超过155个欧洲目的地运送了7680万人次的旅客。这家廉价航空公司也是欧洲最赚钱的航空公司之一。在过去十年中，尽管全球航空业亏损近500亿美元，瑞安航空公司已经有九年实现净利润。虽然燃料成本上涨、欧洲经济崩溃以及航空业未来困扰重重，瑞安航空似乎有能力抵御动荡。

秘密是？瑞安航空节俭的成本结构能让一向关注成本的西南航空显得花钱大手大脚。此外，这家爱尔兰的航空公司的收入源自从行李托运到座椅靠背广告等除了机票外的所有项目。瑞安航空公司的低成本战略是仿照西南航空公司。20年前，瑞安航空只是又一个挣扎求存的欧洲航空公司，奥利里去了达拉斯与西南航空公司的高层会面，想要看看他能从中学到什么。这导致了这家爱尔兰航空公司的商业模式大规模改进。跟随西南航空，瑞安航空只使用单一类型的飞机——好用的波音737。而且像西南航空一样，它开始专注于较小的二级航空港，并提供未分配的乘客座位。

此外，瑞安航空还采取了西南低成本的定价模式。对于保持低成本，奥利里这个穿牛仔裤、运动鞋和普通短袖衬衫的人是一个绝对的狂热者。他希望瑞安航空被誉为飞行的沃尔玛。像这个巨型零售商一样，瑞安航空一直在寻找新的降低成本的方法，例如，没有座椅靠背口袋的硬质塑料座椅可以减轻重量和清洁费用。瑞安航空机组人员甚至自己购买制服，总部工作人员自己供应自己的笔。

奥利里将降低成本等同于通过降低机票价格增加顾客利益。从每架飞机上拆除一个厕所之外的所有其他卫生间，将会平均降低5%的机票价格。用一个常设舱替换最后10排座椅，能降低另外20到25个百分点。奥利里的成本削减方式有时是疯狂的建议，他曾经提议只让一位飞行员驾驶飞机("让我们去掉副驾驶，让那个讨厌的电脑自动驾驶飞机")，并且让顾客将自己的行李放在瑞安飞机的货舱里("你带着你自己的包，你把它放下，你把它放好")——这些狂言是为了能免费宣传公司而故意说出的。这一切听起来都很疯狂，但再想想这些零美元票价。

奥利里对客户免费飞行的梦想还在于，有一天瑞安航空的所有收入都将来自"附带"费用。目前这家节俭的航空公司的非机票收费只贡献其收入的20%。但瑞安航空是航空业内对几乎每一个可选的消费设施收费的行业领导者。这家自负的航空公司炫耀自己是业内第一个对托运行李和机上茶点收费的公司。这一战术一度被行业所忽视，然而现在已成为标准手续，给航空公司带来了数十亿的收入。但是，瑞安航空公司将其实行得更远。现在它向顾客收取打印登机牌、用借记卡或信用卡付款及使用轮椅的费用。它甚至建议对超重客户收取费用，或者收取那仅剩的一间厕所的使用费。

除了对飞行的每个方面向顾客收费，瑞安航空公司还设想通过为其他公司销售产品获得巨大收入。瑞安航空的飞机内部空间里的广告与时代广场差不多。一旦起飞，贪婪的乘务员向他们的猎物，也就是乘客兜售各种东西：羊角面包和卡布奇诺、数码相机和香水，公司赞助的慈善机构的抽奖券，甚至每包6欧元的无烟香烟。

而在到了某些偏僻的机场后，瑞安航空公司会卖给乘客到镇上的公交车票或者火车票。这家公司还从租赁汽车、酒店客房、滑雪包和旅游保险中获得佣金。只要有机会，瑞安航空会试图从乘客那里多挤出一点钱。

瑞安航空公司没有为额外费用和缺乏舒适辩解。事实上，它认为“更少免费更低价”这一价值定价方法是航空业内本应早就存在的。奥利里说：“在许多方面，旅行是愉快和丰富的。但是，从A点到B点的物理过程不应该是愉快的，也不是丰富的。它应该是快速、高效、负担得起和安全的。”而瑞安航空的成功似乎表明顾客对此表示同意。乘客确实得到他们想要的东西——低得离谱的价格。并且额外的购买则是乘客自由决定的。

尽管缺乏服务设施，但大多数乘客似乎都欣赏，而不是反对瑞安航空开放和直接的定价方法。与其他航空公司所谓的“复杂”方法相比，一名乘客明确表示：“我更喜欢(瑞安航空)的粗暴方法，以及他们低到谷底的票价和为了把手伸进我的钱包里而做的无耻(但是简单)的努力。”

另外在回击一些分析家所说的瑞安航空如“运牲车”般运送旅客时，一位乘客评论道：“只有奥利里才会把你叫成一头牛，舔着他的牛排，解释他打算如何宰你当晚餐。”

奥利里的理念是，商业航空不需要宠溺乘客以使其忠诚，这似乎公然违反了提供卓越客户体验的现代营销理念。但瑞安航空证明，公司能够以不止一种方式来提供顾客价值。当你看着瑞安航空下降的价格和上涨的利润，奥利里的免费飞行梦似乎并不很遥远。凭借瑞安航空的超值定价诀窍，天空甚至都不是限制。

在零售业中，超值定价方法中很重要的一种就是**日常低价**(everyday low pricing, EDLP)，即制定一个常规的每日低价，并且很少或从不搞临时的价格折扣。仓储量贩店好市多(Costco)和林木宝(Lumber Liquidators)都在实行日常低价。实行日常低价最为成功的当属沃尔玛，是它在实践中定义了这一概念。除了每月的某些品项，沃尔玛承诺它所销售的每种商品天天低价。与之相反，**高低定价**(high-low pricing)在每天高价的基础上对选定的品项经常暂时性地促销。科尔士和梅西这样的百货公司通过举办经常性的促销日、先到先得的促销活动和对商场信用卡持有者的额外奖励等方式，实行高低定价策略。

增值定价　基于价值的定价不只是简单地意味着按照消费者愿意支付的价格定价，或者制定低价以应对竞争。取而代之，很多公司采用**增值定价**(value-added pricing)方法。它们对商品加上具有附加价值的特性和服务使其产品有所区别，从而支撑着较高的价格，而不是降低价格来与竞争对手保持一致。例如，即使在经济衰退时期消费者不愿意花钱，一些剧院连锁店增加设施和收费，而不是削减服务以维持较低的入场费。同样我们来看下面这个例子：

一些剧院连锁店正将其多厅影院变成更小、更舒适的豪华间。新的高级剧院提供增值功能，例如在线预约座位，高背皮革老板椅或带扶手和脚凳的摇椅，最新的数字声道和超宽屏幕，供应优质食物和饮料的餐厅，甚至代客泊车。

例如，AMC（美国第二大剧院连锁店）经营超过50家剧院，提供一些增强版的食品和饮料服务选项，例如“叉子和屏幕”（升级皮革座椅，席间服务，包括晚餐、啤酒、葡萄酒和鸡尾酒在内的大菜单）和“影院包厢”（除了优质鸡尾酒和葡萄酒之外还有其他高档食品，席间服务，红色真皮躺椅，座椅间距八至九英尺）。

美国俄亥俄州哥伦布市的AMC Easton 30巨幕影院包厢还有芒果玛格丽塔酒！票价为9至15美元（取决于时间和日期），可以预订座位，严格的21岁及以上准入政策，倾斜式皮革座椅，并可以付钱让人把晚餐和饮料送到他们的座位上。这样的剧院非常成功，AMC计划增加更多。“一旦有人体验到了，”公司发言人说，“他们往往不想去任何其他地方。”

10.2.2　基于成本的定价方法

顾客感知价值确定了价格上限，成本则确定了公司可以制定的价格下限。**基于成本的定价方法**（cost-based pricing）即根据生产、配送和销售过程产生的成本加上对于公司所做努力和所承担风险的合理回报来制定价格。在一个公司的定价策略中，成本是一项很重要的元素。

像瑞安航空公司和西南航空公司一样，有些公司努力成为各自产业中的低成本生产商。低成本意味着可以制定低价，这会导致利润率降低，但是销量和总利润将会上升。然而，苹果、宝马以及施坦威之类的公司为了制定更高的价格和获得更高的利润率故意承担较高的成本。比如说，“手工制造”施坦威钢琴比量产雅马哈钢琴的花费要多。但是高成本可以实现高品质，使得令人咂舌的8.7万美元的价格变得合理。关键是把握成本和价格之间的差距——公司对所传达的顾客价值赚到了多少。

成本的种类　公司的成本有两种形式：固定成本和可变成本。**固定成本**（fixed cost）不随生产和销售水平变动。例如，无论生产水平怎样，公司必须每月支付租金、水电费、利息、工作人员工资。**可变成本**（variable cost）直接随生产情况变动。惠普公司（HP）生产的每台计算机都有芯片、导线、塑料、包装和其他投入，每台计算机的这些成本都一样。这些成本被称作可变成本，是因为其总额随产量变化。**总成本**（total cost）是在一定生产水平下固定成本和可变成本的总和。管理部门制定的价格，起码要能够补偿一定生产水平下的总生产成本。

公司必须仔细地关注其成本。如果公司的生产和销售成本比竞争对手高，公司必须制定较高的价格或者接受较低的利润，从而处于不利的竞争地位。

不同生产水平下的成本　为了明智地定价，管理部门需要了解不同生产水平下的成本变化情况。例如，假设得克萨斯仪器公司（Texas Instruments）建造了一个每天可以生产1 000台计算器的工厂，我们在图10.3A中展示了典型的短期平均成本曲线。从图中可以看出，如果工厂每天只生产几台或几十台，每台计算器的成本就很高；如果每天能生产1 000台，平均成本就降了下来。这是因为固定成本分摊到更多的产品上，平均每个产品的固定成本就减少了。得克萨斯仪器公司可以试着生产1 000台以上，但平均成本会上升，因为工厂效率降低了。工人要等设备，而设备会经常地出问题，工作人员之间也相互影响。

如果得克萨斯仪器公司每天销售 2 000 台计算器，它需要考虑建一个大一些的工厂。工厂要装备效率更高的设备，管理工作也要优化。每天生产 2 000 台的单位成本要比生产 1 000 台的单位成本低，这在图 10.3B 中已经表示出来了。事实上，如图 10.3B 所示，具有 3 000 台的生产能力，工厂效率会更高。不过，若达到每日 4 000 台的规模，效率就不高了，因为规模不经济的程度增强了——太多的工人需要管理，文件太多影响了工作进度，等等。图 10.3B 表明，如果市场需求足够强劲，每日 3 000 台是最好的生产规模。

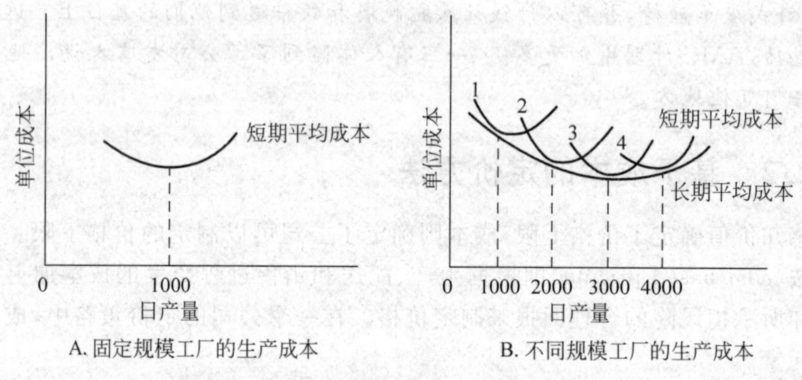

A. 固定规模工厂的生产成本　　B. 不同规模工厂的生产成本

图 10.3　不同产量水平下的单位成本

生产经验下的成本函数　假设得克萨斯仪器公司经营一个日产 3 000 台计算器的工厂，随着所掌握的计算器生产经验的积累，公司学会如何做得更好。工人也了解了操作方法，能更好地使用设备。通过实践，公司组织得更好了，公司找到了更好的生产设备和生产工艺。随着产量的提高，公司效率也提高了，有了规模经济的效益。结果，随着生产经验的积累，平均成本下降了，从图 10.4 中可以看到这点。于是生产前 10 万台计算器的平均成本是每台 10 美元；当公司生产了 20 万台计算器后，单位平均成本降到 8.5 美元。经验继续积累，产量翻了一番，到了 40 万台时，单位平均成本降到 7 美元。随着经验的变化，单位平均成本也在变化，并形成一条曲线，这条曲线叫作**经验曲线**(experience curve)或**学习曲线**(learning curve)。

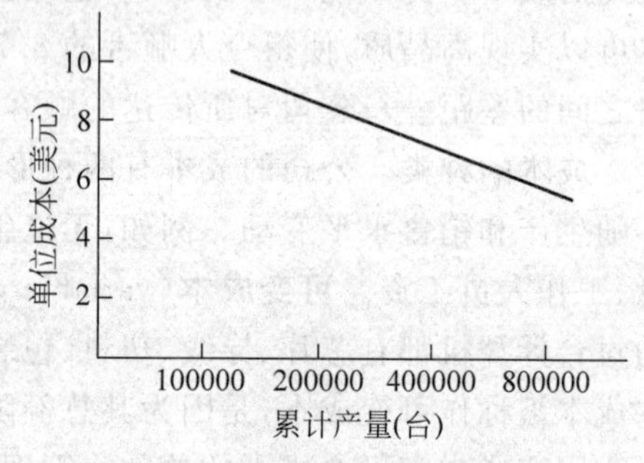

图 10.4　单位成本是累计产量的函数：经验曲线

如果曲线是向下倾斜的，这对公司很重要。不但公司的单位生产成本会下降，而且在给定的时间内，如果公司生产并销售更多，单位生产成本会下降得更快。但前提是市场必须能够购买更多的产量。为利用经验曲线，得克萨斯仪器公司必须在产品生命周期早期占有较大的市场份额。下面是对其定价策略的一些建议：得克萨斯仪器公司应该给计算器定低价，销售量会增加，获得更多经验后成本会下降，然后就可以进一步降低价格。

一些公司围绕经验曲线制定了成功的策略。不过，靠降低成本和利用经验曲线并不是总能成功。经验曲线也有一些风险，不断降价会使产品有便宜货的印象。这个策略的前提是假设竞争者都很弱，不可能对公司降价作出反应。最后当公司在一种技术下增加产量时，竞争者可能找到成本更低的技术，使其以更低的价格进入市场，而此时市场领导者可能仍然在依照老的经验曲线运作。

成本加成定价法　最简单的定价法是**成本加成定价法**(cost-plus pricing)或者叫**补偿定价法**(markup pricing)，也就是在产品成本上加一个标准的加成。例如，建筑公司投标前，先估计全部工程所需成本，然后再加上一个标准的加成以获取利润。律师、会计和其他专业人员也是在成本上加上标注的加成形成价格。一些销售者告诉顾客，他们收取的价格就是成本加上一定的加成。例如，航天设备公司就是用这种方法对政府标价的。

为了描述这种加成定价法，假定烤面包器生产商的成本和期望销售量如下：

可变成本	10美元
固定成本	300 000美元
期望销售量	50 000台

那么，制造商的烤面包器的单位成本是：

单位成本＝可变成本＋固定成本/销售量＝10＋300 000/50 000＝16(美元)

现在，如果制造商打算加成20％，其成本加成价格是：

加成后的价格＝单位成本/(1－期望收益率)＝16/(1－0.2)＝20(美元)

制造商将以20美元的价格将烤面包器卖给经销商，其利润为4美元。如果经销商打算赚50％，则定价40美元(20美元＋0.5×40美元)。这个数字代表100％的成本加成(20美元/20美元)。

使用标准加成的方法来定价是否合理呢？一般来说不合理。任何忽略了需求和竞争的定价方法不会得出最好的价格。然而，加成定价法之所以存在是有一些原因的。首先，比起需求量来说，销售者更关心成本。把价格和成本联系起来，销售者的定价工作变得简单了，当需求变化时，不必频繁调整价格。其次，当全行业的企业都使用这种定价方法时，大家定的价格都一样，减少了竞争。最后，许多人认为成本加成定价对销售者和购买者都公平，销售者对投资赚取合理的盈利，即使购买者需求增加，销售者也不趁机涨价来占购买者的便宜。

盈亏平衡分析和目标利润定价法　另一个基于成本的定价方法是**盈亏平衡定价法**(break-even pricing)，或者叫**目标利润定价法**(target profit pricing)。企业试图找到一种价格，使用这种价格时，企业的收入与成本相抵，或者能达到期望中的利润目标。

盈亏平衡定价法利用盈亏平衡图的概念，盈亏平衡图展示了在不同的销售量水平下期望的总成本和总收入。图10.5提供了我们这里讨论的烤面包器制造商盈亏平衡的情况，不管销售量是多少，固定成本都是30万美元。可变成本加上固定成本即总成本，它随产量的增加而增加。总收入从0开始，随销售量的增加而增加。总收入曲线的斜率表示单位产品的价格是20美元。

总收入和总成本曲线在产量为3万台时相交，这是盈亏平衡点的产量。价格是20美元时，公司必须至少销售3万台，才能达到盈亏平衡，也就是总收入和总成本相抵。盈亏平衡产量可以用下列公式计算：

盈亏平衡产量＝固定成本/(价格－可变成本)＝300 000/(20－10)＝30 000(台)

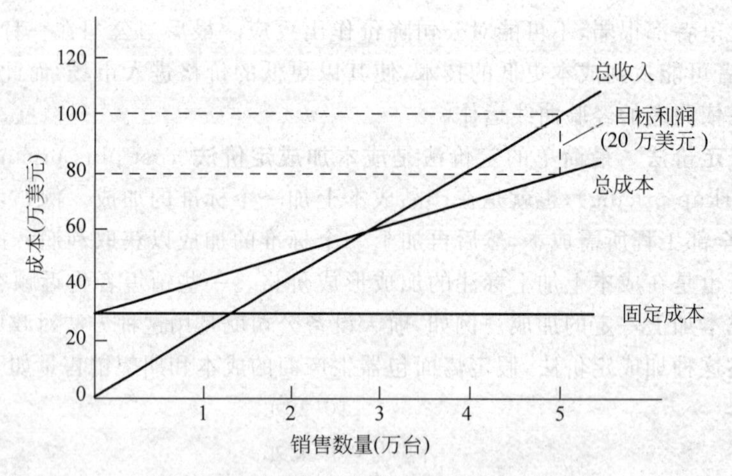

图 10.5　确定目标价格的盈亏平衡分析图

如果公司想要达到目标利润，它必须以 20 美元的单价销售 3 万台以上。假设烤面包器制造商投资了 100 万美元，并打算有 20%的利润，或者说 20 万美元的利润。价格为 20 元时，它必须至少销售 5 万台才行。如果公司把价格定高些，它不必销售这么多的烤面包器就能达到目标利润。不过，如果提高价格，即使在投放量减少的情况下，市场也不一定能接受。这主要看价格弹性和竞争者的价格。

制造商应该考虑不同的价格，并估计各种价格下盈亏平衡产量、可能的需求量和利润(如表 10.1 所示)。表 10.1 显示了当价格增加时，平衡点产量下降了(第 2 列)，烤面包器的需求量也下降了(第 3 列)。价格为 14 美元时，制造商只净得 4 美元(14 美元减去 10 美元的可变成本)，销售量必须达到很高水平才能实现盈亏平衡。即便低价对于消费者来说很有吸引力，但需求量还是在盈亏平衡产量以下，制造商还在赔钱。另一个极端的价格是 22 美元，每生产一台烤面包器，制造商可净得 12 美元，并且只需要销售 2.5 万台，就能达到盈亏平衡。但是由于价格过高，消费者买得少，利润也是负的。表中显示，价格为 18 美元时，产生最大利润。这里请注意，没有一种价格可以使制造商达到它 20 万美元的目标利润。为达到这一目标，制造商必须要想办法降低固定成本或可变成本，使盈亏平衡产量降下来。

表 10.1　不同价格下的盈亏平衡产量和利润　　美元

(1) 价格	(2) 盈亏平衡产量 (台)	(3) 给定价格的期望 需求量(台)	(4) 总收入 (1)×(3)	(5) 总成本	(6) 利润 (4)－(5)
14	75 000	71 000	994 000	1 010 000	－16 000
16	50 000	67 000	1 072 000	970 000	102 000
18	37 500	60 000	1 080 000	900 000	180 000
20	30 000	42 000	840 000	720 000	120 000
22	25 000	23 000	506 000	530 000	－24 000

总成本：假设固定成本是 300 000 美元，单位可变成本是 10 美元。

10.2.3　基于竞争的定价法

基于竞争的定价法(competition-based pricing)即公司主要根据竞争者的策略、成本、价格和产品来定价。消费者通常根据同类产品的价格来判断一个产品的价值。

在了解竞争者的定价策略的过程中，公司应当弄清几个问题。首先，在消费者价值上本公司的产品与竞争者相比如何呢？如果消费者感觉本公司的产品或者服务提供更多的价值，公司可以定更高的价格。如果消费者感觉到比竞争者产品更少的价值，公司要么定一个更低的价格，要么改善消费者的感知以使他们接受更高的价格。

接下来一个问题是，现有的竞争者有多么强大，它们的定价策略是什么？如果公司面对的是一群价格高于其产品交付的顾客价值的小型竞争者，可以制定低价来把弱小的竞争者驱逐出该市场。如果市场被低价的大型竞争者主宰，公司可以提供高价的增值产品，瞄准未被满足的补缺市场，例如辣妈(Hot Mama)这家瞄准母亲和孩子的时装精品店。

> 只有30个店面，辣妈不太可能在与梅西或科尔士这些巨型百货公司的价格战中获胜。相反，销售高端品牌如Jees Jeans和Free People的这家时装精品店依靠个性化的方式，对妈妈和孩子友好的氛围，以及知识渊博的员工，将急匆匆的母亲转变为忠实的顾客，即使她们必须付多一点钱。为了让忙碌的母亲自由地购物，辣妈店在店中央放置玩具、图画书、电子游戏和其他有吸引力的东西，用于招待它们的小客人。店内超宽的过道为婴儿车留下足够的空间，店员还可以充当临时保姆。辣妈强调服务，而不是价格。销售人员(店内称他们为"造型师")完成三项要求严格的认证项目：服装、体型和育儿。辣妈的总裁说："我们的造型师在任何一位25～65岁的女士走进大门时，就可以根据她的体型为她设计造型。"然而，真正让辣妈变得特别的是造型师与顾客的个人关系："就像和女性朋友一起购物。"

在决定相对竞争者而言应该定什么样的价格时，应当遵守什么原则呢？理论上来说是简单的，但是实践往往是艰难的：不管你定什么价格——高，低，还是折中——要确定提供给顾客比价格更多的价值。

10.3　其他影响定价决策的内外部因素

除去顾客感知价值、成本和竞争者策略之外，公司还必须考虑一些额外的内外部因素。影响定价决策的内部因素包括公司的总体营销战略、目标、营销组合以及一些其他的组织考虑。外部因素包括市场和需求的本质及其他环境因素。

10.3.1　总体市场营销战略、目标以及营销组合

定价只是公司用以完成其市场营销目标的一个营销组合工具。所以，在设定价格之前，公司必须决定其产品或服务的整体营销战略。有时，公司的整体战略是围绕其价格和价值的故事而建立的。例如，杂货零售商Trader Joe's独特的价格定位使其成为美国成

长最快、最受欢迎的食品商店之一。Trader Joe's 明白，成功不仅仅来自为客户提供的产品或从中收取的价格，而是来自能产生最大客户价值的产品、价格和商店运营的组合。客户价值就是客户从付出的金钱中获得的东西（见营销实例 10.2）。

营销实例 10.2

Trader Joe's 的独特价格—价值定位："便宜的美食"

7 月初在曼哈顿切尔西社区的早上，一大群热切的人已经聚集在一起。场合：Trader Joe's 开了一家新店，等候的购物者与刚到这家时髦零售店的邻居们分享自己的喜悦。Trader Joe's 不仅仅是杂货店，它是一种文化体验。它的货架上装满了具有异国情调但又实惠的商品。无论是有机香草奶油花生酱、生态鸡蛋、泰国酸橙辣椒味腰果，还是比利时黄油华夫饼，你都只能在 Trader Joe's 找到它们。在新店开幕的时刻，大量顾客涌入，淹没了通道。他们在结账时排了十条长队，购物车上装满了 Trader Joe's 的 2.99 美元 Charles Shaw 葡萄酒——又称"两元抛"，还有各种各样的其他价格低廉的独家美食。所有这一切使得 Trader Joe's 成为热门零售商。

Trader Joe's 并不是一家美食店，也不是折扣食品店，但实际上有点像两者的结合。Trader Joe's 以一种特有的方式扭曲了价格—价值等式——姑且称之为"便宜的美食"，它以便宜的价格提供美食级别的、独一无二的产品。这些产品全部以节假日般的气氛销售，使购物变得有趣。然而不管你如何定义它，Trader Joe's 创造性的价格—价值定位已经赢得了几乎狂热信徒一样的忠诚客户，他们喜欢在 Trader Joe's 买到的东西。

Trader Joe's 将它自己描述为"天堂岛"，一个每天都会发现价值、冒险和美味财富的地方。当购物者在松板墙和假棕榈树之间穿梭时，像轮船铃声般的声音偶尔在收银台处响起，提醒他们特别的通告。穿着夏威夷衬衫的热心、愉快的员工会和顾客聊起任何事，从天气到晚宴菜单建议。在切尔西分店的开幕式上，工作人员与顾客击掌致意，并向他们发放免费曲奇。顾客不仅是在 Trader Joe's 购物，而是在体验这一切。

货架上填满了既美味又质量好的产品。Trader Joe's 仅提供有限的 4 000 种专售产品（相比于另一家代表性零售商的平均 5 万种商品）。然而，那些是 Trader Joe's 独有的品种，包括即食汤、新鲜和冷冻主菜、小吃和甜点，所有这些都不含人工色素、香精和防腐剂。Trader Joe's 的所有食品都有特色，从爆米花饼干、有机草莓柠檬汽水、奶油花生酱和公平贸易咖啡，到泡菜炒饭和含有三倍姜的姜饼，这些都让美食家感到快乐。

另外一个让 Trader Joe's 的商品如此特别的原因，就是你不会轻易地从其他地方买到它们。例如，猫咪姜饼或藜麦黑豆玉米饼。店内超过 80% 的商品是自有品牌，只在 Trader Joe's 销售。如果询问顾客，几乎任何一位都能列出一张现成的清单，上边写着他们喜爱并离不开的 Trader Joe's 食品——这张清单的内容还在快速增长中。人们来这里只为了买一两件东西，最后却买了整车的东西。"这家店似乎让他们的顾客上瘾，"一位食品业分析师说道。

特别的商店气氛、独有的美食产品、热心和周到的伙计——这些听起来都像是高价格的秘诀，然而在 Trader Joe's 并非如此。尽管高端的竞争者（例如全食超市）收取高端的价格以匹配其商品（“全食，全价”），Trader Joe's 仍以相对低廉的价格令顾客感到惊讶。虽然 Trader Joe's 的价格并不是无限制地低，但是确实比在其他任何地方买相同质量的东西花钱少。“在 Trader Joe's，我们像关心优质食品一样关心价值，”公司说，“所以你在这里冒得起险，不用去抢银行。”

那么，Trader Joe's 是如何将这些美味食品的价格维持得如此低廉呢？它精心地调整了非价格元素，以支持其整体价格—价值战略。它开始于精简经营，并几近狂热地关注节约。为了保持低成本，Trader Joe's 特别将店面开在租金低廉、位置偏远的地方，例如郊区的沿公路商业区。它小规模的店面和有限的产品类别，使设施和存货成本降低。为了省钱，Trader Joe's 取消了大型的农产品区，以及昂贵的现场面包烘焙店、鲜肉屠宰店、熟食店和海鲜店。对它的自有品牌，Trader Joe's 直接从供应商那里进货，并竭力协商价格。“我们直接从经销商那里购买大量的商品，没有中间人，这使得我们能够提供最低的价格，”商店经理说。

最后，它为了省钱，基本上不花钱做广告。Trader Joe's 专售商品和低廉价格的独特组合，被口口相传，以至于公司真的不需要去做广告。最接近官方促销措施的就是公司的网站或者发送给乐意接收的顾客的新闻邮件。Trader Joe's 最强有力的促销武器就是其忠诚的追随者大军。Trader Joe's 的顾客甚至开设自己的粉丝网站 www.Traderjoesfan.com，在这里他们讨论新产品和新店，交流食谱，并大谈他们喜欢的 Trader Joe's 故事。

因此，通过找到正确的价格—价值方案，Trader Joe's 成为美国增长最快和最受欢迎的食品店之一。它在 32 个州的超过 375 家店面实现了超过 100 亿美元的年销售额，相比四年前增翻了一倍。Trader Joe's 的店面实现了惊人的每平方英尺 1 750 美元的销售额，比超市行业平均水平的两倍还多。《消费者报告》（*Consumer Reports*）近日把 Trader Joe's 和 Wegmans 食品超市一起评为去年美国最好的连锁超市。

这些都与价值和价格有关——你获得的正是你付出的。不妨问一下 Trader Joe's 的常客克里希·赖特。某日早上，我们找到她时，她正在俄勒冈州本德市当地的 Trader Joe's 闲逛。

克里希离开 Trader Joe's 时会买上 8 瓶最受欢迎的 2.99 美元一瓶的 Charles Shaw 葡萄酒。“我喜欢 Trader Joe's，因为它让我像一个雅皮士一样吃东西，却无须花光我的钱，”赖特女士说。“它的产品都很美味，很注重环保，并且很漂亮……当然这里还有‘两元抛’葡萄酒——大约是我们这个时代最好的新发明了。”

如果公司慎重选择了其目标市场与定位，那么它的营销组合策略，包括价格，会变得十分直接。例如，定位于高端市场的 Kallista 是科勒（Kohler）的一个子公司，提供一系列浴室和厨房用具。它“把激情融入深刻的美感和高效的性能”，每一个设计师系列邀请您“发现”Kallista。每个 Kallista 产品都具有“精致的细节——从手工制造的表面到人造石——被仔细地拼接在一起表达出一种简单的优雅”。Kallista 产品线的豪华定位需要更高的价格。相比之下，科勒的另一个子公司 Sterling 提供了更多经济实惠的“灵感来自

生活”的用具。Sterling 瞄准关注预算的顾客，定位是简单、方便、舒适和经济型设计。Sterling 的中端市场定位要求定价较低。因此，定价策略在很大程度上取决于市场定位决策。

在完成公司目标的过程中，定价在很多情况下扮演着极其重要的角色。一家公司可以通过定价来吸引新的顾客或者保持现有顾客。它可以通过定低价来抵御新进入市场的公司的竞争，或者制定与竞争者相同的价格以保持市场的稳定。它可以通过定价来维持经销商的忠诚度和支持度，或避免政府的介入。价格可以暂时下调来为一个品牌创造兴奋点。一项产品也可以通过定价来帮助促进公司产品线上其他产品的销售。

价格决策必须与产品设计、配送和促销决策相协调，形成连贯、有效、综合的市场营销活动。其他市场营销组合变量的决策有可能影响定价决策。例如，一项把产品定位在高端市场的决策，可能意味着销售者必须定高价来覆盖其高成本。那些需要经销商支持和促销产品的生产者，也许不得不将经销商的成本纳入价格中。

公司经常通过价格来为它们的产品进行定位，然后按照定价来调整其他的营销组合决策。这里，价格是决定产品市场、竞争和设计的关键的产品定位因素。许多公司通过**目标成本法**(target costing)来支持这一价格定位策略。目标成本法反转了通常的首先设计一个新产品，算出其成本，然后问“我们能否卖掉它?”的过程，取而代之的是，整个过程由一个以顾客价值考虑因素为基础的理想销售价格开始，然后确定一个可以与价格相匹配的目标成本。例如，本田公司开始设计飞度(Fit)时，它首先制定一个 13 950 美元的起始价格点以及每加仑汽油 33 英里的行驶效率，然后设计一款其成本允许给顾客提供这些价值的时尚、强力小汽车。

有的公司不再强调价格，而是使用其他的营销组合工具来创造非价格的定位。通常，最好的策略不是制定最低的价格，而是将自己的产品差异化来使它值一个更高的价格。例如，Bang & Olufsen(B&O)这个以尖端的消费电子产品著称的品牌，向其产品中注入高的价值，然后定一个天价。一台 B&O 50 英寸 BeoVision 高清电视就价值 7 500 美元，一台 55 英寸电视价值 18 700 美元，一台 103 英寸电视价值 10 万美元。一套完备的 B&O 影音系统呢? 好吧，你不会想知道它的价格。但是目标顾客认同 B&O 的超高质量，愿意为了得到它而付出更多金钱。

一些公司甚至将其产品定位为“高价”，将高价作为产品卖点之一。例如，金万利(Grand Marnier)推出每瓶 225 美元的柑曼怡 150 周年力娇酒(Cuveée du Cent Cinquantenaire)，以“千里难寻，无法言喻，天一般高价”作为宣传语来营销。还有提图斯自行车(Titus Cycles)，一家高端的自行车制造商，在广告中大力宣传自己的高价。一则幽默广告展示了一个男人送给女友一枚“锆石”订婚戒指，这样他就可以给自己买一辆提图斯的 Vuelo 自行车了。该自行车的建议零售价为 7 750 美元。

因此，市场营销人员在定价时必须考虑总体的市场营销战略和组合。但是，再一次强调，就算把价格当作一种产品特性，市场营销人员必须记住顾客很少只因为价格而购买产品。实际上他们寻找能从所支付价格中得到的收益最多从而价值最高的产品。

10.3.2　组织考虑

组织部门必须决定组织内部由谁来设定价格。公司定价的方式有多种。小公司里，价格是由最高管理层而不是营销或销售部门决定。在大公司，价格一般由分部经理或产品线经理确定。在产业市场上，推销员获准在一定的价格范围内和顾客还价。尽管如此，高层领导常设立定价目标和政策，批准由下级或销售人员提出的价格。

在定价是一个关键因素的产业领域(如航空、铁路、石油)，公司常由一个定价部门制定价格或帮助其他部门制定价格。这个部门要向市场营销部或最高管理层汇报。其他对定价工作有影响的人包括销售经理、生产经理、财务经理和会计等。

10.3.3　市场与需求

前面提到，好的定价是以理解顾客对价值的感知如何影响他们愿意支付的价格为开端的。消费者和产业购买者都要在产品价格和产品能带来的利益之间进行比较。因此，制定价格之前，市场营销人员必须懂得价格和产品需求之间的关系。在这部分，我们将要说明不同市场下的价格—需求关系，还要说明该关系是如何随市场类型变化的。然后，我们要讨论分析价格—需求关系的方法。

不同市场类型的定价　在不同种类市场中，销售者定价的自由程度是不同的。经济学家确定了四种市场类型，每一种都代表不同的定价挑战。

在完全竞争(pure competition)下，许多购买者和销售者交换同质的商品，如小麦、铜或金融债券，没有一个购买者或销售者能对当时的市场价格有所影响。在完全竞争的市场中，市场调查、产品开发、定价、广告和销售促进作用很少甚至起不到作用。因此，这些市场中的销售者不会在市场营销战略上花费太多时间。

在垄断竞争(monopolistic competition)下，市场有很多的销售者和购买者，它们的交易价格在一定的范围内有很多种，而不是一个。价格有一定的范围，这是因为销售者可以让它们的产品对于购买者来说是差异化的。因为在这种市场中有很多竞争者，每个企业受竞争对手的定价策略的影响不像寡头垄断竞争市场中那么大。销售者努力为不同细分市场的购买者开发差异化的产品，并且，除了价格，它们还有不同的品牌、广告、人员推销方法来区别于竞争者。因此，本田通过强大的品牌管理和广告将家庭多用途车奥德赛(Odyssey)与其他产品区分开，减少了价格的影响。它半开玩笑的广告“你梦想的厢式货车”告诉父母们，“新的奥德赛拥有一切你梦想里的厢式货车会有的，如果你曾梦想过有一辆厢式货车。”除了你预料到的厢式货车的标准功能，本田告诉消费者，你还会发现自己被一系列令人眼花缭乱的技术所包围，这是一种独创性的奇迹。“挂起你的 MP3 播放器，像摇滚之神那样召唤音乐。喊出一首歌的名字，它就会在音响系统里播放，声音震天!”

在垄断竞争(oligopolistic competition)下，市场只有少数大销售者。例如，只凭这四家公司——Verizon，AT&T，Sprint 和 T-Mobile——就控制了 80%以上的美国无线服务供应市场。因为销售者少了，每一个销售者对竞争者的定价策略和营销活动都保持机警的反应。在完全垄断(pure monopoly)下，市场由一个销售者主导。这个销售者可能是政府垄断者(美国邮政总局)、私有限制性垄断公司(一家电力公司)或者私有非限制性公司

（戴比尔斯和它家的钻石）。在不同的情况下，定价也有所不同。

分析价格—需求关系 公司制定的每种价格都可能导致不同水平的需求。价格和对应需求量的关系如图 10.6 所示。**需求曲线**（demand curve）展示了某阶段各种价格水平下，市场所需要的产品数量。在一般情况下，需求量和价格向相反的方向变化——价格越高，需求量越小。因此，如果公司把价格从 P_1 提高到 P_2，销售量就会减少。简而言之，如果价格较高，有预算限制的消费者购买的东西就相对较少。

理解一个品牌的价格—需求曲线对于好的定价决策来说至关重要。康尼格拉食品公司（ConAgra Foods）在为其盛宴牌（Banquet）正餐冷冻食品定价的时候就明白了这一道理。

> 最近，当康尼格拉试图通过将盛宴牌正餐的价格从 1 美元提高到 1.25 美元来覆盖掉较高的商品成本时，消费者对涨价十分嫌弃。销售下滑，这迫使康尼格拉以折扣价格出售过剩的正餐食品。结果表明，"盛宴牌正餐的关键组成部分——关键属性——是只能定价 1 美元。"康尼格拉公司的首席执行官表示："其他一切属性比起这个都会显得不那么重要。"盛宴牌正餐价格现在恢复为 1 美元。为了在这个价格下赚钱，康尼格拉现在在成本管理方面做得更好了，它减少了分量并且用了成本更低的原料。消费者对品牌的降价努力作出了很好的反应。毕竟，你还能在哪里吃到 1 美元的正餐？

多数公司通过估计不同价格下的需求量来估计需求曲线。不同市场的需求曲线不同。垄断市场中，需求曲线表示不同的价格造成的不同的市场总需求量。如果公司有竞争对手，那么不同价格下的需求量取决于竞争者的价格是否变动。

需求的价格弹性 图 10.6 中有两条需求曲线。在图 10.6A 中，价格从 P_1 到 P_2 的变化引起需求量从 Q_1 到 Q_2 的很小的变化；在图 10.6B 中，同样的价格增加幅度，引起需求量从 Q_1' 到 Q_2' 的大幅度变化。如果价格变化时需求量变化小，我们说需求是无弹性的；如果需求量变化很大，我们说需求是有弹性的。需求的价格弹性由下面的公式来表示：

需求的价格弹性＝需求变化的百分比/价格变化的百分比

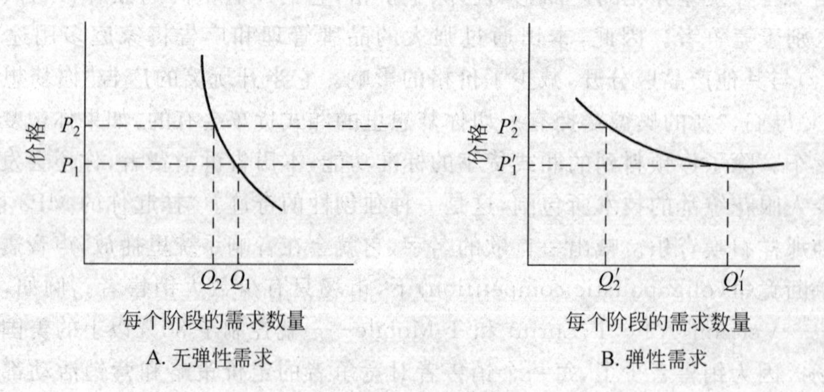

图 10.6 需求曲线

如果销售者提高2%的价格，需求量下降10%，需求的价格弹性就等于－5（负号表示需求量与价格的反方向变动关系），需求量是有弹性的。如果价格增加2%，需求量下降2%，弹性就是－1，这种情况下，销售者的销售收入保持不变。如果价格增加2%，需求量下降1%，弹性就是－0.5，需求是无弹性的。需求越没有弹性，销售者越应该提高价格。

什么能决定需求的价格弹性呢？当产品是独一无二的，或是质量很高、有威望或专有的时候，消费者对价格的敏感性就不高。如果很难发现替代产品，或者没机会找替代产品进行比较时，消费者对价格也不敏感。最后，如果购买产品的价格与收入比起来微不足道，或者费用不全是自己支出，消费者对价格也不敏感。

如果需求是有弹性的，而不是无弹性的，销售者就会考虑降低价格，低价格能增加销售收入。只要多生产和多销售产品的成本不超过多出来的收入，这种做法就是合理的。同时，多数公司都想避免会把自己的产品变成普通产品的定价。近些年来，诸多因素，例如政府撤销管制以及利用互联网和其他技术进行的瞬时价格比较，提高了消费者的价格敏感性，使从电话和计算机到新型汽车的各类产品都成为消费者眼中的普通商品。

商家需要更加努力使自己的产品差异化，因为众多商家在销售几乎相同的产品，价格相当或略低。并且，公司比以前更需要了解顾客的价格敏感性，以及他们对于价格和产品特性的权衡。

10.3.4　经济

经济状况可以对公司的定价策略产生很大的影响。经济景气或衰退、通货膨胀和利率之类的经济因素会影响定价决策，因为它们影响消费者支出、消费者对于产品的价格和价值感知，以及公司生产和销售产品的成本。

最近的金融危机后，消费者重新审视了价格—价值等式。很多消费者已经开始勒紧腰带，变得更加具有价值意识。在这种新的节约型经济下，一位市场营销人员悲痛地说道："不必要的装饰都消失了。"不仅如此，不管是否有经济复苏的迹象，消费者似乎愿意继续保持这种节俭的方式。结果，很多市场营销人员更加强调物有所值的定价策略。

对于这种新的经济现实最明显的回应就是降价和大幅度折扣。成千上万的公司已经这样做了。低价使得产品更加容易支付并且可以带动短期的销售。然而，这种降价将会导致我们不愿意看到的长期后果。低价意味着低的利润率。大幅度折扣可能使一个品牌在消费者心目中的价值下降。一旦一家公司开始降价，在经济复苏之时想将价格调高回来将会非常困难。

比起降价，许多公司已经将其营销重点转移到其产品组合中更实惠的产品。例如，家得宝（Home Depot）最近的广告中宣传"节省更多，得到更多，这就是家得宝的强大之处"，主推盆栽土壤和手工工具之类的产品，而它之前的促销都强调高端产品和诸如打造梦想厨房这一类的昂贵概念。

其他公司保持价格不变，但是在其价值方案中重新定义"价值"，比如高档杂货零售商全食超市。

全食超市通过向高端客户提供高品质的杂货产品而迅速增长，这些消费者愿意并能够为额外价值支付更多。但随后的2008年金融危机中，甚至相对富有的客户也开始削减花费。突然间,全食超市面临着一个很难解决的问题:应该在高端价格定位上坚守底线,还是降价,在经济不好的时期把自己重新定位?全食超市决定坚持其核心的高端市场定位,但也开始巧妙地调整其价值主张。全食超市不是将日常价格全盘下调,而是降低了所选基础物品的价格,并为其他商品提供了有力促销。它也开始强调其低价自有品牌:365天每日优质。

然而,与此同时,全食超市推出了一项新的营销计划,其做法不仅仅是促销更有价值的商品。它让购物者相信,对于你所得到的,全食超市的常规产品都物有所值。当涉及优质的食物,价格不是一切。这家高端零售商甚至指派员工担任"价值导游",引领店内的购物者,并指出促销和常规产品的价值。正如一个导游指出的那样,"价值意味着要兑现你的钱。"由于其价值战略的巧妙变化,全食超市在经济衰退结束后逐渐恢复正常。它正在坚持所有这些年来让顾客觉得全食超市与众不同的种种做法,以此应对节俭时期的挑战。

记住,即使在严峻的经济情势下,消费者也不会只根据价格来购买东西。他们会权衡支付的价格和得到的价值。例如,根据一项最新调查,耐克在鞋类市场拥有最高的顾客忠诚,虽然它的鞋高达150美元一双。顾客感受到了耐克产品的价值,并且认为耐克产品的价值以及使用体验完全值这个价格。因此,不管制定什么价格——高还是低——公司必须为付出的钱提供足够多的价值。

10.3.5 其他外部因素

除了市场和经济,在定价过程中,公司必须考虑外部环境中一些其他的因素。公司必须了解价格会对环境中的其他方带来何种影响。经销商会对各种价格如何反应?公司应该制定可以为经销商提供合理利润的价格,鼓励它们支持自己并且帮助它们更有效地销售产品。政府是另一个影响定价决策的重要外部因素。最后,社会关注可能需要被考虑在内。在定价的过程中,公司的短期销售、市场份额和目标利润可能要结合更广泛的社会因素来确定。我们会在第11章考察定价中的公共政策问题。

小结

如今的公司面临激烈的、快速变化的定价环境。在运用营销组合活动创造顾客价值方面很成功的公司,还必须从其制定的价格中赚取利润。本章考察了定价的重要性、一般定价方法以及影响定价的内外部考虑因素。

1. 弄清楚什么是价格并讨论定价在现今快速变化的环境中的重要性。

定价可以狭义地被定义为某项产品或服务的标价,或者可以广义地定义为通过拥有和使用产品或服务所交换的价值。定价的挑战是寻找合适的价格,使公司从创造的顾客价值中得到合理的利润。

尽管非价格因素在现代营销过程中的重要性在增加,定价仍然是营销组合中很重要的一项元素。它是营销组合元素中唯一可以产生收入的,其他所有的元素都代表成本。更重要的是,作为公司总体价值方案的一部分,价格在创造顾客价值和建立顾客关系的过程中扮演关键性的角色。明智的管理者将定价看作创造和把握顾客价值的关键战略性工具。

2. 指出三种主要的定价策略并讨论理解顾客对于价值的感知、公司成本和竞争者策略在定价中的重要性。

公司可以从三种主要的定价策略中选择：基于顾客价值的定价、基于成本的定价和基于竞争的定价。基于顾客价值的定价使用购买者对于价值的感知作为定价的基础。好的定价从完整地理解产品或服务为顾客创造的价值开始，制定可以抓住这一价值的价格。顾客对于产品价值的感知规定了价格的上限。如果顾客感觉产品的价格高于其价值，将不会选择购买该产品。

公司可以推行两种基于价值的定价方法。超值定价指的是以合理的价格提供质量和服务的适当组合。每日低价是这种策略的一个例子。增值定价即附加增值特性和服务来区别化公司的产品以支持高价格。

基于成本的定价是根据生产、配送和销售产品的成本加上对于这些努力和风险的合理回报。公司和产品的成本是定价过程中的重要考虑因素。顾客感知价值规定价格的上限，而成本规定了价格的下限。然而，基于成本的定价是产品驱动的而不是消费者驱动的。公司设计出自己认为好的产品，然后制定出包含成本和目标利润的价格。如果公司制定的价格被证明太高，公司要么降价要么接受较低的销售量，这两者都会导致令人失望的利润。如果公司价格低于成本，那么利润也会受到影响。基于成本的定价方法包括成本加成定价法和盈亏平衡定价法(也叫目标利润定价法)。

基于竞争的定价即根据竞争者的战略、成本、价格和产品来定价。消费者根据竞争者产品的价格来判断相似产品的价值。如果消费者感觉公司产品或服务提供了更高的价值，公司就可以收取一个更高的价格。如果相比竞争者的产品，消费者感知到更少的价值，公司必须制定一个低价或改变顾客的感知来使高价合理。

3. 识别和定义影响公司定价决策的其他重要内外部因素。

影响定价决策的其他内部因素包括公司总体的市场营销战略、目标、营销组合以及组织考虑。价格是公司更广泛的市场营销战略的一部分。如果公司认真选定了目标市场和定位，那么其市场营销组合策略，包括价格，将会顺利进行下去。一些公司根据价格来定位产品，然后调整其他营销组合决策来适应所制定的价格。其他公司不重视价格，而是使用其他营销组合工具来创造非价格的定位。

其他外部定价考虑因素包括市场和需求的本质，以及经济状况、经销商需求和政府行为等环境因素。销售者的定价自由随着不同种类的市场而变化。最终，顾客决定公司是否制定了正确的价格。顾客根据使用产品过程中感知到的价值来衡量价格：如果价格超出价值，消费者不会购买。所以公司必须了解诸如需求曲线(价格—需求关系)和价格弹性(消费者对价格的敏感度)等概念。

经济状态也可以对定价决策产生主要的影响。大衰退使消费者重新审视价格和价值的对等性。市场营销人员作为应对，更加强调物有所值的定价策略。即使在严峻的经济时代，消费者也不会只根据价格决定购买与否。因此，不管公司制定什么样的价格——高还是低——公司必须为制定的价格提供更高的价值。

问题讨论

1. 什么是价格？讨论营销人员在定价时必须考虑的因素。

2. 比较和对比超值定价和日常低价(EDLP)。

3. 定义和描述营销人员在设定价格时必须考虑的成本类型。描述基于成本的定价方法的种类和实施办法。

4. 目标成本法是什么，它与通常的定价过程有什么不同？

5. 定义和描述经济学家认可的四种类型的市场，并讨论每种类型的定价挑战。

批判性思维训练

1. 你可以在Etsy这样的在线网站上把你的爱好变成利润。在小组里，想出一个把工艺品放在Etsy这个买家和创意企业在线社区出售的办法。使用www.etsy.com上提供的资源作为定价的指南，确定产品的价格。说出你的定价理由，并提供一个你发现在Etsy网站上最有用的资源的链接。

2. 找到对各种消费品和服务的价格弹性的估计数值。解释价格弹性0.5和2.4是什么意思(注意：这些数字是绝对值，因为价格弹性通常是负数)。

3. 什么是消费者价格指数(Consumer Price Index，CPI)？选择www.bls.gov/cpi/home.htm中的一个报告，并就过去两年内的价格变动作出介绍。讨论价格变动的原因。

营销技术：寻找便宜的汽油

现在如果不谈论汽油价格，一天似乎就不会过去。消费者更加敏锐地注意到价格，现在需要40～100美元来填满油箱。许多消费者正在使用科技来帮助找到所在地区的最低价格。虽然有一些网站可以按照邮政编码绘制汽油价格地图，但智能手机应用程序(如GasBuddy、Fuel Finder和Cheap Gas)和车载导航系统(如Garmin和Waze)能让司机在路上就看到价格信息，因为这些系统是基于驾驶员GPS定位信息。这是众包信息的一个例子，因为这些应用程序和系统依靠志愿者来更新价格。

从消费者和汽油零售商的角度讨论上述应用程序的利弊。你认为它们对汽油价格有什么影响？解释你的观点。

营销伦理：你被挤了！

你有没有试过弄清楚你的电话账单的费用项目是什么？并非所有这些都来自你的电话服务提供商。美国国会某委员会的一项研究报告指出，每年20亿美元的“神秘费用”出现在消费者的固定电话账单上——这种做法称为“挤压”。电话公司或第三方将未授权收费归到固定电话的账单上是非法的，但它仍然发生。这促使美国联邦通信委员会（Federal Communications Commission，FCC）提出新的规则，要求企业更清楚地披露费用，以便消费者发现这些费用。该机构希望看到这些费用在客户账单中单独列出，账单上还要有 FCC 的投诉电话。同样的问题蔓延到无线电话账单上。该机构还提出，当无线用户接近每月的语音和数据流量上限时，公司应该向他们提供警报。你还记得第一次超过你的短信限额时发生了什么。如果你没有，如果你的父母支付账单，他们记得！

1. 看一下最近几个月的电话账单。服务提供商如何为通信服务服务定价？你是否看到任何可疑的费用，如 FCC 在 www. ftc. gov/bcp/edu/pubs/consumer/products/pro18. shtm 中列出的任何一项？应如何对这项服务定价，从而让客户更容易理解，也让公司获得合理的利润？提出你的建议。

2. 第三方供应商如何在电话账单上进行收费，无论是授权还是未授权？电话公司是否受益于允许第三方供应商计费？研究这个问题，并讨论应不应该允许。

数字营销：Kei 车

美国政府的燃油经济法规要求汽车制造商在 2025 年之前实现平均每加仑汽油行驶 54.5 英里的车型组合。较小的车辆可以帮助汽车制造商达到这些标准。日本的小型汽车，也被称为 Kei 车（来自“京畿道（kei-jidosha）”或“微型汽车”），能达到 55 英里/加仑的等级。在日本，Kei 车并不新鲜。为了刺激日本经济，当时在日本购买 Kei 车可享受政府和保险公司的补贴。然而，日本的典型购买者是接近 50 岁的人群，导致日本汽车制造商只关注日本市场。美国的法规为这些日本汽车进入美国提供了机会。但是，这种车的利润率几乎与车身一样小，导致汽车制造商怀疑在出口到美国时是否能够获得足够的利润。三大日本汽车制造商（本田、丰田、日产）中，本田是唯一制造 Kei 车的。它正在考虑将其新的本田 NBox 引入美国。其最接近的竞争对手将是戴姆勒的智能车，去年在美国的销售额为 107 亿美元，创造了 1.083 亿美元的利润。智能车售价约为 13 000 美元，但只能容纳两人。相比之下，本田的 NBox 拥有四座，售价为 16 000 美元，成为关心小型车的家庭的备选项。回答以下问题：

1. 智能车的毛利率是多少？

2. 如果每辆 NBox 的单位可变成本为 14 000 美元，而本田汽车的固定成本总计为 2 000 万美元，本田需要卖出多少辆 NBox 汽车才能达到盈亏平衡？要实现与戴姆勒的智能车类似的利润率，必须卖出多少辆？

公司案例

凯茜·琦丝敦（Cath Kidston）：为消费者创造价值的怀旧幻想

本案例研究了凯茜·琦丝敦的定价策略，该公司是一家主要在英国、欧洲大陆和亚洲地区销售家具、家居用品和个人配件以及衣服的英国公司。

你愿意为钥匙圈支付多少钱？市场价格只比 1 美元多一些。但是，你愿意购买 2 美元的同类产品吗？7美元呢？如果企业的产品差异很小，那么公司往往使用低价策略。尽管低价策略似乎有吸引力，特别是在经济低迷时期，但是有些企业正致力于为客户创造价值，并采用增值定价策略。凯茜·琦丝敦有限公司是一家英国的公司，它了解有时候定较高的价格需要付出一些代价。凯茜·琦丝敦的钥匙圈销售价格为7～9.50美元，而市场价格则不到它的1/3。为了解凯茜·琦丝敦如何成功实施这一定价策略，让我们来解释下是什么让这个品牌如此特别。

凯茜·琦丝敦创造的令人愉快的色彩和有趣图案使得它不用专注于价格敏感的细分市场，而是用增值定价策略吸引顾客。对于一个品牌来说重要的是创造一些让人们的心灵有所响应的东西，这是一个品牌成功的确切方式。凯茜·琦丝敦是对其设计风格和乐趣有自信的品牌之一。

从不起眼开始

凯茜·琦丝敦有限责任公司成立于1993年，当时设计师凯茜·琦丝敦在伦敦的荷兰公园(Holland Park)开设了一家小商店，投资23 800美元，出售毛巾、复古面料和壁纸，以及她从童年时期就喜爱的一系列明亮的"垃圾"家具。凯茜·琦丝敦对英国传统乡村风格的改造使得她的小商店很快获得疯狂的成功。今天，品牌拥有广泛的产品范围，从家具、餐具、布料、玩具、床上用品和包包，到女装和儿童服装及配饰，并收取粉丝们乐意支付的溢价。

2012年，凯茜·琦丝敦在英国有57个商店和特许经营点，爱尔兰2个，日本27个，韩国7个，泰国3个，中国台湾1个。该企业的成功也是由英国、欧洲大陆和美国的交易网站、邮购和批发部门推动的。凯茜·琦丝敦已经成为英国设计和零售业的巨头，与博柏利(Burberry)和Pringle一样。

设计是凯茜·琦丝敦品牌的核心部分。然而，它不仅仅是古老风格的图案和令人惊叹的商店内饰。走进任何一家凯茜·琦丝敦商店，你可以"体验"其他零售商店所不提供的品牌。而这种"体验"渗透了凯茜·琦丝敦的网站及其所有的印刷信息。如果你是粉丝，你可以在各方面感受到品牌的精髓。在色彩心理学术语中，凯茜·琦丝敦是纯粹的春天(乐趣、创意、温暖、启发和年轻)，在日常生活中增添了一丝色彩和复古魅力。

凯茜·琦丝敦不仅提供了广泛的产品系列，实际上还提供了一种生活方式。在这家店你几乎可以为你的家、孩子或你自己购买一切。广泛的产品系列使品牌的吸引力最大化，意味着它适用于礼品和个人购买。凯茜·琦丝敦的品牌个性(乐趣和明亮)通过其品牌标识(颜色和排版)闪现出来，从而成为受消费者喜爱的品牌。

价值与价格相比

在某些方面，交叉比较个人产品如钥匙圈可能是有问题的，因为功能和价格都有很大差异。但请考虑一些受欢迎的凯茜·琦丝敦产品，其围巾的售价约为76美元，而来自服装零售商(例如玛莎百货)的同类产品则从20美元到55美元不等。凯茜·琦丝敦的塑料涂层面料的包售价为47～119美元，而其他服装零售商只对皮革包收取同等价格。凯茜·琦丝敦为客户创造的英国乡村童年的幻想，使得品牌与竞争对手(如玛莎百货)相比，可以收取溢价。对于凯茜·琦丝敦的粉丝来说，它的产品以宜家(IKEA)和其他竞争对手无法理解的方式使他们兴奋。

在竞争方面，凯茜·琦丝敦直接与英国零售商（如约翰·路易斯百货和玛莎百货）在家居饰品类别中竞争。在服装类别中，Monsoon和玛莎百货等服饰零售商是凯茜·琦丝敦的主要竞争对手；同时它也与宜家等家具类零售商竞争。与上述主要竞争对手相比，凯茜·琦丝敦的弱点是其产品相对有限和狭窄。然而，凯茜·琦丝敦的独特优势在于产品设计为客户提供了强有力的个性表达，其他竞争对手难以实现。凯茜·琦丝敦品牌的最大挑战是继续以传统的英国乡村风格和有趣的品牌形象取得成功，同时通过创新的产品设计和产品线扩展满足其忠实客户。

困难时期的复古品牌

鉴于恶劣的经济气候，你可能会预料到使得凯茜·琦丝敦家喻户晓的花卉图案稍稍枯萎。然而，凯茜·琦丝敦在经济不景气的情况下很好地存活下来，在不确定的经济环境里销售玫瑰色复古风格的解毒剂。品牌现在看起来似乎是一个抵抗衰退的"全球生活方式品牌"。在2009年，由于经济衰退，其他品牌正在惨遭重大损失，凯茜·琦丝敦的利润跃升了60%，销售额从大约3 000万美元上涨到4 900万美元。这种现象的原因是，在这些不确定的时期，消费者虽然有节约意识，但对怀旧有胃口。凯茜·琦丝敦的产品满足消费者对价值和意义的需求，因为它的灵感源自舒适和熟悉的20世纪50年代审美观。

对于凯茜·琦丝敦来说，其优质定价策略恰好与消费者对怀旧偏爱的趋势相吻合，这似乎在经济衰退时期提供了舒适感。因此，凯茜·琦丝敦产品的价值使其许多产品的高价格变得合理化。在经济衰退期间，消费者想要一点安全性和舒适性，这一趋势出现在90年代和现在的衰退期。英国零售商报告怀旧品牌的销售激增，因为人们似乎回想起了童年，试图以此为自己加劲。消费者怀念复古品牌所给予他们的舒适和安全感，让他们想起童年甚至父母的童年。

在经济衰退时期，人们担心信贷紧缩和失业，因此能对焦虑症起到解毒作用的品牌会表现很好。很多人没有预料到最近的经济危机的来临，这使他们对展望未来感到紧张。怀旧是为了在旧事物中寻求安慰。此外，随着人们减少在外消费，更多地留在家中，家居舒适感变得更加重要，这也有助于解释为什么凯茜·琦丝敦在艰难时期做得很好。

凯茜·琦丝敦用它的花卉和圆点设计征服了这个世界。当看到这样一个强大的品牌在消费者中激起相反的态度，这并不奇怪。消费者要么喜欢它要么讨厌它。对于那些讨厌它的人来说，凯茜·琦丝敦的产品看起来像是老奶奶阁楼上的垃圾。不过，由于凯茜·琦丝敦的主要目标受众是30至40岁的中产阶级女性，其强大的购买力维持了品牌的增长。

鉴于品牌潜力向全方位扩张，凯茜·琦丝敦开始了一系列合作，包括诺基亚手机、乐购超市（Tesco）环保袋、Sky电视花式机顶盒、觅乐（Millets）帐篷，以及复古风格Roberts收音机。对于凯茜·琦丝敦的粉丝来说，该品牌为他们提供了对更简单和更美好世界的梦想，让他们想起快乐的童年、自制的蛋糕、野餐和海边。

2010年，凯茜·琦丝敦成为备受瞩目的收购对象。当时一笔1.59亿美元的交易显示，凯茜·琦丝敦有限公司被出售给美国私募股权公司TA Associates拥有的一家新注册公司。凯茜·琦丝敦有限公司的股权销售价为1.19亿美元，而创建者和设计师凯茜·琦丝敦则保留了剩下的30%的股份，价值为3 975万美元，并继续担任该品牌的设计者。

继续溢价

凯茜·琦丝敦品牌的核心理念是以产品为中心的策略。品牌转向更广泛产品范围的控制和扩张仍然是公司所有权转移之后的焦点。品牌以产品为中心的概念是一种商业模式，体现了企业成功中最重要的品牌因素：简单。凯茜·琦丝敦远没有到休息的地步，正在寻求进一步的业务扩张，计划在日本和远东地区开设50家商店，包括中国和韩国。品牌紧紧围绕着为客户创造价值的怀旧设计，合理化了其产品的高价格。

讨论题

1. 凯茜·琦丝敦的定价策略是否真正区别于竞争对手?

2. 凯茜·琦丝敦是使用了基于顾客价值的定价方法、基于成本的定价方法，还是基于竞争的定价方法？请说明理由。

3. 如果采用低价策略，凯茜·琦丝敦作为设计型产品营销者能否成功？请说明理由。

4. 凯茜·琦丝敦的定价策略是否可持续？请说明理由。

Principles of Marketing

第 11 章

定价策略

学习目的

- □ 描述新产品定价策略
- □ 解释公司如何找到一组使产品组合总利润最高的价格
- □ 讨论公司如何调整定价以适应不同的消费者和情况
- □ 讨论发起价格变动和回应价格变动时的关键问题
- □ 概述影响定价决策的社会和法律问题

本章预览

在上一章中,我们已了解到,价格作为重要的营销组合工具,能够创造并获得顾客价值。我们考察了三种主要的定价策略——基于顾客价值的定价方法、基于成本的定价方法和基于竞争的定价方法,并研究了许多影响企业定价决策的内外部因素。在本章中,我们将探究其他定价考虑:新产品定价策略、产品组合定价策略、价格调整策略和价格反应策略。最后,我们将以对公共政策和定价的讨论作为本章的结束。

首先,我们来看看 Panera 面包公司,这是一家快速休闲连锁餐厅,其价值不仅仅意味着低廉的价格。在 Panera 里,价值意味着健康的食物和新鲜出炉的面包,在温暖和温馨的环境中为你服务,即使你需要多付一点钱。不管经济好坏,增加价值和以此来定价让 Panera 成功盈利。

Panera 面包公司:价值不仅仅是低价

在如今的餐饮业中,价值通常意味着一件事——便宜。今天的休闲餐厅正在提供超值大餐、便宜美食、廉价三明治以及尖叫"超值,超值,超值"的快速促销优惠。但是一家普通的餐馆——Panera 面包公司——知道,即使是在经济形势不好的情况下,低价往往没有最好的价值。在 Panera,价值意味着健康的食物和新鲜出炉的面包,在温暖和温馨的环境中为你服务，即使你需要多付一点钱。Panera创始人兼执行主席罗纳尔德·萨奇很好地总结了这一增值观念：“给人一些有价值的东西，他们会高兴地付出代价。”

萨奇在30年前意识到，人们想要快餐和休闲用餐之间的东西。他完成了“快速休闲”的餐饮方式——比快餐精致但是比餐厅便宜，并开设了Panera（西班牙语，意为“面包篮”）。“快速休闲”分类是过去五年中餐饮业唯一保持增长的细分市场；而萨奇创造的“面包店—咖啡馆”概念成长最快，同时Panera做的“面包店—咖啡馆”比竞争者更好。事实上，Panera的18亿美元销售额是其他四位竞争对手的销售总额的两倍多。

为什么Panera面包公司这么成功？不同于后金融危机时代的许多竞争对手，Panera并不拥有最低的价格，相反，是从付出的金钱中得到东西，你得到的是有价值的用餐体验。

在Panera，这一切都是从以新鲜出炉的面包为中心的食物开始的。当顾客走过门口时，他们看到的第一件东西就是大量展示的面包，都是手工现做的。面包师全天都送给顾客热面包试吃品。所有新员工都要进行“面团培训”，甚至员工会议也从一起做面包开始。

当然，Panera的食物远远不止面包。新鲜的百吉饼、糕点、蛋羹、汤、沙拉、三明治和帕尼尼，还有咖啡饮料和冰沙，可以在一天中的任何时间为顾客提供全套就餐选择。菜单项目中的高档食材有古贡佐拉（Gorgonzola）奶酪、新鲜罗勒、番茄蒜泥蛋黄酱、焦糖洋葱和苹果木熏烟肉（出现在四季酒店里的那种，而不是温迪快餐里的廉价品）。总而言之，Panera的目标受众更爱好美食而不是快餐。“我们的理念是与对食物有反应的人和睦相处，”公司的首席概念官斯科特·戴维斯说道。我们给大家的印象是“更接近于特色小餐馆，而不是快餐连锁店”。除了好的食物，Panera还增加了一流的顾客服务。经过三年的运营，Panera已经被评选为《商业周刊》（*BusinessWeek*）“顾客服务冠军”前25名。

但是，快速休闲食品和优质服务只是Panera增值主张的一部分。也许更重要的是Panera的体验——如此诱人以至于人们不想离开。舒适的火车座、真皮沙发和椅子、温暖的照明、壁炉和免费的Wi-Fi，让所有顾客放松下来，停留一段时间。事实上，当地的Panera已经成为一种社区聚集点。在任何特定的时刻，你会发现因为各种原因而逗留的一群群顾客。例如，即将成为新娘的女士与她的婚礼摄影师，两名带着笔记本电脑的商务人士，一名正在评卷的教师，正在学习《圣经》的教会团体，以及正在聚会的十几对夫妇和家庭成员。萨奇知道，虽然食物很重要，但他真正销售的是一个很有魅力的场所。“在很多方面，”他说，“我们正在向人们出租空间，食物是入场券。”

即使在经济衰退时，Panera提升品质和价值，而不是像竞争对手那样减少价值、降低价格。新鲜仍然是一个驱动力。萨奇通过将蔬菜从田地到餐桌的时间缩短一半和只使用生菜心，提高了生菜的新鲜度。商店烤炉全天制作热面包，而不是只在早上的短短几小时。这家连锁店的开发实验室测试了一种新烤架，它能用一半的时间快速生产帕尼尼。萨奇坚持认为：“当顾客未作期待时，我们这样做能改进用餐体验。当其他所有人都往回走而我们做得更多时，我们和竞争对手之间的差距就会上升。”

Panera增加价值和以此定价的策略，让Panera不管在经济繁荣还是衰退时都能成功盈利。在大多数连锁店（包括那些削减价格的连锁店）关闭店面挣扎求存的时候，Panera却蓬勃发展。在过去五年中，其销售额几乎翻了两倍，利润增加了一倍以上。一家餐厅分析师说：“他们的成长不会结束。他们给消费者传递的价值预期远远超过大多数快餐店。”这家面包公司正在滚滚向前，没有计划停止。未来一年促销预算将提高26%。

萨奇说，虽然每个人都想要价值，但并不是每个人都想以超值餐的形式拥有它。28岁的芝加哥律师安妮·斯克罗兹基很赞同此观点。她最近在Panera花了9.72美元买鸡肉凯撒沙拉和冷冻柠檬水。“我认为这很值得。分量很慷慨，质量也很高……我是为了免费Wi-Fi来的。”

所以，Panera不仅仅是一个以低价购买快速休闲餐的地方。这是一组难以量化的附加价值。这是新鲜出炉的面包的味道和温暖的交谈声。这是一个早晨的工作习惯或简单的午餐时间仪式。这是一个与朋友一起去的地方——一个老地方。在最近的广告活动中，萨奇断言Panera是“有灵魂的地方”。低价？并不是它的策略。

如同我们在上一章中所学的，价格决策取决于一系列复杂环境和竞争因素。公司制定的不只是一个价格，而是涵盖产品线上每一种产品的价格结构。这一价格结构会随着产品的生命周期变化而变化。公司调整产品的价格以适应成本和需求的变化，并且要考虑顾客和形势的变化。当竞争环境发生变化时，公司要思考何时改变价格和何时回应价格变化。

本章探讨了在特殊定价情况下使用的额外定价方法，以及根据情况变化如何调整价格。然后，我们察看在介绍期的新产品定价策略，包含相关产品的产品组合定价策略，顾客差异和形势变化下的价格调整战术，以及发起和回应价格变动的策略。

11.1　新产品定价策略

定价策略在产品生命周期的不同阶段常常要作出改变。尤其是在产品的介绍期，更有挑战性。当公司推出一种新产品时，就面临着第一次定价的挑战。公司有两种大致选择：市场撇脂定价法和市场渗透定价法。

11.1.1　市场撇脂定价法

许多公司发明新产品后，开始时都将价格定得很高，在市场上一层一层地获取收入。苹果公司经常使用这一策略，称之为**市场撇脂定价法**(market-skimming pricing或price-skimming)。当苹果公司推出第一部iPhone手机时，它的初始价格为599美元。只有那些喜欢时髦的新产品，并且有能力支付高价格的消费者才会考虑购买。六个月之后，苹果公司将价格下调以吸引新的消费者，8G型号的iPhone售价下调至399美元，16G型号的售价下调至499美元。不超过一年，iPhone的售价分别再次下调至199美元和299美元。现在，你甚至可以用49美元的价格买到一部基础的8G型号iPhone。通过这种方法，苹果公司已经从各个细分市场上获得了最大利润。

市场撇脂定价法只有在特定条件下才有意义。首先，产品的质量和形象必须能够支撑它的高价位，并且有足够的购买者愿意在高价位下购买。其次，生产小批量产品的单位成本不能高到抵消了高价位所带来的利润。最后，竞争者不能轻易进入市场和削弱高价位。

11.1.2 市场渗透定价法

一些公司并不是把产品价格定得很高，只在规模较小但利润率较高的细分市场上获取利润，而是采用**市场渗透定价法**(market-penetration pricing)。这些公司制定较低的初始价格，以便迅速、深入地渗透市场——迅速吸引大批购买者，赢得较大市场份额。较高的销售量可以降低成本，使得公司有可能进一步降低价格。例如，瑞典零售巨头宜家(IKEA)家居曾以市场渗透定价法推动了在中国市场上的成功。

> 2002年，当宜家在中国市场的首家店面开业时，人群涌进来不是为了购买家具，而是为了在周围闲逛，甚至在展示的舒适的椅子和床上打起了盹。当需要购买时，节约的中国消费者会在街边的商店里以低价购买类似宜家设计的仿制品。为吸引挑剔的中国消费者，宜家通过增加中国制造的产品来降低成本。通过不断增加在中国本土制造的产品，宜家将价格压低到中国以外市场的70%以下。市场渗透定价法使得宜家独自占有中国快速增长的家具市场较高的市场份额，并且在去年一年，七家巨大门店的销售额激增20%。宜家北京的店面每年接待将近600万顾客。周末庞大的人流量使得员工必须通过喇叭来维持秩序。

这种低价策略要起作用必须满足几个条件：首先，这个市场必须对价格非常敏感，从而低价会导致市场份额的增长；其次，生产和分销成本必须随着销量的增加而下降；最后，低价格要能阻止竞争，采用渗透定价策略的公司必须能够保持其地位。否则，价格优势只会昙花一现。

11.2 产品组合定价策略

如果某产品是产品组合的一部分，它的定价策略就必须常常改变。在这种情况下，企业将寻求一组价格，使整个产品组合的利益最大。由于各个产品的需求、成本及面对的竞争程度各不相同，所以定价的难度较大。我们现在来仔细研究表11.1中总结的五种产品组合的定价策略：产品线定价、备选产品定价、附属产品定价、副产品定价和产品束定价。

表11.1 产品组合定价策略

定价策略	描述
产品线定价	对同一产品线内的不同产品差别定价
备选产品定价	对与主体产品同时卖出的备选品或附件定价
附属产品定价	对必须与主体产品一起使用的产品定价
副产品定价	为低价值的副产品定价以抵消处理成本
产品束定价	对共同出售的产品组合定价

11.2.1 产品线定价

公司通常会开发产品线而非单一产品。例如法国金鸡(Rossignol)提供七种不同设计和型号的高山滑雪系列设备。其价格范围从为初学者量身打造的150美元的Fun Girls系列,扩展到价格1100美元的竞赛Radical系列。它同时提供北欧和乡村滑雪板、单板以及滑雪相关设备。在**产品线定价**(product line pricing)过程中,管理部门必须决定同一产品线中不同产品的价格差异。

价格差别要考虑同一产品线中不同产品的成本差别,更重要的是,要考虑到消费者对不同产品特色的看法。例如,在Mr. Clean洗车店,你可以选择六种洗涤套餐中的任何一种,从基本的只包括外部清洗的5美元"青铜"洗,到包括外部清洗、抛光和养护的12美元的"黄金"洗,到内外兼备的27美元"招牌闪耀"洗,后者包括内外部清洗、轮胎养护、底部防锈、表面保护,甚至空气清洁。洗车店的任务是建立支撑价格差异的感知价值差异。

11.2.2 备选产品定价

许多公司在销售与主体产品配套的备选产品或附件时,采用**备选产品定价**(optional product pricing)。例如,一位汽车购买者可能会选购导航系统和高档影音系统。电冰箱则会配有制冰机。当你选购一台新电脑时,你要在一系列令人眼花缭乱的中央处理器、硬盘、存储系统、软件和服务计划中进行选择。为这些设备定价是很棘手的。公司必须决定哪些项目需要包括在基本价格内,哪些可以作为备选产品。

11.2.3 附属产品定价

如果公司生产的产品必须与一个主体产品同时使用,需要使用**附属产品定价**(captive product pricing)。例如剃须刀片、电子游戏机的游戏、打印机墨盒和电子书都是附属产品。主体产品的生产商常常将主体产品(剃须刀、电子游戏机、打印机和掌上电脑)的价格定得较低,但把附属产品的价格定得很高。例如,亚马逊推出低至199美元的Kindle Fire平板电脑,每台机器的亏损估计为10美元,它希望通过销售在此电脑上运行的电子书、音乐和电影来弥补损失。

然而,使用附属产品定价法的公司必须谨慎行事。在主体产品和附属产品之间找寻价格的平衡是极为棘手的。更重要的是,被迫购买昂贵的附属产品的消费者可能会怨恨使他们无法摆脱的品牌。消费者购买吉列隐锋5(Gillette Fusion ProGlide)电动剃须刀时很便宜,而随后更换刀片才知道价格很贵,可以问问他们的感受。这些刀片是如此昂贵,以至于成为专业盗贼用来转售黑市的高价值目标。此外,吉列的附属产品定价策略已经面临了诸如Schick和Dollar Shave Club等竞争对手的直接价格挑战。最近的Schick广告宣称,其Hydro 5"比隐锋5价格更低,更受偏爱"。而Dollar Shave Club直接询问:"你愿意每月为品牌剃须刀花20美元吗?"它提供每月只花1美元的双刀片剃须刀(包括运输处理费用时为3美元),四刀片和六刀片型号价格为6美元至9美元不等(包括运输处理费用)。

在服务业里,这种定价策略称为二分定价(two-part pricing)。服务的价格由固定费用和变动使用费用组成。因此,在六旗(Six Flags)游乐场,消费者需要支付日票或季票,外加食品费和其他园内项目费用。

11.2.4 副产品定价

生产产品或进行服务的过程往往会产生副产品。如果这些副产品没有价值,并且处理掉的成本较高,会影响主体产品的定价。使用**副产品定价**(by-product pricing)时,公司找寻这些副产品的市场以抵消处理它们的成本,此外还可以帮助降低主体产品的价格,使其更具有市场竞争力。

副产品甚至可以盈利,即变废为宝。例如,西雅图的林地公园动物园(Woodland Park Zoo)了解到,其主要副产品之一的动物粪便可以成为额外收入的来源。

> "动物园里的动物粪便都去哪儿了?"近期一个关于林地公园动物园的视频中问道。不久前的答案是,动物园每年要花费6万美元将它们运送到废物填埋场进行处理。现在,动物园小心地收集所有粪便,将其变为混合肥料,再以Zoo Doo和Bedspread品牌进行销售。这些品牌强调其为"西北太平洋最奇特的,并具有最高价值的混合肥料,由公园中非灵长类食草动物的奇特粪便组成"。顾客可携水桶在动物园商店里购买这些极具价值的混合肥料。动物园同时还会发起每年的粪便节。在这里幸运的中奖者可购买一垃圾桶或是满满一卡车的加工粪便。"这些动物粪便不但绿色环保,还有利可图!"林地公园动物园中激情四溢的混合肥料及回收协调人丹·柯拉姆说道。销售这些动物粪便使其不用填埋,对地球是有益的。同时动物园也获益,可以节约处理成本,并每年产生1.5万~2万美元的销售额。

11.2.5 产品束定价

使用**产品束定价**(product bundle pricing)时,销售商一般将几种产品捆绑在一起,降价销售。例如,快餐店将汉堡、薯条和汽水捆绑,以套餐价格销售。Bath & Body Works出售肥皂和乳液的三合一套装(例如三块抗菌皂售10美元)。康卡斯特(Comcast)、时代华纳(Time Warner)、威瑞森(Verizon)以及其他电信公司将电视服务、电话业务和高速互联网业务捆绑,低价销售。产品束能促使消费者购买原来可能不会买的产品,但产品束的价格必须足够低,以促使消费者购买。

11.3 价格调整策略

针对不同的消费者差异和变化的形势,公司通常会调整基础价格。表11.2总结了七种价格调整策略:折扣和折让定价、细分市场定价、心理定价、促销定价、地理定价、动态定价,以及国际定价。

表 11.2　价格调整策略

定价策略	描　述
折扣和折让定价	为回报顾客的某些行为，如批量购买、提前付款或促销产品等，调整产品基础价格
细分市场定价	调整产品基础价格以适应不同的消费者、产品和销售地点
心理定价	根据心理因素调整定价
促销定价	暂时降低产品价格以促进短期销售
地理定价	针对顾客的地理位置差别调整价格
动态定价	不断调整价格，以适应消费者个体和形势的特点和需求
国际定价	对国际市场调整价格

11.3.1　折扣和折让定价

许多公司通过调整基础价格回报消费者的某些行为，如提前付款、批量购买和淡季购买等。这些价格调整被称作折扣(discounts)和折让(allowances)，有多种形式。

现金折扣(cash discount)是一种折扣形式，即对立即付款的购买者减价。典型的例子是"2/10，30 天"，意思是应于 30 天内付清的货款，如能在 10 天内付款，就可以享受 2% 的折扣。数量折扣(quantity discount)是给予大批量购买者的价格折扣。销售商向履行销售、仓储和记账等职能的贸易渠道成员提供的折扣为功能折扣(functional discount)，也叫贸易折扣(trade discount)。季节折扣(seasonal discount)是对购买淡季商品和服务的顾客提供的一种折扣。

折让是对标价的另一种降价形式。例如，以旧换新折让(trade-in allowances)是对在购买新商品时交还一个旧商品的顾客提供的价格优惠方式。这种折让方式在汽车销售中最为流行，其他耐用消费品销售中也常使用。促销折让是指为答谢参加广告宣传和销售活动的经销商所支付的酬金或采取的减价措施。

11.3.2　细分市场定价

公司常常调整基础价格以适用于不同的顾客、产品和销售地点。通过**细分市场定价**(segmented pricing)，公司以两种或多种价格销售产品或服务，尽管这些价格的差异并非以成本差异为基础。

细分市场定价策略有几种形式。消费者子市场定价，是指对于同一种产品，不同消费者支付不同的价钱。例如，博物馆和电影院对学生和老人收取较低价格的门票。产品形式定价，是指对不同版本的产品制定不同的价格，但并不取决于成本差异。例如，从纽约飞往伦敦的往返经济舱可能花费 1 000 美元，而同一航班的商务舱座位可能需要 4 500 美元或更多。虽然商务舱顾客有更多的空间、更舒适的座位及更优质的食品和服务，但航空公司的成本差距远远低于乘客的附加价格。然而，对于负担得起的乘客，额外的舒适和服务值得额外收费。

通过地点定价，公司在不同销售地点制定不同价格，即便销售成本相同。例如，美国的州立大学对外州学生收取较高学费；剧院为不同的座位制定不同的价格，因为观众对座位的偏好不同。最后,时间定价,是指产品的价格根据季节、月份、日期甚至钟点来改变。电影院白天收取日场票价。旅游景点也会在淡季给顾客折扣。

细分市场定价策略要想有效,必须满足一些条件。市场必须是可细分的,不同的子市场在需求上必须有差别;细分市场和进入市场的成本不能超过差别定价带来的利益。当然,细分市场定价必须是合法的。

最重要的是,细分市场定价必须反映不同消费者感知价值的真实差异。以高价购买的消费者们必须感到他们所花费的额外金钱得到的价值对得起这一较高价格。出于同样原因,公司也必须小心避免如同对待二等公民般对待以低价购买的消费者们。除此之外,长时期的差别定价会引起消费者的不满和反感。例如,近些年,航空公司招致飞机两端乘客的愤怒。支付全价的公务舱和头等舱乘客时常感到他们被索价过高。同时,支付较低价格的经济舱乘客也感到他们常被忽视或是被草率对待。

11.3.3 心理定价

价格能表明产品的一些特性。例如,许多消费者用价格判断质量。一瓶 100 美元的香水可能只装有价值 3 美元的香料,但却有人愿意花 100 美元去购买它,这表明价格能表现一些特殊的东西。

在使用**心理定价**(psychological pricing)时,销售商不仅要考虑经济学方面的问题,还必须考虑与价格有关的心理因素。例如,消费者通常认为价格较高的产品质量较好。当消费者可以检查产品质量或者通过过去的经验判断产品质量时,他们不怎么用价格衡量质量。但当他们缺乏必要的信息和技能来判断产品质量时,价格就成为重要的质量标志。例如,一个要价 50 美元一小时和一个要价 500 美元一小时的律师,哪一个更好?为客观地回答这个问题,你不得不深入研究这两个律师的材料。尽管如此,你也不一定能够准确判断。大多数人会简单地认为要价较高的律师会更好。

心理定价的另一方面是**参考价格**(reference prices),也就是当购买者看到一件产品时心里所想到的价格。参考价格的形成可能是因为消费者注意了当前的价格,记住了过去的价格,或是衡量了当时的购买情景。销售商在定价时,可以影响或利用消费者的参考价格。例如,杂货零售商可以将标价为 1.89 美元的自有品牌葡萄干麦片放在标价为 3.2 美元的家乐氏葡萄干麦片旁边。或者,一家公司可以提供价格昂贵但销售状况不佳的产品,通过对比,使得售价较低但依然不便宜的产品看上去不太昂贵。例如,威廉姆斯-索诺玛公司(Williams-Sonoma)曾经以 279 美元的高价销售一款花式面包机。然而,它后来添加了一款 429 美元的型号。后者销量惨淡,但较便宜的前者的销量增加了一倍。

在大多数购买情况中,消费者并没有足够能力或信息知道他们是否正在支付合理的价格。他们没有时间、能力或者兴趣来研究不同的品牌或商店,比较价格,然后进行最优交易。相反,他们可能会依赖于暗示价格高低的某些信号。有趣的是,这种价格提示经常是销售商制造的,以销售标签、最低价格保证、特价商品和其他有帮助的提示的形式出现(见营销实例 11.1)。

即使很小的价格差别也能显示产品的差异。例如,在最近的研究中,人们被问及会如何根据价格(299 美元或 300 美元)来选择眼科手术(LASIK)。虽然实际价格相差只有一美元，但研究发现，心理差距要大得多。被试对收取300美元的供应商的偏好要高得多，但对299美元的明显较低，并引起了他们对于质量和风险的担忧。一些心理学家甚至认为，每一个数字都具有象征意义和视觉感受，在定价时应该加以考虑。例如，8是圆的，产生流畅舒缓的效果，而7是带棱角的，造成令人不安的感觉。

营销实例 11.1

快！……的实惠价格是？让我们来给你一个提示

这是星期六早上，你们停在当地的超市，为今晚的后院烧烤挑选几件物品。巡视过道，你被价格标签轰炸，它们都表示这家店再优惠不过了。一袋7磅重的Kingsford煤饼使用购物卡的价格仅为5.99美元(7.99美元，无卡)。Van Camps猪肉大豆罐头刚好是99美分的“每日低价”。Ruffles牌薯片被放在过道的显眼处，限时销售两袋只需5美元。一打装的可口可乐则为9美元三打，降价前是每打4.50美元。

这些价格看起来肯定实惠，可真的是这样吗？如果你像大多数购物者一样，你真的不知道答案。在最近的一篇文章中，两位定价研究人员得出结论：“消费者对于他们购买的大多数产品的价格的感觉是不准确的。”事实上，顾客通常甚至不知道他们买回来的东西实际价格是多少。在一项研究中，研究人员询问超市购物者他们放入购物车产品的价格。不到一半的购物者给出了正确的答案。

要知道你是否付出最优惠的价格，你必须将标价与以往价格、竞争品牌的价格以及其他商店的价格进行比较。对于大多数采购，消费者不愿操心。相反，他们依赖于最不可能的信息来源。“值得注意的是……他们依靠零售商告诉他们价格是否很好，”一位研究人员说，“零售商以不易察觉或不那么难以察觉的方式向顾客发送信号(或定价提示)，告诉他们给定价格是相对高还是低。”在文章中，研究人员概述了以下常见的零售商定价提示。

- 打折标志。最直接的定价提示是一个打折标志。可能会采取几种熟悉的形式：“大减价！”“优惠！”“新低价！”“返现后价格”或“现在买两个只需……”。这样的标志对向消费者暗示低价，而且对增加零售商的销售量是非常有效的。研究表明，使用“打折”一词(甚至没有实际价格变动)可以将需求增加50%以上。

打折标志会有效，但过度使用或滥用可能会损害卖方的信誉和销量。而不幸的是，一些零售商并不总是如实地使用这样的标志。但是，消费者信赖打折标志。为什么？因为它们通常是准确的。当它们不准确时，顾客通常会知道。当打折标志使用不当时，他们很快就会持怀疑态度。

- 价格尾数为9。就像打折标志一样，商品有着尾数为9或0.99的价格通常表示这是一个便宜货。这样的价格无处不在。例如，浏览塔吉特、百思买或Overstock.com等顶级折扣店的网站，几乎每个价格尾数都会是9。鉴于这种战术如此常用，你会认为它将失去其影响力。然而，根据研究人员的观点，它仍然是一个强大的定价提示。

评论家们严重质疑JCPenney最近决定放弃使用尾数为0.99的价格，而选择整数价格(例如6美元、25美元或200美元)的做法，这种战术一般只适用于高端零售商。他们的担忧是有理由的。尾数为9的价格是一种强大的价格暗示，有研究支持其能增加需求，即使在价格上涨的情况下。在一项涉及女装的研究中，一件衣服的价格从34美元提高到39美元，实际上却增加了1/3的需求。

但尾数为9的价格真的就意味着在打折吗？研究表明这视情况而定。一些零售商的确只在打折商品上使用尾数为9的价格。例如，J. Crew和Ralph Lauren等专业零售商倾向于在全价商品上使用尾数为“.00”的价格，在打折商品上使用尾数为“.99”的价格。这种做法在社区店铺也很常见。“但是在某些商店，”研究人员注意到，“尾数为9的价格是一个误区——它们在所有产品上都被使用，不管这些商品是否打折。”

- 路标定价(或损失领导者定价)。不同于大减价标志或尾数为9的价格，路标定价经常被用于那些消费者拥有准确的价格知识又经常购买的商品。例如，当你看到可口可乐时，你可能会知道一打装可乐的价格。新父母通常知道他们应该为纸尿裤和洗衣粉付出多少钱。研究表明，顾客使用这些价格“路标”来衡量商店的整体价格。如果一家商店在可口可乐、帮宝适或汰渍上价格实惠，顾客就会推断其他商品的价格也很实惠。

零售商早已认识到路标定价的重要性，它通常被称为“损失领导者定价”。零售商以相当或低于成本的价格出售路标产品，以引诱消费者进入商店，希望从购物者购买的其他非路标产品中赚钱。例如，沃尔玛经常以相当或低于成本的价格销售商品，特别是在假期。去年的超级星期六，沃尔玛推出了售价仅为398美元的42英寸三洋液晶电视、199美元的诺克电子书阅读器、4美元的Rival单杯咖啡机。虽然零售商在出售的每个路标产品上都亏损，但低价格为其他高毛利率产品增加了客流量和购买量。

- 价格匹配保证。另一个广泛使用的零售定价提示是价格匹配，商店承诺价格不高于或能击败任何竞争对手。例如，百思买宣传其“百思买价格匹配保证”，即在30天内，如果顾客在本地竞争对手的零售店找到价格更低的同类产品，顾客有权退货。

证据表明，顾客感到提供价格匹配保证的商店的总体价格比竞争对手低，特别是在他们认为相对容易进行价格比较的市场中。但是这样的看法是准确的吗？“证据是含糊的，”研究者说。消费者通常对他们将在合格商品上支付最低的价格持有信心。然而，一些制造商通过为不同的零售商引入不同型号的产品，形成“品牌内差别”，让顾客难以利用价格匹配保证的政策。

如果使用得当，定价提示可以帮助消费者。细心的买家真的可以利用这些定价提示，如打折标志、尾数为9的价格、损失领导者定价和价格匹配保证来找到物有所值的商品。然而，这些定价提示可能误导消费者，损害品牌，破坏顾客关系。

研究人员得出结论：零售商应该像管理商品质量、设备或其他店铺决策一样来管理定价提示，关注建立强大的长期顾客关系。“没有零售商在建立顾客关系时，会故意提供有缺陷的产品。同样，没有任何零售商应该以误导性的定价提示来欺骗其顾客。通过可靠地指出哪些价格较低，公司可以保留顾客的信任，并建立更好的关系。”

11.3.4 促销定价

使用**促销定价**(promotional pricing)时,公司可以暂时制定低于标准,甚至有时低于成本的价格,以激发购买的兴奋感和紧迫性。促销定价有多种形式。销售者可以仅在正常价格上提供折扣,以增加销量和减少存货。销售者也可以在某些特殊时节使用特殊事件定价策略(special-event pricing),以吸引更多的顾客。因此,电视和其他电子产品在11月和12月使用促销定价,以吸引节假日购物者进入商店。限时优惠(limited-time offers),例如在线闪电购(flash sales),可以创造购买紧迫性,让买家感到买到就是赚到。

制造商有时对那些在特定时段购买产品的消费者采用现金返还(cash rebates)的优惠方式,将现金直接送到消费者手中。近年来,汽车制造商、手机生产商和小应用软件生产商尝试使用现金返还的方法,甚至一些日用消费品生产商也采用这一方法。制造商提供低息分期付款、长期质量担保或者免费维修服务,降低消费者心里的"价格"。这种方法在汽车制造业十分受欢迎。

然而,促销定价也可能带来负面影响。例如,在大多数节假日期间,出现一场全面的价格战争。营销人员用优惠对消费者进行地毯式轰炸,造成购买者疲惫和定价混乱。如果使用得太频繁,促销价格就可能制造一批有"优惠倾向"的消费者,他们在品牌降价之前是不会进行购买的。另一种情况是,频繁的降价会使品牌在消费者心目中贬值。

营销人员有时会对促销定价上瘾,尤其是在经济萧条时期。他们没有努力为品牌建立长期有效的战略策划,而是用降价促销作为一种捷径。公司必须小心衡量短期销量刺激和长期品牌建设的关系。促销定价在某些情况下是增进销量的有效手段,但持续不断地实行促销定价会破坏品牌的形象和利润率。

11.3.5 地理定价

公司还必须决定销往国内不同地区或国际上的产品的定价。由于远距离的运费较高,公司是否应该冒着失去远距离地区顾客的危险,将那些地区的产品价格定得高一些?或是不考虑顾客的地域性,制定一个统一价格?下面有几种假设情况,让我们来看看五种**地理定价**(geographical pricing)策略:

> 皮尔莱斯造纸公司(Peerless Paper Company)坐落于佐治亚州亚特兰大市,面向美国的顾客销售各种纸产品。货物运输成本很高,影响到顾客从哪家公司购纸。皮尔莱斯希望建立一种地理定价政策,它正在尝试确定如何为一份1万美元的订单对三名顾客定价:顾客A(亚特兰大),顾客B(印第安纳州布鲁明顿),顾客C(加利福尼亚州康普顿)。

皮尔莱斯的一种选择是让顾客付从亚特兰大工厂到顾客驻地的运费。每个顾客付同样的出厂价10 000美元,加上各自的运输费:顾客A付100美元,顾客B付150美元,顾客C付250美元。这种方法叫**FOB起点定价法**(FOB-origin pricing),意思是货物装上运输工具后(因此离岸了(FOB)),所有权和责任就都转移给购买者,由购买者支付从工厂到目的地的运费。由于各个顾客承担各自的成本,FOB起点定价法的支持者认为这是考虑运输费用的最公平方式。然而不利的是，对于远距离地区来说，向皮尔莱斯公司订购的成本太高。

统一交货定价法(uniform-delivered pricing)与 FOB 定价法正好相反。公司给所有顾客的定价加运费是统一的，不考虑送货地点。运费以平均运费计算，比如说是 150 美元。因此，对亚特兰大的顾客来说，统一交货定价法制定的价格更高一些(支付 150 美元运费，而非 100 美元)，但康普顿的顾客就会觉得定价较低(只需 150 美元运费，而非 250 美元)。在这种情况下，尽管亚特兰大的顾客更愿意从本地使用 FOB 起点定价法的公司购买产品，但皮尔莱斯公司有更多的机会赢取加利福尼亚的顾客。统一交货定价法的另一个好处是易于管理，并且公司可以在全国范围内宣传其价格。

地区定价法(zone pricing)是介于 FOB 起点定价法和统一交货定价法之间的一种定价法。公司划定两个或更多的地区，在同一地区的顾客适用同一价格，较远地区的价格较高。例如，皮尔莱斯公司可以划定一个东部地区，这个地区所有顾客的运费均为 100 美元；中部地区的运费为 150 美元；西部地区的运费为 250 美元。用这种方法，同地区内的顾客无法从皮尔莱斯公司取得价格上的好处。例如，亚特兰大和波士顿的顾客需要付同样的价格。然而，也有抱怨说亚特兰大的顾客替波士顿的顾客付了运费。

采用**基本点定价法**(basing-point pricing)时，销售商选择一个城市作为基本点，运费按基本点城市到顾客驻地的距离计算，不考虑货物运输的实际距离。例如，皮尔莱斯公司可以选择芝加哥作为基本点城市，对每个顾客收取 1 万美元，另加从芝加哥到顾客驻地的运费。这意味着亚特兰大的顾客要支付从芝加哥到亚特兰大的运费，即使货物是从亚特兰大起运的。如果销售商都使用同样的基本点城市，交货价格对所有的顾客都是一样的，价格竞争也就不存在了。

最后，如果销售商急于与某个顾客或地区开展业务，它可能使用**无运费定价法**(freight-absorption pricing)。使用这种策略时，销售商承担了所有的运输费用，目的是获得所期望的业务。销售商的理由是，如果能获得更多的生意，平均成本会下降，节约额远比所付的运费要高。无运费定价法可用于市场渗透，以及竞争日益激烈的市场中。

11.3.6 动态定价和互联网定价

在大部分历史中，价格是由买卖双方协商决定的。**固定价格**(fixed price)政策，即对所有购买者制定统一价格，是 19 世纪末随着大规模零售业发展而产生的相对先进的想法。今天，大部分价格是通过这种方法制定的。然而，一些公司正在推翻固定价格定价的潮流。它们使用**动态定价**(dynamic pricing)，不断地调整价格以适应消费者个体和环境的特性、需求。

动态定价在网上尤为普遍，互联网似乎正在使我们回到变动定价的时代。这样的定价为营销人员带来了许多好处。例如，诸如 L. L. Bean、亚马逊(Amazon. com)或戴尔(Dell)的线上卖家可以挖掘它们的数据库来判断一个特定的购物者想要的东西，衡量其收入，即时为这位购物者推送符合其购物行为的商品，并相应地对产品进行定价。从航空公司、酒店到运动团体，根据需求或成本的变化，可以随时更改价格，并每日甚至每小时调整每个特定物品的费用。许多直接营销人员可以随时监控库存、成本和需求，迅速调整价格。

在极端情况下，一些公司根据从在线浏览和采购历史中挖掘出来的个人客户的具体特点和行为，定制自己的产品和价格。如今，在线产品和价格可能是根据特定客户搜索和购买、他们为其他购买支付多少，以及他们是否愿意并能够花更多的钱产生的。例如，如果一个消费者最近在网上购买过飞往伦敦的头等舱机票，或在线定制过新的梅赛德斯轿车，那么他可能会在新的Bose Wave收音机上收到更高的报价。相比之下，有一个不太昂贵的在线搜索和购买历史的人，对同一款收音机可能会获得5%折扣和免运费优惠。

虽然这种动态定价的做法看似在合法性上值得质疑，但其实并非如此。动态定价是合法的，只要公司不根据年龄、性别、地点或其他类似特征来差别定价。动态定价在很多情况下是合理的——它根据市场力量和消费者偏好来调整价格。但营销者需要注意，不要利用动态定价来占某些顾客群体的便宜，这会破坏顾客关系。

消费者通常可以从在线和动态定价中受益。多亏了互联网，有着千年历史的讨价还价的艺术突然变得流行起来。例如，消费者可以在在线拍卖网站和交易平台谈判价格。想把古老的、积满几代灰尘的泡菜坛卖掉？将它上传放在eBay或Craigslist上。想要为酒店房间或租车指定自己的价格？访问Priceline. com或另一个反向拍卖网站。想要凯蒂·佩里演唱会的票？查看Ticketmaster. com，它提供音乐会门票的在线拍卖服务。

同样，多亏有互联网，消费者可以从价格比较网站获得成千上万的供应商的即时产品和价格比较信息，这些网站有Yahoo! Shopping、Epinions. com、PriceGrabber. com和PriceScan. com；或者使用移动应用程序，如TheFind、eBay RedLaser、谷歌Barcode Scanner或亚马逊PriceCheck。例如，RedLaser手机应用程序可让用户在商店购物时扫描条形码或QR码（或的通过语音或图像搜索），然后搜索在线和附近的商店提供数千条评论和比较价格，甚至提供即时在线购买链接。顾客在充分了解价格信息后，往往可以获得更低的价格。

事实上，很多零售商都发现，容易实现的线上比价正在给予消费者太多的优势。从塔吉特和百思买到Brookstone和GNC，零售商现在正在设计策略，以打击这种消费者先逛店再网购的行为。越来越多的拥有智能手机的消费者来到商店查看商品，在商店中比较网上价格，然后以较低的价格在线购买该商品。这种行为被称为展厅现象，因为消费者把商店零售商用作在线经销商（如亚马逊）的实际"展厅"。事实上，亚马逊鼓励这种现象：它最近在其PriceCheck购物应用程序上进行推广，如果客户在逛实体店时核对了亚马逊指定的某些商品的价格，就可以对这些商品享受折扣。为了打击展厅现象，商店零售商要么将价格与在线价格匹配，要么与制造商合作开发出不能进行价格比较的专属或店面品牌商品。

11.3.7 国际定价

在国际上经销产品的公司，必须确定在有业务的那些国家的价格水平。在一些情况下，公司可以在世界范围内制定统一价格。例如，波音公司在各地出售飞机的价格基本相同，无论是在美国、欧洲还是第三世界国家。但是，大多数公司会调整价格，以适应当地市场的实际情况和成本。

公司在某个国家制定价格要考虑许多具体因素，包括经济状况、竞争形势、法律法规，以及批发与零售系统的情况。各国消费者的看法和偏好不同，要求不同的价格；公司在世界不同地区的营销目标也可能不一样，要求价格策略的调整。例如，诺基亚在发达国家被精心细分过的成熟市场推出一款复杂的、功能丰富的手机，所以它必须用撇脂定价策略。与之相反，它如果在一个欠发达国家推出一款基本手机，瞄准较大的、不怎么富有的细分市场，使用渗透定价策略的效果更好。

成本是制定国际价格的一个重要因素。前往国外的旅游者常常惊异地发现，在国内不怎么贵的产品，到了国外就贵得离谱。一条李维斯牛仔裤在美国卖 30 美元，在东京卖 63 美元，在巴黎卖 88 美元。麦当劳便宜的巨无霸汉堡在美国卖 3.79 美元，在瑞士卖 6.8 美元，在俄罗斯卖 5.0 美元。一支欧乐 B(Oral-B)牙刷在美国卖 2.49 美元，在中国可能卖 10 美元。反过来，古驰(Gucci)手提包在意大利米兰仅售 140 美元，在美国卖 240 美元。在某些情况下，这种价格升级(price escalation)是由于销售策略和市场条件的不同造成的。然而在大多数情况下，只是由于在外国市场的销售成本较高，包括额外的运营成本、调整产品的成本、运费和保险费、进口关税和其他税费、外汇汇率的波动，以及实体分销成本。

价格已经成为试图进入新兴市场的公司的国际市场营销战略关键因素，这些新兴市场(包括中国、印度、俄罗斯和巴西等国)经济年增长率通常是两位数。然而，随着最近全球经济疲软，美国国内和新兴市场的增长放缓，许多公司正在将目光转向一个新的目标——所谓的"金字塔底层"，这个庞大的尚未开发的市场有着世界最贫穷的消费者。在这个市场上，价格是主要的考虑。思考联合利华在发展中国家的定价策略：

> 不久前，许多西方公司在印度等发展中国家的市场上推销产品的首选方式是贴一个新标签，并以高价出售给那些能负担得起的权贵。然而，当联合利华这个拥有多芬(Dove)、立顿(Lipton)和凡士林(Vaseline)等品牌的制造商意识到这样的定价将会使其产品放在数千万印度消费者所够不到的地方时，它使用了不同的方法。它缩小了包装，把价格降低到即使是世界上最贫穷的消费者也能负担得起的程度。通过开发洗发水、洗衣粉和其他产品的一次性包装，联合利华的品牌可以从这些便宜的小包装销售中赚取利润。因此，如今联合利华 50%以上的收入来自新兴经济体。

尽管联合利华的这一战略已经取得了成功，但大多数公司都在学习如何在金字塔底部进行销售，而不仅仅是重新包装或剥离现有的产品，并以低廉的价格销售。就像小康消费者一样，低收入消费者也需要产品既具有相应的功能，又能够满足心理需求。因此，今天的公司正在创新，不仅生产以非常低的价格销售的产品，而且要为最底层的消费者提供更多的价值，而不是更少(参见营销实例 11.2)。

营销实例 11.2

国际定价：瞄准金字塔底层

许多公司现在正在被一个令人震惊的统计数字唤醒。在这个星球上的大约 70 亿人中，有40亿人（占57%）生活在贫困之中。被称为"金字塔底层"的穷人似乎不是一个有潜力的市场。然而，尽管收入微乎其微，但作为一个群体，这些消费者在年度购买力方面达到了惊人的5万亿美元。而且，这个巨大的市场还未被开发。世界上的穷人往往很少或根本没有机会获得更富裕的消费者所熟视无睹的最基本的产品和服务。随着全球经济疲软，国内市场疲软，新兴中产阶层市场增长放缓，企业正在越来越多地向金字塔的底部寻求新的增长机遇。

但是，如果收入低于贫困线，那么公司如何在这类消费者身上赚取利润呢？首先，价格一定要是正确的。在这种情况下，一位分析师说："正确"意味着"低于您的想象"。考虑到这一点，许多公司通过提供更小尺寸或更低技术的现有产品，使产品更加实惠。例如，在尼日利亚，宝洁公司出售了价格为23美分的吉列剃须刀，价格为10美分的一盎司Ariel洗涤剂，价格为2.30美元的10片装帮宝适婴儿纸尿裤。虽然产品销售的利润率没有太高，宝洁正在以巨额的销量走向成功。

看看帮宝适：仅在尼日利亚，每年就有600万婴儿出生，而美国这个人口是尼日利亚两倍的国家每年新生婴儿才440万。尼日利亚令人震惊的出生率为宝洁最畅销的品牌帮宝适纸尿裤创造了一个巨大的未开发的市场。然而，尼日利亚的母亲通常每月仅花费约5 000奈拉（约30美元）用于家庭日常支出。宝洁的任务是让这个妈妈负担得起，并说服她，帮宝适值得她在稀缺的消费预算中拿出一部分。为了保持尼日利亚等市场的成本和价格低廉，宝洁公司引进了一种吸收性能低一些的纸尿裤。虽然便宜得多，纸尿裤性能依然在比较高的水准上。宝洁公司的研发经理说，创造这样实惠的新产品时，"要快乐，不要稀释"，就是说，纸尿裤需要定价低廉，但也要做其他便宜的纸尿裤不能做到的——保持宝宝舒适干爽12小时。

即使有了合适的价格、合适的纸尿裤，在尼日利亚销售帮宝适也是一个挑战。在西方，婴儿每天通常会穿无数的一次性纸尿裤。然而，在尼日利亚，大多数婴儿都用尿布。为了使尼日利亚人能够更容易接受和负担，宝洁将纸尿裤塑造成每日必备的项目。根据这家公司的广告，"一片帮宝适等于一个干燥的夜晚。"这个活动告诉母亲，晚上保持婴儿干爽可以帮助他们睡个好觉，从而帮助他们成长和成功。宝洁研究人员发掘的这个信息说到尼日利亚人的心坎上了——他们孩子的未来会比他们更美好。因此，由于实惠的价格、满足客户需求的产品和相关定位，帮宝适的销售正在呈爆炸式增长。在尼日利亚，帮宝适的名字现在与纸尿裤是同义词。

正如宝洁所了解的，在大多数情况下，向金字塔底层销售商品，要想有利可图，不仅仅需要开发一次性包装和每个几分钱的定价，还需要广泛的创新，不仅是降低价格，还要让贫穷的人们从他们付出的钱中得到更多的东西，而不是更少。另一个例子中，印度家电公司Godrej&Boyce通过以客户为导向的创新，成功地用低价冰箱打入市场。

由于高昂的购买和运作成本，传统的压缩机驱动型冰箱仅占印度市场的18%。但是，Godrej并不是生产高端冰箱的廉价版本，而是派遣了一个团队研究冰箱制冷很差或者没有冰箱的印度消费者的需求。该团队观察到近郊和农村人口通常每月赚5 000～8 000卢比（合125～200美元），住在拥有4至5名家庭成员的单室住房，并频繁更换住宅。由于无法承担传统冰箱的费用，这些消费者使用公共的，通常是二手的冰箱。但即使是共享的冰箱,里面通常也只放了少量物品。用户倾向于每天购物,只买少量蔬菜和牛奶。此外,因为电力不可靠,无法保证他们买回来的这些少量食物的新鲜度。

Godrej 得出结论,低端市场对传统的高端冰箱几乎没有需求,它需要一个全新产品。所以 Godrej 发明了 Chotu Kool,这是一个糖果红色、顶开式、高度便携的小尺寸冰箱,可以放入少量的食物并保鲜一到两天。这台可怜的小机器使用了集成电路,能在电流流过时制冷,而不依靠压缩机和制冷机,并且当打开盖子时,其顶部开口设计让冷空气停留在里面。总而言之,Chotu Kool 能耗是传统冰箱的一半,并且可以在农村停电期间依靠电池运作。最好的部分:只有 69 美元,它更能满足低端消费者的需求,价格是最基本的传统冰箱的一半。

因此,金字塔的底层为那些有能力以正确价格销售正确产品的公司提供了巨大的未开发机会。宝洁等公司正在积极地抓住这些机会。宝洁公司的首席执行官兼董事长罗伯特·麦克唐纳(Robert McDonald)确定了在 2015 年之前实现 10 亿新客户的宏大目标,将公司的重心从目前为其收入主要来源的西方扩展到亚洲和非洲的发展中经济体。

但是,成功开发这些新的发展中市场,所需要的不仅仅是推出现有产品的廉价版本。"我们的创新战略不仅仅是为低端消费者稀释高端产品,"麦克唐纳说,"你必须对经济曲线上的每一位消费者进行单独的创新,如果不这样做,你就会失败。"

国际定价有很多特殊的复杂问题。在第 19 章,我们将更详细地讨论国际定价方法。

11.4 价格变动

在制定好定价结构和定价策略后,公司常常会面对一些情况,必须主动改变价格或是对竞争者的价格变动作出反应。

11.4.1 主动改变价格

在一些情况下,公司会发现有必要主动改变价格,或是降低价格,或是提高价格。对于任何一种情况,公司都必须预计到购买者和竞争者可能的反应。

主动降低价格 有几种情况可能使公司考虑降低价格。一种是公司生产能力过剩。另一种是由激烈的价格竞争或不景气的经济形势造成的需求下降。在这些情况下,公司会采取激烈的降价行为,以提升销量和市场份额。不过,近些年航空业、快餐业、汽车业和其他行业的经验表明,在生产力过剩的行业内降价会引起价格战,因为竞争对手会尽力保持自己的市场份额。

一家公司也可能通过降低成本来降价,从而主宰市场。公司可以先使自己的成本低于竞争者,也可以通过降低价格获得市场份额、增加销售量,从而降低成本。联想公司使用积极的低成本、低价格战略,提升自己在发展中国家个人电脑市场的份额。

主动提高价格 成功的提价能够大幅度地增加利润。例如,如果公司的利润率是销售额的 3%,在销售量不变的情况下,价格升高 1%,利润就会增加 33%。诱发价格升高的一个重要因素是成本的升高。上升的成本挤掉了利润,致使公司通过提价将成本的增长转嫁到消费者身上。另一个引起价格增加的原因是需求过量，当公司的产量无法满足所有消费者的需求时，公司会提高价格、限量购买，或是同时使用两种方法。思考现今的全球石油和天然气行业。

当提升价格时，公司必须避免被看作是价格欺诈者(price gouger)。愤怒的消费者经常指责主要的石油公司通过损害消费者利益来谋利。消费者的记忆是长久的，他们最终会离开那些他们认为要价过高的公司，甚至是整个产业。尤其是，对价格欺诈的索赔可能会引起政府管制的增强。

有些方法可以避免这个问题。一种是对于任何提价活动要保持公正的态度。提价的做法应当有公司的沟通活动作支持，告诉消费者为什么价格会上升。

只要有可能，公司应当考虑多种方法来解决成本升高和需求过量的问题，而不是靠提价。例如，公司可以考虑更节约成本的生产或分销方式。可以将产品尺寸减小，或用便宜一点的成分做替代，而不是提高价格。例如，康尼格拉食品公司努力使宴会牌速冻晚餐的价格保持在 1 美元。或者公司可以分开销售从前放在一起销售的产品和服务，分项目定价，还可以去掉产品的一些性能、包装或服务。

购买者对价格变动的反应　消费者并不总是简单地理解价格变动。价格升高通常会降低销售量，但也会对购买者产生一些正面影响。例如，如果劳力士(Rolex)将最新款的手表的价格提高了，你会怎么想？一方面，你会觉得这款手表更加高级，做工更加精良了；另一方面，你也会觉得劳力士公司太贪婪，能定多高价格就定多高。

同样，消费者对价格的降低也会有几种看法。例如，如果劳力士突然降价，你会怎么想？你可能会认为以这个价格购买这一高级产品更划算了。然而，更有可能的是，你会觉得产品质量下降了，品牌的奢侈形象可能会受到损害。产品的价格和形象总是息息相关。价格变化，尤其是降价，负面影响了消费者对品牌的看法。

竞争者对价格变动的反应　公司在考虑价格变动时，不但要考虑消费者的反应，还必须关注竞争者的反应。当价格变动影响到的企业较少，产品的一致性较高，购买者对产品和价格的了解比较充分的时候，竞争者最容易作出反应。

企业应当如何预计竞争者可能有的反应呢？这个问题很复杂，因为竞争者和消费者一样，会对公司的降价活动有多种看法。它可能认为公司试图抢占更大的市场份额；认为公司经营不善，因此想要扩大销售；或者认为公司想让全行业降低价格以促进总需求。

公司必须预测每个竞争者可能有的行动。如果竞争者的做法类似，只须分析一个典型竞争者就够了。相反，如果竞争者由于具有不同的规模、市场份额或是政策而做法不同，就必须分别进行分析。然而，如果有一部分竞争者追随价格的变化，有理由相信其他竞争者也会跟着变动价格。

11.4.2　价格变动的对策

这里我们提出一个相反的问题：如果竞争者改变价格，企业应当如何应对呢？企业需要考虑几个方面的问题：为什么竞争者改变价格？这一价格变动是暂时的还是永久的？如果不理睬的话，公司的市场份额和利润会受到什么样的影响？其他公司会有反应吗？除了这些方面的问题，公司还必须考虑自身的情况和战略，以及消费者对价格变动可能会有的反应。

图 11.1 显示了公司评估和应付竞争者降价的几种方法。如果公司确定竞争者降低了价格，并且这一降价的行为很有可能影响公司的销售利润，公司也许会决定保持现有的价格和利润率，因为公司觉得自己不会失去太多的市场份额，或是觉得如果降价会失去太多利润。公司也许决定继续等待，在获得更多的关于竞争者价格变动的后果方面的信息之后，再提出对策。然而，过久的等待也许会让竞争者随着其销量的增长变得更强、更有信心。

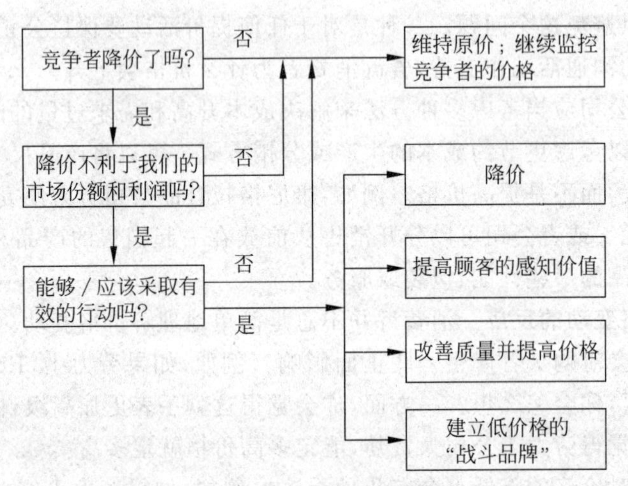

图 11.1 对竞争对手价格变动的评估与对策

如果公司决定采取有效的对策，它可能有四种做法。首先，它可以降低价格，与竞争者相匹敌。原因是它认为市场对价格很敏感，不这样做就会把市场份额让给使用低价策略的竞争者。或者它认为一旦失去市场份额，要再夺回来就很困难了。降价在短期内将会减少公司的利润。一些公司也可能会降低产品质量、服务质量和营销沟通力度来保持利润率，但这些做法最终会影响长期的市场份额。公司在降价时必须保持产品的质量。

其次，公司可以保持价格不变，但提高感知价值。它可以通过增强沟通，强调自己的产品质量比低价格的竞争对手要好。公司也许会发现，维持原来的价格并花钱提高感知价值，要比降低价格、减少利润率划算。或者，公司可以改进质量、提高价格，使自己的品牌进入高层次的市场定位中。高质量创造更好的顾客价值，由此可证明更高的价格合乎道理。相应地，高价格保证了公司的高利润率。

最后，公司可以推出一个低价位的“战斗品牌”。一般来说，最有效的回应方式是在产品线中增加一个低价格的产品，或是另外推出一个低价位的品牌。如果某个即将失去的细分市场对价格十分敏感，并且对高质量的产品不会有什么反应，那么这种方式是十分必要的。当星巴克收购西雅图最佳咖啡(Seattle's Best Coffee)时，就采取了这一做法。西雅图最佳咖啡是一个定位于工薪阶层的品牌，其主张是“友好的优质”，而星巴克是更专业的全优质。西雅图最佳咖啡通常比其母品牌星巴克便宜。因此，在零售方面，西雅图最佳咖啡直接通过其特许专营店，也通过与赛百味、汉堡王、Delta、AMC 剧院、皇家加勒比邮轮等的合作，与唐恩都乐、麦当劳等大众优质品牌直接竞争。在超市货架上，它与商店品牌和其他大众优质咖啡(如 Folgers Gourmet Selections 和 Millstone)竞争。

为了在经济衰退的情况下对抗零售商品牌和其他低价进入者,宝洁公司将自己的许多品牌变成了战斗品牌。Luvs 牌一次性纸尿裤给父母们"非凡的侧漏保护,低于昂贵品牌的价格"。宝洁同时提供它的几个主要品牌的畅销低价基本款。例如,Charmin 基本款是"以你会喜欢的价位提供的高质量卫生纸"。Bounty 基本款是"比廉价品牌更耐用"。然而,公司必须谨慎使用战斗品牌,因为战斗品牌会损害主品牌的形象。尽管战斗品牌会将节约型的消费者从竞争对手那里吸引过来,它同样减少公司高收益品牌的生意。

11.5 公共政策与定价

价格竞争是自由市场经济中的一个核心要素。公司通常无法随心所欲地定价。许多联邦法规、州法规,甚至地方法规都控制着定价的公平性。并且,公司在定价时必须考虑到更广的社会因素。例如,在定价的过程中,制药公司必须衡量其开发成本和目标利润与消费者生死攸关的需求间的关系。

影响定价的最重要的法律文件是《谢尔曼法》(Sherman Act)、《克莱顿法》(Clayton Act)和《鲁滨逊—帕特曼法》(Robinson-Patman Act)。这些法律最初是为了阻止垄断形成,或者控制一些可能会不公正地限制贸易活动的商业行为。由于这些联邦法律只能应用于州与州之间的贸易活动,一些州已采纳了类似的法规应用于本地区内的公司。

图 11.2 显示了定价中主要的公共政策问题,包括在同一渠道上的破坏性定价问题(价格垄断和掠夺性定价),以及跨渠道的破坏性定价问题(零售价格维持、价格歧视和欺诈性定价)。

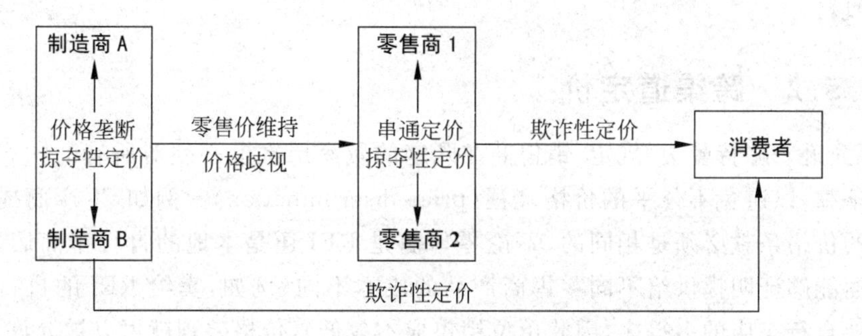

图 11.2 定价中的公共政策问题

11.5.1 同一渠道定价

联邦政府对价格垄断(price-fixing)的立法规定,销售商在定价时不能与竞争者商讨,否则将被视为价格共谋。价格垄断在本质上就是违法的,政府不会接受任何辩解。因此,那些被认为有这种行为的公司会受到严厉的处罚。最近,州政府和联邦政府已经在各行各业强制禁止价格垄断,这些行业包括从汽油、保险和混凝土,到信用卡、光盘和电脑芯片。许多国际市场上价格垄断也是禁止的。例如,欧盟监管机构最近对消费品巨头联合利华和宝洁公司罚款 4.56 亿美元,因为它们对 8 个欧盟国家的洗衣粉进行价格垄断。法国还对这两家巨头，以及其竞争对手高露洁(Colgate)和汉高(Henkel)进行罚款，声称四家公司的高层定期在巴黎的酒店和餐馆会晤，以商量折扣的底线和洗衣粉之间的价格差异。

销售商也禁止使用掠夺性定价(predatory pricing)的方式——为了惩罚某个竞争者或是为了将竞争者驱逐出市场以获取较高的长期利润，以低于成本的价格销售产品。这一规定保护了小型企业，避免大公司为了将其驱逐出市场，暂时(或是在特定地点)以低于成本的价格销售。但是最大的问题是确定何种行为构成掠夺性定价。为了减少存货而以低于成本的价格销售并不是掠夺性的，而为了驱逐竞争者这样做就是掠夺性的了。因此，同样的行为可能是也可能不是掠夺性的，取决于行为的意图，但意图是很难判断和证实的。

最近，一些大型公司受到了这方面的起诉。然而，将控告变为诉讼是困难的。例如，许多出版商和书商对亚马逊的掠夺性做法，特别是图书定价表示担忧：

> 许多书商和出版商抱怨说，亚马逊的图书定价政策正在摧毁这个行业。在过去的节假日中，亚马逊已经成功卖掉前10位畅销精装书，作为吸引消费者的"路标"，每一本书的价格低于10美元。亚马逊现在以低价出售电子书，以吸引Kindle客户。这种非常低的书价对与其竞争的卖家造成了相当大的损害，其中许多人认为亚马逊的定价行为是掠夺性的。一个观察家说："'捕食者'是一个很严重的词，我不会轻易使用它，但是…… 我可以发誓我们有针对掠夺性定价的法律。我只是不明白为什么[亚马逊的定价]不是一个问题。"然而，至今依然没有针对亚马逊的掠夺性定价的控告，因为要去证明这种路标定价是故意掠夺性的，而不是简单的竞争性营销策略是很难的。

11.5.2 跨渠道定价

《鲁滨逊—帕特曼法》规定，销售商在既定的贸易层次上必须对所有的顾客提供同样的价格条款，以避免不公平的价格歧视(price discrimination)。例如，生产商提供给每个零售商的价格条款必须是相同的，不论零售商是REI还是本地的自行车商店。不过，如果销售商能够证明提供给不同零售商产品的成本不同(例如，卖给REI的自行车数量比卖给本地自行车店的多得多，因此单位销售成本较低)，价格差别就可以被允许。

或者销售商对不同零售商提供不同质量的同种产品，价格差别也是允许的。不过销售商必须能证明这些差异是成比例的。价格差异也可以用于善意地"配合竞争"，但这些差异必须是暂时的、地区化的、防守型的而非进攻型的。

零售价格维持(retail price maintenance)也是不被法律允许的。生产者不能要求经销商为其产品制定一个价格。尽管生产商可以向经销商提供"建议零售价"，生产商无权因为某个经销商采取独立的定价行为而拒绝将产品卖给它，也不能通过延迟送货或者拒绝给予原定的折扣来惩罚它。例如，佛罗里达州司法局最近调查了耐克公司的运动鞋和服装零售定价中的非法行为。对那些不以耐克认为合适的价格销售最昂贵的鞋的零售商，耐克可能涉嫌故意不供货。

欺诈性定价(deceptive pricing)是指销售商制定误导消费者的价格或折扣价格,或是这样的价格实际上是无法提供的。这种情况可能涉及伪造参照或对比价格,也就是说,零售商定一个假的、较高的“常规价”,然后公布一个与真实常规价相近的“折扣价”。例如,最近 Overstock.com 公司在接受审查,因为它不准确地列示制造商的建议零售价,而且引用的建议价通常要比实际价格高。这种对比定价应用得很广泛。

如果这些价格是真实的,对比定价就是合法的。然而,FTC 的《反欺诈定价指南》(Guides against Deceptive Pricing)警告销售商们不要宣传:(1)减价,除非相对于通常的销售价格确实是有优惠;(2)“出厂价”和“批发价”,除非确实与实际情况相符;(3)有缺陷的产品的参照价格。

其他欺诈性定价问题包括扫描仪错误(scanner fraud)和价格迷惑(price confusion)。广泛应用的电脑扫描结账,导致了越来越多消费者抱怨零售商多收钱。大多数的问题出在管理的疏忽上,比如对售价的录入错误,但也有故意多收钱的情况。

许多联邦和州法律禁止欺诈性定价。例如,《汽车信息披露法》(Automobile Information Disclosure Act)规定,汽车制造商必须将建议零售价、备选设备的价格和经销商的运输费用贴在新款汽车的车窗上。不过,信誉好的销售商会比法律要求的做得更好。公平地对待消费者,保证他们充分地理解价格和价格条款,对于建立密切和持久的顾客关系是非常重要的。

小结

在本章中,我们研究了一些额外的定价策略——新产品定价策略、产品组合定价策略、价格调整策略和价格反应策略。公司制定的不仅是一个价格,而是一个涵盖它的一系列产品的价格结构。这一价格结构随产品生命周期的变化而变化。公司调整产品的价格以反映成本和需求的变化,并适应各种购买者和情况的变动。当竞争环境变化时,公司就会考虑何时开始改变价格和怎样适应变化了。

1. 描述新产品定价的主要策略。

定价是一个动态的过程。定价策略经常随着产品的生命周期的变化而变化。在介绍期的产品第一次定价尤其具有挑战。公司可以在几种策略中决定一种作为创新产品的定价策略:可以使用市场撇脂定价法,制定一个很高的价格,从各个细分市场上获取最大的收入;或者可以使用市场渗透定价法,制定一个较低的初始价格,深入市场占领较大的市场份额。为使某一种新产品定价策略有效,必须满足一些条件。

2. 解释公司如何找到一个使产品组合总利润最高的价格系列。

当产品是产品组合中的一部分时,公司寻求一个使总利润最高的产品组合定价策略。在产品线定价中,公司要决定不同产品的价格差别。公司还要为备选产品(与主体产品配套的备选产品或附加产品)、附属产品(与主体产品同时使用的产品)、副产品(在生产主体产品中产生的废弃或剩余产品)和产品束(以较低价出售的一组产品)定价。

3. 讨论公司如何调整价格以适应不同的消费者情况。

公司使用一系列价格调整策略,以适应不同的细分市场和情况。一种策略是折扣和折让定价，公司设定现金、数量、功能或季节折扣，或是各种类型的折让。第二种策略是细分市场定价，公司以两种或多种价格销售产品，以适应不同的消费者、产品形式、地域或时间。有时，公司在决定定价策略时考虑的不仅是经济因素，它们使用心理定价以更好地传达一种产品的定位。在促销定价中，公司提供折扣或是暂时以低于标准价格的价格销售产品，有时甚至低于成本赔本销售，通过这种特殊事件吸引顾客。另一种方法是地理定价，公司决定如何为远距离的顾客定价，可选择的方法有FOB起点定价法、统一交货定价法、地区定价法、基本点定价法和无运费定价法。最后，国际定价策略意味着公司要调整价格，以适应世界不同市场的环境和公司在不同市场上的期望目标。

4. 讨论主动变动价格和适应价格变动中的关键问题。

当公司考虑主动变动价格时，必须同时考虑顾客和竞争者的反应。主动降价和主动提价都会对他们产生不同的暗示。购买者对价格变化的反应，受消费者对价格变化的理解的影响。竞争者的反应可能来自既定的政策，也可能是来自对各种情况的分析。

在应付竞争者的价格变动中也有许多因素值得考虑。面对竞争者的价格变动，公司必须尽力了解竞争者的意图，变动可能持续的时间及其影响。如果需要快速反应，企业应该事先计划，对竞争者可能采取的不同价格变动行为准备好对策。面对竞争者的价格变动，公司可以保持不变、降低价格、提高感知价值、改进质量、提高价格，或者推出一个战斗品牌。

5. 概述影响价格制定的社会和法律问题。

很多联邦、州，甚至本地法律管理公平定价的规则。同样，公司也必须考虑更广泛的社会定价因素。在定价方面的主要公共政策争论点，包括同一特定渠道内潜在有害的定价方法，例如价格垄断和掠夺性定价，同时也包括跨渠道的价格制定，例如零售价格维持、价格歧视和欺诈性定价。尽管许多联邦和州的法规控制着价格的制定，信誉好的零售商会比法律要求的做得更好。公平地对待顾客是建立牢固和持久的顾客关系的重要组成部分。

问题讨论

1. 对比市场撇脂和市场渗透定价策略，并讨论其在何种情况下适用。为每种策略尝试给出一个涉及刚引入的新产品的例子。
2. 说出五种产品组合定价决策的名称，并简要描述。
3. 说出折扣的各种形式。
4. 对比公司对国家或世界不同地区的顾客所使用的地理定价策略。哪一种最好？
5. 什么是动态定价？为什么它在网上如此流行？它合法吗？
6. 在何种情况下公司会考虑降价？提价呢？

批判性思维训练

1. 丰田的普锐斯(Prius)在中国的价格是多少？在五个国家查找丰田普锐斯的价

格，并将该价格转换为人民币。其他国家的价格是相同还是不同？解释为什么会这样。

2. “差一点定价法”是心理定价策略的一种，也叫作尾数9定价法，因为此类价格通常以9(或99)作为结尾。在小组中，每人选择5件不同产品，并在商店中找到它们的价格。就尾数9定价法而言，不同商店的不同产品是否有变化？为什么营销人员使用这种定价策略？

营销技术：少说话，多付钱

无线运营商正在努力让客户付更多钱，但得到更少。消费者现在在手机上做除了打电话之外的所有事情。自2007年苹果推出iPhone以来，平均语音使用量有所下降，消费者已经转向使用Skype等文字和互联网语音通话方式。但是，语音账单占运营商向手机客户收取的费用的近70%，它们不希望这个现金牛干涸。因此，运营商正在开始取消能够让客户按照他们需要的通话时长购买套餐的计划，并以统一的不限制通话时长的固定费率计划取代。运营商表示，这对消费者来说变得不那么复杂了，但真正的原因是它们不希望客户通过缩减语音计划来降低花费，不希望客户选择更便宜的计划。因此，运营商正在消除分层定价语音计划。

1. 比较AT&T和Verizon两家手机运营商的价格。它们使用什么类型的定价策略？

2. 访问www.myrateplan.com/wireless_plans/将你的手机计划与其他运营商的计划进行比较。运营商使用什么策略来阻止订户切换？请说明。

营销伦理：一首歌的价格

乡村音乐明星(如泰勒·斯威夫特)将是首批每次其歌曲在广播中播放就能收到钱的艺术之家。在美国，只有歌曲作者和发行商才能从电台音乐播放中，或者从电影、电视节目、商业广告、甚至电话铃声中收取版税。这可以追溯到1917年最高法院的裁决，即每次通过商业手段播放或演奏音乐时，版权音乐的作曲家都能收取版税。但表演艺术家或录音公司则不会收到此类版税。理由是电台播放增加了唱片的销售，而艺术家能获得唱片售价的8%至25%作为版税。但是，由于互联网和iTunes等音乐下载网站，传统CD的销量下降了近50%。2011年，数字音乐销售超过传统CD销售。听众也转移到在线网站来听音乐，如Pandora、Spotify和Rdio。但1995年的《录音法案》(Sound Recording Act)中的“数字表演权”(Digital Performance Rights)让音乐家松了一口气。《录音法案》规定当歌曲以数字格式播放时，如网播或卫星广播(听众订阅但不能选择特定的歌曲)，表演者们将首次获得版权费。网络广播公司Pandora声称，约相当于收入的60%的版权费是公司无利可图的原因。

研究音乐版税，了解和学习音乐的成本和定价方法。将你学到的写成一篇报告。

数字营销：Netflix 是疯了还是有远见？

价格上涨一直是消费者感到棘手的问题，视频流和 DVD 邮购巨头 Netflix 宣布对其最实惠的租赁计划涨价 60%，从而引发了激烈的争议。以前，每月只需付 9.99 美元，客户可以一次租一张 DVD，还可以通过互联网畅享无限的视频流。现在，同样的服务每月需要 15.98 美元，这是当前每月 7.99 美元的仅限视频流的计划和每月 7.99 美元的仅限 DVD 的计划的组合，后者允许客户通过邮件一次收到一张光盘。所以客户要么不得不多付钱来保持原有的服务水平，要么降低到每月 7.99 美元的有限服务。大多数客户为了节省邮费转换为仅限视频流的选项。Netflix 在价格上涨之前，有 2 300 万用户订购 9.99 美元的同时包含 DVD 和视频流的计划。

1. 分别计算 Netflix 每月从 9.99 美元和 15.98 美元的两种客户中实现的盈利。假设每个客户的平均可变成本为每月 3.50 美元，不随价格上涨而变化。Netflix 在影响盈利前能损失得起多少恼火的客户？
2. Netflix 的这项举动明智吗？讨论如此激烈的价格上涨的利弊。

公司案例

亚马逊 vs. 沃尔玛：在网上就价格一决胜负

不到十年前，没有人相信亚马逊对沃尔玛构成了强大的威胁。毕竟，沃尔玛是世界上最大的零售商，销售一切在太阳底下的东西。亚马逊只是一个刚起步的在线网站，以卖书和 CD 而出名。当时，沃尔玛的收入是亚马逊的 120 倍。

但是，十年间发生了太大的变化。虽然沃尔玛仍然主导实体零售业，同时又是世界上最大的公司，亚马逊的增长已经完全被这个实体巨头盯上了。这几天，似乎每个人都在比较二者。正如拳王阿里和弗雷泽、可口可乐和百事可乐、扬基队和白袜队那样，现在这两家重量级零售商正在网络上开展世纪大战。武器？价格——这并不奇怪，鉴于两者长期的低价定位。

沃尔玛和亚马逊的价格战在三年前开始，从新书和 DVD 的价格接触战开始，然后迅速升级到电子游戏机、手机甚至玩具。面临风险的不仅是两家公司的财富，还有其售卖的产品涉及的行业，不管线上还是线下。价格可以是一个有力的战略武器，但也可以是双刃剑。

亚马逊似乎想成为“线上的沃尔玛”——我们包罗万物的数字商店，它正在稳步实现这一目标。尽管沃尔玛的整体销售额去年是惊人的 4 440 亿美元，是亚马逊（480 亿美元）的 9 倍，但亚马逊的在线销售额是沃尔玛的 9 倍多。此外，亚马逊每月吸引超过 1 亿的美国独立访客，超过沃尔玛两倍以上。一位分析师估计，超过一半的线上购物的美国消费者都首先在亚马逊上搜索。

为什么这让沃尔玛如此担心？毕竟，在线销售仅占美国零售总额的 7%。沃尔玛大部分的业务是在超过 4 400 个实体店中通过为美国中产阶级提供实惠的价格而实现的。

相比之下，根据一位分析师的说法，亚马逊主要面向"富裕的城市居民，他们宁愿点击鼠标，而不是推购物车"。

但这场战斗并不关乎现在——而是关乎未来。尽管以沃尔玛的水准来看线上市场很小，但在未来十年内，网络销售额占美国零售销售额的比例将飙升至15%左右。而且，亚马逊拥有的线上份额越来越多。去年，亚马逊的销售额比上年上涨了40%。更重要的是，亚马逊的电子产品和一般商品与沃尔玛商店中的大部分商品直接竞争，其销售增长速度甚至超过整体销售额。

战争打响

亚马逊已经表现出无情的野心，在线上提供无所不包的商品。它开始仅仅在线销售图书，但现在它从书籍、电影和音乐扩展到消费电子品、住宅和花园用品、服装、珠宝、玩具、工具甚至杂货。亚马逊收购了诸如Zappos和Diapers等众多在线零售商，帮助其快速扩张。这家在线零售商正在增加其自有品牌的产品类型，为其增加新产品线。如果亚马逊持续扩张，线上销售额如预期的增加，这个线上卖家将一步步蚕食掉沃尔玛的主要业务。事实上，随着低收入消费者变得越来越通晓高科技，亚马逊甚至拉拢了沃尔玛的传统客户——每年赚不到5万美元的廉价品购买者。

但沃尔玛并没有先认输。相反，它正在亚马逊的地盘——互联网进行战斗。通过激进的定价，它现在正在争取消费者在网上花费的每一美元。沃尔玛在2009年假期购物季之前打响了第一枪，它宣布将为10部即将发行的畅销书精装版以前所未有的9.99美元的低价在线预售，而9.9美元正是亚马逊为其电子书收取的价格。更进一步，沃尔玛在线网站还将其他200种畅销商品的价格降低了50%，以低于亚马逊的价格销售。当亚马逊迅速宣布在10款畅销商品上与沃尔玛的价格相匹配时，价格战开始了。沃尔玛将其价格下调至9.00美元，亚马逊也同样如此，沃尔玛于是将价格再次下调至8.98美元。

这些低廉的图书价格比正价下降了59%～74%，远远超过了Barnes&Noble等传统零售书店的30%～40%。事实上，沃尔玛在线网站和亚马逊将这些畅销书低于成本出售——就像所谓的路标一样——将顾客引诱到它们的网站，希望他们能够购买其他更有利可图的商品。

现在，图书上的价格战还在继续。而且它的影响超出了这两名主要战斗人员，造成整个图书行业的附带损害。一位出版行政人员说："当你的产品被视为路标时，其感知价值会降低。"从长远来看，这对于出版书籍的公司或销售这些书籍的零售商来说并不是很好。"价格带有客户价值的信息，"另外一个发行商说道。公司需要谨慎对待它们向顾客发送的信息。

价格战并不仅仅是在图书上体现。如果你比较沃尔玛在线网站和亚马逊的价格，会发现价格战波及各种各样的产品类别。虽然沃尔玛以低价格开始，但显然亚马逊可以用自己的低成本结构来匹配甚至击败沃尔玛，这种结构没有商店的固定成本。

谁将最终赢得在线战争和在线买家的金钱？当然，低价格是一个重要的因素。但鉴于消费者购物方式的性质急剧变化，单靠价格可能还不够。我们来看看这两家零售商是如何做好准备的。

沃尔玛：更多的购物途径

在低价方面，沃尔玛在经验、运营规模和供应商谈判能力方面具有优势。但沃尔玛也专注于在线上销售方面取得显著进步。虽然沃尔玛的整体销售增长可能不大，但因为对线上销售大做文章，其在线销售以一个更快的速度增长。去年其线上购物网站的在线销售额翻了一番以上，独立访客达到 4 200 万，同比增长了 26%，而亚马逊的每月访问量则相对平稳。

沃尔玛比亚马逊有一些优势。事实上，它拥有庞大的实体商店网络、方便的地点及完善的在线业务，可以为客户提供更多的在线购买方式。客户可以在线购买并将购买物品递送到家中。或者他们可以在线购买商品，并在沃尔玛商店自提。对于本地商店的商品，客户可以在当天自提。沃尔玛最近开始了“现金付款”计划，针对 20% 的沃尔玛购物者，因为他们没有银行账号或信用卡，因此无法在线购物。

“现金”选项支持了沃尔玛新的在线口号“随时随地”。沃尔玛希望其购物者知道它可以提供在线和线下购物最无缝的组合，任何其他零售商在任何地方都无法比拟。沃尔玛预计在不久的将来，消费者可以在家中使用电脑购买线上线下提供的任何东西，或者在他们去镇里使用电子设备时，或者甚至在沃尔玛的过道里使用同样的设备时。沃尔玛预计，由于可把其每一家商店作为自提中心，将比仅限于线上的零售商尤其是亚马逊拥有更大的优势。沃尔玛甚至尝试使用可以驾车通过的窗口，购物者可以在此提取线上购买的货物。自提中心也可用作退货中心。

亚马逊：覆盖所有的顾客群

亚马逊同样具有优势。作为初学者，沃尔玛的在线销售可能会快速增长，但亚马逊的势头可能使沃尔玛远远无法追上。沃尔玛去年的网络收入翻了一番，这意味着只增加了 20 亿到 30 亿美元。亚马逊的销售额增加了 100 多亿美元。如果亚马逊如预期那样持续增长，到 2015 年将超过 1 000 亿美元的销售额，亚马逊就会在 21 年内实现这一里程碑，成为历史上发展最快的公司(沃尔玛花了 36 年时间)。在这一点上，亚马逊有可能成功完成本不可能的事情——成为美国第二大零售商，而上头只有一个需要赶超的对象。

亚马逊本质上也具有多样化特征。它认识到电子商务只是综合战略的一个要素。亚马逊从一开始就投入巨资收购和开发技术，使其能够涉及形成了整个在线生态系统的服务项目，从娱乐到社交网络到移动通信的每一个方面——全部都链接到其在线超级市场。

除了高度认可的在线品牌，亚马逊拥有比沃尔玛更五花八门的商品和无与伦比的在线客户购物体验。其专门为互联网购物而设计的物流网络意味着邮递总是快速的。而有了 Amazon Prime，它甚至更快，而且免费。

双刃剑

现在，价格仍然是沃尔玛和亚马逊在线战斗的核心竞争武器。但是从长远来看，沃尔玛和亚马逊的价格战可能对二者来说弊大于利。价格战可以将整个产品类别转化为不吸引人的低利润商品(想想 DVD 的例子)。网上购买不仅仅是为了获得最便宜的价格，即使是在现在萧条的经济中。最终，赢得在线消费者将不仅需要提供最低的价格，还要提供由价格和产品选择、速度、便利及整体购物体验组成的最佳客户价值。

现在，两家零售商，特别是沃尔玛，似乎决心以价格来一决胜负。亚马逊首席执行官杰夫·贝佐斯长期以来一直认为，在零售这个大行业中所有竞争对手都会有一席之地。然而，沃尔玛在线购物网站的前总裁兼首席执行官保罗·瓦斯克斯表示，沃尔玛主宰线上购物是早晚的事。他认为定价将是关键。“我们公司是基于低价的，”瓦斯克斯说，“即便在图书销售中，我们也会继续低价，直到我们是低价领导者。我们将在每一个需要低价的类别中做到这一点。我们公司是以低廉的价格为基础的。”但是，价格低就足够了吗？

讨论题

1. 消费者是否知道亚马逊或沃尔玛的整体价格哪个较低？请说明理由。

2. 对于亚马逊和沃尔玛来说，降低价格或降低感知价格，哪个更重要？

3. 亚马逊或沃尔玛应该将价格战持续到什么程度呢？请基于图11.1回答。

4. 在线上主导权的争夺中，低价格有多重要？亚马逊和沃尔玛各自提供的其他好处有多重要？

Principles of Marketing　第12章

分销渠道

学习目的

- □ 解释为什么企业要使用分销渠道,并讨论这些渠道所起的作用
- □ 讨论渠道成员是如何相互作用并组织起来发挥渠道功能
- □ 明确企业的主要渠道选择
- □ 解释企业如何选择、激励和评估渠道成员
- □ 讨论营销物流和整合供应链管理的特点和重要性

本章预览

现在,让我们来看一下营销组合的第三项——分销。公司在创造顾客价值和建立有利可图的顾客关系时很少独自工作。相反,大多数公司只是更庞大的供应链和分销渠道中的一个节点。既然这样,那么一个公司的成功就不仅仅取决于它自身的运作多么好,还取决于它的整个分销渠道与竞争者相比是否更有利。为了做好客户关系管理,公司必须做好合作伙伴关系管理。本章首先揭示了分销渠道的特征以及营销人员的渠道设计和管理决策,然后我们考察实体分销——或者物流——这是近来颇受人们重视和争论的领域。下一章,我们将更深入地探讨两种主要的渠道中间商——零售商和批发商。

我们先看 Netflix。通过分销模式的创新,它已经成了世界上最大的视频订阅服务机构。但是,伟大的棒球运动员 Yogi Berra 以其不俗的言辞而非高超的棒球技艺闻名,他曾说:"未来有异于过去。"同样,为了保持在视频分销行业的领先,Netflix必须不断以突破性的节奏进行创新,否则将会有被置之一边的风险。

Netflix 分销渠道的创新:通过舍弃过去发现未来

Netflix 通过一次又一次的创新,在视频娱乐分销方面处于领先地位。在 21 世纪最初的几年,Netflix 革命性的 DVD 邮件服务使大部分电影租赁商店都倒闭了。2007 年,

Netflix公司再次突破数字流媒体，彻底改变了人们观看电影和其他视频内容的方式。现在，随着Netflix的领先，视频分销已经成了新兴技术和高科技竞争者的一个沸腾点，它不仅提供不可思议的机遇，而且提供令人恐惧的风险。

这就可以问问Blockbuster。仅仅几年以前，这家巨型实体电影租赁连锁企业拥有整个行业。接着Netflix出现了，与之而来的还有它刚刚起步的DVD邮件服务。最初，Netflix只有数千用户，慢慢的数百万用户被它创新的分销模式所吸引。在该模式下，用户再也不用去影像商店了，再也没有逾期未还的费用了，并拥有超过10万个品种的选择范围。这些都使得Blockbuster能够提供的一切东西显得相形见绌。更好的是，Netflix每月5美元的订阅费用远远低于从Blockbuster租用单个视频的价格。2010年，随着Netflix使用人数的激增，一度强大的Blockbuster走向了破产。

Blockbuster从繁盛走向破产的故事强调了当今视频分销业务动荡不定的特点。仅在过去的几年中，逐渐过剩的视频访问选项已经实现。在Netflix上升和Blockbuster暴跌的同时，Coinstar的Redbox突然冒出，它建立一个全新的遍布全国的DVD租借亭网络。随后，高科技初创企业(如Hulu)凭借其高品质、广告支撑的免费观看电影和当前电视节目的优势，开始通过互联网推动数字流的发展。

一直以来，Netflix大胆行事以保持在竞争中的领先地位。例如，在2007年，Netflix及其首席执行官里德·哈斯廷斯(Reed Hastings)将目光瞄准了一个革命性的新视频分销模式，而不是依靠其仍然蓬勃发展的DVD邮件业务获得成功。在新的视频分销模式下，Netflix将服务提供给每个与互联网相连的屏幕，从笔记本电脑到互联网电视，到手机和其他支持Wi-Fi的设备。Netflix开始推出即时观看的服务，让它的会员可以从电脑上观看电影，这是他们每月会员费用的一部分，即使这样要以牺牲Netflix仍然蓬勃发展的DVD邮件业务为代价。

虽然Netflix没有开创数字流媒体技术，但它将资源投入改进技术和建设最大的流媒体库当中。它建立了近2 500万用户的客户群，并且销售和利润飙升。凭借其庞大的实体DVD库和超过20 000部高清电影的流媒体库，并且可通过200种不同的互联网接入设备进行访问，似乎没有什么可以阻止Netflix的发展。

但是，Netflix惊人的成功吸引了大量的竞争对手。2010年，视频巨头(例如谷歌的YouTube和苹果的iTunes)都开始了出租电影下载的业务，并且Hulu推出了基于Hulu Plus的订阅服务。为了保持领先地位和生存下去，Netflix需要不断地保持它创新的步伐。所以在2011年的夏天，首席执行官哈斯廷斯实施了雄心勃勃且风险满满的行动，将所有的一切投注在数字流媒体上。他将Netflix仍然蓬勃发展的DVD邮件业务拆分成了一个名为Qwikster的独立业务，并要求DVD租赁和流媒体分开订阅(对于同时使用这两者的客户来说，价格惊人地上涨了60%)。现在，Netflix的名字将仅仅代表数字流媒体，这也将是公司未来增长的主要焦点。

尽管Netflix有远见，但突然变化并不适合所有客户。数以万计的愤怒言论出现在网站上和社交网络平台上，并且有80万用户放弃了这项服务。Netflix的股价暴跌了近2/3。为了挽回损失，Netflix很快承认了它的错误，并更正了建立单独业务Qwikster的决定。“在行动快和行动太快之间是有区别的，行动快就像Netflix这几年做的，而行动太快则指的是在这次事件中我们做的。”哈斯廷斯坦白道。然而，尽管有挫折，Netflix仍然保留它独立、更高价格的DVD邮件服务。

在Qwikster的失误之后，Netflix很快就几乎全部替换掉了它丢失的用户。此外，凭借着大致相同数量的用户和高出60%的价格，收入每年同比增长47%。由于Netflix的快速恢复，哈斯廷斯现在比以往任何时候都更加希望加快公司从DVD的成功向流媒体成功的飞跃。“我一步一步地前进，尽管脚上有弹孔，”他说。虽然客户仍然可以访问Netflix的世界上最大的DVD库，但该公司的促销和网站上都几乎没有提及该选项。现在的重点是流媒体视频。

尽管Netflix取得了持续的成功，但它知道它不能停止创新。竞争继续以一个不可预知的速度进行着。例如，亚马逊已经开始自己的流媒体视频订阅服务，会员可以免费享用。谷歌最近已经推出了Google Play，一个电影、音乐、电子书和应用程序相结合的全媒体娱乐门户网站，超越了其YouTube租赁服务。Comcast与Verizon合作推出了Xfinity Streampix，它可以通过电视或者移动设备向老用户提供流媒体访问旧的电影和电视节目。苹果和三星正在通过智能电视创建与流媒体内容更加流畅的融合。而Hulu正在考虑推出一个虚拟有线电视服务，这样可以在线上用更低的价格观看有线电视频道。

继续向前，随着行业将流媒体定位为主要的交付模式，内容(而不仅仅是交付)是将Netflix区别于其他产品的关键。鉴于其开端良好，Netflix在内容比赛中保持着领先地位。亚马逊和Hulu Plus目前只有Netflix的一小部分产品，并且Netflix占到的观看时长是竞争对手总观看时长的10倍。但是，随着与电影和电视制作商的内容许可证越来越难得到，在另一个创新的视频分销方面，Netflix和其他竞争对手正在开始开发自己的原创节目。例如，Netflix最近就震惊了媒体行业，它为由好莱坞制作的全新系列剧《纸牌屋》的独家播放权支付了1亿美元。

因此，从DVD邮件服务，到即时观看，到几乎任何设备上的视频流媒体，到发展原创内容，Netflix通过做到最好，革新和颠覆了视频分销行业，始终保持着领先地位。下一步是什么？没有人真正知道。但是有一点似乎是肯定的：无论如何，如果Netflix不引导变革，那它将会有很快被遗忘的风险。在这个快速变化的行业中，新的技巧迅速过时。为了保持领先，正如标题所示，Netflix必须“通过舍弃过去发现未来”。

Netflix的事例告诉我们，良好的分销策略可以为顾客价值作出重要贡献，为企业创造竞争优势。然而，企业不能独自传递顾客价值。相反，它们必须与更广泛的价值传送体系中的其他公司紧密合作。

12.1 供应链和价值传送体系

企业生产产品和服务，并将其提供给消费者，不仅需要与顾客建立关系，还需要与企业供应链(supply chain)中关键的供应商和分销商建立关系。供应链包括“上游”和“下游”两部分。企业的上游是指那些供应生产产品和服务所需的原材料、零部件、信息、资金、技术的企业组合。但是，营销人员一般比较关注供应链的下游部分——面向顾客的营销渠道或分销渠道。下游的分销渠道伙伴，例如批发商和零售商，在公司和它的顾客之间形成了至关重要的联系纽带。

供应链这个术语可能限制了思维——它延续了商业中的产销观念，认为原材料、生产输入和工厂生产量应该作为营销计划的起点。更好的观点是需求链(demand chain)，因为它体现了对市场感知和反应的视角。在这种观念下，计划起始于目标顾客的需求，然后公司根据创造顾客价值的目标，通过组织资源链和行动链给予回应。

即使需求链的观念也还是有限制，因为它采纳了一种按部就班的"采购—生产—消费"行为线性观念。相反，很多大公司现在已经着手建立和管理一个可持续发展的价值传送体系。就像在第2章中定义的那样，**价值传送体系**(value delivery network)由企业自身、供应商、分销商和最终顾客组成，这些伙伴相互"合作"以改进整个系统绩效。例如，本田公司仅仅在为全球市场制造和营销其众多车型中的某一款车型时，比如本田Insight混合动力车，就管理了一个巨大的体系。这个体系既包括本田内部的员工，也包括公司外部的上千家供应商和经销商。通过体系成员有效的协同努力，本田公司得以给最终消费者带来"来自本田，为了每个人"的创新汽车。

本章关注的是分销渠道——价值传送体系的下游部分。本章讨论四个有关分销渠道的主要问题：分销渠道的性质是什么以及它为什么重要？渠道企业应当如何相互联系、组织运作？在设计和管理渠道时公司会面对什么样的问题？实体分销和供应链管理在吸引和满足消费者需要时起什么作用？在第13章，我们将从零售商和批发商的角度来看一下分销渠道问题。

12.2 分销渠道的性质和重要性

很少有制造商直接将它们的商品卖给终端用户，相反，大多数通过中间商将产品在市场上销售。它们试图逐步建立**营销渠道**(或**分销渠道**)(marketing channel or distribution channel)——一组相互依赖的组织，可以为消费者或者产业用户提供用于使用或者消费的产品或服务。

公司的渠道决策直接影响着其他任意一个营销决策。公司的定价决策要看是使用大型经销商，还是利用高质量的专卖店，还是通过互联网直接销售给消费者。公司的销售队伍和广告决策要看经销商们需要多大程度的说服、培训、激励和支持。公司是否需要开发或购置新产品，要看这些产品是否适合渠道成员的销售能力。然而，公司常常不怎么注意其分销渠道，因此有时带来了破坏性的后果。相反，许多公司使用了创造性的分销系统以获取竞争优势。Rent-A-Car通过设立机场外的租赁网点革新了汽车租赁业务。苹果将音乐零售业务转移到网上，通过互联网上的iTunes商店向iPod用户销售音乐。联邦快递创造和建立的分销系统使它成为小型包裹运输行业的领先者。亚马逊则永远改变了零售业的面貌，并且通过不使用实体商店就销售一切东西而成为了互联网界的沃尔玛。

分销渠道决策常常涉及对其他企业的长期承诺。例如，福特、麦当劳和惠普这样的公司能够很容易地改变广告、定价或促销计划。只要市场需要，它们就能撤掉旧产品，推出新产品。但如果它们通过合同与特许经销商、独立经销商或大型零售商建立分销渠道，就不能在情况变化时随意用公司自己的商店或网站去替代它们。因此，管理部门必须认真地设计公司的渠道，既要注意今天的销售环境，也要考虑明天的情况。

12.2.1 渠道成员如何增值

为什么制造商将一部分销售工作交给渠道伙伴去做？毕竟这意味着制造商在如何销售、销售给谁等方面失去了部分控制权。使用中间商主要是由于它们在为特定市场提供产品方面具有更高的效率。通过它们的关系、经验、专门知识和经营规模，中间商通常能做到制造商自己做不到的事情。

图 12.1 表明了使用中间商取得经济效益的情况。图 12.1A 中有三个制造商，分别通过直销的方式到达三个顾客群，这一系统需要九次不同的渠道交易。图 12.1B 中，三个制造商与同一个中间商机构联系，这个中介机构再与三个消费群联系，从而这个系统只需要六次渠道交易。通过这种方法，中间商减少了以往制造商和消费者必须完成的大量工作。

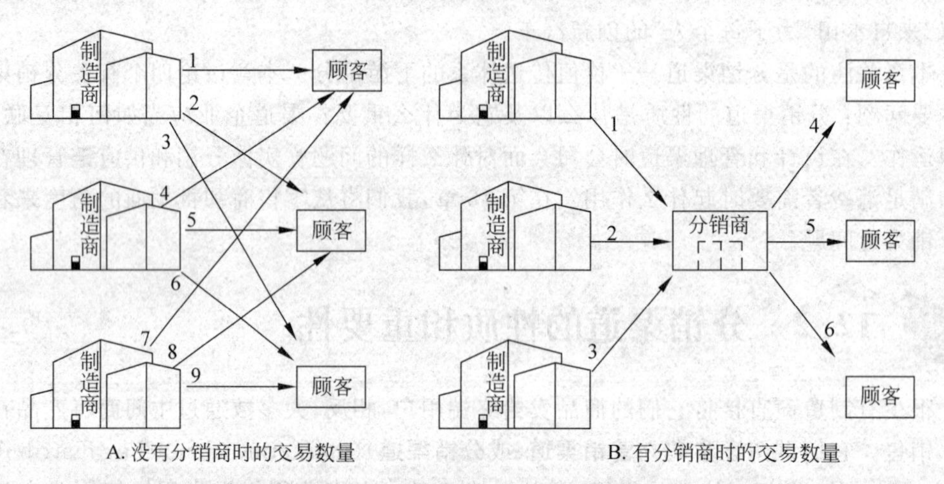

图 12.1　中间商如何减少渠道交易的数量

从经济系统的观点来看，中间商的作用是将生产者产出的各种产品转换成消费者需要的各种产品。制造商产出的产品品种不多，但数量很大。而消费者需要各种产品，但数量不多。在分销渠道中，中间商购买许多制造商生产的大量产品，然后把它们分散开来，组成消费者需要的数量较小的多种产品。

例如，联合利华每周都会生产几百万块力士 2000 洗手皂，但是你每次只会购买几块洗手皂。因此像西夫韦、沃尔格林和塔吉特这样的大型食品、药品和折扣零售商会成卡车地购买洗手皂，然后把它们摆放在商店货架上。接着，你会在商店里购买一块力士 2000 洗手皂，同时在你的购物车里还会有数量不多的牙膏、洗发液和其他所需物品。由此可以看出，中间商在匹配供应和需求之间扮演着一个重要的角色。

在将产品和服务从制造商那里送到消费者手中的过程中，分销渠道通过消除产品和服务与消费者之间在时间、地点和所有权上的差距，增加了价值。分销渠道成员承担了许多关键职能，有些能帮助完成交易：

- 信息：收集和发布营销环境中相关者和相关因素的市场研究和情报信息，用于确定计划和帮助交易。
- 促销：开发和传播有说服力的供应信息。
- 联系：寻找潜在消费者并与之进行联系。
- 匹配：根据购买者的需求进行匹配以提供合适的产品，包括生产、分类、组装与包装等行为。
- 谈判：达成有关价格及其他方面的协议，完成所有权或使用权的转换。

其他可用来帮助达成交易的功能有：

- 实体分派：运输和储存货物。
- 融资：获得和使用资金，补偿分销渠道的成本。
- 风险承担：承担渠道工作中的风险。

问题不在于上面的工作是否需要执行，而是由谁来执行，因为这些工作总是要做的。如果让制造商执行这些职能，成本会增加，价格也会上升。如果这些职能中的一部分转移到中间商那里，制造商的成本和价格就会降下来，但中间商也会把价格提高，以补偿它们工作的成本。在分配渠道工作时，应该将多种多样的职能安排给以相对低的成本可以增加最大价值的渠道成员。

12.2.2 渠道层次的数量

为了使产品和服务更容易让顾客获得，公司可以设计不同形式的分销渠道。在将产品和产品所有权带给最终购买者的过程中，每一层中间商都代表一种**渠道层次**(channel level)。由于生产者和最终消费者都起到了一些作用，他们是每个分销渠道的一部分。

渠道层次的数量表示渠道的长度。图12.2A表示了几种不同长度的分销渠道。渠道1称为**直接分销渠道**(direct marketing channel)，没有中间商层次，公司直接向消费者

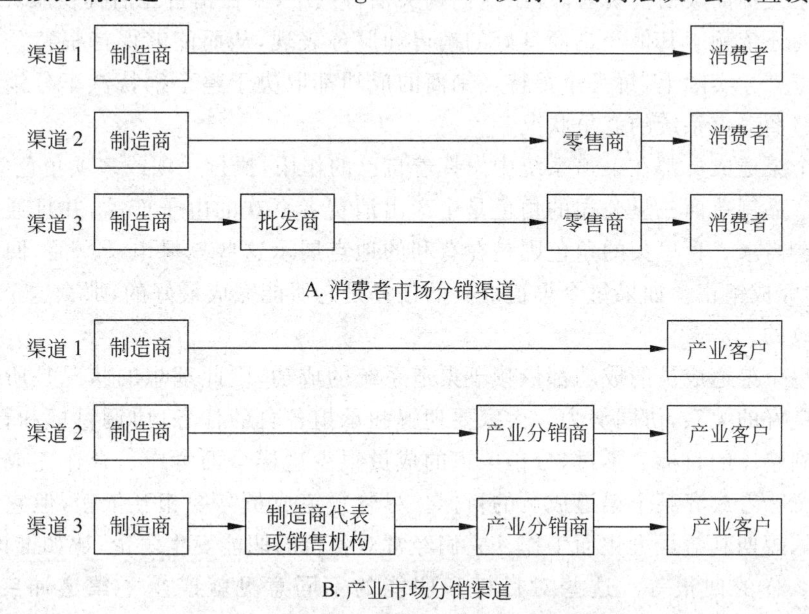

图12.2 消费者市场和产业市场的分销渠道

销售。例如，玫琳凯化妆品公司(Mary Kay Cosmetics)和安利(Amway)都是通过家庭和集团销售小组上门推销或者互联网销售；美国盖可保险公司(GEICO)通过电话和互联网销售保险。图 12.2A 中的其余分销渠道属于**间接分销渠道**(indirect marketing channel)，包含一家或多家中间商。

图 12.2B 显示了常见的产业市场分销渠道。产业市场的营销者可以用自己的销售队伍直接向产业客户进行销售，也可以销售给不同类型的产业分销商，让它们再卖给产业客户。有时候还能看见更多层次的分销渠道，不过就不常见了。从制造商的角度来看，多渠道层次意味着更少的控制权和更复杂的渠道。而且，分销渠道的所有成员都由几种"过程"联系在一起，包括产品的实体运输过程、所有权转移过程、付款过程、信息传送过程和促销过程。这些过程会使只有一个或几个层次的渠道也变得十分复杂。

12.3 渠道行为和组织

分销渠道并不是通过各种过程将企业连接起来就行了。分销渠道是复杂的行为系统，在这个系统中，人和公司互动，以达成个人、公司和渠道目标。一些分销渠道只包括组织松散的公司之间的非正式接触，而其他一些则是有很强组织结构引导的正式交往。并且，渠道系统并不是静止的，新的中介机构和新的渠道系统在不断产生。这里我们来看一下渠道行为，以及渠道成员是如何组织起来发挥功能的。

12.3.1 渠道行为

分销渠道由那些被共同利益结合在一起的企业组成。每一个渠道成员都依赖于其他成员。例如，福特的经销商依赖于福特汽车公司设计适合消费者需求的汽车。而福特公司也依赖于经销商吸引消费者，说服他们购买福特汽车，并在销售之后提供服务。福特的每位经销商还依赖于其他经销商良好的销售和服务表现，从而能够保持福特公司和销售商整体的声誉。实际上，每一个福特经销商的成功都取决于整个福特汽车分销系统与其他汽车制造商渠道系统的竞争状况。

每一个渠道成员都在渠道系统中发挥着自己的作用，执行一项或多项角色。例如，消费者电子产品制造商三星公司的角色是生产出消费者喜欢的电子产品，并且通过全国性的广告创造需求。百思买的角色则是在有利的地点展示这些三星电子产品，回答购买者的问题，并完成销售。如果每个渠道成员的任务是它所能完成最好的，那么这个渠道系统就是最有效的。

由于每个渠道成员的成功都依赖于渠道系统的成功，因此理想的状况是所有渠道企业都保持良好的关系，协同努力。大家要理解和承担各自的任务，协调目标和行动，相互合作以达到整体的目标。不过，分销渠道的成员很少这样全面考虑。合作完成渠道的总目标有时意味着放弃某个渠道成员的目标。尽管渠道成员需要相互依赖，但它们还是经常为自己的短期利益最大化而工作。它们经常对各自的职能发生争论，比如谁该做什么，该得到什么样的回报等。这些对目标和职能的不同意见就产生了**渠道冲突**(channel conflict)。

水平冲突发生在执行同一渠道职能的企业之间。例如,福特公司在芝加哥的一些经销商抱怨这个城市的其他经销商偷走了自己的生意,说它们在定价和广告上过于激进,或是超越限定范围销售产品。一些获得假日酒店特许权的公司抱怨其他特许经营商定价太高,服务不好,从而损坏了整个公司的形象。

垂直冲突是指发生在同一渠道的不同层级之间的冲突,这种冲突更为常见。例如,由于公司决定突出宣传烤鸡和三明治而不是品牌传统的炸鸡,肯德基及其特许经营商陷入了冲突。

> 肯德基称,它必须围绕烤鸡而不是油炸来重新定位品牌,以满足当今日益具有健康意识的活跃消费者。然而,在连锁店推出烤鸡(由宣传口号为“Unthink KFC”的大型营销活动支持)的时候,一个由该公司超过4 000家美国特许经营商组成的团体大声喊叫着“恶臭”。特许经营商担心,放弃品牌的南方炸鸡遗产将会使消费者感到疑惑并且损害销售。一个在五个州经营60家子公司的特许经营商抱怨说:“这告诉我们的顾客不要把我们当作炸鸡连锁店。”在“Unthink”营销活动开始之后的不久,肯德基全国理事会和广告合作社,这代表着所有美国肯德基加盟商,起诉了肯德基。代表美国2/3的加盟商的肯塔基炸鸡专卖店协会,开展了自己本地化的营销运动,强调优质的传统肯塔基炸鸡。在持续的冲突中,加盟商似乎已经占据上风。它们赢得了诉讼,肯德基放弃了该活动。但是,这次冲突令双方口碑不佳。“我们应该相互协作一起找出当前销售下滑的出路,我们应该打击竞争对手,结果,我们在相互打击。”一家加盟商说。

一些渠道冲突是以良性竞争的形式出现的。这样的竞争对渠道有益。如果没有它,渠道系统将会变得被动而没有创新。例如,肯德基与其特许经营商之间的冲突可能就代表了渠道伙伴之间权利的正常相互让步。但是严重的或者长时间的冲突会影响渠道效率,对渠道关系产生长期损害。肯德基应该管理好渠道冲突,避免其超出自己的掌控范围。

12.3.2　垂直营销系统

为了整个渠道系统的良好发展,每一个渠道成员都必须专注于自己的角色,渠道冲突应当得到很好的管理。如果渠道系统中有一个企业、机构或是机制进行领导并且能够有效地分派职能和管理冲突,这个系统就会更加完善。

历史上,常规的分销渠道缺乏有力的领导,结果常常导致破坏性冲突和不良业绩。近年来分销渠道方面的最大发展之一就是提供渠道领导的垂直营销系统的出现,图12.3对比了这两种不同的渠道管理形式。

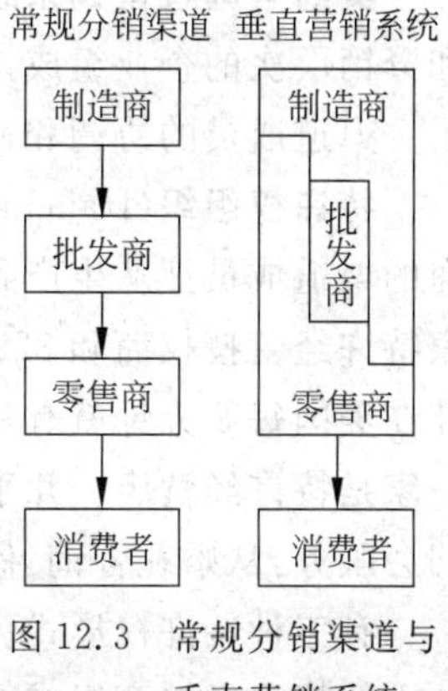

常规分销渠道　垂直营销系统
制造商　制造商
批发商　批发商
零售商　零售商
消费者　消费者

图12.3　常规分销渠道与垂直营销系统

常规分销渠道(conventional distribution channel)由一个或多个独立制造商、批发商和零售商组成。每个都是独立的企业,寻求自身的利益最大化,甚至不惜牺牲整个系统的利益。渠道中没有一个成员可以对其他成员进行控制,也没有正式的划分职能和解决冲突的方式。

相比之下，**垂直营销系统**(vertical marketing system，VMS)由制造商、批发商或零售商组成一个统一的系统。一个渠道成员拥有其他成员，或是与它们有契约关系，或是因其实力很强，其他成员必须服从。垂直营销系统可以由制造商、批发商或是零售商控制。

下面我们来看一下三种主要的垂直营销系统类型：统一型、契约型和管理型。每种类型都采用了不同方式建立在渠道中的领导和权力。

统一型垂直营销系统　**统一型垂直营销系统**(corporate VMS)将从生产到分销的一系列步骤都统一起来，归于同一个所有权下。协调和冲突管理工作通过常规的组织渠道完成。例如，食品杂货业巨头克罗格(Kroger)拥有和运营着40家工厂，其中包括18家乳品厂、10家熟食和面包工厂及2家制肉厂。这些工厂的生产量占摆放在克罗格货架上的11 000多种自有品牌产品中的40%。整合整个分销链——通过自己经营的商店整合自己的设计、制造和分销——使西班牙的服装连锁店Zara成为世界上增长最快的时装零售商。

近年来，时装零售商Zara吸引了一群狂热的消费群体，纷纷购买“廉价别致”的设计，这些设计与大型时装店的相似，但是价格适中。但是，Zara的惊人成功不仅仅来自它销售的时装，而是尖端的分销系统提供所售商品的速度。Zara提供快速时尚，真正意义上的快速时尚。由于垂直营销系统的整合，Zara可以在两个星期内完成一件时装由概念到设计、生产，再到商店货架上新的流程。而像Gap、Benetton或者H&M这样的竞争对手，完成这一流程通常需要六个月或者更长的时间。由此导致的低成本让Zara以低价格提供了最新的中档商品。

快速的设计和分销使得Zara能够引入大量的新的时尚品，而这速度是其他竞争者的三倍。然后，Zara的分销系统每周向商店提供小批量的新商品两至三次，而相竞争的连锁店是季节性的大量出货，通常每年只有四到六次。大量跟随潮流的时尚新品，频繁小批量的出货，使得Zara商店不断地更新商品组合，吸引顾客多次光顾。快速的周转率也导致了更少的过时和打折的商品。一位分析师说：“Zara可以等着看顾客实际购买的是什么，然后制作它，而不是打赌明天的热门样式。”

契约型垂直营销系统　**契约型垂直营销系统**(contractual VMS)由处在不同的生产和分销层次的企业组成，它们通过合同连接在一起，以达到比各自单独经营更好的经济效果。渠道成员的协调和冲突管理通过契约来达成。

特许权组织(franchise organization)是最常见的一种契约型关系，称为特许经营授权商的渠道成员把从生产到分销过程中的多个步骤联系起来。仅仅美国一个国家，约3 000家特许经营授权商和825 000家加盟店的经济产出就超过2.1万亿美元。行业分析家估计在美国每8分钟就有一家新的特许经营店在某处开张，而且每12家零售业店铺中就有一家是特许经营店。几乎所有的行业都有特许权经营，从汽车旅馆、快餐店到牙医中心和约会服务，从婚礼咨询、保姆服务到健身中心和丧葬服务。

有三种特许权形式。第一种是制造商主办的零售特许权系统，例如福特公司及其由独立的特许经销商组成的网络。第二种形式是制造商主办的批发特许权系统，例如，可口可乐公司在各种市场给负责装瓶的批发商特许权,这些批发商购买可口可乐公司的浓缩液,加入碳酸气,装瓶,然后售给本地市场的零售商。第三种形式是服务企业主办的零售特许权系统,例如汉堡王和它遍及全球的将近12 300家特许经营餐厅。这样的例子还有很多,从汽车租赁业(Hertz公司和Avis公司)、服装零售业(The Athlete's Foot和Plato's Closet)、旅馆业(假日饭店和Ramada旅店)到补充教育(Huntington学习中心和Kumon)、个人服务业(Great Clips和Mr. Handyman)。

多数消费者不能区别契约型垂直营销系统和统一型垂直营销系统,这种情况说明契约型垂直营销系统表现很好,完全可以与统一型竞争。第13章详细讨论了各种契约型垂直营销系统。

管理型垂直营销系统 **管理型垂直营销系统**(administered VMS)协调生产和分销的连续过程,但不是通过共同的所有权或合同,而是通过其中某个成员的规模和实力。在管理型垂直营销系统中,一个或几个渠道成员掌握着领导权。拥有优势品牌的制造商可以获得经销商强有力的贸易合作和支持。例如,通用电气、宝洁、卡夫公司能够指挥经销商如何安排商品展示、货架空间、促销和价格政策。像沃尔玛、家得宝和巴诺书店这样的大型零售商,可以对供应产品的制造商施加很大的影响。

12.3.3 水平营销系统

渠道系统的另一个发展方向是**水平营销系统**(horizontal marketing system),同一层次的两个或多个公司联合起来,抓住新的营销机会。通过共同工作,各公司将资产、生产能力或者营销资源结合起来,以达到单一公司不可能达到的经营成果。

公司可以和竞争者联合,也可以和非竞争者联合;可以暂时合作,也可以长期合作,还可能建立一个新公司。例如,以供应链压缩成本而闻名的沃尔玛希望与百事可乐公司的Frito-Lay合作,联合起来以更低的价格购买土豆。这将有助于两家公司在沃尔玛商店销售的土豆和薯片上获得更多收益。例如,麦当劳在沃尔玛里面开设了餐厅,麦当劳可以从沃尔玛大量的客流中获利,而沃尔玛则留住了那些饿肚子的顾客,避免他们去别的地方吃饭。

微软和雅虎这两个竞争对手已经联合起来建立了一个水平型的互联网搜索联盟。直到2020年,微软的必应(Bing)将为雅虎网站的搜索服务。反过来,雅虎将为两家公司出售高级搜索广告服务。行业内部人士称,二者的合作已被证明是有益的。因为购买一次广告在二者身上都出现效果,所以广告商有更多的动机去使用这个联合平台。在第一年,广告的总支出增长了44%,使两家公司成为行业领导者谷歌的一个强大挑战者。

12.3.4 多渠道分销系统

过去,许多公司使用单一分销渠道在一个或多个细分市场上进行销售。如今,复杂的消费者细分市场结构和各种分销渠道的潜力,使得越来越多的公司接受**多渠道分销系统**(multichannel distribution systems)。当一个企业建立两个或两个以上的分销渠道为某个或多个消费者细分市场服务时,就产生了多渠道分销。近年来,对多渠道分销系统的使用发展很快。

图 12.4 展示了一个多渠道分销系统。在图中，制造商通过邮购目录、互联网或电话，直接向消费者细分市场 1 销售；通过零售商向消费者细分市场 2 销售；通过分销商和经销商间接向产业细分市场 1 销售；依靠自身的销售部门向产业细分市场 2 销售。

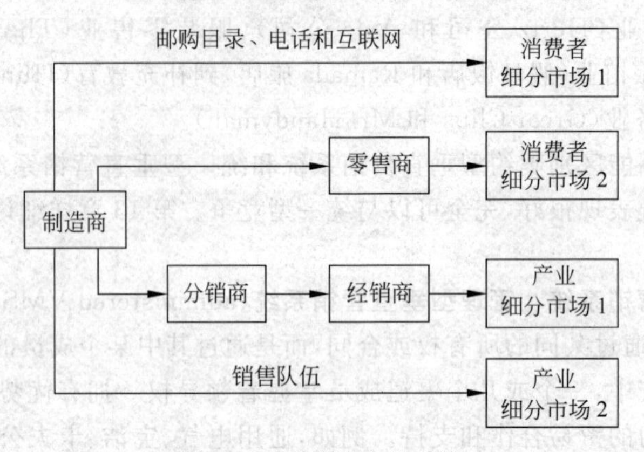

图 12.4　多渠道分销系统

现在，几乎每家大公司和许多小公司都采用混合渠道进行分销。例如，约翰·迪尔公司通过包括约翰·迪尔零售店、劳氏公司家具装饰店和互联网等几种渠道来向消费者和商业用户销售其常规的绿色和黄色的花园拖拉机、割草机和户外电力产品。它通过其专门的约翰·迪尔经销商网络来销售拖拉机、联合收割机、种植机和其他农业设备，并提供服务。它还通过精选的大型的、能提供全面服务的约翰·迪尔经销商及其销售队伍来销售大型的建筑和林业设备。

多渠道分销系统为那些面对大型和复杂市场的公司提供了许多好处。公司通过新的渠道扩大销售和市场覆盖率，赢得机会调整产品和服务以满足各种消费者细分市场的需要。但是这些多渠道分销系统很难控制，当越来越多的渠道相互争夺顾客和销售时，还会产生渠道系统冲突。例如，当约翰·迪尔公司开始通过劳氏公司的家具装饰店来销售其某些消费者产品时，它的许多经销商抱怨很大。为了在它的互联网营销渠道上避免这样的冲突，约翰·迪尔公司将其网上所有的销售都引向其经销商。

12.3.5　变革渠道组织

技术的变化和直销、网络营销的迅猛发展，对于分销渠道的性质和设计产生了深厚的影响。一个主要的趋势是**中间商弱化**(disintermediation)，这个词表达了清楚的信息和重要的后果。中间商弱化意味着产品和服务的制造商将会逐渐绕过中间商，直接向最终购买者销售，或是全新的渠道中介形式将取代旧有的方式。

因此，在许多行业中，传统的中间商逐渐衰落了。例如，西南航空、捷蓝航空和其他航空公司直接向最终购买者售票，将旅行社完全从其营销渠道中剥离。在其他的例子中，新型的经销商正在取代传统的中间商。例如，在线营销者已经夺取了传统的实体零售商的生意。iTunes 和亚马逊 MP3 等在线音乐下载服务几乎使得传统的音乐商店零售商倒闭。并且亚马逊仅凭自己的力量在几乎不到 10 年的时间里，就使得全美第二大书商 Borders 破产了。而它最近就迫使非常成功的零售商店(如百思买)大幅度地重新思考其整个运营模式。事实上,很多零售业的专家质疑像百思买这样的商店是否可以在长期竞争中与线上的对手抗衡。

中间商的弱化对于制造商和经销商而言,既是问题,也是机遇。在渠道中发现增值新方式的渠道创新者可以将传统中间商赶出市场,进而获得回报。而对于传统中间商而言,则必须持续创新以避免被淘汰。例如,超级书商 Borders 和巴诺开创了海量书本选择、低廉价格的大型书店,使那些最小的独立书店化为了灰烬。而亚马逊的出现,则是通过在线图书销售来威胁最大的实体书店。现在,无论是线上还是线下的实体书销售者,都被电子书下载和电子书阅读器威胁着。然而,亚马逊却在用其取得了很大成功的电子书阅读器 Kindle 引领着行业,而不是被这些数字化的发展威胁着。相比之下,巴诺书店这个让那么多独立书店倒闭的行业巨头,带着其电子书阅读器 Nook 成为了一个后来者。现在,它被困在生存之战里。

同样,为了保持竞争力,产品和服务的生产商必须发展新的渠道机会,如互联网和其他直接渠道。然而,发展这些新渠道常常与现有的渠道发生矛盾,从而产生渠道冲突。

为了解决这个问题,公司通常寻求一种方式,使直销既是公司的帮手,也能协助渠道企业发展。例如,吉他和电吉他音箱制造企业 Fender 知道很多顾客更喜欢在网上购买吉他、电吉他音箱和配件。但是通过它的网站进行直接销售会引发与零售商的冲突,这些零售商包括如 Guitar Center、Sam Ash 和百思买这样的大型连锁店,以及诸如位于佛蒙特州温莎市的 Musician's Junkyard 和位于约旦安曼的 Freddy for Music 等分散在全世界的小型商店。因此,Fender 的网站提供了有关企业产品的详尽信息,但是你不能在网站上购买一把新的 Fender Stratocaster 或 Acoustasonic 吉他。Fender 在网站所做的事情是指引你到经销商的网站和实体商店。通过这种方式,Fender 的直接营销既帮助了公司,也帮助了它的渠道合作伙伴。

12.4 渠道设计决策

我们现在来看看制造商面对的几种渠道决策。在设计分销渠道时,制造商要在理想的分销渠道和实际可行的分销渠道中作出选择。资金有限的新企业通常在有限的市场领域内开始销售。确定最好的渠道也许并不是一个问题,问题在于如何说服一个或多个优秀的中间商参与这个渠道管理。

如果做得成功,新企业可以通过现有的中间商向新市场扩展。在较小的市场中,企业可以直接将产品售给零售商;在较大的市场中,它可以通过分销商进行销售。在国内的某个地区,它可以授权给专营店;在另一个地区,它又可以通过一切可能的销售渠道进行销售。另外,它也可以建立网上商店来直接向难以接触到的顾客销售。通过这种方式,渠道系统逐渐发展起来,适应各种市场机会和环境。

然而,为了达到最佳效果,应当有目的地进行渠道分析和决策。**营销渠道设计**(marketing channel design)需要分析消费者在服务方面的需求,确定渠道目标和限制条件,明确主要的可选渠道,并对它们进行评估。

12.4.1 分析消费者需求

如前所述,分销渠道可以被看作是一个顾客价值传递系统,每一个渠道成员都为顾客增添一份价值。因此,设计分销渠道必须首先了解目标消费者希望从渠道系统中得到什么。消费者希望就在附近购买还是到较远的商业中心去购买?他们愿意亲自购买,还是通过电话、邮寄或是网络购买?他们看重产品类型多样化还是专业化?消费者需要大量的增值服务(运送、维修、安装)还是愿意从别处获得这些服务?运输速度越快,产品类型越多,增值服务越多,渠道的服务水平就越高。

然而,最快的运输、最广的品种和最多的服务也许是不现实的。公司及其渠道成员也许不具有提供所有这些期望服务的资源和能力。并且,提供更高水平的服务会造成更高的渠道成本,对消费者来说也意味着更高的价格。例如,相对于最近的大型家得宝或者劳氏商店,位于你所在社区的五金店可能会提供更个性化的服务、更便利的位置和更少的购物麻烦,但是它也可能价格更高。公司不但要将消费者对服务的需求与服务的可得性和成本进行平衡,还要与顾客的价格偏好进行平衡。折扣零售业的成功表明,消费者通常愿意接受较低水平的服务,只要那意味着更低价格。

12.4.2 确定渠道目标

渠道目标应当根据目标消费者的期望服务水平来确定。公司通常会发现,几个细分市场对渠道服务有不同程度的需求。公司应当确定要满足哪些细分市场的需求,以及在各种情况下最好的渠道措施。面对每一个细分市场,公司期望在满足顾客服务需求的前提下,使总的渠道成本最小。

公司的渠道目标也受公司的性质、产品、中间商、竞争对手和环境的影响。例如,公司的规模和财务状况决定了哪些营销职能由公司自己完成,哪些必须由中间商来完成。销售易腐烂产品的公司需要更多的直销,以避免耽误时间或是手续过多。

在某些情况下,公司希望与竞争者在同一个地方进行竞争。例如,美泰克公司(Maytag)希望它的电器产品与竞争品牌并排陈列,以促进比较购买。在其他情况下,制造商尽量避免使用竞争者使用的渠道。例如,玫琳凯化妆品公司通过在全球35个市场里200多万人的独立“美丽顾问”团队,直接面向顾客销售,而不去跟其他化妆品制造商竞争零售货架的空间。还有GEICO公司通过电话和互联网直接向消费者推销汽车和家庭财产保险,而不是通过代理商。

最后,一些环境因素,例如经济环境和法律限制,也可能影响渠道目标和设计。例如,在萧条的经济环境中,制造商希望通过最经济的方式进行分销,采用较短的渠道,去掉那些抬高产品价格但并不必需的附加服务。

12.4.3 明确主要的渠道选择

公司确定了渠道目标之后,下一步就是明确主要的渠道选择,包括中介机构的种类、中间商的数量及各个渠道成员的责任。

中介机构的种类 公司应当确认能够承担渠道工作的渠道成员的种类。大部分公司面临着很多的渠道成员选择。例如，戴尔过去一直通过它精细的电话和互联网营销渠道向最终消费者和企业客户直接销售。它也使用它的直接销售队伍向大型企业、组织和政府客户直接销售。然而，为了接近更多的消费者以及与惠普和苹果等竞争者展开竞争，戴尔现在也开始使用百思买、史泰博和沃尔玛等零售商进行间接销售。它也通过能够增加价值的经销商进行间接销售，这些独立的渠道商和经销商开发了适合中小型企业客户特殊需求的电脑系统和应用软件。

在渠道中使用多种中间商有利也有弊。例如，戴尔在自己的直接渠道之外，通过零售商和增值经销商销售，可以接触更多的不同种类的购买者。然而，新渠道将会更加难以管理和控制。直接渠道和间接渠道将会为许多相同的顾客彼此竞争，导致潜在的冲突。事实上，戴尔常常发现它自己"夹在中间"，它的直接销售人员抱怨零售商店的竞争，同时它的增值经销商也抱怨直接销售人员正在抢走自己的生意。

营销中间商的数量　公司还必须确定在各个层次上渠道人员的数量，有三种策略可以选择：密集分销、独家分销和选择分销。便利性产品和普通原材料的生产者通常采用**密集分销**(intensive distribution)。使用这种策略，它们在尽可能多的经销商那里储存货物。一旦消费者需要这些产品，就能立即得到。例如，像牙膏、糖果和其他类似的产品在成百万的商店里销售，最大程度地展示了品牌，为消费者创造便利。卡夫、可口可乐、金佰利和其他的消费用品公司都使用这种方法来分销产品。

相反，一些制造商特意限制经销其产品的中间商的数量。这种做法最极端的形式称为**独家分销**(exclusive distribution)。使用这种方法，制造商只把专卖权给各个地区的少量经销商，并限制它们在特定的区域内销售。独家分销通常用于奢侈品牌的销售中。例如，宾利(Bentley)汽车的经销商很少，即使是大城市，也只有一两家。通过独家分销，宾利公司获得了强有力的分销商支持，并能很好地控制价格、促销、信用和服务。独家分销也提高了汽车形象，保证了高盈利。但是，有些其他的商品也采用独家分销的模式。例如，室外电动设备制造商 STIHL 不通过家得宝、西尔斯等大型百货商店来销售其链锯、鼓风机、树篱修剪器和其他产品。相反，它通过精选的五金店、园艺经销商来销售产品。通过独家分销，STIHL 获得了更强劲的经销商支持。独家分销也增强了 STIHL 的品牌形象，并且通过更好的经销商增值服务实现了更高的标价。

介于密集分销和独家分销之间的一种方式是**选择分销**(selective distribution)。这种方法使用的中间商不止一个，但又不包括所有愿意经销公司产品的中间商。大多数电视机、家用电器品牌使用这种分销方式。例如，惠而浦公司和通用电气公司通过经销商网络和精选的大型零售商销售其主要的家电产品。使用选择分销的公司能够与所选择的渠道成员保持良好的工作关系，使销售努力保持在平均水平之上。与密集分销相比，选择分销使生产者能够很好地覆盖市场，同时能获得更多的控制权，成本也较低。

渠道成员的责任　制造商和中间商需要对合作条款以及各个渠道成员的责任达成一致，包括各成员应遵守的价格政策、销售条件、地区特权和具体服务。制造商应当制定一个价格表和一系列公正的中间商折扣条约，还必须指定每个渠道成员的经营区域，在安排新的经销商时要特别仔细。

相互的义务和责任应当写明，尤其是特许权系统和专卖分销渠道。例如，麦当劳公司提供特许权，外加促销方面的支持、一套营业记录系统、培训以及一般管理工作方面的帮助。同时，获得特许权的公司必须达到设备方面的标准，配合新的促销计划，提供必要的信息，购买指定的食品产品。

12.4.4 评估主要的分销渠道

假设一个公司已经明确了几种渠道选择，希望从中选出一种最能满足长期经营目标的渠道措施，那么，每一种渠道应当通过经济标准、控制标准和适应性标准来进行评估。

在经济标准之下，公司比较不同渠道选择的可能销售额、成本和盈利能力。每种渠道需要多少投资，带来多少回报？公司也要考虑控制问题。使用中间商通常意味着要给它们一些产品营销方面的控制权，而有的中间商要求的控制权比其他中间商更多。在其他条件相同的情况下，公司希望尽可能多地保留控制权。最后，公司还必须运用适应性标准。渠道通常意味着长期承诺，而公司希望尽可能保持渠道的灵活性以适应环境的变化。因此，如果要采用一个涉及长期承诺的渠道，它必须是在经济和控制方面非常有优势。

12.4.5 设计国际分销渠道

国际市场的营销人员在设计分销渠道时面临着许多更复杂的问题。每个国家都有其独特的分销系统，它们是长时期发展而来的，变化非常缓慢。各个国家的分销系统差别很大。因此，国际市场营销人员必须调整他们的渠道策略，以适应当地的情况。

对于一些市场，分销系统十分复杂，难以进入，渠道层次很多，中间商数量也很大。例如，许多西方公司发现日本的分销系统难以掌控。日本的分销系统根植于传统，非常复杂，在产品摆放到商店货架之前需要经过许多的分销商。

另一个极端的例子是发展中国家的分销渠道系统，它们分散、效率低，或者几乎不存在。例如，中国和印度是很大的市场，每个国家都有十几亿人。但是由于这两个国家分销系统不完备，大多数公司只有向最富裕的一小部分城市居民进行销售才有利可图。两国的农村市场都极为分散化，由很多独立的子市场组成，每个都有自身的亚文化。中国的分销系统是如此细碎，包括包装、捆绑、装载、卸载、分类、重新包装和运输货物在内的物流成本高达整个国家 GDP 的 17%以上，远远高于大多数其他国家(美国的物流成本只占到国家 GDP 的 9%以下)。经过多年努力，即使沃尔玛的经理也承认在中国整合一条高效的供应链较为困难。

有时，当地的状况会极大地限制一个公司在全球市场分销产品的方式。例如，在巴西的低收入社区，消费者很少能接触到超市。雀巢于是派遣了成千上万的自营销售人员挨家挨户去推销雀巢产品。而在亚洲和非洲一些拥挤的城市，麦当劳和肯德基等快餐店提供送餐服务。

美国人想吃一顿外卖快餐时，可能想点中国菜，而中国和世界其他地区的人也在麦当劳或肯德基订餐。在北京、开罗和首尔那样的城市，街道十分拥挤，房产价格高昂，因此配送成为了快餐企业的重要策略之一。在这些市场，麦当劳和肯德基派出了大批摩托车送货员，穿着五颜六色的制服，向电话订餐的顾客们配送着一桶又一桶的炸鸡。在麦当劳的亚太、中东、非洲分部，8 800 家餐厅中的 1 500 家如今提供配送服务。“我们的口号是：如果你不能来，我们就到你那里去。”配送主管如是说。麦当劳埃及总销量的30%和新加坡总销量的12%来自外卖。同样，对于肯德基来说，外卖占据了科威特一半的销量，占据了埃及1/3的销量。

因此，国际市场营销人员面临着很广泛的渠道选择。要在不同的国家内部和国家之间设计有效的、高效率的分销渠道系统，是一个很大的挑战。我们将在第19章进一步讨论国际市场分销决策。

12.5 渠道管理决策

一旦公司考虑了它的分销渠道选择，并确定了最好的渠道设计之后，必须实施和管理选中的渠道系统。渠道管理要求选择和激励渠道成员，并定期评估它们的工作表现。

12.5.1 选择分销渠道成员

各个制造商在吸引合格的营销中间商方面的能力各不相同。有的制造商与渠道成员签订合约是不成问题的。例如，丰田公司将雷克萨斯(Lexus)汽车引入美国市场后，毫不费力地就吸引到了经销商。实际上，它还必须拒绝许多有意向的经销商。

另一个极端是，有的制造商必须作出很大的努力去吸引足够的合格中间商。例如，当天美时(Timex)公司刚开始想通过一般的珠宝店销售便宜的天美时手表时，大多数珠宝店拒绝了它的要求。然后公司成功地将其产品引入了大众分销渠道。事实证明这是一个明智的决定，因为大众分销渠道很快就发展起来。

甚至知名品牌也可能难以获得和保持自己想要的分销渠道，特别是在同强势经销商打交道的时候。例如，你不会在一家好市多里找到宝洁公司的帮宝适纸尿裤。自从宝洁公司几年前拒绝再生产好市多的柯克兰商店品牌纸尿裤以后，好市多也拒绝再上架帮宝适纸尿裤，如今已只卖哈吉斯纸尿裤和自己的柯克兰品牌纸尿裤(由哈吉斯的制造商金伯利生产)。被仅次于沃尔玛的第二大纸尿裤零售商好市多下架之后，宝洁的平均年销售额下降了1.5亿～2亿美元。

在选择中间商时公司应当明确，具有哪些特点才是好的中间商。可能要审查每个渠道成员的业务年限、业务中的其他产品系列、发展和盈利情况、合作性和声誉等。如果中间商是申请专卖权或选择分销权的零售店，公司要审查这家店的顾客、地理位置和发展潜力等方面的状况。

12.5.2 管理和激励分销渠道成员

分销渠道成员选定之后，需要不断地管理和激励它们，使它们做到最好。公司不只是通过中间商销售，还要销售给它们并且与它们合作。大多数公司将它们的中间商看作第一层顾客。它们实践了合作伙伴关系管理(partner relationship management，PRM)，与渠道成员形成长期的合作伙伴。这建立了一个能同时满足公司及其营销合作伙伴需求的营销系统。

在管理渠道时，公司必须说服分销商，通过共同合作组成紧密的价值传送体系能够取得更大的成功。因此，宝洁公司和塔吉特百货公司联合起来为最终消费者提供最佳的价值。它们共同策划经营目标和战略、仓储水平、广告和促销计划。同样，丰田努力提升供应商满意度，继而助力提升消费者满意度。无论是重型设备制造商卡特彼勒，还是大型化妆品制造商欧莱雅，要与庞大的供应商网络合作并维持互利关系，都必须与渠道中的其他成员保持紧密的协调，以更好的方式为客户带来价值(详见营销实例 12.1)。

营销实例 12.1

与渠道伙伴一起，为客户创造价值

今天，成功的企业都知道，单打独斗很难为客户创造价值。相反，企业必须建立起包含供应商、制造商、经销商在内协同工作的高效的价值传递系统。和供应商、经销商一起协同工作能够为企业创造巨大的竞争优势。思考下面这些例子。

卡特彼勒

重型设备制造商卡特彼勒致力于生产创新、高质的工业设备。但是每一个在卡特彼勒工作的人都会告诉你，卡特彼勒取得成功的最重要原因是它在 180 多个国家拥有由 191 个独立经销商构成的经销网络。卡特彼勒的首席执行官道格·奥伯赫尔曼表示："我们的经销商带给我们的优势远超过了大多数人的了解。"

按奥伯赫尔曼所说，经销商是组成营销过程最前线的重要部分。一旦商品离开工厂，那么经销商就得负责剩余的部分。它们是客户所能看到的。因此，卡特彼勒不仅仅将经销商视为商品流通的渠道，更将它们当作内部合伙人对待。当一些重要的设备损坏时，客户知道可以向卡特彼勒和它的经销商网络求助。在更深层次上，从产品的设计、生产，到产品的服务和支持，经销商几乎在卡特彼勒运营的每一方面都扮演着重要的角色。

卡特彼勒的内部人员将经销商当作"卡特彼勒飞轮"的重要组成部分——一种成功的良性循环。一方面，大型经销商帮助卡特彼勒销售大多数的机器设备。反过来，通过销售这些机器设备，经销商也获得了来自零件供应和产品服务的收入，从而使其在销售不好的年份也能生存下来。这种财务稳定帮助经销商发展壮大，同时吸引更多的客户来购买卡特彼勒的机器设备。

总而言之，一个强大的经销网络为卡特彼勒的成功和方方面面提供了帮助。因此，这能够解释卡特彼勒为什么愿意去真正了解和关心这些经销商的发展和成功。事实上，"经销商健康"在卡特彼勒 13 个重点项目中排名前列。这家公司密切关注各个经销商的销售状况、市场地位、服务能力和财务状况。如果出现了问题，它会立即给予帮助。

除了正式的商业关系之外，卡特彼勒还与其经销商建立了一种家族式的密切私人联系。对于共同完成的一切，卡特彼勒和它的经销商感到非常自豪——它们认为自己是这个组织重要的一部分，它们共同制造、销售并照管使这个世界运转起来的机器。

正是由于和经销商的密切合作，卡特彼勒现在可以高枕无忧。卡特彼勒现在在大型建筑、采矿以及发动机设备的全球市场上占据垄断地位。它那熟悉的黄色拖拉机、履带机、装载机、推土机和卡车占据了 1/3 的全球重型设备市场，这是小松公司的两倍多。

丰田

建立满意的供应商关系是丰田取得惊人成功的基石。从历史上看，丰田的美国竞争者们往往通过自私、苛刻的交易使得自己和供应商逐渐疏远。一位供应商表示："那些美国的汽车制造商为自己购买的零件制定了年度成本削减目标，而为了实现这些目标，它们可以去做任何事。它们在市场中掀起了腥风血雨，并且每年都在恶化。"另一位供应商则说："这些汽车制造商似乎将它们的员工送去了专门培养恨意的学校，以致每一个员工都极其讨厌供应商们。"

相比之下，丰田早就明白和供应商建立密切合作关系的必要性。事实上，它甚至将"实现供应商满意"作为公司的宗旨。与其欺凌供应商，丰田选择了与它们合作，并帮助它们达到更高的期望。丰田尝试去学习了解供应商的业务，共同提高，帮助供应商培训员工，提供日常的绩效反馈，并积极寻求供应商的关注。它甚至将年度业绩奖授予其最好的供应商。

在最近一项包含信任程度、公开诚实沟通、帮助降低成本和让利机会等项目的年度调查中，汽车零部件供应商给丰田公司打出了所有汽车制造商中的最高分。这项调查证明了丰田的供应商们认为自己是这家汽车巨头的真正伙伴。

丰田可以依靠供应商的帮助来提高自身产品的质量，降低成本，并且快速开发新产品。例如，丰田最近推出一项计划，目的是将其用于下一代汽车的170个部件的价格降低30%。供应商没有抱怨。相反，它们相信丰田将会帮助自己实现成本的削减，从而在未来更具竞争力和获得更高的盈利。总而言之，创造满意的供应商有助于丰田生产成本更低、质量更高的汽车，这反过来会让消费者更加满意。

欧莱雅

欧莱雅是全球最大的化妆品生产商，在全球拥有包含从美宝莲和科颜氏到兰蔻和Redken在内的23个品牌。那么这家化妆品生产商与卡特彼勒和丰田这样的工业巨头有什么共同之处呢？与这两家公司一样，欧莱雅庞大的供应商网络——包含从高分子聚合物、油脂到喷雾罐、包装再到生产设备和办公工具在内的所有东西——是它取得成功的关键。

因此，欧莱雅把供应商当作值得自己尊敬的合作伙伴。一方面，它期望供应商们在创新设计、产品质量和社会责任方面更进一步。欧莱雅认真仔细地筛选新的供应商，并对供应商的业绩进行定期评估。另一方面，欧莱雅与供应商紧密合作，以帮助它们达到期望的标准。不像一些公司对供应商提出各种无理的要求来压榨它们的短期收益，欧莱雅与供应商们建立了基于互利互惠的长期合作关系。

据欧莱雅公司的供应商网站介绍，该公司"在深层次上尊重各供应商的业务、文化、发展以及每一个员工"。公司和每一个供应商的关系，都是建立在"平等对话和共同努力"的基础上。欧莱雅不仅仅帮助供应商达到预期，而且通过创新机遇和竞争来促进供应商的发展。因此，超过75%的供应商已经同欧莱雅合作了10年以上，而且这其中大部分已经合作了几十年。欧莱雅的采购主管曾说："我们的CEO致力于让欧莱雅成为世界上最顶级和最受人尊敬的公司之一。而所谓受人尊敬当然也包括被我们自己的供应商尊敬。"

许多公司现在正在建立高科技的整合合作伙伴关系管理系统来协调它们整个渠道中的营销活动。就像它们运用客户关系管理(CRM)软件系统来帮助管理公司与重要客户的关系一样,公司现在可以运用 PRM 软件和供应链管理(SCM)软件来帮助招募、培训、组织、管理、激励和评估公司与渠道合作伙伴的关系。

12.5.3 评估分销渠道成员

制造商必须经常评估分销渠道成员的业绩,包括销售指标、平均仓储水平、向顾客交货的时间、损坏和丢失货物的情况、配合公司促销和培训计划的情况,以及客户服务水平。公司应当认可并奖励表现好的经销商,工作不好的要进行帮助,实在不行就撤换。公司应当周期性地进行检查,舍弃不好的,保证中间商的质量。

最后,制造商对自己的经销商要敏感。那些对经销商不闻不问的公司不但面临着失去经销商支持的风险,还可能引起法律方面的问题。下一节将描述制造商及其渠道成员各自不同的权利和义务。

12.6 公共政策与分销决策

在大多数情况下,公司可以不受法律限制,选择适合自己的渠道安排。但是,也有一些影响渠道的法律,其目的是避免因为某些公司使用排他经营的战术而使其他公司无法正常地使用渠道。大多数渠道方面的法律都是针对渠道成员建立联系后相互之间的权利和义务的。

许多制造商和批发商喜欢为其产品开发独有的渠道。如果销售者只允许特定的销售商经营自己的商品,这种战略称作独家分销。如果销售者要求这些经销商不能销售竞争者的产品,这种战略就称作排他经营(exclusive dealing)。排他经营的合约能使双方受益:销售者获得了忠诚可靠的销售渠道,经销商获得了稳定的供给源和更加有力的销售支持。但是排他经营合约使其他制造商无法通过这些经销商销售它们的产品。这种情况使排他经营合约被纳入了 1914 年《克莱顿法案》(Clayton Act)的管辖范围之中。该法案规定,排他经营合约只有在不显著地影响竞争,不具有制造垄断的企图,以及双方自愿的情况下才是合法的。

排他经营通常还包括地域排外合约。制造商可能同意在某一区域内不销售给其他经销商,或者购买者同意只在自己的区域内销售。前一种情况作为特许经营系统中一种提高经销商热情和忠诚度的方式,是比较常见的。它也是完全合法的,因为一个销售者没有法律义务要在多于自己期望的销售点进行销售。第二种情况下,制造商试图将经销商限制在某个区域之内,这就引发了一个重要的法律问题。

强势品牌的制造商有时候要求经销商同时销售产品系列中部分或全部其他产品,否则就不把产品卖给经销商。这叫作"全线强迫"(full-line forcing)。这种捆绑式合约并不一定是非法的,但如果其目的是显著地破坏竞争,它就违反了《克莱顿法案》。这种方法可能会影响消费者自由地选择其他竞争品牌。

最后一点是,制造商可以任意选择经销商,但它们撤销经销商合约的权利是有限制的。一般来说，制造商如果有理由，就可以撤掉经销商。但在一个有法律疑点的合约中，比如排他经营或捆绑合约，如果经销商拒绝合作，制造商就无权撤掉经销商。

12.7　营销物流与供应链管理

在如今的全球市场上，有时候销售一件产品比把这件产品送到顾客手中要容易。公司必须决定储存、装卸和运送产品或服务的最佳方法，使消费者能在适当的时间、适当的地点获得适当的产品。实体分销和物流管理的有效性对顾客满意程度和公司成本都有着重要的影响。这里，我们来考察一下供应链中物流管理的性质和意义、物流系统的目标、主要的物流职能以及整合供应链管理的必要性。

12.7.1　营销物流的性质和意义

对某些管理人员来说，实体分销只意味着卡车和仓库。但现代物流远不止这些。**实体分销**(physical distribution)或**营销物流**(marketing logistics)是指计划、执行和控制原材料、最终产品及相关信息从起运地到消费地的实体流动，以满足消费者的需求，并赚取利润。简单地说，它使适当的产品在适当的时间和地点送达适当的消费者。

传统的实体分销一般从工厂的产品开始，寻找低成本的方法，将产品送到消费者手中。但是，今天的营销人员更赞同营销物流的思想，从市场开始考虑，然后又反作用于工厂。物流不但要强调向外分销的问题(把产品从工厂运到消费者那里)，还要强调内部分销的问题(把产品和原材料从供应商那里运到工厂)。它涉及对整个供应链的管理——管理原材料、最终产品和相关信息在供应商、公司、分销商和最终消费者之间上下流动的增值过程，如图 12.5 所示。

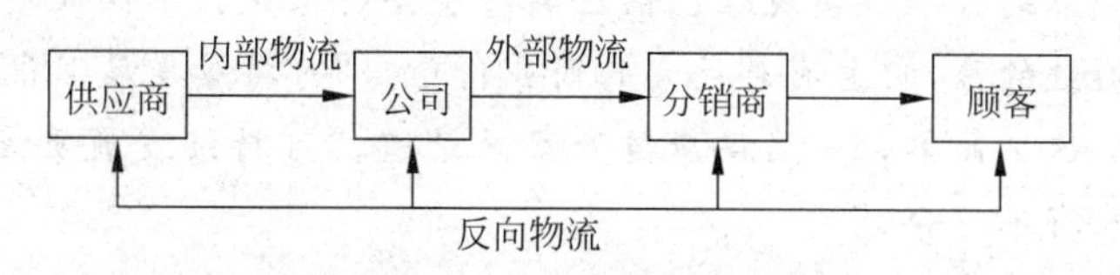

图 12.5　供应链管理

因此，物流管理者的任务是与供应商、采购部门、市场营销人员、渠道成员和顾客协同合作，做好预测、信息系统、采购、生产计划、订货处理、存货控制、仓储安排和运输计划等多方面的工作。

出于几种原因，今天的公司特别强调物流工作。首先，如果能够在物流中提供更好的服务或更低的价格，公司就能获得强有力的竞争优势。第二，物流效率的提高能为公司及其顾客节约大量的成本。产品平均价格的 20%花在发货和运输上。这远远超过了广告成本和许多其他营销成本。美国公司花了 1.1 万亿美元用于包装、捆绑、装卸、分拣、重新装卸和运输产品，约占国内生产总值的 7.7%。这超过了全球除 13 个国家外其余各国的 GDP。

即使减少物流成本的一小部分也意味着巨大的节约。例如，沃尔玛最近正在实施一个物流改进计划，通过更有效率的采购、更好的库存管理和更高的供应链生产效率在未来

5 年内减少 5%～15%的供应链成本，这相当于 40 亿～120 亿美元的节约。

第三，产品种类的激增，提出了改进物流管理的需要。例如，1916 年典型的 Piggly Wiggly 杂货店只有 605 件商品。而如今，P&W 杂货店经营的平均产品种类在 20 000 到 35 000 种之间，具体数目随商店规模而定。沃尔玛超市的产品种类超过 10 万种，其中 3 万种是日用百货。大范围产品的订货、送货、储存和控制工作，向物流提出了巨大的挑战。

信息技术的发展为分销效率的提高创造了许多机会。今天的公司大量使用供应链管理软件、基于网络的物流系统、即时销售扫描系统、产品统一编码、卫星传送技术、订单和支付数据的电子传输技术。这些技术使公司能够通过供应链快速、高效地管理商品、信息和资金流动的过程。

最后，相比几乎任何其他的营销职能，物流对于环境和企业的环境可持续性的影响更为巨大。运输、仓储、包装和其他物流职能通常而言是公司对环境产生影响的主要领域。同时，它们也提供了节约成本的一个最具潜力的地方。因此，开发一个绿色供应链不仅仅是对环境负责，也同样是可以获利的。来看下面这个例子：

> 包装消费品制造商庄臣公司做了一个看似简单却很聪明的决定——改变它的卡车运输方式。在老的体系下，它的密保罗(一种密封塑胶袋)产品装满整整一卡车也不会达到卡车的载重限额，而它的玻璃清洁剂产品在装满一卡车之前就超过了载重限额。通过策略性地将这两种产品混合运输，庄臣公司发现它可以节省 2 098 次卡车运载次数，节约 168 000 加仑柴油，减少 1 882 吨温室气体排放。因此，智能供应链思维不仅有助于环境，而且有助于节约企业成本。企业负责环境问题的主管说："在卡车上装货看起来是一件简单的事，但是如何将一辆卡车真正装满也是一门科学。能持续地以最大载货量装车，可以减少我们的能源消耗，减少我们的温室气体排放，并(在交易中)节约成本。"实现绿色供应链对于公司来说并不仅仅是一件为了履行环保责任而必须做的事，它也有着巨大的商业价值。"可持续发展不仅仅是把绿色的东西塞进喉咙里这么简单，"一名供应链专家总结道，"可持续发展更是与金钱相关的，它与节约成本密不可分。"

12.7.2 物流系统的目标

一些公司认为，它们的物流目标是用最小的成本提供最大化的顾客服务。不幸的是，没有一个物流系统能够在最大限度地满足消费者的同时，使成本最低。顾客服务最大化意味着迅速交货、大量存储、灵活分类、自由退货政策和其他服务，所有这些会提高分销成本。相反，最小分销成本意味着放慢交货速度、少量存货、集中运输，这些代表着较低的顾客服务水平。

营销物流系统的目标应当是以最小的成本，提供既定水平的顾客服务。公司必须首先研究各种分销服务对其顾客的重要性程度，然后为每个细分市场设定适当的服务水平。公司通常希望至少提供与竞争者同样水平的服务。然而目标是利润最大化，而不是销售量最大化。因此，公司必须权衡提供较高水平服务的收益与成本。一些公司提供较少的服务，但价格比竞争者要低。另一些公司提供较多的服务，并将价格提高以补偿成本。

12.7.3 主要物流职能

有了物流目标,公司要着手设计一个物流系统,以最小的成本实现目标。主要的物流职能包括仓库管理、存货管理、运输和物流信息管理。

仓库管理 储存之所以有必要,是因为生产和消费周期很难一致。例如,Snapper公司、Toro公司和其他一些割草机公司必须全年进行生产,为春季和夏季的购买高峰准备货物。储存职能填补了需求量在时间上的差距,确保当顾客准备购买的时候产品可以买得到。

公司必须决定建立多少个仓库、什么样的仓库以及设在哪里。公司既可以使用存货仓库,也可以使用分销中心。存货仓库(storage warehouse)用于较长期或长期储存货物。分销中心(distribution center)不但用于储存,还用于运送货物。这是大型的自动化仓库,接收各个工厂和供应商发来的货物,接受订单,有效履行订单,尽快将货物发送给客户。

例如,美国家得宝公司运营着19个快速部署中心(RDCs)——一些巨大的、高度机械化的配送中心,满足家得宝全国2 250家门店的日常货物需求。位于马萨诸塞州韦斯特菲尔德的快速部署中心占地657 000平方英尺(13个足球场大小),负责约115家新英格兰地区的门店。在快速部署中心中并没有存放货物,相反,它们是一些"通路"中心,从供应商那里收到发货,经过加工处理,有效地将货物分配给各个家得宝商店。快速部署中心最多花费72小时来完成货物从供应商到交货商店的周转,80%的货物直接被送到销售点去。有了这样快速且精准的配送,家得宝一方面可以提高客户的商品可得率,另一方面可以减少库存以降低库存成本。

近年来,就像其他技术一样,仓储管理技术也出现了重大的变革。过时的物料处理方法正在逐步地被新型的、由电脑控制的、需要很少人员的系统所取代。电脑和扫描仪阅读订单,指挥升降式装卸车、电动起重车或机器人来收集货物,将它们移送到装载区并打出发票。

例如,办公用品零售企业史泰博现在利用成群的黄色机器人来打理全国的仓库。每周7天、每天16个小时工作的机器人把笔记本、笔和纸夹运送到打包区,由人在那里完成订单。这些高效率的机器人既不抱怨工作负荷,也不要求加薪,因而维护费用很低。当它们电力不足的时候,它们前往充电终端,就像仓库员工所说的,"它们给自己喝点儿水。"150个机器人现在被用于钱伯斯堡分销中心,使每天的平均输出量增长了60%。

存货管理 存货水平也影响着顾客满意度。主要问题是如何平衡存货过多和过少的情况。存货太少可能面临当顾客想要购买时缺货的风险。为了补充新货,企业可能需要成本较高的紧急配送和生产。存货太多导致不必要的库存成本和物品过时成本。因此,在进行存货决策时,管理者必须平衡增加存货的成本与相应的销售和利润的关系。

许多公司通过准时制(just in time)物流系统大大地降低了存货水平和相应的成本。通过这样的系统,制造商和零售商只保存少量的部件或产品,通常只够几天使用。需要使用时,新货可以及时送达,不必存在仓库里。准时制系统要求精确的预测,配合迅速、频繁和灵活的送货,保证所需要货物及时送到。但这样的系统节约了大量的存货储存和处理成本。

营销人员总是在寻求更有效地管理存货的新方法。在可以预见的未来,存货处理甚至可能完全自动化。例如,在第 3 章,我们讨论了 RFID 或“智能标签”技术,利用这些技术可以将智能芯片嵌入从鲜花到剃须刀到领带的所有产品和包装中。“智能”产品可以使整个供应链——占据了产品成本近 75%的比例——智能化和自动化。

使用 RFID 的公司,可以在任何时刻知道产品在供应链中流动的准确位置。“智能货架”不仅可以告诉公司什么时候需要重新订货,还能自动联系它们的供应商确认订单。就如我们知道的那样,如此精确的新型信息技术应用将带来分销系统的革命。许多大型和资源丰富的公司,如沃尔玛、宝洁、卡夫、IBM、惠普和百思买正投入巨资来使 RFID 技术的充分使用变成现实。

运输 对运输手段的选择影响到产品的定价、运货情况和交货情况,所有这些又会影响消费者的满意程度。在将货物送往仓库、经销商和顾客时,公司有五种运输方式选择:卡车、铁路、水路、管道和航空。还有一种针对数字产品的新型方式:互联网。

卡车运输量一直在稳定地增长着,如今承运了全美国 40%的总货运吨位。在美国,每年卡车的运输里程达 3 970 多亿英里,是 25 年前运输距离的两倍多,运货量达到 92 亿吨。根据美国卡车协会统计,80%的美国团体仅仅依靠卡车来运送它们的商品和货物。卡车的路线和时间安排非常灵活,通常能比铁路提供更快捷的服务。对于短程运输高价值的货物来说,卡车是最高效的。卡车运输企业在近些年来已经演变为可以提供全球运输服务的全面服务提供商。例如,大型卡车运输企业现在提供从卫星跟踪、基于互联网的货运管理、物流规划软件到跨境运输运营的众多服务。

铁路承运了大约 40%的货物(按重量和运输里程综合计量)。铁路对于长距离运输煤、沙、矿物、农产品和林产品等大宗货物来说,是最节约成本的运输方式之一。最近,铁路还增加了客户服务,它们设计了新设备以运送特殊货物,如运输卡车的平台车厢;提供“沿线服务”,如在途中将货物分流运送到其他目的地,或是在途中处理货物。

水路运输承运了大约 5%的货物(按重量和运输里程综合计量)。在美国沿海和内陆的水路中,有大量的货物通过轮船和驳船运输。一方面,运送大宗低价值的非易腐货物,像沙、煤、谷物、油和金属矿物等,水路的成本十分低廉;但另一方面,水路运输是最慢的运输方式,有时还会受到天气的影响。管道是一种特殊的运输方式,把石油、天然气和化学品从产地运到市场。大多数管道由其所有者使用,运输自己的产品。

虽然全美不到 1%的货物是通过航空方式来运输的,但航空运输正在变成一种十分重要的运输方式。航空运输的费用比铁路和卡车运输的费用要高得多,但是当时间紧、距离远时,航空运输是理想的方式。最常采用航空运输的货物有易腐货物(鲜鱼、鲜花)和价值高、数量少的货物(技术仪器、珠宝)。公司发现空运可以降低仓储量、包装成本和所需仓库数量。

互联网通过卫星、光缆或电话线将数字产品从生产者运输到消费者。软件公司、媒体、音乐公司和教育机构都利用互联网传送数字产品。互联网具有更低分销成本的潜力。飞机、卡车和铁路运输移动的是货物和包装,数字技术移动的则是信息单位。

运输者还经常将两种或更多的运输方式结合起来使用,称为联合运输(intermodal transportation)。“背负式运输”(piggyback)是铁路和卡车的联合,“卡车渡运”(fishyback)

是水路和卡车的联合,“火车轮船”(trainship)是水路与铁路的联合,“空中卡车”(airtruck)是航空与卡车的联合。各种结合对运输者都有利。例如,“背负式运输”比单用卡车便宜,并且更加灵活和方便。

在为产品选择运输方式时,运输者必须权衡许多因素:速度、可靠性、可获得性、成本及其他因素。因此,如果需要速度,航空和卡车为首选。如果目标是低成本,水路和铁路最好。

物流信息管理　公司利用信息来管理它们的供应链。渠道合作伙伴经常相互联合共享信息来制定更好的物流决策。从物流的角度看,像顾客订单、账单、存货水平和顾客数据这样的信息流同渠道表现密切相关。公司需要简单、可理解、快速和精确的过程来获取、处理和共享渠道信息。

信息共享和管理有很多种形式——通过邮件或电话、利用销售人员、通过互联网或者通过电子数据交换(EDI),组织之间实现了计算机化的数据交换。例如,沃尔玛和它的超过10万个供应商建立了EDI联系。如果新的供应商没有EDI的能力,沃尔玛将会与它们合作来寻找和安装所需的软件。

在一些情况下,供应商可能会被要求为公司处理订单,为客户安排送货。许多大型零售商——例如沃尔玛和家得宝——与像宝洁或者摩恩这样的主要供应商紧密合作,建立了供应商管理库存(vendor-managed inventory,VMI)系统或者连续存货更新系统。利用VMI,客户和供应商实现了销售数据和准确存货水平的实时共享。供应商负责管理存货和运输。一些零售商甚至更进一步,将存货的存储和运输成本都转移给了供应商。这种系统要求买卖双方之间的密切合作。

12.7.4　整合物流管理

如今,越来越多的公司开始接受**整合物流管理**(integrated logistics management)的概念。这一概念认为,要为顾客提供更好的服务和降低分销成本,需要在公司内部和分销渠道组织中采用协调工作的方式。在公司内部,各个职能部门必须密切合作,共同提高公司的物流绩效。对外部,公司必须将物流系统与供应商和顾客结合成一体,使整个分销系统表现最好。

公司内部的跨职能协作　在大多数公司中,不同的物流工作责任划分给了许多不同的职能部门——营销、销售、财务、生产、采购。通常,每个职能部门都只顾最大限度地做好本部门的物流工作,而不管其他部门表现如何。然而,运输、仓储、库存和订货处理工作通常是以多种方式相互作用的。例如,较低的存货水平降低了仓储成本,但是它也可能会降低顾客服务水平,而且因为缺货、重新订货、特别生产、快速运输等,会增加成本。由于分销活动涉及许多相互制约的因素,不同职能部门的决策必须进行协调,以获得最佳的物流服务水平。

整合物流管理的目标是协调公司的所有分销决策。各部门密切合作的工作关系可以通过几种方式获得。一些公司建立了永久性的物流委员会,由负责不同实体分销工作的管理人员组成。公司也可以设立管理职位,将各职能部门的物流活动联系起来。例如,宝洁公司设立了供应经理,管理每个产品类别供应链的相关活动。许多公司设有物流副总经理,具有跨职能的权力。

最后,公司可以使用复杂的全系统供应链管理软件。现在,有大大小小很多家软件企业提供这样的软件,如SAP公司、甲骨文公司、Infor公司和Logility公司。重要的是,公司要协调物流和市场营销活动,在合理的成本下创造较高的市场满意度。

建立物流合作关系 公司要做的不仅仅是完善自身的物流工作。它们必须与其他渠道成员协同努力,完善整个分销渠道系统。分销渠道系统的成员在创造顾客价值和建立顾客关系的过程中紧密地联系在一起。一个公司的渠道系统是另一个公司的供应系统。每个渠道成员的成功,要依靠整个供应链的业绩。例如,宜家公司之所以能够创造其时尚但可负担得起的家具,传递"宜家生活方式",是因为它的整个供应链,包括成千上万的产品设计师和供应商、运输公司、仓库及服务机构,都在以顾客为中心最高效率地展开工作。

明智的公司协调它们的物流策略,与供应商和顾客建立了牢固的合作关系,以改进顾客服务,降低渠道成本。许多公司建立了跨部门、跨公司的队伍。例如,雀巢公司的普瑞纳宠物食品分部有一部分人在阿肯色州本顿维尔工作——那里是沃尔玛的大本营。普瑞纳—沃尔玛团队的成员与沃尔玛的员工共同工作,想方设法借助他们的分销系统节约成本。普瑞纳与沃尔玛的合作不仅仅为双方带来利益,也使得它们共同的消费者受益。

其他一些公司通过共同项目进行合作。例如,许多大型零售商和供应商紧密联系,共同完成店内计划项目。家得宝允许主要的供应商使用其商店作为新产品测试基地。供应商会花时间在店内监测产品销售情况和消费者的反应,然后为家得宝及其顾客设计特别的销售计划。很明显,供应商和顾客都可以从这样的合作计划中受益。关键是所有的供应链成员都必须为了服务最终顾客而共同合作。

第三方物流 大多数大型公司喜欢自己生产和销售产品。但是许多公司感到与产品生产和销售相关的物流工作过于烦琐,比如包装、装载、装卸、分类、储存、重新装载、运输等工作让它们感到厌烦。它们非常讨厌这些工作,以至于越来越多的公司开始将部分或全部物流工作转包给第三方物流供应商,比如Ryder、Penske物流、BAX全球、DHL物流、联邦快递、UPS等。物流外包企业可以帮助公司提升其物流系统的效率,甚至接管其全部的物流运作(见营销实例12.2)。下面是一个例子:

> 石田农场,全球最大的酸奶制造商,面临着配送的难题。随着企业的增长,它原来的配送系统变得低效了。为了解决这一难题,石田求助了第三方物流公司Ryder供应链公司。Ryder和石田一同设计了一个新的运输系统,削减了加工和运送成本,并改进了服务水平,同时,还显著削减了石田公司的碳排放。在评估了石田公司的运输网络后,Ryder设计出最优的运输解决方案,包括Ryder公司的节能交通设备的使用。它帮助石田公司建立了一个小的专用卡车车队,负责新英格兰地区的配送,用一个区域性的多站点卡车装载系统取代了石田原本的全国性的未达负荷的配送网络。结果,石田公司现在可以用更少的卡车运送更多的产品,并减少了一半的运输英里数。总而言之,这些变化减少了与运输有关的40%的碳排放,并使石田公司的运输成本下降13%。

这些第三方物流供应商可以帮助公司改善懒散、缓慢的物流状况,精简过于烦琐的供应链，减少存货，将产品更迅速可靠地送到顾客手中。根据最近一项针对《财富》500强公司的物流主管的调查，这些公司中的82%采用了第三方物流(也称为物流外包或者签约物流)服务。总体而言，北美的公司将其物流预算的47%花费在外包物流上。

公司使用第三方物流服务可能有几个原因。首先，由于这类物流服务公司致力于将产品送达市场，而客户公司的强项却不在此处，由前者来完成这些工作比由客户公司自己完成效率更高，成本更低。物流外包一般可以节省15%～30%的成本。其次，物流外包使公司能够将精力集中在核心业务方面。最后，整合物流公司更加理解复杂的物流环境。

营销实例 12.2

UPS："我们爱物流"——为您服务，分享对物流的爱

当提到UPS时，许多人会想起一个和蔼的卡车司机正从一辆熟悉的棕色卡车将快递包裹取下来的场景。对于我们中的大多数来说，看到一辆UPS的棕色卡车，会唤起我们过去对快递运送的美好回忆。但是，UPS的大部分利润并不是来自接受包裹的个人住宅用户，而是来自寄送包裹的企业客户。对于这些企业客户，UPS做的不仅仅是将老奶奶的节日包裹准时送到那么简单。

对于大多数企业来说，包裹运送只是复杂的物流流程中的一环。整个物流流程还包括订单采购、订单核对、发票单据、支付货款、退货、运货队伍，甚至包括跨国贸易。企业需要知道关于出库和入库包裹的即时信息——包括包裹里面有什么，目前到达的位置，下一站的地点，什么时候预期能够送达以及需要付多少运费。UPS知道，对于大多数企业来说，物流真的是个噩梦。

而这正是UPS能够提供帮助的地方。经过这些年的发展，UPS提供的服务已经远超过了社区包裹运送服务的范畴。目前它已经发展成为一个可以为客户提供多种种类的全球物流经营，并且市值超过650亿美元的企业巨头。鉴于许多企业客户讨厌处理物流流程，UPS提出了"我们爱物流"的口号。正如UPS所料，新物流已经成为如今创造竞争优势的最主要力量。今天的物流已经不仅仅是将产品及时送达，而是能够有效地改善企业的经营方式。正如UPS所说，"它能让您的生意变得更容易。它能让您更好地为您的客户服务。它还可以帮助您成长。这是一种全新的思维方式，这就是新物流。"

在世界任何地方，如果一件事与物流有关，那么UPS都可能比其他公司做得更好。UPS能够为客户提供高效的多式联运、邮递以及货运服务，并且帮助客户简化采购，精简库存，管理和完成订单，存储货物，组装甚至定制产品，管理售后维修和退货服务。为了应对日益增长的全球化趋势，UPS提供了最广泛的全球物流网络，到目前为止，企业有36%的收入来自美国以外的地区。

UPS有足够的资源来处理任何规模的物流需求。它有近40万名员工，近10万辆运载工具，拥有世界第九大航空公司，还在220多个国家拥有1860个物流网点。去年，UPS在全球递送了40亿个包裹。这家物流巨头也是世界上最大的报关商。UPS每天有882个国际航班往返于323个国际站点，同时还可以帮助企业应对国际物流的复杂状况。

从一个层面来看，UPS仅仅只能处理一家公司的物流包裹运输。然而，在更深层次

上,UPS可以向企业提供如何改进其整体物流业务的建议。它可以帮助客户重新设计其物流系统,以更好地在整个供应链中同步商品、资金和信息的流动。在更深层次上,公司可以让UPS接管和管理它们部分或全部的物流业务。

例如,Zappos网站就依靠UPS的帮助来实现其高效、友好的退货流程。退货是Zappos客户满意战略的关键,而优秀的物流是实现其退货过程平稳运行的关键。顾客可以从Zappos订购各种不同款式和尺寸的商品来进行试穿,然后免费退掉那些不需要的商品。事实上,Zappos公司鼓励客户的这种退货行为。Zappos从一开始就与UPS展开合作,在位于肯塔基州路易斯维尔的UPS世界港航空枢纽来建造它的配送中心。UPS负责递送Zappos的所有包裹。然后,客户在退货时,只需将它们放回盒子里,呼叫物流公司,最后让UPS处理剩余部分。UPS承担的这种无缝退货流程是Zappos有75%的客户成为回头客的原因之一。此外,Zappos通过使用UPS集成的运送和追踪系统,可以同时监控在途的退货商品和供应商的供货状况,从而确定快速有效的计划来补充库存。

家用电器制造商东芝公司同样让UPS全权负责处理其个人笔记本电脑的全部维修流程:笔记本维修的周转时间是东芝面临的最大挑战之一,而UPS强大的物流能力正是解决这个问题的方法。在过去,东芝仅仅让UPS负责将完工的电脑从工厂运送到客户手中。而现在,两家公司正在携手完善包含零件管理和电脑维修过程在内的整体的供应链,同时建立了更广泛的物流合作伙伴关系。客户将需要维修的电脑寄送到位于路易斯维尔世界港航空中心附近的UPS专门网点。在那里,UPS的员工对收到的电脑进行快速的诊断和维修,并将维修后的笔记本返还给它们的主人。现在UPS只需要一天时间,就可以修复并且运送一台笔记本。这将一次上门维修的过程由过去的2到3周缩短到只需4天或者更短的时间。UPS和东芝一起,大大改善了客户的维修体验。

所以,UPS不仅仅能够配送包裹,它还可以提供丰富的物流服务来帮助企业提高其物流战略,降低成本,从而更好地为客户服务。UPS不仅能够提供航运服务,还能够成为一名战略物流合作伙伴。东芝美国的CEO西蒙说:“我们从UPS身上学到的一件事情就是它乐于成为一名合作伙伴。它能够真正理解我们试图为客户创造的整体体验。”

UPS的一位运营经理说:“我们想了解客户完整的供应链。当你在某个领域遇到问题,并打算解决问题时,快速解决它们——这是保持高客户忠诚度的关键——这便是物流。”让UPS帮助公司处理物流,从而让公司专注于它们最擅长的事情。这有助于解决物流过程中的噩梦。正如UPS的一则广告所言,“我们爱物流。为您服务,分享对物流的爱。”

小结

一些公司对于其分销渠道很少注意,而其他一些公司已经使用了创造性的分销系统,以获取竞争优势。公司的渠道决策直接影响着其他所有的营销决策。管理人员必须仔细地进行渠道决策,将现今的需求和未来可能的销售环境结合起来考虑。

1. 解释为什么公司要使用分销渠道,并讨论这些渠道所起的作用。

在创造顾客价值的过程中，一个公司不可能独自完成。它必须在一个整体的合作伙伴网络——一个价值传递网络——中工作来实现这一任务。个体的公司和品牌无法匹敌它们整体的价值传递网络所做的事情。

大多数公司都使用中间商将产品推向市场。它们试图逐步建立一个分销渠道——这个渠道由一些相互依赖的组织构成，它们在消费者和产业用户使用或消费产品和服务的过程中发挥作用。通过它们的关系、经验、专门知识和经营规模，中间商通常能做到生产企业自己做不到的事情。

分销渠道成员承担了许多关键工作。有的协助完成交易：收集和公布信息，协助完成计划和调整；计划和发布有关的产品沟通；寻找潜在消费者并与之进行联系；根据购买者的需求进行调整以提供合适的产品；达成有关价格及其他方面的协议，完成所有权的转换。其他一些工作是为了实现已完成的交易：实体分派——运输和储存货物；融资——获得和使用资金，补偿分销渠道的成本；风险承担——承担渠道工作中的风险。

2. 讨论渠道成员是如何相互作用的，以及它们是如何组织起来发挥渠道功能的。

如果每个渠道成员所分派到的工作是它所能完成得最好的，整个渠道就是最有效的。最理想的情况是，由于每个渠道成员的成功都依赖于整个渠道系统的成功，所有的渠道企业都协同合作。它们应当理解和接受各自的任务，协调目标和行动，合作达成总体渠道目标。通过合作，它们可以更加有效地理解、服务并满足目标市场。在大公司中，有正式的组织结构分派任务，提供必要的领导。但在由独立机构组成的分销渠道中，领导权力并没有正式的设定。以前，分销渠道缺乏必要的领导来分派任务和管理冲突。但近年来，新型的渠道组织出现了，它们带来了有力的领导，改善了渠道成员的表现。

3. 明确公司可行的主要渠道选择。

每个企业都要明确到达其市场的可行方式。可行的方式很多，从直销，到使用一个、两个、三个或多个中间商渠道层次。分销渠道面临着持续的变化，有时这些变化甚至是很激烈的。有三种最重要的发展趋势：垂直、水平和多渠道营销系统。这些趋势影响着渠道合作、渠道冲突和渠道竞争。渠道设计要从评估顾客对渠道服务的需求、公司的渠道目标和限制因素开始。然后公司要明确主要的渠道选择，包括中介机构的种类、中间商的数量及各个渠道成员的责任。每种可供选择的渠道都要通过经济标准、控制标准和适应性标准来进行评价。渠道管理要求选择合格的中间商，并对它们进行适当的激励。对每个渠道成员都必须定期进行评估。

4. 解释公司如何选择、激励和评估渠道成员。

各个制造商在吸引合格的营销中间商方面的能力各不相同。有的制造商与渠道成员签订合约是不成问题的，有的制造商必须作出很大的努力去吸引足够多的合格中间商。在选择中间商时公司应当评价每个渠道成员的质量，并选择那些最符合自己的渠道目标的中间商。分销渠道成员选定之后，需要不断地激励它们，使它们做到最好。公司不只是通过中间商销售，还要销售给它们并且与它们合作。公司要努力和渠道成员结成长期的合作伙伴，以建立一个能同时满足公司及其营销合作伙伴需求的营销系统。制造商必须经常评估分销渠道成员的业绩，认可并奖励表现好的经销商，帮助或撤换表现不好的经销商。

5. 讨论营销物流和整合供应链管理的特点和重要性。

如果能提高营销物流质量,可以节省许多成本,并提高顾客满意度。营销物流涉及协调整个供应链的活动,为顾客传送最大的价值。没有一个物流系统能够在最大限度地满足消费者的同时,使成本最低。因而,物流管理的目标是以最小的成本,提供既定水平的顾客服务。主要的物流职能包括仓库管理、存货管理、运输和物流信息管理。

整合供应链管理的概念认为,要改善物流质量需要团队合作,建立公司内部跨职能的以及供应链上跨组织的紧密合作关系。公司可以通过设立跨职能的物流小组、全面供应管理的职位以及有跨职能权力的高层物流官员来达成各职能部门之间的物流一致性。渠道合作关系可以采取跨公司小组、共同项目和信息共享系统的形式来建立。如今,一些公司将它们的物流职能转包给第三方物流供应商,以节约成本、提高效率,并更快更好地到达全球市场。

问题讨论

1. 描述营销渠道成员所执行的重要职能。
2. 描述什么是多渠道系统,使用多渠道系统的优势和劣势是什么?
3. 比较密集分销、选择分销和独家分销。各自的渠道设计决策是怎样的?
4. 讨论国际营销人员在设计在其他国家的渠道时所面临的复杂性。
5. 解释分销渠道中的信息是如何管理的。什么类型的信息被管理?
6. 简述联合运输,列出用于分销产品的不同组合以及这种运输模式的益处。

批判性思维训练

1. 以小组为单位,讨论互联网是否会导致这些零售商店去中介化:(1)录像租赁商店,(2)音乐商店,(3)杂货店,(4)书店,(5)服装店。

2. 最普遍的契约式垂直营销系统是特许经营。访问国际特许经营联盟的网站 www.franchise.org/,并寻找一个你感兴趣的特许经营。写一个描述这个特许经营的报告。识别它代表什么类型的特许经营并调研它的产品或服务的市场机会。

3. 访问 www.youtube.com/watch?v=eob532iEpqk 并观看视频“未来的市场”。RFID 标签会有什么影响?目前这门技术达到普遍适用的最大障碍是什么?

营销技术:梅西百货

一个满足零售客户的关键点是提供他们需要的商品。然而,梅西百货曾发现,即使一项产品在线上已经没有存货,在实体店中也可能有许多的存货,并且最终降价清仓。为了不让这种情况再发生,梅西百货如今已经将其 800 多家商店中的 300 家转变为联合零售店和线上仓库,来对抗像亚马逊一样在人口密集地区拥有广泛仓库的竞争对手。新技术不断更新着每家商店的存货量,所以如果线上购物者想要一件商品,并且这件商品在整个梅西百货的存货中是有的，那么这件商品就将被配送给这个消费者。线下实体店的消费者如果在该店没有买到商品，也可以从其他的商店出仓配送。在实体店中销售不好的商品被转移到线上去，在那里它们可以被全价出售而不必打折。将线上和实体店整合起来的策略叫作“多渠道策略”。Nordstrom 和 Toys R Us 都已经采用多渠道策略许多年，它们都意识到更少的打折出售能够提高利润和存货周转率。

将零售商店作为仓库的缺点是什么？这是一个与亚马逊竞争的好办法吗？

营销伦理：Comcast

电影和电视节目分销技术正在快速改变。消费者可以在电视、电脑、平板电脑、手机上看自己想看的电影。这导致了一波对视频流服务的需求，比如 Netfilx 与 Hulu 在做的。然而，这也导致了订阅电视服务的困境，比如 Comcast 这家提供预设定节目的公司，面临着视频流服务越来越严重的竞争压力。有趣的是，作为全国最大的网络服务提供商之一的 Comcast，也是它的竞争者 Netfilx 与 Hulu 的分销商。Comcast 操控它的竞争者的分销渠道的事实，导致了一些令人不悦的冲突。它已经为它的预设定节目网络投资了数十亿美元，它不希望自己仅仅成为一个中介，为与它竞争的服务提供便利。因为它控制了网络，它可以为它的竞争者们制造麻烦。比如说，美国的司法部门正在调查 Comcast 等有线电视公司是否试图通过限制 Netflix 等视频流服务商的可下载在线数据资源压制其发展。Comcast 也以自己的视频流服务软件 Xfinity 予以反击。订阅者可以用 Xbox 游戏控制器来点播视频。经由 Xfinity 的视频流与 Comcast 的数据限制并不冲突，比起 Netfilx 大有优势。

在这个分销体系中存在怎样的渠道冲突？

数字营销：渠道扩张

Lightco 公司生产照明灯饰固定架，在美国东部地区销售。Lightco 想要扩展至中西部和南部地区的市场，打算雇用 10 名销售代表来保障产品分销。推销员将争取新的零售客户，并在之后进行管理。所有的推销员将获得 5 万美元的基础工资加上 2% 的提成佣金。每个零售商平均为 Lightco 产生 5 万美元的收入。

1. 如果 Lightco 的毛利率是 40%，销售额的增长应当达到多少，才能保证弥补支付给新的销售人员的固定成本？

2. 在这个策略下，这个公司需要获得多少零售客户才能实现盈亏平衡？每个新的销售人员需要平均获得多少客户？

公司案例

Pandora：弱化中间商还是被弱化？

对于 Pandora 这个最大的互联网广播公司之一来说，预测未来既是一件富于挑战的事情，也是一件令人担忧的事情。如果常规增长的挑战对于一个新的公司尚且不够，Pandora还面临着一个动荡的市场。在全新数字市场，人们听音乐的方式在持续发生巨大的变化。看起来Pandora似乎既有可能领导变革，也有可能成为市场的牺牲者。

Pandora在十年前刚刚成立，在那时，大部分喜欢音乐的人从以下两个途径之一听音乐：他们将CD放在他们家里、车里或者便携的CD机里，或是他们会打开老式的AM/FM广播来听音乐。但是电子设备诸如MP3的出现给CD带来了第一次死亡冲击，它使得许多人抛弃了传统的广播。此外，正如音乐市场一样，广播市场自身面临着巨大的改变。1996年颁布的《电信法》减少了单个所有者可以拥有的电台的数量限制。这一举措诞生了许多可以巩固与标准化收听模式的巨大的所有权集团。这个结果在广播领域别无二致，播放单更短了，出现的艺术家更少了。从一个城市到另一个城市，整个美国的电台都变得十分同质。

这些发展趋势——与互联网的广泛应用以及在线技术的变革结合起来——导致了许许多多的企业涌向未来音乐分销投资的潮流中，包括iTunes之类的下载服务、Rhapsody和eMusic之类的订阅服务、谷歌和亚马逊之类的云音乐播放器，以及数不胜数的线上广播电台，甚至是SiriusXM之类的卫星广播网络。如今，随着不断增长的收听设备和音乐服务模式的清单，收听浪潮持续发展。但关于未来，有一件事情是可以确定的：音乐市场充满了不确定性的迷雾。事物的变化太快了，真正能够赢得市场的产品与服务——事实上，市场的幸存者——如今还无法确定。

人的力量

在这一片混乱中，Pandora抓住了它自己的利基市场，定位于自动化的音乐推荐服务，将自身与其他企业区分开来。它并不提供点播服务，使用者不能简单地挑选他们喜欢的歌曲和歌手。相反，听众会得到一个歌曲或歌手的推荐。播放列表从一个特定的听众要求的歌手开始，每隔一段时间会增加一些这个歌手的歌曲。但在这期间，Pandora会提示一些其他歌手的风格类似的歌曲。如果听众听到了不喜欢的歌曲，就可以点击“不喜欢”按钮或者跳过这首歌曲，这首歌就会从列表中被删除。用户也可以通过按字母顺序浏览歌手来创建自己的电台，或者可以收听特定风格的电台以及其他用户的电台。听众可以随心所欲地创建任意数量的电台，所有的电台都属于个人原创。

许多线上音乐服务商提供类似的推荐，比如Netflix和亚马逊。但是Pandora最先掌握了推荐软件的预测能力。Pandora软件推荐的歌曲惊人地符合听众的需求。据Pandora的创始人兼首席战略官蒂姆所说，在数字化、自动化、软件驱动的机械背后，“你需要一个人类的耳朵来辨别。数学算法的确可以匹配歌曲，但数学真正做的事情是将人类衡量的事物转换成机器语言。”

Pandora曲库里有一百多万首歌曲，每一首歌曲都被专业的音乐家分析编码过。每一首歌曲都有400多条不同的属性来组成它的“基因”。每一个“基因”都与一种音乐特质有关，比如歌手的性别、电吉他的变音程度、切分音和谐音等。Pandora的音乐分析师必须通过认证考试。作为初级的分析师，他们被要求与其他的分析师一起坐在一间房子里，以便于他们随时取下自己的耳机与其他人交流自己对于音乐的编码。高级的分析师可以在马路上工作——他们经常在他们旅行的途中解析音乐。“那是我们的灵丹妙药，”蒂姆这样形容他们公司的人员要素。“不夸张地说，那是 Pandora 最重要的一部分，是它从许多方式上定义了我们。”

Pandora 对音乐编码的能力是无与伦比的，它同时添加一些特性和选项，以进一步区分服务。一开始，听众可以从两个订阅方案中选择，在免费的方案中，听众会不时地听到广告，但是远远比其他的广播电台要少。这个方案同时设有其他的限制，比如每个月最多听 40 个小时、每 24 小时最多跳过 12 次等。如果订购每年 36 美元的方案，订阅者就可以拥有无限的听音乐时间、更高质量的音乐，还可以拥有一个桌面播放器，并且免广告。

一旦用户选择好了方案，Pandora 的“神经中枢”将这个听众输入的所有信号考虑进来，形成个人独有的音乐品味方案。“喜欢”和“不喜欢”的每一个信号都让 Pandora 变得更加智能。听众甚至可以给予 Pandora 这样的回复指令：“我厌倦这首歌了”“这首歌怎么会被选中?”“把这首歌移到另一个电台”“新的电台”“标记”……重播是不能实现的(与其他普通广播一样)，但是当用户更精细地修改他的偏好集，比如不要明确的歌词，Pandora 可以提供更深层次的定制化。为了模糊广播服务与音乐所有权服务的界限，在每首歌的顶端都有一个“购买”键，可以让听众直接进入 iTunes 或者亚马逊界面。

从网络电台到无处不在的电台

最开始，听 Pandora 的唯一途径是在它的网页上。但是 Pandora 的“随时随地”理念指导着它的分销策略。随着音乐爱好者们越来越依赖于移动设备，Pandora 也跟随了这一潮流。通过发展战略伙伴，Pandora 将音乐服务推广到各个渠道中去，包括手机和平板电脑 App 以及家庭娱乐系统比如游戏机、DVD 和网络收音机。Pandora 也引导了最热的潮流之一——提供车载广播。“一半的广播收听者是在车上的，”蒂姆指出，“那对于我们来说是非常重要的一个地方。”新汽车的系统使得人们能通过手机上的连网软件在车上听 Pandora。与 Alpine 和 Pioneer 售后系统的类似整合使得 Pandora 几乎可以在所有的交通设备上使用。

所有的这些使用通道和这些诱惑人的很酷的特点使得 Pandora 成为了网络电台的领先者。它拥有 5 400 万活跃用户(平均每七个美国人中就有一个)，远远超过了 SiriusXM 的 2 300 万的订阅量。它的用户增长速度也远远地超过它的卫星广播竞争者们，日益侵占着无线电台的听众。Pandora 的会员们——尤其是年轻的会员们——平均收听时间也超过无线电台和卫星电台的听众。尽管有这么多的竞争者，它目前在电子音乐市场已经拥有了 69%的市场份额，并且预期它的市场份额还会在下一年攀升至 80%。Pandora 如今也占有了整个电台市场 6%的份额。

并未脱离险境

尽管拥有了庞大且不断增长的会员群体，Pandora 也并不敢保证自己财务上的成功。事实上，它 2012 年创造了 2.74 亿美元的收入，比上一年高出了 99%。在同一年里，它的活跃用户增长了 51%，总收听时数增长了 77%。对于 Pandora 来说只有一个数字是没有增长的——利润。迄今为止，Pandora 仅在一个季度盈利了，这并不是公司期望看到的。事实上，Pandora 的自我前景规划中并没有预测年利润。同时，一些潜在的威胁也令投资者们担忧，比如说：

- 成本结构——Pandora 为每首播放的音乐支付版税。因此，随着它的会员量和播放时间增加,版税的费用也直线上升,不像其他大部分产品和服务的生产者那样有着递减的成本曲线。因为互联网电台刚刚开始发展,音乐产业试图达成公平的价值分配,因此版税还不稳定。在几年前,Pandora 因为版税翻倍而一度陷入分崩离析的边缘。但是 Pandora 在重新商定版税上是成功的。此外,任何一位音乐所有权人都可以决定终止与 Pandora 的合同,因此减少了内容的容量。在这个问题上,未来会如何是不确定的,尤其是考虑到 Pandora 可能的国际化选择时(如今 Pandora 由于版权问题仅仅在美国境内可用)。

- 广告的收费——Pandora 有 86%的收入来自广告费用。它必须让广告商相信在 Pandora 上投放广告的好处,否则就无法可持续地创造利润。这个问题是复杂的,因为 Pandora 在移动设备上飞速增长,而移动设备广告的价值比标准的网页广告的价值还要更加地不确定。
- 对设备的依赖——Pandora 的成长能力完全依赖于与其建立和维持关系的联网设备的制造商,尤其是移动设备制造商。这样的制造商也许有理由在独家条件下与其他服务商签订合同。这也给 Pandora 造成了负担,它需要创造并保持它在许多平台上的技术兼容。

除了这些威胁,新的竞争也在不断出现。尽管 Pandora 在快速成长,仍然存在使它感到恐慌的因素——音乐产业中技术的变化以及消费者偏好的变化——带来了更严峻的竞争威胁。看看前文提到的所有的竞争服务,就可以明白这一点。考虑到市场环境变化导致的、尚未预料到的竞争威胁可能会颠覆整个市场,Pandora 仍不能轻易懈怠。

目前,Pandora 常常被拿来与 Spotify 做比较。Spotify 是一家瑞典音乐服务企业,一方面提供与 Pandora 十分相似的服务,另一方面也做了一些完全不同的事。首先,Spotify 的音乐库里的音乐数量是 Pandora 的 16 倍。它与脸书的紧密合作使得它的聆听体验与社交网络无缝衔接。此外,它不仅仅拥有 Pandora 那样的自定义电台,还允许用户自行选择他们想听的音乐,包括单曲、整张专辑以及他们自己编辑的歌单。Spotify 只拥有 Pandora 一小部分的活跃用户群,但它的收入却是 Pandora 的三倍以上。然而,Spotify 比 Pandora 亏损更加严重。

数字世界里有着太多破碎的梦了。Pets.com 在发出了许多 50 磅重的狗粮包裹后才意识到其商业模式根本没有成本效益。Myspace 与 2 亿人签订了会员协议,而如今它的会员数锐减至不到 2 000 万,导致在短短的六年间新闻集团便将其出售。还有很多其他的网络公司已经达到了高水平的互联网流量和巨额的股票估值,但仅仅是因为与上述类似的威胁,股价便急剧下跌。Pandora 的命运将会是怎样的?或者这个互联网广播巨头最终会宣布,"让音乐决定一切?"

讨论题

1. 尽可能完整地为 Pandora 画一个从内容到听众的价值链。
2. 水平和垂直冲突如何影响 Pandora?
3. Pandora 如何通过其分销方式为消费者创造价值?
4. 在长期,Pandora 会成功吗?原因何在?

Principles of Marketing

第13章

零售与批发

学习目的

- ☐ 解释在分销渠道中零售商的作用,描述零售商的主要类型
- ☐ 描述主要的零售商营销决策
- ☐ 讨论零售业的主要趋势和发展
- ☐ 解释批发商的主要类型和其营销决策

本章预览

本章我们将更深入地了解两种主要的中间商职能:零售与批发。你已经知道了一些和零售相关的知识——每一天你都在接受形形色色的零售商的服务。但是,你可能对藏在幕后工作的批发商了解不多。本章我们将考察不同种类的零售商和批发商的特点,它们所做的营销决策,以及未来的趋势。

当提到欧洲的大型家用电器批发商,你不能不从BEKO公司开始。这家来自土耳其的大型供应商已经重新塑造了现代家用电器的含义。BEKO以顾客价值为中心,通过创新性的设计、强有力的供应链管理和对于知名品牌组合的投资,成长为家用电器和电子产品市场的全球性企业。

BEKO:来自土耳其的批发领导企业

相对于它的工厂,土耳其更为人熟知的是古老的伊斯坦布尔那异国情调的集市和年代久远的古迹。然而,在过去的20年里,这一状况在发生急剧改变。土耳其现在生产了一半以上在欧洲出售的电视机,同时它还已经成为家用电器的一个主要生产基地。Arcelik集团创建于1955年,是土耳其耐用消费品市场的领导者,同时在国际舞台上也扮演着一个重要角色。Arcelik集团拥有10个品牌,其收入的50%以上来自国际运营。Arcelik集团从属于土耳其最大的企业集团Koc集团。Koc集团的国际业务主要集中于能源、汽车、金融服务和耐用消费品四大核心行业,在2009年《财富》500强中排名世界第

273位。

BEKO是Arcelik集团的一个国际性品牌，也是世界家用电器十大品牌之一。BEKO品牌在全球市场保持着持续增长，特别是在西欧和东欧市场。它是英国灶具、制冷电器的领导品牌，也是增长最快的洗衣机和洗碗机品牌之一。

BEKO的产品线涵盖种类繁多的白色家电，包括冰箱、冷柜、洗衣机、滚筒式烘干机、洗碗机、灶具、吸尘器和空调以及消费电子产品，涉及超过3 500个产品型号。BEKO现在的业务范围扩展到全球超过100个国家，针对不同民族、不同文化和不同生活方式的需要开发了多种多样的智能解决方案。为了服务其广泛的市场，它在土耳其建立了8个产品生产基地，同时在俄罗斯、罗马尼亚和中国也都设立有工厂。

BEKO的雄心是证明土耳其电器既可以提供数量也可以提供质量。正如它的研发中心的850多名雇员证明的那样，创新和开发也是重要的。BEKO坚守行业的最高标准。这一战略与BEKO的经营哲学一致，即努力使人们的生活更容易，强调附加在品牌之上情感价值的重要性。

BEKO是一个聚焦于消费者的品牌，通过功能性的设计来传递科技和有效的解决方案。BEKO对创新的执着和能源效率方面的贡献，获得了许多国际性奖项的认可。其中的一些奖项包括节能信任奖、Plus X奖、iF和RedDot设计奖。

为什么BEKO会取得如此高的成就？首先，与许多全球企业不同，BEKO将人力资源作为其战略的中心。为了实现这个目标，BEKO提供给员工们专门的工作设施和培训机会，确保员工们始终与最前沿的进展保持同步。可信、持续以及对所有工作伙伴和总体工作环境的负责，体现了BEKO对可持续发展的承诺。员工们可以享受健康和退休福利、社会和文化活动、体育娱乐设施，以及食品与交通服务。薪酬基于绩效和能力，此外还有慷慨的奖励计划。

其次，BEKO非常尊重它的顾客。这体现在许多方面，包括BEKO的网站、销售人员培训和产品创新。这也同样表现在公司旨在回馈社会的赞助活动。公司定期发布一份可持续报告，确保公司与世界上最佳的社会责任企业相一致。为了保护环境和为子孙后代造福，BEKO确立了一个新使命："用受全球尊敬的方式尊敬地球。"

除此之外，BEKO的成功很大程度上要归功于创新和与竞争对手的差异化。BEKO实现这一目标的方式是通过高品质、耐用的产品及其差异化特征。这些差异化的特征主要体现在创新性的技术特色和典雅的外观。全球范围的设计师为他们的产品能被BEKO采用而竞争。最出色的设计将会由一组消费者来进行测试。BEKO已经成为一个支持消费者参与和共同创造的领导企业，它已经将消费者的想法融入设计过程当中。

那么，在这样的一个竞争环境里，BEKO采用如此一个深度关注社会责任的包容战略又怎么能够获利呢？和许多现代零售企业一样，在BEKO的生产和分销体系中已经形成了一个低成本的结构。管理和生产中的技术和创新被开发，持续改进被构建进所有的系统和过程中。为了实施这一方法，BEKO采用了全面质量管理、全面生产管理和六西格玛方法来降低成本、控制质量、改进过程和柔性化结构。采购对于整个过程都有很强的影响。

供应商想要分享BEKO的经营哲学、商业准则和伦理（包含禁止购买的原材料清单),以集体地和共同地从 BEKO 组织获益。供应商同样被要求能够遵守欧盟境内设备制造商委员会制定的经营规范。BEKO 和它的供应商共同签订了"采购合约"来定义工作条件。

尽管 BEKO 在过去 20 年里获得惊人的成功,但是随着西方发达经济体之外的市场迅速开放,它也面临着许多大的挑战。

Arcelik 在全球市场中的定位通过一系列并购而得到了显著的加强。2002 年,这个集团购买了具有 127 年历史的德国品牌"德国布莱姆伯格",有 117 年历史的奥地利品牌"奥地利艾丽卡布伦根茨",还有英国和爱尔兰灶具品牌 Leisure 和 Flavel,以及罗马尼亚最大的家电制造商 Arctic。2007 年,集团合并了德国领先的消费者电子产品品牌 Grundig。BEKO 同样进入一些新兴国家和地区,如阿塞拜疆、黎巴嫩、立陶宛、格鲁吉亚、波兰、俄罗斯、罗马尼亚、乌克兰、阿尔及利亚和利比亚。

土耳其位于亚洲和欧洲之间的独特地理位置以及它悠久的贸易历史,为它在许多传统品牌缺少文化亲和力的区域里创造了良好的成长条件。

不过,虽然 BEKO 提升了它的国际性,土耳其国内市场仍然是其最为关心的。土耳其人口超过 7 000 万且仍然在快速增长,许多人的年龄在 24 岁以下。土耳其人对 BEKO 有很强的文化自豪感。相比它的欧洲竞争者,BEKO 更倚重其强劲的内部需求。

BEKO 公司的故事为考察当今快速变化的零售商世界提供了场景。这一章将介绍零售和批发。在第一节,我们研究零售的本质和重要性,店铺和非店铺零售商的主要类型,零售商的决策,以及零售业的未来。在第二节,我们讨论与批发商相关的同样话题。

13.1 零售

什么是零售呢?我们都知道好市多、家得宝、梅西百货、百思买和塔吉特是零售商,但是亚马逊网站、当地的汉普顿酒店(Hampton Inn)和正在给病人看病的医生也是零售商。**零售**(retailing)包括与直接向最终消费者销售产品或服务以满足其个人的非商业目的相关的所有活动。许多机构——制造商、批发商和零售商——都从事零售。但是大多数零售都是由**零售商**(retailer)完成的,零售商是销售额主要来自零售的企业。

零售在大多数营销渠道中扮演着一个非常重要的角色。去年,零售商从最终消费者那里获得的销售额超过 4.6 万亿美元。它们将品牌与消费者连接在一起,营销代理公司奥美行动称之为"最后的一英里"——消费者实现购买的最后一站。这是"消费者从态度到行动的距离",奥美行动的首席执行官解释道。消费者有大约 40%的决策是在商店里面或附近作出的。因此,零售商店是"在关键时刻接触消费者,最终(影响)他们在购买点的行动"。

事实上,许多营销人员现在正在接受**购物者营销**(shopper marketing)这一概念,利用销售点促销和广告来将品牌资产延伸到"最后一英里",鼓励对企业有利的店内购买决策。购物者营销认识到零售商店自身就是一个重要的营销媒介。购物者营销关注从产品和品牌开发到物流、促销和推销的整个营销过程,目的在于实现销售层面上购物者(shopper)

到买家(buyer)的转变。

当然,每一个设计良好的营销方案都关注顾客购买行为。但是购物者营销这一概念却指出这些方案应该与购物过程本身很好地协调。例如,宝洁遵循了一个“由商店倒推”的概念,所有的营销想法都需要在商店货架层面有效,然后从商店往后倒推所需要做的工作。这个策略的建立围绕着宝洁所称的“关键决策瞬间”的概念——购物者初次从货架上接触到某一产品的关键的3~7秒时间。“我们现在根据消费者看我们的视角来构建品牌,”宝洁的一位经理如此说道。

数字购物或结合了数字购物的店内购物的爆发式增长为购物者营销增加了新的维度。“最后一英里”和“关键决策瞬间”不再只发生在店铺中。如今,大部分的消费者至少有一部分的消费是完成于线上的,并不会踏足实体店铺中。或者,他们会在逛商店之前——或在逛商店的同时——对网络购买商品进行研究。例如,我们不难看到这样的现象,消费者在百思买浏览新的电视机,同时通过手机应用程序在亚马逊上查看同产品的信息和价格。因此,现在的购物者营销并不仅限于店内购买。来自店内的、线上的和手机购物端的营销努力都能在消费者购物过程中影响他们的购买决策。

尽管大多数零售业务在零售店中完成,近年来直接零售和网络零售比店铺零售以更快的速度发展起来。我们将在第17章详尽讨论直销和网络零售,在这一章,我们主要研究店铺零售。

13.1.1 零售商类型

零售店以不同的形式和规模展现在我们面前,从社区内的理发店或者夫妻档餐馆到诸如REI或Williams-Sonoma这样的全国性连锁专卖店,再到诸如好市多或沃尔玛这样的大型折扣店。最重要的零售店的类型在表13.1中进行了描述,在后文中还将进一步讨论。这些零售店可以根据几个不同的特征进行分类,包括它们提供服务的数量、产品线的宽度和深度、索要的相对价格以及其组织形式。

表13.1 主要的零售商类型

类型	描述	范例
专卖店	经营狭窄的产品线,产品线内的花色品种繁多,例如服装店、运动用品店、家具店、花店和书店	REI,Radio Shack,Williams-Sonoma
百货店	经营数条产品线——一般包括服装、家具和家居用品——每条产品线都作为一个单独的部门由专业购买者或商人管理	梅西,西尔斯,Neiman Marcus
超级市场	规模相对较大、成本低、薄利多销,采用自助服务的方式经营来满足顾客对食品、洗涤品、家居日常用品的全面需要	克罗格,西夫韦,SuperValu,Publix
便利店	规模相对较小,位于居民区附近,一周七天营业,每天营业时间很长,经营品种不多、周转速度快,价格相对比较高	7-11,Stop-N-Go,Circle K,Sheetz
折扣店	以薄利多销的方式通过比较低的价格销售标准商品	沃尔玛,塔吉特,Kohl's

续表

类型	描述	范例
低价零售商	以低于正常批发价购货，以低于零售价卖给消费者。包括以下三种主要类型：厂家门市部——由制造商拥有并经营；独立低价零售商——由企业家或者由更大的零售公司的分支拥有并经营；仓储俱乐部（或批发俱乐部）——销售种类有限的有品牌的日用杂货、家用电器、服装和其他商品的大杂烩，这些东西以大折扣卖给那些交纳会员费的会员	Mikasa（厂家门市部）；TJ Maxx（独立低价零售商）；好市多，山姆俱乐部，BJ（批发俱乐部）
超级商店	旨在满足消费者对经常采购的食品和非食物产品的全面需要的大型商店。其中包括超级购物中心，这是超级市场和折扣店的综合体，还包括经营特定的产品线而品种深入的品类杀手，其店员拥有丰富的产品知识	沃尔玛超级购物中心，SuperTarget，Meijer（折扣商店）；百思买，PetSmart，史泰博，巴诺书店（品类杀手）

提供服务的数量 不同类型的消费者和产品要求不同数量的服务。为了满足这种不同的服务需求，零售商可以提供三种服务水平中的一种：自助服务、有限服务和全面服务。

自助服务零售商（self-service retailer）服务于那些愿意自己进行“寻找—比较—选择”的过程从而省钱的顾客。自助服务是所有折扣店的基础，而且通常被销售便利品（比如超级市场）和拥有全国性品牌、快速周转的消费品（如塔吉特）的销售商所采用。有限服务零售商（limited-service retailer），如西尔斯或捷西佩尼（J. C. Penney），提供更多的销售支持，因为它们更多地销售那些顾客需要了解相关信息的商品。它们由此提高的运营成本导致更高的价格。

在全面服务零售商（full-service retailer）那里，比如高档专卖店（如 Tiffany 和 Williams-Sonoma）和一流的百货店（如诺德斯特龙和 Neiman Marcus），销售人员在购物过程的每个阶段都为顾客提供帮助和支持。全面服务的商店通常更多地经营那些顾客需要或者想要帮助或建议的特种商品。由于提供更多服务带来了高得多的运营成本，这又以高价格的方式传递给顾客。

产品线 零售商也可以根据其产品组合的长度和宽度进行分类。一些零售商，比如**专卖店**（specialty store），经营狭窄的产品线，而这些产品线内产品的花色种类很多。现在，专卖店正蓬勃发展。随着市场细分、目标市场瞄准和产品专门化日益广泛的应用，商店越来越需要聚焦于特定的产品和细分市场。

与之相反，**百货店**（department store）经营种类繁多的产品线。近年来，百货店受到了双重排挤，一方面是更加集中化和柔性化的专卖店，另一方面是更有效率的低价折扣店。作为回应，许多百货店增加促销活动以对抗折扣店的威胁。其他一些百货店发起商店品牌运动，设立单一品牌的设计师专属商店来与专卖店竞争。此外有些百货店正在尝试邮购、电话购物和网上购物。服务仍然是关键的差异化因素。像诺德斯特龙、Saks、Neiman Marcus 和其他一些高档百货店正因为强化高品质的服务取得了良好业绩。

超级市场（supermarket）是我们最经常光顾的一种零售店。然而今天由于人口增长速度下降以及越来越多来自折扣超级中心(如沃尔玛、好市多和Dollar General)和食品专门店(如全食超市、乔氏超市和Sprouts)的竞争,超级市场销售增长速度正在放慢。同时,它也备受过去20年间迅速兴起的家外就餐浪潮的冲击。事实上,超级市场在食品杂货和消费品市场上的份额从2002年的66%下降到2009年的不到62%。与此同时,超级中心的市场份额从15.6%提高到20.6%。

在争夺"消费者胃口"的大战中,一些超级市场已经向高档化发展,提供改善的商店环境和更高质量的食品,如即时新鲜面包、美味熟食柜台、天然食物和新鲜海产部。其他一些超级市场则削减成本、提高运作效率并降价,以更有效地与好市多和沃尔玛这样的食品折扣店竞争。例如,下面是美国最大的员工独资连锁超市Publix的成功案例:

尽管近来消费者开支紧缩,其他食品杂货连锁企业都陷入挣扎,但是Publix仍然在稳步增长并持续获利。在过去的五年,这个270亿美元的连锁店比任何其他超市都收购和开业了更多的新店,并且实现了行业内每平方英尺的第二高销售额,仅次于全食。

Publix的成功来自它专注于帮助顾客从如今紧缩的食品预算中收获最多。尽管它自身面临迅速上升的采购和运输成本问题,Publix引入了一个关键举措——一个降低基础产品价格(如面包、牛奶和洗衣粉等甚至降价多达20%)的消费者计划。此外,Publix还开发了一个省钱的简单程序,向消费者提供膳食交易和节俭的建议,以收获更多的销售额。Publix连锁表示:"在如今紧缩的经济形势下,我们正在努力向顾客提供帮助。""除了降低你最需要的食品的价格,我们还向你提供简单的省钱策略,"一位零售顾问说,"在经济最糟糕的时候,Publix总是处于最佳状态。"消费者似乎也对此表示认同。根据美国顾客满意指数(ACSI),Publix已经连续18年被评为顾客满意度最高的超市。

便利店(convenience store)是那些经营周转速度快、产品线有限的商品的小商店。经过了几年的销售停滞之后,便利店现在正处于稳步的增长当中。许多连锁便利店尝试着在它们的主要市场(年轻蓝领男性)基础上加以扩展,重新设计它们的商店以吸引女性购物者。它们正扭转便利店以往给人留下的男人们停下卡车购买啤酒、香烟和热狗的印象,代之以提供新鲜的加工食品及更清洁、更安全和更高档的购物环境。

例如,看看下面Sheetz的例子。Sheetz被公认为是美国最好的连锁便利店之一。在它的整体顾客聚焦使命和"感受爱"的口号的驱动下,Sheetz致力于提供"没有妥协的便利,同时不仅仅是一家便利店。我们致力于让您满意,这让我们与众不同。"

不管是对于商务旅客、建筑工人还是足球妈妈,Sheetz"为行进中的人们提供了一个麦加"——在干净便利的地点里快速友好的服务和有品质的产品。"我们真的很关心我们的顾客,"Sheetz指出,"如果你需要为你的汽车加油或者为你的身体补充能量……Sheetz拥有在你需要的时间你所需要的东西。我们一直在这里,24/7/365。"毫无疑问,Sheetz不是一家一般的便利店。Sheetz的平均店面面积是7-11的两倍。Sheetz提供的菜单上有定制化的三明治、沙拉、炸薯条、洋葱卷、鸡柳条和汉堡——所有这些都可以通过装有触摸屏的终端机购买。Sheetz里面还设有由训练有素的咖啡师提供服务的意式咖啡吧。

所有商店还提供即时带走的三明治和冻奶糊，使得消费者可以更加便利地边走边吃。这些食品以及Sheetz的所有烘焙食品都是每天由Sheetz的厨房或烘焙坊"Sheetz Bros"新鲜制作的。为了让消费者的支付更加便利，Sheetz也是全美第一家安装了万事达信用卡系统的连锁商店，这套系统允许顾客使用信用卡快速结算并离开。Sheetz也和M&T银行合作，在每一家Sheetz安装了自动取款机，顾客使用不收取额外费用。一些分析人士认为Sheetz旨在成为便利店中的沃尔玛，而且它可能已经实现了。

超级商店(superstore)比一般的超级市场大得多，提供种类繁多的日用食品、非食品商品和服务。沃尔玛、塔吉特、Meijer和其他折扣零售商现在都在开设超级购物中心(supercenter)，这是食品店和折扣店的综合体。一家传统的食品杂货店一周的销售额在46.6万美元左右，而一家超级购物中心一周的销售额达到150万美元左右。沃尔玛在1988年开办第一家超级购物中心，现在已经在北美开了超过3 000家这样的店面，以每年140家的速度开设新店。

近些年来，我们同样可以看到那些实际是巨型专卖店的超级商店的爆炸性增长，这就是所谓的**品类杀手**(category killer)，例如百思买、家得宝和PetSmart。它们以其飞机机库一般的巨大规模为特色，由具有专业知识的店员销售一个特定产品线内非常深入的花色品种。在很广泛的商品类别中，品类杀手都十分盛行，包括电器、家居用品、图书、婴儿服装、玩具、亚麻织物和毛巾、聚会用品、运动用品，甚至宠物用品。

最后，对于有些零售商来说，其产品线实际上是一种服务。**服务零售商**(service retailer)包括酒店、汽车旅馆、银行、航空公司、餐馆、大学、医院、电影院、网球俱乐部、保龄球馆、维修服务站、发廊和干洗店。美国的服务零售商比产品零售商以更快的速度发展着。

相对价格　零售商也可以根据其要价来分类(见表13.1)。大多数零售商以正常价格提供一般质量的商品和顾客服务，还有一些以更高的价格提供更高质量的商品。以低价格为特征的零售商有折扣店和"低价"零售商。

折扣店　**折扣店**(discount store)(比如塔吉特、凯玛特和沃尔玛)通过销售较大的批量、接受较低的毛利以较低的价格销售标准商品。早期的折扣店很少提供什么服务，在租金低廉的仓库式设施内营业，把店面开设在人们往来频繁的街区，以此来削减费用。现在的折扣店已经改善店面环境和增加服务，同时通过有效的运营来保持低价。

诸如沃尔玛、好市多和塔吉特这样的领先的大型折扣店已经成为零售业的主导。然而，在现在的经济环境下甚至小型折扣店也能够兴旺发展。例如，美元店(dollar stores)是如今一种快速增长的零售形式。在过去，美元店销售的大多是零星品种的新品、厂家生产过剩产品、出清存货和一些过时的商品，并且大部分标价为1美元。现在不再是这样了。美国最大的小型折扣店Dollar General提倡一种强大的时间价值承诺——"省时省钱每一天"：

Dollar General的口号并不只是说说而已，它是对其价值承诺的细心说明。这家零售商的目标很简单，就是每天在一些小的、方便的地点低价提供一个精选品类的流行品牌。Dollar General的简装产品线和较小的商店（你可以在平均大小的沃尔玛超级中心中放下超过25家Dollar General的商店）为消费者提供快速购买过程——顾客平均进出商店的时间在十分钟以内。而它所提供的流行品牌的产品价格比其他杂货店低20%到40%。所有的这些促成了Dollar General的成功。此外，这家快速增长的零售商对未来也有很好的定位。“我们看到了一种新的消费主义的迹象，”Dollar General的CEO说道，“人们在商店间不断转换，转向更低成本的品牌，并通常会保持节俭。”方便和低价似乎永远不会过时。

低价零售商　当主要的折扣商店提高档次的时候，新一轮**低价零售商**（off-price retailer）则进入，填补低价格、大批量的空缺。普通的折扣商以正常的批发价进货，通过接受较低的毛利保持价格低廉。与之相反，低价零售商以低于正常批发价的价格进货，又以低于零售价的价格出售给消费者。在各个领域都能够找到低价零售商，从食品、服装和电器到不提供非必要服务的银行业务和贴现经纪业务。

低价零售商有三种主要类型：独立低价零售商、厂家门市部和仓储俱乐部。**独立低价零售商**（independent off-price retailer）或者由企业家所有或经营，或者是更大的零售公司的分支。尽管很多低价零售业务由比较小的独立低价零售商经营，大多数大规模的低价零售业务由大型零售连锁店控制，比如店铺零售商T.J. Maxx和Marshalls（由TJX公司所有），以及Overstock.com等网上商家。

厂家门市部（factory outlet）——比如J. Crew、Gap、Levi Strauss等由制造商拥有或者运营的商店——有时聚集在一起形成厂家门市部商业街（factory outlet mall）或者超值零售中心（value retail center），在这里几十家厂家门市部出售的过剩商品、折扣商品以及非常规商品都以低于零售价50%的低价出售。厂家门市部商业街主要由制造商的门市部构成，而超值零售中心则由制造商门市部、低价零售店、百货店清仓门市部共同组成。

厂家门市部商业街正在向高档化发展——甚至希望去掉定义中的“厂家”二字。越来越多的厂家门市部开始以Coach、Polo Ralph Lauren、Dolce & Gabbana、Giorgio Armani、Burberry和Versace等奢侈品牌为特色。随着消费者变得更具有价值头脑，甚至是高端零售商也开始加速厂家门市部策略，将更多的重心放在诸如Nordstrom Rack、Neiman Marcus Last Call、Bloomingdale's Outlets和Saks Off 5th等店面。许多公司现在不仅将门市部视为一种处理问题产品的方式，而且将其看作为时新产品获得生意的一种额外方式。门市部里高端品牌和低端价格的组合，对购物者而言吸引力很大，特别是在经济萧条时期。

仓储俱乐部（warehouse club）[或批发俱乐部（wholesale club）和会员仓库（membership warehouse）]，如好市多、Sam俱乐部和BJ俱乐部，在巨大、简单的仓库式设施内经营，并且几乎没有什么不必要的噱头。然而，它们对某些特选品牌商品所提供的超低价格令人吃惊。仓储俱乐部最近几年发展很迅速。这些零售商不仅仅为那些在特价产品中寻找便宜货的低收入消费者服务，更为采购从必需品到奢侈品等各种商品的所有消费者服务。

看一下好市多这个仅次于沃尔玛和克罗格的美国第三大零售商的情况。低价是好市多的成功公式的一个重要部分，但是真正让好市多与众不同的是它所经营的产品和在好市多购物体验中构建的一种急迫感。

好市多将天赋引入原本沉闷的商品组合中。除了1加仑一罐的花生酱和2 250个一包的棉签，好市多还出售不断更新的高档产品组合——甚至奢侈品——所有这些都有着令人兴奋的低价。正如一位行业分析师所说，"逛好市多就像是一次零售宝贝狩猎，在这里人们的购物车里除了一大桶蛋黄酱之外，还可能会有一个价值5万美元的钻戒。"这是一个高端产品遭遇大幅折扣价格的地方。去年，好市多销售了6 900万个热狗和苏打水套装（在超过25年的时间里价钱一直仅为1.5美元）。同时，它也出售了超过10万克拉的钻石，平均每块价格高达10万美元。它是美国最大的家禽杀手（每天出售超过7万只价格为4.99美元的烤鸡），同时也是美国最大的高档酒销售商（包括每瓶1 750美元的白马酒庄高档葡萄酒）。

每一家好市多都是一个创造购买急迫感和兴奋感的零售剧院。在它常规的主要产品之外，好市多还有夺人眼球、不断变化的促销产品，如折扣价的普拉达（Prada）箱包、卡拉威（Calloway）高尔夫球杆或者凯尼斯科尔（Kenneth Cole）箱包，这些东西的折扣价格是你在别处从没有遇到过的。事实上，在好市多出售的4 000种品项中，有1 000种是被定为"宝贝品项"（好市多这样称呼）的。变化中的产品组合和超值的价格使得人们带着钱包不停惠顾。好市多的商店中，每平方英尺能实现平均1 000美元的销售额，与之相比，Sam俱乐部每平方英尺销售额是586美元，BJ俱乐部则是500美元。曾经有段时间仅有平民百姓在折扣零售商店购物，但是好市多已经完全改变了这种情况。如今，甚至富人也来这里购物。

零售的组织形式 尽管许多零售店是独立所有的，越来越多的零售商正以某种公司或协议组织的形式共同使用一个品牌。如表13.2所示，主要的零售组织类型有如下四种：公司制连锁、自愿连锁、零售商合作社和特许经营组织。

表13.2 主要零售组织类型

类型	特点	范例
公司制连锁	由两家或更多共同所有和控制的商店组成。在所有类型的零售业中都有公司制连锁出现，但是它们在百货店、折扣店、食品店、药店和餐馆里最为强大	西尔斯（百货店），塔吉特（折扣店），克罗格（食品杂货店），CVS（药店）
自愿连锁	由批发商发起，进行大批采购和共同销售的独立零售商群体	独立食品杂货店联盟（IGA），Do-It Best（五金），Western Auto，True Value
零售商合作社	组成一个集中采购组织并采取共同促销活动的独立零售商群体	Associated Grocers（食品杂货），Ace Hardware（五金）
特许经营组织	由特许经营商（一个制造商、批发商或服务组织）和受权经营商（经购买获得权利在特许经营体系中增开一个或多个店面的独立商人）组成的协议组织	麦当劳，赛百味，必胜客，Jiffy Lube，Meineke Mufflers，7-11

公司制连锁(corporate chain)由共同所有和控制的两家或更多商店所组成。它们比独立经营具有更多的优势。它们的规模使其能够以低价格大量进货,从而实现促销上的经济性。它们有能力招募专家处理定价、促销、推销、存货控制和销售预测方面的工作。

公司制连锁的巨大成功促使很多独立零售商采用两种协议组织形式中的某一种来共同使用品牌。其中之一就是自愿连锁(voluntary chain)——由批发商发起的独立零售商群体,它们进行集体采购和共同推销活动。比如独立食品杂货店联盟(Independent Grocers Alliance,IGA)、Western Auto 和 Do-It Best。另一种协议组织的形式是零售商合作社(retailer cooperative)——一组独立零售商组成一个共同拥有的集中批发组织,独立零售商们采取共同采购和促销行动。比如食品杂货店协会(Associated Grocers)和 Ace Hardware。这些组织给独立零售商们提供了采购和促销的经济性,使得它们能够实现公司制连锁那样的价格。

另一种形式的协议零售组织是**特许经营**(franchise)。特许经营组织和其他协议组织体系(自愿连锁和零售商合作社)的主要区别在于,特许经营体系一般建立在特许经营商开发的独特的产品或服务、做生意的独特方法、商标、商誉或专利的基础上。特许经营在快餐、汽车旅馆、健康或保健中心、汽车销售与服务、房地产等领域里十分突出。

但是特许经营覆盖的范围远远不只是汉堡店或者健身中心,特许经营已经发展壮大用来迎合任何需求。例如,Mad Science Group 特许店针对学校、童子军、生日派对推广科技项目,Mr. Handyman 为房主提供维修服务,而 Merry Maids 则负责房屋的清洁工作。

特许经营如今已经占全美零售额的 40%。如果沿着城市的街道漫步或者在郊区的马路上驱车行驶而看不到麦当劳、赛百味、Jiff Lube 或者假日饭店(Holiday Inn),那几乎是不可能的。最著名、同时也是最成功的特许经营商之一麦当劳,现在已经在 119 个国家或地区开办了 3.3 万个店面,其中包括在美国的接近 1.4 万家店面。它每天为 6 800 万名顾客服务,整个体系的年销售额超过 850 亿美元。全球范围的麦当劳店面之中,有 80%是由受权经营商所有并运作的。现在赛百味也在快速发展,成为发展速度最快的特许经营企业之一,整个体系的年销售额超过 162 亿美元,在 99 个国家拥有超过 3.6 万个店面,包括在美国的 2.5 万家。

13.1.2 零售商营销决策

零售商们正在寻求新的营销战略以吸引并保留顾客。过去,零售商店通过独特的产品、比竞争对手更多或更好的服务来吸引顾客。现在,零售商店的产品和服务越来越趋同。大部分消费品牌不仅在百货店,而且在大路货商店、低价商店和甚至网上都能够找到。因此,如今对于任何一个零售商而言提供独家产品越来越难。

零售商之间服务差异化水平也在下降。许多百货店削减服务,而折扣店则增加其服务。顾客越来越精明,对价格也越来越敏感。他们认为没有理由为相同品牌的产品多花钱,而当服务差异缩小时尤其如此。出于上述原因,现在很多零售商正在重新考虑其营销战略。

如图 13.1 所示,零售商面对的主要营销决策包括:市场细分和目标市场选择,商店差异化和定位，以及零售营销组合。

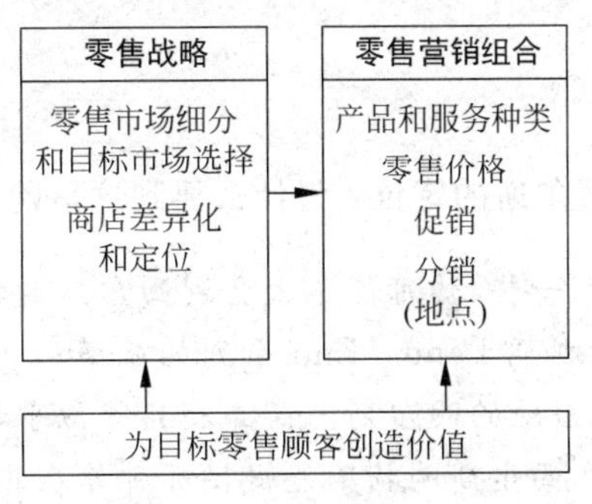

图 13.1　零售商营销决策

市场细分、目标市场选择、差异化和定位决策　零售商首先必须细分和界定其目标市场，然后决定自己在这些市场上应当如何差异化和定位。商店是应当将精力集中在上层、中层还是下层顾客？目标顾客需要的是多样化、深入的产品组合，还是方便或者廉价？零售商只有界定并描述清楚其市场，才能够着手考虑有关产品类别、服务、定价、广告、店面装潢等方面的决策以及其他支持其定位的决策。

太多的零售商，甚至是大型零售商，未能清晰地界定目标市场并明确地定位。例如，西尔斯(Sears)的目标市场是什么？这家百货商店以什么闻名？与沃尔玛或者梅西和诺德斯特龙相比，它的价值主张是什么？如果你发现你很难回答这些问题，也很正常，因为就算西尔斯的管理层也不知道(请阅读营销实例 13.1)。

与此相反，成功的零售商认真地界定其目标市场并进行强有力的定位。例如，乔氏超市(Trader Joe's)用低价美食的价值主张定位自己。沃尔玛将其自身强有力地定位于低价并传达给它的顾客。还有非常成功的户外产品零售商 Bass Pro Shops 将自己强有力地定位为“在户外尽可能地获得在室内能获得的一切”。

有了坚实的目标和定位，即使是面对最大最强的竞争对手，零售商也可以有效地竞争。例如，将规模较小的 Five Guys 汉堡薯条店与快餐巨头麦当劳相比较。Five Guys 只有不到 1 000 家店面和 10 亿美元的销售额，而麦当劳在全球拥有超过 3.3 万家门店，销售额高达 850 亿美元。这个小型的汉堡连锁店是如何与巨无霸竞争的呢？它选择避开竞争——至少不直接竞争。Five Guys 的成功来自巧妙地将自己的定位远离了麦当劳：

> Five Guys 的菜单是很有限的——非常非常有限。除了汉堡以外，这家连锁店就只有热狗、烤奶酪和素食三明治(几乎没有人买)了。在 Five Guys 你绝对不会找到沙拉、早餐和鸡米花，甚至连巧克力奶昔也没有。但是会有你在麦当劳无法获得而只能在 Five Guys 获得的东西——比如令人垂涎欲滴的 Five Guys 芝士堡，它内含两块肉饼，热量高达 840 卡路里，还有奶酪、生菜、西红柿、咸菜、胡椒、烤蘑菇或任何 11 种免费配料堆得老高，所有的原料都非常新鲜，并且伴有一份新鲜出炉的巨大手切薯条。这家连锁店表示现在有超过 25 万种方式来点一份 Five Guys 汉堡，餐饮点评网站 Zagat 已将其评为“最佳汉堡”。更重要的是，这一切都非常新鲜，任何一家 Five Guys 都没有冰箱，只有冷却器。这家小型汉堡连锁店独特的产品和慷慨的份

量使得它独树一帜,并且能比常规的快餐店索要更高的价格。

营销实例 13.1

西尔斯的定位:为什么要到这里购物?

如果你像大多数美国人一样,你可能不太会到西尔斯购物。当你在那里购物时,你可能会选购家电或工具,或者浏览 Lands'End 系列的服装——这是西尔斯自 2002 年以来所拥有的品牌。即便如此,当地的西尔斯的商品和品牌似乎都有些陈旧,而商店本身也给人一种老旧虚弱的感觉。在西尔斯购物不能提供那种你在其他零售商竞争者(如梅西、诺德斯特龙,甚至是塔吉特和沃尔玛)能体会到的现代的、感觉良好的购物体验。

当今成功的零售商都对自己进行强有力的定位——消费者知道这家店代表着什么,知道它如何传递价值。一提到沃尔玛,人们就会联想到"省钱,让生活更美好";当提到塔吉特,人们就知道"期望更多,支付更少";成功的折扣商店科尔士告诉消费者要"期待美好的事情";在梅西你能体会到"梅西的魔力";诺德斯特龙则承诺它会"无条件地关怀客户"。但是提到西尔斯时却让人感到为难。他们不知道,"为什么我要去西尔斯购物呢?"

成立于 1886 年的西尔斯在 20 世纪成长为美国的标志性零售商。19 世纪 80 年代,它作为邮购目录公司起家,20 世纪初至 20 世纪中叶它成长为一个全国连锁的城市百货店,在六七十年代它成为快速增长的市郊购物中心的一个重要代表。到了 80 年代,西尔斯成为全美最大的零售连锁——那个时代的沃尔玛。当时它的那句著名的口号"美国人购物的地方"不仅仅是一个广告标语,更是一个极富意义的定位声明。几乎每一个美国人都依托西尔斯获得自己需要的一切——从基本的服装和家居用品到家电和工具等。

但是在过去的 20 年间,随着零售业格局的转变,曾经强盛的西尔斯逐渐迷失了方向。面对大型低价折扣店与更加时髦更加具有针对性的高档百货商店和专卖店的双重夹击,西尔斯陷入了深深的黑暗之中。作为一个销售额不足竞争对手沃尔玛 1/10 的零售商,它那老旧的"美国商店"的定位如今已没有多少意义。而西尔斯也没能成功改变自己的定位,使自己跟上当今市场环境变化的脚步。

去看看西尔斯的广告或是访问一下西尔斯的网站,就可以发现这家零售商如今几乎完全丧失了定位。大字标题在呐喊着"买家电,买的多省的多""你最爱的服装品牌五折特惠""最低价的 Craftsman 草坪和花园工具"以及"大型品牌特惠:尖端品牌超值特惠"等。这似乎表明如今西尔斯唯一能做的事情就是它所销售的一切东西都在打折。然而,对于西尔斯而言,价格并不是一个令人信服的价值主张,因为它难以匹敌沃尔玛、塔吉特和科尔士这类的低价竞争者。

2005 年,苦苦挣扎的西尔斯与更加不好过的凯玛特(Kmart)集团合并成为西尔斯控股公司。两家失败零售商的合并让分析师们绞尽脑汁,也让顾客对两家连锁店各自的价值主张更加困惑。合并后,公司从一个有问题的策略转向了另一个有问题的策略。例如,凯玛特的商店开始出售著名的西尔斯品牌,如 Craftsman 工具、Kenmore 电器和 Diehard 电池,稀释了西尔斯仅剩不多的差异化资产之一。

西尔斯控股还尝试了各种各样的商店形式。比如,它把 400 间凯玛特店面转换为西尔斯必需品商店，随后又被改为西尔斯大商店——像沃尔玛那样的批发商店，出售各种常规的西尔斯产品，还有从健康美容品牌、玩具、婴儿用品到派对用品和杂货等各种产品。它还开设了其他一些搭载西尔斯名称的令人感到混乱的店面形式，比如西尔斯家乡商店(比正常西尔斯商店的规模更小的特许经营店)、西尔斯五金店、西尔斯家电陈列店、西尔斯直销店和西尔斯汽车中心。

除了推出这些新的商店形式之外，西尔斯并没有为刷新其定位作出什么努力。一位分析师表示："许多传统的百货商店都通过销售规划来重振自己，但是西尔斯却没有这样做。"更糟糕的是，当大多数的竞争零售商都开始斥巨资来美化店面时，西尔斯在店面维修和翻新上的投入却不及行业平均水平的1/4，所以西尔斯的许多店面看起来老旧不堪。"没有理由去西尔斯购物，"一位零售专家总结说，"它只是在提供一种令人沮丧的购物体验，以及毫无竞争力的商品价格。"

许多评论家将西尔斯缺乏健全的营销与定位归咎于西尔斯控股的董事长爱德华·兰伯特，这位对冲基金经理人正是西尔斯与凯玛特合并的幕后推手。兰伯特及其基金大约拥有西尔斯控股60%的股权。评论人士指出，自2005年的公司合并以来，兰伯特并没有将公司作为零售连锁来运营，而是作为其金融资产的一项投资组合。的确，自合并以来兰伯特先后雇用了四位首席执行官，然而无一人具有零售经验。一位西尔斯观察者表示："作为一名优秀的对冲基金经理人，并不意味着你能成为一名优秀的零售商。"

西尔斯为缺乏客户与营销思维付出了惨重的代价。自西尔斯和凯玛特合并以来，西尔斯控股公司的收入每年都在下降，去年截至年底的收入为416亿美元，下跌了4.1%，亏损近31亿美元。西尔斯的股价自2007年以来已经下跌80%。由于缺乏令人信服的营销计划，并且似乎也没有办法摆脱其财政状况的失控，部分分析师甚至预测曾经强大的西尔斯很快将会完全消失。"他们正在让西尔斯死在藤蔓上，"一位怀疑者表示，"作为一个大品牌，这些年来它积攒了大量的熟悉度和喜爱度，让它继续缺乏市场聚焦却不造成什么长期损害是不可能的。"

西尔斯也有一定的优势。一个亮点在于线上销售，这占到了西尔斯全部收入的8.7%，而沃尔玛和塔吉特努力经营的线上销售也仅占它们全部销售额的1%到2%。另一个优势是西尔斯的一些长期品牌，比如Craftsman工具系列和Kenmore家电都是各自类别中的佼佼者，还有DieHard品牌的汽车电池也依旧强劲。西尔斯正在开设一些新的家乡商店，用以聚焦在围绕这些核心品牌的更狭窄的商品分类中。这家公司还宣布将向相关产品的生产者授权自己的品牌。因此，我们或许很快可以看到Craftsman品牌的工作服、Kenmore厨具以及DieHard手电筒和家用电池。

然而，营造更多的在线业务和外包其自营品牌还是无法克服一个问题，一位行业专家将这个问题定性为"如何展现这就是——西尔斯——的难题"。重塑西尔斯的市场相关度和店铺外观需要一个完整的战略转变，需要根据差异化的客户价值来对西尔斯及其品牌进行定位。要想重新把西尔斯定位为"美国人的购物商店"，这家零售商必须首先回答这个问题："人们为什么要在西尔斯购物？"

Five Guys无法与麦当劳的规模经济、强大购买力、高效物流、丰富菜单和低廉价格相匹敌,但是,它并不打算在这些方面与其竞争。通过将自己的定位远离麦当劳和其他大型竞争者,Five Guys 成为美国增长速度最快的休闲快餐连锁之一。

产品组合和服务决策 零售商必须就三个主要产品变量作出决策:产品组合、服务组合和店面氛围。

零售商的产品组合应当在差异化的同时符合目标顾客的期望。有一种策略是零售商可以提供其他竞争对手都不经营的商品——使用自营品牌或自己独家的全国性品牌。比如 Saks 得到了某位知名设计师标记的独占使用权。它也提供自有品牌产品线——Saks 第五大道签名、经典和运动产品组合。另外,零售商可以通过提供针对性很高的产品类别来实现自己的差异化:Lane Bryant 销售加大号服装,Brookstone 提供一些别致的小配件和礼品,BatteryDepot.com 提供所有可以想象到的替换电池。

服务组合也能使一家商店区别于另一家商店。例如,一些零售商邀请顾客提问,或者通过电话和网络咨询服务代表。诺德斯特龙承诺"想方设法,关怀顾客"。家得宝向 DIY 者提供了多样化的服务,从"如何做"的指引分类一直到私人信用卡。

店面氛围是零售商的"军火库"当中可以动用的另一个因素。零售商店想要创造一种独特的商店体验,这种体验适合目标市场并促使顾客购买。许多零售商正在实践"体验营销"。例如,户外用品零售商卡贝拉(Cabela's)的门店就是户外爱好者们的自然历史博物馆。

> 尽管卡贝拉的门店通常在偏远地区,顾客们也愿意驱车前往它的 34 个超级商店选购狩猎、垂钓和其他户外装备。一个典型卡贝拉门店每年吸引 440 万消费者,一半左右的卡贝拉顾客需要驱车 100 英里以上才能到达卡贝拉门店。是什么吸引了这么大批的消费者来到这里?部分答案在于店内销售的东西。卡贝拉门店的巨大店面以最合理的价格提供大量的优质商品。但是卡贝拉真正的魔力在于它为来访者所创造的体验。"这里不仅仅是一个来买钓具的地方,"卡贝拉的一位发言人说道,"我们希望为所有到访者创造一种奇妙感。"
>
> 任务完成!每一个卡贝拉店面都像是自然历史主题公园。以得克萨斯州沃斯堡附近的门店为例。这间店的核心是"保护山"——一个双层山上悬挂着两条瀑布。这座山被划分为四个生态系统和五个生物区:得克萨斯大草原、阿拉斯加栖息地、北极冰层、美洲森林和阿尔卑斯山顶。每个生物区都由如博物馆品质般栩栩如生的动物标本构成——从草原土拨鼠、鹿、麋鹿、北美驯鹿到棕熊、北极熊、麝香牛和山羊等应有尽有。觉得饿了?这里有灌木烧烤咖啡馆,提供麋鹿、鸵鸟和野猪三明治——这里没有巨无霸!还有附近的综合商店提供传统的糖果和小吃。所有的这些整合到一起,卡贝拉在创造一种完整的体验,以期愉悦它细心呵护的目标客户的感官和钱包。

现在的成功零售企业精心设计消费者商店体验的几乎每一个方面。当你下次走进一家零售商店的时候——不管它是销售电器、五金或者高端时尚品——停下来,仔细观察你周围的环境。思考商店的外观和陈列。听一下背景音乐。闻一下气味。很有可能你会发现,商店里的每一样东西,从外观到灯光到音乐甚至到气味,都已经被仔细地设计来构建顾客的购物体验——打开他们的钱包。例如,大多数大型零售企业现在正在开发你只能在它们的商店里闻到的“标志性气味”：

> 高档衬衫制造商 Thomas Pink 将干净、熨烫过的衬衫的气味散播在商店里——它的标志性的“烘干亚麻”的气味。希尔顿酒店使用一种温暖的迎客香水，混合了无花果香、茉莉花香和小苍兰香；而威斯汀酒店则使用白茶香，用以提供其难以言说的“禅”的体验。Bloomingdale's 在不同的区域使用不同的香味：在婴幼儿区域使用婴儿爽身粉的柔和气味，在泳衣区域使用椰子气味，在内衣区域使用丁香花味，在假期购物季使用甜味饼干和常青树的气味。Abercrombie & Fitch 使用一种“木本”香气——混合了香橙、冷杉树脂和巴西紫檀等。主题公园的运营者则在园内散布爆米花的香气——他们并不真的在园中炸爆米花，但是却让游客处于享用这种零食的情绪中。这些气味能够增加顾客的停留时间进而促进购买。ScentAir(一家制造这些气味的公司)的创始人说，他们开发标志性气味就像是在平面和广播媒体中设计一个讯息一样：你想要向消费者沟通什么？多久一次？

这些体验零售说明零售店远不仅仅是一些商品组合而已。零售店是进入其中购物的人们将要体验的环境。事实上，零售商店有时会成为小型的社区——人们聚集在一起的地方。例如，女性运动与健身连锁品牌 Title Nine 既是女性运动服饰店，也是女性聚集地。除了销售从跑步到攀岩的各类运动服饰，它还赞助当地的健身活动、店内聚会以及一个网上的女性社区(timeout with Title Nine)，并通过各店的脸书主页对外宣传。例如俄勒冈州波特兰市的 Title Nine 就举办了月光雪地鞋郊游活动、店内瑜伽课程和周末自行车系列活动等。

价格决策 零售商的价格政策必须匹配其目标市场和定位、产品和服务组合、竞争及经济因素。所有的零售商都希望卖高价并且多销售，但是这两者鲜能兼得。大部分零售商要么寻求高价格、低销量(多数专卖店)，要么寻求低价格、高销量(大宗经销商和折扣店)。

因此，有着110年历史的波道夫·古德曼(Bergdorf Goodman)通过销售香奈儿、普拉达和爱马仕等由设计师创作的服装、鞋子和首饰来服务上层顾客。定位于上层市场的零售商力图用优异的服务来满足其顾客，这些服务包括私人购物顾问以及供有鸡尾酒和点心的以下一季时尚趋势为主题的店内展示。相反，T. J. Maxx 则打折销售其品牌服装以吸引美国中产阶级。通过每周上架一些新产品，这个折扣商店为图便宜的购物者提供一种寻宝乐趣。

零售商也必须决定它们使用打折和其他价格促销的程度。有些零售商从不使用价格促销，通过产品和服务质量而不是价格来展开竞争。例如，你很难想象波道夫·古德曼会对香奈儿手提包使用买一赠一的促销，就算是在经济低迷时期也不会。而其他零售商——如沃尔玛、好市多和 Family Dollar——则实行天天低价策略(EDLP)，保持持续的每天低价，很少有促销和折扣。

不过也有其他一些零售商实行“高—低”定价(high-low pricing)——在平时定一个较高价格的基础上有着频繁的折扣和其他价格促销来增加店内人气，创造一种低价形象或者吸引愿意以全价购买其他产品的顾客。近来的经济萧条引发了大量的“高—低”定价行为，零售商推出大量的价格折扣和促销来劝诱对价格敏感的顾客到它们的商店。采用何种定价策略最好，取决于零售商的总体营销策略、竞争者定价方式和经济环境。

促销决策 零售商使用常规的促销工具——广告、人员推销、销售促进、公共关系和直销——来与消费者取得联系。零售商们在报纸、杂志、广播、电视和互联网上做广告。广告还可以通过报纸插页或者商品目录来进行。商店销售人员接待顾客、满足顾客需要并建立关系。销售促进包括店内演示、展览、打折和忠诚计划。公共关系活动，比如开张仪式、特殊事件、新闻时讯、店内杂志和公益活动，都是零售商们可以采用的。许多零售商已经建立了自己的网站，向顾客提供信息和其他特色服务，有时还在网上进行直销。

渠道决策 零售商们经常指出零售成功的三个关键因素就是：地点、地点和地点！对于零售商而言，选择能够接近与其定位一致的目标顾客的地点非常重要。例如，苹果公司将其商店设在高档商厦和时尚购物地区，比如位于芝加哥的密歇根大街上的“壮丽大道”或者曼哈顿的第五大道，而不是在城镇边缘低租金的沿路商业街。相反，乔氏超市将其商店设立在低租金的偏僻位置来降低成本，以支持其“便宜美食”的定位。小型零售商可能只能选择自己能够找到和负担得起的地点。大型零售商则通常雇用那些使用先进方法选址的专家。

多数商店现在聚集在一起以提高对顾客的吸引力，并且为顾客提供一站式购物的便利。中央商业区(central business district)曾经是直到20世纪50年代都占据主流的零售聚集形式。那时，每个大城市和城镇都有一个汇集百货店、专卖店、银行和影剧院的中央商业区。然而当人们开始迁往郊区时，这些中央商业区由于交通、停车和犯罪问题，买卖逐渐减少。近年来，许多城市与商家一同重整中央商业区，取得了一些成功。

购物中心(shopping center)是作为一个整体共同计划、发展、拥有和管理的零售企业群体。地区性购物中心是该地区最大、最引人注目的购物场所，拥有50到100多个店铺，其中包含2家甚至更多的全产品线百货店。它就像一个罩着顶盖的迷你城市，吸引着来自广大区域的顾客。社区购物中心包含15到50家零售店。它通常包括一个百货店或者综合商店的分店、一个超级市场、一些专卖店和专业写字间，有时还有家银行。大多数购物中心都是一些容纳5到15个店面的街区购物中心(neighborhood shopping center)或者单排商业街(strip mall)。对于消费者来说这些购物中心又近又方便，它们一般包括一个超级市场，可能会有一个折扣店以及其他一些商店——干洗店、药店、五金店、本地餐馆或者其他商店。

一种新型的购物中心是所谓的强力购物中心(power center)。强力购物中心是巨大的开放式购物中心，由一大排零售店，包括诸如沃尔玛、家得宝、百思买、Michaels、PetSmart和OfficeMax这样的大型独立式建筑的商店所组成。每个店面都有自己的入口，那些只打算逛一个商店的顾客可以直接在其入口处找到停车位。

与强力购物中心相反，生活方式中心(lifestyle center)是比较小的露天购物中心，这里有高档的商店和便利的交通，还有一些非零售活动，例如会有运动场、滑冰场、酒店、餐饮设施和电影院。“考虑一下生活方式中心作为第五大街的一部分，”一位行业观察家评论说。事实上，过去的强力购物中心和生活方式中心的概念现在正在转变为混合的生活方式—强力购物中心(lifestyle-power center)，它将街区购物中心的便利性和社区感与强力购物中心的强大力量结合起来。总之，如今的购物中心更多的是逛街休闲的场所，而不仅仅是买东西的地方。

过去的几年购物中心经历了一段困难时期。在美国有超过10万个购物中心，许多专家表示美国已经“过度商业街化”。最近的大萧条也并不意外地重创了购物中心。消费者的开支紧缩迫使许多零售商(包括小型零售商和大型零售商)停业，加剧了购物中心的空置率。由于经济低迷期间作为其租户的大型零售商损失惨重，强力购物中心受到的打击尤为严重。生活方式中心也丧失了一部分活力，因为中产阶级的购物者在经济萧条中遭受的损失最大。许多生活方式中心甚至还增加了低价零售商来取代已经没落的上等租户。一位购物中心开发商表示：“我们知道生活方式中心必须适应不断变化的环境才能生存。”

13.1.3 零售业的趋势和发展

零售商们在险峻而又多变的环境中经营，这样的环境中既有威胁又有机会。消费者的人口统计特征、生活方式和购物方式在迅速变化，零售技术也同样如此。要想取得成功，零售商就必须精心选择目标市场并据此对自己进行强有力的定位。它们必须在计划和执行其竞争战略的时候考虑下述零售业发展动态。

消费者开支紧缩 零售商在经历了许多年的经济景气时期之后，最近的经济衰退使得许多零售商的境遇从兴旺陷入破产。即使在经济复苏的情况下，零售业者也会感受到未来消费支出模式的改变会带来怎样的影响。

一些零售商确实从经济萧条中受益。例如，随着消费者预算削减，寻找用更少钱来购物的途径，好市多这样的大型折扣商店从这些想买廉价货的购物者那里获得了新的生意。同样，麦当劳这样的低价快餐连锁店从价格较高的竞争者那里夺走了不少生意。

然而，对于大多数零售商，低迷的经济意味着艰难的时期。随着最近一段时间的经济萧条，一些大型的和熟悉的零售商店近来已经宣布破产或者完全关门大吉，这其中包括如Linens'n Things、Circuit City、KB Toys、Borders Books和Sharper Image等家喻户晓的名字。其他的零售商——从梅西百货到家得宝再到星巴克——都在裁员、减少成本，并提供更大力度的价格折扣和促销来吸引资金拮据的顾客重新回到商店。

除了削减成本和价格促销之外，许多零售商对于其定位增加了新的价值主张。例如，家得宝用更节俭的主题语“更多节省，更多行动”来替换原来的“你可以做到，我们可以帮助”。全食超市在推广它的“365 Everyday Value”自有品牌时，使用这样的广告语——“标价惊人，但是是以好的方式”和“购买我们的365 Everyday Value产品，钱包不会受到损害”。由于经济萧条使店面销售额显著下降，塔吉特历史上第一次在电视广告中主打价格诉求。“我们的(广告语)是‘期望更多，支付更少’，”一位塔吉特营销人员这样说道，“我们现在把更多的重心放在支付更少这个承诺上。”而在更为节俭的后经济萧条时期，塔吉特的市场策略仍旧以更实际的价格和对节俭的呼吁为特色。事实上，在其现在的著名标语中，“支付更少”的部分经常被强调。

在对经济困境作出反应时，零售商必须小心它们的短期行为不会损害它们的长期形象和定位。例如，大幅度的价格折扣可以立刻提升销量，但是会损害品牌忠诚度。零售商不应该依赖于削减成本和降低价格，零售商应该关注于在它们的长期商店定位战略当中建立更大的顾客价值。例如，虽然短期而言塔吉特更侧重于其定位的“支付更少”部分可能是合理的，但是从长期而言，塔吉特不能够抛弃高品质和出色设计这些将其与沃尔玛和其他折扣商店差异化的定位。随着经济好转，虽然塔吉特的价值公式向低价一方倾斜了一部分，但塔吉特还是会通过返回到价值公式中的“期望更多”一侧来重新主张它的定位。

新的零售业态、缩短的零售生命周期和业态融合 新的零售业态不断出现，以适应新的形势并满足消费者需要，而新零售业态的生命周期却越来越短。百货店用了大约100年到达其生命周期的成熟阶段。一些更新的零售业态，比如仓储店，用了大约10年进入成熟期。在这样的环境中，看起来稳固的零售定位可能很快就会崩溃。1962年的折扣零售商10强中(就是沃尔玛和凯玛特开办的那一年)，没有一个存活到今天。甚至最成功的零售商也不能依靠一个盈利秘诀而安守现状。为了保持成功，它们必须不断适应环境。

很多零售创新可以用**零售轮概念**(wheel-of-retailing concept)来解释。根据这个概念，很多新型的零售业态起初都是从低利润率、低价格、低端定位开始经营。它们向那些成本和利润率上升从而已经变得“肥胖”的零售商们发起挑战。新零售商的成功使它们得以更新设施并提供更多的服务，它们的成本因此上升，迫使它们提高价格。最后，新的零售商变得像它们曾经取代了的传统零售商。当有更新型的零售商以更低的成本和价格开始发展的时候，这个循环就又一次开始了。零售轮概念似乎能够解释百货店、超级市场和折扣店起初的成功和后来遇到的麻烦，以及低价零售商近来的成功。

新的零售业态在不断出现。比如，许多零售商现在都在尝试限时的快闪店(pop-up store)的形式，它们能将自己的品牌推广给季节性消费者，并且能在繁华地带制造反响。在上一个节假日期间，Toys“R”Us建立了大约150个临时的快闪玩具精品店，有很多是在最近已经破产的KB Toys曾经开设店面的购物中心中。塔吉特最近在多伦多和纽约开设了快闪店，分别展出Jason Wu和Missoni的限时时装。在线上和移动端与之对应的是闪购网站，比如Sak’s的FashionFix和诺德斯特龙的HauteLook，它们都是为一些顶级的时尚品牌举办限时的销售活动。

如今业态融合的趋势也在出现。越来越多不同的零售商现在以同样的价格销售同样的产品给同样的顾客。比如，就有品牌的家用电器而言，百货店、折扣店、家装店、低价零售商或者电器超级商店以及大量的网站都在为争夺相同的顾客而竞争。因此，如果你在西尔斯找不到你想要的微波炉，就走到街对面的劳氏或者百思买以更好的价钱买一个——或者在线从Amazon.com甚至RitzCamera.com上订购一个。这种消费者、产品、价格和零售商之间的融合称为零售集中(retail convergence)。这种集中意味着零售商之间更大的竞争，以及提供差异化产品更大的难度。

巨型零售商的兴起 大型大众商店和专卖超级商店的兴起、垂直营销体系和采购联盟的形成，以及零售业并购的浪潮已经创造了超强的巨型零售商。凭借其庞大的规模和购买能力，这些超大零售商能够提供更多商品选择、优质服务，并且为消费者节省大笔花费。于是，它们通过排挤那些更小、更弱的竞争对手进一步壮大。

巨型零售商还扭转了零售商与生产商之间的力量平衡形势。现在为数不多的几个零售商就控制着到达无数消费者的途径，这使得它们在与制造商打交道的时候占据上风。

比如，你可能从没有听说过特许涂料和密封剂制造商RPM国际，但是你或许已经使用过它的众多知名DIY品牌中的一个或更多，如Rust-Oleum涂料、Plastic Wood和Dap填充剂、Mohawk和Watco抛光剂，以及Testors黏合剂和涂料等，所有这些你都可以在你家附近的家得宝商店买到。对于RPM而言，家得宝是它的一个非常重要的客户，家得宝完成了RPM面向消费者的销售额中的很高份额。然而，家得宝700亿美元的年销售额是RPM的33亿美元年销售额的20倍。因此，家得宝这个巨型零售商可以并且也经常利用这种优势权力从RPM和其他数以千计的小供应商那里获取妥协。

非店铺零售业的发展 大多数消费者仍然用传统方式完成大部分的采购：他们到商店里去，找到想要的东西，耐心地排队等待交付现金或使用信用卡，然后把买好的商品带回家。不过，消费者现在有了更多非店铺购买的选择，包括直接购买和网上购买。正如我们将在第17章中讨论的那样，直接营销和网络营销是现在成长最快的营销形式。

现在，受益于先进的技术、易于使用和吸引人的网站和手机应用软件、改善的在线服务以及日益精细化的搜索引擎，网络零售正在蒸蒸日上。事实上，虽然网络零售只占到美国总体零售销售额的8%左右，但是网络购买正在以比总体零售购买更快的速度增长。去年美国的网络零售销售额达到1 943亿美元左右，比上一年增长了16%，并且预计将在2015年达到2 790亿美元。

零售商的网站和手机应用软件也影响了很多的店内购买。一个最近的调查披露，60%的购物者表示他们在进行至少一半以上的购物行为前会在网上搜索。不仅如此，对于商店零售业者而言，如今许多消费者在进行网上购物之前，会先到实体店的展厅中查看商品，这个过程叫作“展厅现象”。现在，半数消费者都会在网上购物之前先到传统店铺中查看商品。许多零售商因为展厅现象遭受重创，但是位于伊斯坦布尔的Cevahir购物娱乐中心却欣然接受这种行为，并充分利用其带来的优势(请阅读营销实例13.2)。

因此，现在的问题已经不再是顾客决定是在实体商店购买还是在网上购买。越来越多的顾客正在将实体商店和在线商店整合进一个单一的购买过程。互联网和数字设备已经创造了全新的购物者类型和购物方式。无论是购买汽车、房屋、电子产品、消费品还是医疗保健品，很多人如果不先在网上充分查看和了解真相的话是不会购买任何产品的。他们已经习惯了随时随地购买自己想要的产品——无论是在店内、网上，甚至在店内上网购买。

所有类型的零售商现在都在使用直接和网络渠道。沃尔玛、塔吉特、史泰博和百思买等大型的实体零售商的网络销售正在快速增长。一些大型的仅有网络渠道的零售商——Amazon. com、Zappos. com，以及Travelocity. com和Expedia. com等在线旅行服务公司——正在网上发展壮大。位于另一个极端的众多补缺公司的营销人员也正在使用互联网来接触新的市场和扩展销售。

不过，网络销售预期增长的大部分将会被多渠道零售商获得，也即那些能够成功地整合虚拟和实体世界的实体零售商。在近来的一项对于网络零售网站20强的评比中，入选的零售网站有70%是从属于以实体店为基础的零售连锁的。例如，由于在线销售的快速增长，高档家居产品零售商Williams-Sonoma如今总收入中的40%以上来自它直接面向消费者的直销渠道。和许多零售商一样，Williams-Sonoma发现其很多优质客户都既在线上也在线下购物。这家零售商因此通过建立网络社区、开通社交媒体、开发移动应用软件、开通博客以及建立特别的在线程序的方式来吸引客户，而并不是仅仅提供网上购物。“互联网改变了客户的购买方式，”Williams-Sonoma 的首席执行官劳拉·阿伯说，“网络品牌的体验必须振奋人心并且没有漏洞。”

营销实例 13.2

展厅销售 2.0：店内挑选线上购买 vs. 店内销售更多

微利商户的周期性出现并不是零售业的新景象。不久前，商品目录陈列被认为是传统的城市中心零售店的主要低成本竞争者。现在，随着移动技术的发展，消费者可以通过触屏应用程序在店铺内参与价格比较，这种现象就叫作“展厅销售”或“展厅现象”。智能手机确实彻底地改变了购物体验，它们让消费者能够比以往任何时候都更快速地获得大量信息。希望能在购买前试用产品的购物者可以在实体店事先浏览、触摸和试用产品，然后再扫描条形码以确认自己能够获得最优的价格。ComScore 最近的一份报告显示，35%的美国消费者表示他们曾经参与过“展厅现象”，最终由于更加合理的价格选择了网上购买。此外，热衷于这种行为的消费者有 50%是 25～34 岁人群。在土耳其有另一种复合效应的存在，购物者在工作日通过主要零售商和购物中心的零售应用软件了解新产品的信息，然后通过推特之类的社交媒体网站与朋友讨论这些信息，形成一个初步的认识，到周末逛商场的时候使用条码扫描仪和亚马逊的价格检查功能等应用程序进行价格比较。对于土耳其的年轻消费者而言(他们中的 70%都拥有智能手机)，手机就是目前他们最喜欢的购物伴侣。因此零售商需要对此作出反应。展厅现象通常被传统零售商视为禁忌，但是最近一些零售商却开始充分利用展厅现象所带来的积极和盈利的体验。

一个例子是全球最大的购物中心之一——伊斯坦布尔 Cevahir 购物娱乐中心，它开始尝试展厅销售 2.0 模式。这个购物娱乐中心内有 12 家电影院(其中一家是儿童影院)、各种经典的商城美食以及各种娱乐设施(包括室内主题游乐园 Atlantis 和保龄球馆甚至还有一个小型过山车)，所有的这些都共存于一个屋檐下，代表着一种全新的购物和生活方式。商场内全球品牌和本地品牌的结合是非常重要的，并且在网络渠道销售时也具有优势：购物者通常是成群结队的，因此在一个购物场所内需要尽可能满足所有的偏好。这个商场的设计是想提供一种高科技的体验。这样的设施很多，从免费 Wi-Fi 到地理位置识别，还有推特和脸书的粉丝主页、数字标牌和商品目录的触摸屏(移动设备和数字标牌间的双向数字交流)、环境音乐区、高分辨率的 LED 显示屏、高科技购物车以及能够连接纪念照片的安全摄像头。大部分的展示屏上还融合了 QR 码和 RFID 技术，许多商店内还设置了智能货架，这些都使得增强现实(AR)的优势得以充分发挥。

想象发布婚礼礼物清单的情景：你选择了一家商店，边逛边用手持扫描仪扫描你想购买或希望收到作为礼物的产品，你的每一位朋友都可以在服务处或网上订购产品，然后选择收件日期和地点。产品列表会由新婚夫妇进行核对，他们可以更改任何他们觉得自己不需要的东西——免费更改。而且他们会知道，比如在某个特定的红色阴影区域内的特定产品正是他们要求的产品。线上产品目录具有一个更为广阔的存货空间，包括每种产品的不同尺寸和颜色，甚至有些朋友居住的农村地区的小商店不能获得的那些产品（都可以由线上产品目录提供）。通过重新定义婚礼礼物清单的基本模式，零售商现在可以保证它们不仅是在把客户拉回商店，而且确保它们为客户提供了在线竞争对手所不能提供的服务。

例如，通过AR技术，IBM研究所最近推出了一个应用程序，使得店内消费者可以使用他们的智能手机扫描产品或过道。其结果是对满足消费者饮食需求的产品和特定产品的优惠券实现数字覆盖，而且说到底这还是一个相当有趣的体验。在土耳其，半数以上的智能手机用户都在使用环境营销提供的二维码，其中大约一半是在店内使用的。大约10%的用户在商店中使用移动设备查看可用的优惠券。无论是使用旧的技术（婚礼礼物清单）还是新的技术（AR技术），零售商都有能力提供方便的服务，以促进购买、防止存货积压和保持客户忠诚度。这些努力也符合购物者的日常行为。购物者购物是方向性的，并不足以细致到能够完成大量的直接价格比较；每次购物过程涉及的都是一揽子商品而不是某一个独特的产品，因此比较所有商品的价格难度较大。

因此，利用展厅现象最有力的方法不是试图阻止它，而是接受它，允许客户线上订购和线下提货，然后当他们来到店内的时候设法增加他们的购买。在排名前10的零售商中，有7家为电子商务订单提供店内提货，同时还有统一透明的定价和促销活动。这项工作通常是需要获得零售商更广范围的自营品牌产品或更多不能被线上零售商直接复制的独家线下产品线的支持。此外，如果客户进行了连接，他就可以被跟踪；而且诸如客户在商店中的位置之类的数据可以用作与会员计划相关的参与工具。近场通信（near-field communication，NFC）技术也提供了大量的机会。它允许浏览客户点击产品，以获取摘录、评论以及商店希望囊括在内的其他任何信息。客户可以将产品添加到他们的购物列表或愿望列表，或以任何可用形式（有形的或数字的）购买产品，使大量的产品库存从线上转入线下实体店。另外，Wi-Fi网络和覆盖位置信息能够显示购物者处于商店的哪个位置，并可以因此形成“热图”——显示哪些产品最容易在店内被试用而最后又不容易被在线购买。因此，现代购物中心面临的挑战更多的在于从抵制移动技术和展厅现象到接纳它们的管理转变。研究者指出：正如联合创造那样，联合生产和服务占据了主导地位，生产者和消费者的欲望比通常认为的更加相似、更加相互依赖、更加彼此重叠。

越来越重要的零售技术 零售技术作为竞争工具正变得日益重要。先进的零售商正使用高级的信息技术和软件系统来提高预测水平，控制仓储成本，与供货商互动，在商店之间传递信息，甚至在店内用电子技术向顾客售货。它们正在采用扫描收款系统、RFID库存跟踪、商品处理系统、信息共享和客户互动系统。

最令人惊讶的先进零售技术也许是今天的零售商如何来与顾客连接。今天的顾客已经习惯了在线购买的速度和便利以及互联网给予他们的在购买过程中的控制感。网络使得消费者在他们喜欢的时间和喜欢的地点进行购物，而且即时就可以获取有关竞争产品和价格的大量信息。没有现实商店可以做到这样。

然而，越来越多的零售商正在试图通过在商店引入网络风格的技术来满足这些新的消费者期望。许多零售商现在熟练地使用从触摸屏咨询机、移动手持购物助理、客户忠诚度应用软件到交互式更衣镜和虚拟销售顾问等技术。例如，东山运动(Eastern Mountain Sports)使用一款 iPad 应用软件帮助购物者为其接下来的探险选购装备，软件中所有的装备都既能在公司网站也能在店内购买到。一位东山运动的营销者表示："我们不再受到店面大小的制约来决定我们卖什么。"

零售技术的未来在于对线上和线下购物体验的整合。这并不是网络零售业增长而实体零售业没落的问题。相反，二者都将是十分重要的，二者必须进行相应的整合。比如，你可能有过很多这样的购物体验：你首先浏览了某个零售商的网站或交互式目录应用程序，然后去实体店内逛逛，与销售人员交谈，并试用产品。在商店购物时，你可能会使用你的智能手机比较这家店和其他零售商，然后再决定在店内购买还是网上购买。零售业的未来属于那些能够提供将店内零售与网络技术无缝连接起来的购物体验的零售商。

绿色零售 现在的零售商越来越多地采用环境可持续的经营方式。它们使得商店和运营更加环保，促销更多有益环境的产品，开展活动来帮助顾客变得更具责任意识，与渠道伙伴协同努力减少对环境的影响。

在最基础的水平上，大多数大型零售商正在通过可持续的建筑设计、建造和运营，来使得商店更加环保。例如，所有新的科尔士店面都采用回收的地区性建筑材料、节水型景观设计和管道设备以及降低能源使用量的能源星级屋顶。这些新店面的内部则采用传感器照明的储藏室、更衣室和办公室，引入能源管理系统来控制制热和制冷的过程，还开始了一个回收纸板箱、包装和衣架的项目。"科尔士很关注(可持续性发展)，"科尔士表示，"从大规模的倡议比如建造环保型建筑，到诸如回收衣架之类的日常小举措，我们(在环保上)迈开大步以确保我们留下的足迹是很小的。"

零售商同样也在绿色化产品组合。例如，西夫韦公司供应自有的 Bright Green 家庭护理产品线，这其中包括由可生物降解和天然产生的原料制造的清洁和洗衣肥皂、节能的灯具及有 60%以上成分由回收物制造的纸类产品。这样的产品不仅可以促进销售，还可以提升零售商作为一个负责任企业的形象。

很多零售商也开展活动来帮助消费者作出对于环境更加负责任的决策。史泰博的 EcoEasy 项目帮助顾客识别在它的商店里销售的绿色产品，并让回收打印机墨盒、手机、电脑和其他办公科技产品更加容易。史泰博每年回收大约 3 000 万个打印机墨盒和 1 000 万磅重的电子垃圾。

最后，很多大型零售商正在与供应商和分销商一起努力来创造更加可持续的产品、包装和分销系统。例如，亚马逊与很多它所售产品的生产商紧密工作来减少和简化包装。除了自身大力实施可持续发展的举措之外，沃尔玛还利用它巨大的购买力，鼓动其供应商大军来改善环境影响和经营实践。沃尔玛甚至还开发了一个全球范围的可持续产品指数，通过这个指数来评价供应商。它计划针对消费者将这个指数转化为一个简单的评级，帮助消费者作出更具可持续性的购买决策。

绿色零售给零售商带来很多向上的和向下的收益。可持续的经营实践通过吸引那些寻找支持环境友好的商店和产品的消费者来提升零售商的销售额，另外也通过减少成本来给零售商带来收益。例如，亚马逊减少包装的举措增加了顾客便利，减少了"包装愤怒"，同时也节省了包装成本。科尔士的环境友好型的建筑不仅能吸引消费者和有助于保护我们居住的星球,同时也降低了运营成本。

主要零售商的全球性扩张 拥有独特设计和布局以及强势品牌定位的零售商们越来越多地拓展进入其他国家。很多零售商正在进行国际化扩张,以从本国成熟和饱和的市场中脱身。过去几年间,麦当劳等美国零售巨头因其卓越不凡的营销能力已经饮誉全球。其他一些,比如沃尔玛,正在迅速树立国际化的形象。沃尔玛已在26个海外市场开设了5 600多家商店,并且看到了令人兴奋的全球化潜力。沃尔玛的国际分公司去年的销售额超过了1 260亿美元,比它的竞争对手塔吉特698亿美元的全年总销售额还多出80%以上。

然而在全球化扩张方面,大多数美国零售商明显落后于欧洲和亚洲的零售商。全球前20大零售商中有9家是美国公司,但是这其中仅有4家零售商在北美以外建立有商店(这4家零售商为沃尔玛、家得宝、好市多和百思买)。而全球前20大零售商中的另外11家非美国零售商中,有8家在至少10个国家拥有商店。在进军世界的外国零售商当中包括法国的家乐福和欧尚(Auchan)、德国的麦德龙(Metro)和阿尔迪(Aldi),以及英国的乐购(Tesco)和日本的Seven & I。

零售业的全球性扩张带来的既有机遇也有挑战。在跨越国家、大洲和文化时,零售商会面临各种截然不同的营销环境。简单地将母国运作良好的模式照搬到国外是很难在海外市场获得成功的。相反,在进行全球性扩张时,零售商必须了解和满足当地市场的需求。

13.2 批发

批发(wholesaling)涉及将产品和服务出售给把它们再次出售或用于商业用途的对象的全部活动。**批发商**(wholesaler)是指那些主要从事批发活动的企业。

批发商大多从生产者进货,然后主要销售给零售商、产业消费者和其他批发商。结果,很多重要的大型批发商却很少被最终消费者知道。例如,你可能从来没有听说过Grainger,尽管它非常著名且被它遍布全球157个国家的超过200万个产业和机构顾客所看重。

Grainger可能是你没有听说过的最大的市场领导者。它价值81亿美元的业务为超过200万名顾客提供了100多万件来自30个国家3 500个制造商的保养、维修和操作(MRO)产品。它通过分支网络、服务中心、销售代表、产品目录和网站将客户与其所需要的供应商连接起来,从而使得客户的设备运行顺畅。它提供的产品包罗万象,如灯泡、清洁器、陈列柜、螺母和螺栓、发动机、阀门、电动工具、测试设备和安全用品等。Grainger的711个分支机构、28个战略分销中心、21 500多名员工以及创新的网站每天处理11.5万多件交易。Grainger的客户包括从工厂、车库和食品杂货店到学校和军事基地等各种组织。Grainger的经营基于一个简单的价值观:让客户更方便、更便宜地找到和买到MRO供应物。它最早是为设施维护提供一站式购买的场所。从一个更宽泛的层次来说,Grainger通过帮助客户找到它们MRO问题的整体解决方案,和它们建立了持久的关系。Grainger就像一个顾问,其销售代表帮助购买者进行从改进供应链管理到降低库存和简化仓库运营的所有工作。那么,为什么你从来没有听说过 Grainger 呢?或许是因为 Grainger 经营的是不引人注目的保养、维修和操作(MRO)行业的供应服务,这些服务对企业的运营至关重要,但对于消费者而言并非如此。更有可能,是因为 Grainger 是一家批发商。就像大多数批发商一样,它在幕后运作,只面向其他企业销售。

为什么批发商对于零售商而言是重要的呢?比如说,为什么一个生产商要使用批发商而不直接销售给零售商或消费者?简单而言,批发商通常能够更好地执行下列渠道职能:

- 销售和促销:批发商的销售能力有助于制造商以低成本接触到众多小客户。与遥远的制造商相比,批发商有更多的联系,经常更能得到购买者的信任。
- 采购和产品类别管理:批发商能够根据顾客的需要选择产品种类、建立产品组合,因此大量节省消费者的负担。
- 化整为零:批发商通过整车进货再化整为零(把大批量分成若干小数量)为顾客省钱。
- 仓储:批发商保管存货,因此降低了供应商和顾客的存货费用和风险。
- 运输:由于比生产商更加接近顾客,批发商能够更快捷地把货物送给购买者。
- 融资:批发商通过提供信用为客户融资,通过提前订货和按时付款为供应商融资。
- 承担风险:批发商保管货物并且承担失窃、损坏、消耗和过时老化的成本。
- 市场信息:批发商向供应商和顾客提供有关竞争对手、新产品和价格变动的信息。
- 管理服务和建议:批发商经常帮助零售商培训售货员,改进店面布置和陈设,并建立会计和存货控制系统。

13.2.1 批发商的类型

批发商主要分成三个类型(见表 13.3):独立批发商,经纪人和代理商,以及制造商的销售分支和办公室。**独立批发商**(merchant wholesaler)是批发商当中最大的一个单独群体,大约占到整个批发业的 50%。独立批发商包括两大类:完全服务批发商和有限服务批发商。完全服务批发商提供全套服务,而各种有限服务批发商提供给供应商和顾客的服务要少一些。数种不同类型的有限服务批发商在分销渠道当中执行着各异的专业化职能。

表 13.3 批发商主要类型

类 型	特 征
独立批发商	对经营的商品拥有所有权的独立存在的企业,包括完全服务批发商和有限服务批发商
完全服务批发商	提供全套服务:保管存货,维持销售队伍,提供信用,配送并且提供管理支持。包括批发商人和产业分销商

续表

类型	特征
批发商人	主要对零售商销售并提供全套服务。综合商品批发商(general merchandise wholesaler)经营多条产品线。全线批发商(general line wholesaler)经营产品线深度更深的一条或两条产品线。专卖批发商(specialty wholesaler)仅仅专业化经营一条产品线当中的一部分
产业分销商	不是销售给零售商而是销售给制造商。提供保管存货、给予信用、送货等几项服务。可能经营多种商品、一条完整的产品线或者一条专门的产品线
有限服务批发商	比完全服务批发商提供的服务要少,有限服务批发商包括如下几种类型
收现自运批发商	经营有限的几条商品周转速度快的产品线,销售给小型零售商并收取现金,一般来说不送货
卡车批发商	主要行使销售和运送职能。运送种类有限的几种比较容易腐坏的商品(比如牛奶、面包和小吃),前往超级市场、小食品杂货店、医院、餐馆、工厂自助食堂和酒店送货并收取现金
直运批发商	不保存货物也不管理产品。一旦收到订单,就选择一个制造商,由这个制造商直接把商品送到客户那里。它们在大宗产业经营,比如煤炭、木材和重型设备
专柜寄售批发商	为杂货和药品零售商服务,大多是非食品类产品。它们把送货卡车开到商店,在那里送货的人员放置好玩具、平装书、五金用品、保健美容用品和其他商品。它们为商品定价,保证商品新鲜,完成店内陈设布置,并记录存货
生产商合作社	由农场成员所有,并且组织、安排农场的生产,向当地市场销售。它们经常努力提高产品质量,推广合作社的品牌,比如Sun-Maid葡萄干、Sunkist橙子或者Diamond胡桃
邮购批发商或网络批发商	把具有特色的珠宝首饰、化妆品、专用商品和其他小型商品的目录送给零售客户、产业客户和机构客户,网络批发商则以运营网站的形式完成。主要的客户是边远小地区的企业
经纪人和代理商	对商品不拥有所有权。主要职能在于促成购买和销售,因此根据售价赚取佣金。一般来说,根据产品线和顾客类型实现专业化
经纪人	主要职能在于把买卖双方撮合到一起,并协助协商。由雇用它们的一方支付报酬,经纪人不保管存货,也不涉入融资事宜或承担风险。比如:食品经纪人、房地产经纪人、保险经纪人和证券经纪人
代理商	比经纪人在更长久的基础上代表卖方或卖方当中的一方,有如下四种类型
制造商的代理商	代表产品线互补的两个或者更多个制造商。这种方式通常在服装、家具和电器这样的产品线使用。雇用它们的是那些无力担负自己的地区销售队伍的小制造商,以及使用代理商来开拓新地区或者覆盖不能够支持全职销售人员的新地区的大型制造商
销售代理商	拥有协议授权销售一个制造商的全部产出。销售代理商起到销售部的作用,对价格、期限和销售条件有重要的影响力。这种方式在纺织品、产业用机械和设备、煤炭、化学制品以及金属等产品领域常见

续表

类型	特征
采购代理商	通常与买方有长期关系并为之采购,经常接收、检验、仓储货物,并把商品运送给买者。它们向客户提供有益的市场信息,帮助尽可能地获得最质优价廉的商品
佣金商人	占有产品的物质所有权并商谈销售。它们通常由那些不想自己销售农产品而又不属于农场主合作社的农民在农业营销中雇用。佣金商人将大量待售产品运到中心市场,以最优的价格出售,扣减佣金和费用之后,把剩下的收入交给生产者
制造商和零售商的分支和办公室	不通过独立批发商而是由买方或卖方自己完成批发业务。各个分支和办公室可以专门致力于销售或采购
销售分支和办公室	由制造商设立以改进存货管理、销售和促销。销售分支掌管存货,常见于木材以及汽车设备与配件业。销售办公室不掌管存货,在干货和小件日用品行业中最成功
采购办公室	扮演着和经纪人或代理商相似的角色,但是属于买方组织的一部分。很多零售商在纽约或芝加哥这样的主要市场中心设立采购办公室

经纪人和代理商在两个方面区别于独立批发商:它们并不拥有对商品的所有权,而且它们仅执行几项职能。像独立批发商一样,它们一般根据产品线和顾客类型实现专业化。**经纪人**(broker)把买卖双方撮合到一起并帮助商谈。**代理商**(agent)则更长久地代表买方或卖方。制造商的代理商,也称作制造商代表,是最常见的代理批发商类型。第三种主要类型的批发业务是由卖方或买方自己在**制造商的销售分支和办公室**(manufacturers' sales branch and office)完成的,而不是经过独立批发商。

13.2.2 批发商营销决策

批发商近年来经历着不断增长的竞争压力,要求更高的顾客,新兴的技术,以及大型产业、机构和零售购买者更多的直接购买计划。因此,它们必须重新审视营销策略。与零售商一样,它们的营销决策包括目标市场细分和选择、差异化和定位,以及营销组合——产品和服务的种类、价格、促销、分销(见图 13.2)。

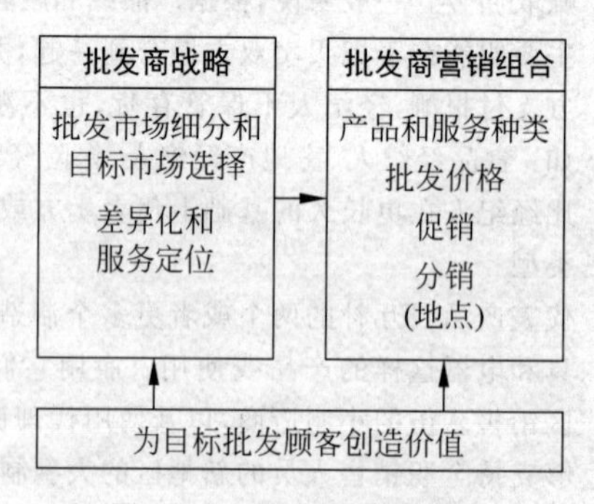

图 13.2 批发商营销决策

市场细分、目标市场选择、差异化和定位决策 与零售商一样,批发商必须细分和界定其目标市场，并且对自己进行有效的差异化和定位——它们不可能为每一个人服务。它们可以根据客户的规模（比如仅针对大零售商）、客户类型（仅针对便利食品店）、对服务的需要（需要赊账的客户）或者其他因素来选择目标客户群。在目标客户群内，它们可以识别出更有利可图的客户，提供强有力的产品和服务，并且与客户们建立更好的关系。它们可以筹备自动订购系统，建立管理培训和咨询系统，甚至发起建立一个自愿连锁。它们可以提高对订单规模的要求或者对小订单加收服务费，从而摆脱那些不那么有利可图的客户。

营销组合决策 像零售商一样，批发商必须就产品和服务的种类、价格、促销、分销进行决策。批发商通过提供产品和服务为客户增加价值。批发商面临巨大压力要保证存货种类齐全并且数量充足以供迅速送达之需，但是这样做有损利润。现在的批发商正削减其经营的产品线数量，宁愿只经营利润更丰厚的产品线。批发商们现在也开始思考，在构建其与客户的牢固关系当中什么服务最为重要、什么服务应当放弃。关键在于发现目标顾客评价价值最高的服务组合。

价格也是一项重要的批发商决策。批发商定价通常将商品的成本加上一个标准的百分比，比如20%。各种费用可能占毛利的17%，剩下3%的纯利。在食品杂货批发业，平均利润率经常不到2%。而最近的经济萧条也给批发商降低成本和价格带来了不小的压力。当它们的零售商客户和产业客户面临销售量和利润率降低的问题时，这些客户就会转而从批发商这里寻求更低的价格。批发商可能因此降低在某些产品线上的利润，以赢取重要的新客户。当能够借助降价提高销售量时，它们会要求供应商在价格上作出特别让步。

尽管促销可以对批发商的成功起关键作用，但是大多数批发商忽视了促销。它们所使用的商业广告、销售促进、人员推销和公共关系都十分分散并且没有计划。许多批发商在人员推销方面已经落伍——它们仍然将销售视为一个销售员与一个客户的交谈，而不是看作一个团队的销售、建立并服务于主要客户的努力。批发商也需要借鉴零售商所使用的一些非人员促销技巧。它们需要制定整体促销战略，并且更好地运用供应商的促销材料和计划。

最后，分销地点是重要的——批发商必须精心选择其地点、设施和网址。批发商会耗时耗力地寻求低租金、低税收的地区，并且往往在建筑物、设备和系统上投入不多。然而，现在随着技术的飞速发展，这样的行为导致了批发商的原材料输送、订单处理和配送系统过时。

不过，现在富有远见的大型批发商为了对付成本上升，开始投资于自动化仓储和信息技术系统。订单从零售商的信息系统下达，直接发送到批发商的信息系统中，而货物则由机械化设备拣出并自动送到等待调集的装运平台上。大多数批发商使用计算机进行会计、开票、存货控制和预测工作。现代批发商正在根据目标客户需要调整其服务，并寻求降低经营成本的方法。它们也越来越多地在互联网上进行交易。例如，电子商务是Grainger增长最快的销售渠道，它让Grainger成为美国和加拿大的第15大电子销售商，在线购买现在占到了它销售额的27%以上。

13.2.3 批发业的趋势

现在的批发业正面临着相当大的挑战。批发业面对其最为持久的趋势之一——对更高效率的需要——仍然显得很脆弱。近来的经济萧条引发了对于更低价格的需求，使得那些未能基于成本和质量增加价值的供应商被淘汰。积极进取的批发商总是寻求更好的方法以满足其供应商和目标客户不断变化的需要。它们意识到，其存在的唯一理由就在于通过提高整个营销渠道的效率和有效性实现增值。

和其他类型的营销者一样，目标是建立可以增加价值的顾客关系。麦克逊公司(McKesson)提供了一个不断进取、实现增值的批发商范例。这家公司是一家多元化的健康服务提供商，也是在全美居于主导地位的药品、保健和美容用品、家庭保健产品和医药供应与设备产品批发商。为了生存，特别是在萧条的经济环境下，麦克逊必须要保持比制造商的销售分支更高的成本有效性。于是，公司将仓库实现自动化，与药品制造商建立直接的计算机联系，并为顾客建立在线供货管理和应收账款系统。它为零售药房提供了广泛的在线资源，包括供应管理支持、目录搜索、实时订单跟踪和账户管理系统。它提供供应管理助理、目录搜索、实时预订跟踪和财会管理系统等大量的在线资源，也创造了诸如自动药剂配发机这样的解决方案，通过降低成本和提高精确性来帮助药店。零售商甚至可以使用麦克逊的系统维护其顾客病历。

麦克逊的手术药物用品和设备客户会收到很丰富的在线解决方案和供应管理工具，包括在线订单管理系统以及关于产品、价格、存货可得性和订单状态的实时信息。据麦克逊称，它通过提供“在健康护理领域降低成本和改进质量的供应、信息及管理产品和服务”增加了渠道价值。

大零售商和大批发商之间的界限越来越模糊。许多零售商开设的批发俱乐部和特级市场行使了很多批发商的职能。相应地，很多大批发商也开办了自己的零售店。例如，SuperValu 过去被列为一家食品批发公司，因为它的大部分业务来自向独立食品杂货零售商供应产品。然而，在过去的十年里，SuperValu 自己创建或者收购了一些食品杂货连锁商店，这其中包括 Albertsons、Jewel-Osco、Save-A-Lot、Cub Foods、Acme 和其他零售商。这使得 SuperValu 成为美国第三大食品杂货零售商(仅次于沃尔玛和克罗格)。因此，尽管 SuperValu 仍然是美国最大的食品批发商，但是它现在已经被认为是一家零售企业，因为它 400 亿美元的年销售额中有 78%来自零售。事实上，SuperValu 现在也标榜自己为“美国的社区杂货店”。

批发商会继续增加它们提供给零售商的服务——零售定价、合作广告、营销和管理信息服务、会计服务、网上交易等。然而，一面是近来的经济萎缩，另一面是对服务增加的需求，这两方面都将挤压批发商的利润。那些不能发现有效途径向其客户让渡价值的批发商将迅速被淘汰。不过，计算机化、自动化和互联网系统越来越普遍的使用，将帮助批发商控制订货、运输和存货保管成本，提高生产率。

小结

零售和批发包含很多将商品和服务从生产点转移到使用点的组织。本章我们了解了零售商的特征和重要性、主要的零售商类型、零售商决策及零售业的未来，然后我们对于批发商讨论了同样这些方面的话题。

1. 解释在分销渠道中零售商的作用，描述零售商的主要类型。

零售包括与直接向最终消费者销售产品或服务以满足其个人的非商业目的用途有关的所有活动。零售商在购买过程的最后阶段起到了连接品牌和消费者的重要作用。购物者营销关注从产品和品牌开发到物流、促销和推销的整个营销过程，目的在于实现销售层面上购物者到买家的转变，这些过程可以发生在店内、线上或者移动终端购物中。

零售商呈现出多种多样的形式和规模，新的零售类型不断出现。零售商店可以根据下列标准进一步细分：提供服务的数量(自助服务、有限服务或全面服务)，出售的产品线(专卖店、百货店、超级市场、便利店、超级商店和服务企业)，以及相对价格(折扣店和低价零售商)。现在，很多零售商通过公司或协议的零售组织形式(公司制连锁、自愿连锁和零售合作社以及特许经营组织等)集结在同一品牌下。

2. 描述主要的零售商营销决策。

零售商总是在寻找吸引和维系顾客的新营销策略。它们面临的主要营销决策包括市场细分和目标市场选择、商店差异化和定位以及零售营销组合。

零售商必须首先细分市场和定义它们的目标市场，进而决定它们将如何在这些市场上对自己进行差异化和定位。那些试图提供“适合任何人的产品”的企业最终将任何市场都满足不了。相反，成功的零售企业很好地界定它们的目标市场并进行有效的定位。

在有效的目标市场选择和定位指导下，零售商必须决定其零售营销组合——产品和服务组合、定价、促销和地点。零售商店远不仅仅是简单的产品集合。除了它们提供的产品和服务之外，现在成功的零售商店会精心设计消费者商店体验的几乎每一个方面。一个零售商的价格政策必须匹配它的目标市场和定位、产品和服务组合以及竞争。零售商使用广告、人员推销、销售促进、公共关系和直接销售这五种促销工具中的一种或全部来接近消费者。最后，很重要的是零售商选择靠近区域内与企业定位相一致的目标市场的地点。

3. 讨论零售业的主要趋势和发展。

零售商在残酷和快速变化的环境中经营，这既提供了威胁也带来了机遇。在多年的繁荣经济之后，近来的经济萧条使得很多零售商从兴旺转向破产。新的零售方式不断涌现。然而与此同时，不同类型的零售商日益用同样的产品和定价来服务类似的顾客(零售集中)，这使得差异化更加困难。零售业的其他趋势包括巨型零售商店的兴起，直接和网络零售的迅速成长，零售科技日益重要，绿色零售的出现，以及主要零售商向全球的扩张。

4. 解释批发商的主要类型和其营销决策。

批发包括涉及将产品和服务出售给把这些商品或服务再次出售或用于商业用途的对象的全部活动。批发商分为三个群体：第一，独立批发商对商品拥有所有权，包括全面服务批发商(批发商人、产业批发商)和有限服务批发商(收现自运批发商、卡车批发商、直运批发商、专柜寄售批发商、生产商合作社、邮购批发商);第二,经纪人和代理商对商品不拥有所有权,但通过促成买卖的实现收取佣金;最后,制造商的销售分支和办公室是由非批发企业为了绕过批发商而经营的批发组织。

和零售商一样,批发商必须仔细选择目标市场,进行强有力的定位。此外,批发商也必须决定产品和服务组合、定价、促销和地点。有远见的批发商不断寻找更好的方式来满足它们的供应商和目标客户不断变化的需要。它们意识到,从长期而言,它们存在的唯一理由来自通过提高整个营销渠道的效率和效益而带来的价值增加。和其他类型的营销者一样,批发商的目标是建立增加价值的客户关系。

问题讨论

1. 讨论用来划分零售商的因素,列举每一个分类中包含的零售商的类型。
2. 列举并描述零售商的公司或协议零售组织形式,并描述每一种形式的优点。
3. 尝试发展一种新的零售店概念,并解释需要进行哪些营销决策。
4. 什么是零售集中?对于小型零售商而言这是好事还是坏事?

批判性思维训练

1. 请参观一家本地的购物中心并评价五家商店。这些商店都是什么类型的零售商?每家商店的目标市场是什么?每家商店是如何定位的?每家商店的零售氛围是否能有效地提升其定位,以吸引和满足目标市场?

2. 接受信用卡支付的零售商需要向信用卡发卡机构支付“刷卡费”,比如 Visa 和万事达卡每单交易收取 1%到 3%不等的费用。过去,信用卡公司禁止零售商将这笔费用转嫁给消费者,但是最近的诉讼解决方案取消了这一限制。根据这份协议,零售商可以在每笔交易中收取 2.5%到 3%的费用。研究这一问题,并针对零售商向信用卡支付额外增收费用的利弊编写一份报告。

3. 正如在第 10 章开始时讨论的那样,2012 年 JCPenny 改变了它的定价策略,从过去收取较高的价格并积极打折变为现在这种要价较低但稳定不变的“公平价格”模式。请评价这种定价策略变更的效益。

营销技术:消费者追踪

根据尼尔森的调查,超过 50%的手机消费者拥有智能手机。他们中的许多人都尽可能使用免费的 Wi-Fi,以加快网络连接速度和减少数据使用费用。但是,即使他们没有登录 Wi-Fi 网络,他们的设备也继续保持搜索状态,提供用户的位置信息。通过消费者智能手机发出的信号,零售商可以对消费者进行追踪,了解他们的位置信息和他们在手机浏览器中搜索的内容。零售商可以了解到,消费者在经过店里的哪些过道时最可能在

Amazon.com 等零售网站上确认产品的线上价格，并且可以据此向销售代表发出警告。"热映射"能够识别哪些流量模式和地理位置更易吸引消费者进行网络搜寻。这也能够帮助零售商发现哪些产品类别最容易遭受"展厅现象"的侵害，即消费者去实体店内了解产品信息和试用产品，然后去要价更低的网络渠道上购买的现象。

1. 什么是购物者营销？零售商如何通过 Wi-Fi 技术实现它？

2. 更多的购物者了解到零售商在其不知情的情况下收集信息后可能会有什么反应？

营销伦理：自助卷烟商店

2009 年，一盒香烟的联邦税上涨了 6.16 美元达到 10.06 美元。对一磅散装烟斗烟草的征税上涨了 1.73 美元，但是每磅的总税额也不过 2.83 美元而已。对散装卷烟烟草的征税上涨最多——从每磅 1.09 美元增加到每磅 24.78 美元。小型烟草商店购买能够让购物者每分钟制作 20 支香烟的机器，这种散装的烟草被贴上"烟斗烟草"的标签，使得吸烟者能以成品香烟一半的价格来制作香烟，因为这样税收低得多。美国政府问责局声称联邦烟草税收收入从 2009 年 4 月到 2011 年 9 月减少了近 5 亿美元，这是由于自助卷烟店铺的销量激增。烟酒税务局宣布这些店铺属于制造商。这些机器的制造商得到了法院的禁令，使得自助卷烟店铺获得暂时的豁免。但是，2012 年国会通过了一项修正案，在议案中扩大了制造商的定义，这些自助卷烟店铺被包含在制造商之列，这将使它们也受限于联邦消费税。立法者认为，这些店铺正在利用一个无意的税收漏洞。

1. 国会将运行自助卷烟店铺定义为制造商是否公正？

2. 烟草零售商将散装烟草冠名为烟斗烟草使吸烟者逃避高赋税，并为消费者提供自助卷烟机器，这些行为是否合乎道德？

数字营销：加价

消费者通常从零售商那里购买化妆品、食品和服装等产品，而不是直接从制造商那里买。同样，零售商从批发商那里购买产品。转销商为制造商和消费者执行功能，并提升价格以反映该过程的价值。回答以下问题。

1. 假设一家制造商以 2.50 美元的价格向批发商出售洗衣粉，如果批发商想要在售价的基础上获得 15% 的利润，批发商会以多少钱将之卖给零售商？

2. 如果零售商想要在售价的基础上获得 20%的利润，零售商会以多少钱将之卖给消费者？

公司案例

Leader Price——价廉物美

Leader Price 已经成为法国领先的折扣店之一。它自称是"优质生活的明智之选"。在一个追求价值导向和责任消费的社会中，Leader Price 已经在全法的主要参与者中占据了一个当之无愧的地位。1998 年，Leader Price 作为全法第五大零售巨头卡西诺集团(Groupe Casino)的子公司成立。它的成立是为了完善集团业已存在的几大品牌，包括 Giant Casino 大卖场、Casino 超市、Monoprix(其目标市场是城市客户并强调产品的高质量)、Petit Casino 市场(小型便利店)以及 Naturalia(仅提供有机产品以服务那些具有较高健康意识的客户)。

在法国的食品零售业中，大卖场是该行业的主要组成部分。2011 年，市场领导者家乐福(Carrefour)的营业额为 351.79 亿欧元，而卡西诺集团的营业额为 187.48 亿欧元，但是需要注意的是，家乐福的门店数量是 4 631 家，而卡西诺的门店数量总计是 9 461 家。当然，由于大部分家乐福门店都位于市郊且占地面积很大，因此即使它的门店数比竞争对手更少，也能从整体上超出。在折扣店方面，来自德国的 Lidl 和 Aldi 是法国占据最大市场份额的折扣店。随着法国折扣零售业的大热，甚至最大的连锁店也开始发展自己的折扣店事业。比如法国企业家乐福、卡西诺和勒克莱尔(Leclerc)也开始涉足折扣店领域。

Leader Price 描绘自己致力于简单快捷地为法国家庭提供他们所有的日常需要。其独特的销售主张是在提供低价的同时保证质量。所有的产品都是精心挑选的，因此消费者不需要去寻找其他能将钱花得更有价值的地方。这也使得消费者的购物体验是简单和愉悦的，因为每一类别的产品都是数量有限的。除了日常的快消品，Leader Price 还销售每日供应的季节性蔬果和肉类以保证质量。

Leader Price 的多数门店都位于易于停车的地方。在市区内，它们通常位于地铁出口外，使得人们很难错过它们。2010 年，在遭遇了年初的销售下降以后，这家连锁零售店采取了两大举措来控制局面。它设计了新的标识并进行了内部升级，并且它开始销售 Leader Price 品牌范围以外的其他国内品牌产品。新的设计是非常成功的，让其门店变得更加美观，而且改进了购物体验。最初，它的门店和许多典型的折扣店很像，看起来有些沉闷；但是这次革新之后，门店也发生了很大的转变，更加有序、热情、好客。而引进其他国内品牌也使得 Leader Price 不仅能与其他折扣店竞争，也能与诸如 Carrefour City(家乐福针对城市地区的子公司)这样的小型便利店竞争。现在，Leader Price 在法国拥有 600 个门店，并且延伸到了比利时等其他欧洲国家。如今，卡西诺集团计划在五年内新开 1 000 家门店，这是对现有商业模式的肯定和市场需求继续增长的主要标志。

产品范围

Leader Price 的模式是与其他零售商相比销售较少的产品。它目前销售大约 4 000 种产品，其中 3 000 种产品是该连锁品牌自行生产和冠名的产品，包括从卫生纸到巧克力再到香波的多种产品范围。这些产品通常在包装上与现有品牌的产品接近，在名称上有着细微的变化。其中一个例子是 Leader Price 的“Pralina”品牌，它就是与“Nutella”进行竞争的。在这 4 000 种产品中，有 300 种产品是来自可口可乐、立顿、玛氏和依云等大品牌的。这些产品通常都会打折，并且比其他任何地方都卖得更为便宜。Leader Price 之所以选择售卖这些来自其他品牌的产品，是希望能够吸引那些对特定品牌具有较高忠诚度的消费者；采用这种方式的话，他们就没有理由选择除了 Leader Price 以外的其他常规超市或便利店，因为他们能够在这里找到自己最忠诚的那个品牌，也能以折扣的价格买到自己不存在品牌偏好的产品。最后的 700 种产品来自几个也是由 Leader Price 生产的产品线。这700种产品被与那3 000种冠以Leader Price标签的产品区分开来,希望能让它们更易被那些具有购买意愿和需求的消费者注意到。这些产品线包括Leader Price Baby、Leader Price Kids、Leader Price Bio、Leader Price Fine Ligne、L'avenir En Vert和Selection de nos Region。

这一系列的产品线让Leader Price能够接触和迎合众多消费者。比如,婴儿和儿童产品能够吸引有孩子的家庭,而他们实际上代表了法国22%的家庭。他们或许具有较为紧凑的预算,并且发现能够非常方便地来到这样一个商店,在这里他们能够填满购物车中的所有日常需要。而"Bio"产品线提供包装有机食品,而它们正变得越来越受欢迎。2010年这类产品在法国的市场规模达到16.35亿美元,并且预计在2014年超过23亿美元;因此,将这种产品添加到货架上就能保证Leader Price顺利地从这个日益蓬勃的市场中分到一杯羹。而包装有机食品的缺点是它们通常比非有机食品更为昂贵。折扣商店能够克服这一点,因为它们的价格通常会被削减,所以消费者在这里能以比普通超市更合理的价格买到这类产品。Leader Price还通过"Fine Ligne"这条产品线来服务那些具有健康意识的消费者,这条产品线提供诸如酸奶和谷物等低脂肪、低卡路里的产品。

环境友好与公平贸易

Leader Price也不会错过提供生态友好型产品的机会。对于法国的消费市场而言,商家能够展现自己对保护这个星球的参与度和责任感是至关重要的。有机会为保护环境作出积极贡献是受到大多数消费者欢迎的,但是很不幸的是,这通常意味着很高的价格。而Leader Price再次克服了这个难题。另外,法国人为人所熟知的是他们对于自身文化的高度自信,因此,他们对本地生产的产品充满自豪,并且对精致的奶酪和葡萄酒具有较高的品位。而折扣店的产品通常给人以这样一种印象:质量低劣、经过加工、远离自然。Leader Price通过打造一条能够提供来自法国各地区的美味佳肴(如奶酪和坚果等)的产品线打破了这种刻板印象。

2009年,Leader Price开始将公平贸易认证产品加入旗下。这些产品分布在茶叶、大米、巧克力和果汁等产品类别中。产品包装上具有法国的一项公平贸易运动"Max Havellar Foundation"的标签。通常而言,公平贸易产品会比一般同类产品的价格高出10%到30%。法国国家公平贸易委员会在2010年进行了一项调查,以探查人们对公平贸易产品的认识和消费水平。62%的受访者表示在过去的一年中曾至少一次购买过公平贸易产品。但是仅有22%的受访者表示他们至少每月购买一次这类产品。而Leader Price的不同之处在于,它为那些有意愿帮助当地企业免于剥削的消费者提供了一个以更合理的价格作出这样的贡献的机会,通常其价格会比其他商店便宜3%到4%。

Leader Price的促销策略包括折扣券和商品目录,以及指定商品的额外折扣和限时特供等。

其策略并不仅限于此。这家连锁企业还邀请了著名的电视、电台主持人兼厨师和美食评论家Jean Pierre Coffe来为它的产品代言,并在其网站上编写食谱。一个普通的超级市场是不需要做这些的,但是作为一家生存于食物在日常生活中扮演重要角色的国家的折扣店,它必须向人们证明它能够以更低的价格提供相同的烹饪体验。这样做的目的在于向世人证明:购买打折产品并不意味着就不能准备一桌精致的饭菜。

每个人都可以在 Leader Price 找到自己想要的，包括那些寻找主食材料的人和那些想要消费得相对合理和负责的人。尽管这家店只经营 4 000 种产品，但它依然成功地涉足了市场的很大部分，并且能够设法满足顾客的各种需要。所有的这些都是因为它精心的产品选择、明确的品牌定位以及对法国零售市场不断变化的趋势的敏捷反应。

讨论题

1. 根据本章讨论的零售商的不同类型，描述 Leader Price。

2. 作为一个零售品牌，请评价 Leader Price 在市场细分、目标市场选择、差异化和定位等方面的策略。

3. Leader Price 的模式在你的国家是否也能成功？需要进行哪些改变以适应你所处的文化？请给出依据支持你的答案。

4. Leader Price 可以用怎样的方式扩大其产品选择集以服务于更多顾客？

第 14 章

顾客价值沟通：整合营销传播策略

学习目的

- □ 定义顾客价值沟通组合的五种工具
- □ 讨论沟通策略的变化以及整合营销沟通的必要性
- □ 列出开展有效营销沟通的过程和步骤
- □ 解释制定促销预算的方法以及影响促销组合的因素

本章预览

本章和接下来的四章里，我们将考察营销组合中的最后一项——促销。公司不应该仅仅创造顾客价值，还必须运用促销来清晰且具有说服力地进行价值沟通。促销不是单独的一项工具，而是若干工具的组合。在整合营销传播的概念中，公司需要谨慎地调整这些促销元素来传递关于公司及其品牌明确、持久而又引人注目的信息。

我们首先将介绍不同种类的促销组合工具，其次考察快速变化的沟通环境和整合营销传播的必要性，最后本章将讨论开展营销沟通的步骤以及促销预算过程。在后面三章，我们将考察具体的营销沟通工具。

首先，我们来看一场很好的整合营销传播运动。乐购(Tesco)的标语“积少成多(Every Little Helps)”在其营销沟通活动中一直是一个关键点，并且已经延续了超过 20 年。各种促销组合工具在其营销沟通活动中的协同使用，完美地诠释了该品牌独特的主张，使其成为英国领先的超市品牌。

乐购：“积少成多”——一场完美的整合营销传播活动

除了作为英国的头号超市，乐购也因其通过各种媒介传播囊括多个产品线组合的大范围营销活动而闻名。很多人想知道它是如何在高手众多的竞争中保持领先的，这些竞争对手包括阿斯达(ASDA)、莫里森(Morrison)和塞恩斯伯里(Sainsbury)。答案并不牵强：出色的整合营销传播策略。虽然它的成功可以与其整套营销战略挂钩——包括对所有营销组合要素的有效融合,但其营销传播策略在其中的贡献相当可观。乐购的营销传播策略之所以运作良好,有许多原因。其中之一是乐购通过仔细整合和协调其传播渠道,传达关于组织及各种产品的明确、一致、全面和引人注目的信息,实现了整合营销传播(IMC)。这清晰地体现在乐购的广告、销售促进、人员推销、公共关系、直复营销和其他营销传播工具的使用中。同时,在其营销传播中一个不可忽视的关键因素是它的标语"积少成多",这是1992年公司为了传达其品牌和相应的价值主张而提出的。由于乐购意识到消费者受到不同来源的许多营销沟通信息的轰炸,并且关于公司如何定位以帮助客户解决他们的问题的明确信息是必需的,因此该标语的提出非常必要。该组织已经把这一口号看作一种哲学,推动了它在过去20年里所做的和在未来将要做的一切。例如,正如公司网站上所详述的,该标语传达的内容很丰富：客户可以获得他们想要的东西,商品的价格是具有竞争力的,客户服务因为客户需要等待的时间减少而得到了改善,并且这里的员工是乐于提供帮助而且谦和有礼的。因此,乐购被 Climate Change 评为英国顶级零售商也并不奇怪。显然,这句口号是公司文化的一个关键部分,并且多年来一直保持不变。

这条信息在乐购使用的所有营销传播媒体上的一致性是值得注意的。有证据表明,该公司有效地使用了传统营销传播工具,而且自2005年以来,它所使用的每一种媒体的平均支出都超过了行业平均值。例如,该公司2005年的直接邮寄费用为2 270万美元,是行业平均水平的四倍;2010年在广告上花费了2.093亿美元,比行业平均水平高出9 095万美元,具体而言,其中9 560万美元用于新闻,这差不多是2010年行业平均水平的两倍。很明显,营销环境的要素在不断变化,客户的沟通方式也是如此。我们现在处于数字时代这一事实则更加强调了这种变化。因此,将与这些发展有关的工具与传统媒体整合在一起,从而让组织的品牌变得引人注目是合乎逻辑的。乐购也正是这样做的。各大社交媒体中都有它的身影,包括脸书、推特和 YouTube 等,(社交媒体账户)由一个专门的专家团队管理,为英国最大的粉丝群提供个人化的本地服务。乐购在这方面采取的一个重要举措是2012年11月任命可口可乐的互动经理裘德·布鲁克斯从2013年起领导乐购的社交媒体板块。同时,尽管乐购采用的沟通手段的种类有所增加,但其传播的信息仍然聚焦在"积少成多"上。它基本上确保其大众媒体广告有效地传递着同样的信息,比如在店内促销措施中传递的信息与显示在其网站上的信息是一致的,而且和公司其他社交媒体上传播的信息也是相互印证的。简单来说,在 YouTube、脸书、推特和其他社交媒体上展示的关于乐购及其产品的营销信息都与其他传统媒体进行了整合,以呼应相同的信息。

正如在有效的营销沟通过程中所期望的那样,乐购也是从确定其目标受众开始。这有助于它决定其传播信息的内容,以及信息将如何传播、何时传播、由谁传播以及传播到何处。它还在沟通过程中及早确定沟通目标以确保整个过程的成功。虽然有人认为营销传播活动的主要目标是让消费者购买产品,但乐购却在此观点的基础上延伸了理解。它实际上强调的是顾客经历的购买准备阶段——认知、了解、喜欢、偏好、确信及购买。因此,它让其市场传播目标与环境需求的模式相一致。它精心设计要传递的信息以确保所有营销沟通工具之间的一致性使用，精心选择消息来源，收集反馈，并根据适当的营销沟通工具组合制定营销传播预算。例如，为了加强整合营销传播系统，2012年乐购推出了一项广告活动，宣传其最近推出的自有标签“Everyday”系列产品的高质量，以取代原有产品。据称，新的产品系列更加健康并具有更时尚的包装。由红砖路代理公司负责设计的新闻广告基于这个目的，以该系列产品的图片为特色，聚焦于用作早餐和晚餐的相关产品。根据市场总监的意见，采取这一战略举措缘于顾客的反馈，他们想要品位更高、更健康以及视觉吸引力更强的产品——但他们希望是建立在低价的基础上的。但是，这里也非常重要和值得注意的是，对这一系列产品的营销传播仍然强调“积少成多”这一口号。

显然，随着经济环境变得越来越具有挑战性，企业面临着审视其营销策略是否能使其在复杂的环境中取得成功的种种挑战。在这种背景下，乐购也对其营销活动进行了审视，其中营销传播是重点领域之一。它将其广告项目转变为竞标的形式，这推动了许多广告公司为了获得它的营销传播支出而竞争。在这个过程之后，乐购1.743亿美元的广告资金花落伦敦韦柯广告公司（Wieden and Kennedy London）。据报道，乐购还在审查其品牌传播，包括“积少成多”的口号。然而，大多数评论员非常积极地看待该口号对乐购整合营销传播组合的影响。事实上，虽然新的广告代理机构准备在创造清晰和引人注目的信息方面发挥创造性，但它仍将继续使用已经超过20年的“积少成多”口号。总的来说，选择这一口号是一小步，而它却为乐购带来了巨大的成功，并且体现了整合营销传播的概念。

建立良好的顾客关系所要求的不仅仅是开发优良的产品，制定吸引人的价格，使目标顾客能够在市场上买到产品。公司还必须与顾客进行价值沟通，并且沟通的内容不应当是随意的。所有的沟通努力必须被仔细规划并组合成整合计划。在构建和保持各种关系上，好的沟通非常重要，它是公司在建立有利可图的顾客关系的努力中至关重要的因素。

14.1 促销组合

一个公司的**促销组合**（promotion mix），也叫作**营销沟通组合**（marketing communications mix），将广告、公共关系、人员推销、销售推广和直销工具组合在一起，用来沟通顾客价值和建立顾客关系。对这五种主要的促销工具的定义如下：

- **广告**（advertising）：由特定的资助者出资，以非人员的方式对创意、产品或服务进行推广。
- **销售促进**（sales promotion）：鼓励购买产品或服务的短期激励行为。
- **人员推销**（personal selling）：由公司的销售人员介绍商品，以达到销售和建立顾客关系的目标。
- **公共关系**（public relations）：通过有利的宣传树立良好的公司形象，并应付或阻止不利的谣言、新闻或事件，从而与公司的各个公众群体建立良好关系。
- **直复营销**（direct marketing）：与经过认真确定的目标顾客进行直接的联系，从而获取直接的回应，建立持久的顾客关系。

每一种促销方法都有特定的工具来与顾客沟通。例如，广告有广播、印刷、互联网、移动、户外和其他形式。销售促进包括折扣、赠券、产品陈列和现场演示。人员推销包括销售介绍、商业展览和促销方案。公共关系包括新闻稿、赞助、特殊事件和网页。直销包括目录、电视实时回复、自助售货亭、互联网和手机营销等方式。

同时，沟通不限于这些特定的促销工具。产品的设计、价格、包装形状和颜色，以及出售产品的商店都会传达给购买者一些信息。因此，尽管促销组合是公司的主要沟通活动，但整个营销组合——促销与产品、价格和分销——都必须加以协调，以达到最佳的沟通效果。

14.2 整合营销传播

在过去几十年中，营销者们已经掌握了大众营销的精髓——将高度一致性的产品销售给大众顾客。在这一过程中，它们开发出了有效的沟通工具，以支持大众营销策略。大公司不断地将大量资金投入电视、杂志或者其他的大众媒体广告中，用单一的广告面对多达千万的消费者。然而如今，营销人员面临着一些新的营销沟通模式。或许在营销历史上没有任何一个时代经历过如此深刻的变化，那就是营销沟通为营销沟通者创造了兴奋与焦虑并存的时代。

14.2.1 新型营销沟通模式

如今的营销沟通受几个重要因素的影响。首先，消费者正在发生变化。在数码和无线时代，消费者的信息掌握和沟通能力更加强大。不只依赖于营销者提供的信息，消费者可以使用网络和其他技术来自主搜寻信息。他们可以很容易地同其他消费者联系以交换品牌相关的信息，甚至可以自主创造营销信息。

其次，营销战略也在发生变化。随着大众市场逐渐分化，营销者也从大众市场转移出来，越来越倾向于在更狭窄的细分市场中与顾客建立紧密的联系。

最后，沟通技术上的巨大进步使公司和顾客的沟通方式正在发生显著变化。数字时代产生了一系列新的信息和沟通工具，从智能电话、iPad到卫星电视，再到网络技术的方方面面(电子邮件、品牌网站、社交网络、博客等)，这些爆炸性的发明对营销沟通产生了革命性的影响。正如大众营销曾经催生新一代的大众营销沟通技术一样，新型数字媒体也催生了新的营销沟通模式。

尽管电视、杂志、报纸和其他传统大众媒体继续保持着重要的地位，但它们的重要性正在减弱。在广告行业，广告从业者目前正采用一系列更为专业的、针对性更强的媒介将更为私人化、交互性更强的信息传递到更小的顾客细分市场。新媒体包括专业有线电视频道、互联网视频、网络目录、电子邮件、博客、手机内容和在线社交网络。总体来说，公司很少去“广播(broadcasting)”，而更多地进行“小范围宣传(narrowcasting)”了。

一些广告专家甚至预测，旧式的大众媒体沟通模式很快将被淘汰。大众营销成本上升，受众减少，广告日益庞杂，受众正通过诸如视频流或DVR这样的技术帮助他们跳过那些恼人的电视商业广告。结果是，营销者们正把大部分的营销预算从旧式媒体中撤出，投入数字媒体和其他新媒体中。近年来，尽管电视广告仍然是广告媒介中的主力军，但是在主要的电视台上的广告投入已经停滞不前，而网络和数字媒体的广告投入则在快速增长。杂志、报纸和广播的广告投入则是非常显著地减少了。

在某些情况下，营销人员完全不使用传统媒体。例如，亨氏推出限时的香脂醋风味的番茄酱时，顾客只能通过亨氏的脸书主页来了解和购买该产品，直到六周后它正式出现在商店货架。亨氏不使用电视或印刷广告进行新产品介绍，而是依靠其82.5万脸书粉丝来进行宣传。顾客对此反应热烈，六个月后，亨氏将该产品添加到其常规产品线中，这是近十年来亨氏番茄酱的第一个新风味。

同样，环保家居用品制造商Method最近也采用了一个以"清洁快乐(Clean happy)"为主题的数字促销活动：

> Method以其不寻常的活动标语闻名，比如"人们反对肮脏"和"为了对干净的热爱"。但是"清洁快乐"这项活动最引人注目的一点是，与以往Method的活动不同，它不使用传统媒体广告——包括电视、杂志等。相反，这项活动的核心是一个两分钟的品牌视频片段，这段视频只能在YouTube和Method的脸书主页上观看。在这段视频之后以月份为间隔另有四个视频片段，主要聚焦于Method的自营产品上。这项活动在作为绝对主力的社交媒体之外，还运用了在线媒体广告。社交媒体除了YouTube和脸书之外，还包括Method的推特主页和博客等。
>
> "清洁快乐"活动符合Method的品牌个性，也符合其预算。广告公司的一位高管表示："Method是那种从口碑宣传中获益的品牌类型——比如'妈妈们在妈妈群中互相交流'。"此外，"清洁快乐"活动的第一年预算只有大约350万美元，相比之下，竞争对手宝洁可能花了高达1.5亿美元去开发一款新产品，比如汰渍的新型洗衣粉"汰渍洗衣球"。"我们正在接受这种草根运动的形式，"一位Method的广告负责人表示，"如果你没有1.5亿美元，那么这就是你要做的。"

不同于旧媒体侵扰顾客并强行灌输信息给顾客，在新营销沟通领域，新媒体使营销者能够以交互性、参与性更强的方式接触到小众消费者群体。例如，回顾一下过去我们看电视的经历，现在的消费者可以在任何带有屏幕的终端设备上观看他们喜欢的节目，不仅可以在电视上观看，也可以在笔记本电脑、手机或者平板电脑上观看。此外，消费者可以选择在任意时间、任意地点观看喜欢的节目，有无广告也可以自行选择。目前，越来越多的节目、广告和视频仅供消费者在网络上收看。

尽管存在向新数字媒体转移的趋势，然而在很多大公司的营销预算中，传统媒体投入仍然占有很大份额，并且这一现状短时间内不会发生太大改变。例如，数字媒体的主要支持者宝洁公司，依然将广告预算的很大一部分花在大众媒体上。尽管去年宝洁的数字媒体花费几乎增长一倍，达到了1.69亿美元，但这部分花费仅占公司全球年广告预算总额的不到5%。

从更广泛的层面看，尽管有些人或许会质疑电视广告的前景，但它如今仍然被广为使用。去年，超过40%的全球广告资金被花费在有线电视广告上，而互联网广告的花费为21%。不过，互联网广告仍然是增长最快的广告媒介。如今互联网广告已经成为仅次于电视广告的第二大广告媒介,远远超过了报纸和杂志。

因此,大多数营销专家并不认为传统媒体已迅速衰竭,而认为新媒体和传统媒体正在逐渐融合。新的营销沟通模式将由传统媒体和一系列新媒体组合而成,这些新媒体是新颖的、目标定位更精准的、更个性化的,但有时却难以控制。

很多营销者和广告代理商正试图跟上这种过渡和变化。最终的状态是,无论传统媒体还是数字媒体,关键问题是找到能够最好地沟通品牌信息并增强顾客品牌体验的媒体组合。随着营销传播环境的转变,市场沟通者的作用也随之改变。与其仅仅去创造和播放"电视广告""平面广告"或是"脸书平台展示广告",许多营销人员现在更是广泛地将自己视为品牌内容经理,他们通过一系列沟通渠道组合(包括传统渠道和新渠道、可控渠道和不可控渠道)来管理他们与顾客、顾客与顾客之间的品牌对话(请阅读营销实例 14.1)。

营销实例 14.1

新型沟通思维:付费媒体、自有媒体、赚得媒体和共享媒体

在过去的好日子里,广告商的生活似乎很简单:想出一个好的创意,确定一个媒体计划,制作并运行一系列电视广告和杂志广告,或者发布一个新闻稿来激起一些新闻。但今天的营销传播格局似乎复杂得多,其特点是一系列新的数字媒体以及传统渠道与新渠道之间迅速模糊的界线。在一个精心运作的宣传运动框架内把"广告"放在定义明确的"媒体"中的老做法,如今已无法像以前那样奏效了。

传统的信息和媒体分类已经不像过去那样适用了。比如,电视广告不再真的只是电视广告了。相反,到处都可以看到电视广告的"视频内容"——消费者的电视屏幕可以,个人电脑、平板电脑和手机等也可以。其他一些品牌视频内容看起来很像是电视广告,但从来都不是为电视而准备的,比如在 YouTube、脸书或其他社交网络上发布的"为网络而制作的"视频。关于品牌的视频内容也可能是由消费者准备的,并且和他人在线分享。

同样,印刷的品牌信息和图片不再只出现在杂志、报纸或直接邮寄上精心制作的广告中。相反,这样的内容由各种来源创造出来,出现在正式广告、品牌网页、在线社交网络的消费者帖子和独立博主的社论等任何媒介中。在当今具有话事权的消费者手中,品牌信息的创建和传播可以——而且通常正是这样做的——在品牌营销者的设计或控制之外自由生长。

因此,随着信息和媒体环境的变化,在定义明确的"媒体"中放置"广告"的旧观念也在发生变化。与其说自己是在创造"电视广告""印刷广告"或"公关新闻稿",许多营销者现在更广泛地认为自己在管理"品牌内容",将其运用于丰富的整合沟通渠道——包括传统渠道和新渠道、可控渠道和不可控渠道。这种新思维催生了一种新的营销传播框架。新框架不是按传统媒体细分的方式对沟通进行分类,而是建立在一个更广泛的概念之上——如何以及由谁创造、控制和传播品牌内容。新的分类划分了四种主要媒体类型:付费、自有、赚得和共享(POES)。

付费媒体(paid media)——各种由资方支付的宣传渠道,包括传统媒体(如电视、广播、印刷或户外)以及在线和数字媒体(付费搜索广告、陈列广告、移动广告或电子邮件

营销)。

自有媒体(owned media)——各种公司自有和控制的宣传渠道，包括公司网站、公司博客、自有社交媒体主页、专有品牌社区、销售队伍和活动。

赚得媒体(earned media)——各种公关媒体渠道，如电视、报纸、博客、在线视频网站和其他不由营销人员直接付费或控制的渠道。

共享媒体(shared media)——各种由消费者与其他消费者和品牌共享的媒体，如社交媒体、博客、移动媒体和病毒性渠道，以及传统的口碑。

过去营销人员一直专注于传统的付费媒体(广播、印刷)或赚得媒体(公共关系)。然而现在他们正在迅速地采用新一代的自有媒体(网站、博客、品牌社区)和共享媒体(在线社交网络、手机、电子邮件)。虽然在过去一个成功的付费广告或公关作品就是宣传活动的终点了，但现在营销人员会问自己："在这种情况下我还能做些什么?"营销人员的目标是利用所有POES渠道的联合力量。一位专家表示："重要的是，在所有的渠道中——无论是付费、自有、赚得还是共享媒体——信息能够被消费者成功接收到。"

POES渠道的精心整合可以产生惊人的沟通效果。一个现在被奉为经典的例子是Old Spice非常成功的宣传运动——以足球运动员伊萨阿·穆斯塔法为代表的"男人可以闻起来像"运动。这项运动始于电视广告(付费媒体)，然后发布到公司网站及其YouTube和脸书主页(自有媒体)上。这场运动很快就开始了病毒式传播，因为数百万的消费者接收到了来自电子邮件、脸书和推特(共享媒体)的广告轰炸。反过来，Old Spice则收到了无穷无尽的媒体报道——从有线电视到专业博客社论(赚得媒体)。总之，这场运动在几十个渠道中被关注和讨论了数亿次，并且都传递着相同的整合品牌信息。

下面是另一个成功在其宣传运动中利用付费媒体、自有媒体、赚得媒体和共享媒体的品牌案例：

荷美尔(Hormel)的全资子公司JENNIE-O火鸡商店想找到一种方法，以便让消费者了解到在需要加入碎牛肉末的食谱中将其换成JENNIE-O火鸡绞肉是多么方便和美味。为了实现这一目的，它上演了一个富有想象力的"作出改变"营销活动(自有媒体)。在为期五天的活动中，JENNIE-O接管了Bistro Truck——一辆备受欢迎的曼哈顿食物销售卡车，在其车厢上写上"作出改变"。这辆食物卡车的汉堡不是用碎牛肉末做的，而是用火鸡绞肉制成的。每天，在JENNIE-O的资助下，这辆卡车在午餐时段免费派送500个美味火鸡汉堡。卡车的位置和菜单由当地的美食家和博主(赚得媒体)事先预览，并且被每天发布在脸书、推特和一个特别的微型网站(自有媒体)上，然后再由庞大的社会媒体接管(共享媒体)。大约有45万个推文和转发提到了"作出改变"的推广和地点。人们排队吃掉了几千个免费的JENNIE-O汉堡。在五天内，其脸书主页收到2.3万次点赞，而火鸡绞肉在纽约的销量上升了7%。"作出改变"非常成功并且已经扩展到了其他城市，还成为了JENNIE-O电视广告的主题(付费媒体)。

因此，如今这正在发生转变并且时而混乱的营销传播环境，需要的不仅仅是创造一些广告放置在定义明确的可控媒体空间内。相反，它需要一种整合式的努力来创造和激发正确的品牌内容——无论通过什么途径——并且成功帮助其蔓延开来。今天的营销沟通者不能只是广告文案者或媒体分析家。他们必须是通过流动的信息渠道组合来管理品牌与顾客、顾客与顾客之间沟通的品牌内容战略家、创造者、连接器和催化剂。这是一个很高的要求,但随着如今的新型沟通思维,任何事情都是"POES-ible(可能)"的!

14.2.2 对整合营销传播的需求

从大众营销向媒体和沟通渠道丰富化的转变,给营销人员带来了麻烦。如今的消费者遭遇着一系列来源混杂的广告信息的轰炸,但消费者并不会像营销人员那样区分信息的来源。在他们的意识里,从不同媒体和促销方式中获得的信息会综合成为一体,构成他们对公司的总体印象。如果不同渠道所传达的信息有冲突,就会使消费者脑海里公司的形象、品牌定位和顾客关系变得混乱。

公司常常未能将各种沟通渠道进行整合。结果是消费者接收到了一大堆混乱的信息。大众广告说的是一方面,但店内价格促销传达的却是另外一种信息,而公司的网站、电子邮件、脸书页面或者 YouTube 上的视频则又与上述内容全然不同。问题在于,这些信息通常来自公司的不同部门。广告信息由广告部或代理公司策划和实施。其他职能部门负责公共关系、销售促进、网络营销和社交网络以及其他形式的营销沟通。然而,尽管公司对所有的沟通工具进行了区分,消费者却不会这样做。营销沟通资源的混合使用导致了消费者模糊的品牌认知。

数字营销和社会营销、平板电脑、智能手机以及各种应用程序创造的新世界提供了大量的机会,但也带来了巨大的挑战。一位营销主管表示,这样的新世界可以"让公司更容易接触顾客,刷新他们的偏好和认知,并且能拥有一个更广阔的创意空间"。另一位则表示,"然而最大的问题是其复杂性和分裂性……那里有太多的选择",要"使它们以有组织的方式聚集在一起"是一大挑战。

因此,现在越来越多的公司开始采纳**整合营销传播**(integrated marketing communications, IMC)的概念。如图 14.1 所示,在这个概念下,公司会仔细整合各种沟通渠道,以传达一种清晰、一致、具有说服力的公司形象和产品信息。

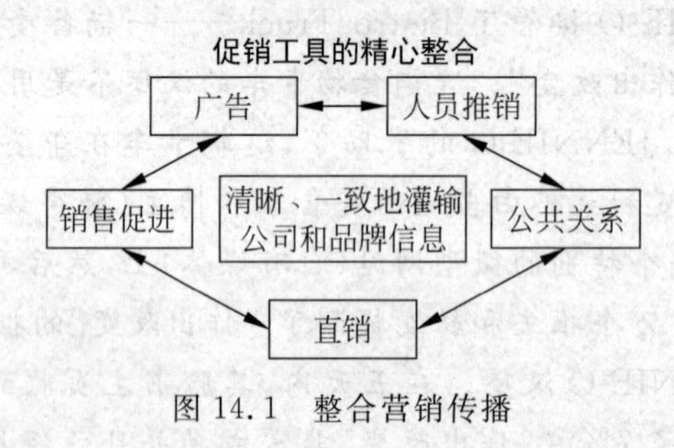

图 14.1 整合营销传播

整合营销传播要求明确消费者可能与公司和品牌接触的所有关系点。每次品牌接触都会传达一种信息,或好或坏,也可能无关紧要,公司的目标应该是在每一次接触中传递一致的积极信息。整合营销传播将公司所有的形象与信息结合在一起,公司的电视广告、印刷广告、电子邮件和人员推销要传递同样的信息、外观和感觉,公司的公共关系材料与公司网站以及社交网络、移动营销的内容要一致。通常来说,不同的媒体在吸引、告知、劝说消费者方面扮演着独特的角色，这些角色必须在企业整体营销沟通计划之下进行仔细协作和配合。

说明一场完美的整合营销传播所产生力量的好例子，就是冰激凌领军者哈根达斯。为了加强与消费者的情感联系，该品牌启动了“哈根达斯珍爱蜜蜂”活动，该活动以一个对哈根达斯品牌和消费者都很重要的问题为核心。这个问题就是，一种神秘的蜂群衰竭失调症正在威胁着美国的蜜蜂数量。人们食用的天然食品中有 1/3 要靠蜜蜂传授花粉，哈根达斯冰激凌所使用的天然香料中，有 40%以上也要靠蜜蜂来传授花粉，因此“哈根达斯珍爱蜜蜂”这一诉求对该品牌而言是自然而然的。不过，也许比“帮助蜜蜂”这一信息本身更为重要的是哈根达斯传递和沟通信息的方式。

不仅仅是发布一些广告，哈根达斯借助一系列能够协同配合的媒体创造了一场内容丰富的、完美的整合营销运动。这场运动始于广播和印刷广告，这些广告能够增加人们点击 helpthehoneybees. com 网站的次数，这里有关于蜜蜂的信息，顾客在该网站上可以获取信息并明确自己所能够给予的帮助。在网站上，访客可以进入名为“The Buzz”的新闻提要频道，打开“蜜蜂电视台”，购买带有类似“女王万岁”和“英雄蜜蜂”标语的 T 恤，发“蜜蜂邮件”给朋友们，或者也可以直接捐赠以支持蜜蜂研究。为了引起更大的反响，哈根达斯公司在全美范围内的农资市场分发了很多香草蜂蜜冰激凌样品和野花种子，并且赞助了由当地社区和学校组织的募捐项目。该运动还将社交网络工具整合到沟通组合中，比如推特和脸书等。该运动对各种沟通因素的完美协调和融合成功传递了哈根达斯独特的诉求和定位。它成为了“一个具有心灵和灵魂的品牌，”哈根达斯的负责人说，“我们不只是提升消费者的品牌意识，也致力于让世界变得有所不同。”

过去，没有个人或部门负责思考各种促销工具的角色并协调促销组合。为了有效地执行整合营销传播，有的公司指定了营销沟通总监，对公司所有的沟通活动负责。这可以产生更好的沟通一致性和更显著的销售影响。它把协调诸多活动来建立一致的公司形象的责任划归专人负责，这是前所未有的。

14.3　沟通过程概述

整合营销传播包括明确目标市场，确定协调的促销计划，以获得有需求的目标受众的回应。通常情况下，营销沟通集中于解决目标市场在迅速认知、形象和偏好方面的问题。但这种沟通方法过于目光短浅。如今，营销者们开始将沟通视为管理与消费者的长期关系。

由于消费者之间差别很大，沟通计划需要根据特定的细分市场、子市场，甚至个人来确定。由于互动沟通技术的发展，公司不仅要问“我们如何接触到顾客”，还必须问“我们如何让顾客接触到我们”。

因此，沟通过程应当从审查目标顾客可能与公司及其品牌接触的所有关系点开始。例如，想要购买新手机的人可能会与他人交谈，观看电视或杂志广告，访问各种网站查看价格和评论，比较百思买、沃尔玛、无线运营商的售货亭或商场内店铺的销售价格。营销人员需要评估这些不同阶段的沟通体验对购买过程的影响。理解这些内容能帮助营销人员更有效地分配沟通预算资金。

为了进行有效沟通，营销者还需要了解沟通是如何起作用的。沟通涉及图 14.2 中所示的九个要素。其中两个是沟通双方——发送者和接收者。另外两个是主要的沟通工具——信息与媒体。还有四个是主要的沟通环节——编码、解码、反应和反馈。最后一个要素是系统的干扰。下面是这些要素的定义，然后以麦当劳"我就喜欢"电视商业广告为例进行分析。

- 发送者：将信息传达给另一方的实体——麦当劳公司。
- 编码：将想法以形象的内容表达出来的过程——麦当劳公司的广告代理公司将文字、声音和图案组合到电视广告中去，以传达预想的信息。
- 信息：发送者传达的一系列形象内容——麦当劳公司广告。
- 媒体：将信息从发送者传到接收者那里的沟通渠道——麦当劳公司选择的一般性的和特定的电视节目。
- 解码：接收者将发送者传达的信息赋予意义的过程——消费者观看麦当劳广告，然后解释其中的文字和图案意义。
- 接收者：接收另一方传来信息的实体——观看麦当劳广告的消费者。
- 反应：接收者收到信息之后的反应——各种可能的反应，比如消费者更喜欢在麦当劳用餐，更可能下次还去麦当劳，哼唱"我就喜欢"的小曲，或者没有做任何事情。
- 反馈：接收者回应中返回给发送者的那部分——麦当劳公司的调研表明，消费者受到震动并且记住了该广告，或者写信、打电话给公司，赞扬或批评公司的广告或产品。
- 干扰：在沟通过程中非计划的干扰因素，导致接收者得到的信息与发送者传达的不同——消费者在观看公司广告时分心，错过了一些关键点。

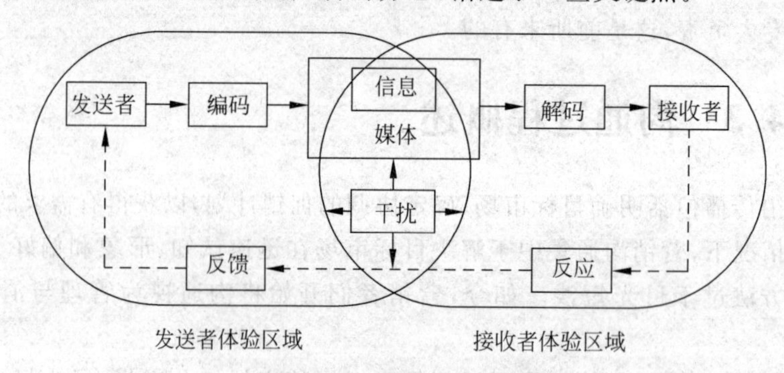

图 14.2　沟通过程要素

一条信息要有效，发送者的编码过程必须与接收者的解码过程契合。最好的信息是含有接收者熟悉的文字和形象的信息。发送者的体验与接收者的相似之处越多，信息就越有效。营销沟通人员不一定总是与消费者具有共同的社会经历。例如，广告文案人员也许会为其他社会阶层的消费者设计广告，比如富有的产业主。然而，为了进行有效沟通，营销沟通人员必须理解消费者的社会经历。

这一模式指出了有效沟通中的几个关键因素。发送者必须知道自己所要到达的是哪些受众，以及自己所希望的反应。他们必须善于编码，将目标消费者的解码过程考虑在内。他们还必须通过恰当的媒体将信息传达给消费者，并且建立反馈渠道，使公司能够评估受众对信息的反应。此外，在当今的交互式媒体环境中，公司必须为“翻转”沟通过程做好准备，以便成为顾客发送的消息的良好接收者和响应方。

14.4 开展有效营销沟通的步骤

现在我们来看一下开展有效的整合沟通和推广计划的步骤。营销人员必须做以下几件事：明确目标受众，确定沟通目标，设计信息，选择发送信息的媒体，选择信息来源，收集反馈信息。

14.4.1 明确目标受众

营销沟通始于明确的目标受众定位。他们必须是现实使用者或潜在购买者，是作出决策或影响购买决策的人。受众可能是个人、小组、特定公众或一般公众。目标受众会深刻地影响沟通人员的各项决策，如传递的内容、方式、时间、地点及传递者的人选等。

14.4.2 确定沟通目标

一旦明确了目标受众，营销人员必须确定所希望的反应。当然，在很多情况下，他们希望最终的反应就是购买行为。但购买行为是消费者漫长决策过程的结果。营销沟通人员需要知道目标受众目前所处的阶段，以及发展方向。目标受众可能处于六个**购买准备阶段**(buyer-readiness stage)中的某一个，它们是消费者在购买决策过程中通常经历的阶段，包括认知、了解、喜欢、偏好、确信及购买(见图 14.3)。

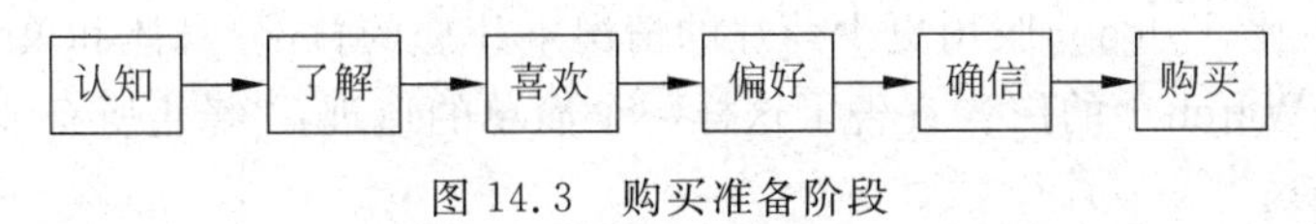

图 14.3　购买准备阶段

目标受众可能对产品全然不知，或是只闻其名，或略知一二。沟通人员首先必须着力于认知和了解这两个阶段。例如，宝洁斥资 1.5 亿美元发起了一项大规模营销活动，向消费者介绍其创新的洗衣产品“汰渍洗衣球”——一种一次性片剂，是洗衣液、去污剂和光亮剂的三合一产品。这次主题为“突然出现，脱颖而出”的宣传活动为消费者展示简单地将一个汰渍洗衣球放入洗衣机就能够清洁衣物，并且让衣物光亮如新。这个广泛的宣传活动使用了大量的传统媒体、数字媒体、移动媒体、社交媒体和店内媒体，以迅速地在整个市场中建立认知和了解。

假设目标消费者对一个产品建立了了解，他们对产品又是如何感知的呢？当潜在购买者知道了汰渍洗衣球之后，营销人员希望将消费者对新型洗衣模式的情感推上更强的阶段。这些阶段包括喜欢(对汰渍洗衣球持有好感)、偏好(比常规的洗涤剂和竞争的洗衣球产品更偏爱汰渍洗衣球)和确信(相信汰渍洗衣球是对他们来说最好的洗衣产品)。

汰渍的营销者整合了各种促销组合工具来创造正面的感觉和信念。最初的广告帮助建立消费者对产品的预期和与品牌间的情感联系。YouTube 上的视频片段和汰渍的脸书主页则为消费者展示了产品的功能和特点。新闻稿和其他公关活动帮助制造关于产品的舆论热度。微型网站(tidepods. com)则提供了额外的信息。

最后,目标市场中某些成员可能已经被该产品说服,但还没有作出购买决策。沟通人员必须让他们采取最后的步骤。为了克服消费者做决定的障碍,汰渍向消费者提供特别促销价格、样品,并在官网、脸书主页等网站上展示来自消费者的支持性评论。

当然,仅靠市场营销沟通并不能使人产生好的感觉并购买新型汰渍洗衣球。产品本身必须为消费者提供最佳的价值。实际上,卓越的营销沟通能够加速一个低劣产品的淘汰。潜在购买者越快知道这个低劣产品,就越快了解该产品的缺陷。因此,好的营销沟通要求"好的宣传伴随着好的行为"。

14.4.3 设计信息

一旦确定了所希望的受众反应,营销沟通人员就着手设计有效的沟通信息。理想的信息应当能够引起注意(attention),维持兴趣(interest),激发欲望(desire),并促成行为(action),这就是所谓的 AIDA 模式框架。事实上,很少有信息能够将消费者从认知阶段一直引导到购买阶段,但 AIDA 模式框架提出了对信息质量的要求。

在将信息组合起来时,沟通人员必须解决说什么(信息内容)与如何说(信息结构和形式)的问题。

信息内容 营销人员必须想出一种诉求或主题,以产生预期的反应。诉求有三类:理性诉求、感性诉求和道德诉求。理性诉求(rational appeal)是与受众的自身利益相关的。它们展示产品会给消费者带来期望的好处。例如,信息中说明产品的质量、经济性、价值或性能。因此,Aleve 在广告中宣称:"服用药物越多并不表示痛苦就越能得到缓解,Aleve 有能力在比 Tylenol 服用更少药片的情况下让您的背部、身体和关节一整天都远离疼痛。"Weight Watcher 的广告宣告了这样一个简单的道理:"终止所有节食的秘密就是,根本不需要节食。"

感性诉求(emotional appeal)旨在激起消极或积极的情绪,以刺激购买。沟通人员可以使用诸如爱、愉悦、幽默、恐惧和内疚等一系列感性诉求。倡导情感性信息的人宣称,它们可以引起更多的注意,令人对赞助商和品牌持有更多的信任。关键问题是,人们的感觉先于思考,劝说在本质上是感性的。在商业广告中,好的故事叙述者通常都很擅长打感情牌。例如,谷歌为了促进它的 Chrome 浏览器而发布了一则 90 秒的温情广告"亲爱的苏菲",广告中一位父亲使用谷歌产品来编目他女儿苏菲的生活事件,从出生和重要的生日到换牙和学习滑雪。他使用 Gmail 记录日记,并且将她的视频分享到 YouTube 上。广告的结尾是"网络是你让它成为的那样"。到目前为止,该广告已经收获了近 600 万次 YouTube 点击量。

现在,从以安海斯—布希(Anheuser-Busch)为代表的消费品公司到以 Allstate 为代表的老牌保险公司，似乎每个公司都在自己的广告里采用幽默的方式。例如，《今日美国》杂志(*USA Today*)选出的去年超级碗比赛前十大流行广告中的九则都采用了幽默的方式。使用得当的话，幽默可以吸引人的注意，让人感到舒服，并且树立一种品牌个性。然而，广告者在使用幽默时必须非常谨慎。使用不当的话，它会转移消费者的视线，很快地消磨产品的受欢迎程度，掩盖产品的特色，甚至激怒消费者。

道德诉求(moral appeal)针对的是受众有关什么是"对"和"应该"的理解。它们通常会用来激励人们支持社会事业，例如清洁环境以及帮助弱势群体。例如，"以美国方式生活"运动敦促人们返回他们的社区，以达到"生活在美国，就要有所作为，为你社区中的每个人创造机会"的目标。EarthShare的一则广告提醒人们"我们居住在我们共同建造的房子里，我们所作出的每一个决定都会有后果……我们既然选择了我们所生活的这个世界，那么就请作出正确的选择……"，以此来敦促人们参与环保。

信息结构 沟通人员还必须确定如何处理三个信息结构问题。第一个问题是应该下结论还是留给受众判断。研究表明，在许多情况下，比起直接下结论的方式，广告者最好只提出问题，然后让购买者自己做结论。

第二个信息结构问题是，应当将最强有力的证据放在开始还是最后。首先提出最有力的证据能引起强烈的注意，但可能落得虎头蛇尾。

第三个信息结构问题是，应当只提出单方面的论据(仅提及产品的优点)，还是提出两方面的论据(在向顾客宣传产品优点的同时，也承认它的不足之处)。一般说来，单方面论据在推销时的效果更好，除非接收者受教育程度很高或存在听到反面观点的可能，或者当沟通者需要克服负面关联时。亨氏公司传达了这样的信息，"可口的亨氏番茄酱需要花时间烹制"，而李施德林(Listerine)宣传道，"李施德林漱口水会使你每天有两次感受不那么美味"。这种情况下，两方面的论据能提高广告的可信度，使购买者对竞争者的攻击产生抗拒。

信息格式 营销沟通人员还需要一种有效的格式来传达信息。在印刷广告中，沟通人员必须确定标题、文案、插图和色彩。为了引起注意，广告商可以使用：新奇和对比；引人注目的图案和标题；独特的格式；信息的大小和位置；色彩、造型和变化。如果信息在电视或视频中播放，沟通人员必须配合着动作、速度和声音。展示者需要细致地考虑从开始到结尾的每一个细节。

如果信息要经过产品或其包装来传达，沟通人员还应注意其质地、气味、色彩、大小及形状等。例如，色彩本身可以增加对品牌的信息识别，一项研究表明，色彩最高能增加80%的品牌识别率，想一想塔吉特(红色)、麦当劳(黄色和红色)、IBM(蓝色)、UPS(棕色)。因此，在设计有效的营销沟通时，营销人员必须仔细考虑颜色和其他看似微不足道的细节的影响。

14.4.4 选择媒体

接下来，沟通人员必须选择沟通渠道。从广义上讲，沟通渠道可以分为两大类——人员沟通和非人员沟通。

人员沟通渠道 在人员沟通渠道(personal communication channel)中，两人或更多的人彼此直接沟通。他们可能面对面谈话,打电话,写信或写电子邮件,甚至发短信和网上"聊天"。人员沟通渠道之所以有效,是因为它能创造人际关系,并产生反馈。

有的人员沟通渠道由公司直接控制。例如,公司销售人员与购买者接触。但有关产品的其他人员沟通是通过非直接控制的渠道来接触购买者。可能包括独立的专家(包括消费者权益组织、线上购物指导、博主和其他形式)为购买者提出购买意见,也可能是邻居、朋友、家庭成员和同事等与购买者进行沟通。后一种渠道也叫作**"口碑影响"**(word-of-mouth influence),在许多产品领域有显著的作用。

人员沟通对价格昂贵、有风险或高可见度的产品最为有效。最近的一项调查发现,朋友和家人的建议对全球消费者的影响都是很大的:超过50%的消费者表示朋友和家人是影响他们认知和购买的头号因素。一项研究发现,90%的顾客信任朋友和家人给出的推荐,70%的人相信网上的消费者意见,然而对广告的信任度却从62%下降到不足24%,这还要取决于广告媒介。那么,在诸如Amazon. com之类的网站上,有谁在实际购买的时候没有参考其他顾客的评论或者参考"购买该商品的顾客还买了……"这部分信息呢?

公司可以采取几种方式来实现人员沟通。例如,正如我们在第5章中所讨论的,公司可以为其品牌培养意见领袖——意见领袖的观念受到其他人的追随——它们将产品以优惠条件提供给某些意见带头人,或者培训他们以便让他们影响其他人。**蜂鸣营销**(buzz marketing)包括培养意见带头人并让他们将关于产品和服务的信息传播给其所在群体中的其他人。

宝洁曾开展过巨大的口碑营销活动:由50万名母亲组成的Vocalpoint项目。Vocalpoint招募"联系人",这些人是天生的交际能手,她们拥有极为广泛的朋友圈子,并且具备能言善侃的天赋。她们不仅为宝洁品牌,也为其他的代理公司(这些公司一半的业务来自非宝洁品牌)进行口碑宣传。宝洁经常使用Vocalpoint关系网络发布其新产品信息,比如汰渍洗衣球。宝洁并没有给这些母亲付钱也没有训练她们说些什么,只是向这些母亲们传授产品知识,给她们提供免费的样品并向她们的朋友提供折扣券,然后,宝洁请她们将"最真实的想法和感受同公司以及其他的女性朋友们分享"。结果是,Vocalpoint项目中的母亲们对这款新产品作出了成千上万条个人推荐。

非人员沟通渠道 **非人员沟通渠道**(nonpersonal communication channel)指不通过人员接触或反馈传达信息的途径,包括主要媒体、气氛和特殊事件。主要媒体有印刷媒体(报纸、杂志、直接邮购目录),广播媒体(电视、无线电广播),展示媒体(告示牌、招牌、海报),以及在线媒体(电子邮件、公司网站、在线社交分享网络)。气氛指特意营造的环境,以产生或强化购买者购买某种产品的倾向。因此,律师事务所和银行的设计注重传达信任感和其他可能被客户重视的品质。事件是通过筹划活动来与目标受众沟通信息。例如,公共关系部门安排隆重的开业典礼、展览会、公众参观及其他事件。

非人员沟通渠道直接影响购买者,而且采用大众传媒可能会引起更多人员沟通,从而间接影响消费者。例如,沟通信息首先从电视、杂志和其他大众媒体传给意见领袖,然后再由意见领袖传给其他人。因此,意见领袖处于大众媒体和受众之间,将信息传达给较少接触媒体的人。有趣的是,营销者们通常采用在广告和促销材料中嵌入顾客认同或者口碑证明材料,借以用非人员沟通的方式来替代或刺激人员沟通。

14.4.5 选择信息来源

在人员沟通和非人员沟通中，信息对目标受众的效果也受他们对沟通人员看法的影响。来源可靠的信息总是更具说服力。因此，许多食品公司向医生、牙医和健康顾问推销产品，让他们向病人推荐该产品。而且营销人员会聘请名人（著名的运动员、演员、音乐家甚至卡通人物）作为代言人，来传达信息。一些NBA明星的形象出现在诸如耐克、麦当劳和可口可乐这些品牌上。《摩登家庭》中的哥伦比亚女演员索菲亚·威尔卡拉为百事（Pepsi）和封面女郎（CoverGirl）代言。还有威尔卡拉、杰·雷诺、玛丽·简·布莱姬、大卫·贝克汉姆和空中铁匠乐队的史蒂芬·泰勒等名人为汉堡王（Burger King）的新菜单进行宣传造势。

但是公司在选择名人做品牌代言人时必须谨慎，选择错误的代言人可能会使公司处于窘境，并且影响其形象。例如，在奥运游泳运动员迈克尔·菲尔普斯吸食大麻的录像曝光后，家乐氏公司立即解聘了他；球星约翰·特里的私人问题曝光后，他原本的良好形象受损，十几家大品牌公司也面临着尴尬境地。Svenska Spel很快声明，他们将不再聘请特里进行广告代言，并且特里是否跟公司还会有业务往来也未可知。一位专家指出："品牌和名人之间的联姻本质上就是有风险的。""99%的名人为其所代言的品牌带来有利支持，"另一位专家说，"还有1%的名人脱离了正常轨道。"（参见营销实例14.2）

营销实例14.2

名人代言：有好也有坏

如今，世界上有很多公司将资源投入品牌的名人代言中，以此作为营销沟通的方式之一。例如在英国，很多电视明星、电影明星、运动员和模特为诸多公司进行各种各样的代言，费用高达上百万美元。这种代言活动日渐增多。这些公司已经意识到，使用这种方式来促销产品和服务能够有效影响目标消费者的行为，这不足为奇。这里面隐含的假设是，人们会喜爱上名人所喜爱的东西。毋庸置疑，选择哪位名人来进行代言，需要考虑的关键因素之一就是名人的个性特征，名人的个性特征必须与被推荐品牌和目标受众的特征相符合。其他的影响因素包括名人的可信度、诚信度和吸引力。因此，无论选择哪一位名人，都是为社会树立的榜样。

如今已经有了很多名人代言的例子。足球明星约翰·特里和韦恩·鲁尼、超模凯特·摩斯都因品牌代言而赚取了数百万美元。约翰·特里已经同各种品牌的营销沟通建立了关联，包括茵宝（Umbro）、三星（Samsung）、全国保险公司（Nationwide）和Svenka Spel，目前特里的商业价值已达2 629万美元。鲁尼在世界球坛的声誉也是引人注目的，这不仅仅是由于他在曼彻斯特俱乐部的表现，也由于他在英格兰国家队的表现。人们对鲁尼的喜爱可以追溯到他早年为埃弗顿青年队效力时，当时他只有10岁。随着他的足球事业日益辉煌，他的影响力也与日俱增，目前，很多大公司都想将其品牌同鲁尼的成就建立起联系。目前，仅他的赞助协议一项就已达每年1 088万美元。诸如耐克、可口可乐、EA体育游戏等品牌已经与鲁尼签订了多样化的代言协议。在另外一个领域，世界超模凯特·摩斯也与包括 Topshop 在内的很多知名品牌签订了代言协议。很明显,这些例子都是品牌代言的有益一面。

然而,这些代言协议有时候也会出现严重的问题。名人们自己有时候会身陷困境,大多数情况下也会影响到他们所代言的品牌,很多名人丑闻对他们的声誉和所代言的品牌都会产生极大影响。例如,尽管约翰·特里因其天才足球运动员的身份而身负很多知名品牌的代言,但其在世界杯即将开赛之前却被媒体爆出了桃色新闻,这也影响到了其所代言的品牌。Svenska Spel 公司的新闻官约翰·蒂塞尔声称,他们将不再聘请特里进行广告代言,并且也不保证特里将来是否还会与公司有业务往来。这一事件对热衷于建立职业生涯的球星而言,无疑是巨大的打击。在此情形下,当英格兰国家队主教练法比奥·卡佩罗宣布特里不再担任国家队队长时,事件又经历了另一个戏剧性的转变。

在特里丑闻事件的新闻逐渐平息下来后,韦恩·鲁尼令人震惊的私通事件被英国小报曝光。这次事件非常严重,以致这位价值 4 640 万美元的球星在比赛中不再得到球迷们的支持。正如所预料的,人们开始分析这次事件的影响,该事件不仅对鲁尼的代言协议产生影响,更重要的是,对所代言的品牌产生了影响。事实上,已经有很多报道称,他或许会被包括可口可乐在内的很多曾经与他签订代言协议的大品牌所弃用。显然,当得到了妻子原谅之后,局势对 24 岁的鲁尼来说已经开始明朗起来。在经过了几周对他可能在 2010 年 10 月转会的猜测后,因为同意继续留在曼彻斯特联队,鲁尼的周薪由 278 440 美元上涨到 386 730 美元。正如《独立报》所报道的,这为英国足球超级联赛树立了新的财务标杆。很多人将这次周薪上涨描述为,这个曾经在丑闻面前努力弥补形象的天才前锋恢复元气了。

丑闻不只在足球界存在,当超模凯特·摩斯在 2005 年因藏有可卡因而被捕时,曾经聘请她做品牌代言人的巴宝莉公司和香奈儿公司迅速作出回应,终止了与她的合作。即便是因为凯特·摩斯表达了对于藏毒事件的悔意而曾许诺给她第二次合作机会的时尚零售商 H&M,也改变了态度并放弃了与她的合作。然而,伦敦芮谜(Rimmel London)化妆品公司却坚持使用凯特·摩斯,并且销售额有所提升。

因为这些组织生产产品和服务以满足社会的需要,所以它们被期望成为社会营销观念的践行者。同时,公司对于代言活动的巨额投资驱使它们远离“麻烦”或者“丑闻”。它们会怎样做呢?它们可能会考虑启动一项保险政策,来应对丑闻发生时的销售下滑,因为这些公司不得不终止合作关系从而损失上百万美元的投资。Lockton 保险经纪公司的分析师罗伯特·巴伦指出,对于卷入名人纷争的担忧足以使很多公司远离名人代言,这种“耻辱保险”的额外成本使得诸多公司开始考虑传统的促销方式,这些方式并不会涉及名人代言这种冒险性的抉择。尽管如此,从广义视角看,名人代言对销售、利润和市场份额的影响依然诱惑着诸多公司。因此,营销者们将会更为谨慎地选择代言人,以将潜在的风险最小化,但公司并不可能完全终止名人代言协议。

14.4.6 收集反馈信息

信息传递出去之后,沟通人员必须调查它对目标受众的影响。这包括询问目标受众是否记得该信息，看过多少次，还记得哪些要点，对信息的观感如何，以及过去和目前对产品和公司的态度。沟通人员也希望从信息的实际效果——有多少人购买了产品、与他人交换有关该产品的意见、前往相关商店——来衡量其对行为的影响。

对营销沟通的反馈结果可能将意味着改变促销计划，甚至改变产品本身。例如，梅西百货公司运用电视和报纸广告来向消费者介绍有关商店、服务和商品的信息。假设反馈报告显示某地区所有消费者中有 80％的人看到了公司的广告，了解它的商品和价格。这些人中有 60％在过去一个月光顾了该商店，但其中只有 20％的人对购物体验表示满意。

这些结果意味着，尽管推广计划建立了知名度，但该商店没有为消费者提供所期望的满意度。因此，梅西百货公司应当在保持成功的宣传计划的同时提高实际购物体验。相反，如果调查显示当地只有 40％的人知道该商店及其产品，其中只有 30％的人最近曾光顾过该商店，但光顾后的顾客中有 80％再次光顾，在这种情况下，梅西百货公司就需要强化促销计划，充分利用自己建立顾客满意度的能力。

14.5 制定全盘促销预算和组合

我们已经探讨过针对目标受众进行计划和传送沟通信息的步骤。但公司应当如何决定全盘促销预算，并将它分配到主要的促销工具上以产生促销组合？它是如何将促销工具组合起来建立整合营销传播的？我们现在来看看这些问题。

14.5.1 编制全盘促销预算

公司所面临的最困难的营销决策之一是应该花多少钱来从事促销。百货业巨子约翰·沃纳梅克曾经说过："我知道我的广告费有一半是浪费掉的，但我不知道是哪一半。我花了 200 万美元做广告，但我不知道这笔钱是只够一半还是多花了一倍。"因此，可以理解各行业和公司花在促销上的费用差别很大。在消费品行业，促销费用可能会占到销售额的 10％～12％，在化妆品行业，促销费用占比为 20％，而在家用电器行业中仅占 1.9％。在特定的行业中，也可以找到或高或低的促销费用。

公司是如何决定其促销预算的？我们看一看四种常见的制定全盘促销预算的方法：量力而为法、销售百分比法、竞争平衡法以及目标任务法。

量力而为法 有的公司使用**量力而为法**(affordable method)，将促销预算定在公司有能力负担的水平上。小公司经常使用这种方法，原因在于公司不能在广告花费上超出公司现有的资金。它们以总收入减去经营和资本费用，然后将剩余资金的一部分投入广告。

不幸的是，以这种方法决定预算完全忽视了促销活动对销售量的影响。它倾向于将促销放在费用优先次序的最后一项，即使在广告对企业成功很关键的时候也是如此，从而导致每年促销预算不定，难以进行长期的市场规划。量力而为法有时候会引起广告费用超支，但更多的时候会导致费用不足。

销售百分比法 其他一些公司使用**销售百分比法**(percentage-of-sales method)，以目前销售额或预测销售额的一定百分比来制定促销预算，或者以单位售价的百分比来做预算。销售百分比法使用简单,能促使管理者考虑促销费用、售价和单位利润之间的关系。

尽管销售百分比法有这些所谓的优点,但事实很难证明这种方法的正确性。它错误地将销售额看作是促销的原因,而非促销的结果。尽管该领域的一项研究表明,促销投入与强势品牌之间有很强的相关性,但两者的关系是结果与原因,而不是原因和结果。最强的品牌有最高的销售额,因此可以对广告投入最大。

因此,销售百分比法是根据资金的可得性,而不是销售机会而定。它可能会阻止为了扭转销售额下降而必须增加的投入。由于预算随着每年的销售额而变化,长期计划变得困难。最后,除了过去已经做的或竞争者正在做的,此法并未提供任何特定的百分比参考基准。

竞争平衡法 还有一些公司使用**竞争平衡法**(competitive-parity method),使促销预算与竞争者的支出匹配。它们监视竞争者的广告,或是从出版物和贸易协会获取对行业促销费用的估计,然后根据行业的平均水平来制定预算。

支持这种方法的论据有两方面:第一,竞争者的预算代表整个行业的智慧结晶;第二,向竞争者的费用看齐可以避免发生促销大战。然而这两个论据都不正确,没有依据去相信竞争者能比公司自身对促销费用的制定有更好的见解。公司之间差别很大,并且各公司都有自己特定的促销需求。最后,没有证据显示根据竞争平衡法制定的预算能避免促销大战。

目标任务法 最合乎逻辑的预算编制法是**目标任务法**(objective-and-task method),公司根据促销所要完成的任务来制定促销预算。这个预算方法必须做到:(1)明确特定的促销目标;(2)确定达到这些目标所需执行的任务;(3)预计完成这些任务的成本。这些成本的总和就是建议的促销预算。

目标任务法迫使管理者说明所花的费用与促销结果之间的关系。但这种方法也是最难实施的。通常很难明确指出哪一个任务会完成哪一项特定目标。例如,假定三星公司希望它最新的便携式摄录机在六个月的介绍期能达到95%的认知度。为了达到这一目标,公司应当采取哪些特定的广告信息和媒体计划?这些信息和媒体计划的成本是多少?三星公司的管理者必须考虑这些问题,即使这些问题很难回答。

14.5.2 设计促销组合

整合营销传播的概念要求公司谨慎地将各种促销工具融合成一个协调的促销组合。但公司应当如何决定使用哪种促销组合呢?同一行业内的公司在设计促销组合时也会有很大的不同。例如,化妆品公司玫琳凯将大部分促销费用放到人员推销和直销中去,而竞争者封面女郎公司在消费者广告方面花费很高。我们现在探讨影响营销人员对促销工具选择的各种因素。

各种促销工具的特性 每种促销工具都有独特性质和不同成本。营销人员在选择沟通工具时必须理解这些特性。

广告 广告可以以较低的单位显示成本到达地理分散的广大潜在购买者,它可以使销售商多次重复某种信息。例如,电视广告可以到达广泛的受众。超过1.11亿美国人会收看最新的超级碗比赛，约有 3 900 万人至少会收看奥斯卡金像奖颁奖仪式的某一部分内容，还有超过 2 600 万人观看第 11 季《美国偶像》的开幕式。而消费者在 YouTube 和公司网站上再次观看广告，使影响力更为扩大。对于那些想要接触广大受众的公司而言，电视是合适的媒介。

除了到达率的优势之外，大规模的广告也从正面反映了销售商的规模、流行性和成功。由于广告具有公众性，消费者更容易将它们视为合法的。广告还具有很强的表现力，它使公司通过巧妙地运用视觉、印刷、声音和色彩来使其产品引人注目。一方面，广告可以用来为产品建立长期的形象(如可口可乐广告)；另一方面，广告能引发快速销售(如科尔士的周末减价广告)。

广告也有一些缺点。虽然它能很快地接触很多人，但这是一种非人员沟通，不如公司推销员那样能给接收者直接的说服。在很大程度上，广告只能与接收者进行单向沟通，接收者会认为自己不具有注意或反应的义务。并且，广告的费用会很高。尽管有的广告形式(如报纸和广播广告)能在较少的预算内完成，但像电视广告这样的形式则需要一大笔预算。

人员推销　在购买过程的某些阶段，人员推销是最有效的工具，尤其是在建立购买者偏好、使其确信并购买方面。这种方式涉及两人或多人之间的互动，从而每个人都能观察到他人的需求和特征，并迅速作出调整。人员推销可以建立和培养各种客户关系，从实际的销售关系到深厚的私人友谊。有效的销售人员随时将顾客的利益记在心中，为的是通过解决顾客的问题与顾客建立长期关系。最后，人员推销使购买者感到有义务聆听和作出反应，即便仅仅是一声礼貌的“不了，谢谢您”。

然而这些独特的性质是有代价的。销售人员比广告要求更长期的承诺——广告能随时播出或取消，但销售人员队伍很难变化。人员推销也是公司最昂贵的促销工具，平均每次推销访问会花掉公司至少 350 美元，依所处产业不同而有所不同。美国公司花在人员推销上的费用比花在广告上的多三倍。

销售促进　销售促进包括各种类型的工具——赠券、竞赛、小额折扣、奖金及其他——这些工具都具有许多独特的性质。它们吸引消费者注意力，触发强烈的购买动机，可以使产品吸引力增强，刺激快速销售。销售促进邀请消费者立即购买，并给快速反应者奖赏。广告说，“买我们的产品”，而销售促进则宣称，“现在就买”。但是销售促进的效果通常是短期的，建立长期品牌偏好和客户关系的效果不如广告和人员推销。

公共关系　公共关系非常受信任——新闻故事、特写、赞助和事件对受众而言似乎比广告更加真实可信。公共关系还可以到达许多不愿意接受广告和推销人员的潜在顾客，信息以“新闻”的方式，而非销售导向沟通的方式与消费者进行接触。和广告一样，公共关系也可以使一个公司或产品引人注目。营销人员往往较少运用公共关系，或是将它作为最后选择。然而，一个经过深思熟虑的公共关系运动与其他促销组合要素相结合可以达到非常有效而经济的效果。

直销　尽管直销有许多形式，像直接邮购和目录邮购、网络营销、电话营销等，但它们有四个共同的特征。直销是低公众性的：信息通常直接针对特定的个人。直销是即时的，并且能够根据消费者而定制：信息可以很快地准备好，并且对不同的消费者分别采用能吸引他们的特定形式。最后，直销具有互动性：它允许在营销人员和消费者之间建立对话，信息也可以根据消费者的回应进行修改。因此，直销对定位性很强的营销活动以及建立一对一的顾客关系是非常合适的。

促销组合策略 营销人员可以选择两种基本的促销组合策略——推式促销和拉式促销。图 14.4 对比了这两种策略。这两种策略对特定促销工具的相对重视程度不同。**推式策略**(push strategy)将产品通过分销渠道推给最终消费者。生产商的营销活动(主要是人员推销和贸易推广)针对渠道成员，引导它们持有产品并推销给最终消费者。例如，约翰·迪尔公司(John Deere)很少直接面向最终顾客促销它的除草机、拖拉机和其他居家打理器具。取而代之的是，约翰·迪尔公司的销售员与劳氏公司、家得宝公司、独立零售商以及其他渠道成员合作，由它们来将约翰·迪尔公司的产品推销给最终消费者。

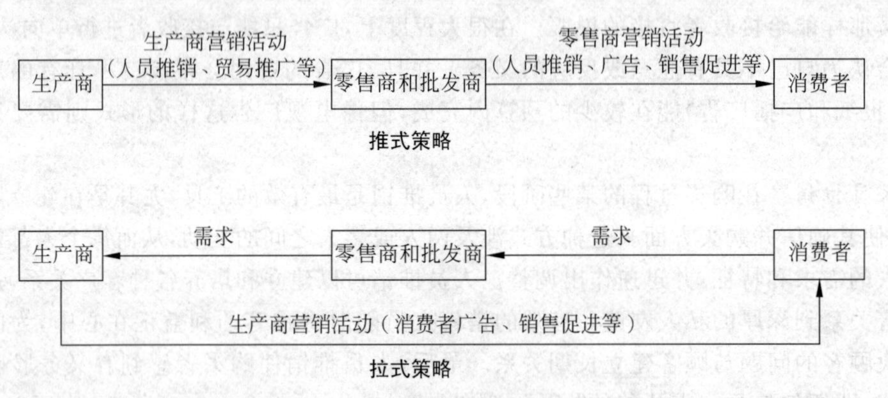

图 14.4 推式促销策略和拉式促销策略

采用**拉式策略**(pull strategy)时，生产商的营销活动(主要是广告和向消费者推广)针对最终消费者，引导他们购买产品。例如，联合利华通过电视和印刷广告、品牌网站、YouTube 频道、脸书主页和其他渠道，向其年轻的目标受众直接推销 Axe 美容产品。如果拉式策略有效的话，消费者会向诸如 CVS、沃尔格林(Walgreens)或者沃尔玛这样的零售商要求这一品牌，渠道成员再转而向联合利华购买。因此，在拉式策略下，消费者需求在整条渠道中“拉动”产品。

有的工业品公司只使用推式策略，有的直销公司只使用拉式策略。不过，大多数大公司使用两种策略的组合。例如，联合利华每年在全球投入 80 亿美元进行营销活动和销售促进，以建立品牌偏好并把顾客吸引进商店实现购买。同时，它使用它自己的和分销商的销售员和贸易推广将品牌通过分销渠道进行分销，以保证当顾客需要产品时能够在卖场货架空间上找得到。

公司在设计促销组合策略时要考虑许多因素，包括产品/市场的类型。例如，在消费品市场和产业市场，不同促销工具的重要性程度不同。消费产品公司常常有更多“拉动”行为，将资金投入广告，其次是销售促进、人员推销和公共关系。相反，产业市场营销人员更倾向于“推动”行为，将较多的资金投入人员推销，然后是销售促进、广告和公共关系。

既然我们已经研究了整合营销传播的概念以及公司在设计促销组合时考虑的因素，让我们更加密切地关注具体的营销沟通工具。

14.5.3　整合促销组合

制定促销预算和促销组合之后，公司必须保证所有的促销组合要素协调一致（整合）。在整体沟通策略的统领下，各种促销因素应该相互配合共同传递公司独特的品牌信息和卖点。促销组合的整合始于消费者，无论是广告、人员推销、销售促进、公共关系还是直销，消费者接触点上的每一次沟通都应该传递一致的信息和定位。整合促销组合保证了沟通方式在消费者需要的时间、地点以消费者需要的方式传递。

为了实现整合促销组合，公司所有的功能都必须配合起来规划公司的沟通活动，很多公司甚至在沟通计划的各个阶段都将消费者、供应商和其他利益相关者考虑在内。公司零散的促销活动会稀释公司沟通的影响力，并导致混乱的定位。相反，整合促销组合将使公司促销努力的集合效果最大化。

14.6　营销沟通的社会责任

在设计促销组合时，公司必须了解关于营销沟通的大量法律和道德问题。大多数营销人员致力于与消费者和经销商进行公开、诚实的沟通，不过也存在一些问题。公共政策部门制定了大量的法律和规章来管理广告、销售促进、人员销售和直销行为。在这一部分，我们将讨论有关广告、销售促进和人员销售的问题，关于直销将在第 17 章讨论。

14.6.1　广告与销售促进

根据法律，公司必须避免虚假或欺骗性广告。广告商不能作出虚假的宣传，比如声称一种产品能治愈某种病症，但实际上不能。它们必须避免有欺诈可能的广告，即使没有人会真的受骗。汽车广告不能宣传每加仑汽油能开 32 英里，除非在通常的条件下确实如此；面包不能因为切片较薄就宣传自己所含的热量较少。

销售商必须避免诱售法广告（bait-and-switch advertising），以虚假的托词来吸引购买者。例如，一家大型零售商在广告中标明一台缝纫机售价为 179 美元。然而，当消费者前来购买那种缝纫机时，卖者却在陈列室摆放低劣的缝纫机，贬低其性能，并采取其他措施诱使购买者转向一台更昂贵的缝纫机。这种做法既不道德，也不合法。

公司的贸易促销活动也受到严格的管制。例如，在《罗宾逊—帕特曼法案》中，销售商不能通过贸易促销为特定的顾客提供优惠。企业必须为所有经销商提供同等比例的促销折扣和服务。

除了单纯避免违法行为，比如说欺诈性广告和诱售法广告，公司还可以用广告和其他促销形式来为社会责任计划和行为做宣传。例如，2010 年墨西哥湾“Deepwater Horizon”石油钻井平台发生爆炸和溢油事件后，英国石油公司（BP）在海湾沿岸的修复工作上投入了数十亿美元。这些努力中有一个为期三年的“海湾之声”宣传活动，该活动旨在帮助墨西哥湾沿岸恢复旅游业。在这个整合了电视、网络和社交媒体的宣传活动中，来自墨西哥湾沿岸各州的人们讨论着他们州的大海滩、捕鱼活动和海鲜，并邀请观众到海边度假。除了旅游系列之外，BP 还一直在进行一项线上的“MyGulf”活动，活动主要内容是在墨西哥湾生活和工作的人们的视频。部分归功于BP赞助的这些推广活动，尽管经济仍然低迷，但许多墨西哥湾沿岸地区的旅游业如今已经超过了溢油事件发生前的水平。

14.6.2 人员推销

公司销售人员必须遵守"公平竞争"的原则。大部分州已经制定了有关欺诈性销售的法律，说明哪些行为是不允许的。例如，销售人员不可以对消费者说谎，或是误导他们说购买某种产品有怎样的好处。为了避免诱售法的施行，推销人员的陈述必须与广告里的宣传相符合。

消费者在家中接受拜访或者在销售商非永久销售地点进行购买，与到商店中寻求产品是两种不同的情况，因此使用的是不同的规则。由于在家中接受拜访令消费者出乎意料，很可能屈服于高压推销技术，因此联邦贸易委员会(FTC)采纳了三天冷却期法则，对那些非主动寻求产品的消费者给予特别的保护。在该法则下，在家中、工作单位、宿舍或者临时租住地(如酒店客房、会议中心和餐馆)购买价格高于25美元的产品的消费者，在72小时之内可以取消合约，即退还商品并如数拿回所付的钱，商家不得提出任何异议。

许多人员推销涉及企业之间的贸易行为。在向企业进行推销时，销售人员不得向购买代理商或其他能影响销售的人行贿。他们不能通过贿赂或商业间谍活动获取或使用竞争者的技术或商业秘密。最后，销售人员不能通过暗示一些不真实的事来贬低竞争者或其产品。

小结

本章学习了公司如何使用整合营销传播(IMC)来沟通顾客价值。现代市场营销所要求的不仅仅是通过开发优良的产品、制定吸引人的价格、使目标顾客能够在市场上买到产品来创造顾客价值。公司还必须以明确和有说服力的方式与现有和潜在的顾客进行价值沟通，为了达到这一目标，公司必须混合使用五种促销组合工具，这五种工具受精心设计的整合营销策略的指导。

1. 定义顾客价值沟通组合的五种工具。

一个公司的促销组合(也叫作营销沟通组合)将广告、人员推销、销售促进、公共关系和直销工具组合在一起，用来有说服力地沟通顾客价值并建立顾客关系。广告是由特定的资助者出资，以非人员的方式对创意、产品或服务进行展示和推广。相反，公共关系注重与公司相关的各个群体建立良好的关系。人员推销是由公司的销售人员介绍商品，以达到完成销售和建立顾客关系的目的。企业运用销售促进的短期激励行为来鼓励购买产品或服务。最后，公司运用直销工具来与消费者进行沟通，从经过认真限定的目标顾客那里获取直接的回应并培育顾客关系。

2. 讨论沟通策略的变化以及整合营销沟通的必要性。

最近信息技术的巨大进步及营销人员与消费者之间沟通策略的转变对营销沟通产生了巨大的影响。广告人员如今正在使用更多专业的和高针对性的媒体——包括数字和在线媒体——以期用更加个性化和互动性更强的信息接触到更小的顾客群。由于他们采用了更丰富而零散的媒体和促销组合去接触多样化的市场，他们也在给消费者制造出一种沟通大杂烩的风险。为了避免这种情况，公司开始采用整合营销传播（IMC）。在整合营销传播策略的指导下，公司确定各种促销工具的任务以及对它们使用的程度，仔细地将各种促销活动以及大型宣传运动的时间协调起来。

3. 列出开展有效营销沟通的过程和步骤。

沟通过程包括九个因素：主要的两方（发出者、接收者），两种沟通工具（信息、媒介），四种沟通功能（编码、解码、反应、反馈），还有干扰。为了有效沟通，营销者必须了解这些因素如何结合使用以向目标顾客沟通价值。

在准备营销沟通的阶段，沟通人员的首要任务是明确目标受众及其特征。然后，沟通人员应当确定沟通目标以及所期望的反应，是认知、喜欢、偏好、确信还是购买。接着要设计含有有效内容和形式的信息。然后，选择人员沟通和非人员沟通的媒体。沟通人员要找到可信赖的来源以传达信息。最后，沟通人员必须收集反馈，观察市场上有多少人对产品产生认知，试用该产品，并且在使用过程中感到满意。

4. 解释制定促销预算的方法以及影响促销组合的因素。

公司必须决定在促销上花多少钱。最常用的方法包括投入公司能负担的费用，投入销售额的某一个百分比，以竞争者的促销支出为基准，以及根据沟通目标和任务的成本分析来决定促销投入。公司还必须决定如何将促销预算分配到主要的促销工具上去，以建立促销组合。公司可以运用推式或拉式促销策略，或者将两者结合。最佳的促销工具组合依赖于产品/市场的类型、购买者的准备阶段，以及产品所处的生命周期阶段。组织中的所有人都应当了解关于营销沟通的诸多法律和道德问题。公司必须努力地与顾客和经销商进行公开、诚实、令人愉快的沟通。

问题讨论

1. 列出并简要描述五种主要的促销组合工具。

2. 讨论影响组织营销沟通职能的其他因素。传统的大众媒体会像有些人预测的那样很快消亡吗？

3. 列出并简要描述沟通过程的九个要素，为什么营销者需要了解这些要素？

4. 列出并描述四种促销预算方法，并讨论每种方法的优缺点。哪一种预算方法是最优的？

5. 比较人员沟通渠道和非人员沟通渠道。

批判性思维训练

1. 以小组为单位，为一家本地企业或非营利组织设计一套整合营销沟通计划。你们的计划采取的是推式策略还是拉式策略？请解释原因。

2. 找到三个广告信息中包含营销社会责任的例子。一些企业为了自己的利益而利用社会问题或组织，因此饱受批判，你找到的例子是这样的吗？请进行解释。

营销技术：线上广告拍卖

你是否曾经想过，相关品牌和企业的广告是如何围绕谷歌搜索结果和围绕你在互联网上访问的每个网站而出现的？广告商付钱让这些广告建立在你的关键词搜索、网络冲浪行为、脸书状态和Gmail信息的基础上。尽管有隐私保护的问题，线上追踪行业仍然不断发展。Krux数字报告显示，每访问一个网页会收集56份数据，比去年增长了五倍。《华尔街日报》2010年的一项调查发现，50个最受欢迎的美国网站在该研究所使用的计算机中安装了超过3 000个追踪文件。而最受儿童和青少年欢迎的前50个网站的追踪文件总数甚至是更多——达到了4 123个。许多网站在测试过程中都安装追踪工具，几乎每个网站都安装了100多个追踪工具。追踪工具包括放置在用户计算机和网站上的文件。营销人员使用此信息来定位在线广告。但如果没有在线广告拍卖，这些是不可能出现的。当用户访问网页时，该信息将通过计算机拍卖给出价最高的人。出价是基于用户的互联网浏览行为。在这种拍卖中，投标人是代表广告商行事的技术经纪人。实时竞价占了在线显示广告市场的18%，而网站每千人访问量的拍卖价少于1美元。网络追踪提供了在拍卖中用以出售的用户数据，有超过300家公司正在收集这些数据。数据收集者经常彼此共享信息，因此比网站的所有者——广告销售商——拥有更多关于网站用户的信息。

1. 撰写一份报告，解释线上广告拍卖是如何运作的，以及它对于网络广告的影响。

2. 批评意见认为网络追踪侵害了消费者的隐私权，而网络追踪行业的发展正在失控。讨论网络追踪对于营销者和消费者各有什么优缺点。

营销伦理：广告诉求

几家知名公司为了解决消费者向联邦贸易委员会(FTC)提出的欺骗性广告投诉而支付巨额罚金，因此成为头条新闻。领先的塑形鞋公司斯凯奇(Sketchers)最终同意支付4 000万美元以解决“散播未经证实的宣传”的指控。斯凯奇花费了数十亿去宣传它的鞋子在调整形体姿态和臀部肌肉方面比常规的步行鞋和跑鞋更有效。它还邀请了像金·卡戴珊和乔·蒙塔纳这样的名人来为产品代言。FTC认为，这些广告宣传所依据的研究根本没有得出广告中所声称的结论。而且对斯凯奇的情况毫无帮助的是，这项研究还是由一名斯凯奇营销主管的丈夫进行的。锐步也由于作出了类似宣传而向FTC支付了2 500万美元的罚金。最近在解决来自FTC的关于“欺骗性广告”申诉的其他知名公司还有POM、达能(Dannon)、奥雷克(Oreck)和妮维雅(Nivea)。达能因为邀请杰米·李·柯蒂斯来吹嘘其Activia酸奶对于消化规律的益处而被罚款4 500万美元。奥雷克和妮维雅的罚款相对比较轻。奥雷克只须支付75万美元来解决对于其宣称真空吸尘器的紫外线和过滤器能杀死和抵御流感和其他病菌的投诉，妮维雅也只须支付90万美元来解决对于其宣称My Silhouette！护肤霜能帮助瘦身的投诉。

1. 研究FTC关于欺骗性广告的政策，并另举一个有关未经证实夸大宣传的案例写一份报告。

2. 广告行业已经建立了国家广告部(National Advertising Division)(www.NAD.org)来监督美国商业促进局委员会的自律监管过程。对比 NAD 和 FTC 处理欺骗性广告事件的方法，并选择一个经由此过程处理的案例撰写一份报告。

数字营销：广告销售额比率

使用销售百分比法的广告商按照当前或预测销售额的一定百分比来设定预算。然而，决定使用多少百分比通常而言是不明确的。许多营销者参照行业标准和竞争者的广告投入进行预算设定。而像 Schonfeld & Associates 这样的公司则提供按行业划分的广告销售额比率的年度报告。虽然这些信息是发布在专有报告中的，但是许多网站和贸易刊物——如《广告时代》(*Advertising Age*)——会发布各行业平均水平的汇总数据以及顶级广告商们的广告销售额比率。

1. 找到过去十多年来四个不同行业的广告销售额比率。尽量找到这个时间段内尽可能多的信息，一定要找到能体现出每个行业广告销售额比率的变化趋势的足够数据。制作图表来体现这些趋势，并且给出足够的理由来解释这些趋势。

2. 解释为什么这四个行业内广告占销售额的百分比不同。

公司案例

红牛——不一样的整合运动

新墨西哥州沙漠小镇罗斯威尔风平浪静的一天，在离地面 13 英里的地方，有一个下方垂挂着太空舱的巨大氦气球。太空舱的门打开了，背景是地球——弧形的地平线剧烈弯曲，而上面的天空几乎是黑色的。一个身穿全套宇航服的男人走到一个小平台上站稳脚步。他迅速朝着镜头敬了个礼，然后跳了下来。

美国宇航局的测试？不。这是红牛(Red Bull)的最新促销活动——一种唤起人们对"红牛给你翅膀"这一著名标语的震撼和敬畏的反应的极限特技。如今，通过一系列其他类似的活动，红牛的信息经由众多名人代言和体育、音乐及娱乐活动赞助而得到广泛传播。红牛并不是最传统的营销者。它通过各种促销活动传播自己的品牌信息，并且很大程度上避开了传统媒体。红牛整合其不同信息的方式是直接与客户建立深厚情感联系的成功典范。

不可能的开始

一切始于 30 年前，当时奥地利的牙膏推销员迪克·梅特舒兹来到泰国。在那里，他尝试了一种叫 Krating Daeng 的"补药"——泰语中意为"水牛"。它口感很差，但是立即治愈了他的时差紊乱。有因必有果，在几年之内梅特舒茨和一个伙伴获得了在世界其他地方销售该配方的权利。他们把它命名为红牛。

刚开始，红牛没有任何一处是符合常规的。蓝色和银色相间的细长罐头上画着两头在黄色太阳前几乎要撞碎头的健壮红牛，并不像任何市场上已有的东西。它的大小和它

8.3 盎司的重量也是如此。它神秘的成分——如牛磺酸和葡醛内酯——以及令人作呕的甜味常常被描述为“液体甜饼”或“罐装咳嗽药”，这款饮料无法对应于任何既定的饮料类别。而红牛2美元的价格标签也让它成为到那时为止最昂贵的碳酸饮料。但就在这种不太可能的组合下，红牛创造了新的饮料类别：功能饮料。

梅特舒茨在奥地利本土推出红牛时以唯一口号“红牛给你翅膀”来永远伴随这一品牌。当他第一次听到这句话时，梅特舒茨知道这句口号将是红牛品牌形象的核心。他不在乎产品的口感。他说：“这不只是另一种由颜色、口感或风味而区分的糖水。”“这是一个功能产品。我在谈论的是提高耐力、集中力、反应时间、速度、警惕性和情绪状态。口感是没有任何意义的。”尽管最初收到了负面的产品评论，但红牛最终获得了年轻男性这一目标市场的认可。它在欧洲的销售额也有如公牛般增长。

不可能的促销计划

作为一个没有太多广告预算的年轻公司的带领者，1997年梅特舒茨继续以他非正统的方式在美国推出红牛。他顶住了20世纪90年代其他初创企业所标榜的咄咄逼人的过度宣传运动的趋势。相反，他让其年轻的、有吸引力的营销大军以轴承上绘有红牛标志、行李箱内满载红牛罐装饮料的越野车队的形式，向人们发放免费红牛罐装饮料。接下来就是口碑宣传的事了。梅特舒茨以这种方式向人们介绍了红牛并且建立了品牌形象，除此之外他什么也没有做。

作为一个在草根市场上蓬勃发展的产品，红牛主要依赖于口碑宣传。关于红牛的故事传遍了整个欧洲的大街小巷和通宵派对，谣言也随之四起。有人说牛磺酸是公牛睾丸甚至公牛精子的衍生物。更糟糕的是，有传言说年轻人在派对狂欢的时候喝了太多的红牛死掉了。虽然这些谣言都没有得到证实，但梅特舒茨坚信，公司最重要的宣传技巧之一就是让谣言满天飞而什么也不说。梅特舒茨说：“一开始，那些反对这种产品的高中老师和那些喜欢它的学生至少同等重要。”“报纸问道：‘这是毒品吗？它是无害的吗？它危险吗？’这种矛盾心理是如此重要。对于一个品牌产品来说，最危险的事情是人们对它毫无兴趣。”

红牛的促销武器组合在一点点地增长。有时红牛公司也涉足电视和印刷广告。但红牛的主要策略是避开这种主流促销技术。相反，梅特舒茨的计划是以远远超出其本身的覆盖范围和频率的方式来推广品牌。他希望这个品牌能让年轻人以最充分地体验红牛的方式正面打动他们。他希望通过那些对顾客有意义的活动来吸引他们，以便迅速与他们建立深厚的关系。

在这样的促销哲学下，红牛的促销组合才能有今天这样的发展。下面的描述仅仅是红牛促销技巧的一个样本。

运动员和球队。由于其促销信息的核心是声称红牛能够改善运动表现，该品牌学习了耐克和佳得乐的做法，早早地开始签约运动员代言人。如今，红牛在97项运动项目中赞助了超过500名运动员——其中100名来自美国，大多是“极限”运动项目。红牛以其非常规的方式将这些运动员引入红牛的“家庭”，只不过就是“支持”他们实现梦想的口头约定。现在红牛大家庭包括肖恩·怀特和特拉维斯·帕斯特拉纳这样的顶级运动员，以及一些小众运动项目的运动员。每当这些运动员正式公开露面时，红牛的名字或标志就能在他们身上的某处可见。

但红牛的代言策略不仅仅是对个别运动员的支持。红牛拥有四支足球队：纽约红牛队、红牛萨尔茨堡队、巴西红牛队和莱比锡红牛队。该品牌还拥有一个纳斯卡车队和两个F1赛车队。许多人认为，拥有球队的所有权仅仅是梅特舒茨的一种嗜好，因为这些球队都没有赚钱。但梅特舒茨说，这种说法没有切中要害。他表示："从字面上来说，我们的运动队还没有盈利，但从价值上讲他们已经盈利。""全部的社论媒体价值加上围绕这些运动队而创造的媒体资产都高于纯广告支出的价值。"

体育赛事。由于红牛与运动员和运动队建立了关系，不久后它就开始赞助赛事活动。如今，几十个主要的年度活动中都有红牛的名字，包括红牛美国大奖赛（摩托车）、红牛威克公开赛（花式滑水）、红牛坠山赛（山地自行车）和红牛神枪手（篮球）。通过这些赛事赞助，红牛不止一次发明了全新的运动。

比如红牛破冰——一项冬季极限运动世界巡回赛。它类似于滑雪趣味追逐赛或滑雪板趣味追逐赛——只不过这是在冰上穿着冰鞋。在这项运动中，世界上一些最强悍的冰球运动员以最高可达每小时40英里的速度竞赛。但真正的追逐赛是发生在一个500米长的充满颠簸、跳跃、堤坝和其他障碍的冰运河中的。相机会捕捉所有的行动，包括选手们经过时尖叫的球迷和红牛的横幅。

音乐和娱乐。意识到其目标顾客并非"永远在运动"，红牛将其代言和活动的策略推广到音乐和娱乐领域。凭借其对独特性的灵敏嗅觉和爱好，红牛开始赞助舞蹈、音乐、电影、视频游戏和其他创意媒体领域的艺术家、团队和活动。红牛飞行巴赫是一个表演剧团，围绕巴赫音乐表演霹雳舞。还有一个全国性的邀请赛，顶级艺术家竞相为标志性红牛帆布冰袋进行重新设计。

节目。作为ESPN的*No Limits*这类电视节目和*That's It, That's All*这类电影的制作人，红牛在媒体制作方面并不是新手。但也许它最雄心勃勃的举动是创建了红牛传媒公司——"全球红牛媒体网络中心"和"进入红牛世界的大门"。该网络横跨电视、印刷、移动、数字和音乐。经过这一步，红牛成为一个主要的多媒体内容提供商。

作为一个能证明该网络有多广泛的例子，红牛传媒的音乐分支是一个完整的音乐部门，它包括红牛出版（红牛传媒公司的音乐和音频中心）、红牛唱片（它自己的音乐品牌）和红牛无线电服务（基于互联网的无线电广播网络和原创节目）。通过这个音乐媒体网络，红牛将其品牌置于公司、品牌和艺术家合作的中心，鼓励他们参与红牛的资源。

考虑到红牛传媒公司网络的众多媒体，很显然梅特舒茨并不仅仅将红牛视为一个饮料品牌，而是作为一个尚未到达边界的全球生活方式品牌。他称最近的进军多媒体是"我们迄今为止最重要的线路扩展"，其目标是"在所有的媒体部门中交流和传播'红牛的世界'"。就像所有其他的促销活动一样，梅特舒茨希望红牛传媒公司能够为其带来收益。但与他的运动队一样，他愿意耐心等待这些活动带来的推广价值。

一切为了消费者

菲利克斯·鲍姆加特纳在13英里高空的成功跳跃只是一次演习。当他在今年晚些时候完成他真正的跳跃时，那是在平流层——海平面以上23英里跳下的。在这个过程中，他打破了四项世界纪录：最高的载人气球飞行、最高的高空跳伞、最长的自由落体和第一个突破音速屏障的跳伞者。他还测试了宇航员要穿的下一代宇航服。而红牛品牌则在整个事件中都打上了烙印。但除了宣传报道之外，这一壮举也达到了所有其他红牛促销活动的目的——通过情感体验与顾客建立深厚的关系。

从其不可能的起源开始，红牛已成长为一个庞大的企业。去年，该公司售出42亿罐饮料，收入超过50亿美元，比上年同期增长16%。随着红牛的持续增长，梅特舒茨也无意放慢脚步。他承认，其实他一直被建立独立王国——“一个红牛的国家”——这个想法所吸引。“规则很简单。没有人告诉你你必须做什么——只有你不必做什么。”

讨论题

1. 列出红牛的促销努力中所有与主流相比更独特的方式。

2. 红牛使用了哪些促销组合要素？你会给红牛在其营销传播运动中对各种促销组合要素的整合打多少分？

3. 红牛会不会出于保持增长的目的而最终需要采纳更多的传统媒体营销技巧？为什么？

4. 描述红牛的目标市场。红牛的促销技巧是否与其目标客户相一致？

5. 在某个时刻，红牛会不会必须延展它的目标市场？为了实现这一目的，红牛是否会改变其促销策略？

Principles of Marketing

第 15 章

广告与公共关系

学习目的

- □ 确定广告在整个促销组合中的作用
- □ 描述开发广告活动时的首要决策
- □ 定义公共关系在促销组合中的作用
- □ 解释公司怎样利用公共关系与公众沟通

本章预览

现在我们来看一下完整的整合营销传播计划，让我们更深入地了解具体的营销沟通工具。本章我们将介绍广告和公共关系。广告通过使用付费媒体来告知、劝说和提醒顾客，从而沟通公司的品牌价值。公共关系是同公司的各种公众建立起良好的关系，这些公众从消费者到一般大众再到媒体、投资人、捐赠者和政府。在所有的促销组合工具中，广告和公共关系在总体的整合营销传播项目中经常混合使用。在第 16 章和第 17 章，我们将会讨论余下的促销组合工具：人员推销、销售促进和直销。

让我们首先考虑以下问题：广告是否真的能带来收益？汽车保险公司肯定认为广告是可以带来收益的。市场领导者 State Farm 每年在广告上花费超过 8 亿美元，排名第二的好事达(Allstate)公司每年花费超过 5 亿美元，排名第三的 GEICO 则花费高达 10 亿美元的年度广告费。各汽车保险商现在每年总计花费 40 多亿美元来传播信息。所有这些花费，加上不断创新的广告宣传活动，掀起了一场汽车保险广告大战。为了在这场战斗中坚持下去，好事达甚至创造了自己的广告品牌。

好事达：为汽车保险广告带来混乱

在目前的广告活动中，好事达保险给生活带来了“混乱”。演员迪安·温特斯参演了这一广告,讲述了一系列不太可能发生的事件组成的混乱景象,并说明这些可以直接导致汽车保险索赔。一只鹿在夜里撞上一辆行驶中的轿车,"因为这就是我们鹿该做的事"。倾盆大雨灌进了漏水的天窗。失灵的GPS让司机撞到另一辆车。雪把车库的屋顶压下来,直到它倒塌,把车撞坏。每个古怪的广告都以声明和问题结尾:"如果你只有廉价的保险,你将要自己付钱。你确定自己的选择正确吗?"

通过这些巧妙的广告,好事达富于创意、赞誉颇多的"混乱无处不在"广告活动给公司长久以来的"好事达帮你处理一切"口号加上了一个吸引眼球的转折语,有助于把公司品牌定位为价格导向的竞争者的优质替代者。但为什么这种非常规的广告活动是必要的?其实,混乱不只是用于描述好事达的广告活动——它刻画了过去十年来整个的汽车保险广告界。

不久以前,大型汽车保险公司只花费适当的金额在一些温情的广告中,例如好事达的"好事达帮你处理一切"和State Farm的"像一个好邻居"。这个行业的特征是低预算和忽视广告的重要性,因此没有什么品牌的营销是出色的。然而,这样的平静在2000年标志性的GEICO"壁虎"形象首次露面后终结。从那时起,保险业的广告支出和创造力已经升级成为全面广告战。在过去的十年里,汽车保险广告所花的钱增加了一倍多。曾经保守的汽车保险行业开始进行创造,前卫和创新的作品在行业中随处可见。以下是一些亮点:

- GEICO:1996年亿万富翁沃伦·巴菲特旗下的伯克希尔—哈撒韦公司(Berkshire-Hathaway)收购了GEICO,且设定了激进的市场份额目标,自此GEICO激起了汽车保险行业的广告大战。这导致了汽车保险行业前所未有的广告攻势。一系列的GEICO创意活动中出现了各种各样的形象,但GEICO的壁虎标识拥有最大的影响。伴随着纯正的英语口音,GEICO的壁虎传递了一个简单明确的信息:"15分钟可以节省15%或更多的汽车保险费用。"相比于行业中其他公司,壁虎将汽车保险定位为价格主宰的普通商品。在过去的十年里,公司的市场份额增加了一倍,达到了8.5%。
- Progressive:在GEICO的带领下,Progressive在2008创建了自己可爱的虚拟销售员Flo。一向乐观的Flo说服市场中的消费者,告知他们可以从Progressive得到更好的价格。Flo帮助Progressive在行业中获得第四的位置,紧跟着GEICO。Flo在人们准备买保险时会帮助他们,而Progressive最新的角色——Messenger——提醒着人们Progressive的存在。在电视广告和视频广告中,穿着皮夹克的大胡子Messenger告知顾客Progressive的折扣。像GEICO的壁虎一样,Flo和Messenger以强调节省价格为主要诉求。
- State Farm:由于GEICO和Progressive已经用低价格、高利润的直销模式动摇了这个行业,基于代理制的传统汽车保险公司被迫作出反应。例如,有着18.7%市场份额和90年历史的行业领导者State Farm,在新营销活动中以"像一个好邻居"为口号,大力反击。在公司最近的"神奇之声"广告中,State Farm的代理商在接到像勒布朗·詹姆斯这样处于麻烦的年轻司机的电话后,奇迹般地出现了。该活动的目标是说服消费者,他们仍然需要State Farm的18 000个保险代理之一的服务。为了更有力地说明这一点，State Farm 最近增加了一倍的广告预算。

由于和好事达等竞争对手进行的广告创意竞争，Progressive 的首席营销官说："这个已经被遗忘的行业发出了一声真正的嘶吼。"今天，不少于 11 家汽车保险品牌正在进行电视广告宣传活动。同时，汽车保险公司现在每年花费超过 40 亿美元来向消费者传递信息。这使消费者非常困惑，他们觉得这些巧妙的广告与各自品牌难以匹配。

在这激烈的竞争中，好事达只能力求守住阵地，更别提增长了。进入 2010 年，在声音深厚的长期代言人丹尼斯·海斯伯特问出"你能否处理好自己的事"时，好事达已经连续两年丢失市场份额。品牌需要超越自己的个性。于是出现了"混乱"，大胆颠覆了好事达代言人海斯伯特安稳人心的英雄形象。这项运动的目标是：说服消费者，购买汽车保险应该关注的不仅仅是价格。更直接的说法是，一个参与该营销活动的广告公司高管说："我们想把 Flo 甩在后面。"

这一"混乱"广告很快赢得了许多顶级广告业奖项，但或许"混乱"在流行文化中的受欢迎程度更表明了这一广告的影响。虽然"混乱"这个角色的脸书粉丝数只有 Flo 的1/4，但参与评论的人数多将近八倍。当广告公司高管最近看到万圣节有讨糖的小孩装扮成"混乱"的样子，她称之为"职业生涯中最精彩的部分"。

不仅仅是流行，这一广告对于传递的信息是正确的。在广告最后，"混乱"警告说："如果你的保险费率降低了，那么在发生意外时你需要自己支付额外的费用。"然后海斯伯特提供了解决方案："你就购买好事达，它能帮你处理好所有的事情。"这种"值得多付一点儿钱"的信息让好事达在顾客价值方面重回第一。

令人关注的广告似乎获得了回报。好事达的独立品牌知晓率（74%）与 State Farm 只有微弱的差距，但 State Farm 在广告支出方面比好事达多 60%。更重要的是，"混乱"广告对业务而言非常有益。这些正面回报促使该活动继续发展，甚至扩展到了拉美裔消费者，推出了西班牙语的"混乱"。由于汽车保险广告发动了全面战争，好事达已经注定不能后退。然而，鉴于其广告活动的成功，好事达公司正朝着正确的方向前进。

正如我们在上一章所讨论的，公司不仅仅要创造顾客价值，它们必须向目标顾客进行清晰、有说服力的价值沟通。本章中，我们详细学习两种营销沟通工具：广告和公共关系。

15.1　广告

广告(advertising)可以追溯到人类历史刚有记载的时期，考古学家在地中海附近的国家挖掘出表示不同事件和所售产品的标志物。罗马人在墙上绘画，预告斗剑士的战斗。腓尼基人在路边的大岩石上画图，促销他们的商品。在希腊的黄金时代，城镇叫卖者兜售牛、手工制品甚至是化妆品。早期的"歌唱广告"如下："为了闪耀的双眼，为了黎明一般的面颊/为了延续少女时代的美丽/为了合理的价格，了解情况的女性会在 Aesclyptos 购买化妆品。"

然而，现代广告和早期的这些有很大的不同。现在，美国广告客户每年累计费用超过

1 440 亿美元，全球广告花费约 4 890 亿美元。宝洁是世界上最大的广告客户，去年在国内广告上支出是 46 亿美元，在国际广告上的支出是 114 亿美元。

虽然广告大部分为商业公司所用，它也被各种非营利性机构、专业机构和社会机构所采纳，它们为自己的事业向不同的目标公众做广告宣传。实际上，美国排名第 28 位的广告支出机构是一个非营利性组织——美国政府。例如，美国联邦政府花费 3 亿美元进行广告宣传，鼓励美国人参加 2010 年人口调查。广告是一种告知和劝导的好方法，不管其目的是在全球销售可口可乐，还是在发展中国家普及如何预防艾滋病毒/艾滋病的蔓延。

管理部门开发一个广告计划时，要作出四个重要决策：确定广告目标、编制广告预算、设计广告策略（创意决策和媒体决策）和评估广告活动（见图 15.1）。

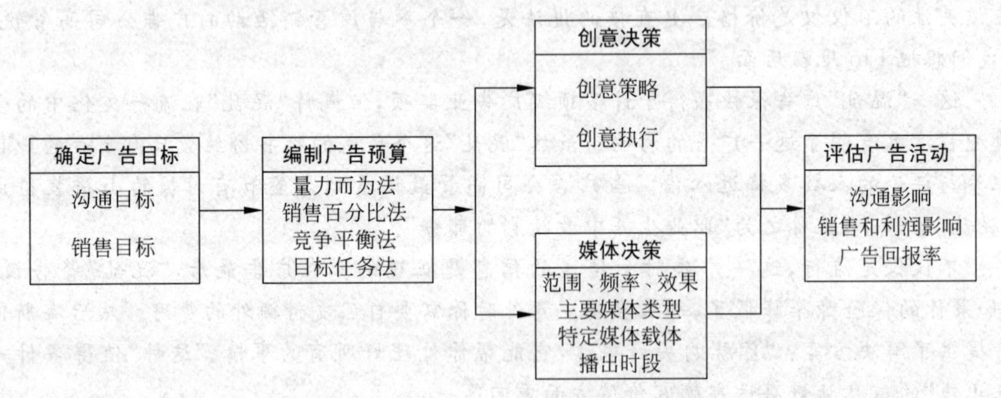

图 15.1　广告中的重要决策

15.1.1　确定广告目标

拟订广告计划的第一步是确定广告目标。这些目标应根据以往有关目标市场、定位和营销组合的决策来确定，它们规定了在整个营销计划中广告的地位和作用。广告的整体目标是通过顾客价值沟通来建立顾客关系，这里，我们讨论具体的广告目标。

广告目标（advertising objective）是在一定期限内，针对特定目标对象设定的一项具体的沟通任务。广告的目标可以根据告知、劝说和提醒等主要目的来分类。表 15.1 列出了这些目标的各种例子。

告知性广告（informative advertising）主要用于新产品的引进时期，目标是建立基本需求。因此，高清电视的早期生产商首先要告知消费者该产品的图像质量和大屏幕效果。劝说性广告（persuasive advertising）在竞争日趋激烈时愈来愈重要。在此，公司的目标是树立选择性的需求。例如，三星试图说服消费者，它的品牌能提供最好的质量。

一些劝说性广告已经变成了比较性广告（comparative advertising），公司直接或间接地与一个或几个其他品牌做比较。你可以在几乎任何商品类别上看到比较广告的例子，从运动饮料、咖啡、汤品到电脑、租车公司和信用卡。例如，在过去几年中，Verizon Wireless 和 AT&T 在比较广告中无情地相互攻击。Verizon Wireless 开始提供 iPhone 时，它使用了“你现在能听到我吗?”的口号攻击 AT&T 的信号极差。AT&T 则通过广告说明 Verizon Wireless 的用户不可以同时打电话和上网。

表15.1　可能的广告目标

告知性广告	
沟通顾客价值	表明产品的新用途
建立品牌和公司形象	告知价格变化
告知新产品	描述可用的服务和支持
解释产品如何使用	修正错误的印象
劝说性广告	
建立品牌偏好	劝说消费者立即购买
鼓励品牌转换	劝说消费者接听销售电话
改变消费者对产品价值的认知	劝说消费者向他人推荐品牌
提醒性广告	
保持顾客关系	提醒消费者在何处购买产品
提醒消费者不久就会需要该产品	在过季期间让消费者想起该品牌

广告主应当慎用比较性广告，因为这类广告经常会激起竞争者的反应，从而导致广告战，最终的结果是没有任何一家竞争者能够获益。被惹恼的竞争者可能会采取更激烈的行动，诸如向商业改进局理事会全国广告部投诉，甚至启动虚假广告诉讼。例如，Sara Lee的Ball Park品牌热狗和卡夫的Oscar Mayer品牌最近进行了近两年的“法兰克福香肠战”。这场战争的起源是Sara Lee起诉卡夫，因为卡夫声称Oscar Mayer的产品全国口味测试胜过了Ball Park等品牌，它是“100%的牛肉”。而卡夫则进行了反诉，指控Sara Lee在广告中宣称自己“全是牛肉”和是美国最好的热狗。到官司结束时，公众对两个竞争品牌的口味和成分都产生了怀疑。

提醒性广告(reminder advertising)在产品成熟阶段很重要，它使消费者保持同企业的关系并一直记住该产品。电视上耗资巨大的可口可乐广告的目的是建立并保持可口可乐的品牌关系，而不是在短期内告知并劝说顾客购买。

广告的目标是将消费者推进到购买过程中。有一些广告的设计意图是激起消费者的迅速反应。例如，Weight Watchers曾做过一则电视广告，督促消费者拿起电话马上签约；百思买在报纸上插入了一则周末促销的广告，鼓励消费者迅速到店内浏览。然而，很多广告关注建立并保持长期的顾客关系。例如，在耐克的电视广告中，很多著名运动员穿着耐克运动装备不断挑战极限，广告并没有直接请求消费者购买。取而代之的是，广告的目标是转变顾客对品牌的思考和感知方式。

15.1.2　编制广告预算

确定广告目标之后，公司就要为每个产品编制广告预算。在第14章我们已经讨论过四种制定促销预算的一般方法。下面我们将讨论在编制广告预算时应该考虑到的某些特定因素。

一个品牌的广告预算常常要看其处在产品生命周期的什么阶段。例如，新产品通常需要较高的广告预算，以建立知名度并得到消费者的试用。而成熟品牌通常需要相对于销售额较低百分比的预算。市场份额也会影响需要的广告预算，低市场份额品牌的广告费用占销售额的比例通常很高,因为建立市场份额或者从竞争对手那里夺取份额都比维持现有份额需要更多的广告费用。

另外,在竞争者众多并且广告市场比较混乱的情况下,品牌必须做大量的广告才能在混乱中被注意。对于那些无差异化品牌,即与同一产品类别中的其他品牌极为相似(如软饮料、洗涤剂),可能需要高额的广告费用让自己与众不同。当产品与竞争者的差别很大时,广告可以用于向消费者指出这些差异。

不管使用什么方法,编制广告预算并非易事。公司如何才能知道是否花费了正确的费用呢?某些评论家认为,大型包装消费品公司倾向于花费较多的广告费用,而产业公司一般费用较少。他们认为,一方面,那些大型消费品公司使用太多形象广告,然而不了解其真正效果。这些公司将多花钱视为一种保险措施,以避免花钱不够。另一方面,产业客户过于依赖销售人员带来订单,它们低估了公司和产品形象对顾客购买的作用。因此,它们并没有在广告上花费足够的钱来建立顾客的认知和了解。

像可口可乐和卡夫这样的公司已经建立了精密的统计模型,确定促销费用和品牌销售额的关系,以辅助决定对不同媒体的"最优投资"。当然,因为众多因素影响广告效果,一些可控,而另外一些不可控,评估广告费用的效果仍然是一个认识不清的问题。在很多情况下,编制广告预算必须在进行更多定量分析的同时,依赖大量的主观判断。

结果是,广告是当经济形势变得严峻时,最容易被削减的预算项目。削减品牌建立广告在短期内似乎对销售的危害很小,例如,在最近一次经济衰退中,美国广告支出比上一年减少了12%。然而从长期来看,削减广告投入对品牌形象和市场份额会造成长期的损害。事实上,当竞争者减少广告投入时,公司可以通过增加自身的广告投入来获取竞争优势。

例如,在最近的经济衰退中,其他竞争者减少了广告投入,奥迪却大幅度地增加广告和营销投入。奥迪广告经理说:"奥迪在其他人刹车的时候,将脚放在了油门上。""当整个产业锁定刹车并削减开支时,我们为什么还要后退呢?"结果,奥迪的品牌认知度和消费者偏好显著上升,超过了宝马、奔驰和雷克萨斯等品牌。简言之,奥迪或许是目前市场上最热汽车品牌。此外,它的定位也与未来的经济复苏相吻合。

15.1.3 设计广告策略

广告策略包括两种主要因素——广告创意和媒体决策。以往,大部分公司独立地产生创意和媒体计划。媒体计划经常被认为是从属于创意过程,广告创意部门首先产生优质的广告,然后媒体部门针对期望的目标顾客选择并购买最好的媒体刊登这些广告。这样就经常会在创意和媒体部门之间造成摩擦。

然而,媒体费用暴涨,目标市场营销策略更为盛行,而且新媒体和交互媒体大爆发,所有这些都提高了媒体策划功能的重要性。使用何种媒体进行广告战,目前有时比广告战中所采用的创意因素还要重要,这些媒体包括电视、报纸、杂志、手机、网站、在线社交网络和电子邮件。结果是,越来越多的广告商开始追求信息和传递信息媒介之间的和谐。正如前一章所讨论的,目标是在整个媒体范围内创建和管理品牌内容,无论是付费的、自有的、赚得的,还是共享的。

创造广告信息　不管预算有多庞大，只有受到注意并沟通良好，广告才能获得成功。在今天耗资巨大且混乱的广告环境中，好的广告创意尤其重要。在1950年，美国家庭平均只能接收到3个网络电视频道和少数几本主要的全国性杂志。如今，平均每户家庭都可以收到大约135个频道，消费者可以选择的杂志数量已达2万种。再加上难以计数的广播电台和商品目录、直接邮购和网上广告以及户外媒体的不断灌输，消费者在家庭、工作场所以及往返两者之间的所有地点都可能被广告轰炸。结果是，消费者每天接触到的广告信息多达3 000～5 000条。

突破混乱　这种广告混乱惹恼了某些消费者，也给广告客户带来很大的问题。以电视网广告客户的情况为例，它们制作一则30秒钟的广告一般要花费32.4万美元。如果在黄金档期间插播广告的话，每一次播放30秒钟的广告就要支付12.2万美元。如果在特别受欢迎的节目中插播广告收费会更高，例如《美国偶像》(50.2万美元)、周日晚间足球联赛(51.2万美元)、《摩登家庭》(24.9万美元)，或者诸如超级碗大赛这样的大事件(每30秒350万美元)。

然后，它们的广告就会被夹杂在其他广告、公告和电视网节目宣传组成的大杂烩中，黄金时段每小时播出超过20分钟，平均每隔6分钟播出一次。电视和其他广告媒体上的这种混乱造成了越来越让人反感的广告环境。根据最近的一项研究，超过70%的美国人说“电视上播出的广告实在太多了”，69%的全国性广告客户也表示赞同。

直到最近，电视观众一直是广告客户捕捉的受众，他们仅有几个频道可以选择。但是如今，数字化的神奇力量已经赋予消费者一系列丰富而新颖的信息和娱乐选择。随着有线电视和卫星电视、网络、视频点播、视频下载、智能手机的发展，如今的观众拥有了更多选择。

数字技术也为消费者配备了选择看什么、不看什么的武器。归功于DVR系统的增长，越来越多的消费者目前选择不观看广告，超过43%的美国家庭拥有DVR，比五年前翻了三倍。一家广告代理商将这些DVR系统叫作“电子除草机”。研究发现，DVR的拥有者只收看到了大约40%的广告。同时，视频点播和视频下载的井喷，使得观众可以根据他们自己的时间收看节目——有没有广告均可。

因此，广告客户再也不能通过传统媒体强行灌输老套的信息来吸引消费者。为了获取并保持注意，如今的广告信息必须更好地规划，更有想象力，更有趣并更为情感化。仅仅是打扰或中断消费者已经不再奏效，取而代之的是，除非广告提供了有趣、有益或者娱乐性的信息，否则很多消费者将直接跳过广告。

广告和娱乐的融合　为了打破这种混乱，很多营销者目前正在寻求广告和娱乐的新融合，称为“麦迪逊(Madison)& 蔓藤(Vine)”。你一定听说过麦迪逊大街，这是纽约市一条分布着很多美国大型广告公司总部的大街。你或许也听说过“好莱坞 & 蔓藤”，这是加利福尼亚州好莱坞的好莱坞大道和蔓藤街的交叉口，是美国娱乐产业的中心。现在，麦迪逊大街和“好莱坞 & 蔓藤”逐渐融合，形成了一种新的交叉——“麦迪逊 & 蔓藤”，代表着将广告和娱乐相融合的努力，目的是以交互性更强的信息创造接近消费者的新途径。

广告和娱乐的融合以两种形式之一呈现：广告娱乐化和品牌娱乐化。广告娱乐化的目的是让广告变得更有趣，或者更有益，让人们想要观看。并没有人特意观看广告，对吧？

再想一下,例如超级碗大赛已经成为年度广告娱乐化的展示平台,上千万人每年收看超级碗,有多少人收看比赛,就有多少人收看娱乐化广告。

事实上,DVR 系统能够增加好广告的收视率。例如在去年,拥有 DVR 的家庭比没有 DVR 的家庭,收看了更多的超级碗广告。很多人不再像以前一样跳过广告,他们在比赛休息时间重新收看广告。

现在,娱乐化广告或其他品牌信息先出现在 YouTube 而不是电视上,已并不少见。你有可能是根据朋友的建议找寻这些信息,而不是被动地接受广告商的灌输。而且,广告商除了使常规广告更娱乐化,还创造了新的广告形式,看起来不那么像广告,更像微型电影或演出节目。一系列新的信息平台——从网络剧集和博客到病毒式视频和 App——模糊了广告与娱乐之间的界限。例如,T-mobile 制作了一个两分钟的视频广告,模仿威廉王子和凯特·米德尔顿的皇家婚礼,让一群长得像英国皇室成员的人在爵士乐伴奏下起舞。这则趣味广告从未在电视上出现,但在 YouTube 上被观看了 2 600 万次以上。

品牌娱乐化(或品牌整合)是指将品牌变成某种娱乐形式不可分割的一部分,品牌娱乐化最常见的形式是产品植入——将品牌植入其他的节目中。LG 手机在《实习医生格蕾》中和星巴克咖啡产品在 MSNBC 的 *Morning Joe* 节目中都有惊鸿一瞥。植入式广告可能是剧本中的一个小插曲,例如《生活大爆炸》中谢尔顿把一条活蛇放在他朋友的书桌抽屉里,然后使用 Purell 洗手液,并说出了令人难忘的台词:“哦,亲爱的。哦,亲爱的。Purell,Purell,Purell,Purell....”《左右不逢源》中有一个片段,Heck 家觊觎邻居的大众新帕萨特。同样,《摩登家庭》中有一个难忘的情节,Dunphy 家试图找到最近发布的苹果 iPad,那是他们的父亲 Phil 心心念念的生日礼物。从奥利奥到丰田普锐斯都曾出现在电视节目中,并力求与节目的内容相衔接。

品牌娱乐化最初只是以电视平台进行展示,而后它迅速扩展到其他的娱乐产业部门。例如,它在电影中被广泛使用。某年排名前 40 位的电影中有 710 个品牌植入,仅《变形金刚 3》就有 71 个品牌植入。如果你仔细观察,你还会看到视频游戏、漫画书、百老汇音乐剧,甚至流行音乐中有植入式广告。例如,在《使命召唤:现代战争 3》中一辆吉普牧马人就极其突出。克莱斯勒甚至开始出售《使命召唤:现代战争 3》限量版吉普牧马人。

许多公司都开始制作自己的娱乐节目。例如,Denny 餐厅赞助了一个在线视频节目称为 Always Open(与其“餐馆总是营业的”主题定位一致),现在在上演第二季。该系列想吸引 18~25 岁的年轻人,因此邀请前卫的网络喜剧演员作为嘉宾表演脱口秀,所有对话都在 Denny 餐厅拍摄。虽然播出的内容与商业无关,但主持人和嘉宾在三分钟的视频片段中都在吃 Denny 的食物,Denny 的名字也出现过。如 Collegehumor. com 和 Denny 的脸书主页所示,第一季吸引了超过 600 万次观看。

因此,“麦迪逊 & 蔓藤”是广告业和娱乐业的新融合,目的是让品牌信息成为娱乐的一部分而不是打断娱乐。正如广告公司 JWT 所指出的,“我们认为广告应该停止打断人们感兴趣的节目,而是成为人们感兴趣的事物。”然而,广告客户必须小心,这种新的交叉形式本身不要变得过于拥挤。随着新出现的广告类型和产品植入,“麦迪逊 & 蔓藤”可能会产生更多的广告混乱,那时,消费者或许会决定另辟蹊径了。

创意策略 创作有效广告信息的第一步是决定向顾客传播什么样的信息,也就是计划创意策略。广告的目的是用某种方式让顾客对产品或公司有印象或有所反应，顾客只有觉得自己会受益时才会有反应。这样，开发有效的创意策略开始于确认顾客利益，并用于广告的关注点。理想的情况是，创意策略要紧随公司更广泛的定位策略和顾客价值策略。

创意策略陈述应该平实，直截了当地说明广告客户希望强调的利益和定位点，这些策略陈述必须转变为广告来说服消费者去购买或相信某些东西。然后，广告客户必须设计一个激发兴趣的**创意概念**(creative concept)，或者是一个好主意(big idea)，用富有特色、让人难忘的方式使创意策略充满生命力。在这个阶段，简单的创意发展成为好的广告活动。通常，广告文案与艺术指导合作产生很多创意概念，希望其中之一会变成好主意。创意概念可能作为一个形象、一个词组或两者的结合出现。

创意概念将指导广告宣传活动中吸引点的选择，广告的吸引点有三种特性：第一，它们应是有意义的，指出使消费者更称心或更有兴趣的产品利益；第二，吸引点必须是可信的，消费者必须相信产品或服务将提供的允诺，然而，即便是最有意义、最可信的利益也不一定是最适合突出的特色；第三，吸引点应该也是独特的，它们应该说出产品如何比竞争品牌好。举例来说，对手表购买者而言最有意义的利益是它始终走时准确，但很少手表广告突出这种利益。根据提供的有特色的利益，手表广告客户可从许多广告主题中选出任何一个。多年来，天美时(Timax)公司一直生产人人买得起的手表，同样，劳力士(Rolex)广告从不强调计时的功能，而是强调该品牌“臻于完美”，以及“一个多世纪以来，劳力士已经成为卓越表现和尊崇的象征”。

创意执行　现在，广告客户必须将好的创意转换成赢得目标市场注意和兴趣的真正广告制作。创意团队必须找出最好的方法、式样、格调、用语及格式来执行创意，任何创意都可以用不同的执行方式加以表现，例如：

- 生活片段：这种方式表现一个或几个“典型人物”在正常的环境下使用该产品。如Silk豆奶主题为“上升并闪耀”的广告，展示了一位年轻的专家以健康早餐和高涨的希望开始一天的工作。
- 生活方式：这种方式表现一种产品如何适应某种特定的生活方式。例如，Athleta运动服装广告展示了一个女人练习复杂的瑜伽姿势，并且说：“如果你的身体是你的神殿，那么请一点点地构筑它。”
- 幻境：这种方式围绕产品或其用途创造出一种幻境。例如，最近宜家的广告展示了消费者用宜家家具摆出了漂亮的房间，例如“布里和姐姐布置了一间王宫般的房间，这是宜家的设计”。
- 情调或形象：这种方式围绕产品建立一种情调或形象，如美丽、爱情、阴谋或安详。除了暗示之外，很少作产品性能的说明。例如，雀巢Toll House的广告表现了女儿周末突然从学校回家，给了母亲一个惊喜并拥抱母亲，“所以我烤了她从小最爱吃的曲奇”。
- 音乐：这种方式表现人或者卡通人物唱关于该产品的歌曲。例如，奥斯卡·麦尔(Oscar Mayer)历史悠久的广告中，孩子们唱着它经典的“我希望我是一根奥斯卡·麦尔牛肉熏香肠”歌谣。

- 人物象征：这种方式塑造了一个人物来代表产品。这个人物可能是动画形象（清洁先生、GEICO 壁虎或是 Zappos Zappets 木偶人），也可能是真实的（E * Trade 宝宝或麦当劳叔叔）。
- 专业技术：这种方式表现公司利用其专业技术制造产品。因此，天然食品制造商卡诗（Kashi）向购买者展示公司仔细挑选产品原料，而波士顿啤酒公司展示其多年来酿造 Samuel Adams 啤酒的经验。
- 科学证据：提出这个品牌优于其他品牌的调查报告或科学证据。多年来，佳洁士（Crest）牙膏一直使用科学证据来使消费者信服，它比其他品牌更能防止蛀牙。
- 推荐：这种广告的特色是请可信度很高或广受欢迎的人来担保该产品。可能是普通人说自己多么喜欢某产品。例如，赛百味（Subway）使用普通顾客贾里德作为发言人，该顾客通过以赛百味三明治为食而减肥 245 磅。或者可以聘请名人来展示该产品，奥运会游泳金牌获得者迈克尔·菲尔普斯也为赛百味代言。

广告客户还要为广告确定一个基调。宝洁公司总是使用肯定的语气，其广告总是陈述产品的优点。其他许多广告客户则充分运用幽默的形式突破广告混乱，Bud Light 啤酒的广告在这方面很有名。

广告客户必须在广告中使用让人难忘、惹人注意的字眼。例如，不是简单地宣称其洗衣剂是“超浓缩”的，Method 询问消费者：“你对瓶瓶罐罐上瘾吗？”解决办法是“我们的专利技术可以帮助你摆脱瓶瓶罐罐，轻松清洗”。

格式因素也会影响广告的成本和效果，将广告的设计稍作调整就会使其效果大不相同。在印刷广告中，插图是读者首先注意到的东西，必须足以吸引读者的注意力。其次，标题必须有效地诱使相关人士阅读内容。最后，广告的主要文字必须简单但具有说服力。此外，这三个因素必须有效地融合为一体，从而有说服力地展示顾客价值。然而，新的格式可以帮助广告脱颖而出。例如，醒目的 Benjamin Moore 涂料广告展示的是一个由多种字体组成的长标题，其色样和背景相平衡，正是标题中讨论的涂料颜色。

顾客创造信息　利用交互性技术的优势，如今很多公司正在将消费者纳入信息创意和实际广告中。诸多公司正在搜索现有的视频网站，创办自己的网站并赞助广告创意比赛和其他的促销活动。有时结果非常突出，而有时则被人遗忘。然而，如果做得好，用户创造内容（user generated content）可以把顾客的意见吸收到品牌信息当中，并产生更高的消费者品牌涉入度（见营销实例 15.1）。

营销实例 15.1

Chipsy 在埃及：消费者创造广告

随着用户自主创造内容在诸如 YouTube、脸书和其他的内容分享社区上越来越流行，消费者创造广告近年来也如野火一样快速蔓延。无论大小公司——包括百事可乐、联合利华、宝洁、凯业必达（CareerBuilder）和其他蓝筹股营销者，都很快意识到了邀请消费者制作品牌信息的好处（和缺陷）。

当跨国公司巨头百事可乐带着旗下的乐事薯片产品进入埃及市场时，当地的 Chipsy

食品工业公司提醒消费者Chipsy实际上是埃及产品，从而巩固自己的领导地位。2001年1月，百事可乐公司及其菲多利分部购买了Chipsy大部分股份。百事可乐公司拥有强大的消费者创造营销(consumer generated marketing)背景，它决定将这一概念引入埃及！

消费者创造营销是Chipsy区别于其他竞争者如Rotato、Masrawry、Chipseco和Crunchy的重要方式，通过将消费者纳入决策制定过程，Chipsy能够保持其埃及第一薯片生产商的地位。它的薯片质量高、营养丰富、价格合理、分销渠道广，然而Chipsy还想做得更好。

首先，让我们讨论一下Chipsy在埃及的诉求。Chipsy具有极其广泛的消费者群体，几乎覆盖整个埃及社会，包括不同年龄、性别和收入的消费者。Chipsy的消费者可以按照地理区域和人口统计变量进行细分。例如，特定的口味适合特定的年龄群体或者地理区域。咸味受老年群体青睐，年青一代偏好多样化的口味，辣味适合上层消费者。此外，小包装适合报摊、小型市场和农村市场，而家庭装则受大型超级市场偏爱。

尽管Chipsy在咸味零食市场处于领导地位，但它并没有忽视增强对消费者需求和动机理解的重要性，以便能够占领整个市场并满足整个埃及市场消费者的需求。Chipsy使用深度消费者定性研究技术，发现消费者对于品牌的真实感受。事实上，在企业成立之初，Chipsy就注意收集消费者和市场的详细信息，以开发出一种能够使埃及所有细分市场的消费者都非常满意的产品。基于这些市场知识，公司意图带给市场它所需要的东西。Chipsy广泛的分销渠道能够避免任何损害市场定位的绩效鸿沟。

或许在埃及目前还没有任何品牌在用户创造广告方面比Chipsy更成功。Chipsy的"帮我们一个忙"运动直接通过吸引消费者参与营销活动来促销Chipsy品牌，这次运动的目的是通过数字媒体请求消费者想出一种新口味的Chipsy薯片，从而开启Chipsy和目标受众之间的对话。

这次运动在2010年4月启动，当时Chipsy邀请消费者通过诸如脸书、推特、Chipsy埃及论坛这类社交网络站点在内的在线媒体论坛以及SMS文本信息，提交他们的想法和创意，消费者也被鼓励通过YouTube上传他们的广告作品。Chipsy也邀请名人为新口味产品贡献创意。一个球星选择了南瓜，一个流行明星选择了大蒜，一个演员选择了虾和乌贼。

总体而言，这次运动非常成功并且覆盖到了埃及广泛的大众消费者。那么，新口味究竟是什么呢？你也许会吃惊，新口味是虾。在分析了所提交的所有创意后，Chipsy发现这是最受欢迎的口味。Chipsy发布了新口味产品的电视广告，并且特别设计了一首独特的主题曲。该广告在伊斯兰教斋月期间播出，保证了新口味产品极大的曝光度。

Chipsy这次的"帮我们一个忙"运动取得了巨大成功，虾口味的新产品目前在埃及的超级市场和杂货店都能买到。这次运动使Chipsy开启了与消费者之间的新对话，也极其成功地吸引了消费者参与，使他们感觉自己拥有品牌的一部分所有权。然而，值得一提的是，Chipsy决定在发布新产品时采用较大的包装，这也许反映了虾口味的新产品更受高收入消费者的欢迎。

当然，消费者创造广告也存在弊端。尽管它看起来是"免费"的，但是筛选上百甚至是上千的作品是很困难的，成本较高并且浪费时间。在处理消费者创造内容时，还会存在版权、质量低下、冒犯性主题甚至是品牌攻击的问题。最后，你永远不知道你会得到些什么。很多广告专家指出消费者创造内容经常是业余的、粗制滥造的、无效的。但是，如果做得好，效果也是非常好的，它可以协助专业的营销人员来吸引消费者参与。消费者创造内容的确有效，至少在Chipsy的案例中是如此！

很多品牌举办邀请消费者提交信息创意和视频的比赛。例如，在过去的几年里，百事可乐公司的多乐多滋品牌曾经每年都举办“打破超级碗挑战”大赛，该大赛邀请消费者为该品牌美味的三角形玉米片创作视频广告，消费者自创的多乐多滋广告取得了巨大成功。另外，在线手工产品社区Etsy.com——“购买和销售所有手工制造的复古商品的最好地点”——开展了一场大赛，邀请消费者制作30秒钟的视频来讲述Etsy.com的故事。一位知名的前广告评论员认为，这取得了“显著的成功”。

> 整体而言，大赛评选的10则最佳广告比电视上随机抽取的10则广告要经过更多的思考。消费者创造的最好的Etsy广告塑造了一个简单的、悲伤的动画机器人，被限制在冷冰冰的、没有灵魂的装配线上，画面外出现一个女性手工制作工匠的声音：“看，这里有很多机器人，这些机器人非常悲伤，因为他们被困在那些无聊的大规模生产线中。我相信这些机器人有助于环境和经济发展，也觉得手工制作的东西很特别。但我制作手工产品的真正原因是，每一次人们购买手工产品时，一个机器人就能展翅高飞。”一位广告评论员说：“消费者创造的广告非常杰出，广告公司最好留意一下。”

然而，并非所有的消费者创造广告的努力都是成功的。正如很多大公司所了解的那样，业余人士创作的广告也比较业余化。然而，如果做得好，那些具有实际体验的消费者所创造的广告，可以产生新的品牌创意和新颖的角度。这些活动能够提升消费者的参与度，并能让消费者谈论和思考某品牌及其所创造的价值。

选择广告媒体 **广告媒体**(advertising media)选择的主要步骤包括：(1)确定广告的范围、出现频率和效果；(2)选择主要媒体类型；(3)选择特定媒体载体；(4)决定媒体时段。

确定范围、频率和效果　为选择媒体，广告客户必须先确定达到广告目标所需要的范围和频率。范围(reach)是衡量在一定时间内，目标市场里接触到该广告的人数所占百分比。举例来说，广告客户希望在前三个月的宣传活动中能接触到70%的目标市场。频率(frequency)是衡量在目标市场中一般人接触到该信息的次数。例如，广告客户可能希望平均每人接触三次。

但是，广告客户不只想要以特定的次数达到给定数量的消费者，它们想要更多。广告客户还必须决定期望的媒体效果(media impact)，即通过一种特定媒体展示信息的定性价值。例如，同样的信息刊登在一种杂志(如《新闻周刊》)可能比另一种杂志(如《国家咨询》)更为可信。电视展示产品的信息要比广播更有影响力，因为电视同时使用了视觉和声音。消费者提供设计思路和建议的产品在交互性的网站推销比直邮的推销效果更好。

更普遍的是，广告客户想要选择能够吸引消费者参与的媒体而不仅仅是接触消费者。对任何一种媒体而言，广告与受众的相关度远远比有多少人接触到广告更重要。例如，为了使广告花费的每一美元都有所回报，福特最近选择了基于观众参与度排名的电视节目。福特没什么理由在发现频道的《肮脏的工作》系列节目上做广告，其主持人是麦克·罗维，因为该节目的尼尔森排名很低。但是当对该节目采用观众参与度衡量指标时，发现很多观众是 18～49 岁的男性卡车购买者，这恰巧是福特成熟的消费者群体。这促使福特大量投放广告，并聘请麦克·罗维在非常成功的网络视频中阐述福特 F 系汽车的耐用性。

尽管尼尔森开始测量电视的媒体参与水平，但是这种测量对大多数媒体而言很难行得通，现有的媒体测量指标是诸如排名、读者、听众和点击率等。然而，参与意愿是隐藏在消费者体内的。一位专家指出："仅仅测量电视机前面的眼球数量已经够难了，更别说试图测量这些眼球观看节目的专注度。"营销者依然需要了解消费者如何与广告和品牌创意联结，这是更为广泛的品牌关系的一部分。

参与度高的消费者更倾向于根据品牌信息进行选择，甚至与他人分享。因此，不是简单地调查消费者在社交媒体上对品牌的印象，例如有多少人看到、听到或读到一个广告，可口可乐广告正在追踪消费者的反馈，例如评论、点赞、上传照片或视频，或将内容传递到网络上。如今，有的消费者往往比公司能产生更多关于品牌的信息。在消费者的参与下，"营销人员可以通过消费者传播的 YouTube 视频、Groupons 和推特帮助品牌在媒体上免费宣传，"一个广告顾问说。

例如，可口可乐估计 YouTube 上有大约 1.46 亿个与可口可乐相关的内容。然而，可口可乐创造的内容只有 2 600 万左右。另外 1.2 亿个是由消费者参与创造的内容。可口可乐的首席营销官说："我们无法与消费者的产量相匹配，但我们可以借助其中有益的一部分来达到营销的作用。"

选择主要媒体类型　媒体策划者必须了解各种主要媒体类型的广告范围、频率和效果。如表 15.2 中总结的那样，主要媒体类型包括电视、报纸、互联网、直接邮购、杂志、无线电广播和户外广告。广告客户可以从一系列诸如手机和其他数字设备的新型数字化媒体中进行选择，这些媒体可以直达消费者，每一种媒体都有其优势和局限性。媒体策划者在选择这些媒体类型时，应考虑诸多相关因素。他们想要选择那些有效并高效地将广告信息传递给目标顾客的媒体，因此，他们必须考虑每一种媒体的影响、信息传递效率和成本。正如前一章所讨论的，广告通常不是仅使用一种媒体。相反，广告商选择混合媒体，并将其融合为一个整合的营销传播活动。

表 15.2　主要媒体类型简介

媒体	优　点	缺　点
电视	广泛覆盖大众市场；每次播放成本低；结合画面、声音和动作；感官吸引力强	绝对成本高；易受干扰；播放时间短暂；很难选择受众
互联网	选择性好；低成本；直接；互动能力	潜在影响小；受众控制展示时间
报纸	灵活；及时；很好地覆盖当地市场；普及；可信度高	有效期短；印刷质量差；传阅性差

续表

媒体	优 点	缺 点
直接邮购	可以选择受众;灵活;同一媒体中没有广告竞争者;可以个性化	每次相对成本较高;有"垃圾邮件"印象
杂志	很好的地理和人口选择性;可信、有威望;印刷质量高;时效长,传阅性好	购买广告前置时间长;高成本;不能保证刊登位置
广播	很好的本地认可度;很好的地理和人口选择性;低成本	只有听觉效果;播出时间短暂;注意力差(收听时心不在焉);听众分散
户外	广告灵活;展示重复性高;低成本;信息竞争低;位置选择性好	观众选择性小;创意受限

媒体组合必须定期重新检查。有很长一段时间,电视与杂志曾主宰了全国性广告客户的媒体组合,而其他媒体常被忽略。然而,正如以前所讨论的,媒体组合似乎正在发生变化。随着电视网成本的高涨、受众的减少以及令人兴奋的新数字和交互媒体的出现,许多广告客户在寻找接触顾客的其他方法。它们用更专业、成本更低、目标定位更有效、更能吸引消费者参与的高度目标定位媒体来辅助传统大众媒体。今天的营销人员希望建立一个由付费、自有、赚得和共享媒体组成的完整组合,以创造和传播相关品牌内容给目标消费者。

除了在线和移动媒体的爆炸式发展,有线电视和卫星电视系统也在增长,这些系统允许更狭窄的节目模式,如体育、新闻、营养、艺术、居家装饰和园艺、烹饪、旅游、历史、财经和其他专门针对特定目标群体的频道。时代华纳、康卡斯特和其他有线运营商甚至进行系统测试,这些系统能将特定类型的广告传递给特定的街区,或者也能直接传递给特定的顾客类型。例如,为西班牙语频道制作的广告将仅在拉美裔街区播放,或者只有养宠物的人才能够看到宠物食品广告。广告客户可以利用"窄播"(narrowcasting)来瞄准特定的细分市场,而不是使用电视网提供的"霰弹"式的播放方法。

最后,为了寻找更便宜、更具针对性的方式来吸引消费者,广告商们发现了一批令人眼花缭乱的另类媒体。无论你去哪里或做什么,你都可能会遇到一些新的广告形式。

> 微型广告被贴在购物车上,让你购买Jell-O果冻布丁或帮宝适纸尿布;商店收银台的传送带上也印着当地雪佛兰经销商的广告;走出商店,一辆城市垃圾装载车驶过,车身印着Glad牌垃圾袋的广告;不远处的消防栓贴着宣传肯德基"火辣"鸡翅的广告;你逃到球场,却发现看板大小的视频屏幕在播放百威啤酒的广告,印有电子信息的小飞艇在头上懒散地飘着。在这个国家来一次安静的旅行怎么样?对不起——你会发现一位有进取心的农场主用奶牛作为四条腿的看板,宣传Ben&Jerry牌冰激凌。
>
> 如今,你在任何地方都能发现广告。出租车与GPS定位传感器相联结,无论行驶到任何地方,都能找到当地的商场和餐厅。DVD盒、停车票、登机牌、地铁转门、高尔夫积分卡、自动提款机、城市垃圾桶,甚至是警车、医生检查台和教堂公告牌,这些载体都在出售广告空间。甚至有一家广告公司租借大学生剃的光头来为文身做临时广告("头顶广告")。

这些可选的媒体似乎有一些牵强，它们有时候经常惹恼那些认为广告“令人作呕”的消费者。但是对很多营销者而言，这些媒体可以节省资金，并提供了在生活、购物、工作、娱乐场所接触特定消费者的方式。当然，这会让你怀疑厌烦广告的消费者是否还能找到避难所，或许是公共电梯，还是公厕的洗手台？别做梦了！每个地方都已经被创造性的营销者侵占了。

影响媒体类型选择的另一个重要的趋势是“媒体多重作业者”的数量快速增长，这些人在同一时间接受不止一种的媒体。例如，这种现象很常见：一个人看着电视，手里拿着智能手机，一会儿发帖子，一会儿给朋友发短信，一会儿用谷歌搜寻产品信息。一项最近的调查发现，美国移动互联网用户中有86%的人在看电视时，手里也不会扔下他们的移动设备。另一项研究发现，电视观众中有60%的人在看电视时会通过手机、平板电脑等上网。还有一项研究发现，媒体多重作业者中的大多数专注于互联网而不是电视，而且他们在网上的行为与他们所看的电视内容基本无关。媒体规划者在选择将要使用的媒体时，需要考虑这种媒体交互。

选择特定媒体载体　媒体策划者需要在各种媒体的大类别中，选择最好的载体。例如，电视载体包括“30 Rock”和“ABC晚间世界新闻”，杂志载体包括《新闻周刊》《时尚》和《娱乐与体育节目电视网——杂志版》。在线和移动的载体包括脸书、Pinterest和YouTube。

媒体策划者必须计算载体到达每千人需要的成本，例如，如果《新闻周刊》全国版上全页、四色的广告要17.84万美元，而《新闻周刊》的读者有150万人，到达每千人的成本是119美元。《商业周刊》上同样的广告只要4.67万美元，但读者只有15.5万人，每千人成本是300美元左右。媒体策划者按每千人成本给每种杂志排序，倾向于到达目标顾客每千人成本最低的那些杂志。

媒体策划者还要考虑不同媒体的广告的制作费用，报纸广告的制作费可能很低，而华丽的电视广告则要耗资很多。很多在线广告的制作成本很低，但是如果要制作网络视频系列广告，成本就会提高。

在选择媒体载体过程中，媒体策划者必须要平衡媒体花费与多个媒体效果因素的关系。首先，策划者应评估媒体载体的受众质量，例如，对于一个婴儿润肤露的广告，《新父母》杂志可能有较高的刊登价值，而《格言》的刊登价值就比较低。其次，媒体策划者要考虑受众参与。例如，《时尚》的读者一般比《商业周刊》的读者更留意广告。最后，策划者要评估载体的编辑质量，《时代》和《华尔街日报》要比《国家咨询》更可信赖、更有威望。

决定媒体时段　广告客户还必须决定如何安排全年的广告时间。假设某种产品的销售在12月进入高峰并在3月下降，公司可以根据季节的变化增减其广告费用，或者整年保持相同的广告费用。大部分公司依照季节变化来做广告，例如，玛氏(Mars)食品公司最近发布了一则特别的M&M广告，在几乎任何一个假期和节日都可以播放，从复活节、美国独立纪念日、万圣节到超级碗联赛和奥斯卡季。美国家庭肖像画工作室The Picture People连锁店，在圣诞节、复活节、情人节、万圣节等节日之前会做大量的广告。有的公司仅在旺季做广告，如宝洁仅在易患感冒和流感的季节，为其Vicks NyQuil产品做广告。

最后，广告客户要选择广告模式。持续性(continuity)是指在一定期间内均匀安排广告时间，间歇性(pulsing)是指一定期间内非均匀安排广告时间。因而，52 个广告可以安排每星期一次而持续一年，或者分成几次集中出现。主张间歇性安排的做法是在短时间内密集做广告，建立消费者认知并维持到下一个广告时期。热衷此法的人认为它以较低的费用达到稳定播出同样的效果。但有些媒体策划者认为，虽然间歇性广告能达到最低认知度，但它放弃了广告沟通的深度。

15.1.4 广告评估

对大多数公司而言，测量广告效果和广告投资回报已经成为一个热门话题，特别是在紧缩的经济环境中。即使经济有所复苏，营销预算再次增长，广告客户像消费者一样，仍然花钱很谨慎。这使得目前很多公司的高管询问他们的营销经理："我们如何知道在广告上花费的钱数正合适？广告投资使我们得到了什么回报？"

广告客户应经常评估两种类型的广告效果：沟通效果及销售和利润效果。衡量一则广告或广告运动的沟通效果，会识别该广告和媒体是否能很好地传播广告信息。单则广告的效果测试可以在广告发布之前或者之后进行。广告推出之前，广告客户可以向消费者展示，问他们觉得怎么样，并测量由此带来的记忆或态度变化。广告推出后，广告客户可以测试广告如何影响消费者的记忆或产品认知、了解和偏好。整个广告运动也可以对沟通效果进行之前和之后的评估。

广告客户很善于测量广告或者广告运动的沟通效果，然而，要测量广告的销售效果和利润效果就难得多。例如，如果最近的广告使产品品牌的认知度上升了 20%，品牌偏好提高了 10%，那么销售和利润的情况又是怎样呢？广告的销售效果和利润效果往往比沟通效果更难衡量。除广告外，销售还受许多其他因素的影响，如产品特性、价格和可得性。

衡量广告销售效果和利润效果的方法之一是与过去的广告费用及销售额和利润做比较，另一种方法是通过实验。例如，为了测试不同广告支出水平的效果，可口可乐公司可以在不同的市场区域投入不同的广告费用，并测量不同地区销售额和利润水平的差异。还可以设计更复杂的实验，包括其他变量，如所用媒体和广告内容有所不同。

然而，由于诸多因素影响广告效果，有些可控有些则不可控，因此测量广告花费的效果依然是一门不够精确的学问。在评估广告效果时，经理们必须依赖大量的判断和定性分析。

15.1.5 其他广告因素

开发广告战略和方案的时候，公司可能会提出其他两个问题：第一，公司如何组织广告部门，也就是谁来负责该广告任务；第二，面对国际市场的复杂性，公司应如何调整其广告战略和方案。

广告组织 不同的公司用不同的组织方法来实施广告宣传。小公司中，广告可能由销售部门的人来负责。大公司会建立负责编制广告预算的广告部门，与广告代理机构合作，解决广告机构不处理的事情。多数大公司使用外面的广告机构，因为它们有很多优点。

广告代理机构(advertising agency)如何工作呢？广告代理机构开始于 19 世纪中后

期，由为媒体工作的经纪人和销售人员创立，向公司出售广告空间收取佣金。随着时间流逝，销售人员开始帮助客户准备广告。最后，他们组成了代理机构，比媒体更接近广告客户。

如今的代理机构雇用专业人员，能够比公司自己的员工更好地完成广告任务。对于解决公司的问题，代理机构能带来外界人士的视角，还有在不同客户和形势中积累的经验。因而，如今即使拥有强大广告部门的公司，也要使用广告代理机构。

一些广告代理机构很庞大，美国最大的机构——BBDO全球——每年在国内的总收入达4.95亿美元。近年来，许多代理机构依靠兼并其他机构快速扩张，从而出现了许多庞大的控股公司。其中最大的是WPP集团，属下有几家大型广告、公共关系和促销代理机构，全球总收入160亿美元。多数大型广告代理机构拥有人力和资源为客户解决广告宣传活动中各方面的问题，从创建广告计划到设计广告活动，再到准备、推出和评估广告。

国际广告决策 国际广告客户面临的许多复杂性是国内广告客户不曾遇到的，最基本的问题是国际广告应该调整到什么程度才能适应各国市场的特点。一些大的广告客户已经试图以高度标准化的遍及全球的广告来支持其全球品牌产品，曼谷和巴尔的摩的广告宣传活动都一样。例如，麦当劳在全世界100多个国家的市场，在人们熟悉的“我就喜欢”的主题下，将创意因素和品牌展示标准化；VISA在“让更多人携带VISA”的创意主题下，将全球广告相协调以宣传其借贷卡和信用卡，这一活动在韩国、美国和巴西都取得良好收效。巴西人字拖制造商Havaianas的广告在世界范围内都色彩缤纷，无论是在哪个国家。

近几年，在线社交网络和视频分享的日益流行，已经加速了全球品牌的广告标准化需求，很多大型的营销和广告运动都包括大规模的在线展示。通过网络可以轻松地跨越国界与消费者相联系，广告客户以受限的、老式的方式开展广告运动已经越来越困难了。结果是，大多数全球消费品品牌与其网站相配合已经成为基本条件。例如，查看德国、约旦和中国的麦当劳网站，你会发现金色拱门标志、“我就喜欢”标志和歌曲，甚至麦当劳叔叔本人都是一模一样的。

标准化带来很多好处：较低的广告费用，全球广告工作的协调，更一致的全球公司或产品形象。然而，标准化也有缺点，最重要的是，它忽略了各国市场在文化、人口特性和经济情况上都大不相同的事实。因而，大部分国际广告客户在思想上是从全球来考虑，而在行动上却从当地的现实出发。它们开发全球广告战略以获得遍及世界的广告效果，然后，调整广告宣传活动，使之更能适应当地消费者的需求和期望。例如，尽管VISA在全球范围内采用“让更多人携带VISA”的主题，但在特定地区投放的广告会使用当地的语言，以激起当地人的想象，从而使得该主题与当地市场具有相关性。

另外，全球广告客户还面临几个特殊的问题，例如，各国的媒体成本和可用性差别很大，对广告业的监管程度也有差异。许多国家有很多法律限制公司的广告费用、使用媒体、广告词性质和广告方案的其他方面。这些限制常常要求广告客户在不同国家间调整广告宣传活动。

例如，酒类产品不能在印度或伊斯兰国家做广告。在瑞典和加拿大等许多国家，垃圾食品的广告被禁止出现在儿童电视节目中。为保险起见，麦当劳在瑞典的广告中自称是家庭餐馆。在美国和加拿大可以接受甚至很普遍的比较性广告,在英国用得很少,在印度和巴西不合法。没有消费者的许可,中国禁止商家出于广告目的发送电子邮件给消费者,并且所有的电子邮件广告在发送时必须标明"广告"这一标题。

中国有严格的电视和电台广告审查制度,例如禁止使用"最好的"这类字眼,还有"违反社会风俗"或"不适宜地展示女性"的广告也被禁止。麦当劳曾经为一则触碰了文化规范的广告而公开道歉,以避免中国政府的制裁。这则广告中展示了一个中国消费者恳请打折。类似地,可口可乐在印度的分公司被迫结束了好莱坞免费观光游之类的有奖促销活动,因为它鼓励消费者为"赌博"而购买,违反了印度现行的行业惯例。

因此,尽管广告客户可以设计全球战略来指导整体广告工作,具体的广告方案还是必须调整以适应当地文化和风俗、媒体特点以及广告方面的法规。

15.2 公共关系

另一种主要的大众促销工具是**公共关系**(public relations,PR),即通过获得有利宣传与有关公众建立良好关系,树立良好的公司形象,处理不利的谣言、传闻和事件。公共关系部门执行以下部分或全部工作:

- 新闻关系与新闻机构:创造并把有新闻价值的信息刊登于新闻媒体,以引起大众对某些人物、产品或服务的注意。
- 产品宣传:宣传某些特定产品。
- 公共事务:建立并维持与国家和当地社区的关系。
- 游说:建立并维持与立法者和政府官员的良好关系,以影响立法和监管。
- 投资关系:维持与股东和其他金融界人士的关系。
- 开拓渠道:维持与捐赠者或非营利机构的成员的联系,以获得资金或志愿人员支持。

公共关系用来推广产品、人物、地点、设想、活动、组织甚至国家。公司运用公共关系与消费者、供应商、媒体和社区群体建立良好的关系。行业协会曾运用公共关系重新激起对衰退产品的兴趣,如鸡蛋、苹果、牛奶和马铃薯。例如,Vidalia洋葱委员会建立了一个公关活动,把梦工厂的角色怪物史莱克的图像用在包装和商店陈列里,成功推动了儿童接受洋葱。甚至政府组织也使用公共关系来唤起受众意识,例如,美国健康协会的分支——美国心肺和血液研究所(NHLBI)发起了一场长期的公关运动,该运动旨在唤起女性对心脏病的重视:

> 心脏病是女性的头号杀手,每年,死于心脏病的女性比死于各种癌症的女性总数还要多。但是,2000年NHLBI的一项调查发现,只有34%的女性知道这个事实,大多数人认为心脏病是一种男性多发病。因此,在奥美全球公关部门的帮助下,NHLBI启动了"迅速唤醒美国女性"项目。2002年,NHLBI启动了名为"心脏的真相"的全国公关运动,以此唤醒女性对心脏病的重视,并让女性与她们的医生讨论这个问题。
>
> 这次运动的核心部分是"红裙翩然",这是为唤醒女性对心脏病的重视而设计的

标识。这次运动通过交互性网站、脸书和Pinterest网页、大众媒体植入，以及活动宣传材料（手册、DVD、演讲者海报和机场立体布景等）唤醒女性的意识。此外，还赞助了一些主要的全国性事件，如全国着红装日、年度红裙时尚秀以及“心脏的真相”路演，在美国主要城市的电子屏幕上介绍心脏病的诱因。最终，这一运动的合作赞助商达三十余家，包括健怡可乐、圣若瑟阿司匹林、泰诺、Cheerios麦圈、CVS药房、施华洛世奇以及芭比波朗化妆品等。这次运动的成果非常显著：认为心脏病是美国女性第一杀手的人数已上升至57%，死于心脏病的女性人数也由原来的每三人中一人，稳步降至每四人中一人。美国心脏协会也采用了“红裙翩然”的标识，并把它用在该协会的补充性运动中。

15.2.1 公共关系的地位和影响

公共关系能以低于广告的成本，对公众的认知产生强烈影响。公司不需要为媒体所提供的时间或空间付费，但它要雇用专职人员创作并传播信息及对付一些情况。如果公司能想出一个有趣的素材，可能被多家媒体选中报道，其效果与花了几百万美元的广告一样。而且，公共关系可以吸引消费者参与，使他们成为品牌故事中的一部分（参见营销实例15.2）。

营销实例15.2

可口可乐公关：从印象到表达到购买

可口可乐公司的公共关系目标不仅仅是创造被动接收的印象，而是要激发顾客的主动表达。据可口可乐的首席营销官乔·特里波迪所说，公关的目标是发展“强烈的共享信息，产生大量的印象，然后最重要的是，消费者从印象出发，加入自己的故事并扩展，最终形成购买。”就是说，可口可乐开始使用公关方法来发起客户对话，从而激发消费者自己形成幸福和乐观的品牌主题。

参考可口可乐最近的“拥抱我”活动，公司在新加坡的一所大学一夜之间安装了一台“幸福”自动售货机。该机器的正面是红色的并伴有白色波浪条纹标志，但它没有可口可乐的商标，没有投币槽，没有汽水选择按钮，只有用可口可乐著名字体写的白色的、大大的“拥抱我”字样。隐藏的摄像机滚动拍摄路人的古怪反应，他们首先抓抓自己的脑袋，然后慢慢地走近机器，最后，脸上带着微笑，给了它一个大大的拥抱。为了回应这种简单、快乐的行为，机器神奇地免费分发了冰镇的可口可乐。

可口可乐的“拥抱我”视频显示，消费者一个接一个地拥抱着机器，喝着可乐，和其他人分享他们的快乐。可口可乐把视频放在网上，让媒体和消费者把这个故事转发出去。在短短一周的时间内，视频有1.12亿次的浏览量。鉴于免费可乐和制作视频的低成本，“拥抱我”运动以令人惊讶的低成本给大众留下印象。但更有价值的是随之而来的大量客户的反馈，如“点赞”视频并转发给其他人。“可口可乐拥抱机是一个简单的想法，即传播一些幸福，”可口可乐营销者说，“我们的策略是以意想不到的、创新的方式传递幸福……

幸福是有感染力的。”

“拥抱我”活动只是可口可乐类似的公关策略中最新的一次。过去的这个情人节，公司将改装的自动售货机放在繁忙的购物中心，给用拥抱或亲吻证实他们是“一对”的人免费发放可乐。几年前，一台可口可乐快乐机放置在大学中，派发从可乐到爆米花、比萨、鲜花再到宝丽来照片等各种东西。机器不时宣布“中奖”，派发出可乐和彩色纸杯蛋糕。这些意想不到的举动不仅激发了人们的笑容和欢呼声，而且接受者也迫不及待地想把自己的好运和故事分享给任何人，这都扩展了可口可乐的幸福定位。

可口可乐已经实施了许多其他公关活动，利用其“印象—表达—购买”模式来激发品牌对话。在其“Project Connect”活动中，公司在可乐瓶上印制了150个常见的名字，成百上千的消费者在可口可乐的零售商店寻找自己的名字。在其“随乐而动”项目中，可口可乐为消费者带来了音乐，年轻人聚集在一起，共同享受由英国音乐制作人马克·容森为伦敦2012奥运会制作的原创音乐曲目，并在演唱的曲目中融合了五种不同的奥林匹克运动。

可口可乐长期的“北极之家”活动利用宣传和共享媒体的力量，将公司的品牌与文化事业联系起来。在这场活动中，可口可乐与世界野生动物基金会(WWF)一起，保护北极熊的栖息地，这里由于碳排放而遭到破坏，因此可口可乐的广告中加入了这些宣传。“北极之家”活动的作用远远超出了季节性广告，将公关工作与促销和营销的各个方面结合起来。这项活动包括一个专用的网站、一个智能手机应用程序，以及广告和在线视频，并向世界野生动物基金会提供300万美元的捐助承诺。在第一年，“北极之家”活动产生了惊人的13亿次浏览量，这反过来又激发了无数的客户表达。

可口可乐的“BHAG”或“大胆目标”活动，不仅仅是为了使可口可乐在软饮料品类中保持领先的市场份额(多年来这一市场销售平稳)，更是为了在十年内能将业务翻倍。公共关系和社会媒体将在实现这一目标中发挥核心作用，让顾客成为品牌故事的一部分，并将他们转变为品牌拥护者，他们将带着可口可乐传递幸福的信息。“这不只是像我们过去所做的那样把东西推送出去。”特里波迪说，“我们必须创造一些经历，也许只有少数人拥有，但足以激发许多人参与到话题中。”

公共关系的效果有时候是非常可观的，下面来看一下苹果iPad发布的案例：

苹果iPad是历史上最为成功的新产品之一，有趣的事情是：尽管很多大品牌在上市之前都会伴有很多广告宣传运动，苹果这一次却没有进行任何广告宣传。相反，它只是放了一把公关火。通过让受众提早评论iPad、让线上和线下杂志撰写有趣的新闻、让粉丝们在线偷看一眼成千上万的新的iPad应用软件等方式，苹果公司几个月之前就开始造势。在iPad上市的时候，公司又通过在情景喜剧《摩登家庭》中出现iPad镜头、在电视脱口秀节目中谈论iPad上市以及其他的上市日活动，进一步为iPad吹风。在这一过程中，仅通过公关活动，iPad就创造了无限的消费者兴奋度、媒体狂热度以及发布日当天专卖店外排队等候购买的长龙。在上市首日，苹果就售出了30万台精巧的iPad，两个月后，销量已超过200万台——甚至已经供不应求。一年后，苹果发布 iPad2 时同样取得了辉煌战绩，首发一周后就销售了近 100 万台。

尽管公共关系的潜力很大，但由于其有限和分散的使用，常被形容为营销手段中的“继子”。公共关系部门一般设在公司总部，或者由第三方机构代理，其成员忙于应付各类公众，如股东、员工、立法者和新闻部门，以至于可能忽略了有助于达到产品营销目标的公共关系活动。此外，营销经理与公共关系人员的论调并不完全一致，许多公共关系人员认为他们的工作仅在于沟通，销售经理则更为关注广告和公共关系如何影响品牌建设、销售额和利润，以及顾客关系。

然而，这种情况正在改变。尽管公共关系在多数公司的整体营销预算里仍然只占很小一部分，但公共关系可以成为一个有力的品牌建设工具。在数字化时代，广告和公共关系之间的界限越来越模糊，例如，品牌网站、博客、在线社交网络、虚拟品牌视频和广告属于公共关系吗？所有这些既是广告，也是公共关系。关键问题是，广告和公共关系应该在整合营销传播项目中携手并进，以建立品牌和顾客关系。

15.2.2 主要的公共关系工具

公共关系使用几种工具，其中最主要的一个是新闻。公共关系专业人员会找出或创造与其产品和人员相关的有利新闻。有时新闻故事自然而然就形成了，有时公共关系人员会提出一些事件来制造新闻。另一种较为普遍的公共关系工具是特殊事件，其内容从记者招待会、新闻巡回展、隆重开幕典礼和鸣放礼花到激光演唱会、热气球升空、多媒体演示和教育性活动，这些都是为接触目标大众和激发他们的兴趣而设计的。

公共关系人员还要准备书面资料，以接触和影响目标市场。这些材料包括年度报告、小册子、文件、公司新闻通讯和杂志。DVD 和在线视频之类的视听材料，也日益成为沟通工具。公司识别材料有助于创立公众一见便知的公司形象。标志、文具、小册子、招牌、表格、名片、建筑物、制服、公司汽车及卡车等，所有这些只要有吸引力、容易区别和记忆，都可以成为营销工具。最后，公司还可以对公益活动投入金钱和时间，来提高社会声誉。

正如以前所讨论的，网络也日益成为重要的公共关系渠道之一。网站、博客和诸如 YouTube、脸书和推特这样的社交网络正在提供能够接触到更多人的有趣的新方式。一位公关专家说：“公共关系的核心优势——讲故事和触发交谈的能力——在这种社交媒体中发挥得淋漓尽致。”让我们看看牧马人(Wrangler)最近的“下一站蓝色”(NextBlue)公关活动。

> 牧马人想突破其核心消费者，触及都市的年轻人。但是，不是使用标准的广告或公关方法，他们创造了“下一站蓝色”在线项目，使消费者和初出茅庐的设计师有机会创造未来风格的牧马人牛仔裤。在公关工作中，牧马人创建了一个微型网站，让消费者创作关于他们自己和他们的牛仔裤设计的视频。该活动是通过牧马人网站、脸书网页和牧马人用户的电子邮箱进行的。该品牌还使用了传统的公关媒体，以及脸书上的付费广告与 YouTube 和推特上的社交媒体促销活动，允许公众对提交的设计进行评论和投票。
>
> 付费、自有、赚得和共享媒体的丰富融合产生了预期效果。在短短的两周内，牧

马人获得了50条视频资料。获奖作品将作为该项目最初的设计在wrangler.com出售。但除了新的设计，牧马人还为其微型网站签约了19个年轻的设计师，从而获得了5 000名新注册的用户，同时最终入围的视频收到超过8万次观看。“这个项目的核心是与消费者的品牌合作，”牧马人的市场营销经理说，“社交媒体天生就适合这样做。”

如其他推广手段一样，在考虑何时以及如何使用产品公共关系时，管理部门应该确定公共关系目标，选择公共关系信息和工具，实施公共关系计划并评估结果。在公司的主要市场营销沟通工作中，公共关系应该与其他促销活动融为一体。

小结

公司不应只是制造产品，还要把产品的好处告诉消费者，并在消费者心目中谨慎定位。为了做到这一点，除了人员推销，它们还必须熟练使用广告和公共关系。

1. 确定广告在整个促销组合中的作用。

广告是卖家对收费媒体的使用，来告知、劝说并引起消费者对其产品和公司的注意，是营销者向顾客宣传其所创造价值的重要的促销工具。美国公司每年的广告花费超过1 630亿美元，每年的全球广告花费总额超过4 500亿美元。广告采取多种形式并有多种用途。尽管广告经常被大多数商业公司所使用，很多非营利性组织、专业机构和社会组织也开始使用广告来向广泛的目标公众进行业务促销。公共关系旨在获得有利的宣传和树立有利的公司形象，它在主要推广手段中用得最少，尽管它对于建立顾客认知和偏好有很大的潜力。

2. 描述开发一个广告活动时涉及的主要决策。

广告决策包括目标、预算、创意、媒体和最后的结果评估。无论广告是用来告知、说服还是提醒顾客，广告人员都应该树立受众、任务和时间目标。广告的目标是将消费者推进到第14章中所讨论的购买准备阶段，一些广告旨在推动人们快速反应，然而如今你看到的很多广告关注于建立和强化长期的顾客关系。广告预算取决于很多因素，无论采用何种方法，制定广告预算都不是一项容易的工作。

广告决策由两种主要因素构成：创造广告信息、选择广告媒体。创意决策要计划创意策略并有效实施。在今天昂贵且混乱的广告环境中，好的广告信息尤为重要。为了吸引和保持注意，如今的广告信息必须规划得更好、更有想象力、更有趣并更能够回报消费者。事实上，很多营销者现在正在追求广告和娱乐的新融合，例如“麦迪逊 & 蔓藤”。媒体决策包括确定范围、频率和效果目标，选择主要媒体类型，选定媒体载体以及确定媒体时段。创意和媒体决策密切配合，以使效果最好。

最后，要对广告之前、期间和之后的沟通与销售效果进行评估。广告的效果评估对大多数公司而言已经成为热门话题，高管越来越多地询问：“我们的广告投入能够获得哪些回报？我们如何知晓我们花费的广告投入正合适？”其他比较重要的广告问题包括广告的组织，以及处理国际广告的复杂性。

3. 定义公共关系在促销组合中的作用。

能够赢得受众认可并创造良好公司形象的公共关系，是最不常使用的促销工具，尽管公共关系具有唤起消费者意识和偏好的巨大潜力。公共关系被用来促销产品、人员、地点、创意、活动、组织甚至国家。公司使用公共关系来与消费者、投资者、媒体及社区建立良好的关系。公共关系能以比广告低很多的成本对公众意识产生较强影响，并且公关的结果有时是非常可观的。尽管公共关系在大多数公司的整体营销预算中只占很小的比例，但是公共关系在品牌建设方面正发挥着日益重要的作用。在数字时代，广告和公关的界限正变得越来越模糊。

4. 解释公司怎样利用公共关系与公众沟通。

公司通过制定公关目标、选择公关创意和工具、实施公关计划以及评估公关结果，使用公共关系与公众沟通。为了实现这些目标，公共关系专业人员使用新闻、演说和特殊事件等若干工具，还要准备书面材料、视听材料和公司识别材料，并对社会公益活动投入金钱和时间。随着网站、博客和社交网络正以新的方式提供有趣的信息以接触更多的受众，网络也已经成为日益重要的公关渠道。

问题讨论

1. 列出主要的广告目标类型，并讨论为实现每一种类型的目标所应采取的广告。
2. 为什么广告媒体和创意部门要紧密合作？
3. 定义并描述广告客户在制作广告时所采用的众多执行风格中的五种，对每一种风格举一则电视商业广告为例。
4. 公司应该如何测量广告的效果？
5. 公共关系在组织中的角色和功能是什么？
6. 讨论公共关系专家使用的沟通工具有哪些。

批判性思维训练

美国公共关系协会（PRSA）用银砧奖来奖励最佳公关活动。访问 www.prsa.org/awards/search 回顾以前的获奖者案例报道。公共关系领域包含什么内容？撰写一份关于获奖者的报告，着重于与营销有关的活动。

营销技术：推特——媒体的朋友还是敌人？

访问任何媒体的互联网站点，你都能看到熟悉的脸书和推特图标。传统的新闻媒体已经通过社交媒体迁移到网络上和其他媒体上。但是社交媒体已经成为许多人的主要新闻来源。在一项研究中，60%的受访者表示脸书是新闻的来源，20%的人使用推特了解世界上正在发生的事情。由于短消息的本质以及它们传播的速度，推特可能会有越来越大的优势。大多数新闻机构在推特上都有自己的网页，宣传它们的内容，并将观众引导到它们的网站。同时推特找到了一种通过广告赚钱的方法，并雇用编辑人员来制作和管理内容。看来,推特已经不再仅仅是一个媒体平台,更成为一个与传统媒体有关的媒体实体。推特一直是传统媒体的合作伙伴,但现在它正朝着成为竞争对手的方向发展。推特的纳斯卡和奥运中心编辑发行相关的新闻仅仅是个开始。推特成功的一部分原因归功于它与这些网站建立的关系,但现在推特正在为其媒体伙伴所提供的内容,以及在新闻发生地的人们所提供的目击者信息建立数字媒体业务。

1. 解释推特如何通过广告赚钱。寻找使用推特作为促销工具的公司的例子。

2. 社交媒体广告支出与传统大众媒体广告支出相比如何?推特有可能成为一个媒体实体而不仅仅是一个媒体平台,对广告商意味着什么呢?

营销伦理:不要这样说!

如果你喜欢的餐厅……在 Yelp 上搜寻它!如果你没有……在 Yelp 上搜寻它!Yelp 是一个在线指南,专门发布对本地企业如餐馆、水疗中心的评论,甚至是关于医生的评论。企业的评级是基于对它们的评论,其中五星是最好的。虽然几乎 60%是四星或五星评论,但其余的评论是不太正面的。不好的评论可能是小企业的死亡之吻。企业不把这些信息放在 Yelp 网站,但其他人会这么做。这也给许多企业带来了问题。有些客户要求为自己的正面评价获得回报,甚至有的消费者以不发表恶意评价为由索要报酬。一名餐馆老板声称,一位顾客威胁说,除非他收到一张价值 100 美元的礼品卡,否则他会表示自己在餐馆进食后食物中毒。这和那些把玻璃碎片或死蟑螂放在盘子上而获取免费用餐(在他们几乎吃完的时候)的不道德顾客没有什么不同。大多数餐馆为了避免上述情况而选择妥协。但是 Yelp 或其他在线评论的消极影响更为可怕,口碑具有深远和持久的后果。一些医疗专业人员甚至要求新病人在接受治疗前签署反诽谤合同,称为“医疗禁令”。这些方式试图阻止患者在网上的负面评论。一些网站,如 Angie's List,标注出了有这样要求的医生;密歇根州提出了一个议案,认为这种豁免违反法律。

1. 访问网站,如 Yelp,Angie's List,RateMDs. com 和 Rate My Professor。评论者在这些网站上的发言是否受到限制?他们应该受到限制吗?

2. 医生是否有权利要求医疗禁令?讨论正反两方的观点。建议医生如何处理这种情况。

数字营销:C3,CPM 和 CPP

尼尔森评级对于广告客户和电视节目制作人员来说都非常重要,因为电视广告时间的成本是以这些评级为基础的。一个节目的收视率是尼尔森样本中收看该节目的户数占美国 1.15 亿户拥有电视的家庭的比例。一个收视点代表占电视市场 1%的份额,所以一个点等于 115 万个家庭。尼尔森的电视收视率被称为 C3,测量有多少观众在节目播放之后三天内观看了广告。广告效率的一个常用衡量标准是千人成本(CPM),即每千个潜在受众的广告成本。广告客户还通过将广告成本除以评级来评估每个评级点的成本。这些数字用来评估媒体购买的效率。使用下面的平均价格和收视率信息,这是 2012—2013 年电视季用来预售广告的，并回答问题。

节　　目	每30秒的成本	C3评级
星期日晚间足球	425 000美元	11.8
美国偶像	475 000美元	9.0
实习医生格蕾	225 000美元	5.3
好汉两个半	215 000美元	6.0
吸血鬼日记	75 000美元	1.2

1. 预计有多少家庭收看每个节目？

2. 计算每个节目的千人成本(CPM)和每个点的成本(CPP)。在规划电视媒体购买时，广告商应该如何使用这些方法？

公司案例

超级碗：不仅仅是一个广告

围绕超级碗赛季，广告专业人士和媒体评论员之间的争论越来越激烈。核心的问题是：超级碗的广告值得花钱吗？去年，广告主平均投入了350万美元/30秒，平均每秒钟117 000美元。而且，那只是花在播出时间上的而已。平均每个商业广告需要200万～300万美元的制作成本，一个超级碗广告会将是超级昂贵的提案。结合其他方面，反对者宣称成本如此之高但广告的投资回报并不值得。

但是超级碗广告的支持者们有足够的证据证明他们的观点。首先，这个大赛总是一年中收视率最高的电视赛事。去年的超级碗吸引了超过1亿1 130万名观众，打破了它自己在历史上的纪录。除了纯粹的观众数量，超级碗在电视节目中独树一帜：广告比节目本身吸引更多的收视。考虑到这一点，最近的一项研究声称，对于包装消费品公司来说，一个超级碗广告的投资回报率相当于250个普通电视广告的回报率。

对于超级碗的广告价值没有一个简单的答案。如今，超级碗不仅仅是通向广大天地的大门。在比赛开始和结束后，广告评论家、媒体专家和消费者都在预测、思考、评价和检验这些商业广告。从这个角度看，广告商不再是只创造30秒钟的广告而已。它们创造的是一个更宏大的项目，围绕着超级碗的广告战略需要包括比赛前、比赛中和比赛后的策略。

比赛前

多年来，广告商已经意识到超级碗现场广告的潜力。随着网络视频的普及，人们的注意力转向了具有病毒式传播潜力的广告。但在过去的几年中，社交媒体和移动通信进行了翻天覆地的改变。先前的经验法则是在超级碗之前保持神秘，建立公众对广告的预期，然后在比赛中播放广告。然而，现在许多广告商试图在比赛前就通过在网上发布部分甚至全部广告激发人们的讨论。

参照这一趋势，在2012年的超级碗比赛前，一个媒体买家说：“这是第一次超级碗在社交媒体中成为营销计划的组成部分,这是因为营销人员意识到可以从超级碗的广告中获取更多收益。"这是一个不小的趋势。在今年超级碗播出的55个广告中,几乎有一半是在大赛开始前可以在线观看的。一位媒体分析家说:"这么多人早早就开始播广告来喂养野兽。"

尽管所有不同类型的公司广告都有广告预告片,但这项技术特别受汽车品牌的欢迎,它们希望在超级碗中从11个汽车品牌的混战中脱颖而出。今年,雪佛兰在超级碗开始几个月前与多力多滋争抢广告位。就像多力多滋的"碰撞超级碗"事件,雪佛兰的"66路"大奖赛用现金奖项吸引了针对 超级碗的广告参赛者。获奖的广告被雪佛兰Camaro称为"幸福研究",在比赛播出的17天前展现给观众。

起亚汽车则推出了广告预览。首先,公司发布了新闻稿来描述其60秒的超级碗广告,他们称为"驱动梦想"。然后,在比赛之前9天,起亚播放了15秒的预告广告,超级模特阿德里亚娜·利马用慢动作挥舞格子旗和标记线,"星期日见"这一标语在全国18 000家电影院上线。6天后,在电影院放映完整的广告,包含了所有顶级的元素来吸引超级碗的观众。

这种比赛前的努力有回报吗?社交媒体分析公司似乎这样认为。它创建了一个度量标准,称之为媒体影响力价值,是衡量消费者影响力和认知度的一种标准,用来确定哪些超级碗广告主在比赛前获得最大收益。根据普遍的看法,用比赛前的社交媒体流量和实现现金收入衡量,许多广告商都看到了投资的强劲回报。表现良好者包括起亚、大众、本田、可口可乐、多力多滋、三星等。

比赛中

除了赛前活动,公司也认识到通过在比赛中吸引观众来增加超级碗广告的潜力。在看电视时使用笔记本电脑或移动设备的"第二屏幕观看"趋势正在增强。最近的一项尼尔森调查显示,在2012年超级碗期间,30天里平板用户中88%的人和智能手机用户中86%的人在看电视时使用了他们的移动设备,推特上的活跃度也支持了这些数据。在整个比赛中,推特每秒千条推文数(TPS)最高的时刻发生在巨人队—爱国者队比赛结束时(12 223 TPS)和麦当娜的中场表演时(10 245 TPS),这两者在推特活跃度总排名中占据了第二和第三位。

除了赛前的努力,雪佛兰为了最大限度地发挥其在超级碗比赛中的五个广告的作用,设计了一个在比赛期间使用的应用程序。该应用程序允许观众玩超级碗小游戏,彼此通过推特互动,参与投票,并有可能赢得众多奖品。"这是第一次有公司尝试这样的大型应用程序,这将提高比赛的观看体验和帮助他们参与有关超级碗的在线互动。"通用汽车全球首席营销官说,"这个应用程序将交互性提升到电视观看的最高水平,达到了全新的高度。"到比赛开始时大约有72.5万人下载了这个应用程序。这也是通用汽车总体目标的一部分:在比赛前、中、后期达到15亿次品牌印象。

但是雪佛兰并不是唯一一个在比赛中尝试将人们的注意力转向其新技术的品牌。可口可乐估计超级碗的观众中有60%的人拥有移动设备,于是进行了一个活动,让其品牌形象中的卡通北极熊充当超级碗派对的主持人。派对被称为"极地碗",内容为北极熊及北极游客对比赛、广告、推特和脸书消息的实时反应。

可口可乐公司的代表说，反馈大大超出了预期。到了比赛时间，在脸书上预订的人数达到了可口可乐目标的15倍。这使得可口可乐公司提高了服务器容量，可容纳30万名观众，估计观众平均每人观看2.5分钟。此外，可口可乐有大量后备的服务器容量在等待。

观众人数在高峰期达到60万人。总共有900万多人观看了极地碗，平均每人28分钟。除此之外，在四小时的比赛期间，可口可乐公司推特粉丝的数量增长了38%。对于极地碗，可口可乐整合营销内容总监评价说这场实验重新定义了公司的营销。可口可乐正在努力与消费者沟通，这是一场谈话，而不是独白。

比赛后

对于超级碗的广告商来说，当比赛结束时，广告活动仍然如火如荼。传统的评论是由记者和博主所作的众多"最佳和最差"榜单产生的。虽然"赢家"和"输家"在各个列表中各不相同，但显而易见的是，在超级碗中播出的所有广告都会由于在线观看和讨论而获得赛后的评论。有几个例子说明了这种评论能产生巨大影响。

克莱斯勒在2011年的超级碗中拉开了"来自底特律"的序幕，以说唱歌手埃米纳姆和复兴的底特律为背景，上演了两分钟的广告。2012年，克莱斯勒出品了两分钟的续集"这是美国的大半历史"，是由克林特·伊斯特伍德主演的爱国纪录短片。这两个广告在赛前的讨论度及赛后的评论和观看数上都排在了最前面。该广告也是系列广告的核心，是正在进行的营销活动的一部分。该活动推出16个月后，克莱斯勒赢得了艾菲大奖，这是广告界的奥斯卡奖。据一位评审团成员说，"'来自底特律'得奖是因为广告宣传了产品、类型和城市。"

大众公司也在2011年超级碗中推出了吸引眼球的广告"原力"——一个60秒的广告，黑武士达斯·维德惊喜于他用原力启动了一辆帕萨特。大众2012年比赛中延续了成功。在名为"狗狗们的星球大战"的在线比赛预告片中，一群狗吠叫出"帝国进行曲"的旋律。继星球大战主题后，大众2012年的超级碗广告"狗狗的反击"是观众最喜欢的。但也许最能够说明超级碗广告在比赛后仍具有巨大价值的指标是，"原力"广告不仅在2011年达成了超过6 300万的评论，也是2012年超级碗期间最多人谈论的广告之一。2012年1月，大众报道它在美国的销售增长了48%，是自1974年以来的最佳表现。虽然很难证明超级碗的广告对大众的成功有多大贡献，但大众相信对超级碗的投资物有所值。

最近的超级碗赞助商所做的努力和所取得的成功不胜枚举。而且，每个广告商所采用的策略是否完美无缺并不是重点。关键是，现在与过去相比，超级碗的广告已经不再是仅仅通过运行一个广告或一组广告在一个电视事件中与广大观众接触来获得巨大曝光。今年比以前的方式更加丰富，观众在比赛之前、之中和之后观看、评论、共享、点击、播放和回应超级碗广告。为了充分利用他们的投资，营销人员必须有一个全面的计划，发掘超级碗的价值。

讨论题

1. 在最近几年中，哪些因素在改变超级碗广告的价值中发挥了最大的作用？

2. 讨论涉及超级碗广告的范围、频率和影响的概念。超级碗和其他电视节目对这些概念的考虑和规划有什么不同？

3. 在评估投资回报率时，超级碗广告商必须考虑哪些目标？

4. 选择一个最近没有超级碗广告的品牌，设计一个有效的比赛之前、之中和之后的促销策略。

Principles of Marketing

第 16 章

人员推销和销售促进

学习目的

□ 讨论公司的销售人员在为顾客创造价值并建立顾客关系中的角色
□ 解释销售人员管理的六个主要步骤
□ 论述人员推销过程，区分交易导向和关系导向的市场营销
□ 解释促销活动是如何开发并执行的

本章预览

在前面两章里，我们学习了运用整合营销传播(IMC)以及促销组合的两个主要构成部分——广告和公共关系来沟通客户价值。在这一章里，我们将学习 IMC 的另外两个构成部分：人员推销和销售促进。人员推销是一种营销沟通的人际交往方式，指销售人员与现实的或潜在的客户交互影响，建立顾客关系，向顾客销售产品。销售促进是指运用短期刺激措施鼓励消费或销售某一产品或服务。正如你所看到的，虽然本章将人员推销和促销作为两个独立的营销工具分别讲述，但是，我们应该记住它们必须与其他营销沟通工具严密整合才能更好地发挥功效。

首先，当你想到"销售人员"或"销售队伍"时，你的第一反应是什么？也许你会想到咄咄逼人的零售员工，大声叫卖的电视购物代言人，或老套谄媚的二手车销售员。但是这样刻板的形象完全不符合现代销售人员的实际形象——他们不是利用客户，而是靠倾听客户需求、帮助其解决问题获取成功的销售专家。对大多数企业来说，人员推销在建立有利的客户关系方面发挥着重要的作用。看看 IBM 公司的实例，它的以客户为中心的销售团队一直被认为是全美最优秀的销售队伍之一。

IBM：现代顾客导向销售的经典模式

当托马斯·J. 沃森成为年轻的"计算制表记录"公司(IBM 在 1915 年的前身)的总裁

时，大多数人认为销售是一个不受人尊敬的职业。当时，在大多数人的心目中，销售人员是油嘴滑舌的，销售则是使用强硬的推销策略和快速随便的方式来获得消费者的金钱。沃森在当时是一个推销员，在纽约北部卖钢琴。他对销售有不同的看法。他在公司于1924年更名为IBM时，已经建立了销售人员的模板，万万没想到这长久地改变了专业销售人员的面貌。

在IBM，沃森只雇用常春藤名校的优秀毕业生，他要求他们坚持穿保守的西装和白色的衬衫。他有极高的道德要求。IBM提供了密集的销售培训，重点是培养对公司及其客户的深入了解。首先，沃森强调，"销售员必须是一个很好的倾听者，要观察和学习。"这个建议成为IBM的"销售方案基础"。沃森在1950年将IBM交到他的儿子手上，他具有前瞻性的销售原则牢牢植根于公司的文化，让IBM的销售模式变为以客户为中心。

如今，作为一家价值1 070亿美元的公司，IBM已经生存了100年，几乎没有其他《财富》榜前25强的公司能做到。在此期间，IBM销售的东西发生了巨大的变化，从收银机、打字机到大型计算机和个人电脑，到目前复杂的信息技术硬件、软件和服务组合。没有改变的是IBM的销售方式。IBM的销售人员一直是客户关系的开发者和解决方案的提供商。

Vivek Gupta是IBM顶尖的销售人员，甚至在增长最快的行业(电信)和增长最快的市场(印度)也是。Gupta加入IBM是2003年，他的销售优势和理念与公司完美匹配。IBM对印度来说是一个新进入者，在印度超过70%的公司都是家族控制的，在印度关系、信任和家族纽带几乎胜过一切。除了IBM的正规培训，Gupta自己进行了调查工作，认识消费者，了解IBM和它的客户，进而充分了解公司的产品和服务以及顾客的需求。

当Gupta第一次接触潜在客户沃达丰(印度快速发展的手机市场上的领头羊)，总经理告诉他："我不想跟IBM做任何生意。"但Gupta坚持他的想法，了解沃达丰的关键决策者，并通过耐心的倾听、观察，探究IBM如何能够帮助沃达丰在与竞争者的对抗中获胜。Gupta甚至比沃达丰的员工更加了解沃达丰。他花了近四年，最终与沃达丰达成了合作，签下6亿美元的合同。Gupta一举成名，沃达丰在孟买的办事处里很多人都惊讶于他胸前的徽章是"IBM"而不是"沃达丰"。

Gupta致力于解决客户问题。他说："你必须理解顾客的痛点。"消费者他们不会说出来。例如会有一个情境，客户告诉他"谢谢，我们什么都不需要"，Gupta请求能够无条件地帮助研究他们的业务。在与该公司的工程师聊天时，他了解到，他们在移动电话塔中使用微波无线电技术每周都会使网络中断六七次，这个问题会付出昂贵的代价，令移动用户非常恼火。当再次与决策者磋商时，Gupta说，他了解网络的可靠性问题，IBM有一个相对便宜的解决方式。这个电话直接形成了新微波无线电业务的合同。但在一年之内，这个小小的立足点扩展到了超过1亿美元价值的额外业务。

成功之后，Gupta将目光放在了更大的目标之中。他意识到许多印度大型电信公司都忙于自己的后台操作系统，因此它们没有多少资金和精力去做战略、品牌和营销。然而，IBM拥有构建和维护此类系统所需的技术和专业知识。如果IBM能接手内部系统，就能参与客户的战略和营销。Gupta为印度新兴无线产业公司Bharti Airtel提出了一个新的解决方案。结果是：IBM现在占有Bharti Airtel公司大部分的后台业务，而Bharti

Airtel则重点照顾自己的客户。在最初的五年里,这笔交易为IBM创造了令人震惊的10亿美元收入。Bharti Airtel公司现在是印度无线行业的领导者,同时成为IBM新兴市场销售培训的典型案例。

IBM的文化一直认为销售人员"部分是教师,部分是心理学家,部分是热情友好者"。但Vivek Gupta的成功表明,在销售趋势很好的今天,他们也必须"有部分外交官、部分企业家和部分发明家的能力"来解决客户问题。Gupta不只是售卖IBM的计算机硬件和软件,他售卖的更是人和系统,是硬件和软件的统一。他销售的是整个IBM和产品系统,并为客户提供解决问题的方案。分析人士说:"这是极其简单而又纯粹的方式。"他想说服你,IBM可以经营你的业务——甚至你的整个业务,除了战略和营销之外,比你做得更好。

因此,在过去的100年中,许多事情已然发生了变化,IBM已经适应了不断变动的技术环境。但有一点是不变的:IBM销售人员仍然受到沃森的销售原则的启发。今天,IBM仍然要求有抱负的销售人员,"你能卖出解决方案吗?你能通过行业知识创造价值吗?"Vivek Gupta的目标是所有的解决方案。这就是他成为销售巨星的原因。他说:"我不记得在我的职业生涯中我有去做而未成功的交易。""这只是时间问题。如果我很聪明,我就能很快地解决问题。如果我不够聪明,可能需要一些时间。"

在这一章里,我们将继续讲述另外两种促销组合工具——人员推销和销售促进。人员推销是指为了销售产品或维持客户关系与现实或潜在客户进行的人际互动行为。销售促进是指使用短期刺激措施,鼓励客户的购买、经销商的支持和销售团队的努力。

16.1 人员推销

罗伯特·路易斯·斯蒂文逊曾经指出:"每个人都靠推销些什么而生活。"全世界的企业都在使用销售人员向行业客户或终端消费者推销产品和服务。但也可以在许多其他类型的机构中找到销售人员。例如,大学依靠招生人员来吸收新学生,而教会利用教友委员会吸收新的教友。博物馆和艺术机构利用资金筹措者联系捐款人并筹得款项。即使政府也要使用销售人员,例如,美国邮局用销售人员将快递和其他服务推销给公司客户。在本章第一节,我们探讨人员推销在组织中的作用,销售队伍管理决策,以及人员推销的基本过程。

16.1.1 人员推销的性质

人员推销(personal selling)是世界上最古老的行业之一,从事销售工作的人常有各式各样的名称:推销员、销售代表、代理人、地区经理、客户经理、销售顾问、销售工程师。

人们对销售人员有很多成见,包括一些不好的印象。推销员可能使人想起电视剧《办公室》中虚构的米福林纸业公司固执己见的推销员德怀特·斯科拉特,他既缺乏常识又没有社交技巧。然后还有现实生活中"高声叫卖"的商品宣传员,他们在电视购物广告中兜售从超强吸水抹布到黑旋风无线清洁器再到多功能油漆刷的一堆东西。然而,绝大多数销售人员完全不是这些落魄的刻板形象。

正如开篇的IBM案例所展示的那样,大部分销售人员受过良好的教育和很好的职业培训,他们为客户增添价值,维持与顾客的长期关系。他们听取顾客意见,评价顾客需求,组织力量解决顾客问题。最好的销售人员是那些与顾客密切合作以共同获利的销售人员。考虑一下航空巨头波音公司在全球商业飞机市场上的竞争。推销昂贵的飞机需要的不仅仅是快速的交谈和热情的微笑:

以1.5亿美元或更高的价格出售高科技飞机既复杂又富有挑战性。对航空公司、航空货运公司、政府和军事客户的一笔大买卖很容易就能达到数十亿美元金额。波音销售人员领导着一大批公司专家——销售和服务技术人员、财务分析师、规划者和工程师,他们都致力于寻找满足大客户需求的方法。而对于客户,购买一批客机涉及几十个甚至几百个决策者,并且每一个都微妙地影响最后的购买。销售过程漫长得折磨人,从第一天销售展示到最后宣布成交可能要经历两年或三年。接到订单后,销售人员必须与客户保持联系,跟踪客户的设备需求,并确保客户保持满意。真正的挑战是通过建立在优质产品和紧密协作基础上的日复一日、年复一年的合作关系来赢得买家的生意。

销售人员(salesperson)这个名字包括了许多不同的定位。从一个极端上讲,销售人员可能主要是订单接收者,如站在柜台后面的百货商店售货员;从另一个极端上讲,销售人员是订单的获取者,他们创造性地推销各种产品和服务,建立客户关系,从电器、工业设备和机车一直到保险和信息技术服务。在本章,我们将把注意力集中在较具创造性的销售工作,以及建立和管理一支有效的销售队伍的过程。

16.1.2 销售人员的角色

人员推销是促销组合中人与人之间直接接触的推销方式。广告主要是同广大消费群体进行的非人员沟通。相反,人员推销是销售人员与单个顾客之间双向的个人沟通,不论是面对面,还是通过电话、电子邮件、视频、网络会议或其他方式。这意味着在更复杂的销售情况下,人员推销可能比广告更有效。销售人员对顾客深入调查,了解更多的问题,调整营销提供物以符合每个顾客的特殊需求。

各个公司的人员推销角色有所不同。有些公司根本没有推销员,例如,只通过邮购目录或网络销售的公司,或通过制造商代表、销售代理商或经纪人出售商品的公司。然而,在大部分公司里,销售人员充当重要的角色。在销售工业产品和服务的公司,如IBM、杜邦或波音公司,销售人员直接与顾客打交道。在消费品公司,如雀巢公司和耐克公司,销售人员扮演着幕后的重要角色,他们与批发商和零售商共同工作,以获得支持并更为有效地出售公司的产品。

联系公司与顾客 销售人员在公司与顾客之间起到关键的纽带作用。许多情况下,销售人员同时服务两个主顾——一个是卖方,一个是买方。首先,他们代表公司与顾客接触,寻找和发展新的顾客,并将公司的产品和服务信息告诉顾客。他们通过接近顾客、介绍产品、回答异议、谈判价格和条件以及最后成交,来出售产品。

同时，销售人员代表顾客与公司打交道，在公司内部充当消费者利益的维护者，并管理买卖双方的关系。销售人员将消费者有关公司产品和行为的看法传达给相关人员。他们了解顾客的需求，并与公司内的其他营销和非营销人员共同提高顾客价值。

事实上，对许多顾客来说，销售人员就是公司——他们所能见到的公司的唯一有形展示。因此，顾客可能忠诚于销售人员，同时也会忠诚于他们所代表的公司或产品。这一"销售人员拥有的忠诚"的理念对销售人员客户关系建立能力具有重要意义。与销售人员建立的稳固关系将导致与公司及其产品的稳固关系。相反，不好的关系也将会产生不利的公司及产品关系。

鉴于销售人员在联系公司与客户中的作用，他们必须高度关注客户解决方案。实际上，这种对客户解决方案的关注不仅对销售人员是必需的，对整个组织也是必需的。

协调推销与营销　理想情况下，销售人员和其他营销职能部门（策划人员、品牌经理和研发人员）应该紧密协作，共同为客户创造价值。然而，不幸的是，一些公司仍然把营销和销售看作分立的职能。这种情况下，割裂的销售和营销团队不可能和谐相处。当出现问题的时候，营销人员指责销售人员的执行力差，糟蹋了一个原本辉煌的战略规划。同样，销售团队指责营销人员脱离现实的客户情况。两方都不会充分重视对方的贡献。如果不改善这种状况，营销和销售之间的割裂就会损害到客户关系及公司业绩。

公司可以采取一些措施来帮助其营销和销售部门更紧密地合作。在最基础的层面，它可以通过安排联合会议、明确沟通渠道等，增加两个团队之间的联系。它还可以创造两部门共同合作的机会。品牌经理和研发人员偶尔也可以打打销售电话或坐在销售计划会场。同样，销售人员可以列席营销企划会议，分享自己对客户的第一手资料。

公司还可以为销售和营销团队创建共同的目标和奖励体系，或任命营销与销售联络人——打入销售团队的营销人员——帮助协调营销和销售团队的项目和活动。最后，公司可以任命一位高级营销经理统领两个部门的工作。这样一个人有助于为营销和销售部门注入共同目标：为客户创造价值以获取价值回报。

16.2　管理销售人员

我们将**销售人员管理**（sales force management）定义为分析、计划、执行和控制销售人员的活动，包括设计销售队伍策略和结构，以及招聘、选拔、培训、激励、监督和评估销售人员。这些重要的销售人员决策见图16.1，并在下面介绍。

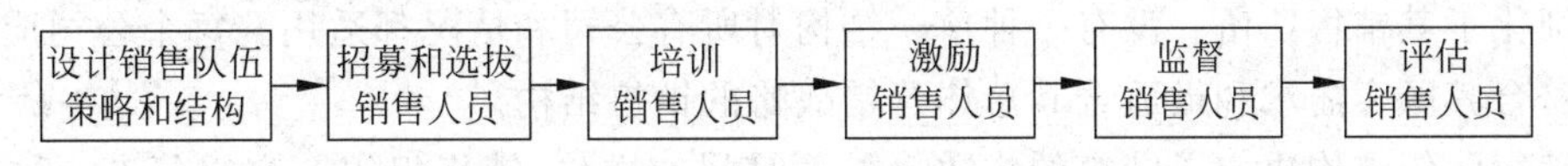

图16.1　销售人员管理的主要步骤

16.2.1　设计销售队伍的策略和结构

市场营销经理面临几个销售队伍策略和设计问题。销售人员及他们的任务应该如何构造？销售队伍的规模应有多大？销售人员应单独推销产品还是与公司的其他人员一起以小组为单位销售产品？他们应该到现场去销售还是通过电话或互联网销售？我们将在下面论述这些问题。

销售队伍的结构 一个公司能根据产品线来划分销售责任。如果公司只有一条产品线，而且只卖给某一行业分散于各地的顾客，决策就很简单。在这种情况下，公司可使用区域销售结构。然而，如果公司销售各种不同的产品，顾客类型也多，它可能采用产品销售结构、顾客销售结构或两者结合。

在**区域销售队伍结构**(territorial sales force structure)里，每个销售人员都分配了自己专职服务的地区，并在区域内向所有顾客推销公司所有的产品和服务。这种组织清晰地划定了每位销售人员的确切工作职责。区域结构也增加了销售人员建立当地商业关系的愿望，由此使销售更为有效。最后，因为每个销售人员只在有限的地区内活动，差旅费用相对较低。一个地区销售组织经常得到许多销售管理职位的支持。例如，个人区域销售代表可以向区域经理汇报，区域经理则向大区经理汇报，大区经理直接向销售总监汇报。

如果一个公司有大量复杂的产品，销售人员必须了解他们的产品，这就导致许多公司采取了**产品销售队伍结构**(product sales force structure)。例如，在重要的业务领域内，通用电气为不同的产品和服务部门聘用不同的销售人员。在通用电气基础设施集团，公司把销售队伍分为航空、能源、运输及水处理产品和技术等不同分部。在通用电气医疗集团，它的不同销售队伍负责影像诊断、生命科学及集成 IT 产品与服务等部门。总之，一家像通用电气这样大型、复杂的公司可能会有几十个独立的销售队伍，负责其多样化的产品和服务组合。

越来越多的公司正在使用**顾客销售队伍结构**(customer sales force structure)，它们按照顾客或产业线来组织销售人员。依照行业的不同、是服务现有客户还是寻找新客户以及是大客户还是一般客户，分别设置不同的销售队伍。许多公司甚至设有专门的销售人员处理单个大客户的需求。例如，家电制造商惠而浦将个人销售团队分配给西尔斯、劳氏、百思买和家得宝等大型零售客户。每个惠而浦销售团队都与大客户的采购团队保持一致。

当公司销售很多不同种类的产品给分布很广的各式各样的顾客时，经常结合使用几种类型的销售结构。销售人员可根据顾客和地区，产品和地区，产品和顾客，或者地区、产品和顾客来做专业化分工。例如，史丹利百得公司以不同客户(由不同销售队伍拜访家得宝、劳氏和小型零售商)和每一核心客户群的不同区域(区域代表、区域经理、地区经理等)，细化了其销售队伍。没有一种单一结构对所有公司和情况都适用。每个公司应该选择最符合其顾客需求和最适合其总体营销战略的销售结构。

销售队伍结构决定了销售的成败。随着时间的推移，销售组织会变得复杂、低效，并难以及时响应客户需求。公司应当定期审查销售队伍结构，确保该结构能够满足公司和客户的需要。

销售队伍的规模 一旦公司确定其组织结构以后，就要准备考虑销售人员的数目。销售人员的规模可以从仅有几人到上万人。有些企业的销售人员规模非常巨大——例如，百事可乐有3.6万名销售人员；美国运通，2.34万；GE公司，1.64万；施乐公司，1.5

万。销售人员是公司最具生产性,但也最昂贵的资产之一。因此,增加他们的数量会同时增加销售额和成本。

许多公司采用工作负荷法(workload approach)确定其销售人员编制的规模。采用此法的公司先将顾客根据其规模、交易数量以及与维系顾客所花的力量相关的其他因素分成不同的等级,然后再确定拜访这些顾客的理想次数,及所需要的销售人员数量。

公司可能会按如下方式计算:假设我们有1 000个A类顾客和2 000个B类顾客。A类顾客每年需要拜访36次,B类顾客每年只需要拜访12次。在这种下,销售人员的工作负荷,即每年必须拜访的次数为60 000次[(1 000×36)+(2 000×12)=36 000+24 000=60 000]。又假设一般的销售人员每年能完成1 000次推销访问,则该公司需要拥有60名专职的销售人员(60 000/1 000)。

其他销售队伍策略和结构问题　销售管理部门必须决定谁将参与销售工作,以及不同的销售及辅助人员应如何合作。

外部和内部销售人员　公司可能有**外部销售人员**(outside sales force)(或现场销售人员)或**内部销售人员**(inside sales force),或两者兼而有之。外部销售人员外出拜访顾客,内部销售人员在办公室通过电话或接待潜在顾客的访问来开展业务。

一些内部销售人员对外部销售人员提供支持,释放他们更多的时间给大客户推销或去发展新客户。例如技术辅助人员提供技术信息并答复顾客的问题。销售助理为外部销售人员提供杂务支持,他们提前打电话确认会谈时间、追踪送货,以及回答顾客在联系不到销售人员时的提问。使用这样的内部和外部销售人员组合有助于更好地服务重要客户。内部销售代表提供日常接洽和支持,外部销售代表负责当面沟通和建立关系。

有些内部销售人员做的不仅仅是提供支持。电话营销人员和在线销售人员利用电话和互联网发现新的线索和合格的潜在顾客,或者直接向客户提供销售和服务。电话营销人员和在线销售人员可以高效、低成本地向小客户和难以接触的客户销售产品。根据产品和客户的复杂程度,例如,一位电话营销者每天可以与20～33个购买决策者接洽,相比之下,外部销售人员平均只能有4次接触。平均一次B2B销售访问的费用为350美元左右,而一次常规的产业电话营销接触只需5美元,一次复杂的电话约为20美元。

尽管联邦政府的谢绝来电登记措施阻碍了电话销售与顾客的联系,对许多电子商务商家来说,电话营销仍然是一个至关重要的工具。对一些小公司而言,电话和网络销售可能是基本的销售途径。然而,大公司也利用这些策略,要么直销产品给中小型客户,要么为大客户排忧解难。特别是近来经济萧条的困难时期,许多公司减少了对顾客的面访,更乐意使用电话、电子邮件和互联网销售。

而且,在今天的数字化环境中,许多买家更乐于接受电话和互联网销售。"现今的这一代买家不再需要曾经的那种程度的面对面联系,"一位电话销售专家说,"他们很满意于用网络收集信息,用电话达成交易。"一项研究显示,电话销售的年增长率达到7.5%,而现场销售为0.5%。研究还指出,出现了现场销售代表和内部销售代表的混合形式——混合销售代表,他们常常是远程工作。约有41%的外部销售活动现在是通过电话进行的,电话是从家庭办公地点、公司办公室或者路上打出的。

对很多类型的产品和销售情境而言,电话或网络销售同面访销售一样有效:

克莱麦克思轻便机械工具公司(Climax Portable Machine Tools)是一家为金属切削行业提供便携式维修工具的制造商,它证明了一家小公司也可以利用电话营销来节约费用,并仍然密切关注顾客。在原来的模式下,克莱麦克思的销售工程师要花1/3的时间旅行,他们一天只能完成4个访问。如今在克莱麦克思电话营销小组的5个销售工程师,每个人一天能给30个潜在的买主打电话,这些电话是追踪广告和直邮获得的销售意向。销售工程师在每次接触后就更新潜在顾客的计算机档案,标明承诺程度、下次接触日期和个人评价。公司总裁说:"假如有顾客说他即将去钓鱼度假,我们的销售工程师就将这件事记录在计算机中,并使下次的电话更个性化。"他指出这只是与顾客建立良好关系的一种方法。

另一种方法是在第一次邮寄给潜在买主的信函中,附上销售工程师的名片,并在上面印出照片。克莱麦克思的客户信息系统也给内部销售代表即时进入客户信息的入口,这与外部销售人员和服务人员进入一样。当然,在电话接触中不是仅靠友善就能售出价值1.5万美元的机械工具(特殊订货可能高达20万美元),但电话营销做得很顺利。当克莱麦克思的顾客被问及"你能否经常见到销售工程师",答复是非常肯定的。很显然,许多人并没有意识到他们与克莱麦克思的唯一联系方式就是电话。

团队销售　随着产品越来越复杂,并且客户的业务和服务要求不断增多,单个销售人员就不能处理一个大客户的所有需求了。取而代之的是,多数公司正在使用**团队销售**(team selling)为大型的复杂客户提供服务。销售团队能够发现个体销售人员发现不到的问题、解决方案和销售机会。这样的团队可能包括销售公司各个领域或者各个层次的专家——销售、营销、技术和支持服务、研发、设计、运营、财务及其他。

在很多情况下,向团队销售的发展反映了顾客购买组织的类似变化。"买家实施基于团队的购买决策,必然要求卖方相应地创建基于团队的销售——这对大量独立的自我驱动的销售人员来说是一种全新的经营方式,"一位销售组织分析师说。"今天,我们呼吁团队购买,这就需要我们销售这边也必须加强火力,"一位销售副总裁同样认为,"仅靠一个销售人员不可能全盘应对——不可能在提供给顾客的所有产品上都是专家。我们有战略客户团队,由客户业务经理带队,要由他们发起攻势。"

IBM、施乐和宝洁公司使用团队已有很长时间了。宝洁的销售代表组建了"客户业务发展(CBD)团队"。每一个CBD团队负责宝洁的一个主要客户,例如沃尔玛、西夫韦或者CVS药房。CBD团队集中力量满足一家大客户的所有需求。它让宝洁"成长为客户的'战略合作伙伴'",而不仅仅是一家供应商。

团队销售也有一些不足。例如,销售人员的天性就是竞争,他们通常以出众的个人表现而受到奖励。习惯于对顾客全权负责的销售人员可能难以学会和团队中的其他人一起工作并信任他们。此外,团队销售会让习惯于与一个销售人员打交道的顾客感到混乱或者烦琐。最后,评估团队销售工作中的个人贡献也很困难,会产生一些棘手的激励问题。

16.2.2 招募和选拔销售人员

销售队伍成功的要诀是招募和选拔优秀的销售人员。一个普通的销售人员与优秀的销售人员在业绩上有天壤之别。在典型的销售队伍中,60%以上的销售额是由30%的优秀销售人员创造的。因此，谨慎选择销售人员可以大幅度地增加总的销售业绩。除了销售业绩的不同之外，不做好选拔工作也会导致高代价的人员流动。一个销售人员离职后，公司寻找和培训一个新的销售人员的成本，加上失去营业额的成本，将非常高，并且销售人员中存在许多新手必然会降低工作效率。

好的销售人员和一般的销售人员有哪些区别呢？为了更好地研究好的销售人员应该具有的品质，盖洛普管理咨询公司已经采访了几十万名销售人员。它的研究表明，一个好的销售人员应该具有四种非常重要的才能：内在驱动，严谨的工作作风，最终成交能力，更重要的是，建立顾客关系的能力。

最好的销售人员是那些有来自内心的激励的人——他们对卓越有着坚定的追求。有些销售人员追求金钱，追求他人认可，或者追求一种竞争并取胜的满足感。另一些销售人员则被更好地向顾客提供服务和建立顾客关系的欲望驱动。最好的销售人员必须拥有这些激励因素中的一种或者几种。他们也还要具有纪律严谨的工作作风。他们拟订详细周密的计划并及时跟进。

但是如果缺少了最终促成交易的能力以及建立更好的客户关系的能力，自我驱动和纪律性将毫无用处。超级推销员会积累达成最终交易的技巧和知识。或许最重要的，金牌销售人员应该是那些优秀的顾客问题化解人和良好的顾客关系缔造者。他们从内心懂得顾客的需求。如果和销售经理谈话，他们会描述好的销售人员应该拥有几方面特点：善于倾听、有同情心、有耐心、有爱心、反应快。好的销售人员能够把自己摆在顾客的角度通过顾客的眼睛来看待事情。他们不仅希望被顾客喜欢，更希望为顾客创造价值。

不是仅有一种方式才能成功。每一个好的销售人员都有自己不同的方法，最适合他自己特有的优势和才能。例如，一些人享受面对挑战、战胜他人的硬战中的激动人心，另一些人会通过“软性”才能达到同样目标。一位销售专家说：“关键是销售代表要理解和培育自己的内在才能，从而开发出自己的个性化的方法，用自己的方法赢得生意。”

在招募销售人员时，公司应该好好地分析一下销售工作，并分析在该领域成功的销售人员的一些特征，从而识别哪些特征是一个成功销售人员所必需的。然后，公司需要招募合适的销售人员。人力资源部门通过现有销售人员推荐、使用就业服务机构、刊登招聘广告、网上搜索、投放分类广告，或是校园招聘等方式来招募销售人员。当然，还有一种方式是从其他公司吸引金牌销售人员，这些经过验证的员工不怎么需要培训就能够很快有所表现。

招募工作会吸引很多的求职者，公司必须从中选择最好的。选择的方式很多，从最简单的非正式会谈到费时的笔试和口试。许多公司对应征者进行正式的测验，一般考察销售能力、分析和组织技能、个性及其他特性。但是，测验的成绩只能给出一个方面的信息，还应考虑个性特征、证明材料、过去的就业经历以及面试反应等。

16.2.3　培训销售人员

新的销售人员通常会接受为期数周或数月甚至一年或更长时间的培训。然后，绝大多数公司通过研讨会、销售会议或者网站在线学习，为销售人员职业生涯提供持续的培训。一项调查说，北美公司去年花费近 20 亿美元用于培训销售人员。尽管培训很花钱，培训投资也会带来高回报。例如，最近的一项研究表明，由 ADP(一家行政服务公司)主导的仅 90 天的销售培训带来了几乎 338%的投资回报率。

培训有多个目的。首先，销售人员需要了解顾客以及如何与之建立关系。因此，培训计划必须教授他们不同类型的顾客及其不同需求、购买动机、购买习惯。培训必须教授他们如何有效销售，以及基本的销售步骤。销售人员也需要了解并识别其公司、产品以及竞争对手。因此有效的培训计划要让员工了解公司目标、组织机构、产品和主要竞争对手。今天，很多公司在销售培训计划中增加了在线学习。网上培训可以是对产品的简单文字描述，可以是用于锻炼销售技能的网络销售练习，也可以是现实中销售访问场景的动态过程的高级仿真练习。在线培训无须到现场，可以减少旅程及其他培训成本，占用销售人员较少的销售时间。这也可以让销售人员按需培训，让他们随时随地根据自己的需要，尽可能少或尽可能多地接受培训。大多数电子学习是基于网络的，但许多公司现在通过移动数字设备提供随需应变的培训。

许多公司如今使用富于想象力的高级电子学习技术，使得销售培训更为有效——而且有时也更有趣味。例如，拜耳保健药品公司曾与 Concentric PA(医疗保健营销机构)创建了一个角色扮演模拟视频游戏，在新药营销计划中培训销售人员：

> 大多数人通常不会将快节奏的摇滚音乐和华丽的图像与在线销售培训工具联系到一起。但是，Concentric PA 公司的创新角色扮演视频游戏——销售代表竞赛：办公室霸权之争——可谓有过之而无不及。销售代表竞赛比起被淘汰的刻板的多项选择技巧测试，给拜耳公司的销售代表带来更多的趣味性内容。这款游戏是为了给成熟的拜耳干扰素产品(一款推广了 18 年的多样性硬化病疗法)注入新的市场活力。其目的是找到更新鲜更具活力的方式帮助拜耳的销售代表将他们学到的有关干扰素的深度信息，应用于实际销售和异议处理的情境当中。拜耳还想通过互动学习和实时结果的反馈，增加销售代表的实战交锋。拜耳的销售人员从一开始就非常喜欢销售代表竞赛。据拜耳报道，当游戏一开始发起的时候，销售代表们竟然玩了差不多 30 次。除了它的教育性和激励价值之外，销售代表竞赛使得拜耳能够测量销售代表们的个人和集体表现。最后，拜耳计算出，销售代表模拟竞赛帮助干扰素销售团队的有效性提高了 20%。

16.2.4 为销售人员制定薪酬

为了吸引优秀的销售人员，公司必须制定有吸引力的薪酬方案。薪酬包括四个部分——固定金额、变动金额、费用津贴和附加福利。固定金额一般为工资，使销售人员有固定的所得。变动金额可能是佣金或奖金，根据销售业绩来定，奖励业绩优异的销售人员。

管理部门必须确定这些薪酬如何组合才对每个销售岗位最有意义。固定和变动薪酬的不同组合方式形成了四种基本薪酬计划——完全工资、完全佣金、工资加奖金、工资加佣金。一项有关销售人员薪酬计划的研究显示，18%的公司是完全工资，19%的公司是完全佣金，63%的被调查公司使用基本工资和奖励结合的方式。研究显示销售人员报酬平均由大约67%的工资和33%的奖金组成。

销售人员薪酬计划应该既能激励销售人员，又能指导他们的活动。薪酬计划应该指导销售人员从事与总体营销目标一致的活动。例如，如果战略是为了快速成长和获得市场份额，那么薪酬计划中会设置新客户奖金和较高的佣金比例，奖励那些拥有很好销售业绩和为公司带来新客户的销售人员。相反，如果公司的目标是追求当前客户的利润最大化，则公司的薪酬计划中底薪所占比例会较高，并针对当前客户销售额或顾客满意度进行额外奖励。

事实上，越来越多的公司不再使用高佣金奖励计划，因为这很容易使销售人员追求短期效益。它们担心，过分追求业绩的销售人员会对顾客逼得很紧从而破坏顾客关系。相反，许多公司现在设计的薪酬计划旨在奖励那些建立持久顾客关系和长期顾客价值的销售人员。

在面临经济困境的时候，一些公司试图通过降低销售报酬，削减成本。然而，尽管在经济不景气的时候缩减成本的方法有直接作用，但全盘削减销售薪酬是一件"不到万不得已，千万别做"的事情。一位销售薪酬专家说："记住如果你伤了销售人员，那么你就伤了顾客关系。"如果公司必须减少薪酬开支，专家建议，比起全盘削减报酬，不如"维持高业绩人员的酬劳，降低低业绩人员的酬劳"。

16.2.5　监督和激励销售人员

对新销售人员并不只是分配一个销售区域、给予薪酬和进行培训——他们还需要监督和激励。监督的目标是帮助销售人员"聪明地工作"，以正确的方式做正确的事。激励的目标是鼓励销售人员"努力地工作"，竭力完成销售目标。如果销售人员既能聪明工作又能努力工作，他们将充分实现其潜能——既是为自己也是为了公司的利益。

监督销售人员　各公司对销售人员监督密切程度是不一样的。有些企业帮助销售人员识别目标顾客并制定拜访标准。有些则明确规定销售人员必须花多少时间用于寻找新客户，还明确时间安排上的其他先后顺序。一种工具是拟订每周、每月或年度拜访计划——用来计划拜访哪些顾客和潜在客户以及进行哪些活动。另一种工具是时间—责任分析法(time-and-duty analysis)。该工具除了安排销售人员的销售时间外，还安排了销售人员旅行、等待、吃饭、休息以及管理杂事的时间。

图16.2展示了销售人员如何使用他们的时间。平均来看，真正面对面销售时间只占销售人员总工作时间的11%！如果销售时间比例能从11%提升到33%，将使销售时间变为原来的3倍。公司经常寻找节约时间的方法——简化行政职责，开发更好的销售拜访和接洽计划，为销售人员提供更多、更好的顾客信息，以及使用电话、电子邮件或网络会议代替旅行。

许多企业现在采用销售人员自动操作系统，即采用计算机辅助销售人员随时随地更高效地工作。公司如今通常给销售人员配备笔记本电脑、智能手机和无线网络连接设备、视频会议设备，以及客户接触和关系管理软件。在这些高科技的武装下，销售人员能够更高效地了解现有和潜在客户、分析和预测销售额、规划销售拜访时间表、制作演示文档、准备销售和费用报告，并管理客户关系。销售人员自动操作系统带来了更优的时间管理，提

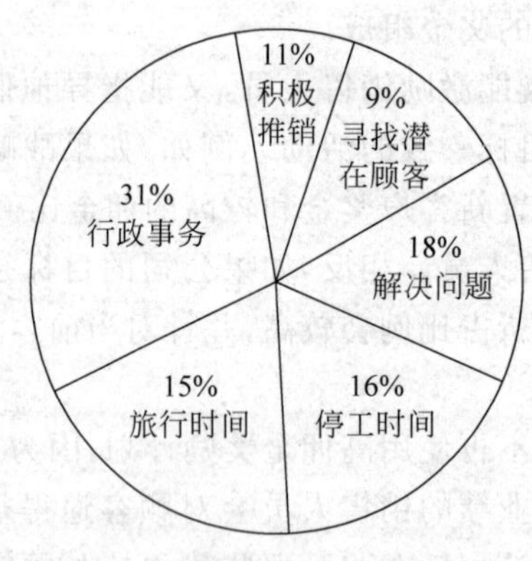

图 16.2 销售人员如何分配时间

高了客户服务水平,降低了销售成本,从而提高了销售绩效。总而言之,科技重塑了销售人员履行职责和服务顾客的方式。

销售活动与互联网 或许发展最快的销售技术工具要数互联网了。互联网为销售运营及客户交流与服务带来了巨大的拓展潜力。一些分析师甚至预测,互联网将意味着人与人之间关系的死亡,因为销售人员最终会被网站、在线社交网络、移动应用程序和其他直接接触客户的工具所取代。“不要相信这种说法,”一位销售专家说(见营销实例 16.1)。这些技术会使销售人员更有效地工作,而不是取代他们。销售组织如今利用大量的网络手段培训销售代表、召开销售会议、服务顾客,甚至与客户举行现场销售会议,从而既增强了效果又节省了时间和金钱。

> 随着互联网作为一个新的商业平台出现,所有利益相关者——客户、销售人员和营销人员现在可以通过几年前甚至无法想象的方式联系、学习、计划、分析、参与、协作和开展业务。网络支持以客户为中心,提高了生产力,将销售变为艺术甚至科学。它永远改变了人们购买和公司销售的过程。所有这些新的销售技术都会降低面对面销售的作用吗?好消息是互联网不会使销售人员过时,而是使他们更有效率和效果。

营销实例 16.1

产业销售人员:不再需要他们了吗?

很难想象一个没有销售人员的世界。但一些分析人士称,从现在起十年内将减少很多销售人员。随着互联网、移动设备以及其他与客户直接联系的技术激增,谁还需要面对面销售呢?据猜测,销售人员正在迅速被网站、电子邮件、博客、移动应用、视频分享、虚拟贸易展览、社交网络(脸书等)以及其他一系列新的互动工具取代。

研究公司 Gartner 预测,到 2020 年,企业之间的所有互动中有 85%将在没有人为干预的情况下执行,因此只需要较少的销售人员。该公司称,目前在美国就业的 1 800 万名销售人员只剩下大约 400 万人。“这个世界已经不再需要销售人员,”一个大胆的预言者说。“销售是一个垂死的行业,很快就会过时,就像油灯和旋转拨号电话一样。”另一个人说,“如果我们不能比计算机更快地找到和满足需求,我们就不再被需要了。”

那么，企业对企业的销售真的会消亡吗？互联网、移动技术和在线网络会取代古老的面对面的销售技巧吗？为了回答这些问题，《销售力》杂志邀请了五个销售专家，请他们探讨B2B销售的未来。小组成员一致认为技术正在彻底改变销售行业。当今人们的交流方式正在革命性地影响着企业的方方面面，销售也不例外。

但B2B销售在这个互联网时代死了吗？《销售力》小组并不相信。技术和互联网不会很快取代人与人之间的交易。专家小组同意，销售已经发生了变化，技术可以大大提高销售过程的效率，但它不能取代销售人员履行的许多职能。"互联网可以接收订单和传播内容，但它所不能做的是发现客户的需求，"一个参与者说。"它不能建立关系，也不能独自探查，"另一个专家说，"销售代表必须定义公司的价值主张，并将独特的信息传达到市场上。"

但是，正在消亡的是专家所说的客户维护者的角色，这种订单接收者星期五站在客户的办公室里说，"嗨，有什么事吗？"这样的销售人员没有创造价值，很容易被自动化取代。然而，擅长于新客户获取、关系管理和与现有客户增长的销售人员总是需求量很大。

毫无疑问，技术正在改变销售行业。客户现在可以通过网站、网络搜索、在线社区做很多自己的购前研究。许多客户现在开始在线销售，并在首次销售会议召开之前，就对竞争的供应商和产品做功课。他们不再需要基本的信息或产品教育，他们需要解决方案。一位专家说："所以今天的销售人员需要在发现和关系建立阶段了解客户的业务，发现重点客户的业务痛点。"

然而，技术并没有取代销售人员，反而增强了他们的作用。今天的销售人员并没有做什么不同的事情。他们总是在进行客户调查和建立关系网。只是今天他们使用了一套新的高科技工具和应用程序。

例如，许多公司正迅速转向在线社区销售。一个案例：企业软件公司SAP建立了它自己的在线社区EcoHub，包括了市场中的客户、合作伙伴和几乎所有想要加入的人。EcoHub社区(ecohub.sap.com)在200个国家拥有200万用户，扩展到广泛的网络——专用网站、推特频道、LinkedIn群组、脸书粉丝页面、YouTube频道、Flickr群组、移动应用程序和更多其他渠道。它包括600个"解决页面"，访问者可以"很容易地发现、评估，并从SAP及其合作伙伴的软件解决方案和服务中进行选择和购买"。EcoHub也让用户从其他社区成员那里获取建议和解决方案。

SAP感到惊讶的是，它原来被视为客户讨论问题和解决方案的地方，但现在已经成为一个重要的销售点。网站上的信息、讨论和对话吸引了客户，甚至许多大额的交易也在上面进行。"由于EcoHub，有些客户花了2000万～3000万美元，"SAP负责该社区的副总裁说。

然而，尽管EcoHub吸引新的潜在客户，并带领其经历产品发现和评价的许多初始阶段，它不会取代SAP及其合作伙伴的销售人员。相反，它扩展了他们的范围和效力。EcoHub的真正价值是它创造并提升了SAP和合作伙伴的销售能力。一旦潜在客户发现、讨论、评价SAP的解决方案，SAP会与他们主动联系，请求建议，或启动谈判进程。这是面对面销售开始的地方。

这一切都表明，B2B销售不会死亡，它只是发生了改变，随着销售要适应数字时代，工具和技术会有所不同。但小组成员同意,企业营销者永远不能没有强大的销售团队。能够发现客户需求、解决客户问题、建立关系的销售人员必然是成功的,不论其他东西发生了什么变化。尤其是那些大型企业的销售,“所有的新技术可以使与客户建立密切关系变得更加容易,但是当签合同时,需要有一个销售代表在那里。”

基于网络的技术能够对销售人员产生巨大的组织效益。它们有助于节省销售人员的宝贵时间,节约旅行费用,并能给销售人员新的方法去销售产品并实施服务。过去十年中,消费者购买方式已经改变。在当今的数字世界里,消费者通常几乎和公司产品的销售人员知道的一样多。这让消费者能够更多地掌控销售过程,而不是像以前那样,只能从销售代表那里获得宣传册及定价。新的销售技术利用这些购买过程中的变化,创造出互联网时代沟通顾客的新方法。

例如,销售人员如今能够从 Hoovers、LinkedIn 等在线数据库和网络站点,生成潜在客户名录。当潜在客户登录其网站的时候,他们可以创建对话框,让销售团队与顾客即时聊天。他们也可以使用 WebEx 或 GoToMeeting 等网络会议工具与客户在线探讨产品和服务。他们在 YouTube 频道和脸书页面上提供信息视频和其他信息。其他电子销售工具还允许销售人员监督顾客之间关于购买意向、购买评价和购买折扣等方面的网络互动。

如今,销售人员也增加了社交网络媒体的使用。最近的一项产业营销者调查显示,与近来缩减传统媒体和事件营销支出的情况不同,在社交媒体上的投资增加了 68%。看看牧野(Makino),一家机床制造主导企业的实例:

> 牧野机床公司利用各种各样的社交媒体,告知顾客消息并加强客户关系,从而完善了它的销售队伍。例如,公司举办了一系列行业专项在线研讨会,并把自身定位为行业中的思想领袖。牧野每月大约举办三场在线研讨会,已归档的 100 多个主题涉及范围从如何充分利用你的机床,到金属切削过程如何完成。在线研讨会被细分到特定行业,如航空或医学,并通过精心定位的旗帜广告和电子邮件邀请推送出去。在线研讨会帮助牧野建立了客户数据库,开发潜在客户,建立客户关系,并通过提供相关信息和在线客户培训为销售人员扫除销售障碍。牧野甚至使用推特、脸书和 YouTube 告知顾客及潜在客户牧野的最新产品及动态,并视频演示该公司正在运行中的机器。“我们已经戏剧性地进入了电子化营销的时代,”牧野的营销经理说,“它加快了销售周期,使企业和客户都更为高效。其结果必然是显著的。”

最终,“电子技术提供即时信息,建立关系,使销售的效率更高、成本更低、产出更高,”一位销售技术分析人士说。另一位分析人士说:“可以说它做了最优秀的销售代表一直以来所做的,但它做得更好、更快、更便宜。”

但是,技术也有弊端。首先,它们比较昂贵。这些系统还会吓住不擅长技术的销售员或顾客。而且,有些东西你无法借助网络去展示和教授——那些需要人际交流的事情。由于这些原因,一些高技术专家建议销售主管使用网络技术来补充培训、销售会议、初期客户销售展示,但在临近合同签订的时候仍然诉诸传统的面对面会谈。

激励销售人员 除了指导销售人员外,销售管理者还要激励销售人员。有些销售人员可能不需要许多管理敦促就能做得很好。对于他们,销售或许是世界上最有吸引力的工作。但是销售有些时候也是非常令人沮丧的。销售人员经常单独工作并且远离家人。他们也可能面临强大的竞争对手和难以相处的顾客。因此,销售人员经常需要一些特殊的激励才能做得更好。

管理人员可以通过组织气氛、销售配额以及正面刺激激励销售人员的士气和提高业绩。好的组织气氛使得销售人员感觉到他们有机会获得好的业绩,他们的业绩是被组织认可的并且都是有回报的。有些企业对待销售人员的方式就好像他们并不重要一样,因此销售人员的业绩也不是很好。另一些企业把销售人员看成价值贡献者,并且为销售人员提供几乎无限的加薪和晋升机会。毫无疑问,这些公司将会获得高的销售额和低的跳槽率。

许多公司在激励销售人员上往往采用**销售配额**(sales quotas)——设定标准,用来规定销售人员的最低销售量以及销售额在公司各产品之间的分配比例。销售人员的薪酬往往和他们完成的销售配额直接挂钩。企业也使用各种正面刺激来激励销售人员。例如,销售会议可以给销售人员提供一种社交场合,让他们摆脱日常工作休息一下,并且有机会倾诉感情以及在一个大集体中找到归属感。企业也可以举办销售竞赛来激励销售人员超过预定销售额。其他的一些刺激包括荣誉称号、实物和现金奖励、度假以及利润分享计划。

16.2.6 评估销售人员和销售队伍绩效

我们已经说明了管理部门如何与销售人员进行沟通,使他们了解其任务,并激励他们完成它。这个过程需要良好的反馈,即从销售人员处定期获得信息,以评估他们的业绩。

管理层可以从很多方面获得有关销售人员的信息。最重要的来源是销售报告,包括每周、每月工作计划以及区域长期营销计划等。销售人员还要对所完成的活动撰写访问报告,并上交部分或全部报销的费用报告。公司还可以考查销售人员所负责片区的销售和利润绩效数据。还有一些评价信息来自个人观察、顾客调查以及与其他销售人员的谈话。

使用多种销售报告以及其他信息,销售经理可以评估每一个销售人员。评估针对两个方面:销售人员规划工作的能力和完成计划的能力。正式的评估要求管理层制定明确的业绩评估标准并及时沟通。评估也为销售人员提供了建设性的反馈,促进他们更努力地工作。

从更广的层面来说,管理人员应该从整体评估销售队伍的绩效表现。销售队伍是否完成其客户关系、销售和利润目标?是否与其他营销区域和公司部门协作良好?销售队伍的开支是否与其产出相协调?正如其他营销活动一样,公司需要衡量其销售投资回报。

16.3 人员推销过程

现在我们从关注设计和管理销售队伍转到讨论人员推销的过程。**推销过程**(selling process)包括几个步骤,销售人员应该好好把握。这些步骤关注如何获得新顾客以及如何从他们那儿获得订单。当然,绝大多数销售人员把很多时间用在维持老顾客和建立持久的顾客关系。我们将在下一节再讨论如何管理顾客关系的问题。

16.3.1 人员推销的几个步骤

如图 16.3 所示，人员推销包括七个步骤：发掘潜在顾客和鉴定资格、销售准备、接近顾客、介绍和示范、处理异议、成交、跟进和维持。

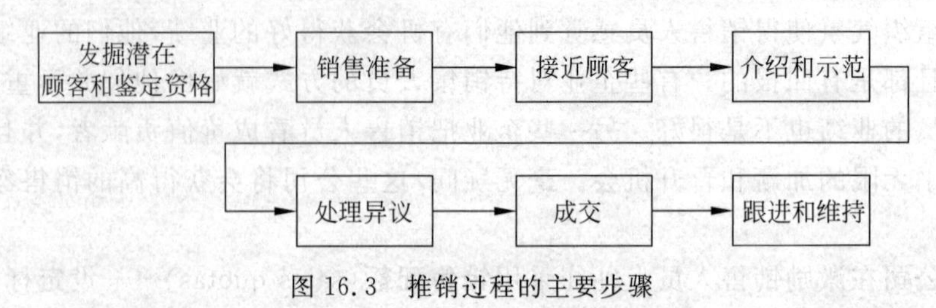

图 16.3 推销过程的主要步骤

发掘潜在顾客和鉴定资格 推销过程的第一步是发掘——鉴别合格的潜在顾客。接近正确的潜在顾客对于成功推销是很关键的。销售人员通常不会随意拜访潜在客户。他们希望拜访那些最有可能欣赏和回应公司价值方案的人，公司可以很好地服务这些人并获利。

销售人员经常必须接近许多潜在顾客才能得到一些订单。虽然公司也提供线索，销售人员还需要具备自己发现潜在顾客的技巧。最好的来源是推荐人。他们可以请求现有顾客推荐潜在顾客名单并培植其他推荐来源，比如供应商、经销商、非竞争者的销售人员以及互联网或其他社会网络。他们可以在工商名录或网上寻找潜在顾客，并利用电话或信件来追踪线索；或者未经预约直接到各处办公地点拜访顾客（称为“贸然拜访”）。

销售人员需要知道如何鉴定顾客，就是如何识别好的并过滤差的潜在顾客。通过查看潜在顾客的财力、营业额、特殊需求、所在位置以及增长的可能性，销售人员可以确定潜在顾客是否合格。

销售准备 在拜访一个潜在客户前，销售人员应该尽可能了解客户（其需求是什么，谁将参与购买）以及它的采购人员（采购人员的性格和购买风格）。这一步被称为销售准备。一次成功的销售早在你踏入潜在客户的办公室之前就已经开始了。销售准备首先需要良好的调查。销售人员可以查找行业标准指南和在线资源，还可以询问熟人及其他了解该企业的人。之后销售人员必须利用这些调查开发客户策略。

销售人员应该设定拜访目标，可以是鉴定潜在顾客、收集信息或是马上达成交易等。另一项工作是确定最好的接近方法，可以是亲自拜访、电话联络或是信函。还要确定最佳的拜访时间，因为很多潜在顾客在某些时候会很忙。最后，销售人员应该为最终达成交易制定一个总体销售战略。

接近顾客 在接近阶段，销售人员应该知道如何会见客户，并使彼此的关系有一个良好开端。这一步涉及销售人员的仪表、开场白以及随后的谈话。开场白应该积极，旨在从一开始主动营造一个友好的氛围。开场白之后，可以接着洽谈几个关键的问题以更多了解顾客的需求，或者展示样品以吸引顾客的好奇心和注意力。在销售的全过程中，倾听顾客非常重要。

介绍和示范 在人员推销中的介绍这一步，销售人员告诉买者“价值故事”，解释产品如何能够解决顾客的问题。问题解决型销售人员比那些强硬推销型或是急速交易型的销售人员更符合现代关系营销观念。一位销售顾问说：“停止推销，开始帮助。”另一位顾问则说：“你的目标应当是仅仅销售给顾客最有用的东西。”今天的消费者需要的是解决问题，而不是笑脸；需要的是结果，而不是眼花缭乱的假把式。而且，他们需要的不仅是产品。在当前的经济气候之下，购买者更想知道这些产品将会如何为他们自身增添价值。他们希望销售人员能够倾听他们所关心的事情，理解他们的需求，并且以正确的产品与服务解决他们的问题。

但是在销售人员能够示范客户解决方案之前，他们必须开发展示方案。客户解决方案要求良好的倾听和问题解决技巧。顾客最不喜欢的销售人员特征是过分热情、迟钝、欺骗、无准备或无组织，或过分健谈。他们最喜欢的销售人员特征是善于倾听、体贴、诚实、可靠和做事彻底而持久。伟大的销售人员不仅知道该如何销售产品，他们更知道该如何去倾听和建立良好的顾客关系。正如一位专家所言，“你有两只耳朵和一张嘴巴，所以要少说多听。”来自办公产品制造商博伊西·卡斯卡特的一则经典广告以倾听为卖点，展示了博伊西销售人员都有一双巨型耳朵。广告说：“接触博伊西，您将立刻注意到不同之处，尤其是面对我们的销售人员。在博伊西……我们的客户代表具有非同凡响的倾听您需求的能力。”

最后，销售人员也必须计划好其展示方法。要使销售展示产生效果，好的人际沟通技巧必不可少。然而，当今媒体发达，沟通环境嘈杂，为销售展示带来了多种新挑战。今天的信息超载的顾客需要更丰富的展示体验。同时在展示过程中，讲解人面临来自手机、短信和移动网络设备的多重干扰。销售人员必须以更加引人入胜的方式传递他们的信息。

今天，先进的技术使销售人员可以用多媒体手段向一个或少数几个人讲解示范。精密的演示软件、在线演示技术、交互式白板和掌上电脑及放映机已经取代了传统老旧的活动挂图。

处理异议 在倾听销售人员讲解产品或是被要求下订单时，绝大多数顾客经常会有异议。这些异议有些是合理的，有些完全是出于顾客个人心理的，并且有很多异议并没有直接说出来。在处理异议时，销售人员应该采取积极的态度，寻找一些隐含的异议，尽力让顾客陈述清楚他们的异议，把这些异议作为提供更多信息的机会，最终把这些异议转变成购买的理由。每一个销售人员都需要在异议处理的技巧方面接受培训。

成交 在处理了顾客的异议后，销售人员现在应该设法达成交易。有些销售人员无法进入这一成交阶段，或者不能把它处理好。他们可能对自己缺乏信心，或是对向顾客要求订单有罪恶感，或是没有掌握适当的成交时机。销售人员应该知道如何识别购买者发出的特定成交信号，包括身体动作、评价或者问题。例如，顾客可能往前坐，不断点头赞许，询问价钱或付款条件。

销售人员可以使用各种达成交易的技巧，他们可向潜在顾客要求订单，重申双方协议的要点，提议帮助顾客填写订单，询问顾客想要这一型号还是另外一种型号的产品，或者告诉购买者如果现在不买会有损失。销售人员也可提供给购买者成交的特殊理由，如特价优惠或免费额外赠送。

顾客跟进和维持 人员推销最后一步是顾客跟进和维持。如果销售人员希望保证顾客满意并日后重购,这一步非常重要。在达成交易后,销售人员应该安排送货时间、购买条件等一切细节问题。当货已发到后,销售人员应该安排一个跟进拜访,确保产品的安装、指导以及服务都正确无误。这次拜访可能会发现各种问题,确保购买者对销售人员的兴趣,减少自销售以来顾客的担心。

16.3.2 人员推销与客户关系管理

我们刚刚讨论的人员推销都是交易导向的——它们的目标都是帮助销售人员与顾客达成一笔具体的交易。但是在许多情况下,企业并不只是简单地追求一次销售,它追求一个能建立深入关系的重要客户。企业希望展示出自己有能力满足这个客户并建立一种长期共赢的顾客关系。在建立长期共赢的顾客关系上,销售人员扮演着重要的角色。因此,正如图 16.3 所示,销售过程必须被认定为是以建立和维持有利客户关系为背景的。

成功的销售企业认识到,建立和保持客户关系光靠制造好的产品和指导销售人员达成大量交易是不够的。如果公司仅仅希望完成销售和获取短期交易,它只须大幅降价痛击竞争对手即可。相反,大部分公司希望销售人员实施价值销售——展示或交付良好的客户价值,并获得对公司和客户都相对公平的价值回报。例如,宝洁这样的公司明白它们不仅仅是向零售商顾客推销产品。它们正在与这些零售商合作,为最终消费者创造更多的价值。宝洁公司知道,只有当其零售合作伙伴取得成功时,它才能成功(见营销实例 16.2)。

营销实例 16.2

宝洁：这不是销售,而是客户业务发展

几十年来,宝洁已经成为在几乎所有方面都达到最佳标准的杰出营销公司。专家们指出,宝洁公司稳居消费者品牌最高销售量,另外数年来宝洁一直是世界上最大的广告客户。消费者也认同宝洁。你会发现全美 99%的家庭里最少会有一款宝洁的畅销产品;在很多人家中,你会发现一种或者更多熟悉的宝洁产品。但是宝洁还有其他高度受人尊敬的方面——它的一流的以客户为中心的销售队伍。

宝洁的销售力量一直是美国销售界的标杆。当提到选拔、培训和管理销售人员,宝洁公司都设有黄金准则。公司在全球范围内雇用了 5 000 人以上的庞大销售队伍。然而,在宝洁,他们很少称其为销售,而是叫作“客户业务发展”(CBD)。同时宝洁的销售代表也不叫“销售人员”,他们是“客户业务发展经理”或“客户业务发展主管”。这些看似过于官方和行政化,但在宝洁却明确体现出销售工作本质上的巨大差异。

宝洁明白,如果客户生意不好,自己也不会成功。因此,为了发展本公司的业务,宝洁必须首先帮助那些销售自己的品牌给终端消费者的零售商获得发展。于是在宝洁,帮助客户成长的责任落到了销售部门头上。不仅仅要销售产品给零售商和批发商,客户业务发展经理与客户建立战略合作伙伴关系,帮助他们在宝洁的产品大类下,发展自己的业务。“我们依赖他们正如同他们依靠我们,”一位客户业务发展经理说。通过相互合作,宝

洁和它的客户创造了一种双赢的共同发展繁荣的关系。

宝洁公司的大多数客户是类似沃尔格林、沃尔玛或达乐这样庞大复杂的公司,它们有着成千上万的店铺和数以十亿美元计的营收。与这些公司打交道或销售产品给它们,是一项非常复杂的工作,不是任何独立的销售人员或者销售团队能够胜任的。相反,宝洁给每一个大客户配有完备的客户业务发展团队。每个客户业务发展团队不仅包含销售人员,还有在销售宝洁品牌的零售层面所需知识的专家。

客户业务发展团队的大小因客户不同而变化。例如,宝洁最大的客户沃尔玛,所占宝洁销售份额竟然高达20%,这就需要一支350人的客户发展团队。相比之下,宝洁的达乐团队则由30来人构成。不论规模大小,每个客户业务发展团队都是一个完整的跨职能客户服务单元。每个团队包括客户业务发展经理与若干客户业务发展主管(每人负责一个特定的宝洁产品大类),并由营销战略、产品开发、运营、信息系统、物流、金融和人力资源等专家辅助支持。

为了有效应对大型客户,宝洁销售人员必须反应敏捷、训练有素、远见务实。他们每天和那些能为宝洁或竞争品牌带来动辄上亿元美元订单的高层买家打交道。这需要的绝不只是友好的微笑和有力的握手之类的客户互动。然而,单个宝洁销售人员不可能精通所有事情,也没有必要,这就需要借助客户业务发展部的销售结构。作为完整的客户业务发展团队的成员,宝洁的销售人员可以随时利用各种资源解决他们面临的最艰巨的挑战。"我有所需的所有东西,"一位家庭日用品客户主管说,"如果我的客户需要我们帮忙开展店内促销,我可以直接到会议室,与团队中的某位营销专家讨论促销方案的类型。就这么简单。"

客户业务发展部参与到与客户合作中,共同制定战略,创造顾客价值和满意,驱动店铺层面的盈利销售模式。对于怎样将汰渍、帮宝适、吉列或其他宝洁产品从货架转移到顾客的购物车上,宝洁的销售代表和团队通常比听取其建议的零售采购员知道的更多。事实上,宝洁的零售合作伙伴经常请求客户业务发展团队不仅去管理宝洁的上架品牌,还包括产品大类,甚至是竞争性品牌。

想想,让宝洁公司提供有关竞争对手品牌的库存量和货架位置的建议是否合适?宝洁的客户业务发展代表是否会告诉零售采购员少购入宝洁的产品,增加竞争品牌的产品?不管你是否相信,这时刻都在发生。客户业务发展团队的基本目标是帮助客户赢得每个产品大类的生意。有时,分析表明,对客户而言最好的解决方案是"增加对手的产品"。对宝洁来说,这没有关系。它知道,创造最好的解决方案来为零售商最终带来更多的客流量,反过来才可能引起宝洁同类产品销售量的增加。因为大部分的宝洁品牌都是市场中的领导者,它将比竞争对手从增加的客流量中获得更多的好处。再次强调,对客户有益也就是对宝洁有益——这就是双赢的解决方案。

诚信开放的交易也有助于构建长期客户关系。宝洁销售人员成为零售伙伴可信的顾问,这也是他们用心维持的状态。"我花了四年的时间与目前的买家建立信任关系,"一位资深的客户业务发展主管说,"如果我说服她买进最终卖不出去的宝洁产品,或让某个竞争品牌的产品脱销,那么我可能会在瞬间失去这种信任。"

最后,合作通常是一个双向沟通的过程——宝洁付出的同时客户也会投以回报。"我们会帮助客户投入一系列商业广告或促销活动，但通常会带来相应的投资回报，”另一位客户业务发展经理解释说，“也许它可以帮助我们配送新产品或增加织物护理剂的货架空间。我们非常愿意通过努力为自己创造价值，同时也为客户和最终消费者创造价值。”

据宝洁介绍，“客户业务发展部不仅销售，还意味着更多。它是宝洁特有的销售方式，它让我们作为战略伙伴同我们的客户合作，专注于双方的商业发展机遇，从而获得自身的业务增长。所有客户都希望改进业务发展，帮助它们发现巨大的商业机会是我们的职责。”

因此，宝洁的销售人员绝不是有些人想到销售时头脑中浮现的老套谄媚的形象。他们是客户业务发展经理——多才多能、受过良好教育、训练有素的销售专家，他们尽其所能帮助客户成功。他们知道好的销售就是和客户一道解决困难，获得双赢。他们知道只要客户成功了，他们就成功了。

不幸的是，在成交的白热化阶段——特别是严峻的经济状况下——销售人员往往为图省事以减价了之，而不是销售价值。销售管理面临的挑战就是将销售人员由只图价格的客户支持者转变为关注价值的公司拥护者。以下案例体现了罗克韦尔自动化公司如何销售价值和关系而不是价格：

面对来自沃尔玛的降价压力，一家调味品生产商匆忙召集几家竞争关系的供应商代表——包括罗克韦尔自动化公司的销售代表杰夫·波利希克切尔——一天内允许他们自由出入工厂，并请他们找出大幅降低其运营成本的方法。波利希克切尔迅速了解到主要问题来自启动 32 个巨型调料储藏罐的水泵屡出故障，造成生产损失和窝工。波利希克切尔收集了相关成本和使用数据，然后用罗克韦尔自动化公司便携电脑上的价值评估工具，为客户构建了最佳水泵解决方案。

第二天，波利希克切尔和其他同行销售代表提交了各自的工厂管理解决方案。波利希克切尔的价值主张是：“使用罗克韦尔自动化公司的溶液泵，通过降低故障停工时间，减少采购环节的管理费用，并降低部件维修花费，相对于最优竞争对手的方案，贵公司的每台水泵将会至少节约 16 268 美元——共计 32 台泵。”最后证明，波利希克切尔是唯一为其初步想法展示了切实的成本节省方案的销售代表。其他各家只提供模糊不确定的利益承诺，或仅通过削减供货价格为其客户节省成本。

该工厂经理对波利希克切尔的价值主张印象非常深刻——尽管初始报价较高——他们立刻买下了罗克韦尔自动化公司的一台溶液泵。当实际的节省额甚至远超出预期的时候，该工厂订购了剩余的 31 台溶液泵。这样，波利希克切尔的价值销售方法胜过了减价销售方法，不仅实现了前期销售，而且为以后利润丰厚的长远客户关系奠定了基础。

价值销售需要倾听顾客，理解他们的需求，用心协调整个公司所有部门去创造基于客户价值的长远关系。一位销售顾问总结道：“如果你不贩卖价值，你的销售就不是聪明的。”

16.4 促销

广告和人员推销常常与另一种推广手段密切配合——促销。**促销**(sales promotion)是指短期的激励活动,目的是鼓励购买,或宣传一件产品、提供一种服务。广告给出了"买"的理由,而促销则给出了"现在就买"的理由。

这种例子随处可见,星期天的报纸中夹了一张插页,里面有一张为你家宠物狗提供的宝路牌狗粮优惠券。一个家具产品超市在你喜爱的杂志上登广告,每件产品打八折。当地超市在走道尽头摆设可口可乐墙——四打卖12美元,以吸引消费者的即兴购买。一位购买新款惠普笔记本电脑的高管,同时获赠一次免费的内存升级服务。一家五金连锁店获得斯蒂尔公司精选园艺工具的九折优惠,条件是同意在当地报纸上为这些产品做广告。促销包括各种用以刺激市场作出更快、更强反应的促销工具。

16.4.1 促销的快速发展

促销手段为多数组织所采用,包括制造商、分销商、零售商和非营利性组织。它们的目标是最终顾客(消费推广)、零售商和批发商(交易推广)、产业顾客(产业推广),以及销售队伍的成员(销售人员推广)。当前,在一般的包装消费品公司中,促销占到全部市场营销费用的73%。

促销的迅猛增长,尤其是在消费品市场上的增长,是由几个方面的因素导致的。首先,在公司内部,产品经理增加现有销售额的压力较大,而促销已被管理部门看作一种有效的短期销售工具。其次,在公司外部,公司面临更激烈的竞争,互相竞争的品牌差异不大。竞争者借助促销差异化其产品和服务。再次,广告由于成本上涨、媒体混乱和法律管制,其效果已经日益减弱。最后,消费者更加趋向于交易导向。在当前的经济状况下,消费者要求更低的价格和更好的交易。促销有助于吸引当前更多乐于勤俭持家的消费者。

日益增加的促销活动带来了与广告混乱类似的促销混乱。根据最近的一项研究,37%的食品杂货都有促销支持。一项既定的促销活动面临淹没于其他促销活动的汪洋大海的风险,这会削弱其激发立即购买的能力。制造商如今在寻求摆脱这些干扰的方法,如提供高额优惠券,创造更具鼓动力的销售点展示,或者通过新兴互动媒体(诸如网络或手机),实施促销活动。

在设计促销方案时,公司必须首先确立促销目标,然后选择实现这些目标的最好工具。

16.4.2 促销目标

促销目标各有不同。卖方可以使用顾客推广来增加短期销售额,或者加强顾客品牌涉入。交易推广的目标包括让零售商接受新的产品项目和更多的库存,让它们提前购买并给予更大的货架空间。对于销售队伍来说,目标包括得到更多销售人员对于现有和创新产品的支持,或者让销售人员签下新的客户。

促销通常和广告、人员推销、直复营销,或其他促销组合工具一起进行。消费者推广通常必须进行广告宣传，同时它也能给广告带来兴奋点和推动力。交易和销售人员推广支持公司的个人推销过程。

当经济萧条、销售停滞时，销售促进试图提供更大的折扣力度以刺激消费者购买。总之，不是仅仅创造短期销售额或暂时的品牌变更，促销应该有助于强化产品定位和建立长期顾客关系。如果设计得当，每一个促销工具都具有形成短期刺激并建立长期客户关系的潜力。营销人员应当注意避免只顾价格的快速成交式促销，而倾向于能建立品牌价值的促销。各种“常客营销方案”和近年来迅速增加的会员卡就是例子。大多数超市、宾馆和航空公司给长期顾客提供常客活动，对长期客户给予奖励，使他们成为回头客。各类公司如今都提供返利活动。这些促销活动能通过增加价值而不是折扣价格，建立客户忠诚。

例如，克罗格 Plus 卡的持有人在频繁购物时能获得对选定商品的特别折扣，并享有专属的电子邮件和优惠券，能够在线创建和保存自己的购物清单。有时连锁商店也通过累计消费换取加油折扣的方式鼓励消费者重复购买。使用会员卡购物的顾客在商店每花费 100 美元可以节省 10 美分每加仑的油费，如果他们是加满油箱的话还会有高达 2 美元每加仑的打折。“我们很高兴提供[客户]更多的选择，”克罗格营销高管表示，“这是另一种方式，我们奖励我们的客户选择在我们这里购物。”

16.4.3 主要促销手段

很多促销手段可以用来实现促销目标，下面介绍主要的消费者、交易和产业推广手段。

消费者推广手段 消费者推广包括广泛的手段类型，从样品、赠券、现金返还、实物奖品及销售点展示，到比赛、抽奖，甚至是赞助等。

样品(sample)是提供某产品一定量的试用品。赠送样品是最有效但也最昂贵的介绍新产品或为旧产品创造新兴奋点的方法。有些样品是免费的，有些收取一些工本费。样品可以邮寄，摆在商店或小卖部分发，随同另一产品附赠，或在广告或电子邮件中说明。有时，样品被整合成样品包，可以用来促销其他产品和服务。使用样品可以成为一种有力的促销工具。

赠券(coupon)是一种凭证，当消费者购买特定商品时，可以享受一定的优惠。多数消费者喜欢赠券，美国包装消费品制造商去年分发的优惠券超过 3 050 亿张，平均面值达 1.55 美元，自 2007 年以来增加了 26%。消费者兑换了 35 亿多张，总计节约了大概 46 亿美元，比五年前高出 58.6%。赠券能够刺激成熟品牌的销售额，或者推广新兴品牌的早期试用。然而，赠券泛滥的结果是，近年来回收率在下降。因此，多数大型消费品公司开始减少发放赠券，并更谨慎地为其定位。

市场营销人员正在试验分发赠券的新方法，例如超市货架赠券分发机、销售点赠券电子打印机或者网络和手机赠券活动。据近期研究表明，电子赠券的增长速度如今是报纸印刷赠券的十倍。数字优惠券现在占所有优惠券的 11%。超过 25%的美国人使用来自 Coupons.com、MyCoupster、LivingSocial 和 Cellfire 等网站的在线赠券。手机成为附属物，很多人没有手机就活不下去，企业越来越多地利用移动端发布其优惠券、优惠活动和其他营销信息。例如，连锁药店沃尔格林通过几个移动渠道提供优惠券给其客户：

使用沃尔格林的智能手机应用程序，用户可以即时下载优惠券，从50美分至5美元不等，从健康和美容产品到日常必需品(如尿布)什么都有。优惠券方便扫描，没有裁剪或印刷要求。客户只须从沃尔格林App下载优惠券，收银员直接从客户的手机中扫描即可。沃尔格林也推送优惠券给那些在全国8 000家门店签到的顾客，顾客可以通过应用程序如Foursquare、Yelp和脸书Places进行签到。沃尔格林所有的门店都有扫描手机的功能，从而完成全美最大的零售移动优惠券计划。"通过我们的移动应用程序，无论人们在哪里，他们都可以方便地找到下次在沃尔格林省钱的简单办法，"公司的电子商务总裁说。

现金返还(cash refund)[或折扣(rebate)]与赠券类似，所不同的是在购买后才退款，而不是在零售店内退款。消费者将"购买证明"寄给制造商，然后制造商再将购买价格中的部分退款寄回给消费者。例如托罗公司(Toro)为其扫雪机做了一次聪明的季前促销，如果购买者的市场区域内积雪低于平均水平，就给予现金返还。竞争者在短时间内无法推出相应的宣传活动，因而这次促销获得了极大的成功。

特价品(price pack)又叫作减价交易(cents-off deals)，以产品的常规价格为基础给消费者提供优待。生产厂家直接将优惠价格写在标签或包装上。特价品可以是单独包装、降价出售的产品(如买一赠一)，或者把两件相关的产品捆绑在一起(如牙膏和牙刷)。在短期的促销方面，特价品甚至比赠券更为有效。

实物奖品(premium)是为激励购买产品，以很低的价格或者免费供应的某些物品，从儿童玩具到电话卡和影碟机。实物奖品可以附在产品的包装内、包装外随货赠送或者邮寄。例如，多年来麦当劳已经在它的开心乐园餐中提供了各种各样的赠品，从豆豆公仔到皮卡丘玩偶。消费者可以登录www. happymeal. com，玩游戏或观看最新的开心乐园赞助活动的商业广告。

广告特制品(advertising specialty)，也称作促销产品(promotional product)，是指将印有广告客户名字、商标或广告语的有用物品作为礼物送给消费者，典型的包括T恤衫和其他服饰、笔、咖啡杯、日历、钥匙链、鼠标垫、火柴、购物袋、冷却机、高尔夫球和帽子等。美国企业去年花费180多亿美元用于广告特制品。这些特制品相当有效。一位促销产品专家解释说，好的广告特制品能持续数月伴随在消费者左右，潜移默化地将品牌名称植入用户大脑当中。

销售点促销[point-of-purchase(POP) promotion]包括购买点或销售点的陈列与展示。回想一下你上次访问当地喜互惠、好市多、Bed Bath & Beyond家居品零售店或CVS药店超市的情况，这些都是浏览过道陈列、促销标签、促销架或特色食品免费品尝展台的好机会。不幸的是，许多零售商不愿意处理每年由制造商提供的大量陈列用品、招牌和海报。制造商不得不提供更好的销售点材料，与电视、印刷或网络广告信息结合使用，并且协助零售商来布置。

比赛(contest)、抽奖(sweeptake)和游戏(game)为消费者提供赢得一些奖项的机会，如现金、旅游或商品，这种机会可能是全凭运气或需要付出额外的努力。比赛是由消费者提交某种参赛作品——例如广告短歌、谜语或建议——由评审小组选出最佳的参赛者。抽奖要求消费者报名参加抽奖。游戏是指消费者每次购买产品时都会得到宾果数字或遗失的字母之类的东西，它们也许能或者也许不能使购物者得奖。这些促销方式能创造可观的品牌关注和消费者涉入。

各种各样的公司利用抽奖和竞赛来创造品牌注意力，促进消费者的参与。例如，Outback's Kick Back 提供抽奖机会，参与者有机会赢得"开胃菜和多汁牛排的四人晚餐"。O'Reilly 汽车配件则提供一年免费加油的抽奖，承诺让你"忘记一年汽油价格"。参加科尔曼美国家庭度假抽奖，你能赢得举家前往黄石露营的机会。

最后，企业可以通过**事件营销**(event marketing)或**事件赞助**(event sponsorship)提升其品牌形象。它们可以制造自家品牌的营销事件，或者充当其他事件发起方的独家或名誉赞助商。事件可以包括任何形式，从手机品牌展览到庆典、集会、马拉松比赛、演唱会，或其他赞助性质的聚会。事件营销的影响作用巨大，它可能成为发展最快的促销类型，有效的事件营销将事件和赞助品牌的价值定位相连接。

现在各种品牌都会举办活动。这一个星期，全国橄榄球联盟在时代广场南端汇集了众多橄榄球运动员来宣传新的球衣设计。接下来的一周，在纽约百老汇大街和第七大道之间的第四十五大街上，一群俄罗斯模特在为美宝莲走秀。但据一位商业记者说，功能饮料制造商红牛是"事件营销之母"：

> 事件营销的先锋红牛每年在世界各地举行数十项赛事。每一项活动都是真实的体验，旨在为红牛爱好者带来一个充满刺激的世界。在其网站上，红牛品牌还设有"Holy S**t"标签，里面包含各种各样的视频：在挪威格里姆斯塔 27 米的海边悬崖举办的跳水系列赛，科罗拉多山峰自由滑雪也成为红牛举办的热点事件，还有在墨西哥蒙特雷和中国湖南省等异国他乡举行的滑翔伞比赛也令人屏息。红牛的"最后降落系列"是山地自行车挑战，在北美洲技术上最具挑战性的地带进行。红牛事件吸引了大批观众和大量媒体报道。但它不仅仅是事件，它涉及客户的参与。它与创造面对面体验相关，让顾客真正感受到红牛是关于兴奋和生活的品牌。一位分析师说："这种关系在加深和增强。"

交易推广手段 更多的促销费用是针对零售商和批发商(79%)，而非消费者(21%)。**交易推广**(trade promotions)能说服零售商或批发商销售某一品牌，给予货架空间，在广告中促销，并"推销"给消费者。在货架空间如此紧缺的今天，制造商必须经常提供打折、津贴、退货保证、免费物品等给零售商和批发商，以争取将产品陈列在货架上，而且一旦摆在上面就继续保留。

制造商使用几种交易推广手段，有许多消费者推广手段也可用于交易推广，如比赛、实物奖品、陈列等。制造商也可以提供折扣(discount)，即对在一定时期内的每一次购买都给予减价优惠。制造商也可以提供津贴(allowance)(通常是每箱便宜多少)，以对大力推销制造商产品的经销商表示酬谢。广告津贴(advertising allowance)用来补偿经销商为产品所做的广告活动，陈列津贴(display allowance)则作为对举行特殊展示的补偿。

制造商可以提供免费产品，中间商购买一定数量或者购买某一特色或规格的产品，会得到额外的几箱产品。制造商也提供推动金(push money)，即给经销商或其销售人员现金或礼物，让他们“推销”制造商的产品。制造商也可给零售商特殊广告制品，即印有公司名称的特制品，如钢笔、铅笔、日历、压纸器、火柴盒、记事本、码尺等。

产业推广手段 公司每年在产业客户方面的促销花费为几十亿美元。**产业促销**(business promotions)通常用来生成购买意向、刺激购买、奖励客户并激励销售人员。产业推广包括很多与消费者推广或交易推广相同的手段，这里我们将重点放在两种主要的产业促销手段上——产业会议和贸易展览以及销售竞赛。

许多公司和行业协会组织产业会议和贸易展览，来推广其产品。向该产业销售的公司在贸易展览上展示产品。参展的厂商有很多好处，如创造新的销售机会，与客户保持联系，介绍新产品，会见新客户，出售更多产品给现有客户，并以刊物和视听材料来培训客户。贸易展览还能帮助公司接触销售人员没有接触到的许多潜在客户。

一些贸易展览非常大，例如，今年的国际电子消费品展览会共有 3 100 家参展商，吸引了超过 15.3 万名专业观众。更有甚者，在德国慕尼黑举办的国际工程机械、建材机械、工程车辆及设备博览会(BAUMA)，有来自 53 个国家的 3 200 家参展商向 200 多个国家的 42 万名参会者宣传它们的最新产品和革新。展厅面积约合 590 万平方英尺(超过 124 个足球场的面积)。

销售竞赛(sales contest)的目的在于激励销售人员或经销商在某段时间内增加销售成果。销售竞赛激励并认可业绩好的员工，他们可获得免费旅行、现金或其他礼品。有的公司采取根据业绩记点数的方法，得到一定点数的人可以将点数换成各种不同的实物奖品。销售竞赛在与可测量、可实现的销售目标(如发现新客户、恢复老客户或者增加客户利润率)联系在一起时效果最好。

16.4.4 设计促销方案

不仅要选择所用的促销类型，市场营销人员为了设计完整的促销方案，还必须作出其他几方面决策。首先，营销人员必须确定激励规模。促销要取得成功，某种最低程度的激励是必需的，较高的激励将产生更多的销售额。营销人员还要确定参与条件，激励对象可以遍及所有人或者只限于某些特定群体。

营销人员必须决定如何推广并实施促销活动。一张 2 美元的减价赠券可以放在包装里，可以摆在店内，或者运用网络或广告。每种实施方法的接触程度和成本都不相同，愈来愈多的营销人员将几种媒体组合成一种总的宣传概念。促销时间的长短也很重要。如果促销时间过短，许多潜在顾客(他们在那段时间可能并不购买)将错过机会。如果促销时间过长，这种活动将会失去“马上购买”的力量。

评估也是很重要的，然而，很多公司并没有评估其促销方案，其他公司即使有也只是皮毛而已。营销人员应当评估促销投入的回报情况，正如他们应当考察其他营销活动的回报率一样。最常见的评估方法是比较推广活动前、中、后的销售额变化情况。营销人员应当询问：促销吸引到新客户或当前客户的更多消费了吗？我们能够保持这些新客户和消费份额吗？促销带来的长期客户关系和销售额与其投入匹配吗？

显而易见，销售推广在整个促销组合活动中发挥重要作用。为了更好地使用它，营销人员必须明确促销目标，选择最佳工具，设计促销方案，实施促销方案，并评估结果。另外，销售推广必须与整合营销传播方案的其他促销组合元素协调一致。

本章介绍了营销组合要素的最后一项——促销。之前的两章分析了整合营销传播、广告和公共关系。本章研究人员推销和销售促进。人员推销是沟通组合中一种具有人际互动性的工具。销售促进是运用短期刺激，鼓励产品与服务的购买或销售。

1. 讨论公司销售人员在创造顾客价值和建立顾客关系中的角色。

大部分公司都有销售人员，并且在营销组合中许多公司赋予销售人员重要的地位。对于那些销售产业产品的企业来说，公司的销售队伍直接面向客户工作。经常，销售人员是客户与公司接触的唯一途径，在客户眼中，他们代表了公司。相反，对于那些销售消费品的企业来说，因为有中间渠道，消费者不直接与销售人员打交道，甚至对他们一无所知。此时销售人员的工作则是在后台，他们主要与批发商以及零售商打交道，以取得其支持从而更好地卖出公司的产品。

作为沟通组合的一个构成部分，销售人员在完成特定营销目标以及执行一些活动(如反馈、沟通、销售与服务，以及信息收集)方面非常有效。但随着公司变得更加以市场为导向，一支专注顾客的销售力量更能够创造顾客满意并为公司带来利润。销售人员在开发与管理可盈利客户关系方面发挥着重要的作用。

2. 说明并解释销售人员管理的六个主要步骤。

高昂的销售成本要求一个有效的销售人员管理方法。其包括六个步骤：设计销售人员战略和结构、招聘和筛选销售人员、培训销售人员、奖励销售人员、监督销售人员以及评估销售人员和销售队伍的绩效。

在设计销售人员队伍时，管理人员必须考虑多方面的问题，例如：什么样的销售人员结构类型(区域、产品、顾客或是复杂的结构)是最优的？销售人员的规模应该多大？哪些人涉及销售过程，以及不同的销售人员和销售支持人员之间该如何协作(内部销售人员、外部销售人员及团队销售)？

为了避免高成本招聘了错误员工，在销售人员招聘时应该仔细选择。在招收销售人员时，我们必须仔细研究该项销售工作的职责要求以及那些成功销售人员所表现出来的特质。我们还要重视内部销售人员的推荐。我们也要关注一些就业机构、求职广告、互联网以及校园招聘。销售人员筛选过程，既有很短的一次面试，也有很长的笔试加面试。在筛选过程结束后，我们不仅要让新的销售人员熟悉销售步骤，也要让他们了解公司的历史、产品、政策、市场特征以及竞争者。

销售人员薪酬系统是用来回报、激励和指导销售人员。为了奖励销售人员，公司尽力设置诱人的薪酬计划，该计划通常与公司的销售增长率以及销售工作所需技巧有关。公司除了给销售人员薪酬外，还需要监督所有销售人员并对多数人给予持续的鼓励——因为销售人员经常会面对一些艰难抉择和挫折。公司必须定期评估他们的业绩以帮助他们更好地工作。在评估销售人员业绩时，公司要依据一些常规信息，这些信息从以下渠道搜集而来：销售报告，人员观察，消费者来信和投诉，顾客调查，以及与其他销售人员的交谈。

3. 讨论人员推销的步骤，区分交易导向营销与关系营销。

销售的艺术涉及七个主要的销售步骤：寻找预期顾客并鉴定资格、准备工作、接近、讲解和示范、应付异议、成交、跟进和维持。按照这些步骤进行的销售可被视为交易导向的销售。然而，我们与顾客的交易应该受到关系营销这个大概念的指导。公司的销售人员应该帮助整个公司与关键客户建立持久的能获利的关系，给关键客户带来超级顾客价值和满意。

4. 解释销售促进活动是如何形成并实施的。

销售促进活动需要设定销售促进目标(通常销售促进应当是为了建立消费者关系)；选择促进方式，以及形成并实施销售促进计划，其中所使用方式包括消费者推广方式(从赠券、返利、销售点促销到比赛、抽奖和事件营销)、交易推广方式(从打折和津贴到免费赠品和推动金)，以及产业推广方式(会议、贸易展览和销售竞赛)。另外还需要决定激励规模、参与条件、如何推广并实施促销方案及促销时限等问题。这些步骤完成后，公司必须评估它的销售促进结果。

问题讨论

1. 讨论促销组合中的人员推销。在什么情况下它比广告更为有效？
2. 分析本章概括的三种销售队伍结构的异同。哪种结构最为有效？
3. 内部销售队伍在组织中发挥什么样的作用？
4. 什么是销售促进？讨论销售促进的目标。
5. 指出消费者促销的类型并进行说明。
6. 指出产业促销的类型并进行说明。

批判性思维训练

1. 假设你是营销协调员，负责为超市一种新品牌的功能饮料推荐促销计划。你会考虑什么样的促销工具来做这项工作，以及作出什么决定？

营销技术：不同的时间，不同的交易

优惠券得到了社交媒体的推动。Groupon 在2008年末开始当日优惠券服务，它甚至超过了谷歌和脸书惊人的早期增长率。现在，它在将近50个国家每天提供大约1 000笔交易给7 000万多个订户。商业模式也很简单。一家企业通过 Groupon 建立交易，比如以25美元的价格提供价值50美元的商品，如果有足够多的人报名购买，这笔交易就能够达成。Groupon 通常在交易中获得50%的收益(也就是消费者为优惠券支付的25美元中的12.50美元)。作为回报，企业从交易中得到顾客流量。因为商业模式如此简单，进入门槛如此之低，现在有超过600个这种提供团购的网站。

1. 从提供交易的企业的角度,分析通过 Groupon 等当日交易网站提供数字优惠券的利弊。

2. 基于 Groupon 的商业模式思考怎么创办一个当地团购服务网站(作为一个班级项目或者用于为学生组织募捐)。你的目标市场是学生,思考怎样邀请企业加入你的项目,并且怎样吸引学生。

营销伦理：非标签营销

强生同意支付 22 亿美元为营销抗精神病药维思通进行和解。辉瑞公司同意以 23 亿美元达成和解。礼来公司支付了 14 亿美元用于解决与美国政府的争端。葛兰素史克最近同意以 300 万美元解决其与政府在产品营销方面的争端,而这已经是第四次了。根据法律规定,制药公司只允许为经过美国食品和药物管理局(FDA)批准进入市场的药品进行营销,但是医生可能会选择任何他们觉得合适的药物。药品制造商一直在培训它们的销售队伍,让医生在开处方时使用未经批准的药物用途和剂量,称为"非标签"营销。大制药商与政府之间几乎 75%的纠纷都是基于非标签营销。葛兰素史克的问题更为严重,它以一个学术专家的名义在学术期刊上发表了一篇论文,文中指出帕罗西汀可以有效治疗儿童抑郁症,但 FDA 并没有批准这一用途。研究中的临床试验后来受到医学界的批评,但是医生也许不知道这一点,因为他们中的大多数人依赖制药公司获取有关药物的信息。制药行业的大多数非法行为只能依靠内部管理人员或销售代表的披露而被揭发。幸运的是,《联邦虚假索赔法案》为雇员提供了保护甚至激励。制药公司对这类调查进行和解,是因为即使它们承认有罪并且被巨额罚款,它们仍旧可以继续销售药品。

1. 如果你是一个药品销售代表,被告知要推销一种非标签的药物用途,你会怎么做?根据联邦法律,有哪些保护和奖励措施鼓励员工报告违法行为?

2. 一名有道德的销售人员应当具备哪些行为品德?销售经理在合乎道德的销售行为当中应该扮演什么样的角色?

数字营销：销售队伍分析

布朗公司是美国东南部的一家家具制造商,其产品通过家具零售店销售。该公司有两名销售人员,他们不仅仅是销售产品,他们还管理与零售客户的关系,使其能够更好地满足消费者的需求。该公司的销售代表每年拜访零售客户几次,通常一次几个小时。布朗正在考虑扩展到美国的其他地区,并希望通过 1 000 个零售客户进行分销。然而,为了做到这一点,该公司将不得不雇用更多的销售人员。每个销售人员赚取 5 万美元外加所有销售额 2%的佣金。另一种选择是使用销售代理的服务,而不是自己的销售队伍。销售代理将需要支付 10%的销售额。

1. 如果它有 1 000 个零售客户,需要每年联系 5 次。每次销售拜访持续大约 2.5 个小时,每个销售代表每年有大约 1250 小时的时间来为客户服务。确定布朗所需销售人员的数量。

2. 与销售代理相比，在何种销售水平上，布朗公司使用自己的销售队伍更具成本效益？为了确定这一点，考虑每个备选方案的固定成本和可变成本。使用公司自己的销售人员与独立销售代理相比优缺点是什么？

公司案例

Salesforce.com：帮助公司改变销售过程

随着互联网、社交媒体、移动媒体的不断渗透，企业对企业(B2B)销售的性质已经改变了。事实上，一些人预言了专业销售人员的死亡，声称今天的交互式技术使人们能够将产品和服务销售给企业客户，而不需要任何人与人之间的互动。

但这种观点忽视了成功销售的一个非常重要的特征：顾客反复购买是因为建立了牢固的、持久的客户关系。为了做到这一点，销售人员比以往任何时候都更重要。但最近，销售人员要想在从发掘客户到与客户保持联系的各环节都有效，他们必须跟上促进客户关系管理的技术。

销售支持的新时代

提到Salesforce.com，马克·贝尼奥夫(Marc Benioff)在1999年建立了这个互联网公司，为大公司也为小公司的销售队伍提供支持。乍一看，Salesforce.com的系统只是帮助企业的销售代表收集和管理现有客户和潜在客户的信息，从而形成更多的销售。

但从它的公司标志就可以看出Salesforce.com的目标。让公司与众不同的特点就展现在Salesforce.com的标志中，这个标志由单词"software"组成，并且周围有一个红色的圈及一条线穿过它。公司的电话号码是(现在仍然是)"800-nosoftware"。贝尼奥夫认为有了Salesforce.com，像Siebel和SAP这种昂贵的客户关系管理(CRM)软件将会死亡。并且如其股票代号(CRM)所示，贝尼奥夫宣布Salesforce.com将力主帮助企业销售人员管理客户关系。

Salesforce.com公司的产品是通过网络进行浏览和订购的。由于不需要安装软件，客户可以快速低价地对其客户信息进行管理。虽然"云"模式是当今许多公司的标准做法，但它在1999年时是一个激进的想法。公司不仅仅是引入创新的方法来售卖软件，贝尼奥夫不断寻求新的方式来帮助企业实现更高的销售队伍效率。自推出以来，公司一直保持领先，其产品和服务预示着产业销售发展的趋势。

在过去的10年中，该公司从核心的销售管理服务扩展到完整的基于互联网的服务组合，将销售和销售管理的各个方面都纳入云端。这包括Data.com(B2B销售和营销客户联系数据)、Database.com(云数据库)、Site.com(基于互联网的内容管理数据库)、Desk.com(小企业的社交帮助平台)和Sales Cloud(世界头号销售应用程序)。几年前，Salesforce.com认为社交媒体在B2B销售中发挥了巨大的作用。为了保持领先，Salesforce.com收购Radian 6(社交媒体监控公司，《财富》500强企业中有一半以上用到它)并推出Chatter(针对商业界的脸书)。

Salesforce.com的产品组合是精心整合的，使每个工具与其他工具相配合。除了销售支持功能，每个Salesforce.com产品都拓展了其用户的销售能力。Salesforce.com通过改变销售方式，已经帮助以下企业实现比以往更好的客户关系。

NBC 环球

NBC 环球（NBCU）是拥有 20 家大众媒体和娱乐品牌的集团，包括 NBC、CNBC、Bravo、环球和 Telemundo 电视台。在媒体世界中，NBC 环球已经经历了几年的巨大挑战，因为行业在急剧变化，包括：争夺观众关注的媒体种类增长，网络媒体日益普及，并且广告的性质和类型都发生了变化。因为 NBC 环球巨大的覆盖范围，它遭受的打击比其他任何媒体组织还要大。

NBC 环球的媒体帝国是如此巨大，它每年有超过 200 万则广告。管理各种渠道的众多广告顾客是一项艰巨的任务。事实上，NBC 环球有 250 多个不同的门户网站，供人们浏览信息，同时给企业提供广告位。在这种情况下，将广告以有效的方式提供给正确的消费者是十分困难的。

然而，Salesforce. com 有助于 NBC 环球根据客户整合其销售力量。事实上，处理这些关系只简化到一点，允许 NBC 环球的所有销售代表看到广告的所有特性。"企业进入 21 世纪，你需要社交工具把一切联系在一起，"NBC 环球销售副总裁埃里克·约翰逊说，"与 Salesforce. com 的合作有助于进行跨公司调动和发展业务。"依据 Salesforce. com 的产品组合，NBC 环球能够在合适的时间分配正确的信息给客户经理，大大提高了与客户之间的关系。因此，NBC 环球大幅增加了销售量。

Salesforce. com 的工具使销售人员通过更开放的内部协作进行更好的客户关系管理。例如，当 NBC 环球产品团队想推出新的广告和植入式广告，它使用 Salesforce. com 社交工具快速提供销售团队所需的一切东西。以这种方式，销售代表比以往任何时候的联系都更为密切。而装备精良的销售队伍则是一支更快乐的销售队伍。"六个月的营销合作是短暂的，"CNBC 的一位客户经理说。通过 Salesforce. com，他与同事们彼此之间以及与客户之间可以顺畅联系。"我们可以自由地走出去，尝试不同的东西，并进行一些决策。"

NBC 环球所有客户经理的 iPad 中都配备了 Salesforce. com 的应用程序，使他们在任何地方、任何时间都能够访问所有的工具及其他的营销和客户信息。Salesforce. com 作为 NBC 环球公司的销售工具到底有多么成功？"我们推出这个应用程序的第一周，就获得了 300％的投资回报率，"约翰逊说。

通用电气资本

在现代社会中，通用电气资本开始意识到与客户建立联系的重要性。"在 B2B 领域，企业的力量就是你能真正与客户建立联系，并用日常互动通常不允许的方式为它们带来价值。"通用电气资本的首席信息官（CIO）西加尔·扎米说。为此，通用电气资本也开始使用 Salesforce. com 的组合工具。

公司建立了 Access GE，一个基于 Salesforce. com 的 Force. com 平台的新协作社区。经过五周的建设，Access GE 上线了并提供了一个繁荣的社区，在这个社区里首席执行官和首席财务官们能够与提供行业专业知识的专家以及通用电气资本的员工进行交流。这使得客户能够与 GE 或其他客户建立联系，参与共同关心的议题并进行讨论。

Access GE 让客户更迅速地获取信息，Salesforce. com 的技术提高了通用电气资本员工之间的协作。该公司产业销售团队的3 100多名员工可以联系、聊天，分享销售策略，找到内部专家，并发现交叉销售的机会。

这一切是如何帮助通用电气资本的产品和服务进行销售的？Access GE缩短了客户获取他们寻求的答案和信息的时间，以便作出购买决定。“我们的客户通过Access GE和对方迅速、有效地建立更深的关系，”扎米解释道，“这就是社交网络的力量。”这一切都有助于通用电气资本更好地履行使命，提供融资和专业知识，帮助其客户资本走得更远。在Salesforce.com公司的帮助下，该公司也正在开发更强大和更深入的客户关系，鼓励员工参与和协作，实现增长，这是他们从来没有经历过的。

推出新产品

鉴于定制社交工具Access GE的成功，Salesforce.com正在扩大其产品线。毕竟，Chatter是一对多的交流工具。Salesforce.com认为客户可以通过多对多论坛（如Access GE所提供的）获取更多的收益。为此，Salesforce.com已经将Salesforce.com社区用作Chatter的一个分支，目的是为所有的管理人员和客户组织提供有组织的、免费的在线合作平台。

但公司很快注意到论坛开放给相关客户的风险。除了分享有价值的正面信息，他们还可以接触到成千上万条顾客投诉和负面评论。但创新的Salesforce.com已经接受了这个风险。每一项新技术的推出都集中在同一张王牌上，即让用户信服可以提高生产力。Chatter用户与不使用B2B社交网络的公司相比，生产力提高了12.5%。Salesforce.com预计通过社区功能增加的生产力也差不多有这么高。

Salesforce.com从一开始就保持创新，领先于现有的趋势和技术。它的工具是最先进的，为销售代表提供更准确及时的客户信息和对销售过程的观察。Salesforce.com指出：“企业代表、经理和高管有了这些工具，就拥有了赢得交易所需的一切东西。”Salesforce.com将继续提供改变销售过程的可能性。

讨论题

1. 当Salesforce.com推出基于互联网的服务，它是怎么创新地帮助销售代表与客户更好地交流的？

2. 描述Salesforce.com为NBC环球和通用电气资本所做的事的差异。

3. 思考销售过程。在本案例中，Salesforce.com工具是怎么促进每一步销售过程的？

4. 展望未来，Salesforce.com必须发展什么样的产品才能保证处于行业前沿？

Principles of Marketing

第 17 章

直复营销和网络营销

学习目的

- □ 定义直复营销并讨论直复营销对顾客和企业的好处
- □ 了解直复营销的几种主要形式
- □ 解释企业将如何运用网络营销战略对互联网及其他新技术作出反应
- □ 公司该如何使用网络营销,从而更好地为顾客传递价值
- □ 概述直复营销面临的公共政策和道德问题

本章预览

在前面三章里,我们已经了解了如何通过整合营销传播顾客价值,以及营销传播组合的四要素:广告、公共关系、人员推销和销售促进。在本章,我们考察什么是直复营销以及它最迅猛的发展形式——网络营销。事实上,直复营销不仅仅是一种传播工具。在很多方面它构成一个完整的营销方式——将传播渠道与分销渠道合为一体。正如你在本章读到的,记住,尽管直复营销是作为独立工具被单独提出,但它必须和其他促销组合元素密切配合。

让我们首先来看看脸书的例子,这是一家只在网上存在的公司。这个巨大的在线社交网络承诺将成为世界上最强大、最赚钱的线上营销者。然而,作为一家营销公司,脸书刚刚起步。

脸书:我们完成了我们使命的 1%

世界正在迅速地社会化和在线化。没有哪个公司比脸书更具社会性或在线性。庞大的在线社交网络对世界各地亿万用户的生活产生了深刻且日常的影响。然而,脸书现在正面临一个关键的问题:它如何能在不让大量忠实用户离开的情况下,利用其庞大社区的营销机会来赚钱?

脸书是非常庞大的。在八年多的时间里，脸书的会员超过8.5亿——占世界人口的1/8。每60秒，脸书用户就共享70万条信息，更新9.5万条状态，写8万条留言，标记6.5万张照片，共享5万条链接，写下50万条关于所有活动的肯定或否定的评论。脸书的美国会员们每个月在网站上的登录时长相当于10万年。

如此多的用户花大量的时间在这个虚拟空间，脸书不仅作为一个共享社区，也作为一个互联网网关，有着巨大的影响力。它是许多用户的默认主页，有些用户全天24小时、每星期7天都将它放在屏幕上。但脸书的力量不仅仅来自它的规模与无所不在。相反，它在于用户之间深层的社会关系。脸书的使命是“给人们分享的力量”，它是朋友与家人相遇，分享他们的故事，展示他们的照片，并记录他们的生活的地方。成群的人将脸书视为他们的数字家庭。

通过运用这些影响力，脸书有潜力成为世界上最强大、最有利可图的在线营销者之一。然而，这个蓬勃发展的社交网络现在才刚刚开始意识到这一潜力。尽管脸书的用户从一开始就爆发了，但CEO马克·扎克伯格和其他理想主义的年轻联合创始人几乎没有考虑过赚钱。事实上，他们反对运行广告或其他形式的营销，担心营销可能损害脸书的免费(及非商业的)共享文化。因此，他们转而单纯地专注于管理这场由他们开始的在线革命。

事实上，在没有脸书帮助的情况下，许多公司自己首先发现了脸书的商业价值。大多数品牌——无论小型还是大型企业——现在已经建立了自己的脸书页面，获得了一个自由和相对容易的方式去开发巨大社区的网络口碑潜力。如今，人们每天为脸书的各品牌页面“点赞”5 000万次。位于纽约奈阿克的Runcible Spoon面包店只有227个脸书粉丝，而洛杉矶湖人队有接近50万粉丝，脸书上最受“喜欢”的品牌可口可乐有4 340万粉丝。

然而，随着公司的成熟，脸书已经意识到它必须作出营销和赚钱的举动。如果它不赚钱，就不能继续为其成员服务。因此，脸书改变了它的广告理念。现在，各公司可以在用户的主页、个人资料或照片页面上放置平面或视频广告。这些广告是根据用户的个人资料数据精心定位的。但是，利用网站的核心特征，脸书提供了“参与型广告”，旨在与常规用户活动融为一体。用户可以与广告互动，留下评论，提出建议，点赞，或点击相应的链接，进入脸书的某个品牌赞助的网页。

“参与型广告”的一个版本是“被赞助的故事”，一个成员与一个品牌的互动会作为新闻出现在他朋友的脸书页面上。例如，如果你看到一条消息(例如“哈里·古尔德：今天第二次和珍妮·诺瓦克来星巴克了”)，然后是星巴克的标识和链接，星巴克将为放置标识和链接支付费用。这些被赞助的故事增加了用户的参与，使广告感觉就像是脸书体验的另一部分。

广告被证明是脸书真正的赚钱工具。它的广告收入去年增长了69%，使脸书的总收入增加了88%，达到37.1亿美元。脸书没有对公司创建和维护粉丝网页收费，但粉丝网页和广告互动作为品牌整合的脸书的一部分。品牌在脸书上做广告，以激发消费者的交谈，并吸引人们关注品牌粉丝页面上创建的体验。

但广告只是脸书营销冰山的一角，其他业务赚钱甚至比广告还快。作为一个全球的聚会地，人们花时间和朋友在一起，脸书也是一个销售娱乐的天然场所。例如，社交游戏是脸书上最受欢迎的活动之一。数以百万计的人每月登录来玩游戏,这些游戏由开发商(如 Playmonk、Geewa、wooga 和 Zynga)开发。用户玩游戏是免费的,但是开发商通过销售能够提高游戏体验的虚拟商品来赚钱。用户每花一美元,脸书就得到 30%的收入。Zynga 在脸书上提供了最受欢迎的六款游戏,这些游戏在去年的收入中贡献了 12%。

脸书现在希望在其他形式的娱乐方面也复制游戏的成功。例如,认识到成员经常退出脸书去听音乐或观看电影,它现在提供更多的这类服务,让人们留在网站上。例如,它已经与 Spotify 这个在线音乐服务公司合作,同时还有 Pandora。同样,脸书已经引入了电影租赁业务,与诸如华纳兄弟、派拉蒙影业、环球影业和米拉麦克斯影业等内容提供商合作,使得在脸书社区中可以观看主流电影。

为了在社区内囊括一切的目标,脸书甚至进入了银行业务。没错,是银行业务。脸书支付公司(Facebook Payments)——脸书的官方子公司——让企业和客户通过各种世界货币来购买脸书虚拟货币(Facebook Credits)。在过去的几年里,其银行活动的体量相当于对 PayPal 和谷歌钱包等支付提供商宣战。仅仅三年,其支付收入就增长到了 5.57 亿美元。尽管相比 PayPal 的 44 亿美元收入并不多,但由于脸书的会员众多和电子商务发展迅速,它可能很快超越 PayPal 成为在线支付的领导者。或许更令人印象深刻的是,脸书的虚拟货币可能成为一个强大的全球货币。

脸书上的营销将会疏远忠诚的脸书粉丝吗?如果做对了就不会。研究表明,在线用户欣然接受——甚至是欢迎——定位精准的在线广告和营销。有品位的、适当的精准推送可以增强而不是减损用户体验。“我们发现,坦率地说,因为我们的营销努力,用户获得越来越多的价值。”其营销主管说,这样公司“正通过投入更多的营销来获得价值”。

脸书是否会最终在网络广告上挑战谷歌,或者它是否有能力向用户大规模地出售娱乐产品以外的其他类型的商品,现在谈论这些还为时过早。但其巨大的、紧密交织的社交网络给了其惊人的潜力。作为一个营销公司,脸书才刚刚起步。脸书的全球销售副总裁卡洛琳·艾弗森这样总结脸书的增长潜力:“我不确定营销界是否理解我们的故事。我们变革得如此之快。我们在这里有一种说法:‘我们完成了我们使命的 1%。’”

我们在前面章节已经分析过的许多营销和促销工具都是在大众营销的背景下发展起来的:用标准化的信息定位宽泛的市场,借助中间商配送产品。然而如今随着细分市场变窄的趋势,以及数字技术的涌现,许多公司正在应用直复营销,要么作为主要营销方式,如亚马逊的例子,要么作为其他方式的补充。在本章,我们就来探讨直复营销的爆炸性发展。

直销(direct marketing)是指通常在一对一沟通互动的基础上,与精心定位的目标顾客建立起直接联系的过程。通过使用详尽的数据库,公司可以根据定义得很窄的细分市场甚至是单个购买者的需要定制其营销产品和需要传达的信息。

除了树立品牌形象和建立关系之外,直销者通常还寻求得到直接、迅速和可测量的消费者反应。比如,亚马逊直接与客户在其网站上互动,帮他们在互联网上找到并买到几乎所有东西。同样,GEICO 保险公司使用电话、公司网站或借用脸书、推特或 YouTube,直接与顾客互动,建立起个人品牌关系,进行保险报价、保单销售或客户服务。

17.1 直销新模式

早期的直销者——目录购物公司、直接邮寄公司和电话营销公司——主要通过邮件和电话收集顾客姓名并销售产品。现在,在数据库技术和新营销媒体(尤其是互联网)的推动下,直销已经脱胎换骨。

在前面的章节里,我们把直销作为直接分销渠道,也就是不包含中间商的营销渠道。我们还将直销归结为营销沟通组合当中的一个要素——一种直接与消费者沟通的方法。事实上,直销既是渠道,也是沟通手段,还包含其他更多内容。

大多数企业仍然将直销作为营销其产品的补充渠道或者补充媒介。因此,大多数百货公司(如西尔斯或梅西百货)的绝大部分商品通过商店货架售出,但它们也通过直接邮寄和在线目录销售。雷克萨斯主要是通过大众传媒广告及其高品质的经销商网络进行推广活动。然而,它也用直销来补充市场渠道,例如直接地给潜在买家邮寄(或发电子邮件)宣传视频和其他材料。它的品牌网站为潜在客户提供关于车型、性能比较、贷款和经销商地点的信息。并且,雷克萨斯司机网站、YouTube 频道和脸书页面为当前和未来的雷克萨斯车主提供协助并建立社区。

但是,对现在很多企业来说,直销已不仅仅是补充渠道或宣传媒介——它构造了一个完整的商业模式。应用这种新直销模式的企业将其作为唯一手段。一些公司,如亚马逊、eBay、Priceline、Netflix 和 GEICO 保险公司等都围绕直销建立起完整的市场通路。许多公司,跟亚马逊网站一样,都采用了这个模式,取得了巨大的成功。

17.2 直销的发展及其作用

直销已经成为一种增长最快的营销形式。按照美国直销协会(DMA)的说法,去年美国公司在直销方面花费了近 1 630 亿美元。结果,直销驱动的销售额现在达到了近 2 万亿,占美国经济总额的 8.7%。美国直销协会估计,直销销售额一直到 2016 年将每年增长 4.9%,相比之下,美国总销售额预计年增长率为 4.1%。

直销不断变得更具网络导向,网络营销据称是营销支出和销售份额增长最快的方式。例如,美国公司去年花费约 310 亿美元投入网络广告,比上年同期增长了 22%。这些努力产生了超过 2 020 亿美元的在线消费支出。美国直销协会预测,在未来五年内,互联网营销支出和互联网驱动的销售额将以每年 11%的惊人速度增长。

17.2.1 对买方的好处

对买方而言,直销方便易行,购买过程隐秘。直销商家绝不会关门,消费者无须艰苦跋涉到店内搜索商品。在家中、办公室或几乎任何其他地方,消费者都可以不分昼夜地在任何时间上网购物。商业买家无须占用销售人员的时间即可了解产品和服务。

直销使顾客可以接触到丰富的产品信息。直销商家几乎可以给世界各地的消费者提供几乎无限选择的商品。仅仅将许多网络商家提供的巨量可选商品与相应的传统实体商店贫乏的可选种类进行比较,就可见端倪。例如,登录网上头号灯泡超市 Bulbs. com,你将即刻看到任何所能想象到的灯泡或照明设备类型——白炽灯泡、荧光灯泡、投影灯泡、外科灯泡、汽车灯泡——应有尽有。同样,直销零售商 Zappos. com“库存”有来自 1 000 多个品牌的数百万款鞋、手袋和服饰。没有一家实体店能够随时提供数量如此庞大的可选商品。

直销渠道也为买家提供了大量有关企业、产品和竞争卖家的比较信息。良好的销售目录或购物网站通常以更实用的方式提供更多的购物信息,这些甚至比最有经验的售货员所能提供的还要多。例如,亚马逊提供远远超出我们大多数人所能消化的大量信息,从排名前十的产品列表、广泛的产品说明及专家和用户对产品的评价,到基于顾客以往购买的推荐信息。

最后,直复营销具有即时、互动的特点:买家经常可以通过卖家的电话或网站与之互动,获得他们想要的资讯、产品和服务,然后当场订购。此外,直销为消费者提供了更强大的控制措施。消费者可以决定他们浏览哪些目录,访问哪些网站。

17. 2. 2 对卖方的好处

对于卖方而言,直销是建立顾客关系的有力工具。如今的直销者能够瞄准小的消费群甚至是单个的消费者。由于直销的一对一特性,公司可以通过电话或网络与消费者互动,了解他们的更多需求,为特殊的消费者偏好提供定制产品和服务。相应地,消费者可以提出问题并自愿参与反馈。

直销也为卖方提供了一种低成本而高效快速地接触市场的可选方式。直销已经在 B2B 市场迅猛发展,部分原因就是为了应对日益增长的人员推销成本。如果销售人员每次拜访客户的平均成本为 350 美元或更多,那么除非确实必要,并且目标顾客的购买潜力很大,否则无须登门拜访。单次接触成本较低的媒介——例如商务电话营销、直邮和公司网站——往往更具成本效益。

同样,网上直销降低了成本、提高了效率,并加快了渠道和物流功能的响应速度,比如订单处理、库存处理和交付。像亚马逊和 Netflix 等直销商还能节省店铺维护及与租金、保险和公用设施等相关的成本,而这些价值将会传递给客户。直销还能提供更大的灵活性。它允许营销者不断调整价格和促销,或作出即刻、及时而又个性化的信息发布。

尤其是在当今的数字化环境中,新的直销工具为建立紧密、个性化、互动化的客户关系提供了丰富的机会。例如,南记(Nam Kee)知道使用传统的营销渠道很难接触到它的目标市场,因此设计了一个利用社交媒体、电子邮件和移动营销的策略来推广其新餐馆(见营销实例 17.1)。

最后,直销为卖方提供了办法去接触通过其他渠道所无法触及的买家。小公司可以给当地市场之外的客户邮寄商品目录,并开通免费电话来处理订单和询价。网络营销是真正的全球媒介,它使得买卖双方仅仅通过点击鼠标就可以在瞬间完成一国到另一国的交易。一位来自巴黎或伊斯坦布尔的网络用户可以随意访问 L. L. Bean 的在线目录,就像居住在该公司所在地缅因州弗里波特的当地人一样。即使很小的商家也会发现它们已经站在通往全球市场的路口。

营销实例 17.1

南记粉面：运用直销打造品牌认知度

Chill Creative 的首席执行官克莉丝汀·舒姆和她的团队用尽全力通过品牌和服务创新使南记粉面公司重新回到聚光灯下。南记粉面是香港的标志，在全港 13 个地方设有分店。该公司于 1980 年创办了第一家商店——一个"小商贩"，最初用一辆手推车卖面条。南记的招牌菜是春卷，里面有鱼馅、面条和酸辣粉丝，它的泡菜面条是每天手工制作的，有特殊的味道。该公司经由两代人在香港经营服务，而 Chill Creative 的合作团队包括南记第二代，他们希望看到自己的公司在未来的十年和更长的时间里，能够在新的高度上保持竞争优势。克莉丝汀·舒姆和她的团队与南记的执行董事乔毅和赛勒斯携手合作，带领这个备受尊敬的香港公司迈进了新一级的创新。

香港的餐饮业非常饱和，有数以千计的老牌餐厅和新开张的餐厅。在香港很多地区都有卖快餐(例如面条)的小食肆。因此，竞争激烈，保持客户忠诚是不容易的。市场也在发生巨大变化。更多的人想吃更健康和有机的食物，而年轻一代想要更多的品种和更好的就餐体验。与此同时，业内的许多餐馆在针对新一代消费者的目标上没有取得足够的进展，只是由于他们人数增长和收入增多而沾光。

在对产业、竞争和环境变化进行市场机会分析后，南记开发了一个新的延伸品牌——南记健康(Nam Kee H)。该小组还进行了一项初步调查，以探讨消费者对公司提供的服务的态度。南记健康包含很多创新服务，例如，更加"健康、快乐和充满希望的"环境，健康的食物，许多朴实的颜色打造的愉快气氛，由杰森·玛耶兹的音乐创造的充满希望的感觉，并且整个装饰都是鼓舞人心的。大多数餐桌都提供了一个可连接免费无线网络的 iPad，因此客户可以享受他们的食物，同时浏览互联网或在 YouTube 上看视频放松，有在家一样的感觉。一些菜品使用更健康的食材，如西红柿和更多的蔬菜。由于纤维含量较高，在新菜单里米粉是可选的。工作人员受过训练，都彬彬有礼，乐于助人，待人友善。所有这一切，使香港中央区的第一间新概念餐厅南记健康获得成功。

为确保作为目标顾客的年轻消费者了解新品牌，公司制定了强有力的直接营销战略。其中第一步是对准餐厅位置附近的大学生，该小组随后制作传单和宣传页，旨在展现年轻的形象，并宣传新品牌"南记健康"及其"健康、快乐和充满希望的"的食物和环境特点。由于目标市场是年轻一代以及办公室工作人员，主要是寻找更健康食物的女性，该团队决定将传单发送给中心区内的办公室以及附近的学生。团队成员还访问了学院和大学，亲自派发这些传单，鼓励年轻一代走进并尝试新概念餐厅。该团队还开发了脸书页面，让消费者能够通过点赞和评论将新餐馆的信息传播给他们的朋友。该团队还设计脸书海报，给予那些为海报点赞的人特别优惠，以吸引他们到新餐厅。南记健康还计划发送电子邮件给特定的数据库人群，库里消费者年龄在 16 至 32 岁之间。移动营销也将使用 WhatsApp 和 SMS 通过移动运营商来瞄准这一新的客户群。南记健康运用其创新的服务设计和宣传材料，通过直接接触目标市场而成功地发展起来。

众所周知，传统广告并不像过去那样有效了，因为年轻一代不会花太多时间看电视。强有力的直销战略，包括传单、社交网络和移动营销，帮助并将继续帮助南记健康在其目标市场开发一个强大的品牌。

17.3 顾客数据库与直销

好的直销由好的顾客数据库开始。**顾客数据库**(customer database)是由单个顾客或潜在顾客的全面信息构成的有序集合。好的顾客数据库是一个强大的关系构建工具。数据库让公司可以全方位地了解顾客及其行为。只有了解其顾客的公司才是伟大的公司。

在消费者营销中,顾客数据库可能包括:顾客的地理数据(住址、地区),人口统计状况(年龄、收入、家庭成员、生日),消费心理数据(活动、兴趣和观点),购买行为(购买偏好及过去购买的时间、频率和消费额)。在 B2B 营销中,顾客档案会包含顾客已购买的产品和服务、过去的消费数量和价格、主要联系方式、竞争供应商、当前联系状态、估计未来消费情况,以及销售产品与客户服务中的竞争优劣势。

有些数据库非常大。例如,沃尔玛每小时从超过 100 万条客户交易记录中获取数据,以致数据库中包含超过 2.5 拍字节(PB)的数据,相当于 1.2 万亿页的标准打印文本。举一个更简单的例子,零售商 Williams-Sonoma 维护一个含有 6 000 万多个美国家庭的客户数据库,包括交易数据和第三方数据,如收入、子女数、住宅价值和许多其他因素。它使用数据库创建不同版本的目录和电子邮件,以满足每个客户的需要。

公司在很多方面需要使用数据库。它们使用数据库定位最佳的潜在顾客并生成销售线索。它们挖掘数据库来详细了解客户,针对目标市场或个体消费者的特殊偏好和行为作出市场调节和沟通改善。总之,公司的数据库对构建更为强大的长期客户关系来说是一个重要的工具。

例如,零售商百思买挖掘其庞大的客户数据库,以收集可操作的客户洞察,用于实现个性化的促销信息和优惠:

> 百思买超过 15 太字节(TB)的客户数据库包含了 7 500 多万客户家庭 7 年的数据。这个零售连锁捕获每家门店和在线交互的数据——从购买交易记录到客户来电、鼠标点击再到配送和返利地址——并将其与第三方和公开可用的数据合并,以创建多维客户情况资料。然后,用复杂的匹配和合并算法依据兴趣、生活方式和爱好对单个客户进行评分,并使用这些信息来确定他们可能的下一次购买。根据这些客户特征,百思买开发个性化的、客户导向的促销信息和优惠。因此,如果你之前的互动行为表示你是一个年轻的高科技爱好者,正在组装家庭娱乐系统,并且你最近使用了百思买的手机 App 来查找一个特定组件的产品详细信息和客户评价,你可能很快就会收到一个精准的手机优惠券,提供这一产品或相关产品的折扣。

17.4 直销的形式

直销的主要形式包括人员推销、直接邮寄营销、购物目录营销、电话营销、电视营销、信息亭营销和网上营销,如图 17.1 所示。在第 16 章我们深入介绍过人员推销,在此将讨论其他的直销形式。

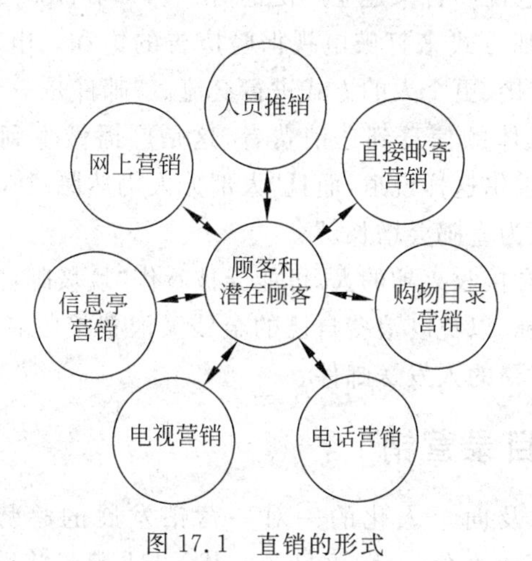

图 17.1　直销的形式

17.4.1　直接邮寄营销

直接邮寄营销(direct-mail marketing)就是把产品、宣传资料、催单或其他东西寄送给特定物理或虚拟地址的人。直销者借助高度选择性的邮寄列表每年发送成千上万的邮件——信件、目录、广告、宣传册、样品、光碟以及其他"长着翅膀的销售员"。直邮是目前最大的直销媒体。美国直销协会报道,美国企业去年的直邮支出超过 500 亿美元(包括目录和非目录邮寄),这占到全部直销支出的 30%,并且产生了 31% 的直销销售额。根据直销协会的数据,花在直接邮寄上的每一美元会产生 12.57 美元的销售额。

直接邮寄这种方式非常适合直接的一对一沟通。它可以较为精确地选择目标市场,可以实现个性化,具有柔性,并且很容易衡量结果如何。尽管与电视或者杂志这些大众媒体相比,直接邮寄需花费更高的每千人送达成本,但是邮件送达的人群是更理想的潜在顾客。直接邮寄对促销各类商品都非常成功,从图书、保险、旅游产品、礼品、美食、服装及其他消费品一直到各种工业产品。慈善组织也频繁使用直接邮寄的方式每年筹集几十亿美元的善款。

一些分析人士预测未来几年传统形式的直邮应用将会减少,营销者将会转而使用新兴数字化形式,如电子邮件和手机营销。比起邮局蜗牛般的递送步伐,电子邮件、手机和其他新的直邮方式可以用超乎想象的速度和更加低廉的成本直接传递信息。我们将在本章后续的部分详细讨论电子邮件和手机营销。

然而,即便新兴电子直邮方式赢得了普遍应用,传统直邮形式目前仍广为使用。邮寄营销比起电子形式还是有一些显著优势。它可以给人们看得到摸得着的有形实物,并且可用于发放小样。"邮件是真实的,"一位分析师表示,它"创造了与客户的情感联系,而电子邮件不能。人们可以拿着它、查看它,与它建立关系的方式完全不同于在线体验。"相比之下,电子邮件则比较容易被屏蔽或删除。"由于垃圾邮件过滤器和垃圾邮件文件夹使我们的信息远离客户的收件箱,"一位直销人员说,"有时候你不得不继续贴邮票。"

传统直邮作为一个广泛的整合营销策略的组成部分,仍然有效。举例来说,大多数大型保险公司都严重依赖电视广告来建立广泛的客户认知和品牌定位。然而，保险公司也大量使用虽旧却好的直邮方式来打破电视保险广告的饱和。电视广告与广大的观众沟通，而直接邮件则以更直接、更个人的方式进行交流。“邮件是一个渠道，让我们所有人用非常有针对性的、非常具体的信息到达消费者，这是广播做不到的，”Farmers Insurance营销副总裁约翰·英格索尔这样说道，而且“大部分人仍然愿意在他们的邮箱里进行营销沟通，这就是为什么我认为直邮会增长。”

直邮如果发给了没有接收兴趣的人，可能会被看作“垃圾邮件”。因此，聪明的商家正小心谨慎地瞄准直邮目标，以免既浪费自己的金钱又浪费接收者的时间。它们设计了许可式程序，仅仅给愿意接受的人发送邮件。

17.4.2 购物目录营销

科技的迅速进步以及向个人化的一对一营销发展的趋势带来了**购物目录营销**(catalog marketing)的巨大变化。《购物目录时代》杂志曾经将购物目录定义成为“销售多种产品并且提供直接订购的至少八页的、装订成册的印刷品”。如今这个定义早就过时了。

随着互联网的迅猛发展，越来越多的购物目录正在电子化。种类繁多的只在网上经营的购物目录公司涌现出来，同时大部分印刷购物目录商已经把网上购物目录加进了自己的营销组合。例如，像目录狂欢(Catalog Spree)之类的 App 是一个满是经典的各大零售商购物目录的购物中心，零售商包括 Neiman Marcus、Merrell、Hammacher Schlemmer、Coldwater Creek、Sephora 等，用户只需要在智能手机或平板电脑上轻轻一点即可看到。在服装直销商 Lands' End 的最新目录邮件到达几天前，客户就可以在 landsend. com、社交媒体网站(如脸书)上看到，或通过 Lands' End 手机 App 进行数字访问。对于 Lands' End 的移动端 App，公司说：“我们拥有的每一件商品你都携带着。”

网络目录消除了印刷和邮寄的成本。如果说印刷邮购目录空间有限，在线邮购目录空间则是无限的。它们还提供了更广泛的演示格式，包括搜索和视频。最后，在线购物目录也允许即时更新：可以按需要添加或是删除产品和性能信息，价格也可以参照需求随时调整。

尽管网上购物目录优点颇多，塞满的邮箱却也说明印刷购物目录仍很繁荣。去年美国直销商家邮寄的目录约 125 亿份——平均每个美国家庭超过 100 份。为什么公司在这样一个新兴的数字时代仍坚守传统的纸质目录呢？首先，纸质目录能与消费者直接产生网络销售空间所无法传递的感情纽带。“具有光泽质感的目录纸张仍以某种方式吸引着购物者，这是电脑画面所无法取代的，”一位分析人士说。

此外，印刷销售目录是最好的驱动在线销售的方式之一，从而使得它们在当前的数字时代比其他任何时候都更重要。一项最近的研究表明，70%的网络消费是销售目录引发的。另一项研究发现，从零售商那里收到目录的消费者在零售网站的花费，要高出没有收到目录的消费者 28%。因此，即使仅专注于在线方式的零售商，如购鞋网站 Zappos. com，已经开始印制销售目录，以期带动在线销售。

17.4.3 电话营销

电话营销(telephone marketing)是指使用电话直接向消费者和商业用户销售。去年,电话营销占到所有直复营销销售额的接近14.9%。我们对于针对消费者的电话营销都很熟悉,其实B2B营销商也在广泛地使用电话营销,占到所有电话营销销售额的近56%。营销者使用拨出电话直接向消费者和企业销售。而拨入的免费电话号码则用于接收来自电视和印刷广告、直邮或者购物目录的订单。

设计得当、定位准确的电话营销会带来很多好处,包括方便的购买过程以及更丰富的产品和服务信息。不过多年来,不请自来的电话营销活动的爆发搞得很多消费者十分恼火,他们反对那些几乎每天都有的"垃圾电话"。早在2003年,美国立法机构拟订了"谢绝来电计划",由联邦贸易委员会负责实施。该计划禁止对已登记的电话号码进行大部分电话营销呼入(尽管人们仍可以收到来自非营利组织、政府及近期有业务往来公司的电话)。消费者对此反响热烈。到目前为止,已有2.09亿个住宅电话和移动电话号码通过www.donotcall.gov网站或888-382-1222电话,被登记在册。企业如果违反谢绝来电法,每次将被处罚1.6万美元。结果,据联邦贸易委员会发言人称,该活动"已经取得巨大成功"。

谢绝来电法在一定程度上伤害了电话营销行业。然而,两大主要的电话营销形式——拨入式消费者电话营销和B2B电话营销——仍保持着强劲的增长。电话营销也仍然是非营利组织和政府团体主要的筹款工具。有趣的是,谢绝来电法似乎是在帮助大部分的直销企业,而不是伤害它们。许多这类企业不再拨打无用的电话,而是开发"可选式"呼叫系统,从而提供有价值的信息,并把它传递给通过电话或电子邮件确认接收的客户。选择性进入模式比起之前的侵入模式能为营销企业带来更高的回报。

17.4.4 电视营销

电视营销(direct-response television marketing)有两种主要形式。第一种是广告直销。直销商买下电视时段,通常是60~120秒,然后在这段时间里介绍产品并劝说人们购买,同时向顾客提供一个免费的订购电话号码。但电视观众也经常会遇到关于某一产品的30分钟广告节目或者商业信息片。

一些成功的直销广告经久不衰并且成为经典。比如,很少有人知道电视购物公司高西伦克已经帮助高伦雅芙抗痘系列成为拥有18亿美元年销售额、500万名活跃客户的强劲品牌(相比之下,美国药店每年的祛痘产品销售额只有1.5亿美元)。

电视营销广告经常会伴随喧嚣或疑问的语调,叫卖清洁设备、去污剂、厨具和无须努力也能保持体形的秘诀。例如,在过去的几年中像安东尼·沙利文(黑旋风无线清洁器、奥森螺旋钻)和文思·奥佛(超强吸水抹布、切菜器套装)这样的叫卖电视购物代言人积累了数十亿美元的电视购物产品销售额。OxiClean(欧适清洁)、ShamWow(超强吸水抹布)和Snuggie(毛毯袍)已经成为电视购物粉丝们所追捧的经典。睡衣牛仔裤PajamaJeans的商业信息片("你住在睡衣里,你睡在牛仔裤里")在从YouTube到*The Tonight Show*节目的所有媒体中创造了轰动,以每套39.95美元的价格(另加7.95美元的运费和处理费)销售超过 200 万套。

不过,近年来许多大公司——从宝洁、迪士尼、露华浓、苹果和柯达,到可口可乐、安海斯—布希,甚至是美国海军——都开始使用电视商业信息广告销售其产品、向顾客推荐零售商、招募新兵,或吸引买家登录网站。

一种更新形式的电视营销是互动电视(iTV),能够让观众与电视节目和广告互动。得益于交互式电缆系统、互联网智能电视、智能手机和平板电脑等技术,消费者现在可以使用他们的电视遥控器、手机或其他设备来获取更多信息,或直接从电视广告中购买。此外,随着电视屏幕和其他视频屏幕之间的界限继续模糊,交互式广告和商业信息片不仅出现在电视上,而且显示在移动端、在线和社交媒体平台上,增加了很多像电视一样的互动直销场所。

17.4.5 信息亭营销

随着消费者变得越来越习惯于数字技术和触摸屏技术,许多公司把信息和取得这些信息的机器——称作信息亭(kiosk)(远不止是老式的自动贩卖机)——放在商店、机场、旅店、大学校园和其他地方。信息亭现在到处都有,从自服务酒店和航空登记装置到商场无人值守的产品和信息亭,再到无须取货的店内订货设备。"自动售货机不久前只有机械杠杆和硬币托盘,而现在拥有大脑,"一位分析师说。许多现代的"智能亭"都是无线操控的。有些机器甚至可以使用面部识别软件,猜测用户的性别和年龄,并根据这些数据提出产品建议。

店内的柯达、富士和惠普信息亭允许顾客通过记忆棒、手机和其他数字存储设备上传图片,进行编辑,并完成高质量的彩色打印。设在药店和杂货店的 Seattle's Best 信息亭,可以研磨和冲泡新鲜的咖啡豆,并提供咖啡、抹茶和拿铁。红盒子公司在麦当劳、沃尔玛、沃尔格林和其他零售网点经营着 3 万台 DVD 租赁终端机——顾客在触摸屏上作出选择,然后刷信用卡或借记卡租赁光盘,一天一美元。

ZoomSystems 为苹果、丝芙兰、美体小铺、梅西百货和百思买等零售商创建了一种小型的独立信息亭,称为 ZoomShop。例如,百思买的 100 个快捷 ZoomShop 信息亭分布在全美的机场、购物中心、军事基地和度假地等交通方便之处,自动售卖便携式媒体播放器、数码相机、游戏机、耳机、手机充电器、旅游小工具等热门产品。据 ZoomSystems 所说,如今的自动化零售"既给消费者提供了网上购物的便利性,又保留了传统零售的即刻满足感"。

17.5 网络营销

正如前面提到的,**网络营销**(online marketing)是增长最快的直复营销方式。互联网的广泛应用已经对买方和服务于买家的营销者都产生了戏剧性的深远影响。在本节,我们研究营销战略和实践该如何变化,以利用好当今的互联网技术。

17.5.1 互联网和营销

今天世界上的许多生意往来是通过连接人员和公司的数字网络实现的。互联网既是一个巨大的计算机网络公用平台，连接世界各地形形色色的用户，又是一个不可思议的大型信息存储库。如今，人们使用电脑、智能手机、平板电脑、甚至电视和游戏设备，几乎随时随地都能与互联网连接。互联网已经从根本上改变了消费者对便利性、速度、价格、产品信息服务的认识观念。因此，它给营销者一种全新的方式去为客户创造价值并与之建立关系。

互联网的使用和影响在继续稳步增长。如今超过80%的美国家庭使用互联网，而且美国互联网用户平均每月在网上花费约32个小时。此外，美国有超过6 300万人通过智能手机上网。在全球范围内，有超过20亿人能够上网。全球有10亿人访问移动互联网，而且随着手机成为一种越来越流行的上网方式，这一数字预计在未来五年里将翻倍。

为了获得这个新兴市场，现在所有类型的公司都在网上经营。"鼠标"型公司只在互联网上经营。它们包括一系列种类各异的公司，从亚马逊和Expedia.com这样直接利用网络把产品和服务卖给最终顾客的电子零售商，到搜索引擎和门户网站（如雅虎、谷歌和MSN）、交易网站（eBay、Craigslist）、内容网站（纽约时报网络版、ESPN.com和大英百科全书）及在线社交网络（脸书、YouTube、Pinterest、推特和Flickr）。

网络公司的成功引发了现有的传统"砖头加水泥"型实体制造商和零售商开始重新考虑如何服务于市场。现在，几乎所有这些传统公司都已经建立了自己的网上销售和传播平台，成为了"鼠标加水泥"型公司。今天很难找到一家没有明显网络展示的企业。

事实上，"鼠标加水泥"型公司现在比那些"鼠标"型公司获取了更多的网上成功。最近一项全球前十位的在线零售网站排名中，只有一家"鼠标"型零售商（亚马逊，排名第一），其余都是多渠道零售商。例如，列表中排名第二的史泰博，是销售额250亿美元的办公用品零售商。史泰博在全球经营着超过2 295家超市。但是你可能会惊奇地发现史泰博超过42%的销售额来自其网上业务。

> 网上销售让史泰博与大大小小的客户建立了更深层次、更个性化的关系。一个大客户，比如GE或宝洁，能够创建折扣计价的待审核办公产品列表，然后由公司部门甚至个人作出自己的在线购买。这就减少了订单成本，削减了官僚式的繁文缛节，加快了客户订货流程。同时，它还鼓励企业使用史泰博作为唯一办公产品供应商。即使是最小的公司也能享受到更为便捷高效的24小时网络订货。
>
> 此外，史泰博的网络操作与店铺销售形成互补。史泰博网站（Staples.com）和手机App建立了店铺交通系统，帮助客户找到当地的店铺并查询库存和价格。作为回报，当地店铺也通过店内信息亭促进网站的发展。如果客户在货架上找不到他们需要的产品，他们可以通过信息亭快速订购产品。因此，史泰博通过一种全方位接触点和交付模式——网络、目录、手机或传真，以及实体店——支持了自己的"这很容易"定位。单纯的"鼠标"型或"砖头"型商家无法与这种集呼叫、点击或访问便捷和支持为一体的模式相匹敌。

17.5.2 网络营销的几个领域

图 17.2 展现了四种主要的网络营销领域：B2C(business to consumer)，B2B(business-to-business)，C2C(consumer to consumer)，以及 C2B(consumer to business)。

	瞄准消费者	瞄准企业
由企业发起	B2C	B2B
由消费者发起	C2C	C2B

图 17.2 网络营销的几个领域

B2C 大众媒体已经对 B2C 网络营销投入了最广泛的关注。B2C 是指企业通过互联网为最终消费者提供产品和服务。今天的消费者几乎可以在网上买到任何东西。超过半数的美国家庭如今定期在网上购物，而且在线消费者购买继续以两位数的健康增长速度成长。美国去年的在线零售销售额估计为 2 020 亿美元，随着消费者将支出从实体店转移到在线商店，预计到 2016 年将增长 62%，至 3 270 亿美元。

也许更重要的是，尽管网上购物目前占美国零售销售总额的 7%，但据估计，互联网影响了总销售额的 48%——包括网上销售额以及虽然是线下交易但进行线上调研的销售额。越来越多的消费者手持智能手机，在购物时使用它们来寻找更优惠的价格并评分。因此，聪明的营销者运用多渠道整合战略，以网络带动其他营销渠道的销售。

网络买家在购买方式和对营销的反应方面，不同于传统线下消费者。在网络交换过程中，消费者发起并控制接触过程。消费者主动选择他们登录的网站，找寻他们愿意接收的有关产品的营销信息，并主动选择获取信息的环境。因此，网络营销需要新的营销方法。

B2B 虽然 B2C 吸引了更多大众媒体的关注，但 B2B 网络营销也发展兴旺。B2B 营销者使用网站、电子邮件、在线产品目录、在线社交网络、手机 App 及其他在线资源，吸引新客户，将产品售卖给现有客户，并更有效地服务现有客户。除了简单地在网上销售产品和服务外，公司还可以利用互联网与重要的商业客户建立更稳固的关系。

大多数 B2B 商家现在在网上提供产品信息、顾客购买服务，以及客户支持服务。例如，企业购买者可以访问网络设备和软件制造商思科公司的网站(www.cisco.com)，选取思科产品和服务解决方案的详细介绍，索要销售和服务信息，参加活动和培训研讨会，观看话题广泛的视频，与思科员工即时聊天，并下达订单。他们可以访问思科的脸书主页和 YouTube 频道，以进入思科网络，查看信息和教学视频等。一些大公司几乎在网上处理其所有业务。例如，思科有 80%的订单来自互联网。

C2C 许多 C2C 网络营销和沟通发生在对大量不同产品和主题感兴趣的在线群体之间。在某些情况下，互联网为消费者提供了很多便利，帮助他们之间直接购买或是交换产品和信息。例如，eBay、Overstock.com 和 Craigslist.com 以及其他拍卖网站提供了广受欢迎的市场空间，可以展示和销售几乎任何产品——从艺术品和古董、硬币和邮票、珠宝一直到计算机和消费电子品。eBay 的 C2C 在线交易社区在全世界拥有 9 900 多万活跃用户(这比英国、埃及或土耳其的人口总量还要多)，去年交易额约为 600 亿美元——每秒钟交易额超过 1 900 美元。

另外,C2C 涉及通过网上论坛吸引某些特殊利益团体进行信息交互传播。这类活动有些是出于商业目的,有的则不是。网络博客(Web logs 或 blogs)是一种在线日志,允许人们上传他们的想法,通常是某一小范围的话题。博主(bloggers)讨论的话题很多:从政治或棒球,到俳句诗、汽车维修或最新热播电视剧。根据一项研究,现在有超过 1.64 亿个博客。许多博主使用推特和脸书等社交网络来宣传他们的博客。这些给博客——尤其是那些有大量忠实粉丝的博客——巨大的影响力。

许多营销人员现在也开始涉足博客领域,将其作为接近精心选择的目标消费者的一种媒介。例如,绝大部分大型公司已经建立了自己的博客。索尼有一个游戏机博客,在那里游戏迷可以交流想法,并对想法进行提交和投票,以改善游戏产品。迪士尼乐园的博客是了解和讨论迪士尼所有事情的地方,包括一个幕后区,可以对舞蹈排练、新建筑观览、员工采访等事情发帖子。

戴尔拥有十几个或更多的博客,便于"与戴尔客户就连接我们所有人的技术进行直接的交流"。这些博客包括 Direct2Dell(戴尔公司的官方博客)、Dell TechCenter(以信息技术为焦点)、DellShares(对投资者关系的洞察)、Health Care(关于连接我们所有人的医疗保健技术)和 Education(关于利用技术提高教学和教育管理的见解)。戴尔也有一个非常活跃和成功的 YouTube 账户,它叫作 DellVlog,有 1 700 段视频,已被观看超过1 300 万次。戴尔博客经常将这些 YouTube 视频嵌入博客文章中。

公司也可以在已有的博客上做广告,或影响上面的内容。它们也许应该鼓励有影响力的博主"发起话题讨论"。最近的一项调查发现,54%的营销人员使用第三方的博客来帮助传播信息。例如,麦当劳系统地接触关键的"妈妈博主",这些人影响了全国的家庭主妇,而这些家庭主妇反过来又影响了她们家人的在外就餐选择:

> 最近,麦当劳在伊利诺伊州奥克布鲁克的总部全额免费接待了 15 名博主。博主们参观了生产设施(包括公司的测试厨房),会见了麦当劳集团的美国总裁简·菲尔兹,并在附近的麦当劳儿童之家合影留念。麦当劳知道这一活动的影响力会有多重要。"博主,特别是妈妈博主,经常谈论麦当劳,"该公司的社交媒体主管说,"她们是客户,她们会去餐馆,更重要的是,这些妇女有忠诚的后续行为。"因此,麦当劳通过给她们一个观览活动,把博主变成了信徒。
>
> 麦当劳并没有告诉博主在她们的帖子中如何描述这次访问的内容。它只是要求她们写一个行程的真实回顾。然而,正如你所期望的那样,由此产生的帖子(每篇都表明博主与麦当劳的联系)大多是非常正面、积极的。多亏了这次活动以及其他许多类似的努力,全国各地的妈妈博主现在更了解麦当劳,并与麦当劳心系一处。"我知道麦当劳有冰沙,有酸奶,还有其他的东西,我的孩子会想要的,"一位著名的博主说。"我真的没法告诉你汉堡王现在在做什么,"她补充说,"因为我不知道。"

作为营销工具,博客具有一定的优势。它们带来新鲜、原创、个性化且成本低廉的方式与消费者进行网络沟通。然而,博客领域鱼龙混杂且难以控制。博客始终主要是一个 C2C 媒体。虽然公司有时可以通过影响博客来建立更多有价值的客户关系,但消费者仍然占据主要控制权。

不论是否主动加入博客领域或其他 C2C 交流中,公司都应当监控并倾听它们的声音。C2C 意味着网络购买者不仅仅是使用产品信息——日益明显的是,他们也创造产品信息。营销者应该使用所有这些从消费者在线交流中获得的客户洞察去调整自己的营销活动。

C2B 最后一种网络营销领域是 C2B。多亏有了互联网,今天的消费者发现与企业沟通越来越容易了。许多公司现在都邀请潜在顾客和消费者通过公司网站或手机端提出建议和问题。并且,消费者不再是等待企业的邀请,他们在网上搜索产品卖家,了解产品,购买产品,然后利用网络给出反馈。使用网络,消费者甚至能够发动与企业的交易,而不是一贯地由企业去带动。例如,使用 Priceline. com,潜在购买者可以竞标机票、旅馆房间、租车、游艇和旅行套餐等,让卖家决定是否接受自己的报价。

消费者也可以使用网站,例如 GetSatisfaction. com、Complaints. com 和 PlanetFeedback. com,去询问问题、提供建议、发表投诉或是赞扬。GetSatisfaction. com 通过创建用户驱动的客户服务社区,提供"人性化客户服务"。该网站提供论坛,让客户对他们在产品和服务上的问题进行讨论,这涉及 6.5 万家公司,从微软和宝洁到谷歌和 Zappos. com 购鞋网站,不论公司参与与否。该网站还提供工具帮助企业使用 GetSatisfaction. com 作为自己的官方客服资源。

17.5.3 建立网络营销展示

如今大多数公司都在通过某种方式涉入互联网。营销人员可以采取五种途径实施网络营销,如图 17.3 所示:创建网站,在网上做广告或促销,建立或参与网络社区,发送电子邮件,使用移动营销。

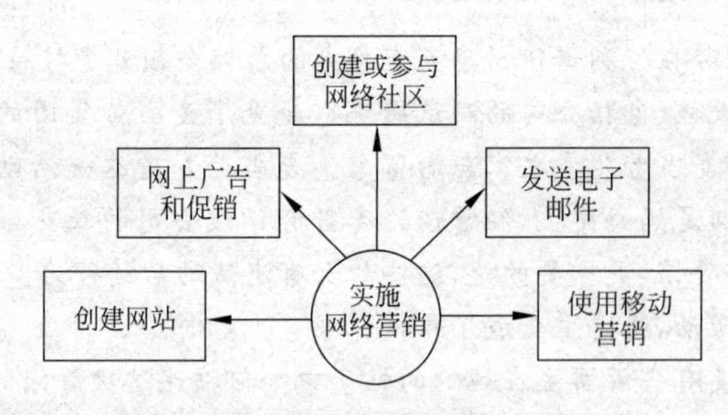

图 17.3 建立网络营销

创建网站 对于许多公司来说实施网络营销的第一步就是创建一个网站。然而,创建网站并不简单,营销者必须设计出有吸引力的网站,能够招徕顾客,让顾客留下来并成为常客。

网站在目的和内容方面相差很大。最基本的类型就是公司(或品牌)网站。设计这一类网站的目的在于让消费者产生好感,收集顾客反馈意见,且辅助其他的销售渠道,但并不直接销售企业的产品。公司网站一般都提供种类丰富的信息以及其他一些特色服务,以便回答顾客的问题,与顾客建立更加紧密的关系,并且发布关于公司或品牌的激动人心的消息。

例如,你无法在雀巢丰富多彩的 Wonka. com 网站买任何东西,但你可以了解不同的雀巢糖果产品,进入最新的比赛,或逛一逛涂鸦书,用 Wonka 想象器"描绘你的梦想",或张贴由 Wonka 启发的电子艺术作品。同样,你不能在通用电气公司的网站上购买任何东西。取而代之的是,这个网站代表着这家巨型公司的国际公众形象。它向客户、投资者、新闻媒体和员工等各种类型的受众,展现了大量的产品、服务和公司信息。不论是对一位考察微波炉的美国消费者,还是一位调查环保机车的印尼买家,或者一个寻找股东信息的德国投资人而言,该网站既是一个 B2B 网站,也是一个服务消费者的门户。

一些企业建立了营销网站。设计这些网站是为了让消费者加入互动当中,使他们更加贴近直接购买或者实现其他的营销目的。例如,三星在 www. samsung. com 经营一个营销网站。一旦潜在客户点击进入,这个电子制造商丝毫不浪费时间,试图把这次访问变成一次销售,并进一步建立长期的关系。无论客户是在寻找电视、照相机、电脑、移动设备还是其他三星产品,这个构造良好的网站很快就会将他们引向具体产品和购买决策所需的详细信息。该网站还提供未经编辑的用户产品评论、产品价格和购买地点,以及在线和本地商店零售商的链接。为了建立和维护长期的关系,三星营销网站提供全面的客户支持。它也邀请客户加入"三星国度",这是该品牌的社会忠诚计划。"三星国度"的成员可以通过访问三星的网络和社交媒体网站、查看产品、观看视频以及参与用户生成的问答环节,获得徽章,在队伍中晋级,并与其他三星用户联系。

建立网站是一回事,让大家都来访问这个网站就是另一回事了。为了吸引访客,公司通过线下的印刷品广告和广播广告以及其他网站上的广告和链接,积极主动地推广其网站。但是,今天的网络用户会很快放弃那些名不副实的网站。所以,关键是要创建足够的价值和兴奋点以促使消费者登录网站、长期逗留并不断回访。

最起码,一家网站应当便于使用,外观专业,并且形式生动。然而,最终网站还必须要实用。提到网页浏览和购物,大部分人更看重内容而非风格,更看重功能而非动画。例如,三星的网站并不那么花哨,但它能让客户快速有效地获取所寻求的所有产品信息。因此,有效的网站包含下述因素:深入和实用的信息,有助于买家寻找和评价产品的互动工具,与其他相关网站的链接,变换的促销方式,还有激起兴奋感的娱乐功能。

网上广告和促销　随着消费者花费越来越多的时间上网,公司也将更多的营销预算投入**网络广告**(online advertising)中,以建立品牌或吸引访客登录网站、手机端和社交媒体主页。网络广告已经成为一种主要的媒体形式。去年全美网络广告花费额预计达 310 亿美元,预期今年将超过印刷广告,从而成为仅次于电视,但领先于报纸和杂志的第二大媒体。

网络广告的主要形式包括搜索广告、陈列式广告和在线分类广告。在线陈列式广告可能会出现在网络用户屏幕的任何位置,经常还会和当前正在观看的信息相关联。例如,在浏览旅游城市网站的旅行指南时,你可能会看到一个关于汽车租赁公司免费汽车租赁升级的陈列式广告。或者当你访问雅虎财经网站的时候,闪烁的 E * TRADE 投资公司广告可能承诺,如果你开一个新账户将免费获得一款有两年无线计划的安卓智能手机。网络陈列式广告近几年在吸引并抓住消费者眼球方面有了长足的发展。如今丰富的新媒体广告融合了动画、视频、声音和交互性。

最大的在线广告形式是搜索广告(或内容关联广告),去年它占到全部网络广告支出额的46.5%以上。在搜索广告当中,基于文本的广告和链接与搜索引擎结果一起出现在谷歌和雅虎的网站上。例如,用谷歌搜索"液晶电视",在搜索结果列表的顶部和侧面,你将看到不太显眼的10个或更多广告商家,从三星和戴尔到百思买、西尔斯、亚马逊、沃尔玛和Nextag.com。谷歌公司去年370亿美元的收入几乎全部来自广告销售。搜索引擎是一个从不间断的媒体形式。并且在当前的经济紧缩状况下,效果很容易测量。

搜索广告客户从搜索网站购买搜索关键词,当消费者点击进入其网站时才需要付费。例如,在谷歌、必应或雅虎搜索引擎上输入"可乐"或"可口可乐",甚至只输入"软饮料"或"奖励",几乎总能让"我的瓶盖兑奖活动"出现在首要选项之列,而且同时出现可口可乐的展示广告或谷歌网页的链接。这不是巧合。可口可乐公司就是主要以搜索购买方式支持其广受欢迎的在线客户忠诚计划的。这家软饮料巨头一开始使用传统电视和印刷广告,但很快发现搜索引擎是最为有效地把顾客带到瓶盖兑奖活动网站去注册的方式。现在,购买的数十个搜索关键词都会使瓶盖兑奖计划网站位于搜索列表的顶部或接近顶部的位置。

其他的网络促销形式包括内容赞助和病毒广告。使用内容赞助,公司通过赞助不同网站上的专项内容,如新闻或财经信息或特殊兴趣的主题内容,使公司名称获得展示。例如,阿拉莫赞助了Weather.com的"假期、旅行计划和导游"。同样万豪酒店赞助了Travelocity.com上的"夏日救援"微型网站。赞助活动最好被精心设定在可以为受众提供相关信息和服务的网站里。

最后,网络营销者可以使用**病毒营销**(viral marketing),即互联网上的口头传播营销。病毒营销是指创建一个非常具有感染力的网站、视频、电子邮件、手机短信、广告或其他营销事件,以至于消费者非常乐意把它传递给自己的朋友。因为是由顾客向他人传递这些信息或促销,所以病毒营销的成本很低。而且,由于信息是来自朋友,因而接收者更愿意查看或阅读。

例如,宝洁的Old Spice(男士香水)品牌创造了一个经典的病毒式传播,其"闻起来像一个男人,男人!"活动以演员伊萨阿·穆斯塔法为主角。这项活动包括电视广告和专为网络制作的视频,以便在YouTube、脸书和其他社交媒体上进行病毒式传播。最初的方案获得了数千万的观看量。第二次方案包括了近200个视频,其中穆斯塔法亲自回答个人用户的网络提问,如明星艾伦·德杰尼勒斯和艾莉莎·米兰诺,仅仅在第一周内就获得2 100万次观看量。它使品牌的脸书互动增加了800%,OldSpice.com的流量增加了300%。在推出这些视频之后,Old Spice的YouTube网页成为了网站历史上最受关注的频道。

有时一则制作精良的常规广告借助有目标性的"播种"就可以像病毒一样广泛传播。例如,大众汽车聪明的"原力"超级碗广告,表现了迷你的达斯·维德(《星球大战》中的黑武士)使用原力启动大众帕萨特,大众的广告小组在体育事件的前一个星期将广告播种到被选中的汽车网站、流行文化网站和《星球大战》相关网站,这一广告变成了病毒。当广告在超级碗播出时,它已经收到超过1 800万次在线点击。到当年年底,"原力"已收到超过

8 000 万次观看。大众在接下来一年的超级碗中重复了这一战绩，推出了一个叫作“马修休息日”(Matthew's day off)的广告。这个广告向20世纪80年代的经典电影《春天不是读书天》(Ferris Bueller's Day Off)致敬，在盛大比赛之后的早上，它吸引了1 840万次观看。

然而，营销者通常很难控制病毒信息何时终结。他们可以在网上播种消息，但如果消息本身无法引起消费者的共鸣，那就没任何好处了。例如，为什么播种大众的达斯·维德广告会病毒式传播？因为这份动情的广告吸引了父母——汽车的目标客户——他们想要负责任的郊区家庭旅行。它还对孩子有吸引力，他可能曾经被《星球大战》所吸引，现在想要一辆带有一点点魔力的汽车。一位创意总监说：“你希望这个创意是在一个足够高的地方，在那里种子长成参天橡树。如果他们不喜欢，它就不会成长；如果他们喜欢它，它会移动一点点；如果他们爱上它，它将像快速燃烧的火焰通过好莱坞山。”

创建或参与网络社区 正如我们在第1章和第5章中讨论过的，互联网的普及导致了在线社交网络或网络社区的迅速崛起。无数独立的和商业性的网站涌现出来，从而给予消费者在线聚集、社交及互换观点和信息的空间。当今，几乎每个人都登录脸书交友，申请加入推特，在YouTube收看目前最热门的视频，在Pinterest上贴出有趣的东西，或刚从相片分享网站Flickr下线。当然，哪里有消费者聚集，哪里就必定有商家追随。越来越多的商家现在开始追赶社交网络的浪潮。

企业可以从两个方面参与网络社区：它们可以加入已有的网络社区或者建立自己的。加入现有的网络似乎是最简单的。因此，许多大品牌——从唐恩都乐和哈雷—戴维森到大众和维多利亚的秘密——都创建了YouTube频道。通用和其他公司也在Flickr和Pinterest上发布了视觉内容。可口可乐的脸书页面粉丝人数超过430万。

一些主要的社交网络规模已经非常庞大。美国和加拿大互联网用户中有50%以上使用脸书。对比之下，每天观看某个电视频道的人数占比是55%，收听广播是37%，阅读报纸是22%。现在，脸书在全球范围内的用户超过8.35亿，几乎是美国和加拿大人口总和的2.5倍。

尽管像脸书、YouTube和推特这样的大型在线社交网络已经吸引了最多的媒体关注，一些更为专注于细分市场的新生代也开始出现。这些更为专注的网络平台迎合了一些志趣相投的更小众化社区的需要，它们也成为营销者瞄准特殊偏好顾客群最为理想的媒介。为每一种兴趣和爱好都至少已经建立了一个社交网络。

> Yub.com和Kaboodle.com是针对购物狂，而妈妈们则在CafeMom.com寻找建议和同情。GoFISHn是一个由4 000名垂钓者组成的社区，它的地图显示了鱼在哪里上钩，还有一个照片库，成员可以在里面炫耀他们的战利品。在Dogster，70万成员为他们的宠物狗建网页，读小狗日志，或者给狗一只骨头。Ravelry.com有140万喜好编织、钩针编织、设计、纺纱和漂染的人注册，共享有关纱线、样式、方法和工具的信息。

一些利基网站迎合了不起眼的需求。激情网络(Passions Network)是一个“网上约会利基社交网络”，有60万成员和超过200个特定的兴趣群，包括星际迷航粉丝、卡车司机、无神论者和害羞者。FarmersOnly.com 为脚踏实地享受“蓝天，在广阔空间自由生活，饲养动物和欣赏自然”的“乡下人”——因为城市居民恰好得不到这些——提供网上约会。其他的利基网络到达更多的技术社区：超过 100 万的科学家使用 ResearchGATE 来协调人工智能和癌症生物学等领域的研究。在 myTransponder.com，飞行员寻找工作，学生们找到飞行教官，专门针对这个行业的广告客户——比如航空软件制造商 ForeFlight——充分利用这里平时很难接触到的喜欢航空的 2 000 个受众。myTransponder 社区的目标是“使航空更加社交化”。

但是成功参与已有的社交网络面临一些挑战。首先，大部分公司仍然在如何有效使用社交网络方面处于实验阶段，结果很难测定。其次，这类在线网络大部分是由用户控制，公司的目标是使其品牌成为消费者谈话和生活的一部分。然而营销者不可能轻易地控制消费者的在线互动——它们需要想办法获取在网络平台的存在权。营销者不是要侵入其中，而是必须学会成为在线体验中一个有价值的组成部分。

为了避免在已有在线社交网络创建企业形象过程中可能出现的不确定性和挑战，许多公司现在开始推出自己具有针对性的网络社区。例如，在耐克的“耐克＋”网站上，有来自 243 个国家的合计超过 3.75 亿英里跑步里程的 600 多万名跑步者加入，在线上传、追踪和比较他们的表现。由于其成功，耐克已经将“耐克＋”扩大到了篮球和一般训练，每种运动有自己独特的网站和相应的产品。

同样，《男性健康》杂志也创建了一个关于“赶走小肚腩！(Belly Off!)”项目的在线社区（网址为 http://my.menshealth.com/bellyoff/）。该杂志的这个长期项目通过设定时间表，帮助读者拟订锻炼和饮食的坚实计划。社区网站包含了用户生成的内容，并提供锻炼和饮食计划、进度报告、教学视频和成功案例。“赶走小肚腩”网站服务的社区有近 14.5 万成员，这些成员拥有类似的减肥和健身目标。自 2001 年以来，该项目帮助 40 万人减掉了近 200 万磅。

发送电子邮件 电子邮件是一种日益成长的重要的网络营销手段。电子邮件是一种非常常用的通信工具；据估计，全世界有 30 多亿个电子邮件账户。因此，在最近的一项研究中，美国直销协会(DMA)发现 78％的直接营销活动都使用电子邮件。尽管电子邮件杂乱不堪，但电子邮件营销仍然是带来最高投资回报的方式之一。根据美国直销协会的数据，营销人员每花 1 美元就能得到 40 美元的回报。去年，美国企业在电子邮件营销上花费了 11.5 亿美元，而 10 年前的这一数字才 2.43 亿美元。

一旦得到合理运用，电子邮件就能成为最根本的直复营销媒体。大部分蓝筹公司定期使用电子邮件营销并取得了很大的成功。电子邮件使这些公司能够发送高度准确和个性化的有利于建立客户关系的邮件信息。例如，美国冰球联盟(NHL)根据球迷喜欢的球队和地理位置，给球迷发送超级精准的电子新闻邮件。它每周发送 62 个版本的电子新闻邮件——美国和加拿大两国 30 支球队的球迷各自会收到定制的两封，还有两封联盟通用电子新闻邮件分别针对这两个国家。其他为推动单场比赛门票销售的冰球联盟电子邮件活动则有 930 个版本之多。

但是电子邮件营销的应用在不断发展的同时，也有一些负面的影响。垃圾邮件的爆炸性增长——没有要求订阅的无用商业信息充斥了我们的电子邮箱——已经让许多消费者感到非常沮丧和愤怒。据一家调查公司披露，垃圾邮件如今占据了所有邮件发送的68%。电子邮件营销人员在为消费者提供价值和冒犯消费者之间游走。

针对这些问题，大多数守法的市场营销人员现在实行基于许可的电子邮件营销，仅对愿意接收的顾客发送电邮。许多公司使用可配置的电子邮件系统，允许消费者选择他们愿意接收的信息。亚马逊网站基于客户表达的偏好和之前的消费发送有限数量的"我们认为你可能想知道"的有用消息，瞄准愿意接收的顾客。很少客户会拒绝，事实上许多人非常欢迎这些推销信息。通过更高的回报率，并且避免与那些不希望收到电子邮件的客户疏远，亚马逊获得了好处。

鉴于其高效的定位和低廉的成本，电子邮件可以被看作是一项杰出的营销投资。据直销协会所说，电子邮件市场营销在所有直复营销媒介中，产生的投资回报是最大的。

使用移动营销　移动营销功能通过移动设备将营销信息和促销活动提供给消费者。营销人员在购买和关系建立过程中随时随地使用移动端营销来接触客户，与客户进行互动。移动设备的广泛应用和移动网络流量的激增使大多数品牌的移动端营销成为必然。

随着手机、智能手机和平板电脑近来的蓬勃发展，超过 96%的美国家庭拥有某种移动设备。近 1/3 的美国家庭目前是流动用户：这意味着他们没有固定电话，而是依靠移动设备拨打和接听所有电话。此外，美国有近 8 500 万人拥有智能手机，大约 35%的智能手机用户使用智能手机来接入移动互联网。他们不仅浏览移动互联网，还可以使用移动应用程序。移动应用程序市场在爆炸式发展：苹果 App Store 提供超过 50 万个 iPhone 应用程序和另外 20 万个 iPad 应用程序。Android Market 提供超过 15 万个应用程序。

最近的一项研究估计，美国的移动广告支出从 2011 年的 14.5 亿美元猛增至 2014 年的 25.5 亿美元。几乎每个主要的市场营销者——从百事可乐和诺德斯特龙到非营利机构美国防止虐待动物协会(ASPCA)，再到当地的银行或超市——现在都是将移动平台整合到其直销中。目前，22%的移动用户每周至少点击一次移动端广告。

移动营销活动可能涉及将搜索广告、展示广告或视频放置在相关移动互联网网站和在线社区(如脸书或 YouTube)中。移动搜索广告占移动广告支出的近一半，移动横幅广告和展示广告占另外 1/3 的支出。移动营销为品牌提供了一个吸引消费者的机会，即在他们表达兴趣的时候，或者当他们能够作出购买选择时，提供即时信息、激励和选择。一位专家说："移动广告旨在随时随地定位到任何地方，无论是在移动搜索时还是在购买决策期间的商店中。"

今天丰富的媒体移动广告可以产生重大影响和参与度。例如，HBO 在其《真爱如血》(*True Blood*)系列电视剧首映时推出了引人入胜的移动广告。随着消费者浏览 Flixter 应用程序寻找好电影，或用 Variety 应用程序寻找最新的娱乐新闻，触摸屏幕就会出现血红的手印。血液充满屏幕，接着是点播预告片邀请。这则让人心悸的移动广告帮助吸引了 510 万观众观看剧集首映，增加了 38%的观众人数。

移动营销工作也可能涉及向消费者发送促销信息，包括零售商公布的折扣、品牌优惠券和礼品，还有移动端的小游戏和竞赛。许多营销者还创建了自己的移动在线网站，针对特定的手机和移动服务提供商进行了优化。其他公司已经创建了有用或有趣的手机 App 来吸引客户并帮助他们购物(见营销实例 17.2)。

营销实例 17.2

移动营销：客户主动上门

你可以在当地的百思买查询便携式 GPS 导航系统价格。你已经把范围缩小到最新的 Garmin nüvi 和另一个较便宜的型号，但是你并不确定百思买有最优的价格。此外，你也想知道其他消费者如何评价这两个品牌。没问题，只需拿出智能手机并启动你的亚马逊移动应用程序，便可以浏览你正在考虑的品牌，阅读客户评论，并比较亚马逊及其零售合作伙伴出售的便携式 GPS 系统的价格。该应用程序甚至可以让你拍摄这个产品的照片或扫描其条形码，亚马逊网站将从亚马逊上搜索一个类似的产品推送给你。如果亚马逊提供更优的交易，你可以直接从应用程序购买。

欢迎来到移动营销的世界。今天的智能手机和其他移动设备正在改变我们的生活方式，包括我们的购物方式。随着它们改变我们的购物方式，它们也改变了营销人员向我们销售的方式。越来越多的消费者正在使用手机作为发短信、浏览移动互联网、观看视频和节目以及检查电子邮件的"第三屏幕"。很多专家认为，移动端即将成为"第一屏幕"。据一位专家说，"手机正在变形为一种内容设备，一种数字瑞士军刀，能够通过游戏、音乐、直播和点播电视、互联网浏览，以及广告来填补用户的每一分钟。"

对于某些人来说，那一天已经到了。例如，对于同时使用脸书移动和网站界面的美国用户，每个月在其移动网站和应用程序上花费的时间（441 分钟）最近超过了其经典网站的使用时间（391 分钟）。对于推特来说，55%的流量来自移动端。事实上，美国消费者每天平均花费 2.7 小时的时间研究他们的移动设备，这是他们吃饭时间的两倍，是他们睡眠时间的 1/3。但不只是限于社交，分析师预测到 2014 年移动互联网使用总量将超过桌面互联网。

营销人员正对移动接入和使用的这种积极增长作出回应。移动广告支出每年翻番，过去 12 个月移动互联网站的企业使用量增长了 210%。移动电话、平板电脑和其他移动设备已经成为当今勇敢的新兴市场前沿，特别是针对年轻消费者的品牌。移动设备非常个人化，永远存在，并且始终如一。这使得它们成为获得对个性化、时间敏感的报价的快速反应的理想媒介。移动营销在正确的时间向正确的消费者传达正确的信息。

大小公司都将移动营销融入直接营销组合。而成功的活动不仅仅是给人们一个购买链接，它们通过提供有用的服务、信息和娱乐来吸引注意力。例如，汰渍的 Stain Brain 应用程序可帮助客户找到在出门时清除污渍的方法。Sit or Squat 应用程序帮人们找到附近的公共厕所，而程序中会出现醒目的 Charmin 卫生纸广告页面。Ace 五金店与国家气象部门合作，为客户提供及时的基于位置的天气预报，以及关于恶劣天气应对措施和相关专用商品销售优惠的有价值信息。而 REI 的"雪情报告"应用程序提供美国和加拿大各滑雪场的信息，例如积雪深度、积雪条件和开放式升降机数量。该应用程序还可以帮助你通过推特和脸书与朋友分享度假信息，并且当你认定生活不能没有一套新的 K2 滑雪板或双人 Hoo-Doo 帐篷时，为你链接到"购买 REI"。

除了帮助客户购买，移动 App 还提供其他有用的服务。例如，塔吉特发送可扫描的移动优惠券用于杂货和其他商品：只须在收银台拿出你的手机，收银员就会扫描屏幕上的条形码。Zipcar 的应用程序可以让会员找到并预订一辆 Zipcar，让车鸣笛（方便会员在人群中找到它），甚至锁定和解锁车门——所有这些可以通过手机完成。使用万事达卡的 PayPass 应用程序，持卡人可以在任何特约零售店中用手机迅速、安全地支付。

最有效的移动营销应用程序之一是卡夫的 iFood Assistant，它为旅途中的食品购物者提供了方便食谱、教学视频、食谱表和内置购物清单。iFood Assistant 应用程序提供了如何准备数千种简单且令人满意的餐点的建议——真的是几十年都有价值的食谱。该应用程序甚至可以向你提供本地商店的路线。当然，大部分餐点用到的食材恰好都是卡夫品牌。卡夫创建 iFood Assistant 应用程序花了 10 万美元不到，但已经吸引了数百万购物者，为卡夫及其品牌提供了极好的营销机会。

正如亚马逊的例子所示，消费者正在越来越多地将他们的手机用作店内购物辅助工具，而零售商则作出了响应。例如，沃尔玛发送相当于当地报纸短讯的手机信息。通过使用新技术，Walgreens 能够知道客户通过 Foursquare、Yelp、推特、脸书以及其他基于位置的服务登录其 8 000 家商店之一。然后该零售商推送或发消息给客户，发送移动优惠券或引导他们在店内交易，例如"看看，冷藏区域某咳嗽药水有特价"，就像有真人带他们逛商店一样。

一个专家认为，移动营销的真正优势是在消费者最接近购买时能够接触消费者。"问问自己，"他说，"哪种情况更有可能：你的客户离开家和厨房去买三明治，或者当他们一整天都在外奔忙，错过了午餐，你给他们发送了附近商店半价的短信？"

许多消费者最初对移动营销持怀疑态度。但是，如果移动营销者以有用的品牌和购物信息、娱乐内容或者他们喜欢的产品和服务折扣价和优惠的形式提供价值，他们经常会改变主意。大多数移动营销活动只针对自愿选择或下载应用程序的消费者。在越来越凌乱的移动营销领域，客户不会这样做，除非他们看到真正的价值。营销人员面临的挑战是：开发出有用和有吸引力的移动营销 App，使客户主动上门。

例如，Clorox 提供了一个适用于年轻妈妈的 myStain 应用程序，提供即时去除污渍的解决方案。Schwab 提供"Schwab Go Go"，这是一款移动端 App，可让客户获得最新的投资消息，监控他们的账户，并随时随地交易。星巴克的移动 App 可让客户使用手机作为星巴克卡，快速轻松地购买。耐克凭借"Nike ＋ GPS"移动 App 获得前所未有的直接访问者，这些访问者是为了实时追踪跑步和骑行数据。

然而，与其他形式的直接营销一样，公司必须以负责任的方式使用移动营销，否则有惹怒广告厌恶的消费者的风险。一位移动营销专员说："如果你每两分钟就用广告打扰消费者，没有多少人想要这样。行业需要巧妙聪明的方式来吸引人们使用手机。"关键是提供真正有用的信息和优惠，使消费者能够进行抉择或者打电话询问。

总而言之，在线营销为未来提供了巨大希望和许多挑战。它最热心的信徒设想某天互联网和在线营销将取代杂志、报纸甚至商店作为信息和购买的来源。然而，大多数营销人员持有更现实的观点。可以肯定的是，网络营销已经成为一些公司成功的商业模式，例如亚马逊、脸书和谷歌等互联网公司，以及 GEICO 和 Netflix 等直销公司。然而，对于大多数公司来说,在全面整合的营销组合中,在线营销仍将只是市场的一个重要方法,与其他方法一起起作用。

17.6 直销面临的公共政策和道德问题

直销者及其客户通常乐于建立一种互惠互利的关系。然而,有时,直销会表现出较为黑暗的一面。有些直销者采取侵犯性甚至有时是卑劣的策略打扰或伤害消费者,使整个行业背上了黑锅。直销滥用的范围从简单的过度骚扰消费者到不公平交易甚至是彻底的欺诈。直销行业也面临对侵犯隐私问题日益增长的担忧,而且网络营销者必须妥善处理网络安全问题。

17.6.1 激怒、不公、欺骗和欺诈

过度直销有时会激怒或冒犯消费者。我们大多数人都不喜欢喧闹、漫长、没完没了的电视购物广告。我们的邮箱和电子邮箱都被塞满了无用的垃圾邮件,我们的电脑屏幕闪烁着烦心的陈列式和弹出式广告。

除了激怒消费者之外,一些直销人员被指控利用冲动型或缺少经验的购买者获取不正当利润。购物频道和漫长的商业信息节目算得上是罪魁祸首,它们专门瞄准那些对电视成瘾的购物者。它们有巧舌如簧的主持人,精心编排的表演展示,郑重声明的跳楼价格,当然还有最后的时间限制,以及煽动那些免疫力差的消费者的"必杀技"。

欺诈案,例如投资诈骗或虚假慈善捐助,在近几年也开始成倍增长。网络欺诈,包括身份盗用和金融诈骗,已经成为非常严重的问题。仅去年一年,美国联邦调查局互联网犯罪举报中心(IC3)就收到超过31.4万件关于钱财损失的网络诈骗投诉。

一种常见的网络欺诈形式是网络钓鱼:利用假冒邮件和网站欺骗用户泄露个人信息,从而盗用其身份。例如,消费者可能收到一封貌似来自银行或信用卡公司的电子邮件,说他们的账户安全受到威胁。发送方要求他们登录到一个网站地址,确认他们的账户、密码,或许甚至要他们的社会保险号。如果他们按照指示做了,他们实际上就把这些敏感信息透露给了骗子们。尽管许多消费者现在意识到这类伎俩,网络钓鱼对那些深陷其中的人来说,可能是代价高昂的。它也破坏了那些在网络和电子邮件交易中树立用户信心的合法网络营销者的品牌形象。

许多消费者也担心网络安全性。他们害怕不道德的偷窥者在自己进行网上交易时窃取他们的个人信息或截取信用卡和借记卡账号。尽管网上购物已经迅猛发展起来,但在一项调查中,59%的受访者说他们仍然担心身份被盗。消费者在网上购物时,对恶意骚扰或有害的病毒、间谍软件和其他恶意软件也表示担忧。

另一个网络营销的关注点是易受侵害或未经授权群体的访问。例如,成人题材的营销者和网站发现很难限制未成年人的访问。一项由Consumer Reports所做的调查发现,虽然不允许13岁以下的儿童注册脸书个人主页,但是有500万名10岁以下的美国儿童出现在脸书上。它还发现了另外有250万名11岁和12岁儿童在脸书订阅了。不仅仅脸书是这样。年轻的用户登录到诸如Formspring的社交网络上,在网络上发送他们的地理

位置，在迪士尼和其他游戏网站上结交陌生人。有关各州和联邦立法者目前正在讨论法案，这将有助于更好地在网络上保护儿童。不幸的是，这需要开发技术解决方案，正如脸书所说，“这并不容易”。

17.6.2　消费者隐私

如今侵犯隐私也许是直销行业面临的最严重的公共政策问题。消费者经常会受益于数据库营销，他们收到了更多与其兴趣高度相关的产品和服务。然而，许多批评家担心营销者可能知道太多有关消费者生活的信息，有可能利用这些信息以不公平的方式对待消费者。在某种程度上，他们声称，数据库的广泛使用侵害了消费者的个人隐私。

如今，几乎每次消费者参与抽奖，申请信用卡，登录网站，或通过邮寄、电话或网络订购产品，他们的姓名都会进入一些公司早已膨胀的数据库。使用复杂的计算机技术，直销人员可以运用这些数据库“微定位”销售活动。大多数网络营销者已经具有收集和分析消费者详细信息的高超技能。即使是专家们有时也会对营销者能学到的东西感到惊讶。这是《广告时代》(*Advertising Age*)的一位记者所说的：

> 当谈到寻找目标，我不是新手——不仅是我在《广告时代》工作，而且我负责直销。然而，就连我也被吓了一跳。作为一个实验，我们要求数据库营销公司拿出我的人口统计学和心理学个人资料。它是准确的。它只使用公开提供的信息，其中包括了我的出生日期、家庭电话号码和政党归属。它标明我是一个大学毕业生，我结婚了，还有我父母中的一位已去世。它发现我在好几家银行有信用卡，在“低端”百货公司有零售卡。它不仅仅知道我住在这个房子多久了，而且知道成本是多少，价值是多少，抵押贷款是什么类型——并给出一个非常接近的大概估计——还有多少贷款需要支付。它估计我的家庭收入——再次几乎完全正确——并且确定我是英国人后裔。
>
> 但那只是开始。公司还装订了我的心理档案。它正确地把我放入各种各样的分组，例如：在购买时更依靠自己的观点，而非别人的推荐；对响亮而咄咄逼人的广告予以拒绝的人；一个家庭为导向的人，对音乐、跑步、运动、电脑都有兴趣，而且是一个狂热的音乐会爱好者；一个从来没有远离互联网的人，一般用于阅读体育和常规新闻；认为健康是核心价值的人。可怕吗？当然。

这个问题就是经济学家所谓的“信息不对称”。简单说就是，一方面屏幕这边一个老奶奶正在搜索关节炎治疗方法或为她的孙女寻找生日礼物，而另一方面在屏幕那端是一个黑带级的数据分析高手正在启动数据挖掘。消费者不可能了解关于自身的数据会发生些什么。在网络数据收集领域中，“消费者主权”这个概念往往显得很空洞。

一些消费者和决策者担心，唾手可得的信息可能会使消费者陷入信息被滥用的境地。例如，他们质问，网络卖家是否应当被允许植入 cookies 软件，存储登录其网站的消费者浏览信息，并用这些跟踪信息锁定广告或营销活动？信用卡公司是否应当获准对全球几百万持卡者建立数据库，从而用于接受信用卡的商家？或者各州将驾照持有者的姓名和地址，连同身高、体重和性别信息一同出售，从而使服装零售商能锁定过高或超重人群提供特号服装，这么做是否正当？

17.6.3 应对措施

为抑制过度直销，各政府机构不仅设立"请勿来电"名单，而且还有"请勿邮寄"名单、"请勿追踪"名单和"垃圾邮件"法规。为回应网络隐私和安全方面的担忧，联邦政府已经在考虑立法来管理网络运营商如何获得和使用消费者的信息。例如，国会正在起草法律，这将会给消费者对网络信息如何使用的更多控制权。同样，联邦贸易委员会在监控网络隐私方面发挥了更为积极的作用。

所有这些要求营销人员应当在进一步的立法举措出来之前，采取强硬措施防止侵犯隐私的活动。例如，为了阻止政府增加监管，四大广告团体组织——美国广告代理协会、全国广告商协会、美国直销协会、美国互动广告局——最近发布了新的网站指导方针。指导方针要求网络营销者在消费者被追踪的时候要提前警示消费者。广告行业已经同意设定一个"广告选择图标"——三角形中一个字母"i"——该图标将添加到大多数在行为上有针对性的网络广告中，告诉消费者为什么他们会看到某个特定广告，并且允许消费者选择退出。

特别受到关注的是儿童隐私权。2000 年，国会通过了《儿童网上隐私保护法》(COPPA)，它要求针对儿童市场的网站运营者必须在其网站上发布隐私保护政策。当这些网站收集任何 13 岁以下儿童的个人信息之前，也必须告知其父母，并获得其父母的同意。随着在线社交网络、手机和其他新技术的相继出现，隐私保护组织正在敦促美国参议院拓展《儿童网上隐私保护法》，将这些新技术和青少年也纳入其中。主要问题是来自社交网络的第三方所挖掘数据的数量，以及社交网络自身模糊不清的隐私政策。

许多企业已经开始用自己的行动应对消费者隐私和安全问题。还有一些公司在执行行业办法。例如，非营利自律组织 TRUSTe(电子信任)，审计企业的隐私安全保护措施，帮助消费者安全上网。该组织获得了许多大公司的赞助，其中包括微软、雅虎、AT&T、脸书、迪士尼和苹果等。该组织主页上写着，"TRUSTe 相信：互信开放的环境将有助于把互联网营造成为一个自由舒适、丰富多样的社区。"为了使消费者放心，该组织给符合其隐私和安全标准的网站授予隐私权标章。

直销行业作为一个整体也须应对公共政策问题。例如，为了重塑消费者对直接购物的信心，美国直销协会——从事直销、数据库营销和互动营销的企业组成的最大的协会组织，包括近一半的《财富》百强企业——发起了一个"美国消费者隐私保护承诺"。该举措要求所有直销协会成员恪守一整套严格订立的消费者隐私保护规范。它要求会员在出租、出售或与第三方交换任何个人信息时，都要事先告知消费者。在消费者遭遇进一步营销活动或其联系资料被转让给其他商家时，协会成员还必须尊重消费者的"选择退出"请求。最后，它们必须遵守直销协会的特选服务要求，即把不希望收到邮件、电话或电子邮件宣传的消费者名字删除。

直销人员知道，如果不加管制，直销滥用将会导致越来越多的消费者负面态度、更低的响应率，以及对更多限制性立法的呼吁。大多数直销商所期望的和消费者所期望的东西是相同的：只针对那些愿意接受直销并会作出反应的消费者进行诚实的、精心设计的营销服务。直销的成本如此高昂，不能浪费在没有需求的消费者身上。

小结

促销是营销组合策略的最后一个要素。本章是介绍促销的四个章节中的最后一章。前面的章节介绍了广告、公共关系、人员推销和销售促进。本章分析直复营销和网络营销这一新兴领域。

1. 定义直复营销，并讨论它对消费者和公司的利益。

直复营销是指直接与精心定位的细分市场或单个顾客进行联系。不仅是品牌和关系的建立，直销通常寻求一种直接、快速和可衡量的客户响应。使用详细的数据库，直销人员调整产品和沟通方式以满足狭窄的细分市场甚至是单个购买者的需求。对于买方来说，直销非常方便易行，且私密性好。它使得购买者可以在家中接触到全世界大量的商品和信息。直销也具有即时互动性，让买方可以准确地配置信息、产品或服务。对卖方来说，直销是一个建立客户关系的强大工具。利用数据库营销，当今的营销者可以定位小众群体或单个客户，根据个性化需求定制提供物，然后使用个性化的沟通渠道进行促销。直销为企业提供了接触市场的低成本而高效的方式。由于直销对顾客和企业的这些好处，它已成为发展最快的营销形式。

2. 识别直销的主要形式。

直销的主要形式包括人员推销、直接邮寄营销、购物目录营销、电话营销、电视营销、信息亭营销和网络营销。我们在上一章已经讨论过人员推销。

直接邮寄营销是指企业把产品、宣传材料、备忘录或者其他东西寄送给在特定地址的某个人。一些营销人员依靠目录营销进行销售——销售目录或者邮寄给列表中的顾客，或者在商店中摆放，或者在互联网上提供。电话营销是指通过电话直接向消费者销售。电视营销有两种形式：直销广告或商业信息片以及互动电视营销。信息亭是直销商在商店、机场、酒店和其他地方放置的提供信息和商品的机器。网络营销涉及以电子方式把消费者和卖方联系在一起的网上渠道。

3. 解释公司如何运用网络营销战略对互联网以及其他强大技术作出反应。

网络营销是发展最快的直销方式。互联网使消费者和企业点击鼠标就能获取和分享巨量的信息。反过来，互联网赋予营销者一种全新的方式来创造客户价值并建立客户关系。今天很难找到一家没有网络营销行为的公司。

在线消费者购买量持续健康增长。大部分美国网民现在使用网络购物。因此，聪明的营销者正在整合多种渠道战略，利用网络来推动其他营销渠道的销售。

4. 讨论公司怎样才能通过网络营销传递更多顾客价值，并同时获利。

现在各种形式的企业都在从事网络营销。互联网催生了“鼠标”型企业，这些企业只在网站上经营。而且，现在许多传统的“砖头加水泥”型企业也增加了网络营销业务，使得自己转变成“鼠标加水泥”型企业。许多“鼠标加水泥”型企业已经比那些“鼠标”型企业获得了更大的成功。

企业可以以下面的四种方式从事电子营销活动：创建网站，在线广告和促销，建立或是参与网上社区和在线社交网络，以及使用电子邮件。第一步通常是建立一个网站。建立网站时，企业应该保证网站容易使用并有用，这样才能够吸引到消费者并留住他们经常访问。

网络营销者能够使用多种形式的在线广告和促销建立网上品牌或吸引访问者登录网站。网络促销方式包括在线陈列广告、搜索广告、内容赞助和病毒营销、网络口碑营销。网络营销人员也可以参加在线社交网站和其他的网络社区，充分利用网络的C2C特性。最后，电子邮件营销现在已经成为B2B和C2C营销者的新宠。不论使用什么直销工具，营销者必须全力将它们整合成为一个具有凝聚力的营销整体。

5. 概述直复营销面临的公共政策和伦理问题。

直销者和其客户通常乐于建立一种互惠互利的关系。然而，有时直销会表现出较为黑暗的一面。有些直销者采取侵犯性或有时是卑劣的策略打扰或伤害消费者，使整个行业背上了黑锅。直销滥用的范围从简单的过度打扰消费者到不公平交易甚至是彻底的欺诈。直销行业也面临对侵犯隐私和网络安全问题日益增长的担忧。这些担忧呼吁营销者和公共政策制定者采取强有力的举措遏制直销滥用行为。最终，大部分直销者想要的与消费者想要的是相同的：仅针对感兴趣并愿意回应的消费者，采取诚实守信、设计完善的营销活动。

问题讨论

1. 定义直销并讨论其给消费者和公司带来的好处。
2. 描述公司的客户数据库中包含的信息类型以及该信息的使用方式。
3. 指出并描述电视营销的主要形式。
4. 解释公司塑造网络营销形象的方式。
5. 比较不同形式的网络广告。一个公司在面对这些不同形式进行决策的时候，应当考虑哪些因素？
6. 什么是网络钓鱼？它是如何伤害消费者和营销者的？

批判性思维训练

1. 以小组为单位，为一个全国性品牌设计和提供一个直接反应电视广告，这个品牌并不常与这种类型的推广联系在一起，如运动鞋、汽车或食品的品牌。
2. 审查联邦贸易委员会(FTC)关于“被赞助的对话”的指导方针(www. ftc. gov/os/2009/10/091005revisedendorsementguides. pdf)，并访问口碑营销协会的网站（womma. org)和IZEA的网站(IZEA. com)。写一份报告，说明营销者如何在FTC的指导下有效地使用“被赞助的对话”。
3. 寻找两篇关于最新数据安全漏洞的新闻文章。这些漏洞是如何发生的？谁是它们的潜在影响对象？

营销技术：向那些在路上的人营销

锁门、启动汽车、支付购买，甚至偿还你欠朋友的20美元，你的智能手机可能是唯一需要的东西。移动技术允许用户远程做几乎任何事情，并允许营销人员根据消费者所在的位置直接向他们提供服务和促销。你可能已经注意到，一些星巴克的客户只是在扫描仪前挥动手机——没有钱包、现金或卡。这些客户可能已经得到了九折优惠，这诱使他们到星巴克，因为他们的手机为他们附近的营销者通风报信。

使用手机App的障碍是什么？

营销伦理：线上税收之争

网上零售业正经历着惊人的增长，但苦苦挣扎的政府并没有得到税收。一项研究估计，由于免税电子商务损失的州和地方收入相当于每年100亿美元。亚马逊是最大的受益者。各州引入(有时成功地通过)一些非正式地被称为“亚马逊法”的法规，要求对在线零售商收取州销售税，以此进行反击。这些努力得到了沃尔玛和塔吉特等竞争对手的支持。亚马逊在战略上试图通过利用法律漏洞，甚至限制员工在某些“坏州”——因为它们努力制定税法以攫取亚马逊的利润——活动，尽量避免销售税的征收。瑞士信贷(Credit Suisse)估计，如果亚马逊不得不在所有州征收销售税，就会损失6.53亿美元的销售额。但令人惊讶的是，亚马逊在这一问题上做了大转变，目前正在支持各州征收销售税的举措。这是因为亚马逊希望实现当天配送，而要做到这一点，它必须有更多的配送中心。配送中心在一个州内构成“有形存在”，因此在线转销商必须收取州销售税。其他在线转销商(如Overstock.com)反对这些举措，声称征收税款的依据是客户的居住地，而实体经销商不问客户住在哪里，没有收取适当的销售税。鉴于目前已有近1万个州、地方和市级税务辖区，对大多数在线转销商而言，征收和分配正确的税款的任务是没有道理的。

研究网上税务规则。具体看一下1992年最高法院对Quill公司与北达科他州诉讼案的裁决，目前的规则以此为根据。1992年最高法院案件的规则是否仍然适用？使用这一规则对电商有利，那么亚马逊和其他在线零售商的做法是否合乎伦理？

数字营销：“点赞”的力量

营销人员知道，脸书是一股不可忽视的力量，但到目前为止，他们还无法衡量这种力量，并将其与传统媒体进行比较。传统媒体已经建立了评级和其他度量标准来衡量营销者资金的使用效果，而一套全新的指标——例如“点击率”和“印象”——因在线媒体而生。不幸的是，这两套指标是不可比的。ComScore和尼尔森两家公司试图通过建立基于“总评分”的评级系统来纠正这种情况，以显示脸书作为营销工具的威力。

1. 研究社交媒体营销以及其他形式的在线广告的营销支出趋势。将这些趋势与传统的广告媒体支出进行比较。编写说明这些趋势的演示文稿。

2. 访问 www.comScore.com 和 www.Nielsen.com,了解这些公司为衡量品牌在脸书上的营销曝光度而开发的度量标准。这些指标与衡量在线广告影响所使用的标准有何不同?

公司案例

eBay:坐稳网络营销先锋的宝座

来一个突击测验:说出一家高技术公司,从某人的客厅起家,不到10年的时间,收入从零攀升到数十亿美元,开创了整个行业竞相追随的商业模式。如果你认为符合这些条件的公司足可以排成长队,没错。但这里我们要谈论的是 eBay。

eBay 是互联网历史上最显眼的网络成功故事之一。但是或早或晚,每个高成长型企业都会遭遇减速障碍和经历成长的阵痛。经过最初15年惊人的壮大之后,eBay 遇到了这一障碍地带。当约翰·多纳霍在2008年接管 CEO 的职位时,他面临着把 eBay 带回高速发展之路的艰难挑战。如今,随着一项全面的战略计划的实施,eBay 再次显示出一些生机。

eBay 始于1995年,以拍卖行的形式出现。不同于大部分网络公司,eBay 是基于一种提成利润的商业模式,而非仅靠广告收入。每当一个用户发布一项商品拍卖的时候,eBay 从中收取一笔费用。拿来拍卖的商品越多,eBay 赚的钱也越多。几年来 eBay 已经不断完善了它的收费结构。但是基本的理念并未改变。在线拍卖模式如燎原之火迅速发展,而 eBay 掌控着整个行业。eBay 的营收、股价、利润和员工数目迅速飙升。到2000年,eBay 成为世界上销售收入最高的电子商务网站。

成长型公司旧貌换新颜

随着爆发性的增长,变化难以避免。据很多行业观察人士的分析,eBay 的形象正随着两大动因发生着缓慢的改变。其一是扩展业务范围,eBay 的类别列表和子目录已经发展到数百个。这家电子商务巨头还为不同国家增设了国际网站。它开发了类似 eBay 汽车这样的子网站,同时收购了其他和自身业务相关的互联网公司。这些收购最终囊括了二手出版物网站 Half.com、支付平台 PayPal、网络售票公司 StubHub、购物网站 Shopping.com 和网络电话公司 Skype。

但 eBay 也承认,基于其拍卖式买卖的新奇性不会持久。趋势表明,人们不想等到拍卖结束再购买。因此,eBay 增加了固定价格、"马上购买"选项。两年之后,它把这一理念进一步引入 eBay 商店。使用 eBay 商店,卖方可以在 eBay 上创建一个在线"门面"。这一特性使得卖家能更快地上传商品,大批量卖家能更容易地做生意。最终它也使用不用竞价的固定价格选项,几乎完全消除了商品的销售周期。

这两种驱动力持续作用,助力 eBay 数年稳定强劲地增长。在2006年,eBay 取得了59.7亿美元的收入,利润为11.2亿美元,这些数字对于一家仅仅经营了10年的公司而言是相当惊人的。2007年,eBay 开始显示出放缓的迹象。在2008年早期,约翰·多纳霍取代梅格·惠特曼接任首席执行官,后者在公司成功经营的13年中掌控了10年之久。多纳霍承认 eBay 面临一些问题,包括事实上它已经在吃老本了。消费者行为在不断变化。网上购物选择那些经过检验的可靠方法，即找到新产品的最好价格，从信誉可靠的零售商那里购买，这使得亚马逊跃居电子商务的最高位置，而eBay停滞不前。

接替惠特曼之后不久，多纳霍在一次公开场合说："我们需要重新设计方案，重新加快发展速度，我们需要采取大胆的行动。"他详细披露了eBay转型三年的新战略。这包括：剥离官僚层，开放支付平台PayPal给外部开发商，投资新的电子商务技术，以及剥离与核心业务无关的业务(如Skype)。但多纳霍的战略集中于改变eBay卖场的身份。多纳霍说明新战略的重点是在"二级市场"创建业务，这一块零售市场年零售额达5 000亿美元，包括过季和积压产品，以及旧货和古玩等eBay众所周知的产品项目。

多纳霍的核心战略是，eBay改变其收费结构、搜索引擎算法和反馈评级系统，更青睐高评级卖家、固定价格商品列表和卖家提供免费送货。多纳霍声称，所有这些策略都有助于使eBay的利益与其最好的卖家的利益一致。但是，专注于获得新业务的战略，是以牺牲其客户基础的一部分为代价的，而这一部分客户是为二手商品和拍卖而来eBay的。

传统的卖家抱怨说新战略迎合了大商家的利益，但使得小卖家的生意更为艰难。多纳霍回应说，eBay的经理们知道可能会有这样的副作用，但这个转型是必不可少的。"我们必须创造一个能够帮助卖家满足买方需求的市场，"他说，他坚信买家需要一个固定价格、快捷服务和免费送货的市场。多纳霍向投资者、供应商和客户指明，eBay不关注市场需求最终会对每个人都不利。

问题的恶化

与许多伟大的计划一样，事情在变得更好之前往往会变得更糟。eBay并未立即得到转型计划的成果，反而财务状况急剧恶化。在2008年的第四季度，本来应该是eBay最强势的假期购物季，eBay经历了它的首次季度下滑。其核心市场收入比上一年下降了16%，同时净收益暴跌了31%。即使PayPal业务的增长势头也无法弥补它在市场业务上的损失。多纳霍和他的团队如果把公司的窘境归罪于经济的低迷也是很容易的事。但是就在eBay经历客流量下跌的同时，亚马逊却享受着上涨的业绩。

尽管如此，多纳霍向前迈进的决心更大了。他说："'购买者小心'的经历已经来临。"他重申了eBay专注二级市场的计划。"我们将会集中力量于我们最有胜算的领域，"多纳霍说。这表明从其最大竞争对手所占据的新商品市场转移，将成为eBay差异化的关键点。"我们已经开始发生显著的变化。你曾经认识的那个eBay已经不是我们现在的eBay，或者说已经不是那个我们将要实现的eBay。"随着这些变化开始扎根，eBay的财务开始趋于稳定。但是，随着整个电子商务处于两位数的增长，亚马逊的发展速度大大加快，很明显在可预见的未来eBay将继续落后。

一个新的分化点

随着转型战略进入最后一年，多纳霍开始展开新的工作阶段。正当eBay开始适应市场，随着购物者开始花更多的时间和金钱通过移动设备购物，市场趋势再次开始转变。eBay是它的第一个十年里的创新先驱，多纳霍决定不再落后于形势，开始表达他对eBay的愿景。多纳霍表示："在接下来的三到五年里，我们将会看到消费者购物和支付的方式比过去十年有更多的变化。因此，作为一个公司我们的挑战和机会是帮助塑造下一个阶段并成为它的一部分。"

考虑到这一目标,eBay 开始收购技术公司,这将有助于它成为新兴移动购物趋势的领头羊。这使得一个 eBay 购物 App 以及各种为 eBay 汽车和 eBay 时尚服务的 App 创建起来。这样做的目的是让即使没有想过要购物的消费者也参与进来。例如,eBay 时尚 App 强调浏览购买,具有风格指南和共享的虚拟衣柜,用户可以与朋友混搭和模拟不同的套装。但即使重点在浏览上,eBay 确信用户会购买。用户平均花费 10 分钟浏览 eBay 时尚 App,比他们花在 eBay 主应用程序的时间多 40%。在推出 eBay 时尚 APP 的第一年,eBay 的移动时尚销售额翻了三番。

但是,如果 eBay 是要回到电子商务圈,为了寻求强劲增长,它将不得不打破 eBay 核心市场的界限。多纳霍想象了某些可能性:你和朋友一起吃早午餐,你感叹她新买了马克·雅可布的褐色凯蒂猫手包。于是,你用你的 iPhone 抓拍了她的手包图片,然后使用 eBay App 显示了在三英里内的三个精品店在这一分钟仍有库存的同一颜色同一款手包,以及它们的价格。你确定了一下哪家商店的价格和位置是最好的组合,并通过你的手机订购。早午餐后,你路过这里然后拿到它就走,因为你向销售人员显示了你的数字付款记录。瞧!你新的马克·雅可布手包,以及所有的即时满足的乐趣。

多纳霍相信这种情况不仅会成为购物的现实,他还相信,eBay 将领导这一领域。为此,曾经的网上拍卖行正在快速变化,以利用网上购物和离线购物之间日益解体的边界。随着越来越多的购物者在实体商店中使用他们的移动设备来寻找信息、比较价格,甚至在线购买,eBay 希望自己能利用这一趋势。在线和离线购物的融合被称为"跨渠道零售",去年它创造了 1 万亿美元的零售额(约占零售总额的 33%),而且这个数字正在迅速上升。

随着 eBay 收购 RedLaser(一个能分辨出货架上任何产品的扫描工具),购物者可以立即通过在线信息实现跨店面购物。虽然 RedLaser 暂时还不能识别图片,但它已经能识别条形码、车辆识别码、礼品卡和 QR 码。它还显示附近有库存的商店。但对于多纳霍来说,现在在网上能购到的商品是远远不够的。这就是为什么 eBay 一直在努力"把每一个货架上的每一种产品都带到互联网上"。更多的收购可以实现这一愿望,也使 eBay 更接近多纳霍的期望。

随着 eBay 移动网络的成功,每笔交易将以 PayPal 支付结束。从"原地看货"到"原地支付"的购物体验将更加无缝。作为在线支付的市场领导者,PayPal 已经完成了这项任务。PayPal 从每一个购买项目赚取交易费,并对所增加的其他零售商客流量收取转介费。虽然许多地方仍做得不到位,多纳霍并不希望这些能在一夜之间全部完成,eBay 在它自己的道路上发展得很好。去年,eBay 通过智能手机和平板电脑售出价值 50 亿美元的商品,比前年增加了一倍多。PayPal 去年处理了价值 40 亿美元的移动支付,而前年仅 7.5 亿美元。尽管亚马逊在总体销售额和销售增长方面仍遥遥领先,但 eBay 现在在移动商务方面有了飞跃。亚马逊在最近一年仅有 20 亿美元的移动销售额,其中还包括 Kindle 电子书。

随着 eBay 的市场、移动商务和在线支付的发展,多纳霍的信心正在变得更有依据。"我们已经从转向变为进攻,"首席执行官表示,"不管通过 eBay 还是其他渠道,我们的目的是给消费者带来最好的体验,使他们在想要的时间以想要的方式找到想要的商品。"随着电子商务和移动购物继续以惊人的速度发展，只有时间才能证明多纳霍的策略是否会取得成功。

讨论题

1. 分析多年来 eBay 所处的营销环境以及影响其业务构成的主要因素。

2. eBay 卖家的性质改变是如何影响到为买家的价值创造的？

3. 你是否认同多纳霍的观点，即 eBay 当前的战略并不意味着部分卖家的流失？

4. eBay 坚持其当前战略是否正确？如果有可能，你会给多纳霍提出什么样的改进意见？

第四部分

扩展市场营销

Principles of Marketing

第18章

创造竞争优势

学习目的

- □ 体会深入了解竞争者和顾客的重要性和必要性
- □ 掌握基于为顾客创造价值的竞争营销战略的基本原理
- □ 认识市场导向企业平衡顾客导向和竞争者导向的必要性

本章预览

在前面的章节,我们学习了营销的基础知识。我们知道,擅长营销的企业能够吸引、留住并发展顾客,进而从顾客那里获得价值回报。优秀的公司会理解消费者的需求、设计消费者驱动的营销策略、构建传递价值的营销项目并致力于建立消费者和市场营销人员之间的友好关系,以此来赢得、保持并不断地拓展客户。在这最后的三章中,我们将这个概念延伸到三个特定的领域:创造竞争优势,全球营销,以及社会和环境营销的可持续性。

首先,让我们来看看四季酒店(Four Seasons)的竞争营销战略,该酒店和度假村公司因创造无与伦比的客户体验而获得声誉。核心上,四季酒店实践了一个"亲近顾客"战略——呵护客户,让他们成为回头客(在本章后面有更多关于这个策略的介绍)。该连锁店把所有人——从首席执行官到开门的服务生——纳入战略实施过程中,它的使命是创造卓越的客户价值,并让客户多次光顾。

四季酒店:激励每个人创造顾客满意和顾客价值

在四季酒店,每位客人都是重要的。其他度假酒店精心照顾客人,但四季酒店具备完善的、高情感化的服务艺术。每晚支付1 000美元或以上的客人都希望自己的想法能被充分理解,而这家豪华酒店并没有令人失望。它的使命是通过最高标准的态度来完善顾客的旅行体验。"从最棒的优雅环境,到充满关怀的高度个性化的24小时服务,"该公司说,“四季酒店为那些知道并欣赏最好标准的人展现了一个家以外的真正的家。”

由于其“亲近顾客”战略,四季酒店有一个信徒般的客户群。正如毛伊岛四季酒店的一位客人告诉经理的那样,“如果有天堂,我希望它由四季酒店运行。”但是,赋予四季酒店的亲近顾客策略以生命力的秘诀是什么?这真的不是秘密。问一下在那里工作的人,从首席执行官到门卫,他们会告诉你——是四季酒店的工作人员质量。它的工作人员是“使这家公司成功的核心和灵魂”,四季酒店创始人兼首席执行官伊萨多·夏普说。“当我们说人是我们最重要的资产时,我们不是在开玩笑。”正如它对客户所做的那样,四季酒店尊重和宠爱它的员工。它知道,快乐、满意的员工使顾客快乐、满意。

四季酒店的顾客服务传统深深扎根于公司的文化之中,这反过来又以黄金法则为依据。在处理客人和员工的所有问题时,这所豪华度假连锁酒店寻求用它希望被对待的方式来对待他人。夏普说:“你如何对待你的员工反映了你期望他们如何对待顾客。”

四季酒店雇用最优秀的人才,精心引导他们,向他们灌输一种自豪感,并通过表彰和奖励出色的服务来激励他们,从而为顾客服务文化注入生命力。这一切都始于雇用合适的人——那些适合四季酒店文化的人。每个求职者——无论是潜在的接待员、有希望成为泳池经理的人,还是将来幕后的财务经理——都会经历多次面试。夏普说:“我们寻找那些坚持黄金法则的员工——他们天生就相信要像别人应该怎么对待自己一样对待别人。”

一旦被录用,所有新员工将接受为期三个月的培训,包括帮助他们充分了解客户的需求和行为的即兴练习。在四季酒店,训练永远不会停止。但更重要的是员工他们自己以及他们工作的文化环境。最重要的文化指南:老牌的黄金法则。“这不是噱头,”夏普坚称。因此,四季酒店的员工知道什么是好的服务,并有很强的积极性去实现好的服务。

最重要的是,一旦有合适的人就位,四季酒店就像对待最重要的客人一样对待他们。与竞争者相比,四季酒店的薪资处于75~90百分位,并且还有慷慨的退休工资和分红计划。所有员工——从收拾房间的服务生到总经理——在酒店的自助餐厅一起用餐(免费)。也许最好的一点是,每一个员工都可以在其他四季度假酒店免费入住,从在公司工作六个月后的每年三天免费入住,到一年后的六天或更多免费入住。

免费入住使员工感觉他们如他们服务的客人一样重要且被悉心照顾,这激励员工在自己的工作中取得更高的服务水平。毛伊岛四季酒店的泳池服务员卡诺·布劳恩,在工作的十年里参观了其他几个四季度假酒店。“我去过巴厘岛的那个。那是迄今为止我最喜欢的,”他说,“你走进去,他们问,‘您好吗,布劳恩先生?’你说,‘是的,我是一个大人物!’”另外一个四季酒店的员工补充道:“你从来没有被像一个雇员那样对待过。你是客人。你激动地从旅途回来。你想为你的客人做那么多事。”

因此,四季酒店的员工就像顾客一样热爱酒店。虽然客人可以随时退房,但员工永远不想离开。全职员工的年人员流动率只有18%,是行业平均流动率的一半。在《财富》杂志评选的100家最适宜工作的公司名单中,四季酒店已经连续15年榜上有名。这是四季酒店成功的最大秘诀。创造客户满意和价值不仅仅是制定一个高级的竞争营销策略并把它从顶部传递下来。在四季酒店,创造客户价值是一件全公司的事情。

如今的公司都面临着前所未有的激烈竞争。在前几章中，我们讨论得出这样一个结论：要想在如今激烈的竞争中取胜，公司就必须从原来的产品—销售哲学转变为现在的顾客—营销哲学。

在这一章，我们将详细讨论企业如何能够在吸引、保留和发展顾客方面超过竞争者。为了在今天的市场上获胜，企业在既有竞争环境中不仅要善于管理产品，还要善于管理顾客关系。理解顾客非常关键，但是远远不够。建立可获利的顾客关系并获得**竞争优势**(competitive advantage)，要求企业比竞争者更多地向目标消费者传递价值和满意。

在这一章，我们将探讨竞争营销战略——企业如何分析它的竞争者，如何为创建和维护可获利顾客关系开发以价值为基础的成功战略。第一步是**竞争者分析**(competitor analysis)——识别、评估及选择主要竞争者。第二步是开发**竞争营销战略**(competitive marketing strategy)——企业面对竞争者如何定位才能获得最大的竞争优势。

18.1　竞争者分析

为了制定有效的营销战略，企业需要尽可能多地了解有关竞争者的情况。企业必须经常将自己的营销战略、产品、价格、渠道和促销与竞争者进行比较。通过这种方式，企业就能够发现自己具有潜在竞争优势和劣势的领域。如图 18.1 所示，进行竞争者分析，首先要识别和评估竞争者，然后选择哪些竞争者可以攻击、哪些需要规避。

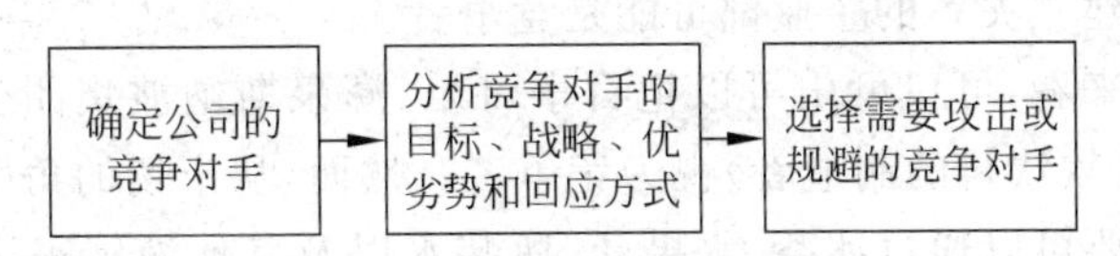

图 18.1　分析竞争者的步骤

18.1.1　识别竞争者

通常，识别竞争者看起来是企业的一项简单任务。在最狭窄的层次上，企业可以把竞争者定义成以相似的价格向相同的顾客提供类似的产品和服务的其他企业。所以，阿贝克隆比·费奇(Abercrombie & Fitch)可能把盖普(Gap)看作主要的竞争者，而不是诺德斯特龙或者塔吉特。丽思卡尔顿酒店可能视四季酒店为主要竞争者，而不是假日酒店、汉普顿酒店以及其他经济型酒店。

但是，企业实际上面对的是更广范围内的竞争者。企业可能把竞争者定义成所有生产相同产品或者同类产品的企业。于是，丽思卡尔顿酒店可以把自己看成是在和所有的酒店竞争。在更广泛的意义上，竞争者还可能包括所有生产能够提供相同服务的产品的企业。这样，丽思卡尔顿酒店就可能认为自己不仅是在和其他的酒店竞争，还在和那些为疲劳的旅客提供住所的企业或者个人竞争。最后，在更加广泛的意义上，竞争者可以包括所有彼此争夺顾客手中钞票的企业。这样，丽思卡尔顿酒店可能认为自己在同那些涉及旅游和休闲产品及服务的企业竞争。范围可以从邮轮、避暑胜地到境外旅游。

企业必须避免"竞争者近视症"。一个企业更有可能"葬送"在其潜在竞争者的手中，而不是现有竞争者。比如，导致西联国际汇款公司(Western Union)长达161年的电报业务走向灭亡的罪魁祸首，不是其直接竞争对手，而是移动电话和互联网。音乐超市Tower Record的破产并不是其他传统商店造成的，而是一些意想不到的竞争对手，像百思买、沃尔玛等折扣商以及iTunes等数字音乐下载服务商。柯达并没有输给富士等胶卷生产商这样的竞争对手，它输给了数码相机的制造商，而它们没有使用胶卷（见营销实例18.1)。另一个营销近视症的例子是美国邮政总局(USPS)：

> 美国邮政总局在以一个难以置信的速度亏损——每年数十亿美元。但是这并不是由它的直接竞争对手如联邦快递(FedEX)和美国联合包裹运送服务公司(UPS)造成的。相反，在20年前，美国邮政总局根本无法想象这个竞争对手——被大量使用的个人和公司电子邮件以及在线交易。美国邮政总局称之为“电子转移”。随着互联网的普及，个人和公司信件数量暴跌。美国邮政总局去年的邮件比五年前少了整整450亿份！美国邮政总局的回应是建议邮资提高、员工裁减、五天递送提速到三天送达，这些举措注定会进一步减少邮寄量。结论是？等我算出来，我会发电子邮件给你。

企业可以从行业的角度来识别竞争者。它们可能会认为自己从事的是石油行业、药品行业或是饮料行业。如果一个企业想要成为行业内一个有效的参与者，它必须了解该行业竞争的类型。企业也需要从市场的角度来识别竞争者。那些试图满足相同消费者需求或者与相同顾客建立关系的企业都可能是竞争者。

从行业的角度来看，可口可乐可以把百事可乐、澎泉斯纳波集团公司(Dr Pepper、七喜、A&W以及其他软饮料的制造者)视为竞争者。然而，从市场的角度，顾客真正需要的是“解渴”。这种需要可以通过冰茶、水果汁、瓶装水以及其他液体来满足。类似地，都乐(Dole)可能会将其香蕉产品的竞争者定义为其他新鲜水果生产者。但研究显示，香蕉提供的能量与运动饮料相同，但营养丰富、不含人工配料，而且价格更低，于是都乐重新定义了它的竞争点，并开始将香蕉定位为“大自然的天然能量棒”。总之，竞争的市场观念使得企业在定义现实竞争者以及潜在竞争者时拓宽了视野。

营销实例 18.1

柯达：没有及时注意到的竞争对手——无胶卷相机

柯达，这个古老的品牌已经成为全世界几代人家喻户晓的名词。一个多世纪以来，人们依靠柯达的产品来帮助他们捕捉“柯达瞬间”——一些重要的个人和家庭活动，以供后人分享和记录。好莱坞电影业围绕柯达技术而发展。在1972年，保罗·西蒙甚至出过一首名为《柯达》的单曲，这首歌把柯达产品在人们生活中所扮演的情感角色付诸歌词。

然而，如今柯达破产了，这家公司正在按《破产法》第11章进行重组。柯达曾经跻身最好的蓝筹股之一，如今它的股票成了低价股。曾经它垄断其行业，占据了85%的相机销售和90%的庞大的胶片市场，如今它在任何市场上都不再有过去的竞争力。曾经它盈利巨大，但在过去的四年里，柯达公司每月亏损4 300万美元。曾经它在全球范围内雇用超过 10 万员工，现今该公司占比最大的美国员工已经减少到不到 1 万人。

这样一个传奇品牌怎么会这么快就垮掉？柯达的失败之处在于市场营销和竞争者近视症——专注于现有的一小部分产品和竞争者，而不是潜在的客户需求和新兴市场动态。让柯达失败的不是胶片制造的竞争，而是柯达没有及时看到的竞争者——并不使用胶片的数码摄影和相机。一直以来，柯达一直在做最好的胶片。但在日益数字化的世界中，客户不再需要胶片了。由于执着于其传统的产品，柯达在转向数字化方面落后于竞争对手了。

1880 年，乔治·伊士曼基于一种干片摄影的方法建立了柯达。1888 年，他推出了柯达相机，它使用玻璃板捕捉图像。为了扩大市场，伊士曼又发展了胶片并开发了小柯达布朗尼胶片相机。相机他只卖 1 美元，但他从销售胶片以及制作照片所需的化学制品和纸张中获得了巨大的利润。虽然柯达还为从医疗保健到出版行业开发新的成像技术，但在整个 20 世纪，相机和胶片仍占公司的盈利大头。

有趣的是，早在 1975 年，柯达的工程师就发明了第一台数码相机——一种烤面包机尺寸的图像传感器，它能捕捉到黑与白的色调。然而，由于没有意识到数码摄影的巨大市场潜力，并担心数码技术会蚕食其宝贵的胶片产业，柯达搁置了数码项目。公司经理们根本无法想象一个没有胶片的世界。因此，柯达紧紧抓住胶片产业，把它的创新和竞争能量集中在制造更好的胶片和赢过其他胶片生产商上。当公司后来意识到自己的错误时，为时已晚。

由于其痴迷于胶片，柯达未能看到与捕获和共享图像相关的新兴竞争趋势。柯达的文化在它的历史及相随的怀旧中成为束缚。“他们是一个被时间绊住的公司，”一位分析师表示，“他们的历史对他们来说是如此重要——在这富有的百年历史中，他们做了很多令人惊叹的事情，还挣了很多钱。然后，他们的历史成为他们的累赘。”

当柯达在 20 世纪 90 年代末推出一款袖珍数码相机时，市场已经挤满了索尼、佳能和其他十几家相机制造商的数码产品。随着越来越多的人开始点击他们的手机和其他移动设备，通过短信、电子邮件和在线照片分享网络即时分享照片，很快一个全新种类的竞争对手出现了。落后于数码游戏，柯达成为了过去的遗物，也成为十几或二十几年前还不存在的新时代数码竞争中的失败者。

在这条路上的某处，随着成功的膨胀，曾经强大的柯达失去了创始人乔治·伊士曼对客户需求和竞争者动态的远见卓识。据一位传记作者说，伊士曼遗留的馈赠不是胶片，而是创新。“乔治·伊士曼从来没有回头。他总是期待着做一些比他之前做得更好的事情，即使在当时的市场上他做出的产品是最好的。”如果柯达保留了伊士曼的哲学，它很可能已经成为数码技术的市场引领者，我们可能仍然在柯达的数码相机和智能手机上捕捉“柯达时刻”，并在柯达运行的在线网站和图像共享社交网络上分享它们。

随着柯达摆脱破产，并从柯达的品牌优势中获取力量，这些事情仍有可能发生。但现实不太一样。作为其破产计划的一部分，柯达宣布将停止制造数码相机(它也已停止生产其著名的柯达彩色胶片)。它计划准许其他制造商在柯达品牌名下制造相机。公司约 3/4 的收入将来自商业领域，如商业数字印刷和娱乐性胶片。因此，随着公司命运的展开，似乎著名的“柯达时刻”已成为历史。

18.1.2 评估竞争者

在识别了主要的竞争者之后，营销管理者现在要问的就是：各个竞争者在市场中追求的目标是什么？每个竞争者的战略是什么？不同竞争者的优势和劣势是什么？各个竞争者对企业采取的行动会作出怎样的反应？

明确竞争者的目标 每个竞争者都有一组目标。企业需要知道竞争者对当前盈利性、市场份额增长率、现金流、技术领先性、服务领先性以及其他目标给予的相对重视程度。了解了竞争者的目标组合，就能够揭示竞争者对其当前状况是否满意，以及对于不同的竞争性行为它将作出什么反应。例如，一个追求成本领先的企业对竞争者取得能削减成本的生产技术突破会反应更强烈，而不是对手的广告费用增加。

企业还必须密切关注其竞争者在不同细分市场的目标。如果企业发现某竞争者开拓了一个新的细分市场，这可能就是一个机会。如果发现竞争者正计划进军目前由本企业服务的细分市场，那么企业就得到了预警，并且有望提前做好战斗准备。

识别竞争者的战略 一个企业的战略与另一个企业的战略越相像，这两家公司就越可能竞争。在大多数行业，竞争者都可以划分成追寻不同战略的群体。**战略群体**(strategic group)是指那些在相同产业的相同目标市场采用相同或者相似战略的一组企业。比如在家电业，通用电气(GE)和惠而浦(Whirlpool)都属于同一个战略群体。每个公司都是生产产品线齐全、有良好的服务支持的中价位家电。而Sub Zero和Viking则属于另一个不同的战略群体。它们生产品种狭窄的高品质家电，提供高水平的服务，价格也很昂贵。“我们对生产Viking的产品充满热情，就像厨师在精心烹饪，”Viking说，“我们创新。我们以工程为重心。然后我们用高档、耐用的材料创造出目前最强大的产品。在Viking的员工看来，这不仅仅是产品，这是我们的骄傲。”

通过识别战略群体能够得到不少重要的见解。比如，当一个企业进入某个战略群体，这个群体的成员就成为其关键竞争者。所以，如果一个企业进入前一个战略群体挑战通用电气和惠而浦，它只有开发出超越它们的战略优势才能成功。

虽然竞争主要存在于战略群体内部，但是也往往存在于战略群体之间。首先，有些战略群体可能会出现消费者细分市场的重叠。例如，不论其采用的战略如何不同，几乎所有的家电生产商都会瞄准公寓和住宅建设者细分市场。第二，顾客可能看不出不同战略群体供给物之间的差异——他们可能觉得通用电气和其他公司质量差不多。最后，一个战略群体的成员很有可能进入新的战略细分市场。因此，通用电气的Monogram家电产品线也可以与高质高价的Viking和Sub Zero竞争。

企业需要审视界定产业内战略群体的各个维度。企业需要了解各个竞争者的产品质量、产品特性、产品组合、顾客服务、定价政策、分销覆盖范围、销售人员战略，以及广告和促销方案。企业还需要了解各个竞争者的研发、制造、采购、财务和其他战略的细节。

评估竞争者的优势和劣势 营销人员需要认真评估各个竞争者的优势和劣势，回答这个重要的问题：我们的竞争者能够做什么？第一步应该收集关于竞争者过去几年的目标、战略以及业绩表现方面的数据。说实话，这些信息有时候很难收集到。例如，B2B的营销人员发现很难评估竞争者的市场份额，因为不像包装消费品公司那样可通过数据服务机构收集信息。

企业一般通过二手资料、个人经历和传闻来了解竞争者。企业还可以与顾客、供应商和经销商进行第一手的调查研究。它们可能会去查看竞争者的网站和社交网络主页。或者企业可以参照其他企业进行定点超越或**对标管理**(benchmarking),将本企业的产品和流程与竞争者或者其他行业中的领先企业比较,以寻求改进质量和绩效的方法。对标管理已经成为提高企业竞争力的有力工具。

评估竞争者的反应 下一步,企业想要知道:我们的竞争者将要做什么?仅仅了解竞争者的目标、战略以及优势和劣势,对于解释其可能的行为以及对本企业降价、促销和新产品推介等活动的反应来说,仍然有很大的距离。此外,每个竞争者都有其独特的经营哲学、企业文化和指导观念。如果营销经理想要预期竞争者可能的行动和对本企业行动的反应,就必须深刻理解竞争者的思维模式。

每个竞争者的反应模式都不相同。有些企业对竞争者的行动不会作出迅速、有力的反应。这可能是因为它们认为自己的顾客很忠诚,可能因为它们对这种行动的注意很迟缓,也可能是因为它们缺乏作出反应的资金。一些竞争者只对某些类型的行动作出反应,对其他的活动则不然。另外一些竞争者对于任何行动都迅速作出强有力的反应。所以,宝洁不会让一种新型洗衣粉轻易进入市场。许多企业都避免与宝洁的直接竞争,而是寻找好对付的目标,因为它们知道宝洁如果受到挑战就会猛烈还击。

在一些行业,竞争者之间可以和睦相处;在另外一些行业,则经常是你死我活、大打出手。例如,美国无线通信行业的竞争对手多年来一直在互相争吵。Verizon 无线和 AT&T 在比较广告中无情地互相攻击。当 Verizon 无线开始提供 iPhone 时,它使用了"你能听到我吗?"的口号影射 AT&T 通信服务忽好忽坏的传言。AT&T 反击指出,它的客户可以在电话聊天的同时,在互联网上冲浪,而这一功能 Verizon 无线还没有提供。最近,在出售苹果可 4G 上网的 iPad 时,一场广告大战一直在争吵哪个公司拥有最大的 4G 覆盖率。了解主要的竞争者,能够为企业提供线索如何最有效地打击竞争者和最有效地保护企业目前地位。

18.1.3 选择攻击和规避的竞争者

企业通过前面的选择目标顾客、定位和营销组合战略的决策,就已经很大程度上选择了其主要的竞争者。这些决策界定了企业所属的战略群体。管理层现在必须决定应当与哪个竞争者展开最猛烈的竞争。

强竞争者还是弱竞争者 企业可以把注意力集中在几类竞争者中的一种。大多数企业喜欢将其火力瞄准弱竞争者。这样需要的资源少,时间短。但是在这个过程中,企业的收获也不大。有人认为企业也应当与强竞争者竞争,磨炼企业的能力。有时,一家公司无法避免其最大的竞争对手,就像 Verizon 无线和 AT&T 的情况一样。但即使是强竞争者也有弱点,战胜这些弱点经常会带来丰厚的回报。

评估竞争者优势和劣势的一项有效工具是**顾客价值分析**(customer value analysis)。顾客价值分析的目标是确定顾客的利益点,以及顾客如何评价不同企业的产品的相对价值。为了进行顾客价值分析,企业必须知道顾客最看重的产品属性以及这些属性各自所占的权重。然后,企业要针对这些被顾客看重的产品属性,比较自己与竞争者的表现如何。

获得竞争优势的关键是要检查自己和竞争者产品的差别。如果在顾客看重的产品属性上,本企业提供的产品比竞争者得分更高,企业就能比竞争者索价更高并获得高利润,或者它也可以和竞争者索价相同而获得更多市场份额。但是,如果在顾客看重的产品属性上,本企业提供的产品比竞争者得分更低,企业则应该在这方面加大投入,或是寻找本企业能形成领先优势的其他重要属性。

近竞争者还是远竞争者 大多数企业会与近竞争者——与它们最相像的竞争者——竞争,而不是远竞争者。因此,耐克更多地与阿迪达斯而不是天伯伦(Timberland)展开竞争。塔吉特更应该和沃尔玛竞争,而不是尼曼·马库斯(Neiman Marcus)或者诺德斯特龙(Nordstrom)。

同时,企业应当避免"毁灭"一个近竞争者。比如,在20世纪70年代末,博士伦公司向其他隐形眼镜制造商发起猛攻,并且取得巨大成功。不过,这迫使那些弱小的竞争者把自己卖给强生这样的大公司。强生公司收购了威视特公司(Vistakon),一个年销售额只有2 000万美元的小型补缺企业。不过,有了强生公司的雄厚财力作为后盾,规模不大但是行动敏捷的威视特公司开发并且推出了其革命性的雅而乐(Acuvue)抛弃型隐形眼镜。有了威视特带路,强生现在是美国最大的隐形眼镜制造商,拥有近42%的市场份额,而博士伦市场份额差不多为11%,排在第四位。在这个事例中,成功地打击一个近竞争者,结果带来了更难对付的竞争者。

"好的"还是"坏的"竞争者 一个企业确实需要竞争者,并且能够从中获益。竞争者的存在会带来几方面的战略利益。竞争者可能有助于扩大总需求。它们可以分摊市场和产品开发成本,并且促成技术的规范化。竞争者可能服务于那些不大有吸引力的细分市场,或者带来产品差异化水平的提高。最后,它们降低了反垄断的风险,提高了与劳方或者监管方的谈判实力。例如,你可能会认为,苹果公司推出的时尚新潮的iPad设备将会为亚马逊又小又不漂亮的Kindle电子书带来麻烦,在iPad首次亮相之时,Kindle电子书已经在市场上三年了。许多分析家认为苹果创造了"Kindle杀手"。然而,事实证明,竞争者iPad创造了平板电脑需求惊人的激增,这使两家公司都受益。自iPad推出以来,Kindle的销量急剧增长。尽管苹果现在在高价平板电脑市场占有很大份额,但亚马逊的Kindle却引领着低价平板电脑市场。作为一个额外的好处,iPad的使用使得亚马逊的电子书和其他数字内容的销售激增,因为在iPad上可以使用免费Kindle App进行阅读。

不过,企业也不能把所有的竞争者都当成是有益的。一个产业经常包含"行为端正的"竞争者和"破坏性的"竞争者。行为端正的竞争者依照产业内的规则行事。而破坏性的竞争者则相反,总是犯规。它们竭力购买而不是赢得市场份额,冒高风险,导致整个行业的震荡。

例如,如今,美国的传统报业面对着许多破坏性的竞争者。与传统报纸内容重叠的数字化服务就是破坏性竞争者,因为它们提供了免费的实时内容,这是订阅报纸所不能比拟的。例如,Craigslist是一家在线社区,这个社区可以让当地用户免费张贴大量的分类广告。克雷格·纽马克15年前出于爱好发起了Craigslist这家公司。Craigslist从来没有关心过盈利问题，而这对竞争者来说就很糟糕。

另一个例子是《赫芬顿邮报》(*Huffington Post*)，这份在线报纸是由阿里安娜·赫芬顿于 2005 年创立的一个自由评论的场所，获得过普利策奖。此后，该出版物扩展业务，现在由 AOL 拥有。该网站提供新闻、博客和原创内容，并涵盖政治、商业、娱乐、技术、流行媒体、生活方式、文化、喜剧、健康生活、女性权益和当地新闻。这个由广告支持的网站对用户是免费的，这与传统报纸的订阅收费形成鲜明对比。去年，该刊物吸引了 5 400 万评论帖子和 1.2 兆页浏览量。近几年来，这些非正统的数字化竞争对手已经迫使许多传统报纸走向破产的道路。

寻找没有竞争的市场 放弃与现有的竞争对手争个头破血流，许多公司选择寻找没有竞争的空白市场中尚未被占领的位置。它们努力创造没有直接竞争对手的产品和服务。这被称为"蓝海战略"，目的是让竞争无关紧要。

> 公司都长期致力于激烈的竞争以期寻找到利润增长点。它们扎堆寻找竞争优势，为市场份额而战斗，为差异化而努力。然而，在如今过分拥挤的行业里，迎面竞争的结果除了为抢夺不断收缩的利润而形成犹如血泊的"红海"之外一无所有。蓝海战略(blue ocean strategy)最早是由 W. 钱·金(W. Chan Kim)和勒妮·莫博涅(Renée Mauborgne)于 2005 年 2 月在二人合著的《蓝海战略》一书中提出。
>
> 两位营销学教授指出，尽管大多数公司在红海里竞争，但这种战略在未来并不能实现利润的增长。未来领先的企业将会通过创造没有竞争的"蓝海"而成功，而并非通过击败对手。这种战略——被称为价值创新——为企业和购买者在价值上创造了大飞跃，同时创造了全新的需求并且使对手显得落伍。通过创造和挖掘蓝海，公司可以完全忽视竞争对手。

苹果公司长期奉行这一战略，推出的产品都是业界第一次，如 iPod、iPhone 和 iPad，创造了全新的类别。另一个例子是太阳马戏团(Cirque du Soleil)，它改革了马戏团使之成为一种更高端的现代娱乐。在马戏行业正在走下坡路时，太阳马戏团进行了改革。它淘汰了高花费的传统项目如动物表演，而更关注剧场的体验。太阳马戏团并没有像当时的市场领导者林林兄弟和巴纳姆贝利马戏团(Ringling Bros. and Barnum & Bailey)那样故步自封，它有着领先于同行而且与众不同的想法。它创造了无竞争的新市场领域，使现有竞争变得无关紧要，结果取得了骄人的绩效。多亏了蓝海战略，在创立的头 20 年，太阳马戏团赚的钱就超过了林林兄弟和巴纳姆贝利马戏团在 100 年里赚到的钱。

18.1.4 设计竞争情报系统

我们已经描述了公司需要了解的有关其竞争者的主要信息类型。公司必须收集、解释、分发和使用这些信息。收集竞争情报的资金和时间成本都很高昂，因而公司在设计竞争情报系统时应讲求成本效益。

竞争情报系统首先确定主要的竞争信息类型及其最佳来源。接着，系统从实地(销售人员、渠道、供应商、市场调研公司、在线监控、行业协会及网站)和已公布数据(政府出版物、演讲、在线数据库)两个途径持续地收集信息。竞争情报系统然后检查信息的准确性和可靠性，进行解释，并以适当的方式加以组织。最后，它将关键信息发送给相关决策者，并回答管理人员提出的有关竞争者情况的问题。

在这一系统的帮助下，公司管理人员将以电话、电子邮件、公告栏、业务通讯和报告等形式及时收到竞争者信息。而且，当管理人员需要对竞争者的突然举措作出解释，了解某个竞争者的优势和劣势，评估某个竞争者会对公司的行动计划如何反应，他们可以连接到系统上寻求帮助。

无力设置正式的竞争情报部门的小公司，可以指派专门的人员监督某些竞争者。因此，一个曾为某竞争者工作的员工可以继续密切关注它，成为了解其情况的"内部专家"。任何需要了解该竞争者思维方式的管理人员，可以向这位指定的内部专家咨询。

18.2 竞争战略

在识别并且评估了主要的竞争者以后，企业现在必须制定广泛的营销战略来获得竞争优势。但是企业可以采用什么营销战略呢？对于特定的企业，或者企业不同的分部和产品，哪一个战略最好呢？

18.2.1 对营销战略的态度

没有哪一个战略对于所有企业来说都是最好的。每个企业都要判断，鉴于自己在行业中的位势、目标、机会和资源，哪一个战略最合理。即使在同一个公司内，不同的业务和产品可能要求不同的战略。强生公司对其在稳定的消费品市场上的领先品牌，采用某一种营销战略，而对其新的高科技医疗业务和产品则采取不同的营销战略。

不同企业在战略计划过程中也有很大的不同。许多大企业开发正式的竞争营销战略并严格执行。然而，其他的一些企业开发非正式的战略并经常改变。有些企业，像哈雷—戴维森摩托、红牛、维珍大西洋航空公司以及宝马汽车 Mini 子公司正是由于打破了营销战略的常规才获得成功。这些企业都没有设置庞大的营销部门，进行昂贵的市场调查，制定详细的竞争战略，以及花费巨资做广告。相反，它们在工作中当场制定战略，延伸有限的资源，贴近顾客，为顾客需求创造更满意的解决方法。它们形成购买者俱乐部，使用蜂鸣营销(buzz marketing)，专注于赢得顾客忠诚。并不是所有的营销都必须遵从耐克和宝洁之类的营销巨头的模式。

事实上，对营销战略和实践的态度有三个阶段——创业营销、规范化营销以及再创新营销。

- 创业营销：大多数企业都是靠一些有聪明才智的人创办起来的。例如，罗伯特·厄里奇是海盗号(Pirate Brand)快餐食品公司的创始人和 CEO。起初，他一点儿也不相信规范化营销，或者规范化的任何东西。海盗号销售全烘焙、全天然、无反式脂肪以及无麸质小吃快餐，包括最受欢迎的海盗宝藏(Pirate's Booty)、薯片、小泡芙等。在过去的 25 年里，创始人罗伯特·厄里奇将海盗号打造成一个价值 1 亿美元的王国，俨然成为快餐零食巨头纳贝斯克和菲多利的眼中钉。

但是一直到最近几年前，他并没有做任何实质性的营销。新产品的开发就是他脑袋里的东西。产品的名称与标语——他当时脑子里想到什么就是什么。厄里奇在《疯狂杂志》(*Mad Magazine*)的一个漫画家好友帮助他设计了产品包装和标签。促销活动就是雇了20个人,让他们穿着海盗服装在全国的杂货店门口免费发放成袋的零食样品。“我们不做营销,”厄里奇在当时自豪地宣布,“完全不做!”当提到营销时,他说:“我被一大堆不同的事物所影响。但我从来没有真正想过营销。我们不是埃克森美孚公司,也不想成为它。”

- 规范化营销:随着小企业取得成功,它们不可避免地要转向规范的营销。它们开发正式的营销战略,并严格执行。例如,随着海盗号不断成长,它也开始采用一些更正式和规范的手段进行产品开发、公共关系管理以及分销商关系策略。它还做了正式的努力发展与消费者的关系,如一个具有所有功能特性的网页、一个脸书主页、一个“宝藏博客”以及一份船长简报,这些媒介涵盖了产品更新、优惠券、特惠品以及一些大事记。虽然比起菲多利,海盗号会一如既往地保持它非正式营销的风格,但随着发展壮大,它也会慢慢接受一些已开发的营销工具。
- 再创新营销:许多成熟的大公司陷在了规范化营销里,它们紧盯着尼尔森调查公司最近公布的数据,仔细阅读市场调查分析报告,精心调整竞争战略与方案。这些公司往往会失去它们在成立初期所具有的营销创造性和激情。它们现在需要在公司内部重建那种创业之初使它们成功的创业精神,在各个基层鼓励主动性和创新性。

例如,创造性思维方式帮助维珍集团(Virgin Group)成长为拥有200多家公司的集团,从维珍大西洋航空公司和维珍移动等老牌巨头到小型初创企业,如维珍游戏(在线和移动赌场)和维珍酒(在网上销售手工制作的国际葡萄酒)。维珍创始人理查德·布兰森将公司的成功归功于其创新精神的文化。“如果没有一群稳定的创新者不断发现和开发新的机会,经常带领大家做违反常规的努力,维珍不可能成长得如此成功。”他说。据布兰森所说,创新精神从顶层管理者开始。其关键是给予关键员工自由和支持,使他们能够追求自己的愿景,开发新产品、服务和系统。CEO应该是一个“首席授权官”,他寻找那些具有创新精神的人,支持他们,然后退后一步,让他们以自己的方式运作。布兰森这样做时,维珍进入手机行业。“我们没有经验,所以我们寻找我们竞争对手最好的经理,把他们挖过来,解下他们的领带,并且给他们在维珍小组之内建立他们自己的企业的自由。”新的经理人变得如此专注于经营新的业务,以至于他们并不真的觉得自己是员工。他们觉得更像是一家创业企业的老板。

这里,我们的底线是有效的营销可能有多种形式,在营销的规范化方面和营销的创造性方面经常会存在矛盾。本书的大部分内容都讲述的是营销的规范化方面。这方面内容较为容易学习。但是,我们在书中也看到在许多公司里存在真正的营销创新和激情,无论公司是大是小,是新创还是成熟。明白这一点后,让我们来看看公司可以使用的广泛的竞争营销战略。

18.2.2　基本竞争战略

多年前,迈克尔·波特提出企业可以采用四种基本竞争定位战略——三种成功的战略和一种失败的战略。这三种成功的战略包括：

- 全面成本领先战略(overall cost leadership)：企业努力地将生产和分销成本降到最低，以确保自己能够把价格定得比竞争者低从而赢得巨大的市场份额。沃尔玛和捷蓝航空都是这一战略的杰出实践者。
- 差异化战略(differentiation)：企业集中精力创造高度差异化的产品线和营销方案，成为产业中某一类别的领先者。只要价格不是太高，多数顾客愿意拥有这一品牌的产品。卡特彼勒公司在重型建筑设备行业采用了这种战略。
- 聚焦战略(focus)：企业集中精力服务于几个细分市场而不是追求整个市场。比如，丽思卡尔顿酒店聚焦于最顶端的5%的商务和休闲旅行者。德彩鱼食公司(Tetra Food)供应了60%的热带宠物鱼食品——它是“水下奇观的领导者”。类似地，和莱(Hohner)在口琴市场上占有85%的市场份额。

寻求一个清晰战略的企业——上面的某一个战略——很可能业绩良好。谁能够把这个战略执行得最好，谁就能够获得最高的利润。而那些没有清晰的战略——走中间路线——的企业，业绩就最差。西尔斯和假日酒店都遭遇过困难时期，就是因为它们没有坚持突出最低的成本、最高的感知价值或者最好地服务于某个细分市场的特色。走中间路线的企业试图把战略的各个方面都做好，但结果是任何一方面都没有做得很好。

最近，有两位营销顾问提出了竞争营销战略的一种新的分类。他们提出，企业通过向顾客让渡卓越的价值来获得领导地位。企业可以追寻三种战略中的任意一种——称作价值原则——来让渡卓越的顾客价值。这些战略或者说价值原则是：

- 卓越的运作：企业通过在行业内实现价格和便利性的领先来提供卓越的价值。企业努力地降低成本，创造出一个精干而高效的价值让渡系统。它们为那些期待优质产品或服务而又要求便宜和方便的顾客服务。比如，沃尔玛、好市多、西南航空公司就是这方面的实例。
- 贴近顾客：企业通过精确划分细分市场，进而将其产品和服务定制化以恰好满足目标顾客的需要，提供卓越的价值。企业对顾客的情况了解得细致入微，因此可以凭借与顾客紧密的关系满足顾客独特的需要，以此实现其专业化。营销者因此有能力对顾客的需要作出迅速响应。它们服务于愿意为那些精确地满足自己需要的产品和服务而支付溢价的顾客，而且企业会为了建立长期顾客忠诚和获取顾客终身价值不遗余力。

例如丽思卡尔顿酒店。年复一年，丽思卡尔顿在顾客满意度方面排名在酒店业的前列。它对顾客满意的追求是在公司的信条中总结出来的，它承诺它的豪华酒店将提供一个真正难忘的体验——“活跃感官，灌输幸福感，甚至满足客人未表达的愿望和需要”。

入住世界各地的丽思卡尔顿酒店，让你感到惊讶的是，公司热切地致力于感受和满足你最细微的需求。他们似乎知道你对花生过敏，想要一张特大号的床，一个不会引起过敏的枕头，你到达时百叶窗是打开的，还有你房间里不含咖啡因的咖啡。每一天，酒店的工作人员——从前台到维修人员和管家——谨慎地观察和记录即使是最细微的客人偏好。然后，每天早上，每家酒店都对所有新来的客人的档案进行回顾

(一些客人曾经在丽思卡尔顿住过),并准备可能会令每位来宾感到愉悦的额外接触。

一旦他们确定了特殊的客户需求,丽思卡尔顿的员工就会极端化地予以满足。例如,为了满足客人因食物过敏提出的要求,巴厘岛丽思卡尔顿厨师在另一个国家的一个小杂货店里找到了特殊的鸡蛋和牛奶,并把它们送到了酒店。此外,当酒店的洗衣服务没有在客人离开前洗去客人衣服上的污渍,酒店经理前往客人的房间,并亲自提供了费用的补偿。据一位丽思卡尔顿酒店的经理说,如果连锁店得到一张客人宠物的照片,它会复印一份,把它裱好,并在客人下次入住的丽思卡尔顿房间里展示。由于种种优异的客户服务,竟有高达95%的客人离开的时候说,他们的入住是一次真正难忘的体验。超过90%的满意客户会再次光顾丽思卡尔顿。

- 产品领先:企业通过提供不断淘汰自己和竞争者的产品和服务的创新产品流来让渡卓越的价值。企业欢迎新理念、新构思,坚决地寻求新解决方案,努力尽快将新产品推向市场。这些企业服务于那些为了追求顶尖产品和服务而不在乎价格和便利性方面的成本的顾客。这类企业的例子有三星和苹果(见营销实例18.2)。

营销实例 18.2

产品先锋苹果:守护所有产品的"酷"

在1984年第18届超级碗的一个经典广告中,苹果公司向全世界介绍了一台新的电脑——Macintosh,这是有史以来第一台使用图像用户界面和鼠标的电脑。创新的Mac永远地改变了计算机产业。它立即拥有了一个热情的粉丝群,并启动了一连串项目,这些项目使苹果成为世界上最具创新能力的产品引领者之一。

今天,30多年后,很少有品牌能产生如在核心的苹果买家心中那么强烈的忠诚度。一端是平静而满意的Mac、iPod、iPhone和iPad用户,他们拥有一个苹果设备,并用其发电子邮件、发短信、浏览网页和使用社交网络。然而,在另一个极端是Mac的狂热者——被称为"苹果脑"或"苹果奴"的人。每个苹果客户至少都有一点儿苹果脑。苹果的狂热者们将苹果公司的创始人史蒂夫·乔布斯视为技术上的华特·迪士尼。在铁杆粉丝面前提到"苹果",他们就会极尽溢美之词来说明其品牌的优越性。购买一个苹果产品,你就加入了一个充满狂热信徒的社区。

是什么让苹果的买家如此忠诚?为什么他们买的是MacBook,而不是惠普或戴尔?为什么是iPhone,而不是三星、LG或者摩托罗拉?去询问真正的信徒,他们会简单地告诉你,苹果的产品更好,使用起来更容易。从一开始,苹果就一直是产品的引领者,生产出一个又一个前沿产品。但这些产品不仅是工程师和设计师封闭在苹果实验室紧闭的大门后的世界里想出的发明。苹果公司的产品引领能力在于它把重点放在了解它的客户和使客户满意的东西上,然后创造产品,使它的客户始终走在潮流之前。

一位分析师表示,苹果公司展示了"营销和创意天才,并拥有罕见的能力——能满足消费者的想象力并了解什么会吸引消费者"。苹果一直"痴迷于苹果用户的体验"。苹果公司做的一切都显示了其痴迷于理解客户和加深苹果体验。许多科技公司制造的产品仅仅占据了空间,能够运作。相比之下,苹果创造了"生活如此美好"的体验。

制造客户想要的产品——通常在消费者他们自己知道自己想要什么之前——引领了一个又一个苹果主导的革命。仅在过去的十年中,iPod、iTunes、iPhone 和 iPad 都创造出了全新的从未出现过的产品类别。在不同情况下,苹果不仅是开辟各种类别的先锋,而且仍然是主导市场的引领者。例如,iPod 仍然拥有超过 78%的 MP3 市场。尽管有竞争产品的冲击以及对 iPad 在成熟市场中市场份额下降的预测,苹果在平板电脑市场的份额去年仍上升到 68%。

苹果的创新产品领导力远远超出了产品的范畴。只要看一眼苹果商店,那里充满了"生活如此美好"的体验。商店的设计干净、简单,且渗透出的风格很像一台 iPad 或一台极轻的 MacBook Air。繁忙的商店感觉更像是社区中心,而不是零售店。可以肯定的是,苹果专卖店鼓励大量的购买。但同时它们也鼓励徘徊,桌子上全是功能齐全的 Mac、iPod、iPad 和 iPhone,陈列在外让顾客试用,还有数十个闲散的苹果员工在身边回答问题并迎合顾客的每一个突发奇想。你不只是去参观一个苹果商店——你体验它。苹果公司将产品领导力与足够亲密的客户关系结合在一起,创造了一种没有其他消费电子企业可以比拟的体验。

据一位业内专家说,"未来几年最令人惊叹的公司将会是那些懂得如何围绕人类需求来包装技术使其对人类有意义的企业。"这是对苹果及其核心的热心信徒的贴切描述。《快速公司》似乎同意这一说法。它连续两年加冕苹果为"世界上最具创新力的公司"。在消费电子行业,苹果在过去的八年中主导了美国消费者满意度指数,并引领了今年的新一轮评分:创纪录的 87 分——超过离其最接近的同行业竞争者整整 9 个点。

产品的领先地位和消费者对苹果的热爱已经产生了惊人的销售额和利益。尽管处于自大萧条以来最糟糕的经济环境中,在过去的五年里,苹果的销售额增长已超过了四倍,达到近 1 100 亿美元,其中前两年的涨幅高达 200%。而其利润已经飙升 7 倍达到 260 亿美元——令人难以置信的 24%的净利润率。在这段时间里,苹果的股价已经上涨了 300%以上。

最近,苹果创始人兼首席执行官史蒂夫·乔布斯的去世给公司的未来蒙上了一层阴影。也许历史上没有其他大公司与其领导人的创造性天赋有着如此紧密的联系。但是乔布斯留下了许多人都认为会传承下去的遗产。现在,产品引领者苹果继续高飞。"说苹果是热门的是对苹果公司的不公平,"一个苹果公司的观察者作出结论,"苹果是冒热气的,灼热的,极度热门的,更不用说时尚了,它是顶顶时髦的。世界各地的极客们已经将苹果加冕为'酷'的守护者。"去问你极爱苹果的朋友吧。事实上,不用麻烦——他们可能已经提出它了。

一些企业成功地同时追寻了不止一条价值原则。比如联邦快递在出色的运作和贴近顾客这两方面都很优秀。不过,这样的企业很少见——没有几个企业能够在这些原则中的一个以上都做到最好。如果努力在所有的价值原则上都要做得最好,那么企业通常会在任何一个方面都无法做到最好。

因此，最优秀的企业聚焦于一个单一的原则，并且在这个原则上胜出，而在其他两个方面达到产业的标准。这样的企业设计完整的价值让渡网络，以全身心地支持其选择的原则。例如，沃尔玛知道贴近顾客和产品领先很重要。与其他折扣商相比，沃尔玛提供出色的顾客服务和优良的产品组合。不过与诺德斯特龙这些追求贴近顾客的零售商相比，沃尔玛提供的服务还算比较少，产品组合的深度也比较低。相反，沃尔玛专注地聚焦于出色的运作——聚焦于降低成本和优化订货—送货流程，使顾客能够以最低的价格买到合适的产品。

类似地，丽思卡尔顿酒店开始使用最新技术来追求高效。但是真正使得该豪华旅馆突出的是其顾客亲密性。丽思卡尔顿酒店创造专为顾客设计的体验来取悦顾客。

把竞争战略划分成价值原则的做法十分引人注意。这种方法根据为了向顾客让渡卓越价值而做的全身心追求来定义营销战略。每条价值原则界定了建立持久顾客关系的具体途径。

18.2.3 竞争定位

在一个给定目标市场中竞争的企业，在任何一个时点，就其目标和资源而言各不相同。一些企业很大，一些企业很小。一些企业资源丰富，其他一些为资源缺乏所困。一些企业年头久远，成规颇多，其他的企业年轻而有活力。一些企业追求市场份额的快速增长，其他一些谋求长期利润。企业在目标市场上拥有不同的竞争位势。

我们现在根据企业在目标市场上所扮演的角色来审视竞争战略——领导者战略、挑战者战略、追随者战略或者补缺者战略。假定每个行业存在如图18.2所示的企业。其中，40%的市场份额掌握在市场领导者手中。还有30%的市场份额掌握在市场挑战者手中，这些挑战者正在加大力气扩大其市场份额。还有20%的市场份额掌握在市场追随者手中，它们一直努力把握好这些市场份额，不愿破坏整个行业的秩序。最后10%的市场份额把握在市场补缺者手中，它们服务于那些不被其他企业重视的细分市场。

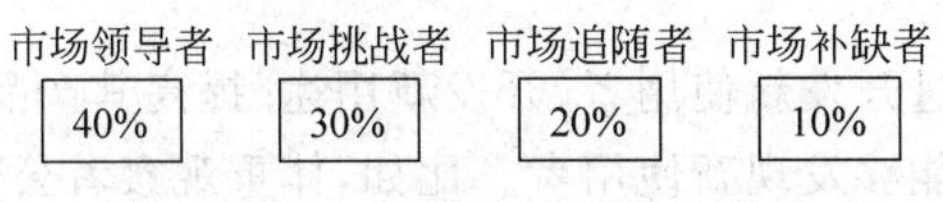

图18.2 竞争定位和角色

我们现在来看一下市场领导者、挑战者、追随者和补缺者各自可以采用的具体营销战略(见表18.1)。不过要记住，这些分类经常不适用于整个企业，而仅适用于其在特定产业中的位势。像通用电气、微软、宝洁或迪士尼这样多元化经营的大型企业，在一些市场是领导者，而在另一些市场则是补缺者。比如，宝洁公司在很多细分市场处于领导地位，

表18.1 市场领导者、挑战者、追随者和补缺者的战略

市场领导者战略	市场挑战者战略	市场追随者战略	市场补缺者战略
扩大总市场 保护市场份额 扩大市场份额	全面正面进攻 间接进攻	紧密跟随 保持一定距离跟随	根据顾客、市场、质量—价格和服务补缺 多重补缺

例如餐具洗涤剂、洗衣粉、一次性尿布和洗发水,但是就香皂而言要挑战联合利华公司,就面巾纸而言要挑战金佰利(Kimberly Clark)公司。这些企业经常根据不同业务单位或产品各自的竞争环境使用不同的竞争战略。

18.2.4 市场领导者战略

大多数行业都有一个公认的市场领导者。这个领导者拥有最大的市场份额,并且通常在价格变动、新产品推出、分销覆盖面和促销花费上领先于其他企业。领导者可能会受到羡慕和尊敬,也可能不会,但是其他企业都承认其统治地位。竞争者会把领导企业作为挑战、模仿或者规避的目标。一些最知名的市场领导者包括沃尔玛(零售)、麦当劳(快餐)、Verizon(无线通信)、可口可乐(软饮料)、卡特彼勒(挖土设备)、耐克(运动装备)、脸书(在线社交网络)和谷歌(网络搜索服务)。

领导者的生活也并不轻松,它必须始终保持警惕。其他企业会不停地挑战其优势或者利用其劣势。市场领导者可能很容易就错失一次时机,跌至第二位或者第三位。产品创新可能会伤及市场领导者(就像苹果公司开发了 iPod,从索尼公司随身听那里抢夺了市场领导者的地位)。市场领导者也可能变得傲慢、自满,并且错误地判断竞争形势(正如西尔斯将其领导地位让给了沃尔玛)。或者市场领导者面对新的、生气勃勃的竞争者显得过时而守旧(盖普将自己重要的地盘让给了更加新鲜而时尚的品牌,例如 7 for All Mankind 和美国服饰(American Apparel)以及一些商城品牌)。

要想保住第一的位置,领先企业可以采取下列三种措施中的一种：首先,它们可以想办法扩大总需求；第二,它们可以凭借良好的防御和进攻措施保护当前的市场份额；第三,即使市场规模保持不变,它们可以努力进一步扩大其市场份额。

扩展总需求 当整个市场扩大时,一般来说,领先企业收获最大。如果美国人吃的快餐多了,那么肯定是麦当劳受益最大,因为它占据了比它的竞争对手三倍还多的市场份额。如果麦当劳能够说服更多的美国人快餐是一种最佳的外出就餐选择,那么它将比它的竞争者获益更多。

市场领导者可以通过开发新使用者、开发新用途、提高其产品使用量来扩大市场。市场领导者在很多方面都能够发现新使用者。比如,体重观察者公司(Weight Watchers)将其减肥计划的目标消费者定位为女性。最近该公司也试图通过它的第一位男性代言人——前 NBA 球星查尔斯·巴克利的帮助,吸引男性顾客。它在网上推出了一种叫作"男性体重观察者"的产品,旨在帮助男性处理体重问题。"当你有一个像巴克利这样的代言人——他的男性气概任何人都可能拥有,他生命中第一次吃水果和蔬菜——这向各处的男人发出信号,这是可以做到的,"该公司的经理大卫·基尔霍夫说道。该公司还扩大其在线业务,推出移动 App,并瞄准中国等新兴市场,从而寻找新客户。

营销人员可以通过发现和促进产品的新用途来扩大市场。举个例子,WD-40 公司通过挖掘新用途来扩大市场的诀窍,使得其产品成为大多数美国家庭真正的必备品之一：

几年前,该公司推出了一项研究——挖掘 WD-40 多用途产品的 2 000 种独特用处。在收到 30 万份个人投稿后,该公司挑选了最好的 2 000 份,现在张贴在公司的网站上。消费者提出了一些简单实用的用途,如清洁蜡笔痕迹或取出被卡住的乐高积木。一位老师用WD-40清洁教室里老旧的黑板。"令人惊讶的是,黑板又能重新使用了,"她说,"黑板不仅干净了,而且经年的痕迹和透明胶带残留物也脱落了。"同时,也有人提出一些很不寻常的用法。有人用WD-40擦他的玻璃义眼,也有人用它来卸下假肢。你听说过那个入室盗窃嫌疑犯在丹佛的一个咖啡馆里赤身裸体地卡在了通风口的事情吗?消防部门用大剂量的WD-40把他弄了出来。或者你听说过一个密西西比海军军官用WD-40击退了一只愤怒的熊的事情吗?有个大学生写信说,有一个朋友在隔壁房间里的深夜活动导致他宿舍里的每个人都失眠了——他在这位朋友吱吱作响的弹簧床上用了WD-40后解决了这个问题。该公司表示:"这样红蓝相间的一罐东西可以发挥的作用比简单地松动生锈零件或润滑自行车链条要多得多。"

最后,市场领导者可以通过说服人们更频繁地使用产品或者在每个场合下使用更多的产品来提高产品使用量。比如,金宝汤公司用含有菜谱的广告鼓励大家食用它的汤和其他产品。在公司网站(www.campbellsoup.com)上,访问者可以搜索和交换菜谱,建立他们自己的菜谱栏,或者登记参加每日或每周的邮件交流菜谱活动。在金宝汤的脸书和推特网页上,消费者可以参与金宝汤的厨房社区对话。

保护市场份额 在设法扩张市场总规模的同时,领先企业还必须不断保护其当前业务,以对抗竞争者的攻击。沃尔玛要盯住塔吉特和好市多,卡特彼勒要防范小松,麦当劳要提防温迪和汉堡王。

市场领导者可以采取哪些措施保护其位势呢?首先,它必须避免或者弥补自己的劣势,以防竞争者找到可乘之机。它必须实现价值承诺,使价格符合顾客从品牌中感受到的价值。它必须不懈地努力,建立与有价值顾客的牢固关系。领导者应当"填补漏洞",以免竞争者闯入。

但是最好的防御就是要发起有效的进攻,而最好的响应就是持续的创新。领导者不应满足现状,而应当在新产品、顾客服务、分销有效性和削减成本方面领先于本行业。它应当不断提高竞争的有效性和提供给顾客的价值。在面对挑战者的进攻时,领导者必须准确应对。在洗衣剂产品类别中,市场领导者宝洁对市场挑战者联合利华的攻击就是冷酷无情的。

在20世纪一场经典的营销大战中,有进取心的宝洁战胜了联合利华。十年前,尽管宝洁在美国洗衣剂市场上拥有超过50%的市场份额,它依然通过不断发布新产品并辅以大力的营销投入,持续地打击联合利华和其他竞争者。截至2007年,宝洁与联合利华的洗衣类产品在美国媒体上的花费分别为2.18亿美元和2 500万美元。2008年,诸如唐尼汰渍、冷水汰渍以及香味浓郁的简悦汰渍等一系列汰渍新产品的推出加上侵略性的营销,宝洁掌握了62.5%的市场份额,而联合利华仅有12.9%的市场份额(包括联合利华旗下的数个品牌)。宝洁在织物柔顺剂市场上也是领导者,它的市场份额为66%,而联合利华的市场份额仅为8.4%(联合利华的诗纳歌品牌)。在宝洁残酷的打击下,在2008年年中,联合利华终于顶不住压力,决定出售它在北美的洗衣剂业务。尽管联合利华成功地在全球销售了多个品牌的洗衣剂产品,但它还没有返回宝洁占主导地位的美国市场。

扩大市场份额 领导者还可以通过进一步提高市场份额来发展壮大。在很多市场,市场份额的小小增长意味着销售额的巨大增加。比如,在美国洗发香波市场,市场份额增长1%就价值1 400万美元;在软饮料市场,更是高达7.57亿美元!

研究显示,平均而言,利润率随市场份额的增长而增长。基于这些研究结论,许多企业谋求扩大市场份额从而提高利润率。比如,通用电气就宣称,它要让自己在其各个市场都成为第一位、第二位的厂商,否则就退出这个市场。通用电气放弃了其计算机、空调、小家电和电视机业务,因为在这些行业它无法获得支配地位。

然而,有些研究发现很多行业包含一个或少数几个高盈利的大型企业,若干能够获利且聚焦经营的企业,以及数量众多的业绩平庸的中型企业。一个企业的获利性,似乎伴随着该企业在其所服务的市场上相对于竞争者而言的份额增加而增加。例如,雷克萨斯虽然在整个汽车市场上所占市场份额非常小,但是却能获取巨额利润,这是因为它在它所服务的高档豪华汽车市场占据很大的份额。它之所以能在其所服务的市场上获得这么高的市场份额,是因为它做了正确的事——生产高质量的产品,创造卓越的服务体验,以及建立紧密的顾客关系。

不过,企业万万不能认为获得了更大的市场份额,就会自动提高利润率。这还更多地取决于企业为了获得市场份额所采取的战略。有很多企业市场份额很高而利润率很低,也有很多企业市场份额很低而利润率很高。采取购买的方式获得更高市场份额的做法,其成本可能会远远超过其收益。只有当单位成本随市场份额的提高而下降时,或者企业提供质量更高的产品并收取足够抵补所支付成本的溢价时,更高的市场份额才趋于带来更高的利润。

18.2.5 市场挑战者战略

在一个产业中位于第二位、第三位或者排名更靠后的企业有时规模也很大,比如百事可乐、福特汽车、劳氏家装(Lowe's)、赫兹租车(Hertz)和美国电话电报公司(AT&T)。这些亚军企业可采取两种战略中的一种:它们可以猛烈攻击领导者或其他企业以争取更大的市场份额(市场挑战者);它们也可以与竞争者们和平共处,不滋事捣乱(市场追随者)。

市场挑战者首先必须界定要挑战哪些竞争者以及自己的战略目标。挑战者可以攻击市场领导者,这是一种高风险而潜在收益很高的战略。有些挑战者的目的只是简单地想获得更多的市场份额。

虽然市场领导者看起来拥有最多的资源,但挑战者常常会使用一种叫作"后发优势"的策略。挑战者观察市场领导者的成功实践然后再改善它。例如,美国家得宝公司发明了家装超市。然而,市场排行第二位的劳氏家装在观察到它的成功之后,用更明亮的店面、更宽敞的走廊以及服务更周到的销售人员,将自己定位为家得宝的良好替代品。在过去的10年里,跟随者劳氏家装比家得宝发展得更快且盈利更多。

事实上,挑战者常常靠模仿和改善前辈的好主意而成为市场领导者。例如,10多年前,克莱斯勒发明了现代的小型货车。然而,跟随者本田和丰田将这个概念加以改进,最终称霸小型货车市场。类似地,麦当劳模仿并熟练掌握了由怀特城堡公司(White Castle)引领的快餐系统。而沃尔玛创始人山姆·沃尔顿承认自己借用了打折零售先驱索尔·普尔斯创立连锁店的大部分经验,进一步完善它们,最终成为了零售业的领导者。

或者,挑战者也可以规避领导者,而去挑战那些与自己规模相当或更小的当地或地域性企业。这些更小的企业可能资金不足或者未能很好地为顾客服务。一些主要的啤酒企业不是通过挑战大竞争者,而是通过蚕食当地或地域性小企业发展到现在的大规模。例如,南非米勒(SABMiller)通过收购 Miller、Molson、Coors 和其他几十个品牌,成为世界第二大酿酒商。如果企业紧紧追逐一个本地小企业,其目标可能就是迫使这家企业倒闭。重要的一点仍然是:挑战者必须慎重选择其挑战的对手,并且有一个明确界定而又可实现的目标。

市场挑战者如何才能最有效地攻击选定的竞争者并且实现其战略目标呢?企业可以针对竞争者的产品、广告、价格和分销活动发起正面进攻。它攻击的是竞争者的优势部位而不是劣势部位。最终的结果取决于究竟谁的实力和耐力更强。百事可乐利用这种方法挑战可口可乐。

如果市场挑战者的资源少于竞争者,那么正面攻击想要取胜几乎没什么可能。市场领导者可以轻易地通过广告闪电战、价格战以及其他一些方法将对手打得一败涂地,所以市场的新进入者要避免正面攻击。避开迎头挑战,挑战者可以对竞争者的弱点或者竞争者市场覆盖范围的缝隙发起间接攻击。挑战者可以利用战术开拓一些小立足点,使得领导者不能及时应对或者选择忽略。

例如,我们来看看红牛公司是如何在20世纪90年代进入美国软饮料市场对抗市场领导者可口可乐和百事可乐的。红牛通过在非传统的分销点销售一个利基型产品进入,间接地向行业领导者发起进攻。红牛最初在一些尚未被市场领导者占领的非传统门店销售,例如酒吧和夜总会。在这些地方,20多岁的年轻人大量饮用富含咖啡因的饮料,保持旺盛精力来跳一整夜的舞。获得一大批忠实顾客后,红牛利用其高利润率的吸引力进入了住宅附近的商店,同可口可乐和百事可乐摆在同一个冷藏柜里。虽然美国的竞争经常很激烈,红牛在功能饮料市场上依然取得了44%的份额。

18.2.6 市场追随者战略

不是所有的亚军企业都想要挑战市场领导者。领导者永远不会对挑战掉以轻心。如果挑战者的诱饵是低价格、改进的服务或者新增的产品特性,那么领导者能够迅速作出与之匹敌的举措以削弱攻击。领导者可能在争夺顾客的拼死争斗中拥有更强的持久力。例如,当凯玛特推出新的低价"蓝光促销"活动来挑战沃尔玛的每日低价,沃尔玛很容易就击退了它的挑战,最终使得凯玛特的情况变得更糟。所以,许多企业宁肯追随而不是挑战领导者。

追随者可以获得诸多好处。市场领导者往往承担开发新产品和新市场,扩张分销,以及培育市场的巨大开支。从另外一方面看,市场追随者可以借鉴领导者的经验,并且模仿或者改进领导者的产品和方案,而这么做通常所需投入更少。尽管追随者可能不会取代领导者,但它经常可以同样盈利。

追随并不等同于消极被动或者完全照抄领导者。市场追随者必须知道如何保留现有顾客并且赢得恰当的新顾客份额。它必须把握一种巧妙的平衡,既保证紧紧追随以从市场领导者那里赢得顾客,又要保证追随的距离不要过近,以免招致报复。每个追随者都努力给其目标市场带来鲜明、独特的优势——地点、服务和融资。追随者经常是挑战者攻击的主要目标。因此,市场追随者必须保持低制造成本以及高产品质量和高水准服务,并且还要趁新市场打开之时介入。

18.2.7 市场补缺者战略

几乎每个行业都有一些专门服务于某些补缺市场的企业。它们不去追求整个市场或者大的细分市场,这些企业瞄准的是“子细分市场”。补缺者经常是资源有限的小企业。不过,大企业的小部门也可能执行补缺战略。在整个市场中占有低市场份额的企业也可以通过高明的补缺策略而获得很高的盈利。

为什么补缺也能够盈利呢?主要原因就是市场补缺者非常了解目标顾客群,以致它们要比那些偶尔向补缺市场销售的企业更好地满足需要。结果,补缺者可以把价格定得高出成本更多,因为其附加的价值更大。大众营销者得到的是高销售量,而补缺者得到的是高利润率。

补缺者努力地去寻找一个或更多安全而又有利可图的补缺市场。一个理想的补缺市场通常应足够大并且有发展潜力,它将是一个能够让企业有效服务的市场。或许更重要的是,补缺者服务的市场对于一些大的竞争者没有什么吸引力。企业可以随着补缺市场的发展和变得更有吸引力,培养专业技能并树立顾客信誉,从而在竞争中保护自己。汽车共享补缺者 Zipcar 已在巨大的汽车租赁市场上开辟了自己的盈利小角落:

Zipcar 专门按小时或天出租汽车。这项服务不是面向每个人——它并不打算这样做。相反,它专注于狭窄的生活方式市场,这些人居住或工作在纽约、波士顿、亚特兰大、旧金山、伦敦或者 18 个主要都市区域中的人口密集区,Zipcar 在这样的区域运作(或北美洲的 250 多个大学校园里)。在人口稠密的城市地区拥有汽车(或第二或第三辆汽车)是困难且昂贵的。Zipcar 让城市顾客专注于驾驶,而不是汽车所有权的复杂性。它让顾客可以“当你想要开车的时候就使用”,免去相应的麻烦。它也节省了钱——通过拥有较少的车,顾客平均每月节省了 600 美元,包含车钱、保险费、汽油费、维修费和其他相关支出。

综上所述,这家年轻的汽车共享补缺者蓬勃发展。在过去的四年里,Zipcar 的年收入飙升逾四倍,达到 2.42 亿美元。虽然这只是市场领导者 Enterprise 每年 140 亿美元销售额的一小部分,但小公司 Zipcar 的快速增长却吸引了传统汽车租赁巨头的眼球。Hertz、Avis、Thrifty,甚至是 U-Haul 这些企业现在都有自己的汽车共享业务。但 Zipcar 早十年开始这一业务,与目标社区有舒适的关系,建立了忠实的粉丝基础,企业巨头将难以与之匹敌。对于 Zipcar 的顾客来说,Zipcar 是他们繁忙的城市生活的一部分。

补缺的关键在于专业化。市场补缺者可以在若干市场、顾客、产品或者营销组合中的任何一个方面进行专业化。比如，它可以在为某种类型的最终使用者服务方面进行专业化，例如法律事务公司专门为刑法、民法或商法市场服务。补缺者可以专业化服务于既定规模的顾客群体——许多补缺者选择那些被大企业所忽视的中小客户们。

一些补缺者聚焦于一个或者少数几个特定顾客，把它们所有的产出销售给某个单一的企业，比如沃尔玛和通用汽车。还有一些补缺者根据地理市场实施专业化，仅向特定的地点、地区或者世界的某个区域销售。质量—价格补缺者在市场的低端或者高端展开经营。比如，惠普公司专攻计算器市场中高质量、高价格的那一部分。最后，服务补缺者提供从其他企业无法得到的服务。例如，贷款树公司(LendingTree)提供网络借贷和不动产服务，将住宅买主和卖主通过借贷人和经纪人所形成的网络连接起来，当中介方充分竞争时，这将使顾客方利益最大。

进行补缺也会有一些大风险。比如，补缺市场可能会干涸，或者可能壮大到足以吸引更大的竞争者。这就是为什么许多企业采用多重补缺战略的原因。通过开发两个或者更多的补缺市场，一个企业可以提高其生存机会。即使一些大企业也宁愿采用多重补缺战略来服务于整个市场。例如，正如在第 7 章中所讲的，服饰制造商 VF 公司在细分市场中出售超过 30 种生活方式品牌，从牛仔装到运动服，从当代风格到户外用品和工作服。比如，VF 旗下的 Van 品牌专门生产用于滑冰、冲浪、滑雪的鞋类、服饰和配件。它的“7 for All Mankind”品牌专为精品店和高端百货店提供高端牛仔服和配饰。而它旗下的 RedKap、Bulwark 和 ChefDesigns 工作服品牌提供一整套专为商业和公共机构设计的制服和防护服，不论是警察还是厨师。正是这些补缺品牌使 VF 公司成为价值 95 亿美元的服装巨头。

18.3　平衡顾客导向和竞争者导向

无论企业是市场领导者、挑战者、追随者，还是补缺者，都必须密切关注其竞争者，并且找到能够最有效地定位自己的竞争营销战略。企业必须不断调整其战略以适应快速变化的竞争环境。现在就出现了这样一个问题：企业会不会在追踪竞争者上花费过多的时间和精力，而损害了顾客导向？回答是“会”！一个企业会因为过于以竞争者为中心而失去其更加重要的顾客焦点。

以竞争者为中心的企业将其大部分时间用于追踪竞争者的行动和市场份额，努力寻找对抗竞争者的战略。这种方法既有优点又有缺陷。就有利方面而言，企业树立了一个战斗导向，警惕地查找自己定位中的弱点，并且发现竞争者的不足。就不利方面而言，企业会变得过于被动。企业不去执行自己的顾客导向战略，而是把竞争者的行动作为自己行动的基础。结果，由于过于受制于竞争者的行为，企业不能按照计划好的方向朝既定目标行动。最终企业仅仅就是模仿或者延伸行业的常规做法，而不是寻求给顾客带来更多价值的突破性新方法。

与之相反，以顾客为中心的企业在设计其战略的时候更多地聚焦于顾客。显然，以顾客为中心的企业在识别新机会和设定合理的长期战略方面，处于更为有利的位势。通过观察顾客需要的演变，企业可以决定哪些顾客群和哪些顾客需要最重要而值得去服务，进而将其资源集中于为目标顾客让渡卓越的价值。

在实践中，如今的企业必须是以市场为中心的企业，关注其顾客和竞争者两个方面。它们既不能盲目地专注于竞争者，也不能片面聚焦于顾客。

图 18.3 显示企业已经走过了四个导向。在第一个阶段，企业以产品为导向，很少注意顾客或者竞争者。在第二个阶段，企业成为顾客导向，开始关注顾客。在第三个阶段，企业开始注意竞争者，成为竞争者导向的企业。今天，企业需要以市场为导向，对顾客和竞争者给予均衡的关注。市场导向的企业不是简单地监视竞争者然后竭力打击其当前的经营方式，它们需要关注顾客并且找到比竞争者让渡更多价值的创造性方法。

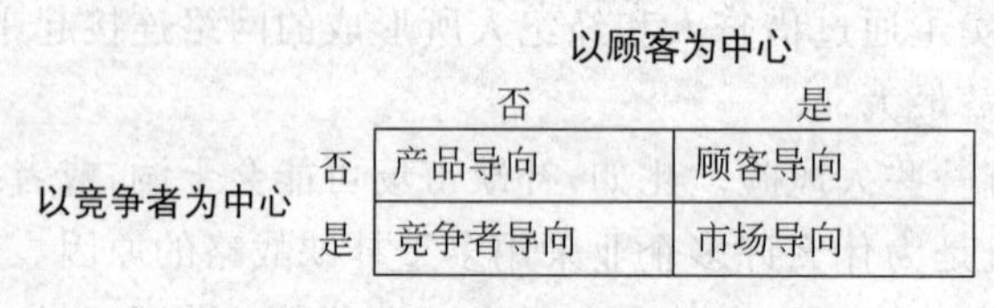

		以顾客为中心：否	以顾客为中心：是
以竞争者为中心	否	产品导向	顾客导向
	是	竞争者导向	市场导向

图 18.3 公司导向的演变

小结

如今的企业面临着前所未有的激烈竞争。理解顾客是培育牢固顾客关系重要的第一步，但这还不足够。为了获得竞争优势，企业必须利用对顾客的认识来设计能比竞争者让渡更大价值的营销供给物，从而在对同一群顾客的争夺中取胜。本章考察了企业如何分析竞争者和设计竞争营销战略。

1. 讨论通过竞争者分析理解顾客和竞争者的必要性。

为了制定有效的营销战略，企业必须考虑其竞争者和顾客。要想建立持久可盈利的顾客关系，企业必须比竞争者更好地满足目标顾客的需求。企业必须经常分析竞争者，制定针对竞争者有效定位并给予其尽可能强大的竞争优势的竞争营销战略。

竞争分析首先涉及通过行业分析法或者市场分析法，识别企业的主要竞争者。企业进而评估竞争者的目标、战略、优劣势，以及反应模式。使用这些信息，企业就可以选择攻击或回避的竞争者。竞争情报必须不断地收集、解释和传递出去。企业的营销经理们需要获得足够多的可信的竞争情报用于决策。

2. 解释基于为顾客创造价值的竞争营销战略的基本原理。

哪一种竞争营销战略最有效，取决于企业所在的行业以及企业是市场领导者、挑战者、追随者，还是补缺者。市场领导者必须制定战略以扩展整个市场、保护市场份额，并且扩大市场份额。市场挑战者通过攻击领导者、其他亚军企业或者产业中更小的企业，努力地扩大其市场份额。挑战者可以从众多的直接或间接进攻战略中进行选择。市场追随者是选择不去捣乱滋事的亚军企业，因为这样可能会得不偿失。但是，追随者并不是没有战略，它们寻求凭借其特殊技能获得市场增长。一些追随者的收益率要比产业中的领导者还高。市场补缺者是不大可能吸引大企业注意的小企业。市场补缺者经常成为最终用途、顾客规模、特定顾客、地理区域或者服务方面的专家。

3. 说明要想成为真正以市场为中心的企业，均衡顾客导向和竞争者导向的必要性。

竞争者导向在当今的市场上很重要，但是企业不应当在聚焦于竞争者上做过了头。与现有的竞争者相比，企业更有可能受到新出现的消费者需要和新竞争者的威胁。以市场为中心的企业平衡考虑消费者和竞争者，从而真正践行市场导向。

问题讨论

1. 哪一个角度能最好地识别竞争对手：行业？市场？
2. 请解释好的竞争对手和坏的竞争对手之间的区别。
3. 列举并描述营销战略和实践通常会经历的三个阶段。
4. 请描述三条传递最佳顾客价值的价值原则，并解释用这种方式划分竞争战略最具吸引力的原因。
5. 描述市场领导者和它们用以维持竞争地位的行动。
6. 比较竞争者导向、顾客导向以及市场导向的公司。哪一种导向是最好的？

批判性思维训练

1. 分小组讨论增加市场份额和增加顾客份额之间的区别。当公司决定自己的关注点时，哪些因素是需要考虑的？
2. 分小组对五家当地餐馆进行顾客价值分析。谁是强大的竞争者，谁是弱小的竞争者？对于强大的竞争者，它们的弱点是什么？
3. 竞争信息的一个来源是产品拆分。诸如物料清单(BOM)之类的信息(即产品的所有成分及其成本的列表)可能非常有用。查找产品拆分成本信息的例子，并讨论该信息对竞争对手的价值。

营销技术：基因专利

一个公司可以申请某种人类基因的专利吗？从联邦上诉法院的案例来看，可以。事实上，我们80%的基因是由公司拥有其专利的。最近的一场基因专利争夺由米利亚德基因生物技术公司发起。米利亚德多年来一直在争夺两种基因——BRCA1和BRCA2——的专利，它们是该公司分离并发现的能预示女性罹患乳腺癌和卵巢癌风险的基因。分离基因的过程既复杂又昂贵，一旦申请到它们的专利，米利亚德就成为唯一一家能为这些疾病提供基因筛查的公司。美国公民自由联盟提出诉讼并声称，米利亚德在试图申请“自然产物”的专利，它成功的话许多妇女将无法承担可能会救命的检查。法律专家预测，米利亚德如果申请失败，将严重威胁到农业、生物制药和化妆品行业DNA相关的研究。反对者认为专利反而限制了基因的研究，因为只有专利拥有者才可以对这些基因进行研究。

1. 讨论允许公司申请基因专利的利弊。

2. 美国专利及商标局已经授予了几项DNA专利。举例讨论并解释专利如何给公司带来竞争优势。

营销伦理：修理的权利

汽车变得复杂，以至于机械工需要通过计算机来诊断问题。独立的汽车技工可能有计算机，但他们没有诊断和解决新型汽车问题所必要的代码或工具。这是为汽车制造商的经销商预留的。一些评论家认为，这为汽车经销商带来了远大于独立技工和汽车零部件零售商的不公平优势，并使消费者的维修价格更高昂。马萨诸塞州修复权联盟在2012年11月的投票中首先提出了维护修护权的倡议，随后该州的立法机关和州长在投票开始前就签字了。在该州，汽车制造商必须提供诊断信息。在全国方面，2011年众议院提出了《机动车车主修理权法案》。当然，汽车制造商和经销商反对这些举措。反对者声称，这些维护修理权的举措将使汽车零部件制造商获得制造商的专有信息，并可能因为修理不当而危及消费者的安全。支持者表示，制造商们只是希望保持其不公平的优势，保护它们的维修业务。

1.《机动车车主修理权法案》的地位如何？如果它没有成功立法，是为什么？如果它成为法律，又会造成什么影响呢？

数字营销：市场份额

消费者永远需要购买食品杂货，这形成一个7 000亿美元的产业。但是他们在哪里购买食品杂货已经随着大型折扣超市如沃尔玛和塔吉特的出现而发生了变化。大约25年前，沃尔玛的高管们作出了一个战略决定——扩张到食品杂货行业。现在沃尔玛一半以上的销售额来自这一行业。沃尔玛拥有3 000多家杂货品种齐全的特大购物中心和另外200家较小的"邻里市场"，后者主要提供杂货。美国消费者每年购买食品杂货的总额为7 000亿美元，其中超过1 450亿美元是在沃尔玛消费的，而沃尔玛旗下的山姆会员店又抢占了另外300亿美元的消费额。因此，传统超市所占的食品杂货销售份额在2011年跌至51%，相比2000年下降了23%。

1. 计算沃尔玛在食品杂货行业的市场份额。在该行业，每一个份额点的销售收入为多少？

2. 传统超市如何应对沃尔玛进入市场带来的威胁？如何才能停止市场份额的减少？请提出你的策略。

公司案例

福特：标杆企业的复兴

在美国有一句古老的谚语："爬得越高，摔得越狠。"这恰到好处地描述了美国汽车行业在过去几十年发生的情况。例如福特汽车公司，这家标杆企业在1998年占据了所有汽车和卡车市场25%的市场份额。当时,福特的F系列皮卡是全球最热销的车型,装配下线的数量超过80万辆;Explorer在热门的SUV市场占据榜首;Taurus也常年是轿车销量冠军的有力竞争者。福特曾以1 530亿美元的收入排名《财富》500强的第二位(当时的第一位是通用公司)。高涨的股价使福特的市值一度达到730亿美元,被Interbrand评为全世界价值第六位的品牌,品牌价值为360亿美元。

但在短短十年间,福特的龙头地位就像生锈的老爷车一样土崩瓦解了。在2008年,福特的市场份额仅仅徘徊在14%左右,收入也下降到1 460亿美元,并经历了公司历史上最严重的147亿美元的亏损。福特的股价也高台跳水至2美元一股,跌去了93%的市值。在Interbrand的排行榜上,福特也从前十位跌到了第49位,品牌价值仅有70亿美元。这家公司已站到了崩溃的边缘。

福特可以试图通过指出整个汽车行业2008年都在衰退来解释它的不幸。高涨的油价和过去70年以来最差的全球经济状况使汽车行业的销售变得一团糟,但这些却无法解释福特市场份额的急剧下滑和它相对于同行业其他公司更严重的亏损程度。当时这家公司的状况远不如其他的汽车企业。

现在回过头来看,一个很清楚的事实是福特当时的视线脱离了市场。它当时过于依赖高油耗的卡车和SUV,而未能及时转型到更加节能省油的车型。它的汽车品质遭受质疑,其运营机构过于臃肿并导致高昂的成本。在寻求服务于每一个细分客户群的过程中,福特尝试收购路虎、沃尔沃、阿斯顿·马丁、捷豹等品牌,却未能了解任何一个特定客户群的需求。所有这些豪车品牌也在侵蚀宝贵的公司资源。最终,公司的创新陷入空前的停滞。美国区总裁马克·菲尔兹补充说道:"我们公司曾有一种说法,说我们是一个快速跟随者。这恰恰意味着我们慢了。"

新的方向

就在公司的财务状况几年来最糟糕的时候,一个企业复兴战略已经开始起步。在2006年,福特引进了一位业外人士来为这个境况不佳的巨头实施心脏复苏术。曾领导波音公司进行过去几十年中最雄心勃勃的767梦幻客机产品发布的艾伦·穆拉利被任命为新的CEO,全面接管福特公司。他看上去显得心情愉快,容光焕发,并流露出乐观情绪。穆拉利宣称:"我来这里是为了拯救一个美国和全世界的标志性公司。"

穆拉利上任后立即开始了工作。他将人工成本降低了将近22%,使其更加接近新的行业龙头丰田公司的水平。他关闭了没有盈利的工厂,并尽可能地精简运营机构。在2008年,当通用和克莱斯勒公司都在向政府求助的时候,福特通过传统的方式从银行贷款235亿美元,增加了现金储备。通过保持财务独立,福特无须向美国政府汇报公司的具体运营情况,也避免了像它的两家底特律同胞一样破产的命运。

但真正将福特推回快车道的行动还是精心制定了非常好的传统形式的使命宣言。穆拉利下令制作了全公司20万名雇员可以随身携带在钱包里的小塑料卡片,上面描述了他所称的"预期行为"。这些预期事实上是穆拉利坚信能够让公司重新变得有竞争力的四个目标。对穆拉利来说,这是神圣的教义。"这就是我,"他说,"我写下了使命宣言。它是我的信仰。"

聚焦于福特品牌 穆拉利称:"没有人会去买一屋子的商标。"正是福特的名字和福特家族留下的遗产使得这家公司成为一家伟大的公司。穆拉利认为收购众多汽车公司，将其混合到一起是一个失败的实验，并立即着手剥离捷豹、沃尔沃、阿斯顿·马丁、路虎这几家公司。不仅如此，福特历史上有名的水星部门(Mercury)一直为福特提供定位于低端福特和高端林肯之间的中端车，但由于水星是一个濒临消亡的品牌，穆拉利果断放弃了这个部门。

用精心定制的产品在每一个细分市场参与竞争 即使只剩下福特和林肯两个部门，穆拉利也坚信福特能够在所有的主要细分市场参与竞争，包括体积从小到大的轿车、SUV 和卡车。穆拉利喜欢讲述他是如何开始改进福特产品线的：

> 到这里的第一天，我说："让我们去看一下产品线吧。"他们把产品线列出来后，我说："Taurus 在哪里?"他们说："我们把它毙掉了。"我说："什么意思? 你们把它毙掉了?""呃，我们制造了几个看起来像橄榄球一样的东西，它们卖得不好，我们就把它停产了。""你们停产了 Taurus?"我说，"要耗费多少亿美元才能围绕一个名字建立起品牌忠诚度?""我们觉得它受到如此严重的损害，因而将它命名为五百(Five Hundred)。"我说："你们必须在明天之前找到一辆车来挂上 Taurus 的牌子，因为这就是我来这里的原因。然后你们有两年的时间来造出你们所能造出的最酷的车。"

穆拉利有充分的坚持 Taurus 的理由。这是公司历史上在 T 型车、F 系列、野马(Mustang)之后第四热销的车型。但穆拉利在产品研发部最大的新闻还是研发转向小型"世界"汽车，这种车只需要作一些小的改动就可以在每个国家销售。福特曾经在不同的时间多次尝试过"世界"汽车的想法，都以失败告终，但这主要是因为公司在不同地区的分部无法在制造何种车型的问题上达成一致。而现在穆拉利已经围绕"世界"汽车的目标对公司进行了重组。如果能够成功，基于规模经济优势带来的成本下降效益将会非常显著。

在穆拉利的产品战略中偏"小"的部分对福特的重型卡车文化来说显得比较另类。"每个人都在说你从小汽车上赚不到钱的，"他说，"你最好非常仔细地想好如何赚钱，因为世界的趋势就是这样。"穆拉利的计划并不仅仅是制造更多的小型汽车，而是制造更好的小车。在欧洲设计的 2010 款嘉年华(Fiesta)和福克斯(Focus)就是穆拉利"一个福特"计划下的第一批车型。更加节油的车型(包括电动车)也将有助于福特的市场定位满足日益严格的政府燃油经济性标准。

经营更少的标牌 穆拉利称："越多越好"的法则并不是好的品牌战略。当他刚到福特时，公司在全世界销售 97 个标牌。对他而言，这恰恰说明了福特这个品牌变得不够专注和出色。"我是说，天啊，我们居然有 97 个标牌的车！你怎么可能让它们都很酷? 你要每天上午 8 点过来，说'我要在 8 点到中午让 64 号标牌的车很酷? 然后我要在午饭后让 17 号标牌的车很酷?'这真是很荒谬!"穆拉利的目标是到 2013 年将标牌的数量减少到 40 个。但实际上标牌数量在 2010 年就已被精简到 20 个，这让穆拉利非常兴奋。

在质量、节油、安全、价值方面都做到一流 更小的车当然要追求节油的目标，但穆拉利让福特文化再次审视自己的老口号："质量是第一要务。"对质量的重视已经收到了成效。去年《消费者报告》杂志推荐的福特车型多于丰田，其 Fusion 车型在该杂志的可靠性调查中也击败了丰田凯美瑞。除此之外，福特在底特律汽车展上凭借 Fusion Hybrid 和

Transit Connect 获得了"年度最佳小汽车"和"年度最佳卡车"称号。"我们的产品线现在空前强大,我们在质量、油耗、安全、精巧设计、价值方面的领先地位已在消费者中形成了共识。"穆拉利在说上述这段话的时候似乎是在复述他自己的使命宣言。

新的竞争优势

在寻求重塑福特形象,吸引年轻消费者,甚至是在对汽车本身进行革命性创新的过程中,穆拉利很可能是偶然发现了一个可以引领福特迈向未来的竞争优势。他希望将他的汽车和互联网连接起来,以及将上网的人们在精神上联系起来。"看,联网非常酷。但它不仅是酷,更是一个购买的理由。科技是人们购买福特汽车的理由!我们将会是你拥有的最酷、最实用的应用程序,让你保持网络的无缝连接。"

穆拉利是在谈论福特的 Sync 选项。简而言之,一款装备了 Sync 的车型可以通过驾驶员口袋里的智能手机将他连接上互联网。与通用(GM)公司的 OnStar 和其他类似系统不同的是,Sync 是一个接口,而不是车里实际部署的一个联网系统。其他的系统当汽车出厂时就已经过时了且没办法升级。如果使用 Sync,驾驶员可用他自己携带的任何技术产品连接网络,而且人们往往喜欢使用最新式的小玩意儿。

Sync 采用了现有的技术,而且将它们做得更好。通过在车速表的两侧各设置一块 LCD 面板,用户界面在驾驶员的视野内更加宽广,且支持客户化定制。如果你不需要知道车内温度,而是迷路了,温度读数可以替换为导航信息。如果你是在一条很长的高速公路上,不需要导航的帮助,显示屏可以将驾驶员连接到手机控制或者音乐(包括卫星广播甚至美国互联网音乐广播服务提供商 Pandora)。驾驶员甚至能够在这两块屏幕上观看视频,但只能是在停车的状态下。

最新的 Sync 系统在驾驶室中引入语音识别,使这辆车变身为电影《2001 年太空漫游》中的机器人 HAL 9000(只是没有试图统治宇宙的邪恶欲望)。所有驾驶员需要做的只是正常地和这辆车说话,而无须去摸索各个按钮或者浏览屏幕上的菜单。"我饿了"这样的简单指令可以得到根据 GPS 给出的关于附近餐馆的语音建议。如果驾驶员对戴夫·布鲁贝克的曲目很有兴致,"我想听一些爵士乐"的指令会播放连接到车上的所有爵士乐,无论这些音乐是在智能手机、iPod 还是上网本上。

所有这些已经不仅仅是酷,"它让你成为一个更好的驾驶员,"穆拉利称。他的一条首要原则是:"我们不会去做一件事,除非它让你保持目光集中在路面上,双手放在方向盘上。"这项技术可以让人们不用去摸索科技设备上的按钮甚至是低头去调整广播或空调的设置。

虽然 Sync 在穆拉利接管福特的时候已经在研究中了,但当他宣称 Sync 将是公司的未来时,所有人都非常惊讶。他坚持要求 Sync 能够配置在所有的福特车辆中,而不仅仅是高端豪华车型。在这方面,穆拉利将 Sync 视为一种方式,正如亨利·福特一开始所做的一样,"使一种新出现的技术大众化,让所有民众都能享受它"。

生命迹象

福特的销售额和市场份额开始增长,中型车 Fusion 创下销售纪录,四年上涨了 66%,而同期丰田佳美和本田雅阁分别下跌了 31%和 28%。最让穆拉利兴奋的是,福特的小型车去年一年就增长了 25%,与他的发展战略相一致。而且,消费者在福特没有了持续多年的大幅折扣刺激的情况下，反而愿意花更多的钱购买福特汽车。所有这些意味着盈利再次变为正的。福特在过去三年中每年都有利润，最近已达到200亿美元。

福特开始重回正轨，但还远远没有脱离困境。由于没有接受政府资助，福特背有沉重的债务负担。从破产保护中走出的通用和克莱斯勒拥有干净的资产负债表，已重新踏上征程。尽管有着积极的态度，穆拉利对全球竞争环境也有担忧。在最近的一次采访中，他说："服务是为了生存。我很荣幸能够为福特的顾客、员工、经销商、投资者、供应商及社区服务。我们有世界上最好的小汽车和卡车：质量好、省油、安全、智能、有趣、价值高。"

讨论题

1. 你会将福特放在什么样的竞争位置？为什么？
2. 福特是一个以市场为导向的公司吗？它在这一领域应如何提高？
3. 福特的Sync如何有助于它的竞争优势？这是一个持续性的优势吗？
4. 穆拉利的小型"世界"汽车是否能获得成功？
5. 你对穆拉利和福特公司有什么其他的建议？

Principles of Marketing

第 19 章

全球市场

学习目的

- ☐ 探讨国际贸易体系以及经济、政策法规和文化环境如何影响公司的国际市场营销决策
- ☐ 介绍进入国际市场的三种主要方法
- ☐ 说明公司如何为国际市场调整其营销组合
- ☐ 明确国际市场营销组织的三种主要形式

本章预览

现在我们已经知道了公司开展竞争性营销战略以创造顾客价值并建立长期顾客关系的基本原理。在本章里，我们会将这些基本原理扩展到全球市场营销。虽然我们在前面的每章中对这个领域都有所提及——很难找到不包含国际营销的市场营销——但本章我们会具体讨论公司在全球进行品牌营销时面对的问题。

通信、交通和其他技术的进步已经让世界变得更小了。今天，不论大公司还是小公司，都要关注国际市场营销问题。在本章中，我们将探索企业进入全球化发展过程中的六个主要决策。

在开始全球化营销探索之前，我们先来看一下可口可乐，一个真正全球化的案例。你会发现可口可乐几乎触手可及，遍布世界各个角落。该公司在年报里称："我们每分每秒都在销售幸福时刻，一天能在 200 多个国家售出 17 亿多次。"和许多公司一样，可口可乐最大的增长机会在于国际市场。这里我们考察该公司进军非洲之旅。

可口可乐在非洲："一切都准备好了"

可口可乐是世界上真正的标志性品牌之一——一个价值 460 亿美元的全球性强大集

团。它使得世界上98%的人都能随手买到可口可乐产品。尽管已经是全球第一的软饮料制造商,可口可乐依然计划2008—2020年实现全球市场的收入翻番。但要实现这一增长并非易事。主要问题在于软饮料的销量在北美和欧洲——可口可乐最大和最盈利的两个市场——已经失去了增长活力。事实上,美国软饮料市场已经连续五年缩减。鉴于成熟市场的销量处于停滞状态,可口可乐必须寻找其他地方以实现其雄心勃勃的增长目标。

近年来,可口可乐主要在中国和印度这类发展中的全球市场上寻求增长,这些市场拥有大量新兴中产阶层,但人均可乐消费量相对较低。然而,中国和印度市场都充斥着竞争者,外来者很难扩展。因此,尽管可口可乐仍然会在这些国家进行激烈竞争,它已经将目光投向更有前景的长期增长机会——非洲。

许多西方企业将非洲视为难以驾驭的最后边境——一个饱受贫穷、政治腐败、不稳定且不可靠的交通及饮用水和其他必要资源匮乏折磨的无人之境。但是可口可乐在这里看到了大量机会。非洲有超过10亿的持续增长人口和正在兴起的中产阶层。到2014年非洲收入超过5 000美元的家庭数目——该收入程度的家庭开始把超半数支出用于非食品项目——预期将超过1.06亿,几乎是2000年的两倍。可口可乐公司CEO穆泰康称:“你得到了难以估计的动态化年轻人群和巨大的可支配收入。我的意思是非洲1.6万亿美元的GDP超过了俄罗斯,也超过了印度。”

非洲对可口可乐并不陌生。自从1929年开始,可口可乐便在非洲经营,并且它是唯一一个向每个非洲国家提供产品的跨国公司。和百事可乐15%的市场份额相比,可口可乐在非洲和中东地区有29%的主导性市场份额。非洲和中东地区市场现在占可口可乐总收入的6%。

但是可口可乐在非洲仍有很大增长空间。例如,肯尼亚每年人均可口可乐消费量只有40份,相比之下,发达一些的国家例如墨西哥的每年消费量则达到了惊人的728份。因此可口可乐在非洲的发展大有可为,不只是它的旗舰产品可乐,也包括其他软饮料、水和果汁。虽然这个饮料巨头在过去十年已经向非洲市场投入了60亿美元,它计划在接下来的十年里继续增加一倍投资——包括装瓶厂、分销网络、零售商支持和一场非洲范围内的名为“相信非洲的十亿个理由”的促销活动。

非洲的营销和更加发达地区的营销相比,是一个非常不同的方案。一位分析师说:“非洲……不是亚特兰大,并且可口可乐某种意义上是伸手到蜂窝里取蜂蜜。”为了实现非洲的销量增长,除了在非洲的大城市利用传统渠道进行营销,可口可乐借助更草根的策略进入小社区。CEO穆泰康说:“要想在一个国家立足非常容易,只须在每个主要城市建立仓库就行,但是在非洲这不是我们要做的。我们去了非洲的每个地方,我们去了每个城市、每个乡村、每个社区、每个小镇。”在非洲,每个小巷的每个小店变得重要起来,因为可口可乐发起了某位分析家所说的“大街小巷运动,以此赢得消费者……(消费者)还没有习惯以加仑为单位饮用可乐”。

比如,以在肯尼亚内罗毕市郊某地区的Mamakamau商店为例,大量垃圾在商店外燃烧,污水在空旷沟渠内流过。除了可口可乐产品,商店也出售从床垫到塑料桶的各种东西,一切都放在一个差不多小卧室大小的房间。尽管如此,店主获得了可口可乐最高等级的“黄金”卖主地位,一天以500毫升一瓶30肯尼亚先令(37美分)的价格售出大概72份可口可乐产品。大多数顾客在店内坐在倒置的红纸箱上喝饮料——他们支付不起瓶子的押金。可口可乐的肯尼亚装瓶厂将重复使用玻璃瓶多达70次。

为了获得她的“黄金”地位，这位店主谨慎地遵守销售技巧。她在店门口摆放着一个可口可乐提供的红色冷藏柜，并由蓝色笼子保护。像她那儿的夫妻店一样，她在冷藏柜上部全部存放可口可乐，中部存放芬达，底部存放大瓶子。在商店内部，她张贴可口可乐提供的红色菜单标志来推动套餐销售，比如一瓶300毫升可口可乐和一份ndazi——当地的一种甜甜圈，售价25先令。

在另一个贫穷的内罗毕街区，拥挤的街道排列着涂着可乐红的商店。当地的装瓶厂雇用了一位艺术家来为商店画上商标和斯瓦希里语短语，比如“Burudikana Coke Baridi”，意思是“享受可乐的冰凉”。在非洲数不尽的社区，不管是内罗毕的零售商店还是南非约翰内斯堡的糖果食品店，小店在推进可口可乐销售中发挥着巨大作用。

这些商店由一个基本但有效的可口可乐分销网络供给。比如，在内罗毕的市区，身着红色外套的人向手推车上装载来自Rosinje分销中心的22～40箱可乐以及其他软饮料，这是可口可乐公司在非洲运营的2 800个微型分销中心之一。这些中心是可口可乐非洲分销网络的主心骨。比如，内罗毕工厂运输可乐、芬达、斯托尼姜汁啤酒和其他可乐品牌产品到367个微型分销中心。员工再从那儿把货送到当地商店和饮料售货亭，有时甚至是用头顶着。由于道路狭窄、交通拥挤，徒手运送饮料通常是最好的方法。微型分销中心帮助可口可乐将其产品送至遥远地区，使得人们在对软饮料形成习惯并且有收入买它时，能够买得到。

尽管很初级，可口可乐在非洲的营销方法正在显现其有效性。该公司第一准则就是让其产品“冰凉且密封”。南非可口可乐的总经理说：“如果他们没有公路用卡车远途运输产品，我们会用船、独木舟或者手推车。”比如，在尼日利亚的Makako地区——拉各斯潟湖边上错综的棚屋区——妇女穿行于纵横交错的水路，直接在小舟上向居民售卖可口可乐。

毫无疑问，可口可乐对非洲增加的投入将会是实现其全球化目标的关键。正如CEO穆泰康总结的，“非洲是一个鲜为人知的故事，并且可以成为下一个十年的大故事，就像过去十年的印度和中国一样……一切都准备好了。”

过去，美国公司很少关注国际贸易。如果出口能够为它们带来一些额外销量，那也不错。但是大市场是在国内，并且充满了机会。本国市场也更加稳妥。经理不需要学习其他语言，或者改进他们的产品以满足不同顾客的需要和期待。然而，当下的情况已经很不同了。一切形式的组织，从可口可乐、惠普到谷歌、MTV甚至NBA，都全球化了。

19.1　21世纪的全球市场营销

更快捷便利的通信、交通和资金流动使得世界正在迅速变小。一个国家设计的产品，能在其他国家被热情地接受，如三星电子产品、麦当劳汉堡包、脸书社交网络和德国宝马。一位德国商人穿着意大利套装，在日式餐馆与英国朋友见面，回到家里喝俄罗斯伏特加，看《美国偶像》节目，这不会令人感到惊奇。

国际贸易在过去的30年中飞速增长。1990年以来，世界上跨国公司的数量已经从3万家增加到超过6.3万家。其中有的确实是巨型企业。实际上，世界上最大的150个经济体中，只有81个是国家，其余的都是大型跨国公司。艾克森美孚——世界上最大的公司(基于销售额、利润、资产和市场价值的加权平均)——每年的收入甚至超过除世界最大的25个国家之外的其他国家的国内生产总值。

2005年至2011年间，世界贸易的产品和商业服务总额分别增长了10%和9%。尽管最近全球经济衰退使世界贸易有所回落，去年世界贸易的产品和服务总价值超过了22.3万亿美元，占全球国内生产总值的28%左右。

许多美国公司在国际营销上已经成功很久了。可口可乐、麦当劳、星巴克、耐克、通用电气、IBM、苹果、高露洁、卡特彼勒、波音和许多其他美国公司，都把全球作为它们的市场。在美国，丰田、雀巢、宜家、佳能、阿迪达斯和三星这些名称已经家喻户晓。有些产品和服务看起来是美国货，其实是由国外公司生产或拥有的，例如，Ben&Jerry冰激凌、百威啤酒、7-Eleven、GE和RCA电视、Carnation牛奶、环球电影公司(Universal Studio)和6号汽车旅馆。法国的轮胎制造商米其林，现在有33%的收入是在北美获得的；强生公司——典型的美国产品(例如创可贴和强生婴儿洗发水)的生产商，有几乎56%的业务是在国外开展的。美国的卡特彼勒有几乎70%的销售额来自美国以外的国家。

但如今，随着全球贸易量的增长，全球的竞争也在不断地加剧。国外公司在新的国际市场急速扩张，国内市场已经不再充满机会。现在基本没有哪个行业能免于国外的竞争。如果公司延误了国际化进程，就将承受被挤出成长中的西欧、东欧、亚太、俄罗斯、印度、巴西和其他地区市场的风险。守住国内市场以求稳妥的公司不仅会失去进入其他市场的机会，还有失去国内市场的风险。国内那些从来没有考虑过国外竞争者问题的公司，会突然发现竞争者就在它们身边。

具有讽刺意味的是，虽然现在公司比从前更需要进入国外市场，但风险也随之增加。进入国外市场的公司要面对非常不稳定的政府和货币因素，以及政府的限制性政策法规和较高的贸易壁垒。最近低迷的全球经济环境也创造了巨大的全球性挑战。同时腐败也是个越来越严重的问题：一些国家的官员经常把生意交给贿赂额最高的投标者而不是最优秀的投标者。

全球公司(global firm)是指在超过一个国家从事和经营业务，并获得营销、生产、研发和财务优势的公司，而这些优势是只在国内运作的竞争者所不具备的。因为公司把世界看成一个市场，它最小化了国家界限的重要性，创造出享誉全球的品牌。全球公司选择最合适的地点筹集资金，购买原材料和零部件，制造并销售产品。

例如，美国奥的斯(Otis)——世界上最大的电梯制造公司——总部建在康涅狄格州的法明顿。然而，它向超过200个国家提供产品并且在国外获得了超过83%的销售额。奥的斯从法国购买电梯门系统，从西班牙购买精细传动部件，从德国购买电子器件，从日本购买特殊的电动机。它在美国、欧洲和亚洲经营生产工厂，在美国、澳大利亚、巴西、中国、捷克、法国、德国、印度、意大利、日本、韩国和西班牙经营工程和测试中心。反过来，奥的斯是全球商业和航空巨头联合技术公司的全资子公司。如今全球性经营的公司，无论是大公司还是小公司都真正做到了无国界经营。

但这并不意味着中小型公司必须在十几个国家经营以获得成功。这些公司可以实施全球补缺策略。然而世界正在变小，所有在全球产业中经营的公司，无论是大公司还是小公司，都必须评估并确立自己在世界市场上的地位。

全球化的快速推进意味着所有公司都不得不回答以下基本问题：在国内、在所处的经济区、在全球我们应该怎样进行市场定位？我们的全球市场竞争者是谁，它们的战略是什么，资源有哪些？我们应该在哪里生产或者获得产品？我们应该和世界上其他的公司建立怎样的战略联盟？

如图19.1所示，公司在国际市场营销中面临着六项主要决策，每项决策都将在本章详细讨论。

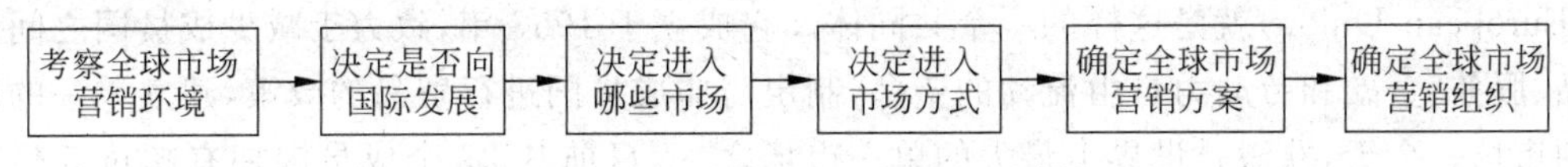

图19.1 国际市场营销中的主要决策

19.2 考察全球的市场营销环境

公司在决定是否走全球经营的道路前，必须彻底了解国际市场营销的环境。在最近几十年，国际市场环境已发生了很大变化，产生了许多新的机会，但同时也带来了很多新的问题。

19.2.1 国际贸易体系

一家公司想要向国外发展，必须先对国际贸易体系(international trade system)有所了解。公司将产品销往另一国家时，会面临各种不同的贸易管制。政府可能会收取关税，这是对某些特定的进口产品收取的税赋，旨在提高收入或保护国内企业。关税经常被用来阻止对其他国家有利的贸易行为。例如，中国的太阳能电池和光伏模组最近被认为在美国定价低于市场价，将美国制造商排除在市场外。为了反击，美国政府向从中国进口的太阳能电池和光伏模组收取31%的关税。向美国出口这些产品的新兴中国公司可能面临高达250%的关税。

国家可以设置配额，限制某些产品类别的国外进口量。配额的目的是为了节约外汇及保护本地产业和就业。公司也可能面临外汇管制，即限制外汇的数额和对其他货币的汇率。公司还可能面临非关税贸易壁垒(nontariff trade barrier)，例如投标歧视、限制性产品标准或当地国家的过多管制或强迫。

同时，有些力量帮助不同国家之间开展贸易，例如世界贸易组织(World Trade Organization，WTO)及各种区域性自由贸易协定。

世界贸易组织 关贸总协定(GATT)成立于1947年并在1994年进行了修订，致力于通过降低关税和其他国际贸易壁垒来促进世界贸易。它建立了世界贸易组织，而世界贸易组织在1995年取代了GATT并且监督原有的GATT条款。WTO和GATT成员

(现有 153 个)已经进行了 8 轮 GATT 谈判,重新评估贸易壁垒并制定新的国际贸易规则。WTO 也实施国际贸易制裁和调节全球贸易纠纷。前 7 轮谈判把制成品的世界平均关税水平从 45%降到仅仅 5%。

最近完成的一项谈判,称为乌拉圭谈判,拖了 7 年直到 1994 年才结束。乌拉圭谈判的意义会延续很多年,因为新的协议必将促进长期的全球贸易。它降低了世界其余商品 30%的关税。新的协议还使 GATT 扩大到包括农业和服务业的贸易,加强了版权、专利、商标和其他知识产权的国际保护。新一轮的全球 WTO 贸易谈判,即所谓的多哈回合,2001 年末在卡塔尔的多哈举行,原定 2005 年结束。但是直到 2012 年,讨论仍在继续。

地域性自由贸易区 一些国家组织起来,形成自由贸易区(free trade zone)或经济共同体(economic community)。这些国家组织在国际贸易中朝着共同的目标努力。欧盟(European Union)就是这样的一个共同体。它成立于 1957 年,致力于减少成员国之间产品、服务、金融和劳动力自由流动的壁垒,制定与非成员国进行贸易的政策,建立单一的欧洲市场。今天,欧盟是世界上最大的单一市场之一,目前其 27 个成员国拥有超过 5 亿消费者,其出口额几乎占世界总出口额的 20%。

欧盟为美国和其他非欧洲的公司提供了大量商机,同时也产生了威胁。不断联合的结果会使欧洲公司更加壮大、更具竞争力。而更大的担忧可能在于,欧洲内部的低壁垒会造成对外部的高壁垒。一些评论家预计,“堡垒欧洲”对欧盟公司有很多好处,但会设置障碍来阻拦其他公司。

欧洲联合的步伐已经放慢了。然而,过去十年来,17 个国家把欧元作为通用货币,向欧洲联合迈出了重要一步。广泛采用欧元将减少在欧洲做生意的货币风险,并使原来货币不够坚挺的成员国成为更具吸引力的市场。然而采用一种通用货币也导致了问题,因为欧洲经济强国比如德国和法国最近不得不支撑更弱的经济体,比如希腊和葡萄牙。

即使把欧元作为标准货币,欧盟也不可能违背 2000 多年的传统而成为一个“欧洲合众国”。一个存在二十几种不同语言和文化的联盟,很难聚集起来成为一个有效运行的统一体。尽管如此,年均国内生产总值超过 17 万亿美元的欧盟,已成为一股强有力的经济力量。

1994 年,北美自由贸易协定(North America Free Trade Agreement,NAFTA)在美国、墨西哥和加拿大建立自由贸易区。协定创建了一个包括 4.63 亿人口的单一市场,每年生产并消费 18 万亿美元的产品和服务。在过去的 18 年内,NAFTA 已经消除了三个国家间的贸易壁垒和投资限制。NAFTA 国家的贸易总额已翻了三倍,从 1993 年的 2 880 亿美元,到 2011 年的 1 万亿美元。

继 2005 年北美自由贸易协定的明显成功之后,中美洲自由贸易协定(CAFTA-DR)在美国与哥斯达黎加、多米尼加共和国、萨尔瓦多、危地马拉、洪都拉斯和尼加拉瓜之间建立了一个自由贸易区。在南美洲也形成其他自由贸易区。例如,南美国家联盟(UNASUR)仿照欧盟,于 2004 年成立,并于 2008 年形成正式的宪章。UNASUR 由 12 个国家组成,是继北美自由贸易区和欧盟之后形成的最大的贸易集团,合计人口 3.61 亿,经济总值超过 9 730 亿美元,出口总额 1 820 亿美元。类似北美自由贸易区和欧盟,UNASUR 旨在至 2019 年消除所有国家之间的关税。

每个国家都有其特性,必须对其加以了解。一个国家对不同产品和服务的欢迎程度及其作为一个市场对外国公司的吸引力,是由它独特的经济、政策法规和文化环境决定的。

19.2.2　经济环境

国际市场营销人员必须对各国的经济情况加以了解。以下两个经济因素反映了一个国家的市场吸引力：国家的产业结构及其收入分配。

国家的产业结构(industrial structure)决定了其产品和服务需求、收入水平以及就业水平。四种产业结构如下：

- 自给自足经济(subsistence economy)：在自给自足经济中,绝大多数人口只从事简单的农业。他们自己消费自己大部分的产出,并用剩余部分交换一些简单的产品和服务。他们提供的市场机会很少。许多非洲国家属于这一类别。
- 原材料出口经济(raw material exporting economy)：这种经济形态的国家都拥有一种或几种丰富的自然资源,但在其他方面很贫乏。它们的收入主要来自出口这些自然资源,例如智利(锡、铜)、刚果民主共和国(铜、钴和咖啡豆)。这些国家因此成为大型设备、工具、器材及卡车等产品的极佳市场。如果外国居民和当地富有的统治阶层的人数较多,这些国家也是奢侈品的潜力市场。
- 工业化经济(industrializing economy)：在新兴经济体中,制造业的快速发展带来整体经济水平的增长,例如金砖四国——巴西、俄罗斯、印度和中国。当制造业增加时,国家需要进口更多的纺织品原料、钢铁和重型机械,而纺织成品、纸制品和汽车的进口逐渐减少。工业化会产生新的富有阶层和不断增长的中产阶层,这两种阶层都需要新型的进口产品。随着越来越多发达市场停滞并且竞争越来越激烈,许多营销者现在将发展机会定位于新兴市场(见营销实例19.1)。
- 工业经济(industrial economy)：工业经济的国家是工业产品、服务与投资基金的主要输出国。它们除了彼此之间有贸易往来之外,还将工业产品输往其他经济类型国家,以换取原料和半成品。这些工业国家的各种制造活动及人数众多的中产阶层,也使它们成为各种商品的最佳市场。例如,美国、日本和挪威。

营销实例19.1

巴西：一个正在兴起还是已经兴起的市场?

当谈到世界上新兴经济体时,中国和印度似乎最常见于头条。但是在问到巴西人他们对自己国家的看法时,他们可能回答“O pais maior do mundo”——“世界上最伟大的国家”。基于巴西逐渐增大的消费者市场力量,许多全球化营销者都会同意。

作为南美最大的国家,巴西也自夸为世界第六大经济体,它预期在下个十年内超过法国成为第五。此外,尽管印度和中国两者的人口都是巴西2亿人口的6倍多,巴西在人均购买力上远远超过这两个国家。事实上,巴西的GDP比印度高200%。由于历史性的低失业率、上涨的工资和外部投资的涌进,巴西的消费者市场急剧扩张。世界正觊觎巴西快速增长的中层阶级——过去五年内增长了4 000万人。这一群体的繁荣及其欲望导致了对高价值品牌快速增长的需求,从软饮料到移动手机再到进口奢侈品。

世界上最大的零售商现在正在巴西建立商店。它们通过定位于中产阶级、小企业和富有消费者混合群体的创新模式而获得成功。来自法国的家乐福通过其与好市多类似的Atacadao仓储商店,成为了市场领导者。Atacadao仓储商店的环境像一个现代仓库,以吸引人的促销和价格提供大量优质品牌。沃尔玛在巴西的532个连锁店同样也经历着巨大增长,包括沃尔玛超级中心、山姆俱乐部以及快速发展的TodoDia连锁店,后者是一个低价超市,提供全国品牌和沃尔玛闻名全世界的自有品牌的产品组合,服务方式适合巴西人。

实际上,在巴西日益富裕的中产阶级中一个强力增长品类是儿童玩具。随着巴西人可支配收入的增加,近年来每年在传统玩具和游戏上的花费已经增长25%以上。美泰以30%的高市场份额引领市场,孩之宝公司次之。巴西的玩具市场和美国很像。巴西的儿童和青少年不仅吵闹着要风火轮玩具车和芭比娃娃,也喜欢其他北美孩子最爱的东西,从迪士尼公主、怪物史瑞克到小探险家朵拉。

巴西带来机会的同时也带来挑战。尽管巴西的市场基础设施比十年之前有很大改善,这个国家分化的社会阶级和地区差异给跨国公司造成了很大困难。比如,巴西南部和东南部拥有这个国家最富裕、人口最密集以及交通最便利的地区,像巴西最富有的圣保罗州。相反,东北部是巴西最穷的地区,许多居民都享受不到像公路和自来水这样的基础设施。这一地区历史上就更偏好当地市场而不是超市,更偏好地区品牌而不是全球品牌。由于家庭人口多,巴西东北部消费者也忠于低价格。

尽管如此,巴西东北部也是家庭收入增长最快的地区。因此,随着巴西最富裕地区的竞争日益激烈,营销人员正在寻找能够应对东北部地区分销问题的创新方法,从而实现增长。比如,雀巢开发了"Ate Voce"("触及你")项目,让推销员用推车到家门口出售成套的乳制品、饼干、酸奶和甜品。居民认为这种方式很吸引人。除了出售产品,雀巢推销员还接受了营养咨询师的训练,帮助顾客形成健康饮食习惯。

巴西东北部地区的亚马逊河盆地,缺少牢靠的公路和高速公路网络。为了服务这一地区的顾客,雀巢甚至建立了一个流动的超市,将物品直接送达顾客。从贝伦市——巴西亚马逊河沿岸的最大城市——出发,船只为巴西27个沿河城镇的150万消费者提供300种不同的雀巢产品。它在每一站都停留一天。顾客可以通过nestleatevoce. com. br网站查询流动商店的时刻表,拨打免费电话或者发送短信获取更多信息,从而相应确定他们的购物计划。雀巢的这种及其他创新性"触及你"营销措施正在实现收益。雀巢在巴西的营销管理者说:"相比于巴西的其他地区,北部和东北部对我们产品的需求已经增加了一倍以上。"

许多公司正在改进它们的产品以适应巴西东北部的当地口味。比如,雀巢基于当地流行的甜玉米菜品生产了一种饼干,只在东北部地区销售。大型农业综合公司邦吉为其Primor人造黄油开发了一款畅销的巴西版本,这一版本更加紧实、咸香,并且不会在巴西东北部的高温下融化。耐克甚至开发了一款地区性运动鞋,并大获成功。这一运动鞋的设计借鉴了东北部地区州旗的图案,因而吸引了当地人。

即使是对最大的全球品牌,跟上本土品牌也是十分具有挑战性的。例如,可口可乐很长一段时间里在巴西都是销量第一的软饮料品牌,然而一个名为 Guarana Jesus 的本土品牌的销量紧随其后。1920 年,一位药剂师从巴西的瓜拉纳植物中提取出物质并制成了这种饮料。这个最受欢迎的本土品牌给可口可乐带来了很大的威胁,解决方式就是可口可乐收购了这个品牌。现在,在巴西,可口可乐不仅制造和销售世界上最受欢迎的软饮料(可口可乐),还销售本国最受欢迎的饮料(Guarana Jesus),所以,在可口可乐的广告标语中就用到了"开启幸福"几个字。

随着巴西摆脱贫穷,中产阶级人数持续增长,越来越多的国际营销者发现巴西是适合自己品牌成长的富庶之地。巴西正在筹办 2014 年世界杯和 2016 年夏季奥运会,国际投资和商业活动也因此更为频繁。那些能够满足巴西日益增长的中产阶级的独特口味的国际营销者会获利。现在,许多国际企业都在问:巴西还算是世界新兴经济体吗?或者说巴西已经崛起了?

第二种经济因素是该国的收入分配(income distribution)。工业化的国家可能有低、中和高收入的家庭,而自给自足经济的国家可能主要是收入很低的家庭,还有一些国家的居民贫富相差悬殊。即使是贫困或新兴的经济体也可能成为吸引各类商品的市场。这些年来,在各个行业的公司,从汽车公司到电脑公司甚至糖果公司越来越多地瞄准新兴经济体的消费者,甚至是低收入和中等收入的消费者。

例如,在印度,福特最近推出了一种新车型,针对现在才能够买得起他们的第一辆车的消费者。为努力推进其在亚洲第三大汽车市场(仅次于日本和中国)的存在感,福特推出了菲戈:这是一款掀背式新车型,价值 6 900 美元,这款车是为假想中的一位 20 多岁的印度人桑迪设计的。桑迪是一位年轻的专业人士,他之前一直是骑摩托车出行。但是,考虑到他工资水平的提高,以及即将成立的家庭,现在他想买一辆大一点儿的车。"有很多人都在想着要换掉他们的摩托车,"福特印度公司总经理说。结果就是,印度对类似菲戈的尺寸和价格范围的汽车的需求量大幅上涨。仅过了两年,小型车菲戈成为福特在印度市场上最畅销的汽车,同时,这款车在亚洲和非洲的 50 个其他新兴市场上也非常畅销。

19.2.3 政策法规环境

各国的政策法规环境有很大差异,决定是否在一个国家做生意时,至少有四个政策法规因素需要考虑:国家对于国际采购的态度,政府的官僚主义程度,政策的稳定性,以及金融政策。

一些国家非常友好地接受外国公司,但有些国家却颇有敌意。例如,印度就通过进口配额、货币限制和其他对在该国经营带来挑战的规则来干扰外国企业。相反,像新加坡、泰国这样的亚洲国家对外国投资者就非常友好,并提供鼓励性的有利经营条件。政策稳定性是另外一个问题。例如,委内瑞拉政府是出了名的不稳定,通货膨胀和过度公共开支等经济因素增加了在那里做生意的风险。虽然大多数国际市场营销者发现委内瑞拉市场有利可图,但该国不稳定的政策和监管现状将影响它们处理业务和财务事宜的方式。

公司还要考虑一个国家的金融政策。卖方希望所获的利润能用对其有价值的货币支付，买方能以卖方货币或者其他国际通用货币支付最为理想。否则，卖方可能收到冻结货币(blocked currency)，即这种货币由该国转移出去时会受到政府限制，卖方只能在当地购买自己所需的其他商品，或将所买商品销售到其他地方以换取所需的货币。此外，汇率的波动对出口商也是一项很大的风险。

大多数国际贸易以现金交易。但是很多国家的硬通货较为缺乏，所以向别国购买时不能支付硬通货。它们希望以现金之外的东西来支付，例如易货贸易(即产品或服务的直接交换)。中国同意帮助刚果民主共和国建设急需的价值6亿美元的基础设施，包括2 400公里公路、2 000公里铁路、32家医院、145个保健中心和2所大学，换取中国蓬勃发展的产业所需要的自然资源：1 000万吨铜和40万吨钴。

19.2.4 文化环境

每个国家都有自己的民俗、规范和禁忌。商家在规划市场营销方案之前，必须先了解各个细分市场上文化如何影响消费者的反应。并且，商家还要了解自己的战略如何影响当地的文化。

文化对营销战略的影响 在制定营销方案之前，厂家应该好好了解不同国家消费者对产品存在何种看法以及他们如何使用该产品。在市场上经常有些令人吃惊的情况。例如，平均每个法国男人使用的化妆品几乎是其配偶的两倍。德国人和法国人食用的有品牌包装的意大利面条比意大利人还多。不少中国人在上班的路上吃早饭。大多数美国妇女在睡前放下头发并卸妆，而15%的中国女性在睡前盘起头发，11%在睡前上妆。

忽视这些文化差别的公司可能会犯一些尴尬的错误，并且付出高昂的代价。下面就是一个例子：

> 汉堡王在西班牙分店内的室内广告中展示了印度教女神拉克希米头顶一个火腿三明治，广告标题是“小吃，是神圣的”。世界各地的文化和宗教群体极力抗议，声称印度教教徒是素食主义者。汉堡王表示道歉，并撤下广告。

各国的商业规范和行为也有差异。例如，美国高管在谈生意时喜欢直接进入正题，他们喜欢快速强硬和开门见山的谈判，但在日本和其他一些亚洲国家，企业主管认为这种行为太唐突。他们以礼貌的对话开始，在面对面的交流中，日本企业主管很少说不。另一个例子，在大多数西方国家，人们习惯于通过有力的握手来打招呼，而在一些中东国家，人们会拒绝握手。在一些国家，参加聚餐时合乎标准的做法是把盘子里的食物全部吃完。但是在其他一些国家，人们认为狼吞虎咽地吃完所有食物是无礼的，因为这种行为表明主人没有提供足够的食物。美国公司的主管在另一国家开展业务前，需要先了解这些细小的文化差异。

出于同样的原因，了解文化之间细微差异的公司则可以利用这些差异在国际市场上取得优势。举个例子，家具零售商宜家的卖场总能吸引精力旺盛的中国消费者们。但是，宜家已经认识到中国的消费者想从卖场中获得的东西绝不仅仅是斯堪的纳维亚设计风格的家具。

> 在中国，宜家的卖场已经成为了受欢迎的目的地，人们将这里视作一个休息区，

躲避喧嚣和烟雾污染，还能吃到可口的午饭。有人观察到，“携家人出行的顾客，会跳到展床上休息，摆出姿势与店内装饰拍快照，或者逛上好几个小时，享受空调和免费的可续杯的苏打水”。比如说，在一个周末的中午，中国的某个大型宜家卖场里，展床和沙发上懒洋洋地躺着不同年龄段的顾客，有的甚至已经睡着了。宜家的经理们鼓励这样的行为，他们认为在消费者对店里面的家具很熟悉之后，当其收入足够支付喜欢的家具时，就会来购买。“也许这十年来你经常到宜家逛逛，吃肉丸或者冰激凌，那么当你买沙发的时候你就会想到来宜家买，”宜家的亚太地区总裁说道。正是因为对文化的了解，在日渐蓬勃的中国家具市场上，宜家已经占据了7%的份额，并且，去年宜家在中国的销量增长了20%。

因此，了解消费者的文化传统、偏好以及行为特征，不仅可以帮助公司避免令人难堪的错误，还能利用跨文化市场的机会获得成功。

营销策略对文化的冲击　尽管企业担心文化对其全球营销策略造成冲击，但也有一些人可能担心营销策略对全球的文化造成影响。例如，许多社会批评家称大型的美国跨国公司，比如麦当劳、可口可乐、星巴克、耐克、谷歌、迪士尼以及脸书，并不只是将其品牌推向全球，而是在将世界文化美国化。美国文化中的其他元素也已经在世界范围内流行，比如，现在在中国学习英语的人比美国本土说英语的人还多。全球收视率最高的十个电视节目中有七个是美国的。如果你和来自巴西、德国以及中国的商人会面，他们会喜欢用英语交流。来自不同国家的青少年好像形成了一个全球社区，观察人员发现“把这些孩子们连接起来的是美国文化，如美国音乐、好莱坞电影、电子游戏、谷歌、脸书和美国消费品牌。世界各地的人以或好或坏的方式变得像美国人一样。”

“今天，全球化经常是长着米老鼠耳朵，吃麦当劳巨无霸，喝可口可乐或百事可乐，使用视窗操作系统个人电脑，”托马斯·弗里德曼在他的 *The Lexus and the Olive Tree: Understanding Globalization* 一书里说道。另一位作家指出：“一些中国孩子学到的第一个英文单词就是 Micky。”

批评人士担心，在这种“麦当劳化”趋势下，世界各国正在失去自己的文化认同感。印度的青少年观看 MTV，通过脸书与世界上的其他伙伴交流，并且向他们的父母索要更多的西式服装以及其他代表美国流行文化和价值观的东西。欧洲小镇里的老奶奶们不再每天早晨都光顾当地的肉类、面包及农产品市场来准备做饭的材料。相反，她们现在都去沃尔玛超市购物。沙特阿拉伯的妇女们观看美国电影，并且质疑自己的社会角色。在星巴克进入中国市场前，大多数中国人都从没喝过咖啡，现在中国消费者涌往星巴克，“因为它是一种新生活方式的标志”。同样，在中国，仅在北京就有80多家麦当劳餐厅，接近一半的儿童认为麦当劳是国内品牌。

这种关注已经导致了对美国文化全球化的反击。美国知名品牌已成为一些国际市场抵制和抗议的目标。作为美国资本主义的象征，可口可乐、麦当劳、耐克、肯德基等公司已被全球热点地区的反全球化示威者重点攻击，尤其在反美情绪高涨时。

尽管存在这样的问题，全球化的捍卫者认为，关于“美国化”和美国品牌潜在危害的忧虑被夸大了。美国品牌国际化都做得很好。在最近的 Millward Brown Optimor 全球消费品牌价值研究中，前20个品牌中有16个都由美国企业拥有，包括苹果、IBM、谷歌、麦当劳、可口可乐、GE、亚马逊、沃尔玛这样的大品牌。许多标志性的美国品牌在全球范围内都发展良好。比如，中国消费者似乎尤其钟爱苹果手机和平板电脑。去年，当苹果在中国推出其最新款的手机时，需求量是如此之大，北京的一些苹果商店不得不终止销售以避免顾客过多涌入可能造成的骚乱。中国现在是美国之后苹果的第二大市场。“我们可以表现得如此之好，真是让人难以置信，”苹果的CEO蒂姆·库克说。

更为根本的是，文化交流是双向的：美国输出自己的文化的同时，也受其他国家文化的影响。好莱坞的确主导了全球的电影市场，但是一些大爆的美国电视节目源自英国电视台的制作，比如《办公室风云》(*The Office*)、《美国偶像》(*American Idol*)、《舞动奇迹》(*Dancing with the Stars*)。中国和俄罗斯的青年人都穿着NBA超级球星们的运动衫，而美国足球的日益普及有着深厚的国际根源。

美国的孩子们也越来越受到欧洲和亚洲文化输入的影响。大多数的孩子对这些输入的文化了如指掌，比如凯蒂猫，或者任天堂和世嘉游戏里面的任何一个角色。J. K. 罗琳的《哈利·波特》系列丛书塑造了这一代美国年轻人的思维方式，而无数的美国人更是着迷于书里的魔法世界。现在，英语依然是国际交流的主要语言，网络又让第三世界的年轻人深受美国流行文化的影响。网络技术也让在美国学习的东欧学生能听到来自波兰、罗马尼亚或者白俄罗斯的网络直播新闻和音乐。

因此，全球化就像一条双向道。如果全球化长着米老鼠的耳朵，那它也会使用LG的手机，在宜家买家具，驾驶丰田佳美汽车，用三星的等离子电视观看受英式风格启发的电视节目。

19.3 决定是否走向国际市场

并非所有的公司都需要进入国际市场以求生存。例如，有些公司属于地方企业，仅须在地方市场销售即可。在国内经营更加容易、更加安全。经理们不需要学习另一个国家的语言和法律，处理不稳定的货币，面临政策和法规的不确定性，或者为适应不同的顾客需求和期望重新设计产品。但是，如果公司在全球产业内经营，其在特定市场的战略定位深受其全球定位的影响，则必须在区域或者全球的基础上进行竞争才能获得成功。

几个因素中的任何一个都有可能将公司推入国际竞争的舞台：全球竞争对手可能以更好的产品或更低的价格进攻该公司的国内市场，而该公司可能要在对手本国的市场展开反击来束缚其资源；公司的顾客可能扩展到国外，因而需要国际化的服务；或者公司可能发现国外市场有更好的发展机遇。例如，就像我们在本章最开始的故事中所提到的，可口可乐近年来一直强调国际增长，以抵消美国软饮料销售量停滞或下降的影响。今天，可口可乐公司的销售额约80%来自美国以外的地区，公司还在中国、印度和整个非洲等90多个新兴市场极力推动销售。

在向国际发展以前，公司应先衡量几种风险并回答有关其全球运营能力的很多问题。公司能了解其他国家的消费者偏好和购买行为吗？公司能够提供有竞争力的吸引人的产品吗？公司能够适应其他国家的商业文化并有效地和外国人打交道吗？公司的经理具有必备的国际贸易经验吗？公司管理部门曾经考虑过外国的法规和政治环境的影响吗？

19.4 决定进入哪些市场

进入国际市场以前，公司应该努力确定其国际市场营销目标和战略。它应该确定所希望的外国销售量的规模，大部分公司向国外发展的开始阶段规模都很小。有些公司的计划本身就比较小，仅仅将国际销售作为其业务的一小部分；有些公司则有较大的计划，将国际业务和国内业务一视同仁，甚至认为国际业务更为重要。

公司还要选择进行营销活动的国家数量。公司必须小心，不能扩张得太慢，也不要扩张得太快，以避免其能力难以支撑在多个国家同时经营。然后，公司必须决定其要进入的国家类型。一个国家的市场吸引力由产品、地理因素、收入和人口、政治局势以及其他要素来决定。近年来，全球也出现了许多新的市场，为商家提供了大量机会和挑战。

在列出可能进入的国际市场之后，公司必须对每个市场进行审查和评估。它必须考虑许多因素。例如，沃尔玛进入非洲市场的决策是毫无疑问的：总的来说，非洲市场是中国市场的三倍之大，同时，非洲有10亿人口，并且世界增长最快的10个经济体中有6个就在非洲。事实上，因为收购了南非零售商Massmart的大部分股权，沃尔玛最近在非洲市场上取得了初步的立足之地。Massmart不仅在南非，还在其他13个非洲国家经营着万客隆、Game以及其他折扣店和五金店。

然而，沃尔玛在考虑是否向非洲市场扩张的同时，也需要问自己几个重要的问题。沃尔玛能否与当地数以百计的竞争者进行有效的竞争？那些非洲国家的政权是否稳固？是否会有支持性政策？非洲能否提供所需的物流技术？沃尔玛能否应对非洲消费者多样化的文化差异和消费差异？

沃尔玛面对着文化、政策和物流等众多方面的挑战，所以其在非洲市场的扩展似乎会进展缓慢。尽管非洲市场拥有巨大的机遇，但是许多非洲国家被视为世界上最难开展商业活动的地方。“比如人们可能认为尼日利亚像是一个有着巨大商机的国家(因为拥有超过1.5亿的人口)，”沃尔玛国际的首席执行官说，“但是，我们却认识到面对这样的国家，我们一次只能在一个城市开展活动，而不是一整个国家。”

我们应该从市场规模、增长率、业务开展成本、竞争优势、风险大小这几方面来评估可进入的全球市场。利用表19.1中的指标进行评估，并明确每个市场的潜力。然后企业必须判断哪个市场拥有最高的长期投资回报。

表19.1 市场潜力指标

1. 人口特征	2. 地理特征
教育程度	气候
人口规模和增长率	国土面积
人口的年龄结构	人口密度——城市和农村
	运输结构和市场可进入性

续表

3. 经济因素	5. 政治和法律因素
国民生产总值规模和增长率	国家优先事项
收入分配	政治稳定性
工业基础设施	政府对全球贸易的态度
自然资源	政府的官僚主义程度
金融和人力资源	货币和贸易法规
4. 社会文化因素	
消费者生活方式、信仰和价值观	
商务惯例和方法	
文化和社会规范	
语言	

19.5 决定进入市场的方式

一旦公司已经决定要在外国销售产品，它就要决定进入该市场的最佳方式。它的选择主要有几种：出口、合资经营和直接投资。图 19.2 显示了进入市场的三种策略，以及每种策略下所提供的选择。如图 19.2 所示，从左至右每种策略包含的义务和风险越来越多，但也获得更多的控制权和潜在利润。

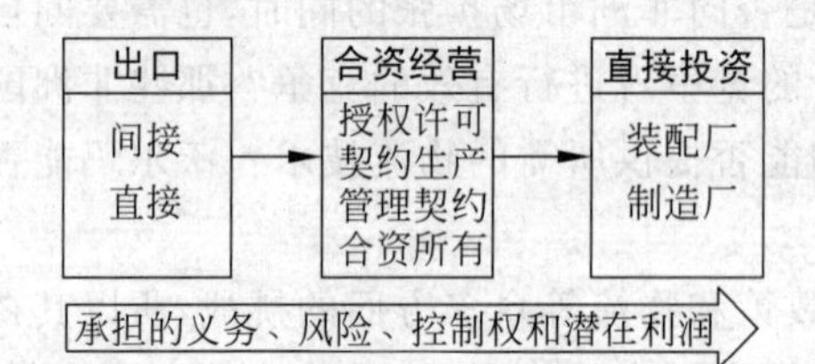

图 19.2 市场进入策略

19.5.1 出口

进入国外市场最简单的方法是**出口**(exporting)，公司随时可能被动地将剩余的产品输往国外，或者积极向某一特定市场扩大出口。不论哪种情况，公司的所有产品都在国内生产，外销产品可能略加修改，也可能不加任何修改就运往国外市场。因此，出口对公司的产品线、组织结构、投资或使命等所产生的改变最少。

在开始时，公司通常通过独立的国际市场营销中间商，进行间接出口(indirect exporting)。间接出口所需的投资较小，因为公司不需要成立海外组织或联络网。它的风险也较小，国际营销中间商会提供专门知识和服务等，这样公司所犯的错误一般会减少。但公司最终可能会采取直接出口(direct exporting)来处理自己的出口业务。在此策略中，投资和风险会大一些，但潜在的回报也比较高。

19.5.2　合资经营

进入国外市场的第二种方法是**合资经营**(joint venturing)——与外国公司合作来生产或营销产品及服务。合资经营与出口外销的不同之处在于公司与东道国公司合伙在国外销售产品,而它与直接投资的不同之处是与国外的某公司建立了合作关系。合资经营可分为四种:授权许可、契约生产、管理契约和合资所有。

授权许可　**授权许可**(licensing)是制造商进入国际市场营销的比较容易的方法。公司与国外市场的被授权公司达成协议,被授权公司付费来购买使用公司的制造工艺、商标、专利和商业机密或其他有价值事项的权利。公司因此能够以较小的风险进入该市场,被授权公司也不必从头开始,便能获得现成的生产技术、知名产品或品牌。

在日本,百威啤酒来自麒麟(Kirin)酿酒厂,辣木牛奶公司生产新奇士果汁、饮料、甜品。可口可乐给设在世界各地的装瓶厂供应浓缩液以满足市场需要,其全球装瓶伙伴范围从沙特阿拉伯的可口可乐装瓶公司,到总部设在欧洲的可口可乐 Hellenic 公司(该公司将 90 种可口可乐品牌产品供应给 30 个国家的 5.6 亿人,从意大利和希腊到尼日利亚和俄罗斯)。

授权许可的缺点在于,授权公司对被授权公司不能像对自己设立的公司那样控制自如。而且如果被授权公司经营得很成功,这些利润也不属于授权公司。当契约终止之后,公司可能会发现它已经培养了一个强劲的竞争对手。

契约生产　另一种选择是**契约生产**(contract manufacturing),公司与外国市场的制造商签订契约,由其负责生产产品或者提供服务。西尔斯公司就是用这种方法在墨西哥和西班牙开设若干家百货店,由当地合格的制造商生产许多产品。契约生产的缺点是对制造过程控制较少,并且公司无法赚取制造过程创造的潜在利润。其好处是公司不必冒很大风险就能很快进入国外市场,而且将来还有机会与当地制造商建立伙伴关系,或将当地的生产厂家整个买下。

管理契约　在**管理契约**(management contracting)情况下,本国公司向外国公司提供管理技术,而资金由外国公司提供。因此,本国公司输出的是各种管理服务而不是产品,希尔顿饭店就是采用这种方法来管理其全世界的连锁旅店。希尔顿经营着英国、意大利、秘鲁、哥斯达黎加,以及中国、俄罗斯和坦桑尼亚等多国的逸林连锁酒店(DoubleTree),酒店的产权归当地所有,但是希尔顿则利用其全球闻名的专业酒店管理经验来管理这些酒店。

管理契约是进入外国市场风险较小的一种方法,而且它一开始就能产生收益。如果本国公司在日后可以选择从所管理的国外厂商购买部分股份,这种办法就会更加具有吸引力。然而,如果公司能够更好地运用其宝贵人才,或者公司自己进行全部投资能获得更大利润,采取管理契约的方式就不明智了。管理契约在一定期限内禁止公司在当地建立自己的机构。

合资所有　**合资所有**(joint ownership)是指当地的公司与外来的投资者一起创建企业,共同拥有所有权及控制权。公司可以收购当地公司的股权,或双方共同出资成立一个新的企业。出于经济或政治的原因,合资公司可能是必要的。公司可能因为缺乏足够的财力、物力或管理人才而无法独立承担全部的投资，或者外国政府会要求对方与当地厂商合资，并把这作为进入该市场的一个条件。

通常，合资所有的企业力图融合各自的互补优势，以求共同开拓国际市场上的机会。最近，金宝汤公司以60/40的比例与香港太古公司(Swire Pacific)成立合资企业——金宝汤太古，目的就是希望在中国销售更多该公司的羹汤产品。

> 中国为金宝汤公司提供了无数的机会：中国人每年会消费3 550亿份羹汤类产品，然而，中国消费者一直偏好在家自己煲汤，这就为羹汤类产品的销售提供了巨大的增长空间。金宝汤太古公司将在中国制造和销售金宝汤公司的羹汤类产品。合资企业双方都会为对方提供自己独特的优势，金宝汤公司知道怎样制作和营销羹汤类产品，太古公司则在中国食品市场有很长的销售经历，对中国市场有着更为深刻的理解，两家公司联手胜过单打独斗。"把金宝汤的品牌、产品配料和对消费者的洞察能力与太古公司的销售、运输能力和对市场的全面认知相结合，这样的合作将有助于解锁中国羹汤类产品市场，"金宝汤国际的总裁说。

当然，合资所有也有一些缺点，合伙人对投资、市场营销或其他政策有时难免意见相左。许多美国公司希望将收益留在公司继续投资，加速公司的成长，而当地公司往往要将这些收益收回。另外，美国公司强调市场营销的作用，而当地投资者却可能只依赖于销售。

19.5.3 直接投资

进入外国市场参与度最高的策略是**直接投资**(direct investment)，就是以外国为基地设立装配厂和制造厂。例如，福特对包括印度、中国和泰国在内的几个主要海外市场进行直接投资。最近，公司投资10亿美元开始建立其在印度的第二个制造厂，这个工厂采用最先进生产工艺，每年能够生产24万辆轿车，为的是满足公司在印度和其他亚洲市场上日益增长的需求量。同样，本田和丰田汽车公司已经在北美进行了大量的直接投资。美国市场上销售的87%以上的丰田和讴歌(Acura)汽车都是在北美制造的。"我们最根本的理念就是在销售的地方生产，"本田的一位经理说。

若公司从出口业务获得了经验，同时外国市场也很大，在外国设厂生产有许多好处。公司可以通过廉价的劳动力或原料、外国政府奖励投资的措施以及运费的节省等降低成本。公司可以在当地建立较佳的企业形象，因为它提供了就业机会。总的来说，公司与当地政府、顾客、供应商及批发商之间建立更深的关系，因此使其产品更适应当地市场的需求。最后，公司能完全控制其投资，按其长期的国际目标制定生产政策和市场营销政策。

直接投资的主要缺点在于公司面临许多风险，如货币冻结或贬值、市场锐减或政权更迭。但公司要在当地开展业务，有时也别无选择，只能承担这些风险。

19.6 确定全球市场营销方案

在国外经营的公司必须决定，如何使其市场营销组合适应当地的环境。一个极端是全球性公司采用**标准化市场营销组合**(standardized marketing mix)，在世界范围内，销售大致相同的产品并使用相同的营销方法。另一个极端是**适应性市场营销组合**(adapted marketing mix),在这种情况下,厂商根据每个目标市场调整其市场营销组合要素,虽然成本较高,但有望获得较大的市场份额和回报。

近年来,是采取标准化市场营销组合还是采用适应性市场营销组合的问题,引起了激烈的争论。一方面,一些全球企业相信技术让世界变小了,消费者的需要也变得更为相似。这种观点为"全球品牌"和标准化的全球营销铺平了道路。全球品牌和标准化都能让品牌优势增加,并通过规模经济降低成本。

另一方面,营销理论认为,适应每个目标顾客群体的独特需求的市场营销计划,会取得更好的效果。如果这个理论可以在一个国家内部使用,就可以在更多的国家更广泛地应用。虽然全球市场走向统一,但不同国家的消费者仍然存在很大的文化背景差异。他们在地理、人口统计、经济和文化特性方面有很大的差异,这就导致了不同的需求、消费能力、产品偏好和购买模式。因为这些差异很难改变,多数商家必须调整其产品、价格、渠道和促销方法,以适应每个国家的独特需要。

然而,全球标准化并非一个要么全盘实施要么一点不沾的选择,而是一个程度问题。大多数国际市场营销人员认为公司应该"全球思考,本土运作",即在标准化和适应性之间找到平衡点。公司的总体战略应该提供全球战略方向,然后各地区或当地各单位应当注意制定适应当地的特殊市场的策略。公司总的品牌策略为全球化策略提供方向,然后,区域的或者当地的分公司专注于让这些策略适用于当地(比如印度和中国)具体的情况(参见营销实例19.2)。"最好的品牌管理方式是专一化,然后给当地的营销人员足够的挑战和权力来开展最有效的营销活动,让品牌在每一个市场上开花结果,"一位全球化品牌管理专家说。

营销实例19.2

星巴克在印度:本地市场上的全球品牌

截至2012年底,星巴克在印度经营了50家门店,还有一大批门店即将开业。考虑到印度是一个人口超过12亿的快速发展的新兴经济体,对于国际化品牌来说,进军印度市场是毫无疑问的。

星巴克在印度可谓是机会多多。印度人一直以来都习惯喝茶,但受日益增长的中产阶层和大量的年轻人群体的影响,咖啡正在印度兴起。印度人,尤其是年轻群体已经能够接受星巴克了。印度仍然在很大程度上禁止年轻人,尤其是年轻女性在酒吧开展社交活动,于是咖啡店就成了一个理想的场所。"当你不想喝酒,只是想找一个安静的地方,就来这儿吧,"一位经常去新德里香啡缤连锁店(Coffee Bean& Tea Leaf)的22岁女顾客说。可以从家里出来和朋友在一起,花150卢布(约3美元)买一杯咖啡就是值得的。

如果印度的咖啡市场持续升温,星巴克的销量也会持续增长。因为星巴克出色的全球化能力,即便很多店还处在装修阶段,许多印度人已经对这个品牌很熟悉了。事实上,印度咖啡市场的兴起首先应该部分归功于星巴克成功的全球化策略。"印度咖啡市场的增长不仅仅是因为当地的咖啡店,更是因为受到了星巴克在美国和其他地方掀起的一种新的生活方式的影响。”因此，得益于星巴克全球化的品牌优势，该品牌在进入印度市场前就已经有了良好的市场基础。

然而，对于星巴克来说，全球化的品牌力也不会让其毫不费力就在当地取得成功。印度非常不同于美国、加拿大或者欧洲。为了能在印度错综复杂的市场环境中获得成功，星巴克必须小心翼翼地适应印度消费者的口味，以及印度复杂的政治政策、贸易规则和社会环境。

例如，在印度做生意极度依赖“内部人士”。从市场资本总额来看，印度超过70%的贸易是由家族企业控制的。在印度发展商业伙伴关系需要时间和耐心，家族之间的联系甚至能起到支配作用。印度政府在制定外商投资政策时的速度之慢是众所周知的，这就给外商带来了更大的挑战。举个例子，为应对当地企业的抗议，最近印度政府延期出台一项期盼已久的政策，那就是允许外国零售商拥有印度销售商51%甚至更多的股权。印度的政治环境是如此充满变数，外商不得不在最近几年降低了对其的投资，印度的经济增长也放缓了。

但是，作为在世界59个国家拥有将近17 500家门店的全球最大咖啡连锁店，星巴克对进入新的国际市场的困难丝毫不感到奇怪。星巴克花了好几年的时间研究印度市场，学习一切可获得的相关知识，并且耐心地完善其进入印度市场的策略。为了让进入印度市场的道路更加稳当，星巴克和印度最大的商业集团的分公司塔塔全球饮料公司(TataGobal)成立一个50-50的合资企业。塔塔这个商业伙伴的存在，降低了星巴克的财务风险，给星巴克提供了内部的商业信息和政治地位，还帮助其理解印度消费者的需求。根据星巴克中国和亚太地区总裁约翰·卡尔弗的说法，即使政府没有对外商设限，星巴克也不会独自进入印度市场。“我们从未想过那个51%，”他说，“当我们看准了进入印度市场的机遇，了解到印度市场的复杂性和独特性后，我们就想着要找一个当地企业作为合作伙伴。”

在印度市场上，星巴克面对的也是一个渗透了多个已经广为人知的竞争者的市场。当地的一家竞争品牌Cafe Coffee Day已经拥有1 200家门店，并且计划在2014年底增加到2 000家。这家咖啡店自称是“印度最受欢迎的咖啡店，能让年轻人从心底感到放松的地方”。Cafe Coffee Day承诺消费者能以可负担得起的价格获得世界级的咖啡体验。许多外国的咖啡连锁店也已经进入了印度市场，比如意大利企业Lavazza及总部位于加利福尼亚的香啡缤连锁店。大多数竞争者的特点是低价，小杯卡布奇诺的价格通常都是1美元甚至更低。

但是，尽管竞争激烈，星巴克在印度还是受到了欢迎，即便是当地最主要的竞争对手也欢迎星巴克的加入。考虑到印度咖啡市场的容量之大和增长之快，似乎每一个竞争者都能分到一杯羹。“尽管现在印度市场上已经有大量的咖啡品牌，但是从竞争者的角度来看，这并不会产生多大的影响，”香啡缤的运营人员说。“当像星巴克这样的公司来了，”他说，“人们对咖啡的关注程度急剧上升，整体市场规模都增大了。”Cafe Coffee Day的一位经理补充道：“我们希望能从这些公司学到一些东西。”分析指出，在某种程度上，星巴克在印度市场上可以轻而易举地维持5 000家门店，这些门店足以让星巴克在全球的销量增长30%。

目前，星巴克为适应印度消费者的偏好而采取的策略还在酝酿中。许多分析人士认为星巴克会利用其在中国市场上获得的经验。当星巴克在1998年进入中国市场时，观察家们都不看好，因为中国是有着悠久茶文化的国家。但是，星巴克很快便证明了这些怀疑都是错的，中国迅速成为星巴克在全球仅次于美国的第二大市场。

星巴克在中国的成功得益于让全球化的品牌策略适应中国消费者独特的消费需求。星巴克没有在中国照搬美国的产品，而是推出了新的口味来迎合当地的消费者，比如绿茶口味的咖啡。在美国，星巴克鼓励消费者将咖啡外带，而这些外带咖啡占据了星巴克在美国的大部分销量，但是在中国，星巴克则鼓励消费者在店内消费，这使得星巴克的门店成了中国上层人士和朋友会谈的绝佳地点。此外，星巴克在中国的售价也不是像在美国那样的中等价位，而是定价更高，因为中国中上阶层人数快速增长，于是星巴克就将品牌定位成一种地位的象征。正是因为这些适应性的策略，星巴克在中国迅速成长。

现在，印度的消费者也许还分不清星巴克的大杯、特大杯和超大杯，也许他们还不清楚星冰乐和摩卡的区别，但是随着星巴克品牌的成长和兴盛，这些情况都会发生改变，而成功与否则取决于星巴克是否很好地让这个国际品牌适应印度消费者独特的口味。根据星巴克总裁柯尔沃的说法，星巴克正在全速前进，“只要我们能成功，能为印度的消费者所接受，我们就会尽可能地快速行动以争取开更多家星巴克咖啡店。”

总的来说，本土品牌仍然占消费者购买的绝大部分。“绝大多数人仍然过着当地的生活，”全球分析师说，“不管怎样都意味着要走出去，但你要做的第一件事就是在本土取胜。你必须去深入当地。”另一个分析师对此表示赞同：“你需要尊重当地文化，成为它的一部分。”一个全球品牌必须“与消费者交流，让人感觉它是本地的”。全球消费品巨头联合利华的前首席营销官西蒙·克利夫特说：“我们试图在盲目走向全球和徒劳困守本土之间找到平衡。”

麦当劳就是用这种方式经营：它在世界各国的餐馆使用相同的建筑外观、经营模式，但它的菜单适应当地口味。例如，在法国，麦当劳利用其品牌国际化和经营模式的优势，重新定位成一个能满足法国消费者需求和偏好的当地公司。

“法国，这个以高级烹饪术、上等葡萄酒和奶酪著称的国家是麦当劳最不可能存在的国家，”一位观察家这样认为。但是，麦当劳这个快餐巨头却成功地让法国成为其利润第二高的国际市场。尽管在巴黎的麦当劳第一眼看上去非常像在芝加哥的麦当劳，但是，麦当劳却已经让法国的经营者进行调整以适应当地消费者的偏好。尽管利润的主要来源还是汉堡和薯条，法国麦当劳已经改变了其菜单以迎合法国人的口味。比如麦当劳在法国推出的汉堡带有法式奶酪，上面还装饰了法式酸辣芥末酱。法国人喜欢吃长面包，于是，麦当劳就在店里烘焙长面包，然后推出法式长面包三明治。此外，为应对越来越多的人追求健康食物的趋势，法国麦当劳的菜单上还推出了低盐薯条、新鲜水果以及健康巨无霸，后者把麦当劳经典汉堡换成了全麦圆面包。

但是，也许麦当劳在法国的最大不同之处不是食物，而是餐厅的设计，这些设计都是按照法国风格进行改造的。例如，法国人的吃饭时间相对较长，每次入座消费的食物也会更多，因此，麦当劳就首先改善了餐厅，以求营造一种舒适、惬意的氛围，让消费者能逗留更长时间，这样他们也许就会多点一杯咖啡或者一份甜点。麦当劳甚至还提供了跟桌服务。结果就是在法国，平均每个消费者在麦当劳的进餐支出是美国消费者的四倍之多。

19.6.1 产品

使产品和营销沟通适应国外市场的策略有五种（见图 19.3），我们首先讨论三种产品策略，然后再讨论另外两种沟通策略。

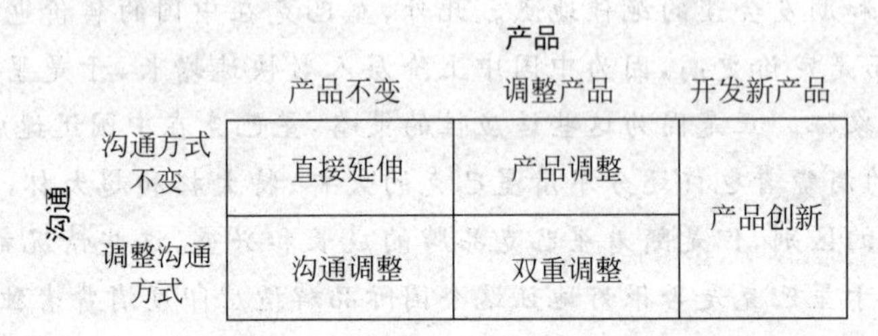

图 19.3 五种国际产品和沟通策略

直接产品延伸（straight product extension）就是公司将产品原封不动地在外国市场销售。高层管理人员会告诉营销人员"为现有的产品寻找顾客"。然而，第一步还是要先了解国外的消费者是否使用该项产品，以及他们喜欢采用何种形式来使用。

直接延伸在某些情况下是成功的，但在其他情况下却一败涂地。苹果平板电脑、吉列剃须刀、百得工具，甚至 7-11 思乐冰等，均是以几乎相同的产品成功地在全世界销售。但通用食品公司（General Foods）将其标准的粉末状果冻销往英国市场，却发现英国消费者更喜欢固体片状或块状果冻。同样，飞利浦公司将咖啡壶改小以适合较小的日本厨房，并将剃须刀改小以适合日本人较小的手，这才获得盈利。直接延伸还是具有吸引力的，因为它不需要额外的产品开发成本、重新调整生产设备或新的促销方式。但长期来看，如果产品无法满足特定的国际市场，付出的代价也会很高。

产品调整（product adaptation）就是根据当地条件或需求对产品进行调整。比如卡夫就对其广受欢迎的奥利奥饼干进行了调整，以适应世界上不同国家消费者的独特口味，比如在亚太地区推出芒果和橙子风味，在中国推出绿茶风味，在印度尼西亚推出巧克力和花生风味，在阿根廷推出香蕉和焦糖风味。中国的奥利奥没有美国的甜，而印度的奥利奥则没那么苦。

再说另一个例子，尽管美国和欧洲版本的小型菲亚特 500 看起来很像，但是菲亚特公司却对美国版本的车型进行了彻头彻尾的调整以适应美国的安全法规和美国消费者的偏好。美国版的菲亚特 500 重新设计了引擎，使得该车提供满足美国消费者需要的动力，能跑更多里程，废气排放也满足国家法规。美版车型的油箱扩大了 40%以适应美国消费者长距离驾驶的需要，此外，在美版车型上还有许多其他的装置来给汽车减噪。另外一个显著的差异则是杯座。

杯座对于欧洲人没那么重要，但却是美国人十分看重的，于是美版菲亚特就加大了杯座以适应美国杯子的大小，还在底板后方增加了两个杯座。车内饮料的概念对欧洲人来说是如此陌生，菲亚特 500 的设计团队无法理解为什么要新增两个杯座，直到一位设计师画了一幅漫画，画里美国人戴着滑稽的帽子，拿着两罐啤酒，叼着长长的吸管，这时，每个人才感受到了增加杯座的必要性。

产品创新(product invention)是指在一个特定国家创建新东西来满足消费者的需要。伴随着全球化市场的深入，从家电和汽车制造商到糖果和饮料生产商，都已经开发出各种产品满足发展中国家低收入消费者的特殊购买需求。例如福特在印度专门为入门级消费者开发了经济、低价的菲戈车型；通用汽车公司为中国消费者提供了价格较为便宜的宝骏汽车；中国的家电制造商海尔在新兴的农村市场上推出了一款超级耐用的洗衣机，因为公司发现这些地方的农民不仅用洗衣机洗衣服，还会用它洗各种蔬菜，于是轻型洗衣机经常会因为泥巴而堵塞。

芬兰手机制造商诺基亚为满足大型发展中国家如印度、中国和肯尼亚不太富有的消费者的需求，创造了坚固耐用、低成本的全功能手机，专门应对比较严酷的生活环境。例如，它为炎热干燥又没有柏油路的国家开发了防尘键盘；在一些电台是主要娱乐来源的地区，手机已经内置了无线电天线。当得知那些贫困的消费者会共用他们的手机时，诺基亚设计了一款内置多个电话簿的手机。由于这些积极的创新举措，诺基亚在非洲、中东、东欧和亚洲成为了市场领导者。

19.6.2　营销沟通

公司的沟通策略可以与本国市场完全一致，也可以根据各个当地市场做调整。让我们看看广告创意，有些全球公司在世界各地使用一个标准化的广告主题。例如，苹果售出了数百万台 iPod，其全球广告都是单一的彩色背景中闪现着一个人跳舞的轮廓。除了语言不同，苹果在全球 70 多个国家，从澳大利亚到塞内加尔到捷克共和国，销售其产品的网站都是一样的。

当然，即便是在高度标准化的沟通活动中，由于语言和文化差异可能也需要一些调整。例如，快时尚服装销售商 H&M 在西方市场推出的时尚广告中，模特的衣着会比较暴露，但是在中东地区，人们对于在公共场合的穿着更加保守，因此，H&M 虽然在这些地区运用同样的广告形式，但是会让模特不裸露那么多。

跨国公司往往会遇到语言障碍，造成的后果可能是轻微尴尬，也可能是彻底失败。看似无害的品牌名称和广告语翻译成其他语言时就可能产生隐藏的含义。例如，曾经创造出一些家喻户晓的品牌名称(Prozac 百忧解，Acura 讴歌)的伦敦 Interbrand 公司，最近推出了“最差”品牌名单，包括很多你不可能在本地杂货店中见到的外国品牌，包括 Krapp 纸巾(丹麦)、Plopp 巧克力(斯堪的纳维亚)、Crapsy 水果麦片(法国)、Poo 咖喱粉(阿根廷)和 Pschitt 柠檬水(法国)。此外，广告主题也可能会因为翻译而发生改变。在中国，肯德基的广告标语“finger-lickin’ good”容易被译成“舔掉你的手指头”。还有，摩托罗拉手机“你好，摩托”的铃声在印度听着就像“你好，胖子”。营销人员一定要注意避免这样的错误。

其他公司采取**适应性沟通**(communication adaptation)的策略，根据本土市场来设计广告信息。例如,联合利华的牙膏在西方市场上需要强调从美白牙齿、清新口气到提高异性吸引力等所有方面的作用,而在非洲市场则需要用一种教育的方式来强调一天刷两次牙的重要性。此外,联合利华还对其旗下 Sunsilk's Lively Clean & Fresh 洗发水的定位、配方和广告进行了调整,以应对不同市场上消费者多种多样的需求。欧洲标准版本的洗发水广告展现了一位年轻女子正妩媚地将她刚洗过的头发甩过肩膀,而在马来西亚的广告则完全没有出现头发,相反,广告里展现的是一位头部完全裹着传统穆斯林头巾的女性。为了开发规模大且正在成长的马来西亚穆斯林市场,联合利华将这款洗发水定位为能解决与发量过多以及长期戴头巾导致头皮出油相关的问题。

在国际市场上,还应该对宣传媒体进行调整,因为每个国家媒体传播信息的效果都不同。电视广告的播放时间在欧洲受到限制,比如在法国每天可播放四个小时电视广告,北欧国家则不允许播放电视广告。广告客户必须提前几个月就购买广告时段,但无法控制播出时间。然而,手机广告在欧洲和亚洲地区比在美国更广为接受。杂志的效果同样不稳定。例如,杂志在意大利是主流媒体,而在澳大利亚则是次主流媒体。报纸在英国是全国性的媒体,而在西班牙则是地方性的。

19.6.3 价格

公司在制定国际价格时也会面临许多问题,例如,牧田(Makita)工具应如何在全球制定其工具的价格?可以制定一个全球统一的价格,但这种价格对于贫穷国家来说可能过高,对富裕国家来说可能过低。还可以制定各个国家所能负担的价格,但这种策略就会忽视了各国之间实际成本的差异。公司可以在各地采用标准成本加成法,但此法可能使该公司在成本高的国家制定的价格偏离市场。

但不论公司如何为其产品定价,其国外价格总是可能比国内价格高。例如,苹果 iPad 3 在美国售价为 499 美元,在英国售价 624 美元。为什么?因为苹果面临价格升级问题。它必须在出厂价格上增加运输成本、关税、进口商利润、零售商利润和批发商利润。由于这些额外的成本,要在另一个国家取得同样的利润,产品价格可能不得不增长两到五倍。

为了解决这个问题,当销售给发展中国家不太富裕的消费者时,许多公司将产品简化或制成缩小版,这样就可以以较低的价格卖出,还有一些公司在这些新兴市场上推出能负担得起的新品牌。例如,李维斯最近为印度和巴西这些新兴市场上买不起李维斯牛仔裤的年轻人推出了 Denizen 品牌的牛仔裤。这个牌子的名字结合了 denim 的前四个字母再加上 zen,而 zen(禅)这个单词在中国和日本的意思是“冥想状态”或者“远离喧嚣的生活”。

最近的经济和技术因素对全球定价产生了影响。互联网使得全球价格差异更加明显。当公司在网上销售商品的时候,顾客就能看到不同国家里产品的价格。他们甚至可以直接向价位最低的分公司或代理商订购某一产品。这会促使公司采用更标准化的国际定价。

19.6.4 分销渠道

国际公司必须采用**整体渠道观点**(whole-channel view)来看待将产品送到最终消费者的问题。图19.4显示了卖方与最终购买者之间的两个主要环节。第一个环节是国际渠道(channels between nations),将产品从生产地运到要销售的外国边界。第二个环节是国内渠道(channels within nations),将产品从边界入口运至最终消费者。整体渠道观点需要考虑整个全球供应链和营销渠道,并认为要在国际上竞争,公司必须有效地设计和管理整个全球价值交付网络。

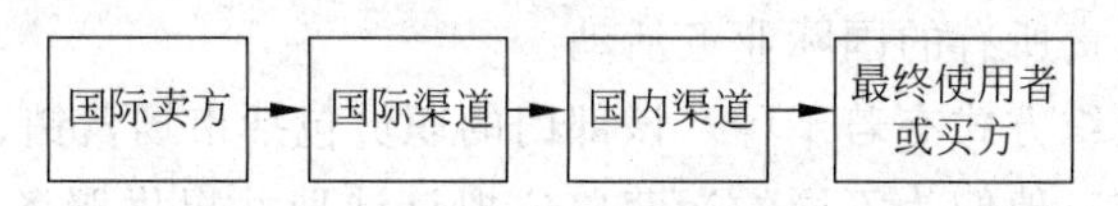

图19.4 国际市场营销的整体渠道观念

各国国内的分销渠道通常存在很大的差异,每个国外市场中间商的数量和类型有很大差别。例如,在美国大型零售连锁企业占主导地位,但在其他国家,大部分零售是由小的独立零售商进行的。在印度,数以百万计的零售商经营小商店,或在公开市场出售。因此,为了向印度消费者销售坚固耐用、价格实惠的手机,诺基亚不得不开拓自己的分销机构。

> 在印度,诺基亚几乎在90%的手机零售网点都占有一席之地。它估计有9万个手机销售点在卖它的手机,从现代商店到流动售货亭。这样就很难控制产品如何展示和怎样面向消费者。"你必须理解人们的居住地和购物模式,"一位诺基亚经理说,"你必须使用当地的手段去接触消费者——即使是使用自行车和黄包车。"为了进入印度农村,诺基亚有自己的车队,这些非常有特色的带有蓝色品牌标志的面包车行进在崎岖的乡村公路上。员工把这些绘有广告宣传画的车停在村庄里,通常在集市或节日,人们聚集在那里,诺基亚代表就会解释如何操作和购买手机。诺基亚已经把这个方法用到更小的车上,这样可以影响到更偏远之处。多亏了明智的产品开发和创新的渠道,诺基亚在印度移动设备市场拥有惊人的30%的份额。

同样,可口可乐在全球市场调整其分销方法来满足当地的挑战。例如,在乌拉圭的蒙得维的亚,大型车由于交通、停车、污染问题而难以使用。可口可乐公司购买了30辆小型高效的三轮ZAP卡车。小卡车大约平均只有卡车1/5的燃油消耗,在拥挤的城市街道上飞奔得更轻松。在农村地区,可口可乐使用人工运送流程。在中国,超过1万名可口可乐销售代表定期访问小型零售商,通常是步行或骑自行车。为了到达最偏远的地方,该公司甚至依靠驴队。在坦桑尼亚,93%的可口可乐产品通过手推车和自行车来运送。

19.7 确定全球市场营销组织

公司管理它们的国际市场营销活动,至少有三种不同的方式。大多数公司首先组织一个出口部门,然后创建一个国际事业部,最终发展成为一个全球组织。

公司开始进入国际市场时,通常只是把自己的一些产品运到国外。如果国际销售业务扩张,公司会组织一个出口部门(export department),由一个销售经理和若干个助理负责出口业务。海外销售业务增加,出口部门也可以扩充来提供多种市场营销服务,以便更加积极地开展业务。如果公司采用合资或者直接投资从事国际市场营销,其出口部门就不再适用了。

许多公司会涉足几个国际市场和业务。一个公司可以将产品出口到一个国家,授予特许经营权给另一个国家的企业,与第三个国家的企业合资,还可以到第四个国家设立分公司。因此它迟早会成立一个国际事业部或者子公司(international divisions or subsidiaries),专门负责所有的国际业务活动。

国际事业部的组织方式有若干种。该部门的职员包括市场营销、生产、研发、财务、计划和人事方面的专家。他们为不同的运营单位拟订计划并提供服务,其运营单位可以根据三种方式来组织:第一,各运营单位可以根据地理位置进行组编,形成地理组织,驻在各国的经理负责管理销售人员、分支机构、分销商和被授权的国外企业;第二,运营单位可以是世界产品组织,每个负责不同产品群在全世界的销售情况;第三,运营单位可以是国际分公司,每个分公司负责自己的销售和利润。

有些公司已经超越了国际事业部的组织方式,并成为真正的全球组织。例如,Reckitt Benckiser(RB),一家资产110亿美元的家庭健康和个人护理产品的欧洲生产商,拥有一组非常稳定和知名的品牌(可参见 www.rb.com)。

> RB业务遍及60多个国家。它的400名高层经理来自53个国家。尽管总部位于英国,一位美国人执掌德国业务,一位印度人运行中国业务,一位意大利人管理英国业务,一位英国人负责中东北非业务,一位荷兰人主管美国业务,一位法国人掌管俄罗斯业务,一位比利时人运行巴西业务,一位阿根廷人负责日本业务,一位捷克人负责南非业务。但是,"我们的大多数高级经理认为自己是全球公民,而不是任何特定国家的公民,"该公司首席执行官说。
>
> RB最近重新设置了其在各个区域的总部,以便关键的营销人员能处在他们所负责区域的核心国家之中。例如,公司最近将拉美区的总部从迈阿密搬迁至巴西的圣保罗。该公司在过去十年间建立了一种全球流动文化,因为它认为这是产生新想法和创建全球企业的最好方法。而且它已经得到了回报。在过去三年里发布的产品创造了净收入的35%~40%,这些产品均是全球跨文化交流的结果。过去几年,即使在经济低迷时期,公司的增长速度也超过了它的竞争对手——宝洁、联合利华和高露洁。

全球组织已不再把自己看作某个国家的公司向海外销售,而开始将自己当作全球营销者。公司的最高决策部门和员工从全球角度,从事生产设施、市场营销政策、资金流向和物流体系的规划。全球运营单位直接向公司的首席执行官或者执行官委员会汇报,而不是向国际事业部的主管汇报。经理人的培训不再限于国内或国际运营活动,而扩展为全球性的运营活动。公司从各国招聘所需的管理人才,从价格最低的国家购买零件和原料,到预期收益率最大的国家进行投资。

如今，大公司如果希望继续竞争，必须变得更加全球化。由于外国公司正成功进入本国市场，公司必须更积极地开拓外国市场。它们必须改变自己，不再将国际运营作为次要业务，而要把全世界视为一个无国界的单一市场。

小结

不管是大是小，今天的公司再也不能仅仅关注国内市场了。许多行业都是全球性的，全球运营的公司可以实现更低的成本和更高的品牌认知度。同时，因为变化多端的汇率、不稳定的政府、保护性的关税和贸易壁垒以及其他因素，全球营销充满风险。在潜在的收益和国际市场营销的风险面前，公司需要系统化地制定国际市场营销决策。

1. 探讨国际贸易系统以及经济、政策法规和文化环境，会如何影响公司的国际市场营销决策。

公司必须了解全球市场营销环境，尤其是国际贸易制度。公司必须评估每个国外市场的经济、政策法规和文化特点，然后决定是否进入国际市场，并考虑潜在的风险和收益。公司必须决定希望的国际销量、营销的国家数量以及进入的具体市场。这项决策需要权衡可能的投资收益率和风险水平。

2. 介绍进入国际市场的三种主要方法。

公司必须决定如何进入每个选定市场，通过出口、合资还是直接投资。许多公司开始是出口，然后转到合资企业，最后在外国市场直接投资。出口是公司通过国际市场营销中间商(间接出口)或者公司自己的部门、分公司、销售代表或代理(直接出口)，发送并销售产品进入国外市场。建立合资企业是公司与国外企业合资生产或营销某项产品或服务，从而进入国外市场。直接投资就是企业以外国为基地设立装配厂和制造厂。

3. 说明公司如何为国际市场调整其营销组合。

公司还要决定其产品、促销、价格和渠道，应该为每个国外市场作出多少调整。一种极端是全球公司在世界各地使用标准化市场营销组合；另一种是使用适应性市场营销组合，为每个目标市场调整市场营销组合，成本较高，但有望得到更大的市场份额和回报。但是，全球标准化并非一个要么全盘实施要么一点不沾的选择，而是一个程度问题。大多数国际市场营销人员认为公司应该“全球思考，本土运作”，即在标准化和适应性之间找到平衡点。

4. 明确国际市场营销组织的三种主要形式。

公司必须发展一个有效的全球市场营销组织，多数公司从出口部门开始，然后逐渐转到国际事业部。一些企业成为全球组织，由公司最高主管来规划和管理全球的市场营销。全球组织把整个世界视为一个无国界的单一市场。

问题讨论

1. 解释什么是全球公司，列出国际市场营销的六个主要决定因素。
2. 讨论政府可能会对国家之间的贸易施加限制的类型。

3. 命名和定义四种类型的国家产业结构。

4. 讨论用于使产品适应全球市场的策略。哪种是最好的?

5. 讨论全球分销渠道如何不同于国内渠道。

批判性思维训练

1. 访问 www.transparency.org 并点击"腐败感知指数"。下列国家近期的腐败感知指数如何:丹麦、牙买加、马来西亚、缅甸、新西兰、索马里、美国?上述这些指数对于美国企业在这些国家做生意来说有什么启示?

2. 在其他国家销售是一件很困难的事情,许多公司都在这上面犯过错。找到两个公司在进入外国市场时犯错的例子。

3. 了解不同国家间文化差异的一个方法是进行霍夫斯塔德(Hofstede)分析。访问 http://geert-hofstede.com/来学习一下这个方法。做一个展示来解释用这种方法分析时,你选择的 3 个国家和美国有何不同。

营销技术:是像素而不是松木

瑞典的宜家公司每年都会发行一本 300 多页的册子,上面展现了宜家的家具如何让房间变得时尚和现代。2013 年册子的内容取自 43 个国家的 62 种不同风格。册子里的这些照片是在欧洲最大的一个工作室内拍摄的,这间工作室占地 9.4 万平方英尺,里面雇用了约 300 名摄影师、室内设计师、木匠以及其他工作人员来完美地展现每一个场景。这个过程非常消耗人力,也会造成很大的浪费,因为这些房间都是建好了然后又拆掉,在拍完后这些废料就会被丢弃。制作这个册子的费用通常会占到公司每年营销预算的 70%,但是,随着科技的发展,这一费用大大降低了。宜家的册子正在变成数字化的,册子里的沙发、床、桌子甚至整个房间都是用数字技术合成的,而不用再手工制作。今年,册子里 12%的内容都是在线制作的,明年这一比例会上升至 25%。使用 3D 技术来制造这些场景,宜家能削减预算,还能更方便地针对不同国家操纵图像。美国人可能更喜欢深色调木制品,但给日本人呈现的房间图案就应该采用浅色调的木制品。

1. 访问 www.ikea.com 对比一下不同国家的册子,你发现了什么不同之处?你能分辨出哪些图片是用 3D 技术制作的,哪些是使用真实材料制作然后拍摄的吗?

2. 关注一下一些产品的价格。将其他国家的产品售价转换成美元,再跟美国册子上的价格进行对比,这些价格都是一样的吗?是都高一些还是低一些?

营销伦理:贸易激励

美国服装业的竞争相当激烈,为了能在市场上生存,营销人员往往要采用低价策略,因此,许多服装制造商关闭了其在美国的工厂,转移至拥有廉价劳动力的国家,美国政府也支持企业的这一举动。例如,2000 年颁布的《非洲增长和机会法》(African Growth and

Opportunity Act,AGOA)旨在促进撒哈拉沙漠以南地区的非洲国家的经济发展。结果,很多服装制造商就在非洲建厂以利用当地廉价的劳动力和这些国家可自由进入美国市场的便利。AGOA对从落后的非洲国家出口到美国的东西收取零关税,但是,这一法令也带来了意料之外的后果,那就是发展相对好一些的非洲国家,比如南非,由于出口到美国的东西必须定期纳税,因此这些国家纺织业的发展就遭到了打击。一个原因是人力成本上涨,在南非每位工人一小时的费用是65美分,而在非洲的其他国家,比如莱索托、斯威士兰和莫桑比克,工人每小时的费用是15美分。另外一个重要的原因就是AGOA允许这些落后的国家对美国的出口免关税。结果,仅2011年上半年,南非就关闭了52家纺织工厂,8 000名工人失业,直接投资降低了15亿美元。尽管管理部门认为美国不应为造成这种局面负全责,但是评论还是认为AGOA是造成南非纺织业萎缩的主要原因。

找到美国的法律或者贸易法规中鼓励或者不鼓励和外国开展贸易活动的例子,讨论这些法律法规带来的积极和消极影响。

数字营销:贸易差额

2011年,美国出口的商品和服务价值超过2万亿美元,却产生了5亿美元以上的贸易逆差,也就说我们进口总额超过了出口总额。尽管2011年的贸易逆差额比2004年到2008年的差额都低,但是美国这几十年来一直都是贸易逆差。一些美国人认为贸易逆差不利于国家发展。

1. 访问www.bea.gov网站,找到美国在商品和服务上的贸易差额。制作一个曲线图来展示从1992年至今美国贸易差额的变化情况。

2. 就美国持续贸易逆差的利弊展开辩论。

公司案例

别克:头号进口品牌

有一个老笑话是这样的:一位别克的经销商因为进口车的普及而最终破产。有一天,他发现了一个瓶子,一位圣人从瓶子中出现并答应实现他的一个愿望。这个人希望自己能够在一个大城市里成为一名成功的进口车经销商,然后他就发现自己被传送到了别克在东京的汽车销售展厅里。

大多数美国人认为别克是只在美国本土销售的汽车品牌,但是总有一个国家是例外,那就是中国。事实上,如果上面的这个故事里,经销商是在上海或者北京销售,那么他的愿望就已经实现了。你会发现,别克在中国销售的高档车要多于其他任何品牌,包括宝马和奔驰。而且,别克是中国排名第五的汽车品牌。

别克在中国的成功是一个有趣的故事。但是比品牌如何进入中国更加重要的是如何利用好中国这个市场,这也是通用汽车正在做的。通用公司不仅在中国市场上推出了别克汽车以及其他品牌的汽车,它还将中国市场视为推动别克汽车在美国和其他国家销售的关键力量。别克品牌的全球化不仅仅是出口国内产品,通用公司正在将中国消费者视作关键消费者,通过洞察他们的特性来开发出真正全球化的产品。

始于皇室汽车

人们也许会认为,美国产品出现在中国市场是近几年才有的现象,然而,别克汽车出现在中国高端市场上的时间几乎和其品牌一样久远。别克品牌出现于1899年,是美国现存的最古老的汽车品牌。品牌刚成立不久,中国政府正好开始对引入汽车感兴趣,于是,1912年第一辆别克汽车出现在上海的街道。

别克很快就成为中国达官显贵出行的座驾。中国的末代皇帝溥仪在20世纪20年代就拥有了一辆别克车,其他的高官们也都选择别克而不是劳斯莱斯和奔驰这些牌子的汽车。1929年,别克在上海开设了一家营业部,并且开始打广告。一些早期的广告包括:"在中国,每6辆汽车就有一辆是别克""在中国,拥有别克汽车的大部分都是高端人士"。

随着时间流逝,别克汽车是中国精英的选择这种形象已经深入人心。20世纪末期,随着中国市场经济的起飞,迅速扩大的中产阶层导致汽车需求急剧上涨。别克极好地利用了这个机遇,1997年,通用和上海汽车公司合资创立了上海通用,开始在上海制造通用汽车。1998年,第一辆中国制造的通用汽车下线,上海通用成为第一个在中国年销售超过100万辆的中国汽车制造公司。也就是在那几年,别克品牌在中国的知名度超过了85%。

不断变化的全球化战略

很多年来,通用汽车国际化市场战略的一大特点就是直接把为美国市场生产的汽车出口。在通用公司看来,在美国行得通的东西在全世界也应该是一样的,这其中包括将司机位置设在左边的汽车销售给像日本和英国这些司机位置在右边的国家。在美国是世界上最大的汽车市场,而通用汽车的最主要消费者又是美国人的时候,这种战略还说得过去。

但是,几年以前美国的汽车市场就饱和了,与此同时,世界上其他国家的汽车市场却在膨胀。现在,中国是世界上最大的客车市场,而且,因为中国拥有13亿人口,中国市场还远不会饱和。对通用来说,幸运的是早在中国市场开始腾飞之前,别克汽车已经出现在中国的街道上了,而当中国市场真正发展起来的时候,通用则开始加速运作。2011年,通用在中国销售了255万辆汽车,也就是说每12秒就能售出一辆,这标志着通用连续7年成为中国最大的汽车制造商,也是通用第二次在美国以外地区的年销量超过本土。

随着通用公司整体增长的动态转移,别克面临着一场大的危机。2000年是别克在美国销量最好的一年,卖出了超过40万辆汽车,但从此之后,别克的销量就持续地急剧下降。在经济危机时,通用公司面临破产和政府救济的境遇,于是通用就在考虑让别克汽车完全退出市场。但是别克汽车在中国销量上涨的速度远快于在美国销量下降的速度。2009年,别克汽车在美国的销量再创新低,仅卖出10.2万辆,但在中国的销量却达到45万辆。毫无疑问,中国市场拯救了别克汽车,使其免遭与Oldsmobile、Pontiac和Saturn一样被通用停产的命运。

别克销售的转变也导致了其在中国投资组合模式的改变。现在,别克中国产品线的底端是凯越,这也许是韩国大宇车装扮成别克的模样,但是,它也是中国销量第一的轿车。这种车不会与英朗GT混同,后者是基于完全不一样的车型——德国设计的欧宝雅特。

中国的君威和君悦在上海通用厂房里组装，但是车型却跟在其他通用厂房里组装的一样。昂科雷SUV在密歇根的兰辛生产，产品线顶端的别克林荫大道则是在通用澳大利亚分部生产。别克中国也销售小型货车，这种车型在日本依然很受欢迎。

中国领先了

别克中国的产品线组合相比于之前的仅出售美国版的汽车，似乎是更为合理的国际化产品策略。但是，除了别克汽车的标志——三盾徽是一样的，别克中国的这些车型更像一个汇集了通用不同国家生产痕迹的大杂烩。单对这些车型的描绘无法展示出中国市场在很大程度上不仅影响了别克在中国销售的车型的设计，而且影响了其他国家车型的设计。

汽车设计师邱自己没有车，他甚至没有驾照。事实上，他最喜欢的车是最高时速能达75英里的卡丁车。他那件很少脱下来的皮夹克表明他着迷于飞机和一切军用装备。他就像一个典型的21世纪的中国人，穿着牛仔裤，却没有跟随潮流把裤腿挽起来，留着刷子一样的小平头，戴着全球流行的豪雅手表。31岁的邱至今还和父母住在一起，但是，他大部分时间都在高端酒吧喝酒，逛精品店，入住豪华酒店，这些地方也是上海迅速成长的中产阶层聚集的地方。"我就像是一张白纸，"他说，"在中国暴增的消费文化中寻找可行的点子。"他需要预测中国消费者口味和潮流的变化，也就是预测他们会买什么样的产品。

邱也是上海通用泛亚汽车技术中心(Pan Asia Technical Automotive Center, PATAC)的一名设计师。几年以前，邱和设计中心的设计师们在与通用其他设计中心的一次比赛中获胜，这让他们赢得了负责设计别克君悦车型的机会。作为通用最小、最不为人知的设计中心，他们的这场比赛就像一支高中篮球队挑战NBA球队，最终还获胜了。当看到君悦原始车型圆形的外观和普通的车内构造时，他们知道，中国的消费者一定会嘲笑这样过时的车型设计肯定是为了讨好那些上了年纪的美国消费者。别克在中国面对的消费者是35岁左右，成功又时尚，很有洞察力的企业家，这样的人口统计资料会让远在密歇根的老板们信心倍增。

PATAC的成员重新思考和设计了君悦的每一个组件，最后的产品是一款非常独特和雅致的轿车，对于那些在乎身份地位的上海年轻消费者有足够的吸引力。邱负责轿车的内部设计。邱想到了上海时髦酒吧的样子，他说："我寻找人们生活、闲逛的地方，然后试着在车内营造那样的氛围。"最后的结果就是这款车一改别克车型往日的禁欲风格，而变得更像是一个精心设计的卧室。柔和的、奶油色的灯光从仪表盘和车后部隐藏的灯中射出，前座和后座都精心加了衬垫，具有很好的按摩功能。

PATAC设计的这款君悦在中国生产的第二年售出超过11万辆，这一数字超过了同年别克所有系列的车在美国销量的总和，君悦出色的销量促使2011年别克在中国的总销量达到65.4万辆。"君悦让我们的期望更高了，"PATAC的负责人说，"别克品牌在中国的样子就是一个品牌希望在世界上任何一个国家成为的样子。"通用公司将PATAC的设计融入别克在所有市场上销售的汽车的设计里，这表明通用开始意识到世界市场远比北美要大。PATAC带动了战略创新。"开会时，我们再也不是声音最小的那一个了，"该负责人说，"中国每年的汽车销量达到了800万辆，是通用最大的市场，我们也成了专家。"

一个大问题是，这些受到中国影响而设计出的车型能为美国和其他国家所接受吗？

尽管公司从不指望君悦在美国的销量能像中国那样成功，但是，2011 年却是这十多年来别克在美国市场上销售最好的一年。17.7 万辆的总销量也许还远不及别克鼎盛时的销量，但是却比别克两年前的总销量提高了 73.5%。

也许，更重要的改变是消费者对品牌是否体现出未来成长的潜力的感知。去年，公众对别克车的看法改善了 125%，购买意愿也提升了 65%。注意，这不光是因为君悦。但是，值得注意的是汽车杂志都对 PATAC 的再设计展开了热烈的评论。事实上，君悦成为了 *Car and Driver* 这本杂志评出的三款“年度轿车”之一。这本杂志评价该车型“轻而易举就成为别克轿车这么多年最好的一款车”。PATAC 由于设计了君悦，将有机会参与设计售往全球多个市场的项目。

通用开始看准更大的目标，而别克也将在不久向中国市场推出 12 款新车。通用的目标是在 2015 年实现销量翻番，让总销量达到 500 万辆，其中，别克车占 100 万辆。2011 年，福特汽车在中国的销量首次超过 50 万辆，而克莱斯勒甚至不在榜单上。但是一些财务数据却并不是这么乐观，数据预计 2015 年通用在中国的总销量只会达到 330 万辆，而且最终会在中国这个快速增长的市场上失去市场份额。无论结果如何，毫无疑问的是，别克是一个发展势头正确的全球品牌。

讨论题

1. 别克的全球化战略是否正确，还是说这只是其区域化战略的一部分？请解释原因。
2. 通用汽车在全球的制造厂，比如上海通用，是全球化战略的一部分吗？为什么？
3. 利用全球化产品和沟通的 5 个策略来讨论别克的全球化战略。
4. 竞争者是否能够轻而易举地复制别克在中国的战略？为什么？
5. 根据上面介绍的别克的目标，你预计，在今后的几年，别克在中国和美国会有什么样的发展？

Principles of Marketing

第 20 章

可持续营销：社会责任与道德

学习目的

- ☐ 定义可持续营销，并讨论其重要性
- ☐ 明确对市场营销主要的社会批判
- ☐ 定义消费者保护主义和环境保护主义，并解释它们对营销策略的影响
- ☐ 描述可持续营销的原则
- ☐ 解释市场营销中道德规范的作用

本章预览

在最后一章中，我们将考察可持续营销的定义。简单来说，可持续营销即通过对社会和环境负责任的营销行为来满足消费者、企业及社会当下和未来的需求。我们先从可持续营销的定义开始，然后看一些对营销的批评——这些批评影响了个体消费者以及公众行为，同时也推动了可持续营销的发展。最后，我们看看公司如何通过主动从事可持续营销实践来获得好处，这不仅为消费者带来好处，更为整个社会带来好处。可持续营销并不只是做正确的事，它们对公司的生意也有好处。

首先，让我们以联合利华这一世界第三大消费品公司为例，看看企业是怎样践行可持续营销的。13 年来，道琼斯可持续性指数都表明联合利华是食品和饮料行业可持续发展的翘楚。最近，公司发布了可持续生活计划，想通过这个计划在 2020 年实现产量翻番的同时降低对地球的影响，以及增进社会福祉。这是一个雄心勃勃的目标。

联合利华的可持续发展：每天都为一个更美好的未来而努力

2009 年，当保罗·波尔曼担任联合利华的首席执行官的时候，这个销售食品和个人护理产品的公司就像一个正在熟睡的巨人。尽管旗下拥有的明星产品云集，包括多芬、

Axe、Noxema、夏士莲、OMO、Hellmann's、Knorr、Lipton以及Ben&Jerry's等，但是这十几年来，联合利华的销量和利润都非常不景气。公司需要新的活力和目标，“为了让这个世界回到正轨，我们首先应该知道我们为什么会在这儿，”波尔曼说。

为了回答“我们为什么会在这儿”这个问题，并且找到一个更能激励人心的使命，波尔曼比只看重销量、利润和股东价值的一般公司看得更远。他认为，公司之所以能成长是因为实现了一个更宽宏的关乎社会和环境的使命。联合利华强调“为消费者，而不是股东”，他说：“如果我们与消费者的需求以及环境的变化同步，并且为我们造成的社会影响负责，那么股东也会从中获益。”

评估对社会和环境造成的影响在联合利华内部已经不是一件新鲜事儿了，早在波尔曼任职之前，公司就已经规划了许多关于管理产品和生产行为所造成影响的项目。但是，在波尔曼看来，公司现有的这些项目及其带来的效果还远远不够，所以，在2010年底，联合利华颁布了可持续生活计划，这个雄心勃勃的长期计划让资本的运营达到了一个新的高度。根据这一计划，公司已经着手“每天都努力为世界各地的人创造一个更美好的未来：我们的员工，和我们有贸易往来的人，成千上万使用我们产品的人，以及我们的后代，他们的生活质量有赖于我们这一代人如何保护环境。”波尔曼认为，联合利华之所以能在商业上取得长久的成功，是因为处理好了公司的生产行为对环境和社会造成的影响。

这个可持续生活计划提出了在2020年要实现的三个主要的社会和环境目标：“(1)帮助至少10亿人采取行动来提高自身健康水平和幸福感；(2)将制造和使用我们的产品对环境造成的破坏减半；(3)确保我们的农产品原材料的获得是完全可持续的。”

这个可持续生活计划汇集了联合利华已经有的项目和一些新的充满雄心的可持续目标。这些目标涉及整个价值链，从公司如何获得原材料到消费者如何使用和处置公司的产品。“我们的目标是让员工的行为更加可持续，也鼓励我们的消费者、供应商等跟我们一样。”

在上游供应方面，联合利华一半以上的原材料是农产品，所以，公司就帮助供应商进行可持续化的农业操作，让其行为也符合公司对环境和社会影响的高期望。联合利华选择合作的供应商有两个标准：第一个是“联合利华供应商准则”，这个准则要求合作企业在人权、劳动实践、产品安全和环境保护上都负起社会责任；第二，针对农产品供应商，“联合利华可持续农作物标准”详细阐述了联合利华对于可持续农业行为的要求，只有达到这些要求，公司和供应商“才能共同致力于可持续发展”。

但是，联合利华的可持续生活计划绝不仅仅是为了让供应商和分销商更加有责任感。消费者使用产品的时候，会造成大约68%的温室气体污染和50%的水污染，因此，联合利华也想跟消费者一起，改善产品使用对社会和环境造成的影响。在全球190个国家，每天都有大概两亿多人在使用联合利华的产品，因此，如果每天每个消费者的行为汇集在一起就能产生很大的影响。联合利华用这样的一个式子来进行加总：联合利华品牌×每人每天的小行为×上亿的消费者＝巨大的影响力。

例如，世界上大约1/3的家庭主妇使用联合利华的清洁产品，每年会有大概1 250亿次清洗行为，因此，通过可持续生活计划，联合利华一方面生产出更加环境友好型的洗涤产品，另一方面鼓励消费者改善他们的洗涤习惯。比如，联合利华在世界范围内鼓励消费者在洗衣服时，用低温水和正确剂量的洗涤剂。联合利华推出的OMO和Persil Small&Mighty等洗涤品牌就专注于使用更少的包装，降低运输成本和对环境的破坏，更重要的是，这些品牌的产品在低温水下也能不费劲地洗干净。联合利华的金纺一次漂洗织物柔顺剂就是为那些发展中和新兴市场上总是手洗衣物的消费者提供的，她们常常面临水资源的短缺。使用这款创新产品，在漂洗时只用一桶水而不是三桶，这就为消费者节省了时间、精力，还节省了30公升的水资源。

这些保护水资源的行为是不会出现在联合利华的报表里的，但是这些行为却对人类和整个地球至关重要。同样，食品成分和消费者饮食习惯的小小改变也会对人们的健康产生重大影响。"我们要获得最终的成功，必须倡导全世界的人每天都采取这种(改善环境的)行为，只有这些行为汇聚在一起，才能形成巨大的影响力。"为了实现这一目标，联合利华提出了"五个能产生改变的工具"，就是营销人员能做的鼓励消费者采取特定可持续行为的一些措施。这个模式帮助营销人员明确了引导消费者行为改变的一些障碍，以及如何触发消费者采取这样的行为。这些导致行为改变的工具包括：让(改变的行为)清晰易懂，简单可行，令人满意，有所回报，以及成为习惯。

联合利华的可持续生活计划会对公司产生影响吗？目前为止，效果是好的。2011年，联合利华的利润上涨了6.5%，这个数据不算太高，但是却超过了整个行业的利润增长率。更重要的是，这一数据证明了联合利华这些环保项目的营收能力，联合利华正在向着可持续生活计划的目标发展。公司正在实现58个特定目标中的50个，这些目标包括提高消费者健康水平和福祉、降低环境污染、可持续地收购农产品，同时，公司也在有效地推进其他7个目标的实现。

波尔曼认为，可持续计划不仅有利于人类和环境，也有利于联合利华自身的发展。对可持续性的追求通过节能减排，降低了成本，推动了创新，导致了对消费者更加有益的新产品的诞生，同时创造了新的市场机遇：联合利华销量的一半来自发展中国家，而这些国家正面临着可持续性的严峻考验。

波尔曼预计，可持续计划总的来说不仅将帮助联合利华销量翻番，也会为数亿人创造一个更加美好的未来，而不用增加环境污染。"我们不认为可持续发展和增收之间存在矛盾，"他说，"每天制造和销售消费品促进了经济和社会的发展，世界上的数亿人口值得拥有更高质量的生活，而这种生活有赖于肥皂、洗发水和茶这类日用品。可持续生活不是一个迷梦，它可以实现，而且不会造成什么负面影响。"

有责任感的营销人员能够发现客户需要什么，并为之提供正确的产品，其定价既给购买者带来价值，又为生产者带来利润。市场营销这一概念是顾客价值与双赢的哲学，在一只看不见的手的操纵下，引导经济满足千百万顾客不断变化的需求。

但并不是所有营销人员都认同这一概念。事实上，有些商家的营销行为颇有问题，更多地服务自身而非顾客。甚至，那些满足了部分顾客当前需求的善意营销行为也可能对其他顾客或更大范围的社会造成当下或未来的危害。有责任感的营销人员必须考虑他们的营销行为在长期内是否有可持续发展的意义。

本章考察了可持续营销，以及个体营销行为的社会和环境影响。首先，我们提出以下问题：什么是可持续营销？为什么它这么重要？

20.1 可持续营销

可持续营销(sustainable marketing)要求的是对社会和环境负责任的行为，既能够满足消费者和企业当前的需求，也能保护和提升后代满足其自身需求的能力。图 20.1 将可持续营销的概念和我们在前面章节学到的营销概念进行了对比。

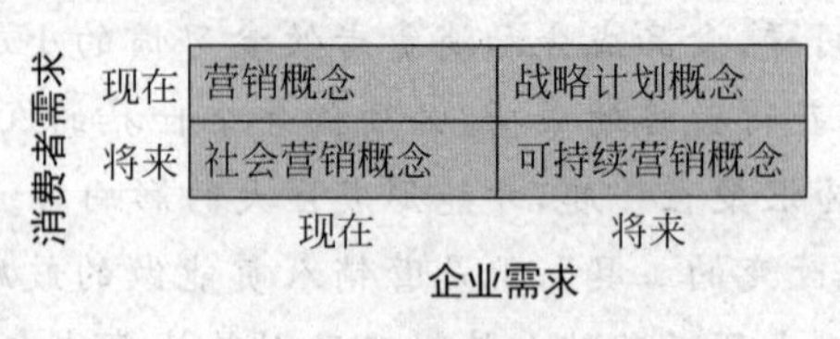

图 20.1 可持续营销

营销概念认为，企业组织在不断定义目标顾客群当下需求和欲望，并在比竞争对手更有效地满足这些需求和欲望的过程中日渐茁壮成长。它通过给予顾客他们现在想要的东西，致力于满足公司的短期销售额、增长率和盈利需求。然而，满足顾客即刻的需求和欲望并不能总为顾客或企业提供未来最佳的利益。

例如，麦当劳早期在市场上销售美味但脂肪和盐分含量高的快餐，这能够满足消费者的即刻需求，并为公司创造了销售额和利润。然而，批评家声称麦当劳和其他快餐连锁店造成了全国性的、长期的肥胖病，损害了顾客的健康并加重了美国医疗体系的负担。于是，许多顾客开始寻求更健康的饮食选择，导致快餐行业销售额和利润暴跌。除道德行为和社会福利问题外，麦当劳也因包装、浪费、固体废弃物、店面能源使用低效等行为，被批评其庞大的全球经营留下了相当大的环境足迹。因此，麦当劳当时的战略就顾客或公司的利益来说，都是不可持续的。

图 20.1 中的社会营销概念考虑到顾客未来的福利，战略计划概念考虑到了公司未来的需求，可持续营销概念则考虑到了这两者。可持续营销提倡对社会和环境负责任的行为，满足顾客和公司当下和未来的需求。

例如，我们在第 2 章中讨论过，近年来，麦当劳用更加可持续的“致胜计划”战略作出回应，推出沙拉、水果、烤鸡、低脂牛奶和其他多样化的健康食品。经过长达七年对健康食用油的研究，麦当劳还逐步淘汰了传统的堵塞动脉的反式脂肪，但并未损害薯条的味道。同时公司还启动了一个多方面的教育活动——叫作“这就是我吃的，这就是我做的……我就喜欢”——帮助顾客更好地理解和谐、积极生活方式的关键所在。最近，麦当劳展开了一项名为“最受欢迎的卡路里为 400 以下的食品”活动，活动中，麦当劳的广告和店内菜单都突出了那些卡路里在 400 以下的产品。麦当劳指出，国内菜单中，80%的食品其卡路里都在 400 以下，它希望消费者会更加喜欢自己选择的菜品。

麦当劳的“致胜计划”战略也提到了环境问题。例如，它呼吁食物供给的可持续性，简化的、环境上可持续的包装，重复使用和回收，以及更负责任的店面设计。麦当劳甚至还推出了环境计分卡，为供应商在水资源消耗、能源消耗和固体废物方面的表现打分。

麦当劳更加可持续的发展战略使公司和顾客受益。自从宣布"致胜计划"战略以来，麦当劳的销售额实现了近乎 60%的增长，利润更是增长到原来的三倍，麦当劳有了一个可持续盈利的未来。

真正的可持续营销有赖于一个正常运转的营销系统，在这一体系中，顾客、公司、公共政策制定者和其他人共同工作，以确保实施对社会和环境负责任的营销行为。然而，不幸的是，营销体系并不总能运转正常。下面的部分回答了一些可持续性问题：社会对营销最常见的批评是什么？普通公民采取什么办法抵制营销的伤害？立法委员和政府机构采取什么措施宣扬可持续营销？什么启发公司开始实施社会责任和道德营销，从而为个体消费者和整个社会创造可持续的价值？

20.2　社会对营销的批评

许多批评直接针对营销，其中有些是正当的，而有些不是。社会批评家们评论说有些营销实践伤害了消费者，伤害了社会，也伤害了其他商家。

20.2.1　营销对个体消费者的影响

许多消费者很关心美国营销体系能够在多大程度上满足他们的利益。调查结果显示，消费者通常对营销怀有错综复杂的心情，有些甚至是轻微的不满。消费者、消费者保护组织、政府机构以及其他一些评论家指责营销在以下几个方面损害了消费者的利益：定价过高、欺诈行为、强制买卖、销售假冒伪劣或不安全产品、提前淘汰，以及对穷人的恶劣服务。这些有问题的营销实践，从消费者或企业的长期利益角度来看，都是不可持续的。

定价过高　许多评论家认为，美国目前的营销体系导致了定价过高。如果在一个更合理的体系里，情况将不会如此。消费者难以忍受如此高的定价，尤其当经济受挫时。批评家指出造成定价高的三个因素——高成本的分销、高成本的广告和促销，以及加价过度。

高成本的分销　一直以来，贪婪的中间商都会将价格定得高于它们所提供服务的实际价值。批评家指责现在正是因为有太多的中间商从而导致效率低下，运作不灵；此外，有些中间商提供的是一些不必要的甚至是重复性的服务，结果导致分销成本激增，最终体现在产品的定价过高上。消费者不得不承担这部分额外成本。

中间商是怎样应付这些指责的呢？它们争辩说，它们所做的工作是正当的，否则只能由生产厂家或是消费者自己来直接完成。价格升高反映了消费者对于服务的要求，比如便利、大规模存储和分类、较长营业时间、退货方便等。它们说，零售业的竞争异常激烈导致利润率很低。如果一些零售商企图为其附加价值索要不合理的实际报酬，那么其他的零售商就会以低价乘虚而入。一些低价商店，如沃尔玛和好市多等给行业带来了巨大的压力，使得其他零售商不得不提高运作效率并压低价格。事实上，在近期的经济萧条中，只有最有能力的零售商仍保持着盈利。

高成本的广告和促销　在提高产品价格以便为大规模的广告和促销活动提供资金方

面，现代营销也被指责得体无完肤。例如，一个获得了大力推广的大品牌产品，其价格远远超过几乎相同的非名牌或商店自有品牌的产品。差异化产品（例如化妆品、洗涤剂、卫生用品等）的促销和包装成本，往往占到了生产商给零售商的价格的40%，甚至更多。批评家认为大多数的包装和促销只是增加了产品的心理价值而不是功能价值。

营销人员回应说广告确实让产品成本增加了，但广告也通过为潜在消费者提供商品的可用性及品牌价值信息，给产品增加了价值。知名品牌产品的价格要贵一些，但是品牌给消费者始终如一的质量保证。此外，顾客可以以较低的价格获得产品的物理功能，但他们想要并且也愿意为商品所提供的心理收益部分付较多的价钱，因为这使他们感觉到富有、有吸引力或是与众不同。而且，大规模的广告和促销费用也是一种必要的竞争性费用——如果在此方面花费较少，那么公司在公众心中的形象就会日渐淡薄。

与此同时，公司相当注意促销成本，使它们的花费是尽量合理的。如今，更多的日益节省的消费者要求物超所值。消费者不断地转向购买商店自有品牌或无商标产品，这一现象说明，对于价值，消费者要的是行动，而不是空谈。

加价过度　评论家们也指责一些公司给商品标价太高。他们指责药品行业中一粒生产成本仅为5美分的药丸可能会花费消费者2美元，指责殡葬业利用客户的特殊心理漫天要价，也指责汽车维修的要价过高。

营销人员认为大多数企业能够公平地对待顾客，因为它们有永续经营的观念，大多数损害消费者利益的事都是无意的。如果居心不良的商家的确占了消费者的便宜，它们会被报告给美国商务改善局，或者州和联邦的其他机构。商家们同时认为消费者通常不理解为什么涨价。例如，医药行业的产品价格必须覆盖原材料购买成本、促销成本、分销成本，以及高昂的研发成本和测试成本。就像制药公司葛兰素史克在广告中说的那样，“今日的药品为明日的奇迹筹措资金。”

欺诈行为　营销人员有时被指责采用欺诈行为引导消费者在价值获得方面产生错觉。欺诈行为有三类：欺骗性定价、欺骗性促销和欺骗性包装。欺骗性定价包括错误地宣传出厂价或是批发价，或者干脆弄来一张伪造的零售商价目单，以上面过高的定价来衬托自己的“低价”。欺骗性促销即过分夸大产品的特性和功能，以诱使消费者购买积存已久的廉价货。欺骗性包装包括通过精巧设计来夸大包装效果，商品不装满包装袋，采用会误导消费者的标签，或对尺码进行误导性描述。

欺诈行为最终引发了相应法规的制定，以及其他一些保护消费者的行动。例如，1938年，国会通过了《威勒—李法案》，赋予联邦贸易委员会（FTC）对“不公平或是欺诈性的做法”进行管制的权力。随后FTC颁布了几条对欺诈行为的指导意见。虽然出台了这些新规则，一些评论家认为欺骗性描述仍然是普遍状态，甚至那些知名品牌也会作出欺骗性描绘。例如，Skechers最近支付了5 000万美元来解决FTC和44个州的检察总长对其的指控，他们认为Skechers声称其功能鞋能帮助消费者调节肌肉，达到减肥的效果，这构成了广告欺诈。此外，许多其他的消费者组织认为，可口可乐对其维他命水的健康性作出了虚假的、未经证实的、甚至有些荒诞的宣传。

可口可乐宣称其维他命水是能代替常规饮用水的健康产品。然而，美国国家消费者联盟（National Consumer League，NCL）和其他的消费者组织却完全不同意可口可乐的说法。例如，NCL最近与FTC以及律师们完成了针对维他命水的投诉书，他们认为可口可乐的宣传是“非常危险的错误引导”。NCL不赞成维他命水瓶子上的广告语“维他命＋水＝你所需要的全部东西”。NCL还对维他命水的广告进行了抨击，认为广告暗示了饮料能替代流感疫苗，并且有助于提高免疫系统，避免得一些常见病。例如，一则电视广告的内容是这样的：一个在工作中很少请病假的女人将这些假期利用起来，和男朋友一起在家看电影。广告中说道：“我的秘诀是什么？就是维他命C。摄入维他命C和锌有助于维持健康的免疫系统，所以我才能跟我的男朋友一起在家待着，他的情况也跟我一样。”

NCL认为，这样的广告对公共健康是错误和危险的引导。尽管维他命水宣称只含有维他命和水，但每瓶维他命水其实还包括了125卡路里热量。“2/3的美国人都超重或者肥胖，这种含糖的水对肥胖者而言是有害的，维他命可以从更加健康的食物或者维他命药片中获得，”NCL说。英国广告标准局（Britain's Advertising Standards Authority）也同意这样的说法，它最近禁止播出维他命水的一则广告，广告宣称这种饮料是“有营养的”，标准局认为消费者未曾想到有营养的饮料会含有五勺糖。

最困难的问题是怎样定义“欺骗性”。例如，一条宣称其口香糖能“撼动你的世界”的广告并没打算按字面意思来理解。广告主可能宣称，这是“吹捧”——对产品效果进行无害的夸大。然而，其他人认为吹捧和影像引诱会以狡猾的方式危害到消费者。想想广为流传的万事达卡以无价为题的广告，描绘了消费者不计成本地实现他们无价梦想的画面，广告暗示你的信用卡可以使你梦想成真。但批评家指责信用卡公司用此类影像鼓励消费者先花费后付款的理念，导致许多消费者过度使用信用卡，这大大加重了美国近期的金融危机。

营销者认为，许多公司都是竭力避免欺骗性行为，因为这种行为损害了它们的长期利益，是不可持续的。盈利性的顾客关系是建立在价值和信任基础上的，如果顾客不能买到令他们称心如意的商品，那么他们就会转向别处。此外，消费者常常会保护自己不上当受骗，大多数消费者购物时都会注意到商家的销售意图，然后小心行事，有时甚至不相信完全真实的产品说明。

强制买卖 销售人员有时被指责进行强制买卖——他们会说服顾客购买一些本来不想购买的产品。人们经常说的保险、房地产和二手汽车是被卖而不是被买，就是这个道理。销售人员通过训练，能够圆滑地诱使顾客进行购买。他们通常乐此不疲并且非常卖力地进行销售，因为销售的越多，无疑得到的奖金也就越多。同样，电视购物广告的销售人员以“叫卖”的方式进行产品介绍，造成消费者的紧迫感，只有那些意志力很强的人才忍耐得住。

但大多数情况下，营销人员很少能从强制买卖中获得好处。这种策略适用于追求短期利益的一次性交易。然而，大多数的买卖活动需要和有价值的顾客建立长期关系。强制买卖或者欺骗性销售行为会严重损害这种长期关系。例如，设想宝洁公司的客户经理试图强迫沃尔玛的采购员买东西，或者IBM的销售人员想要唬住通用电气公司的信息技术经理，这肯定行不通。

假冒伪劣、有害或不安全产品 另一些批评是关于产品的低质量或低性能。一种抱怨是许多产品质量不合格并且服务不到位。第二种抱怨与产品的安全性有关。这其中有几个原因，包括制造商的冷漠、产品复杂性的升级，以及蹩脚的质量监控。第三类抱怨是许多产品几乎没有什么利益可言，甚至是有害的。

以软饮料产业为例，许多批评家抱怨，国内的肥胖群体越来越大，但是富含糖分和高热量的软饮料却还是在大量供应。研究显示，美国国内超过 2/3 的成年人肥胖或者超重，此外，1/3 的孩子也超重。尽管大量的医学研究表明，过度肥胖会增加患心脏病、糖尿病和其他疾病，甚至癌症的风险，但是国民超重的问题还是没有得到解决。批评家将此归咎于贪婪的饮料商家，认为它们从脆弱的消费者身上获利，让美国变成超大杯饮料之国。纽约市长甚至禁止销售 16 盎司和更大体积的软饮料。

软饮料商向信息不完整或者粗心大意的消费者极力兜售不健康的产品，它们不需要对此负社会责任吗？还是说，这些商家仅仅只是通过提供消费者所需，并让他们自由选择来满足消费者的需求？商家有引导公众饮食习惯的责任吗？从社会责任的角度来看，对错只在一念之间。尽管一些分析人士批评软饮料行业，还有一些人则认为消费者也需要对此负责。“软饮料成为了很多反肥胖运动中受到抨击的替罪羊，这很不公平，”一份商业报告这样认为。“也许，朋友之间不应该互相给对方大份饮料，但是，没有人被强迫购买和饮用任何饮料。个人责任和自控能力也是需要解决和提升的问题。”

大多数的制造商还是要生产出质量过硬的产品。公司对待产品质量和安全问题的态度将直接影响它的声誉。销售质量低下且不安全产品的公司，肯定会与消费者及法律机构产生矛盾，而且不安全产品导致的产品可靠性方面的诉讼会使公司为此付出更大的代价。更基本的是，如果一个消费者对某公司产品不满意，他不仅将来不会再购买，还会劝说他身边的人也不要购买。因此，质量缺陷不能与可持续营销并存。现今的商家知道，高质量的产品会产生顾客价值和顾客满意，后者反过来又能创造可持续的客户关系。

提前淘汰 批评家们指责有些公司实行有计划的淘汰，从而使它们的产品在真正需要被淘汰之前就出局。他们指责一些生产者使用易破碎、易磨损、易生锈、易腐蚀的材料和元素。如果产品本身没那么快用坏，有的公司被指责进行认知淘汰——不断改变消费者对可接受风格的概念，以刺激更多、更为提前的购买行为。一个显而易见的例子是不断变化的服装时尚。

另外一些商家被指责有计划地推出一系列新产品，使旧款过时，让消费者不断购买替代品。批评家评论这种情况常见于民用电子行业和计算机行业。如果你像大多数人一样，你可能也会有一抽屉曾经最热门的电子产品——从手机、相机到 iPod 和闪存驱动器——现在都变成了老古董。看来好像超过一两年的产品就完全过时了。

营销人员对此的反应是，消费者喜欢时尚的改变；他们会对老套的东西感到厌倦，他们想看到一个全新的时尚潮流。即使旧的还能用，消费者也总想要获得最新的产品。没有人必须买这些新玩意儿，而且如果几乎没有人喜欢它们，那它们自然会失败。最后，大多数公司不会设计报废过快的产品，因为公司不想让顾客转而购买其他品牌。然而，它们却总是对产品进行改进以使其满足或超过顾客的期望。

所谓的有计划的产品报废大多数是由竞争或技术力量造成的，而这些力量会为消费者不断提供更好的产品和服务。如果苹果公司在十年内只推出一款 iPhone 或者 iPad，不会有消费者喜欢这款产品的。相反，消费者喜欢使用了最新科技的创新产品。"产品报废并不是商家强求我们做的，"一位分析人士这样认为。"（更新产品）这是一种进步，也是我们所需要做的。毫不意外，市场提供的总是我们所想要的。"

对穷人的恶劣服务　最后，美国的市场营销体系被指控没有给予穷人好的服务。批评者声称，都市里穷人通常不得不在较小的商店以较高的价格买到较次的产品。在低收入居民区设立较大的全国性连锁店，会使价格降低很多。然而，批评家指责大多数连锁零售店的"歧视"行为，与贫困居民区划清界限，尽量避免将商店设在这些地方。

例如，美国贫困区的超市数量比富人区少 30%。因此，许多低收入消费者发现自己正如一位专家说的那样，像身处"食物沙漠"一样，被小超市的冷冻比萨、膨化食品、夹心面包和可乐所淹没，却难以获得水果、蔬菜，或是新鲜的鱼肉、鸡肉。目前，2 350 万美国人，其中包括 650 万儿童，生活在低收入区，那里缺乏售卖价格公道且有营养的食物的商店。此外，230 万家庭主妇没有车却生活在距离超市超过一公里远的地方，这就迫使她们在较为便利但食物价格很贵的商店采购。进一步地，难以购买到健康的、价格公道的新鲜食物对这些贫困区消费者的健康产生了负面影响。许多连锁店，比如沃尔玛、沃尔格林和 SuperValu，最近同意为贫困社区开设和扩展更多的店铺，为当居民提供有营养和新鲜的食物。

很显然，低收入地区应建立一套较好的营销体系。事实上，也有许多营销人员很好地将此类消费者作为目标客户，向他们提供合理的产品和服务，创造真正的价值。如果营销人员不涉足填补这一空白，政府将可能会做这些事。例如，美国联邦贸易委员会（FTC）已采取行动防止商家做虚假广告，不正当地拒绝服务，或是向贫困的消费者要价过高。

20.2.2　市场营销对整个社会的冲击

美国的市场营销体系被指责在美国社会中增加了若干"弊端"，例如造成了过分的物质主义，提供了太少的社会公共产品，以及制造了大量的文化污染。

不实的欲望和物质主义　批评者曾指责市场营销体系过分重视物质上的拥有，美国对物质占有的强烈偏好是不利于生态平衡的，美国人对他人的评价常基于他们拥有什么而不是他们是什么样的人。批评家们并不把消费者对商品的兴趣看作是一种自然心态，而将其视为是营销创造的错误需求。营销人员声称他们在刺激人们的购买欲望，是在创造优质生活的范例。因此，基于对"美国梦"的错误诠释，营销人员创造了一个永无止境的大规模消费循环。

市场营销被视作企业为了行业利益创造的错误的需求，成功的营销不可避免地会导致过度消费，这与可持续发展相悖。一位批评家说："对于我们大多数人来说，我们的基本物质需求已经满足了，因此我们在日益增长的消费中搜寻对欲望的满足感，而这种满足感可能根本无法通过消费来满足。多并不一定会更好，反而会更差。"一些批评家直接将他们的担忧展现给公众。例如，消费者活动家安妮·雷纳德创立了"玩意儿的故事"项目，录制了一个 20 分钟左右的网络视频，讲述美国对物质的强烈偏好所导致的社会和环境后果——"我们对物质的痴迷是怎样破坏地球，破坏我们的社区以及我们的健康的"。这一视频被在线观看了 920 多万次，并在全世界上千所学校和社区活动中心播放。

营销人员认为，这些批评有点儿夸大企业刺激消费者需求的能力。人们对广告和其他营销工具有很强的防御能力。营销人员只有吸引现有需求的关注，而非试图创造新的需求时才会起到作用。此外，人们对于重要的采购会多方收集信息，而不会轻易依靠单一的信息来源。即使是不重要的购物，购买者可能受到广告信息的影响而决定去购买，但若要他们重复购买，则产品必须向消费者传递与广告承诺相符的价值。最后，从新产品的失败率极高这点可以看出，企业无法操纵购买者的需求。

在更深层次上，我们的欲望和价值观不仅受营销人员的影响，同时也受家庭、同辈人、宗教、种族背景和教育的影响。假使说美国人是高度物质主义者，这些价值观与其说是缘于企业和大众传媒的单独影响，还不如说是更深层的社会化过程。

再者，消费方式和态度同样也取决于众多因素，例如经济。正如我们在第 1 章中提到的，最近的经济衰退抑制了物质主义和奢侈消费。许多观察家预言节俭消费者的新时代即将到来。"美国梦悄然止步，"一位分析家说。另一位消费者则认为，购物者"现在应该为他们新设立的财务准则而感到骄傲"。因此，营销人员正试图帮助越来越节俭的消费者发现花更少的钱获得更多价值的方式，而不再是鼓励他们过度消费了。

社会公共产品太少 企业曾被指责过量销售私有产品而牺牲了有益于公众的公共产品。当私有财物增加时，它们需要更多公共服务来配合，而这些通常不能立即供应。例如，汽车持有量(私有产品)的增加需要更多的公路、交通管制、停车场以及警察服务(公共产品)来配合。过量销售私有产品导致"社会成本"提高。对汽车而言，社会成本包括交通拥挤、石油短缺和空气污染。例如，美国出行者平均每年耗费 34 小时在交通堵塞上，一年花费美国超过 1 000 亿美元的社会成本——每位通勤者耗费 750 美元。这一过程浪费了 19 亿加仑汽油，并排放了数百万吨温室气体。

我们必须找到平衡私有产品与社会产品的方法。一种选择是让生产商承担其造成的所有社会成本。例如，政府要求汽车制造商在制造汽车时使用更有效的引擎，改善污染控制系统。然后汽车制造商会提高价格以弥补这些额外成本。假使购买者发现有些车价格太高，这些车的生产厂家会因销路不佳而逐渐消失，消费者则转向能承担私有成本和社会成本的生产厂家。

另一种选择是让消费者支付社会成本。例如，世界上的许多城市都在公路上设卡收取"交通堵塞费"，以缓解交通堵塞。为了缓解加利福尼亚州奥克兰和旧金山之间的海湾大桥的交通拥挤情况，城市交通委员会在车辆高峰期收费 6 美元，而在其他时间收费 4 美元。这项收费降低了高峰期的车流量，将平均过桥时间缩短了一半。

文化污染 批评者指控市场营销制造文化污染。我们的感官经常受到广告的骚扰，有意义的节目受到商业广告干扰，印刷刊物几乎全被广告占据，广告牌破坏了美丽的风景，我们的电子邮箱里也全是广告邮件。这些干扰常常用有关物质主义、性、权势以及地位等方面的信息污染人们的心灵。一些批评家呼吁应该彻底改变这种情况。

营销人员对"商业广告噪声"的控诉提出了辩解。首先，他们希望自己的广告能传达到目标顾客，但是由于使用的是大众传播渠道，有些广告会传到对产品没有兴趣的人那里，他们感到厌烦或被打搅。人们根据自己的兴趣购买杂志或者订阅邮件和手机广告，他们很少抱怨刊登在上面的广告，因为那是他们所感兴趣的。

其次，广告使很多电视和收音机节目成为免费媒体，同时使得杂志和报纸成本降低。许多人认为，看商业广告是享受这些利益的一点代价。消费者发现许多电视广告很有趣，并把它们找出来。例如，超级碗大赛期间的广告观众人数不少于观看比赛的观众人数。最后，当代消费者有多种选择。例如，他们可以飞快掠过商业广告或者根本避免，毕竟我们有那么多的有线、卫星和网络频道。这样，为了吸引消费者注意力，广告商就必须使广告更有趣，并且含有更多的信息。

20.2.3　营销对其他商家的冲击

批评家也指责说公司的营销活动伤害其他商家并降低竞争度，这其中存在三个问题：竞争对手之间的兼并，营销所造成的进入壁垒，以及不公平竞争。

批评家们声称，如果公司是依靠兼并而不是开发新产品来获得成长，那么其他公司就会蒙受损失，并且竞争程度大大降低。过去几十年中，大量的兼并和行业整合已经引起社会各界的关注，具有活力的年轻竞争者会被吞并，而应有的竞争也将减弱。事实上对于一些重要行业来说，例如零售、娱乐、金融服务、公共事业、交通、汽车、电信、医疗事业等，主要竞争者的数量一直在减少。

收购本身是一个复杂的问题。在下列情况下收购可能有益于社会：收购的公司能产生规模经济而使成本和价格降低；一个管理良好的公司接管一个管理不善的公司而改善其生产效率；在收购之后，原来一个不太有竞争力的产业可能变得有竞争力。而在其他情况下，收购可能产生弊端，因此受到政府严厉的管制。

批评者还指控市场营销行为妨碍新公司进入行业。大公司能利用专利和大量的促销费用，并联合供应商或经销商，使竞争者不能进入或被驱逐出去。关注反垄断法的人承认，某些障碍是规模经营所带来的经济优势的必然结果。但是其他进入壁垒可由现行和新的法律来对付。例如，许多批评者建议，对广告支出课以累进税，以避免营销成本过高成为进入市场的主要障碍。

最后，有些企业实际上是采用了不公正的竞争营销行为，企图伤害或毁灭其他公司。它们可能将价格定得比成本还低，威胁切断与供应商的业务或阻止消费者购买竞争者的产品。许多法律试图防止这类掠夺性的竞争，但是要证明某一竞争行为的掠夺性是很困难的。

在最近几年里，沃尔玛被指责在某些市场上使用掠夺性定价策略，使得一些小型的夫妻零售店关门歇业。沃尔玛已遭到数十个城镇的居民的抗议，他们担心大型零售商的不公平行为会阻碍当地商业的发展。然而，尽管一些批评家指责沃尔玛的行为具有掠夺性，其他批评家仍断言其行为不过是一家有效率的公司为了对抗低效率公司而进行的良性竞争。

例如，当沃尔玛开始启动以 4 美元销售无商标药品的项目时，当地药店投诉其掠夺性定价。它们控诉说，价格如此之低，沃尔玛势必在以低于成本的价格销售，从而导致小药店关门歇业。但沃尔玛声称，凭借核心的采购能力和有效的执行力，自己仍可以此低价获取利润。沃尔玛说，4 美元药价的项目并不是为了让竞争对手破产，这只是一个不错的竞争性行为，可以更好地服务顾客并吸引更多客流。此外，沃尔玛的这一项目拉低了药品在其他超市和折扣店内的售价。现在超过 300 种药品以 4 美元的价格在多家连锁店销售，沃尔玛还声称这一低价计划总共为消费者至少节省了 30 亿美元。

20.3 消费者促进可持续营销的行动

可持续营销呼吁商家和消费者采取更多负责任的行为。部分人视企业为许多经济问题和社会弊端的起因，因此不时有人发起基层运动来牵制企业行为。其中两种主要运动是消费者保护主义和环境保护主义。

20.3.1 消费者保护主义

消费者保护主义（consumerism）是指由公民和政府机构所提倡的一种有组织的运动，主要是增强购买者相对于销售商的权利与力量。传统的销售商具有以下权利：

- 只要不对个人健康和安全构成威胁，销售商有权销售任何大小、式样的产品；甚至即便有危险，只要加上适度的警告或控制即可销售产品。
- 只要对各阶层消费者没有差别对待，销售商可以随意定价。
- 只要不被视为不公平竞争，销售商有权决定促销费用的多少。
- 只要内容或手段上没有令人误解或不实之处，销售商可以采用任何宣传方式。
- 只要内容没有不公正或令人误解之处，销售商可以采用任何刺激购买的方案。

传统的消费者权益包括：

- 有权自由购买产品。
- 有权要求产品安全可靠。
- 有权要求产品内容与厂商所声称的一致。

对比双方的权利，我们可以发现销售商具有很大的优势。购买者固然可以拒绝购买，不过大多数人都感觉到消费者面对老练的销售商时，往往缺乏充分的信息、教育和保护以帮助他们作出明智的选择。所以，消费者呼吁增加以下一些权利：

- 有权被充分告知有关产品重要特性的信息。
- 有权受到保护，以免受有问题的产品和营销手段的侵害。
- 有权影响产品和营销行为，使它们能够改进消费者的“生活质量”。
- 有权采用能为子孙后代保护世界的方式进行消费。

消费者保护主义者和政府依据上述权利提出更详细的建议和消费者保护措施。消费者有权知晓的事项包括：贷款的真实利息（借贷的真实信息），每件产品的真实成本（每件产品的标价），产品的成分（成分表），食物的营养价值（营养表），产品的新鲜度（标明使用期限），产品的真正好处（真实广告）。要求保护消费者的事项包括：加强消费者的权利以免受企业欺诈，要求产品有更高的安全性，确保隐私不受侵犯，以及给予政府机构更多权力。有关生活质量的建议包括：管制某些产品的成分及包装，减少广告“噪声”的污染水平。关于为未来消费而保护世界的提议包括：提倡使用可持续原料，回收和减少固体废弃物，控制能源消耗。

可持续营销不仅应用于公司和政府，也应用于消费者。消费者有权利也有责任保护自己，而不是把这一职能转托政府或他人。当消费者相信他们的某项交易不公平时，可采取几种补救方法，包括写信给该公司和大众传媒，与联邦、州或地方政府机构联系，以及向小额赔偿法庭投诉。消费者也应作出合理的消费决策，用购买奖励那些行为负责任的公司，用不购买处罚那些没有这么做的公司。由不负责的消费转向可持续消费的改变，最终掌握在消费者手中。

20.3.2　环境保护主义

消费者保护主义者关心的是营销体系是否能够有效地满足消费者需求，环境保护主义者关心的却是营销活动对于环境的影响以及向消费者提供服务所需的环境成本。**环境保护主义**(environmentalism)是指公民、企业和政府机构为保护和改善人们现在和将来的生存环境所组织的行动。

环保主义者并不反对营销和消费，他们只是希望在具体操作的时候更多地考虑这些行为对环境的影响。“实现幸福的途径并不应该是降低消费，”可持续理念的倡导人、联合利华的 CEO 保罗·波尔曼说，“幸福应该通过更加有责任的消费来实现。”环保主义者认为营销体系的目标不应该是消费、消费者选择或消费者满足的最大化，而应该是生活质量的最优化。“生活质量”不仅仅是消费产品和服务的质量，还包括当下和未来人们生活环境的质量。

环保主义关心全球变暖、资源枯竭、有毒废水和垃圾排放，以及其他问题对生态系统所造成的危害，同时也担忧休闲场所的消失以及由不良的空气、污染的水质和经化学处理过的食品所引起的健康问题。

过去的十几年，这些担忧导致联邦和州政府颁布了各项法律法规来监管对环境不利的工业生产行为。一些企业对政府的法规表示不满，并流露出抵制情绪，认为为了实现法规的要求，它们不得不承担高额成本，而这样大大降低了竞争能力。这些公司只做不得不做的事来规避新法规或让环保主义者闭嘴，以此回应消费者对环境的担忧。

然而，最近几年，许多公司主动承担起保护环境的责任，公司正在从补救转变成预防，从被动地受法律约束转变成主动承担责任。越来越多的公司采用了“可持续发展环境保护主义政策”。简单地说，可持续发展环境保护主义就是在创造利润的同时兼顾拯救地球。如今，有见识的公司并不因为一些人强制它们，也不为获取短期利润而采取行动，而是因为这是正确的事——对消费者、对公司和对地球环境的未来都是正确的。比如，快餐连锁店 Chipotle 就成功地制定了自己的核心任务和使命，实现环境可持续发展的目标(参看营销实例 20.1)。

营销实例 20.1

Chipotle 的环境可持续使命：食品与诚信

想象一下，有这样一家餐厅，那里的人，从 CEO 到厨房里的员工都执着于使用最好的食物配料。每天早上，餐厅里所有的“将浸泡在卤汁中的新鲜食材和肉类，将煮熟的米饭以及将切碎的新鲜药草”都激励着上班的员工,餐厅的CEO说。这家餐厅的配料普遍来源于当地农场自然生长的可持续食材。餐厅的使命不仅仅是为顾客提供好吃的食物,也是为了改变整个食品行业生产食物的方式。这听起来难道不像是一家高端大气、美味又独具特色的餐厅吗?不是的,这家餐厅就是随处可见的墨西哥风味快速便餐店(Chipotle Mexican Grill),不错,这就是一家快餐店。

当下,当大多数的快餐店都在寻求最便宜的食材,注重降低准备食材的时间,并且控制售价的时候,Chipotle却在做着相反的事情。这家快餐连锁店的核心使命就是“用诚信来做菜”。这是什么意思呢?公司是这样解释的:

Chipotle致力于发现最好的食物原料,这些原料一定生长在与动物、环境及农场主和谐共处的环境下。也就是说,能通过可持续方式种植食物的人,他所种植的食物一定有最好的口味、最好的营养和最高的使用价值。这也意味着,我们支持和保护那些尊重辖区内土地资源和动物的农场主,无论何时我们获得的肉类都是来自饲料中未使用抗生素、未添加激素的动物身上。在实践当中,我们都是用当地生产的有机原料,为我们提供奶源的奶牛在饲养过程中未使用合成激素。换句话说,“诚信”就是“优秀”的另一种说法。

1993年,公司的创始人和CEO史蒂文·埃尔斯在丹佛开设第一家Chipotle时,他的最主要目标就是制作出最美味的煎饼。然而,随着连锁店的发展,埃尔斯开始发现他不喜欢Chipotle所用食材的生长和制作方式,于是,在2000年的时候,Chipotle开始发展全新的生产链,目标就是制造和使用自然生长的、有机的、不添加激素、非转基因的食材。然而,追求健康食物的道路并不好走。随着快餐行业向着低成本制作、高效生产的方向发展,工厂型农场开始兴起,而生产自然生长的有机食物的独立农场开始减少。

为了获得所需的食材,Chipotle不得不发展新的原料来源。为了实现上面提到的目标,公司成立了Chipotle种植基金,旨在支持和鼓励家庭农场实施可持续的农事方式。公司的努力得到了回报,例如,当Chipotle在2000年开始收购自然生长的猪肉时,只有60~70家农场能向Niman Ranch猪肉公司,也就是Chipotle最大的供应商,提供原料,而现在,则有600~700家农场能提供这样的猪肉。

寻求这些自然的、有机的食物原料不仅能帮助Chipotle实现其可持续使命,而且能让Chipotle自豪地声称自己出售的是市面上最有营养、最好吃的墨西哥玉米煎饼。“一般来说,快餐行业的营销就是一场试图掩盖真相的游戏,”Chipotle的首席营销官说,“人们对大多数快餐公司了解越多,就越不会去那儿消费了。”但是,Chipotle不会掩盖真相,相反,公司就像是快餐业的异端:非常自豪地告诉消费者,玉米煎饼的食材有什么。

Chipotle选择将“用诚信来做菜”作为广告的标语,是因为公司想用更诱人的方式来传递正确的理念。“我们的牛奶取自不吃激素的奶牛,这样的说法就不诱人,”埃尔斯说。因此,公司的营销战略是围绕着更加积极的理念来展开的:食物的生产方式应该更加健康和有道德。Chipotle通过集成传统和数字营销优势的方式来传递其立场和理念,包括Farm Team老客户项目(一个旨在提高消费者忠诚度的计划,消费者不是依据购买频率而是依据对其购买的产品和产品生产过程的了解程度而获得奖励)和Pasture

Pandemonium手机应用程序（游戏玩家需要让他们的猪穿越过一片草地，同时避免被围栏困住或者被抗生素针刺中）。

有社会责任感的公司要想成长和盈利总是要付出更多，Chipotle则证明一个公司既可以做到有责任感又可以盈利。去年，分布在全美41个州1 230个餐厅的3万名员工通过为顾客准备食物创造了23亿美元的收入和2.15亿美元的利润，而且公司成长很快，几乎每两天都会开一家新店。在过去的三年时间里，Chipotle的股价涨了两倍，表明公司的投资者们和快速增长的消费者们一样都感到满意。

作为公司的创立者和CEO，埃尔斯希望Chipotle能够成长并且获利，但是，更为根本的一个目标是改变快餐食品的生产和销售方式，这不仅是对Chipotle而言，更是对整个快餐行业而言。"我们认为，人们越了解食物的来源以及原料对独立农场主和动物的影响，就越会想寻求更好的食物原料，"埃尔斯说。在埃尔斯看来，消费者到Chipotle无论是为了支持公司的可持续事业还是为了享受美味食物都是很好的。Chipotle的可持续发展使命不是为了让公司成为"有社会责任感的公司"而附加设立的，做正确的事"是公司的精神所在，并且已经融入我们每天的工作中，"公司的公关总监说。"Chipotle是一个非常与众不同的公司，你对它了解越多，就越喜欢它。"

图20.2展示了一个方格，公司可以以此判断它们在环境的可持续发展方面所取得的进展。方格中包含使公司和环境在短期内获益的内部和外部"绿色"行为，以及在长期内获益的"超越绿色"行为。在最基本的层次上，公司可以实施"污染预防"，这不仅仅是在产生废弃物之后进行处理的污染治理，污染预防指在废弃物产生之前，就将其消除或将其产生量减至最低。强调预防为本的公司提出了"绿色营销"计划——开发对生态环境无害的安全产品，可循环使用、可降解的包装材料，更有效的污染控制，以及更多的节能运作。

	今天：绿色	明天：超越绿色
内部	**污染预防** 在废弃物产生前将其限制和减少	**新的环保技术** 开发一系列的环保技术和能力
外部	**环保产品责任制** 在整个产品生命周期内将对环境的负面影响减至最小	**可持续发展观念** 为未来的可持续发展建立一个战略框架

图20.2　环境可持续发展方格

例如，耐克以"对环境有利的材料"制作鞋子，回收旧跑鞋，并告诉年轻人关于环保、重复使用和回收的信息。庄臣（SC Johnson）旗下拥有众多广为人知的家居品牌，公司致力于用可回收材料制成的瓶子来包装其所有的清洁用品，以降低空瓶丢弃造成的污染。近来，公司40%的电力都来自可再生能源，而且，考虑到产品成分对环境造成的影响，在过去的五年，公司已经在其产品中减少使用了共4 800万吨挥发性有机化合物（VOCs）。从1886年开始，庄臣就"致力于通过每一天的工作为人类、为地球、为我们的子孙后代造福"。

美国本田说它庞大的制造工厂已经能做到几乎没有污染物了，这些年来，这个汽车业巨头的使命就是搜索和毁灭污染物。美国本田在北美的工厂基本上都能做到不向陆地排污，只有公司内的自助餐厅还会有一些塑料和包装污染物。为了能搜寻到污染源，公司甚至还安排员工分析工厂内部的垃圾箱和垃圾堆，这样一个工作团队肩负着减低污染以及提高可回收率的重任。通过降低生产过程中的废金属量，或者将自助餐厅的纸盘和塑料盘换成耐洗餐盘，本田的这些员工成功阻止了44亿磅潜在污染物的产生。2001年，公司每生产一辆汽车就会有62.8磅污染物排出，现在每辆车产生的污染物只有1.8磅了。

下一阶段，公司可以实行"环保产品责任制"——不仅在生产和产品设计过程中使污染最小化，而且要使产品在整个生命周期内对环境的负面影响最小，并同时降低成本。许多公司正开始采取环保化设计(DFE)和从摇篮到摇篮(C2C)实践。在设计阶段就要提前考虑产品容易再回收、再利用、再循环，或是使用后可安全回归自然，成为生态链上的一部分。环保化设计和从摇篮到摇篮实践不仅可以保护环境，而且可以使公司获得更高利润。

例如，在十多年前，IBM开展了一项业务，旨在重新利用和回收电脑主机的部分配件。去年，IBM在全球收回超过36 600吨废弃产品，把它们拆成碎片，找出有价值的配件。IBM回收和再造的产品总量能装满4 480辆拖车，连起来能有49英里长。IBM的全球回收服务为99%的回收产品找到了新用途，仅有1%的产品被废弃或者焚化了。IBM作为环保尝试而展开的这项活动，现在已成长为价值数亿美元的业务，在世界范围内有22个站点回收电子设备并获利。

今天的"绿色"行为关注为了保护环境而改善公司的所作所为。"超越绿色"行为在图20.2中表现出着眼于未来的特征。首先，在内部，公司计划开发新环保科技。许多在可持续发展方面领先的组织都受到了现有技术水平的限制。为了发展全面的可持续发展战略，它们需要开发新的技术。

例如，可口可乐承诺到2020年将实现对其在全球范围内所售产品的包装的回收和再利用，它还保证大幅度降低公司对环境造成的影响。为实现这一目标，可口可乐公司正花费重金投资于研究新型清洁技术来解决多个环保问题，比如回收、资源再利用、分销，甚至还包括户外广告。

为解决塑料瓶造成的固体废物问题，可口可乐公司花重金建造世界上最大的、目前技术水平最高的塑料瓶回收工厂。作为更持久的解决方法，可口可乐公司正在研发测试由铝、谷物或是环保塑料制成的新瓶子。今年，公司率先启用了"植物瓶"生产线，线上的产品都含有30%的植物原料。公司还在设计更多环境友好型的分销替代品。目前，1 000多万个自动贩卖机和冷藏机为了使可乐保持低温正在消耗能源，并使用叫作氢氟碳化合物的威力巨大的温室气体。为了根除这一情况，公司投资4亿美元用于研究并开始安装无氢氟碳化合物的新型冷藏机，这将少消耗30%～40%的能源。可口可乐同样打算通过研发帮助其全球的装瓶商减少浪费水资源，从而成为一个"水中立"的公司。

最后，公司应该有一个可持续发展的远景，从而指导未来。这种远景将指明公司的产品和服务、生产流程以及政策应该如何发展，要开发什么样的新技术。这种可持续发展的远景将为公司和其他组织的污染控制、环保产品责任制和新环保技术提供框架。

大多数公司都很重视图20.2中左上角方格所描述的内容，大量投资于污染治理上。而一些高瞻远瞩的公司正实行环保产品责任制，并开发新的环保技术。不过，只强调可持续发展环境保护方格中一个或两个部分的公司就会显得目光短浅。比如，只看左半部分，会使公司今天处于很好的位置和状态，而将来却不堪一击。相对而言，只看右半部分，说明公司有很好的环保意识却缺乏有效的技巧进行控制和管理。因此，公司应致力于可持续发展环境保护的所有四个部分。

沃尔玛就是这么做的。通过它自身的环境可持续发展行为和对其供应商行为的影响，沃尔玛近年来迅速成为世界范围内的超级“环境保姆”。

说到可持续发展，也许目前世界上没有什么公司比沃尔玛做得更多了。没有错，就是又大又差的沃尔玛。这个零售业的巨头现在成为世界上最大的以帮助后代拯救地球为目的的改革斗士。在一开始，沃尔玛建立了新的高效商店，每个商店都比之前的更加节能。这些商店利用风力发电，商店外墙上一排排的窗户使尽量多的自然光可以照入，店内还使用天然造景降低灌溉和施肥的需求。商店的制热系统燃烧的是从熟食店煎炸人员那里回收的烹饪油，机油则是从商店“轮胎和润滑油快运”中心获得。所有有机废弃物包括农产品、肉类和纸张，都会被运送到一家可以将其转化为园艺用泥的公司。

为达到目标，沃尔玛不仅在净化自己的行为，同时也在争取让其由10万个供应商组成的庞大网络做同样的事。沃尔玛近期宣布计划在2015年之前，从供应链减少约2 000万吨温室气体排放——这相当于每年削减超过380万辆在途车辆。为了完成这一系列可持续发展目标，沃尔玛要求其供应商大军检验产品的碳生命周期，反思自己如何购买原材料以及如何生产、包装和运输产品。因为拥有强大的购买力，沃尔玛可以轻松地让最强悍的供应商折服。沃尔玛对供应商制定了这些环保要求，甚至比政府的要求还要严格。EPA只能罚款，但是沃尔玛却能威胁到供应商的大部分商业活动。

对于沃尔玛来说，倡导生态责任比只做对的事情更有意义。最重要的是，它还创造了好的商业理念。更有效率的经营和更少浪费的产品不仅仅对环境有好处，还为沃尔玛省了钱。较低的成本使沃尔玛将它总是做得最好的事情做得更好——为消费者省钱。

20.3.3 规范市场营销的公众行动

公民对市场营销活动的关注往往会引起公众注意和立法议案。在第3章中我们已列举了许多与营销有关的法规，问题在于如何将这些法规以简单的语言表达出来，使市场营销主管在制定有关竞争、产品、价格、促销和销售渠道的决策时能够理解这些概念。图20.3说明了营销管理层面对的主要法律问题。

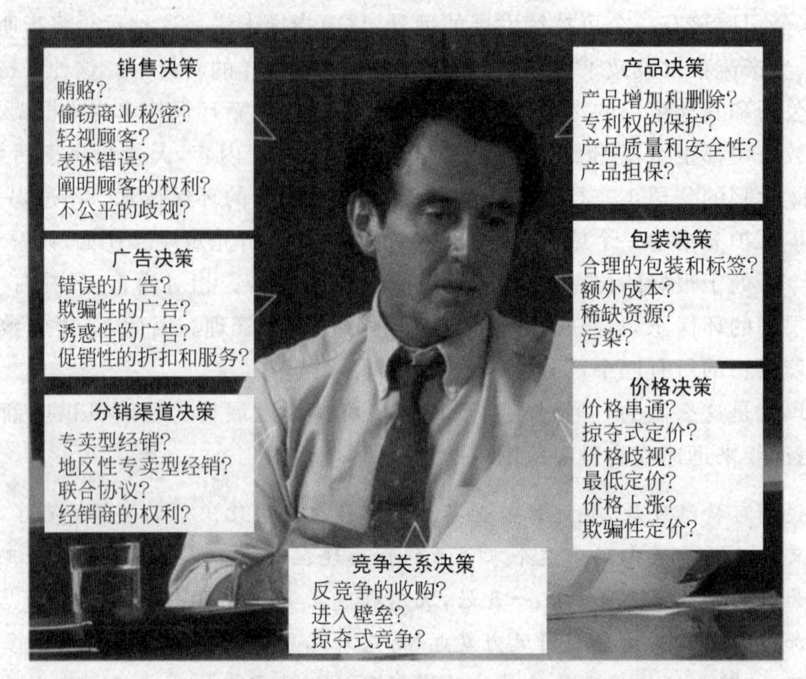

图 20.3 市场营销管理面对的法规问题

20.4 走向可持续营销

最初,许多公司反对消费者保护主义和环境保护主义以及其他可持续营销的元素。它们认为这两种观念对营销制度的批评是不公平或不值得重视的。但现在,大部分公司已接受可持续发展营销原则,并将其作为创造当下与将来更高的客户价值和巩固客户关系的途径。

20.4.1 可持续营销原则

在可持续营销的概念里,企业的市场营销应支持营销体系长期的最佳业绩。它应受五个可持续营销原则影响:消费者导向的市场营销、顾客价值市场营销、创新性市场营销、使命感导向的市场营销以及社会营销。

消费者导向的市场营销 消费者导向的市场营销是指公司应从顾客的观点来看待并组织它的市场营销活动。它应致力于感受、服务及满足特定顾客的需求——包括现在和将来的需求。本书所讨论过的善于营销的公司有一个共同点:对向精心挑选的顾客交付卓越价值的不懈追求。只有透过顾客的眼睛来看世界,公司才能建立持续的、可盈利的顾客关系。

顾客价值市场营销 根据顾客价值市场营销原则,公司应将大部分资源放在为顾客创造价值的营销投资上。营销人员的许多工作——一次性的销售促进、装点门面的包装改变和夸大其词的广告等——可能在短期内使销售额增加,但比起真正改善产品的质量、特色或便利性来讲，这样的工作增加的价值很少。启迪营销观念要求不断改善消费者从公司获得的价值，以建立长期的消费者忠诚关系。通过为顾客创造价值，公司可以获得顾客回报的价值。

创新性市场营销　创新性市场营销要求公司不断寻求真正的产品和营销改进。公司如果忽略新的和较好的经营方法，最终会使顾客投向另一个找到较好经营方法的公司。就像我们在第 9 章讲到的，关于创新营销的最佳例子是三星：

> 不久以前，三星给人的印象还是一个模仿他人的消费电子产品品牌，如果你买不起索尼的产品，那就从货架上拿一个三星的替代品。但如今，三星已是一家生产高档和尖端产品的公司。在 1996 年，三星公司作出了一个出色的决定，它放弃低价产品的策略，开始不但在规模上，同时在风格和创新上追赶索尼。公司招募了一批年轻的设计师，面向高收入消费者，开发出了大量时尚、醒目和美观的新产品。三星将其称为“生活方式的艺术品”——从颜色明快的手机到像画一样挂在墙上的大屏幕电视。每一件新产品都必须通过“Wow!”的测试：如果在市场测试中，产品不能让人立马叫好(Wow)，就得重新返回到设计师。多亏三星创新性的战略，公司迅速达到甚至超过了它极高的目标。三星电子现在是世界上最大的消费电子品公司，其销售额超过索尼公司 50%。它也是世界上最大的电视制造商和手机生产商。并且它的设计颇受消费者欢迎。正像三星的设计师所说，“我们的产品不再等同于廉价品。”

使命感导向的市场营销　使命感导向的市场营销意味着公司应以广泛的社会观点而非狭隘的产品观点来阐述其使命。当公司定义了社会使命时，员工会对他们的工作感到愉悦并有明确的努力方向。品牌与更广的使命紧密结合，可以更好地服务于品牌和顾客的长期最佳利益。

例如，宝路生产优秀的狗粮，但这并不是这个品牌的全部。5 年前，宝路提出“狗有支配权力”的宣传口号，这一口号“完美阐述我们所拥护的一切”。宝路的一位营销人员说：“我们所做的这一切正是因为我们喜爱狗，就是这么简单。”这一使命的聚焦定位引导着品牌所做的一切——包括内部和外部。如果我们看看宝路的广告或者登录宝路的网站，会更确信宝路品牌背后的工作人员确实坚守着“狗有支配权力”的使命。员工甚至被鼓励带着自己的狗来上班。为了更好地履行“狗有支配权力”的品牌宣言，公司创立了“宝路领养驱动基金”，该基金已筹得数百万美元帮助“难民狗”寻找新家。使命感导向的市场营销已使宝路成为世界第一狗粮品牌。

一些公司从广阔的社会角度制定企业的总使命。例如，从狭隘的产品角度来制定，运动鞋和服装制造商彪马的使命或许仅会是“出售运动鞋、衣服和配件”。然而，彪马将它的使命描述得更广阔——生产消费者满意的产品，也为未来的可持续发展努力。

> 对于我们在彪马工作的人来说，我们认为作为运动品牌中具有创新性的领导者，我们有机会也有责任为我们的后代创造更加美好的未来。我们认为的美好世界——彪马眼中的美好世界——是一个比现在更安全、更平静以及更有创造力的社会。我们相信，通过坚守我们的信念，激发我们员工的激情和才智，用更加可持续和具有创造力的方式工作，同时，尽所能做到公平、公正、乐观和创新，我们就能持续创造出消

费者所喜爱的产品,并朝着我们心中的美好世界更进一步。通过我们的彪马安全(关注环境和社会问题)、彪马和平(维护世界和平)及彪马创新(支持技术和创意公司),我们为实现这一美好世界的目标提供了更加真实和可行的表达,也为我们的利益相关者提供了一个更加可持续的未来。

在彪马使命的指引下,公司在发展更加可持续的产品、包装、运营和供应链上取得了巨大的进步。公司还赞助了许多创新项目来实现其彪马和平与彪马创新的目标。例如,公司赞助了一系列"世界和平从我做起"的视频,旨在"促进实现一个比当下更加和平的世界"。尽管这些努力不会立即导致销量上涨,但是彪马将这些行为视作"我们是谁"的一个重要组成部分。

然而,维系价值观和利润的"双重底线"并不容易。多年来,巴塔哥尼亚、本·杰利冰激凌、美体小铺和小蜜蜂(Burt's Bee)等公司——因为将"原则置于利润之前"而受到钦佩的知名公司——时常会遭遇财务回报不佳的情况。近些年来,新一代的社会企业家已经出现,他们是训练有素的企业管理者,知道要想做有益的事,就必须首先把企业经营好。此外,今天对社会负责任不再是对社会忧心忡忡的小企业家独自的职责。许多大型的老公司和老品牌——从沃尔玛、耐克到百事可乐公司——已采纳并逐渐承担可持续的社会和环境责任使命(见营销实例 20.2)。

社会营销 根据社会营销原则,开明的公司在做营销决策时,不仅要考虑消费者需求和公司需求,还要考虑消费者和社会的长期利益。公司应该明白,如果忽视后两种利益,将会给消费者和社会带来危害。明智的公司已经把社会问题看作市场机会。

营销实例 20.2

对社会负责任的营销:让世界变得更好

大部分时候,当你听到"对社会负责的商业活动"这个说法,脑海中会浮现很多的公司,如本·杰利冰激凌、美体小铺、小蜜蜂、石田农场、巴塔哥尼亚等。这些公司率先推出了"价值主导商业活动"或者"关怀资本主义"的概念。它们的使命是用商业活动使世界变得更美好。

经典的"做好事"的先驱是本·杰利冰激凌。本·科恩和杰利·格林费尔德在 1978 年建立了深切关注社会责任、环境责任的公司。本·杰利冰激凌只买无激素牛奶和奶油,只用有机水果及坚果来制作冰激凌,并装在环保的容器中出售。费了九牛二虎之力,它向少数民族和弱势的供应商购买这些原料。从早期的 Rainforest Crunch 到其最近的 Chocolate Macadamia(添加了可持续采购的澳洲坚果及公平贸易认证的可可和香草),本·杰利多年来一直为众多社会和环境目标而努力奋斗。从一开始,本·杰利就捐赠了高达 7.5%的税前利润支持与其使命相一致的项目。它的使命就是"满足人类需求,消除与儿童和家庭、弱势群体及环境等相关的不公平现象"。到了 20 世纪 90 年代中期,杰·杰利公司已成为美国第二受欢迎的冰激凌品牌。

然而,竞争对手不会被本·杰利"原则大于利润"的使命所束缚,入侵了本·杰利的市场，使它的增长和利润都消失殆尽。经过几年低迷的经济回报，本·杰利很快被消费品巨头联合利华收购。关怀资本主义的创始人的崇高理想出了什么问题呢？回首过去，本·杰利可能过多地关注了社会问题而忽视了健康的商业管理。本·科恩从来没有真正想成为一个商人。事实上，据一位分析师说，本·科恩视商人为军工企业的工具，视利润为一个肮脏的字眼。本·科恩曾评论说："有时候，我不得不承认，我是一个商人，但我难以说出口。"

信奉价值观和利润的"双重底线"，并不是一个简单任务。经营生意是很艰难的。把社会目标添加到服务客户和赚取利润的需求上，这会使人精力分散和心生畏惧。事实上，许多开拓"价值观导向"的企业都被大公司收购。例如，联合利华收购本·杰利，高乐氏公司买下了小蜜蜂，欧莱雅收购美体小铺，达能吃掉石田农场，VFC则收购了Timberland。

像本·杰利这样的开拓者的经历给"对社会负责任的商业活动"运动上了艰难的一课。于是，新一代的负有使命的企业家出现了，他们不是极端厌恶资本主义的社会活动家，而是接受过良好训练的对目标充满激情的企业经理和创业者。这些新的"双重底线"信徒知道，就切实可行的、有利可图的商业经营来说，要"做好事"，得先"把事做好"。

例如，家用清洁产品公司Method一直致力于"激起一场快乐和健康的家庭革命"。Method公司所有的产品都源自大豆、椰子、棕榈油等天然原料。这些产品对环境负责，使用可生物降解的包装。但是Method公司知道只做好事并不能使自己成功，事实上，恰恰相反——成功会使它做好事。"商业是在地球上创造积极变化最强大的力量，"Method共同创始人、首席绿色保护者亚当·劳里说，"仅仅可持续发展不是我们的目标。我们想走得更远。我们想对任何我们做的事情都富有激情、感到充实，因此我们越强大，我们就能创造越多益处。我们力求可持续的丰富资源。这就是为什么我们一直调整公司使其越来越好。"

因此除它的社会责任使命之外，Method的商业活动经营得很好，并且是有见识的营销专家。"我们不是要在经营中放弃环保，而只是不兜售我们产品对环境友好的特性，"公司的另一个创始人艾瑞克·赖安说。Method强调产品的功效创新和风格。Method的产品"绝不只是一罐次氯酸钠，而是像有千只小狗在舔你那样温和"。在赖安看来，"对品牌来说，最好的是人们因为产品更加有趣味而被吸引，然后再发现产品真的对自己有好处。"

在短短几年中，通过聪明的商业实践，Method成为美国发展最快的公司之一，年收入高达1亿美元。这个年轻的公司已获得了克罗格、西夫韦、塔吉特、全食超市、Bed Bath&Beyond、史泰博、亚马逊网站等超过100家美国主流营销渠道。在此过程中，它还实现了更广阔的社会目标。

小公司怀抱远大的社会目标是一种情况。然而今天，对社会负责的使命已不再是善意小企业的专有领域。随着大企业——从沃尔玛、耐克到星巴克、玛氏和百事可乐公司——接受内涵深广的"改变世界"的倡议，社会责任感已成为主流。例如，沃尔玛正迅速成为世界生态保姆。星巴克创立C.A.F.E.规范，成为其实现产品质量、经济义务、社会责任和环境领导的指导方针。

耐克支持一系列对社会和环境负责任的工作，从改善全球供应链上近80万工人的工作条件到对生态友好产品的设计和制造过程，甚至到敦促世界青年投身非洲艾滋病斗争的项目等。这听起来更像是本·杰利或 Method 的行为，而不像一个庞大的、无动于衷的公司。耐克认为："我们能用我们品牌的力量，我们员工的能量和激情，以及我们的经营规模来创造有意义的改变。"耐克的一位经理说："我们的顾客期望我们改变。那并不是推出两三双绿色运动鞋——而是改变我们公司做事的方式。"

无论是新创立的将社会责任感作为价值观核心的小公司，还是将社会责任感融入已有使命的大公司，它们都认为做好事和把事做好之间有紧密联系。就像本章开头部分的故事里联合利华 CEO 保罗·波尔曼提到的，一个公司能否长期在商业上获得成功，取决于公司是否处理好了其（生产销售等）行为对社会和环境所造成的影响。但是，今天社会企业家们已经认识到，一家公司能长期为社会和环境造福的能力也有赖于其商业上的成功。

可持续营销的定义不仅要求产品令人愉快，还要求产品对人有益。关于这两者的区分见图 20.4。产品可以根据消费者即刻满足和消费者长期利益来分类。

缺陷产品，如味道差和无效的药品，既无吸引力也无长期的利益。讨好的产品能立即产生高度的满意，但可能会给消费者带来长远的危害，比如说香烟和垃圾食品。有益产品当前的吸引力低，但长远来看对消费者有益，例如自行车头盔和一些保险产品。满意产品既提供高度的即刻满足又有长期利益，比如说味道可口又营养的早餐食品。

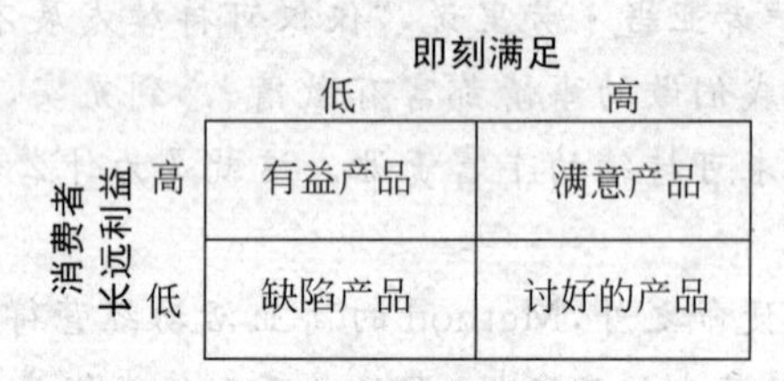

图 20.4 产品的社会分类

满意产品的例子有很多。飞利浦 AmbientLED 灯泡能提供良好的照明，同时使用寿命长并节约能源。Envirosax 可重复使用购物袋既时尚也很平价，还减少了商店里提供的环境不友好、不可降解的纸袋和塑料袋的使用。Nau 提供的耐用和可持续的城市户外服装满足了"现代人的移动式生活方式"需求。Nau 的衣服具有可持续和环境友好的特点，衣服使用的是可持续材料，比如利用可持续方式制造的天然的、可再生的纤维，以及含有高可回收物质的合成纤维。这些衣服在美学上也是可持续的：用途多样，设计具有持久美感。此外，Nau 的衣服也具有社会可持续性：公司将每年销售额的 2% 捐给"Partners for Change"组织，并确保工厂的生产活动遵照其严格的行为准则。

公司应该尽力使其所有的产品都转化成满意产品。讨好的产品的问题在于，它们卖得很好但可能损害消费者的利益。因此，公司应在不降低产品令人喜爱的品质的同时，增加产品的长远益处。而对有益产品，则应增加一些令人喜爱的品质，使其更容易实现顾客满意。

例如，百事可乐公司近期组建了一个由世界卫生组织的一位前主管领头的"理想主义科学家”团队，帮助公司研发具有吸引力的新型健康产品，将“不好的东西做得没有那么不好”。公司希望到 2020 年，这些健康产品的利润能达到 300 亿美元。这个由物理学家、博士和其他健康倡导者组成的团队，在百事可乐副总裁全球健康政策的领导下，寻找可以被多个产品所使用的更为健康的成分。例如，他们已成功地把一种全天然、零卡路里的甜味剂引入几个百事可乐品牌，其中包括价值 1 亿美元的 Trop 50 品牌，这是一种新型的纯果乐橙汁，不含人造甜味剂，并且所含糖分和卡路里都降为原来的一半。

20.4.2 营销伦理

好的伦理是通往可持续营销的奠基石。从长远看来，违背伦理的营销危害着顾客和整个社会。最终它会危害公司的名誉和效力，甚至危及它的生存。因此，可持续营销的目标——消费者和公司业务的长期利益——只有通过合乎伦理的营销行为才能实现。

但凭良心做事的营销人员面临许多道德上的难题，不知道怎样做才是最好。并非所有的管理者都具备很强的道德敏感性，因此公司需要建立营销道德准则，使组织上下必须服从。这些准则应该包括与批发商的关系、广告标准、顾客服务、定价、产品开发和一般道德标准等。

然而即便是最好的指导准则也无法解决营销人员所面临的关于道德问题的所有困难和麻烦。表 20.1 列举了营销人员可能面临的一些道德难题。如果营销人员在所有这些情况下都采取能立即提高销售额的举措，他们的营销行为很可能被视为不道德的。但如果

表 20.1　市场营销中的一些道德难题

1. 研发部门将公司的产品稍作改动，它并非真正的“新的或改良的产品”。如果你知道在产品包装和广告中宣称它为新产品或改良产品，销路会大增。你该怎么办？

2. 有人建议你在公司的产品线中加入一种简单模式的产品以吸引顾客。这种产品不是很好，但销售人员可利用此机会劝说顾客转为购买价格较高的产品。他们希望你同意此建议。你该怎么办？

3. 你正考虑雇用一位刚离开竞争对手公司的产品经理，她很乐意告诉你原公司来年的全盘计划。你该怎么办？

4. 一位重要销售区域的经销商最近因家庭纠纷销售业绩下降。看起来还得花一段时间才能解决他的家庭纠纷。此时，你已失去了许多顾客的订单。在法律上你可终止该经销商的特许权并让别人取代。你该怎么办？

5. 你正在争取一个对你及公司都极为重要的大客户。采购员暗示“礼物”能影响其决定。你的助手建议送一台高级彩色电视机到客户家中。你该怎么办？

6. 你听说某竞争厂家的新产品具有与众不同的特色，将大幅度提高其销售额。年度商展中该竞争者会在与经销商私下会谈时向他们展示商品的特色，你很容易派人潜入，打听该产品的新特色。你该怎么办？

7. 你必须在广告代理商提出的三种方案中选择一种。第一种(a)为软性的推销方式，提供真实信息。第二种(b)以“性”为号召，并且极端夸大产品的优点。第三种(c)采用很吵闹、有点儿骚扰人的广告，一定会吸引消费者的注意力。根据初步测试，广告的效果依次为 c，b，a。你该怎么办？

8. 你需要雇用一个推销员，正与一位颇具能力的女性求职者面谈。她比其他已经面试过的男性求职者更好。但你知道公司的一些重要顾客愿意与男推销员打交道，如果你雇用她可能会损失销售额。你该怎么办？

他们完全拒绝这些举措,他们可能无法胜任营销经理的职务,而且可能因为道德压力而感到不愉快。管理人员需要一套指导原则,以帮助他们估计每种情况的道德重要性,并决定如何把握道德水平。

但是,什么原则能帮助公司和营销经理来处理道德及社会责任问题呢?一种原则是这类问题应由自由市场和法律制度来决定。在这种原则下,公司和其管理人员不必对道德的判断负责。只要市场和法律制度允许,公司可以做任何事,也问心无愧。

第二种原则不将责任放在制度身上,而放在各个公司和管理者手中。这种更进步的哲学建议公司应有一种“社会良知”。公司和管理者在决策时,不论“制度允许什么”,都应该根据高标准的伦理和道德来做决定。历史提供了无数的例子,说明公司的行动有可能属于合法但极不负责任的做法。

每个公司和营销经理必须制定一套对社会和伦理负责的行为哲学。在社会营销的观念下,每位经理不仅要了解什么是合法的,更要发展符合个人正义感、公司良知和消费者长期利益的道德标准。

以开放和坦诚的方式对待伦理和社会责任这一问题,有利于公司在真诚和信任的基础上建立稳固的顾客关系。事实上,许多公司现在常规地将顾客包含在其承担社会责任的进程中。来看看玩具制造商美泰的案例:在2007年,几款卖得最好的玩具被发现油漆中铅含量超标,迫使美泰在全球范围内召回数百万件玩具。然而,美泰没有选择犹豫不决或掩盖事故,在公司的“品牌顾问”指导下,采取了更加主动的应对策略。积极主动的回应反而增加了消费者对公司的信任,甚至在之后的几个月,公司的销量持续上涨。公司的这些“品牌顾问”并不是你所认为的那些拿高薪的高级顾问,她们是美泰私人在线社区——“游乐场社区”的成员,这个社区是美泰消费者洞察部门牵头成立的,由400位3~10岁小孩的母亲组成,旨在为公司的产品和实践活动提供建议。在这次危机中,“游乐场社区”的成员们帮助公司制定了积极回应的策略。即便是在危急时期,公司的成功还是取决于倾听消费者的意见,并让他们成为品牌的一员。“一个与消费者进行双向交流的品牌也会创造更牢固、更值得信任的关系,”美泰的一位主管这样说。

与环境保护主义一样,道德问题对国际市场营销人员提出了特殊挑战。企业道德标准和行为从一个国家到另一个国家有很大差异。例如贿赂和回扣对美国公司来说是不合法的,并且美国与超过60个国家签署并批准了一系列反贿赂、反腐败的条例。但这些行为现在仍是许多国家的标准商务惯例。世界银行估计世界范围内每年会支付出超过1万亿美元的贿赂款。一项研究表明,最喜欢使用贿赂的公司来自印度尼西亚、墨西哥、俄罗斯等。其他一些腐败非常普遍的国家包括索马里、缅甸和海地。而来自比利时、新西兰和荷兰的公司较为廉洁。公司是否应降低其道德标准,以便在道德标准较低的国家有效地竞争?答案是否定的。公司应该承诺在世界范围内实行共同的标准。

许多产业和专业学会建议制定道德准则,而且许多公司正采用它们的准则。例如,美国市场营销协会,一个为市场营销经理和学者服务的国际组织,就制定了下列道德准则,并呼吁营销人员遵守:

1. 不能对别人造成伤害。这意味着谨慎避免有危害的行为或不履行法律责任的行为,在决策时表现出高道德标准,并遵守所有相关法律法规。

2. 建立对营销体系的信任。这意味着争取获得良好信誉和公平贸易，提高交易过程的有效性，并避免在产品设计、定价、宣传和分销过程中的欺骗。

3. 奉行合乎道德的价值观。这意味着通过力行核心价值观，包括诚实、负责、公平、尊重、公开和公民义务，建立稳定的客户关系和提高消费者对市场营销诚实性的信任。

公司也正开发方案来指导经理人员处理一些重要的道德问题，并帮助他们找到恰当的做法。公司还举办实习班、研讨班，并成立道德委员会。另外，大部分的美国大公司都指派高级道德规范专员来掌握道德规范，并协助处理员工面临的道德问题。

普华永道就是一个很好的例子。在2002年，普华永道指派了道德专员并建立了综合道德方案，由高级道德规范主管领导。这次道德规范活动以一条行动守则为先导，叫作“做正确的事——普华永道的方式”。在全面的道德培训项目中，普华永道的雇员学习了行动守则和如何处理棘手的道德问题。这一培训从雇员加入公司起便开始，并贯穿雇员的职业生涯。这个项目还包括一条道德问题求助热线和各层级的日常沟通。普华永道的前任全球CEO萨缪尔·迪彼艾查说道：“只向雇员发放文件显然是不够的，我们的所作所为都涉及道德问题。”

但是，制定行为守则和组织道德规范培训项目并不能确保所有人的行为都合乎道德。道德和社会责任需要全公司的承诺，它们必须成为公司整体文化的组成部分。普华永道的道德规范根植于公司的每一个行为中，与产品开发、营销调研等活动一样重要。萨缪尔说道：“我们每天都要问自己，‘我们做的事情对吗？’”

20.4.3 可持续发展的公司

营销的根本原则是相信能满足消费者需求和欲望的公司一定能成功，而那些无法满足消费者需求，或者有意无意伤害了消费者、其他群体或后代的利益的公司则会消亡。

一个观察人士这样说：“可持续发展是一种新兴的商业趋势，就像电气化和批量生产一样，可持续化也将会极大地影响公司的竞争力，甚至决定公司能否存活下来。”另一些人则认为：“公司和其领导人将越来越不只关注当下的结果，也会关注他们的行为对社会福利所造成的深远影响。前几年，这样的趋势还不是很明显，现在则越来越明显。所以，开始使用你的可降解杯子喝通过公平贸易而来的咖啡吧，准备好迎接这一趋势。”

可持续发展的公司是那些通过开展对社会、环境及道德都负责任的行为来为消费者创造价值的公司。可持续营销不仅仅是只考虑当下消费者们的需求和欲望，它更意味着通过确保商业伙伴、股东、员工以及他们生活的更广阔世界的存活和成功，为未来的客户考虑。它还意味着为三重底线的使命——“人类、地球、利润”而努力。可持续营销提供了这样一个环境：无论是当下还是未来，公司都可以通过为顾客创造价值而同顾客建立利益上的联系，进而从顾客那里获取价值。

小结

在本章中，我们讨论了许多重要的可持续营销概念，包括市场营销对个体消费者、其他商家以及整个社会的巨大影响。可持续营销要求对社会、环境和道德负责任的行为，这些行为不仅要为当下的消费者和企业带来价值，也要为子孙后代和整个社会带来价值。可持续发展的公司——现在和将来——都是那些认真负责地为消费者创造价值，从而获得消费者尊重的公司。

1. 定义可持续营销，并讨论其重要性。

可持续营销需要满足顾客和企业的当下需求，同时也能保护和提升后代满足其自身需求的能力。营销概念认为公司在满足消费者的日常需求中茁壮成长，而可持续营销则要求公司采取对社会和环境负责的行为，同时满足顾客和公司当下和将来的需求。真正的可持续营销有赖于一个正常运转的营销体系，在这一体系中，顾客、公司、公共政策制定者和其他人共同工作，以确保实施对社会和环境负责任的营销行为。

2. 明确对市场营销主要的社会批判。

营销对个人消费者利益的影响一直颇受批评，认为其定价过高、具有欺骗性、强制推销、生产假冒伪劣或不安全的产品、提前淘汰以及对穷人劣质服务。而营销对社会的影响也在承受着批判，因为它导致了不实的欲望和物质主义、公共产品太少及文化污染。这些批判也提到了营销对其他企业的影响——对竞争对手不利、通过并购减少竞争、制造进入壁垒，以及不正当竞争。以上提及的一些批评是合理的，而另一些是不合理的。

3. 定义消费者保护主义和环境保护主义，并解释它们对营销策略的影响。

对于营销体系的关注引发了一些群众运动。消费者保护主义是一种有组织的社会运动，目的在于加强消费者相对于销售商的权利和力量。明智的营销人员视其为更好地为消费者提供服务的机会，因为他们能够为消费者提供更多信息，对消费者进行教育，以及保护消费者权益。环境保护主义也是有组织的社会运动，目的在于通过营销活动尽可能地减小人们对环境和生活质量的损害。现在，大多数公司已经承担起保护环境的责任，这些公司已采用了环境保护可持续发展战略——既要保护环境，又要保证公司利润的增长。消费者保护主义和环境保护主义都是可持续营销的重要概念。

4. 描述可持续营销的原则。

起初，许多公司都反对这些社会运动和法律规范，但大多数公司现在已经认识到积极地收集消费者信息、进行消费者教育和保护消费者利益的必要性。在可持续营销的概念中，公司的营销应当支持营销体系的最佳长期运作。它应由五个可持续营销原则引导：顾客导向的市场营销、顾客价值市场营销、创新性市场营销、使命感导向的市场营销以及社会营销。

5. 解释市场营销中道德规范的作用。

公司越来越重视制定方针和准则，帮助营销人员处理有关道德行为的问题。当然，即便最好的方针也不可能解决所有的道德相关问题。但营销人员的确可以在一些原则中进行选择。一条原则是，这些问题应当取决于自由市场和法律系统。另一条原则更有启发性：这些问题的责任应当更多地取决于公司个体和管理者，而非制度准则。公司个体和营销经理必须形成一套关于社会责任感与道德行为准则的观念。在社会营销的观念下，营销人员的观点不能局限于法律限定的水平，而应建立起以个人正直、公司道德和长期顾客利益为基础的标准。

问题讨论

1. 什么是可持续营销？解释可持续营销的概念与市场营销和社会营销的概念有何区别。

2. 批评者认为对于消费者而言，广告和促销导致了更高的价格，讨论这个结论的立足点，以及营销人员是如何回应这些批评的。

3. 什么是消费者保护主义？消费者拥有哪些权利？为什么一些批评人士认为消费者需要更多的保护？

4. 什么是环境可持续性？为什么公司需要朝着实现这一目标而努力？

5. 就公司和营销经理在伦理和社会责任问题上应遵循何种原则，描述两种行为哲学。

批判性思维训练

1. 上网搜寻有哪些“绿色奖项”，了解为了奖励保护环境和坚持可持续行为都有哪些相关的奖项。选择一个公司获奖的案例，介绍这个认可公司可持续营销的奖项，以及为什么这个公司能获得该奖。

2. 许多消费者都想循环使用产品，但是不同的地方有不同的规则，这让消费者不知道哪些产品是可再利用的。一些产品上开始出现名为“如何再利用”的标签，旨在帮助消费者解决这一困惑。访问 www.how2recycle.info 了解这些标签，以及哪些产品上需要有这些标签。这些标签会让消费者更加方便地进行产品的再利用吗？

营销技术：可降解的包装

越来越多的商品开始使用玉米制成的包装瓶或者包装袋。但是，这一行为还产生了意想不到的后果。菲多利为其 Sun 薯片系列产品推出了完全可降解的包装，这一包装由100%聚乳酸制成，这种以玉米为原料的生物高聚物可以在 14 周内自动降解，然而，这种包装有一个缺陷，就是太吵了。一个美国空军飞行员在 YouTube 上上传了一段视频，视频显示当碰到这个产品包装的时候，声音居然达到了 95 分贝，这让他惊呼“这比我飞机驾驶舱里的声音还大”。其他人则将包装发出的声音比作“摩托车的轰鸣声”，或者“玻璃破碎的声音”。于是，这个包装立刻成为了人们的笑柄，甚至还导致在脸书上出现了一个名为“对不起，因为 Sun 薯片的包装声音太大，我听不见你说话”的组织。菲多利只能重新推出一款没那么大噪音的包装袋。

1. 上网搜寻更多的关于可降解包装的信息。讨论其中的三个案例。

2. 以玉米为原料的可降解包装是石油基塑料包装的有效替代物吗？讨论这种材质包装的优点和缺点。

营销伦理：移动医疗软件

随着移动设备和应用软件的兴起，医疗软件也开始增多。各种软件能够识别药品，监测孕期，检测黑色素瘤皮肤癌，甚至教医学专业人士如何看心电图。有些软件能够代替医院里的一些专业设备。目前市面上有超过 4 万个移动医疗软件，这还仅仅是在移动医疗市场的初期阶段。这一市场的火热吸引了美国食品与药物管理局(FDA)的注意，FDA 负责监管药品市场。目前为止，这些医疗软件还未正式注册，但是这一情况即将发生改变。FDA 颁布了一些准则，要求软件的研发者向 FDA 提出申请，而批准的过程可能需要数年。政府问责局要求 FDA 在 6 个月内审核批准那些与市面上已存的软件类似的软件，在 20 个月内审核通过那些全新的软件。另一项报告显示，要想通过 FDA 的审核，花费将在 2 400 万到 7 500 万美元之间。并不是所有的软件都需要经过 FDA 的批准，只有那些提供了医疗服务的软件需要 FDA 的批准。尽管许多研发人员认为为了保护公众的利益需要有监管，但是大多数人认为现在的审核过程效率太低，需要一个新的管理体系来替代。

1. 描述两个提供医疗服务的移动软件。

2. 对医疗软件的管理和审核是否必要？软件需要经过 FDA 的审核和批准，这是否会限制创新？为什么？

数字营销：可持续化的成本

可持续化的一个重要部分就是农业有机化。但是，如果你曾经给有机食物定过价，你就会知道这些食物通常价格昂贵。有机化农业的成本要远高于传统农业，而这些多出来的成本就会转移给消费者。例如，传统方式下生产的一打鸡蛋的售价是 1.5 美元，但是，有机方式下生产的鸡蛋则要卖 2.8 美元。如果价格过高，那么消费者就不会去买这些有机食品了。假如传统的农业方式下生产鸡蛋的年固定成本是 100 万美元，那么有机农业方式下生产鸡蛋的年固定成本就是 200 万美元。传统农业下每打鸡蛋的可变成本为 0.9 美元，而有机方式则是其两倍。回答下面的问题：

1. 大多数大型鸡蛋厂商都直接把鸡蛋卖给零售商，如果零售商想在零售价的基础上盈利 20%，那么传统方式和有机方式下生产的一打鸡蛋卖给零售商的价格分别是多少？

2. 一个采用传统方式务农的农场主要想保本，至少要卖出多少鸡蛋？一个采用有机方式务农的农场主要想保本，至少要卖出多少鸡蛋？

公司案例

国际纸业公司：行业与社会责任的融合

当你听到“纸业公司”这四个字时，你脑海中浮现什么样的景象？喷出污染气体的大烟囱？地表光秃的景象？渗入供应水的化学制剂？那么现在想想“环境管理者”这个词，你会想到什么？尽管称号不一致，但事实上，法规的修改及环境与消费者团体的压力迫使大部分纸业公司变得对社会更加负责任。然而有一家公司，自从它开展业务以来的110多年，始终将社会责任感作为其核心价值。这家公司就是国际纸业公司。现在，它已被许多人看作是世界上对社会最负责任的公司。

你也许对国际纸业公司了解得不够多，但它生产的产品你每天都在使用。它制造打印纸、信封、蛤壳纸板、快餐用的纸袋、装麦片的纸盒等产品。国际纸业也制造其他的产品。去年，国际纸业销售了价值260亿美元的纸张、包装和木质产品，位列《财富》500强的第111位。公司的业务遍布全球，拥有6.2万名员工。这对于一个鲜为人知的公司来说是相当大的数字。

国际纸业公司不仅规模巨大。多年来，它始终位列《财富》杂志最被欣赏的公司排行榜中。在过去的八年中，它连续七年在其行业中蝉联该榜单冠军，而该榜单最看重的就是社会责任。没错！一个造纸和伐木公司引导创新，使世界变得更美好。

要了解国际纸业令人钦佩行为的关键，我们必须看一看被公司称为"可持续发展"的全面、完整的计划。公司将该项目概括为一句标语："为后代保留一个更美好的世界。"这就是国际纸业的行事方针，这不仅是一个警句，它也是国际纸业公司使命的核心，使公司在一系列既定原则上创造了一种文化。根据公司资料，"我们一直以可持续的方式从事业务，平衡环境、社会和经济需求。"通过坚持三个将概念变为行动的基石，国际纸业始终维持这一平衡。这三个基石是：管理自然资源、减少环境足迹和建立战略合作关系。

管理自然资源

国际纸业的管理哲学就是认为保护环境和开展商业活动这两个概念是相互依存的。保护环境方面，国际纸业供应链系统正是以注重自然资源安全和对其负责的方式运行，这一系统对环境的关爱体现在公司全球供应链的每一步——制造、分销、销售和回收。例如，国际纸业已成为推动植树的领导者。它坚信如果森林资源管理恰当，将为公司的产品提供无尽的原材料，同时对干净的水资源、多样化的野生动物栖息地以及娱乐空间和审美愉悦也有促进作用。为此，公司积极地支持研究、创新和第三方认证，以加强对森林资源的管理。

公司管理自然资源的另一种方法是通过避免浪费来实现的，而且已一再被证实这方面的投资不一定是沉没成本。它可以为公司节约成本。

纸浆和造纸是复杂的、能源集中的产业。寻找方法使设备减少能源耗费、重复利用能源或回收能源，将减少企业的化石燃料消耗，减少二氧化碳等废气排放。

燃烧天然气、煤或是树皮燃料来加热锅炉产生蒸汽，以保证工序运行的动力，这在工厂随处可见。在一个地方收集蒸汽，并用到另一个地方可以减少总的蒸汽需求，也就减少了保证工厂运作的燃料需求。

国际纸业公司在密西西比州维克斯堡每小时可重复利用3.8万磅蒸汽。用于改良设备的280万美元一次性投入，将每年节省约240万美元的燃料成本。国际纸业公司在佐治亚州投入90万美元用于设备改良，减少了蒸汽需求，因此每小时减少了2.5万磅用煤量，每年节省估计超过60万美元的成本。

减少环境足迹

通过减少环境足迹，国际纸业公司表示它将透明地向公众披露其任何一项影响环境、健康和安全的活动。"十年间,国际纸业一直和公众分享我们的环境、经济、社会表现,"安全环保副总裁戴维·斯特恩说,"多年来,这些报告体现了我们这个行业最高等级的透明度。"报告适用于公司任何留下环境足迹的活动,包括废气排放、环境表现、健康和安全、固体垃圾和环境鉴定等。

透明伴随的是义务。正因为国际纸业的汇报行为,它更有积极性去减少它的环境足迹。例如,过去十年,公司在全球各地的工厂的二氧化碳排放总量减少40%,国际纸业因此获得了环境保护组织颁发的气候领导奖。几乎在公司的每个足迹区域都实施了相似的改进。公司最近对巴西业务的报告更好地陈述了这一概念。

曾经被驯服的自然,再次沿着巴西的莫吉瓜苏河蓬勃发展起来。莫吉瓜苏在当地的图皮人语言中是"蛇之大河"的意思。今年,莫吉瓜苏河沿岸用来过滤附近国际纸业工厂废水的7个人造潟湖,被替换成了一套更现代化的污水处理设备。

尽管潟湖不再用来处理污水了,国际纸业公司认为它们对环境也有潜在的益处。其中五个池塘恢复了原生植被,并被建立成广阔的自然栖息湿地。另外两个池塘保留下来供野生动物在此安家,包括蛇。

为了更好地管理未来工厂运营对这片葱翠的热带土地的影响,工厂也在河边安装了高科技设备持续不断地监测和报告水质。这些结果被设备管理人员和政府管理者远程监测着。这一前所未有的获取环境信息的尝试,为其他沿着"蛇之大河"而建的工业确立了标准。

建立战略合作关系

为了最有效率地执行其可持续发展的尝试,国际纸业必须获得很多组织的帮助。建立战略合作关系因此变得十分关键。公司在与广泛的政府、学校、环境和消费者组织合作方面有悠久的历史。这些合作关系由一些目标引导,它们包括在可持续发展方面取得进步、为消费者提供解决办法、对环境创造积极影响和支持社会责任感等。

国际纸业公司已与一些较大的可持续发展组织合作以作出大的改变。这些合作伙伴包括国家公园基金会、国家回收联盟和环保基金会。而下面这则登载在公司新闻稿上的故事,阐述了围绕一个微不足道的小产品进行的合作,如何在世界范围内作出"小"改变。

咖啡是世界上最流行的饮料之一。咖啡厅在过去20年中,在美国迅速发展。每年,多达150亿杯咖啡被装在纸杯中带走,而这个数字有望在几年后达到230亿杯。

就像咖啡品尝家们享受新品种咖啡豆的味道一样,国际纸业的工程师和科学家也在思考如何改进纸杯。尽管纸杯是由可持续的森林中种植和砍伐的树木纤维制成的,但传统的纸杯中加入了由石油制成的塑料。作为纸杯一个小的组成部分,这些塑料成分是由不可再生资源制成,而且阻碍了基础纸质的分解。因此,不可降解的一次性纸杯最后塞满了垃圾填埋场。

那么,如果制作一次性纸杯时改用其他材料会怎么样?为了实现这一想法,国际纸业与 DaniMer Scientific and NatureWorks 有限公司合作,开发一种加入植物而非石化成分的新型纸杯。这一创新的纸杯,称为"Ecotainer",被涂上了一层由改良生物高聚物制成的树脂。当在商业和市政活动中被丢弃时,含有新成分的纸杯可以变成肥料,用于园艺美化和农耕中。

自从 2006 年与 Green Mountain Coffee Roasters 推出 Ecotainer 之后，大大小小的公司都使用了这种新型纸杯。5 亿多个纸杯就从市面上减少了超过 100 万磅的石化塑料——相当于 3.2 万户家庭一年制热所需的石油量。

咖啡杯只是个开始。国际纸业正探索机会将这一技术拓展到其他使用一次性餐饮包装的产品上。下次在你点一杯浓咖啡时，要求使用 Ecotainer 纸杯，那么你也可以作出这样的“小”改变。

了解国际纸业公司的人都知道，公司在实现可持续化和承担社会责任上绝不只是耍耍嘴皮子，这样的理念是公司经营的核心所在。“在国际纸业，我们为公司一直以来注重可持续发展和环境保护而感到自豪，”国际纸业的总裁和 CEO 约翰·法拉奇说。“通过持续的改进来证明我们一直坚持的理念的有效性，不仅对员工，而且对消费者、股东以及公司所在的社区而言都是非常重要的。”

国际纸业并未成为企业世界里高增长巨头中的一员。而且，它经营的是一个已经非常成熟的行业。但是国际纸业公司制造的富于创新的产品，迎合了消费者的需求。公司成千上万的员工遍布世界各地，都在其经营业务的社区里尽力奉献着。它不断壮大，成为了全美百家最大的企业之一。它一直在盈利，而且在做这些事情的同时，还在努力为后代保护着地球。事实上，国际纸业公司证明了做好生意和成为好的企业公民能够手拉手共同实现。

讨论题

1. 尽可能多地举例说明国际纸业公司是如何对抗社会对营销的普遍批评的。

2. 为什么国际纸业公司成功地运用了可持续理论？

3. 根据图 16.2 中的环境可持续发展组合，分析国际纸业公司。

4. 国际纸业公司实行了启迪营销吗？尽可能多地举例说明你的答案。

5. 如果国际纸业公司不是如此关注社会责任，它会获得更多财务上的成功吗？请解释。